D1748072

R

RUDOLF BORCHARDT

WELTPUFF BERLIN

ROMAN

EDITION TENSCHERT
BEI ROWOHLT

Aus dem Nachlaß
herausgegeben von Gerhard Schuster

1. Auflage 2018
Veröffentlicht im Rowohlt Verlag,
Reinbek bei Hamburg
Copyright © 2018 by Rowohlt Verlag GmbH,
Reinbek bei Hamburg
Gesetzt aus der Baskerville Book BQ
bei Dörlemann Satz, Lemförde
Druck und Bindung CPI books GmbH, Leck, Germany
ISBN 978 3 498 00691 4

INHALT

WELTPUFF BERLIN
7

ANHANG

Übersetzungen der
fremdsprachigen Passagen
953

Zu dieser Ausgabe
1068

Nachbemerkung
1069

«Ja ja mein Sohn, und nun denke wieviele es heimlich für Geld thun, wieviele Du einfach ansprechen und mitnehmen kannst, wieviele es aus blosser Liebe und aus Geilheit thun, dann haste ne Ahnung von Berlin wie es weint und lacht. Rede mal mit Ausländern. Für die ist Berlin der Weltpuff, na Deutschland überhaupt. Paris nischt mehr dagegen, ganz abgekommen.» (725)

I

Ich war ein junger Mensch von vierundzwanzig Jahren als ich in der Universitätsstadt G etwas ausgefressen hatte und mit allen Anzeichen der Familienschande nach kurzem Zwischenakte nach Berlin ins elterliche Haus befohlen wurde. Mein Vater machte mir eine Wutszene, erklärte mir ich sei im Hause eine Art von Gefangener bis ich mich wieder herausgepaukt hätte, wäre nur für die notwendigen Gänge die das Studium notwendig mache, frei und im übrigen unter Arrest. Ich erfuhr ich würde kein wirkliches oder eigenes Zimmer haben sondern eine Art von Gefängniszelle. Als solche wurde mir der kleine Telephonraum angewiesen, der eigentlich die pantry neben dem Speisesaale war. Man betrat ihn von der Entree aus, die durch andere Thüren in die Gesellschaftsräume und durch deren Umweg wiederum in jenes Speisezimmer führte. Erst jenseits des letzteren begannen an einem unabsehbaren Corridor entlang die vielen Schlafzimmer der grossen Familie, die in den Wirtschaftsräumen und dem Hinteraufgang für das Gesinde endeten. So war ich allerdings von Eltern und Geschwistern weit getrennt, aber der Hausthür und der Treppe nahe und jeder Controlle entzogen. Die Telephonpantry war fünf Schritt lang und zwei breit. Die eine Schmalseite hatte das grosse Hoffenster, die andere, hintere die Entréethüre. Die eine Längsseite hatte die Speisezimmerthür und daneben Telephon und Telephonkasten. An der freien Längsseite wurde mir ein Bett untergebracht, unter das Fenster ein Tisch mit Stuhl gestellt, eine Ecke hatte den dreibeinigen Waschtisch. Im verbleibenden Freiraum konnte ich mich zwei Mal herumdrehen.

Ich war nicht im geringsten reumütig sondern wütend und ein Rebell. Was mir die Schmach eingetragen hatte war in meinen Augen ein belangloser Streich der mit meinem wirklichen Leben nichts zu thun hatte und den das thörichte Tratschen verzerrte und aufbauschte. Vor meinen jüngeren Geschwistern und den alten Dienstboten die mich vergöttert hatten und nun wortlos vor der mir widerfahrenden ihnen unerklärlichen Behandlung standen, verschloss ich mich finster und ingrimmig. Ich war als der alberne Stoss mich traf in einer ungestüm aufstrebenden Entwicklung gewesen, die sich nicht auf Befehl abhacken und in Stagnation verwandeln liess. So nahm ich mir sogleich vor mir die versagte Freiheit der Bewegung zu ertrotzen. Die Hausthür war in meiner Hand. Auf dem Boden stand in Kisten meine mir nachgesandte Bibliothek mit teilweise kostbaren Büchern. Auch wenn ich nur ein gutes Dutzend davon verwertete, war ich für die bescheidenen mir vorschwebenden Zwecke flüssig. Ich dachte weder an Verschwendungen noch Zerstreuungen, aber die Nächte wollte ich für mich Fahrgeld für die Tram oder die Droschke, das Caféhaus, durchplauderte Stunden mit Meinesgleichen, während das Haus im Schlafe lag. Wie das zu machen sei wusste ich noch nicht. Das Geld half nichts wenn ich für die Hausthür keinen Drücker hatte. Diese Gedanken, Pläne und erbitterten Vorsätze beschäftigten mich während der halb freiwilligen Clausur des ersten Tages, während dessen ich bei Mahlzeiten das Auge nicht vom Teller hob. Abends klopfte es. Da ich brummend geantwortet haben mochte, klopfte es stärker. Ich sass überm Buche während augenscheinlich hinter mir mein Bett gemacht wurde. Tags drauf im Speisezimmer bevor ich auf die Bibliothek ging, servierte mir das alte Hausmöbel Caroline das Frühstück. Im Weggehen sah ich halben Blicks durch die offene Salonthüre das zweite Mädchen von hinten ihre Arbeit thun. Sie drehte sich auf meinen Schritt sofort um, – jung, ganz hübsch glaubte ich im Gehen – was man eben so flüchtig sieht und sofort vergisst weil es gleichgiltig ist. Auch in den nächsten Tagen habe ich an ihr wo ich in ihrer Nähe passieren musste vorbeigesehen wie an einem Schrank, ja schon das ist für die Luft die sie mir war, zu viel gesagt und klingt noch zu aktiv. Ich ging wie eine festgeschlossene Faust durchs Haus. Niemand sollte ahnen dürfen was in mir vorging. Und alles wich meinem Ingrimm mehr oder minder scheu aus.

Ich war gewöhnlich den Vormittag auf der Bibliothek, kam zu Tisch heim um mich für den Nachmittag zu verkriechen. Man schob die wichtigsten Telephonate auf meine Abwesenheitszeit und störte mich nur wenn es unerlässlich war – ich kehrte Eintretenden den Rücken und nahm keine Notiz. Diese Martha, das zweite Stubenmädel bekam mein Gesicht anfangs so wenig zu sehen wie mir an ihrem gelegen war. Sie versorgte mich musterhaft, meine Kleider und Stiefel wurden peinlich gehalten, meine Hüte gebürstet, mein Loch spiegelnd sauber geputzt, mein Bett im Winkel gesprenkt und gelegt. Ich nahm das Mädchen unbewusst auf. Ein Choc wie der meine wirkt isolierend. Ich war ein schlanker mittelgrosser dunkler Mensch mit kräftigen Zügen und schwingenden Bewegungen, stark und elastisch, rasch von Schritten und von sehr entschiedenem Auftreten. Ich hatte keine grosse Mühe zu bemerken, dass ich den Mädchen und Frauen gefiel, dass Verkäuferinnen über den Ladentisch weg meine Augen suchten, geziert lachten und was derlei mehr ist. Auch auf der Strasse bekam ich sehr vertrauliche Blicke und eine Dame der ich in der Tram etwas vom Boden aufgehoben hatte kam dann auf den Vorderperron wo ich stand und lehnte sich wie absichtslos der ganzen Länge nach an mich an. Es ging mir nichts ins Blut und in die Gedanken, ich war abgestellt, deprimiert oder concentriert. Im Ganzen war ich überhaupt Frauen gegenüber noch ganz verschlossen und scheu, obwol ich manches Mädchen heiss durchgeküsst hatte. Auch eine Jungfrau war ich natürlich nicht mehr, aber beglückt hatten mich meine wenigen Erfahrungen mit weiblicher Gefälligkeit nicht wirklich, weil sie mich zu sehr erregten und verwirrten um in dem Bewusstsein der eigenen Kraft und der weiblichen Schwäche so feurig zu schwelgen wie man es erst lernt, wenn die Übung, hier wie überall, den Meister gemacht hat.

Am ersten Sonntag dieser üblen Zeit hatte ich mich Abends eingeschlossen, meiner Gewohnheit nach, denn telephoniert wurde so spät nicht mehr und ich wollte erreichen, dass meine Zelle wenigstens aufhörte, Durchgangsraum zu sein. Plötzlich rüttelte es von der Speisezimmerseite und die zornige Stimme meines Vaters gebot mir zu öffnen. Eine harte Schelte erging von dem in Frack und Orden zu einer Soiree gekleideten grossen Manne über mein Haupt und da es sich um die verschlossene Thüre handelte, auf die ich ungestörter Arbeit wegen ein Recht hatte, oder zu haben mich vermass, antwortete ich mit bitterer Heftigkeit. Er drohte mich bei weiterem Ungehorsam aus dem Hause zu werfen und ich erwiderte mit der Drohung, bei weiterer menschenunwürdiger Behandlung ein solches Haus für immer zu verlassen. Es war eine laute Szene zwischen Männern, die hier einmal eine Sache austrugen, und mein Vater im Weggehen durch die Entrée warf die Thüre, die ich sofort wieder hinter ihm verschloss. So wie auch jene durch die er eingetreten war. Ich zitterte noch vor Ingrimm, in dem jedoch ein heimliches Kraftgefühl der Genugthuung darüber mich verteidigt zu haben, mitschwang, als es an der Thür nach der Entree klopfte. Auf meine ärgerliche Frage sagte Marthas Stimme durch die Thür sie müsse mein Bett machen. Da ich ihr zu öffnen hatte sah ich mich zum ersten Male ihr gegenüber. Sie war eine auffallend hübsche Person, jung weich und hellblond. Das blutjunge süsse Gesicht mit den fast zu weichen runden Wangen, dem weichen Kinn unter dem willenlos weichen schwellenden und kleinen Munde, die Weichheit der Wimpern und obern und untern Augenlider die dem blauen Blicke etwas heisses und kindisch halb trotziges halb zärtliches gaben, der weiche Hals, das helle reiche Haar, das sinnlich niedliche Ohr – es wäre vollkommen gewesen, wenn es edler gewesen wäre; denn so wie es war, gab eine gewisse Unentwickeltheit, Trägheit, eine Art Druck wie von Unterwürfigkeit ihm einen Schatten von Gewöhnlichkeit, den ich dann erst viel später wahrnahm, denn für den Augenblick war ich geradezu betroffen von der Schönheit und Schmeichelei des Mädchens. Sie war schlank und über mittelgross, Schultern, Arme und vor allem die weichen runden Hände waren vollkommen süss, Wuchs und Brust an dem jungen Körper eine Welle der Holdseligkeit.

Sie trug statt des gewöhnlichen Unterkleides der Alltage eine hübsche blauweiss gestreifte Bluse und einen dunklen Rock; beides sass knapp und formte die blühende – auch die weich blühende Gestalt. Weich und rund, schmelzend und locker war alles an dem Kinde, jede Form und Unterform, die runde Nase, die runde Stirn, die Grübchen, die Fingerspitzen. Sie wurde dunkelrot als sie sich von meinem Staunen durchdrungen und gewissermassen umfangen fühlte, es kam ein unwillkürlich ohnmächtig nachgebender Zug in ihr Gesicht, eine tiefe Schwäche die halb wie Scham wirkte fast wie ein gedrücktes Uneingestandenes das sie zwang die Augen niederzuschlagen oder mir dumpf und schwer zu verbergen.

«Ich habe Ausgang gehabt, Herr Rudolf bitte entschuldigen, dass ich das Bett erst jetzt machen komm», sagte sie halblaut stockend.

«Wo kommen Sie denn jetzt her, wo waren Sie», fragte ich etwas abrupt? «Da – im Entree» sie wies, am Bette schon beschäftigt mit dem Kopf zur Seite. Sie hatte also die garstige Szene mitangehört. «Hat der Herr Sie gesehen?» «Nein, ach so Angst hab ich gehabt. Ich hab mich an die Thür vom Saal gedrückt, da sind der Herr an mir vorbei.» «Wie kommen Sie denn zur Vordertreppe?» «Ich hab den Schlüssel vom Hofeingang vergessen, da hat mir der Portier seinen Drücker für vorn geliehen – ausnahmsweise, darf ich aber keinem sagen.» Sie arbeitete ohne Überstürzung, wie ich bemerkte, die Augen blieben gesenkt. Ich lehnte einen Schritt von ihr am Tische. «Das Wort halten Sie ja ausgezeichnet.» «Ach Herr Rudolf werden mich nicht verraten.» «So?» «Ach nee. Solche denen es schlecht geht, verraten sich untereinander nicht die thun sich viel eher was zu Gefallen, nich?» «Schön Martha, dann thun Sie mir mal gleich den ersten und geben Sie mir den Drücker.» «Alles was Herr Rudolf wollen» und sie griff in die damals allgemeine Taschenfalte hinten am Rock und gab mir den Schnepper – «es schneidet einem ja das Herz ab das mit anzusehen, – darf denn das auch sein – is ja alles zu grausam» – «still Engel ich – halten Sie gefälligst den Schnabel.» Ich hatte es gepresst gesagt, denn ich vertrug diese Art des Mitleids nicht. Das Mädchen schlug die weichen bittenden Augen zu mir auf, ihre Brust arbeitete. Ich selber merkte dass mein Atem kämpfte und ärgerte mich. Ich sah jetzt von hinten auf sie, sie trug das Haar hoch, der hundejunge süsse schlanke Hals war frei und nur ein par weichgelbe Löckchen kräuselten am Nacken. «Gleich bin ich fertig» sagte sie mich von der Seite ansehend und lächelte; die vollen kurzen Lippen teilten sich und liessen Zähne schimmern, es kamen Grübchen und Falten in die weichen Wangen – ja das Ding war ein Fressen, und sie ging mir verdammt ins Blut. Um irgend etwas zu thun ging ich ans Telephon, noch ohne zu wissen an wen ich telephonieren wollte, aber ich kam mit Rücken an Rücken gegen sie, während ich irgend eine mir bekannte Nummer rief, und, irrte ich mich oder nicht, ihr weicher Hinterer drückte sich an meinen, in den meinen so dass ich Gott dankte als sich die Nummer meldete. Ich sagte irgend etwas und als ich anhängte war das Mädchen hinaus.

Gut dass ich den Drücker hatte, denn aufgeregt wie ich war, hätte ich es zu Hause nicht ausgehalten; so schlich ich mich ohne Licht zu drücken die vielen Treppen hinunter und atmete auf als ich die nasse dunkle Nachtluft der Strasse einsog. Irgend etwas musste geschehen um mich zu beruhigen, ich rief von unterwegs einen Bekannten an und traf ihn in einer neuen Bar der Behrenstrasse hinter der Passage, die er mir genannt hatte. Wir tranken in dem vorderen Raume, den hintern hatte eine gröhlende Studentengesellschaft. Nach Mitternacht, als die Zecher schrumpften und die verbleibenden einen ausgelassenen Kreis bildeten, kam eine der Barmaids, eine schöne dreiste Person mit vollen Locken und einem immer lachenden kraftvollen Munde zu uns hinunter und setzte sich zwischen uns beide, schon leicht angetrunken, wie mein Bekannter auch während mir diesmal das Getränk nichts anthun wollte. Wir tranken Champagner und wurden toller mit Reden, während die Studenten hinten, schon schwer bezecht, aus vollem Halse sangen: «Wenn die Sterne funkeln, ficken wir im Dunkeln, Arschloch hoch, – Arschloch hoch!» Wir tranken Brüderschaft, das Mädchen küsste mich lachend und ich zog sie an mich. Sie küsste sich an mir fest und lehrte mich die Anfangsgründe des Lippengebrauchs. Als ich mich brennend in ihren Mund eingrub suchte ihre Hand unter dem Tische nach meinem Mannstab für ihre Wirkung auf mich und beglückte mich mit nerviger Hand völlig ohne meine Lippen eine Sekunde loszulassen. Als wir uns trennten, war sie noch soweit nüchtern, mir ihre Karte mit Adresse zu bekritzeln und beizustecken in dem sie mir mit der dienstwilligen Hand durchs Haar fuhr. Ich habe sie nicht wiedergesehen, werde aber ihre Küsse und die von Niemand bemerkte verstohlene Wollustminute bis an mein Ende nicht vergessen. Für jetzt war die Hauptsache, dass ich abreagiert war. Ich kam unbemerkt ins Haus. Dem Portier gab ich Geld für den angeblich von Martha verlorenen Schlüssel und hatte ihn nun als Eigentum.

In den nächsten Tagen geschah nichts besondres. Ich streifte im Hause gelegentlich an Martha, ohne Notiz zu nehmen. Auf dem langen Corridor an dessen Ende die Toilette war, machte sie mir neben den ihn halb ausfüllenden Schränken mehr als einmal mit ihrem Besen Platz und jedes Mal traf mich aus dem weichen bildhübschen Gesicht dieser halb unschuldige halb bittende halb gedrückt geprügelte Blick – ich kann es nicht anders sagen – wie ein Blick einer sie drückenden Heimlichkeit wie schlechtes Gewissen, wie von etwas was sie in sich trüge – Angst, Sorge, Erregung, Unruhe? Unruhe war vielleicht das richtigste. Es arbeitete etwas in ihr. Einmal stiess ich mich im Halbdunkel – es war nur am Eingang ein Gashahn – und sie lächelte wieder, entschuldigend, erschreckt, wahnsinnig lieblich. Ich merkte an meiner Blutwelle jedesmal dass ich sie geschluckt hatte und den Haken immer weiter neu bekam. Sie trug ein knappes Waschkleid und eine Zapfenkrause auf dem hochgeordneten Haar, es machte sie doppelt schlank und zugleich blühend vorn und hinten. Aber ich beherrschte mich fest, – wie denn auch, da Dienstboten, Geschwister, Lieferanten aus jeder Thür um jede Ecke treten konnten, – und überhaupt – in meiner ärgerlichen Lage, und auch ohne sie, der junge Herr – nein.

Mein Vater musste auf eine Geschäftsreise, meine Mutter hatte eine Influenza und lag, die Hälfte der Geschwister ebenfalls und eine Lichtanlage im Speisezimmer wurde in diese Pause verlegt, sodass mir das Frühstück aufs Zimmer gebracht wurde was das alte Karolinchen besorgte. Ich hatte weniger Veranlassung das Haus zu fliehen und arbeitete auch den Vormittag für mich. So erschien an einem der letzten frühlingsartig schönen Tage des Spätherbstes während sogar im grauen Hofe ein Widerschein von Sonne und Duft schwamm, Martha früh um mein Bett zu machen, als ich gerade die erste Cigarette angezündet hatte. «Muss ich heraus?» fragte ich, «oder werden Sie auch so fertig?» «Nein» sagte sie und lachte, «wenn Herr Rudolf inzwischen sich wollen an Waschtisch stellen, oder aufs Bett setzen, – ich fege nur mal unterm Tische.» Ich wich aus, sie musste ganz dicht bei mir vorbei, das Herz klopfte mir am Halse, ich sehe noch wie in den Mundwinkeln ihres Lächelns kleine Bläschen sitzen wie von Milch, ich rieche noch den Duft ihres Haars und Körpers, auch halb Milch halb Harz halb Honig – aber ich setzte mich aufs Bett. Sie fegte, stäubte und summte irgend etwas La La-iges dabei – sicher auch nur vor Befangenheit. «Dauerts Herrn Rudolf zu lange?» sagte sie, «ich mach ja schon; jetzt» sie hatte sich herumgedreht, «wenn der Herr mal die Beine aufs Bett wollen heben, dass ich drunter kann, aber können auch wieder an Schreibtisch.» Ich stand auf wir streiften zwischen Bett und Telephon in der Klemme an einander vorbei, es war unmöglich sie nicht zu berühren und ich fasste sie. «Einen Moment», sagte ich rauh schob sie an den Apparat und trat zum Tische. Ich zitterte so, dass ich mich aufstützen musste. Hinter mir war es still. Das Summen hatte aufgehört, nur den an die Wände stossenden Besen hörte ich. Wenn ich mich umdrehte, das wusste ich war ich verloren, der Kopf brauste mir und vor den Augen flimmerte es. «Soll ich das Pyjama wechseln oder tragen Herr Rudolf es noch.» «Ist mir wurscht» sagte ich über die Schulter weg. Noch einen Augenblick stand sie neben mir und legte den Schmöker, in dem ich mich in Schlaf zu lesen pflegte, neben mich auf den Schreibtisch – wieder hatte ich den Eindruck als lehne sie für eine Sekunde Seite an Seite. Ich sah geradeaus. Hinten klapperte der Waschtisch. Sie musste das Wasser dicht neben mir in die

Wasserleitung der Pantry giessen, ich musste dazu beiseite treten. Jetzt waren ihre Augen gedrückt niedergeschlagen, ich sah es von halbseitlich. Endlich schien sie fertig zu sein. «Darf ich das Frühstückstablett mitnehmen?» sagte sie mit etwas Stockendem in der Stimme. «Ja ja, los». Sie trat neben mich, ich drückte mich an die Wasserleitung und sah sie Teller, Tasse, Kannen langsam zusammenschieben. Der Busen hob sich unaufhörlich, der Kopf hing, eine blanke Locke ging unter dem Häubchen frei in die Luft, das Profil war ein Ausstellungsstück. Endlich drehte sie das Tablett in beiden Händen ab, besann sich dass es durchs Speisezimmer nicht ging und steuerte zur Entreethüre. «Sind Herr Rudolf so gut machen mir auf» kam es aus dem zu mir gedrehten Gesichte. Ich kam. Da die Thür nach innen aufging und offen schon ans Fussende der Bettstelle stiess, während rechts der Waschtisch stand, war es schwierig. Ich stand neben ihr. «Setzen Sies lieber ab und machen sich zuerst alle Thüren auf», sagte ich, «– oder – wissen Sie was – ich halts Ihnen so lange, geben Sie her.» «Aber nein» sagte sie, während ich nach dem Tablett griff, das sie in den Henkeln trug, und ihre weichen Hände losmachen wollte, «Nein nein kann ich nicht erlauben –» «Schön» sagte ich, setzen Sies aufs Bett, und ging aufgeregter als je zum Tisch zurück. Martha blieb stehen das Tablett in Händen und sah zu Boden. Es kam eine Pause. Ich zündete mir eine Beruhigungscigarette an. Dann setzte ich das Tablett auf die Waschschüssel neben der Thür und ging. Ich dachte sie würde zurückkommen. Aber es kam niemand.

Herr Gott von Strembach! Ich brauchte ein Viertelstunde um kaltes Blut zu bekommen. Sacramentemantement. Mein Herz flog, meine Kniee tanzten. Meine Nerven gaben Hausball. Ich konnte weder arbeiten noch lesen noch schreiben. Nach einer Stunde vergeblicher Qual beschloss ich auszugehen. In dem Augenblicke läutete es an der Thür, aber ich hörte etwas durch den Schlitz fallen, es war also kein Besuch. In der Entrée stiess ich auf Martha, die das Läuten bedient hatte und fragte ob Post für mich dasei. Sie wollte mir das Ganze geben und gleich weg. «Warten Sie doch» sagte ich, «was haben Sie denn? Nehmen Sie doch auch endlich das Tablett mit.» Darüber fiel ihr – oder mir – die ganze Post, Zeitungen, Briefe, Drucksachen aus den Händen, wir bückten uns gleichzeitig und stiessen mit den Köpfen zusammen, mussten lachen, richteten uns auf, lachten weiter und fragten jeder den andern ob es ihm weh gethan habe. In dem Augenblicke, in dem die natürliche Folgerung der Situation sich eingestellt haben würde, kam wieder jemand die Treppe hinauf und ich, nach einem Augenblick des Zögerns, ging und begrüsste im Abstieg den Hausarzt, der mich also noch einmal gerettet hatte. Diesmal hatte ich soviel glühendes Gift bekommen, dass ich mir nichts mehr ausreden konnte; ich war versessen in das Mädchen, ich war verrannt. Die Liebeskrankheit äusserte sich darin bereits dass ich Angst davor hatte ihr wieder zu begegnen. Ich vertrieb den ganzen Tag, bei herrlichem Wetter, im Freien. In Halensee ass ich in einem Fischrestaurant sprach eine kleine lustige Modistin an, die dort pinselte, war eine Stunde später mit ihr Arm in Arm längs des Sees unterwegs machte sie eine weitere Stunde verliebt in mich und verdrehte ihr vollständig den Kopf, fühlte mich aber ausser Stande, als wir im schon dunklen Walde lagen ihr den Willen zu thun, den ihre Küsse mir deutlich bekundeten, denn diese Küsse schmeckten mir leer und das ganze Wesen langweilte mich plötzlich. Ich brach ziemlich brüsk ab, fuhr sie in die Stadt und sprach bei einem Freunde vor, um Bücher von ihm abzuholen, die er in der Bibliothek für mich entliehen hatte. Sie waren viel umfangreicher als ich gedacht hatte und ich hatte beide Arme voll als ich nach Hause kam, gegen 10. Als ich die Treppe stieg hörte ich oben Stimmen, es war der Hausarzt der mit Martha sprach, ich hörte ihn noch sagen «das Fräulein –

meine jüngere Schwester, die sehr unwol war – schwitzen lassen»
und «Vergess ich nicht Herr Medizinalrat» und rief «offen lassen
Martha». Aber die Thür schnappte schon ein. Ich beeilte mich
wie ich konnte, kam aber zu spät, obwol ich den langweiligen alten Schwätzer ziemlich kalt schnitt. Da stand ich nun; Drücker
hatte ich in der Aufregung liegen gelassen die Arme hatte ich nicht
frei um zu läuten, so klopfte ich mit dem Fusse an die klirrende
Glasthür und wartete. Wirklich kam der Schritt zurück, es war
Martha, und im gleichen Moment erlosch schon wieder das Treppenlicht in der Entree war wegen der neuen Lichtanlage Störung,
es musste also der Lichtknopf über der Klingel draussen gedrückt
werden. Aber als das Mädchen sich aus der Thür heraus neben
mich schob, rutschte mir ein Buch aus dem Stapel des linken Arms
und riss sich die andern nach, und die fallende Bewegung brachte
auch die des rechten Arms zu Fall. Im gleichen Moment ging das
Licht wieder an, das ein unten neu Eingetretener gedrückt haben
musste, wir sahen uns über der Verwirrung des Bücherhaufens an,
sie schlug die Hände zusammen, unter dem süssen Kinn und ich
bückte mich nach den Büchern, wobei sie mir half. Wir landeten,
jeder mit einem Arm voll in meinem Loch. Das Licht das ich knipste, flimmerte zittrig, ging halb aus und kämpfte weiter. «Geben
Sie nur» sagte ich und wollte ihr die dicken Werke abnehmen. «Legen Sie doch erst mal auf den Tisch, Herr Rudolf». Ich that es und
jetzt läutete das verdammte Telephon. Martha, die Bücher noch
unterm Arme, nahm rasch ab. «Hier bei Borchardt». Das Licht
ging nun definitiv aus. «Nein, gnädige Frau sind noch bettlägerig».
Ich zog hinter ihr stehend ihr inzwischen die Bücher unterm Arme
vor und warf sie im Dunkeln aufs Bett. Vom Hof kam schwacher
Lichtschein, schattenhaft, ins Zimmer. «Ja? Nein, sind immer noch
mit Fieber – Ja wol, – Danke.» Jetzt, gerade während sie anhängte
und sich mit einer Bewegung zu mir wandte, die sie in meine

Arme führen musste, rauschte es watschelnd an die verschlossene Speisezimmerthür und klopfte – das dumme Karolinchen. «Marthche, die g'dje Frau rufen, – wollen wissen – wer da anjeläut haben, komm man jläich nach hinten.» Martha antwortete, «Komm ja schon», sah mich seufzend an – oder es schien mir so und eilte durch die Entree. Ich zündete die Petroleumlampe an, die mir vorsorglich hingestellt worden war. Mein Bett war noch nicht bedeckt. Ich trocknete mir den Schweiss vom Gesichte, wusch mich, und trommelte auf dem Tische wo mein Nachtessen unangerührt blieb. Ich wusste es konnte nicht so enden.

Richtig, nach zehn Minuten kam ihr Schritt, durch das Speisezimmer, dann Pause, dann in der Entree, aber nicht zu mir. Ich war sofort bei ihr, sie stand in der offenen Hausthür sich umdrehend nach mir, hatte Treppenlicht gedrückt. Sie trug einen Mantel. «Was –» «Ich muss zur Apotheke in die Luisenstrasse –» «und gehen hier vorn herunter?» «Ich dachte ich mach erst noch das Bett von Herrn Rudolf.» «Und darum gehen Sie vorbei?» «Ich machs dann gleich nachher –» «Sie sah zu Boden und gefiel mir nicht, der ordinäre Mantel macht ein Dienstmädchen aus ihr und ich war so jäh erkältet wie vorher erhitzt – diese Übergänge waren bei mir in jeder Zeit ganz gewöhnlich. «Gut», sagte ich trocken und drehte mich um. Sie blieb stehen wie damals mit dem Tablett. Es muss fünf Minuten gedauert haben, bis ich von meinem Zimmer aus die Thür zuschnellen hörte, meine Uhr war elf. Ich hatte einen Hungeranfall und ass mit grossen Bissen mein Nachtmahl auf. Um halb zwölf hörte ich draussen an der Hausthür ein leises Rappeln, das Glas klirrte, dann klopfte es schwach. Warum kam sie wieder vorn hinauf? Ich ging öffnen. «Der Portier hat mir nich wollen den Schnepper geben, ich verlöre ihn immer sagt er.» Sie sah mir mit kindischem Lächeln in die Augen. «Warum gehen Sie nicht die Hintertreppe?» «Weil – wegen. Man kann mich dann gehen hören wenn ich noch Mal nach vorn gehe» – «Und jetzt?» «Jetzt find ich eine Ausrede, warum dass ich bin vorn raus und wieder zurück. Ich hab müssen noch das Bett machen, und dann hab ich müssen Kette vorlegen.» «So» sagte ich rasch, «na das hätte ich mir eben auch beinah allein gemacht.» «Ja und das Abendbrot rausnehmen, – das ist doch nicht sauber wenn das Nachts stehen bleibt im Schlafzimmer.» Sie drückte die Thür an und legte die Sicherheitskette vor. «Sie sind ja rührend» sagte ich höhnend, aus Verlegenheit, «gehen Sie nur rein, ich gehe dann so lang ins Persische Zimmer.» Sie stockte. «Wenn mir Herr Rudolf nur vorher den Drücker wollen wiedergeben –» «er liegt auf meinem Tische, nehmen Sie ihn sich nur» – «und wo der Knopf muss angenäht werden, wo mir neulich sagten.» Sie nahm den Mantel ab und hängte ihn über den Arm, und in dem Augenblicke, rot vom Gehen und der Erregung, knapp in ihrer Tracht, war sie wieder zum Tollwerden. «Also» sagte ich und ging in meine Zelle. Sie hatte den Mantel draussen angehängt und kam mir nach, liess die Thür offen und ging durch den Engpass zum Tisch an dem ich lehnte – um das Tablett zu holen. «Hats geschmeckt?» sagte sie unschuldig – das kalte Huhn hab ich extra für Herrn Rudolf aufgehoben. – müssen doch was für sich thun – sehen ganz schmal aus – den Mosel hab ich vom Herrn geklaut». «So» ich musste lächeln. «Dann trinken Sie doch den Schoppen aus, holen sich ein Glas aus dem Speisezimmer.» «Ach viel Umstände –» und sie goss in mein Glas, «Ihr Mund ist mir sauber.» Ich bekam das Zittern aber sie trank, sonst hätte ich – Ich war aber noch sehr jung. Jetzt nahm sie das Tablett und drehte sich durch den Pass, ich sah sie von hinten, – zauberhaft sie jetzt von Hinten zu umfassen und sie wehrlos wie sie war zum Kuss zurückzubiegen – alles über Hühnerknochen und Weinneigen weg – nein, nein. Sie stellte es draussen ab, kaum zurück, und schloss die Thür. «So» sagte ich, «ich dachte schon Sie blieben draussen». «Ach nee», sagte Martha, und nahm die Bettdecke ab, «für Herrn Rudolf da vergess ich nicht, da thu ich alles für, was man für einen andern nich thäte, zu einem andern jungen Herrn ging ich ja auch nicht bei nachtschlafende Zeit allein aufs Zimmer, das müssen Herr Rudolf nicht von mir denken, wenn ich auch erst neunzehn bin, auf nächste Woche zwanzig, so weit kennt man schon die Welt; wenn ich das Vertrauen nicht hätte –» «So» sagte ich etwas verdutzt, «woher haben Sie das denn?» «Das merkt man ab{er} doch, was ein richtiger nobler junger Herr ist, der von ein Mädchen nich profitiert. Wenn er auch noch so viel Gelegenheit hat, wo ein Andrer nich würde sich zwei Mal sagen lassen –» Ich überhörte dies. «Und nächste Woche werden Sie zwanzig? Wann denn?» «Dienstag, da is mein Geburtstag, ich feire aber erst Mittwoch, weil da Ausgang habe, weil Buss und Bettag ist.» Ich musste laut lachen, sie war zu süss. «Was nennen Sie denn feiern – büssen oder beten, Martha?» «Ich weiss noch nicht» sagte sie von der Seite. «Es hängt noch von vielem ab.» «Zum Beispiel». «Ach Garderobe und so.» «Zum Tanzen gehen, bei Emberg.» «Nein bei Emberg geh ich nich, ich tanz nich mit Unteroffiziere, so und die von Charité das is mir zu ordinär, ich gehe wo anders; und zuerst will ich raus, einen Ausflug. Aber es ist noch ganz unsicher.» «Und was wünschen Sie sich zum Geburtstag?» «Ach Herr Rudolf spotten ja woll nur.» Sie drehte das Kissen um und stopfte es etwas zu recht. «Wenn man nichts hat, wünscht man sich alles.» «Zum Beispiel?» «Ich wünsch mir, dass ein Jemand mir ein bischen gut ist, der wo ich nie recht Bescheid mit weiss, ob ers nu so meint oder wieder anders.» «Thut mir leid, ich bin nicht der liebe Gott; was anderes, los.» «Von Herrn Rudolf darf ich mir doch nichts wünschen.» «Sie haben doch selbst gesagt hier neulich, solche denen es schlecht geht, thun sich was zu Gefallen.» «Das haben Herr Rudolf behalten!» Es gab eine Pause. Ich zählte in Gedanken dass ich ca 300 Mark haben musste, zwei Scheine zwei Goldstücke und Silber, und dass ausserdem in den nächsten Tagen dreihundert Mark Inselhonorar fällig waren. Wozu brauchte ich das Geld? Es war doch viel lustiger, Glückliche zu machen. Das Mädchen hatte nach damaliger Mode zwei Täschchen links und rechts an der Bluse, zwei vorn an der Schürze. Ich hatte die beiden Scheine in der Westentasche, die Goldstücke in einem Knackbeutelchen in der Gesässtasche, das Silber in fünf und drei Markstücken lose in der Hose. Die Überlegung ging im Blitz während sie noch sagte, von mir wünsche sie sich nichts und das Pyjama auslegte.

«Ich wollte», sagte ich, «ich hätte auch Geburtstag». «Und was möchten sich wünschen?» «Auch alles, wie Sie». «Da muss ich denn woll sagen ‹zum Beispiel› wie Herr Rudolf. Zum Beispiel – dass eine gute Fee käme und sagte ‹Augen zu› und dann mir die Taschen vollsteckte, und dann wäre sie weg und ich könnte auspakken und hätte eine Zeit lang keine Sorgen.» «Fein», sagte Martha, «das Wünschen verstehen der Herr Rudolf». «Wieso» sagte ich erstaunt, «wünschen Sie sich das auch?» «Und ob» sagte sie seufzend und schlug die Arme unter, «aber bei mir ist es eben der Unterschied.» «Ist er auch», sagte ich ruhig, «denn bei Ihnen trifft es sofort ein und bei mir nicht.» «Ja lustig machen, das können sich die Männer.» «Wetten?» «Was denn wetten?» «Dass kaum dass Sie sichs wünschen und die Augen zumachen es eintrifft.» «Was eintrifft?» «Alle Taschen voll.» «Voll was?» «Voll soviel Geld dass alle Sorgen zuerst mal aufhören.» Sie sah mich an, mit halboffen atmenden Lippen, süss. «Ja – wetten». «Worauf?» «Wenn Herr Rudolf gewinnen – – aber ist ja alles Unsinn. Also gut ein Geschenk, was sich Herr Rudolf können ausbitten von mir. Und wenn ich gewinns – wie wirs aufn Dorf gemacht haben, – dann muss sich Herr Rudolf was gefallen lassen von mir.» «Gut», sagte ich, «topp. Auf eins zwei wünschen, auf drei fest die Augen zu aber ganz fest, versprechen?» «Ja». «Eins zwei drei». Sie stützte den Arm gegen den Apparat und kniff die Augen zu. Ich machte mit flatternden Fingern rasch Kasse, hatte die Scheine die Dukaten parat, zweimal vier FünfMarkstücke, zweimal drei Thaler, zwei Markstücke; schlich mich zu ihr, liess die Goldstücke fast ohne sie zu berühren in die Brusttäschchen gleiten, das Silber so dass es festgefasst nicht klappern konnte sondern nur wuchtete, in die Schürzentasche und dann so rasch es ging, je einen zusammengefalteten Schein in ihren Busen und ihren Nacken wo Ausschnitt genug war. Sie hatte sich nicht gerührt und ebenso schnell sprang ich an den Tisch zurück und sagte «Augen auf».

Sie war blutüberflossen rosig, mit weich schimmernden Augen. «Wer hat gewonnen» sagte ich. «Sie haben mir was reingesteckt» sagte sie, «ich habe gewonnen denn es war keine Fee». «Das können Sie nicht beweisen Martha – sehen Sie doch mal nach.» Sie steckte die Hand in die Schürze und zog sie sofort wieder leer heraus. «Ach ich mag nicht, es ist mir zu komisch.» «Los Mut.» Sie griff nochmals, nahm die Hand voll Silber, sagte «Nein Nein» und legte sie ohne hinzusehen aufs Bett. «Los andere Tasche». Zögernd förderte sie den Inhalt ans Licht und aufs gleiche Bett und sagte mit einem kleinen dumpfen Jauchzer im Hals «Ach Du lieber –». «Weiter weiter», drängte ich. «Ja noch was?» «Alle Taschen haben wir gewettet.» «Ja ich hab doch – ach so.» Sie fühlte von Aussen, mit beiden Fingerspitzen und zog mit zwei Fingerpaaren die Dukaten heraus. «Ja was, ja nein, is das auch wirkliches» «Ich denk schon, jetzt weiter.» «Ja weiter» sagte sie mit zitternder Stimme. «Ich hab gesehen dass auch noch anderswo was gesteckt worden ist». Sie griff nach hinten in den Nacken, die Hand kam leer zurück. «Is garnicht», sagte sie. «Und vorn?» Sie tastete umsonst. «Ich zerreiss mir nur die Bluse», seufzte sie. «Ach was» sagte ich, «versuchen Sie nur, die Wette muss doch entschieden werden, sonst hat keiner gewonnen.» «Ich finds nachher beim Ausziehen –» «Und können mir irgend was erzählen, nein nein, hier wirds entschieden, ich helf Ihnen», und ich ging auf sie zu. «Nich nich Herr Rudolf, bitte, ich – es wird schon», und sie hob vorn den Ausschnitt an, ging mit der Brust zurück, grub mit der Rechten, umsonst, das Klümpchen bekam eben dadurch Luft und glitt tiefer. «Drehen Sie sich rum», sagte ich bestimmt, «stellen Sie sich nicht an», fasste und drehte sie, knöpfte rasch ein par Druckknöpfe des Rückteils der Bluse los und holte den Schein der auf dem Miederrande lag, ohne sie viel zu berühren, heraus, dreht sie wieder wie eine Figur, und gab ihr den Fund. Sie sah glühend mit niedergeschlagenen Augen auf die Klümpchen. «Los Mut, nachsehen» «Aber – Herr Rudolf das sind ja –» «Jetzt legen Sies weg und weiter.» «Ich ich kann nicht.» «Schaf», sagte ich, legte den linken Arm leicht um ihre Taille und schob die rechte rasch in ihre Brust. Sie drückte das Kinn tief, versuchte mich weg zu drängen, aber meine Hand war geschickter, suchte zwischen den nackten bebend vollen Brüsten, und während mir der Atem versagte und der Steife schier wahnsinnig wurde, schnappte ich den Schein der bis zur engen Mitte gefallen war, drückte ihn ihr in die Hand und liess sofort los. «Operation gelungen» sagte ich die Arme in die Seiten stemmend dicht vor ihr. «Suchen Sie sich noch so nen Arzt». Zugleich dachte ich, weil das Spiel mich berauschte, dass ich im Schreibtischfach einen kleinen Ring mit einem Rubinsplitter und ein par Rosen hatte, keine 200 Mark wert, ein zurückgetauschtes Liebespfand aus grünen Tagen. «Jetzt kommt die Hauptsache Martha. Die Fee hat mir auch etwas eingesteckt aber für Sie, damit Sie es bei mir finden, Sie hatten zu wenig Taschen. Bedingung, dass Sie es bei mir suchen. Erst dann ist die Wette entschieden. Augen zu.» «Ach Herr Rudolf». «Augen zu, ganz fest.» Sie gehorchte. Ich liess das Fach, ein federndes, rasch springen, holte den Ring, leerte im Blitz alle meine Taschen und mir in die Hosentasche in der ich ein zuknöpfbares Innentäschchen zu tragen pflege. Hier brachte ich das Ding unter, ging zu Martha und sagte «Suchen!» Die Arme hob ich in die Luft. «Ach Herr Rudolf – ich – ich – ich trau mich nicht» ihre Augen blieben fest geschlossen. Weiss der Deibel dass für mich etwas dazu gehörte, das Spiel durchzuführen. «Los Martha, Sie wissen ja mit meiner Garderobe Bescheid, Jackett zuerst», und ich nahm ihre Hände und steckte sie mir in Jacken- und Brusttaschen, liess los und sagte «Passiert Ihnen nichts ich stehe Hände hoch und lasse mich durchsuchen. So, jetzt Weste». Sie war schon etwas mutiger, obwol ihre Hände zitterten, und als die vier Westentaschen nichts erbracht hatten, zog sie mich sogar am Westenausschnitt näher heran, immer noch die Augen fest geschlossen, und fuhr mit der Rechten in den Ausschnitt nach der Innentasche, an die ich garnicht gedacht hatte. Was zog sie dort heraus! Das Mädchen hatte Glück, es war der alte englische Scheck den ich lange für verloren gehalten hatte, zehn Pfund. Gut transeat cum ceteris. Sie fragte «das?» «Aufs Bett, kleines Schaf, weiter.» Jetzt ging sie meine Gesässtaschen an, wozu ich höher heranmusste. Herr Du meine, ich dachte ich würde verrückt. Jetzt ging es in die Hosentasche, sie kam an den Steifen, der links hochstand wie ein Pfahl, ich zuckte zusammen. Jetzt die untere «Genau nachsehen Innentäschchen», sagte ich leise. Sie schien nicht zu Rande zu kommen, der Schwanz war ihr im Wege, sie fing an zu zittern und hielt sich mit der Linken an mir. Dann glückte es, sie hatte den Ring, zog aber die Hand nicht heraus. Der Spiess schien in solcher Nähe ihrer Hand ein eigenes Leben zu haben und ruckte, zuckte und rieb. Sie fasste ihn und drückte ihn schwach, ich nahm meine letzten Kräfte zusammen, machte mich los und retirierte zum Tisch. Das Mädel sank fast zusammen und sass auf dem Bettrand. Es kam eine Pause.

«Nun habe ich gewonnen oder nicht?» «Ach das meinen Herr Rudolf ja nicht!» «Was nicht?» «Dass das viele Geld mein sein soll –» «Ich habe ja keine Ahnung wie viel es ist, zählen Sie doch mal, vielleicht irren Sie sich.» Sie strich über die Silberhaufen. «Das sind zwanzig vierzig achtzig hundert, noch mal hundert, noch mal, und dies Papier da steht zwanzig, is aber nicht deutsch –» «Zählen Sie noch zweihundert zu!» «Was? Was?» «Fünfhundert» sagte ich kühl. «Und der Ring». «Ja den müssen Sie anstecken.» «Ich?» «Ja sonst nimmt die Fee es übel. Wer hat gewonnen?» «Ich hab verloren.» «Nett, dass Sie das verlieren nennen.» Ich setzte mich auf den Stuhl am Tisch, zu ihr gewandt. Martha stand auf, glühend und wonnig, nahm den ganzen Krempel in zwei Hände und kam zu mir. «Ich wollte bitten, dass Herr Rudolf mirs erst am Geburtstag geben – nicht jetzt». «Legen Sie hin. Und meine Wette ...» «Nur den Ring – ja wo hab ich ihn denn», sie flog zum Bette und ich ihr nach. «Was Ring, meine Wette», «Nein, mein Ring – da is er», und sie hob ihn vom Boden auf, fiel aber in meine Arme und ich küsste sie auf die brennenden schwellenden Lippen. «Nicht ach bitte lassen Sie mich», und sie verbog den Kopf und stemmte sich von mir ab «ach seien Sie doch» und sie küsste mich wieder, sagte noch in den Kuss hinein «vernünft –» und schmolz mir zugleich in den Armen. «Nicht mehr» sagte sie noch einmal schwach und biss mich in die Lippen, riss mich in sich hinein und liess die Lippen aufgehen. Wir sanken zusammen aufs Bett. Wir rangen. Immer wieder seufzte sie «Nicht mehr» und küsste mich mit Klettenküssen den zähesten, haftendsten, wühlendsten die ich je gekannt hatte, einer Leidenschaft die zu ihren weichen Gliedern kaum passte, die Taube die sie war. «Lass mich los, hab mich lieb, hast mich lieb? Mach mich nicht verrückt, noch fester, noch fester, das war schön, sei gescheit, das hätt ich nie von Ihnen gedacht, nein ich schreie, noch einer, jetzt bin ich Dein Schatz, ja, so, Du –» Plötzlich richtete sie sich auf. «Es wird mir zu heiss, ich muss die Bluse ausziehen.» Ich löschte die Lampe und in wenigen Minuten schlüpften wir zu einander. Sie hatte nur Rock und Bluse und Corset abgelegt, ich nur den Anzug. «Weisst Du», sagte sie mir nach den ersten Küssen heiss ins Ohr, «die Fee hat auch bei mir was für Dich versteckt.» «So?» sagte ich und schloss ihr den Mund. «Ja, ich sag jetzt wie Du vorher, Mut, los, suchen, ich helf Dir auch, wo hast Du den Finger?» Sie griff mir in die Hose, kraulte, holte die Stange mit der weichen kleinen Hand, und ihr Kuss zerfloss mir feucht in den Mund. «Da such» seufzte sie und glitt unter mich, «da – ist es drin – ganz tief – ganz» und sie wischte ihn sich in den heissen samtigen Schlund der Lust. Er war eng, aber ohne andere Hindernisse. Sie stöhnte und lachte als ich durchzwang und nahm meinen Mund zwischen die Lippen, «nur noch einen letzten» und sie nahm den Schieber in beide Fäuste, «und nicht, nicht mir wehthun, ach, ach ja such bei mir, da, tief drin – ist er – … komm endlich – richtig – fest, – noch fester – vögle mich – vögeln – Süsser – nochmal so – nochmal, forscher – rammeln, ah, Mund – komm, geh geh geh weg.» Sie stiess mich ab und zuckte, riss mich zurück und floss mir in den Mund. Wir schraubten uns scharf zusammen. Es wurde still. Nur ihr Seufzen röchelte ab und zu. Dann lockerte sie sich langsam, schlüpfte aus dem Bett und hockte auf den Topf. Ich war so toll, dass die Haltung und das Niederschäumen ihres derben Strahls meinen Scharfen sofort wieder aufrichtete, ich nahm sie augenblicklich wortlos vor, klemmte sie auseinander und bimste sie brutal ohne einen Kuss, während sie vor Lust raste und stammelte. Sie bedeckte mich mit Küssen, faltete mich in alle ihre göttlichen Glieder und stachelte mich zu solchen Zärtlichkeiten an, dass sie ohne mich in sich zu haben, zum dritten Male in Krisis kam und mir in Wollustkrämpfen aus dem Griffe fiel. «Ach ist das schön» lallte sie, als sie sich wieder in meine Arme nistete «ach ist das schön. Und so lange hast mich drauf warten lassen!» «Wie lange denn?» «Warum hast mich denn nicht gleich genommen?» «Wann gleich?» Sie biss mich in den Mund und kraulte mich am Hodensack. «Wie ichs erste Mal hab Dein Bett gemacht.» «Wie mir den Schlüssel gegeben hast?» «Ja doch, sag warum mich nicht genommen hast.» «Hättst es denn gewollt?» «Ich? Ich hab nichts anders können denken seit ich Dich kenne.» Die Zungen spielten und erstickten die Laute. «Hast mich gleich gern gehabt?» «Gern? So geil bin ich gewesen auf Dich, dass ich wenn ich auch nur an Dir gestreift bin am Tag, Nachts im Bett mirs hab selber machen müssen, mit'm Finger, weil ich sonst nicht hätt schlafen können. Und Du bist auch scharf gewesen auf mich.» Ich erzählte ihr das mit dem Barmädchen und der Malerin. «Aber jetzt haben wirs nicht mehr nötig, jetzt bin ich Dein Schatz. Wenns heut nicht geworden wär, wär ich Nachts in Dein Bett gekommen, wär mir alles wurscht gewesen.» «Warum hast mich denn so gern, oder bist überhaupt hitzig.» «Ich? Du bist mein erster Schatz.» «Ja was. Eng bist ja allerdings dass es eine Lust ist, aber Mädel bist keins.» «Nein, bin ich auch nicht, aber das ist anders gekommen. Wie ich siebzehn war, nach einer Hochzeit aufm Dorf, ist mein Bruder, war nicht sechzehn, in die Kammer gekommen war sternhagelvoll, und ich hab einen sitzen gehabt, er hat wollen zu einer andern die bei uns schlief und mich hat er entjungfert und ich vor Schreck hab mich nur halb gewehrt, und nachher hab ichs ihm ausgeredt und gesagt er hätts geträumt, und ein Monat später ist er in die Draisine gekommen und war gleich tot. Nie hab ich einen Mann gespürt, nur mit Freundinnen, wenn man so zusammen im Bett liegt, hab ich mich amüsiert, aber das ist ja nichts. Doch wie ich gesehen hab, da hatts geschnappt, Dich wenn ich hätt anfassen dürfen wie jetzt – damals mitm Tablett, dass mich nicht geküsst hast von hinten, wo ich die Hände voll hatte – und hättst es doch so gern gethan wie? Siehst ich habs gewusst. Ich hab immer in Deiner Hose gesehn, dass er Dir gleich gestanden ist, wenn es ein bischen intimer wurde. Wie ich das weiss? Vom Tanzen, da steht er doch allen. War mir aber immer eklig, weil sie nach Bier riechen wie mein Bruder.» «Und warum hast Dich vorhin angestellt, Du müsstest gehen und ich sollte vernünftig sein, und die ganze Komödie?» «Aber das ist doch klar Schatz, ein Mädchen muss doch auf sich halten.» Ich musste laut herauslachen. «Ein Mädchen darf doch erst nachgeben wenn der Mann ihr den Stärkeren zeigt.» «Und vorher?» «Ja vorher das waren ja nur Spielereien, wo man sich mit so richtig ins Feuer bringt. Aber gefallen hat mirs ja, dass Dich so lange beherrscht hast, Herrgott, hab ich gedacht, was is mit dem Mann? Ist er so kalt, oder bin ich ihm nicht gut genug oder hat er Angst, kalt ist er nicht, sonst hätte er noch immer gleich en Steifen wenn man in seine Nähe kommt, und so nett ist er ja auch zu einem, also war mir en Rätsel. Jetzt sag warum mich nie geküsst hast.» «Weil immer was dazwischen kam.» «Und warum mir vorher nur einen Kuss gegeben hast und mich nicht gleich behalten und genommen?» «Weil der erste Kuss so süss war. Der erste Kuss ist heilig.» «Und warum wie ich die Hand bei Dir drin hatte und den Ring suchen sollte, und den Steifen angefasst habe und den Augenblick gehalten, und wo Du musstest gemerkt haben, dass ich geil war, und Du warst auch geil, und eine ganze Stunde haben wir uns angegeilt, warum Du mich da nich umgeschmissen hast und los.» «Weil ich zuerst meine Wette gewinnen wollte, und wusste, ein par Minuten früher oder später hab ich Dich doch.» «Hättest mich nicht losgelassen Schatz.» «Hättst durchgesetzt dass mich kriegtest heut Nacht?» «Allerdings.» Sie machte eine starre Tüte aus ihren Lippen, wühlte sie mir saugend in den Mund und schoss mir einen heissen Strahl Speichel in den Kuss, ich glaubte nie solche Wollust gekostet zu haben. Ihre Hand wühlte in meinen Brusthaaren, die andere hatte den Liebesbaum und wieder drückte sich mir der Schröpfkopf dieses Kusses zwischen die Lippen und trieb den Saftspritzer in meine Kehle. «Nicht mehr, ist genug für heut Nacht» bat sie als ich sie fasste, und als ich nicht nachliess und sie bedrängte, zog sie sich aus meinen Armen und kehrte mir den Rücken. «Gut Nacht» sagte sie den Kopf zu mir zurückdrehend. Ich küsste sie, sie liess zum ersten Male ihre ganze Zunge in meinen Mund. Die Wollust dauerte Minuten. Ich deckte ihren Unterrock auf, ihre weichen Hinterbacken drängten in mich, und ohne dass Mund von Mund liess, trieb ich ihr den Sucher zwischen die Schenkel. Sie griff hinter sich, brachte ihn ans Ziel, ich hob sie um den Leib herum an und drang langsam ein. Dann verlor ich vor ungeheurer Süssigkeit jede Fassung und bürstete sie durch wie ein Hengst. Sie war schon bei den ersten Stössen erledigt, griff mit dem Arm rückwärts nach meinem Halse und drehte noch zuckend den Mund in meine Küsse, so dass ich in dieser seligen Verlötung mich aus ihr herausziehen konnte und neben sie spritzen, und so bei ihr bleiben. Allmählich sanken wir nebeneinander, immer noch verschmolzen. Ihr Atem beruhigte sich und sie sagte, mich an sich drückend «Jetzt möchte man gleich sterben, nich, schöner kann nichts kommen. Hast mich lieb, Du? Hast mir schon soooo lange nich mehr gesagt, dass mich lieb hast, Du. Ach liebhaben, ja? Immer. Heiraten – na das weiss ich ja, das is nich. Brauch ich auch nich. Aber immer an mich denken. Geburtstag – da musst Du mit mir feiern. Musst sehen wie Du das drehst. Büssen und beten – ha.» Sie lachte und kitzelte sich in mich hinein. Sie hatte eine Art sich einzusaugen, als wäre der ganze weiche Leib schlangenartig knochenlos und umschlösse mich wie eine schmelzende Materie – aber nicht nur schmelzende, hinein wachsende. Ich habe nie später einen solchen Mädchenleib in Armen gehalten, sie nur ein Geschlecht, nur Sinne, nur Verschmelzung nur Begattung und Empfängnis, vegetativ. Sie roch auch nur nach Blume. Selbst die Entladungen waren nicht geruchsfeindlich, ihre Armhöhlen hauchten etwas wie frisches Heu, ihr Mund schmeckte nach heissen Nüssen, ihr Haar nach einem Parfüm das es nicht gibt. Ihre weichen Hände fühlten sich an wie frische Semmelkrume ihre Haut wie Pfirsich. Wenn ich ihren Hals küsste, ging etwas nahrhaftes in mich über wie Ei und Kuchen, und ihre Küsse, schwelgend von zähem Verlangen, waren nie Spielerei sondern ein fester geschlechtlicher Akt, ihre Lippen, Zähne wollten mit meinen zeugen. Sie war eine junge Wendin, aus einem Dorf bei Lübben. Was die slavische Frau von allen anderen unterscheidet und ihre Riesenmacht in Gesellschaft und Geschichte erklärt, wurde mir hier bewusst. Ich habe vorher und nachher nie eine Nacht erlebt, die mich auf einen solchen Grad der Potenz erhob und sie wurde mir nicht als Potenz bewusst, sondern als etwas was dieser Leib und dies Wesen aus mir herausholte. Sie harmonisierte mich, sexualisierte mich, sie lud mich mit sich, sie war ein Liebestrank. Die kleine Polin im Weltkriege im Generalstab, Anne Kolodzjy, die ein Par Wochen lang mein Bettschatz war, hatte auf viel geringerem Grade die gleiche Rassengenialität, die keine Deutsche, Engländerin Französin Italienerin Amerikanerin Jüdin auch nur begreifen würde. Die Deutsche ist im Bett innig und ungeschickt, die Engländerin dumpf sinnlich und schwul passiv, die Französin verspielt und raffiniert mit Überraschungen und Tricks, die Italienerin grobsexuell und prosaisch platt, die Amerikanerin von reiner technischer Öde des Sportvögelns, die so ist wie gemeinsam lunchen, die Jüdin sogar in der Krisis noch bewusst und intellektuell. Keine von allen ist die natürliche steigernde Ergänzerin des Liebhabers, die in der Umarmung mit ihm zusammen in ein drittes transcendiert, und den Akt zu einem Naturvorgang macht. Wie {sie} jetzt noch nach ihrer vierten Krise und meiner dritten sich still nackt auszog und mich mit heissen kleinen Küssen auf den ganzen Körper von oben bis unten entblösste wie eine Hand, und dabei ständig süss schwatzte, das lässt sich nicht erzählen. Sie lag Seite zu Seite mit mir, den Kopf auf meinem Arm, ihren Arm unter meiner Hüfte und drückte sich von Zeit zu Zeit von oben bis unten an mich. «Was hast Du denn gedacht Herr Rudolf, wie dass mich das erste Mal gesehen hast?» «Ich? Donnerwetter was ein hübsches Mädchen, lieber nicht hinsehn.» Sie lachte und schob mir die äusserste Zungenspitze zwischen die Lippe. «Das hab ich gespickt. Immer weggesehn hat er. Weisst was ich gedacht hab? Jetzt hab ich gedacht, bin ich gern hier im Haus, ich will nich weg. Weil ich schon hatte wollen kündigen. Die Alten weisst die machen einem das Leben schwer, aus Neid, und die Kinder, was die anspruchsvoll sind. Martha hier Martha da. Und die Fräulein, von oben runter, schnippsch, schnappsch mit Befehlen. Aber Du, da is mir anders geworden.» «Na der Schönste bin ich doch gewiss nicht.» «Du? Interessant siehst aus, das weisst ja. Jede wo Dich sieht, muss gleich sagen was für ein intressanter Mann. Wie Du einen anschaust, und die Stimme, und was Du redst, keiner redt so wie Du, und dazu stramm, und wie aus Eisen, und auch wie feurig Du bist, das spürt ein Mädel, und dass Dich beherrschst, und man möchte Dich kennen und was mit Dir zu thun haben und aus Dir rauskriegen. Man möchte wissen wie Du bist, wenn Du eine gern hast wie die andern Männer und ein Mädel durchnimmst, wie das sein muss. Und Du mit mir, was hast gedacht?» «Ich? An Deinen Mund hab ich immer denken müssen und dass Du weich bist wie ein Schneck, und von oben bis unten zum Fressen gemacht.» «Hast mich gleich haben wollen?» «Totküssen.» «Weiter nichts?» «Doch» «Was?» «Kannst Dir ja denken» «Thu ich ja auch. Ich hab immer gemeint was denkt er von Dir, will er Dich, wird er Dich, wagt er was, nimmt er sich was raus? Küsst er mich plötzlich, oder kneift er mich ein bischen in Hintern? Nachts hab ich mir ausgemalt, Du musst wieder mal hier zwischen Telephon und Bett bei mir durch, dann gehts mal mit Dir durch oder mit mir, und man thut was Dolles. Du fasst mich an die Brust und ich fass Dir in die Hose, und wir lachen, und fassen uns weiter an und Du schmeisst mich aufs Bett, und ich sage ‹nicht doch› und Du sagst ‹doch› und ich sage ‹Was fällt Ihnen ein› und Du hast den da aufgepflanzt und ich sage ‹schliessen Sie doch wenigstens ab›. – Oder es kommt ganz anders. Du streifst hier bei mir lang und weil wir so nah sind müssen wir küssen, und ich steck Dir gleich die Zunge in Mund wie jetzt – ach Schatz – und Du wirst ganz wild davon, und fasst mir von vorn zwischen die Beine, und ich heb mir Rock auf und Du knöpfst auf, und wir machens im Stehen. Ich hab einmal zugesehen, aufm Gut wo ich war, da war ein feiner Kerl, der Gärtner, braun wie ein Zigeuner, und musste zur Gräfin Rechnungen machen, die wusste nich dass die Thür halb offen war, und ist ihm gleich um den Hals, und er hat sie auf Tischkante gehoben, von da is sie ihm aufn Steifen gerutscht und er hat sie so aufgehoben und in der Luft abgefickt, ich seh noch wie ihr Kopf ihm über Schulter hing wie tot, und gequiemt hat sie wie eine Katze vor Pläsier. «Na Du weisst ja Bescheid» sagte ich und weil mir die Erzählung heiss gemacht hatte wollte ich angreifen, aber sie wehrte mich ab. «Bescheid – ach wenn Du wüsstest, was man aufm Dorf bei uns alles sieht. Die Bengels von fünfzehn an und die Mädels oft von vierzehn, und die Frauen kriegen noch Bankerte mit fünfzig und die Bauern nehmen noch mit siebzig die Jungmägde durch, und alles durcheinander, – Blutschande da lacht man nur drüber. Sonntags während Tanzen, im Winter in Chausseegräben, das ist ein Gerammel, neben einander liegen sie; wenn die Bäuerin auf ihren Knecht scharf is, sie findt en Grund dass er nicht aufs Feld muss, und dann kriegt er ordentlich Bier und zu essen, und sie sagt er hätte ihr ne Wurscht gestohlen, die müsste wieder in Speisekammer und wenn er leugnet, und fragt wo die Speisekammer is wo er nie von gehört hat, lacht sie und hebt sich auf, und die Wurscht spaziert da wieder rein. Das glaubst Du nicht, wies da zugeht. Von die Bengels is da manch einer wo es gut kann, der kann sich nicht schützen vor Mädchen und Frauen, und wenn ein hübsches Mädchen ist, die gern rangeht an'n Speck, die hat in einer Nacht ein Dutzend, die stehn wie am Schalter in der Post. Eine reiche Bauerntochter war, wo ich gelernt hab mit siebzehn, beim Nachbar war en Knecht, der hatte geprahlt er könnte sie neun Mal, und sie sagt immer, wenn das wahr wäre, den heirat sie. Dann hat sie der Jungmagd, die war um die zwanzig ein Thaler gegeben, sie sollt ihn ausprobieren, und ihm Verabredung geben im Busch wo man sich im Rohr verstecken kann, und die wollt zusehn, und nimmt mich mit weil sie nich hat wollen allein sein und ihre kleine Schwester von fuffzehn, richtig minderjährig und wir verstecken uns also, und das Mädchen fängt dann mit ihm an und legt sich hin. Dreimal macht ers ihr in einer Tour, dann wird er grob und sie is schlapp und dann sagt die Marie zu mir, ich soll zu ihm gehen, da hab ich nur ausgespuckt. Aber die Kleine, die das mit den Augen verschlungen hat, und sich bepinkelt vor Aufregung, die fragt gar nich lange und geht zu dem Kerl. Der grinst, hebt ihr den Rock auf und grabbelt und sie windet sich, und dann setzt er sie sich verkehrt aufn Schoss und machts ihr auch drei Mal. Und dann geht thatsächlich die Marie runter zu ihm und nimmt ihm das Kind weg und thut als wollte sie ihm heimleuchten, und sie werden handgreiflich, aber er kapiert schon, und sie sagt, sie wollt ihm alles rausreissen, und dann stehn sie und schnaufen und sie arbeitet in ihm drin mit der Hand, und dann küssen sie sich, und sie legt sich breit, und er macht ihr noch zwei Fuhren, die dritte schafft er nich mehr, aber geheiratet hat sien doch nach dem Examen.» «Und haben die alle keine Angst vor Kindern?» «Die wo Angst haben, da setzt sich der Bengel aufn Stuhl, der Balg setzt sich ihn aufs Knie und küsst ihn und wichst ihm dabei ab, und dann geht sie aufs andere Knie und küsst ihn wieder und er kitzelt ihr wo es juckt oder machts ihr auch mit dem Finger. Wieder andere, die sind so raveniert, da haben sien Trick und kurz bevor dass ihm die Natur kommt, rutscht sie unter ihm weg und es saust daneben und welche tragen immer was in sich, was ihnen der Judendoktor in Lübben giebt und vor der Regel nimmt ers ihn wieder raus, und welche die treiben ab, und welche die kriegen sie, und welche die schmeissen wohin. Musst immer denken hinter uns da kommt gleich der Sprecwald. Bei uns was nich arbeiten essen und schlafen ist, das is vögeln, durch die Bank, in jeder Freizeit, jede Minute. Denkt keiner an nichts anders. Wenn den Stöpseln anfängt zu stehen, da is bald eine die sich für intresiert, denn die kleinen Dinger, wenn sie Regel haben, da sind die Grössern gleich hinterher, und manchmal die Väter und zeigen ihnen den Steifen in der Scheune und lassen ihn anfassen. Und die Stöpsel, da versuchen die Jungverheiraten die nicht genug kriegen können, und sagen ‹Armes Kerlchen Du hast ja Läuse› ‹Was wo hab ich Läuse?› ‹Komm zu mir morgen früh um sechs, wenn sie aufm Feld sind, braucht ja keiner wissen dass Du welche hast, ich mach sie Dir weg, dass kein Gerede is›. Kommt der Bengel hin, is sie noch im Hemd, nur was um, nimmt ihn in die Kammer klemmt ihn zwischen die Beine kämmt ihn, kitzelt ihn, wenn sie merkt dass er lebhaft wird, sagt sie dass wären die Läuse unten in den Haaren macht ihn auf klemmt ihn wieder zwischen die Beine fragt ihn ob es ihn nich juckt, sagt er ja, sagt sie mich juckts auch, hast mich schon angesteckt, jetzt müssen wir sie zusammen loswerden, dazu braucht man Bettlaken, dass man sie sieht wenn sie springen zum knicken, und nimmt ihn ins Bett und sagt ‹zusammen zusammen›, und dann zeigt sies ihm, und wenn er fertig ist juckts ihn nich mehr. Der junge Pfarrer in Kolzin, gleich bei uns, der war lang und hässlich mit einer Mordsnase, aber einen Schwanz, da war er für berühmt, so lang wie der Hebel am Häckselbrett, der hatt alle seine Konfirmandinnen immer abgeküsst und betätschelt untern Rökken aus Christenliebe und es ihnen dann in den Hintern gemacht mit seiner Stahlrute, denn dann wäre es keine Sünde, Sünde sei nur die fleischliche Begattung der Geschlechtsteile, und das Loch sei wie eine hohle Hand, und der Steife sei nicht geschlechtlich wenn er nicht zur Begattung gebraucht würde, wie zB beim Pinkeln wäre er auch nicht geschlechtlich, und die Mädchen, schon weil es keine Gefahr hatte, machtens alle mit und welche waren so wild drauf, dass das andere gar kein Reiz mehr für sie hatte und blieben Jungfrauen, und so is auch rausgekommen, denn wie sie geheiratet haben, die Männer sind schier gesprungen, dass sie unberührte Bräute im Bett hatten denn das gibts ja überhaupt nich bei uns, bis dass rauskam dass sie beim Vögeln kein Gefühl hatten und wollten gearschfickt sein, und gestanden ganz harmlos sie hättens in der Christenlehre gelernt und es wäre christlich und keine Begattung und keine Sünde.

Wir lachten und küssten uns heiss und zärtlich, es war holdselig so Seite zu Seite umarmt zu liegen und in den Kuss hinein zu schwatzen, der Leib des zarten üppigen Wesens wie süsse Butter und doch wie aus Schneckenstoff, jeder Druck luftdicht, alles wie mit Kletten besetzt, man blieb hängen, oder wie mit Millionen Lippen besetzt, die sich ansaugten.» «Und Du allein, süsser Schatz, ungerupft durchgekommen?» «Sieh mich doch an. Seh ich aus wie eine die das mitmacht? Die sehen anders aus bei uns, man siehts einer nach den ersten Tagen an. Fühl doch meine Brust, ob da einer vor Dir mit gespielt hat. Wenn ein Mädel das hergibt ist sie in einem Monat schlapp und wird nicht mehr fest. Das hält keine aus. Bei unsern da sacken sie schon mit siebzehn achtzehn, sind kleene, platte Pietzen, und solche die viel Brust haben, denen hängen sie wie Euter. Ich hab immer was Apartes wollen haben, und keinen Rummel und keine stinkigen Lorbasse, es war mir eklig. Ich bin auch anders wie die, so weiss am Körper is keine, und so entwickelt. Ich bin unehelich. Meine Mutter selig soll die schönste weit und breit gewesen sein, war Amme in Berlin und alles is ihr nachgelaufen um sie anzustaunen, war im Haus von ein russischen Fürsten bei die Gesandtschaft wo auch eine bildschöne Frau war, die noch spät ein Kind gehabt hat, da war sie als Amme bei, und der älteste Sohn was der junge Graf war oder Fürst, der hat wie seine Mutter ausgesehen, da is sie von schwanger gewesen wie sie zurückkam aber mein Vater hat mich anerkannt, bekam dreitausend Thaler und hat den Hof gekauft wo er nachher wieder versoffen hat. Mein Mutter selig ist noch lange jedes Jahr ein Monat weggewesen, weil der junge Herr nich hat wollen von lassen. Zu mir hat sie immer gesagt, ich wär was anders und sollte es so gut haben wie sie. Mit den Flegeln sich verplempern, da wär ich zu schade. Wenn man schön wär und auf sich gäbe, da gäbe es grosse Herren, da könnte sie von erzählen. Und da, mit solch einem, da ginge es anders zu wenn man sich gern hätte, als bei dem Huren aufm Dorf. Und wenn mir einer den Steifen zeigte, sollte ich ihm draufspucken, und wenn einer mich anfasste, sollte ich zum Schandarm. So is es gekommen, aber die Einzige bin ich nicht, es waren auch ein zwei andere, die wo nich mitmachten, oder hatten nur einen Schatz, und der sie gehabt hatte haben sie auch geheirat. Auch ein junger Mann war da, der mich wollte, auf diese Weise hat auf Geometer studiert, aber er roch ausm Munde und hatte so lederne Hände. Nee nee; aber aufgewachsen is man doch mang das Ganze, und vertraut is es einem, und gedacht hat man nichts anders als was die andern gethan haben, und aufgeregt hats einen wie ein heimliches Feuer immer, und träumen thu ich nur von so was. Vom Warten, weisst, wird man gar. Wo ich Dich hab gesehen, hab ich gewusst, das Warten is aus. Auf mehr als auf Dich warten, das gibts nicht. Dich musste ich haben. Du hast mich sollen kriegen, Du mein Herr Rudolf Du Geliebter. Wie ich gespürt hab, dass einen Steifen kriegst, wenn bei mir stehn thust, und bist ausserdem was Du bist auch ein Mann der geil wird auf ein Mädel und ich bin das Mädel und werd bald gevögelt werden von Dir – gesprengt hat michs, heulen hätt ich können, das hast nicht wissen können, wie wenn mich blos angeschaut hast, bin ich nass gewesen zwischen den Beinen, weil ich den hier hab kommen fühlen.» Sie drückte mir zärtlich den Schwengel, liess wieder locker, drückte wieder, schob an ihm her und hin. «Ich glaub er ist noch doller geworden seit vorhin, zum Fürchten» und ihre Zungenspitze schnullerte mir blitzschnell zwanzig Mal durch die losen Lippen. «Steht er Dir schon wieder nur weil ich ein Frauenzimmer bin, oder weil mich lieb hast Schatz? Würd er Dir bei jeder andern auch immer wieder hochgehn wie von Eisen?» Und sie liess mich nicht antworten sondern passte mir den halboffenen schwellend weichen Mund genau auf die Lippen und wühlte leicht schwelgend während sie den Schwanz sanft drückte «ach wie das schön in der Hand zu halten ist, wie wonnig sich das anfühlt» und sie drängte näher. «Pass auf, Schatz. Thu alles, was ich thu, mit dem rechten Arm umarmen, mit dem Mund küssen, mit dem Linken, das siehst gleich. Den Steifen – pass auf.» Sie drückte sich den Kartätschenkopf schwach in die äussere Mündung der Lust. «Nicht stossen, pass auf, kommt alles von selbst.» Sie steckte den Zeigefinger in den Mund, griff über mich und suchte zwischen meinen Hinterbacken. «Du ebenso». Mein Zeigefinger strich ihr in die Rille, sie zitterte und drückte den Mundknopf in mich, ihr Finger glitt in mein Loch, meiner durch den Schliesskrampf hindurch in ihrs. Sie seufzte auf, wir drangen sanft zusammen, sie spie mir Schaum in den Mund, ich leckte ihr den duftenden Mund aus, schob schwach in ihren Hintern und vibrierte ganz sacht im vorderen Verschlusse. Ein langer Lustlaut stöhnte aus ihr, sie drückte den Finger tief in mich und stiess mich ins Becken, jetzt küssten wir uns mit Lippen und Zungen und ich liess den Schieber rhythmisch in ihr kitzeln, sie biss mich zitternd in den Mund und rutschte mir rhythmisch entgegen, warf das rechte Bein über mich, liess den Finger aus meinem Loch, umarmte mich mit beiden Armen wie eine Rasende, liess los, grub mir die Nägel in den Hintern, hing Kopf abwärts und biss mich zuckend in die Brust. Dann wurde sie mit einem Schütteln leblos. Ich war nicht zur Krisis gekommen. Im nächsten Augenblicke schlief sie ohne ein Wort ein. Ich selber, dicht an sie gedrängt, schwamm ebenfalls hinüber.

Ich wachte von Licht auf. Der Strom war gekommen, das elektrische Licht ging an, unmittelbar drauf dröhnte die Speisezimmeruhr einviertel nach sechs. Sie lag wie eine junge Göttin neben mir auf dem rechten Arm nackend, rosenrot im Gesicht, die vollkommenen Kuppeln der jungen Brüste nur bei Bildhauern noch so schön, Lenden, Hinterbacken, Schenkel von einer Weichheit und einem Adel ohne Gleichen. Sie schlug die Augen in dem Moment auf in dem ich aus dem Bett geglitten das Licht ausknipste. Sie drückte sich an mich, ich zog die Steppdecke über uns, sie suchte meinen Mund und seufzte. «Is also alles wahr, was? Du. Is nicht geträumt Du. Komm. Ich muss gehen. Wieviel Uhr is'?» «Bald halb sieben.» «Is besser, um sieben stehn die Alten auf. Du. Mein Abgott. Is denn alles wahr? Schatz geliebter. Ah –» «Komm, Muschi, zum Abgewöhnen.» «Nein nein.» Sie war wach und energisch. «Nich. Sonst bin ich den ganzen Tag kaputt. Adje, Herr Rudolf, mein Einziger. Rasch. Nach Tisch wenn Alles Mittag schläft, komm ich auf n Augenblick. Ach, ach, ach Du –» sie riss mich an den Ohren zu sich und rieb mir einen harten stossenden Kuss, schallend, auf den Mund, sprang aus dem Bett, zog Kleider halb an halb über sich, packte Schürze und Krause, Schuh und Strümpfe und ich ihr nach küsste sie an der Thür zwanzig fünfzig Mal ehe ich sie liess. Dann schlief ich bis acht, und lief ungefrühstückt aus dem Haus. Ich musste Bewegung haben und ein Bad, und die Atmosphäre der Nacht los werden, die stickig um meine Haut lag. So rannte ich durch den kalten Morgen zum Admiralsgartenbad, nahm ein ganz kurzes heisses Bad, sprang ins kalte Schwimmbad, duschte mich durch, liess mich rasieren, hatte aberwitzigen Hunger, frühstückte im Central Café mit Eiern und Schinken und arbeitete bis ein Uhr scharf in der Bibliothek. Obwol ich höchstens drei Stunden geschlafen hatte – unsere Liebeskämpfe mussten bis gegen fünf gedauert haben, also gut sechs Stunden, flog mir die Arbeit, bei äusserster Lucidität. Die ungewohnte Kräfteabgabe hatte sich in Leistung umgesetzt, das Glück über diese süsse Geliebte trat mir als Rhythmus in die Nerven. Ich war ein anderer Mensch, das häusliche Elend spielte keine Rolle mehr. Um halb zwei war ich zu Tisch zu Hause. Ich ass mit den Geschwistern allein, nichts hatte sich äusserlich geändert. Karolinchen servierte. Martha sah ich für einen Blitz durch die geöffnete Flurthür, sie pflegte die Schüsseln von der Küche bis dorthin zu bringen, und auf einen Anrichtetisch abzustellen. In mein Zimmer zurück gekehrt, fand ich keine Veränderung. Dass sich dies fast Unglaubliche gestern Abend und Nacht dort abgespielt hatte war den Wänden und Gegenständen nicht abzulesen. Das Bett unserer Wollust war sauber zugedeckt, der Topf auf den die Süsse so naiv niedergehockt war, um hineinzustrullen stand leer und sauber da. Der Schreibtisch war aufgeräumt. Halt! auf dem Löschblatt der Schreibunterlage stand mit Bleistift in einer Ecke: GUTHEN MORGEN ½ III. Den Gummi hatte das kluge Kind daneben gelegt und ich wischte die Spur sofort aus. Die Zeit war gut gewählt, denn unser Haus war von 2^{10} bis zum Thee um fünf dem Nachmittagsschlafe geweiht, auch die alten Leute legten sich. Ich muss gestehen, dass mir das Herz beim Gedanken klopfte, das wonnevolle Geschöpf in wenigen Minuten wiederzusehen, und mir ausmalte, wie sie sein, wie sie aussehen werde, wie mich anstrahlen mit dem Blicke mit dem eine Frau den Mann wiedertrifft, mit dem sie nachts das unmenschliche Naturgeheimnis geteilt hat – gegen das gehalten alle Geheimnisse der Seele und Schranken des Menschen doch nur Kaff und Zunder sind. Es war zwei Minuten vor der Zeit, ich hielt die Uhr mit dem kleinen Zifferblatt in Händen und zählte die Sekunden. Aber bald musste ich auch die Minuten zählen denn Martha war nicht pünktlich oder hatte eine andere Uhr, und nie sind mir Minuten träger und unerträglicher geflossen als die zwölfe ehe der Schritt nebenan huschte, die Saalthür ins Entrée einschnappte, meine Thür leise aufging und im Spalt stehn blieb. Sie stand draussen. Ich sprang auf zog die Thür an – wie kann ich es vergessen! Es war ganz anders als ich gedacht hatte. Dies munddreiste Ding, ein anderer hätte es frech genannt, ein andrer verworfen, mit einer Geberde – wie sie schildern! Die gekreuzten Arme gegen das Herz gedrückt – oder gegen das Kinn – oder als ob sie die Augen in die Hände hätte drücken wollen um mich nicht anzusehen, den süssen bildschönen Kopf so drauf gesenkt dass ich nichts als ihre Scham und ihr Erröten erriet, zusammengebeugt mit einer Biegung des Nackens, – die grösste Schauspielerin hätte sie nicht schöner machen können oder der grösste Maler – – wie frierend in sich zusammengedrückt das ganze weiche Zerfliessen in Verschämtheit, das Zögern im gebundenen Halb stehen bleiben – Natur, Unschuld, Mädchenhaftigkeit, kindische Kindlichkeit – woher hatte sie das? Ich fing sie auf, so flüchtete sie in meine Umschliessung ohne mich zu umarmen, noch immer die Ellenbogen und Hände fest zusammengedrängt und den Kopf geneigt, und so als bettete sie sich in mich hinein, halb sich in mich hinein versteckend, sich schubbernd sich schmiegend, – nein wirklich mit dem Rücken gegen meine Brust, erst dann sich halb in mich hineindrehend, und so erst nach Sekunden, von mir um die Arme herum gefangen, hob sie den blühenden Mund mit den schimmernden Zähnen, den Kopf zurück, einfach hoch und liess ihn sich küssen, wie eine heisse Blume. Wir standen so Minuten, sie regte sich nicht, küsste nicht wieder, immer wieder drückte ich die Lippen in den schweren weichen Kelch. Sie war nicht hübsch mehr, – – sie war bildschön, das Kinn so schön wie der Mund, die Augen wie das Kinn ich bedeckte alles mit Küssen. Sie hatte einen leisen dumpf gurrenden Kehllaut dabei, den sie gestern nicht gehabt hatte einen Glückslaut, der nicht in Worte ging. Sie war nicht mädchenhaft, sie war bräutlich. «Ach» sagte sie, drehte sich um, legte mir die Arme um den Hals und den Kopf auf die Schulter. Dann nahm sie meine Hand und küsste sie. Ich zog sie weg. «Was hast denn» fragte sie aufblickend und ich erschrak ihr ganzes Gesicht von Thränen überströmt zu sehen. «Ach was», sagte sie und schüttelte sie weg, «musst nicht glauben ich weine, sie fliessen bloss, weil ich zu glücklich bin, ach mein Jung, zu glücklich, zu glücklich. Lasst mich jetzt gehen, weisst schon. Is zu gefährlich. Man bloss en Augenblick. Ich komm schon wieder. Geh noch en Augenblick mich hinlegen. Morgen ist Sonntag, dann Montag, Dienstag sind nur drei Tage. Mittwoch, da kann man wie man will, abends komm ich Bett machen. Adje.» Sie fasste mich unter, meinen Arm drückend und warf sich mir an der Thür leidenschaftlich in die Arme. Wir küssten uns hundertmal, – sie gab nur den glühenden Lippendruck, nichts Aufreizendes oder Schwelgendes, aber mit einer Kraft und äussersten Innigkeit, die mein Herz umwandte. Ich war verrückt, sie war verrückt, aber ich liebte sie, dieser Moment war Liebe. Sie liess noch einmal die

Arme fallen, drückte sich wie ein Kind in mich hinein, streichelte mir das Gesicht, sah mit fliessenden glänzenden Augen zu mir auf und ging, den Arm vor dem Gesicht.

Kurz, ein Wunder. Sie sagte alles heraus, mit dieser tollkühnen Naivetät, die den Unterschied von erlaubten und verbotenen Worten üblichen oder verfehmten Mitteilungen nicht kennt oder verlacht, ebenso wie sie sich auf den Nachttopf hockte – also jeder Begriff des conventionellen Schamgefühls, conventioneller Zurückhaltung war ihr unbekannt geblieben, wie er etwa im Bordell nicht existiert, aber ebenso wie naiv schamlos war sie naiv schamhaft mit einer Tiefe und Zartheit, die mich absolut berauschte. Kein Mädchen, das bisher mit mir im Bett gewesen war, hätte von geil und vögeln und dem Steifen und vor Aufregung nass werden zu sprechen auch nur geträumt, aber jede war am nächsten Morgen oder beim nächsten Treffen dreist und siegreich und verstohlen verständnisvoll, wie nach weggeräumten Hindernissen gewesen, und hatte in den Kuss eher die Besiegelung des neuen Zustandes mit notiert, der durch die zügellos gewordenen Küsse der Schäferstunde geschaffen worden war, die Baroness in X. die sich am Abend zuvor die Augen bedeckt hatte, als ich, durch

II

biographischen Goethes selber, Dienst des Mädchens, das seine Unterthänigkeit kennt und geniesst, deren Schooss «nach ihm hindrängt» – fassen wollen halten wollen, küssen geküsst werden vergehen dh. den Orgasmus erleben – die unerreichbare Hoheit und der Iste des Mannes, halbgöttlicher Kuss und Phallus. Man darf solche Dinge nicht gestehen und der Dichter hat sie verkleiden müssen, aber wenn Martha unverblümt sagte, dass die gefühlte und erwiderte Geilheit ihr höchstes Glück war, und dass sie sich nichts träumen konnte als von mir gevögelt zu werden, – wenn sie nach dem Iste griff und sich in die Coitus-Wonne stürzte wie in ein Paradies – schliesslich war sie nicht verpflichtet andere Worte für Klärchens und Gretchens Mädchenwünsche zu kennen als die ihres Dorfs. Wenn ein Berliner Mädchens dasselbe sagte und that wie die schöne junge Wendin aus Schwentow a/Spree so war sie allerdings ein Luder; das war etwas anderes. Und solche Luder habe ich später genug kennen gelernt, sie wurden «feine Damen» und die wenigsten wussten über sie Bescheid. – Ich hatte nicht nur ein gutes Gewissen, sondern es erwachte ein Glücksgefühl in mir, durch das ich mich, wie Hegel von Aristophanes sagte, sauwohl fühlte. Ich fand Marthas Worte so natürlich, satt und reich, gesund und gehörig wie ihre unschuldige Kühnheit in Handlungen. Sie gehörten zur Liebe, waren aus gleichem Stoffe mit ihr, begannen und endeten mit ihr, wurden nirgend hingebracht wo sie rohe Zoten gewesen und den schönen Mund entweiht hätten. Alle Liebespaare auch die heikelsten, kommen auf den Punkt wo die Frau oder das Mädchen einen erigierten Penis in die Hand nimmt, ihm bei sich Platz macht und vor Wollust seufzt und tobt wenn er zwischen ihre vor Geilheit gequollenen Schwellkörper und über ihren prallen Kitzler gleitet, und alle Paare haben Namen für die Vorgänge und Objekte dieser natürlichen und hochgeschätzten Minuten. Stumm werden nur die dümmsten sein, schamhaft in schamlosen Situationen nur die Unbegabtesten. Ob eine gebildete Dame sagt «Wunderstab» oder Wünschelrute oder der Gewisse oder sonst was, ob sie sagt «feurig» oder «dafür gestimmt» ist ganz so wie wenn Martha sagt «Dein Steifer» und geil und vögeln; und Mädchen die sich stellen, als wäre ihnen der sogenannte «Akt» im Grunde grässlich und die ihn daher auch im verbalen passiv an sich erfahren, sind ja nur Unglücksviecher, die ausser der Regel stehen.

Sie kam nach Tisch, gegen ½9, rosig schön und sehnsüchtig, aber nur auf Minuten, denn zwischen Entrée und Telephon waren wir beide zu unruhig etwas zu wagen. Ich umschlang sie schon an der Thüre und wir rangen in atemlosen Küssen hin und hertretend, fest zusammengedrängt, ich drückte sie an die Wand, wir griffen uns an den Leib und die Gesichter, fast ohne ein artikuliertes Wort, aber dann hiess es sich trennen. Am Sonntag musste sie den ganzen Vormittag die Klingel bedienen weil die «Ollen» in der Kirche waren. Jedesmal wenn sie öffnete, sah das holdselige Gesicht zur Thür hinein und liess sich rasch küssen. Das Telephon war bei Tage der Stein des Anstosses und erlaubte uns keine als ruhig absehbare Zeit, und Nachts, da meine Mutter noch nicht gut schlief, war jeder Tritt auf dem alten Flur eine Gefahr. Ging sie noch spät hinten herunter musste sie den Hof durchqueren, unter den Augen aller Hinterfenster, dann durch die vordere Säulenhalle, und die Vordertreppe hinauf, Morgens den gleichen Weg zurück. Wäre ich zu ihr gegangen, so war die Erklärung das WC, das am Flurende lag, für meine Schritte plausibel, dann aber musste ich vorher in den neuen Flur einschwenken, an dessen Ende neben dem Schrankzimmer sie allein schlief, aber gegenüber ihrer Thür ging die zum Hängeboden der beiden Ollen, ich hätte mich also bereits früh hinschleichen und verbergen müssen. So kam ich in meinem schneidenden Verlangen auf eine andere Auskunft. Ich musste sie unter einem Vorwand auf den Speicher bekommen, wo wir ungestört waren. Der Plan schoss mir im Kopf zusammen, und kaum dass es vor Tisch wieder läutete und die Bezaubernde den schönen Mund hereinhing über dem die übergehenden Augen blickten, informierte ich sie zwischen den raschesten heissesten Küssen, gegen 2¼ ging ich zu meiner Mutter die zum ersten Male etwas aufgestanden war und fragte ob sie mir Martha eine halbe Stunde zum Helfen und Räumen auf dem Speicher bei meinen Sachen überlassen könnte, ich brauchte bestimmte Bücher aus einer mit andern Stücken bepackten Kiste, und es wäre sonst niemand verfügbar. Gewiss hiess es, wenn es sich um nichts zu Schweres handele, sonst sollte ich Schubert, den Portier, heraufholen lassen. Ja sagte ich, das wäre vielleicht noch besser; wenn es dem Mädchen zu schwer wäre, würde ich sie herunterschicken. Meine Mutter läutete, und Martha erschien, weiss vor Aufregung in der Thür. «Ach Martha, gehen Sie doch mal mit Ihrem jungen Herrn» – das war typisch, Papa war für die Leute «Ihr Herr», ich «Ihr junger Herr» die Geschwister hiessen Fräulein Else oder Herr Ernst etc. – «mit Ihrem jungen Herrn mit auf den Boden aber überheben Sie sich nicht, sonst kann Schubert kommen.» Wir gingen neben der Küche zusammen hinaus, die schmutzige Hintertreppe weiter aufwärts wo Armeleutewohnungen waren, dann durch eine Thür die ich auf und hinter uns zuschloss. Es war dunkel, der Drücker zehn Schritt weiter. Ich zog sie an mich, sie streichelte mir im Dunklen das Gesicht und küsste mich leicht mit kalten Lippen, ein Zittern ging durch den Körper. Wir gingen untergefasst bis zum Lichtschalter, dann schloss ich eine Gatterthür auf und hinter uns ab, und dann eine massive, und wir waren geborgen. Kisten ausrangierte Möbel, alte Teppiche und Matten, Kofferberge bildeten die Ausstattung des weiten niedern Raumes, aber er war peinlich sauber und sogar staubfrei gehalten und in einer Art Ordnung. Gleich vorn stand die grösste meiner Bücherkisten offen, in der ich schon ziemlich gehaust hatte, denn sie enthielt die Geschenk- und Prachtwerke, die mir am wenigsten und dem Antiquar am meisten wert waren. Ich aber hatte es auf einen Stapel Matten Felle und Teppiche abgesehen, die in einer Ecke sauber aufgeschichtet waren, aus einer Erbschaft und einstweilen fortgelegt. Als ich von dort mich nach Martha umsah, stand sie über die halbleere Bücherkiste gelehnt und hineingreifend in einer mich entzückenden Stellung. Ich schlich mich fast unbemerkt hinter sie und umfasste sie, um die durch Boccaccios niedliche Fassgeschichte bekannte Lage auszunützen. Aber sie wand sich in meinen Armen und ich spürte sofort, dass es ihr Ernst war, – ich erriet nicht warum. «Komm» sagte sie, «wir haben jetzt Zeit, wollen uns mal erst umsehen. Du. – Du. Hast mich so lieb, is schön. Nicht böse sein.» Sie blieb stehen, drückte sich in meine Arme und küsste mich mit selbstvergessener Zärtlichkeit, Mund und Hände, mit geschlossenen Augen. Dazwischen sagte sie abwechselnd «mein wirklicher Schatz» und etwas lachend «Mein junger Herr». Dann sah sie einen alten grossen Lehnsessel aus einem altmodischen Cretonneschlafzimmer, zog mich dorthin und kuschelte sich mit mir zusammen hinein. Wir flüsterten und küssten uns wie die Kinder im Märchen, dann ging es weiter auf die Suche. In einer andern Ecke sah sie ein Drahtbett mit vielen zusammengerollten

Matratzen und blickte mir schimmernd in die Augen. Wir nahmen zwei zusammen herunter, ohne ein Wort zu sagen und rollten die dritte aus. «Soll ich Schubert rufen?» sagte sie und gab mir einen kleinen Stoss, ich fing ihre Hand und küsste sie noch gerade bevor sie mir sie wegriss und meine küsste, dann liess sie die Augen schweifen, von dem Stapel wurde eine alte mit grünem Samt gefütterte Pelzdecke ausgebreitet und über sie zwei Eisbärenfelle. Während wir unser Werk bestaunten, hob ich sie auf, eh sie sich versah, unter den Knien und um die Hüften, sie umarmte mich und drückte mir die heiss gewordenen Lippen auf den Mund, und als ich sie sanft absetzte zog sie mich mit. Wir verschlangen einander für Minuten. Dann band sie rasch die frische Schürze ab, hatte einen zweiten Gedanken, sass ab und liess ebenso rasch den Rock fallen. «Denk an mein Haar, Schatz, dass ich nachher nicht auffalle» sagte sie mir heiss ins Ohr und zog mich auf sich. Das alte Bett rasselte ohrenbetäubend zu ihren Wonnelauten, und seufzte noch als sie mich fest umklammernd ausruhte, ohne jedes Wort, aber mir jede Bewegung benehmend und mit dem Munde auf meinem ganzen Gesicht wandernd. Als sich die Lippen wieder auf einander schlossen wuchs ich nochmal in sie hinein. Sie bog sich unter mir aufwärts und wühlte den Kopf zur Seite. Als die Krisis kam, liess sie sich im Rücken sinken und umschloss mich mit den nervigen Schenkeln, ich hatte ihr die Spannung nicht zugetraut. «Mein Meiniger» sagte sie mit noch rauher Stimme als sie sich zu erholen begann. «Bleib noch bei mir bitte schön, noch zehn Minuten. Ach. Ach ja. Du mein einziger Engel, liebes Herz. So weisst Du, wir gehen dann gleich hinunter. Besser vorsichtig sein. Weisst, Du gehst zuerst, ich komm dann allein nach. Ach mein süsser Schatz, das war sehr gut, sehr. Mir ist das so komisch hier, aber ist das ganz eigen. Ich kann es aber nicht ausdrücken.» «Was ist Dir komisch?» «Das mit Dir allein sein und uns ein Winkel aussuchen wo wir wollen uns amüsieren, – und is alles so still und heimlich, und beinah könnt man sagen gemütlich, als ob, nein musst jetzt nicht lachen, – als ob – nein Du lachst. Ich meine nur. Wenn man ein bischen Ordnung thäte machen –» Sie vergrub den Kopf an meiner Brust, der schöne lilienweisse Nacken mit den reizenden un{ge}berdigen Locken Gold lag unter meinem Kuss, und ich herzte und liebkoste sie. «Was ist mit Dir, Muschi, Du bist so ganz anders.» «Anders als wie?» Sie blickte auf mit schwimmenden Augen. «als vorgestern.» «Ja das is so lange her, Schatz liebster. Ich bin so glücklich, dass mir weh thut. Ich möchte sterben vor Glück. Ich möcht mich lassen in tausend Stücke schneiden für Dich. Ich kann gar nischt denken als Dich allein. Man ist eben verschieden, ein Tag so und denn anders und mannich Mal da ist die Liebe lustig und dann wieder ich weiss nich, nur man is wie krank und bang vor Sehnsucht», «Schaf, Du thust als ob wir tausend Meilen getrennt wären und haben uns doch jeden Augenblick.» «Ja findst Du. Kein Augenblick hab ich Dich wie ich möcht Dich haben, und Du hast kein Augenblick wie Du möchtst mit mir sein, und wir schleichen uns zu einander und stehlen uns eine halbe Stunde, und dazwischen mein ich Du stehst unten aufm Hofe und ich spring ausm Fenster, zwei Stock hoch zu Dir, und is mir gleich.» Sie drückte mich in die Arme und küsste mich mit langen festen Küssen von einer innigen Beredsamkeit die mir besser einging als ihre Worte. «Ich versteh alles, mein Herzensschatz, meine Muschi, brauchst» nichts mehr zu sagen. Ich sag Dir was ins Ohr. Ich liebe Dich. Ich liebe Dich so, als hätte ich Dich noch nie gehabt und sehnte mich nach Deinem ersten Kuss. Verstehst Du?» «Is das wahr? Rudolf, ist das wahr? Ach Du is das, is das wahr? Da hast ihn, den ersten, da –» und sie küsste mich mit einem kleinen schamhaften Kusse von der lieblichsten Zartheit – «und da ist der zweite, damit er sich nicht einsam fühlt», und sie klebte mir einen satten an, «und da ist der dritte, weil aller guten Dinge drei sind», und der endete nicht, «und jetzt küss mich oder ich küss Dich» und es brach aus ihren Lippen wie Feuer. Wir fassten einander und wurden ausser uns. Aber als ich wieder eindringen wollte, griff sie den Zagel und drückte ihn zärtlich weg. «Ich muss gehen, siehst es darf nicht auffallen. Es ist schon eine halbe Stunde Mittwoch. Morgen und Übermorgen das kommt wies kommt. Hilf mir mich sauber machen, dass man nichts merkt.» Ich war nicht so leicht zu beruhigen, warf sie um und küsste sie in den Pelz, sie wühlte einen Augenblick durch mein Haar und sagte «Du Nimmersatt, ach dass ich Dich habe, denn ich bin noch nimmersatter, pass auf, wir schaffen es, dass wir uns an einander satt fressen. Da, noch die Schürze. Jetzt geh Du voran. Zerrauf mich nicht nochmal, wo ich sauber bin, da, gib die Hände her, so» sie krampfte einen Schritt von mir Hände gegen Hände und bog den Kopf vor, und weil die Lippen sich nicht erreichten durch das Wegstemmen, schnellte sie die purpurrosige Zunge vor, wir liebkosten uns wie die Schnecken, und mussten lachen, da liess sie doch los fasste meine Gesicht in beide Hände und küsste es ab, und so ich das ihre, und dann ging ich.

Und zwar ging ich an die Arbeit. Denn je länger und je mehr ich spürte, dass die ganze körperliche Erregung in die ich getreten war, mich geistig nicht ermüdete sondern in verzehnfachten Gang brachte, ich hatte Schwung und Einfälle und dachte scharf, schnell und lucide. Martha war nicht zu sehen, Karolinchen bediente die Thürklingel. Abends wartete ich vergebens, es ging zu Tisch ohne dass mein Bett gemacht war, meine Mutter war aufgestanden, die Lichtanlage war fertig. Beide Frauen servierten, und während wir beim Nachtessen sassen sah ich Martha im Saal verschwinden, hörte sie nebenan aufräumen und kurz drauf kam sie mit meinem Theegeschirr durch die Saalthür und verschwand in der

Flurthür. Mir ging es als Stich der Enttäuschung durchs Herz, ich regte mich so auf dass ich blass geworden sein muss, denn meine Mutter sagte, ich müsste mir mehr Bewegung machen, ich sähe garnicht gut aus. Ich wollte das auch, nämlich in die Stadt, um meinen dépit loszuwerden, ich fühlte mich zu nichts aufgelegt und musste mich zerstreuen. Da ich nicht beobachtet war, nahm ich gleich in der Entree Hut und Mantel und stürmte treppab, sprang an der Strassenecke eine Elektrische an und landet bald im Centrum; es war ein viertel vor 9, die Cocotten schwärmten grade erst aus, ich drängte mich rasch durch die Hecke der Anknüpfungsversuche in der Friedrichstrasse, ging die Leipziger hinunter und bekam Blicke von untergefassten kichernden Mädchengruppen, Ladenmädchen und Typistinnen. Eine schlanke, distinguiert gekleidete Blondine, Typus junge Offiziersfrau gefiel mir, ich folgte ihr und sprach sie diskret an, ich war jetzt sehr dreist geworden, aber ein Blick zeigte mir, dass es nur eine bessere Cocotte war und ich nahm nach wenigen Minuten höflichen Abschied. Dann trat ich bei Josty ab suchte, fand kein bekanntes Gesicht und ging zu den Telephonzellen um einen Bekannten für eine Stunde zu citieren. Die erste die ich aufmachte wurde von einer Dame mit Hörer am Ohr halb zugerissen, aber nur halb, sie sprach lachend in den Hörer sah mich aber dabei voll strahlend an – galt der Blick mir oder begleitete er nur das animierte Gespräch? – «Bitte gleich mein Herr, nur einen Augenblick», sagte sie lebhaft zu mir und sprach dann weiter hielt die Thür so dass ich sie nicht zumachen konnte und mich als zum warten direkt aufgefordert empfand. Sie war nach meinem Eindruck gross, eher grösser als ich, elegant mit einem wie Chinchilla wirkenden Pelz, einem teuren und aparten Hut, eine Dunkelblondine mit kühnen Zügen, sehr schönen Augen einem starken frischen Munde mit geradezu prachtvollen Zähnen, die beim animiert Sprechen und Lachen unübersehbar waren. Ich sagte durch die halboffene Thür «Lassen sich gnädiges Fräulein doch garnicht stören, es sind ja andere Apparate da», sie warf einen vollen lächelnden Blick auf mich und sagte in den Hörer «Jeden anderen Abend, heut kommt mir etwas dazwischen, es ist ganz unmöglich...... Wie kann man nur so kleinlich sein ... Ja die verdienten es wirklich ... Wie? habe nicht verstanden .... Ja, das ist am besten, schlafen Sie aus, auf Wiedersehen.» Sie hängte an, blieb in der Zelle stehen, und sagte «Sie sind ein Muster von Geduld» und zog langsam den Handschuh an, indem sie mich lächelnd musterte. Ich trat zu ihr und sagte leise «Ich spreche nur eine Minute und zwar mit grösster Ungeduld und ebenfalls halboffner Thüre, die ich nicht aus den Augen verliere.» «Also» sagte sie, «habe ich die Männer wieder einmal überschätzt und die Geduld war gar nicht echt –» «Im Gegenteile, ganz so echt wie jetzt die äusserste Ungeduld.» «Sie hilft Ihnen aber nichts» spottete sie und nahm ihre kleine Eidechstasche «denn ich habe auf nichts mehr zu warten.» «Dann» sagte ich rasch, «habe ich auch nichts zu telephonieren», knipste ab und liess ihr den Ausgang frei. Sie ging zu den Spiegeln beim Eingang der Damentoilette und sagte, während ich an ihrer Seite blieb. «Sie sind ja ein sehr decidierter Herr.» Sie ordnete sich und sah im Spiegel prachtvoll aus, ganz ungewöhnlich strahlend und überlegen, ihre Spiegelaugen durchsuchten die meinen. «Sie überschätzen die Männer wieder ein Mal, ich bin leider garnicht decidiert, sondern nur unbesonnen, stürmisch und verschwenderisch.» «Schade» antwortete sie, eine Nadel zwischen den Lippen und ihre Hände hinten am Hute, mit einem Seitenblick, «dass nach meiner Erfahrung Männer die sich selber anklagen, ganz unverbesserlich sind.» Sie lachte. «Die Versuche, sie zu bessern, bilden mit einen Teil genannter Erfahrungen?» «Sie sind ein Schlingel» sagte sie und warf den Kopf etwas. «Vielleicht» antwortete ich, «aber ich empfehle mich zugleich als Objekt.» «Und wer», sie zog die Augenbrauen etwas, «soll das Subjekt sein?» «Ich habe das Gefühl ich stände schon im Examen und man will mich absolut durchfallen lassen.» Sie sah mich amüsiert an, ihre Zähne schimmerten. Sie waren etwas unregelmässig was sie nur schöner machte, die grossen Lippen waren glänzend von jugendlichem Blut. «Was studieren Sie» fragte sie wie nebenbei. «Ich habe es mit den ältesten Sachen, ganz alten Römern und den allerältesten Griechen, sodass ich die Fühlung mit der Welt nur durch dumme Streiche behalte», sagte ich. «Es zieht hier» sagte sie, während an den Toilettethüren dauernder Bedürfnisbetrieb dicker Frauen war, und sah sich um. «Ich glaube es zieht im ganzen Café» bemerkte ich. Sie sagte lächelnd «wo zieht es schliesslich nicht?» «Wenn das eine Frage ist – so versuche ich, den decidierten zu spielen, und die Antwort sofort in Führung umzusetzen». «Halloh» sagte die Schöne und ging auf eine ihr entgegenkommende kleine Person zu der sie die Hand drückte. Es war eine ältliche Dame mit einem amerikanisch ungefassten Zwicker, einem humoristischen Gesicht und einem langen Kinn. «How nice to meet you. Well I don't quite know I'm afraid. Please know my friend, Mr Jumchowy. Oh no, I had no engagement as far as real pledges go, but ...» «Come to the Wintergarten» «Any other time dear. Besides I know the programme, there is hardly anything worth your trouble. What about joining us. Mr. Jundel had been just mentioning – now did not you –» «Certainly» sagte ich etwas belämmert. Dies war ja nun nicht gerade mein Ideal. «So nice I'm sure» sagte die Amerikamüde, «thank you so much, its a privilege; meet me at the bar in a few minutes.» Meine Schöne erstickte im Lachen, indes wir uns an den Tischen entlang zum Ausgang bewegten. «Geben Sie mir schnell etwas zu trinken auf den Schreck» sagte sie und setzte sich an einen leeren Tisch. «Irgendwas, klein und stark. Ich bin für heut Abend Miss Eixner. Ob Sie in den Besitz meines

Vornamens gesetzt werden, wird vom Ausgange des Examens abhängen.» «Subjekt Prädikat Objekt» fragte ich und trank meinen Cognac gleichzeitig mit ihr. «Nein, Charakter und Geist, Humor, Gutlaunigkeit, Grazie und Stil.» «Dear me what a programme», sagte ich, «Wintergarten I am sure has nothing to compare with it.» «Rasch, sie kann gleich kommen. Wohin also?» Meine geringe Lokalkenntnis legte sich bestürzend auf mein Gewissen. «Lutter und Wegner» sagte ich trotzdem auf ETA Hoffmann hin rasch; «Sie trinkt keinen Alkohol wie sie sagt, sonst – wäre es fein. Ein Hôtel, am besten Kaiserhof, Halle. Sie wohnt in der Nähe, Behrenstrasse. Sie geht pünktlich 10 Minuten vor Elf zu Bett. Ausserdem ist sie reizend. Sie spricht Deutsch schlecht und gern. Und da ist sie auch schon.» Die kleine Figur drückte sich durch die Menge. Ich schickte nach einem Taxi. «What a charming idea, Addie dear. Mr Joundice is German I suppose.» «Spricht blendend Englisch» sagte sie dazwischen, «but he'll inform you that he is an ancient Greek, with a Roman blend to host.» «Oh ist das so. Er sieht aus wie ein Französe ich kenne von die Gesandtschaft ich dinierte mit at the White House, ein Comte de Something.» «Second cousin twice removed» sagte ich kühl und Addie dear platzte los. Der Taxi war da und wir fuhren.

Grosse Stadt, herrlich. Wo erlebt man solche Dinge ausser in einer Riesenstadt. Wer hätte mir das vor einer Stunde, – was, vierzig Minuten, gesagt. Abenteuer ohne Anlass und Ziel, welcher Rausch, welche Götterlust, welche Wonne. Ich hatte 150 Mark in der Tasche, und den Check der Insel. Wenn bar ausging, bekam ich Geld beim Portier, Onkel Martin, der Schandfleck der Familie war Chef der Weingrosshandlung, ich hatte meine Studentenkarte, konnte mich legitimieren. Dies sah ich alles auf einen Blitz. Wir schwatzten dazwischen irgendwas. Ich sass der Schönen gegenüber und brannte in heissen Blutstössen wenn sie mich mit diesen einzigen Augen ansah. Martha war vergessen als wäre sie nie gewesen, verschluckt von der Erlebniswelle.

Wir hielten. Glücklicherweise war ich, ausnahmsweise in meinem englischen Anzug von Ebenstein und präsentabel. Addie dear war unter ihrem Pelz sehr einfach aber gewählt, trug fast keinen Schmuck. Miss Sullivan hatte eine Perlenkette und kostbare Ringe. Wir bekamen Ecksessel im Saal neben der Musik. Teure Cocotten, Landjunker und Feudalherrn in schlechtsitzenden Anzügen, Goldmänner, ein par Ausländer, ein par Bourgeoispartien die «ausgegangen» waren.

«Ich werde ein Coffee Chocolat halb und halb haben, in ein icedrink» sagte das kleine Fräulein zum Kellner, der über die furchtbare Mischung mit den Nasenflügeln quittierte. Wir beiden andern sahen uns in die Augen. «Was es bei Lutter und Wegner gewesen wäre?» fragte ich leise, «or is it to be something American?» «Ersteres, und sehr erfrischend, ich bin richtig durstig, und nicht zu süss.» «Oh und chips für mich» «und Salzbiscuits» sagte ich dem Kellner unauffällig etwas in der Karte zeigend und gleichzeitig dem Cigarettenknaben ein Zeichen gebend. «Rauchen Sie nicht die schwere drugged sort dear, Du wirst Ihnen vergiften» sagte die Sullivan und nahm ohne mit der Wimper zu zucken eine Havannacigarre die sie mit einem Taschenscheerchen abknipste. «Well» sagte das Mädchen «if I poison myself in youth, I'll be spared mens wear in later age.» «Cigars» sagte die andere anpaffend, «look more vicious and are by far more chaste». «Mr Joureyman is quite of your opinion as to the advantage of looking vicious.» «Ich bin überzeugt, auch für die Rest» sagte die Sullivan, während ich der Jungen Feuer gab. «Männer» warf ich ein, «werden immer überschätzt und haben darum gar keine Chance mit den besten Frauen. Sie sind die Opfer weiblicher Verblendung. Die guten Eigenschaften die sie wirklich haben, z. B. Geduld, und andere, sind längst überzahlt wenn sie an den Tag kommen, und wirken nur noch enttäuschend. Es ist eine désaströse Mode eingerissen, die uns ruiniert, gegen früher. Frühere Frauen waren überzeugt Männer seien Raufbolde, brutal, Säufer, addicted to swearing, Verführer, Geizhälse oder Verschwender, falsch faul und ungebildet. Ihr einziger Wert war, dass sie Geld erbten und Muskeln hatten. Das alles war natürlich Unsinn, aber jede Mutter bereitete jede Tochter darauf vor dass sie eine Märtyrerin sein würde, und der Mann kam aus der Prüfung heraus wie Charles Lamb». «Oh» sagte die Sullivan «es gab Wölfe neben die Lambs. Sie glauben halb von was Sie sagen und das gefällt mich. Go on!» «Nein er soll nicht» sagte Addie mit gespieltem Eifer, «denn ich weiss alles was jetzt kommt und das ist langweilig. Die other half of what he says he believes just as little, denn er ist ein Sophist und das gefällt mir.» Der Kellner goss den Champagner lautlos aus der dicken Serviette in die Kelche, das Eis harschte. «Sie wissen hoffentlich in meinem Verhältnis zu den beiden anderen Cardinaltugenden ebenso Bescheid wie in meinem Glauben», sagte ich und trank ihr zu. «Oh wieder Tugenden» sagte die Sullivan. Addie war etwas errötet – oder bildete ich es mir ein. «I hate prigs» fuhr sie fort, «und ich liebe Dir, that's why. Jugenden hat keine Tugende als Euer Sagen ist. Die Tugend ist no cocktail to start Lifes dinner with». «Is it the coffee then to wind up with» fragte ich verbindlich, «with something in it to make more frequently sweet and something frozen to spoil your digestion of its bitterness?» Die Alte lächelte und sagte «Sounds Damned good. Come and have luncheon with me at my hôtel one of these days; you'll give me some of your french points and I'll give you some of my broad Scotch to match.» «Und wird auch bei mir etwas bestellt?» fragte das Mädchen mit einer Kopfschwenkung. «Wir wollen gar nicht Dich haben, will we Mr, I forgot your name. Wir wollen conversational sein und you'd spoil our game because you are too pretty.» «Aber ich bin durchaus anderer Ansicht», sagte ich tiefernst. «Siehst Du» rief das Mädchen und trank ihr zweites Glas. «Oh Sie finden Sie nicht schön, Ihr sagt ja schön beautyfulll» sagte die Alte parodierend. «Nein» antwortete ich sachlich, «wenigstens habe ich es mich nie gefragt.» «Oh what a gross liar» chuckelte die Sullivan. «Warum?» sagte Addie heftig. «Gott sei Dank dass einmal ein Mann sich inbezug auf ein Mädchen nach etwas anderm fragt then this blasted beauty talk. Ich habe mich auch nie gefragt ob er pretty ist.» «Men» sagte die Andere verweisend «are never pretty; if they are decent they have looks; if they are handsome they are loathsome.» «Gleichviel. Ich ... ich meine – es ist mir nur lieb, dass er sich nie gefragt hat wie ich aussehe. Er ist ein ältester Grieche und hat ein Ideal.» «Have you?» fragte die Sullivan mit einem unglaublich ironischen Gesicht. «Natürlich» sagte Addie. «Es ist nicht schicklich von sich zu sprechen, aber da Sie mich fragen, – ja –» «Und werden sie ihm je finden?» «Nie» sagte Addie lachend «and that's what makes Life worth living.» «Selbverständlich» sagte ich mit steinernem Ernst. «Und Sie suchen es immer?» «Es suchen» sagte ich entsetzt, «welche Blasphemie! Sind Ideale in den States Gegenstände für Rechercheure und Fundbureaus?» «Well tell me, what are you doing to realize them?» «Ich? und wenn ich frevelhaft genug wäre auch nur in der Ferne daran zu denken, glauben Sie ich wäre wert von demjenigen ergriffen zu werden was mich begeistern soll? Ist der Gott etwas womit man ein Rendezvous haben kann oder eine Treffzeit ausmachen und macht er sich kenntlich? Das Göttliche ist was man nicht erwartet. Das Glück ist das was man weder ahnt noch verdient. Wenn es mir überhaupt bestimmt ist, von ihm ergriffen und erschüttert zu werden, so wird es sich eine Höhle von solcher Alltäglichkeit und Gewöhnlichkeit suchen das Sie mich verspotten würden, wenn ich es nennte – irgend etwas trivialisches – so trivial wie eine öffentliche Telephonzelle.» «To ring it up?» sagte die Sullivan lachend – «Wie soll ich es wissen, wie seine Verkleidungen kennen? Ich kenne es nicht. Ich werde – wenn es je geschieht, in einem meiner schalsten und leersten Augenblicke sein. Ich werde vor einer Stunde mit der ich nichts anzufangen weiss in der ich etwas vergessen und verschmerzen muss, die überlebt werden muss, so stehen wie die Erde schwül und bang und windstill und lautlos vor einem Erdstoss. So denke ich es mir. Ich werde von der Bangigkeit des unerklärlichen Zustandes der Incubation Herr zu werden, Gesellschaft wollen, – nicht bedeutende bei Gott, nicht mir nahe oder innig vertraute, sondern Dutzendgesellschaft um nicht allein zu sein – ich der ich gar nicht ungern allein bleibe – und in dem Augenblick in dem ich es will, die Flucht will, denn eine Flucht ist es, wird dies auf mich niederstürzen wie ein Element. Das und nichts anderes ist das Ideal. Unser Dichter hat es mit schönern Worten als meinen dummen gesagt ‹Aus den Wolken muss es fallen Aus der Götter Schoss das Glück Und der Mächtigste von allen Göttern ist der Augenblick.›» «Oh what an orator» rief die Sullivan und klatschte in die Hände während das Mädchen ihr Gesicht im Champagnerkelche verbarg – ich blickte aber absichtlich nicht hin. «How magnificent – though I am sure you are wrong and its all fine rhetoric. Aber sagen Sie mich wie es geht weiter mit die Ideal.» «Es geht gar nicht weiter» rief Addie dazwischen. «Sie müssen doch fühlen wenn ein Gedicht aus ist.» «Und dann fängt die Leben an? Is there to be a family I wonder?» «Oh most decisively not» sagte ich glühend, denn der herrliche Wein arbeitete in mir, und es wurde eben die zweite Flasche aufgezogen. «Gut» rief Addie, «ich will heut trinken. Noch lange hat mir kein Champagner so geschmeckt.» «Sie sind recht» sagte die Sullivan langsam und rauchte blau, «I am glad you are no hypocrite at least. Don't harness the chimaera to your car.» «Ihr sprecht von der Chimaere so obenhin als wäre sie aus Elfenbein. Ihr seid etwas komisch mit Eurer Poesie. Wenn das Glück aus den Wolken vor Sie gefallen ist, befindet es sich doch irgendwo wo etwas anfängt und Sie sind an diesem Punkte zu Ende. Ist das Glück Activ oder passiv –» «Subjekt oder Objekt» ergänzte ich die Alte ansehend. «Don't pretend to teach me better my boy» bemerkte diese gutmütig, «horchen Sie auf dies, das ist wert gehorcht zum werden.» «Und was soll ich Ihnen sagen» brach ich los, «das Sie nicht besser wissen als ich? Ist dies calculierbar oder erlaubt es Programme? Ist es ein blosser Stufengang der seine Formeln hat oder ist es ein Mysterium? Wenn mir geschähe was wir hier in die Luft malen, wäre ich nicht der alte von vorher? Kenne ich den, der aus dem Nachher hervorgeht? Ist der Augenblick Schillers der mächtigste aller Götter zum Spass oder reisst er die Macht von seinem Aufblitzen an in seine Götterhände? Ich masse mir kein Wissen an. Für mich hat das ‹Glück› – nennen wir es so – keine somatischen Merkmale die den Handschuhmacher und Schuster interessieren. Es hat ein Antlitz das mich blendet, einen Geist der aus ihm strahlt, ein Feuer das es mitbringt und mich in Flammen setzt und Flügel die es bringen. Was es sonst ist werde ich erfahren wenn die Gnade mir bleibt. Da es mich verwandelt und der Mensch ein Drama ist und kein Monolog so wird die Wandlung sich reflektieren und rückwärts wandeln. Sie fragen ob Aktiv oder Passiv. Von Passiv kommt Passieren. Ja es passiert etwas, es geht etwas vor, die Welt beginnt von neuem. Wie soll ich das vorausnehmen? Ich weiss nur eins, dass es um Leben und Tod geht. Und wenn es das nicht thäte, wäre es kein Wort wert.» «Ist dies Leidenschaft» fragte die Amerikanerin verdutzt, «oder ist es metaphysics? Ich fühle als ob ich auch von diesem drug getrunken hätte.» «Es ist Träumerei» sagte das Mädchen, das sehr rot geworden war, «die er bei seinen Griechen gelesen hat. Er ist noch sehr jung, und Plato ist ein grosser

Verführer von – von fine boys.» «Platon» sagte ich scherzend, «ist mir zu hoch. Oder ich bin für ihn zu derb. Das Ideal wird gröblich verleumdet. Es ist vorhanden, das weiss ich, und sitzt nicht mit Papier Allegorien in einem Himmel von Papierwerten. Es ist dramatisch. Es hat seine Rolle in einem Stück. In einem Stück wird zugefügt, angethan, erlitten und geschaltet. Dies ist eine leidenschaftliche Welt. Erste gewaltige Intuitionen vom mächtigen Augenblick uns offenbart, werden uns nicht offenbart um mit Rückfahrtkarte die Himmelfahrt wieder anzutreten. Sie treten ins Blut und treten in einen Kreislauf. Wer sie wieder verliert, war schlechter Boden. Er darf nicht mehr loslassen, er wird nicht mehr ablassen.» «Das Ideal» sagte Addie sich eine Cigarette anzündend, «scheint nicht gefragt werden zu brauchen.» «Nein, denn es gehört zu der nobeln Rasse, von der unnütze Fragen überhört werden.» «Diese noble Rasse kommt mir wie Helena vor, die nur die Aufgabe hat den trojanischen Krieg zu motivieren und im übrigen von einer Statistin gespielt werden könnte, in Ihrem Drama.» «Good, awfully good, rub it into this conceited boy, rub it into him, do.» «Oh verläumden Sie den Preis aller Welten nicht» sagte ich erregt, «deren Asche immer noch Funken sprüht. Soll sie gemalt haben wie Rosa Bonheur oder gedichtet wie Browning? Muss etwas ‹geleistet› werden, immer damit die Welt erfährt was sie sonst nicht wüsste, – dass es einen Garten der Liebe gibt vor dem man schreit ‹ich hätte mein Blut gegeben um ihre Blumen zu begiessen?› Denken Sie sich in die Rolle hinein –» Ich sagte «Addie» und hob verwirrt die Hände. «You are safer dear, er findet Dich nicht beautifulll, dieser Deutsche?» – «Denken Sie sich», und ich trank mein Glas aus und winkte dem Kellner, «in diese Rolle hinein, um was wollten Sie gefragt werden, wenn einer den Sie in einem Augenblicke das Herz im Leibe verkehrt hätten, vor Ihnen stände und ihnen sagte, ‹Gott sei Dank dass es Dich gibt, ich kann nicht mehr unglücklich werden seit ich Dich gesehen habe, und das will ich beweisen.›» «Ich; oh. Sie haben keine Ahnung, ich bin ein Frauenzimmer und würde als Frauenzimmer einen Haufen Fragen haben; ich würde gern gefragt werden, ganz einfach ‹hast Du mich lieb?› und würde meinerseits fragen ‹hast Du mich lieb?› und ohne genaue irdische Antworten auf diese Fragen, verbunden mit praktischen Übungen und erfinderischen Abschweifungen, würde ich meine Blumen mit Leitungswasser giessen. Sie haben das Unglück sich das Glück nicht weiblich genug zu denken, oder zu weiblich. In der Mitte liegt das Problem das wir sind. Frauen fragen.» «Und Männer sind leider dafür bekannt, um Antworten nicht verlegen zu sein, wenn sie genau wissen what they would die for being able to get.» «Und Frauen sind ungläubig» lachte sie. «Mit Recht, denn sie gehören zu der noblen Rasse, die wissen wie wenig an Worten liegt. Die Frage ‹hast Du mich lieb› ist keine Frage. Sie ist durch die Situation in der sie gestellt wird, gleichzeitig beantwortet. Sie ist ein verbales Lippenspiel zwischen drastischen Lippenspielen. Sie wird nicht gefragt um etwas zu erfahren, sondern um zu hören was nicht oft genug gehört werden kann in der süssen Faselei Berauschter.» «I am afraid he is right, dear, but we are sure to get him down sooner or later. How about lunching with me on wednesday next week? I must be off, or I steel shut one eye. Sie sind einer Dichter und ich bin entzückt von Ihre Bekanntschaftung, und very grateful to you dear. You have the most interesting of friends.» Ich rief den Kellner der eine Geste machte. «I hope you will excuse my liberty in treating you like an old acquaintance, and not having asked you beforehand to be my guests.» «Wir bringen Dich nach Hause». «Oh don't trouble –» «Ganz bestimmt; wir fahren dann gleich nach Wilmersdorf weiter, wir haben den gleichen Heimweg.» Das Taxi kam und mein Herz brannte. Der Champagner kreiste in meinen Adern. Ich vertrug sonst nichts. Diesmal war aller Stoff in mir Geist geworden. Ich bemühte mich, eng wie wir sassen, den Fuss der Schönen nicht zu berühren, aber wir streiften an einander als der Wagen schwenkte, und es durchrann mich. Am Behrenstrassenhause stieg ich aus und lieferte die sehr beredt gewordene Dame in die Hausthür hinein ab. Ich bebte innerlich die par Schritt bis zum Wagen, auf dem der Chauffeur trüb vor sich hinglotzte, aber zu meinem Erstaunen kurbelte er an als ich den Fuss aufs Trittbrett setzte. Ich sass neben ihr, mein Herz schlug am Halse. Sie hatte sich nicht gerührt, bis der Wagen anwarf.

«Sie gehören also auch zu der bewussten noblen Rasse» sagte sie leise lachend. Im Fahren leuchtete bei jeder Laterne ihr Gesicht auf, mit strahlenden Augen und blendenden Zähnen. Ich bekam kein Wort heraus und zuckte stumm die Achseln. «Ich hatte zuerst gedacht wir fahren einfach zurück, aber ich habe es zu oft erlebt, dass ein Raum in dem etwas vorgegangen ist, sobald nicht wieder aufgesucht werden soll, – es lässt sich nicht wieder verknüpfen. Ich – erschrecken Sie nicht – möchte tanzen.» «Warum erschrekken?» «Um so besser. Wenigstens zunächst. Dann möchte ich etwas essen. Ich bin heut eigentlich um meine Mahlzeit gekommen. Das erzähle ich Ihnen später. Sie sind der schuldige Teil. Also jetzt an eine Stelle für die wir richtig angezogen sind, im Westen, eine kleine englische Bar wo diskrete Leute nach dem Theater noch einen Augenblick hingehen. Dann, wo?» «Ich telephoniere von da an Borchardt und lasse uns etwas reservieren.» «Borchardt ist mir zu besucht und zu voll.» «Wie Sie befehlen, aber es gibt kleine Räume, wo mein – ich meine wo Herren von denen ich weiss oft noch spät nach den Theatern soupieren und Geschäftliches besprechen. Ich kenne den Maître d'Hôtel.» «Ach so meinetwegen.» Wir fuhren durchs Brandenburger Thor aus, und zu meinem Erstaunen, statt hier links abzubiegen, die Chaussee hinunter, die mit spärlichen Fenstern ins endlose Dunkel vor uns verfloss. Wir sassen eine Minute wortlos, ich vor mich hin sehend, sie glaube ich aus dem Fenster. Sie lachte kurz auf. «Was denkt jetzt das Wesen, das bei Josty angerufen werden sollte?» – «Dr Hubert Meckel, Bernburgerstrasse 12, älterer Dr phil im Begriff sich zu hellenistischer Geschichte zu habilitieren, sitzt wie allabendlich bei seiner Braut, einer Gartenvolontärin, der ich, wie er nicht ahnen kann, ihn für eine tote Stunde abspenstig machen wollte. Bitte weiter fragen.» «Wie?» «Vielleicht bin ich noch im Examen.» Sie lachte, etwas nervös. «Nein, eitles Geschöpf. Glänzend bestanden, da Sie das ja hören wollen.» «Ich hören? Nichts weniger.» «Also was?» «Ob ich versetzt bin.» «Welch ein Unsinn. Im höheren Lehrgang gibt es nur Beförderungen.» «Ob ich befördert werde.» «Ah so! Welch interessante Frage. Dies worin Sie sich mit mir befinden, ist ein normales Beförderungsmittel. Geht es Ihnen zu langsam?» «Ich bin ein Esel» sagte ich «und Sie sind das Vollkommenste auf Erden.» «Ich bin die Tollheit in Person und habe dafür nur die Entschuldigung einer irischen Mutter und Sie sind ein brillanter Durchgänger, der mir später einmal erzählen kann, welche Entschuldigung er dafür hat solche Feldzüge wie den vorhin zu improvisieren. Wir sind zwei leichtsinnige Sternschnuppen die im Begriffe sind sich bei Johnnie in seiner englischen Bar in eine einzige zu verwandeln und diesen Unsinn auch noch zu feiern. Sage gar nichts und gib mir endlich einen Kuss. – Oh Du goldiger wonniger Junge. – Nein –» sie machte sich los – «küsse mich nicht so, lass noch was für später. Ich mache eine der grössten Dummheiten meines Lebens mit offenen Augen, ich weiss es und werde sie doch machen.» Sie liess mir immer für Sekunden den herrlichen Mund hielt mein Kinn fest und ich ihre freie Hand. «So, – oh sei vernünftig, Liebling, und versprich mir nichts, ich bitte Dich in allem Ernst. Und sage nicht ‹ewig›, sonst ist es in drei Tagen aus. Glaube mir, es geht so lange es gehn will, vielleicht sehr lange, sehr

sehr lange ohne diese Requisiten. Ja ja, ich weiss, Du willst mir nichts vormachen, sogar Dir selber nichts, es kommt vom Küssen automatisch. Aber beherrsche Dich wenn es kommen will. Wie alt bist du?» «Dreiundzwanzig.» «Und ich, da ich etwas jünger bin rund fünf Jahr älter. Wenn so etwas Verrücktes zwischen zwei Menschen eben keimt, ist die Treue die späte Blüte und von tausend Blüten kommt vielleicht ein Dutzend Früchte. Verlobe Dich nicht mit mir obwol wenn Du ohne mein Jawort erklärtest hier aus dem Wagen zu springen, ich Dich sofort blind acceptieren würde. Sieh ein, dass ein Schiff auf See durch Electricität vom Lande aus gesteuert werden kann.»

«Du kannst Dir nicht vorstellen wie ein Mann das fühlt – er will Dich; er muss Dich wollen, er kann nicht ablassen ehe er Dich hat, und wenn Du ihn nicht so unbedingt und alles Hindernis niedertretend willst, so willst Du nicht so geliebt sein, wie gerade Du vor allen andern geliebt, erkämpft überzahlt sein muss.» «So das weiss ich also nicht. Was weisst Du von Frauen? Sie machen wol keine Dummheiten und Verwegenheiten um einem Schlingel zu gehören, von dem sie nichts wissen als dass er reden kann wie der Teufel, küssen wie Lucifer und sich in ein Abenteuer schmeissen wie ein Lachs übers Wehr springt. Sei ganz still.» «Ich bin still.» «So still brauchst Du wieder nicht zu sein. – Da sieh, wir sind in den Strassen.» «Nur einen noch.» «Sei nicht – also.» Wir küssten uns ein einziges Mal zärtlich auf den Mund, wie einige Leute. «Sag mir was Du treibst.» «Ich mache unter den Augen eines zornigen Vaters eine Doctorarbeit.» «Und dann?» «Frage meinen Genius. Ich bin vielerlei. Ob ein Gelehrter herauskommt, liegt bei den Würfeln im Becher.» «Interessiert Dich der job nicht?» «Ich bin ein ebenso glühender Forscher wie ein Liebender. Ich kämpfe um einen neuen archimedischen Punkt. Und er liegt wo wie Schiller sagt ‹der Grenzstein der Schöpfung steht›. Ich habe es mit grossen

Dingen vor, – vorläufig bin ich ein gescheiterter Student.» «Gescheitert warum, woran?» «An der Poesie. Ich habe zu viel gewollt. Kleines wollen ist für mich eine Anstrengung, bei der ich fast draufgehe.» «Bist Du unabhängig?» «Nicht sehr reich, nicht arm; alles Nöthige und eine Marge darüber.» «Die Kinderstube die Du hast ist wichtiger. Du hast Dich glänzend benommen, sprichst Englisch wie ein Gentleman und trittst auf wie hier nur Prinzen – ich meine natürlich so einfach und überlegen. Ausserdem bist Du ein sehr ungewöhnlicher Mensch, und wirst entweder durch Deine Thorheiten untergehen oder es zu sehr viel bringen. Hast Du im Ausland studiert?» «Nein, aber Du?» «Ich war in einem englischen Universitäts College und in Amerika, Vassar.» «Woher hast Du diese unerhörte Bildung?» «Unerhört? Nur für hier, unter diesen Trullen, den pedantischen. Die meisten Engländerinnen schlagen mich knock out. Aber ich habe dies und das gelesen, bin die Tochter einer Kennerin und lasse mir nichts vormachen. Ab der nächsten Ecke ist es. – Du –»

Wir gingen noch ein Mal, für Sekunden, unter. Dann hielt der Wagen.

Johnnie, tadellos in weiss, mit seinem gewiegten butler-Gesicht hinter der kleinen eleganten Bar, verneigte sich vor der ihm bekannten Gestalt mit dem indefinibeln Respektszuge der mir zeigte wie er sie classierte. Es war ein kleiner Raum mit dunkelroten Lichtschirmen an den Tischen wenige ruhige Paare. Dahinter lag ein zweiter, schmälerer Room mit einer kleinen Musikstellung, und schliesslich eine ebenfalls kleine sehr geschmackvolle Tanztenne, mit wenigen Seitentischen für Zuschauer. Das Klavier spielte ganz pianissimo eine Geige hinkte gezupft, über die zweite strich dann und wann eine seidene Vibration niemand tanzte.

Während Addie ihre Toilette überholte, telephonierte ich und liess mir gleichzeitig von Johnnie der den Check gar nicht anzusehen schien, die par hundert Mark geben, die ich für alle Fälle lieber bar hatte. «Ein kleines Dinner mit einem Beefsteak drin» hatte sie gesagt, ein Glas Chablis, eine halbe Flasche de Clos Vougeot 68er, ein Glas Champagner that ich dazu. Mein Name würde genügen um uns in das Halbkabinett nach hinten heraus, wo alles warten würde unter Umgehung der grossen Vorderräume begleiten zu lassen. Johnnie wurde abgeschickt um zu fragen wann die Dame in der Behrenstrasse sein wolle. In einer halben Stunde war die Antwort. Nachher sass sie vor einem leichten Cocktail in einer tiefrot verschatteten Ecke. Sie sah phantastisch schön aus, im Sitzen eher noch grösser, mit ihren geschwungenen Zügen und den vielsagenden Winkeln des geradezu wundervollen Mundes – ich habe auch im spätern Leben keine schönern gesehen. Das Haar – sie hatte den Hut abgesetzt, hatte in Dunkelblond einen noch dunkleren, bräunlich kastanienartigen Lustre, dazu passten die dunklen Augenbrauen, die unsäglich lebendigen Augen wirkten soweit dieser Schimmer eine Farbe haben konnte, blass. Der schlanke feste Hals, die mädchenhaften aber rassigen Schultern, die zugleich schlanken und reifen Früchte der Brust, die sich unter der schwarzen Seide tief getrennt ausformten, der feine schmale Wuchs unterhalb die blühend edlen Arme und Hände schlossen ein vollkommenes Bild ein, eine Dryas für Apoll. Ich wollte einen Sherrycobbler, und setzte mich zu ihrer Linken.

«Zu hübsch für Berlin, wie? und es wird nicht lange leben», sagte sie, «man muss nichts verschieben, – was ich erst aufspare ist morgen nicht mehr da.» «Er scheint stolz darauf zu sein Dich zu haben?» «Es ist der ehemalige butler eines Kameraden meines Vaters. Mein Vater ist ein alter General der Militärattaché in Südamerika war, und keine Lust mehr hatte, die hiesige Hof und Gesellschaftsroutine mitzumachen, er sitzt am Bodensee mit kaum Geld und seinen riesigen Folkore Sammlungen über die er englische Bücher schreibt. Du würdest ihn mögen, aber ich habe es schwer mit ihm, weil wir zu ähnlich sind. Gib mir Deinen Strohhalm, meiner zieht nicht. Ich verdiene mein eigenes Geld auf irische Weise, indem ich mit einer Freundin, der Nichte von Florence Sullivan, einen exclusiven Modesalon habe, der etwas einbringen würde, wenn ich Rechnungen schriebe. Wenn ich nicht weiter kann, borge ich mir Geld von meinen Kundinnen.» «Welch ein Unsinn» sagte ich lachend. «Nichtwahr?» Sie lachte mit. «Ich betrachte es auch nicht als Beruf. Es ist ein Interregnum. Als Möglichkeit unabhängig zu sein ist mir eins wie das andere. Ich möchte schreiben, dh. eben nicht schreiben, was man so nennt, sondern mich so umfassend, so fundiert cultivieren, dass daneben Manuscript herausliefe, ein Name der nicht zu verwechseln ist, und ein ganz kleines Einkommen. Du siehst wie vage. Es hat garnichts mit Literatur zu thun sondern mit Leidenschaften.» «Wem sagst Du das? Du schreibst diese Linien unbewusst aus mir ab. Den Ekel auch.» «Nicht wahr? Ekel. Du bist der Erste, der mir das so sagt, wie ich es fühle. Die andern lächeln erhaben. Was sie machen ist doch so daneben so dumm und plump und falsch in Ton und Zeichnung, dass es einen jammert. Ich würde mit einem von ihnen heut zu Nacht gegessen haben ohne Dich –» «Und ich habe Dich daran gehindert?» «Ja. Du warst der Grund den ich vorher schon suchte um freizukommen.» «Welch ein Roman!» «Wenn Du meinst welch ein Roman der nicht zu schreiben ist weil er niemanden als seine eigenen Figuren interessierte, – ja. Das wirkliche Leben besteht ganz aus diesen wunderbaren Büchern, die es nicht gibt.» «Es ist das was ich vorher sagte, vom Alltäglichen. Ich lebe darin. Es ist das eigentliche Mysterium, das eigentliche Problem, die einzige Poesie. Es ist so dicht voll Sinnbild, dass man es nur energisch leben kann ohne von ihm bis zum Eingesponnenwerden geblendet zu sein.» «Wie heisst Du?» «Rudolf». Sie dachte nach, ihre atmenden Lippen teilten sich. «Schade, damit ist nichts anzufangen. Rudi geht nicht für Dich, Du bist zu dynamisch für den Wiener Ton darin. Wie weiter? Oh das geht. Burkhard passt für Dich. Und doch auch wieder nicht. Ich weiss gar nicht ob deutsche Namen gehen. Clemens Demens. Ach Du Demens.» «Der erste vernünftige Akt meines Lebens ist gewesen, Dich aus dem Gewebe des Lebens heraus zu reissen.» «Ich kenne Deine übrigen verrückten Handlungen nicht und kann daher nicht widersprechen. Den Riss habe ich allerdings gespürt.» «Die Vernunft nicht auch?» «Empfandest Du Dich als vernünftig dabei?» «Es giebt eine zweite Vernunft wie ein zweites Gesicht.» «Und das dritte vierte fünfte bis fünfzigste Gesicht sind diejenigen, in die ein wilder Junge sich en passant verliebt – gibt es dazu fünfzig Vernünfte?» «Wie kannst Du sagen Gesicht? Was heisst ein Gesicht? Und warum haben wir beide blindlings gehandelt, wie unter einem Gebot? Wie kommt menschliches zustande? Muss immer vorgestellt werden? Oder zusammen confirmiert sein? Oder auf den gleichen Kinderbällen getanzt? Ich weiss dass höhere Fügungen von sehr niederen oft sich kaum unterscheiden. Aber mein Lebensgesetz ist mich zu riskieren, weil ich bereit bin mit meiner Person ebenso zu zahlen wie mit meinem Beutel. Ich mag nichts sein und nichts haben aber ehe ich mich sparte, möchte ich nicht leben! Als ich den Schlag bekam konnte ich nicht wissen dass Du soviel Geist hast wie das achtzehnte Jahrhundert, so viel Mut und Schwung wie die Frauen bei Shakespeare und den Stil einer grossen Dame. Nachdruck auf Wissen. Dass ich es gewusst habe ohne es beweisen zu können, nenne ich die zweite Vernunft. Streite nicht mit Dir selber, Du hochmütige Amazone. Warum hast Du gewollt dass ich an der Zelle bliebe bis Du angehängt hättest? Ich habe kein ‹Gesicht›. Es ist nicht fair mir verleiden zu wollen, dass ich nicht anders konnte.» Sie setzte unter dem Tische ihren Fuss auf den meinen. «Du grosser Psychologe, ich will doch nur hören, dass Du mich liebst. Ich kann es nicht oft genug hören. Ich reize Dich dazu durch Widerspruch, Du Affe. Rede nicht von der zweiten Vernunft. Wenn es total unvernünftig ist, dass wir uns gegenseitig in Stücke machen, so ist es darum nicht weniger schön. I am Irish you see. Das besteht aus dem Widerspruch zwischen schwindelnden logischen Kunststücken, erbarmungsloser Analyse und dem Schlusssprung ins Flammenbett der Unlogik. Niemand baut ein Kartenhaus so raffiniert wie wir und niemand wirft es mit einer solchen Lachsalve zusammen. Ich muss Dir noch vieles abgewöhnen.» «Und ich Dich vieles lehren, Du Windsbraut. Ich für mich bin das Machen und Zermachen so gewohnt gewesen, dass ich es so satt bin. Ich will nicht bauen und einreissen, sondern umgekehrt einreissen und bauen. Ich habe entdeckt, dass wir Bettler sind, deren Strohsäcke mit Schätzen gestopft sind, von denen wir nicht wissen. Ich bin entschlossen die Welt wertvoller zu machen ohne dass es sie einen Pfennig kosten soll. Und da Du zur Welt gehörst, und jetzt eben meine Welt bist, auch Dich. Ich kann nichts so stehn lassen wie es ist – in der Liebe am wenigsten. Die Liebe ist ja an sich ein grober Verwandler, sie macht aus einem Mädchen eine Mutter und aus einem Philister einen Entführer, weil mit der Liebe im groben Sinne etwas Neues passieren muss. Addie, Du weisst nicht wie mir zu Mut ist durch Dich. Ich möchte Dich natürlich eigentlich über die Schulter werfen und mit Dir nach Bimini galoppieren, aber ebensogerne möchte ich Dich hier sitzen lassen und gleich nach Hause stürzen und mit dem anfangen wozu ich geboren bin. Du schraubst mich so hoch wie ich überhaupt brennen kann. Du bist über mich ausgebreitet wie ein neuer Firniss über ein Bild, von dem erst jetzt alle hineingeschlüpften Farben herauskommen. Du machst bei mir so ungeheuer Strom an dass ich mich treiben muss, ich kann Dich nicht in Ruhe lassen.»

In diesem Augenblicke während sie zuhörte und vor sich hinsah, den Zahn in die Unterlippe gegraben, ging die Tanzmusik an und zwei Paare gingen einen langsamen Walzer. Sie stand auf ohne ein Wort und wir traten an. Ich war gewöhnt sehr lose zu fassen und fern zu halten, aber Addie legte sich mir eng an die Brust und ich nahm ihre freie Hand ebenso eng an mich. Wir gingen so verschmolzen allmählich in Figuren und harmonierten so wundervoll als hätten wir uns eingetanzt. Dass sie eine Spur grösser war, störte vielleicht die Zuschauer aber nicht uns. Ich legte mehr und mehr ein, sie ging mal wie verwachsen wir tanzten die Ecken aus und in den dunkleren streifte ich über ihre Lippen die sie mir die Augen schliessend bot. Wir communizierten wie eine getanzte Umarmung und unsere Erregung verleugnete sich so wenig als sie sich prononcierte. Nach einer Minutenpause die wir stehend ohne die Verschlingung zu lösen einsilbig verflüsterten, kam Washington Post, der Modetanz jener Jahre, der Tänzer hinter der Tänzerin in ihre ausgespreizten Hände greifend und so mit Figuren chassierend, bis sie ihm in der Schlussstellung den Mund über die Schulter rückwärts reicht. Es tanzten vier Paare. Wir küssten uns natürlich nicht waren aber von der anmutigen Bewegung erfrischt. Fünf Minuten später rollten wir in die Nacht, diesmal den lichterhellen Kurfürstendamm hinunter, ich hatte keine anderen Anordnungen gegeben wie vorher sie.

Wir sassen Arm in Arm im Fond, und redeten fast nichts. Von Zeit zu Zeit drückte ich ihren Arm oder sie den meinen, und ihre Füsse stellte sie auch diesmal auf meinen Fuss. Wo es weniger hell war, ruhten wir für Augenblicke Mund auf Mund ohne uns zu küssen. «Glaube nicht, dass schon Friede herrscht» sagte sie als wir die Tiergartenstrasse entlang fuhren «ich bin nur vorübergehend harmonisiert, das allerdings im wohligsten Masse. Tanzen ist doch das einzige Mittel sich innerlich zu einigen – mit sich selber meine ich. Sogar Musik, geschweige Poesie lässt einen ungelösten Rest Dialektik in mir. Aber Tanzen kannst Du nur indem Du ganz bist oder wirst. Es ist darin eine primitive Losungsform wie Liebe und Tod, Lösungsform, Löschungsform.» «Nicht für den Mann» sagte ich. «Er ist ein Werber und wirbt auch im Tanze. Der Kuss am Ende von Washington Post wie vom Schuhplattler gehört dazu.» Sie antwortet nicht. Dann sagte sie «Du führst ganz nett. In der Taille vor dem Körper musst Du noch biegsamer werden, Du drückst oft statt zu schmiegen; wir wollen jetzt öfter tanzen, es ist eine absurde Art sich kennen zu lernen aber eine wirkliche, denn es ist eine elementare Partnerschaft. – Übrigens bist Du mir etwas schuldig.» «Was Du Wucherer? Ich bin Dir alles schuldig was ich bin und habe, Einzelnes muss mir entfallen sein.» «Wirklich?» Ich dachte nach. «Und dabei behauptest Du mich zu lieben, Du Snob?» «Snob?» Sie lachte und hielt mir den Mund hin. «Ich verlange meinen Washington Post Kuss.» Sie küsste sehr weich ihre Lippen spielten ohne zu reizen. «Wie deutsch, mich nicht zu küssen als alle sich küssten kein Ire würde das begreifen. Es heisst eine Ausnahmestellung in einer Situation beanspruchen, in der ein bestimmter Comment ausgegeben ist, ein Comment das den Kuss der Liebe überhaupt entzieht. Man küsst sich ja in diesem Augenblicke anders als entre deux draps, scheint mir: Schallend, lachend, gemütlich, kurz und gut, und no harm meant. Du findest es vulgär. Das ist es auch, habe einmal den Stil und den Mut es für eine Sekunde zu sein, es ist nicht das schlimmste; pöbelhaft ist etwas ganz anderes.» «Verzeih, es ist mir grässlich Dich vor andern Leuten, die sich solche Küsse applizieren, auf den Mund zu schmatzen nur um nicht aufzufallen. Ich habe andere Nerven als die Leute und Dein Mund ist mir etwas anderes als die Goschen der Tippmädchen die dort einen Teil des Comments bilden. Ich bin sinnlos in Dich verliebt und in bezug auf alles was Dich betrifft, reizbar bis zur Unzurechnungsfähigkeit. Begreife doch, dass ich in einem anormalen Zustande bin, in dem Dein Mund mir ein vergötterter Inbegriff des Rausches und Geheimnisses ist. Es ist theoretisch zugegeben, dass Du mit ihm küsst und Dir die Zähne putzt, aber daran denken darf ich nicht ohne zu zerspringen. Sei doch zufrieden mich rasend gemacht zu haben, das ist Dein gutes Recht. Ich kann nicht gleichzeitig und auf dem gleichem Punkte, Deinen Lippen, Idolatrie treiben und Bonhommie. Es geht nicht sowol über die Kräfte, wie gegen das Stilgefühl.» «Ja ja» sagte sie, «hu hu, oi oi. – Die Hauptsache ist ja dass ich habe was mir zusteht, wenigstens das Kapital. Wieviel Zinsen bringt ein gestundeter Kuss in zehn Minuten, oh Vater des Stils?» «Pauschal?» und ich nahm sie schnell in die Arme, bevor der Pariser Platz kam. «Hier» sagte sie im Brandenburger Thore, «50 % Rückzahlung weil Du Recht hast» und riss sich aus meinen Armen, «in Zukunft Washington Post instead of being denied will be talked through quietly.» Wir kamen mit Lachen Jubel und Scherzen zum grossen F. W.

Der Portier hatte Order und ein Kellner führte uns durch einen Toilettencorridor mit dicken purpurroten Läuferteppichen in ein Halbkabinett mit abgedämpftem Licht, neben dem ein grösserer leerer Raum in nur diskreter Eckenbeleuchtung gehalten wurde, auf dem sehr hübsch gedeckten Tisch standen Chrysanthemen und eine kleine Menukarte, die Addie, jetzt mit einem Sprühteufel im Kopf und seligmachenden Götteraugen in dem herrlichen Gesichte, vorsang statt zu lesen, und zwar auf parodierte Puccini Melodien mit Schmalz. Es gab nur Mulligatawny Soup, Schwarzwurzeln gratiniert, ein Chateaubriand mit Sauce Bearnaise, einen Chokoladenauflauf im Topf mit Schlagrahm, Trauben und Birnen, und Chester. Wir assen wie eben befreite Belagerte und liessen keine Krume übrig. Als wir beim Käse waren, sahen wir uns in die Augen und lachten wie Kinder als wir uns beim gleichen Gedanken ertappten: ja, wirklich; wir hatten immer noch Hunger, und vor Allem, mit einer halben Flasche Rotwein und einer ditto Champagner hatten wir nicht genug. Der Kraftausbruch in den Aufregungen die nun seit drei Stunden dauerten war zu gross gewesen, und Addie hatte überhaupt seit sieben Stunden nicht mehr gegessen. Wir überlegten wie die Verschwörer, was wir noch bestellen könnten ohne uns zu compromittieren. Addie, ausgelassen und ansteckend graziös, war glatt für compromittieren und das ganze noch ein Mal von vorn. Endlich wurde festgestellt dass eine grosse Tortenpastete, eigentlich zum Kaltessen, in der Conditorküche eben aus dem Ofen gekommen war, für morgen, und uns zur Verfügung stände, mit der verlockendsten Füllung. Sie kam in eine weisse Serviette gewickelt, mit einer neuen Flasche Heidsieck Triple Dry und wurde hart angegriffen. Da ich erklärt hatte, mehr als ein Viertel von ihr dürfte nicht aufgegessen werden, stahlen wir einander die Bissen vom Teller und steckten uns zur Versöhnung Bissen in den Mund. Der Kellner hatte sich diskret in eine Ecke des Nachbarraums zurückgezogen und stellte sich schlafend, wir tranken einer aus des Andern Glase und assen einander die Trauben und Birnenschnitz vom Munde. Da die Obstschale mit Weinlaub gefüttert war, machte Addie mir einen Kranz, die Chrysanthemen steckte ich ihr in die Haare und hielt eine Krönungsrede auf sie, die sie mit den drolligsten Einfällen aus dem Concept zu bringen versuchte, worauf sie erklärte nicht eine Rede auf mich halten zu wollen denn dafür sei ich noch zu jung, und auch kein Märchen von mir zu erzählen, denn dafür sei ich seit drei Stunden zu alt, sondern ihrer Verwandtschaft, die im Nebenzimmer sässe und sie teils bespitzelte, teils zu retten versuchte, zu erklären, warum sie diesen hergelaufenen Hanswurst liebe. Sie setzte sich halb auf die Tischecke, nahm ein Champagnerglas und begrüsste zuerst die Tanten, dann die Onkel, und schliesslich den Herrn Papa mit heuchlerischen Erkundigungen nach ihrem stationären Leiden. Dann begann sie den Weltmythus, in dem eine Anzahl von Protoseraphim wahnsinnig geworden und den Demiurgen dazu veranlasst hätten, die Welt zu erschaffen und der göttlichen Schöpfung der Erde und des Menschen Concurrenz zu machen. Die Stelle Adams in der Demiurgenwelt habe Rubor vertreten, der Radmensch mit ausgestreckten Armen und Beinen auf denen er sich als Geist ständiger Bewegung im seitlichen Rotationschwunge vorwärts bewegt habe, dazu bestimmt auch die übrige Schöpfung anzurennen und ins Purzeln zu bringen. Eine Gehilfin sei für ihn in Gestalt Liliths gefunden worden, die nach ihrem Schlangenerlebnis als Obstkultursachverständige in die Concurrenz berufen worden sei, um dort ein Eden ohne verbotene Bäume zu schaffen, ja als diese von Rubor in obiger Weise zu Fall gebracht worden sei habe sie ihn in dem Augenblicke in dem sie auf dem Bauche lag und er gerade vor ihr auf dem Kopfe zu stehen gekommen sei, rasch auf den Mund geküsst und dadurch von der Rotation geheilt, weil Rubor das Küssen reizvoller gefunden habe als das Rotieren. Aus der Fortsetzung von Küssen seien die Rudiborlichen entstanden, ein zum Küssen Kopfstehen, Obststehlen, Schlangenflirts, Concurrenzschöpfungen zu Normalwelten, Wahnsinn, Verbanntwerden und Rotieren und Umwerfen hochbegabtes Geschlecht, das in der Sintflut als Gott gerade nicht aufpasste, mit dessen Erde zusammenklunkerte, als gleichfalls unter den Fluch des Unterganges gestellt wurde, aber ein Pärchen von sich in die Arche zu schmuggeln gewusst habe, ohne von Noah bemerkt zu werden. Von diesem Pärchen stammten die verlorenen Söhne und Töchter der Weltgeschichte und ganz Irland. Hier wären sie in Reinkultur, anderswo in der Diaspora. Sie wären die Gegenjuden der Erde und hätten durch Antipolarichat verhindert, dass die Welt durch Banken, overdressing, Feuilleton und Solidaritätsgefühl zugrunde gerichtet würde. Sie seien teils hergelaufene Menschen, teils hoffnungslose thörichte Jungfrauen, eine Gefahr für die Carrieren der Adamskinder und eine noch grössere für die Flirts der Evastöchter, unberechenbar, unwiderstehlich, unnütz, unergründlich, unverständlich, charmant und unverzeihlich, ungehorsam, und unzerstörbar. Sie erkennten einander wo sie zufällig aufeinanderstiessen, würden sofort Adam und Eva wortbrüchig und zögen mit einander nach Bimini um zu saufen, Reden zu halten und sich auf den Mund zu küssen im Stadium der Bekanntschaft in denen normal gesagt wird 1) das ist mir zu hoch 2) danke ich bin leidenschaftliche Nichtraucherin und 3) Was fällt Ihnen eigentlich ein, Sie geben in einer Nacht alles aus was Sie haben um für einander Paradies zu produzieren, rotieren dabei wie der Ahn Rubor und essen Obst und küssen auf den Mund wie die Ahnin Lilith. Ich liebe diesen Halunken, der mich morgen mit einer Schneegans betrügen wird weil er mich fühlen lässt wie ich bin. Ich bin wie er, er ist wie ich und es ist am besten wir fliehen einander in Ewigkeit weil wir uns so abgöttlich entrücken, dass unsere Verbindung die Welt ändern müsste und das Atom sprengen. Ja Tante Clärchen, ich gehe jetzt mit ihm zum Mokka nach Hause, und wenn Du auch heut Nacht an Deinem Cardiopalma darüber eingehst. Ich verspreche Dir nichts, Tante Sophie, – nichts kann ich Dir versprechen, denn was ich thun werde, wussten eben noch der Demiurg und ich und da ich es eben vergessen habe, weiss es jetzt der Demiurg allein, rufe ihn doch an, er hatte von jeher Telephon. Nein Papa, alles was Du willst aber das nicht. Sieh mir in die Augen, alter Eixnerich, blinzele nicht zu Deiner Schande und der meinen, sondern zünde Dir die letzte verkrumpelte Manila am Alpha Regulus an, der die Stunde beherrscht und plaudere mit Deinem Fürsten Totem über den Untergang der weissen Rasse, ausgenommen Irland. Lebt wol und lebt hoch oder lebt niedrig, wie ihr wollt. Wir rotieren aus diesem Bimini von hinnen und schaffen eine neue Welt, die wir ins Irische und Griechische übersetzen. Wir sind die Glücklichen die Eure üblen Räusche und Eure noch übleren Katzenjammer nicht kennen, weil wir zu trunken sind um uns wie ihr betrinken zu können, Euch hat Gott nur Geist eingeblasen, da er Euch nach seinem Bilde geschaffen hatte, oh Handelscopien zehnten Grades denen der Stein und der Rosskäfer sich erbarmt. Uns hat ein Geist geschaffen und uns den Gott eingeblasen, der in wahnsinnigen Engeln gerade noch lebte, ein Bild hatte er nicht, darum sind wir teils nach dem ausrangierten Bilde Liliths abgezogen, teils von Rubor, der ein blosses Negativ von Adam war, copiert. Wir sehen teils aus wie femme fatale, poor me, teils wie eine Kritik am Menschentypus, Entwurf zu einer Concurrenzlösung des Problems, dieser mein entzauberter Bezauberer. Darauf kommt es nicht an. Auf den Kuss aus dem die Folgen entstanden sind, auf diese lilabische Arbeitshypothese kommt es an. Adam und Eva haben sich nie geküsst und nur fluchend begattet. Es soll 4296 Jahre gedauert haben, bis der Kuss durch einen solchen Zufall entdeckt wurde, wie das Schiesspulver und die Röntgenstrahlen, und anfangs als Medizin empfohlen wurde wie der Cacao. Bei uns ist er das In Principio, entstanden als ein Partner der vorübergehend auf dem Kopf stand, von einer von ihm zu Fall gebrachten Abtrünnigen bezaubert im Sinne römisch I, entzaubert im Sinne römisch II und dadurch auf die Füsse gestellt wurde. Ich verkünde urbi et orbi, dass ich diesen Götterschlingel hier in gleicher Weise auf die Füsse zu stellen gedenke, ohne die im Hause derer von Eixner üblichen Präliminar Drucksachen. Wir geben hiermit und soweiter bekannt und so weiter. Der Bengel ist zu jung für mich, der Genius zu hoch, denn ich bin bald eine reife Jungfrau, und ausserdem nur eine Blenderin. Aber er soll mich bis an sein Ende nicht vergessen, dafür sorge ich,

Tante Lisbeth, blicke nur gen Himmel. Und ich segne den Schafskopf mit dem ich heut eine Kempinski Stunde vergähnen sollte, denn ihm verdanke ich diese Blume im Haar, diesen schäumenden Topf in meiner hohen Faust und diesen Schwung in guten Armen, von meinem Thron ins Irgendwo.» Ich hob sie und schwang sie in die Höhe. Sie hatte nur einen Augenblick gestockt, hinreissend aus dem Vollen war der Strom von ihren scherzenden Lippen gekommen, kühl begeistert und halblaut wie nur für mein Ohr, mit den komischesten Zwischentönen. «Komm» sagte sie, «es ist Zeit, ich will meinen Kaffee, bei mir. Mach hier rasch ab und lass einen Wagen rufen. Ich brenne kalt, ich friere glühend – ist das Petrarca. Luftwechsel. Rasch.» Ich flog. Die Rechnung war viel kleiner als ich gefürchtet hatte. «Herr RB junior, Kronprinzenufer?» hatte der alte Oberkellner gefragt, «habe am Fernsprecher richtig verstanden? Eben eben. Haben Familienpreise berechnet, Herr Papa kommen häufiger hierher, ja ja, häufiger, häufiger. Allein? Gott ja, vielleicht, wie Herr B. selber, immer innerhalb der eigenen Kreise, ja, ja. Auch schon in dem Kabinett gewesen, kürzlich, ja. So? Nein. Eine russische Dame, wenn nicht irre, ja! Danke sehr, danke bestens. Das Auto wartet.» Sieh sieh, Maria Alexejewna geborene Schuwalow – also darum die Freundschaft mit Knorrings? Tant mieux.

Auf der Heimfahrt sass sie in mich hineingedrückt und sagte nach wenigen Minuten sie sei vollkommen glücklich und nach einer Pause, ob ich es auch sei, worauf ich jedesmal mit Nein antwortete. Sie lachte leise vor sich hin oder in sich hinein, mit einem warmen tiefen Halslaute. Die reiche weibliche Wärme ihres Wesens wurde je weiter der Abend vorschritt um so atmosphärischer. Ich, der nie etwas ähnliches an Entdeckung und Beseligung erlebt hatte, fühlte mich total weltentrückt und auf Götterstufen erhoben. Die Fahrt war lang, ich stellte nüchterne Fragen um das Schweigen zu brechen, – wo sie wohne, welcher Art Wohnung sie habe und Ähnliches. Jedes Mal legte sich ihre Hand auf meinen Mund, – ein deutliches favete linguis, und ich merkte sie wollte nicht aus ihrer Harmonie gerissen werden. Dagegen kam ab und zu von ihr ein dunkles glückliches hm? im Fragetone, und ich hatte bald verstanden dass ein Drücken ihres Arms oder ein Grunzen als ausreichende Antwort angesehen wurde. Dem Chauffeur hatte sie selber die Adresse gesagt, die einsam gewordene lampenerhellte Stadt der Nachmitternachtsstunde flog bei unserer vertraulichen Umschlungenheit vorbei. Jetzt war es der Kurfürstendamm, jetzt eine seiner breiten linken Seitenstrassen, und jetzt richtete sie sich halb auf und sah durchs Fenster. «Hm?» fragte sie nochmal scherzend und gab mir einen zärtlichen Nasenstüber, «gleich» setzte sie hinzu. Der Wagen hielt in einer halbfertigen Strasse mit protzigen Gebäuden frischer Herstellung. Sie schloss auf, drückte Licht, holte einen Lift aus der Höhe nieder, während dessen Abwärtsrutschen sie von mir wegsah, wir stiegen hinein und ihr Gesicht wurde für einen Augenblick auffallend anders, ernst oder erregt oder verzogen – ich weiss nicht wie. Damals war ich vor blasphemischen Deutungen durch meine Ekstase geschützt, heut denke ich natürlicher, aber der Ausdruck prägte sich mir ein, so flüchtig er war. Wir fuhren bis unters Dach und stiegen an der üblichen zweigeteilten landing ab. An der Thür die sie aufdrückte, standen zwei Visitenkarten unter einander, mit männlichen Namen, darunter ein kleines sauberes Messingschild «von Eixner-Larian». «Wundere Dich nicht», sagte sie in der kleinen Entree ablegend, «diese Schilder sind nur Masken für die Herren Einbrecher und Consorten, die für allein wohnende Frauen eine Vorliebe haben. Es soll im Ganzen helfen, aber ich habe auch zwei Brownings und schiesse links und rechts auf zehn Meter durch Coeur Ass. – Und jetzt» fügte sie hinzu, das Goldhaar nach hinten schüttelnd mich beim Ohrläppchen nehmend und auf die Schläfe küssend «wartest Du hier» – sie öffnete eine Thür und knipste Licht, «und gibst mir zehn Minuten Urlaub.» Ich umarmte sie ausser mir und hätschelte sie von oben bis unten. «Nicht eine einzige mehr, mein Abgott, und wenn möglich, eine halbe weniger. Du nimmst mein Herz mit, wenn Du nur durch die Thür gehst.» «Bah bah» sagte sie mit schimmernden Augen, «aber ich weiss, das gehört dazu.»

Es war ein sehr grosses halb Atelier – halb Wohnraum, nach Norden und schief verglast, und übermässig möbliert. Am Fenster schienen grössere Tische zu stehen, auf denen sich gehäuftes Arbeitsgerät befand, ein grosser runder Tisch mehr in der Mitte aus einem kostbaren Holz trug Bücher und Zeitschriften, Diwans, Sessel, Bergèren aller Zeiten und Stile standen durch einander, und ebenso belegten den Boden Teppiche kreuz quer und übereinander, alte wertvolle und wie mir schien moderne, darüber Felle, indische, gestickte Wollmatten, ein Durcheinander. Die ganze freie thürenlose Längswand nahm eine riesige Bibliothek, bis unters Dach gehend ein, mit zwei Steigleitern, ich schätzte sie auf 15 000 Bände, und in der Mitte gliederte sich im rechten Winkel von ihr eine zweite weniger hohe ab die bis ins Centrum des grossen Raums ging und ihn gliederte. In das Eck zwischen beiden war ein enormer weisslederner Clubsessel mit mehreren Tischchen gerückt, auf einem fortgeschobenen eine Schreibmaschine. Gegenüber zwischen zwei Thüren stand ein kleiner Esstisch mit vier Queen Anne Stühlen, darüber hing das lebensgrosse Ölbild einer schönen Frau, ganz augenscheinlich der Mutter, sehr Whistlersch elegant gemalt, in grau, blau und gold, Addies Züge in den Standard Typ der hohen Stände von 1885 übersetzt. Vier riesige Stehlampen mit grossen grünen Lichtabschattungen, in allen Ecken des Zimmers waren gleichzeitig angedreht. Als Addie wiederkam knipste sie an einem anderen Schalter drei aus. Sie hatte ein grünes gesticktes Kimono an und ein Tablett mit Mokkatassen und Zubehör, rückte ein Tischchen an die Wandschalter, setzte zwei elektrische Kaffeemaschinen darauf die sie mit Pulver versah und einschaltete und hockte in der Nähe auf einer grossen Divancouch, die Arme um die hochgestellten Knie verschränkt. «Setze Dich, oder lege oder kaure Dich, auf die Erde oder sonstwohin» sagte sie eintonig. «Ordne Dich irgendwie hinein und rage nicht heraus. Fremdkörpere nicht herum, oh mein Neuling. Es sieht hier aus wie kurz vor der Auktion des gesamten Mobiliars eines hochherrschaftlichen Haushaltes, im geschätzten Auftrage, wegen Abreise. Es sind die Durcheinanders aus meinem elterlichen Haushalte, die mein Vater sich mühsam hat entreissen lassen. Ich wohne darin seit zwei Jahren provisorisch.» Sie lachte lautlos in sich hinein, «das Leben ist überhaupt ein Provisorium, und wenn es köstlich gewesen ist, so ist es Illusion und Draufzahlen gewesen. Bist Du choquiert?» «Ich? Ich bewohne eine Telephonzelle mit Schlafgelegenheit und Arbeitstisch, esse humble pie und bin under a cloud. Du kommst mir vor wie die Königin von Reicharabien.» «Ist Dein Vater verrückt?» «Er liebt mich im Schema mittelalterlicher Volksbücher und will mich läutern, weil er glaubt es lohnt sich.» «Prachtvoll. Ich liebe stilvolle Grausamkeiten. Prachtvoll. Umso prachtvoller Dein Ausbrechen in die Gegenwelt. Ah Gegensätze. Ich kenne das. Jetzt verstehe ich auch besser. Siehst Du, Gefahren und Contraste, Gegenspannung, nur das sind Leidenschaften und Gehalt. Das andere ist Schmutz, Schwelgerei, und schal von der ersten Minute an. Geh zieh den Contakt heraus, ich rieche dass es fertig ist. Bring alles hierher. – So. – Halt. Geh durch diese Thür da, Licht gleich rechts, daneben am Ständer hängen Kimonos und stehen Bastschuhe. – Ja. – Gestärkt, gewichst, Bügelfalte, zugeknöpft – das ist Strasse und was zur Öffentlichkeit gehört, Uniform, Du willst ja nicht gleich in den Zug steigen oder Dich vor Deinem Chef verbeugen. Thu mir die Liebe, – leicht, leise und locker. Thu irgend was was gewesen ist von Dir ab, – es ist symbolisch. Grade aus kannst Du Dich waschen.»

Es war ein immer noch sehr grosser aber fast unmöblierter Raum, mit hellen Stichen an den Wänden und einer niedrigen breiten Schlafcouch in der genauen Mitte. An der couch stand ein niederer runder ziemlich grosser Tisch, der unterhalb Büchergestelle enthielt. Ich zog mich rasch aus und nahm einen schwarzen Kimono und Bastschuhe ging ins Bad und wusch mich. Der Champagner hatte einen Nachgeschmack gelassen, den ich fortspülte. Der Raum duftete kalt und halbwürzig. Grosse englische Holzkumpe voll Badeseife standen hinter der Wanne und eine zweite Eau de Cologneflasche auf einem Tischchen. In der Ecke lehnten Florette. Ich sah es auf einem Blick und erledigte meine Umwandlung in einem zweiten. Als ich zurückkam, schlürfte sie in gleicher Stellung schon ihr Tässchen, gab es mir zum Leertrinken und machte mir bei sich Platz. Sie sagte nichts zu meiner Verwandlung, wie denn überhaupt sie weniger und kürzer sprach als bisher. Es lag nur ein schwaches grünliches Licht in dem weiten Raume, in dessen Mitte wir fast schweigend nebeneinander kauerten. Sie hatte einen kleinen Finger in den meinen eingehenkt, und gab mir mit der andern Hand die Tassen, trank jede halb und halb mit mir, und rieb inzwischen dann und wann die Schulter an der meinen. Es war nicht feierlich zwischen uns, nicht einmal ernst, es war eine Schelmerei in der Situation, aber sie lag nur im Spiel der Augen. «Ich mag nicht mehr» sagte sie und gab dem Kaffeetische einen kleinen Stoss. Ich umfasste sie und zwang jeden Widerstand zärtlich nieder. Ihr Mund kam mir langsam entgegen und verschmolz mit dem meinen. Als ich etwas sagen wollte schloss sie mir wieder die Lippen mit der Hand. «Alles was Du willst», flüsterte sie, «aber nur nicht reden, – ausser Wahnsinn.» Langsam kam ich in den Besitz ihrer federnden Schlankheit, ihrer starren spitzen Brüste, die sie mir seufzend gewährte, während sie sich unter dem Kimono in den Besitz meines Körpers setzte. «Oh Satyr» sagte sie, und liess zum ersten Male ihren Mund für meinen Kuss voll aufblühen. «Oh Mänade» flüsterte ich sie niederdrückend, «welcher Gott war Dein Trainer für diesen Kuss?» «Ein Unbekannter» sagte sie seufzend und geriet in Flammen, «– ach Du Nichtsnutz, kannst Du das a u c h? –» Ihre Küsse begeisterten sich. Jede Frau küsst anders, wie sie anders lacht. Die Behauptung auf dem allerletzten Punkte seien alle gleich ist falsch oder wenigstens nur mit grossen Ausnahmen halbrichtig. Der Kuss ist die Frau. Addies herrliche lange und vielbewegt an- und abschwellende Lippen, der schönste Frauenmund den ich je gesehen habe, wurden unter der Glut meiner vehementen Werbung zu einer doppelt so starken muskulös strotzenden brünstigen Rose, die sich süss und glühend ins Innere meiner Lippen verschob und sie saugend, pressend, lassend schwelgend, kitzelnd, wie ein eigenes Organ stimulierte, dann wieder sich aufthat um sie aufzunehmen, sie umklammerte und in sich schloss, einen Zwangsmuskel um sie krampfte und sie langsam trinkend wieder entliess um sich wie ein Samt auf sie zu legen und die langen Ketten zärtlichster Küsse fast nur zu ahnen. Sie küsste nicht mit der Zunge und nahm die meine nicht an. In den Lippen selber lag die Wollust der sinnlichen Beweglichkeit, die jedes grobes Mittel überbot. Das «sie küsste einem die Seele aus dem Leibe» war hier Wirklichkeit. Ich gab ihr nichts nach und durchlief alle Skalen des Lippenrausches und des Mundbesitzes mit einer Hingerissenheit, die ihr von Zeit zu Zeit einen überraschten dumpfen Glückslaut entlockte. So mochte eine halbe Stunde vergangen sein, ehe ich deutlicher und deutlicher fühlte, dass ihr Hinauszögern sich dem Ziele gemeinsamer Unwiderstehlichkeit näherte und sie mit immer ersterbender süssen, fast tötlich süssen Küssen mich rief mir Raum zu schaffen. Ich täuschte sie über die Nähe des Wendepunktes und sie merkte erst an ihrer Raserei, dass ich in sie eingedrungen war. «Sei vorsichtig» sagte sie überlaut, mich mit plötzlichen Armen auf sich pressend und dann den Kopf seitwärts ins Kissen drückend. Ich hatte den ungeheuren Genuss ihres mit mir federnd vibrierenden schlanken Muskelkörpers, ein Krampf hob sie gewölbt unter mir und schüttelte ihre Flanken unter meinen Stürmen; kein unkeusches und überhaupt kein Wort kam von ihren im Kissen zusammengepressten Lippen, nur dann und wann ein hoher singender Lustton, und je näher gegen das Ende, ein langgezogenes Ah. Ich hielt mich trotz aller Berauschung fest in der Hand und küsste die in meinen Armen Zusammensinkende noch mit festen Nerven. Erst jetzt, ausser sich geraten, den einen Arm um meinen Hals, die andere Hand mich mit zwei Fingern überm Kinn fassend, flösste sie mir ihre geliebte Zunge ein als höchstes Geschenk, sog die meine in sich und sank aufgelöst und atmend mit mir in die Kissen. Ich blieb fest in sie eingekeilt und fühlte an dem sich belebenden Feuer ihrer Lippen, dass sie mit meiner Unersättlichkeit langsam wieder zu communicieren begann. Wir rangen, ihre Lippen schwollen, sie spielte meinem Drange entgegen und unter dem Scheine sich mir zu entziehen unterwarf sie mich, um Mund auf Mund fast sofort aufs neue mit mir zu ersterben. Ich hatte rasch operiert um ihr durch ein bereit gehaltenes Taschentuch den Zoll den ich der Natur entrichtete zu verbergen, aber sie hätte nichts gemerkt auch ohne das. Die herrlichen Brüste lagen auf meiner Brust über der sie im Rausch das Hemd buchstäblich in Stücke gerissen hatte, ihre Haare hatten sich gelöst und deckten mich zu. Wir hoben und senkten uns im gleichen Atemzuge und vermischten unsere Flüsse.

Eine Viertelstunde später lag sie neben mir in meinem Arme und liess sich die Hände von meinen Küssen bedecken. Sie lächelte, regungslos. Noch immer wurde nicht gesprochen. Dann zog sie mich nahe an sich, küsste mich mit einem süssen Hauche und sagte «Du willst gehen. Höre, Du nimmst meinen Hausschlüssel. An der zweiten Nebenstrasse links stehen Autos. Den Schlüssel behältst Du einstweilen. Morgen um ¼ vor 12 rufst Du mich an. Versuche nichts zu sagen, mein liebes Herz. Ich sage auch nichts. Mysterien – weisst Du – Arrheta, Du Grieche. Irgend wann einmal hört alles Sprechen auf, Gottlob. Ich weiss dass Du mich jetzt mehr liebst als vorher. Ich liebe Dich ebenso wie vorher. Kein Gesicht ziehen. Ich liebte Dich mehr als Du mich. Ich sehnte mich mehr nach Dir als Du nach mir. Ich habe Dich glücklich gemacht. Aber Du hast mich mit Dir vervollständigt. Komm morgen nicht. Arbeite von früh bis spät mit aller Kraft, für mich, im Gedanken an mich. Aber telephoniere mir, gib mir Deine Stimme und in Deiner Stimme Dein Herz. Übermorgen essen wir bei der Sully. Dann bleiben wir zusammen. Thu wie ich Dir sage, begehre nicht auf. Lebe für mich so lange es geht, ich lebe für Dich solang Du michs lässt. Jetzt mach dort die Thür auf und dann komm her und trage mich in mein Bett. Das ist Dein letzter Dienst heut Nacht.»

So schwang ich sie in meinen Arm, und sie legte mir den kurzen Weg lang die Lippen auf den Mund, der Abschiedskuss als sie lag, war fest und innig, der Kuss der Liebe und nicht der Sinne. Ich löschte und schloss überall, stand bald in der regnenden Strasse wie ein taumelnder und rollte fröstelnd heimwärts. Als der Wagen hielt zeigte meine Uhr drei Uhr zehn. Kurz nach acht war ich fortgegangen, keine sieben Stunden – und welch ein Vorgang, welche Welt, welche Wandlung!

Ich warf oben die Kleider mehr ab als dass ich sie auszog, denn die Augen fielen mir zu, und sank ins Bett. Im Einschlafen hatte ich halbbewusst das Gefühl von etwas Raschelndem in meiner Nähe, aber es wurde mir erst rückblickend als wirklicher Eindruck bewusst. Meine Träume waren wollüstig, aber ich überschlief die Wallung zunächst weil ich sie zu gewohnt war, und auf meinen Augen lag Blei, auf meinen Gliedern Eisen. Schliesslich wurde ich mir bewusst, dass ich nicht träumte, sondern geküsst wurde, und dann dass ich nicht allein im Bette war. Ich drückte mich fest an einen andern Leib, umarmte ihn und schlief weiter; aber ich wachte wieder halb auf und war halb nackt mit der nackten Martha, die sich meinen Steifen seitlich in die Schnecke drückte und ihre Zunge in mir hatte. Die Süssigkeit der physischen Empfindung war so überwältigend, dass ich den weichen Körper unter mich presste und halb schlafend oder taumelnd vögelte, mich auch voll in sie ergoss und unter den heissen Schmeichelnamen und Zärtlichkeiten die das sinnlich gestillte Mädchen mir gab, ebenso fest wieder einschlief. Geschult wie ich war wachte ich gleichwol zur gewohnten Stunde, vor acht, und trotz des kurzen und ereignisreichen Schlafes tief erquickt auf. Meine Jugend und Kraft waren, vor allem in jenen Jahren, unerschöpflich. Der Gedanke an Martha war schon im Erwachen in mir, aber er belastete mich nicht. Jedes Gefühl für das Mädchen war durch die Ereignisse in mir erloschen wie nie gewesen. Es war eine Gunst, die eine verliebte Kebse von mir erlistet hatte, und die mich nichts gekostet hatte was ich vermisste. Ich lachte darüber mit überlegenem Wolwollen. Die blosse Idee einer Gleichstellung Addies mit der schönen wendischen Kammerkatze war lächerlich, der Begriff der Untreue hatte keinen Boden.

Ich stand sofort auf und übergoss mich kalt, massierte mich und turnte. Beim Bett vorübergehend sah ich einen zerknüllten Zettel hinterm Kopfkissen. Darauf stand mit Keilbuchstaben «Habe Fr. Mama gesacht, dass muss frühr aufsten um mal Herenziemer krüntlich reinmachn, schlaff niet zu fesst, kome um V zu Dich.» Ah so! Das war also das knisternde Papier gestern nacht gewesen. Richtig. Ich war ja verstimmt weg gelaufen, weil das Mädel noch während des Nachtessens mein Zimmer gemacht und sofort wieder verlassen hatte, so dass mir keine Schäferstunde mehr bevorstand. Da hatte also das kluge Kind schon den Zettel ins Kissen gesteckt, damit ich beim Schlafengehen einen Trost hätte – rührend. Ich hatte sie schwer enttäuscht, aber schliesslich, leer war sie nicht ausgegangen, Herr Gott und Gestern Nacht hatte ich leichtsinnig mich losgelassen! Wenn das nur gutging. Aber schliesslich, eine jede Kugel trifft nicht. Sie hatte auch einen Irrigator, wie sie mir vertraut hatte. Da das Licht funktionierte, frühstückte ich im Speisezimmer, wo meine Mutter wieder präsidierte, ihre Post durchsehend. «Höre mal» sagte sie lesend, «die Frau Schlesinger schreibt hier und fragt an, ob Du ihre Bibliothek ordnen willst, Katalog und so. Weisst Du, es ist mehr eine charmante Absicht, denn sie hat Dich doch immer so gern gehabt, und Du thust Ihr so leid, und dass Papa Dir nichts gibt, und die ganze dumme Sache hier die Du Dir unnötigerweise eingebrockt hast. Ich glaube es ist mehr ein Vorwand für einen Check, sie ist doch steinreich. Ich würde es annehmen, man braucht doch mal was. Und natürlich nur wenn die Doktorarbeit nicht drunter leidet. Rufe sie jedenfalls gleich an, Du sollst um 1 bei ihr frühstücken.» Ich zuckte die Achseln und trank meine Tasse aus, küsste meine Mutter – mit der ich sehr rücksichtsvoll stand –, die Hand und ging meine Mappe holen um zur Bibliothek zu stürzen. In der Entrée wedelte Martha, die auf mich wartete, absichtlich Staub und half mir in den Mantel, sagte «Schatz» in mein Ohr, aber meine Mutter watschelte bereits durch den Saal um zu telephonieren, sie drückte mir scharf die Hand und ich lief weg. Unterwegs sagte ich mich bei der Schlesinger an. Diese war eine Russin gegen 40, eine ehemalige Concertsängerin, die einen üblen Lebemann und Jobber, viel älter als sie, geheiratet hatte, aber gerade durch den Tod verloren, und in der Wilhelmstr ein orientalisch üppiges Appartement von wenig Geschmack bewohnte. Sie war hübsch gewesen, jetzt etwas zu rund und speckig, aber noch mit schönen Augen, und hatte allerdings mir von jeher Zuneigung bewiesen, für die ich kein besonderes Interesse zeigte weil sie mir langweilig war. Sog. junonische Erscheinungen mit unblühenden Zügen und harten kleinen Lippen waren nicht mein Fall. Sie wollte mir übrigens das Auto an die Bibliothek schicken, à la bonne heure. Ich arbeitete angestrengt und telephonierte Punkt ½ vor 12 mit klopfendem Herzen an Addie, als ihre Stimme fragte «Du?» durchrann es mich. «Ich kann nicht sprechen, habe Besuch hier, rufe um 5 wieder» sagte sie sehr geschäftsmässig und ich stürzte aus meinen Himmeln, «Addie» rief ich, – sie war weg. Ich rief die Nummer sofort nochmals und ihre Stimme sagte nüchtern «Fräulein von Eixner». Ich überhäufte sie mit Insulten. «Wie kannst Du mich so wegschicken und absetzen, ich finde das unerhört, auch wenn Du wegen Besuch nicht sprechen kannst, mich anhören kannst Du immer und so höre dass ich gethan habe was Du wolltest, ich habe so gearbeitet dass ich nicht an Dich denken konnte, aber meine Arbeit hat an Dich gedacht. Ich rufe nicht mehr, es regt mich zu sehr auf, wenn Du mich sprechen willst rufe um 3 Amt V 1218 ich esse dort bei Leuten, lasse mich rufen. Glaube nicht dass Du mich loswirst ich hänge an Dir, wie die Spinne im eigenen Netz, ich lebe von Dir, webe an Dir, laufe an Dir und Du bist mein Haus und mein Weg –» «Hallo», sagte es die ganze Zeit dazwischen, «vielleicht – ah. Also gut. Rufe Dich an. Don't fidget, don't bother, don't worry, it's all right.» Dann hörte ich sie lachen und sie hing an. Ich kam schweissbedeckt aus der Zelle, die Vorstellung Ihrer Stimme ohne ihre Anwesenheit hatte mich enerviert. Im Augenblicke in dem ich sie hatte sprechen hö-

ren, hatte der Phallus geantwortet. Sie hatte eine absolute Gewalt über mich.

Frau Schlesinger holte mich selber ab und war elegisch charmant, – übrigens ungeheuer elegant und für ihre Verhältnisse recht hübsch, als ob der Tod des Unholds von Mann ihr noch einen beau couchant hätte geben wollen. Das runde Gesicht mit den Löckchen war etwas puppig, die Augen eher schön und das Lächeln hatte etwas liebliches. Sie war auch etwas abgemagert, wenn auch immer noch sehr eingepresst füllig. Sie nannte mich Rudolf und machte mir sanft und mit zärtlichen Blicken die grössten Elogen. Ich selber machte ihr einen bescheidenen Hof, sagte ihr verbindliche Dinge und wir gingen sehr nett d'accord. Bei ihr empfing uns ein niedlicher Racker von Soubrette, wie von der Operetten Bühne, aber ich sah sie nur einen Augenblick denn Timofej, Schlesingers alter Diener, nahm ihn uns ab und servierte bald in der Bibliothek, – «wissen Sie, Rodolphe, das lugubre dining room mit den vielen Stühlen me rattriste imperceptiblement, et je m'étais proposée d'être un peu gaie pour vous» wo in einer Ecke somptueusement gedeckt war. Ich musste ihr von meinen Neigungen und Beschäftigungen erzählen, alles interessierte sie infiniment. Welche Menschen ich kennte, vous êtes un juge de caractères, welche Eigenschaften mich anzögen. Es wäre so schön Ideale zu haben, et d'être intransigeant en tout ce qui concerne ce vilain argent. Je comprends que votre vie chez vous c'est un peu déconcertant pour vous dans le moment, je peux vous jurer que parmi tout ceux qui vous fréquentent il n'ya personne qui ne prenne votre partie – une telle bagatelle – mais c'est de moyen âge que de mener un pareil fracas – aber immer wenn Sie sich je ne trouve pas l'expression – quand vous voulez vous dégager – c'est chez moi que vous venez. Betrachten Sie dies wie Ihr Haus, zu jeder Stunde. Votre couvert est mis, une chambre vous attend, il y a même un lit. Une brosse

à dents et vous, ça suffit. Dazu goss sie mir die schönsten Weine ein. Dann wurde der Tisch weggerollt und während Café und Benedictine in einem Salon serviert wurden, schützte sie vor es wärmer haben zu müssen, der Tag sei kühl, und transportierte Cafe und uns in ihr Boudoir wo ein Bijouterie Camin brannte und sie mich neben einem Bergère Divan in ein niedriges Fauteuil placierte. Hier kam die Bibliothek zur Sprache und sie erklärte einen Zettelkatalog und einen Realkatalog haben zu wollen, für den ich gleich alle nötigen Bestellungen machen sollte, Kästen, Zettel et tout le reste dont vous serez plus a même que moi de procurer les détails und gleichzeitig zog sie aus ihrem kleinen Tischchen einen fertig geschrieben Cheque von sageundschreibe 1000 Mark –, «il y a ma modeste contribution aussi pour vos services d'amitié que je sais de ne pouvoir évaluer à leur juste valeur, mais que pourtant j'aprécis tellement –» Ich küsste ihr die Hand und sagte sie sei eine krasse Verschwenderin und man müsse sie unter Curatel stellen. Sie lachte geschmeichelt und wollte mir die Hand noch einen Augenblick lassen, als ich ans Telephon gerufen wurde. «Du?» sagte die reiche Stimme wieder. «Wann bist Du aufgestanden?» «Um acht.» «Ich um halb acht, frisch wie nach einer Bergpartie.» «Ich war bis zwölf in der Königlichen habe mehr gearbeitet als in zwei Tagen.» Sie lachte dunkel. «Gut ich habe die Chrysanthemen neben mir im Wasser.» «Ah. Ich habe nichts. Ich wünschte ich hätte Dein Taschentuch gestohlen. Nicht ein Goldfaden ist an mir geblieben.» «Das Ganze ist mehr als die Teile.» «Und das hätte ich?» Ihre Stimme sagte leise «Denke ich gäbe es Dir jetzt durch den Strom. Morgen um 1 ¼. Du bist doch nachher frei?» «Schön, wir wollen gleich ins Freie und Abends zurück und zu Nacht essen, aber bescheiden. Es gibt einen neuen kleinen Italiener, Ristorante Bologna, wo man für sich sitzt und gut isst. Noch was?» «Tausend.» Sie lachte. «Ebensoviel zurück, Rest Null.»

Die Schlesinger hatte sich inzwischen ein teagown angezogen das ihr sehr hübsch stand und zirzte ziemlich deutlich, aber doch in einer sehr harmlosen und menschlichen Weise und für eine einsame Frau, wie sie war, in den «besten Jahren» sehr begreiflich. Ich blieb noch etwas und redete ihr gut zu, verständnisvoll und einfach. Sie deutete an, dass sie so ungern allein in Theater ginge und ein so brennendes Interesse für die neue deutsche Schauspielkunst habe und wünschte wie ich merkte gleich etwas «abzumachen» aber ich hielt mich im vagen und küsste ihr endlich die Hand um mich zu empfehlen. Sie zog mich zu sich herunter und bot mir naiver russischer Weise den Mund, den ich ceremoniell küsste, aber sie legte mir den Arm und den Hals und machte einen warmen Kuss daraus. Dann lächelte sie und ich ging. Unmittelbar hinter mir ging um mir behilflich zu sein, die Soubrettenzofe von vorher, die in der Entrée, statt mir in den Mantel zu helfen, diesen auszubürsten begann, er sei voller Wagenspritzer, und dazu ihre allerliebste Person in extreme Evidenz brachte. Sie war eine kleine Galanterie mit üppigen jungen Brüsten, die vor ihr bei jeder Bewegung zitterten und einem ebenso üppigen aber blühend jungen Popo, dabei von charmanter Schlankheit des Halses der Schultern und der Taille, und mit einem hochfrisierten XVIIIième Kopfe mit krausen, strahlenden Farben und einem ständig plaudernden frischen Herzmündchen mit regelmässigen Zähnen, fast zu hübsch das Ganze um wirklich zu sein. «Werden Herr von Borchardt wirklich die Bibliothek ordnen? Oh, wie schön. Machen Herr von Borchardt nur nicht zu schnell damit. Es ist so einsam hier. Da hab ich vielleicht manchmal das Glück Herrn von Borchardt den Thee zu servieren wenn gnädige Frau aus sind.» «Was haben Sie den schon davon, Kleine» fragte ich belustigt während sie wild bürstete und ihre schönen Brüste flogen. «Oh ich weiss Bescheid. Ich weiss schon wer Herr von Borchardt sind, Martha hat mir viel erzählt, aber was weiss die, eine uncultivierte vom Lande.» «Wie heissen Sie denn?» «Rosa, ich bin aus Warschau von deutschen Eltern und immer nur in höchsten Kreisen – geistreiche Cavaliere, das ist mein Traum, und das Männliche entbehrt man hier, trotz nobelm Salair.» Ich gab ihr ein Zehnmarkstück, das sie küsste und in den Brustausschnitt fallen liess. «Das wird nicht ausgegeben, das behalt ich zum Andenken, ist meine Sparbüchse.» «Da möcht manch einer einen Griff hinein thun» spasste ich, «und nicht einmal des Geldes wegen, Rosa.» «Meinen der Herr von Borchardt», sagte der Fratz kokett, «da käme es nur auf denjenigen an welcher das ist.» «Und auf die ungestörte Gelegenheit», scherzte ich weiter, mehr um zu sehen, wie weit der kleine Teufel wol ginge. «Oh» schwänzelte sie, «was das betrifft, die gnädige Frau ist zur Siesta gegangen, und die Köchin ist auf Commission, und der Timo ist immer über Messerputzen eingeschlafen!» Und sie kam nahe an mich heran und knipste mir eine Krume von der Cravatte. Ich bückte mich rasch, hob sie in die Arme und küsste sie auf den frischen Herzmund, fuhr ihr gleichzeitig unter die Röcke und liebkoste ihr die im Unterhosenschlitz nackte Pflaume. So blieb es eine Minute, sie reizte mich mit Küssen und liess sich geduldig durchnehmen, dann flüsterte sie «nebenan sind wir ungestört.» Ich liess sie herunter, sie fuhr mir kneifend über den Spiess und öffnete die Thür in ein kleines Cabinet mit französischen Möbeln, auf deren eines sie mich drückte. Während ich mich rasch befreite, hob sie sich auf, streckte das rechte Bein über mich und pflanzte sich auf den Zapfen, ich schloss die Hände hinter ihrem Popo und sie legte sich rückwärts. In wenigen Minuten stöhnte sie aus, schüttelte sich, umarmte und küsste mich mit der Glut der Sättigung und stieg fast geschäftsmässig ab um sich zu ordnen. Ich nahm sie noch einmal in die Arme und gönnte meinen Fingerspitzen die Wonne dieser prachtvollen Brüste abzufühlen, die Kleine wurde wieder aufgeregt, hielt den Mund hoch um geküsst zu werden, und ich brach ab, um nicht den Nachmittag zu verlieren. Sie war so schnell über den Gipfel gerollt, dass ich, der ich mich beherrschte noch kaum begonnen hatte, zu geniessen und mich also nicht ausgegeben hatte. Charakteristisch für mich war dies in jenen Jahren überhaupt ich konnte Frauen in langdauerndes Entzücken versetzen ohne mich mehr als zwei oder drei Mal zu verschütten, und meine Potenz an sich ging bis zur Sechser-Grenze, vielleicht noch darüber hinaus. Den Grund hat mir später eine hübsche Frau verraten, die über ein gewisses Vergleichsmaterial verfügte, und er lag in der Form meines Penis, der etwas länger und am Kolben wesentlich stärker als die normale Handschuhnummer und zugleich im Bogen aufwärts geschwungen war während die Instrumente der Meisten nach dieser Quelle rechtwinklig abstehende Stangen wären, die meisten nicht sehr fest, (während die meine stählern war) und mit wenig ausgebildetem Knopfe. Mein Penis muss sich durch seinen hochschwellenden Knopf von Hühnereigrösse luftdicht durch die Schlünde des Vergnügens geschoben, sie mächtig auseinandergepresst haben, die krumme Stange die ihm 15–18 cm lang nachfolgte, passte sich wie nach Mass in den gebogenen Gang der Scheide ein und dehnte sie auch im Längssinne; es entstand eine abnorme Spannung der bereits kitzelempfindlichen Teile, und da ich sie aus dem Kreuz heraus unter Schwung zu nehmen pflegte, so war die Wonne oft sofort erreicht, wozu mein Mund, der eines ausgepichten und heissen Küssers natürlich beitrug. Ich habe es erlebt dass Mädchen die ich nur fünf Minuten durchgeküsst hatte schon im Augenblicke meines Eindringens in ihre Muschelgrotte kapitulierten. Ein Grund für die Heftigkeit mit der ich geliebt worden bin ist sicher auch dieser von mir ganz unverschuldete, dass ich der ideale Befriediger weiblicher Sinnenwünsche war, und die Weiber, mit ihrer Nase für solche Dinge, das im Augenblicke weghatten.

Moralisch machte ich mir nicht die geringsten Skrupel aus solchen Bagatellen. Es war eine Reizung meiner äusserlichsten Empfänglichkeitsorgane gewesen, der ich folgenlos nachgegeben hatte, wie man eine Blume pflückt, riecht, wegwirft und vergisst. Hübsche Mädchen und Frauen die sich nichts bessers wünschten, als einem Manne der ihnen gefiel, eine Viertelstunde zu vertreiben, standen an jeder Ecke, die meisten liess man stehen. Mit dem Innern hatte das überhaupt nichts zu tun und auch mit der sogenannten Peinlichkeit nichts, denn die strotzende Jugendkraft die sofort bei Berührungen aufsprang und sich aus jeder Abgabe erneuerte, wirkte an sich in den Körper hinein erregend, Kraft bewusst machend und beseligend. Ich war lange eher keusch und zurückhaltend gewesen, jetzt war ich erschlossen und es brach armdick aus mir heraus. Ich unterschied auch haargenau zwischen einem Heiligtum des Innern wie den mit Addie Eixner verbrachten Stunden und einer brutal aristophanischen Szene wie der eben erlebten. Dies beschäftigte mich während ich auf der Elektrischen ins Altertums Institut fuhr, wo ich bis kurz vor acht energisch collationierte, um dann ein Auto nach Hause zu nehmen. Hier hörte ich dass Papa in Moskau an der Grippe läge und länger ausbliebe – keine Unglücksbotschaft für mich. Frau S. hatte wie meine Mutter schwermütig sagte angerufen und sich in heller Begeisterung über mich ausgesprochen, was Gelegenheit zu liebevoll schmerzlichen Vorhaltungen gab. Ich zog mich bald um zu arbeiten in meine Zelle zurück, meine Mutter war mit den Schwestern im Theater. Nach 9 erschien Martha, die ich streichelte und flüchtig küsste. «Was hast Du» sagte das Mädchen und hing sich an meinen Hals. «Ich? aber Schatz.» «Hab ich was versehen, sag mirs wenigstens.» «Im Gegenteil, ich muss mich entschuldigen, dass ich heut Nacht so schläfrig war, ich war spät heimgekommen und hab Deinen Zettel erst morgens gefunden.» «Wie kannst Du das sagen», sagte sie bitter und küsste meine Hand, «ich war ganz glücklich, für mich hättst nicht brauchen aufwachen, ich bin schon im Himmel, wenn ich nur darf bei Dich sein.» «Also, wenns so ist –» «Du magst mich nicht mehr, und ich bin toll nach Dir – wenn Du mich abdankst, das überleb ich nicht» sagte sie mit siedendem Atem. «Du weisst was mir versprochen hast, morgen, dass mit mir zusammen bist – mein Geburtstag –» «Ach den Teufel» seufzte ich, «das hab ich allerdings reinweg verschwitzt, Liebling und wir müssens verschieben –» «Verschieben, – wie kann man denn das auch verschieben –» «Komm Liebling, sei vernünftig. Es ist wirklich keine böse Absicht aber ich hab eine Einladung zu Mittag bei Amerikanern, die ich unmöglich absagen kann, weil Leute auf mich eingeladen sind, und mit denen werd ich hernach zusammen sein müssen. Jetzt hör: Du sagst morgen, Du hättest Dich im Datum versehen, Dein Geburtstag sei erst dann und dann, – das besprechen wir noch – und Du kriegst dann ebenso Deinen freien Tag. Und heut Nacht punkt zwölf kriegst Dein Geburtstagsgeschenk, Du weisst schon, und morgen noch ein Extra, das ich Dir mitbringe als Reuezeichen. Jetzt sei lieb und sag gleich Ja» und ich wollte sie umarmen, aber es waren Schritte im Esszimmer, sie riss sich jäh los und machte furios das Bett, trug Wäsche ins Entrée und steckte den Kopf noch vorsichtig durch den Spalt. Ihre Hand kam nach und zeigte fünf, fünf eins.

So war man halt ein Sklave der eigenen Gutmütigkeit. Es war mir unmöglich gewesen, das arme Ding zu kränken, obwol ich nicht die geringste Lust hatte die Nacht mit ihr zu verbringen. Vorwürfe und Thränen – und. Das hübsche Gesicht hatte ganz verstört ausgesehen während der kleinen Szene, aber natürlich, sie liebte mich, und litt und ich war ein Biest. Es war eine Kebse menschlich musste ich auch zu ihr sein, im richtigen Rahmen. So setzte ich mich über meine Bücher und zog um 11 Uhr das Pyjama an. Zwanzig Minuten verspätet kam Martha in einem Bademantel meiner Schwester angehuscht und flüchtete ängstlich in mein Zimmer. Sie habe die Rückkehr der Damen abwarten wollen um denen nicht in die Arme zu laufen und habe sich herangepirscht, mit vielen Pausen des Horchens. Und richtig, sie war keine drei Minuten bei mir so hörten wir Stimmen, knipsten aus, riegelten ab und standen lautlos an einander gedrängt. Aber die Geduld sollte auf ärgere Proben gestellt werden. Nebenan im Esszimmer wurden Buffets geöffnet, Wein eingeschenkt, noch etwas gegessen und geplaudert. Ich hob Martha leise aufs Bett, legte mich zu ihr und begann die Frierende mit Küssen und meinem Leibe zu erwärmen. Dann, sie fassend und auf den Mund küssend rief ich «Kinder vielleicht nehmt ihr Euer Zeug nach hinten und esst dort weiter, ich möchte schlafen» worauf ich den Mund wieder auf Marthas kaum zu erstickendes Lachen drückte. «Ja ja» hiess es «entschuldige, wir gehen schon». «Du bist aber ein Frecher», flüsterte Martha unter mir noch eng an mich geklammert. Als Schritte und Thüren verklungen waren, atmete sie langsam auf und wir machten es uns bequem. Sie wollte küssen und reden. «Ich hatte schon gedacht weisst Schatz, du hättst mir übel genommen, dass ich auf dem Boden bin so anders gewesen, aber das war so, dass ich mir eingebildet hab, musst nicht lachen, wir wären zusammen gehen und sollten da hausen, richtig wie eine Hausfrau bin ich mir vorgekommen und das hat mir ganz eigen gemacht. War, weil ich das erste Mal bin mit Dich zusammen zwischen vier Mädchen gewesen wo nicht Dein Schlafzimmer war. Ganz richtig mit Dir ist mir nur hier zu Mut, da wo's angefangen hat mit uns beiden, überall sonst ist mirs fremd und so als müsstes anders anfangen noch mal von vorn. Nur in Dein Bett hier, und die Gefahr gehört auch zu, da bin ich Dein Schatz wie von Anfang. Gehört auch die Nacht dazu dafür dass richtig losgeht, angeilen kann man sich ja auch immer, und küssen von früh bis spät, aber den richtigen Übermut kriegt man nur beim Bett oder drin, das verstehst. Bei Tag schämt man sich und bei Nacht ist man unverschämt, musst nicht falsch verstehn, man schämt sich nur weil man sich in die Augen sieht und denkt, wie unverschämt sind wir gewesen, als wir glücklich waren, und wenn mein Schatz mich lieb hat, gleich is aus mit der Verschämtheit. Sag mir ob man kann vögeln und sich doch schämen, das geht nicht, aber dazwischen, bei seine Arbeit, da will man nicht an Vögeln denken, und is ganz genau und lacht nur mal, wenns eim einfällt. Weisst seit mir Schatz bist is viel besser mit mir, vorher hab ich immer denken müssen und mich sehen und mir vorstellen wies is wenn Du zu mich kommst und wenn ich Dich doch in mir hätt, und ach, nich mehr loslassen.» So ging es weiter mit plätschernden Küssen als Kommas, und sich Schubbern an meiner Brust und den Steifen in der Hand. Sie musste alles loswerden, und war süss und lieblich dabei, roch wie nach Nussmilch und ich spielte mit den harten Brustknospen auf ihren hübschen strammen Brüsten und küsste sie hinters Ohr. Dann fing ich an sie zu reizen und etwas zu quälen und meine Küsse waren Spielereien. Wir hatten uns noch nicht richtig gehabt, als es im Speisezimmer 12 dröhnte und ich aufstand, aus dem Schreibtischfach ihr Paket holte und ihr die Fünfhundert einhändigte. Sie war ausser sich vor Seligkeit und zog mich noch im Stehen aus, wurde selber nackend und warf sich mich umreissend mit mir aufs Bett aber ich täuschte sie immer wieder, zwickte und kitzelte sie und brachte sie ausser sich. Schliesslich sprang sie mir auf die Brust, warf sich verkehrt über mich und verschlang meinen Steifen mit saugenden Lippen. Sie rutschte sich zurecht, zog die Unterschenkel an und ich umfasste sie so dass ich mir ihren Pelz an die Lippen ziehen konnte. Zuerst züngelte ich nur an ihrem Kitzler, aber bald verlockte mich der kräftig – nicht unangenehm – duftende abnorme Mund ihrer

Scham zu wilden Küssen und Zungenspielen, während ihre auf meinem Kolben fluppenden Lippen im Verein mit ihren verwegenen Händen mir ein rasendes Vergnügen verschafften. Die Prozedur dauerte das doppelte einer Liebeshandlung und diesmal unterlag ich vor ihr. Sie sog meine Entladung zuckend und zitternd vor Wollust ein und drückte sie sich bis zum letzten Tropfen in den Hals, unmittelbar darauf scheuerte sie sich im Orgasmus den Pelz gegen meine Zähne und drückte mir die feuchte glühheisse Schnecke in die offenen Lippen hinein. Ich schob sie weg um nicht überschwemmt zu werden und riss das Mädchen in meine Arme.

Unsere ausgewanderten Lippen fanden sich in ihrer Heimat und jetzt erst kam der Rausch bei Martha nach, – so ausser sich hat sie mich vor und nachher nicht geküsst und so nie in meinen Armen gebebt und gezuckt wie in dieser Viertelstunde. Langsam fand sie die Sprache wieder. «Eine Freundin hat mir gesagt, ein Mädel das wo nicht den Schwanz in jedem Loch gehabt hat wo sie in sich hat, das hat ihren Schatz nicht lieb gehabt. Erst wenn mans seinem Schwanz mit dem Mund gemacht hat, hat sie gesagt, dann behält man ihn, denn dann hat man die Zähn drüber gehabt.» «Hasts denn nur darum gethan, Schatz?» «Geil bin ich drauf gewesen seitm ersten Tag, nur getraut hab ich mich nicht – allein kennt mans nicht, dies Dinges, das schnuckrige, gleich möchte man hinhucken unds fressen. Ihr wisst nicht, wies einer zu Mut ist. Ihr leckt gern an unser Brust rum, aber das ist doch was anders.»

III

mehr von sie wiessen, und Du musst erzählen mich, das ist incorrect, verbesseren immer Sie mit mir erzählen. Und now muss ich Sie sagen, dass ich mich so freue, Addie mit Ihnen zu sehen, as I confess I don't like her other friends, as far as I know them, and I think they are rot, so I think too. They are either too brilliant and not to be trusted, or they are to weedy, and not to be shown. She wants the sort of man you are, and it's a real pity you are too young for her, for you know you are, me boy, ich bin geradeaus und sag Sie mein Meinung. And she is terribly attractive and I don't want you to become miserable about her, and you are a stunner and I don't want her to lose her chances.» Ich lachte und sagte wir hätten uns genau so gern wie wir dürften, nicht mehr, «but not one whit less». Sie sah mich mit ihren glashellen Augen scharf an und sagte «I've said my say and I dont like to mind any business but my own. Tell me about your job. What are you on?» Ich bemühte mich hier einen Begriff von klassischer Altertumswissenschaft zu geben, wozu sie scharf aufpasste, als Addie hereinkam, einen reizenden Federhut auf mit wundervollen Farben und langen Schritten, schöner als ich sie in Erinnerung hatte. Sie umarmte Sully und küsste sie auf beide Backen, kam zu mir und bot mir mit der grössten Unbefangenheit den Mund den ich küsste, wonach sie sofort weiter sprach. Sully war kurz starr gewesen, und sagte nach der ersten Pause «Well dear, I am afraid I have been

rather indiscreet the moment before you came warning Mr Whatshisname not to loose his head in a hopeless affair, but I am aware now I had better order a bottle of Champagne to begiessen, as you say, a match.» «Never mind the champagne, Sully dear, but there is to be no match, as you are well aware. Rubor and I are simply friends and dearly fond of each other, and you are such a friend, that I feel it would be mean to dissemble in your presence. That's why, and as we would have kissed wherever we had met after some days separations, I feel the frankest and most upright thing would be to touch lips here as well, and you are a clean old Prachtkerl, and aren't bose enough to think a fond kiss an obscure action.» «Überhaupt» pfiff ich dazwischen «ist es ein moderner kleinbürgerlicher Muckergeiz, den Kuss zu überschätzen. In edlen Völkern und Zeiten küsst man sich aus reiner Freundlichkeit an jedem Kreuzweg und kein breach of promise steht mit der Warnung dahinter.» «Well in fact America is about as edel as your epics» sagte Sully; «and there's rather too much of intersexual meaningless kisses. I am for a kiss with a heart in it and object to degrading the rest of lovers lips to ceremonial habit» «Dafür» lachte Addie, «lässt sich allerdings etwas sagen, aber glücklicherweise wissen immer nur die parties concerned wieviel Prozent Rest in einem ceremonial habit kiss unverzollt mit befördert werden kann.» Der Cocktail kam und der Gegenstand wechselte. Berlin wurde besprochen und Sully pries die Stadt die wir beide nicht mochten. «Was» sagte sie nach viel Hin und Her «schliesslich ist es die einzige Stadt in der Welt, in der man so einfach und studentisch mit den besten Kreisen bekannt wird, dass ich Ihnen beiden kann lassen heut mein Rindfleisch schneiden. Ich habe eine adlige Generalentochter in ein Knopfgeschäft gekommen zu kennen, und ein young scholar von einen exclusiven Familie mit ein langen record in Geschichte an eine Phone Cabin von ein Saloon. Good people and vornehme sind more circumspect in alle Teilen der Welt dann hier. Es ist eine rohe Stadt aber eine freimütige. Vieles ist hier erlaubt was nicht wäre möglich anderswo, weil die Menschen sich das Beste give credit for. Und wenn sie einmal hineinfallen, ist nichts gegen das viel Gute das kommt davon. Es ist ein sehr junger Stadt für sehr jungen Leute mit Optimismus und Elan. Ich kenne Paris und London und Wien, give Berlin to me.» «Du hast tausend Mal Recht», sagte Addie uns beide unterfassend und ins kleine Speisezimmer gehend, «und ich nehme viel zurück. Die Schattenseiten siehst Du nicht, aber ich gebe zu, die Lichtseiten überwiegen.» «Ich» sagte ich die Serviette entfaltend «liebe diese rauhe, graue, bissige Luft, die mich stimuliert. Ich bin in Berlin scharf, streitsüchtig, unnachgibig, enorm aktiv, voller Einfälle, voller Rhythmus. Es ist eine weltliche Stadt für Leute, die keine Minute Zeit verlieren wollen, sei es Minuten des Vergnügens oder des Fortkommens; in keiner Stadt der Welt wird so intensiv gebummelt und spekuliert wie hier.» «Siehst Du» sagte Addie rasch, «das ist es. Und der Teil in mir, der weder spekulieren noch bummeln will, hasst Berlin.» «Ich weiss nicht» sagte ich; «man zieht sich aus dem wilden Schaum und sieht aus einem Fenster in das Toben. Es gibt unter den Linden eine tolle Bude von Grossstadt Abfall, die man kaum durchschreiten kann, aber einen ersten Stock, aus dessen Fenstern man alles sieht und wo ich oft eine Stunde in Stimmungen sitze, die kein Ort der Welt mir geben könnte. Sei nicht einseitig. Wo Dinge zerfallen und umgerührt werden kommt nur Dein Gesichtssinn auf seine Rechnung, es bricht sich alles in einer neuen Iris.» «Aber sie sagt mir nichts – ich bin nicht Whistlersch im Innern. Es steht nichts dahinter hinter diesen Effekten, was es für mich hätte geben müssen. Grosse Städte sind nur scheinbar gross. Durch Addierung entsteht nur Scheingrösse. Eine Million Bakterien oder eine Million Sterne sagen mir nichts. Vier Millionen Einwohner und 200 Millionen Kohlköpfe die für ihre Ernährung täglich ankommen müssen, lassen mich eisig. Ein Held der zehn Gegner erlegt ist gross. Warum studierst Du die Griechen?» Sully lachte über die Sprünge, aber das schöne Wesen vibrierte in jedem seiner Worte. Es wurde eine heftige Unterhaltung in der ich einen Begriff der Geschichtswissenschaft zu geben versuchte. «Gut» sagte Addie als wir zum Café aufstanden, «aber ich glaube nicht, dass diese sehr schönen Triumphe siegreichen Scharfsinns und schöpferischen Wiederaufbaus aus Trümmern mit Deiner Natur identisch sind.» «Oh im Gegenteil» sagte Sully, «ich bin begeistert. Das sind Siege des energischen Geistes, der kein Ungefähr und Vielleicht will, es ist ein grosser Sieg über Faulheit Nachsprechen und die teuflische Meinung that it does not matter so much. The dunce it matters. Everything does. And everything else depends upon everything mattering. Sie haben mich zum ersten Male es sehen lassen in diesem Licht, and I think the fight worth a brave mans life, was anderes soll identisch sein mit ihm?» «Er ist ein Dichter» und sie lächelte, «und Du wirst sehen, dass seine Poesie dies Forschen Dir so anziehend macht.» «Ich sehe den Unterschied nicht» sagte ich, «die Griechen sahen ihn auch nicht und Goethe», «Du aber bist weder Goethe noch ein Grieche, sondern Rubor» sagte sie meinen Arm nehmend, «ein anziehender Verrückter, der sich besonders logisch und rationell zu geben versucht. Du wirst auch ausgezeichnete Arbeiten machen, aber sie werden Deine Zaubereien nicht wert sein, zu denen Du noch einmal kommst.» «Oh read something» rief die Wirtin, «has he done nothing yet to immortalize your eyes» und sie küsste die schönen Augen der Sitzenden. «Not he» sagte Addie; «nor is he likely to. He needn't though. I'm not so sure I'd like it. It's a frosty idea to have a bit of life freshly experienced, as it were, taken out from its web and objektiviert, with thought out words rhythmicized and rhymes cleverly made to alternate. It might be very beautiful as long as other people are the idols. I'd prefer my lovers eager lips close to mine and his arms clasping me very tight, and his heart violently throbbing next to mine and being at my feet by feeling the storm is up.» «Why my dear» sagte Sully humoristisch, «that's rather an extravagant picture of what you seem to prefer to poetry; but I know you for a highly strung girl and I hope no male adorers of you were listening.» «Und wenn» sagte ich leichthin, «glauben Sie, ein wirklicher Verehrer von Fräulein von Eixner könnte sie missverstehen? We are no cads – we I say who have the honour of serving under her colours. Honny soit. She is our queen and can do no wrong and say little. Besides she is right, and if ever I had the unconceivable honour and privilege of being preferred by her to the many morederserving and if I wielded the power of the mighty Nine together with the sway of him who clasped a girl and started a quarrel, I would I can most willingly burn my lyre and tear up my scrawl and give posterity the slip in exchange for one full moment of love experienced and devotion accepted.» «Would you now» sagte Sully händeklatschend, «and we would be the poorer for you magnanimity. For we want reading poetry and you are just a pair of heartless egotists. Good bye, Addie darling, its been a treat. Good bye dear Rubor, I trust we'll meet soon. You are a knight, don't get Quixotic. Don't get einseitig. Hug the girl and write the song and do your research work and grow into a Poet and stir the world and don't forget old Ann Sullivan who confesses she likes you a lot.»

«Wohin» sagte ich unten im Auto «?» «Ich bin für Dahlem und den Botanischen Garten bei dem herrlichen rostbraunen Nachmittag, und dann für Potsdam und Thee auf einer Terrasse überm See, dann Johnnie.» Sie sah mich an, es war Ja. Die Strassen im Centrum waren so voll und man sah uns so in den Wagen, dass wir bis zur Chaussee warten mussten, bis wir uns unter Küssen fragen konnten, wie wir, sozusagen, geschlafen hätten. Wir ergriffen uns mit den Händen und nahmen einen scheuen und überschwenglichen Besitz von unsern Körpern, mit Bewegungen in denen das Bewusstsein der gewesenen Paarung, aber mit Zartheit lebte. Worte erinnerten nicht daran, die Blicke tauchten in einander, die Lippen brannten kurz und vorläufig auf den Lippen, als gäben sie sich nur ein Flammenzeichen. Addie lehnte sich einen Augenblick von oben bis unten, Zoll an Zoll an mich hüllte mich in einen einzigen anlachenden Blick und ich konnte vor innerm Jauchzen fast nicht sprechen. «Sei nicht so lyrisch uneigennützig wie vorhin» sagte sie schliesslich atemholend «man darf nicht so verlogen die Wahrheit sagen.» «Und Du gib keine so drastischen Schilderungen unserer intimen Minuten, man darf nicht soviel Praxis als theoretische Annahme verkaufen!» Wir lachten beide und fielen uns ausgelassen um den Hals. «Sie ist fein. Sie mag Dich, traut sich aber nicht ganz; ich muss herauskriegen woher das kommt, denn es ist sicher Tratsch. Aber sie ist ganz unter Deinem Einfluss und weiss auch sicher viel mehr als sie verrät, denn sie sagte zu mir ‹How gorgeous you look, you have acquired a new splendour quite lately, like a watered plant›. Mein Gärtner, mit seinem botanischen Garten» und sie drückte meinen Arm, «ich war nie dort, verlasse mich ganz auf Dich.» «Welches Glück» sage ich, «einem Neuling das zeigen; es ist eine Blumenlandschaft die ein grosser Naturpark ist; und es sind Glashäuser voller aller Wunder Golcondas». «Und es ist ein blühender Narr, mit blühendem Unsinn in seinem Wuschelkopf, ein Immergrüner mit Nachdruck auf Grün, ein ins Kraut geschossener Wildling den ich beschneiden muss, damit er nicht auswächst» «nein ein Dorn der Rosen trägt seit Du ihn angehaucht hast, Du Göttin en passant» «Ein schönes en passant, das muss ich sagen, vous venez de bien me fixer» «und hätte ichs gethan, für eine Göttin bin ich eine Episode mein Tag ist ihr eine Sekundenfraktion, denn sie ist ewig und ich bin sterblich.» «Oh Lästerer, jeder Zoll ein Ire und eine Hyperbel. Ich muss Deinen Stammbaum auf Paddy durchsuchen, er ist sicher irgendwo. Obwol Du wirklich aussiehst wie ein etwas verdeutschter Franzose, Du hast diese leidenschaftlichen und dabei herben Lippen sinnlicher Völker die gut raisonnieren, Deine Augen kann ich nicht unterbringen, Deine Haare sind südlich» «Barbiere weinen wenn sie mir die Haare schneiden, sie sind so dick und spritzen» «Das ist Dein Vigor. Du bist ultramännlich, daher wirkt Deine Weichheit so sonderbar, man erwartet sie nicht. Du gefällst sicher 90 % aller Frauen.» «Bisher mit einer einzigen Ausnahme nur den unterbelichteten Abzügen unserer Stammmutter.» Sie sah mich einen Augenblick an und dann beiseit. «Ich weiss Das Du mich liebst» sagte sie dunkel, sehr leise. «Schneide mein Herz aus und suche einen Namen der nicht hiesse Du» flüsterte ich in ihr Ohr. «Ich weiss» sagte sie mit einem Hauch, «und doch, versprich mir nichts. Ich will dass es dauert – oh dauert so lang es kann.» «Du thust Dir weh.» «Das thut man wenn man fürchtet, man schläft und alles sei nur geträumt! Ich will mich wecken um zu wissen, dass wir wirklich noch zusammen sind.» – «Schön die Alleen.» «Du solltest sie im Frühjahr sehen wenn die Kastanien rotblühen.» Wir schickten den Wagen fort um zu sparen und vertieften uns in die Wege in denen immer noch ganze Büsche von Farben leuchteten. Ich schwärmte und suchte nach Bekanntem, kniete vor kleinen Polstern in denen nichts mehr blühte und steckte sie mit meiner Begeisterung an. Wir liefen wie die Kinder durch die hohen Pflanzungen, standen selig an Herbstkrokus und Zeitlosenwiesen und starr vor den japanischen Hängen mit ihren Farbmassen kleinblütiger Chrysanthemen. Wir vergassen uns zu küssen, so selig machte uns das Schauspiel und erst als sie an meiner Hand unter einem Überhang von Sträuchern hindurchmusste, legte sie sich an meine Brust und sättigt mich mit dem schönen feuchten Munde.

Der Tag neigte sich, wir verzichteten auf die Häuser und liessen einen Wagen kommen der uns durch die herbstlichen Wälder mit sinkendem Lichte nach Potsdam brachte, unter den zärtlichsten und innigsten Gesprächen. Sie erzählte mir von ihrer Jugend in ihrer kraftvollen und durchaus unsentimentalen Art, mit einer Technik des versteckten Gefühls die ich als den Stil ihrer wunderbaren Natur mit Ehrfurcht und Bewunderung genoss. Ihre Erzählung hatte keine Haupteffekte, die sogenannten entscheidenden Ereignisse der melodramatischen wurden überhört: dafür verweilte sie mit allen Lichtern plastischen Witzes in Nebensituationen, symbolischen Gruppierungen und Personen. Alles war unnacherzählbar, man hätte sie dichten müssen um ihr nachzukommen. Ihre Hand lag in der meinen, und alles was sie sprach war nicht erzählt sondern adressiert, es war an mich und unsere Liebe angehängt, welch herrliches Wesen! Welche Dame, welch Mädchen und welche Königin. Ich bekam durch sie einen neuen Begriff der Menschheit.

Als wir in die Stadt einfuhren, lag Abendschein über Häusern, Fronten, Kanälen und Türmen. Das Auto wollte dirigiert sein, während wir auf eine fast venetianisch wirkende Anlegestelle zufuhren, wir sahen uns an und erkannten uns augenblicklich im gleichen Gedanken. Einen Augenblick später war der Wagen nach dem Einsiedlerhôtel dirigiert um dort auf uns zu warten, ich hatte ein Boot gemietet, sie sass die Steuertaue in der Hand im Stern und ich ruderte ins Freie. Ich kannte von früheren Fahrten her die allgemeine Richtung nach dem Kiwit, wo Freunde ein Hausboot liegen hatten und bald glitten wir in langen Stössen über den goldendunkelnden Spiegel, jenseits von dem das niedere Ried des Kietz sichtbar war. Es wurden nur Einsilber getauscht. Mir wurde warm, ich zog die Jacke aus, schwang mit starker Fahrt das Boot ganz aus der Ufernähe in den See und liess es auslaufen. Addie hatte ein Tuch um die Haare gebunden, ihre wunderbare Gestalt, gestreckt und gelöst, wurde eins mit dem Abendgold, das dumpfer verblich, im Osten stand der Mond weissgelb wie Schimmel. Ich warf die Kleider ab, liess mich ins dunkle Wasser gleiten das nach dem Sonnentage überraschend warm war und umschwamm das Boot; dann fasste ich es am Stern hinter ihr und stiess es sanft rückwärts. Sie sah sich nicht um. Es waren Minuten, wert sofort dafür zu sterben. Dann schwang ich mich über Heckbord wieder ins Boot, ruderte mich rasch warm und trocken und schlüpfte in die Kleider zurück. Wir sassen einander gegenüber wie Verzauberte. Das auch dies noch sich in das Fest gefügt hatte, eine solche Stunde, war die Glückszuwage gewesen die das Glas zum Überfliessen brachte. Ich sah dem Schimmer ihrer Augen die Beredsamkeit an die den stummgewordenen schönen Lippen entflogen schien, liess die Ruder fahren und fühlte mich vollkommen überwältigt. Ich ging von der Ruderbank vorwärts vor sie in die Kniee, beugte mich tief und küsste ihr beide Hände. Ihr Kopf kam vorwärts und berührte den meinen, ich blickte auf und in ihre Augen, unsere Herzen gingen über, wir griffen einander nach den Wangen und liebkosten einander ohne Wort und ohne Kuss; die Zärtlichkeit war zu sprengend und ungeheuer für beide. «Pass auf» sagte sie plötzlich. Eine Bootsgesellschaft wäre im Mondschein fast an uns gestossen, ich hatte sie nicht bemerkt, ich fuhr rückwärts an die Ruder. Sie lachte. «Zu schön» sagte sie, «das Leben ist zu himmlisch. Ich liebe diese Stupse der Realität, die einen dicken Punkt mitten in unsern Wahnsinn setzen. Wenn das Gefühl nicht von der Materie interpungiert würde, divagierte es ins Unlesbare. Ach Du Irrsinniger. Und ach ich Närrin. Wenn ich nicht irisch wäre so würde ich jetzt auf Deutsch fragen ‹was soll denn daraus werden, es hat ja alles keinen Sinn›». «Ja» sagte ich, «das sagen diese Bestien immer wenn sie Angst davor kriegen, dass das Leben pfeift und sie danach tanzen sollen. Einen Sinn. Nein, den hat es nicht, den Göttern sei Dank. Es hat ein Wesen.» «Wirklich?» lachte sie, «denk Dir, geliebtes Herz, ich weiss nicht einmal ob es auch nur das hat. Das ist auch wieder nur etwas Tiefdeutsches. Gibt es ein griechisches Wort dafür? Wenn ja hättest Du Recht. Ich kann kein Griechisch, aber ich glaube ihm alles unbekannter Weise.» «Griechisch – warte. Natürlich. Nur musst nicht Wort um Wort übersetzen: ἀσύνετον μὲν, ἀλλ' οὔκ ἐστιν ἄνευ δαίμονος. Wer das übersetzen will ‹es hat keinen Sinn sondern ein Wesen› dichtet es um» «Prachtvoll. Daimonos habe ich verstanden; was heisst es ganz wörtlich?» Ich dachte nach; wir fuhren in den nachtdunklen Stadtkanal ein. «Der Sinn davon nicht fassbar, doch das Göttliche.» «Nein Du Dichter, Du schmiedest Tragödienverse um mich zu foppen. Noch wörtlicher.» «Unauflösbar wol, aber nicht ohne etwas Gottartiges.» «Das nennst Du Wesen? Aber ja, ich verstehe es und Du hast Recht. Wenn Du jetzt nicht mit dem Anlegen aufpassen müsstest, würde ich Dir einen Kuss geben. Das Wesen ist das Unauflösbare. Aber siehst Du was Griechisch für eine Probe ist? Und nicht einmal irisch kann ich. Da, gib mir die Hand.» Der heranlatschende Schifferjunge bekam sein Geld, das Auto war statt ins Hotel zu fahren dageblieben und wir stiegen ein. «Gib ihn mir» sagte ich, sie an mich drückend. «Nimm ihn Dir doch» lachte sie und bog den Kopf zurück. «Nein, diesen, diesen will ich nicht mit allen andern verwechseln die ich heut noch nehmen will, er wird in einem einzigen Exemplar gedruckt und kommt unter Siegel –» «Ja?» lachte sie selig, «ja?» und sie war über mir und drückte mich an sich. «Hier» «War das Dein Herz?» fragte ich leise. «Warum» hauchte sie in meinen Armen. «Weil ich dabei etwas fühlte, als ob Du es mir schenktest.» «Ach sag so etwas nicht» sagte sie leidenschaftlich, «beschwöre nichts. Vielleicht. Aber selbst dann, nicht berufen, sonst ist es schon weg.»

Im Restaurant des Hôtels sassen die dort üblichen Figuren, Adel und Wasserleute bessern Schlages. Wir hatten kaum Platz genommen um zu bestellen, als von schief gegenüber aus der Diagonalecke eine Dame stürmisch aufstand und schwingend an unsern Tisch eilte. Addie wurde etwas rot als sie ihr entgegen aufstand, und man umarmte und küsste sich, wobei die andere mit echter Zärtlichkeit der Überraschung verfuhr, aber auch meine Liebste im Kampf zwischen Verlegenheit und Neigung die letztere siegen liess, es war augenscheinlich jemand den sie sich wirklich freute zu begrüssen. Bei der jähen Vorstellung verstand ich nichts als «meine Cousine» und wurde Zeuge eines prasselnden Austausches, von dem ich allenfalls nur das Geräusch aufnahm. Dann hiess es, Addie müsse unbedingt einen Augenblick an den andern Tisch zu XY und Z kommen, man würde es ihr sonst übelnehmen, es gab ein Hin und Her, auch ich wurde gebeten, zu entschuldigen und mich einen Augenblick zu langweilen, und dann schwang das Paar davon. Ich setze mich sofort so, dass ich nicht in die Gefahr kam der eigenen Neugierde nachzugeben oder der fremden zu dienen und setzte die Bestellung einstweilen aus. Nach einer Viertelstunde kam sie rasch zurück. «Höre. Es ist ein dummes Missgeschick, aber ich muss Dich für heut lassen. Wenn Du wüsstest wie bitter es mir ist, würdest Du es mir durch Dein betrübtes Gesicht nicht noch bittrer machen. Es sind Verwandte, die mich, um Gottswillen heut Abend noch besucht hätten, wenn sie mich nicht hier getroffen hätten, denn sie haben schon gegessen, fahren gleich weg und nehmen mich mit. Mein Liebster, mein süsser Junge. Höre weiter. Du passt garnicht zu ihnen, sie sind ganz netter hessischer Landadel aber mit Fremden steif und dumm, das erzähle ich Dir später. Sie bleiben nur drei Tage in Berlin, und ich muss, das begreifst Du, sie so arrangieren, dass ich Dich während dieser Tage ohne Collisionsgefahr für mich habe, und dazu gehört, dass ich Ihnen diesen Abend widme. Sei lieb, sag ja, ich entschädige Dich doppelt –» «Gewiss» sagte ich, meine Verstimmung verschluckend, «aber Du stellst mich drüben vor, ich sitze ein par Minuten lang da und gehe dann.» «Das hätte ich gleich thun müssen, und es wäre das Richtige gewesen, Du hast natürlich recht, aber jetzt – was sollen wir denn hier gesprochen haben? Es fällt nur mehr auf.» «Ich habe gesprochen nicht Du, Du hast mich herüber holen wollen und ich habe meinen Wasserkopf vorgeschoben» sagte ich kurz und brach auf, so dass sie sich an meine Seite verbringen musste. Es ging nicht, mich einfach abzudanken, es passte mir nicht, und ich wünschte meine Form zu behalten. Am Tische stand ein älterer Herr, unverkennbar Offizier und ein ihm gleichender etwas gröberer Sohn, Assessor schätzte ich, halb auf während ein kahler Herr mit Monokel, Beruf unleserlich, das Aufstehn nur markierte, und die Dame von vorhin mir freimütig freundlich in die Augen blickte, eine etwas formlose Brünette mit netten warmen Frauenaugen, Ende der Zwanzig. «Oberst von Dörnberg, Herr von Dörnberg junior, Baron und Baronin Beaulieu, Onkel, Cousin, Cousinen» hiess es nur kurz, und ich drückte Hände und ich ging sofort, meiner dreisten Art nach in ein Extempore über. «Fräulein von Eixner trägt die alleinige Verantwortung dafür, dass ein struppiger Wassermann an einen wolerzogenen Tisch verbracht wird, um durch wolwollende Behandlung – die mir versprochen worden ist – für seine sofortige Verabschiedung entschädigt zu werden. Ich bin nur gekommen um meiner Empörung über sämtliche genannte Zumutungen diplomatischen Ausdruck zu geben. Fräulein von Eixner sollte heute noch eine griechische Stunde – so, sehen Sie, das haben Sie verschwiegen – eine griechische Stunde bei mir haben, und der eigentliche Grund, warum sie mich versetzt und zu Verwandten fliegt, ist sicher, dass sie ihre Vokabeln wieder nicht gelernt hat. Danke schön, ja gern, einen Augenblick. Ja, Baronin, nehmen mich nicht ernst, weil Sie nicht wissen, dass ich auch mit jungen Damen streng bin.» «Fressen Sie uns nur nicht, Herr Professor», sagte die junge Frau lächelnd, «ich nehme Sie durchaus ernst.» «Weil Du ihn nicht kennst», rief Addie, erleichtert und heiter, «er ist ein Mystificateur, falle nicht auf ihn hinein.» Der Kahle liess sein Monokel fallen, fing es und fragte nachlässig «ist Griechisch Ihrer Ansicht nach nicht zu schwer für junge Mädchen?» «Ohne Zweifel», sagte ich, kniff die Augen und nahm ihn aufs Korn, «sowie auch für junge Männer; und für Alte. Es ist daher mit Recht unbeliebt, Herr Oberst» fuhr ich fort zu dem Älteren gerichtet in dessen gekniffenen Augen ich eine blaue Zwinkerecke der Belustigung aufglimmen sah, «und wird von degoutanten Leuten als Brücke zu höheren Berufen die es einstweilen noch ist, nicht nur metaphorisch mit Füssen getreten.» «Ich bin für Abschaffung» bemerkte Junior knurrig. «Na» sagte der Oberst gutmütig, «jedenfalls scheint mir meine Nichte wenigstens in Beredsamkeit an den richtigen Lehrer gekommen zu sein. Wo haben Sie gelernt, junger Herr?» «Meine Mutter ist Waschfrau» sagte ich kühl, «da lernt man die Kunst die Antwort nicht schuldig zu bleiben.» «Glaubt ihm kein Wort» lachte Addie in die allgemeine Heiterkeit hinein. «Seien Sie doch nicht so frech! Wie kann man nur so aufschneiden?» «Jurist?» fragte der Junior, mir zutrinkend. «Theologe, falls Sie im Regiment eine Feldkaplanstelle vakant hätten Herr Oberst?» «Kaplan?» sagte das Monokel, «das ist doch etwas zu durchsichtig, Herr Candidat. Wir glauben Ihnen Ihre Ungefährlichkeit auch so.» Addie trat mich unterm Tische; aber ich zielte und schoss «Leichtgläubigkeit wäre die letzte Eigenschaft, Herr Baron, die ich bei Ihnen gesucht hätte. Skepsis war meine erste Coniunctur, aber man irrt sich.» «Nein» sagte die junge Frau, sich schnell in den Streit werfend «Sie irren sich gar nicht. Nichts glaubt er, – was Connie? Schade übrigens dass wir nicht zusammen bleiben können, ich höre zu brennend gern gut reden, Herr Borchardt – so war wol der Name. Aber wir müssen etwas verabreden, wir müssen noch einmal zusammen sein, vielleicht arrangierst Du es, Addie». «Versprechen kann ich nichts, er steht im Examen, und ich muss ihn schon selber stückweise herausreissen» – «So finden Sie» sagte ich, «ist mir nicht erinnerlich. Sie sind es die man nie der sogenannten Pflicht streitig macht!» Der Oberst lächelte und strich sich die graue Bürste. Als er etwas sagen wollte, trat der Kellner heran und meldet das Auto. «Rufen Sie doch jedenfalls im Kaiserhof an» und er drückte mir fest die Hand, «habe mich aufrichtig gefreut, reizender Zufall. Vielleicht frühstücken Sie einen dieser Tage mit mir, schlimmstenfalls auch ohne Damen, oder die sehen wir dann nachher.» Es war Aufbruch. Addie nickte mir nur zu. Der Kahlkopf verabschiedete sich, betont eisig, die junge Frau betont charmant. Dann sass ich kribblig nervös ruhelos vor meinem Beefsteak, wie ein in einem Kasten auslaufender Kreisel, der überall an Wände prallt, aber zu viel Wirbel hat um umzufallen. Aus Verzweifung bestellte ich eine Zeitung und las zwischen dem Kauen ohne ein Wort aufzunehmen. Der Rotwein war schlecht. Halb im Begriff einen anderen zu bestellen suchte ich den Kellner und blickte von der Vossischen auf. In diesem Augenblicke, mit dem Kopf zu Eingangsthüre sitzend sah ich diese sich öffnen und eine Gesellschaft eintreten, die doch irgend etwas mir irgendwie Bekanntes etwas halbwaches in mir berührte. Es waren zwei weibliche und zwei männliche Personen – ja, diese blaue Seglermütze mit dem weissen Überzug, den an einem Herbstabend kein Potsdamer Wassermensch trägt – wo hatte ich sie gesehen? Richtig. In dem Boot an das ich im Dämmer halb gestossen wäre als ich vor Addie niederkniete, war diese

Mütze vor mir aufgetaucht und verschwunden; aber als die Gesellschaft näherkam, – sie hatten am Eingang abgelegt – war das Bekannte etwas anderes. Dies grosse blonde Mädchen vorn war die Frömbs, die Typistin aus der Dorotheenstrasse. Sie hatte mich ebenfalls erkannt, und war errötet. Ich stand unwillkürlich auf und sie kam zu mir wie gezogen. Die Anderen stutzten kaum einen Augenblick und gingen weiter einen Tisch suchen. «Sind Sie allein?» fragte sie mir die Hand drückend. «Wie Sie sehen.» «Ich – bin hier mit meiner Schwester und Bekannten. Wir müssen ganz schnell etwas essen, ein Butterbrot, der Zug geht in zwölf Minuten.» «Ich habe ein Auto vor dem Hôtel.» Sie sah flüchtig auf und zauderte. «Natürlich» beeilte ich mich hinzuzusetzen, «will ich die Gesellschaft nicht zerreissen.» «Ach – sie ist nicht s o besonders. Zwei junge Kaufleute, aus der gleichen Pension mit uns, mit meiner Schwester zusammen; meine Schwester – ich lasse sie eigentlich nicht gerne allein.» «Aber natürlich» sagte ich rasch und so höflich wie möglich. «Wenn Sie ihr sagen wollen, dass ich noch einen Platz frei habe und mich freuen würde –» sie sah mich warm und glücklich an, und war in diesem Augenblicke mit ihren grossen weichen ernsten Zügen und den grossen grauen Augen mit den breiten viel dunkleren Brauen und Wimpern sehr hübsch. So wenigstens dachte ich als sie rasch an den Tisch der Anderen steuerte. Natürlich war es auch zu dreien besser als tête à tête, denn in meiner irritierten Verfassung stand ich nicht dafür Dummheiten auszuschliessen. Ich war zu erregt und wäre ohne Menschen auf Teufeleien gekommen. Jetzt – es war ½ 9, alleine nach Hause zu fahren, mit der Aussicht auf meine öde Kammer und allenfalls eine Débauche mit der süssen verliebten Zofe, ihrer Mischung aus Geilheit und Sentimentalität, war mir schreckend. Addie hatte mich gespannt und überspannt, ich musste abgespannt werden, zerstreut, oder ich ging zum Weine dh irgendwie in Stücke.

Die Frömbs kam mit ihrer Schwester zurück, und stellte mich der verlegenen vor, während die Herren Kaufleute bereits wieder durch die Thür verschwanden. Die Schwester hatte nicht die gewisse Distinktion der Sekretärin war aber dafür im Durchschnittssinne hübscher, ein total anderer Typus, eher kleiner, knapp und mädchenhaft nett aber weiblich complett gebaut, mit schlankem Hals und etwas schiefliegenden lachenden Augen in einem schmalen reizvollen Gesicht und schönen Zähnen in einem festen schwellenden schön lächelnden Munde, das glänzend blonde dunkelnde Haar gut und sauber zusammengenommen. Jeder Zug ihres Wesens verriet eine Mischung von drastischer Richtigkeit und guter, sogar ausgelassener Laune, und die Verlegenheit verschwand bald als ich die beiden sich setzen liess und bestellte. Sie waren bescheiden und ich nicht verschwenderisch, sie bekamen das gleiche Beefsteak das ich gegessen hatte, und goûtierten es höchlich, während ich, der indessen gewartet hatte, einen mässigen Nachtisch mit ihnen teilte und unter einem bessern Rotwein als dem meinen ihre Gesichter sich röten sah. Das Gespräch ging nicht über mittlere scherzende Oberfläche hinaus und belebte sich erst beim Café, der die hübsche Buchbinderin besonders zu stacheln schien, während die Grössere sinnender und weicher wurde. Ich fragte die Erstere, die sich Karla nannte, und wol Karoline hiess, ob die beiden Abgeschwommenen ihre gebundenen Exemplare seien, was sie nicht gleich verstand, dann aber mit Entzücken aufnahm. Oh nein, hiess es, die seien keine Handarbeit sondern Serien Waare aus der Maschinenbinderei, einer ganz anderen Branche. «Also blosse Durchschläge», sagte ich zu Agnes, der anderen. «Ja, und noch schlecht gepaust», fuhr Karla dazwischen, «flaue Kopien, kaum leserlich.» «Sie ziehen also die leserlichen Originale vor?» «Am liebsten sind mir die Originalhandschriften» sagte das Mädchen sanft. «Ja, Herr Borchardt, mit ungleicher Zeilenlänge und regelmässigen Absätzen mit Spatien», rief Karla, «ach wenn ich doch nur Gedichte und nichts anderes zu binden hätte.» «Und den Dichter dazu», spottete Agnes leise. «Binderin» sagte ich, «ist in diesem Sinne jede Frau, sie sorgt dafür dass die Broschur der Mannsbilder nicht aus dem Leim geht». «Und Typisten» sagte Karla, «eigentlich auch, sie sorgt dafür, dass der Zettel Mann nicht verflattert, sondern fixiert wird.» «Was für reizende beruhigende, versittlichende Berufe» sagte ich, «sie müssten bei Ihrer selbstlosen Aufopferung fürs Ganze von Nonnen ausgesiebt werden und nicht von so mutwilligen Wesen.» «Ich bin nicht mutwillig» warf Agnes ein. «Sondern eine Nonne, ja, Du –» spottete die Andere. «Und Selbstlosigkeit, meine Karla – ah!» gab die Andere sanft zurück. «Ist auch nicht nötig», rief Karla wieder, «denn es ist alles gegenseitig, und dafür dass ich binde will ich gebunden sein.» «Wie interessant» – ich spann nun weiter, «der Mann ist jetzt plötzlich auch Binder?» «Eine schöne Frage. Er bindet dauernd; er bindet mit uns an, das ist das erste, dann bindet er uns etwas auf, Nummer 2, dann wird er drittens so verbindlich» «Hör schon auf» sagte Agnes lachend, «dass die Verbindung – warten Sie einmal» «am besten», fuhr ich fort, «nicht nach der Entbindung, sondern vor ihr verlegt werden muss.» Es gab Heiterkeit, Agnes schlug die Augen nieder, aber Karla sah mich unbekümmert und lustig an. «Warte, Gnesia, jetzt kommt meine Rache; der Mann als Fixierer des weiblichen Flatterzettels.» «Was denn gross, er spannt mich höchstens ein.» Beide Mädchen wurden träumerisch und verlegen. «Jedenfalls» schloss ich ab, um über das Trommeln wegzugleiten, «ist Vervielfältigung des Originals auch hier das Ergebnis und Fräulein Karla ist gerächt.» «Also» sagte Agnes, «es lebe der wechselseitige Austausch, prost» und trank aus. «Ach Bordeaux ist nun einmal mein Schwarm, nicht die sauren weissen Weine.» «Noch schöner. Nichts über einen blumigen spritzigen Mosel; aber schön ist dieser auch, prost also und keine

Disharmonie an diesem schönen Abend. Es lebe unser Kavalier.» «Sehr schmeichelhaft aber was machen wir nachher?» Die Mädchen sahen sich etwas dumm fragend an. «Nein nein» sagte Agnes, «schön brav nach Hause, ich muss morgen um sieben an der Maschine sitzen weil ich noch 15 Seiten bis 9 abzutippen habe, mitten in der Woche bummeln geht nicht.» «Verehrtes Fräulein, es ist 9, um ½ 10 sind wir in Berlin, und neuneinhalb Stunden schläft nicht einmal ein Backfisch.» «Unsinn» sagte Karla dazwischen, «bummeln. Noch irgend eine Schlussvergoldung, Handdruck und um ½ 12 im Bette.» «Gut» sagte Agnes, «und für mich ist die berufliche Form dafür, die Bogen genau auf einander passen und mit Heftklammer schliessen, und dann byebye.» Ich zahlte unter den Spässen, die weiter liefen, und wir gingen. Der Taximann war in der Bierquelle und während die Mädchen einstiegen, ging ich ihn suchen. Er kletterte dann in sein doppeltes Glashäuschen und mich liessen die beiden nicht auf dem Rücksitze Platz nehmen, sondern rückten angestrengt auseinander und nahmen mich zwischen sich. Die Aufgabe, die innern vier überflüssigen Menschenarme in der Enge unterzubringen, liess sich nur so lösen, dass ich die meinen um den Wuchs der Nachbarinnen legte und wir brausten ins Freie.

Ich habe mich seitdem oft in der wonnig trunkenmachenden Situation befunden um die das Auto die Welt bereichert hat, den Übergang von schlafenden und beiderseits unbewussten Reaktionen in die zunächst rein physische Intimität der weltabgeschlossenen Halbumarmung, in der soviel empfindliche Punkte Contakt gewinnen, und die gegenseitige Verlegenheit die Kupplerin macht. Fast nie, soweit man sich nicht missfiel oder abstiess oder Taboo war, hat es sehr lange gedauert, bis man den natürlichen Folgen der Lage nachgab, und es hat Fälle gegeben, in denen diese Folgen in stummem Einverständnis bis an ihre letzten Grenzen gezogen wurden. Aber damals war ich trotz aller Glut und Vehemenz fast nie der Angreifer, und diese Seiten zeigen, dass ich nur in die aufgethanen Thüren ging; und nun gar zwei Partnerinnen, und Schwestern, und das Gefühl, wie immer ich mich verhielt, mindestens eine Zuschauerin zu haben, – dies wirre Bild stimmte unsicherer als ich im Grunde war und lähmte meinen Schwung. Ich sass herzklopfend und mit vor Aufregung kalter Zungenspitze zwischen den schönen schwellenden Schenkeln zu jeder Seite und meine Hand hing lose um die Taillen. Es wurde anfangs nicht viel gesprochen und die wenigen Worte der Mädchen hatten etwas stockendes und heiseres. Erst als nach Minuten ein uns schlecht entgegengesteuerter Wagen zum Bremsen und Schwenken zwang, wir etwas gerüttelt halb auf einander fielen und meine Arme sich fest um die hübschen Gestalten schlossen, kam Lachen und Leben in unsere Dreizahl, meine Finger hatten sich in süsse schlanke Nachgibigkeiten gedrückt und waren elektrisiert worden, die Mädchen hatten es gefühlt und legten sich weicher in meine Arme. Wir waren auf der Berliner Chaussee, es war stichdunkel bis auf die schwach beleuchteten Disken vor dem Fahrer vorn, die Strasse schlecht der Motor mässig und immer wieder liess ein Stoss uns enger zusammengedrückt. «Setzen Sie sich doch bequemer» sagte schliesslich Karla lachend, «Sie sind viel zu rücksichtsvoll, und werden es zu nichts bringen, ausser im Dichten» «Ja» sagte Agnes, und umfasste mich mit dem äussern Arm von hinten, «je näher man sich ist um so weniger schüttelt es» «Und um so gemütlicher ist es», sagte ich leise. «Auch» bemerkte Agnes und legte ihre Hand auf meine sie umfassende. Und, wie durch ein Wunder, that Karla im gleichen Augenblicke das Gleiche, sicher es ohne Wissen der Andern zu thun. Ich presste beide Gestalten unwillkürlich wärmer an mich, nicht starr, sondern von Mal zu Mal sanft drückend und wieder loslassend und sagte «Das ist doch eine reizende Art sich wirklich kennen zu lernen, praktischer als Conversation.» «Jedenfalls weniger anstrengend», sagte Karla, «man wird so angenehm passiv.» «Finden Sie auch?» fragte ich Agnes. «Ach ich bin glücklich» sagte sie. «Hoho» sagte Karla neckend, «das geht zu weit.» «Ich gehe zu weit?» fragte ich absichtlich missverstehend, und rückte vorwärts, «dann lieber auf den Rücksitz.» Die beiden rissen mich lachend zurück. «Welcher Unsinn, stören Sie nicht die Harmonie, wir halten Sie fest» klang es durcheinander, und als ich sass, stellte sich Karlas kleiner Schuh munter auf meinen Fuss. «Ich habe Dirs ja gesagt», sagte Agnes im Lachen seufzend, «was für ein perfekter Cavalier er ist.» «Man kann alles übertreiben» höhnte die Andere meine Hand leise drückend. «Eben» gab ich zurück, während ich Agnes an mich drückte und mir das Herz am Halse schlug, «ihr könntet ja schliesslich glauben ich könnte es kaum erwarten von Euch loszukommen». «Und in Wirklichkeit?» flüsterte Agnes kaum hörbar. «Möchten Sie auch» spottete die lustige Schwester und drückte wieder meine Hand. «In Wirklichkeit überlege ich mir die ganze Zeit im Unterbewusstsein welche von Euch beiden ich lieber habe –» «Schwindler» kam es von rechts, «wissen Sie längst» und der Fuss drückte den meinen, «Und?» fragte die Grosse zärtlich, – «und finde keine Antwort, weil ich Euch nicht trennen kann, Ihr seid für mich eine Einheit» «Das sind wir auch wirklich», rief Karla, «wir haben keine Geheimnisse vor einander, sind nicht eifersüchtig auf einander, nicht Agnes?» – «Nein gottlob nie» – «und Sie können ganz ungeniert sein, Herr Borchardt, denn ich bin im Bilde.» «Aber ich bin doch ganz ungeniert», und jetzt drückte ich die Kleine zärtlich an mich und umfasste unter ihrer Achsel liebkosend die junge pralle Brust. «Warten Sie mein Arm wird steif» sagte Agnes und zog ihn hinter mir hervor, um sich dann innig in mich zu schmiegen. «Noch ungenierter» hetzte die Kleine leise und legte den Kopf auf meine Schulter. «Aber unparteiisch» sagte Agnes, meine sie umarmende Hand drückend, «erst darin zeigt sich der vollkommene Cavalier.» «Dazu müsste ich zwei Köpfe haben, wie die indischen Götter» spasste ich, «doppelt bin ich nur in den Extremitäten.» «Die genügen» sagte Karla, «was wollten Sie denn mit den zwei Köpfen machen?» «Suum cuique heisst es in Preussen, jedem das Seine; ich kann jeder meiner holden Nachbarinnen nur je einen Arm und ein Ohr zur Verfügung stellen.» «Also ich mache die Augen zu» sagte Karla und trat mich sanft, «denkt ich wäre nicht da.» «Ich auch» sagte Agnes. «Ja was im Dunklen ändert das garnichts» beharrte ich, «da könntet Ihr sie auch offen halten. Ich kann keine Dame als Luft behandeln und ihr den Rücken drehen. Zu dreien sind wir und zu Dreien müssen wir bleiben, sonst wird es stillos. Ihr habt ja gesagt unparteiisch, und das bin ich. Zugleich ist es meine einzige Rettung davor, mich in Eine von Euch wirklich zu verlieben. Ihr eliminiert Euch gegenseitig, indem Ihr Euch gegenseitig steigert.» «Ach was bist Du für ein Kind, Du Liebling» sagte Agnes fuhr mir rasch um den Hals und küsste mich ebenso rasch auf den Mund. «Wie gemein!» schmollte Karla, «ich war dran, das nennst Du unparteiisch.» Und sie drehte mir den Rücken und drückte sich mit den Händen vor dem Gesicht in die Wagenecke. Ich holte sie zurück, sie widerstrebte zum Schein, ich küsste sie durch die festen süssen Lippen hindurch auf die Zähne, und ihr Leib wurde unter dem Kusse sehnig und ringend wie der einer Geliebten. «So» sagte ich, «wir haben Bruderschaft gemacht, dabei ist nichts und jetzt sind wir brav und sprechen von edlen Dingen.» «Du hast Karla aber länger geküsst, ich habe bis dreiundzwanzig gezählt.» «Noch schöner, wo Du schon von früher mindestens zwei zu gut hast, bei denen keiner gezählt hat.» «Die gelten nicht» sagte ich, «sie waren menschlich ernst und sittlich und gehen unter Separatconto.» «Und heisse?» fragte Agnes und küsste mich wieder, weich und warm. «Diese sind Spielküsse, Frechmopsereien, der reine Leichtsinn von Durchbrennern, und morgen vergessen.» «Bitte dann küsse mich auch einmal menschlich und ernst, Du Sittlichkeitsapostel, damit wir quitt sind.» Als ich sie umarmte und einen Gemütskuss markierte, schnellte sie mir die heisse Zungenspitze blitzschnell schlängelnd durch die Lippen und flüsterte «pst». «Da», sagte sie laut, «noch schöner, Leichtsinn! Meine Küsse sind Sinnenrausch, Du Oberlehrer.» «Aber Karla» kam Agnes Stimme vorwurfsvoll, und sie zog mich an sich. «Hör nicht drauf, sie ulkt nur», und sie schloss mir die liebevollen Lippen innig auf den Mund. Ich konnte nicht widerstehen, wir küssten uns sozusagen ernsthaft und sie sagte dazwischen «aber ein bischen gern, ein bischen weisst Du, hast Du mich schon, wie?» und kehrte zu meinem Munde zurück. «186» sagte Karla. «Hier wird Buch geführt, wünscht Agnes.» «Nimm ihn nur» lachte Agnes, «ich weiss schon was ich weiss.» «Danke schön, grossmütige Gnesia, ich will ihn garnicht. Wer mich will bittet Dich nicht um Urlaub.» «Nun hört schon einmal auf» befahl ich lachend, hob mir mit dem rechten Arm die süsse Figur aufs Knie, die meinen Hals umschlang und mich in einer Sekunde verstrickt hatte. Einen Augenblick später sass Agnes auf meinem rechten Knie. Ich konnte bald wie Salz vom Zucker, die Lippenpaare und Küsse auf meinem Munde nicht mehr unterscheiden, ausser dass Agnes mir, soviel ich wusste, die heissen Zwischenschlängler der Zungenspitze vorenthielt. Ich geriet ausser mir, die Mädchen waren in Flammen, wir wussten nicht mehr was wir thaten und unsere Hände durchsuchten die begehrten Körper, während die Küsse atemloser und wühlender wurden. Plötzlich hielt der Wagen. Wir fuhren aus einander. Der Chauffeur stieg ab. «Ick muss mal wat nachkieken, mit den Motor stimmt was nich, is was mit die Zindung» sagte er laut und klappte vorn das Blech auf. «Wir sind ja wol verrückt» sagte Agnes, setzte sich wieder und ordnete ihr Haar. Karla, die im Begriffe gewesen war den Gegenstand ihres Verlangens zu isolieren, hatte ihn losgelassen und glitt ebenfalls bei Seite, den Kopf auf meiner Schulter. Einen Augenblick später brachen wir wie auf Kommando in ein schallendes Gelächter aus, umfassten uns, küssten uns mit Scherzküssen und waren befreit. Die Schwestern küssten einander auf beide Backen, und lösten den Bann. Der Wagen warf wieder an, wir fuhren durch Zehlendorf und plauderten. Die Mädchen hatten mich untergefasst. Sie erzählten von ihrer Familie. Der verstorbene Vater war Seminarlehrer gewesen, die Mutter lebte in Crefeld, schien ein köstliches Original zu sein, sehr schön gewesen und mit einer dreimal gefütterten Vergangenheit, Tochter eines etwas verbummelten Redakteurs der ebenfalls geschildert wurde. Der Vater war seelenvoll gewesen, «wie Agnes» sagte die Schwester, und hierbei rührte mich irgend etwas so, dass ich das grosse Mädchen in die Arme zog und zärtlich küsste – nicht aus Liebe oder Verlangen, sondern – wie soll ich es ausdrücken, also, gut, aus männlicher Sentimentalität, die sich in diesem Augenblicke mit der weiblichen amalgamierte, und die im XVIII Jahrhundert bei uns schliesslich Institution gewesen ist. Agnes erwiderte meine Küsse mit sanfter Hingebung und küsste mich dazwischen auf die Augen, – zum ersten Male im Leben genoss ich dies sehr liebliche Gefühl. Karla gliche nicht eigentlich der Mutter, sondern dem Grossvater, und auch wieder nicht, sie sei ganz sie selber, und ihre praktische unbefangene witzige Art hätte ihr einen grossen Freundeskreis geschaffen. Sie wollten nun auch über mich genaueres wissen, aber ich cludierte diese Recognoszierungen. «Nie sollst Du mich befragen» deklamierte Karla und drückte meinen Arm – «aber ein Ritter bist Du ja auch, und dass Du so fein mit uns armen unbekannten Mädeln bist, da merkt man die Herkunft. Was Agnes? Ein Andrer hätte wer weiss was –» «Mit einem Andern als ihm» sagte Agnes heftig, «wärst Du wol gerade mitgefahren, was?» «Du nicht und ich nicht.» «Und ich mit Euch und mit Anderen nicht, das könnt Ihr mir glauben, ich suche mir meine Bekanntschaften nicht in Kneipen.» «Also», begütigte Karla, meinen Arm noch zärtlicher wrubbelnd, «dann ist es ja auch kein Wunder dass wir so himmlisch vertraut und glücklich durch die Welt rollen, als hätten wir uns nicht grad erst kennen gelernt, und würden uns nicht sobald wieder fremd werden!» «Wieso denn so melancholisch?» «Ich? bin ich garnicht. Wenn nicht, um so besser. Aber vorstellen kann ich mirs nicht. Es ist ein Märchen, und Märchen sind drei Seiten lang, dann kommt ein anderes. Die hübschesten behält man sein ganzes Leben lang in der Erinnerung. Dich vergess ich nicht, sei sicher.» «Aber Kind» sagte ich und wandte mich zu ihr, «einstweilen bin ich noch nicht tot», und meine Lippen suchten die ihren, die sie mir zuerst entzog, um sie mir dann in einem einzigen Kusse zu schenken, aber einem so leidenschaftlichen, bei aller Kürze so unbedingten, reichen brennenden, dass ich mit einem Stocken im Herzen fühlte, sie liebte mich. Ich liess sie etwas erschreckt los, und sagte nur «Oh!» Sie drückte mir die Hand, liess sie mir noch eine Minute, richtete sich auf und sah aus dem Fenster. Wir rollten durch Schöneberg in die Stadt hinein.

Wohin, war die Frage. Nach lärmender Umgebung stand uns eben nicht der Sinn und mir wenigstens nicht nach Abgeschlossenheit, in der die unterbrochene Stimmung sich erfahrungsgemäss nie wieder herstellt. Schliesslich, nach unzähligen abgewiesenen Vorschlägen sagte Karla «Ich wüsste nur eins. Das Naheliegendste ist schliesslich das Beste. Warum nicht einfach zu uns?» «Das Gerede!» wandte Agnes klagend ein. «Unsinn; erstens ziehen wir, heut ist der 28te am 1ten doch in die neue Wohnung, zweitens ist es ein Gartenhaus in dem wir fast allein wohnen, denn die alte Kreutz, die sogut wie taub ist, über uns zählt nicht, und wenn wir nicht zusammen ins Haus kommen, merkt niemand was. Höre, edler Herr! Du setzest uns Ecke Bülowstrasse ab, verstanden? Dann nach zehn Minuten fährst Du vor und läutest, sagst der Portiersfrau wenn sie Dich fragt ‹Professor Wernsberg›, der wohnt Hinterhaus zweiten Stock, dass kann sie garnicht controlieren. Du gehst durch die grosse Glasthür in den Hof, dann siehst Du rechts die Thür zum Gartenhaus offen, ich lasse Licht brennen; Fein? Abgemacht? Kapiert?» «Aber die Rolle gut spielen», bat die ängstliche Agnes. «Was soll ich mitbringen? Habt Ihr Gläser? Ich bring ein Schampus mit und ein par Kleinigkeiten gegen Hunger. Habt Ihr Kaffee, Thee?» «Kaffee» sagte Agnes nachsinnend, «ja sicher, Thee weiss ich nicht. Mache doch keine Umstände, es ist ja nur ein Stündchen. Und die Läden sind alle zu!» bemerkte Karla. «Was Läden –» warf ich hin, «ich schaffe ganz andere Sachen, zu jeder Tages und Nachtzeit.» «Aber nicht warten lassen, es wird sonst zu spät», mahnten beide. So liess ich kurz drauf halten, beide süssen Dinger umarmten und küssten mich rasch und glitten in die feuchten schwarzen Strassen.

Welch ein Abenteuer, dachte ich im Weiterfahren. Gewiss nur Spass und Zeitvertreib aber doch wie süss, wie weltweit, wie übermöglich! Untreue gegen Addie? Lächerlich, ich liebte nur sie, sie allein, sie ewig. Neugierde, Spielerei an der nichts von mir wirklich teil hatte, ein reiner Zeitvertreib der lustigen Sinne und der Weltspürwut, und was alles sah man hinein, was erfuhr man! Und geliebt werden ohne zu lieben war doch ein berauschendes Gefühl der eigenen Kraft! An der Potsdamer Brücke liess ich an einer Weinstube halten, deren Oberkellner ich kannte. Zwei Flaschen Heidsieck – ich hätte lieber deutschen genommen um nicht prahlerisch zu erscheinen, aber hier war meine Grenze, es macht mir übel – ein paar pikante Dosen, eine Gänseleberwurst, ein Par Kastenbrote, eine Torte wurden in ein Handköfferchen des Wirts gepackt, ein Pfundpaket Ceylon Thee dazu, ein tüchtiges Trinkgeld gespendet, es hatte kaum fünf Minuten gedauert, und ich brauste rückwärts, liess an einer Conditorei halten, wo Marons Glacés und Pralinés sowie Orangen in den berstevollen Koffer nachgestopft wurden und bald hielt ich am bezeichneten Hause. Der Chauffeur sah mich beim Zahlen so an wie nur ein Berliner Chauffeur in solcher Situation das versteht. Er bekam zu seiner Taxe noch fünf Mark und bemerkte «Jlick muss da Mensch ham, wat? mit eena hipschen Frau hin, mit zwee andan retour und denn noch Nachfeia, wat? Also, ick sahe ja nischt, Recht ham Se, wa sin nua eenma junk, amesieren Ihn man jut, so lange et Jeld reicht, un treesten Se Witwen un Waisen –» Am Thor ging es vorschriftsmässig «Hinterhaus rechts zwee Treppen» sagte die verschlafene Frau durchs Fenster und einen Augenblick später stand ich in dem erleuchteten Flur in den vier Mädchenarme mich, hinter der Thür hervorgreifend, hineinzogen.

Es war ein grosser, etwas ärmlicher Raum, aber mit rührendem Bestreben einer eigenen Note hergerichtet. Unter dem breiten Fenster der Buchbindertisch und Pressen, an der Wand Materialrollen, ein kleinerer Tisch mit Rohbänden und Papierstapel. An der langen Wand ein Schlafsofa, ihm gegenüber ein anderes auf dem schon Bettzeug zu liegen schien, mit einer Decke versteckt, unter dem Deckenlicht die Schreibmaschine auf einem Tischchen und ein als Schreibtisch benutzter altmodischer Spieltisch mit geschwungenen Beinen, Bücher und Gerät und einen grossen Strauss Herbstchrysanthemen tragend. An den Wänden Bauersche Porträtdrucke, wildblickende Goethes, düsterflammende Beethovens, dazwischen hübsche alte Porträtsilhouetten aus der Familie, und ein schöner alter Stich nach Greuze, der Kuss, eine sinnliche anmutige Gruppe; Hängeetageren mit Büchern, Dantes Maske. Auf einem Tischchen qualmte ein kleines Räucherbecken blauen duftenden Dunst «des Leimgeruches wegen» erklärte Karla entschuldigend, und um das Deckenlicht knüpfte die lange Agnes, auf einem Stuhle stehend, ein grünes Seidentuch. Es war eigentlich reizend und die Backen der Mädchen schimmerten rosig, ihre Augen feucht und selig. Nachdem über meine Schätze hinlänglich die Hände zusammengeschlagen waren, holten die beiden aus einer verschlagartigen Nebenkammer Teller Gläser Tassen und Bestecke, während ich mit dem Korkzieher meines Taschenmessers den Pfropfen löste, die Büchsen öffnete und in die Teller leerte und was dessen mehr war. Die Mädchen halfen, hüpften, wollten zerspringen vor Lachen, piekten und küssten mich wie Bräute mit kleinen Übermutsküssen und schliesslich stand der abgeräumte und herangerollte Spieltisch als Buffet da, der Champagner im Wassereimer, die Gläser auf dem Maschinentisch. Da es an Sitzgelegenheiten fehlte, wurde das Bettzeug vom Sofa auf den Boden gelandet, dieses an das andere gerückt das damit zu einem breiten Lager wurde, und zu Häupten dieses Lagers das Gläsertischchen und das Confekt gerückt, damit jeder nur hinter sich zu greifen brauchte um sich zu versehen. Die solideren Genüsse wurden für wiederkehrenden Hunger aufgespart, und so lagen wir bald in dem behaglich gewordenen Raume lang ausgestreckt, in der alten Anordnung da, den Kopf und die Schultern hochgestreckt auf Polstern, ein schäumendes Glas in der Hand. Die Bruderschaft wurde nun erst getrunken, mit verschränkten Armen auf altmodische Art, und mit dem Kuss besiegelt, dann lehnten wir halb umarmt in einander und ein prasselndes Geplauder begann. Die frischen Zähne Karlas bissen dazu an die Marons, Agnes hielt mir zwischen den weichen Lippen mit leicht verschleierten Augen ein Praliné zum Abbeissen hin, und zwischen halben Zärtlichkeiten und ganzen Leckerbissen oder auch gemeinsam halbierten floss die Zeit vom Weine befeuert wie ein immer glühenderer Strom dahin. Ich nahm mich nach Kräften zusammen, um das Gleichgewicht des Zusammenseins nicht durch Leidenschaft umzustossen, aber die Mädchen waren heiss und wurden mir ohne zu wollen gefährlich. Ich war viel zu unerfahren, um zu wissen wo bei ihnen – oder jeder von beiden – die Grenze der Arglosigkeit und der Verführung lag, aber es war doch schon dahin gekommen, dass selbst Agnes' Hand sich verirrt hatte und dass ich für einen Moment Karlas schlanke Fülle unter mich gepresst hatte. In einem dieser kritischen Augenblicke riss ich mich los und ging ans Fenster, das ich öffnete um mein glühendes Gesicht an der Nachtluft zu kühlen. «Nicht!» rief es von hinten, «man sieht Dich» rief Agnes und das Licht wurde rasch ausgedreht. Ich kümmerte mich um nichts und lehnte in die feuchte Nacht. Dann waren Schritte neben mir. Agnes' Arm legte sich um meinen Nacken, ihre Stimme flüsterte heiss in mein Ohr. «Karla ist Kaffee kochen gegangen, in unserer Küche auf dem Flur gegenüber.» Ihre Lippen strichen über meinen Hals, her und hin, «es wird ein Weilchen dauern – wir haben kein Gas». Das grosse Mädchen lag an meiner Brust, fassungslos, und floss in mich über. «Hab mich lieb» hauchte sie in meinen Mund hinein, «ach hab mich lieb, Du –» Wer zog, wer folgte, – ich weiss nicht. Irgendwie tauchten wir aus dem Möbel-Teller-Tassen Gewirr ohne Schaden wieder heraus, verschlungen, und sanken verschlungen auf das Lager. Auch alles übrige vollzog sich automatisch, halb unterbewusst, vegetativ. Agnes war nur Sehnsucht, Verlangen, weiche, formlose, süsse Hingabe, Verschlingung. Der Wille mit mir zu verschmelzen hatte alles andere in ihr verlöscht, jedes Wort, jedes Denken, jedes Handeln. Es war animalisch ohne Peinlichkeit, animalisch natürlich wie der wortlose Befruchtungsvorgang in einem Lilienkelch, und es war fast eben so kurz. Als ich sie freigelegt hatte, schmiegte sie sich unter mich, that sich auf, umschloss mich, empfing mich, bebte von Kopf zu Fuss und verging, mich umklammernd, schon an den ersten Stationen des Rausches.

«Geh» stöhnte sie, hielt mich in sich, ohne mir eine Bewegung frei zu geben, und zitterte sich langsam aus, mit leisen Wollustlauten und langen Küssen. Ich hatte kaum zu fühlen begonnen aber schonte sie, und liess sie als sie mich wegdrängte und sich herumwarf, den Kopf auf den Armen. Ich stand im Dunklen und schwankte einen Augenblick, ehe mich der schwache Lichtschein zur Thür zog. Draussen auf dem Flur war es halblicht, aus einer andern Thür weiter rückwärts die halboffen war kam ein Schein und rauschte der Ton der Kaffeemühle. Karla lachte mir zu, als ich mich in die Thür schob und blieb auf dem einzigen Möbel des winzigen Raums, einem Schemel sitzen, eifrig mahlend. «Komm lass mich das machen» sagte ich, «und sieh nach Deinem Kessel, er kocht gleich.» «Wer kocht gleich?» fragte sie spassend. «Komm lass mich mahlen» «Wen oder was will er mahlen, der Strizzi» neckte sie weiter. Wir rauften um die Mühle und küssten uns dabei unaufhörlich, mit Ausweichen und Fangen der Lippen. «Mahle nur», sagte sie schliesslich, «obwol es heisst wer zuerst kommt, mahlt erst. Oder willst Du zuletzt mahlen, wen oder was?» Sie stand am Feuer, ich fasste sie wieder, ausser mir. «Nein erst den Kaffee» sagte sie und drehte den Kopf mich rückwärts heiss auf den Mund küssend, mit offenem Verlangen. «Und dann was?» fragte ich, mich von hinten an sie drückend. «Red nicht» sagte sie und gab mir einen Stoss. Ich mahlte im Moment die Portion zu Ende, die Mühle zwischen den Knieen gegen meinen jetzt tobenden Brunstarm gedrückt, während sie Filterpapier in das Kännchen drehte; es kochte, wir schütteten gemeinsam mit kalten Fingern einander streifend, das Pulver ins Fliesspapier und das Wasser nach. Unmittelbar darauf umklammerten wir einander. Das Mädchen spannte sich, wurde von oben bis unten fest und greifend wie ein sich anziehender Schlangenleib und drückte sich mir in die Arme, trat mir auf beide Füsse und hing an mir, zäh wie Kletten. Auch ihr Kuss war klettenzäh, unabschüttelbar. Ich fasste sie um die Hüften, ihre Biegung schwang und drückte wie eine Stahlfeder, ich hatte nie etwas gefühlt wie diesen knappen jungen Körper, der an mich flog wie Eisen an den Magneten, klebend und dabei nervig, – Strom. Ihre kleine strammen Brüste fühlte ich hart und saugend wie Gummikissen gegen mich, sie lebten ein eigenes Leben. Wir verschmolzen beinahe stehend, standen leicht zitternd wie eine aus zwei Bändern gedrehte Säule und küssten uns mit lautloser Verzehrung. Dann gab sie nach und liess mich fühlen dass sie sinken wollte. Wir liessen uns zusammen auf die Küchenfliesen nieder ohne den Ring zu lösen, oder fast ohne. Sie war unter ihrem Rock nackt. Als ich sie unter mich presste, machte sie einen unerwarteten Versuch mich wegzustossen, sagte schwach «Nicht» – und presste die Lippen. Sie war sehr eng, der Nagel bog sich unter dem Drucke meiner Raserei auf das mädchenhaft junge und hübsche Pförtchen, das in seinem krausen Pelzchen lag wie eine halb offene Rosenknospe. Karla biss mich mit aller Kraft in die Lippen, griff abwärts nach meinem Stamm und versuchte vor Lust stöhnend ihn zu führen, aber noch stemmte die Klinge und bog sich. Dann holte ich im Kreuz aus und nagelte die Süsse. Das Durchdringen in ihre zerschmelzende Schnecke in der mein steiler Prügel jetzt stampfte, übertraf an siedender Wollust rein physisch jedes frühere Erlebnis. Karla stemmte mit, rollte und wogte. Ihr Körper, den ich mit allen Nerven, Lippen, Fingerspitzen ansog, war mit meinem in einem Verhältnis rein sexueller Harmonie, für die ich keine Worte hatte. Ihre Krise war ein an mich geklammertes Ertrinken und das unerhörteste von Besitzergreifung. «Lass gehen» hauchte sie mir zu, «ich trag was, komm, komm in mich, ganz, bleib.» Es passierte das unerhörte, dass das Mädchen unter meinen leidenschaftlichen Stössen sich noch ein Mal straffte und mit mir gleichzeitig verzuckte, eine Minute nach dem ersten Male.

Mein Glück zum ersten Male mich in eine Geliebte entladen zu haben, war über allen Begriff. Es übertraf alles Erlebte. Wir lagen noch einen Augenblick uns mit verdorrten Lippen liebkosend, dann standen wir, uns schüttelnd auf. Karla zog aus einer Schublade die Unterhose, die sie vorher vorausahnend ausgezogen hatte, und zog sie an. Dann flog sie mir lächelnd in die Arme. Wir waren beide gelöst und glücklich und unsere heissen Zärtlichkeiten waren die des Danks. Sie drängte mich auf den Schemel der unter uns ächzte, und kam mich umarmend auf meinen Schoss. «Sag dass mich lieb hast. Ich bin verliebt in Dich wie eine Märzhäsin und hab mir geschworen, so oder so, mit Dir muss ich gewesen sein. Sag dass das nicht unschön findst, sondern schön und natürlich. Liebling. Ach ich krieg Dich nicht wieder, aber ein Mal war doch, und das ist für immer. Agnes ist auch verliebt in Dich, auf andere Art. Wir habens vorher ausgemacht dass Du erst mit ihr sein sollst und dann mit mir, weil wir merkten dass es anders nie gehn würde, denn Du fandst es schamlos, die eine vor den Augen der Andern zu bestäuben. Agnes und ich nennen den Göttervorgang nur bestäuben. O Du Kocher, ich wusste Du kochst gleich wieder, auch über einem neuen Feuerloch. Du Mahler, zuerst gemahlt und zuletzt. Fast gesprengt hast Du mich, geliebtes Monstrum. Alles hat bei Dir das gleiche Kaliber, auch das Staubgefäss. Aber ich habe den siebenten Himmel gehabt. Kussi. Noch einen eben so dicken. Ach. Jetzt müssen wir gehn. Du brauchst nicht zu heucheln. Agnes weiss dass ich Dich wollte, und umgekehrt.» «Seid ihr immer so vertraut?» «Untier. Es gibt kein Immer. Agnes ist von einem Reisenden sitzen gelassen worden, der ihr Vorspiegelungen gemacht und dann entschwunden ist, der Lump. Sie hat ihn nicht geliebt, er hat sie überrascht, und es war in vierzehn Tagen zu Ende. Ich hab vor drei Jahren einen Schatz gehabt, wir wollten heiraten, aber die Familie hat ihn nach Australien verschifft, er war noch ein Kind, nett, aber zu verschmerzen. Seitdem hab ich noch einmal mich in einen Offizier vergafft, vor einem Jahr, der war auch hier, Agnes mochte ihn nicht, ich leider zu sehr, aber wir harmonierten nicht, er war roh, und in einer Woche schob ich ihn ab. Das ist meine Vorstrafenliste.» «Sag sowas nicht wieder.» «Das musst Du doch gemerkt haben, Jungfrauen sind wir nicht, das gibts heut bei allein erwerbenden Mädeln überhaupt nicht, aber wenn nicht schon Liebe unrein macht, sind wir reine Mädchen mit anständigen Herzen.» Ich küsste und streichelte sie, bat ihr alles ab, hob sie auf und setzte sie zu Boden. Dann gingen wir mit dem Kaffee hinüber.

Zu meinem Erstaunen hatte die Szene sich gewandelt. Alles war lichterhell und mit untergeschlagenen Beinen sass Agnes auf dem Doppeldivan, einen Teller auf dem Schoss und schmausend. Sie schwenkte lachend die Gabel gegen uns. «Kommt Ihr Sünder und Ausreisser, esst, esst; himmlische Sachen. Komm, versuch den Räucherlachs. Ich habe das Kastenbrot aufgeschnitten. Habt Ihr auch solchen Hunger? Kommt, alte Rangordnung.» Sie sah reizend verschönt aus, die schönen ernsten Augen unter den dikken Augenbrauen, der weiche grosse etwas schmerzliche Mund in dem sanften Frauengesicht, die grosse schön gerundete Gestalt, die schwere blonde Haarkrone, – und über allem der Rosenschein des genossenen Glücks. Karla war zur absoluten Beute geworden, pikant und schimmernd, mit dem Glanz in den Augen, den junge Frauen nur durch ihre voll genossenen Niederlagen bekommen, und mit einer neuen Zärtlichkeit und Rundung über den sonst knappen Wangen. Wir tafelten. Wir schwatzten. Die Mädchen steckten mir mit ihren Gabeln abwechselnd Bissen in den Mund und ich fütterte sie mit Orangenschnitten. Dann tranken wir den schwerduftenden Kaffee. Und endlich streckten wir uns alle zusammen neben einander aus. Die Uhr zeigte ½ 12 aber wir achteten nicht auf sie. Alle alten massvollen Pläne waren vergessen. Die zweite Champagnerflasche verlor ihren Pfropfen und schäumte in die Gläser, und ich sah am Cordon, dass mein Kellner versehentlich oder nicht, eine schwere alte Marke geliefert hatte. Ich hätte es sonst auch daran gemerkt, dass die Mädchen einen Spitz bekamen, und zwar die sanfte Agnes zuerst. Ich lag zwischen beiden, von ihren Armen doppelt umschlungen, und Agnes wurde, was sie vorher nie gewesen war, offen verlangend. Sie zog und presste mich zu sich, ein ausgelassener Glanz war in ihren Augen, sie verlangte zu flüstern, und ihre Küsse waren kein Spiel. Karla lachte über die Wirkung von Bacchus und Venus und behauptete grossmütig zu sein, aber ein weiteres Glas des schweren Stoffes machte auch der Grossmut ein Ende, und die beiden Wilden hingen mir kämpfend am Halse. Jede wollte die Verführerischere sein, und als nach einem langen, schwelgend heissen Kusse Agnes die schwere Zunge, steif und geschwollen vor Begierde in mich drückte wie ein Werkzeug der Brunst, muss Karla die Wirkung auf mich gespürt haben denn sie fasste mich zwischen Weste und Hose um die Hüften, ihr Griff kitzelte und regte auf, ich riss mich los griff sie und küsste mich an dem frischen aufgeregten Munde satt. So ging es noch Minuten aber endlich musste etwas geschehen. «Wer geht Thee machen?» rief ich und machte mich frei. Agnes zog mich an sich und küsste mich heiss auf den Mund statt aller Antwort, aber Karlas Finger malte dabei irgend etwas kitzliges in meiner Hand. «Wir brauchen eine Auffrischung meine Süssen, sonst gibts Unglücke. Hier» ich knipste zwei Zündhölzer verschieden lang und hielt sie aus. «Wer den kürzeren zieht bleibt hier und nimmt mit meiner langweiligen Gesellschaft vorlieb, die andere kann sich von mir erholen und braut einen herrlichen starken englischen Thee.» Ich hatte die Genugthuung zu fühlen wie heftig beide Mädchen mich verlangten denn es ging bedächtig und sehnsüchtig bei der Wahl zu, aber

Karla unterlag zum zweiten Male und Agnes glühte dunkelrot vor Rausch. Die Kleine, forsch wie immer, schwang sich mit einem Ruck auf den Boden. «Komm nur mir das Gas anzünden, einen Augenblick» sagte sie, «Du hasts ausgedreht und ich traue mich nicht mit dem Schemel.» In der Küche im Dunkeln zitterte sie mit zähen Küssen an meinem Halse. «Behalt was übrig für mich Du Strolch, Du hast mich zu verrückt gemacht vorher, ich muss Dich noch ein Mal – ach, noch einmal – heut noch – Du – ich muss, ich muss sag Ja» und ihre Hand griff kurz zu. «Du kennst mich nicht» sagte ich ihr ins Ohr, «erstens bin ich bei Kasse und zweitens will ich heut noch sehen ob Du mich nicht bittest Dich zu schonen – mein Wort drauf. Wo ist das W.C.?»

Agnes fuhr hoch mit beiden Armen in die Luft und {mit} einem Strampeln des grossen Körpers der alle Sprungfedern des Divans krachen liess. «Wie lang wart ich schon» sagte sie das heisse Gesicht unterm Arme, «schlechter Mensch, zwei Minuten hast Du uns gestohlen, und wir haben kaum eine Viertelstunde». Was war in das Mädchen gefahren? Sie flammte und verlangte; ihre Hände griffen hart, ihre Küsse waren weit offen, ihre Muskeln verschlangen mich. «Mach was Du willst mit mir», lallte sie «komm zu mir schnell oder ich zerspring» und sie stemmte die nackten Knie hoch, spreizte sich auseinander und wühlte mir entgegen, mit einem rauhen stöhnenden Laut, während ich mich in sie wühlte. Alle Schleier waren gefallen, ihre gebrochenen Worte waren so brünstig wie ihre Gesten und ihr Thun, sie war geweckt und raste. Es wurde ein Ringkampf, sie forderte mich zur letzten Vehemenz heraus, aber ich sparte mich und liess sie verbluten, um nach kurzer Pause von neuem langsam in Bewegung zu geraten, und ihren sich windenden und rollenden Schoss zu zertrommeln. Ich riss mich noch zeitig heraus um meine Krisis zu verhüten. Agnes sang und wimmerte, stöhnte und jauchzte und ächzte, dann schloss sie sich von oben bis unten starr an mich, Zunge in Zunge und die Füsse um meine Knödel. So fand uns Karla mit dem Thee, sie that als sähe sie nichts und ging das Tablett absitzen, indes ich jäh aufsprang. Agnes folgte nach und verschwand durch die Thür. Karla sah mich schief an; «ich steh schon eine Weile diskret vor der Thür und warte auf das Ende der Katzenmusik. Hoffentlich ist meine Himmelfahrt etwas weniger musikalisch. Nein geh erst Dich erneuern eh Du mir einen Kuss gibst, oder warte» sie zündete das Räuchergefäss wieder an, in dem ich im Nebengelass Toilette machte.

Wir tranken, nebeneinander aufgestützt den heissen strengen Thee und fühlten die Notwendigkeit und den Genuss der Erfrischung. Agnes Augenlider waren schwer eine sanfte Schlaffheit lag über ihren Gliedern, aber ihre Verliebtheit war eher inniger geworden und sie liess mich keinen Augenblick völlig los, etwas von mir, und wäre es der kleine Finger gewesen, musste sie fühlen. Karla aber hatte unvermerkt den ganzen Rest des Champagner ausgetrunken und liess nicht mit sich spassen. «Ganz kalt bin ich in dem Loch geworden» heuchelte sie und kroch fast in mich hinein. «Hast Du auch einen so kalten Mund?» und sie schraubte ihre keineswegs kühlen Lippen bohrend zwischen die meinen. «Meine Hände sind vereist» und sie waren unter meinem Hemde um meine nackten Hüften. Ich umschlang sie und sie warf sich über mich, ohne auf die Andere zu achten. Aber Agnes schob sich zwischen uns und fing ihr meinen Mund weg, die Mädchen rangen lachend, mit einem kleinen eifersüchtigen Tone, der ihnen aufregend reizend stand. «Geh Gnesia oder ich nehme ihn überhaupt ins Bett.» «Er ist doch kein Objekt, Du Katze und er soll sagen ob er mich nicht will.» «Was er noch sagen kann wenn ich ihn richtig küsse, ist ein Dezimalbruch», und sie schaltete sich ein und schnellte mir die Zungenspitze durch die Lippen. Ich riss mich lachend los, die

Mädchen hielten fest, und im Raufen und sich Wälzen schnellte mir der Knüppel nackt und steil aus der Hose, die ich, von Karla überrascht zuzuknöpfen vergessen haben musste. «Da», jauchzte Karla, während Agnes halb verlegen zurückfuhr, «ich habe den Gott geweckt» und sass blitzschnell verkehrt auf mir, vornübergebeugt, sich den Pflock mit Auf und Abwiegen ins Paradies dringen lassend. Agnes sagte «Oh» und verbarg das Gesicht, ich stiess und liess die fest auf mich aufgerammte mit langen Stössen tanzen; die Wollust schien unüberbietbar, aber sie wurde überboten, denn Agnes, aufgestanden und hinter mir niedergekniet, zog sich meinen Kopf rückwärts, stülpte mir die glühenden Lippen über den Mund und versenkte die Zunge in mich, steif wie einen samtenen Penis, mit rhythmischem Ab und Auf. Ich besass beide auf einmal. Als Karla meine Krisis sich nahen fühlte sprang sie ab und liess neben mir die ihre verzucken. Agnes sprang herum war von links wieder auf meinem Munde während ich spritzte, zog sich meine Hand in den Schoss und drängte bis sie, küssend und wühlend sich ergeben musste. Wir krampften uns alle drei in einander, vom gleichen Orgasmus geschüttelt.

 Es wurde eine wilde Nacht. Agnes fiel ab, verlangte ihren Divan, und schlief sofort mit tiefen Atemzügen ein. Karla zog sich frohlockend aus, kam in einem niedlichen Schlafrock zurück und einer Steppdecke und schälte sich mir unter tausend Schelmereien ein Kleidungsstück nach dem andern vom Leibe. Der bezaubernde kleine Leib, prall, sehnig und jung und elastisch, vibrierend und sich schmiegend unter jedem Griffe wie in einer Tanzfigur, schloss sich mit dem meinen zusammen und wir begannen endlich, am Schlusse der stundenlangen Dreigemeinsamkeit, dasjenige still und gründlich zu thun, wonach wir beide unbewusst seit dem ersten Kusse uneingestandenen Einverständnisses mit gleicher Kraft verlangt hatten. Das Licht hatten wir ausgedreht. Wenige satte erstickte Worte genügten uns. Die Pausen waren kurz, der Genuss immer länger und verzehrender. Es war eine Nacht reiner absoluter Wollust für uns beide, wir passten zusammen wie ein eingetanztes Tanzpaar, aber es wurden keine Figuren und Abwechslungen eingeführt, weder sie noch ich wünschten anderes als den einfachen brüsken Besitz bis zum Äussersten, und immer wieder vögelte ich die unter mir sich dehnende Mund auf Mund mit sanft beginnenden immer strammer rammelnden Stössen, die in kurz rutschendem Festsitz, zu ihrer Wonne endeten. Fünf Mal musste sie sich noch ergeben – meine eigenen Umfälle zählte ich nicht; und es kam der Wettemoment, in dem ihr sterbender Kuss mir in den Mund flüsterte «Schatz, ich glaube ich kann nicht mehr –»

Es gab noch eine Viertelstunde wortloses Glück im Sichfühlen. Um 4 Uhr brachte sie mich, dick in einen Wintermantel gemummelt zur Hausthür. Ich war schläfrig, aber nicht erledigt. Um ½ fünf, mit nervösen Vorgefühlen über etwaige häusliche Reibungen, in meinem Schlafzimmerbüdchen stand *[sic]*, aber, oh Himmel, das Gegenteil war der Fall, und niemand konnte meine ganztägige Abwesenheit bemerkt haben. Ein Billet meiner Mutter sagte mir sie seien des herrlichen Wetters halber alle nach Wannsee in die Villa gegangen und würden, wenn es so bliebe noch Morgen da sein, ob ich hinaus kommen wolle? Papa sei in Odessa bettlägerig geworden und sei nicht vor vierzehn Tagen zu erwarten. Welches Glück! Auf dem Tische lag in meiner Post eine Einladung von Frau Schlesinger, Abends mit ihr die Bibliothek anzusehen und dann zum Souper zu bleiben. Im Kopfkissen war ein Zettel versteckt: «Erwarte mich nich, habe m. R.» Das sollte heissen «meine Regel» wie das kleine Volk die weiblichen Beziehungen zum Monde kurz andeutet. Ich war so erleichtert wie ein vierundzwanzigjähriger nicht ganz gewissenloser Sünder, der mit einem blauen Auge davongekommen ist und der sichern Strafe gewärtig gewesen war, es nur sein konnte, reckte mich und schlief todmüde sofort ein. Später überhörte ich wiederholtes, mir im Halbschlaf dunkel bewusst werdendes Klopfen. Als ich aufwachte war es ein Uhr Mittags. Ich war völlig ausgeruht, eine monströse Morgenerektion zeigt mir die Wiederauffüllung des Magazines an, und als ich mich erleichtert hatte und noch einen Augenblick mich streckte, klopfte es wiederum. Karolinchen fragte besorgt, was mir fehle, sie ängstigten sich alle. Nichts, sagte ich, ich hätte nur Nachts starkes Kopf und Zahnweh gehabt und nicht schlafen können, wäre erst morgens eingeduselt mit einem Schlafmittel, sie solle mir Thee bringen. Ob ich denn nicht gleich zu Mittag essen wolle, Johannchen (die greise kochende Schwester) hätte mir so ein schönes Böffstück gemacht, weil ich doch ganz allein sei. «Also Karlinchen, ja meinetwegen, aber ich liege noch ein bischen – machen Sie mal den Badeofen an, ich bade schnell und dann frühstücke ich, aber nur den Thee und das Beefsteak und etwas Obst. Und kommen Sie mich rufen wenns eingelaufen ist.» Herrliche Aussicht. Das Herrlichste diese zehn Minuten vor dem

IV

Ich dachte es ist immer noch Zeit vorzubauen und schlug ein. «Und wir» sagte die Tochter «gehen leer aus bei dem Duell? Papa Du versprichst uns doch immer eine Belohnung wenn Du mit Herren frühstückst. Herr Borchardt wird uns nach dem Lunch ausgeliefert und wir fahren irgendwohin. Ich kann aber nicht mit» sagte Addie, «ich habe bis 6 Anproben», und ihr Fuss unterm Tisch trat mich, während sie mir unmerklich zunickte. «Ich bin an sich gern zur Verfügung, kann aber noch nichts versprechen» sagte ich vorsichtig um zuerst mit Addie das Terrain zu sondieren. Bald danach erhob ich mich. «Aber bitte, meine Tasche aus dem Nebenzimmer» sagte Addie mit einem Blick, den ich blitzschnell interpretierte. «Ich kann sie nicht finden gnädiges Fräulein», rief ich laut von nebenan durch die angelehnte Thür. «Ach wie ungeschickt sind doch manchmal die fixesten Männer», hörte ich die lachende Stimme sagen, und im nächsten Augenblick drückte sie mir einen raschen Kuss auf den Mund. «Geh morgen» hauchte sie und verschwand wieder.

Sie wird etwas beabsichtigen, dachte ich im Auto, ich soll von der Cousine geprüft werden, jedenfalls erfahre ich das noch, wenn ich sie morgen anrufe. Dachte sie an Heiraten? Es war gegen ihr ständiges «Versprich mir nichts». Verlobungsreif jedenfalls fühlte ich mich nicht. Mein Examen fiel mir schon schwer auf die Seele. Vor zwei Jahren konnte ich mich nicht gut habilitieren, wenn überhaupt. Wir waren nur ein Jahr auseinander. Drei bis vier Jahre Verlöbnis – Papa, Mama, ich noch «under a cloud» – ach es war ja alles Unsinn. Aber der Schatten war auf mich gefallen, ich fühlte mich in Folgen hineingezogen und unfrei. Zu Haus machte ich Dress und wartete auf das Auto der Schlesinger, das mich denn auch bald an die Stätte des Prunkes beförderte.

Timofej, in Schwarz mit weisser Binde empfing mich und entschuldigte seine Herrin, das Auto müsse sofort nach Dahlem sie abholen, sie wäre bei der kranken Fürstin Irgendwas aufgehalten worden und komme erst kurz vor dem Diner, er selber müsse mit dem Auto mit, da seine Dame ihn brauche. Ich sei gebeten in der Bibliothek mich zu unterhalten und Cocktails zu trinken, er habe einige hingestellt. Das war genau das was ich brauchte, einen Cocktail, und die Bibliothek war behaglich, mit einem grossen Kaminfeuer und Sesseln. Wenn ich etwas wünschte – dort sei die Klingel, bemerkte Timofej und empfahl sich mit tiefer Verbeugung.

Ich nahm einen guten Schluck von dem leichten Getränk – Damencocktails sind keine Gifte – und trank dann der Einfachheit halber gleich zwei von den drei Gläsern. Das gab eine Strömungsverstärkung und die Wolke schwand. Dann trat ich an die Gestelle. Der alte Lebemann hatte wesentlich Franzosen und kostbare Einbände gesammelt, sehr schöne Stücke. Dann kamen prachtvolle Kunstpublikationen, China, Japan, Indien. Seine Sammlungen waren ja wertvoll gewesen. Ein Fach enthielt japanische Original-Holzschnittbücher, zum Teil alte in denen ich blätterte. Eins war so pornographisch, dass ich lachen musste. Ein weiterer Blick auf die Reihe zeigte mir dass er Brautbücher gesammelt hatte, alte und neue für Paris gemachte und daher pariserisch gefärbte durcheinander. Unter den alten war ein tolles das alle Stellungen durchnahm; überall war der Penis in dreifacher Lebensgrösse detailliert, die Stellung fürs Auge so unnatürlich zurecht geschoben, dass die Vulva anatomisch exact mit allen Kniffen und Schichten in Evidenz war, während der enorme Bengel sich schon halb in sie hineingekeilt hatte. Die Tumulte in denen die Kleider durcheinanderflogen, während wie in Vexierbildern der Punkt gesucht wurde an dem das Entscheidende entblösst war und der Schieber arbeitete, waren mehr curios, aber es gab leidenschaftliche Skizzen nackter Paare von grandioser Anschauung, in denen der im Orgasmus gebrochene Ausdruck der in Wollust sterbenden Weiber und die Extase der gewaltthätigen Kerls im letzten Rammeln mit einem unheimlichen Naturalismus gesehen war. Ich konnte nicht ruhig bleiben und vertiefte mich in Bild nach Bild, Buch nach Buch, während mir begreiflicher Weise die Hose zu eng wurde. Es gab teuflische Einfälle, auf die nur ein in allen Lastern alterfahrenes Volk hatte kommen können. Vieles war nicht Brautbuch sondern für Gebrauch in Bordellen bestimmt, kein Zweifel. Als ich in diesen Betrachtungen war, ging die Thür auf und die Soubrette von neulich erschien: «Haben Herr Doktor geläutet? Was befehlen?» Sie lächelte aufgeregt und zupfte an der Tändelschürze ohne näher zu kommen. Sie war so bildhübsch wie neulich, mit ihren üppigen Curven vorn und hinten um die jugendlich feine Taille herum, den Farben, dem glühenden Herzmund, den niedlichen Gliedern. «Nein, geläutet habe ich nicht», sagte ich so ruhig ich konnte, «aber Du darfst mir guten Tag sagen.» «Nur decken will ich zu Ende, dann bin ich ganz frei für Herrn Doktor», sagte sie stehenbleibend. «Also auf gleich» antwortete ich mit klopfendem Herzen, denn mein Blut wallte und siedete. «Herr Doktor sind aber heut so kühl, ich weiss garnicht, so fremd, garnicht wie neulich.» «Was bin ich» sagte ich, warf das Buch hin und ging zu ihr. «No ich seh schon» rief die Kleine mit einem Kichern und sprang fort. Ich blieb erregt zurück, und versuchte Vorsätze zu fassen. Es ging doch nicht hier, die Schlesinger konnte uns überraschen, und überhaupt es war unwürdig in einem solchen Salon, mit einem Dienstfratz des Hauses – nein ich wollte es nicht. Aber nach wenigen Minuten erschien die kleine Wollustfrucht mit einem Tablett auf dem ein neuer Cocktail stand, und bot ihn mir, mich von unten her angukkend, und ich nahm mit der rechten Hand das Glas, mit der linken ihren Popo. Den Cocktail tranken wir zusammen, an der gleichen Stelle des Glases. Dann liess ich sie los, – ich hatte sie nicht geküsst, nur geliebkost und sanft gekniffen. «Komm» sagte ich, «setze Dich hier auf die Lehne vom Sessel und schau mit mir herein, ich hab da was, was Dich interessiert, Du Schnackel Du ausgepichter.» Sie that neugierig wie geheissen, und sagte schon beim ersten Bild «Aber nein, uh!» Ich drehte Blatt nach Blatt von fünf zu fünf Minuten um, während die Kleine, die heisse runde Backe an meiner glühend, mich manchmal griff und zum Zurückblättern zwang, dann glitt sie über die Lehne neben mir in den breiten Clubsessel «nein wie man sich davon angeilen kann» brach es wie ein siedender Seufzer aus ihr, «warten Sie mal, das vorige, wie macht ers ihr da, hahch, – ich – ich muss mal eben ein Moment» und sie sprang gewaltsam auf die kleinen Füsse und sauste aus dem Zimmer. Nach einer Minute war sie glühend rot wieder da, halb verlegen halb toll und fragte «darf ich, noch zu Ende?» «Komm» sagte ich und zeigte ihr, die wieder neben mir kauerte, das Tollste der Bilder. Die Beine des nackten Mädchens über den Schultern des nackten Kerls der sie anhebt und auf seinen Pfahl klemmt, sie beisst ihn in den Arm. Sofort wiederholte sich die Flucht der Kleinen, sie konnte ihr Wasser nicht halten vor Brunst; und wieder war sie eine Minute später da, stand vor mir und lachte, mit verzogenem Gesicht. «Komm» sagte ich, und zeigte ihr den Mann, der den tropfenden Pint, – er knickte schon halb, aus der ausgestülpten Votze herausgezogen hat, während das Mädchen sich im Krampf halb von der Bank

geworfen hat. «Gefällt Dirs?» «Ich weiss was mir besser gefällt» blies sie mir ins Ohr, – «ist ja nur gemalt», und der glühende Herzmund drückte sich auf meine Lippen wie eine übersüsse zergehende Pflaume, «gib mir Deinen», stammelte sie im Kusse, und ging unter dem Buch an meine Hose, «thus weg», und schlug mir Japan aus der Hand. «Ach» und sie stemmte meinen Bengel in der Faust steil, «der ist doch schöner», liess mich los, glitt auf die Knie und hatte ihn schon im Munde, als ich sie hochriss. Es war zu gefährlich. Ich hob sie auf die Arme, trug sie herum, küsste sie durch und spielte unter ihrem Rocke in der Frucht, während sie immer noch nach meinem Zagel griff der mir hoch aus der Hose stand. Wir waren beide wie toll. Endlich setzte ich sie an die Kante des Flügels und brachte sie mit Mund auf Mund und dem Finger im Stübchen sofort auf den Gipfel. Sie hing mir keuchend über der Schulter. «Geh jetzt» sagte ich, «es ist zu gefährlich.» «Ich hab Ihnen müssen das Gastzimmer richten, gnä Frau meinte, könnten vielleicht hier schlafen, wenns bitte bitte bleiben Herr Doktor, ich komm in den Morgenstunden, so gegen drei». Endlich hatte ich sie hinaus. Ich suchte die Toilette auf um mich zu rejustieren. Das Mädel hatte alles bepinkelt. Ich klingelte nachher und schickte sie die Spuren verwischen. Dann trank ich den Cocktail, den sie gemacht hatte und der mich ins Gleichgewicht brachte, legte aber die Drucke weg, zündete mir eine Cigarette an und ruhte mich von der Erregung aus. Ich glaube sogar, ich schlief einen Augenblick. Die Anstrengung der Versagung war eine wirkliche tour de force gewesen.

Einen Augenblick später kam die Schlesinger in einem wunderbaren Zobel hereingerauscht um sich zu entschuldigen, die Fürstin hätte einen Ohnmachtsanfall gehabt und sie ganz durcheinander gebracht, und nun hätte sie die Hauptsache mit mir versäumt. Sie hätte aber mit meiner Mutter nach Wannsee telephoniert, und

mich auf einen Tag ausgeliehen, ich müsse in ihrem Gastzimmer schlafen und morgen wenigstens den halben Tag bleiben «vous direz que c'est une impertinence de ma part que de disposer de votre personne à un tel degré, mais ce n'est que ma tendresse pour vous qui ferait de son tout pour vous épargner un vas-et-viens inutile et puisque votre mère était de mon avis elle aussi, il n'y manque que votre bonté pour me rendre tout à fait heureuse. Je n'accepterai qu'un oui inconditionné, et vous voudrez bien le sceller sur ma joue» und sie hielt mir die rosige pausbäckige duftende Backe hin. «Alors, c'est entendu n'est-ce pas. Vous trouverez tout ce qu'il faut pour votre commodité dans votre chambre, je m'en chargerai, à bientôt, je ne vais que m'absenter quelques minutes et nous allons dîner aussitôt que possible.» Ich lächelte über die Komödie, zu der mir die Zofe den Schlüssel geliefert hatte, dachte aber, eine einsame Frau, sie braucht diese rührende Illusion für jemanden sorgen zu können, und zündete mir eine neue Cigarette an. Thatsächlich war sie in weniger als einer Viertelstunde da, in grauen Silberschleiern voller Pailletten und Flöre, décollettiert sodass ihre Büste sich für eine Vierzigerin recht passabel machte, einen schwachen Puderhauch über sich und eine Wolke von einem sehr zarten Parfum um sich, und mit den leuchtenden Augen einer Person die glücklich ist glücklich machen zu können. Etwas weniger voll, etwas weniger rund im Gesicht, etwas blühender um den Mund, etwas weniger gelöckelt in den Haaren, wäre sie fast eine schöne Frau gewesen, aber der Charme von Güte und Delikatesse der um sie war, glich das aus, und ich empfand eine Regung von natürlichem Courtoisiebedürfnis, als ich fühlte, wie sie sich auf meinen ihr gebotenen Arm leicht stützte, während wir ins Speisezimmer gingen. Es gab in dem reichen kleinen Raum, wo wir um einen hübschen alten ovalen Tisch, mit Krystall und Silber bedeckt, einander gegenüber sassen, wundervoll zu essen.

Mit Gänseleberpastete auf Eis und Cherry begann es, mit echter turtle soup und Yquem ging es weiter, zu Auberginen mit Trüffeln farciert wurde ein herrlicher vor Alter dünn gewordener und fast brauner Bordeaux serviert, lau und köstlich, dann kam ein Hummer à la diable mit einem alten Graves, dann eine Roueneser Ente mit dem köstlichsten aller Maronenpurées, und einem Burgunder, neben dem schon der Champagner aufgezogen wurde. Der Nachtisch war ein Halbgefrorenes von Pistazien und Croquants in einer Aprikosencréme, ein Hochgenuss, und die schönsten Trauben und französischen Birnen die Berlin aufbrachte schlossen ab; wir assen und plauderten lebhaft und heiter ohne ein besonderes Thema. Die Schlesinger war höchst diskret und stellte keine persönliche Frage, aber jedes Wort von ihr war in Schmeichelei gewickelt wie eine candierte Frucht in geklärten Zucker und ich erwiderte mit gehaltener Verbindlichkeit. Beim Champagner liess sie mit mir anklingen und sagte naiv «au plaisir de vous connaître mieux et toujours mieux et mieux encore» worauf ich erwiderte ich errötete beim Gedanken wie sehr ich sie enttäuschen würde. «Je sais bien de quoi m'en tenir» und bot mir das Vielliebchen einer Krachmandel. Wir einigten uns auf einfaches j'y pense, und sie sagte sie verlöre immer. Dann gingen wir zum Café in ihr Boudoir.

Hier musste ich ihr, während Mokka und Chartreuse gebracht wurden und Timo auf russisch augenscheinlich entlassen wurde, nach seiner tiefen Verbeugung zu schliessen, von meinen Arbeiten und Interessen erzählen. Sie bemühte sich mich so gesprächig wie möglich zu machen und verstand augenscheinlich nicht ein Wort. Wir sprachen deutsch, und wenn ich innehielt und bemerkte, ich müsse dies oder jenes erklären lachte sie und sagte «cher garçon, geben Sie sich keine Mühe, ich bin zu ungebildet und doch je trouve tout cela beau à ravir, et puis, j'aime le timbre de votre voix.» Oder dann, sich eine Cigarette anzündend und sich bequemer ausstreckend, «Sagen Sie mir hauptsächlich warum Sie alles das begeistert, puisque, l'enthousiasme, l'inspiration, voilà ce que m'enivre, c'est la même force en tous les domaines de l'esprit n'importe quel, und da brauche ich keine Details.» Wenn ich auf Griechisches zu sprechen kam, entwickelte sie eine Vignettenvorstellung, Tänzerinnen «joueurs de flûte, l'harmonie, l'ivresse divine, ces beaux dieux, l'amour. La Grèce» hiess es, «n'est-ce pas ce fût l'amour régnant suprême» nicht wie in unserer materiellen Welt. Die Ideale «les Idóls n'est ce pas que ce fûrent les Grecs à leur donner leur rang?» wie ich es auch drehte, sie kam immer auf diese Vorstellung zurück, und so fand ich es höflicher, ihr endlich den Hymnus auf die Schönheit zu liefern, den sie augenscheinlich wünschte. Sie blühte auf, «que c'est bien dit, que c'est beau, wiederholen Sie dies noch einmal, ich höre es zu gerne.» Von einem gewissen Punkte an nannte sie mich Rodolphe, und als sie aufstand, auf meine Hand gestützt, gegen ½ 11, und meinen Arm zum Gehen nahm, sagte sie leicht «Que votre mère doit être heureuse, vous serez un grand homme, grand et admiré, Rodolphe, souvenez vous alors que ce fut Sophie Dunin à le vous dire. Je voudrais être Sophie pour vous, si vous croiriez de pouvoir m'accorder à moi vieille femme une pareille marque d'intimité et de tendresse.» «Vous n'y songez pas chère amie» sagte ich ihr die Hand küssend, «de parler au rang des nobles mères avec un homme de vingt quatre ans, vous êtes, et vous devriez en tenir compte trop charmante pour ça» – sie reichte mir lächelnd die Hand noch einmal zum Kusse, gab mir einen kleinen Schlag und sagte «Méchant, vous allez vous moquer de moi, mais c'est réglé tout de même, n'est ce pas, ce sera Sophie» und sie zog meinen Kopf zu sich um mich auf russisch links und rechts zu küssen, blieb aber nicht dabei, sondern endete wie das Mal zuvor mit einem sanften und lieblichen Kusse auf meinen Mund, den ich mit gleichem Takte erwiderte. Dann zeigte sie mir auf dem Flur meine Zimmerthür und ging, mit einem liebevollen Blicke und einem Winken der Hand.

Das Zimmer war augenscheinlich das des verblichenen Gatten, intakt geblieben mit einem breiten niedren englischen Patentbette, bequemen Sesseln und schönen Wandschränken. Auf dem Nachttische stand ein hohes Glas mit einer angenehm duftenden milchigen Flüssigkeit, die ein Schlaftrunk zu sein schien, und die als ich sie neugierig kostete mandelartig und doch noch nach anderem schmeckte, was ich nicht definieren konnte, ein ziehender, subtiler, im Munde sich haltender Geschmack, und ich musste, nachdem ich das ganze Glas ausgetrunken hatte, mir eine Mundtoilette machen um ihn zu vertreiben. Ein seidener Pyjama war ausgelegt, mit Schlesingers Initialen, seine Pantoffeln, Leibwäsche zum wechseln für morgen, sein Gilette, und eine Batterie Pasten, Seifen, Lavendelwasser, neue Zahn- und Nagelbürste – sie hatte an alles beizeiten gedacht. Als Schlaftrunk that die curiose Mandelmilch bei mir keine Wirkung, im Gegenteile, ich war überwach und lebhaft, zündete noch einmal Licht und griff nach einem der umherliegenden französischen Bücher, einem Anatole France, der schwere Kaffee, den ich fast allein ausgetrunken hatte – sie nippte kaum – war wol Schuld, dass auch das Buch mich nicht in Schlaf wiegte, und endlich drehte ich aus.

Ich mochte gleichwol halb eingenickt sein, denn was sich nun zutrug, liess mich jäh auffahren. Meine Thür war geöffnet worden, es wurde gesprochen, ich sah das rote Licht einer Taschenlampe. «Was ist, was ist los?» rief ich und sass auf. «Oh Rodolphe wie gut dass Sie nicht abgeschlossen haben, – helfen Sie mir, ich glaube es sind Diebe – ich meine ich habe Geräusch gehört – et je suis tout à fait hors de moi rien – j'ai une telle peur – non, ne pas vous mettre debout – restez – je vais me calmer – oh wie schrecklich!» Sie schwebte heran und sank neben mir in ein grosses Fauteuil. Das rote Licht ging mit Klick aus. «Beruhigen Sie sich, – Sie werden geträumt haben. Bitte lassen Sie mich aufstehen, ich durchsuche sofort das Haus.» «Um keinen Prrreis» sagte sie mit rollendem R russisch, und stand meine Hände haltend, an meinem Bette – «figurez vous, aller courir un risque pareil – ich bleibe nur einen Moment, ich will horchen» – «Aber Sie zittern ja» sagte ich – «lassen Sie mich eine Decke –» «Un peu de la vôtre tout au plus» hauchte sie, setzte sich auf den Bettrand und zog einen Zipfel der leichten Daunendecke von mir fort, «Nein» bestand ich, «Sie erkälten sich, nehmen Sie die ganze, ich stehe auf.» Sie umfasste mich leicht und drückte mich nieder. «Peut être je me suis trompée» flüsterte sie, «mais je n'ose encore – ma chambre est tellement isolée du reste de l'appartement, et mes bonnes couchent à l'étage de premier» «Bitte, teure Freundin, legen Sie sich und bedecken Sie sich, ich, wenn es Sie nicht stört, schlafe im Fauteuil ebensogut, ich schlafe auf jedem Stuhl ein.» «Vous êtes trop gentil, mais il ne me faut qu'un coin de cette belle chaleur, sans vous géner – si vous voulez bien vous retirer un peu de l'autre bande» – Ich rückte sofort ans äusserste entgegengesetzte Ende und sie war unter die Decke geschlüpft. «Mais tenez» sagte sie schwach, «vous exagérez la délicatesse, wo sind Sie» und ich fühlte ihre Hand nach mir tasten. «Voyons de cette manière vous aller tomber en dehors – je me fie de vous, je vous connais – venez plus près de moi j'y insiste». Sie schob sich zu mir und ich wandte mich ihr natürlich zu. Ihr Parfum kam mir entgegen und ich sagte verwirrt und idiotisch «que ce sent bon» «Vous trouvez» sagte sie mit einem kleinen Lachen und hielt mir die Hand ans Gesicht. «Est que c'est ma main, ou plutôt ma lotion» «Oui, et c'est vos cheveux» antwortete ich eben so dumm. «Et moi, c'est les vôtres que je sens» sagte sie mit einem scharfen Atmen der Nase, «mais c'est l'odeur de la jeunesse» und ich fühlte eine Berührung in den Haaren. «Oh, j'ai toujours froid» und sie schüttelte sich leicht, wodurch sie nah an mich zu liegen kam. Ich machte eine unwillkürliche Bewegung, sie umschlang mich leicht und bat «Sie werden nicht aufstehen – ich gehe gleich – lassen Sie mich noch – und versprechen Sie mir dass Sie niemandem von meiner thörichten Schwäche – ah ja, ich weiss – oh Rodolphe vous me promettez n'est ce pas» «Alles was Sie befehlen» sagte ich, mich beherrschend und in ihren Armen mich unbeweglich haltend. «Je suis dans vos mains» und sie drückte mich schwach an sich, «jurez moi de me respecter –» «Aber liebe Freundin, das versteht sich doch von selbst –» «Vous ne serez pas hardi?» – «Je n'abuserai pas d'une situation que je suis loin d'avoir amené –» «Oh que vous êtes charmant» hauchte sie und drückte sich zärtlich an mich, «et comme je vous remercie» sie küsste mich mit einem Hauch auf die Backe «vous me protégerez, n'est ce pas – vous me calmerez – c'est un tel confort de me sentir dans vos bras forts, votre étreinte me console – c'est si beau de pouvoir avoir confiance – allons faire joujou, gute Nacht» und jetzt küsste sie mich zuerst mit einem kurzen und festen Druck der Lippen und dann mit einem langen, verweilenden. Ihre Lippen die so unverblüht gewirkt hatten, wie oft bei nicht mehr jungen Frauen mit kurzem kleinen wenig ausgesprochenen Munde, der sich im Sprechen und Lächeln sofort von den Zähnen zurückzieht, waren im Gegenteile weich und schmelzend geworden, und es war unmöglich nicht zu erwidern. Es wurden die normalen Küsse eines zusammen im Bette liegenden Paares und nahmen an Feuer zu. «Ach, machen Sie mich nicht schwach Rodolphe» seufzte sie zitternd und küssend, «vous m'avez promis» «Quoi?» «De me respecter» «Et c'est ce que je fais mois» sagte ich und schloss ihr den Mund. «Vous n'userez point de violence?» «Mais quelle violence?» «Je vous crois» und sie glitt mir mit der Hand an die Brust, «mais je le vous rappelle. Chéri, puisque un autre que vous le ferait» und ihr Mund spielte mit dem meinen.

«Ferait quoi, Sophie?» «Il me subjuguerait à ses desirs» hauchte sie, und zog mich halb an sich halb über sich, «il me reduirait à l'impotence – vous le savez trop bien –» – «Mais je vous jure que je n'en sais rien du tout» – und ich küsste sie, die sich schon fast unter mich geschoben hatte, mit Feuer. «Dites moi qu'est-ce qu'un autre ferait et que, si je le ferais, moi, me coûterait la perte de votre estime» und ich glitt sie an mich drückend zur Seite und erstickte ihren Mund mit Küssen. «Venez sur moi, et je vous ferai voir» flüsterte sie heiss, «mais encore promettez moi, de ne point –» – «c'est comme ça que font les méchants – mais tenez Rodolphe» sie hatte meinen Steilen schon am Pförtchen «mais vous êtes monstrueux – les autres – pressez, pressez, mais pas trop – ah –» und ihre Stimme erstarb, «ah méchant, viens, viens»

Sie war unter einem seidenen Schlafrock nackend. Der Körper fest und etwas voll hatte eine Üppigkeit, die sich dem Genuss mitteilte, die schwellenden Lenden und Schenkel waren für den Genuss geschaffen. Die schweren aber nicht zu grossen Brüste hielt ein Soutien in Form. Ich hatte eine geradezu wahnsinnige Schärfe im Blut, die ich sonst trotz aller Brunst nicht an mir kannte, etwas wie eine Entzündung im Ständer der mir brannte und starrte wie aus glühendem spannendem Stein. Als ihre kleine samtweiche Hand ihn gepflückt hatte und gleich drauf ihre heisse Zunge sich in den Kuss gemischt, hatte ich sie bestiegen und um die Hüften gefasst, spielte aber die Rolle des Unschuldsengels noch weiter und drang nur zögernd in ihre Enge, that auch zunächst nichts als längs auf sie gepresst ihren kleinen heftigen Mund mit Küssen und ihre Formen mit den Händen zu foltern, bis sie sich unter mir regte und an mir rieb, ausser sich und stöhnend vor Verlangen. Langsam und ungeschickt regte ich mich ihr entgegen, sie kam in Raserei und jetzt trieb ich Stoss nach Stoss in sie, liess ihre Lippen los, bog mich rückwärts und zertrommelte sie aus dem Kreuz.

Ich muss das vollendet gespielt haben, denn sie geriet in absolute Ekstase bei dem Wechsel der Methode, und zerfiel gleichzeitig in einen regungslosen Haufen gelöster Glieder. Ich wollte zu Ende kommen aber sie flehte um Gnade, nur bleiben musste ich wo ich war, die Pyjamajacke auszuziehen, während sie den Soutien löste; so Brüste leise gegen Brust scheuernd und den Schoss gegen mein Becken mahlend, den Pflock im Leibe, mit den nackten Armen (sie war aus dem Schlafrock geschlüpft) um meinen Nacken, und langen sterbenden Küssen verging sie, nur dann und wann ein Wort seufzend in «Chéri» oder «Merci», «Mon Mignon», «A méchant» «Oh quel délire» – Mit einem Rucke war alles aus. «Il faut que je m'en aille, chéri, je crains les suites. Et du reste je suis navrée, il me faut du repos, sinon demain je serais hideuse à regarder. Non laissez-moi. Ah quel bonheur! J'ai eu vos prémices, mon pétit homme-vierge, – qui l'aurait cru que vous fussiez bébé à votre âge! C'est pourquoi ce fut le comble de paradis pour moi, oh mon petit athlète que j'adore. Je bénie ma peur ridicule, qui me fit faire un faux pas hystérique, aux conséquences le moins attendues. Entre deux draps avec un jeune homme, moi, quelle horreur! Qui me l'aurait dit il y a deux heures? Que la vie est belle mon poupon adoré, donnez-moi vos lèvres – ah par exemple, je l'ai ressuscité, le gros rustre que voilà. Quelle raideur, quelles proportions, ah le délire de la tâter seulement, ta pigne énorme. Ah non, tu vas recommencer – à demain, à demain, faut que je pense à mon teint et à mes yeux. Do svidanja» und mit einem Hagel von Küssen ohne Licht, nackt den Mantel in der Hand, entschlüpfte sie.

Ich war garnicht sehr unglücklich über dies abrupte Ende, denn ich hatte die ganze Zeit die Möglichkeit in den Nerven gehabt, eine Liebesnacht könnte sich ausspinnen, die um drei Uhr von der süssen Zofe überrascht worden wäre, eine Komödiensituation mit üblem Beigeschmack. Ich hatte die liebedurstige Witwe kalt genossen, zum ersten Male im Leben war der Akt der reiner libertinage gewesen, la foulée, der Sprung eines jungen Hengstes, der nichts gibt als Kraft und Wollust und nichts fühlt als einen vor Lust gemachten, nach Hingabe lechzenden Leib, dessen Formen ihn stacheln. Die durchsichtige Komödie der Frau hatte mich zugleich unsäglich belustigt, erregt und erkältet, und zu der frechen Rolle animiert, die ich gespielt hatte, und die ein zweiter Moment innigster Belustigung gewesen war. In dieser Atmosphäre hatte nichts gedeihen können als gegenseitiges herzloses Vergnügen und obwol ich es spasseshalber unter normalen Umständen noch länger fortgesetzt hätte, so war es doch nicht von der Art gewesen, der man nachzittert, wenn es im lebhaftesten Augenblicke endet. Dafür hatte es zuviel vom durchgeführten Ulk einer Posse, und dass wir auseinandergegangen waren ohne zu verraten, dass wir keineswegs einer der dupe des Andern gewesen waren, setzte der Posse die Krone auf. So lag ich und versuchte zu schlafen, aber es kribbelte mir durch Mark und Bein, und ich wurde den Argwohn nicht los, dass mit meiner Spannung, dem natürlichen Starrkrampf meines immer noch brennenden Gliedes etwas nicht in Ordnung war – hatte ich durch Missbrauch mir eine Überreizung zugezogen, oder was sonst war es? Ich lag und warf mich unbefriedigt. Die Schlesinger hatte vor mir ausgeseufzt, ihre Besorgnis vor Folgen war unbegründet oder auch nur Komödie gewesen und hatte bemänteln sollen, dass meine Vehemenz sie gebrochen und ruhebedürftig gemacht hatte. Meine Uhr zeigte kaum eins, ich sollte noch zwei Stunden warten und sie schienen mir so unendlich, dass ich nun doch fast bedauerte, die üppige Witwe nicht doch zu gegenseitiger Ergötzung bei mir behalten zu haben. Ja ich war fast im Begriffe, den bübischen Plan eines Gegenangriffs auf sie zu erwägen: wo ihr Schlafzimmer war wusste ich vom letzten Male; ich hatte sie drin verschwinden sehen; wenn ich dort einschlich, mit der gleichen Begründung der Angst vor Dieben und noch einmal ein Feldzeichen in sie pflanzte! Ich malte mir schon ihren Schrecken, ihre Abwehr, ihr Unterliegen und den erhöhten Genuss der Eroberung aus, knipste die Bettlampe an, dachte noch einen Augenblick auf Wendungen und Scherze, als ich klopfen hörte. Ich knipste ohne zu wissen warum, rein automatisch aus und that einen Pfiff. Das Klopfen wiederholte sich. «Ja ja» sagte ich laut «bitte». Es kamen rasche Schritte, ich breitete die Arme aus und fing die Erwartete auf. Einen Augenblick später umschlangen wir einander und wilde junge Küsse von kalten und doch lodernden Lippen zerrissen mir den eigenen, rasenden Mund. Wir sprachen kein Wort, die Leidenschaft keuchte und weidete stumm, dann ergriff ihre Hand mit einem ebenso wilden, fast harten Griff meinen Knüppel und drückte ihn sich ins Mark, der junge Leib presste sich mir entgegen, und wir schaukelten und rutschten an einander geklammert, mit immer heisseren Stössen und Wirbeln in den Abgrund der absoluten Wollustraserei. Sie lallte mit immer höher verzitternder Stimme, ich schwor, delirierte sang beinahe, und die eben erstorbenen Küsse gerieten als der Mund den Mund wieder suchte in das gefährliche Feuer der Innigkeit, die fast aussieht wie Liebe. Ich hatte mich im letzten Augenblicke neben sie ergossen, lag nun wieder auf ihr, von ihren Armen umschlossen, sie an mich drückend, wieder und wieder von ihren Lippen gesucht. Jetzt schlossen sich auch ihre Schenkel um mich. Ein sehniger Druck machte mich fast zum Gefangenen. Wer hätte der Kleinen diese Muskeln zugetraut! Sie war im Bett eine Andere als im Kleide. Der Körper war – die Brüste die ich jetzt küsste waren kleine junge flache Kuppeln mit harten Brustwarzen, die dick aufsprossten. Jetzt küsste mich der leidenschaftliche Mund wieder, und ich wusste mit einem Blitze, dass eine Andere als ich geglaubt hatte in meinen Armen lag. Dies war ein langer volllippiger Mund, elastisch und fleischig und beweglich; und diese Lenden, Hüften Becken über die ich jetzt strich, waren die eines langen rassigen eher mageren Körpers, die Schenkel die mich von Zeit zu Zeit pressten, waren nicht an kurzen Beinen gewachsen; es lag ein schlankgewachsenes junges Mädchen bei mir, und ihr Haar, darauf konnte meine Nase sich verlassen, roch nach einer Blondine. Die Kleine roch ganz anders. Unglaublich wie ich überhaupt nur einen Augenblick hatte zweifeln können. Verlangen und Genuss hatten mich unempfindlich gemacht. Sobald ich wieder bei Sinnen war, liess ich mir nichts vormachen.

Aber die Küsse der Unbekannten waren eine eigene Marke. Wer immer dies junge Mädel war, sie stand in solchen Flammen, dass sie nichts von sich wusste, ich war nie so furios geküsst worden, als ginge es um Tod und Leben, der Riss und Sturm in diesem sehnigen Leibe riss mich mit. Ich machte mich los, legte die Ringende um, sie verstand und drückte mir den Hintern in den Schoss, der im Gegensatze zu ihrem übrigen Körper von herrlicher, satter Fülle war, jung, federnd und kochend heiss. Ich tastete meinen Weg, liess den Steifen in die noch lusttriefende Ritze gleiten, versuchte ins Loch zu kommen, glitt ab, versuchte von neuem, und langsam drängten wir in der köstlichsten aller Positionen zusammen, indem sie sich schlank in mich drückte und ich ins Schieben kam, und dann ins Stossen. Sie versank ganz rasch im Meere der Lust, ihr Arm griff nach hinten um meinen Hals, ihr eigener Hals drehte nach mir zurück und der heisse kräftige junge Mund küsste, küsste, küsste, während der Körper meine letzten Stösse empfing. Dann endete sie mit einem langen Ächzen, ohne dass ich an mein Ende gekommen wäre. Nach einem Augenblicke der Lähmung warf sie sich herum und mir an die Brust. Sie hatte immer noch nichts gesprochen als die Lalllaute der Entzückung. «Du» sagte ich und drückte sie an mich. «Süsser» flüsterte sie.

«Meine» sagte ich und küsste den leidenschaftlichen Mund. «Schatz» flüsterte sie, «Liebling». «Jetzt» sagte ich mit einem langen Kuss, «sag mir wer Du bist.» «Wer» kam es mit veränderter Stimme und dann rasch «was – was hast gesagt – wer ich bin?» Ihr Arm drückte mich von sich, «wer soll ich –» sie fuhr im Bett auf, mir aus den Armen. «Lass mich gehn, lass mich aus, bitte lassen Sie mich –» Ich hielt die sich heftig Sträubende fest und zwang sie sanft aber unwiderstehlich in meine Arme. «Hör zu, Liebling, ich will nichts fragen, hör einfach zu. Ich kenne Dich nicht, Du kennst mich nicht. Ich hab hier auf jemanden warten sollen, da bist Du gekommen, zwei Stunden früher als für mich ausgemacht, und im Dunkeln hab ichs nicht kapiert, dass Du eine Andere bist, und dann, wie ichs allmählich zu ahnen angefangen habe, sind wir schon zu sehr zusammengewachsen gewesen. Aber schliesslich hab ich doch die Verwirrung auflösen müssen – warum? Wenn Du mich nicht so glücklich gemacht hättst, hätte ich einfach sagen können ‹jetzt Gut Nacht, ich bin müde› und es wäre mir Wurst gewesen, wenn Du Morgen erfahren hättst, dass Du mit einem fremden Mann geschlafen hast. Ich habs aufgeklärt weil ich Dich jetzt kennen will, wo ich weiss, wie Du bist, und kennen will ich Dich, weil ich Dich nicht loslassen will, weil ich Dich behalten will, Du süsses Zufallsgeschenk, weil ich Dich –» «Du» Ich hatte sie um die Hüften und verschlang die Lippen, die mir kämpfend und seufzend wieder mit Küssen zu antworten begannen. Das Mädchen dehnte sich unter mir und stemmte mir den Schoss entgegen, ich drang wieder in sie ein, schmerzlich süss, verzehrend. Ihre Begierde arbeitete unter mir meiner eigenen entgegen, es wurde eine Begattung von einer blinden physischen Manie, deren ich kein weibliches Wesen fähig gehalten hätte, und sie liess mich nicht aus, sondern empfing meinen Schüttelkrampf in den Schoss, sich stemmend, reckend und mich an ihre Lippen reissend wie eine Mänade. Es dauerte lange bis wir zu Atem kamen. Sie lag etwas gelöster in meinen Armen und drückte mich dann und wann schwach, mit einem Sehnsuchtskusse von Zeit zu Zeit, zart vom Munde gepflückt. Dann, mich an sich drückend, sagte sie mit einem Seufzer «Also hör schon. Ich lern hier kochen, mit Erlaubnis der Dame, um ein Lehrgeld an die Köchin, die is eine Landsmännin zu mir von Bozen. Der wo immer hier schläft, wenn er nach Berlin kommt, ist ein Vetter vom verstorbenen Herrn, ein Wiener, gibt immer Krach wenn er kommt, denn er hat die Vermögensverwaltung als Testamentsvollstrecker und die Frau gibt zu viel aus. Also der hat mit mir angebandelt, ist schon ein Vierziger, hat mir das Blaue vom Himmel runter versprochen, und ich blöde Gans hab mich von ihm verführen lassen, vor einem Monat. Das letzte Mal hab ich schon wollen mit ihm brechen, ich brauchete so nötig ein Kleid, und immer herumgespielt werden bringt einen doch auf, und zum Fressen gern hab ich ihn eh nit gehabt, er ist halt nur rafeniert und so höhnisch, aber da hat er nun hoch und heilig versprochen, wenn ich das nächste Mal mit ihm so bin wie im Anfang – wo ich noch naiv und leichtgläubig bin gewesen, weisst – da krieg ich ein Paket mit, das schönste Kleid zum Ausgehn und Leibwäsch, da bin ich auch übel dran. Zuerst hab {ich} nicht mögen, denn eine wo sich verkauft bin ich nicht, – wenn ich ihn lieb gehabt hätte, er hätte mir nix geben müssen, und auch so ists ja ganz von ihm gekommen mirs zu versprechen, ich hatte ihm kein Sterbenswort gesagt, – schliesslich hab ich mich lassen rumreden, und ein armes Mädl kann sichs nit leisten, das auszuschlagen, aber dann wär Schluss gewesen, das hab ich mir hoch und heilig geschworen. Heut abend ist so ein Gefrett gewesen in der Kuchn mit dem Diner und das Gastzimmer wieder gerichtet worden, und wie ich den Fratz die Rosa gefragt hab, wegen wer denn im Haus schlafen thut, hat sie mir patzig herausgegeben, wers schon sein sollt, und das wär ihre Arbeit und ginge mich ein Dreck an, meine Arbeit wär in der Kuchn und sonst nix ich hätt wol meine Gründe, dass ich mich soviel thät ums Gastzimmer interessieren. Ich habe gemeint, sie wär eifersüchtig und hätte selbst was wolln mit dem Herrn Hartog, so heisst er, anbandeln, und dass das Diner so grossartig gewesen ist, da hab ich gemeint, die Frau wollte den Herrn Hartog schmieren, indem der so fürs gute Essen is. So is kommen, und wie Du mich gleich hast gefangen und so liebevoll gewesen bist, hab ich erst denkt, was is nur mit dem Mann vorgegangen, dass er so verändert ist, und dann, weisst, – ach» sie hing mir am Munde – «dann is mir halt Hören und Sehen vergangen, ich hab nix mehr kennt, nix mehr gewusst, nix mehr gedacht – weg bin ich gwesen – Du –» «Grad wie ich auch» «Obwol natürlich, dazwischen hab ich lichte Momente gehabt, wo ich genau hätt wissen müssen, das is ja unmöglich, aber dann is wieder über mir zusammgeschlagen – so was hab ich ja nie erlebt – ich habe ja erst geschmeckt was's heisst – 's war ja 's erste Mal» «Wieso, hat denn der» «ja was, der, aufgeregt, ja, dass man noch ein Wochen hernach nervös gewesen ist und keine Ruh gehabt – aber das Rechte, verstehst schon, da hab ich keine Vorstellung von gehabt vor Dir – woher denn auch, 's fehlt ihm ja hinten und vorn, und was er mich zugericht hat das erste Mal eh dass ihm geglückt ist – Du, Schatz wonniger, das da, was ich jetzt in der Hand hab, ach Du mein Süsser, dass das überhaupt gibt das hätt ich keinem geglaubt – das wie ich vorhin gegriffen hab, ich hab gemeint es träumt mir, und dann, wie Du mir durch Mark und Bein gehauen hast – natürlich hab ichs gewusst zwischenein, der Andere ist ja schwach, aber richtig aufgewacht bin ich erst wie Du laut gesprochen hast mit einer fremden Stimme im Dunkeln, eine Angst hab ich kriegt, alles is mir klar gewesen, geschämt hab ich mich, verzweifelt, dass ich wie eine Hur geworden bin, – ich bin keine Hur, glaubst mirs sag, – nur dumm und verführt, und jetzt, – ach sag dass mich lieb hast, komm sag mirs, dass ich ein bessers Gewissen krieg bei Dir zu liegen» «Wie heisst Du, sag» «Hedl» «Und ich Rudi. Lass Dich anschauen, mach Licht» «Grad hab ich Dirs sagen wollen.» Als ich endlich den Drücker gefunden hatte, lag ein grosses schönes Mädchen in den Kissen, goldblond mit wellig krausem zerzaustem Haar, herrlichen grauen Augen, regelmässigen kräftig holdseligen Zügen, dem schönen volllippig sinnenfrohen Munde, dessen Form ich an seinen Küssen erraten hatte, purpurrosig von der Erregung ihrer drei Akte, weisshäutig fein und edel, mager aber sehnig und schlank, in einem billigen blauen Baumwollschlafrock, der offen stand und sie reizend einrahmte. «Du bist das?» rief sie leise und zog mich in die Arme, «zeig». Sie sah mir von nah ins Gesicht, strahlend und streichelte mir die Backen, fuhr durch mein sehr dichtes Haar, fasste mich mit der Rechten ums Kinn und küsste mich süss und zärtlich mädchenhaft zwei Mal auf den Mund. Ich legte sie um und küsste sie auf Augen Stirn, Gesicht und Lippen, entzückt von der bezaubernden Eroberung. «Bist Du nicht enttäuscht» fragte sie, meine Hand an den Mund ziehend und küssend. «Findest Du mich nicht zu garstig für Dich» fragte ich zur Antwort. «Ja was redst daher» flüsterte sie lachend, «grad so hab ich gemeint, müsstest Du ausschaun, energisch und temperamentvoll und scharf, ausser – musst nit lachen – ausser dass Du zehn Jahr jünger bist als ich gedacht hab. Wie alt bist, einundzwanzig zweiundzwanzig» – «und zwei» «Dann bist immer noch zwei Jahr jünger als ich, ich werd sechsundzwanzig in ein Monat, aber für die zehn Jahr weniger hab ich Dich hundert Mal lieber, komm ich zeig Dirs», und ihre Küsse flammten auf meinem Munde. «Du, Schatz» kam es dann, «ich zieh den Schlafrock aus, der ist mir lästig – halt, nein, ja, die Hauptsach. Was hast vorhin gesagt? Du erwartest wen – die Rosa – ja», und ihr Ausdruck fiel, «hast denn die Flitschen gern, dass sie

Nachts bestellt hast?» «Die Rosa, weisst Du, hat mich neulich, das erste Mal wie ich nachmittags hergekommen bin bloss beim in den Mantel helfen, so heiss gemacht mit ihren halben Handgreiflichkeiten und es so auf mich angelegt, dass ich gethan hab was jeder junge Bursch bei so einem heissblütigen hübschen Ding gethan hätte, ich hab sie abgeküsst und durchgenommen und ihr eins auf den Hintern gegeben und gegangen. Heut ist sie wie ich in der Bibliothek allein war, zu mir hineingewischt und hat sich wieder an meinen Schnabel gehängt, und ich müsst lügen wenn ich sagen sollte, dass ich mich hab bitten lassen, sie ist ja zu solchem Zeitvertreib wie geschaffen, und dabei denkt sich ein junger Mann nichts, wenn er spürt, so eine nette Puppe ist scharf auf ihn, dass ers auf zwei Meter schmeckt. Passiert ist nichts natürlich, aber beim Wegwischen hat sie gesagt, um drei Uhr Nachts käme sie zu mir, – das ist alles.» «Und wenn's nun kommt in einer Stund, Rudi, wirst dann mit ihr sein wie mit mir? das wirst nit, sag mir, dass –» «Nein nein, ich schliesse ab, morgen sag ich ihr, es thät mir leid, ich hätts aus Gewohnheit gethan, und so tief geschlafen, dass ich nix gehört hätt.» «Ach so eine Flitschen, so eine.» «Geh, es geht halt eins jede für sich selber auf Beute, was liegt Dir jetzt noch dran, wo ja Du mich hast und nicht sie, und wo ich Dich lieb hab und nicht sie, und an Dich denke und nicht an sie, und von Dir so voll bin dass ich von ihr nichts weiss. Und Deinen Mund will ich und nicht ihren und Deine Brustblumen pflücken will ich» – meine Lippen thaten es dabei – «und nicht ihre». «Komm Schatz, lass mich den Schlafrock ausziehen, Süsser, und Du – auch – – – – ich sag Dir was ins Ohr, – lass ihn mich mal anschauen, richtig – nein, aber! Herr Du meine, das is ja nit zu denken, das is ja grauslich, thut Dir das nit weh, so was mordsmässiges, komm, gib, lass ihn mir, ach nimm mich – noch ein Mal – Du, Geliebter, mein Liebster, fest, Wonniger, mehr, noch tiefer, so, ah, ja halt mich, gib Dein Mund, ja küss mich, hahch. Oh, noch mal, enger fassen, jetzt, so, ich komm auch stemmen, gegen mich, mit mir, oh, oh, so, küss mich mehr, Du, Du, mhmmmm, noch – ein – m – –, ich lieb Dich – so, ich zergeh – vor Lieb – ich geh drauf – halt mich halt mich – fffff – est» – so rauschte ihr naiver Rhythmus in den letzten Orgasmus hinein. Wir lagen nackt umklammert, ein Gliederknoten im Krampf. Jetzt begriff ich den Brand des Mädchens und ihre Wut getäuscht zu werden. Sie hatte mir die Nägel in den Hintern gegraben, zuletzt mich heiss in die Brust gebissen vor Wonne, jetzt lag sie erschöpft und purpurn, mit geschlossenen Augen, noch bebend, auf der Seite. Plötzlich regte sie sich. Was die Uhr sei, «Zwei zwanzig». «Ich muss fort; denk ich sollt von der überrascht werden hier, ihr auch nur begegnen am Flur! Lass mich, mein Süsser. Schreibst mir ein Wort, ich will drauf warten wie ein Kind aufn Geburtstag.» Sie stand schlank und mit schweren Augen neben dem Bett, glühend im Gesicht, vollkommen gebaut trotz der Magerkeit, die ihr etwas Sportliches gab, und ich war so hingerissen, dass ich hinaussprang und sie stehend noch einmal umarmte, nicht los liess, zur Thür brachte in meinen Armen, dorthin die Höhe hob, sie auf den nackten Schoss küsste, bis sie sich von oben hinunterbog und mit ihrem Munde meinen Mund fand; dann liess ich sie zu Boden, sie gab mir noch einen Blick, wippte mit dem Finger an meinen Starren, der wieder hochstand, drückte ihn noch einmal hart, fest, stramm, und floh.

Ich lag glückselig und leichtsinnig mich im Bett reckend und dachte, «jetzt habe ich eine Geliebte hoch über allen, und in ein paar Tagen fünf Schätze; Martha, Agnes, Karla, die Schlesinger und die Hedl, jede anders, ein schöner Hennenhof für einen jungen Gockel. Wie anders war eine Frau als die andere, in jedem Zug, im Kuss, in der Vorbereitung im Genuss im Nachher, im Gemüt, in der Echtheit, der Verlogenheit, der Scham, der Geilheit, und schliesslich doch auch zu allerletzt der Liebe. Es fiel mir ein, dass ich die Thür nicht abgeschlossen hatte, und ich war nicht sicher ob ich auch nur in dem Moment des Versprechens es sehr ernst gemeint hatte, – halb und halb, höchstens und mit einer Marge. Am Ende waren es doch alles leichtsinnige heissblütige Dinger schwerlich in puncto Treue auf die Probe zu stellen, und ohne Recht auf Treue, und ich war nach zwei Geliebten in drei Stunden durchaus unverbraucht, hatte nur zwei Mal abgeschossen und mein Köcher stand prall wie im Anfang, ja im Gegenteile die Spannung und Schwellung, die mir unerklärliche, hatte eher zugenommen, und der Hodensack drunter war ein compakter Klumpen wie beim Bullen. Ich merkte auch, dass ich allmählich unbewusst zu einer Technik gelangte, und die süssen Wesen vom Höhepunkt zu Höhepunkt kutschierte, nur mit meiner geladenen männlichen Zärtlichkeit und richtiger Einsetzung meines Kalibers, ohne selber vom Gipfel jedesmal mit bergab zu sausen und den Zeitverlust beim Neuanspannen. Absicht war es nicht, nur die Kraft der Beherrschung, die mir früher und noch mit Martha gefehlt hatte, als ich mich von der ersten Wollustempfindung willenlos machen liess und ihr nachgab bis sie mich auspumpte. Jetzt war dafür der Genuss, wenn ich schliesslich willens war, ihn im gleichen Momente wie das zerschmelzende Mädchen voll auszukosten, ein doppelt süsser, das Bewusstsein der Herrschaft über die mir Unterworfene und über mich selber erhöhte ihn unglaublich, ich fühlte wie ich beglückte und besass, und setzte mich selber als Geniesser an meinen eigenen Tisch. Wie mit Karla gestern so {heute mit} Hedl hatte die höchste Seligkeit in den Sekunden bestanden, in denen meine Kraft und meine Geschlechtsmagie ein schönes und lebenswarmes Wesen so total in sich aufgelöst hatte, dass es meinen eigenen Körper gewissermassen verdoppelte, sich regte wie er sich regte, in ihn eingegliedert an ihn angegliedert, totaler Übergang alles seines Willens und Gefühls in meinen Willen, mein Gefühl, Harmonie, Musik, Rausch, Innigkeit, Strom, und langandauernd, unerschöpflich, der einzige Vorgang des Lebens, der ausserhalb des Lebens steht, ein realisiertes Jenseits. Sonst war es doch immer gewesen was Zwei miteinander thaten, jeder von Beiden immer noch relativ für sich, ich zufügend, sie leidend, und eigentlich beide passiv, weil der Trieb uns am Faden regierte; jetzt war es im höchsten Grade aktiv, das Mädchen war geführt und wurde unbewusst geschult das gemeinsame Ziel der Begierde sicher und reibungslos schön mit mir zu erreichen, – wie oben gesagt, enges sauberes Vögeln, wir vögelten zusammen und vögelten uns zusammen, während Martha sich hatte von mir vögeln lassen, und ich sie gevögelt hatte, eine ganz andere Sache, aufregend und wild, gewiss, aber voll disharmonischer Elemente, – hier war das energische lange Höchstglück ohne den geringsten Rückstand.

Zwischen diesen wonnevollen Phantasien musste ich aber doch für Momente halbwach gewesen sein, denn ich wusste nicht genau, wie es sich zugetragen hatte, dass ich sagte «Ja komm nur». Der kleine heisse zappelnde Körper grub sich nackend zu mir ein, dass heisse Kichern jauchzte in meinen Ohren, es begann ein tolles Wrubbeln und Kuscheln und Arbeiten, nackt an nackt, denn ich hatte das Pyjama nicht wieder angezogen, und das unglaubliche, sinnengeladene, aus lauter Blüte des Geschlechts bestehende Wesen, anzufühlen wie warmer Pfirsich, überall samten, ergriff ohne weiteres von mir Besitz, wickelte mich in sich ein, deckte alle meine Sinne und Poren zu. Ihre zierliche Schlankheit, an Taille, Hals, Gelenken, biegsam aus der Hand gleitend, im Gegensatze zu den schweren festen Brüsten mit den weit ausladenden aber blühend weichen vibrierenden Hinterbacken, der feine kleine kaum schwellende Bauch und die üppigen Hüften, der ebenso üppige dichtpelzige und kurzpelzige Lustbürzel, ein echter Venusberg, die vollendeten Schenkel, die ebenso vollendeten Arme und Schultern – es war ein über mich ausgeschütteter Obstkorb von Wollust, Hauch Nerven, Fingerspitzen, Hände genossen ihn, während sie im Verlangen, meine eigene körperliche Landkarte ebenso voll einzunehmen, um mich her und aus meinem Griffe schlüpfte, wie eine brünstige Eidechse, ohne einen Moment der Gegenseitigkeit, obwol ich ihren Mund bald auf jeder Stelle meines Leibes gehabt hatte. Sie flüsterte und lachte und seufzte und quiekte durcheinander, rieb die Nase unter meinen Achselhöhlen, biss mich in den Hals, drückte meine Eier, fingerte durch meine Ruelle, an meiner Brust, scheuerte die Füsse an den meinen, schüttelte den Kopf und begrub mir das Gesicht unter ihren stark riechenden Wuschelhaaren, war über mir, drückte meine Backen zwischen ihre Brüste und wühlte das eigene Gesicht in meinen Schopf. Schliesslich prikkelte mir jeder Zoll am Leibe wie elektrisiert, ich packte sie und sie liess sich packen, packte aber ihrerseits meinen Zagel und klemmte ihn ab. «Seien Sie doch nicht so stürmisch» sagte sie keuchend, «wir haben ja noch Stundenlang Zeit, erst mal sich kennenlernen, nicht?» Ich schüttelte sie und suchte ihren Mund, den sie ins Kissen drückte. «Ich bin so verliebt in Sie, dass es mir nicht langsam genug gehen kann!» «Wo hast Du das aufgeschnappt» sagte ich sie wieder schüttelnd und küsste sie ins Ohr, dass sie gekitzelt zitternd zusammenzuckte. «So ein kluger Mann, und soll das nicht verstehen», sagte sie strampelnd und den Mund mit dem Arm schützend. «Ich bin so verrückt in Sie, dass ich mir alles hinausschiebe, und dann beisse ich ganz kleine Stückchen ab –» «Warum hast Du es denn überhaupt so lange hinausgeschoben, bist nicht früher gekommen», sagte ich absichtlich kühl, mich zur Ruhe zwingend. «Ich schlafe mit der Köchin in einem Zimmer und die hat einen so leichten Schlaf zuerst, vor zwei schläft sie nie tief, nachher kann keiner sie aufwecken» antwortete sie und drückte, immer weiter locker lassend, zärtlich meinen Bengel. «Seit zwei Stunden liege ich und zähle die Minuten und küsse Sie in Gedanken halb tot, und denke Sie fühlen mich ab von oben bis unten, und sagen dazwischen mit Ihrer sonoren Stimme ‹Rosa, ich werde von Dir träumen›.» Ich musste lachen über ihr Papierdeutsch, fing an, sie zu massieren und der Wirbel fing von neuem an, ich knetete ihren Hintern strich ihr die Curve des Rückrats durch, spielte mit ihren Brüsten, die eine Wonne waren ohne sie zu küssen und fasste sie zärtlich suchend ins Nest. Sie seufzte, legte sich über meinen Arm auf den Bauch und liess ihre Zunge leise über meine Schulter führen, wie eine Katze, meinen Schwanz hielt sie immer noch fest, ich bearbeitete die Üppigkeit der Globen, die ein Entzücken waren und suchte das Hinterpförtchen. Als ich durch ihren Kneifmuskel hindurch eindrang, biss sie mich zuckend und stöhnend in den Arm und quetschte den Steifen, dann liess sie ihn plötzlich los, warf sich auf meine Brust und bedeckte sie wieder, mit saugenden feuchten Küssen. Ich hob sie unter den Armen an und höher, legte sie mir links in den Arm und drückte sie an mich, aber wieder wich ihr Mund aus. «Noch eine Minute», flüsterte sie, «wenns mal angefangen hat, ist es zu bald aus und wer weiss obs nicht das letzte Mal ist.» «Wenn Du mich noch lange weiter reizest, ists sicher das letzte Mal» sagte ich kühl lachend, gab ihr einen festen Klaps auf den prallen Hintern und liess sie los. «Mein Geliebter» bettelte sie leise, «ach wie ich Sie anbete, wie ich Sie vergöttere, wie glücklich haben Sie mich gemacht, jetzt machen Sie mich noch ganz glücklich, wollen Sie mir versprechen?» «Also?» sagte ich kurz. «Nachher sind Sie mein Gott und mein König, und dürfen alles mit mir machen was Sie wollen. Dafür sollen Sie lieb sein, mein Vergötterter, und jetzt nur machen was ich will.» «Was willst Du denn, Du Romannärrin», sagte ich wütend, «wie lange willst Du mich antichambrieren lassen.» «Sie sollen alles haben was es gibt Herr Doktor, und mehr wie Sie vielleicht ahnen» und sie schlüpfte neben mich und zog sich meinen linken Arm um die Taille. «Jetzt lieb sein, lieb sein, alles thun was die verliebte Rosa will. Wollen Sie sehen was sie will?» Sie zog meinen rechten Arm um sich und drängte sich eingekuschelt in meine Seite. «Und jetzt geben Sie mir bloss die andere Hand, ach – –, dahin – wo ich den Juck habe – nur so ein bischen –» sie führte meinen Finger, «mich täuschen, oben fest, unten zart ja, so –» sie zitterte und zuckte in meinem Arm, während ich in ihrer siedend heissen samtweichen kleinen Liebeshöhle den Juck stillte und jetzt drückte sich wieder die kleine schwellende Pflaume, feucht, glühend, verzehrend süss auf meinen Mund, dick und voll, duftend, satt, ein unvergleichliches Obst, deren Küsse waren wie eine wirklich im Biss aufplatzende und ihr saftig süsses Fruchtfleisch verschenkende Zwetsche.

Sie küsste ganz langsam und lange, drückte durch meine Lippen leise wühlend hindurch und schwelgte sich in mich hinein, mich abweidend wie Schnecken; ich suchte nach ihrer Zunge, aber sie gab sie nicht und spielte nur mit meiner, sie mit den Lippen und weichen Zähnen umwälzend und absaugend, dass ich vor Süssigkeit fast die Hand rasten liess. Sie griff hin, drückte sie in sich hinein, sagte «fester, fester» und begann sich zu werfen und zu schütteln, während ihre Küsse allmählich erloschen, und meine begannen. Aber kaum hatte ich sie gepackt und mich in diesen göttlichen Mund gestürzt, warf sie sich in der Krise halb über mich. Sie spritzte mir über die Hand fast wie ein Mann, ihre Glieder lösten sich, und der Mund den ich weiterküsste, erwiderte schwach, nur meine Hand drückte sie sich noch fest in den krampfhaften Schoss. «Ist das nun so schön?» fragte ich, als sie sich wieder regte. «Paradies» sagte sie schwärmerisch, «keine Ahnung haben Sie davon. Von einem geliebten Manne, in seinen Armen, so geküsst, geschickt befriedigt zu werden, ohne sich regen, Gott ja, es ist der schrecklichste Egoismus, aber wenn einmal einer so lieb ist wie Sie, ist es die chemisch reine Wollust, wie Tovote sagt. Und jetzt kommt die Belohnung meines Geliebten. Passen Sie auf –» Sie ging in Sitz, hob die Steppdecke auf und war blitzschnell in der Hocke neben mir auf mich niedergebückt. «Nein das will ich nicht» rief ich sie zurückdrängend «Lassen Sie mich, lassen Sie ihn mir» und sie hatte schon was sie wollte, in beiden Fäusten, zog ihn blank und salbte ihn zwischen den vollen Lippen und der heissen Zunge rund herum ein. Soviel konnte ich noch unterscheiden, dann vergingen mir die Sinne in einer Wollust ohne Namen. Sie muss mir gleichzeitig die Eier gewalkt haben und die Rute gewichst und die zwischen die Lippen gepresste Eichel mit der Zungenspitze aufgepeitscht. Dazwischen machte sie Pausen, in denen sie nur küsste sog und leckte, leicht biss, sich den ganzen Zumpl halb in den Schlund zog, und im Herausziehen weiter mit den zu Wülsten gewordenen Lippen ausdrückte. Endlich kam der Gipfel; sie markierte gevögelten Mund, wölbte die Lippen zu einem engen festen Geschlechtsgange in dem keine Zähne fühlbar waren, und stiess und hob, stiess und hob zuerst weich und kosend, dann fester und schliesslich so wirbelnd auf den geilen Tulpenkopf dass ich von unten hochzuckte, mich in die Laken krampfte und die Ladung schleuderte. Sie verzuckte gleichzeitig, liess aber nicht los, ehe ihr nicht das Glied im Munde schrumpfte.

Es war eine tolle Orgie, aber die extremste Stufe des physischen Rausches, die ich im Leben kennen gelernt habe. Rosa war eine Virtuosin. Es haben viele Mädchen und Frauen später meine Flöte gespielt, – ich kann bezeugen, dass es kein weibliches Wesen gibt, dem diese Form der Liebe nicht ebenso natürlich wie unentbehrlich erschien, sie fordern es schliesslich, wenn der Geliebte es nicht bietet, und sind gekränkt wenn er es ablehnt, – aber ich habe nie wieder dergleichen empfunden. Wir brauchten eine Pause. Für beide war die Lust erschöpfender gewesen als der gegenseitige Besitz. Wir lagen uns eine halbe Stunde lautlos in den Armen. Sie war ein süsses Geschöpf trotz ihrer Komik und Dummheit, – alles an ihr Kuchen, Bonbon, Obst, wollüstiger Wolgeschmack, Köstlichkeit. Während ich sie so liegend im Arme hatte, und die prachtvollen Brüste und Hinterbacken in die Nerven aufnahm, hatte ich Momente in denen ich meinte, doch nur dies eine Aphrodite, nur dies hier Beischlaf, die Wonne der Welt. «Na, haben Sie sich zu beklagen mir gehorcht zu haben» fragte sie leise lachend und küsste mir die Hand.

Ich habe nie wieder etwas so für die Lust geschaffenes, von der Lust geformtes gesehen wie diesen Anblick. Ihr von den Küssen einer Stunde geschwollener Mund strotzte wie in das Gesicht hinein appliziert, hoch gewölbt, glänzend und purpurn. Ihre griechischen Brüste, trotz ihrer runden Schwere kaum hängend, wie an Sehnen gehalten, trugen die abnormen braunen Stöpsel der Warzen, steinhart geschwollen. Der Hals war so schmiegsam wie die Taille, Schultern und Arme vollendet weich und sinnlich, der schmale Bauch kaum leicht gewellt, die Hüften üppig, der Schamberg wieder ein strotzender Wulst, mit dichtem krausem Pelz bewachsen an dessen Haarspitzen Wasserperlen sich fingen und platzten; die Schenkel waren ebenso vollendet, die obern reich und schwellend, die untern schlank, Hände und Füsse Meisterwerke. Sie lag halb schwimmend auf meinen Füssen, ihre Füsse spielten schwimmend auf mir, und unter dem süssen Vergnügen stieg mein Leuchtturm wieder aus den Wellen. Als sie die Augen aufschlug, in denen nichts als der Schimmer ihre Niederlage verriet, und den Schlagbaum der Liebe steil aufrecht sah, lachte sie selig, spitzte die Lippen wie zum Kusse, und nahm ihn zwischen die Füsse. Dann kam etwas in ihren Blick, was es unmöglich war zu missdeuten. Sie rutschte knieend heran, zwischen meinen auseinandergespreizten Beinen, die sich um sie schlossen, nahm den wollüstigen Feind in beide Fäuste und küsste ihn. Ich liess heisses Wasser zufliessen, weil ich zu frösteln fürchtete. Rosa küsste noch immer, hingebend und ich genoss. Dann schmolzen ihre schwellenden Lippen im Kusse auf, zupften, molken, sogen, fegten den Raub an den Zähnen entlang, und jetzt kamen schnelle Zungenschläge gegen die reizbarste aller Stellen, und jetzt, als sie noch mehr und alles wollte, machte ich der Verwegenheit ein Ende, und zog die Lüsterne zu mir. «Dein Mund ist zu schön für den Strolch» sagte ich. «Ihr Strolch ist zu schön für meine finstere Höhle wo man ihn nie richtig zu sehen bekommt, er ist salonfähig.» «Oh du Witzige wo hast Du das aufgeschnappt?» fragte ich sie entzückt liebkosend. «Ja ist er nicht schön» antwortete sie naiv und griff verlangend nach ihm zurück, «geben Sie ihn mir nur zu fühlen, er elektrisiert mich». «Welch ein Unsinn» sagte ich und küsste ihre Brustwarzen, «wir sind elektrisiert durch einander und machen uns etwas vor.» «Ich habe aber immer davon geträumt, nur nie gedacht, dass es das wirklich gibt» flüsterte sie und fuhr mir mit den Lippen über den Hals, «ich habe ja schon Freunde gehabt – immer nur sehr vorübergehend – oh was für miese Stupse, entweder lange klappige Herrenfinger, so halbstarr wissen Sie, und lose im Gelenk, oder dicke Däumlinge, von vorn so aussehend wie von hinten, ohne Ausdruck, ohne Gesicht, nur Hals und kein Kopf drauf.» «Hör schon auf» sagte ich lachend und hielt ihr den Mund zu. «Auf Ehre» beteuerte sie, – «ach sehen Sie nur, wie steil er steht, das Mark drin, der schöne Muskel, wie sich das anfühlt, und der samtene schwellende Pflaumenkopf drauf, rot wie eine Mirabelle, wie Ihr Mund, das zieht einen doch unwiderstehlich – nein lassen Sie mich – und die Kraft, dass man mit ihm spielen kann wie mit einer Zuckerpuppe das hält er aus und wartet ruhig, weil er ein richtiger Mann ist, der fühlt was in einem Mädel vorgeht, seine

Zeit kommt immer noch – bei den andern Trauerstümpfen, kaum ist man ein bischen mutwillig mit ihnen, weil ihr Prinzipal doch so langweilig ist, – hui, da sabbern sie schon aus und kriechen zusammen und der Prinzipal gähnt und sagt ‹nu Schluss Kleene› oder sonst so geistreiche Sprüche von den sogenannten Herrn der Schöpfung – ich, das kann ich Ihnen schwören, habe noch keinen Mann gekannt vor Ihnen, verführt hat mich mit sechzehn so ein Junge nach der Tanzstunde, der schon fertig war ehe ich Luft geschnappt hatte und weglief und mich im Gebüsch liegen liess – ich habe ihn nie wiedergesehen – und die par Mal später wo mich mein natürliches Temperament schwach gemacht hat, – o je, o je. Nein, da war kein Staat mit zu machen, mit der berühmten geschlechtlichen Liebe, und ich habe mir jedes Mal geschworen, – weg mit den Illusionen!» Ihre Mischung aus Witz und Papier, Originalität und Angelesenem war urkomisch, und der Contrast mit ihrer physischen und aesthetischen Süssigkeit geradezu skurril, aber ich hätte ihr ewig zuhören und sie dabei fühlen und geniessen können, sie war absolut wonnig zu haben. «Und nun hast Du doch den Schwur wieder gebrochen?» «Wie ich Sie sah habe ich gewusst – was ich heut weiss.» «Na, schön hast Du mich doch gewiss nicht finden können!» «Schön? Schön ist Schummel. Frauen müssen schön sein was haben sie sonst, die par Jahre? Der Tanzstundenjunge war so bildschön, dass er jetzt wie ich höre, Strichjunge ist. Mein letzter Freund, vor einem Jahre, in Wien, war der schönste Schauspieler, wie es hiess, im ganzen Variéte; da war ich noch dumm und dachte, da ist was dahinter. Und der wollte nur das, was Sie gerade nicht wollen, – mit seinem halb runtergeschmolzenen Wachsstock, – ach, da sehen Sie mal Ihre Prachtkerze mit dem Korallenkopf!» «Du bist verrückt.» «Wissen Sie warum ich vorhin wie ich kam, um die Ouvertüre mit der Fingerétude gebeten habe» «Mit der – ? ach so, – himmlisch!» «Weil ich, wie ich ihn einen Moment gegriffen hatte, es richtig mit der Angst bekam – halb Angst, halb Wonnegraus, und wollte mich mal erst an den Gedanken gewöhnen. Auf Ehre, wirklich und wahrhaftig. Aber die Angst hatte ich überhaupt vor Ihnen, wie ich Sie zuerst begleitete, und das Gruseln, – es lag in der Luft, ich weiss nicht – es ging von Ihnen so was aus, es wurde mir ganz anders, alles spannte in mir und schwoll gewissermassen an – hat mir der Mann was eingegeben, dachte ich, bin ich behext, will er mich, will er mich jetzt gleich, oder will er dass ich es denke und ihn will, und dann sah ich nach Ihren Augen wo es so flimmerte, und wie Ihr Mund mit der schönen Stimme so richtig voll an den Lippen war, so energisch und leidenschaftlich und dabei spöttisch und ich wusste, er spürt es wie ich, der fasst mich jetzt an, ich fühle schon seine Hände in mir, er küsst mich ab, ah! Und ein par Minuten später hatten Sie mich in den Armen und ich habe zum ersten Mal gefühlt was Küsse sind, was es heisst in den Armen von einem Geliebten sein, der nach Dir brennt und nicht satt wird, lange lange Minuten lang, glühend, verzehrend, durch und durch, zum Kaputgehen dran, dass man nachher noch Stundenlang nicht weiss wo einem der Kopf steht – ja ja, Sie glauben, das gibts alle Tage? Nein, das ist eine Ausnahme, Herr Doktor, beim Mann so eine, wie die Schönheit bei einem Mädel. Schön soll ich ja wol sein, was hilft es mir, wenn es mir nicht den Richtigen verschafft, durch den ich erst was davon habe, dass ich es bin? Ohne den könnte ich versauern, und wenn ich mich so oft nackt vor den Spiegel stelle. Wenn die Schönheit nicht richtig geliebt wird wie von Ihnen, bis zur Raserei die mich selber wahnsinnig vor Glück macht, sagen Sie mir was sie wert ist. Dies ist meine erste Liebesnacht, vielleicht meine letzte, wer weiss es denn? Und dabei lieben Sie mich gar nicht, Sie reagieren nur auf mich, und sind scharf auf mich, wie die ordinären Leute hier sagen. Nun denken Sie mal, wenn mich so ein richtiger natürlicher Mann voll gesund, jung und mordspotent, auch noch liebte – das wäre zu viel, da würde man von sterben!» Sie rührte mich, denn dies war zwar so unecht ausgedrückt, aber in seiner Bitterkeit und Entsagung echt. «Du bist ein süsses liebes Geschöpf» sagte ich, drückte sie ans Herz und küsste sie zärtlich, «und ich würde anders mit Dir sein, wenn ich Dich nicht gern hätte; die Liebe, weisst Du, braucht Zeit sich zu entwikkeln, und was sich so nennt, ist meist nichts anderes als physisch, – Lust nach einander.» «Soll ich das glauben?» fragte sie und streichelte meine Hand. «Was?» «Dass Sie mich gern haben?» «Jetzt hör schon auf mit dem dummen Sie und denke, ich habe einen Schatz, und fall ihm um den Hals.» Sie sauste hoch, warf mir ihre Arme stürmisch um den Nacken und herzte mich, kindisch, ohne mich zu küssen, erstickte mich fast dabei und liess nicht ab. Dann, mit dem einen Arm noch um meinen Hals, nahm sie zierlich und fast ernsthaft meine Backen zwischen zwei Finger, drückte sich mein Gesicht in den Arm und küsste den Mund zwischen ihren Fingern ein einziges Mal mit einer Liebe, Innigkeit und Feinheit, dass es mir warm zum Herzen strömte bei dem unerwarteten Auftauchen dieser Reinheit mitten in dieser Dirnenhaftigkeit. Rosa sah mir in die Augen und liess mich los, gab mir einen scherzhaften kleinen Stoss und liess sich vom heissen Wasser ans Fussende der Wanne tragen. Sie lachte, sagte «Komm, Herzerl, jetzt richtige Brüderschaft» und zog die Knie leicht hoch, stiess sie allerdings wieder auf, zog sie aber wieder hoch und breitete die Arme aus. Ich wollte zu ihr hinüber, wir spielten ein par Augenblicke, dann fasste ich sie fester und drang ein. Trotz aller Wollust blieb es ein Spiel, und die Küsse tändelten, bis sie die dicke Rose ihres Mundes unter meinem Drucke aufgehen liess, und ein Seufzer ihre steigende Lust andeutete. «Wieder ein Kind?» fragte ich zwischen sanften Stössen. «Ist verhütet» hauchte sie «gib mir alles.» Aber meine

Überreizung erlaubte mir keine Krisis, obwol ich nach ihr zu verlangen begann; Rosa verblutete lieblich unter mir im glasgrünen Wasser und liess sich sinken wie eine Undine, ganz leicht und zauberhaft, meine Klinge zog ich starrend aus der Wunde. Sie lag schwach in meinen Armen, küsste meine Brust und Seiten und flüsterte, die Augen aufschlagend «Du hast mich betrogen, Bösewicht.» «Höre, Puppe», sagte ich ihr ins Ohr, «dies ist irgend ein Trick. Wer hat mir das Glas mit dem milchartigen Schlaftrunk hingestellt, neben das Bett?» «Das hat mir die Gnädige für den Herrn, pardon für Dich gegeben, auf Deinen Nachttisch zu stellen.» «So. Gut. Ich weiss schon Bescheid.» «Wieso?» fragte sie jetzt ganz wach mit gross aufgeschlagenen nüchternen Augen, «ist was los damit?» «Oh nein», sagte ich «es war etwas drin, was mir immer noch nachschmeckt, oder ich bilde mirs ein.» «Das bildest Dir ein, ich muss doch wissen wonach dein Kuss schmeckt» und sie küsste mich mit der müden Zunge, «Du schmeckst nach den besten Sachen, Feuer, Mann und Walnuss, und Energie.» «Komm», sagte ich, «abtrocknen und noch eine Viertelstunde Bett, ich hab genug». «Ich auch», seufzte sie. Wir liessen ab, ich trocknete den allerliebsten Leib und wurde mit Zärtlichkeiten belohnt, dann erwiderte sie die Gunst, kam mir an die heikelsten Stellen, bearbeitete was sie am meisten lockte, kniete vor meinem Stuhl, küsste meine Hoden und biss weich hinein wie ein Hündchen, wollte für einen Moment, «einen ganz kleinen nur» ihren Schnuller, und liess sich schliesslich ins Bett tragen. «Das», sagte sie dort an meinen Hals gekuschelt, «haben die Japaner doch nicht gewusst, was wir eben gemacht haben, und das ist doch der Gipfel.» «Fandst Du?» «Für Dich nicht?» «Für mich war der Gipfel Dein einer Kuss von vorher, der einzige, nach dem Du.» «Süsser» sagte sie mit einem erstickten Glückston im Hals, «bist Du denn so?» und drückte sich leidenschaftlich an mich. «Ich bin auch so.» «Wie ist denn nur so oder nur so?» «Ich meine – Gefühl?» «Still.» «Obwol Du eine Andere liebst?» «Still still – was hat das mit dem andern zu thun. Ich küsse Dich jetzt seit zwei Stunden, wir haben fünf Mal oder sechs hinter einander unsere Begierde nach einander einer im Leibe des Andern gestillt und uns ungeborene Kinder gemacht, wenn sich dabei schliesslich nichts in mir für Dich zu regen anfinge, wäre ich doch nur eine Begattungsmaschine und kein lebendiger Mensch. Und der Moment in dem es sich regte war der von vorhin. Und er kam gleichzeitig mit dem so wo Du mich an meisten geliebt hast. Dann ging er wieder verloren.» «Bei Dir, nicht bei mir. Ich kann das nämlich nicht unterscheiden. Bei mir ging es weiter, aber Du kannst nicht in mich reinsehen. Ich könnte ganz ruhig und glücklich für Dich sterben.» Ich küsste sie und sie hing sich an meinen Hals. Ihre heisse Zärtlichkeit war ohne die geringste Schwelgerei, ein Herzen und Küssen, ein Bitten und Danken, ein Nicht von mir Lassen, so brach es aus ihr heraus. Wir endeten wie wir hätten beginnen sollen oder können. Sie wehrte sich als ich in sie drang, wehrte sich mit Küssen, aber wehrte mich ab, und liess sich nur langsam bezwingen. Die kleine Hure hatte sich umgebaut, ich verführte eine Jungfrau, ich durchbohrte eine Braut, deren Küsse, zitternd und entrissen, sich erst allmählich entflammten, ich umschlang eine junge Frau, die sich mir eben ergeben und wieder in den Mund hinein geflüstert hätte «Bleib bei mir mach mir ein Kind, Du – Du.» Gleich drauf wickelte sie sich in ihren Katzenpelz, nackt und rosig hielt mir an der Thür den Mund hin wie ein Kind, streichelte mir das Gesicht, sagte «Geliebter», liess sich unterm Pelz noch einmal von meinen Händen durchfühlen, Brüste, Hinterbacken, Schenkel, Schultern, Arme, fragte noch ein Mal ob sie mir gefalle und wurde ein letztes Mal an meinem Munde die alte Rosa, wo sie zwischen Abschiedsküssen stammelte «Ach Du, Doktor, vögeln und sich dabei lieben – drei Stunden lang von Dir gevögelt werden und auch geliebt – – hach – schöner als alle Japanerbücher –.»

Ich schlief sofort ein; es waren nur 2½ Stunden gewesen, jetzt ½ 6. Mein Steifer starrte wie ein Weichenhebel, den Schlaf durch. Meiner Art nach wachte ich normal ausgeschlafen nach 3 Stunden auf, um ½ 9. Der Steife stand immer noch. Die Schlesinger musste schlechte Erfahrungen mit Männern gemacht haben, und hatte sicher gehen wollen. Wann würde dieser priapeische Zustand aufhören, es war ja toll. Ich ging unter die kalte Douche und badete eisig, mit dem gewünschten Erfolge, nach jeder Richtung hin. Mein Äusseres verriet im Spiegel von der zweiten Orgie in 48 Stunden nichts, ich sah frisch und gutfarbig aus. Genau genommen hatte ich mich ja auch mit jeder meiner drei Besucherinnen nur ein Mal entladen, und das war für meine Natur keine ungeheure Einbusse. Der Schlafverlust war eher mehr, machte sich aber noch nicht fühlbar, liess sich auch bald ausgleichen. Als ich Toilette gemacht hatte, konnte ich mich sehen lassen.

Im Speisesaal brannte der Samowar, und Timofej in weisser Jacke brachte gerade den Toast. Unmittelbar danach schwamm die Schlesinger herein, in einem Schlafrock, riesig zurechtgemacht rosig und mit schwimmend süssen Augen in dem etwas zurückgelegten Löckchenkopfe. Sie gab mir die Hand an den Mund, himmelte und war eigentlich blöd, aber harmlos. Sie trank nur Thee und eine Orangeade ohne zu essen, für mich aber waren Spiegeleier, Speck, kaltes Roastbeef und Obst zum Thee aufgefahren und sie lächelte zärtlich als sie mich zugreifen sah. Auch wenn Timo abtrat, machte sie keine Anspielung, aber da sie eine Avance zu erwarten schien, sagte ich ihr etwas hübsches über ihre wunderbare Frische, was sie mit einem kleinen Schlage auf meine Hand und einem Blicke quittierte. «C'est bien toi que voilà frais comme une fraise, chéri» sagte sie. «quant à moi, ce n'est que naturel, puisque grace à tes tendresses je me suis xxxxx xxxxxx xxxxx notre; mais voyons, il nous reste notre programme à fixer. Tu me donneras la mati née, n'est-ce pas, puisque tu vas déjeuner à l'hôtel.» «Il y a du monde là bas à qui j'ai promis.» «Pas de quoi, je ne te gênerai pas. Allons à la bibliothèque, pour faire un plan je ne recevrai personne sauf peut-être un petit gosse d'Anglaise ou Anglo Allemande qui me donne de la conversation anglaise, et ce matin xxxxx de me porter des livres, une petite embrouilleuse, mais nous nous en chargerons. Donne moi une cigarette – la cigarette – par example. Et dépéchons-nous.» Da wir allein waren, nahm sie meinen Arm, und in der Bibliothek sah sie mir in die Augen, von so nah, dass ich sie umarmen musste. Sie legte ihr gepudertes Gesicht auf meine Schulter. «Dis – moi que tu ne regrettes rien» hauchte sie abgewandt, «Est-ce que j'en ai l'air» und ich küsste sie scherzend auf den puppigen kleinen Mund. «Tu es heureux – comme moi? Tu ne me méprises pas, tu ne te moques pas de ma faiblesse?» «Je ne suis pas un ingrat» sagte ich leise und küsste sie zum zweiten Male, aber da der verfluchte Penis bereits wieder zu spannen begann, liess ich sie aus den Armen, küsste ihre Hand und streichelte sie. «Tu es nerveux?» «Je ne sais pas ‹les domestiques› –». «Viens ici», und sie ging mir voraus zum Boudoir, «ici personne ne nous dérange», – ich folgte nicht sehr begeistert. Sie schloss ein kleines Zierschränkchen auf, nahm eine Schatulle heraus, und aus dieser ein Etui. Ich hob abwehrend die Hand, als ein schwerer altmodischer Ring, ein beträchtlicher Brillant zwischen zwei prachtvollen Sapphiren, zum Vorschein kam. «Tu me ferais du tort à ne vouloir pas accepter un petit souvenir de notre félicité – je vais me fâcher – viens ici, Rodolphe! Qu'est-ce qu'il ya de mal, c'est entendu, embrasse moi bien. Voir chéri, tu m'as fait tant jouir, c'est comme une autre vie qui vient de se dérouler pour moi, c'est si beau que de penser que je t'ai, toi, dans mon existence, et quand je suis heureuse, il faut que je m'épanouis» «Mai tu me combles Sophie, soyons raissonnable, tu me mortifiés.» «C'est ridicule. Un baiser de ta bouche me rendra ta débitière.» Ich küsste sie und sie liess sich auf den Diwan sinken ohne mich loszugeben. «Voilà que je te le rends» und sie küsste sich an mir fest, aber ich war nicht gewillt, den Ring mit Naturalien zu bezahlen, beherrschte mich und meinen Pint, und liess es bei ungefähren Zärtlichkeiten. Die Schlesinger, mich immer noch bei sich haltend, scherzte: «Tu vas me séduire, méchant, je le sens bien ton aiguillon, tu vas me rendre faible» und liess ihre Hand sich verirren. Die Berührung war zu viel für meine Jahre. Ich drückte sie nieder, schob ihren Schlafrock vorn aus einander und pflanzte ihr den Steifen ins Nest. Aber kaum zur Hälfte eingedrungen, schrillte aus der Boudoirecke ein Telephon. Sie kam zu sich, riss die Augen auf, und sah nicht schön aus in dem Kampf zwischen Begierde und Ärger. Für solche Momente muss man sehr jung sein, um passabel zu bleiben. Dann rappelte sie sich auf und rauschte an den immer noch schrillenden Apparat, wo eine erregte russische Unterhaltung begann. Sie schien unangenehm zu sein, die Stimme klang gereizt ging aber bald in Convention und schliesslich in Süssigkeit über. Dann drehte sie sich um und zog die Augenbrauen komisch klagend hoch. «Ich muss fort, – figure toi, la princesse ne peut faire à moins de moi et il faut que j'y porte ma femme de chambre aussi, et mon maître d'hôtel, puisqu'il paraît qu'elle ne peut se fier de ses domestiques, qu'il faut chasser aujord'hui même et lui en trouver d'autres, mais je vous prie d'y rester tout de même et de prendre un abrégé de notes sur la bibliothèque, dont voici le catalogue. La Frazer – c'est-à-dire l'Anglaise portera des livres, que je vous prie d'examiner, – en voici la liste, – et de lui donner, pour remporter à la bibliothèque anglaise, deux autres livres que je vais vous donner. Il n'y reste que la cuisinière, qui est un peu embêtante, mais je luis donnerai ordre de vous servir une petite collation vers les onze heures. Encore – ne laissez pas seule dans l'appartement la Frazer, on la dit un peu cleptomane, je n'y crois pas, pourtant, mieux vaut tenir les yeux ouverts. Je suis désolée – Rodo – mon chéri, mon amour – nous nous reverrons, bientôt.» Sie lag mir dick in den Armen, «je ne pourrais plus vivre sans ta bouche» und ging mit gerührten Thränen im Augenwinkel.

Gott sei Dank. Mir war nicht wol zu Mute bei dieser Leidenschaft, und ich fühlte mich gedemütigt, war aber für dies Mal gerettet. Für die Zukunft musste man sehen. Ich ging mit dem Katalog in die Bibliothek und begann mir einen Überblick zu verschaffen. Wobei ich sofort sah, dass weniger elegante Bände unordentlich hinter grossen und schönen vielbändigen Prachtwerken versteckt waren und geordnet werden mussten; darüber verging eine Stunde der Aufmerksamkeit. Als die Köchin kam um zu melden, das Fräulein sei im Boudoir wegen der Bücher, passierte etwas unvorhergesehenes, ein Sammelkasten fiel aus einem der gelockerten Ständer und verstreute seinen ganzen Inhalt von Broschur verschiedenster Formate auf dem Teppich. Ich liess bitten einen Augenblick zu warten, brauchte aber Minuten um das Verstreute wieder zu sammeln, ehe ich ins Boudoir konnte.

Als ich, auf den dicken Teppichen unhörbar, durch die Portiere trat, stand mit dem Rücken halb gegen mich, eine schlanke messingblonde elegante Person am Tische die mit einer raschen Drehung etwas versteckte, und mir ein halb verlegen halb dreist lächelndes Gesicht zuwandte, nicht eigentlich hübsch, aber interessant, mit lang ausgezogenen grünlich schimmernden Augen, einer gutrassigen etwas grossen Nase und einem langen, scharfumrandeten, frischroten Munde, hinter dem das Lächeln etwas grosse, sehr regelmässige schneeweisse Zähne zeigte. «Miss Frazer?» sagte ich, sie fest aufs Korn nehmend. «How d'ye do» antwortete sie,

«I understand, you are in case of those books I come for –» «In fact» sagte ich, «I am in case of pretty well everything here, and I think it only fair to warn you that you have been watched. Would you mind replacing on that table before you whatever object you happened to hide about you the moment I entered?» «What a shame!» schrie sie halb, mit dem Fusse aufstampfend, «you'll pay me for that.» «I am in the habit of paying everything I owe; at the same time you will think it just as wise as not to surrender what you have not paid for. I warn you that if you don't, I'll have the cook in and the police up in five minutes. I give you my word that if you do, I'll settle it quickly with you here and nobody not even Mrs. S. will be told. Take your choice.» Das Mädchen wechselte von weiss zu rot und wieder zu weiss. Sie drehte sich ab und biss sich auf die Lippen, warf den Kopf in den Nacken und sah mich durchdringend an. Ich erwiderte den Blick mit grösster Ruhe, die Hände in den Taschen. Dann griff sie mit einer raschen Bewegung gleichsam hinter sich und legte etwas auf den Tisch, ein schwergoldnes Petschaft mit einem Onyx. «And now give me my books» sagte sie mit ihrem Atem kämpfend. «Wait a moment please» sagte ich, «your hands were empty, when you were talking to me first, and I am afraid, I must be satisfied about your pockets first before leaving this room.» «I give you my word, I have nothing else. Pockets, – what nonsense. You are a boy, otherwhise you would be here to know women have no pockets in their skirts nowadays.» «Havent they now» sagte ich ruhig. «I warrant you, some of them have, though, what do you propose to pay for every piece of property not yours you have been putting in that folding pocket of your skirt before I came here.» «I'll pay whatever I've got if I've anything else on me», sagte sie dunkelrot im Gesicht. «I am sorry I'll have to satisfy myself about it» sagte ich auf sie zutretend. «Don't dare to touch me» kam es zornbebend von ihr. «Oh, you object» sagte ich und trat beiseite. «I'll ring for cook then» und läutete. Wir standen einander gegenüber, ich sah aus dem Fenster, fühlte aber ihre Augen auf mir. Auf dem Flur kamen entfernte Schritte. Das Mädchen trat rückwärts. «Please – please, send her away if she comes – find some pretext to explain. I'll tell you then», «Nicht nichts!» rief ich als es klopfte. «Es war ein Versehen. Sie brauchen erst zu kommen wenn ich etwa wieder läute, gehen Sie nur.» «Guet Herr Doktor i geh scho', hab d'Händ voll in der Kucheln» und die Schritte entfernten sich. «But I, – I have not got any pocket» sagte die Frazer, mit einem erregten Lächeln, «I have not got anything, I told you before.» Ich ging ruhig auf sie zu, sie warf den Kopf wieder in den Nacken und sah mir von nah funkelnd oder glimmerig in die Augen. Ich nahm sie fest um den Oberkörper, sodass sie den linken Arm nicht regen konnte und fasste hinter dem Rücken hervor den rechten in einen ruhigen aber bestimmten Griff; sie rührte sich nicht. Dann pochte ich mit der rechten Hand ihren Rock ab, fühlte ihre Schenkel, ging nach hinten in den Schlitz, fühlte die Hinterbacken ab und griff, die Druckknöpfe aufreissend in den Schlitz selber. Sie kämpfte einen Augenblick in meinem Arm. Unten am Schlitz hing zwischen ihren Hinterbacken geklemmt ein fester offener Stoffbeutel. Ich riss ihn mit einem Rucke von den dünnen Baumwollbändern legte ihn auf den Tisch und liess das Mädchen los. Ich hatte mich bei der Berührung heftig aufgeregt, die knappen harten Brüste des Mädchens waren an mir gewesen, meine Finger hatten ihr Mass genommen.

«Will you mind showing the contents of that parcel over there?» Sie zuckte die Schultern. «After what you have done I don't care if you search it» sagte sie trotzig. «This» sagte ich «is one of Mrs. S. lace handkerchiefs. This is a pretty little gold cloth notebook of hers with a gold pencil, – a trifle. These are her marrons glacés, taken from that box on the wardrobe, and this is a five Mark piece from that same box, which last night she put into it before my own eyes, in absentmindedness, I forgot to remind her of it before she rose to retire. And this here, – ah, no, that I don't think is Mrs. S. property, and I replace it.» Es war ein Condom, von der gewöhnlichen Sorte, überall käuflich.

Die Frazer sah mich hart und verloren an. «Well» sagte sie herausfordernd –, «what do you propose to do?» «I'll tell you» sagte ich kühl. «There's the choice of two things from me. Either you are a professional thief, and in that case I should not feel bound by the word I gave you, – that's to say, I would think it my duty to warn Mrs. S, she had better look out for some other English teacher – perhaps without giving details, but anyhow, that would do for your character in society. Or else, you are just a light and reckless girl, greedy and trinket-obsessed. I don't believe in kleptomania. And in that case you have been trespassing, like any naughty and daring lass trespassing on other peoples orchards and cramming herself with apples, and must get appropriate punishment. Take your choice and tell me which you are.» «I'm neither. I can't resist.» «That's what the trespasser in the orchard can't, – let's look at it in that way. You are no thief in cold blood, then?» «My word I am not.» «You are the trespasser then?» «I won't say I am not.» «Then look here, my girl. I suppose being a teacher you got some scholarly smattering and might happen to have heard of the gardengod of antiquity. He was appointed to safeguard the forbidden fruit against trespassers. He wore one weapon for naughty boys, and one, different, for naughty girl's. And if either of them was caught while sinning, he had to pay his fine and so had she.» «You are jesting, Sir I suppose» sagte das Mädchen mit einem dreisten Lachen. «I wont be caned.» «The cane was for the boys only, my pretty. The God was a gentleman and would not inflict verberating punishment upon a females tender globes. The globes were what the boy was to surrender to the cane. His weapon for girl's was different, and inflicted punishment on parts appropriates to the offenders sex.» «I wonder if it is within reach» höhnte sie, mit blitzenden Augen. «It is» sagte ich. «Quite near then» fuhr sie eben so fort. «Nearer than you seem to anticipate.» «You had then better exhibit it at once.» «Exactly so» sagte ich mit einer raschen Bewegung, «here it is», und mein Bengel knallte steil aus der Hose, «and now mind you keep quiet and quietly surrender to it», und ich fasste sie. «You beast» sagte sie leise, und spuckte mir mitten ins Gesicht, «you pig, leave my hands», und sie spie mir ein zweites Mal, diesmal auf den Mund, aber ich hatte sie fest um den Leib und warf sie mit einem Ruck der sie hoch in die Luft hob, auf die Couch. Sie rang unter mir, drehte sich in meinen Armen, der Hut fiel ihr vom Kopf, den sie hin und her warf. Ich presste sie unter meine Brust, riss ihr den Rock hoch und klemmte mit einer Hebelung meiner ganzen brutalen Kraft ihre Kniee aus einander. «You don't mean it», keuchte sie, «you looked a gentleman» «You looked a lady», lachte ich, und fing in einem Augenblicke blitzartig ihren Mund. «Don't – don't kiss me, you coward» röchelte sie, aber es war zu spät. Ich küsste sie mit allem Feuer des durch den Kampf in mir erbitterten Verlangens und öffnete gleichzeitig ihre Hose. Sie schüttelte sich noch ein Mal in meinen Armen und befreite ihren Mund aber ich hatte ihn in einer Minute aufs Neue und zerriss ihn mit meinen glühenden Küssen. Plötzlich fing sie an sie zu erwidern. Es war kein Übergang gewesen, mit einem Male wurde der Widerstand zur Begierde. «Wouldn't you rather have the condom first?» flüsterte sie dazwischen und küsste weiter. «I'll manage you all right without» sagte ich, aber ihre Hand war rascher als meine und führte die Rute ein, sie schob sich unter mir zurecht und half durch instinktive Bewegungen mit als ich langsam durchdrang. Dann hob ich sie leicht an, und vögelte sie Mund auf Mund, ihre

Zunge in meiner und den Finger in ihrem Hintern, in einem einzigen strammen Galopp kampfunfähig, den Erguss in meine Hose verbergend, und den Nachgenuss mit ihr teilend. Dann stand ich auf und liess sie liegen.

«Come here» hörte ich klagend von hinten. Ich war zu erregt um zu antworten und kämpfte mit meinem Atem. «You don't mean to leave me this way.» «Well» antwortete ich mich nach ihr umdrehend, «what is it?» «Come here». Ich näherte mich und konnte mich nicht zurückhalten sondern beugte mich, wenn auch sarkastisch, zu ihr nieder. Sie zog meinen Kopf zu sich. «You're a bad boy» sagte sie leise. «Be a good boy now and confess that you wanted me.» «I won't do anything of the kind. I was simply in a cold rage at your wickedness. For the rest of it I cannot account, I acted on an irresistible instinct, which I can assure you was not love.» «Why did you kiss me then so passionately, and why, if you were not prompted by sex, was your garden gods weapon stiffened out to efficiency? You are telling fibs.» «Evidently scorn and fury, where a girl is the object, may act on my nerves just as hot lust does on average ones, and forced me to violate you on the spot.» «In order to punish me?» «Probably so.» Sie zog meinen Kopf an sich und küsste ihn auf den Mund. «Little fool. Most girl's woud willingly steal any thing any day in order to be punished this way. I'd steal the watch out of your waistcoat pocket if I were sure to turn you into a vindictive Priapus onced more.» «That's old rain, my girl» sagte {ich} lachend. «Girl's of an appetite as fierce as yours for a truculent fucking were not unknown to the God in times of old, and he preferred the loss of some apples to being made a fool of or a tool of. If my penis fails to act upon you as a determent, the next time I should ring for the police.» «I don't believe a word of it» lachte sie und küsste mich wieder. «That's all damn cant. You enjoyed me right well, as I enjoyed you. You meant to violate me, perhaps at first, but, being a nice and sweet youth instead of a dire and dirty demon, you turned into my lover as soon as you perceived my yielding to the unspeakable pleasure you made me prove. You might have violated resistance, but you were melted into normal exultance by submission. Kiss me now and tell me I am right.» «I wont unless you promise to keep the peace!» «Never to steal again? I won't if you care for me.» «I'll care for you, to some extent, if you won't. I don't care for anyone capable of a mean action.» «I'd promise anything for a kind word to make me feel I have not been at the same time profited by, dishonoured and despised. It's unjust. Any culprit who served his time of penalty, after judgement, is forgiven and released and made honest again. You confused the judgement with the penalty and turned it all into a feast for yourself. No judge may profit by the culprits fine.» «Not unless the fine was the feast, the culprit calls it.» «Which she could not keep calling it, if its sweetness left an aftertaste of gall.» «And that's the true punishment.» «It was; but now I underwent it, I have a claim to being made even.»«If you promise to sin no more.» «Suppose I did, will you kiss me goodbye?» «What will satisfy me that you will keep your promise. You just said, you could not resist.» «You worked a change in me.» «I shall want evidence of that change. Look here. You have been here before. Did you ever take anything and will you hand it back to me to replace it without anybodies knowing? That's the test.» «Yes» sagte sie nach einem Augenblick errötend, «I have, dear, I took a little scent bottle, a book and a fifty mark note. Come and have it, at my rooms, any time you chose.» Ich küsste sie. Sie zog mich ganz zu sich. Wir küssten und schwatzten leise. «Are not you one bit fond of me, you cruel boy?» «I am not sure I am. I may be one day to come.» «How can you kiss me then so fondly and so fiercely?» «It seems you have a damned deal of appeal.» «And then feeling so attracted by it that you meet my lips again and again, there is no tender stirring in your blood?» «Is there in yours?» «There is this that I long I yearn I crave for you to be my lover in right earnest.» «Why?» «I could not tell. You have done me a sweet and an awful thing; and I feel you owe it to me to clean both of us of the shame in it. Kiss me, dear darling. That was nicely done. Look here. I took a few trinkets from a rich and careless woman; you took a girl's treasure from a poor girl. Mrs S. is hardly the poorer by my little thefts. I feel somewhere ruined unless I am restored. Tell me not that you are fond of me unless you are, but that you are just one wee bit sorry, for your needs must be and you are. I only want the telling. Tell me and you will have done a good action. I am a weak little goose and have been a wicked one, but I am human, and yours was not a human act, though I terribly and wickedly enjoyed it.» «I'm sorry then» sagte ich verlegen und küsste sie heiss. Ihr Mund geriet in Feuer. «I want you» stammelte sie zwischen den Küssen. «The Gardengod or the confessor?» «I am as scholarly trained as you» sagte sie heiss und kniff mich leise. «I want the mythical spear that heals the wound it slew. I mayn't be restored but by the weapon that undid me. If that is the one thing you share with Priapus I suppose I want that part of the Gods coupled with your heart and your kiss.» «But I am afraid you will find it softened by sentimentalism, and miss the steely vigour of wrath and vengeance.» «I'll renounce it then» flüsterte sie, und verschlang meine Lippen in einem aufschmelzenden Munde, «but perhaps you are right, le me examine it.» Wir wurden toll während sie den Klöppel herauswühlte. «Oh dear» hauchte sie, «put it in, but don't tear me up.» Aber ich hatte doch noch Besinnung genug um sie etwas zu necken: «That's because you are fond of me, you want it so badly?» «Don't ask me now» ächzte sie mit dem Priap in der Hand, «I'm itching all over, and there and there, that's why», – und jetzt unterlag auch ich dem

Verlangen nach Sühne und Lösung. Ich liebte sie nicht, aber ich verlor mich an sie ebenso wie sie sich an mich verlor, in einem vollen Glücke zärtlicher Sättigung, und ihre brennenden Seufzer Küsse und Liebesworte brachten mich, während sie sich entlud, einem innigen Gefühl wenigstens so nahe, dass ich sie in die Arme schliessen und ihr versprechen konnte wir würden uns wiedersehen. Sie gab mir mit einem noch in Seligkeit schwimmenden Blick ihre Adresse, im neuen Kurfürstendamm-Viertel und stand auf, ihre Röcke schüttelnd. Ich lief nach dem Bücherpaket und traf auf die Köchin, die das Frühstück in die Bibliothek brachte und die ich sofort nachdem sie es abgestellt hatte, entfernte, mit der Antwort, auf die entsprechende Frage, Miss Frazer sei lange weg. Dann trug ich das Tablett mit der Sherryflasche und den köstlichen Sandwiches ins Boudoir wo das Mädchen, glührot und mit noch verloren glänzenden Augen vor dem kleinen Rococospiegel ihre Haare ordnete. Sie jubelte als sie die Krippe sah. «That exactly I had been dreaming of. You terrible boy, I am exhausted and you look fresh like a daisy. Tell me your christian Name. Rudo to me. I am Winnie.» Sie hing mir am Halse, bettete sich in meine Arme nistelte sich an meine Brust. «Rudo darling, how is it» sie verbarg den glühenden Kopf an meinem Halse, «that you give such violent satisfaction? Look here I don't pretend to sweet ignorance, I have had lovers, as who is there that has not, in my station, and I have some sort of lover even now, you caught me walking about with evidential proof of his existence in my pocket. I'll tell you about it in – shortly. But I never before experienced anything like what you made me feel. I never dreamt of love like yours, hurting me through heavens of physical rapture. I yelled, I sang, I was delirious, was not I. Its not the size of your stunner, divine though it is, oh Priap, it is its stalwartness and yours, the iron, vigour and thoroughness stampeding into my feverish languor and melting it into red fury. Let me rave, I want it. Rudo, I am madly, wildly, frantically in love with you, with a man I do not even know, but whom I must come to know and to make my lover in real earnest. I am not quite so bad you might imagine, I am better than what I seem to be. And I will be yours, true to you and to none but you.» «And how do do you propose to rid yourself of the man whose inconfessable property you were carrying about?» «Easily enough. Leave that to Winnie. He is a Gymnasiallehrer who is in love with his boys. I fell in with him when he wore his Uniform, being a Reserveleutnant when he was looking remarkingly brilliant. Later I discovered his weakness, and I even caught him with a prostitute boy – for shame. But he was a problem to me, and I had made up my mind to win him back to Nature, so it all came about. You cannot imagine what it cost me to turn him into a active lover. I can't deny I exulted when for the first time I had succeded in making him grow a trait-d'-union – still, the game was hardly worth the candles. And all my experiences previous to that had owed their best part to the force of my imagination. You have been not only the first satisfaction in my life but the first instance to prove that satisfaction was not a myth. Oh dear boy its real, and you are. Give me that egg sandwich; you don't mind drinking from my glass, that's sweet.» Wir kauten lachten und tranken. Dann lag sie noch einmal an meiner Brust, den Kopf halb versteckt. «One word more. Don't use coarse expressions along with tender acts. Don't say ‹fuck› and don't say ‹penis›, it doesn't suit you. Find ingenious words. I advocate it not for the sake of morals much rather to promote daring recklessness. There is more boldness and a more tickling one in calling it ‹Priap› and to ‹penetrate› or ‹tulip›, ‹thunderbolt›, ‹handle› ‹to enchant›». «Why» sagte ich, «but this is bewildering; how do you mean to put it?» Sie küsste mich rosenrot auf den Mund. «Why did not you plant your giant tulip, blossom foremost into my little bed, leaving the bulb outside? Did not you enchant me three times with your magic bolt?» «I see» sagte ich nachdenklich lachend, «though it was twice only.» «Was it?» sagte sie träumerisch; «I thought we had made it even.» Ich fühlte ihr Verlangen in den Küssen und dem Schmiegen, aber das Erscheinen der Köchin hatte mich nervös gemacht und nach neuen sehnig haftenden Umarmungen ging sie, mir Telephonnummer und Adresse lassend; aber ich war sicher sie nicht wiedersehen zu wollen, und entschlossen, das phantastische Abenteuer auch aus meiner Erinnerung zu tilgen.

Unterschlafen wie ich war, fiel ich in der Bibliothek mit einem Buche auf dem Schosse augenblicklich in tiefen traumlosen Schlummer. Es war 11 Uhr gewesen als Winnie Frazer ging, um 1 ½ sollte ich im Club von Berlin sein und ich wachte gerade noch zeitig genug auf um telephonisch ein Taxi zu bestellen und mit geringer Verspätung im Club meines Vaters einzutreffen. Wie immer bei mir in jenen glücklichen Jahren und lang drüber hinaus, hatte der Schlaf, selbst ein so kurzer wie ein Schwamm die letzte Schrift verlöscht und mir eine reine Tafel ins Innere gestellt. Die tolle Nacht, gefolgt vom tollen Morgen, und einer andern ebenso tollen folgend, – im Verlaufe von dreissig Stunden sechs Frauen durch meine Arme gegangen, ohne Liebe, nur mit äusserster Wollust und Kraft, fünf Fremde, darunter eine nie gesehene im Dunkel der Nacht, eine Bekannte, von der einen verführt, die andere vergewaltigend die übrigen halb spassend, im Spiele, öffnend und geniessend – dieser tolle Zug klang ab. An seinem letzten Teile hatte Sophie Schlesingers Liebestrank einen Hauptanteil, – ich war nicht schläfrig geworden und war nicht ausgelöst, oder selten, war also ein sparsamer Don Juan gewesen oder ein billiger. Sehr rein war mein Leichtsinn oder die Nachempfindung meines Leichtsinns nicht. Diese lieblose Lust hatte mich nicht über den Moment des

Abschieds hinaus unterhalten. Karla, Agnes, Hedel, Rosa, Winnie, geschweige die Witwe, hätte ich nie im Leben wiederzusehen brauchen, und doch hatten sich unsere extremsten Lebenskräfte in Hochzeiten der Übersteigung gekreuzt und verschmolzen – ich hätte an sich sechs Kinder von sechs Müttern haben zeugen können, sah sie vor mir, Mutterart mit meiner verschmolzen – keine Freude. Ich dachte mit einer kleinen Scheu an Addie. Ich war ihr nicht untreu gewesen – nichts concurrierte mit ihr. Aber diese Mädchen waren keine Gesellschaft für sie, und es hatte Tage meines Lebens gegeben in denen ich sie doch mit diesem Mädchen dadurch assoziiert hatte dass ich körperlich mit ihnen allen umgegangen, in sie alle eingegangen war, – der Pluralis beschämte mich. Und dabei konnte ich doch nicht hindern dass die blosse Vorstellung dieses Umganges mit den wechselnden Mädchenkörpern den schlummernden Eros wieder weckte, er streckte den Rücken, hob den Kopf und es hatte meiner Willensanstrengung bedurft um ihn zu bannen.

Immerhin war es eine Erleichterung dass der Oberst, der mich im Vestibül herzlich empfing, bemerkte Addie hätte soeben angerufen und gebeten ich möchte sofort nach Eintreffen sie am Telephon sprechen. Ich eilte herzklopfend in die Zelle und musste Minuten warten, bis sie frei war. Der Schweiss brach mir aus. Als ich die unbefangen heitere glockenschöne Stimme hörte, kehrte mir langsam das Leben zurück, ich ermannte mich, fasste Vorsätze und antwortete. «Höre rasch», hiess es, «meine Cousine darf nichts von unseren Wünschen und Hoffnungen, ich meine überhaupt nichts davon wissen, dass Du mich liebst. Wir sind Freunde, basta. Sie ist unglücklich verheiratet, Du hast sie sehr interessiert, sie deutete an, Du wärst mein Besitz, ich habe das energisch bestritten, und erst darauf hatte sie sozusagen die Erlaubnis bei mir erbeten, Dich heut nachmittag für sich zu haben und kennen zu lernen. Sie ist eigentlich kein Flirt, sondern ein wertvoller Mensch, immerhin sei vorsichtig, mache ihr ruhig etwas den Hof, aber beobachte sie. Andererseits ist es mir natürlich wichtig, dass meine Leute, nun sie Dich schon einmal kennen einen richtigen Eindruck von Dir haben, – versteh mich richtig, weil sie mich nach meinem menschlichen Kreis taxieren. Ich bin heut Abend für Dich frei und sehne mich sehr nach Dir, habe dem Onkel Theaterbilletts geschickt um ihn und das Paar unterzubringen – kannst Du kommen? Kannst Du um acht etwas kaltes mitbringen? Bitte keine Lucülle, hübsch, genug, aber nicht vergeuden. Ich finde es bei mir vertraulicher, wir haben uns so lange nicht gesprochen, ich habe vergessen dass oder ob Du mich liebst, und Du musst mich wieder drauf bringen. Sag mir schnell etwas, was ich behalten kann.» «Ich war ein verlorener Mensch seit ich ohne Dich bin, und erst durch Deine Stimme kehre ich zu mir selber zurück.» «Du sagst das so ernst, dass ich fast fürchte es ist wahr.» Ich erschrak ein wenig. «Warum fürchte?» «Wenn es so ist» sprach sie schnell weiter ohne zu antworten, «ist es immer noch am besten Du sagst es so spontan wie eben. Wir sind etwas zu tragisch miteinander.» «Addie es liegt daran, dass wir halb gebunden sind und halb nicht. Ich wäre glücklicher wenn ich wüsste, ich soll Dein sein, Dein bleiben, für Dich leben um Deinetwillen mehr werden als ich bin, besser wirklicher, erfüllter, und alles bei Dir abliefern was ich gewinne, jeden Gedanken, und alles in Deinen Schoss schütten kommen und mich selbst dazu.» «Lyriker. Das ist doch schon alles so, Du süsser Narr.» «Du sagst doch immer ‹versprich mir nichts›.» «Ich bin doch nur abergläubisch wegen ausgesprochener Versprechen. Die ungesprochenen Gesetze sind die heiligsten.» «Heisst das –» «Nein Du Unsinniger, das heisst eben nicht –» Sie lachte. «Was das heisst musst Du nicht fragen. Komm heut Abend, mach mich glücklich und werds, und jetzt lauf sonst wird der Onkel misstrauisch.»

«Nun» sagte der Oberst, mich prüfend und ernstfreundlich ansehend, «Sie sind ja nach diesem Gespräch sichtlich aufgelebt, als Sie kamen, blickten Sie wie Byronsche Helden.» «Fräulein von Eixner hat mir allerdings eine unerwartet gute Nachricht gegeben, und ich bedaure Sie meine Unruhe vorher haben merken zu lassen. Sie hat etwas gefunden, was ich verloren glaubte – ich hatte mich darüber etwas aufgeregt.» «Hoffentlich nicht den gewissen Muskel» scherzte der Oberst, «den man in Ihren Jahren angeblich leicht verliert.» «Oh» sagte ich, «dieser Verlust soll doch eher mit angenehmen Empfindungen verbunden sein. Ich würde jedenfalls ihr Fräulein Nichte in diesem Falle nicht als Fundbureau verkannt haben.» Der Oberst mit einem listigen Zug, gab mir einen kleinen Puff und geleitete mich in den kleinen Frühstückssaal des Clubs, wo sogleich aufgeblickt wurde und ich vermutlich erkannt. Ich nahm aber keine Notiz und wir setzten uns vor ein Glas Sherry und eine dicke Hühnerbouillon in Tassen. «Addie erzählte mir von Ihren Studien; wie kommen Sie als Sohn Ihres Vaters gerade auf so ausserweltliche Gebiete? Vorausgesetzt dass Sie gern von Ihren Interessen sprechen.» «Wir sind Ostpreussen Herr Oberst. Diese Gebiete sind unsere eigentliche Domäne. Mein Vater wollte Geschichte studieren, ein Onkel ebenfalls, die Familienpolitik verbot es; ein Verwandter ist Mommsens Berliner Nachfolger. In Königsberg wird der Mensch, gleichgiltig welchen Berufs, nach seinem humanistischen Feingehalt taxiert.» «Was Sie sagen. Ist mir ganz neu. Sozusagen die humanistische Aristokratie des Landes. Im Reich gilt der Ostpreusse als schwerfällig, rückständig und nüchtern.» «Es mag das auch geben. Weil es nicht ins Land passt, wird es exportiert. Wir sind leidenschaftlich, schönheitsdurstig, Redner, Italiensüchtig, Antiken-Vergötterer, Geistmenschen, Wanderer, Reisende, dramatisch, visionär, ekstatisch. Herder und Hamann, Gregorovius und Harnack, Friedländer und Hirschfeld,

Lobeck und Lehrs. Kant ist Ostpreusse in seinen Jugendschriften, und später in seinem metaphysischen Idealismus. Wir sind romantische Hellenisten. Bei uns ist die Romantik erfunden und entstanden.» «Hui hui. Hört Ihr Herr Vater das auch gerne?» «Ich wundere mich über Ihre Frage, Herr Oberst. Der Vater soll noch gefunden werden, der gerne hört was sein vierundzwanzigjähriger Sohn predigt. Wenigstens in Ostpreussen. Und umgekehrt, Väter und Söhne einigen sich bei uns meist erst kurz vor dem Thronwechsel. Darauf sind wir heimlich stolz.» «Also Professor wollen Sie nicht werden?» «Sie schliessen blitzartig» sagte ich lachend. «Professor? Schlimmstenfalls, und en passant.» «Und also, wenn man fragen darf?» «Ich kenne kein Also. Muss ich das heut schon wissen?» «Wenn Sie mein Sohn wären, müssten Sie es, denn ich würde Sie nicht erhalten können.» «Und mein Vater will mich nicht erhalten, was aufs gleiche hinauskommt. Ich denke darüber nicht nach.» «Sie sind mutig.» «So meine ichs nicht. Es interessiert mich sehr wenig, ich brauche sehr wenig, das wenige wird mir nicht fehlen, und damit bin ich für die Hauptsache frei.» «Und das ist?» «Werden wozu man sich geboren weiss, und die ganze Welt wie sie einem stückweis zustösst, in diesen Schmelzofen stecken. Brennen – genau so. Den Temperaturgrad erhalten, der den Schmelzpunkt garantiert. Menschen, Dinge, Bücher Wissenschaften Erfahrungen Thätigkeiten Politik, Ahnungen, Arbeit, Hoffnungen, – alles hinein ins Feuerloch, damit die Flamme nicht sinkt. Eine Suppe, irgendwo auf einem Eck, kocht mit ohne dass man sich viel drum kümmert.» «Und auf irgend einem Eck brodelt doch auch wol die engere Berufssuppe, wie?» «Oh ja. Eigentlich überall; das engere und weitere ist gar kein Gegensatz. Jede einzelne Stelle des Weitren ist sobald man sie braucht von selber das Engere. Um bei uns auf dem geringsten Spezialpunkte etwas Ausserordentliches zu leisten, muss man sich ganz universal aufbauen. Meine sogenannte Spezialwissenschaft ist eine solche nur als die perspektivische Täuschung, die sich aus einer einseitigen – einseitig gewollten – Ansicht ergibt. Man kann sich selber isolieren, zu Zwecken; den Gegenstand kann man nur aus dem Messtischblatt herausschneiden. Es gibt keine Geographie des Kreises Perleberg. Ich bin klassischer Philologe, aber es gibt keine klassische Philologie, es gibt nur den menschlichen Geist. Ich bin Forscher aber es gibt keine Forschung, es gibt nur die Spannung zwischen Sterblichkeit und Unsterblichkeit. Ich bin in meiner täglichen Arbeit, oberflächlich genommen, nur Kritiker, aber es gibt nur Poesie. Die Aufgabe besteht darin all das in der Tagesarbeit weder je ganz durchzufühlen noch je ganz zu vergessen; das können nur sehr leidenschaftliche Menschen.» «Also Ostpreussen», sagte der Oberst lächelnd, und stiess über das Beefsteak mit mir an. «Politik spielt bei Ihnen auch mit, oder habe ich falsch gehört.» «Freilich», sagte ich, «denn Politik ist à la longue alles was man bis an sein Ende verfolgt, – politisch oder religiös.» «Freut mich zu hören» was keine Redensart war, nach seinem Gesichtsausdruck, «das erste Mal dass ich das von der jungen Generation höre. Es ist allgemein eine scheussliche Indifferenz, finden Sie nicht? Oben sind die Snobs, in der Mitte vergnügte Philister, unten Strolche. Schön sieht das nicht aus für die schweren Zeiten die kommen. Sind Sie im Flottenverein?» «Im – was?» «Eben eben, ich auch nicht. Ich fragte nur weil das noch die einzige politische Bethätigung ist, die ich bei jungen Leuten sehe, Tirpitz, Alldeutscherei, und ähnliche Propaganda. Politik als Lüge und Druck und Gewalt. Aber was ist denn Ihre Politik?» «Deutschland zu etwas zu machen, worauf man wieder stolz sein könnte, also von Grund auf anders.» «Das ist allerdings eine weite Formel.» Er riss die Augen gross auf und schüttelte den Kopf. «Was soll denn zunächst anders werden?» «Mann und Frau, Herr und Knecht, Recht und Schuld, Führer und Stab, Gott und Einzelner und so fort.» «Und wodurch?» «Das weiss ich nicht. Zunächst dadurch dass die Form von allem in mir selber wirklich entsteht und sich wirklich in etwas Greifbarem ausdrückt. Die Welt gestaltet sich nur nach dem, was ihr vorgestaltet wird und sie hinreisst, so dass sie fühlt ‹so möchte ich sein und werden›.» «Ein weiter Weg» sagte der Oberst etwas trocken. «Selbstverständlich. Glücklicherweise. Sind wir Taschenspieler die es im Handumdrehen machen wollen? Der weiteste Weg und gleichzeitig der schwerste ist die einzige Garantie dafür, dass nur das Beste vom Besten schliesslich ankommt. Man soll etwas hinter sich gebracht haben, ehe man sich zutraut Deutschland zu reformieren.» Der Oberst trank mir nochmals zu. «Sie gefallen mir, ich würde Sie gern besser kennenlernen; Schade dass wir übermorgen schon gehen. Sie haben noch nicht gedient? Ich sorge dafür, dass Sie in mein Regiment kommen. Ich bin zwar a. D., kann aber dort alles durchsetzen. Vorher müssen Sie einmal zu mir auf mein Land kommen. Kennen Sie meinen Schwager Eixner, Addies Vater? Nein? Na, früher oder später. Ungewöhnlicher Mann, leider mit allen glänzenden Gaben nicht ganz aus sich herausgekommen. Gerade Sie würden ihn lieb gewinnen, und er Sie. Meine Nichte hat viel von ihm.» «Wie Ihre Frau Tochter, wenn das nicht unbescheiden ist, von Ihnen. Sie ist so dezidiert, meine ich, hat alles gleich in der Hand, greift zu, man weiss sofort woran man mit ihr ist.» «Meine Nichte», sagte der Oberst, Luft durch die Nase stossend und bockbeinig, «ist eine grosse Optimistin, eine schwungvolle Natur, ich freue mich dass sie Freunde hat, die einen grösseren Überblick haben als junge Damen es haben können, das ist in einer grossen Stadt sehr viel wert, wo niemand at face value, wie die Engländer sagen, genommen werden darf. Sie sind für Ihre Jahre so reif, dass Sie ein wirklicher Freund, mit Rat und That sein können, und natürlich, wenn Sie fünf Jahre älter wären» «Dann wäre es nach Ansicht anderer Väter, zB dem meinen, immer noch Zeit genug», sagte ich lachend, «er besteht auf einem Minimum von 7 Jahren. Oder sind Sie wo Sie als Vater zu entscheiden hatten, weniger dogmatisch gewesen?» «Eine Nuss?» sagte mein Wirt mir die Obstschüssel reichend und selbst zwischen den Ballen eine zerkrachend. «Ich bin ein schlechterer Nussknacker, wie Sie», antwortete ich, aus dem Fenster sehend, «und das Werkzeug wie ich sehe fehlt.» «Ein schlechterer Knacker» sagte der Alte, «aber eine verdammt feste Schale.» «Finden Sie» gab ich verständnislos zurück. «Kommen Sie zum Kaffee ins Rauchzimmer», und er fasste mich unter, «meine Tochter, für die Sie ein so diplomatisches Interesse bezeigen, kommt gleich Sie holen, und dann habe ich das Nachsehen. Hier, halloh, Mokka bitte und Cognac – Nee was ausgestirntes, – ja meinetwegen. Also mein lieber Borchardt, warum sagen Sie mir nicht offen raus, dass Sie Addie gerne haben, und spielen den Geheimnisvollen. Nein, lassen Sie mich reden. Sie sind noch ein sehr junger Diplomat, lernen Sie was von einem alten Militärattaché. Ihre wunderbare Diskretion von vorhin war überspielt. Wenn Sie ganz unbefangen gewesen wären, wären Sie unbefangen und harmlos auf meine Fragen eingegangen; die ja ganz unpersönlicher Natur waren. Sie konnten sie ein Mal überhören und sagen ‹I don't care to discuss my friends›. Wenn Sie es so das zweite Mal thaten, so hiess das, ich bin auf der Hut und lasse mich nicht ausfragen? Aber der ganze Candide der gar nichts zu sagen hätte auch wenn er wollte, ist auch nicht auf der Hut und wird nicht argwöhnisch. Sie haben mich dadurch dass Sie mich von der Fährte treiben wollten auf die Fährte gebracht – – nein nein lieber Junge, ich bin eine alte Hand, ein alter Menschenkenner und Sie könnten mir nichts mehr ausreden oder einreden. Es ist ja auch nicht nötig. Addie ist ein bezauberndes Wesen, Sie nennen sie selber eine leidenschaftliche Natur, warum sollten Sie nicht für sie fühlen. Dass Sie es als Gentleman thun und die Spielregeln kennen und befolgen, sogar in übertriebenem Maasse der Correktheit, rührt mich, und überzeugt mich. Dass ich in solchem Vertrauen mit Ihnen rede, hat nur einen Grund: ich möchte Ihnen Schmerzen und Bitterkeiten ersparen, Sie sind ein lebhafter und feinfühlender Mensch. Ich thue es weil ich in Ihrem Alter genau in Ihrer Lage war und Jahre gebraucht habe ehe ich mich davon erholte, dass Gleichaltrige – oder nahezu Gleichaltrige – nicht heiraten dürfen auch wenn sie einander sehr gut sind. So und jetzt shake hands. Und jetzt dürfen Sie mir sagen dass ich mich total täusche, die Lage verkenne und Sie etwas ganz andres gemeint haben.» «Oh», sagte ich, den Händedruck erwidernd, «nehmen Sie einen Augenblick rein theoretisch an, Ihre letzte Formulierung ‹auch wenn Sie einander sehr gut sind› träfe wirklich auf den aktuellen Fall so zu, wie mir zu bestätigen nichts das Recht gibt, seit wann gilt es für anständig ein Geheimnis, das nicht unser eigenes sondern auch das eines andern ist preiszugeben? Ihre Fragen haben mich nicht argwöhnisch gemacht, sondern, verzeihen Sie dass ich es geradeaus sage, darum etwas verdrossen, weil mir aus ihnen Argwohn sprach. Wie gern man andere Menschen hat, vor allem solche die man erst langsam zu kennen beginnt, darüber gibt man sich meist selber nicht aufs Tüttelchen Rechenschaft. Im Gegenteile, man weicht vor sich selber der Präcisierung und Praktizisierung eher aus, weil gar kein dringender Anlass dazu besteht, sich zu analysieren. Ich bin ein zu altgewordener Student, im Examen halb gescheitert, dh durch Nervenklaps zurückgeworfen und im zweiten Anlauf, und komme mir vor mir keineswegs als ein Mann vor, den ein heiratsfähiges junges Mädchen unter praktischen Aspekten betrachten könnte – im Gegenteile, eine solche Prüfung, und läge sie in einem Blick oder einer Andeutung, würde mich gerade auf einen Punkt zwingen, den meine Empfindlichkeit sich sehr gerne aus dem Sinn schlägt. Es gibt Nuancen, Herr Oberst und jeder Fall liegt anders. Ich denke ich habe genug gesagt.» Der Alte lachte. «Sie sind ein kluger Bursch, sei's so. Ich bin jedenfalls sehr erfreut, Sie kennen gelernt zu haben – das Übrige müssen Sie selber arrangieren, mit möglichst wenig Blutverlust. Da ist meine Tochter. Nein ich sage Ihnen noch nicht Ade – Tag liebes Kind – wir sehen uns vielleicht noch. Sonst bleibts bei der Abmachung. Willst Du auch einen Mokka, Annie? Nein? Dann gehe ich zu meinen Zeitungen.»

«Kommen Sie nur gleich» sagte die Cousine, «es wird früh dunkel und ich bin schon verspätet, es ist halb drei, wir haben knapp viereinhalb Stunden, der Wagen macht nicht viel und mehr als 240 Kilometer alles in allem kommt nicht heraus. Und ich habe eigentlich an den Spreewald gedacht, das ist wol ausgeschlossen». «Ich glaube auch», sagte ich vor dem Wagen stehend, «man müsste sich etwas beschränken. Wie wäre es mit Rheinsberg?» Sie sah mich, neben dem Steuer stehend und eine blauen Schleier um das braune etwas krause Haar bindend, leuchtend an. «Fein», sagte sie bubenhaft, «das ist ein guter Einfall. Warten Sie mal ich muss auf der Karte nachsehen. Hm. Na es kommt gerade aus wenn wir aus dem Motor rauskriegen was er kann. Es sind präter propter 180 Kilometer, eine nette Ecke. Kommen Sie schnell.» Ich sass schon. «Neue Reifen habe ich auch, der Motor ist überholt, vielleicht bringt ers auf freier Strasse auf 70, 80.» Wir brausten durch die Stadt. Sie fuhr energisch und sicher, ohne Nerven, ich bewunderte ihren Stil. Frauen chauffierten damals selten, ein Mann neben einer fahrenden Frau erregte Heiterkeit und Commentare und bei Stoppen wurde mir zugerufen «Na setze Dir man lieber in Kinderwagen, dass Mutti Dir fährt» und ähnliche Improvisationen. «Hoffentlich leidet Ihre Männlichkeit nicht zu sehr unter der Volksseele», sagte sie, ohne den Blick vom Steuer zu verwenden. «Oh nein» antwortete ich behaglich, «erstens geniesse ich das Fahren ganz naiv, und zweitens leide ich überhaupt nicht an falscher Männlichkeit.» Sie sah mich einen Augenblick an und dann wieder nach vorn aus. Es war ein warmer Blick aus den dunkelblauen Augen gewesen. Verstohlen betrachtete ich ihr Profil, sah sie eigentlich zum ersten Male voll an. Das Gesicht war unharmonisch und doch sehr anziehend und rassig. Die blauen Augen lagen flach eingelassen à fleur de tête in weichen Umrahmungen, die Wangen waren weich und frisch, der Mund, von einer eigenen sehr zarten Rosigkeit die ins Rosigblässliche spielte, lag ebenso knapp eingelassen und weich zwischen den Wangengrübchen und war eigentlich schön nur wenn ein Lächeln ihn auseinanderzog und die Zähne durch ihn schimmerten. Die Gestalt war schlank und voll und doch knapp, weich und doch knapp waren die Züge, frauenhaft und doch knapp und kräftig die Bewegungen. Auffallend war der schlanke hohe feste Hals, der den Kopf kräftig trug. Sie war aus einem guten Stall, man merkte jeder Regung und Bewegung an, dass sie, oder etwas in ihr, wusste, was sie that, nur im Auge war manchmal ein schwer definierbares, Wägendes, Sinnendes, Träumendes, Undurchsichtiges – ich sage besser, es waren in einem Frauengesicht Mädchenaugen. Eine hübsche Frau, die zu gefallen wusste, – Jemand.

«Waren Sie schon dort?» fragte sie als wir schon leeres Bauland zwischen hässlichen Neubauten links und rechts vor uns hatten und längs des Bahndammes fuhren. «Oh ja. Das Schönste was die Mark hat, unmärkisch. Zwei Seen, zwei Schlösser. Alter Trakt, Barockecktürme, finster stumpf. Neuer Trakt, Rokoko Colonnaden im Schwunge halbkreisförmig vorwärts abgeschlossen durch Sphinxe die hochfrisierte Hofdamenköpfe und Pantherkrallen haben, vor sich über einandergelegt wie über eine Logenbrüstung, darüber nackte Brüste und darüber ein süsses Lächeln unter dem hohen Chignon. Der Park Laubwald, das Cavalierhaus ein ionischer Tempel, Tempelchen und Altäre überall, Iphigenie oder Zauberflöte Obelisken mit goldenen Offiziersnamen, Labyrinthe, Buchstheater. Ich war allein da und wurde unglücklich.» «Unglücklich? Warum» «Man muss dort mit – ich meine», sagte ich mich verbessernd «man muss es eigentlich jemand zeigen können.» Sie schwieg, wir brausten. Nach einiger Zeit sagte sie, «Sie beschreiben es so, dass Sie es mir eigentlich nicht mehr zu zeigen brauchten.» «Doch» antwortete ich «werden Sie sagen wo ich wol meine Augen gehabt habe, da ich so schlecht beschrieben hätte.» «Also dann sollte ich Sie dort führen», sagte sie nach einer Zeit seitwärts lächelnd. «So weit geht meine Männlichkeitsresignation nicht. Auf der Strasse Sie, dort ich.» «Und wenn mich die augenblickliche Überlegenheit so übermütig macht, dass ich die Zügel behalten will?» «Dann kämpfen wir, Baronin.» «Wie unritterlich. Lehrt Addie Sie solche Championtöne?» «Fräulein von Eixner ist meine Schülerin im Griechischen», sagte ich kurz. «Au pair?» fragte Annie ironisch. «Wie meinen Sie? Eine Toilette für einen Maskenball in dem ich als Dame auftrete?» Sie sah mich an und schwieg. Dann seufzte sie, ihr Gesicht hatte einen herben Zug. Wir fuhren eine halbe Stunde fast ohne ein Wort zu sprechen. Die vehemente Bewegung durch die schöne, von Herbstwäldern bunte Landschaft berauschte mich so, dass mir an Gesicht und Stimmung meiner Begleiterin nicht viel gelegen war, ausser dass ihre Atmosphäre, in meiner Nähe und geschlossen, mir indefinibel wolthat. Ich war am Anfang abgespannt gewesen mit Lücken des jähen Schläfrigwerdens, jetzt fühlte ich mich köstlich, erfrischt, gespannt. Wir fuhren durch Velten, den baumbestandenen alten Marktplatz, und ich sagte «wie hübsch!» Annie antwortete nicht und brauste nach der Verlangsamung scharf in die fast leere Landstrasse. «Ich spare meine Eindrucksfähigkeit bis zum Ziele» sagte sie endlich, «ich habe mich zu lange darauf gefreut um mich unterwegs auszugeben.» «Auf das Ziel?» fragte ich naiv, «dann freuen Sie sich doch nicht so lange?» «Sie sind ein Kind, Herr Borchardt, trotz all ihrem Griechisch» antwortete sie lachend und bremste vor einem verdatterten Huhne, «das Ziel ist nicht der Spreewald und nicht Rheinsberg, Sie Kindskopf, sondern, um es derb zu sagen, ‹mal raus›. Fühlen Sie solch ein Bedürfnis nie?» «Unaufhörlich natürlich, aber ich bin weniger glücklich als Sie gestellt, ich habe kein Auto.» Annie sah mich wieder seitblickend an, mit ihren flachen Emailaugen, und sagte in ruhigem Tone «das Auto thuts nicht allein, es müssen viele Dinge zusammenkommen. Ohne die Fahrt nach Berlin, kein Auskneifen. Von meiner alltäglichen Assiette aus gibt's das überhaupt nicht. Papa musste mir hier helfen, der Rührende. Und einen Cavalier bekam ich auch nur von der Familie geliefert. Der hübscheste und gescheiteste Mann den ich mir sonst ausgesucht hätte, würde schwerlich neben mir gesessen haben wie Sie.» «Gibt es das noch?» fragte ich etwas künstlich. «Oh es gibt ebensoviel weit Schlimmers wie weit Bessers. Mein Mann ist eine Art König in seinem Distrikt, daraus ergibt sich für mich neben allem Nachteil auch etwas Vorteil. Aber Freundinnen von mir sitzen mit Scheusälern von Männern ohne Geld und Bewegungsmöglichkeit das ganze Jahr auf Klitschen, – eine Jagd und ein Nachbarschaftsbesuch sind die einzigen Kommas im Satz. Gut, sie kriegen wenigstens ihre Kinder, werden Mütter und begraben ihre Existenz in diesem Umbau, – von dem bei, – – – bei andern meine ich, nicht die Rede ist. Und solche wie Addie haben alles was sie brauchen, und sind doch nicht glücklich, weil sie – ich meine im Allgemeinen – doch auf den Prinzen warten.» «Wer ist denn überhaupt glücklich?» fragte ich, um der Sache eine andere Wendung zu geben. «Ich jetzt» sagte sie und lachte mit allen ihren Zähnen, «und wenn Sie nicht ein Schulmeister sind, wofür ich Sie bis jetzt nicht halte, bald auch Sie.» «Verzeihung Baronin, nicht ‹bald› ich bin es natürlich schon, schon lange.» «Was natürlich ist und darum nicht erst lang gesagt zu werden braucht, interessiert eine Frau sehr mässig. Sie hört nur, was man ihr nachdrücklich sagt, ob es natürlich ist oder nicht. Was ist das dahinten?» «Das muss schon Neu Ruppin sein, wir jagen geradezu.» «Sehen Sie, Herr Borchardt, als Cavalier mussten Sie diese Frage überhören und nur an mein letztes Wort denken – mir etwas sagen, ausdrücklich. Sie nehmen es zu genau, so genau will eine Frau es garnicht haben. Es war mir ganz egal ob das dahinten Neu Ruppin oder Alt Purin ist.» Sie sah als sie den capriciösen Kopf schief legte, provokant reizend aus. «Ich bin ein ruhiger und bescheidener Jüngling, Baronin, und bleibe auf keine Frage die Antwort schuldig. Auch die bezauberndsten Aufforderungen befolgen nur Rüpel umgehend. Einem allzugrossen Glücke soll man nicht zu voreilig trauen, und vor dem Glauben kommt der Aberglauben.» «Der Aberglauben?» «Ja, der Aberglauben, dass der Traum durch Zugreifen zerrinnt». «Und dann käme der Glauben?» «Vielleicht.» «Gibt es nicht auch solche die den Aberglauben überspringen?» «Ebenso wie Schelminnen, die dazu anzureizen scheinen und den Übertreter strafen!» Sie lachte eine helle Tonleiter. «Ich liebe einen vorsichtigen Mann zum Schutze bei mir; da ist wirklich Neuruppin, er beantwortet meine Landkartenfragen während ich mit ihm flirte, und warnt mich vor mir selber durch verbindliche Verhaltungsmassregeln. Aber ich konnte es mir ja sagen, dass ich durch meine Familie nur einen Mentor bekomme.» «Mentor, Baronin» sagte ich spottend, «ist meistens, in der Odyssee wenigstens eine Verkleidung, es steckt anderes dahinter. Nur zu ihrer Warnung, – diesmal einer wirklichen.» «Oho, mein Herr, Sie machen mir Angst. Warten Sie, die Odyssee habe ich auch einmal gelesen. Richtig, – was dahinter steckt trägt Röcke – und Sie sagten ja vorher dass Sie auf Damentoiletten ambitionieren. Diese Verkleidungen bin ich aber zu sehr gewöhnt, von Hause her, als dass sie mich ängstigen könnten. Sie sind mir banal.» «Ich beginne zu ahnen» sagte ich und lachte bis ich einen roten Kopf hatte. «Hören Sie endlich auf und sagen Sie mir, wohin ich fahren soll. Wir sind aus Neu Ruppin heraus, und hier ist ein See.» Ich stand im Auto auf und sah mich um, wir waren wol falsch gefahren. «Die Karte, wenn es Ihnen recht ist. –» Sie hielt. «Die haben Sie eingesteckt.» «Nein Baronin, Verzeihung, Sie sitzen drauf.» Sie hob sich an. «Ziehen Sie sie weg.» «Sie haben sie in die Ruelle, zwischen den Kissen verklemmt.» «Warten Sie, es ist mir mit dem Steuer unbequem.» Und sie legte den Arm um meinen Hals um sich hochzuziehen. Als ich die Karte hatte, blieb ihr Arm noch einen kleinen Moment zu lange liegen, ehe er sich zurückzog. Dann steckten wir die Köpfe zusammen und sahen, dass wir durch die Stadt zurückmussten, eine andere Strasse. «Ein schöner Mentor» sagte sie strafend. «Es gibt Künste, die den Besonnensten in Verwirrung bringen.» «Ein schöner Kavalier, auch noch Entgleisungen der Form. Zweiter Strafzettel.» «Man darf niemanden zum Lachen bringen, von dem die Navigation abhängt; es kostet Strafe.» «Noch schöner, meine Bemerkung lag auf der Hand.» «Eine so distinguierte Frau verschmäht aber Bemerkungen die auf der Hand liegen; Strafe verdoppelt.» «Zwei gegen zwei hebt sich auf», sagte sie rot und lachend. «Nur im Falle des Vergleichs.» «Also dann schliessen wir ihn», und sie warf den Wagen herum, «warten Sie einen Augenblick, – fahre ich in den Graben?» «Etwas mehr links – zurück, – jetzt!» Wieder in Fahrt, sagte ich «Also?» «Nichts also» und sie fuhr ins Städtchen ein. «Ich dachte wir wollten einen Vergleich schliessen?» «Ah so, hier in der Stadt, schriftlich und notariell?» «Nein, mündlich verbindlich für beide Teile im gemeinsamen Interesse, streng privat, daher ohne Hinzuziehung Dritter, in üblicher Weise besiegelt, als Grundlage wirklicher Besserung der Beziehungen, zur Beseitigung aller künftigen Missverständnisse. Herrgott ist dieses Nest lang – Auge in Auge.» «Zahn in Zahn» lachte sie leise, «als Ausdruck beiderseitiger fester Absicht einander immer näher zu kommen» – «Hören Sie auf, woher haben Sie den Geschäftsstil?» «Und unter Vorbehalt diesbezüglicher gemeinsamer grundsätzlicher Maassnahmen – da endlich.» Wir waren im Freien. «Nun?» sagte Annie. «Wie meinen Baronin?» fragte ich unschuldig, «unser Ausgleich – wird er geschlossen?» «Ach so», sagte ich gedehnt. «Sie waren doch eben so ungeduldig.» «Als Sie den Wagen wenden mussten.» «Hätte ich das nicht thun sollen?» «Wie hätten wir sonst die Strasse nach Rheinsberg gefunden, auf der es jetzt so lustig vorwärts geht?» «Ah, Sie sind lustig?» «Ich stelle mich wenigstens so.» «Sie sind in Verkleidungen und Verstellungen für mich etwas zu geübt, junger Herr.» «Ungerechter ist meine Unschuld nie verdächtigt worden; überhaupt gehen Sie hart mit mir um. Wenn ich kaum vom Frieden träume, blasen Sie wieder die Drommete.» «Sie weisen ja den billigen Ausgleich zurück» lachte sie, «dort kommt Rheinsberg, sehen Sie; und dort kommen vier – sechs Autos von da zurück. Es wird recht belebt werden; vorher war es einsam und traulich.» «In Rheinsberg Park und Umgebung, können vierzig Autos um einander sausen ohne sich zu merken. Ich verbürge mich für Erfüllung jedes Ihrer Wünsche. Auch Einsamkeit und Traulichkeit wird geliefert.» Die Autos passierten. Die Landstrasse lag wieder still. In Kilometerentfernung lag der Bahnhof. «Einsamkeit» sagte ich, ist vorübergehend garantiert. «Aber Traulichkeit kaum.» «Jedenfalls genug zum Friedensschluss.» «Waffenstillstand ist das Höchste» lachte der Racker. «Also kein Ausgleich? Dann melde ich zwei Strafrechte an.» «Bitte, ich habe ebensoviele.» «Ich trete gern zurück.» «Davon habe ich nur Nachteile.» «Das hängt mit der Führung zusammen.» Sie sah mich von der Seite an und lachte. «Ich bin doch lieber für den

Ausgleich der Gegenansprüche» sagte sie, die Augen halb schliessend, und winkte mir mit dem Kopfe zu sich hinüber, indem sie ihn mit unnachahmlicher Anmut nach rechts bog, die Augen halb geschlossen seitwärts nach mir blickend, die Lippen atmend. Ich folgte dem Winke, und der Kopf kehrte zurück. Während wir uns im Fahren küssten, kniff sie mich grausam in die Haut der rechten Hand. Kurz drauf fuhren wir am Bahnhof vorbei durch die Allee auf den Platz unter grossen Bäumen und auf den Obelisken zu. Sie sah mich rosig und warm an, legte ihre Hand auf meine Rechte und gab einen Knurrlaut von sich, den ich mit einem weichen wau wau erwiderte. Wir lachten selig.

Die Fahrt ging ums Schloss herum in den Park, längs der Seeen und mit den bezaubernden Ausblicken auf die wechselnden Fronten. Sie fragte allerlei was ich beantwortete, und lenkte schliesslich in eine grosse einsame Allee ohne mich nach Ziel und Plan zu fragen. Als wir uns dort küssten legte sie den Arm um meine Schultern, ich that das Gleiche, und die Küsse wurden länger und fester. Sie sagte leise «Willst Du heut mein Schatz sein, und dann nie wieder, und nachher nichts davon wissen, und nie fragen und bitten und blicken und schreiben und Unsinn anstellen – nur heut mein süsser Schatz, hast Du die Kraft dazu?» «Ich habe zehntausend Kräfte dazu, aber ich mag nicht Dein Zeitvertreib und Dein Spielzeug sein.» «Und weil ich Deins nicht sein und werden will, will ich es so haben – verstehst Du nicht? Ich will Die sein, die gleich von Anfang sagt, Geliebter, den ich nicht halten kann noch er mich haben, reisse mir ein Loch in die Schöpfung für Dich und mich, wir fliegen aus ihr heraus am Gummibande der Schwerkraft die uns zurückzieht, aber Dein Riss muss so gewaltig sein, dass die Zeit draussen, die Stunde für alle genügt, wofür man sonst Jahre braucht. Willst Du, kannst Du, und nachher nichts mehr wissen?» Ich küsste sie ins Ohr und sagte leise «Fragen überflüssig.» «Inclusive», sagte sie mit hochgezogenen Augenbrauen, «die deutsche Hauptfrage, ‹liebst Du mich, liebe ich Dich?›» «Mir genügt dass ich Dein Geliebter bin, Du genügst mir als Geliebte, was soll das Verbum? Du hast mich gewollt Du willst mich, ich habe Dich gewollt.» «Hast Du?» «Mit den Nerven. Man communiziert doch. Glaubst Du junge Leute können sich etwas vormachen? Die ganze Jugend die an einander vorüber gleitet küsst in Gedanken und wird geküsst und wünscht sich für Sekunden eines in des andern Armen. Die Convenienz zwingt zu automatischer Beherrschung, der Traum rächt sich. Wenn Du heut nicht den Mut gehabt hättest mir Mut zu Dir zu machen so hätte ich Dich in einer Woche im Traum überwältigt, – oder in drei Jahren. Solche Spuren haften.» «Komisch dass gerade Du das sagst.» «Warum?» «Weil ich in der Nacht nach unserm ersten Treffen in Potsdam von einem Mann geträumt habe, der bei mir lag und mich nicht enttäuschte, und wie ich aufwachte wusste ich, dass Du es gewesen warst. Es hatte mit Liebe nichts zu thun, nur mit Wonne.» «Wie süss. Auch dass es mit Liebe nichts zu thun hatte. Es sind zwei ganz getrennte Reiche, findest Du nicht?» «Natürlich wäre es das Schönste, sie wären irgend ein einziges Mal nicht getrennt. Aber dann wäre die Erde anders. Ich habe einen Mann der Jungens nachläuft. Einen andern Mann, der ein Problem ist und den ich nicht kriegen kann, liebe ich wirklich, was man so nennt. Ich nehme an Du liebst eine Andere, bitte antworte nicht erst. Das Wonnige ist, das mich das Dir gegenüber nicht um ein Haar stört. Ja Du hast Recht, ich habe Dich haben wollen und darum diesen Trip arrangiert. Ich habe gewollt, dass Du mich willst, und war glücklich als ich es merkte. Warum? Es gibt kein Warum. Du bist für die Liebe, das heisst für die Wonne gemacht, wie ich sie brauche, alles was Du bist gehört dazu. Ich brenne darauf seit Tagen dass Du ein par Stunden lang mit mir spielst und mich mit Dir spielen lässt. Gänse würden sagen sie waren sinnlich in Dich verliebt. Unsinn. Weder sinnlich noch verliebt. Dein Wesen Dein Witz, Dein Geist, Deine Genialität gehört eben so dazu wie Deine körperliche Wirkung. Und verliebt – ich will ja nichts was andere Verliebte wollen. Es soll sein und dann nicht gewesen sein. Ich will alles was man nicht darf, was eine Frau nicht darf, gerade darum will ich es. Was man sich sonst nur wünscht wenn man einer Caprice nachhängt in Gedanken.» Ich nahm sie um die Hüfte und füllte ihren heissen rosigen Mund mit Küssen. «Was willst Du alles mit mir anfangen, komm sag mirs, was willst Du alles von mir», – sie gab Gas und wir blieben stehen – «komm sag mir Deine dreistesten kleinen Heimlichkeiten, mein Vögelchen, meine kleine Unsinnige, vielleicht kommt es auf meine eigenen Wünsche hinaus und wir schenken uns einander das Selbe.» Wir küssten uns wie die Tollen und liessen unsern Händen freies Spiel. Dann fuhren wir den Wagen an den Strassenrand und stiegen aus. Ich hatte eine Art kleiner Schlucht mit ein par Laubbäumen gesehen, keine zwanzig Schritt weit, gegen Sicht gedeckt nahm sie unter den Arm und zog sie unter ihrem süssen Geschwätz dorthin. Einen Augenblick schien mirs als hätte ich Stimmen gehört und blieb stehen aber es war ein Irrtum. Herbstblätter für ein Lager lagen dort genug am Boden und der Tag war so sommerlich warm, dass keine Erkältung zu befürchten war, auch wenn wir uns etwas lockerten. Die Autodecke und Mäntel hatte ich auf Alle Fälle mitgenommen und zur Hand. Wir legten uns zusammen und genossen Minutenlang das Glück zügelloser Küsse. Sie atmete selig wie eine Befreite, beide Hände in meinen Haaren. Ich bin selten im Leben leidenschaftlicher geküsst worden als von diesen schmelzenden Lippen, die nur mit weichen Bissen mit heissem Wühlen und Schwelgen und Saugen ihre Unersättlichkeit kundthaten, mich nur für Sekunden los liessen, und wieder als haftende Klette sich in meine Mundhaut verhakten.

«Sind das alle Deine Wünsche», fragte ich scherzend. «Mach mich auf» flüsterte sie. Ich zog ihre Bluse aus, sie schöpfte ihre hübschen festen mädchenhaften Brüste mit beiden Händen aus dem Mieder und wühlte sie mir ins Gesicht, ich spielte küssend und lippelnd mit den rosigbraunen harten Kuppen, während sie sich wand und nach meiner Brust unters Hemd griff; dort vergüteten mir ihre Fingerspitzen an den Warzen das Kitzelglück. «Zieh mich aus» flüsterte sie sich im Kreuz hohl machend. Es war ein süsses Gefühl ihr die Hose, die nur ein Gummi um die Taille hielt, herunterzuziehen, den kleinen nackten Bauch über dem Hemdchen erscheinen zu sehen, den krausen Kranz des rötlich schwarzen Pelzes. Sie hob die Schenkel hoch in die Luft, ich zog die Hose vollends ab und küsste sie in die Muschel. Sie hing sich an mich, zog mich eng zu sich, drückte sich meine Hand in ihr Fieber und lag eng umklammert Mund bei Mund bei mir. Ich hob ihr den Arm auf und küsste sie in die Achselhöhle, spielte mit dem Krauswuchs, kitzelte sie und fragte sie mit welchem Paradiese sie sich parfumiere, sie hatte die Lippen in meinen Haaren und sagte «Du riechst nach Kraft, Lust und Ingrimm.» Inzwischen formte ich unter ihren Rökken die allerliebsten Früchte des Hintergartens, glitt in den Verbindungsweg und küsste ihr gleichzeitig um sie zu necken nur die Nase, sie bearbeitete mit voller Hand meine Hoden, aber ohne mich zu öffnen und nur sie geriet in Aufregung und biss mich in den Hals. Ich machte sie los klemmte ihre Arme in meine und fragte sie «was wünscht sich mein Geburtstagskind noch?» «Auf Dir sitzen will ich und Dich in nichts zusammenpressen.» «Weiter nichts» lachte ich, stemmte sie aus der Lage hoch und setzte sie seitlich auf meine Brust. «Wie wonnig» sagte sie, «hoffentlich thu ich Dir weh» holte sich meine Hand an ihr Muschelchen zwischen die Beine, warf den Kopf zurück und schloss die Augen. Ich spielte mit allen Fingern abwechselnd auf dem allerliebsten Instrument «hier ist der Daumen, – der schüttelt die Pflaumen» und so das Liedchen durch, während sie endlich mit einem Riss an meine Hose ging und in ihr wühlte. Ich zog sie zurück weil das Spiel über meine Kräfte ging. «Warum darf ich nicht?» kam es erstickt unter meinen wütenden Küssen. «Bitte, Du darfst alles, – und noch mehr» flüsterte ich, und liebkoste sie an der zartesten Stelle. Sie riss sich los und fasste mich halb über mir mich schüttelnd in die Arme. «Sage einmal was heisst das, mein Kleiner? Du willst mich wol verrückt machen, das gibts nicht Du – Du.» Ich lachte nur und fasste sie fester. «Was verlangst Du von dem Verrückten den Du zugleich hetzt und folterst?» «Was ausgemacht ist, dass ich mit ihm spiele und er mit mir, auf mir, komm spiele und gib mir mein Spielzeug.» «Du machst es kaput oder es thut Dir weh; es ist nichts für kleine Kinder, Annie.» «Aber ich bin verrückt danach, Du Schulmeister. Zeig mirs, komm.» Sie biss mich in beide Lippen und fuhr mit der Zungenspitze von einem Mundwinkel zum andern dazwischen. «Wenn ich Dirs zeige wirst Du noch verrückter, und das Spiel wird Ernst.» «Gibts garnicht. Ich habs ja gefühlt. Das kann ich nie bei mir logieren. Ich bin doch keine Eselin, Du süsses Ungeheuer. Du kannst nur Riesinnen Babies machen, nie sich für Geld sehen lassen.» «Du bist naiv, Schatz. Hast Du keinen Mann?» «Er heisst Däumling; die par Mal mit Ach und Krach nach der Hochzeit, da war nichts zum Ängstigen; seitdem schwult er.» «Kein Freund, der Dich unterrichtet hatte?» «Einen niedlichen Jungen habe ich verführt, es war süss, aber normal. Du bist ein Untier, ein geliebtes.» «Dein Tastsinn hat Dich getäuscht. Hol doch den Kegelkönig aus dem Kasten.» «Himmel nein, der furchtbare Pfeiler! Ach lass ihn mir, den wonnigen, mit dem Mordszapfen auf der Spitze. Sitzt der fest drauf? Ach wie es glitscht, Du – nicht, nein.» Sie klemmte meinen Bengel zwischen die Knie, hockte auf mir und stürzte sich auf meinen Mund. Und in dem Augenblicke passierte etwas unerhörtes. Wir hörten in unserer nächsten Nähe hinter dem Gebüsche an dem wir lagen und tollten eine rauhe Mädchenstimme halb schreiend stöhnen «Ach ja Fritz, – tiefer – mehr – so, gieb mir alles –, vögle mich, – fester» und eine hohe Männerstimme dazwischen «Schnucki – Zuckerschnute – mitrutschen – komm höher – so» und sie dazwischen «ich liebe – ach – hab mich – hab mich lll –» Und er «ja doch, und – Du mmm – wirste fertich –»

Annie und ich sahen uns in die Augen. Ihr Gesicht verzog sich und wurde breit und schwer, sie klammerte an mir suchte meinen Mund, fing unter den Küssen heftig zu atmen an und schob sich mehr und mehr und schliesslich ganz unter mich, ihr Leib arbeitete, ihre Augen fielen zu und gingen wie blind wieder auf. Sie flüsterte «komm – komm – ich werde – wahnsinnig –» und während sie rieb und stiess, hauchte sie in mein Ohr, «vögle mich endlich, Du Süsser, ich bin geil zum Zerreissen, ich geh kaput.» Sie hatte gut reden, aber ich war vor Schreck und Irritation schlapp geworden und hielt sie nervös, aufgeregt, unruhig und ängstlich in den Armen. «Nicht hier» flüsterte ich leise, «denke Dir die Situation, wenn wir geklappt würden, in zehn Minuten können wir ein Zimmer haben.» Nebenan tobte die Brunst weiter, die Frau sagte «Kannst Du schon wieder – ach ja, fest –» «Ein was» sagte Annie frech, «ein Zimmer? Nein Liebling hier, neben den andern, wie die Vögel sei kein Pedant, ich kann nicht mehr – warten – ich – genier mich nicht, komm, – –» sie griff und versuchte – «ach so», sagte sie einen Augenblick ernüchtert, «aha, das ist ja lustig.» «Ich kann eben jetzt nicht» stotterte ich. Sie drückte mich ans Herz, mit plötzlicher Stärke in den Armen und küsste mich aufs innigste und süsseste. «Unsinn» lachte sie, «lass mich nur machen, das geht vorüber» und sie rollte mich unter sich, liess mich los, drehte mich so dass sie quer über mir lag und kraulte meinen Sack. «Wonnig» sagte sie, «lass mich nur spielen», das hätte ich noch nie gesehen, «mach die Augen zu, Schatz, wie süss, jetzt wächst es wie eine laufende Schlange, – wonnig – ich muss ihn haben», – und blitzschnell bückte sie sich und liess sich den Schnuller an den Mund wachsen. Sie hielt die Lippen ganz lose, fegte sich den wieder glühenden strammen Prügel lose zwischen den Lippen durch, biss ihn ab und zu zärtlich an und weich, schnellte mit der Zunge an ihn, sog ihn ab, lachte und geriet in Ekstase, zog sich meine Hand zwischen die Beine, nahm den strotzenden Phallus wieder in beide Fäuste und setzte gerade die Lippen rund an, als ich unterlag und ihr die volle Ladung ins Gesicht schoss. Sie presste meine Hand, röchelte «Ach» und sank zuckend hin. Einen Augenblick später zog sie mir das Tuch aus der Tasche, trocknete lachend ihr triefendes Gesicht und nestelte sich zu mir. Nebenan lallte die zweite Krisis des Paares. Annies brennende Zunge schwelgte mit der meinen, sie hatte mich bis dahin kaum mit der Zunge geküsst, und ich wurde toll. Ich fasste sie scharf warf sie unter mich, merkte dass sie wie willenlos und knochenlos wurde und nahm sie etwas toll durch. «Kannst Du – auch – schon wieder?» kam es in Stössen von ihr – «ich hab Angst, – sanft, mein Liebling, – Du bist zu stark für mich – nicht wehthun» und plötzlich, mich an sich reissend und überall hin beissend «ja, – thu mir weh – mach mich tot, – gib, gib den Nagel, nagle mich – durch und durch» – sie hatte den Pfahl in der Faust, wetzte mich etwas ab und rieb ihn sich in den Eingang der holden Höhle, rieb und rieb und rieb ihren Brennpunkt und stiess sich während ich nachdrückte den Zapfen in die aufschmelzende Schnecke. Dort konnte er trotz aller Anstrengung nicht weiter. Durch Küsse, Zungenspiele, Reizung der dick geschwollenen Brustwarzen und schliesslich meinen zärtlichen Finger in ihrem Concurrenzeingange, durch instinktive Bewegungen beider, kam der Eindringling im Futteral langsam ins Rutschen zu ihrem Jauchzen und Stöhnen, und endlich verdrängten wir Pelz an Pelz. Annie wand sich unter mir vor Wollust, ihr Oberkörper fuhr nach links und rechts, ihr Mund streifte nur manchmal kusslos meine Lippen, während ich sanft zu vibrieren begann. Als ihre Extase und Innigkeit stieg nahm ich sie fester an mich, setzte ihr den Mund an die Lippen und fuhr sie rhythmisch geradenwegs ins Paradies. Ich war meiner Sache sicher, ich kam so schnell nicht wieder in Krisis und genoss die Zärtlichkeiten ihres Orgasmus und ihrer wilden Dankbarkeit in Küssen und Umklammerungen.

Als wir ausatmeten, raschelte es. Das Paar von nebenan ging bei uns vorbei ohne uns zu sehen, ein gewöhnlicher Soldat mit einem unternehmenden Schnurrbärtchen und eine schlanke grosse Dame der besseren Stände, mit einem Pincenez auf der Nase und vielleicht nicht mehr ganz jung. Sie hing sich zärtlich in seinen Arm. Sie hatten uns nicht gesehen oder stellten sich so. Wir sahen uns an, mitleidig, und gaben uns einen glücklichen Kuss. Fünf Minuten später standen wir am Wagen. «Wir haben noch bei Rückfahrt im Höchsttempo dreiviertel Stunden» «Einsiedel und Thee» sagte ich. «Und ein Zimmer, ich sehe verboten aus und muss mich vollständig zurechtmachen.» Wir brausten. Ab und zu hielt sie mir den Mund hin, der von Küssen geschwollen schöner war und voller küsste als je. Einmal fühlte dabei ihre Linke nach meiner Regung. «Oh du Tischlein deck Dich!» sagte sie und gab mir die Zungenspitze. «Mehr Eselein streck Dich sollte ich denken.» Gleichzeitig sahen wir uns an platzten los, und sie drückte zärtlich auf den Gegenstand der Heiterkeit, «aber nur jetzt grade nicht Knüppel aus dem Sack, sonst werde ich nervös und fahre in einen Baum. Sag, ist das immer bei Dir so? reagierst Du so augenblicklich?» «Auf ein Wort und einen Blick.» «Bei jedem hübschen Mädchen?» «Wenigstens mit dem Zuck, der sich aber beherrschen lässt.» «Beim Tanzen?» «Nur selten. Der Rhythmus ist der Konkurrent. Aber wenn die Tänzerin reagiert was sie oft thut, ganz unbewusst und unwillkürlich, kriegt sie den Steifen zu fühlen und reagiert naturgemäss noch aufgelöster.» «Ist das bei allen Männern so?» «Keine Ahnung. Ich glaube die Meisten sind Stiesel.» «Ich glaube auch. So etwas wie Dich hab ich nie erlebt. Ich dürfte Dich nie wieder sehnen [sic] auch wenn unser Pakt nicht wäre.» «Pakt oder nicht, Du wirst mich wiedersehen.» Annie wandte die Augen ab und seufzte. «Wenn Du obendrein noch die Frau liebst, die muss ja im Himmel sein!» «Ich habe sehr schlechte Eigenschaften. Ich bin untreu und erliege der gewöhnlichsten Versuchung. Das hält die toleranteste Frau nicht aus.» «Du bist doch kein coureur?» «Ich bin charmant mit Frauen, gefalle mancher und lasse mich gehen, weil dieser hier mich den Kopf verlieren lässt.» «Das gibt sich, Du bist jung und hitzig, es ist nicht schlimm, – und überhaupt. Du machst doch jede kaput. Wie oft kannst Du?» «Unbegrenzt. Je nachdem. Ich habe noch nie einem Schatz einen Wunsch gelassen.» «Aber umgekehrt?» «Meistens.» Ich sprang am Einsiedel aus dem Wagen und bestellte für die Migräne meiner Schwester die mit einem Pyramidon eine Stunde liegen müsse ein Zimmer, worauf ich mich auffällig im Vestibül herumtrieb und unbemerkt wieder nach oben huschte. «Eine Minute» hiess es auf mein Klopfen. Nach dieser Minute sah ich eintretend das süsse Köpfchen über die hochgezogene Bettdecke gucken, erriet, schlüpfte aus den Kleidern und umschlang gleich drauf unter der Decke den heissen nackten zappelnden Leib. Es wurde eine hingerissene Stunde äusserster Hingebung und reiner Wollust. Wir zeigten beide was wir konnten, nahmen beide alles was wir wollten, und endeten mit Bissen und verkrampften Händen, – ich nur unter Zeitdruck und daher nicht auslösbar – oder wirkte das Liebesgift Sophies immer noch auf meinen Starrkampf ein? Annie hatte nichts gemerkt, ich hatte sie in der Viertelstunde zweimal ausgelöst, ohne Raffinements, in der natürlichsten Position der küssenden, Arm und Beine verschlingenden, in der schon verwachsenen Liebe, ohne in der Pause den Steilen herauszuziehen, der bis zur Wurzel in ihr putzte. Endlich liess ich sie, zog mich im Blitz an und bestellte Thee, während sie sich ebenso rasch ordnete und als Leidende aufs wieder glatt gezogene Bett streckte – den Ausdruck brauchte sie nicht zu heucheln, denn sie war erschöpft und ihre Augen hatten dunkle Rahmen. Der berühmte indische Thee des Hotels erfrischte sie fast augenblicklich. Wir sassen noch gute zwanzig Minuten, aus der gleichen Tasse trinkend, auf dem Sopha nebeneinander, ihr Schenkel über meinem, mein Arm um ihren Hals, uns kaum unterhaltend, magnetisch immer wieder an die Lippen des andern gezogen. Es war eine Liebes und Klammernskraft in der unerschöpften Frau, die sich gewiss erst nach Monaten des immer gleichen äussersten Glücks besänftigt haben würde, der wilde Nachmittag hatte sie nur geweckt, statt sie zu stillen, und das sagte sie mir, als wir reisefertig uns an der Zimmerthür sozusagen die Pranken in den Leib schlugen. «Wie soll ich es machen Dich zu vergessen, was ich doch muss und werde und sofort nach unserer Trennung thue, Borchardt. Hilf mir und sei starr und schroff, mein süsser Mann! Behandle mich kühl und freundlich, Du kannst das, Du hast Welt. Bei dem ersten weicheren Ton von Dir fliesse ich aus. Gib mir noch einen Kuss, mein Herz. Halt mich fest. Sag mir nichts Liebes. Behandle mich wie eine leichtsinnige hübsche Frau, die Dir gefallen hat. Vergiss dass ich etwas anderes bin – ich hatte mich in Dich verliebt und wollte Dein sein, das andere war Schwindel. Verliebt, verliebt, ich hätte nie nachgeben dürfen jetzt habe ich Blut geleckt, und jetzt hat mich bald der Erste Beste.»

Die Zeit hatte kein Einsehen, wir liessen uns und stiegen in den Wagen. Und hier geschah das Ausserordentliche. Kaum spürte ich die Bewegung der Fahrt, so bemächtigte sich meiner eine unwiderstehliche Müdigkeit. Ich kämpfte gegen sie an, fuhr hoch, riss die Augen auf, sank zurück und unterlag. Während der Fahrt habe ich ein par Mal gesprochen oder zu sprechen versucht, ich entsinne mich Annies Lachen gehört zu haben, aber Thatsache ist, dass ich mitten im Getümmel Berlins wieder zu mir kam. Wir fuhren durch rasselnde Lastwagen durch, die mich weckten. Als ich mich entschuldigte, fragte Annie lachend wo ich abgesetzt sein wollte, ich nannte das Brandenburger Thor und dorthin fuhr sie. Am Eingange der Charlottenburger Chaussee, wo es leer und halbdunkel war, küssten wir uns, sie streichelte mir das Gesicht und liess mich wegsausend stehen. Unser Wiedersehen wird erzählt werden.

Der Schlaf hatte mir ermöglicht mein Versprechen zu halten. Kurz wie er gewesen war, war er tief gewesen wie eine lange Nacht. Die Jugend kennt diese erstaunlichen, an keine Zeitmaasse gebundenen Erquickungen aus denen man wie frischgebadet, erneuert und beglückt ersteht. Die ganze wilde erotische Phantasmagorie der Frauen dieser zwei Tage, Sophie, Hedel, Rosa, die Frazer Annie, ja vorher Agnes und Karla, sieben Mädchen- und Frauenleiber die mich hatten erschöpfen wollen und in meinen Umarmungen gerast hatten, lagen unwiederholbar, verblichen, fortgerutscht irgendwo. Keine von ihnen hatte mich besessen. Ich hatte mit ihnen gespielt, sie geküsst, mich von ihnen nehmen lassen, ihre Begierden gestillt und sie wieder verloren, ein Spiel von Fliegen an der Herdwand. Ich dachte nur an Addie, hoffte nur Addie, ersehnte nur Addie. Dort war die Liebe, das Herz und der Sinn. Ich machte mir keine Vorwürfe, ich hatte zu keinem dieser Mädchen von Liebe gesprochen, die Seele und das Gemüt nicht missbraucht. Mein Geschlechtsteil war kein Teil meiner wirklichen Person. Ich hatte nichts von dem fremden Leibern in mich aufgenommen, mich ihnen nicht unterworfen, nichts von ihnen erfahren. Sie hatten sich mir nicht angethan. Ich hatte sie wie sie mir zu nah kamen, im Übermut ergriffen, mir willfährig gemacht, und nach gegenteiliger Entladung fliegen lassen. Was hatte es mit mir, was mit Addie zu thun? Worin war ich anders geworden als vorher? Alle diese Frauen hatten mich gewollt, keine von ihnen i c h. Die Frazer hatte ich nicht aus Liebe, sondern aus Hohn, zur Schändung gepfählt, und das Andere war erst dann gekommen. Kurz der Leichtsinn und die Sophisterei der Jugend hatten mir ein reines Gewissen gemacht, während ich im Auto meine Einkäufe besorgte. Ich kann sagen, dass es anders gewesen wäre, wenn ich von einem Mädchen charmiert worden wäre, ihr nachgestrebt, sie umworben und gewonnen hätte. Das schloss meine Liebe zu Addie absolut aus. Ich sah während meiner Einkäufe reizende Gesichter und Gestalten. Nicht eine schien mir einen Blick wert, den ich meiner Königin gesandt hätte.

«Wie war es, erzähle» sagte sie in dem lieben grossen Raume nach den ersten Liebkosungen, «ich will alles wissen. Onkel hat telephoniert und ist sehr angethan von Dir. Er ist ein erstklassiger Mann, Du musst ihn besuchen und ihr werdet viel von einander haben. Wo warst Du mit Annie?» «In Rheinsberg», sagte ich, «und es war ein herrlicher Tag, eine wunderbare Fahrt. Sagen kann ich nicht viel von ihr, denn das Gespräch ist nicht über Spielerei und Neckerei und Flirt hinausgekommen.» Addie lächelte. «Sie hat heraus kriegen wollen wie es um uns beide steht und wie weit Du gehst. Du musst wissen, wie unglücklich sie verheiratet ist. Er ist unleidlich, ein schlechter Charakter und pervers, neidisch, kleinlich unoffen. Sie war früher spontan und frisch, frei heraus und sympathisch.» «Sympathisch» sagte ich «ist sie auch heut noch, ich fand sie reizend und wir haben uns {mensch}lich sehr gut verstanden.» «Was hast Du von mir gesagt?» «Ich habe Deinen Namen natürlich überhaupt nicht genannt. Addie, ein Mal für alle Male: es ist einer meiner Grundsätze, mit niemandem Personalien zu verhandeln, niemals zwei menschliche Verhältnisse durch Geschwätz zu contaminieren. Im Gegenteile lasse ich Leute stehen, die so etwas thun. Ich verteidige angegriffene Freunde, gegen jeden Dritten. Aber ich singe nicht Dein Lob vor fremden Ohren, die nicht verdienen es zu hören. Komm, glaub mir das, und lass auch aus unserm Zusammenklang die Stimmen Dritter heraus. Was hat Deine Cousine mit dem zu thun was Dich und mich verbindet. Sie ist noch nicht einmal ein gemeinsamer Freund. Sie hat Existenz nur dadurch bekommen, dass ihre Mutter eine Schwester Deines Vaters gewesen ist. Mit dem Onkel ist es schon etwas anders, er ist ein netter interessanter Edelmann, wir können wol gelegentlich drei Worte über ihn reden – nicht gar so viel mehr als das, denn auch ohne ihn geht es herrlich zwischen uns zu. Denke einen Augenblick, diese Leute wären nicht zufällig gekommen um uns zu stören, wie glücklich hätte der wonnevolle Potsdamer Nachmittag und Abend geendet, wie erfüllt wäre es weitergegangen. Der Zufall will unsere Herzen missbrauchen, er drängt uns seine niederen Contingenzen auf, wir werden zu Rollenspielen gezwungen, die uns ganz fremd sind. Werfen wir ihn wieder hinaus, kehren wir zu uns alleine zurück und dem was wirklich wir wollen, einbeziehen, herholen um uns zu erweitern. Wir wollen mit der Zeit Menschen haben, aber nicht durchreisende Verwandte, nicht Zufallstreffer, sondern die uns Wertgewordenen. Ich habe durch diese Zerstreuung soviel Unwesentliches geredet, gehört, gethan in mich aufgenommen, blosse Verwirrung und Vergeudung, dass ich zu Dir wie zu den Quellen der Wesentlichkeit kehre um von allem andern eher zu hören als diesem Abgethanen. Komm meine Angebetete und lass mich sehen ob noch alles an Dir da ist, mein Göttergesicht. Bleib einen Augenblick in meinen Armen.» «Narr», sagte sie, fasste mein Kinn und küsste meinen Mund, «hochmütiges Kind, unduldsamer Fanatiker, Sturmredner.

Ich liebe Dich. Ich liebe Dich, weil diese Sturmreden eigentlich Verse sind, die Du plötzlich machen wirst, und die ich schon fühle. Nein ich liebe Dich aus andern Gründen. Vielmehr ich habe nicht den geringsten Grund Dich zu lieben, denn den, der mir heut beim Aufwachen einfiel habe ich wieder vergessen. Sei nicht so stürmisch, Rubor; Ich habe Jahrelang nicht mit Dir gesprochen – ja Du!» Sie wehrte mich ab. Ihre schönen burgunderfarbenen glänzenden Lippen, durch deren Kraft und Frische die herrlichen Zähne blickten, ihre edlen dringenden Augen, ihre vibrierende Gestalt berauschten mich über alle Begriffe, welche Innigkeit lag in ihren Umarmungen, Liebe in ihren Berührungen, – wie fühlte ich mich in einer andern Welt. Aber das innigere Gefühl drängte mich erst recht zur Hingabe, und sie hatte eine Zeitlang lachend alle Mühe, sich dem deutlichen Ziele meiner Zärtlichkeiten zu entwinden. Ich bog sie immer wieder halb unter mich, sie fühlte meinen Durst und Trieb, aber sie gab ihm nicht nach, obwol ich fühlte wie er sie entzückte und belebte. Nach einer Viertelstunde dieses heissen Kampfes wurden ihre Küsse und Liebkosungen so warm und beredt, dass ich ihren Willen spürte, ihm nachgab und in sie einging indem ich davon abliess, sie erstürmen zu wollen. Wir packten aus und beschickten unsern Tisch, die Theemaschine arbeitete, sie lobt meine Einkäufe, die nur durch eine Gänsleberpastete die sonstigen Schüsseln mit kaltem Braten, Räucherlachs und Chester Käse verzierten. «Lerne sparsam verschwenden, mein Liebster, das ist – ein aesthetisches und moralisches Gesetz, wie eile mit Weile.» «Oder wie love me little love me long» spottete ich. «Nein für die Liebe gilt es nicht» «Und für den Krieg auch nicht» sagte ich. «Und für die Generosität, – auf gut irisch» sagte sie strahlend. «Du citierst Goethe» sagte ich. «Wieso, ganz unbewusst.» «Der Mann bemerkt er zu Eckermann, den die Frauen lieben sollen, kann tausend andere Fehler haben, aber er muss mit seiner Person und seiner Börse zahlen.» «Wie irisch, wie herrlich, wie echt Er!» loderte sie auf, «ja er hat Recht. Ich könnte keinen lieben, der darin anders wäre wie Du.» «Es geht», seufzte ich «solange nicht geheiratet wird. Da sind die Frauen, wie ich sehe, gleich anders. Meine unverheirateten Freunde die mit ihrer Person und ihrer Börse zahlen wollten, kämen schön an bei den Hausmüttern.» «Glaubst Du?» Ihr Gesicht ward nachdenklich und trug einen Schatten. «Vielleicht» fuhr ich fort, «wollen sie nicht, dass der Mann fortfährt Frauen zu gefallen. Da er ihnen gefallen hat, haben sie ihn genommen, und damit hats aus zu sein.» «Du hast Angst vor der Ehe?» «Ich kann mir nicht das geringste unter ihr denken. Ich bin noch so unterwegs, so am Anfang, dass mir ein eigenes Haus unwahrscheinlicher vorkommt, als das Leben im Sattel oder im Hause. Das heisst, Ruh und Frieden klingt mir blechern.» «Und mit einer die Du später lieben würdest wie jetzt mich, so das Leben, die Gedanken, das Sein, die Pläne teilen, wie wirs jetzt dann und wann so zum Zerreissen fühlen, so dass jede kurze Trennung Adern zwischen Dir und mir sprengt, – danach sehnst Du Dich nie?» Ich küsste ihr beide Hände. «Ich werde nie eine lieben wie jetzt Dich, ich möchte mich nie von Dir trennen, und ich bin nicht heiratsfähig. Mehr kann ich nicht sagen, jedes Wort ist wahr. Die Liebe erscheint mir so ungeheuer strahlend, dass sie die Ehe verschluckt. Ich weiss nicht wie es weiter gehen wird, aber es wird weitergehen ob ichs weiss oder nicht. Wir sind so sinnlos jung. Kannst Du Dir denken ich wäre Dein Mann? Ich kann mir nicht denken Du wärst meine Frau. Du stehst vor mir wie ein steiles stolzes Hochgebirge, in dessen silberne Spitzen und Klüfte ich noch kaum sehe, geschweige den Fuss gesetzt habe. Ich fange erst an Dich zu vergöttern, noch bist Du mir so schrecklich neu, so erschütternd neu, dass ich mir ebenso oft denken könnte, Dich zu fliehen wie Dich zu verfolgen. So lange man so leidenschaftlich erlebt, ist der Begriff des Besitzes ein reines Sakrileg. Das bürgerliche Reglement passt zu dem Gefühle wie das Restaurant zum Gletscher. Beim Gedanken, dass Du meine Wäsche zählst oder ich genau weiss wie Du Dir die Zähne putzt, wird mir nach Erschiessen zu mut. Ich bin in einer rasenden Spannung, sie kann Berge versetzen, aber nicht auf Accumulatoren für Hausindustrie gezogen werden.» «Nur kein Eifer, Liebling, Du brauchst Dich nicht zu verteidigen. Versprich mir nichts, hab ich Dir gesagt, und werd Dirs sagen, wer weiss wie lang. Das ist ein Aberglauben und eine Angst. Es ist nicht der Wunsch, nicht der Traum. Der Wunsch und der Traum ist, mit Dir {zu} verwachsen. Versteh mich, nicht immer, aber in den höchsten Momenten. Es thut mir weh, nicht aus einem Stück mit Dir zu sein Ich weiss nicht ob ich mir wünsche, an Dir zu vergehen, oder Dich zu verschlingen. Die Trennungen sind eine Pein. Natürlich ists auch bei mir das Anfangen, – ich hab erst ein Stück von Dir abgebissen und will mehr und mehr. Ich weiss dass Du mich nicht heiraten kannst und ich Dich nicht, aber ich möchte Dich ‹haben›. Es ist ein so unmöglicher Wunsch wie Deiner. Kein Mensch kann den andern ‹haben›, glücklicherweise. Wenn es möglich wäre, wäre es aus. Aber die Liebe besteht bei mir wie bei Dir zur Hälfte aus absurdem, aus Widersprüchen in sich. Man flieht sich um sich zu sehnen, man vereint sich um sich zu fliehen, man wünscht Verschmelzung, in der man nicht leben könnte. Woran liegt es, sag mir das?» «Woran liegt es, Addie, dass wir sterblich sind und uns doch eigentlich benehmen als seien wir Götter auf Urlaub? Es ist der primitive Packen der Menschlichkeit. Verschmelzen können wir nur auf dem einen Punkte, an dem wir mit Geburt und Tod zusammenhängen. Wir werden ein Leib in der Sekunde, in der wir der Zeugung dienen, gleichgiltig ob wir ihr ausweichen. Im Kinde sind wir unzertrennbar – ausserhalb unserer Persönlichkeit. Es gibt auch andere Momente des magischen Übergehens in einander, Du meine Göttin hast sie mich oft fühlen lassen, aber sie liegen auf einer anderen Erdhälfte als der wo Trauringe und Ehebetten gemacht werden, es gehört Distanz zu ihnen, wie zur funkenschiessenden Liebe der Pole.» «Das ist so, da hast Du Recht. Und das Ergebnis ist, dass zwei Halbe nur in der Schulmathematik ein Ganzes sind. Das Liebesbett ist halb weil es nicht unendlich ist. Die harmonische Ekstase ist halb weil sie nicht endlich ist. Die Lust würde ewig sein, die Erschütterung müsste eine Heimat im Raum haben. So oder so ist man betrübt.» «Warum» brach ich aus, «zwei Hälften? Komm schieb den Kram weg, hier sind Cigaretten. Warum zwei Hälften? Ich würde sagen, zwei gleich autonome und ganze Wunder. In Deinen Armen bin ich ein Gott, in Deinen Ausstrahlungen bin ich ein Geist. Totale Lust und totale Erleuchtung sind doch keine Concurrenzmächte. Da wir nicht ewig sind, ist es das Riesigste was es gibt, die Möglichkeit des Ewigen zu kosten. Wenn Du mich immer hättest, wäre Dir ein einsamer Tag eine Seligkeit, da ich Dich nicht immer habe, ist mir die Seligkeit der Tag mir Dir. Fühlst Du nicht, dass es ein Rhythmus ist? Zwei Gegenkräfte? Sollten wir nur aus der einen leben, wären wir zu schwach, die ewige Umarmung gibt es nicht, und die ewige Entbehrung würde uns vernichten.» «Aber es gibt soviel dazwischen», sagte sie, «und das Dazwischen ist das Leben.» «Dazwischen Liebling ist alles was ich bin und thu und treibe wenn es was wert ist, es ist alles durch Dich und für Dich.» Wir hatten die ganze Unterhaltung umarmt geführt und öfters durch zärtliche Minuten unterbrochen, hier aber küsste sie mich mit der zärtlichsten Liebe und wir verloren eine stumme Zeit mit den Sinnenspielen der wachsenden Innigkeit. «Es geht um Worte» sagte sie mit einem langen endlichen Kusse, «und ich könnte ebenso einfach sagen, dass Du mir jeden Augenblick fehlst wenn Du nicht da bist, da meine Gedanken sich angewöhnen Gespräche mit Dir zu sein, da Deine Angelegenheiten mich brennend interessieren und ich danach verlange in ihnen zu leben, und so fort. Was ich treibe ist ja nur ein Vertreiben der Zeit und ein Kämpfen um die Freiheit, die eigenes Geld heisst. Ich habe keine Angelegenheiten, ich habe mein Herz meine Person, meinen Geist, meine Phantasie, mein Verhältnis zur Welt. Alles das ist schon an Haken, oder mit Haken an Dein Leben gehängt und garnicht so, Du eitler Frosch, als ob es von Dir abhinge, sondern zum grossen Teile fast umgekehrt, das ich mir unsere Liebe und mich als eine heisse armdicke Triebkraft für dich wünsche, und das einzige was Du mir versprechen sollst, und was Dich garnichts kostet denn Du selbst versprichst Dirs ja, ist dass Du alles wirst, was in Dir liegt. Wüsstest Du nur, wie selten leidenschaftliche Menschen sind; Du bist zu etwas geboren. Was Du anfasst wird etwas, es verändert sich. Du musst das Rechte anfassen, und das Rechte ist immer das wovor Du Dich fürchtest, habe ich einmal gelesen, – es ist wunderbar wahr, eine ritterliche Lehre. Ich sage Dir das, Schatz, weil ich weiss dass ich nur Deine Gedanken ausspreche. In dieser Donquixotterie sind wir einig gewesen von Anfang an. Oh feige Welt in der wir leben. Ich wollte lieber ein Vogel auf Bäumen zwischen Katzen und Mardern sein, als im Schutze des BGB meinen Nachbarn ausnützen wie alle Welt. Wenn wir Geld haben, reiten wir einen Monat zu Pferde in ein gefährliches Land.» «Das gefährliche Land ist hinter jeder Strassenecke» sagte ich lachend. Dich lieben ist gefährlich, und keineswegs eine Lebensversicherung. Du bist eine Sagengestalt und wir leben eine Ballade.» «Dann dichte sie» sagte sie mit einem jähen Kusse, «und übrigens fühlte ichs wie Du. Es sieht verboten genug zwischen uns aus, Rubor, und wir umarmen uns in Gewitternächten auf Brükken. Diese Aisance um uns herum ist nur Coulisse. Rechts und links gähnt es auf. Und plötzlich wird etwas geschehen!» «Geschehen wird, mein Abgott, dass ich immer mehr fühle, dass es nur ein Ding gibt, was den Kampf lohnt, und ich dies Eine nie gewinne wenn ichs nicht erkämpfe, und dass ich im Kampfe derjenige werde, der Dich erst verdient.» Sie wurde blass und lächelte, und errötete dann. Sie blieb neben mir sitzen die Arme hängend und sah mich mit schimmernden Augen stumm an. Erst allmählich begriff ich dass dieser Schimmer feucht war, und sich in einem Tropfen sammelte. Ich umarmte sie, «Nicht» sagte sie und wandte sich ab. Ich holte sie in meinen Arm. «Fanfaren» sagte sie voller Thränen lachend und meine glühenden Küsse erwidernd, «vergiss dass es mich erschüttert hat, zu hören, was die Sagengestalt ebenso gern von einem geliebten Flunkerer hört wie die Näherin. Ich vergesse sofort dass Du es gesagt hast, aber es war zu schön, und in diesem Augenblicke hatte ich Dich. Küsse mich – ah – ja küsse mich, und denke Du hast nichts versprochen. Die Wolken am Himmel sind fester als unsere Pläne. Noch einen solchen. Noch einen. Ob wir einander unentbehrlich werden, wer ahnt das. Sicher ist nur eins.» «Liebe» sagte ich atemlos, «unsere Leidenschaften, Addie Angebetete, unser Verlangen –» sie gab nach. Ich drückte sie nieder, küsste ihr rasches Atmen und ihre brechenden Augen, legte die Hand auf ihr heftig klopfendes Herz und drang endlich in sie ein. Sie empfing mich mit einem dumpfen Glückslaut, umschlang mich auflodernd und gab sich meiner Inbrunst ebenso ausser sich wie ich hin. «Stirb bei mir» hauchte sie mich pressend, – «Du darfst –» und wir flossen im gleichen Augenblicke der Raserei zum ersten Male in einander, fassungslos vor ungeheurer Wollust. Ihr Haar hatte sich gelöst, ich küsste die geliebten Schlangen und ihre Lippen suchten meine Kehle. «Meine süsse Frau» stammelte ich, «meine Braut, – ewig, ewig». Sie hielt mir den Mund zu und küsste meine Augen. «Süsser» hauchte sie noch zukkend, «gib Deinen dummen Mund» und wir liessen in den fast leblosen Küssen des verzehrend süssen Nachgefühls während ihr Leib noch unter mir zitterte, den wonnigen Brand langsam erlöschen. Dann drückte sie mich rasch fort, wie erwachend und verschwand in ihrem Schlafzimmer. Nach zehn Minuten hörte ich mich rufen. «Zieh Dich aus» sagte sie mit leiser dunkler Stimme durch den Thürschlitz. Im gedämpften Halblicht der dicht verschleierten Lampe stand sie als ein Wunder da, sich instinktiv deckend wie die überraschte Göttin, – «Du hättest warten sollen bis ich im Bett war» aber es war zu spät. Ich sah das erste Mal im Leben ein vollkommen schönes nacktes Mädchen, und diese war meine Geliebte und meine Göttin, meine Prophetin und mein Alles. Der stolze Bau, das herrliche Haupt, die jungen prachtvollen Brüste und Schenkel, die edle Schlankheit und die edle Fülle versetzten mich in absolute Trunkenheit, aber als ihre heissen Lippen mir bedeuteten, und ihre offenen Liebkosungen mir verrieten, dass die Göttin mein menschliches Entzücken teilte, als sie mich drehte und zärtlich schlug, sich mit dem innigsten Verlangen in den Druck meiner Arme schmiegte und, aufgehoben und fortgetragen mein Gesicht mit Küssen bedeckte, wurde die Trunkenheit zum Wahnsinn. Wir rissen das Tuch mit fiebernden Händen über uns, umschlangen einander und vergingen im Abgrunde unserer Feuer. Der Liebestrank war immer noch so wirksam, dass ich nach dem ersten Aussturze meiner Kraft unverletzlich blieb. Zwei Stunden lang genossen wir das äusserste Glück in immer erneutem Hochlodern der gelöschten Glut. Addie blieb in allen Ekstasen sie selber. Sie sprach auch im Rausche kein unzartes Wort, sie kam meinem Triebe mit nacktem Feuer entgegen und duldete mich mit dürstender Seligkeit, aber sie berührte meine untere Zone nicht und zog die Hand jäh zurück als mein Phallus im Spiele ihrem Griffe zu nahe kam. Ich selber fühlte wie sie, sie musste mir nicht verbieten, sie zu verletzen, und ich legte mein ganzes Geschick in die Kunst, den blinden Bringer der Freuden so rasch und sicher anzusetzen, dass ein Druck aus dem Kreuz das übrige that und sie erst durch die Wonne des Durchdrungenseins empfand, dass ich von neuem ihres Schatzes Herr war. «Oh Nimmersatt» seufzte sie süss nachgebend, als ich sie zum letzten Male mir willig gemacht hatte, «bist Du aus Fleisch und Bein oder aus Eisen? Bei Dir ist schon alles hors concours. Ich hätte nie gedacht dass es das gibt. Aber – Du machst glücklich – Du machst mich glücklich –» Noch eine halbe Stunde lagen wir umarmt im seligen Geflüster des Lippentausches. Dann sagte sie «ich schlafe ein, wenn Du bleibst». So musste ich gehen, und bekam den Schlüssel. Als ich angezogen vor ihr stand zog sie meinen Kopf an ihr heisses Gesicht und küsste mich zehn zwanzig Mal brennend auf den Mund. «Der schönste Tag meines Lebens» hauchte es spielend in mein Ohr. «Und meines» gab ich ihr sie an mich drückend zurück. «Fängt es jetzt an oder hört es auf, Ru?», flüsterte sie lächelnd. «Es hat noch nicht angefangen, Add», ich warf mich vor dem Bett auf die Knie und küsste ihre Hände «bisher geniesse ich nur Deine unverdiente Gunst, die Wirklichkeit kommt erst.» «Sage es nicht. Oder, ja, sage es. Man muss etwas höheres sehen als das letzte war, sonst ist es sofort aus. Ruf mich Nachmittags an. Ich liebe Dich – trotzdem.» «Warum trotzdem?» «Trotzdem ich heut zehn Mal in Deinen Armen gestorben bin, und neunmal wieder auferstanden. Es ist mein Ernst. Das müsste eigentlich mit Fühllosigkeit enden und Schlaf, es gibt nichts drüber. Schlafen werde ich in einer Minute. Und doch ist jetzt vor dieser Minute die Liebe in mir so überwältigend, dass nur die Müdigkeit mich hindert Dir zu sagen, – Geh nicht, bleib, sei mein, – nie fort – immer – Du – Meiner» – Sie stammelte diese letzten abgebrochenen Worte in die letzten Küsse des Abschieds. Ich hielt sie kniend in Armen, und litt unter der Trennung wie sie.

Die glückliche und erleichterte Stimmung in der ich nach Hause gefahren war wurde bei Betreten der Zelle, die ich seit gestern früh nicht mehr gesehen hatte, durch den meiner harrenden Posthaufen realer gedreht. Karla lag zuoberst, müsste mich dringend sprechen, nannte Telephonnummer, «vergiss meine Küsse nicht, ich wollte ich könnte Deine vergessen.» Folgte Hedel: «Lieber Rudi, es war so wunderwunderschön und ich träume von Wiedersehen. Sei lieb, schreib ein Wort, Deiner Dich heiss liebenden Hedl.» Die Frazer schickte ein Kärtchen mit gepresster Adresse. «Darling, I shall be occupied giving Gymnastics at home tomorrow till 11 a.m. and would just love to have you come and fetch those trinkets at 11 15 when if you have nothing on we could lunch out for I have lots to tell and to ask. You worked a great revolution physically and morally and I am feeling half restful and half restless. So come soon and help me settle the latter half. Lots of love and heaps of kisses from your adoring Winnie.» England war also präcis und liess nichts dem Zufall. Die Schlesinger hatte telephoniert, ich möchte übermorgen zum Lunch kommen und Bücherumschläge mitbringen. Bücherumschläge? Es war wol verhört worden. Meine Mutter hatte telephoniert, es wäre so schön in Wannsee dass sie erst übermorgen kämen. Schliesslich ein etwas ordinär aussehender Brief mit unbekannter Hand, «Lieber B. ich erfahre von Stiede, dass Du wieder in Berlin studierst, bin jetzt mit meiner Familie von Bonn hierhergezogen und ochse fürs Examen, würde Dich rasend gern wiedersehen, habe auch eine wichtige wissenschaftliche Bestellung von Körte für Dich, die Dir grade nach Göttingen schreiben wollte. Komm doch morgen nachm. ½5 zum Kaffee, Finchen – Du erinnerst Dich hoffentlich Ihrer noch, oder stell Dich so, sonst wird sie giftig – freut sich auch Dich wiederzubegrüssen, sonst telefoniere, und wir machen was aus. Dein Max (Meier) Loeb». Ich musste lachen. Das war der lange Löb aus Bonn behaftet mit einer vergnügt jüdischen Familie «es Finche» war ein gutartiger Backfisch gewesen. Aber die Bestellung von Körte, der für meine Arbeiten Spezialist war, übertraf an Wichtigkeit meine Sympathie für den gutherzigen ungeschlacht schweren Judenknaben mit dem leicht geröteten Kolben und den Mordspranken, der mir durch seine grenzenlose Verehrung halb komisch halb rührend gewesen war. Karolinchen hatte einen Zettel hingelegt «wenn Herr Rudolf wollen zu Hause mittag essen, wollen so gut sein schriftlichen Zettel for die Thier legen.»

Ich musste lachen – es war zum Kopf kratzen. Da hingen sie alle an mir, nur Agnes und Rosa fehlten, die würden gewiss noch kommen, – morgen. Nun, ich nahm mir vor, sie alle nach einander allmählich und schmerzlos abzubauen, das würde mit guter Manier und Entschuldigungen schon zu machen sein. Dann ging ich zu Bett. Beim Zurückschlagen des Deckbettes raschelte der Nachzügler, ein Zettel mit Stecknadeln angeheftet. «Guhte Nacht, süser Schatz, vergis nich Deine Martha, habe in drei Tagen frei, wollen dan Geburtstag feiern, komme Morgen mit Frühstück, wenn klingelst, Kuss Kuss und Kuss, mit Sensucht.» Fehlte auch noch. Da haben wir den Salat. Aber ich war nicht mehr zum denken aufgelegt und schlief tief und satt bis acht Uhr. Der Schlaf hatte mich völlig hergestellt, ich reckte und dehnte mich wie ein Löwe und das Bett krachte. Ich sprang heraus, übergoss mich turnte und stemmte Stühle, eine Viertelstunde, rasierte mich und läutete. Bald huschte der rasche Schritt durchs Speisezimmer und klang wieder an der Entreethür. Ein Räuspern kam. «Martha?» «Johannchen ist auf'n Markt gegangen einholen, Karlinchen is beim Zahnarzt wegen Gebiss, wir sind allein zu Haus. Wo soll Frühstück hin, nebenan im Speisezimmer?» «Natürlich, doch nicht hier wo man sich nicht rumdrehen kann, ohne Grund.» Eine Pause. Dann schüchtern: «Guten Morgen.» Ich musste lächeln. «Na komm doch schon.» Sie kam, süss, wie ich gestehen musste, in einem blühsaubern blauweiss gestreiften Waschkleid, an der Brust ausgeschnitten wo sonst ein Einsatz war, heut aber nicht, eine gestärkte Spielschürze, die Frille auf dem goldenen Köpfchen, und so butterweich, und rosig und verschämt und halb schelmisch mit den apart eingelassenen Augen in den weichen Lidern, und den weichen kleinen sinnlichen jungen Lippen – ich hätte ein Barbar sein müssen, ihr nicht guten Morgen zu sagen. Sie drückte sich in meine Arme nestelte sich weich und nachgibig *[sic]* hinein, eine warme Masse Mädchenduft und Mädchenblut, und ihr Kuss war wie Nuss und Mandel, das Mädchen wirkte eben doch für den Augenblick immer wieder, auch wenn ich nie mehr an sie gedacht hatte, verführerisch auf mich, das Gefühl das sie mir von sich gab war mit nichts anderem zu vergleichen, sie schmeckte mir eben, sie schlich sich in mich ein, sie machte mich kribbeln nach ihr, alles von ihr und an ihr, wie sie roch, wie sie küsste, wie ihre Haut sich anfühlte, wie ihr Popo unter meiner Hand schmolz, wie ihr Leib ihre Brust an mir koste, das alles war unwiderstehlich appetitlich, sie stellte den Contact im Augenblicke her, war instinktmässig dazu gemacht, dazu da. Sie wusste es auch ganz naiv, fuhr nach den ersten langen Küssen über meinen Schlafrock da wo meine Brunst ihn winkelte und sagte zwischen den Küssen seufzend und lachend «der is auch noch immer bei, bei guten Morgen sagen.» Wir flüsterten schon beim Lippenspiel, wurden einsilbig und heiss. «Hast mich noch lieb», «Spürste ja» «Richtig?» «Und Du, kleiner Racker?» «Mächtig scharf auf Dich, krieg Dich ja kaum mehr zu sehn» «Und zu fühlen, was?» «Auch, bin ans Brot gewöhnt, weisst», «Nachher», «Du!» «Nachher!» «Dann küss mich nich so toll» «Du küsst mich ja» «Thu ich auch» und sie lacht, «eben drum». «Warum, Du Goldschneck» «Weil ich wissen will ob mich noch lieb hast» «Schneck» «Schatz» «Geh –» «Komm» «Hier?» «Da –» Ich kam rückwärts auf den Stuhl zu sitzen, sie hob zierlich den Rock und setzte sich rittlings auf mich, lachte, streckte die rosige Zungenspitze heraus, leckte sich die Lippen wie ein Kätzchen und formte die feuchten zu einer offenen Knospe für meinen Kuss. Während noch mein Mund in sie eindrang hatte sie sich gehoben und auf den Pflock festgerammt, sie küsste mich weich verzehrend als er Zoll um Zoll in sie durchdrückte. Die Stellung war nicht allzu bequem, aber ich hob mich und sie halb an und stillte meine Lust an ihr und die ihre an mir ohne Rücksicht, ohne Vorsicht, ohne Besinnung. Als ich zur letztern erwachte, hatte ich ihr die Jacke geöffnet und küsste ihren jungen süssen Busen, während sie noch auf mir hing, den Kopf erschöpft auf meiner Schulter. Dann musste ich die Stellung ändern, hob sie seitlich auf die Knie, sie hob endlich den Kopf und sah mich aus schweren noch halb in Lust gebrochenen Augen an, umarmte mich und drückte mir den zergehend weichen kleinen Mund auf die Lippen, «war schön» seufzte sie, «ach, so ein Augenblick, bei Dir, Du – durch Mark und Bein gehst Du einem, und wenn man vier Tage pausiert hat, das erste Mal wieder richtig lieb haben –» «Jetzt hab ich aber Hunger, Martha –» «Ja ja, natürlich, ich mach jetzt schnell», sie huschte mir vom Schoss, küsste mich noch einmal rasch, fuhr mir mit der Hand durchs Haar und verschwand. Beim Frühstück las ich die Zeitung und liess mich nicht von ihr stören, nahm eine Riesenmahlzeit zu mir liess sie inzwischen das Zimmer kehren und setzte mich an die Arbeit. Ich enttäuschte sie natürlich, denn sie hatte ein Liebesfest geträumt, aber ich konnte nicht unthätig sein und musste um 11 aus dem Haus, denn die Sachen der Schlesinger mussten morgen wieder an Ort und Stelle sein. Als sie kurz vor 11 fragen kam, ob Johannchen wirklich nichts für mich kochen solle, zog ich schon in der Entree den Mantel an. Ich sei eingeladen, und ich küsste ihr trauriges Gesichtchen so zärtlich und mit allen Zeichen des durchkreuzten Verlangens, dass ich sie getröstet verliess. Auf der Fahrt kam mir meine Unvorsichtigkeit von vorhin ins Gedächtnis. Ich hatte mich gehn lassen, zehn zu eins hatte das Mädchen, so frisch nach der Regelung, so heiss attackiert und so glühend aufnahmebereit, empfangen. Auch nahm ich mir vor, mit der Frazer bei aller Herzlichkeit Distanz zu bewahren und kein Verhältnis entstehen zu lassen. Sie war mit ihrer Frische und Schneid und englischen smartness sehr nett, aber ich hatte genug abzubürden und wollte so rasch wie möglich zu Addie und der wirklichen Liebe zurück, von den Fehltritten meiner Schwäche oder meiner Stärke – es kam auf eins hinaus. Dass ich diesen Vorsatz wieder damit begonnen hatte, das heisse junge Zöfchen zu trösten, hatte ich bereits halb vergessen.

Die Frazer wohnte in einem neuen Hause des Westens in einem zweiten Stocke wo eine mürrische grauhaarige Vermieterin mich warten liess – weil noch Kinder beim Fräulein seien. Nach einiger Zeit ging sie mir einen langen düstern Gang voraus und zeigte mir eine Thür, sah mich an und sagte, «da ist der Turnsaal, der Wohnungseingang vom Fräulein ist 2a, die Häuser sind in einander gebaut.» Ich gab ihr Geld, das sie ansah, und dann mich, als ob sie etwas sagen wollte, aber ich klopfte und sie ging. Niemand antwortete. Als auf lauteres Klopfen alles still blieb, öffnete ich und stand in einem länglichen Raum, in dem Stäbe, Kugeln, Hanteln, ein kleiner Bock, Holzkeulen, ein sauber bespanntes Ruhelager das Geschäft anzeigten. An der schmälern dunklen Hinterwand lagen grobe Jutematten mit Fellen bedeckt, am Boden. Ich sagte schliesslich laut «Winnie», und rief es noch zwei Mal. «Hulloaa» kam es gedämpft hinter einer Thür rechts her, wie von weitem; dann ein Schritt und «Rudy? that you?» «Me.» Sie riss die Thür auf, stand mit nackten Füssen und Slippers einen bademantelartigen Schlafrock um, schlank, blank und frank mit ihren messingschweren Haaren, quicken grossen Augen, frischen grossen Lippen und grossen blendenden Zähnen. «Imagine, was just having a shower bath after gyms. What an idea to show you in here, that's my shop, I have a sitting bedroom next door and a boudoir and a bath. Oh darling, how sweet of you to have come. Don't say how to dooo? Heia?» Sie forschte, mich von unten aus ansehend, und hielt den gown über der Brust zusammen. «Morning, dearie» sagte ich mich möglichst beherrschend und klopfte sie mit zwei Fingern auf die Backe, «afraid am disturbing, shall keep you just for a minute.» «Oh really? And what does this patronizing boy intend to be occupied in that minute with? Hein? Will he keep standing here like a stick and pretend not to know me? Heia? How long am I to wait for being kissed goodmorning?» Ich lachte, breitete die Arme aus und sie flog hinein. «Are you so shy? are you afraid of touching me? Do you mind my négligée? I don't mind, not being a perfect stranger to the late Gardengod.» Der warme biegsame nervige Mädchenkörper fühlte sich bezaubernd durch den dünnen Stoff an, und Winnie küsste wie Luzifer. Wir standen umschlungen und mit verwachsenen Lippen, meine liebkosenden und formende Hände befeuerten sie noch mehr, ihr Körper wand sich und strich an mir, und auch ihre Hände liefen auf meinem Körper, meinen Muskeln; Nur einsilbige Worte, «lovie», «treasure», «oh don't» «hurt me» «one more» «nasty man» – immer wieder gleich von Küssen erstickt, wurden laut und starben. Ich glitt instinktiv unter den Mantel, und umarmte die heisse schaudernde junge Haut der Taille, sie legte mir den Kopf auf die Schulter, und drückte sich an mich. «Get the nasty cloth off, it's so harsh on my skin. I'll – I'll wait for you in the corner down there» und sie machte sich mit einem Gleiten der Zunge tief in meinen Mund rasch los und zog ebenso rasch in der Ecke eine Fuchsdecke über sich. Ich blieb etwas lächerlich stehen und konnte unmöglich sagen «look here» – und so weiter – «was» dachte ich «bedeuten zehn Minuten Erregung mit ihr, thun wirs», und so ging ich in einer Minute nackt zu ihr, den Baum mit den Händen deckend. Es wurde eine berauschende Viertelstunde. Winnie hatte unter der Decke den Schlafrock ausgezogen und wir glitten durch alle Partituren des Verlangens ohne uns zu erschöpfen. Ich neckte sie, entschlüpfte ihr, und als sie das Spiel begriffen hatte, spielte sie begeistert und wollüstig mit. Ich versuchte sie ausser sich zu bringen, reizte ihre Lust aufs äusserste, und ebenso sie die meine, aber sie wollte mir an Beherrschung nicht nachstehen und entweder genommen werden oder ihre blosse Begierde geniessen. So trieben wir es in die zweite Viertelstunde. Der schöne Körper des straffen Mädchens und ihr kraftvoll muskulöser Mund war eine Nervenbeglückung über alle Maassen und es kam bei mir ein absoluter Glücksmoment in dem ich meine sinnliche Reizung von Liebe fast nicht mehr unterscheiden konnte, – eine Aufwallung, die sie in meinen Küssen und dem Herzen meiner Arme und Hände sofort fühlte und weiblich mit zärtlichem Schmiegen erwiderte. Lange Küsse folgten sich wortlos, sie schob einen Schenkel über mich «Why not all, my adored love, why keep me thus?» Ich küsste sie mit aller Kraft «Not now, my love, though I'd rather than not. Everything at its time, it would spoil the day for you and me. Once I start I never stop, and the sound sequel of bliss is sleep. Yes I know I loved it the other day, but it should n't be made a habit. We'll be happy one of these days, spending the evening and the night together. It is just as nice to feel we could surrender if we wanted, as surrendering. Waiting will set an edge on the appetite.» Ich stand auf und zog sie mit, sie hing an mir und das Küssen und Umschlingen setzte sich im Stehen fort. Sie zog sich den Spiess zwischen die Schenkel, koste mein Gesäss, spielte mit Zunge und Fingern die wildesten Spiele, aber lachte dabei. «You're a devil» flüsterte sie, «your resistance is hellish. What's your real reason, Rudy, tell me. We are white hot, both of us, I'll be in a frenzy of nerves all day long if after having been set afire I'm not extinguished.» «Have the extinghuisher then, darling» lachte ich, «help yourself.» Winnie zog mich in die entgegengesetzte Ecke an den einzigen Tisch des Raums, ohne mich aus den Armen zu lassen, lehnte das Gesäss gegen ihn, umschlang mit der Linken meinen Nacken und liess ihre Lippen und Zunge lodern wie eine Feuersnot. Mit der Rechten griff sie meinen Haken, fasste ihn nervig und bürstete wirbelnd den Lustknoten ihres Geschlechts. Sie stöhnte, liess meinen Mund los, hing über meine Schulter, wirbelte wütender und wütender, lallte und suchte wieder meinen Mund, und nun hob ich sie leicht unterm Gesäss und drang ein bis ans Heft. Ich hatte mich völlig beherrscht, es war nichts geschehen, ich konnte sie passiv beglücken und der Schimmer ihrer Augen, die Wonne ihrer Küsse zeigte mir ihre Sättigung an. Dann zogen wir uns rasch unter Scherzen an, und verliessen das Haus um zu essen. Im Auto, rosig und flammend, steckte sie mir ein Paket in die Tasche – «those trinkets, you know» fasste mich unter den Arm und lehnte sich an mich. «You look a beauty» sagte ich aufrichtig. «I've had my pick-me-up. You're my invigorator. You're tremendously stimulating, my own sweet. You could make me into whatever you chose. If only you could be brought really to care for me, which you don't – but never mind. I don't pretend to more than I got. You're a stunning lover. Don't you think we could have some sort of understanding the next approach to love – friendship and sweet sin? Do you think they exclude each other, tell me?» «Dear I think that's what the average call love. Communion of interests in the cool hours of the day, joined in some unclean way to fornication in the sultry hours of twilight, or, say, night?» «You're a monster; why unclean?» «There's mud heaps betwixt talking business and uniting in sexual chaos. I don't see, how it's to be bridged.» «But you could imagine to like my talk and my reasoning, dear, you could imagine dont you, that I could be a friend – I am, Rudy, and the staunchest and less selfish on earth – and I am determined you shall come to feel it one day to come –» und als sie mich in den Arm zog, rollte ihr eine Thräne gross und hell aus den schimmernden Augen. «Don't take me for hysterical. I am just fond of you – and I – I can't bear being kissed and – despised –» Sie lag an meiner Brust und schluchzte leise. «Halloh» sagte ich durchs Schiebefenster «Halensee». Wir fuhren schweigend, ich drückte sie freundlich an mich und streichelte sie. Es dauerte nur zwei Minuten, dann lachte ihr thränenbegossenes Gesicht mich wieder an. Ich küsste sie und sagte auf deutsch «Weinend Aug hat süssen Mund». «How nice» ihre Stimme zitterte noch etwas. «Listen, Winnie. It is very difficult to arrive at two separate goals at a time. Friendship is one. The other we have taken by assault. I know nothing of you. The one thing that unites us is a strong, an almost violent appeal. I feel obsessed by your appeal the moment I get into your atmosphere. Obsession points directly to possession. I suppose it is working both ways. When I am off, the obsession leaves me, and I dont as much as feel your are being extant somewhere. I am so deeply touched by your affection, my girl, I should think it caddish to disclose the truth from you. It's ridiculous to think I despised you. It would be sheer untruth to vow I loved you. We're at the start. Fact is we started the wrong end – perhaps, anyhow, we did didn't we. It may be laborious trying to arrive at the entrance porch across a dark house unknown to us after having entered it by housebreaking through the cellar. If you think it worth while trying, I certainly won't say no. Lets try getting acquainted with each other. You know where the difficulty is lodged.» «I don't» Ich umfasste sie und küsste sie auf den Mund, und durch die Lippen auf die starken Zähne. «There, darling; we'll hardly ever make great progress, as long als the physical longing is, as it is, so violent and so unabated.» Sie biss mich in die Lippen, spielte mit meinem Munde, und küsste schliesslich meine Hand, mich loslassend. «I have your word, Rudy, that will do. I am all fire and senses, I know, and this is the first time in my life I am mated. And you, mind you, are a terrible lover, tearing up a quiet girl's heart strings and sex nerves. Physically you are an experience not one girl in a hundred thousand will be likely to meet with. I suppose you are not aware of this, so let me tell it. Where are we going? Oh I see, that's nice. I know of a sweet quiet place near by, where a fish dinner is the main feature.» «Fish dinners are unequalled everywhere here about, let me take you to my own haunt, where we will be safe in other respects: the wine the coffee and a lair on the banks of the lake after luncheon! We will be there soon. Come, let's sound a truce. Say that we'll try. You are fond of me, and promise to be a staunch friend. I like your company and will soon start being interested in your human parts. I have taken you up, and won't let you down. It will take its time though, and must not be hurried. Meanwhile we are a couple of scapegraces, using disgraceful methods in getting near each other. We are wicked and happy, striving to improve our relations. Promise me and I'll promise you. How many kisses do you think it will take to make sure.» «Fifty each.» «All right» «but mutual ones dont count for two.» Wir umfassten uns. Die Fähigkeiten verschiedener Frauen, verschieden zu küssen sind absolut unbegrenzt. Winnie küsste ihre Serie die niemand zählte mit einer Beredsamkeit des Herzens in der keine Begierde mehr sprach und die so treu bekannte, so heiss flehte, so fest auf sich bestand, dass ich mich bald begnügte, sie zu erwidern und zu geniessen. Sie legte ihre Persönlichkeit hinein, und drückte sie besser aus als durch Worte. Sie nahm zuletzt mit einer sehr einfachen Bewegung meine beiden Hände und drückte sie an ihre Brust während sie mir die Lippen ein letztes Mal hinhielt, und als ich sie küsste, so keusch dem Druck secundierte, als hätte sie nie mit mir getobt. In Frauen liegt alles Entgegengesetzteste wirr durcheinander. Ich nahm sie in die Arme, drückte sie an mich und sagte ihr die unverantwortlichsten, zärtlichsten Dinge, die alles von vorher wieder zurücknahmen. Glücklicherweise glaubte sie mir nicht, war aber trotzdem harmonisch geworden. Sie sah mich ruhig strahlend an und drückte sich in meine Umarmung.

Wir assen in der kleinen Hinterstube von Huth, wo wir ganz allein waren, die berühmte dicke Fischsuppe, einen exquisiten gespickten Hecht und eine flammende Omelette, und tranken einen köstlichen Moselwein dazu. Winnie griff zu wie ein Mann und ich wie ein Landstreicher. Der Verbrauch und die Jugend sind Schlinger. Als wir fertig waren, meldete der Kellner Weintrauben und brachte ein Kistchen rubin- und chrysoprasfarbener bereifter Früchte eines schönern Landes an den Tisch. Wir liessen nichts übrig und küssten uns, allein gelassen, mehr als eine Beere aus den Lippen, oder zerdrückten sie uns gegen die Zähne, schlürften sie zurück und genossen Mund und Herbst zugleich. Den Kaffee tranken wir draussen zwischen den sich entlaubenden Bäumen und lagen schliesslich auf herangebrachten Decken am Ufer mit Blick auf den neblig bläulichen See. Sie erzählte von ihrer Jugend: Der Vater Attorney mit Universitätsbildung, die Mutter extravagant gentry ohne Geld, die Ehe friedlos und geschieden, drei Kinder durch die Welt verstreut, der Vater vor zwei Jahren gestorben, ihr Erbe von ihm tausend Pfund, festgelegt bis zur Hochzeit oder Notfällen oder als Pension, die Mutter von der eigenen Familie auf dem Lande durchgefüttert, schreibt einmal jährlich zum Geburtstag. Zum Geburtstag schreibt ihr auch das Haupt dieser Familie, vom Familienhause in Kent, wo sie seit dem 15ten Jahre nie mehr eingeladen war, schickt ihr eine Guinea. Sie gleicht der Grossmutter mütterlicherseits, Tochter eines baronet, die den schönen dummen Grossvater geheiratet hat, grosse Reiterin auf Jagden war und Tennyson gekannt hat, Allingham hat sie gemalt; ihr Bruder war ein bekannter Admiral, brilliant und tapfer. All das begriff ich während sie neben mir lehnte, es erklärte sie mir und näherte uns. «I never had a regular education. It was all ups and downs. Two years in a smart Tunbridge Wells girl's schools, ponies, sports, exclusiveness, Literature, first rate Language teachers, grand English. Two years a derelict being tossed about with practically no teaching. One year with a Tutoress, a Cambridge graduate, training me in English Latin Mathematics, then sent to a crammer for exams and certificates and left to my own pursuits. I am twenty two now, and practically friendless, in this hell of a town; poor and young and healthy and with a hunger of life you cannot imagine, what am I to do, I wonder. I'll get crazy and do things. I'd try to better my chances as a teacher, to go to the University lectures here, read for a degree, work hard and try to go back to England.» «And on what money please? How much do you earn?» «Some two hundred marks a month, sometimes less, my own money is swallowed by house rent.» «Well that's not so very little, and may be improved. How many lessons a month does it imply?» «Some 18 a week.» «Now look here. I'll make that Schlesinger woman give you a lift in her own set. I'll bid fair you can make some 3–400 a month by afternoon conversation with lazy women. That will leave ample time for lectures and reading in the morning. Drop all the rest. I will assist you in chosing your work and your professors.» «But I am only halfeducated, dear. My latin is frightful, I have no greek, like Shakespeare. I have French fairly enough, and some German.» «What about History» «I love that, and did some reading. It wants brushing up.» «Winnie dear, we'll see one of these days, when I'll come and see your books and test your faculties, in a quiet businesslike way, pocketing the lover. I promise you that everything that may be done will be done. Now I must be off. I have an engagement at 4 pm and work before that.» Sie stand schlank und glücklich auf, in meinen Arm gehängt. Im Wagen ging das Gespräch weiter, ernst und innig. «Tell me one thing, Rudy; is it a fearful bother?» Ich zog sie an meine Brust. «Tut Tut: If we come to know each other as I trust we will, I'll tell you what it is and what I have been feeling all this last hour past.» Sie sah mir voll in die Augen. «Feeling for the front porch in the dark, is it?» Der Mund den ich küsste war weich und rührte sich nicht. «I have become your friend, Winnie, while listening to you» sagte ich leise, «Life is very surprising.» Sie drückte mich liebevoll; dann, von jäher Röte überflogen umarmte sie mich und sagte mit einem harten Tone in der Stimme «but don't drop me on that account, darling –» «How drop, how d'you mean?» «I cannot afford to lose a lover for a helpmate, dear», kam es heiss aus ihrer Brust, «I may go on as before, if you feel towards me the way you did – don't escape my kiss on the pretext of bettering my income – its you I want and not an income, its just you, just you!» «But that's absurd, dear, that's contradictory.» «I know it is, but I cannot help it. I want you to care for me when you have lain with me, and when you offer to be a mere friend I am afraid I might lose – ah you know what, – and it means life to me.» Ich tröstete und herzte und streichelte sie. «As long as you keep looking the way you do now» «do I?» sagte sie strahlend, «and feeling in my arms as you do presently» «Well that's good» rief sie und nahm mich her. «I'll start now kissing you goodbye, sweet treasure. Look here; I love you violently, fiercely, passionately, above anything in the world. There – I long for sleeping in your arms. There. I yearn for surrendering to your charge. There,

there, I promise to be a brave obedient girl. There. I'll do what I'm told to. There. And I am grateful to the Gods for the change I worked in you. There. Oh there, and there again, I have got all I wanted. I don't want being married to you. I don't expect impossible things and I should hardly make a good wife for you. I want a friend. And after what has passed between us, I want what I never before knew of, what you taught me to want, – your power, your heathen vigour, your accumulator, your stimulator, your priap and your hot, fierce strenous, unforgiving ardour. Make the two things compatible, – oh you who may work these wonders. I don't claim to be a virgin since you made me your fellow in utter desire and utter fury. I am a nymph I suppose as elementary as your satyrship. I dont repent, I scorn being taken for innocent, but I am clean in my sense heyday all the same, there is nothing cowardly or weak or mean or sulky in it, because I am young and strong as you, and noble and frank and reckless. On the other side I'm what you now know me to be – there are two sides, two souls, to beings to feed, – oh feed them, dear boy, as you have done this morning, first the one and then the other. And don't blame me – come.» Ich nahm sie wie sie sich gab, und war vollkommen überzeugt und entzückt. Ich musste dies Mädchen in meinem Leben irgendwie unterbringen, trotz Addie. Ich liebte sie nicht, aber ich hatte sie auf dem Gewissen. Die Art wie ich sie roh vergewaltigt hatte eine höhnische Schändung, die ein Frevel an ihr gewesen war, band mich an sie, ich musste sie höher heben als ich sie unter sich geworfen hatte nur das war eine Gutmachung. So legten wir auf der letzten Strecke die heissen Lippen auf einander und die Arme um die Nacken und verströmten mit geschlossenen Augen einer in des Andern Inneres das Unausgesprochene. Am Zoo stieg sie aus und verschwand mit langen Schritten in der Menge.

Ich musste in die Dorotheenstrasse obwol mir vor dem Wiedersehen mit Agnes bangte. Die Arbeit ruhte seit zwei Tagen soviel ich wusste, wenn nicht weiter geschrieben worden war, und ich bereitete mich auf ein möglichst diplomatisch freundliches Gespräch mit vielsagenden Blicken und nichtssagenden Worten vor. Aber als ich die Vorsteherin nach Fräulein Frömbs fragte, hiess es «Fräulein Frömbs? Ist nicht mehr bei uns beschäftigt, die Dame hat vorgestern auf die Thätigkeit hier verzichtet. Ihre Arbeit ist aber in besten Händen, und soviel ich weiss fast fertig.» Sie läutete, und sagte ins Telephon: «Bitte Fräulein von Lecocq». Fräulein von Lecocq liess auf sich warten. «Eine Philologin, Herr Doktor, ein ungewöhnlich gebildetes und fähiges junges Mädchen, die infolge von Familienschwierigkeiten ihre Studien unterbrechen muss. Sie ist allerdings etwas empfindlich und» fügte sie lächelnd hinzu, «will immer sehr gebeten sein.» In der Thür erschien eine kühlblickende, sehr grosse, sehr schmale Blondine, mit grossen dunkelblauen Augen, sehr regelmässigen und sanften aber edlen Zügen, ein schöner kleiner Mund zwischen einem festen Kinn und einer schmalen atmenden Nase. Ich wurde vorgestellt. «Ah» sagte Fräulein von Lecocq, «gut dass Sie kommen, ich habe mehrere Fragen. Vielleicht gehen wir gleich nach oben?» Ich folgte der überlegenen Führung. Oben setzte sie gleichgiltig eine helle Hornbrille auf, und begann zu blättern. «Ich habe alles schon Geschriebene abgelegt, es ist so fehlerhaft, dass das Institut es Ihnen nicht berechnen wird. Ich habe es neu geschrieben. Ist dies hier nach Manuscript richtig?» Sie zeigte mir einige griechische Citate. «Ja es soll so geschrieben werden» sagte ich. «Ich halte mich also strikt an Ihre Schreibung des Aeolischen.» «Wenn ich höflichst bitten darf.» Sie sah mich prüfend an und fuhr fort: «Schreibfehler im Manuscript darf ich wol ohne weiteres verbessern?» «Wenn gnädiges Fräulein sie finden, verpflichten Sie mich zum grössten Danke» sagte ich gleichgiltig. «Auch grammatische Irrtümer? Hier zum

Beispiel – bitte einen Augenblick; hier. Die Schreibung Peirithoss ist nach den Steinen ebenso erledigt, wie z. B. die Schreibung Troezen. Die Restitution der echten Formen war Absicht, aber ich opfere auch sie dankbar der Genugthuung, meine Arbeit nicht nur mechanisch vervielfältigt sondern auch veredelt zu sehen.» Ein kleines Erröten ging über die strengen Züge. «Verzeihen Sie», sagte sie einfach. «Darf ich mir die Frage erlauben ob gnädiges Fräulein für mich frei wären? Ich würde gern einen schwierigeren Passus diktieren.» Sie räusperte sich. «Ich schreibe nicht gern nach Diktat, – wenn es sein müsste –» «Vielleicht thäte es eine gewöhnliche Hilfskraft unter meiner Aufsicht – es beschämt mich ohnehin, Sie zu verpflichten –» «Das müsste ich doch alles wieder neu schreiben», sagte sie. «Ihr Latein geht über den hiesigen Horizont auch der Abiturientinnen, es wird alles missverstanden. Und was ich angefangen habe, dabei habe ich den Ehrgeiz, es musterhaft zu stellen. Wenn Sie Nachsicht haben wollen – ich habe hier keine Bücher zum Vergleichen –» «Die Nachsicht habe nach der empfangenen Lektion eher ich zu erbitten.» Sie sah mich wieder leicht errötend an. «Sehr gelehrte Herren sind immer etwas empfindlich» bemerkte sie zögernd. «Befehlen Sie dass ich anfange?» fragte ich, überhörend. Sie lachte und zeigte reizende Zähne. «Ich bin keine Prinzessin, Herr Borchardt, und Sie sind kein Kammerherr. Wollen wir nicht vielleicht einen etwas einfacheren Ton einführen?» «Wie Sie wünschen» antwortete ich nachlässig, mich verbeugend. «Bestimmen Sie ihn gütigst, damit ich ihn nicht nach unten verletze, wie bisher nach oben.» «Man ist diese Rücksicht hier nicht gewöhnt» sagte das Fräulein, ihre Maschine richtend, «der deutsche Universitätsmann ist kein verwöhnender Umgang.» «Die deutsche Maschinschreiberin» sagte ich obenhin, «scheint mir genau zu ihm zu passen; und Seltenheiten unter ihnen sind so übel dran wie Pegasus im Joche.» «Sie sind zu dunkel für Phoebus um

Ihnen das Compliment zurückzugeben.» «Es ist ein Compliment, und das unverdienbarste, dass Sie die Abweichung auf Haarpigmente reduzieren; ich bin zerschmettert unter dieser Last.» Jetzt wurde sie wirklich rot. «Ich werde mich hüten», sagte sie lachend, «mich mit Ihrer Dialektik wieder einzulassen. Man ist geschlagen ehe man beginnt.» «Das kann ich nicht ernst nehmen und würde ich sogar bedauern. Ich hatte mich an das Unterliegen bereits sehr angenehm zu gewöhnen begonnen.» «Das Unterliegen?» «Ja, ich darf gestehen, es war eine Pedanterie, Ihnen das Peirithoss statt Perithos nicht zu Gefallen zu thun. Es war bereits beschlossene Sache Ihnen für die Verbesserung zu danken, und die Epigraphik Epigraphik sein zu lassen.» «Sie verspotten mich. Wollen wir anfangen?» Ich diktierte, zuerst ganze Sätze, dann in Teilen. Sie schrieb geläufig, ich sah dass sie verstand. Es war der beste Teil der Arbeit, in glücklicher Verfassung geschrieben und scharf fortschreitend im Beweisgang, mit guten Wendungen. «Schön» sagte sie, «sehr schön. Und prachtvolles Latein. Viel zu schön für eine Dissertation.» «Es gibt nur das Schöne im Geistigen. Das Zu Schöne gehört der Körperwelt an und dem Leiden.» Sie stützte den Kopf auf die Hand. «Ich fürchte» sagte sie dann «wenn Sie weiter so schöne Dinge sagen, mache ich Schreibfehler – obwol ich Sie nicht abbrechen will.» «Also verschieben» schlug ich vor, zum Fenster hinaussehend. «Ich glaube ich habe eben schon einen gemacht; wie war die Schlussphrase – reticentes evasisse? Sie brauchen doch keinen benediktinischen Cursus?» «Nein, gelehrteste aller Pegasinnen», sagte ich lachend, «das reticentes ist psychologischer Selbstverrat von Ihnen, ratiocinantium evasisse.» Sie glühte wie eine Granate, und stand auf. «Sie bringen mich sehr in Verlegenheit, – das – das ist nicht – nicht freundlich.» «Ich bitte tausendmal um Verzeihung, bitte bitte verzeihen Sie, – oder lachen Sie lieber – es ist ja für einen freien Menschen so leicht über Drolliges zu lachen, und nur für unfreie verdriesslich.» Sie lachte nun, immer noch dunkel im Gesicht. «Also bitte, weiter.» Ich diktierte, sachlich und ernst. Sie hielt die Augen fest auf die Maschine geheftet. Es wurde nicht mehr gesprochen. Als ich verstümmelte griechische Worte diktieren musste, Buchstaben für Buchstaben, bat sie mich über ihr Blatt zu sehen. Ich bemerkte sofort eine Anzahl kleiner Versehen. Das Mädchen war überangestrengt. Ich diktierte noch einige Minuten weiter und brach ab. «Warum? schon Schluss?» fragte die Lecocq. «Sind Sie nicht müde?» «Ja» sagte sie, «aber ich bin in zwanzig Minuten ohnehin frei.» «Die Arbeit gewinnt nichts von zwanzig Minuten Ihrer Enervierung. Ich habe Sie zu sehr angestrengt.» «Aber ich habe Pflichten; ich muss die zwanzig Minuten absitzen.» «Man muss nicht jeden Tanz, zu dem man engagiert hat – oder ist – absitzen.» «Sie sind ein sonderbarer Mensch. Ich glaube nicht, dass diese Räume je Gespräche gehört haben, wie die, an die Sie mich gewöhnen.» «Sie haben angedeutet, dass Sie hier Schlimmeres gewöhnt worden sind, als eine Conversation loin du bal.» «Sind Sie wirklich Philologe?» «Mein gnädiges Fräulein, eine wirkliche Antwort auf diese Frage würde mich Ihnen näher bringen, als man von einer ersten Bekanntschaft zu wünschen pflegt.» «Ich – ich bin nicht sicher», sagte sie und schlug die grossen blauen Augen offen zu mir auf. «Nicht sicher, dass? oder nicht sicher, dass Sie es nicht wünschen?» «Interpretationen von Andeutungen werden, glaube ich, durch die Spielregeln von Ballgesprächen ausgeschlossen, Sie sind Philologe.» «Sie entzücken mich» sagte ich mit aufrichtiger Bewunderung». «Aber Ihre Entzückung ist keine Antwort und bringt Sie mir nicht näher.» «Ich bin ein leidenschaftlicher Mensch und werbe, wo ich liebe, um das Schwerste. Ich möchte immer formen was mich hinreisst. Da das nicht immer möglich wäre, weil es aushöhlt, werbe ich um jede Form, wie um Helena. Einer dieser Wege der Werbung ist Forschung. Es gibt andere.» «Ich möchte weiter fragen, aber ich scheue mich vor dem Schein der blossen neugierigen Inquisition.» «Schon die Hoffnung, dass es mehr als das sein könnte, würde mich, wie ich fürchte, zu beredt machen.» «Aber Sie machen mir ja den Hof», sagte sie, und errötete wieder, mit dem leichten, schwachen Lächeln von zuvor. «Oh nein; das glauben Sie gewiss nicht. Es sind Nuancen.» Sie lachte. «Komisch wie Sie mir die Illusion geben, Walzermusik im dritten Saal von hier zu hören – den es nicht gibt. Ich will Ihnen sagen was Sie sind, Herr Borchardt. Sie sind ein Verführer.» Sie runzelte einen Augenblick die hohe reine Stirn unter dem helmartig zurück gestrichenen blonden Haar und lachte wieder. «So wird ein Werber oft von denen genannt, die falsch construiren, weil sie falsch construiert sind, und daher sollten Sie mir jetzt gleich sagen, dass Sie nur scherzen.» «Weil ich richtig construiert wäre?» «Ich wage nicht das von Ihnen gewünschte Verhältnis zu verkehren: ich soll Sie in mich blicken lassen. In Sie zu blicken muss mir erst erlaubt werden.» «Und Sie thun es doch, auch wenn ich es verbiete, – ‹reticentes›». «Das habe ich wieder vergessen. Ein Gentleman darf kein Gedächtnis haben.» «Gut» sagte sie aufstehend, «ich glaube dass Sie einer sind. Aber Sie sind auch anderes daneben, wie Philologue et demi.» «Sollte ich damit so allein stehen?» «N-nein. Man ist wol – vielseitig.» «Und sind die Seiten dieser Vielseitigkeit, die man aus zufälligen technischen Gründen sich einander zuwendet, unbedingt die bedingenden, bedingend die unbedingten? Sie selber zweifelten daran bei mir. Also lassen Sie auch mir bei Ihnen den ‹fruchtbaren Zweifel›.» «Der meine ist bisher wenig fruchtbar gewesen.» «Ich habe Ihnen nach einer Stunde Bekanntschaft mehr über mich gesagt, als andere nach einem Jahre von mir wissen.» «Wirklich?» fragte sie mit einem allerliebsten neuen Ausdruck im Gesicht, «man weiss das ja nie. Halten Sie sonst so zurück wie – wie ich?»

«Ich muss aufgeschlossen werden. Es gibt etwas wie die Wünschelrute.» «Ich wollte – ich könnte das auch sagen. Wenn sie mich berührt, zieht etwas in mir sich zusammen.» «Sehr natürlich. Ich bin ein Mann.» «Wie?» «Ah, ich verstehe. Ja, so ist es.» «Die Märchen haben recht.» «Meine Kenntnisse dieser Literaturgattung bedarf der Auffrischung wie ich merke dringend.» «Oh es ist sehr einfach. Der ganze Unterschied ist zwischen dem schlafenden Prinzen und der schlafenden Prinzessin.» «Gewiss; ich habe nie von einem Dornröserich gehört, zu dem nachdrücklich eingebrochen werden muss, ehe er sich regt. Der Schlaf des andern Teils ist tiefer.» «Ist er nicht auch eine Prüfung für die Kraft und Ausdauer des Weckenden?» «Ich würde sagen für die instinktive gerade Leidenschaft seines Dranges. Die Märchen sind naiv menschlich, nicht bourgeois conventionell!» Sie dachte nach. «Wollen wir die nächste Tour auch aussitzen oder tanzen?» fragte sie plötzlich. «Habe ich Ihren nächsten Tanz?» antwortete ich, ein Herzklopfen unterdrückend. «Wenn Sie mir noch etwas sehr Hübsches sagen, dürfen Sie sich auf Damenwahl verlassen.» «Ich habe nur noch Minuten; und die Angst meine Chance zu verwirken, macht mich sicher zum Tropf. Bitte gehn Sie nicht. Es wird mir etwas einfallen –» «Wie hübsch» lachte sie, «Sie verlegen zu sehen. Es ist meine kleine Rache. Sie haben mich unaufhörlich rot gemacht. Und jetzt sind Sie errötet, wie ein Knabe.» «Nicht aus Verlegenheit, weil das Glück, das Sie mir eröffnen mich beschämt.» «Nein welch ein Heuchler» sagte sie. «Wenn Sie nicht sofort zugeben, dass Sie verlegen sind, wird nichts draus.» «Aber damit etwas draus wird würde ich zugeben, die Siegessäule gestohlen zu haben!» sagte ich lebhaft und trat auf sie zu, die eben den Hut aufsetzte. «Das ist sehr hübsch», sagte sie und sah mich wieder mit grossen Augen an, – «aber nicht genug.» «Sagen Sie mir, was ich noch mehr stehlen soll, um Ihnen die Damenwahl zu erleichtern.» «Heut Abend» sagte sie, «tanzen

Sie?» «Leidenschaftlich gern.» «Sie haben also nichts vor. Würden Sie geopfert haben was Sie vorgehabt hätten?» «Alles – ausser ein gegebenes Wort.» «Das ist das Hübscheste. Also gewiss? Um 8 Uhr am schwarzen Brett beim Zettel von Wilamowitz?» «Gewiss.» «Da Sie Ihr Wort so hochachten, brauchen Sie mir keines zu geben.» «Und Ihres?» «Wollen Sie ein Pfand» fragte sie lächelnd, errötete tief und hielt mir den Mund hin. Es war ein kurzer Moment, sie sträubte sich schon gegen den zweiten Kuss, ich hielt sie, sie erwiderte den dritten und den vierten, drängte mich zurück und eilte davon, in der Thür noch ein Mal süss rückwärts blickend und mit der Hand winkend.

Arme Agnes, so wardest Du an der Stelle Deiner ersten weichen Küsse entthront, von Deiner Nachfolgerin im Amt. Das Zimmer musste es an sich haben. Welcher Leichtsinn, welches Glück, welcher Zauber, welcher Rausch. Ich war ein Nichtsnutz, gut, aber dieser Mund eines neuen Mädchens, süss von Verlangen und Widerstand, welch neuer Duft, welch neues zartes Fieber! Aber es war höchste Zeit für mich zu Loebs zu fahren. Ich würde schon etwas verspätet sein; und von dort musste ich sofort an Addie telephonieren, sie erwartete es um diese Zeit. So sprang ich das erste Taxi an. Versprach ein reiches Trinkgeld und brauste zur Luisenstrasse, wo ich an einem reichlich verwohnten grauen Hause, mit Nebenbemerkung «Gartenhaus» das Namensschild entdeckte.

Meier Loeb, säcular Max genannt, kam mir breit in der Gartenhausthür entgegen übers ganze ehrliche Schabbesgesicht strahlend, klobig, prankig, den Zinken noch geröteter als früher, blaurasiert, mit Oderkahnfüssen. Nachdem in seinem Zimmer die ersten Begrüssungen und Personalien ausgetauscht waren, erklärte er mir, die Familie erwarte mich zur Kaffeefête. Die Alten müssten dann gleich weg auf eine Visite, wir blieben allein, mit dem Finche, der Recha und seiner Braut. Ja, er habe eine Braut, ein feines Mädchen «doll, temperamentvoll sag ich Dir, sowas hast Du nicht erlebt. Und verliebt in mich, – na, und ich in sie, kannst Dir ja denken. Nachher, was, lässt Du uns en bische allein, verstehst ja, die beiden Schicksen werden Dich unterhalten, in allen Ehren, was, alter Freund. Zu fein, dass ich Dich wieder sehe, und Du nicht zu hochmütig geworden, dass wir Dir noch gut genug sind.» Und so weiter. Es ging dann in die gute Stube wo alles unser harrte. Vater Loeb, enorm ordinär mit meliertem Vollbart und Augensäcken, goldene Kette über Bauch und Elephantenschenkel, begrüsste mich mit schmeichelnder Devotion, Mutter Loeb wie Königin Palmyra, so gross wie der Sohn, mit Mordsbusen, Speckhals und den Händen voll Ringen, das Gesicht noch üppig und schwer, der Zinken weiblich gemässigt, machte gebildete Konversation und fragte nach meinen Eltern. Dann erschienen Finchen und Recha, zwei grosse Mädchen von zwanzig und achtzehn Jahren, beide mit den gleichen runden Formen, runden dreisten Augen, die ironisch zu lachen schienen, ohne wirklich zu lachen, runden vollen Lippen um die das gleiche dreiste Lachen lag, flächigen blühenden Wangen, rundem fleischigem Kinn, rundem festem Hals, und so alles fort, die Brust, die Arme, die Hände, alles zwar noch jugendlich zart aber voll und reif ausgeformt, ein Crèmeton über dem Teint, die Haare schwarz halblockig, die Augen schmelzend feucht etwas tierisch, ein fremder Stamm, anders gehend als wir, mit schleppenden Hüften und trägeren Bewegungen, languide, und die Blicke lang lächelnd und haftend. Schliesslich kam auch die Braut, Lotte genannt, von anderem Typ, ein schlankes fast mageres aber gut bemiedertes Ding, rasch mit flinken Augen und blühendem Teint, sehr roten Lippen, eleganter als die Mädchen des Hauses, und kokett frisiert, jüdisch, aber nicht rassentypisch. Finchen begrüsste mich, die runden Lippen schwellend zum Lächeln auseinanderziehend so dass das elfenbeinerne regelmässig starke

Gebiss durchblickte, mit einem Schmachtblick in den schmelzenden Augen, Recha, die gleiche in jüngerer Ausgabe, eher noch hübscher weil etwas weicher, lachte mich ebenso ziehend und verschmollt an, als ich die ortsüblichen Scherze über die Schönheit der ähnlichen Schwestern knallen liess wie Crackers. Die Braut musterte mich nach Vorstellung verstohlen unter ihren schrägen Wimpern. Wir hieben in die fetten Kuchen, tranken den starken Kaffee, lachten über die dümmsten Anzüglichkeiten und waren gemütlich. Ich kam in Laune, zog alle auf, machte den Mädchen grotesk den Hof und behandelte sie doch alle von oben herab mit einer Nachlässigkeit, die überall sonst beleidigend gewesen wäre, hier aber begeisterte. Lotte sagte Meier habe Freunde weit über seinem Niveau, die Mädchen kabbelten sich um den Vorrang mich zu bedienen, und die Alten lächelten beseligt und geschmeichelt über den Erfolg den ihre Töchter bei dem Fremden hatten. Schliesslich trennte man sich, die Alten sagten Ade, wir blieben in einem grösseren auf den Gartenhof gehenden Zimmer, an das ein kleineres Kabinett anschloss, und begannen kindliche Spiele. Ich schlug Märchenerzählen vor, wir lagerten uns auf Kissen und Teppichen am Boden in die Runde, rechts von mir Finche, links Recha, gegenüber das Brautpaar. Die Mädchen drängten sich dicht an mich und liessen sich gern gefallen, von hinten umarmt zu werden, den Druck erwiderten sie kräftig und ihr Lachen zeigte dass sie bei diesen Freuden in ihrem Element waren. Bei gelegentlichem Consultieren über neue Motive kam man sich tuschelnd sehr vertraut nahe, und eine leichte Gereiztheit zwischen beiden trug zum Geschmacke bei. Das Brautpaar war zärtlich und küsste sich gelegentlich, und als ich mir das verbat und mit Repressalien drohte, trat die Braut auf meine Seite, wechselte den Platz und versetzte den Chossen zwischen beide Schwestern. Dieser spielte aus Tort den zärtlichen Bruder und knutschte die beiden unter seinem

Arme liegenden, worauf die Braut mir ungeniert den kirschroten Mund auf die Lippen drückte, mit einem Feuer, das für einen Scherz nichts zu wünschen liess. Aber ich küsste ihr höflich die Hand, geleitete sie an meinem Arme feierlich zu ihrem Besitzer zurück, und nahm mir die beiden Mädchen wieder, die sich stürmisch an mich hängten. Das ging bis es zum Blindekuh kam, bei dem alle Mädchen nach einander geblendet wurden und ich von allen ergriffen und geküsst wurde, worauf mir die Augen verbunden wurden und ich mit dem Kopf in Rechas Schoss gelegt wurde. Die Finger des Mädchens kraulten mir in den Haaren, ihre Schenkel mahlten leise, und ich war froh, freigelassen zu werden, ehe ich zu scharf reagierte. Alles lachte laut, weil ich im grossen Raume niemand griff, ich hörte eine Thür gehen und vermutete sofort dass alles ins Kabinett geflüchtet sei, tastete mich, von rechts und links gezupft und gehänselt dorthin durch und fasste sofort eine mir entgegenkommende Gestalt, die mir sagte «Thun Sie so als ob Sie tapseln, feste» und mich lebhaft küsste. «Lotte» sagte sie, «fass mich einmal fest um und küss mich ab, Du» – was aber in den ersten Stadien durch Einbruch der übrigen unterbrochen wurde. Die Küsserei wurde allgemein, wir waren vom Lachen müde und gingen ins grosse Zimmer zurück. Das heisst, die Braut fehlte, und nach einiger Zeit verschwand auch Meier. Wir drei setzten uns auf ein grosses Sopha zusammen und wurden traulich. Ich hatte unter jeder Hand eine runde volle Brust, die Schenkel der beiden lagen über mir und die Unterhaltungen waren zärtlich üppig. «Lassen Sie nur die Liebesleute» sagte Recha, «zu dreien ist es ebenso schön.» «Finden Sie auch?» fragte Finche mit schwelgenden Augen und sanften Lippen mich leise zwickend. «Ehe ich antworte erkläre ich, dass ich Euch heut zu oft geküsst habe um das alberne Sie fortzuführen. Wer gesiezt werden will, mit dem bin ich für heut böse.» «Gut» riefen beide, «Du und Du.» «Und jetzt der Brüderschaftskuss.» «Aber nein» schmollte Finche, «es waren genug.» «Was» schrie Recha, «stell Dich nicht an Schneegans, das waren nur Spielküsse.» «Eben» sagte Finche; «zu dreien küss ich nicht gerne richtig.» «Aber ich» rief Recha und küsste mich zärtlich und heiss auf den Mund. «Komm Finche, zier Dich nicht» und ich nahm sie her, «Dein Mund ist viel zu schön um Nein zu sagen» «Aber Deiner schmeckt mir noch nach meiner Schwester» aber sie küsste schon, und ihr Kuss verriet mir ihre geheimsten Wünsche. Ich setzte die Mädchen durch Liebkosungen und Berührungen bald in Brand. Die üppigen langen Körper, schwer und langsam wie ihre Blicke und Sätze, waren mir ein neues Gefühl, und ich hatte sie bald dahin, das sie sich vor einander nicht genierten. Recha behauptete so heiss zu haben, dass sie ihr Mieder aufmachen müsse. Finchen liess sich nicht schlagen und lockerte sich ebenfalls, ich nahm beide auf den Schoss und reizte sie mit geschäftigen und geschickten Händen bis nahe an den Rand der Erschöpfung. Sie liessen ihre schweren streifenden Lippen auf meinem Munde abwechseln, küssten sich in der Erregung auch vor mir gegenseitig und wälzten sich schliesslich von mir herunter auf den Teppich, die Röcke hochgeschlagen, Recha oben Finchen unten, mit Zungenküssen und kraftlosen Spielen. «Kommt Ihr Wilden» sagte ich sie emporziehend, «wir wollen nach den andern sehen, sonst macht Ihr euch noch Babies». Sie lachten und tuschelten, standen auf, legten den Finger auf den Mund, winkten mir und fassten mich unter, mich leise mitziehend. Durch das vorherige Esszimmer, und einen dunklen Gang führten sie mich in ein muffiges dunkles Zimmer, in das durch eine rote Gardine und eine dahinter liegende Glasthür Licht aus dem Raume nebenan fiel. An diese Gardine zogen sie mich, und lüfteten sie neben mir stehend links und rechts soweit dass der Durchblick möglich wurde. Es war das Cabinet von vorher, das durch eine Glasthür mit dem Raume verbunden war, und die Couch an die ich vorhin gestossen war, trug unser Paar, Meier am Kopfende, Lotte am Fussende liegend, halb ausgezogen, ihre Schenkel über seine geschert, und ihre Hand hielt Meiers grosse beschnittene Stange, an ihr spielend, während er sie blöde ansah und sie noch zögerte sie zu placieren. Die Mädchen kniffen mich und atmeten hart. Finche handelte zuerst und knöpfte mir still den Zagel aus der Hose, dann küsste mich Recha mit der Zunge, die eisig vor Erregung war, dann hatten die Hände beider meinen Schatz und wühlten in mir, die Augen noch auf das Schauspiel, denn inzwischen hatte Meier Lotte herangezogen und sie balancierte auf seiner Stange im Begriffe sich mit ihr von unten her zu durchbohren. Ich fasste die beiden halb tollen Mädchen und zog sie fort, immer noch von ihnen am Henkel gehalten, und in einem Nebenzimmer wo Licht gemacht wurde, einer Art Schlafzimmer in dem aber auch ein breiter Schlafdivan stand, sanken wir zu dreien umschlungen nieder. Die Mädchen zogen sich und mich im Kampfe halb aus und wanden ihre prallen Schlangenleiber unter meinen Umarmungen. Der Divan war für uns drei breit genug, ich lag in der Mitte, aber Finches fleischiger Mund und ihre fleischige Zunge massierten meine Lippen so schwelgend, dass ich die Stunde des Handelns nicht länger versäumen konnte, und die Hände die bis dahin den Schooss geschützt hatten fortzog. «Ich zeig Dir was hübsches, Finche, und Dir Recha auch, passt mal auf» sagte ich. «Nein, nicht vögeln» lallte Finche, «bitte, machs mir mit der Hand, wir wichsen ihn Dir dann zusammen ab, und küssen dabei, das ist grade so schön.» «Ja Du», faselte Recha, «ich mach Dirs mit'm Mund, wir machen sechsundneunzig, das geilt noch mehr an.» «Habt keine Angst Kinder ich mach es Euch nur beinah, so dass ihr den Unterschied garnicht merkt» und setzte den Steifen in die Wülste, die Finchens Nische hochgewölbt umgaben, holte aber mit dem rechten Arm Recha fest an den Kopf der Schwester und griff ihren Mund mit allen Brandern der Leidenschaft an, während Finchen mir entgegendrückte, stöhnend und zuckend und mich geil eindringen liess. Ich fasste sie mit der Linken, schob die Rechte zwischen Rechas Schenkel, von ihren Händen fieberhaft unterstützt und immer noch in ihre glühenden Küsse verbissen. «Er fickt mich Recha –» lallte Finchen, mit wilden Bewegungen der Hüften «er fickt mich – ach wie schön, – wie schön zieh' en raus, zieh en raus, ich bins schon», und ich ging zu Recha über. Das Mädchen riss mich über sich, nervig und brünstig und pflanzte sich mit fieberhaften Händen den noch heissen Pimmel in die Schnalle. Ihr Mund war jetzt wie ein siedendes Geschwür sie zog sich unter mir zurecht und bat «fick mich fest, ganz fest, aber vorsichtig, Du kannst es doch halten, – ach, so ja, Du Dicker, stemm mich, hahch, so, fester, schneller, ach Du geiler Bengel, rammel mich, ich bin Deine Hur, fick mich, fick mich – noch mehr – o – u – a –, noch – ein – Mal, – ah – gib mir Deine Eier – gib – mir alles». Sie knetete und drückte mich aus – «Du kannst es richtig – Du –» Pause. – «Das war mal schön, das hab ich genossen, genossen hab ich das – doll wars –» Ich lag wieder zwischen Beiden, deren wollüstige Küsse sich auf meinem Munde trafen, und nur dies Mal im Leben habe ich drei Zungen im Mund gehabt, beide drängten mir ihre fleischigen Schlecker zwischen die Zähne und mein Schlund floss buchstäblich von ihren Ergüssen. Ich hatte mich beherrscht und die Krisis vermieden. Die beiden Mädchen paralysierten sich gegenseitig. Jede einzelne hätte mich zur Übergabe gezwungen, denn sie waren jede für sich Betthasen – Ideale, zur Lust gemacht, nur daraus bestehend, und sie gebend wie Norden und kochendes Gewürz – wir standen schliesslich auf um uns hastig zu ordnen, ich ging mich waschen, die Flüsse der beiden hatten meinen Hosenschlitz beschleimt, ich musste ihn reinigen. Als ich herauskam, war alles wieder vollzählig versammelt. Die

Alten waren zurück und erkundigten sich schmunzelnd nach den unschuldigen Spielen der Jugend, die sie nicht mehr teilen könnten «zwar wieso» sagte Frau Palmyra «wo ich doch erst 41 bin, is doch heut kein Alter» allerdings sah sie erstaunlich frisch und üppig aus mit ihrem Riesenbusen den satten Lippen und weissen Zähnen, der Alte wie ihr Onkel. Lotte hatte bereits Hut und Mantel an und erklärte unter meinem Schutze abziehen zu wollen, da Meier den Schneider zur Anprobe erwarte. Die Mädchen lehnten untergefasst aneinander, mit vielsagenden Gesichtern und Finchen sagte scheinheilig «Mutti wir haben an Herrn Borchardt eine Wette auf einen Kuss verloren, dürfen wir ihm jeder zum Abschied einen geben?» «Nu, Alte, wirst es erlauben für Ausnahme» grunzte Vater Loeb. «In meinem Haus ist die Regel» sagte Palmyra majestätisch, «küssen ist nur zwischen Verwandten und Paare, wer die Mutter nicht küssen kann, küssen auch nicht die Töchter.» «Herr Borchardt gibt Dir auch noch einen Mutti wenn Du so scharf drauf bist», sagte die freche Recha langsam singend, «kommen Sie Herr Borchardt sich in mein Album einschreiben.» Sie zog mich eilig hinaus in ein Zimmer, fiel mir um den Hals und fragte «Haste mich lieber? Ich muss mit Dir zusammensein, im Hotel, hier schreib mir postlagernd» und drückte mir einen Zettel in die Tasche, presste mir den Mund auf den Mund und riss an mir, «Du bist ein Schatz», sagte ich, «so wollüstige Bewegungen wie Deine kenne ich von keiner Frau, ich hab Angst vor Dir, Du windest mir die Seele aus dem Leib, Du Vampyr» und nahm meinen Rückzug ins Zimmer, wo schon Finchen mit ihrem Album auf mich harrte. Sie zog mich unter dem Vorwand keine Schreibfeder hier zu haben ebenfalls mit sich und zwar ins Kabinet, und sagte unter dicken Dauerküssen «Recha ist zu ordinär, ich schäme mich für sie, sag dass Du mich lieber hast, ich muss eine Nacht mit Dir schlafen, Du Wüstling» und ihre Hand irrte ab. «Finche!» kam die Stimme der Mutter, und sie stob davon. Frau Palmyra erschien als ich das Kabinett verliess in der Thür und sah mich langourös an. «Ich glaube, Se sind en Herzensbrecher, Herr Bochardt, ich kenn de Schicksen gar nich so extervagant, is wol auch nicht geblieben bei einem Kuss, gestehen Se's ein. Wollen es als Verwandtschaft ansehen wozu ich Se also aufnehm» und die Treffliche, deren Augen bereits verräterisch gefunkelt hatten, zog mich an den Busen; an diesem Federbett empfing ich einige knallende Küsse, und der Hafer stach mich, die Matrone zu versuchen. Ich umfasste sie also mit kräftigen Muskeln, drückte ihren Umfang energisch zusammen und klebte ihr auf die noch sehr passablen Lippen einen Originalkuss von Schrott und Korn. «Huch» sagte sie delektiert, «so küsst junger Mund. Wenn Se wiederkommen, bestellt ich mer noch so einen, Se könne kassieren gehen bei de Schicksen.» Und piekte mich kokett in die Brust. «Mutti» tönten scharfe Stimmen «Lotte muss wech.» «Ich komm ja schon» antwortete Palmyra gereizt, und bald waren alle zum Abschiednehmen an der Thür. Meier nahm mich beiseit: «Is doch nichts passiert mit den Mädchen, was Rudi, nur bischen Geknutsche?» «Was soll gross passiert sein» antwortet ich im hergebrachtem Haustone, «Koketterien und Galanterien und was alle Mädchen gerne haben.» «Na eben» sagte er beruhigt. Lotte verabschiedete ihn kühl und nahm mich ihm im Sturmschritt ab. «Wohin wollen Sie?» «Ich muss nach Charlottenburg, es ist 6 vorbei, um 7 muss ich zu Hause sein» sagte sie listig und hastig lachend, «nehmen wir'n Auto, ich möchte was besprechen mit Ihnen –» «Ich habe eigentlich wenig Zeit», sagte ich zögernd «ach das bischen Zeit – es geht schnell, seien Sie kein Frosch, ich muss mich aussprechen, zehn, zwanzig Minuten» und sie winkte schon einem Taxi das nach der Friedrichstrasse fuhr, sagte ihm etwas was ich nicht verstand, und schob mich energisch hinein. Das Auto roch nach Regen feuchten Polstern und Pferdemist, aber das Mädchen roch gut, nach einem starken nicht häufigen und nicht süssen Parfum und nach eigenem Haar oder ähnlichem, und es war mir nicht unangenehm neben ihr zu sitzen. Sie hatte mich untergefasst, wir fuhren durch die lichterglitzernde Friedrichstrasse und waren sichtbar, so dass ich die Intimität nicht zu eng werden liess. «Wie kommst Du zu diesen Loebs» prasselte es von ihren Lippen, während ihr Arm meinen drückte, «ich sage lieber gleich Du, nicht?» – «Eigentlich» «Du hast mich so heiss geküsst Du, dass es mir spiessig vorkäme», «Ich Dich? Du mich.» «Pfui dass Du es leugnest, Du hast mich doch wiedergeküsst, Bubi, so glühend, – wenn Dus leugnest, küss ich Dich vor allen Leuten so lang und kunstvoll bis Du herausgibst» «Also schön. Ich zu den Loebs» «ich meine das Niveau ist doch so tief unter Dir, und diese jüdischen Provinzmädchen» «Bist Du denn keine Jüdin?» «Gott natürlich Bubi, aber sie sind so jüdisch, so ordinär, eine solche Meschpoche». «Verzeih, Du bist doch mit Meier verlobt?» «Gott was man so nennt, der Schadchen und die Eltern, aber ich entlobe mich sicher wieder, denn er ist nicht mein Schanger, und wenn ich ihn heiraten muss, betrüge ich ihn an jedem Eckstein.» «Nun Du bist jedenfalls doch recht intim mit ihm, ich will ja nichts sagen, aber Manches habt Ihr ganz offen gemacht, und zum Beten seid ihr nicht eine halbe Stunden weggeblieben.» «Was heisst intim, natürlich intim, das ergibt sich physisch von selber, aber er dégoutiert mich und ich schenier mich für ihn, und als Liebhaber ist er eine Null.» «Na den Ruf hat er früher nicht gehabt, er war unter den Bonner Kellnerinnen berühmt für seine Handschuhnummer.» «Was mach ich schon mit der Handschuhnummer und sonst nischt. Das verstehst Du nicht Bubi und ich bin nich so ordinär wie de Loeb-Schicksen, dass ich übers Sexuelle rede wie über Theaterbillets. Handschuhnummer, Spass. Was hilft mich en grosses Gewehr wenn es nicht trifft. Wenn es trifft ist gross besser als klein wenn klein trifft, ist klein besser als gross. Auf den Treff kommt es an, und dass es klappt. Und es klappt nischt. Es gibt Männer, die regen ein Mädchen auf, und haben keine Ahnung und keine Erfahrung und keinen Schick und keinen Takt und Einfühlung, und wenn sie ihr Pläsier gehabt haben, danke schön oder noch nich mal, und das Mädchen kann sehn wo sie bleibt, und dann werden sie hysterisch, ausser sie kommen per Zufall an den Richtigen. Das schon Leipziger? schon Leipziger Platz? Halloh! Fahren Sie Potsdamer Bahnhof vorbei an Kanal lang – Eben das ist es, was soll ich mit so einen Liebhaber, Bubi. Reden kann ich kein Wort mit ihm, er ist zu doof, und gar nicht mein Niveau, mein Vater war Rechtsanwalt in Linz, ein Onkel is Grosskaufmann, wir haben eine andere Bildung, und meine Mutter wollte Schauspielerin werden. Kennst Du die Bücher von Marie Madeleine? Kennst Du Dehmel Verwandlungen der Venus? Wir sind auf die Rundschau abonniert und haben Billets zu allen Premièren bei Brahm. Ach Du, endlich wird es dunkeler. Die denken jetzt ich hab meinen Mann vom Bahnhof abgeholt.» Im Schein der Bahnhofs Bogenlampen tauchten ihre kirschroten strammen Lippen auf, wie appliziert auf das frisch rosig weisse magere Gesicht. «Gib mir endlich Deinen schönen Mund, Bubi, – der so schön spricht – und mit einer solchen Stimme – ach Deine Stimme –» Der kleine Vampyr hatte angesetzt, sich angesogen, mich von oben bis unten gefasst und zeigt seine Künste. Zurückhaltung war unmöglich. Die Schlankheit der Taille in Verbindung mit der Üppigkeit der jungen Brüste war unwiderstehlich. Das Auto, klapperig und ohne Federn schüttelte sie in meinen Schoss und die Kunst ihrer Küsse übertraf alles dagewesene. Sie war eine Virtuosin der Erregung, und als ihre Hand auf der Spitze meiner Spannung ruhte, nahmen ihre Lippen an Variation und Intensität noch zu. Endlich hielt das Auto.

«Wo sind wir denn» sagte ich auffahrend. «Ach so» sagte Lotte geschäftsmässig. «Lass mich das nur machen, zahle den Taxi. Ich sag Dirs gleich.» Im Vestibül des neuen schäbig protzigen Hauses, während der Lift niederstieg, flüsterte sie mir aufgeregt zu «Es ist ein Massage Salon – weisst Du. Ich geh beim Frauen Eingang rein, Du gehst rechts, da sind Mädchen, weisst Du, zieh Dich ruhig aus, ich komm dann durch einen Trick mit der Besitzerin rüber.» Ich staunte. So etwas hatte ich nie erlebt, neue Welten stiegen vor mir auf. Im Lift glühten ihre Küsse. «Ich bin toll nach Dir – mach mit mir was Du willst –» Der Lift bumste auf und hielt.

Eine gleichgiltige Person im weissen Schürzenkleide machte auf, sagte misstrauisch «Damen links» und führte mich rechts durch einen Gang in einen mit allen möglichen Schaugeräten ledernen Ruhebetten, Tischen voller Cosmetica reputierlich hergerichteten Raum. Eine grosse dicke geschminkte Dame reiferen Alters mit rotgefärbtem Haar erschien und lächelte mir ermutigend zu. «Vollmassage, nichtwahr? Die Taxe wäre dreissig. Darüber hinaus natürlich wenn der Herr Baron zufrieden waren, sind, hihi, der Wolthätigkeit keine Schranken gesetzt.» Sie dämpfte die Stimme. «Ich habe sieben Assistentinnen, perfekt ausgebildet.» Ich legte einen Hundertmarkschein auf ein Tischchen im Gefühl schmieren zu müssen. Die Dame strahlte diskret. «Ich – ich soll wol nicht herausgeben. In dem Falle wäre das ganze Institut zu Ihrer Verfügung. Um diese Stunde ganz ungestört. Wenn noch eine Prämie von fünfzig dazukäme, stelle ich noch eine Amateurin – ungarische Gräfin, das schönste Mädchen von Berlin.» Ich lachte und warf drei Zwanzig Markstücke hin. Das Erlebnis war die Mühe wert. «Bitte mir zu folgen» sagte die Direktrice majestätisch und ging mir in einen zweiten Raum voran, in dem ich einen Schwarm junger Mädchen lachend und plaudernd zusammenhocken sah, durch ihn hindurch in einen kurzen Gang, in dem sie rechts eine Thür öffnete. Es war ein Raum ähnlich wie der erste, mit einem breiten niedern ledernen Ruhebette, dessen Kopfteil mit sauberm Leinen bespannt war, und einer Anzahl Sessel, Stühle, einem kleinen runden französischem Sopha für Zwei, Tischen mit Salben und Fetttöpfen. «Vielleicht entkleiden Sie sich schon für die Massage» bemerkte die Dame und entschwand, die Thür schliessend. Es war sehr warm geheizt und ich zog mich aus. Nach wenigen Minuten, Schritte und Lachen, und die Mädchen kamen. Ausnahmslos bildhübsche, frische und junge Wesen, in nichts von anderen unterschieden, harmlos und lustig, freimütig und naiv. Sie trugen keine besondere Tracht, waren nett und geschmackvoll angezogen, fassten sich zum Teil unter, machten sich im Raum zu schaffen und ich zählte sieben. Blonde, Braune, Schwarze, mittelgross, schlank zwei etwas Grösser, eine besonders hübsche Aschblondine mit langen blondseidenen Wimpern, wie eine Nonne. «Vom wem wollen der Herr bedient sein» fragte ein zierlich hübsches Ding mit einem süssen Mäulchen und Stubsnäschen. «Von Euch allen» sagte ich lachend, «damit ich mich nicht in Eine verliebe. Ich warte auch noch auf Nummer Acht, die Amateurin.» «Nach der ist gerade telephoniert worden, sie ist in fünf Minuten da.» «Und was wollt ihr mit mir machen?» «Das findet sich» sagte eine grosse schlanke, sehr distinguiert gebaute, mit einem entzückenden Kopf und schönem Mund, schliesslich entscheiden Sie sich doch für Eine – oder Zwei – und wir andern dürfen uns zurückziehen.» Es wurde gelacht. «Unmöglich» sagte ich, «ich werde mich nie entscheiden. Ihr macht Euch eine Concurrenz die das ausschliesst. Ich habe noch nie soviel vollendete Blumen in einer einzige Vase gesehen. Ich bewundere alle und nehme Keine heraus, das Ganze ist zu schön.» «Hübsch spricht er» sagte Eine laut «man merkt mit wem mans zu thun hat.» «Nicht?» war die Antwort einer die sich gesetzt hatte und ihre Nägel polierte. «Wer so generös ist, ist nicht wie die Andern, der Dreck –» «Werden die Kröten die ich gelassen habe, zwischen Euch geteilt?» fragte ich. Ein Halloh entstand. «Ja das wäre nicht schlecht! Wir haben nur Prozente.» «Wieviel?» «Dreissig die Assistentin, fünfzig die – – Masseuse –» Alle lachten. «Ich habe 150 gegeben. Durch sieben, oder acht noch nicht zwanzig. Und dann Prozente?» «Ja und volle Verpflegung. Viel kommt nicht heraus.» Ich ging an mein Portefeuille. Es waren noch vierhundert drin, und wenn ich Sophies Ring versetzte, brachten allein die beiden riesigen alten Brillanten 800 bis 1000. In der Börse hatte ich noch, wie mir einfiel, Gold. Als ich es zählte kamen genau acht zwanziger und acht zehner heraus. Ich war ein Krösus für diese Verhältnisse.

«Kommt her, ihr Paradiesvögel. Dort hinten steht wie ich sehe ein Paravent. Bringt ihn her und stellt ihn vor meine provokante Nacktheit. Dann tritt eine nach der andern hinter diesen Schirm der Decenz zu mir und empfängt ein Zwanzigmarkstück in die Rechte, ein Zehnmarkstück in die Linke, und darf ihren Dank äussern wie sie will. Wer am schönsten zu danken weiss bekommt am Schlusse das doppelte, so dass keine Andere es merkt. Es ist eine delikate Concurrenz, niemand vergibt sich etwas.» Ein lustiger Stimmenjubel erscholl. Der Schirm wurde gleich von fünfen gefasst und im Winkel aufgestellt. Ich trat mit meinem Goldhäufchen in den Händen dahinter. Die Mädchen jubelten, lachten sich tot und zählten ab wie die Kinder «Ich und Du, Müllers Kuh, Müllers Esel, das bist Du – I r e n e». Die Aschblonde mit den Schleierwimpern, in einem hübschen grossgemachten blauen Hauskleide mit Silber und Knöpfen, trat lächelnd zu mir. Wir sahen uns an und unter den Seidenaugen wurde der Blick schelmisch, nichts weiter. Ich gab ihr das grosse Goldstück in die Rechte, das Kleine in die Linke und sie flüsterte «Danke, nehmen Sie mich, Sie gefallen mir». Dann ging sie. Das nächste Abzählen fiel auf P a u l a. Eine sehr ausgesucht hübsche und heitere dunkelblonde Person mit etwas Schwärmerischem in den unregelmässigen schrägen Augen, in einem guten Schneiderkleide, mit weissen Einsätzen, kam rasch herein und sagte «Scherzen Sie wirklich nicht? Zeigen Sie.» Ich gab ihr das Geld und klopfte ihr die schönen Wangen. Sie zauderte einen Augenblick, griff nach meiner Hand drückte sie sich an die Brust und sagte «Denken Sie an mich, wie ich an Sie.» Ich war starr über diese Zartheiten, amüsierte mich aber königlich. Der nächste Name war Christa. Die schlanke distinguierte, mit dem etwas gesenkten Kopfe und dem lieblichen Ausdrucke glitt zu mir, und ich sagte unwillkürlich leise «Bezaubernde.» «Lieber» sagte sie, und ich küsste ihr die Hand. Sie küsste meine und sagte «sie haben sich alle das Wort gegeben, nichts zu thun, sonst küsste ich Dich jetzt, fühl es als meinen Wunsch.» Wir hielten uns noch einen Augenblick an der Hand und meine Rute stieg steil gen Himmel. Sie that als blickte sie bei Seite und ging.

In diesem Augenblicke ging die Thür auf. «Wo ist der Graf?» fragte die Stimme der Empfangsdame von zuvor. «Ah so.» Sie kam hinter den Paravent warf einen wolwollend tolerant billigenden Blick auf meinen Erregungszustand und sagte «Eine Dame die in der Damenabteilung massiert wird wünscht mit Ihnen hier zusammenzusein, sie weiss nicht, dass die alte Direktion nicht mehr besteht, und wir uns auf solche gefährlichen – hm – Vermittlungen grundsätzlich nicht mehr einlassen. Sie erklärt darauf Sie sprechen zu wollen.» «Oh sagen Sie ihr bitte, sie möchte ihre Adresse in Couvert hier lassen, ich hätte nicht mehr warten können und sei mit Bedauern gegangen. Viele Entschuldigungen, wie?» «Ah ich verstehe. Das geht ja reizend zu, gute Unterhaltung. Die Damen scheinen einen Festtag zu haben. Glänzend bemittelt der Herr» sie zeigte auf meinen Spiess –, «hier Seltenheit. Die Gräfin muss gleich hier sein.» Sie verschwand mit plierigen Glücksaugen. Die Unterbrechung war ungeduldig aufgenommen worden, sofort erschien das allerliebste Stupsnäschen über dem süssesten Mädchenmund der Illusionen, braun und blauäugig, wonnige Figur mit den nettesten Gliedern und zarter Büste. «Mary» sagte sie, kokett verlegen wegblickend. Sie nahm ihr Gold mit einem Seufzer. «Traurig kleiner Liebling?» «Danke grosser Liebling» sagte sie und tippte auf das Haupt des Stossers der zuckte und ruckte. «Nichts weiter?» «Darf nicht, der andern wegen, Süsser, dreh Daumen für mich, aber nicht den da» und sie entwischte.

Die Thür ging wieder. «Bitte alle Damen auf eine Augenblick – nur einen Moment Herr Graf, Sie werden gleich sehen warum.» Der Raum leerte sich. Ich trat in ziemlichem Erregungszustand an das Lager und warf mich drauf, mein Baum schien noch immer zu wachsen und sprengte mich fast, ich deckte ihn mit meinem Hemde. Die Thür ging auf und eine schöne grosse Frau Mitte oder Ende Zwanzig, in einem kleinen Abendkleid mit distinguiertem Schmuck trat ein, rassige Züge einer Halbbrünette mit prachtvollen Augen und blühenden Lippen, eine vollkommene Erscheinung. «Nein –» rief ich starr vor anbetendem Staunen aus – «Sie wollen mich auch massieren?» Sie lachte leise, stehen bleibend, und die Hände leicht in einander reibend. «Mit Freuden wenn es Sie wünschen», sagte sie dunkel mit fremdartiger Stimme. «Wir wollen als libbenswirdige Laite unsere Wünsche erfillen.» «Welche Sprache wollen Sie sprechen?» «Oh – der Augen –» lachte sie. «Lieber englisch?» «Ich piquiere mich doitsch zu sprechen. Es kommen auch die onderen Frailein, in deren Beisein man englisch nicht kann.» «Ich soll wirklich Sie» ich sprang auf die Beine. «Aber ja» sagte sie mit der dunkel lachenden Stimme und griff in meine gegen sie erhobenen Hände, sie etwas abwehrend, «warum nicht, Sie angenehmer Mann – oh welch eine Huldigung – sie wies auf den Schwanz – finden mich Sie so unwarrschainlich? Aber ich muss gehen wieder, ich darf nicht lassen warten die ondaren, – au revoir.» «Nein, einen Moment – Du.» Ich hielt die Hände fest und vertrat ihr den Weg, – «was kann ich Dir schenken?» «Dies» sagte sie mit einem Kopfwinke, – «Deine Zerrtlichkeit und Ritterlichkeit, und sonst wos Du willst. Aber gegeben hast Du schon viel.» Ich liess sie los, nahm zweihundert Mark aus dem Portefeuille und steckte ihr die beiden Scheine in den Ausschnitt. «Narr» sagte sie, «Du bist schöner junger Mann mit grossem jungem Liebeswerkzeug, kannst machen glücklich, lass zahlen alte Männer für Dich, ich will nicht Geld soviel, ich will Frainde, komm gib hundert, nimm andere wieder wenn Du willst mich gerne haben, soupieren wir morgen, wenn Du besser kennst mich, schenkst Du mir was Männer schenken geliebte Freundin, aber ich will nicht wie Cocotte gekauft sein, ehe ich habe gehabt von Dir Deinen Liebe.» «Sei mir nicht böse ich bin ungeschickt weil ich den Kopf verloren habe.» «Ich setze ihn wieder auf Dich», und sie nahm ihn in die Hände und küsste mich, liess sich aber nicht fassen, sondern machte sich ruhig los und ging. Ich spazierte wild herum, und meine Verstimmung und Aufregung liess den Mast zusammenschnurren. «Darf man» hiess es hinter der Thür. «Ach so. Ja kommt», und ich stellte mich wieder hinter den Schirm. Ein grosses kraftvolles blondes Mädchen, dass ich vorher nicht beobachtet hatte, mit einem leidenschaftlichen Munde und etwas ruhelosem im Blick kam halb heftig, halb stockend zu mir. Die andern tuschelten im Hintergrunde. Ich musste zuerst das weggelegte Gold wieder holen und sagte «wie heissen Sie, junge Heldin?» «Bloss Gretl, ganz einfach, der Name gefällt Ihnen sicher nit.» «Aber Sie gefallen mir um so besser, wo sind Sie her?» «Vorarlberg» «Und wie sagt man da danke?» «Vergelts Gott» und sie nahm die Münzen. «Nein nicht mit Worten Gretl, wie dankt man, wenn man sich freut?» «Ich freu mich schon, aber die andern sind ja viel schöner.» Ich nahm sie um die Hüften, der Mast hob sich im

Augenblick in dem ich sie berührte, sie fasste ihn schnell, drückte ihn, und floh. «Hat sehr lange gedauert mit der» sagte ein dunkler Lockenkopf mit übermütigen Augen, in einem grauen, grün abgesetzten Strassenkleid, schöner kleiner Nase und frischen Lippen, ein reizendes Kind. «Hat sie uns verraten, sich lieb Kind gemacht? Gestehen Sie.» «Hier Du süsser Fratz. Sie ist ebenso brav gewesen wie ihr alle und wie Du.» «Zu danken brauchst Du mir nicht, ich kenn Euch jetzt.» «Verraten Sie mich nicht Marianne», flüsterte sie, – rasch – und sie liess den süssen Mund lautlos geniessen, während sie den Stachel umklammerte. Dann zog sie die Augenbrauen hoch und ging schnippisch thuend. Die letzte war wie ich vermutet hatte, der Clou. Eine biegsame junge Gestalt, mehr junge Frau als junges Mädchen, das blonde Haar ins Rötliche spielend, ein sonniges rundes aber edles Gesicht, Grübchenwangen und ein sinnlich voller Mund bei eher nachdenklichen Augen, schön geformt und schmal in der Mitte, kam langsam und mit einem liebenswürdigen Zuge zu mir. «Sie sind ein süsser Junge» sagte sie, und liess sich fassen, «so was kommt hier nicht vor. Ich mache nachher nur halb mit, und zwar weil ich Dich ein Mal ganz für mich haben will, – allein, und lieb haben. Tausend Dank. Ich heisse Friedel – kannst mir schreiben, Friedl Artbauer. Gieb mir einen süssen. – Ach Du Goldschatz.» Sie drehte sich mir aus den Armen.

Ich verschwand, band mir mein Hemd um die Hüften um nicht vor allen vollkommenen damenhaft angezogenen Mädchen mit meinem immer wieder hochgehenden Baume stillos zu wirken und klatschte in die Hände. «Verräterinnen, ich bin hinter euch gekommen.» Grosse Heiterkeit. «Warten Sie doch erst ab, es kommt alles noch» rief eine niedliche Stimme. «Ach was. Die Preisverteilung wird verschoben. Jetzt könnt Ihr anfangen», und ich wollte mich auf das Massierlederbett niederlassen. «Ach wo denn, nicht dort», und der ganze Haufe kam heran, eine Thür wurde aufgemacht und enthüllte in einem mässig grossen, aus Plafondekken diskret erhellten Raume ein enormes Matratzenlager, mit feinstem Leinen bespannt und mit seidenen Decken und Kissen, zwei Mann lang, und vier Meter breit, so dass nach allen Seiten gerade zwei Menschen neben einander herumgehen konnten. Während ich in die Mitte dieses Massenpfühls gedrängt wurde, erschien die unmutige Friedel mit der Ungarin, die ihre Pracht ausgezogen und ein weisses, die herrlichen Arme freilassendes langes weisses Hemdkleid angethan hatte, an der Brust und den Schultern die Schönheit freigebend. Die Mädchen hockten kichernd und flüsternd in Gruppen auf dem Pfühlrand, während ich Kissen unter den Kopf zog und mich lang ausgestreckt hatte. «Also ich werrdeh Sie massieren» sagte sie mit der dunkellachenden Stimme, «wollen Sie alleineh mich, oderr wellen Sie eine Assistentin, oderr zwei.» «Nichts da meine Gnädige, ich will alle, Keine meist bevorzugte Nation. Die Damen haben von einem goldgefütterten Vorschlage, sich gegenseitig keine Concurrenz zu machen, vornehmer Weise keinen Gebrauch gemacht. Ich kann ebenso vornehm sein, besteche niemanden, zeichne keine aus, bin von allen gleichmässig entzückt, will keine vermissen.» «Scharmanterr Bub, sogen Sie sälbär» sagte die Fremde, «reizend ist er», «zu nett» die anderen. «Also, anfangen wir» und die Ungarin begab sich hinter mich, und richtete mir den Kopf, neben ihr eine die ich nicht feststellte, eine kam an meinen linken, eine an meinen rechten Arm, eine zog mir den Fuss nach rechts, eine den andern nach links, eine kniete neben mir und ging an meine Brust, und die schöne schlanke Christa hockte zwischen meine Schenkel und bearbeitete meinen Bauch, nachdem sie das Hemd weggezogen hatte. Es begann ein Zupfen, Rollen, Kneten, Klöpfeln, Zwicken, Ziehen, Zerren, vielfach karikiert und neckend, von meinen Schreien, dem leisen Platzen und Kichern und sanften Kreischen unterbrochen; als mein Pint fast sofort wütend hochschnellte, warf Christa lachend aber sachlich eine Art Tuch darüber und arbeitete weiter, aber der wild Schnellende warf es im Augenblicke ab. «Die Onstoltslappen sind nicht eingerichtt auf seinä Grösse ains a», lachte es hinter mir, «nimmst ein Badelaken.» «Dann kann ich nicht arbeiten» sagte Christa, meinen Leib walkend. «Bitte einen Moment» bat ich aufgeregt, machte mich los, und hielt Christas Hände fest, «ich halte es nicht aus.» «Ich auch – nicht» flüsterte Christa lächelnd, fuhr auf und floh. «Wos hältst nicht aus, und bist vorhär so unternähmend gewesen». Der Kopf der Ungarin, die meine Halsmuskeln bearbeitete, kam über mich, ich griff zu und küsste den süssen Mund, der mir gewährt wurde, aber sich zurückzog, und als ich wieder rückwärts griff, kostete ich einen andern, den frischen Mariannes, die nur ihren dunkellockigen Übermut über die Stirn schüttelte und die Lippen etwas länger gab. «Warte nur» lachte die Ungarin, «bei scharfer Massage vergähen Dir die Lust, und wirst ruhig werden», und nun rollten mich die Links arbeitenden auf die rechte Seite, wo ich beim Zugreifen die leidenschaftliche Vorarlbergerin mit den herausfordernden Lippen erwischte, die an meiner Brust gewalkt hatte, und die ich mit drei Rissen an mich brachte um ihre Küsse sofort hochlodern zu machen. Aber man liess nichts dauern, ich wurde auf die andere Seite gerollt, fasste die seidenwimprige Irene, die sich brünstig an mich schmiegte und küsste wie eine Bacchantin, aber dann hiess es «bitte aufrichten» und die an meinem rechten Oberschenkel beschäftigte elegante Paula mit dem lieblichen Gesichte ergab sich kniend meinen heissen Umarmungen, ich zog ihre Hand an meinen nicht mehr zu bändigenden Prügel, aber sie streifte ihn nur, denn sie musste mich loslassen, und Friedel, die biegsam aristokratische, vom andern Schenkel her wurde trotz Vorsatz und Nein und sehr willig zu meinem kurzen Glücke. Es war augenscheinlich System in der Sache. Denn als ich auf den Bauch gedreht wurde, war die stupsnäsige Süssigkeit mit dem heissen Mäulchen, Mary, schon so placiert worden, dass ich sie fast unter mich zwingen und die Wonne dieses festen jungen Mundes ausweiden konnte, der mir alles gab; aber als ich in die normale Lage zurückkam, trafen sich Christas und meine Augen blitzschnell, die bildschöne rankenschlanke Person liess sich fassen. Aber kaum hatte der wollüstige Mund sich mir aufgeschlossen, musste ich sie zurückdrängen, die Krisis war nicht mehr zu halten der Phallus, riesengross ragend stiess und schnellte. «Schnell» kam eine Stimme, Christas Hand griff ihn an die Wurzel und klemmte, ich stiess sie des Schmerzes wegen weg, und der Schuss erfolgte. Im hohen Bogen schoss das Steilgeschütz, sich senkend und wieder aufrichtend, einen Ball Liebesware durch die Luft, sich neu aufrichtend einen zweiten und dritten, und einen Nachschub als vierten. Die Mädchen waren schreiend ausgewichen, die Schüsse markierten eine fernliegende Wand, ich war vernichtet und hing das Gesicht in die Hände, während der Chor sich vor Lachen wand und die Ungarin mich von hinten umarmend und küssend, sagte «Hob ich Dir nicht gesogt, ist bessärr anders, hältst nicht aus acht schöne Mädelen.» – «Was» sagte Christa lachend «ob er das aushält, er hätte uns alle der Reihe nach lieb, wenn er wollte», und zeigte auf meinen Stock, der unverändert steil aus meinem Schoosse ragte, während ich mir von der Ungarin süsse Dinge ins Ohr sagen liess. Alle drängten sich zusammen, in einem Augenblick hatte ich die Arme voll süsser Dinger. Die Beherrschung der Mädchen war am Ende, die Aufregung blickte aus ihren Augen und sprach in ihren Küssen und zwei, ich glaube Marianne und Gretel, hatten sich aufeinander geworfen und spielten mit Zungenkuss Mann und Frau. Ich sah, dass zu nichts zu kommen war als zu neuen unfruchtbaren Erschöpfungen und stand auf, «Schluss der Vorstellung, ihr Süssen.» Ein «Oh» der Enttäuschung, und alles hing an meinem Halse. «Willst Du nicht wellen, wen Du willst in Bad?» «Bad?» «Willst Du badenn nicht nach Massage?» «Mich», rief es, «mich», «mich», und «Alle». Christa umarmte mich mit kleinen Küssen, «es ist ein Wannenbassin, hat für alle Raum, gib der Dame noch fünfzig drauf, dann kommen alle, und mich musst Du lieb haben.» «Höräh» sagte die Ungarin an meinem andern Ohr, «sie sind alläh toll in Dich verlippt, thu Ihnen Gäfallän, ich bleibe allain bei Dir.» Ich ging zurück, deponierte einen fünfziger, den Mary expedierte, und folgte den mich eskortierenden durch eine Seitenthür ein par Stufen tiefer. Da der Weg schmal war, folgte ich als letzter mit Friedel, deren schwelgenden Mund ich erst in dieser Minute voll genoss, während sie mich brennend umarmte. Das Bassin lag tiefer als die Zimmer, eine grosse runde Wanne, in die bereits Wasser eingelassen war und von der es dampfte tief genug um uns im Liegen hoch zu bedecken, ja fast zum Schwimmen. Die schönen Wesen schlüpften aus den Hüllen, die süssen Körper zeigten ihre Pracht und Anmut, aber der Anblick stimmte mich nicht erotisch, sondern bewundernd. Christas herrliche Schlankheit mit kleinen spitzkuppigen Brüsten, Paulas anmutig sinnlicher schönbeiniger Körper mit schwerem festen Busen, es hob sich unter einander auf, und als die Ungarin wie eine nackte Venus, die Brüste in der Hand, das klassische üppige Gesäss wogend, stolz zu mir kam, war mir in meiner Jugend so anbetend zu Mut, dass ich kniete, und ihr die Knie küsste. Die andern waren alle entzükkend, aber wie Bilder. Nun platschten wir ins Wasser, und hier änderte sich meine Verfassung. Die hitzigen Mädchen umspielten mich und beherrschten ihre dreisten Wünsche, vom Wasser gedeckt, nicht mehr wirklich, aber in ihren Abwechselungen war System, wiederum. Sie waren zuerst alle im Chor um mich beschäftigt und ich genoss spielende und rasche Freuden, aber dann verzog sich der Schwarm während Mary sich mit mir verschlang und meine Hand benutzte um sich unter heissen Zungenküssen auszulösen, dann, während sie ruhte kam die tolle Marianne auf meinen Rücken, biss mich sanft in die Schulter und wollte geküsst sein, während sie selber sich, an mich gepresst, Genugthuung verschaffte und seufzend, mit einem letzten Kusse, gewann. Dann brachte sich Friedel, auf den Händen vorwärts stemmend, die Beine gerade vor sich, in meine Nähe, legte mir die Füsse auf die Schultern und ruhte mit den Hinterbacken auf meinem Steifen, setzte sich in Scherenhaltung auf mich und umarmte mich Mund auf Mund mit der Linken, während sie mit der Rechten den Penis zu ihrer Stillung benutzte, und diese Wonneminute des schwelgenden Mundes und der dreisten Lust war unvergesslich. Gretl, hager und etwas hart aber mit starren Brüsten und einem nur ihr eigenen Zauber des direkten Verlangens, drückte mich gegen eine der Wandungen des Bassins, und lieh sich gleichzeitig meine Hand, während ihre Lippen mich verschlangen und ihr Atem stiess, sie sank schon in einer Minute zurück und umklammerte mich mit den starken Schenkeln. Und schliesslich war es die klösterliche Irene mit den seidenblonden Wimpern, trotz schmaler Schultern und schmaler Hüften mit den schwersten Brüsten, die halb zu mir schwamm, mich auf den Rücken spielte, über mich kam und flüsterte «Komm richtig, nur einen Augenblick, sie merkens nicht», mir ihre Zunge in den Mund spielen liess, den Pflock in sich drückte, und fast sofort zuckend wieder herauszog, mich mit ihrer Glut erstickend, mir die Brüste ins Gesicht drängend – «ich wäre gestorben wenn Du mich nicht befriedigt hättest.» Wo aber waren die Anderen? Die Ungarin Paula und Christa bildeten plantschend und sich treiben lassend, halb umschlungen, eine Gruppe für sich an einer Stelle der Wandung wo Marmorstufen tiefer zu führen schienen, und nahmen von mir und meinen Spielen keine Notiz. Ich kam stehend zu ihnen heran, und ihr Auflachen zeigte mir, dass ich durch das Emblem ungebrochenen Verlangens, das vor mir wippte, ihre Erwartungen erfüllt hatte. Die süsse Dunkelblonde und die bildschöne Bräunliche fassten mich halb liegend von zwei Seiten unter den Arm, sich halb an mich lagernd, die Ungarin mir gegenüber, ihre schönen Füsse mit meinem Zinken spielend und manchmal, mit Vorwärtsschnellen, mich einscherend. Paulas und Christas Mund wechselten ständig auf meine Lippen, ein sanfter Wettstreit kündigte sich an, ich, die Arme um ihre Hüften spielte mit ihren schönen Brüsten und fuhr Ilonka – so hiess sie – gelegentlich scherzend mit den Zehen unters Gesäss in die Furche; aber es kam ein Kuss von Paula der Ernst war und ich umschlang das schöne Wesen, das sich auf den Händen mir zu entziehen trachtete und erst in der Mitte des Beckens meinen Küssen nachgab, – ich merkte dass wir vier allein waren. Das Licht wurde geschaltet und schien bläulich wie in Schlafwagen. Paula flüsterte «Geliebter» ich «Geliebte», und während wir die Lippen verschoben, drang ich in die Berauschende ein. In wenigen Bewegungen vollendete sich ihre Lösung. Sie sah mich brechend an und hauchte «Liebster, noch einen –» und unter meinen Küssen «Nachher, oben, ich spreche Dich noch.» «Halloh» – klang es leise von neben her. Christa kam, ihre Brust und ihren Schoss haltend wie eine Antike, durch das flache heisse Wasser im bläulichen Licht zu mir und beugte sich nieder. «Ich muss bald gehen, Süsser, seh ich Dich nachher noch?» Ich zog sie zu mir. Sie hatte mich mehr als Alle entzückt, ich sagte es ihr, und sie flüsterte mir unter Küssen zu, sie wüsste es. «Wenn Du mein Freund sein wolltest, mein Abgott, ich wollte für Dich hungern und betteln», und sie schob den langen bezaubernden Leib, mich umklammernd unter mich. Diese Wollust brach meinen Widerstand, Christas wogende Bewegungen und ihr verlangender, alles verlangender Mund stürzten mich mit ihr in den Abgrund der Vergessenheit. «Ich hab Dich überwunden, Du Eiserner» sagte sie unter heissen Küssen triumphierend, «das kommt weil ich Dich liebe, – vom ersten Sehen an hab ich Dich geliebt, Bubi, sag dass nicht das letzte Mal ist, versprich mirs gleich, gib mir Dein Wort.» Ich gab es ihr unter glühenden Liebkosungen und habe nicht bereut es gehalten zu haben. Christa stieg an einer Nebenstufe aus, und mit ihrem Fortgehen schwand auch das bläuliche Licht, drei winzige rotgläserne Punkte in der Wand blieben übrig. «Ilonka?» rief ich. Niemand antwortete. Ich tastete die ganze Wandung ab, kam an die Stufen an denen vorher die drei gesessen hatten, sie waren leer. Ich stieg dort aus. Inzwischen hatte sich mein Auge an die rosige Finsternis gewöhnt, und im Weitergehen, die Thür suchend, durch die ich gekommen war, bemerkte ich in der Wand einen Lichtschein. Er kam hinter einer schweren zugezogenen Portière, die eine Art Badezelle abzuschliessen schien, und als ich sie beiseite schlug, stand Ilonka zwischen einem Wandspiegel und einem Lager, sich abtrocknend. Auch hier war das Licht rosig gedämpft und das wunderbare, fürstlich schöne Wesen, das mich unterm Arme weg lächelnd anblickte schien in Amber gebadet.

Diesmal genügte der Blick des Versprechens, der mich traf, um mich zu durchglühen, ja so zu durchwallen, als ob der ganze Tag, die letzte Stunde nicht gewesen wäre – ich blieb stehen und mein im Wasser geschrumpftes Glied rollte aus, zuckte und stieg mit drei Schwüngen sich biegend steil aufwärts, geschwollen, wie ich es kaum je gesehen hatte, schuhlang und der steinharte Kopf gänseeigross, die Starrheit riss und schmerzte, und ich, nackend und feucht wie ich war, zauderte mich dieser Königin zu nähern. Sie sah mir in die Augen, legte den Kopf wunderlich rückwärts auf die Seite mich durch und durchblickend und warf das Tuch auf meinen Henkel wie auf einen Ständer, nahm ein zweites das sie mir zuwarf und ein drittes. Wir standen halb verwandt neben einander, uns über die halbe Schulter ansehend, dann trieb es mich, ohne dass ich wüsste warum, ihr den noch perlenden Rücken im tiefen Kreuz über dem herrlichen Gesäss zu trocknen, und sie trocknete mir die Brust, wir traten um ein ander herum, beschäftigt, ohne viel zu sprechen, und jetzt wo sie die hohen Schuhe nicht mehr trug und nicht auf mich herabsehen konnte, war ich etwas höher als diese Fürstin mit den prachtvoll üppigen schmalen langen Beinen, dem klassisch schlanken Wuchs und dem adligen Hals, der das rassenschöne Oval des Gesichts mit dem kurzen, etwas herben vollen Munde über dem energisch vortretenden Kinn den langgezogenen stolzen dunklen Augen, dem lockendunklen dicht rückwärts hochgekämmten schweren Haar trug. Ich fühlte dass auch sie während sie mir die Schultern rieb und ich ihr die Seiten, die Augen nicht von mir liess, und als ich körperlich empfand dass sie meinen Mund schon seit einer Minute ansah, drückte ich ihn auf ihre Lippen und hielt sie in Hüften und Nakken fest, ohne sie mit dem geilen Gliede zu nah zu berühren. Sie küsste mich zwei Mal rasch und scheinbar flüchtig, dann wischte sie mit beiden Händen über meine Augen und küsste die Augen selber, ebenso flüchtig und rasch. «I want you first of all to forget, to forget clean, everything that passed this evening» sagte sie leise im schönsten Englischen Tonfall. «We'll know each other better bye and bye and much will be disclosed to you then which it would be very unwise to rectify under the circumstances. I wish you plainly to realize and to accept from me as the truth on a ladies honour, that if I own to adopting two names, equal to two lives, one known and one obscure, it is in the first of those qualities and not in the second one that I have waited here to tell you I am very fond of you –» Sie küsste mich nochmals, in derselben nur streifenden, nervösen Weise – «not fond of you in fact, – in love with you. I was from the first instance touched by your charm of reckless vigour and youth and shyness and candour. I learned what had brought you here, later. When I came to show you myself to you, I expected just the common thing, the common casual lover more or less civil, more or less lying, and quickly forgotten. I saw at a wink that you did not grasp the power you had to command my favours – such as they would have been. I went through all this force with all these girl's studying you close and I vow that you behaved as nobody within my reach of experience would have behaved with physical powers as miraculous as yours and with a swarm of girl beauties as reckless and sweet tasting and passionately under your sex spell, as those. I should have escaped sooner otherwise. I was not bound by engagement to more than I had been amused to do. I watched your shepherd caperings with all those sweet nymphs and naiads and not for one moment I remember being struck by any touch or tone or movement, which a greek painter could have thought unworthy of his pencil. You perfectly played a risky rôle – not virtuous one of course, but then this is a maison de joie though no indelicate one, – for the gentler portion only of sinners mostly advanced in age and of habits we'll call, for conveniences sake, refined. However, if you played your part, I confess I forgot mine. I slipped from spurious life into real one. When we came to the bathing room where it was understood all the girl's would have been yours for the bidding and as long as your forces or your appetites lasted, I resolved upon confessing to you this very night, that I loved you, I resolved upon living one short lapse of time close to your lips, close to your body and soul, upon clasping you to my breast tight and close, upon being yours in love and making you mine –» Wir umschlangen uns. Sie hob die linke Hand und faltete sie in meine aufgehobene, dann liessen wir los, ich schloss ihre Hüfte an mich, sie umfasste mit beiden Armen meinen Hals und mit schrägen Gesichtern, um vollen

Mund zu gewinnen, küssten wir uns wie man Wiedersehen küsst oder Abschied, nicht Brunst. «Bubi» sagte sie dunkel, «ich hob eine Scheereh hier, gib mir von Dein Haar.» Ich zog den schmiegsam hohen Leib zurück in meine Umarmung, küsste Augen und Wangen, Kinn und Stirne und sagte «Have something better, my queen.» Ich trug einen antiken Goldring von sehr schöner Arbeit am kleinen Finger mit einer Sphinx in Carneol, zog ihn ab, und drehte ihn über den Mittelfinger, der wieder gegen mich aufgehobenen linken Hand. «That's gorgeous, that stupendously fine. I'm to have it?» «Keep it as an engagement gift, though we cannot pretend to be trothal nor to hope everlasting. There are more kinds of engagement than one. Ours no words at present could define, but then we are too sure of each other to need defining. You have pierced my heart by what you have said and burst it open to receive your impression, never to leave it again. I have been touched with life, pregnant and direct. I want {to} say more, for I long for better than talk. I am aware this is no place for feeling such as you have struck from the flint of my sins. We will meet again when I will be allowed to tell you, that I love you, adore you, revere you, admire and worship and crave for you, that you are clean and sweet and holy to me like the curd of the lamb newborn and the bud of crocus in spring wood that your nots thrill me like the thrusts and the southwestwinds in mained march branches, that I forgot everything but two – the moment you dawned upon me robed and adorned and the moment you condescended to me, a goddess from the wave wet with your native element and generous with the gift which you emerged to grace the world with, to grace me with, my love my own my trueheart my sweet.» Sie schauerte und schmiegte sich unter dem Sturm meines Ausbruchs, dann und wann klang es dunkel in ihrer Kehle und ihre Lippen drückten sich zwischen meinen Worten überall hin auf mein Gesicht. Wir drängten uns gegenseitig zu dem Ruhelager, streckten und umschlangen uns auf ihm, dann verschmolzen unsere Lippen und ich fühlte mich gezogen. Sie that sich für mich auf und hauchte in mein Ohr «Be careful, love, and let's beware mischiff. Neither of us is using anti's. Loving me as you do and going to meet my passion are you sure you will be able to control yourself? I saw you stooling off against your will –» «Rely upon me. I undertake to prove to you I am able to lodge you in paradise for three hours consecutive with never a shadow of danger to you – though *[sic]* its not what I dream of.» Sie hatte meine Lippen schon gefasst und liess sie noch einmal los; «I am very narrow, love, and you are frighteningly adorable. Let me handle it softly to spare either of us pain and delay – oh, darling –» Ihre Linke riss meinen Mund an den ihren ihre atemlosen Küsse flammten, sie reckte sich wild als ich langsam, von ihr geführt in ihr fest schwellendes Mark eindrang. Auf die Ellenbogen gestützt um den herrlichen sich in der masslosen Lust unter mir wölbenden Körper nicht zu erdrücken, die Lippen auf ihren Zähnen von denen ihre Lippen sich wegkrümmten, eroberte ich sie still und zähe, bis sie sich ganz unter mir ausdehnte und ich über ihr. Sie hatte mich losgelassen, die Arme aus einander geworfen, ging in meine sanft sich steigernden Bewegungen über und hob sich, als ich mich hob um den Muskel der letzten Lust zum Drucke auf ihren Nerv zu spannen. Ich küsste die vollkommenen Kuppen der Brüste, während ihr Haupt nach hinten geworfen war, dann umschlang ich ihre Arme, küsste sie auf den Mund und drückte sie vom Gipfel ins Nichts. Gleichzeitig brachte ich meine Ergebenheit ausser Gefahr, und konnte die Bebende, Wahnsinn lallende mit den süssesten aller Küsse zu den süsseren anfeuern, die das Nachgefühl die Geliebte lehrt. Sie lag regungslos unter mir die Arme um mich, den brünstig heissen Mund auf meinen gesetzt, und ihn langsam erweichend, entschlies-

send, offen schwelgen lassend. Zugleich wich sie sanft unter mir aus einander, ich fühlte zum ersten Male den stolzen Mund der Sprache des Verlangens die Zunge leihen die küsst und nicht spricht, und als ich unter diesem Zeichen aufglühte liess die Rechte los und umklammerte von neuem die gebogene Waffe. Ein zweites und ein drittes Mal in zehn Minuten empfing sie die gefürchtete Aufsperrung sich windend und streckend und erlag ihrer Wollust in heissen Krämpfen und inbrünstigen Küssen schon wenige Minuten danach. Dann stand sie auf und ging ohne Wort an den Spiegel, ordnete sich und blickte auch nach mir um. Sie war ein unbeschreiblicher Anblick, das Gesicht noch flammend, der edle Körper gedächtnislos. Ich sprang auf und umschlang die Stehende, die sich still küssen liess, den Fuss auf einen Schemel hob und ein dünnes Goldkettchen vom Knöchel löste. «I must make you my bonds man as well, after having been made a prisoner of your ring» sagte sie mit einem leidenschaftlichen Ausdrucke und knüpfte es um meine neben ihren Fuss gestellte Fessel. «Come and fetch me at Friedrichs Hôtel tomorrow at seven in the evening. Ask for Countess Irangi.» Sie senkte den Kopf. «Yes, – You'll know bye and bye. I'll dress now in haste and lead you to the room where your clothes are and where I suppose you are being expected by your well-wishers. I'll leave by an other door. Do wait outside for me, – oh my love, my sweet, my own –» Sie warf sich an meine Brust. Für einen Augenblick ging unter dem Sturme von Küssen, Liebkosungen, heissen Worten ihre Haltung fast verloren. «Poor boy, to go from me thus unsatisfied, erect as I saw you first with that glorious terrible club stuck into your sweet live body. I wish I could – as I could – unload that weapon peacefully, but I know you will never suffer me to do you that posthumous service. I've been made a queen of happiness by you, kiss me good bye. Mein Bubi, morgen ich wartete darauf.» Sie nahm mein Gesicht in

die Hände, küsste mich still auf den Mund, war wieder sie selber und trieb mich aus. Wenige Minuten danach, im weissen Kleid, schob sie mich, dessen Steilheit inzwischen geschrumpft war, das Treppchen hinauf öffnete mir die Thür, küsste meinen Kuss zurück und verschwand.

Ein Halloh empfing mich. «Wo waren Sie? Waren Sie eingeschlafen? Waren Sie ertrunken? Wir wollten grade Ihre Kleider zur Polizei schicken» so schwirrten die Stimmen um mich. «Nichts ihr Süssen. Es war im Wasser zu schön nachdem ihr weg wart, und ich es so allein genoss.» «Oh, Frechheit.» «Jetzt hört. Ich zieh mich an. Preisverteilung hinter dem Paravent, wenn ich fertig bin. Ein Extraandenken für jede ebenfalls. Ich will jeder einzeln Adieu sagen. Jede hat mir diesen Tag zum schönsten meines Lebens gemacht – ja lacht nicht – jede auf ihre Weise und ich lieeeebe Euch Alle, –» und ich umarmte in den sich drängenden Schwarm hinein. Jetzt rasch, ich hatte nur noch Minuten. Thatsächlich war es 20 vor 8. Glücklicherweise ging meine Uhr immer vor und war seit zwei Tagen nicht reguliert. Ich ordnete rasch mein Geld, zehn Mark extra für jede, für Christa 60 für Paula dreissig und trat hinter den Schirm, und klatschte dann in die Hände. Mary war die Erste, küsste mich lieblich und süss, steckte mir ihre Telephonnummer in die Tasche und sagte «Preis will ich nicht, aber einen Abend mit Dir, ja?» Dann kam die Schleierwimprige, küsste ihr Zehnmarkstück und meinen Mund, letzteren aufs ausgiebigste steckte mir Visitenkarte und Adresse in die Tasche und sagte «Ich weiss Du wirst, Du kannst mich so wenig vergessen wie ich Dich, sag mir was Liebes.» Ich küsste sie und sagte «Sei sicher.» Dann die Vorarlbergerin, die betrübt war und mich fast nicht lassen wollte. Auch ihre Adresse wanderte in meine Tasche und ihr Abschiedskuss war so geladen, dass ich ihr Unverantwortliches versprach und mit steifer Keule die Nächste umarmte, Friedel Artbauer, der ich zuflüsterte ich werde sie nächster Tage anrufen, denn sie sei die Einzige, die sich mir entzogen habe und nach der ich mich sehnte. Es gab ein heisses kurzes Küssen, bei dem der Steife noch steifer und das Blut noch heisser wurde. Es glühte Marianne die dann kam, so aus, dass die Übermütige meinen Pint quetschte während sie mir fast gleichzeitig die süsse Zunge in den Mund und ihre Adresse in die Tasche senkte, und dazu sagte – «eine Nacht mit Dir, Nimmersatt, und ich weiss was Glück heisst.» Paula küsste mich wie eine Braut. «Ich den Preis, Süsser. Ich brenne nach Dir.» «Und ich nach Dir» und ich liess sie die Fackel fühlen. «Hier ist meine Adresse. Lass uns einen Sonntag irgendwohin gehn Liebster, ich möchte eine Nacht, einen Tag und noch eine Nacht, – versprich mirs –» Ich versprach und sie hielt mir den süssen Mund hin ohne wieder zu küssen, wie ein Kind, es war ein lieblicher Gruss. Die Mädchen schienen alle zu gehen, ich hörte ein Gong, es ging zum Essen. – «Christa?» ich war aus dem Paravent getreten; da ging die Thür noch einmal auf und das schöne schlanke Wesen flog in meine Arme. «Mein Geliebter, mein Angebeteter, wir haben noch zwei Minuten allein.» «Haben wir, mein Abgott, komm.» Ich gab ihr die drei Zwanziger und sie sah mich fassungslos an. Dann drehten wir uns küssend im Kreise, ich hob sie und trug sie auf das Massierbett. Sie begriff, schürzte sich fliegend, zog ein Bein aus der Unterhose, schlug den Rock hoch und wahnsinnig vor Sehnsucht und Entzücken leidenschaftlich zusammenpassend, durchdrangen wir uns. Alle Küsse halfen nicht mich zu entladen. Das Mädchen taumelte auf die Füsse, hielt sich an mir und küsste die letzten Küsse. Auch ihre Adresse trug ich davon, und ihr letztes Wort «Wenn ich Dich nicht wiedersehe Rudi, sterbe ich –»

Ich sass im Auto. Sechs Minuten noch an der Normaluhr Potsdamer Platz. Der Chauffeur, durch ein Trinkgeld begeistert, setzte mich eine Minute vor acht an der Universität ab. Ich war frisch und ausgeturnt wie nach einer Bergpartie aber krank vor Hunger, als ich in die Halle stürzte. Noch niemand am Philologenbrett. Ich sagte mir, wenn sie in fünf Minuten nicht da ist, kommt sie nicht, sie ist die Pünktlichkeit selber. Und ich hatte recht. Um 8 Uhr drei trat die distinguierte Gestalt im grauen Burberry und dem Hut den nur Offiziersdamen tragen, durch den Windfang und ich eilte zu ihr. «Wie glücklich bin ich, dass Sie Wort halten, überglücklich. Überglücklich und unterernährt. Ich habe seit zwölf nichts richtiges gegessen und bin einstweilen unzurechnungsfähig. Darf ich hoffen, dass auch Sie noch nüchtern sind?» «Bis auf ein Sandwich vor einer Stunde eigentlich ja», – sagte sie errötend» «Der Pförtner telephoniert uns ein Auto an den Rückeingang» sagte ich in die Loge tretend und es veranlassend. Als wir hinten hinaustraten, ohne wesentliches gesprochen zu haben, ratterte der Wagen bereits heran und nahm uns auf. «Überlassen Sie mir die Wahl?» fragte ich in den Wagen hinein. «Ich weiss sehr wenig Bescheid –» «Halten Sie am nächsten Cigarrengeschäft wo ich telephonieren kann», sagte ich leise und stieg ein. Wir sassen kaum, so bat ich um die Erlaubnis mein Cigarettenetui nachzufüllen, kaufte ein Par Schachteln Queen und Muratti und rief, weil mir gar nichts anderes einfiel und ich nicht am gleichen Tische, der mein erstes Souper mit Addie gesehen hatte, mit anderen sitzen wollte, bei Hiller an, wo ich den Chef, den bekannten Walterspiel als langjährigen Vertrauensmann meines Vaters, auch in Rotweinfragen, oft persönlich gesprochen hatte und bitten liess. «Herr Walterspiel? Sohn von Herrn RB Handelsgesellschaft, Kronprinzenufer, – Sie wissen ja –» «Bitte bitte, womit –» «Herr Walterspiel haben Sie eine Speiseloge im kleinen Sternzimmer hinten sofort frei?» «Ich müsste nachsehen lassen, Herr Borchardt, aber auch wenn nicht kann ich für ganz separierte Gelegenheiten garantieren.» «Bitte kein wirkliches Séparée Herr Walterspiel, – ist nicht mein genre oder meine

Gesellschaft – nur nicht auf Tuchfühlung mit fremden Unterhaltungen bitte –» «Verstehe, Herr Borchardt, ich lasse für zwei Personen auflegen, – oder –» «Ja ungefähr» «Und haben besondere Wünsche? Wir haben frische Trüffel, Hamburger Stubenküken –» «Herr Walterspiel kann ich es Ihnen einfach überlassen? Ich möchte ein grosses Chateaubriand für zwei, ein Zwischengericht, eine sehr solide Suppe und einen compakten Nachtisch, einen einzigen Wein, Bordeaux, gut mittel, kein Luxus, und den besten trockenen Sekt, echt, den Sie in halben Flaschen haben, bestes Obst und besten Käse. Bitte keine Fragen während Servierens und rasche geschickte Bedienung. Vielen Dank.» Dem Chauffeur sagte ich «Brandenburger Thor und Linden zurück, Hiller» und stieg ein. «Ich habe warten lassen, aber mir erlaubt, zu telephonieren, es ist jetzt alles so voll. – In Ordnung.» «Wieviel Umstände um eine Nachtessen» sagte sie etwas verlegen lächelnd. Ich schwieg. Sie schwieg auch. Das unglaublich vornehme schmale und schöne Gesicht mit dem kleinen weichen Munde, einer vollen Blume von Mund, der mich heut früh geküsst hatte, – die Haltung, Einsamkeit und Mischung aus Sicherheit und Verlegenheit übte einen Zauber auf mich, aber einen bannenden. Bei einem Ruck des Wagens fiel ihr ihre kleine Tasche herunter, die sie, mit einem Taschentuche drauf, lässig gehalten hatte, ich hob es rasch auf, und als sie danach griff, verlor sie das Taschentuch, ich hob auch das auf, und wir lächelten, und sahen uns etwas scheu an. «Wir fahren doch nicht noch weit?» fragte sie etwas stockend. «Eine Minute» sagte ich, «leider». Sie sah mich lieblich an und sagte «nicht weil ich Angst hätte, mit Ihnen Auto zu fahren», «Sondern?» «Weil wir uns gleich viel lebhafter unterhalten werden», antwortete sie mit einem mutigen Lächeln. «Ich heisse wie Sie wissen, Rudolf, es steht ja auf meiner Arbeit.» «Und ich Marie» sagte sie ruhig und gab mir die Hand. «Und ich finde – vielmehr ich frage –» «Ich finde auch –» sagte sie; «ja». «Aber wer fängt an?» «Du» sagte sie, «oh Gott nein, jetzt habe ich ja angefangen» – und hob abwehrend die Hände nach denen ich griff und über die weg wir uns auf den Mund küssten. Ich wollte sie umfangen, sie sich mir entziehen. «Nur Dein Pfand lass mich Dir zurückgeben Liebling», «Welch ein Pfand» sagte sie den Kopf zur Seite. «Heut früh, dass Du kämest» «Jetzt behalt es schon» sagte sie lächelnd, unruhig. «Oh nie, Ordnung muss sein –» «Pedant» sagte sie seufzend. «Du hast doch schon eben –» «Das war auf Du und Du. Keine μετάβασις ἐς ἄλλὸ γένος» «Griechisch bist Du mir über» lachte sie und ergab sich, ich küsste die Lippen die sich schon auf meine drückten, mit Zärtlichkeit, aber Zartheit. «Wie ich mich freue, dass Du, sonst so überlegen und sicher, jetzt gar nicht gewandt warst», sagte sie und legte die Hand auf meine. «Ich habe mich die ganze Zeit davor gefürchtet, Du könntest jetzt siegreich und schwunghaft sein, und wäre fast nicht gekommen. Ich kenne fast nur Vulgarität, in der Nähe Dritter scheu, unter vier Augen unternehmend. In Dir habe ich mich nicht getäuscht, Du warst so vornehm wie ein Kind, das heisst wie ein Herr, ein Herr sein heisst ja nichts anders als das immer bleiben was Kinder meistens sind. Und dafür muss ich Dir noch einen Kuss geben.» Und sie zog mein Gesicht zu sich und küsste meinen Mund innig, mich an sich drückend, wir umschlossen einander, sagten Liebling, Lieber, Du, mein Herz, zwischen langen, zusammen klingenden Küssen. Gleich drauf hielt der Wagen. Herr Walterspiel empfing uns mit gehaltener Vertraulichkeit und Dienstwilligkeit und geleitete uns an Tischen mit meistens älteren Gutsbesitzern und Börsenleuten vorbei, die hinter roten Kerzenschirmen dinierten, in eine Koje des Sternzimmers, die keinen Einblick bot, und von der um zwei andere Zellen entfernt ein anderes Paar zu speisen schien. Marie Lecocq trug eine einfache Abendtoilette, dunkelbrauner Taft mit alten gelblichen Spitzen die aus dem Jabot und an den Ellenbogen fielen, die Unterarme waren frei. Sie sah so nobel und zart aus, als hätten diese dunkelblauen Augen nie etwas Unedles gesehen, und dieser Mund den des Mannes nie berührt. Erst als die Suppe aufgetragen und der Wein eingeschenkt war, verwandelte sich das Gesicht in ein Strahlen und Leuchten. Wir sassen beglückt wie ein heimliches Brautpaar und schwatzten Unsinn während wir die köstliche Oxtailsuppe in unsern Wolfshunger schütteten. Plötzlich sah ich an der linken Hand des Mädchens einen noch blanken und fast neuen goldenen Verlobungsring. Mir blieb der Löffel in der Hand. «Was hast Du?» «Ich sehe dort –» «Ah so, ja der Ring, Ich bin verlobt. Du machst ein kummervolles Gesicht mach Dir nichts draus. Ist das so schrecklich? Es gibt doch Verlobungen mit sehr wenig Liebe oder gar keiner. Wieviel Mädchen verloben sich, weil sie es nicht riskieren können, eine Partie auszuschlagen, vor allem bei uns.» «Ja aber» – «Was aber? Dann passieren gelegentlich solche Sachen wie Dir und mir. Manche Mädchen dramatisieren das dann, entloben sich links und verloben sich rechts neu. Ich werde das nie thun, ich fände es stillos, und wäre sicher, dass es sich rächen würde. Man hat nun einmal seine Hand vergeben, da ist nichts mehr zu machen, und nach Nummer Zwei könnte eine Nummer 3 kommen, die einem noch mal besser gefiele, und so bis n.» Ich trank mein Weinglas aus und wurde finster. «Ja, und? Ich heirate einen Verwaltungsbeamten, Name thut nichts zur Sache, der ein Mal ein grosses Gut in unserer Nähe erbt. Augenblicklich hat er auch nur ein kleines Gehalt, und es wird noch zwei bis drei Jahre dauern. Er ist eine sehr kühle Natur, Bureaumensch ohne Instinkte. An ihrer Stelle hat er Doktrinen, und das geht auch.» «Er liebt Dich nicht?» «Rudolf, 90 Prozent aller Männer der Gesellschaft halten die Liebe für eine lächerliche Illusion. Du scheinst das nicht zu wissen. Verliebtheit geben sie zu, als komische rasch vorübergehende Kinderkrankheiten sonst achtbarer Menschen. Trotzdem geht es, und ganz gut. Es wird auch bei mir ganz gut gehen. Es wird ja garnichts von mir verlangt auf diesem Punkte. Ich habe nie eine zärtliche Minute mit meinem künftigen Manne gehabt oder gewünscht, erhalten oder beansprucht oder geschuldet. Er schreibt mir Postkarten und in Bedarfsfällen einen correkten Brief mit der Maschine. Bei der Verlobung haben wir uns umarmt wie Marionetten, wenn wir uns wiedersehen, küssen wir uns auf die beiden Mundwinkel wie Cousinen, weil es üblich ist. Er soll einmal eine Geliebte gehabt haben, was ich mir nicht ohne Lächeln vorstellen kann, und soll sie hier in Berlin auch noch gelegentlich besuchen, vielleicht um mit ihr Halma zu spielen – eine seiner Neigungen – vielleicht. Aber auch, weil dort ein dunkler Punkt ist, den solche Menschen oft haben und ganz heimlich mit sich herumtragen. Mir ist das unerheblich.» – «Ich fange an aufzuatmen», sagte ich und schenkte ihr und mir ein. «Das kannst Du» sagte sie ihr Glas ansetzend und mich über den Rand anstrahlend, «denn ich liebe Dich.» Ich fühlte mich dunkel rot und heiss werden, griff nach ihrem Glase und trank es {an} der Stelle, die ihr Mund berührt hatte. «Und doch –» sagte ich. «Das Doch ist bürgerlich. Es gehört zu sogenannten Liebesheiraten mit Untreuen Ehebrüchen Scheidungen und dem ganzen affreusen Salat von falschen Vorspiegelungen. Wir sind frei und reinlich in unsern Scheidungen, die keine Ehescheidungen sind. Früher hatten bei uns die Frauen den wirklichen echten Geliebten neben dem Manne, der sich mit ihm sehr gut abfand. Heute gibt es zwischen Frauen und jungen Mädchen vielleicht andere Unterschiede aber nicht diese alten. Im Gegenteile, das Verhältnis hat sich fast umgekehrt. Ich bin seit Jahren wirtschaftlich selbständig wie meine Urgrossmutter es erst durch ihre Mitgift wurde. Sie war als Mädchen so abhängig wie ich es als Baronin Sowieso werden muss. Ich weiss nicht wie es in der Ehe mit Dir und mir wird, es ist auch nicht aktuell. Ich habe noch nie einen Mann geliebt, Rudolf, aber ich habe immer gewusst, dass wenn ich je lieben würde es auf den ersten Blick sein würde», und wieder kam der süsse tiefe lachende Blick auf mich zu, ihr Gesicht färbte sich rosig und schien plötzlich voller und blühend. «Ich kann nicht wie Du sagen, ich hätte nie geliebt, aber es ist mir nie im Leben ums Herz geworden wie heut früh als das Eis brach, und welches Eis war es gewesen! Die Rose wuchs vor meinen sehenden Augen aus dem Dorn, mein Herz hat gezittert.» «Wir wollen an nichts Anderes denken als an uns, mein Freund, alle andern denken nur an sich selber. Wir müssen uns in allem Wesentlichen opfern. Lange haben wir geglaubt, das sei der Wille der Vorsehung, haben gelitten und gebetet und uns gefügt. Heute wissen wir dass die Vorsehung etwas anderes zu thun hat als Sklaverei auf Erden abzuschaffen, und handeln wie die Frauen des Mittelalters. Wir sind trotzig, ohne es in die Zeitungen zu schreiben, wir sind Rebellen gegen Odin wie die Walküren, ohne Ibsensche Stücke daraus zu machen, wir beugen uns nur wo es nicht anders geht, und erobern uns den, der uns verdient.» «Könnte ich Dich verdienen!» sagte ich hingerissen, «ich wollte mir Dir den Balladentod sterben.» Sie zuckte die Achseln, hatte Funken in den Augen und holte mit schlanken schnellen Fingern das kreidig fette Fleisch an der silbernen Stange aus der Hummerschere. «Dieser Trotz ist was Du den Dorn nanntest. Ich bin, wie man sagt, gar nicht liebenswürdig. Digna a quolibet quae ametur? Es ist nicht meine Sache; lieber δυσέρωτος.» «Sage mir Du Einzige warum Du Philologie begonnen hast?» «Sage Du mir das Du einziger. Du bist doch ein Abenteurer, ein Dichter, ein Hofmann, ein Tänzer, vermutlich ein guter Reiter, vielleicht sogar ein Jäger, bestimmt ein – heut früh habe ich im Scherz gesagt Verführer – ich meinte, warte, homme à femme ist viel zu weich und französisch, – a ladies man viel zu englisch und robbenartig glatt und hart, – sagen wir un passionnel. Also?» «Ich habe gefunden dass es nur in der lateinischen und griechischen Luft natürliche Grösse und erbliche Freiheit gibt. Ohne Heraklit und Lucrez, Achill und Coriolan Pindar und Cleopatra, Orest, den Odenrhythmus des Alcaios und das Distichon von Kallimachos, aber auch ohne den Optativ, den Accusativ cum Infinitiv, Oreaden, Mädchenmythen und tolle Chöre kann ich mir das höhere Leben nur abstrahieren. Concret ist es wo ich eine griechische Sache aufschlage, oder einen griechischen Torso sehe, eine Frauenbrust, oder eine Gesetzestafel die anfängt SenatusPopulusqueRomanus. Die Forschung ergibt sich aus der Ungeduld durch Interpretation den letzten Tropfen honigsüsser Wirklichkeit aus der Versteinerung zu pressen. Ich könnte Dich nicht lieben wie ich Dich liebe wenn nicht jede τανύσφυρος, jede πάρδενος ἀγροτέρα in mir durch Dich so auflebte, wie alles was doch von ihnen stammt und mit ihnen zusammenhängt, und was Du Ballade nennst.» «Du hast es so genannt» «Und Du mir inspiriert.» «Ich habe griechisch gelernt wie andere, sich eine eigene Lesehütte in ihrem Parkwinkel machen. Ich brauchte etwas, worin mir keiner blicken konnte, – ἄδυτον jungfräuliches Eigentum. Lateinisch habe ich erst später gelernt, – die Dauben um das Fass. Ich habe mich in Griechisch so verloren dass {ich} darin träume – geträumt habe. Griechisch ist das Unmögliche, nur hier lebt man heroisch. Auch mein Trotz stammt daher. Auch mein Adelsgefühl. Es ist zu schön, dass Du die Sage so fühlst wie ich. Aber sie ist für mich auch in der Geschichte, überall. Adel ist ja nichts als Freiheit. Wo ich nicht mehr wählen kann bin ich μία ἐκ τῶν πολλῶν, – oder wie Du von Kallimachos gesagt hast, οὐδ᾽ ἀπὸ κρήνης πίνω – fühlst Du das auch?» – «Wenn es nicht zum Schluss heissen wird ἄλλος ἔχει» – seufzte ich. «Ah ja», sagte sie nachsinnend, «Xx ευ βουλευ σὺ δὲ ναιχὶ καλὸς καλός – oh Thor. Nein. Oh ich bin so glücklich

Rudolf. Ich war nie so selig wie heut Abend. Am seligsten über Dich. Gott sei Dank dass wir uns nicht heiraten können. Was soll ich denn noch alles essen; was bringen Sie da?» fragte sie den Kellner. «Einen kleinen Applepie, Hausrezept», sagte Herr Walterspiel, hinter dem Service auftauchend, «Hat es den Herrschaften geschmeckt? Waren Baroness zufrieden?» «Oh wir kennen uns», sagte Marie freundlich, «richtig». «Baroness waren doch, wenn ich mich erinnere, zu Ostern bei dem kleinen Silber Hochzeitsfrühstück Graf und Gräfin Plater –» deutete Herr Walterspiel an. «Ja richtig, das war hier. Ja, ausgezeichnet, alles auf der Höhe des Hauses. Du hast mir garnicht gesagt dass wir bei Hiller sind, Du Verschwender –» «Die Herren, Herr Papa und Sohn sind alte Gäste des Hauses, Baroness» sagte Herr Walterspiel geschmeichelt, «Herr Borchardt junior wird schwerlich daran gedacht haben, heut Abend andern als uns die Ehre zu geben, – guten Appetit, guten Abend». «Δεινοτάτη, mich Du zu nennen vor diesem Ohr des Dionysios!» Sie lachte, «Glaubst Du ich liesse mich am Taufabend meiner Liebe zu Kellnerlügen herab? Du kennst mich noch nicht. Warte bis Du an die Grenzen meiner Freiheit kommst. Du weisst nicht welcher Übermut in mir eben gekocht hat, was ich beinah gesagt hätte um Dein Gesicht dabei zu sehen – ich sag Dirs auch nicht. Warum gibst Du mir so ruinöse Diners? Ich wäre an einem Holztisch in einer Italienerkneipe ganz so glücklich gewesen.» «Lass mir am Taufabend meiner Liebe das desipere. An dem was nicht überfliesst, verdorrt die Welt.» «Oh schön, fiel Dir das eben ein oder ist es griechisch?» «Es müsste sechstes Jahrhundert sein, – oder wieder drittes. Dazwischen stehen die Mässigungen des demokratisierenden Apollon.» «Ich muss wieder sagen, Gott sei Dank, dass wir uns nicht heiraten können. Abgeschminkte, hagere Ehen im alten Schlafrock, so nach dem zehnten Jahre allerbestenfalls – und vielleicht keimten sie aus solchen Momenten wie diesen!» «Und wenn Du es noch zehn Mal sagtest, wird etwas in mir schwören, dass ein Leben nicht ausreicht, Dich zu erkennen. Ich wäre ein Elender, wenn ich nicht überzeugt wäre, wer Dich gewinnt, wünscht sich noch mit seinem sterbenden Atem wieder zur Welt zu kommen um Dich erst wirklich zu gewinnen.» «Ah Champagner» sagte sie, dem Kellner den Kelch abnehmend, mit aufleuchtenden Augen.» «Lassen Sie, ich schenke selber ein», der Mann zog sich zurück. «Im rechten Augenblicke», sagte ich, «Gewiss» gab sie trinkend zurück, «man darf ihn nur trinken wenn die Herzen schäumen und die Prosa Perlen ansetzt.» «Oder» gab ich den Spott erwidernd, zurück, «wenn die Bitterkeit des Meeres nach Schaumgeborenen verlangt, um ihren Nihilismus zu versüssen.» «Vollendete Stichomythie» lachte sie, «mein süsser Freund, wo habe ich geträumt, mich so zu unterhalten und auf den Mund zu blicken der mich geküsst hat und ich ihn? Oder träume ich es jetzt und wir werden heut nicht mehr tanzen sondern gleich beide aufwachen, – ich in meiner Zweizimmerwohnung in der Schadowstrasse, Hofeingang rechts zwei Treppen?» «Wir werden tanzen lieber Engel, und die Zweizimmerwohnung ist doch nur eine Verkleidungskomödie Deiner Jahreszeit, Dornige. Du bist eine Junkerin, wirst eine Châtelaine und sitzt dazwischen vor einer Remington die Hornbrille auf.» «Ja man kann es auch so ausdrükken. Und Du bist fils à papa? Ich möchte mir Deinen Vater denken können, und Deine Mutter. Von allen Andern, die ich soi disant kenne, kenne ich zwei Generationen mit Seitenzweigen.» «Meine Mutter ist eine kleine dicke Frau, kalt, elegant, unerbittliche Erzieherin, und hat wenig Glück mit ihren Kindern, nicht viel mit ihrem Gatten, hat früher in Russland sehr breit gelebt und leidet in Deutschland, liest nur französisch spricht lieber französisch und russisch als deutsch und möchte immer reisen. Mein Vater ist ein imponierend schöner tiefernst blickender älterer

Mann, der bezaubern kann wenn er gütig ist, den eine andere Frau als die seine seit Jahren glücklich macht, in der Stille, eine Russin von altem Namen und neuem Leiden, und der über Deinem Freunde wie die Wetterwolke hängt, besonders augenblicklich, bis ich meinen Doktor gemacht habe.» Sie lächelte. «Kaufmann?» «So etwas; früher Thee, über die ganze Welt weg, jetzt Geschäfte hier, Banken, Aufsichtsräte, Finanz. ‹He looks like a lord or an english judge› sagte neulich ein englischer Freund vor seinem Bilde.» «Und sonst? Aus Thee, Finanz und einer kleinen dicken Frau mit Marcel Prevost in der Hand allein stammt Deine Linie nicht, das schwöre ich.» Ich erschrak und sah sie scharf an. «Bist Du eine Seherin oder wer hat Dir –» «Verzeih wenn ich ahnungslos etwas berührt habe –» «Gut. Du hast Recht. Mein Wappen ist ein schiefer Balken. Ich habe auch einen leichtsinnigen Grafen mit einem Namen der Freiheitskriege und einen mittelmässigen und schürzenjägerischen kleinen deutschen Potentaten im Pedigree. Durch beide den halben nassauischen Uradel und die halben mitteldeutschen protestantischen Dynastien, meistens unbegabte Ernestiner und Anhaltiner. Wälze einen Stein auf dies unholde Bekenntnis.» Sie sah mich prüfend an. «Das habe ich sofort geahnt. Du hättest es mir nie unterschlagen können. Kammerherr sagte ich heut früh. Dieses Erbe karikierst Du manchmal leicht. Wie Du vorher im Wagen warst, war es unverkennbar. Jetzt finde ich es unverkennbar in jedem Deiner Sätze. Ich will fort. Ich will endlich tanzen, Lieber. Den Kaffee nicht hier, lieber dort.» Sie stand auf ohne meine Antwort zu erwarten, sehr hoch und mit einem Ausdruck zwischen Fassung und Erlebnis in den Zügen der mich bezauberte. Ich half ihr in den Mantel, liess mir die Rechnung in die Tasche stecken und gab Walterspiel einen Wink den er verstand. Der Boy pfiff ein Auto heran auf das wir am Windfang warteten. Während an einem Tische jemand mich grüsste, den ich nicht beachten wollte.

Wir stiegen ein und fuhren in den Westen. Ich hatte neulich in Johnnies Nähe eine sehr hübsche kleine Tanzbar halb unbewusst bemerkt und jetzt in der Richtung fahren lassen.

Sie nahm meinen Arm und sah träumerisch vor sich hin. Auf der ganzen Strecke der Linden sprachen wir kein Wort, sie spielte leicht mit meinen Fingern. An der Tiergartenstrasse fuhr sie auf und sagte «Aber welche Enormität, nicht wahr, dass ich Dich gestern um diese Zeit nicht kannte! Es ist zehn Uhr. Ich sass zu Hause und las Thukydides mit dem Krügerschen Commentar.» «Gestern» – sagte ich – «war gestern. Machst Du Dir klar, das ich um ½ drei Uhr Dich zuerst sah, vor sieben Stunden? Und machst Du Dir gleichzeitig klar, dass dies Zeitmessen von uns nur den Sand misst und nicht das Gold. Wir haben keine Maasseinheit für den Erlebnisverlauf. Der Zeitbegriff ist ein Teil unserer Vegetationsdauer. Die Eintagsfliegenstunde ist nicht die des Menschen, das Jahr der Spatzen nicht das des Hundes, die Knabenzeit des Elephanten nicht die des Menschen, die Sekunde des unsterblichen Teils in uns nicht die des sterblichen. Tagesumläufe Stundenumläufe wie die heutigen musst Du an Jahren messen nicht an trivialen Stunden und Tagen. Was erlebst und verbrauchst Du in Stunden der Gefahr? Was in denen die mit Blitzen über Dein Gefühl entscheiden.» «Es ist richtig aber man hat keine Worte dafür.» «Keine deutschen» sagte ich leise. Sie lachte und lehnte sich fester an mich: «δεινῶς ταῦτ' ἀλεξαὶς δεινὰ μαλὶ ὄντα, ὦ δαιμόνιε. Sie hatten ein Gefühl für das δεινόν, und was anderes heisst es als schrecklich schön.» «Was anderes, oh schrecklich Schöne.» «Oh das bin ich nicht, Hofmann.» «Nicht schön?» «Ἀλλὰ σύ μὲν τάδε, οὐδ' ἐγώ.» «Und ich hätte mich nicht bis tief in meine Schuh vor Dir gescheut, mit echtem δέος, heut Mittag?» «Das war mehr als αἰδώς, oh Synonymiker.» «Du dachtest nicht, dass ich küssen könnte?» fragte sie und küsste mich, indes ich sie an mich drückte.

«So wenig wie die andere γλαυκῶπις» antwortete ich im Spiel mit ihrem Kusse, und einem schliesslichen den sie zärtlich und weich in ihren eigenen verschmolz, «Schmeichler und Frevler. Die Pallas küsste nur der Titan» «und es gab Malheur» fügte ich hinzu. «Ah ja.» Sie blickte zerstreut. «Es ist so schön dass Du zugleich so so αἰδοῖος und so – κνισθείς, sagt Pindar, aber ich sage μανικός πρὸς τὰ ἐρωτικὰ παθήματα.» «Ja» sagte ich, mit einer mich erschreckenden Plötzlichkeit ausbrechend, «Du sprichst es aus, ich rase. Ich habe neben Dir gesessen wie ein in Fesseln gelegter Rausch, die ganze Zeit, und nur darauf gedacht, Dich nicht zu verstören. Ich habe jedes Wort gewogen und jeden Ruck, und wenn Du Dich in meine Arme gibst, jeden Druck meiner Lippen. Aber glaube nicht weil ich wenig spreche, ich sei weise. Vertraue mir nicht zu weit, ich bitte Dich darum, und vergiss nie, dass ich ein Thor bin durch Deine offene Gunst. Die Aidos ist da, und hält mich in Fesseln, aber die Mania ist älter und auch göttlich, enthusiastisch. Es ist schrecklich Marie, Dich zu lieben und nicht um Dich werben zu dürfen, Dich zu küssen und nicht denken zu dürfen ‹ewig›, zu fühlen dass Du mich liebst und mich mit noch andern Fesseln aus der Aidos zu binden, mit dem was Du griechisch nicht sagen kannst, weil die Glücklichen es nicht konnten, mit Ehre.» «Mach Dirs nicht schwerer als es ist», sagte sie leise vor sich hinsehend. «Fast Alles was uns bedingt, Dich und mich, lässt sich griechisch sagen. Was drüber ist, ist vom preussischen Stoizismus oder vom puritanischen. Wir können nicht zugleich Cavaliere sein und Roundheads. Ich werde Dir alles verzeihen, ausser das tartüffische. Wir sind Freiherrn und Freifrauen, unser Codex ist reichsunmittelbar und der Bürger hat die Gesetze seiner berechtigten Angst vor sich selber.» «Aber was ist das Band zwischen Scheu und Rausch, Du Süsse?» «Vielleicht Tanzen» sagte sie vergnügt wie ein Kind. «Nachdenken jedenfalls nicht. Wenn die Liebe ein Gott ist, so deutele ich nicht sondern folge. Du weisst, οὐ λέγει οὐδὲ κρύπτει, ἀλλὰ σημαίνει. Wir haben noch den ganzen Abend vor uns, Liebster, wie fein! Es hat eben erst angefangen, stell Dir vor –» Und sie fiel mir, ausgelassen, die Ernste und Bestimmte, um den Hals mit Scherzen. «Küsse mich nicht gleich, wozu? da wir es ja könnten. Auch uns bloss umarmen ist so schön. Wie breit Du bist, ich bin ganz schmal. Das erste was mir an Dir auffiel, war Deine gewölbte Brust, die ich jetzt einfach umarmen kann, und drücken, fest, ah, nicht fester. Mich nicht zu fest, Liebster, bedenke dass Du keine Mädchenarme hast, kleiner Titan. Nein, kein Kuss. Und einen sehr kräftigen Hals auch. Ist es wahr dass Du meine Augen schön findest, oder war es geschmeichelt? Auch jetzt wo Du sie nicht siehst, kannst Du sie Dir vorstellen? Ich mir Deine nicht, ὦ σκυθρωπέ, wie Du mich ansahst, als Du mich verspottetest. Und ich wusste was hinter dem Spott war. –» «Ich selber wusste es nicht –» «Ebendas ist ja das Geliebte an Dir, dass Du so unschuldig bist und doch sicher längst kein Schäfer mehr in der Liebe, Du bist Natur in beidem.» «Und Du in beidem für mich völlig übernatürlich, Marie, die Unsterbliche, die dem Sterblichen ihre Gunst schenkt, Eos dem Tithonus –» «Besser als Kypris die lächelnde, ich liebe ihr kupplerisches Lächeln garnicht, – die Asiatin. Gegen Eos habe ich nichts, aber ich will Dich in keinem Grillenkäfig sehen, wenn ich heirate. Thalis habe ich immer geliebt, aber ich werde keinen Achill von Dir tragen.» «Und ich bin nicht der Mann mit Dir zu ringen, und Dich mit einer Handvoll Staub um Dein gläsernes Mädchentum zu betrügen.» «Sie war gewiss ihr Glashaus manchmal satt. Es küsst sich schal durch eine Scheibe. Gegen das Symbol das Staubes habe ich nichts, aber Du sollst nicht mit mir ringen, freilich, Liebster», sagte sie ernsthaft. «Ich will den Wunsch fest verschliessen.» «Den Wunsch?» «Manche Wünsche wirst Du lernen müssen, mit solchen Mädchenarmen ohne Ringkampf zu fesseln.» Sie liess mich los. «Oh nein, Du kennst mich nicht. Sei frei, wie ich, ich will nicht grollende Sklaven. Es muss so frei und leicht und leidenschaftlich sein wie ein Tanz, und jeder Tanz ist Liebe. Auch wenn man sich loslässt, umkreist man sich im Banne der Figur.» «Und schliesslich küsst man sich, auch das ist ein Gleichnis.» «Gib» sagte sie. «Es ist schön sich küssen ohne sich zu umarmen, wie sich umarmen ohne sich küssen.» Aber da der Wagen schlug, hielten wir uns doch, um den langen Kuss nicht zu zerreissen. Die Arme schlossen, die Küsse drängten, und wir nahmen unsere Gesichter in die flachen Hände, sie zuerst um den lautlos ernsten heissen Mund immer wieder genau auf meine Lippen zu drücken, ich endlich um ihre Ordnung in meinem nicht mehr zu bergenden Feuer zu ersticken. Der wiederküssende Mund blieb geschlossen, aber die edle schmale Gestalt löste sich in meinen Armen, und plötzlich ging ein Seufzer durch sie hindurch, und ein Kuss wie Feuer und Honig hatte mich durchschossen. Zugleich machte sie sich los, sah aus dem Fenster und gleich drauf musste ich halten lassen.

Die Bar war sehr originell und bestand aus zwei kreisförmigen Anlagen. In der vorderen lagen um einen runden Schenktisch eine Anzahl radialer fast abgeschnittener Kojen, in denen saubere Weissjacken servierten. Dahinter ging es zwei Stufen hinunter in eine ebenfalls runde Palästra mit zwei seitlichen Ausbuchten, in deren einer das kleine Orchester sass. In der andren waren ein par Tischchen und Stühle, mit wenig Zuschauern, oder für ausruhende Paare. Dort untenhin gingen wir und tranken ausgezeichneten Kaffee. Marie sah wie um zehn Grade gesteigert aus, ihre zartes Incarnat hatte einen Rosenton angenommen, das Strahlen ihrer fast dunkel wirkenden Augen war ständig geworden, und ebenso das selige Lächeln um den bezaubernden Mund, der, so weich und edel und zugleich so gesetzt, jetzt Belebungen und Ausdruck ohne gleichen hatte. Wir warteten auf einen Fox und tanzten mit vier oder fünf Paaren. Sie hatte wie ich vermutete einen sehr strengen Stil, aber verbunden mit einer äussersten rhythmischen Feinfühligkeit und einer ebensolchen Empfindlichkeit für die Führung. Da die anderen Paare mit berlinischer Ordinärheit tanzten so wurden wir bald beachtet und tanzten schliesslich allein, warteten stehend auf die Wiedereinsätze und sprachen dazwischen mit den halben Worten Glücklicher, ohne uns anzusehen und die Miene zu regen. Auf den nächsten Twostep tanzte ich Walzer mit Figuren. Ich holte sie etwas geschlossener an mich, flösste ihr bald den Rhythmus meiner Absichten ein, und es begann ein glückliches schwereloses Schweben zu der ausgezeichneten und zarten Musik. Ich glaubte das Klopfen ihres Herzens zu fühlen, sah die Brust sich heben und senken, atmete ihren Atem ein, spürte ihr Biegsamwerden in der Woge der Ausweichungen und flüsterte ihr zu «Unablässig, unabwendlich, unbesieglich, unerhört – Unermesslich, unerklärbar, ungestillt – unerhofft –» Sie sah einen Augenblick auf und antwortete im Kreisen «ich erkläre ich erhöre, ich erhoffe – ich lasse nicht ab ich wende nicht ab, besiege mich ich stille» «Wo ist eines noch, unermesslich» sang ich im Scherz in ihr Ohr. «Ich will es erst lernen –» «Du musst es mich lehren, sonst lehr ich Dichs» – Die Musik brach ab und wir sassen. «Ὦ μῶρε μῶρε» sagte sie über den Rand ihres Flip hinweg; cave canem, amo te. Qui proxime adsunt timeo ne sermonum nostrorum nimis cupidi.» – «Recte mones. Scilicet adeo leporum deliciarumque nostrarum jejune, ut indulgendum eis sit siquid alienae suum in frigus felicitatis arripuerint.» Sie lachte. «Oh beatiorum arrogantiam, superbiorem quam paerosiorem! Sed hem tu me beatam velim efficias, non Πουλυδάμαντα καὶ Τρωάδας.» Sie dämpfte die Stimme. «Unum hoc scito mihi te debere» – «Dic quidnam, enarra» «Omnem totumque te quantus qualisque et exstas et spiritum ducis, et mente viges et polles animo et iusta petis et cupis vetita» – «Belle, haud negaverim, unum dixisti omnia haec», sagte ich laut lachend, «impune uteris tanta audacia per loci celebritatem, quantae et minimae sane partis mox ubi soli fuerimus facile per me te paenitebit meminisse.» «Inp{a}enitentis» strahlte sie, «labia labiis conseruisti, impenitentem eandem urgebis, neque ea fuerit, quae retractaverit per tui timorem libere edicta.» «Pulchrior, mea vita, meliorque non lacessivit ulla insolentem puella amantem. In tuas me dedi manus, tu ne mittas» «Oh vanos amantium sermones, risum teneo, quae tuis manibus et tractor et summo cum desiderio tractanda, continenda, compescenda usque permanebo. Elexi te, sed vana haec fallacia, capta sum ab eo quem elexi. Una me re liberam potes restituere, amorem tuum obtestando. Una hac re nec satior nec satiabilis ero, te puer, te amo, omnibus te meis cupio visceribus. Ach dass man es nicht griechisch sagen kann. Es klingt immer wie aus dem Zwölftafelgesetz.» Wir brachen in ein unstillbares Gelächter aus. Die Musik fing wieder an, wir gingen den Tanz mit ganz kleinen Variationen und ich sagte in ihr Ohr «Was für verwegene Dinge hast Du mir zugeschleudert wie Federbälle, Du Spielerin.» «Nicht dass ich wüsste, aber freilich, Deine Virtuosität verlockt zu übertrumpfen.» «Ich habe alles vergessen. Es war in Wasser geschrieben oder in den Flip.» «Du wärest es im Stande, höfischer Werber. Ich glaube es aber nicht, sondern Dein Herz springt in Deiner Brust wie ein beschertes Kind, ich sehe Dirs an der Stirne. Komm walzen, langsam, es geht.» Wir begannen einen Schrittwalzer und ich begann sie rückwärts zu führen, in Schleifen, beinahe Achten. «Ich werde langsam ruhig» hauchte sie an meiner Schulter mir zu, «das heisst gewiegt. Ich könnte mit geschlossenen Augen weiter, wenn Du so führst.» «Ich fühle es als ob wir zwischen zwei Wolken schwebten, und eben wäre Mondlicht auf Deinen Augen. Ein Stern sieht Dir zu und hält Dich für ein langsames Meteor, denn Dein Goldherz glüht durch Dein Gewand während Du fährst. Ich bin nicht sichtbar und trage Dich als ein Armpaar aus durchsichtigem Schatten durch den Aether. Oder ich bin ein grosser Vogel auf dem Du stehst, wie die Göttinnen die heimkehren. Deine Hände auf meiner Schulter liegen wie auf blauer Luft, jetzt hast Du einen ὁρμός um den göttlichen Hals, und vielleicht bald Flügel. Du bist das schönste Wesen das ich auf Erden gesehen habe, und bisher nur ein Zehntel wirklich, unsere Liebe wird drauf aus sein, das Quantum an Realität langsam zu vergrössern. Ich ergänze Dich aus Andeutungen.» Komm» sagte sie, als die Musik aufhörte, «schöner wird es nicht mehr. Lass uns gehn. Ich kann diese Lemurenmasken nicht mehr sehen. Allein, ja zu einer unsichtbaren Musik, oder zwischen sehr eleganten, sehr anmutigen und gleichmässigen Leuten. Ich bin manchmal sehr ungeduldig, Rudolf. Du kommst mir auf diesem Hintergrunde wie ein Nachtfalter vor, an dem zwanzig Ameisen zerren, – ich habe das einmal gesehen ...» – – Wohin?» fragte sie im Auto. «Es ist erst halb zwölf, wohin kann man in dieser sinnlosen Stadt. Um diese Zeit klaffen die grellen Schlünde nur noch für solche, die sich amüsieren – die anderen schlafen.» «Ich wüsste nichts als ein stilles Café. Männer die noch plaudern wollen gehen ins Admiralsbad, das die ganze Nacht offen steht, legen sich auf zwei Ruhebänke neben einander im Halblicht, trinken Thee wie Chinesen und philosophieren. Mir und Dir wünsche ich nichts als einen Wagen nehmen und in die Nacht fahren, – weit ins Land.» «Du wohnst bei Deinen Eltern?» «Ja». «Das Einfachste ist, wir fahren zu mir; auch für das chinesische ist dort gesorgt. Ich kann mich nicht von Dir trennen, Liebster, noch nicht, und ich will nicht» «Und ich», rief ich ausbrechend, «will nicht und kann nicht, Marie. Ich hätte in zehn Minuten alle Würde fortgeworfen um bei Dir für eine Stunde mehr zu betteln, um eine halbe, um alles eher als die Trennung. Sei grossmütig und zwinge mich noch nicht mich von Dir zu reissen. Es reisst eine Ader mit und sie reisst noch früh genug» und wir warfen uns einander ans Herz. Es gab zwischen den Küssen wilde und trostreiche Worte, begütigende, leidenschaftliche, beschwörende, sanfte und viel Streicheln der Wangen, Herzen und Kosen und Drücken der Hände. «Jetzt bin ich ganz erleichtert» sagte sie mit der drolligen kindlichen Vergnügtheit, die sie plötzlich haben konnte. «Jetzt bin ich ganz geborgen, nicht mehr gewirbelt, ich weiss unser Ziel. Es ist ein sehr armseliges, mein Lieber. Es sind zwei Buden. Ich habe die ganze Wohnung aus sechs Zimmern, aber die beiden andern Damen, die sie mitmieten, zwei Schwestern, sind auf einer Urlaubsreise.» «Dazu gehört ein Herz wie Deins, Du Lilie», sagte ich ihre Hände küssend, «das Mobiliar der vier Wände zu classieren, in denen ich hinter Dir und mir die Thür zumachen dürfen soll, und im Dualis zu reden, νῶι, eine Untrennbarkeit, statt wir, nos, ich und Du, σύ μὲν ὡς, ἐγῶ δε ὡσαύτως.» «Fühlst Du das wirklich» sie fasste meine Hand rasch und küsste mich kindlich auf die Backe, – «wie schön – denn so fühle ich es». Wir blieben Arm in Arm sitzen und wechselten dann und wann ein halbes Wort bis wir an einem der altverwohnten grauen Häuser hielten. Sie schloss auf, es gab keinen Portier, wir gingen hinter der Treppe in den tot hallenden finstern Hof, aus dessen Rückgebäude links unten, Mitte oben ein par arme Fenster gelb blickten, dort eine Holztreppe zwei Stock hoch und sie schloss zum zweiten Male auf. Durch eine kleine Entrée in der eine Reitpeitsche und ein Golfstockbeutel im Ständer staken, ging es in einen alles eher als traurigen Raum. Die bequemen altmodischen Möbel hatten einen grossblumig reichfarbigen englischen Crétonne, mit dem auch die Wände abgespannt und die Fenster eingerahmt waren, auf dem grossen Schreibtisch rechts zum Fenster standen Chrysanthemen und Bilder in breiten glatten Silberrahmen, an der Wand, in grünen Holzleisten Riesenaufnahmen von antiker Architektur, auf dem Tische im Eck eine Alexanderbüste und Abgüsse von Kleinbronzen. In der Mitte eine Chaiselongue mit einer Pelzdecke, daneben ein Tischchen mit Bücherbrettern. Die ganze Längswand entlang die Bibliothek, etwa 2000 Bände, anzusehen wie die eines Mannes. «Ich wollte ich hätte es halb so persönlich heimelig wie Du», sagte ich entzückt, als sie mich an die Wand zog. «Sieh meine Halbblutstute, Orcas, ist sie nicht der Müh wert? Der Rist, die Fesseln, das Gebäude, wie? Wart wenn wir das erste Mal zusammen reiten. Nimm ein Buch, ich mache rasch Thee, ich habe leider keinen Stromkessel». «Das erste» bat ich, «was ich anschleppe.» «Was, was!» antwortet sie lachend und verschwand. Ich nahm vom Lesetischchen das oberste Buch, voller Zettel gesteckt. Diels Doxographen. Darunter lag Parmenides, eine englische Ausgabe von Platos Sophista und Bekkers Anekdota. Welch wunderbares Wesen. Und Orcas, und Tanzen, und diese reiche Welt. Inzwischen kam sie zurück und ich eilte ihr das Tablett abzunehmen, sie legte sich auf die Chaiselongue und ich bediente sie. «Man geniesst Deine nursery» sagte sie lächelnd den Thee schlürfend, – «welche Erleichterung, Liebster, Gott segne Deine harte Mutter, wenigstens soweit. Bei uns war es früher überall auch so, jetzt wird es selten, alles verlandjunkert bis zum Übelwerden. Komm nah, näher mein Geliebter. Und jetzt melde ich meine Rechte an Dich aufs arroganteste an, – willst Du mir die Schuh ausziehn?» Ich that es selig und küsste ihr die Füsse. Sie waren keineswegs klein, sondern lang schmal und mit hohem Spann. Ich dachte Tauten, 6tes Jahrh., aber sagte nichts und trank meinen Thee, die süsse Ruhe nach der lauten Stadt, die Nähe des herrlichen Wesens mit allem Poren kostend. Dann musste ich ihr die Tasse abnehmen, stellte meine dazu und hielt das Sitzen plötzlich nicht mehr aus. Nach der Ruhe ergriff mich eine Erregung über alle Maassen und ich führte die Unterhaltung mit grossen Schritten durchs Zimmer gehend. Ich weiss kaum mehr was wir sprachen, – es waren abliegende Gegenstände, zu denen wir uns fast flüchteten. Ich fühlte in ihr das gleichen Bangen wie in mir, von Liebe zu reden, von uns, von mir und ihr. Und ebenso plötzlich war ich bei ihr, hockte vor ihr auf die Erde und sagte es werde zu spät für sie, es sei unverantwortlich von mir, ich müsse gehn, es sei nach Mitternacht. «Wenigstens muss ich Dir nicht länger von links nach rechts und wieder links mit den Augen folgen und kann Dich ansehen, – warum schon, – Du?» Ich umarmte sie so leicht ich konnte und sah ihr in die Augen. Aber die Berührung war zu viel für uns beide. Die leichte Umarmung wurde unzertrennlich, die Lippen hingen in den Angeln immer unlösbarerer Küsse. Sie machte mir Platz und wir umschlangen uns, Seite an Seite einander zugewandt lagen wir Mund auf Mund uns von einander ernährend und ihre Küsse waren nun alle wie jener erste der mich im Wagen durchglüht hatte, am Feuer meiner Leidenschaft zu denen der ihren geworden. Wir sprachen nicht oder kaum, oder sinnlos. Die schmale Gestalt rang und lebte in meiner Umarmung, und in ihr war so viel Wille wie in mir. Nicht nur ich unterwarf mir dann und wann ihr Gesicht um den zitternd süssen Mund inniger zu verzehren, auch sie neigte ihren Kopf über meinen, legte mein Gesicht zurecht und fügte meine Lippen ihrem heissen Kusse. Im Spiel der Leidenschaft, ob ich ob sie unterliegen solle, geriet ihr ganzer Körper unter den meinen und ertrug meine fassungslosen Zärtlichkeiten. Als es soweit war, sprang ich auf, taumelte fast und wollte nach Hut und Mantel greifen um zu gehen. «Geh nicht so, Rudolf, was hast Du, Liebster», sagte ihre klare Stimme. «Wer sich in Gefahr begibt, kommt in ihr um» sagte ich noch am ganzen Körper bebend. «Ade», und ich küsste ihre Hand. «Bleib» bat sie still, und hielt sie fest. «Komm, werde ruhig –» und sie zog mich an sich. Sie lag in meinen Armen, ich küsste ihre Augen, und sie mein Kinn. Als unsere Lippen wieder zusammenschmolzen, erlosch das Licht. Sie hatte es ausgeschaltet. «Liebster» sagte sie, «mein Herz mein Alles», und ich «Geliebte, lass mich gehen.» Sie schloss mir den Mund mit den Lippen. «Meine Göttin» stammelte ich, ihre Hand küssend, «ich bin nur ein Mensch!» «Sei es» sagte sie mit einem heissen Kusse, «und wolle nichts andres sein, als gefiele mir ein andres Du besser als Dein Du» und wieder schlossen mir ihre Lippen den Mund. Ich sah scharlach und blau vor den Augen. Meine Küsse zerrissen sie, meine Arme drückten sie in den Winkel der Not. Ich weiss nichts Einzelnes mehr, denn ich war nicht mehr bei Sinnen. Ob es noch zehn Minuten, ob eine halbe Stunde gedauert hat, bis unsere unnennbaren Rasereien alle Bande sprengten, ist mir verschwunden. Ich hoffe ich habe sie geschont, ich bin gewiss dass mein Wahnsinn meine Zartheit nicht völlig überwältigt hat, denn sie wehrte mich nicht ab, – auch nicht als ich mich befreite, mir den Weg durch die Hindernisse auseinanderschob und ehe ich es noch genau wusste, in ihr brannte. Eine ungeheure, sprengende Seligkeit riss durch mich hindurch als {ich} das fühlte, meine Küsse erstickten ihr glühendes Stöhnen und ihren gepressten Laut und nach wenigen Minuten der äussersten Entzückungen musste ich mich bereits flüchten um den süssen Schoss nicht zu gefährden. Ich bedeckte ihr Gesicht und ihre Hände mit Küssen und flehte sie an, mich jetzt nicht fortzuschicken. Ich könne es nicht ertragen, sie so zu verlassen. Sie begann meine Küsse wieder zu erwidern und drückte mich zärtlich an sich. Ich solle einen Augenblick in die Entrée gehen und wenn ich wolle, dahinter in das unverschlossene Zimmer der andern Mieterinnen. In einer Viertelstunde solle ich wiederkommen. Nein, kein Licht, jetzt nicht. Ich tastete mich zur Thüre und machte im Vorzimmer halt. Dort fiel mein Blick auf eine Closetthür und ich zog mich dort hinein. Ich war leicht blutig. Ich fiel völlig erschüttert in die Kniee und bedeckte mein Gesicht mit den Händen. Ein kaltes Entsetzen fasste mich. Leichtsinnig und verführbar wie ich war, in der ersten Jahreszeit der Triebe, war ich doch nicht so abgebrüht dass der Gedanke diesem Wesen die Mädchenschaft genommen zu haben, mich nicht zerschüttert hätte. Ich genoss das Glück der Liebe noch so stark und naiv, dass ich mir in jedem neuen Arme das Niegekostete zu kosten einbildete, jedes Mal zum ersten Male zu lieben und zu danken, und mir des Spieles darin nur halb bewusst wurde. Jetzt aber fielen vor meinen Augen für einen Augenblick alle Coulissen des Liebestheaters dieses Vorgangs in sich zusammen, alles dünkte mich nur Spiel gewesen zu sein, und dies Spiel hatte in wenigen Stunden mit so unwiderstehlichem Ernst geendet. Ich hatte Marie etwas angethan was nicht zu widerrufen war, was mich an sie band durch eine Schuld. Ich konnte, und das war mir das Entsetzlichste, an Addie nicht denken. Sonst war meinem leichten und wilden Blute mitten unter den wechselnden Abenteuern jener Tage der Gedanke an die einzige, wirkliche Liebe nichts Vorwurfsvolles gewesen. Ich hatte ohne viel Gedanken vom Loebschen Hause an sie telephoniert, und von einer fremden Stimme die Antwort erhalten, sie sei auf drei Tage verreist, in Familienangelegenheiten und bäte ihr zu schreiben. Wie sollte ich das jetzt! Kalter Schweiss bedeckte mein Gesicht, und ich wäre am liebsten geflohen um mich vor ihr und Allen zu verbergen.

Aber ich konnte dort nicht bleiben, die Viertelstunde war um, und ich zitterte einen Augenblick vor der Thür des Zimmers, ehe ich klopfte. Da niemand antwortete, trat ich ein. Es war dunkel, aber auf das Geräusch wurde eine offne Thür hell, und Maries Stimme rief mich von dorther. «Komm gleich» sagte sie, «komm zu mir» und das Licht ging wieder aus. Ich stand, unfähig mich zu entschliessen, wiewol die süsse liebevolle Stimme in mich geflossen war wie Balsam. «Kommst Du?» klang es wieder «Wirf alle

Lasten irgend wohin, Liebster, wie ich.» Ich verstand und trat aus den Kleidern. Mein Hemd war vom Ergusse so zerrüttet und widrig dass ich es austhun musste. Nackt gewann ich die Thür, leitete mich nach der Stimme die «hier» sagte, hob einen Vorhang und wurde von zärtlichen Armen umschlungen. Sie hatte ein seidenes Pyjama an, in dem ihre Schmalheit und Länge fast stilisiert wirkte, ihre Hände waren kalt und sie wärmte sie an mir, und kalt waren auch die Lippen, die sich auf meine schlossen. Ich stammelte Bitten um Verzeihung, sagte ich fühlte mich vernichtet und schuldig, – und ihre Zärtlichkeit nahm nur zu. «Es war doch das Natürliche, Liebster, das Selbstverständliche, das Einzige Freie und Grade. Ich habe es doch gewollt, mein Liebster. Ich habe mich doch nicht von Dir verführen lassen wollen, sieh. Früher oder später hättest Du mich verführt, das heisst, jede Andre an meiner Stelle verführt, das heisst gewonnen, eben dadurch dass eine leidenschaftliche Beziehung nicht festgenagelt werden kann, sie wächst, bemächtigt sich des Menschen, verwandelt ihn und zerstört unaufhaltsam die letzten Scheidewände. Hätte ich mich lange wehren, sträuben, schützen sollen und schliesslich Stückweise nachgeben? So machen es die Andren, die dann sagen er hat mich verführt, obwol sie genau wissen, wie dumm und lügnerisch das ist. Als ob Du sagtest ich hätte Dich verführt, nur weil Du mich schonen und Dich bezwingen wolltest, als normaler Gentleman und sehr zartfühlender junger nobler Mensch, wie Du bist. Küss mich und schenke mir Dein süsses Herz, versprich mir dass ichs habe. Wenn ichs habe, ist es mir alles Wert. Ich bin überglücklich, dass ich Dein bin. Sei ebenso glücklich, und sei frei. Heut hat mein Leben, soweit es mein eigenes ist, gegipfelt. Das Andere, das nicht mein eigenes ist, wird nichts damit zu thun haben, ich habe jetzt eine klare Ordnung und bin stolz und unglaublich heiter.» «Hab ich Dich Leiden gemacht?» «Wie? Ach so. Nicht sehr glaube ich,

ich habe es schon vergessen. Opfer sind immer etwas blutig, das gehört zu ihrer Heiligkeit, wie dass sie brennen. Die Flamme und das Blut» «Doch ein Opfer also –» «Du hast mir fast so viel geopfert wie ich Dir. Gesteh jetzt gleich dass ich Dich gebrochen habe, gesteh, gesteh, denn ich habe eben noch eine Thräne auf Deinem Gesicht geschmeckt, Du zugleich so Weicher und so Heftiger –» «Marie ich habe schrecklich gelitten eh ich jetzt zu Dir kam, ich gesteh Dirs.» «Wie schön!» sagte sie mit dem gleichen vergnügten Tone, mit dem ihr Mund diese Worte immer aussprach, und schüttelte mich wie ein Kind zwischen ihren Armen, ehe sie mich kurz küsste. «Dann ist es richtig. Fas est. Auch jetzt bist Du, audivere Di mea vota, nicht sieghaft. Es ist schön, dass wir Menschen das tierische Verhältnis abgeschafft haben, in dem das Männchen gleich nachdem die arme überfallene Henne sich schüttelt und confus plustert, mit hohem Kamme seinen Erfolg auskräht.» Ich umschloss sie und sagte «es wird wol so sein, es wird wol zwei Geschmolzene brauchen zum Verschmelzen, und wenigstens keinen Kalten hast Du gekrönt, ich bin zerrissen wie Du mein Mädchen.» Ihr Mund erstickte mich. «Morgen sind es Metaphern» sagte sie leise zum ersten Male wieder lachend. «Ich glaube an die Lanze des Telephos.» Wir schütterten beide vor verhaltenem Lachen und es ging als seliger Aether des Scherzes in unsere erleichterten Küsse über. Eine süsse Vertraulichkeit schliesst sich in die Leidenschaft des Verlangens ein, das sie zärtlich mit mir teilte. Sie duldete, den Mund auf meinen Lippen, das ich ihren Gürtel löste und liess mich nicht empfinden, dass ich sie verletzte. Ich ging auf das Behutsamste zu Werke, gewöhnte die noch Wunde und Pochende lange und langsam an die Berührung durch den Donnerkeil der Liebe, entzündete durch unablässig werbende Küsse ein Verlangen, das allmählich die kleine noch pochende Pein überwog, stillte und steigerte es kaum merklich, bis es verschlingend wurde und mir mit den einfachen Mitteln der Natur den Weg bahnte, in den ich inniger und inniger drang. Marie wurde meine Geliebte schon in dieser zweiten Umarmung, sie gönnte mir in der dritten den vollen Besitz ihrer rührenden und entzückenden Glieder, und in den folgenden bis in die Morgenstunden die Küsse des selbstvergessenen Rausches, von denen nur die Wollust sich zu berichten freut, die Liebe den Vorhang nicht lüftet. Unser Bett war inmitten seiner herrlichen Freuden nie von der Scham verlassen gewesen. Ich hatte weder ihre Heimlichkeiten entweiht noch ihre Hände gelockt, sich zu entweihen und die Dreistigkeit, die auf dem Lager so oft die scharfe Würze der Lust ist, in Worten und verwegenem Thun, hatte unser Bund nicht herbeirufen müssen um sich auf den Gipfeln des Glückes zu halten. Morgens um ½ fünf gab sie mir ihre Schlüssel und liess mich mit allen Glückspfändern von Wort, Hand und Mund von dannen gehn, ohne Licht zu machen.

Im Auto nach Haus fahrend überlegte ich, dass mein Schiff die Frachten nicht mehr trug. Ich hatte Martha, Agnes und Karla, die Schlesinger, Rosa und Hedel, Winnie Frazer und Annie, Addie und Marie, Finche und Recha, Ilonka und die sieben Planetinnen des Hauses beim Landwehrkanal, wie sollte es weitergehen? Ich musste mich entschliessen, auszuschiffen und abzuthun, es waren zwanzig. Die Judenmädchen, Annie und die Huldinnen der Schlesinger schieden sofort aus, machte fünf. Agnes und Karla gleichfalls, sieben, und das Siebengestirn musste auch nach kurzem Glanze untergehen. Blieben sieben, Martha, die Schlesinger, Marie, Addie Ilonka, Winnie, also sechs. Martha war das nächste unvermeidliche Opfer, Winnie musste zur blossen Bekannten verblassen, Ilonka würde nicht lange dauern, die Schlesinger musste auf Nichts schrumpfen. Marie und Addie, mehr konnte es nicht geben. Meine Liebe war dann wie die Ellipse auf zwei Brennpunkte gebunden, sie mussten sich vertragen, weder von der einen noch von der anderen konnte ich lassen. Aber auf ein einziges Mal, schroff und absolut zu brechen war natürlich unmöglich. Nur Annie war von selber ausgefallen, die Judenmädchen natürlich auch, ich würde sie nicht wiedersehen, und ebensowenig Agnes und Karla – es musste auch einmalige Abenteuer geben. Und Hedel und Rosa. So kam ich nach Hause, beruhigt darüber noch drei Tage ganz allein und zwei Wochen ohne meinen Vater zu sein – bis das sich änderte wollte ich relativ reinen Tisch schaffen. Auf meinem Stuhle lagen zwei Briefe, beide unbekannter Handschrift. Karla schrieb wieder, sie müsse mich in dringendster Angelegenheit und augenblicklich sprechen, Agnes' wegen, – ich werde das weitere mündlich hören. Ich nahm mir sofort vor, verneinend zu antworten und mich völlig passiv zu verhalten. Der zweite Brief war nicht wesentlicher. Lotte hatte sich bei Meier Löb meine Adresse verschafft und schrieb einen abgeschmackten Liebesbrief, der um ein Rendezvous in einem Hôtel bat. Auch hierauf gab es keine Antwort. Was war mein Programm? Richtig, Frühstück bei der Schlesinger. Anrufen bei Winnie, – ich hatte es schliesslich versprochen. Abends Ilonka. Halt – da war noch etwas auf meinem Tische, ein Rohrpostbrief: «Mein Angebeteter, lass mich nicht auch nur einen Tag warten. Ich bin morgen zwischen 2 und 8 Uhr frei, die üblichen sechs Stunden jede Woche einmal, monatlich einmal vierundzwanzig Stunden. Ich bete geradezu darum dass Du mir diese sechs Stunden schenkst, ganz – oder mit so wenig Abzug wie irgend, irgend, irgend möglich!!!! Rufe mich Pfalzburg 12881 an möglichst Mittags, frage nach Fräulein van Hees – so heisse ich. Küsse und Gedanken und wieder Küsse von Deiner Christa.» Ich konnte nicht mehr denken und schlief ein. Um zehn wachte ich auf, tief erquickt und frisch als hätte ich zwei Nächte durchschlafen. Ich liess mir mein Frühstück ins Zimmer bringen, ging sofort an die Arbeit und war freundlich kurz mit Martha, der ich einen Kuss gab und die Weisung mich nicht zu stören, ich müsse bis Mittag durcharbeiten, sei sehr im Rückstande. Meine Mutter rief an und wollte wissen was ich mache. «Tief in Arbeit, Mittags bei der Schlesinger dann diktieren und Arbeit», würde Abends wol ins Theater, um mich etwas auszuspannen. Deutliche Befriedigung. «Es sei bei dem unnatürlichen Sommerwetter auch so schön in Wannsee, sie blieben noch. Papa in Odessa immer noch bettlägerig und schonungsbedürftig. Ich sollte nett zu Sonja sein, die für mich schwärmte, ihr von allen meinen Tugenden geschrieben habe, sie sei einflussreich, und könne vieles thun.» So war auch das erledigt. Eine Stunde später telephonierte ich in die Dorotheenstrasse, ich bäte Fräulein von Lecocq mir sagen zu lassen, wann sie für mich frei sei, ich hätte sie nur um zwei kleine Fragen zu bemühen, ich wolle nicht stören und wäre für einen Anruf an meine Nummer dankbar. Dann schrieb ich Addie und fand in meinem tumultuarischen Innern aufrichtige Worte der Sehnsucht nach ihrem Anblicke, liess es durch den Portier per Rohrpost besorgen. Ich prüfte meine Kasse und fand dass ich nur noch vierhundert Mark bar hatte, der Ring musste heran, oder ich hätte eine kostbare Vergil Ausgabe versilbern müssen – ersteres war besser. Dann machte Martha unter mir mein Bett, fegte so vorsichtig wie möglich, bat nur einmal vorbei gehen und den Teppich ausschütteln zu dürfen, kam mit einem scheu bittenden Blicke zurück, ich klopfte sie freundlich auf den Arm, und sie küsste mich rasch mit ihrem auf meinen Lippen wie zergehenden Munde. Es wurde darüber ½ 11 und das Telephon schrillte. «Hier Lecocq, – bitte?» «Ich verstehe. Wie hast Du geschlafen, wann willst Du mich sehen, liebst Du mich noch wie ich Dich?» «Einen Augenblick bitte, ich lese Ihnen gleich die Stellen aus dem Manuscripte hier am Apparate vor …, bitte? Sind Sie noch am Apparat? Also ad 1) heisst es bei Ihnen, d. h. bei mir: ὕπνωι καὶ καμάτωι δεδμημένη und gleich drauf ἀνῶρτο γελάσσας, es könnte auch noch ein Alpha haben, ad 2) warten Sie – nec vacato prandis et cenabo apud – haben Sie apud – quos nosti ab ipsa me certior factus ne erro heri sub noctem, ad 3) meine ich den catullischen Vers dispeream nisi amo und quae tu volebas nec puella nolebat. Eine Unsicherheit besteht noch über folgenden Passus, Seite 83: Noli aegrius ferre, mea vita, quod toto die sine te me futuram comperis. Scito constitum *[sic]* me habere, ob loci huius in quo primum mutuo pignore adstricti sumus, nimiam celebritatem, id a te petere ut in omnem potius quam hunc horas componere tibi non displiceat. Dictitandi sane opus iam non est, domi quippe quae impendent pertractabo perficiamque. Σεμνή Ἐιδὼς θεά. Id quoque amo te a te impetrare voluerim, ne conventus nostros xxx instituere placeat, ut nimia brevitate temporis, mutua festinatione, locorum im pertinentia et illecebris irritum desiderium fiat. Longa spatia, grata loca, beata nos iuvet solitudo. Siquid habes novi, vel non novi sed grati, literis velim mandes. Vale, ἔρρωσο, dilectissime puer. Heisst es genau so?» «Den ganzen Tag keine Minute? Du hast Recht, oder die Schickung, und ich sehne mich, denke, dichte, schreibe, träume, warte. Ich rufe morgen wieder.» «Liegt nicht ein Irrtum vor, Herr Borchardt. Eadem te ego hora, si me amas. Cetera mane confabulando! Nicht so?» «Sei tausendmal geküsst und bedankt, von Kopf bis zu den Füssen!» Wie war sie doch! Ich ging wieder an die Arbeit, und sass noch nicht als das Telephon sich wieder meldete. Ich verstand den Namen nicht, der genannt wurde und endlich sagte eine ängstliche Stimme «Karla – Du weisst ja» «Ah so, ja, – Was gibt es denn?» «Hast Du meine beiden Briefe nicht erhalten?» «Gewiss, gewiss, – ich kann nur nicht auf jeden Brief aufspringen, liebes Kind, ich habe auch andere Verpflichtungen, eile mit Weile, also wo brennts?» «Agnes ist in Umständen», «Ja – was –?» Der Hörer zitterte in meiner Hand. «Sie hätte vorgestern – ihren Termin gehabt – Du verstehst – sie ist wie eine Normaluhr – und drei Tage sind verstrichen.» Ich nahm mich eisern zusammen. «Hat sie darum ihre Stelle aufgegeben?» «Sie war zuerst sehr übel, dann kam die Aufregung und die Angst, sie Dir zu zeigen, wenn Du hinkämst, darauf hat sie einfach kopflos gekündigt.» «Die Ärmste» sagte ich, «sie thut mir unendlich leid. Aber sie soll sich nicht aufregen, vielleicht ist es eine Verzögerung und alles kann wieder glatt werden.» «Willst Du sie nicht besuchen? Sie liebt Dich, sei menschlich.» «Gewiss mein Schatz, warum nicht, aber Du liebst mich doch auch.» Keine Antwort. «Ich liebe Dich, Du liebst mich, ich liebe, sie liebt, und so weiter. Ich liebe Dich etwas mehr als sie, Karlaschatz und werde Dich gerne besuchen.» «Du bist ein Schlimmer. Was soll sie nur machen?» Ich war undurchdringlich. «Darüber lässt sich schlimmstenfalls seiner Zeit reden – Heutzutage – ich bitte Dich.» «Du kennst sie nicht; sie will es ja bekommen, Rudi, sie will es haben!» «Ihr seid verrückt!» «Ich rede mir ja den Mund faserig. Du allein kannst es ihr ausreden.» «Tröste sie und sage ihr ich würde demnächst vorsprechen und sie solle sich nicht dramatisieren, und mich auch nicht. Wir waren Sünder, wir waren sehr glücklich, wir können wenn der Zufall uns günstig ist noch ein Mal sehr glücklich sein, aber als Sünder, Karlachen, nicht als Phrasenhelden und nicht als Priester der häuslichen Tugenden. Du hast Stilgefühl genug um das einzusehen.» «Was wirst Du ihr sagen?» «Dass ich ihr Freund bleibe wenn sie Rasse hat und nüchtern handelt wo es um Lebensfragen geht, und mich auf meine minimalen gesetzlichen Pflichten zurückziehe wenn sie die Sentimentale aus dem Vorstadtmelodrama spielt. Das sage ich Dir im Vertrauen. Jetzt einen Fernkuss auf Deinen allerliebsten Mund, in der Hoffnung dass Du ihn mir bald nahmündlich bestätigst.» Ich hängte an. Das hatte noch gefehlt. Aber ich liess mich so nicht nehmen und war entschlossen, meine Ruhe zu bewahren. Das Telephonieren jedenfalls musste ich den Mädchen abgewöhnen. Daraus konnte allerlei Ärger entstehen. Und wieder sass ich an der Arbeit. Draussen läutete es Karolinchen schlurpfte durch die Entrée. «Ein Rohrpostbrief Herr Rudolfche – ach wenn Herr Rudolfche nur wollten nich so viel in die Bibliotheken arbeiten, werden sich noch ganz krank machen, und keine regelmässigen Mahlzeiten und so spät zu's Bett!» «Nichts Karlinchen ich bin kerngesund.» «Und heut wieder bei Frau Schlesinger Mittag und Abend, sagt die Martha, wieder eingeladen, Hannache weiss gar nicht mehr für wen dass sie kocht!» Der Brief hiess «Schatz, morgen Mittag frei, lass uns irgendwo zusammen sein, ab 1 Uhr, Nachmittag bis 7, Du hast Schuld wenn ich nicht ruhig sein kann bis es zwischen uns richtig geworden ist, sei lieb und beglücke Deine nach Dir brennende Paula!» Wo hatte die meine Adresse her! Christa hatte ich sie in einem Anfall von Schwäche gegeben. Zum übrigen. Arbeiten, Arbeiten.

Karlinchen kommt und bringt eine Visitenkarte. Ich hatte das Läuten und Aufmachen wol überhört. Ich lese «Vera von Madden, geborene Stephan.» «Wollten gnädige Frau sprechen, ich hab gesacht wären verreist, nur junge Herr hier, sacht sie ich soll melden, sie möcht was bestellen lassen oder besprechen, kennt den Herr Rudolfche ouch!» Vera Stephan – ach ja richtig, Aufsteigen einer halbwüchsigen Erinnerung – hübscher Backfisch, Tochter von Geheimrat Stefan – – Heims, Baurat pp – allgemeine Assoziationen. Heiratete, – Scheidung? «Also gut Karlinchen» «Ich hab ins persche Zimmer geführt.» Bei meinem Schritt erhob sich eine grosse dunkle elegante Person sehr stattlich und ging mir mit beiden ausgestreckten Händen, den Kopf auf der Seite entgegen – «Rudolf, wie reizend, wir haben uns aber eine Ewigkeit nicht gesehen – was ist denn mit Ihnen geworden, Sie haben sich ja aber auch total verändert.» «Gewiss zum Vorteil liebe Vera, wollten Sie sagen, eine

Entwickelung nach der anderen Seite war durch die Umstände wol ausgeschlossen – und Sie – sind ja eine Beauté – ich meine nicht geworden, geblieben.» «Jetzt hören Sie auf. Sie sind immer noch so spöttisch Rudolf, das ist gar nicht hübsch für einen Mann wie Sie.» «Was heisst das?» «Ich meine es passt zu Buckligen, Zukurzgekommenen –» «Ah ein Kompliment. Bitte setzen Sie sich doch. Wollen Sie einen Schluck Sherry? Wollen Sie ein Sandwich? Mama wird untröstlich sein.» «Ich hörte Sherry, Sandwich, nein. Ich werde zu dick, es ist furchtbar. Geschiedene Frauen müssen schlank und interessant sein.» «Ich finde Sie beides im höchsten Masse. Und wer ist der nichtswürdige Idiot der sich diese interessante Schlankheit mit den alten Goldfunken in den Augen und dem alten schimmernden Naturrâtelier zwischen den speraïschen Lippen hat entgehen lassen?» «Rudolf, Sie sind ein Untier, ich habe ihn abgesetzt, und the less said the better.» «Ich weiss welchen Mann auf Erden ich am tiefsten beklage.» «Wenn Sie mir lieber sagten welchen Mann auf Erden Sie zu mir beglückwünschen möchten. Wissen Sie niemand? Ich bin sans le sou. Er hat alles durchgebracht.» Carlinchen brachte Sherry und zwei Gläser. «Sehen Sie einen Tag lang alle Männer so hinreissend an wie eben mich und Sie haben Steeple chase.» «Ich will aber Einen» lachte sie, «und nicht Alle.» «Das sagt ihr Alle. Und schliesslich müssen Sie doch wählen; Ihr Wohl.» «Haben Sie niemanden der so nett ist wie Sie?» sagte sie mir zutrinkend. «Nein; ich bin, wie Sie richtig bemerken, hors concours.» «Wenigstens was Charme betrifft sind Sie es bestimmt, es ist ordentlich erfrischend wieder einmal in diesem Hause zu sein wo noch à l'ancienne geplaudert und charmiert wird, und es männliche Männer gibt.» «Aber Vera, wollen Sie mich anpumpen? Oder warum comblieren Sie mich.» «Sie haben sicher kein Geld – vorläufig – armer Junge» lachte sie. «Ich bin naiv und sage immer alles gerade heraus – hatten Sie das vergessen? Ja, gern noch ein halbes. Ein halbes hatte ich gesagt! Na es macht nichts. Warum nennen wir uns eigentlich plötzlich Sie? Wir standen doch alle auf dem Du, Geschwister dort und hier?» «Sie sind – Du bist – meine ich – sehr gütig – Dich daran länger erinnert zu haben als offenbar ich.» «Oh wenn es Ihnen fremdartig ist. –» «Dann erhöht es den Reiz» «Nein, dann meine ich könnten wir es neu begründen komm» und sie bog den das Glas haltenden Arm, und als wir in der förmlichen Verschränkung getrunken hatten, hielt sie mir die harten hübschen Lippen hin über denen es Golden in den dunklen Augen funkelte. Ich wollte den Kuss nur markieren, aber sie setzte ihn fest auf und liess ihn klingen. Dabei zog sie mich neben sich auf den Divan auf dem meine Mutter ihre Siesta zuhalten pflegte und schob die grüne Samtdecke mit den weissen Fuchsschwänzen beiseite. «Höre Rudolf was ich eigentlich sagen wollte. Du musst Deine Mutter zu einem Bazar bereden helfen, bei dem ich verkaufe.» «Bedaure dass ich nicht meine Mutter bin, mit mir hättest Du leichteres Spiel. Sie hasst Bazare wie Du weisst.» «Wir brauchen alle Männer die bei Euch tanzen.» «Vera bei uns tanzt nur der Auswurf der Langeweile. In welcher Welt lebst Du? Papa grault alle charmanten Leute weg, weil er sagt, sie führten ein Nachtleben.» «Ganze egal, langweilig oder nicht, als Füllmaterial sind sie gut. Du bist zu anspruchsvoll, begreiflicher Weise, solche wie Dich» «Gibt's nicht alle Tage, schon schon. Und da es solche wie Dich ein Mal alle hundert Jahr gibt wirst Du mit und ohne Mama einen succés fou haben.» «Wenn man nur wüsste was Du eigentlich bei Dir denkst.» «Wenn man das bei allem wüsste, schöne Vera, käme einem die Welt weniger spanisch vor als zB augenblicklich mir, der Dich bereits mit Mantilla Fächer und einer Hermosa-Rose hinter dem Ohre sieht.» «Du bringst mich auf Ideen. Wenn ich öfters mit Dir zusammen wäre, käme ich mir weniger dumm vor. Ich hatte ein ganz anderes Costüm im

Sinn gehabt, aber Du hast vollkommen Recht und musst mich anziehen. Komm, sei lieb, hilf mir, und steh mir überhaupt bei, alle Damen die einen Stand haben werden, müssen werben.» «Ach darum bist Du so berauschend zu mir – sieh sieh, Du wirbst, Verräterin.» «Was soll denn eine Frau mit spöttischen Männern, die nicht werben wollen, anders thun?» Sie sah mich unschuldig verschleiert an. «Jetzt bin ich ganz confus. Soll ich für Dich werben oder um Dich?» Sie schlug mir auf die Hand. «Eine andere Frau als ich nähme Dich glatt beim Wort, Du Don Juan. Für mich, damit à la longue, und so weiter.» «Schade! Das andere wäre hübscher. Aber ich bin grossmäulig, selbstlos, opfere mich und werde für Dich werben. – Ohne Garantie.» «Charmeur» sagte sie und hielt mir den Mund noch ein Mal hin; «danke sagen kleine Mädchen.» Ich lachte und küsste sie wieder ebenso leicht. «Was heisst das?» sagte sie «willst Du mich beleidigen? Ich umfasste sie mit einer Verbeugung und küsste sie fest auf die Lippen, die sich im Kusse öffneten und mich aufnahmen. «Gefährliche» sagte ich leise, küsste sie noch einmal und fühlte wie weich diese dumpfroten harten und hübschen Lippen sein konnten. «Gefährlich bist Du» sagte sie lachend und hing sich an meinen Mund. Ich bog sie, ohne zu wissen was ich that, instinktiv zurück und es wurde mit leisen Lauten sehr innig. «Sind wir eigentlich allein?» fragte sie atemholend, «lass mich wenigstens meinen Hut absetzen.» Sie legte ihn neben sich aufs Tabouret und ergab sich halb liegend meinen Armen. Ihre Augen schlossen sich, ihr dunkler Mund ging auf wie eine Frucht und zeigte die schimmernden Kerne. Ihre Zunge schmeckte nach Cherry und bittern Mandeln. «Noch ein Mal so» hauchte sie und zog die Füsse auf den Divan. «Wie?» sagte ich neckend und mich dumm stellend, während sie mich gegen die Wand drückte. «So, Du Idiot» flüsterte sie und zeigte mir den Kuss den sie meinte, und den ich getreu nachbildete so dass sie die Augen schloss und mich auf sich zog. Ich war entschlossen nichts zu thun und sie zu betrügen, lag über ihr, küsste sie virtuos und sah, wenn sie die Lider aufschlug, ihre Augen vor Verlangen divergieren. «Nicht –» hauchte sie, mich ausküssend – «mach mich nicht schwach – Du – warte – mein Rock –» und ohne meine Lippen loszulassen zog sie mit einer naiven Bewegung den Rock hoch und drängte den Schoss aufwärts. Ich riss mich auf, und drang ein, während sie sagte «was thun wir eigentlich», und einen langen Lustlaut ausstiess. In diesem Augenblicke läutete es. Ich fuhr hoch, sprang auf, ordnete mich fieberhaft und sauste nebenan in meines Vaters Zimmer wo ich ein Buch aus der Bibliothek riss und damit zurückkehrte. Sie sass bereits starr lächelnd in einem Fauteuil, Hut auf und ihre Handschuh anziehend, der Divan war glatt gestrichen, alles in einer Sekunde. Karlinchen kam mit einer Karte «Eva Charlotte Bloch». «Is eine junge Dame von Freunden von Herrn Rudolf, möchte Ihnen sprechen.» Blitzschnell überlegte ich, dass ich sie annehmen müsse. Chiodo caccia chiodo. Vera würde doch gehen, könnte mit ihr collidieren, abweisen war unelegant und schwierig. «Ich lasse bitten.» Vera mimte Fragezeichen, noch hochatmend. – Ich mimte Achselzucken. Lotte erschien, etwas verlegen, recht hübsch aussehend als fausse maigre das piquante Gesicht mit dem kreischroten Mundsiegel und den hübschen Zähnen nicht ordinär, mit Takt angezogen. Ich stellte vor. Vera sagte sie müsse gehen ich begleitete sie hinaus. «Komm noch einen» und sie küsste mich scharf. «Schuldenmacher, wann zahlst Du den Rest? Ich rufe Dich an, komm zu mir, Süsser. Hast Du mich ein bischen gern?» «Du bist bezaubernd geworden» tröstete ich sie, «natürlich komme ich, Dich anziehen.» «Auch – ausziehen?» und ihr Kuss schwelgte. Dann klang die Thür.

«Na was sagst Du» fragte Lotte frech und setzte die Arme in die Hüften. «Ich sage» antwortete ich nach der Uhr sehend, «dass ich in genau zehn Minuten im Auto sitzen muss weil etwas was ich zu erledigen habe um 12 schliesst.» «Und das ist alles was Du sagst, und nicht mal guten Tag, nachdem man wer weiss was gethan und sich die Beine abgelaufen hat um Dich auszubaldowern?» «Ich habe Dich normal begrüsst und vorgestellt.» «Normal? Ohne den kleinsten Kuss? Nach allem was neulich –» «Ich kann Dich nicht gut vor einem conventionellen Besuch küssen.» «Und jetzt auch nicht? Sag mal was mit Dir ist.» «Komm» sagte ich enerviert, und umarmte sie. Aber der bewegliche lascive Körper, nach dem massigen und starren den ich soeben gefühlt hatte, – vibrierend und gleitend unter dem leichten Stoffe, ging mir durch die Fingerspitzen in die Nerven und der Mund des Mädchens war ein wirklicher Vampyr. In einem Augenblicke hatte sie mich auf die Chaiselongue gezogen, wo eben Vera gestöhnt hatte, und sich um mich geringelt. «Nimm mich doch, nimm mich, mit Gewalt» stiess sie mir heiss in den Mund, grub mir in die Hose holte meinen Spiess heraus, und unterkroch mich mit hochgeschlagenem Rocke gespreizt, den Kopf zurückgeworfen. Ich drückte durch, in ihr Gezappel und ihre Windungen, aber es sollte nicht sein. Die Uhr in meines Vaters Zimmer holte aus und schlug ½ 12. Ich stutzte, zog die Keule aus dem hübschen Mädchenfleisch, gab ihr einen Klaps und einen Kuss und sagte «Ein andermal Lottchen, ich bin zu pressiert und nervös.» «Gräulich bist Du» sagte die Aufgebrachte mit verzerrten Zügen, sich hochsetzend. «Hach, wenn ich nur nicht gekommen wäre. Du bist ein herzloser Egoist. Bei Dir kann eine sehn wo sie bleibt. Jeder andere normale Mann lässt in dem Augenblicke alles schiessen und thut was er einem Mädel schuldig ist. Wenigstens, ein potenter Mann und kein Nebbich.» «Fährst Du gleich mit mir?» fragte ich überhörend, «ich muss ins Centrum.» «So. Und ich in den neuen Westen. Na, bis Brandenburger Thor.» Sie hatte sich rejustirt und ging wortlos die Treppen mit mir hinunter. Im Auto fiel sie mir sofort wieder um den Hals. «Verzeih dass ich so irritiert war eben, – weisst Du, – so rausgerissen werden – es ist ein Choc für ein Mädel – erst kochend, dann Gefrierpunkt –» Ich begütigte sie mit ein par Zärtlichkeiten. «Ich höre grundsätzlich nie auf das, was Menschen in der Aufregung sagen, vor allem Frauen» sagte ich ihr Gesicht streichelnd. «Das ist es ja, Du bist ein vornehmer Mensch und gerade das macht mich ja so verrückt auf Dich. Ich bin ja nicht mit jedem so. Es ist Deine Art, die sexuell eben so rasend auf mich wirkt. Je vornehmer Du bist um so schamloser möchte ich werden, kannst Du Dir das erklären? Ich stehe unter der Zwangsvorstellung, vornehm und über mich erhaben wie er ist, einen – – hat er doch und was für einen, und wie er küsst und riecht und drückt, und sein Haar – ausserdem die Vorstellung gerade Du kannst es besser wie jeder andere, und bist auch sonst erhaben über jeden andern, also von Dir gevögelt zu werden – ich könnte Dir überall hin nachlaufen» «Du bist ein sehr hübsches Mädchen» sagte ich und brauchst gerade jetzt einen zärtlichen Freund, das ist das Ganze. Und nun höre: ich will gern Dein Bekannter bleiben, aber, drei Bedingungen: keine Besuche, keine Telephone keine offenen Karten, Telegramme, Rohrpostbriefe Correspondenz postlagernd Luisenstrasse. Sonst sind wir geschiedene Leute.» «Alles was Du willst, aber es ist gemein von Dir, dass Du mich so aufregst und dann hängen lässt – sag selbst –» «Gern hab ichs auch nicht gethan, – schau wir sind an der Siegesallee – man sieht in den Wagen» – Endlich stieg sie aus.

Ich fuhr was der Motor hergab und kam mit fast 2000 Mark aus dem Leihhaus. Der Ring war auf 9000 Mark taxiert worden, und vermutlich noch wertvoller. Ich fragte mich warum ich ihn nicht lieber gleich verkauft hätte, – das hatte gute Weile. Jetzt – was hatte ich mitbringen sollen? Ich fuhr in eine Spezialhandlung, kaufte Zettelkästen, Bibliothekszettel, 5 Papierfolianten für Realkatalog,

Leim, bestellte Papierstreifen für Klebezwecke, kaufte Etiketten in allen Grössen, Lineale, Rundschriftfedern, Bleistifte. – Was war es was mir nicht einfiel: Bücherschoner. Was die Schlesinger mir telephonisch hatte bestellen lassen – ich würde schon verstehen was sie meinte. Bücherschoner – das gibt es nicht. Sie meinte – was meinte sie? Was konnte Sonja mir verhüllt – denn verhüllt war es – aufgetragen haben zu besorgen, so besonders nachdrücklich. Nichts fiel mir ein, und ich fuhr in den Westen. Plötzlich kam mir eine Erleuchtung. Verhüllt konnte nur etwas sein, was sich auf ihre inconfessabeln Bindungen an mich bezog – die Liebe, nicht die Bibliothek. Und ihre Ängstlichkeit auf diesem Gebiete kannte ich. Ich liess bei einer Apotheke halten und kaufte französische Fischblasenüberzieher, ein par Dutzend. Dann telephonierte ich in einem Restaurant an Christa: Fräulein van Hees: Eine grämliche Frauenstimme wurde sofort schmelzend und flötete «Mein Tochter kommt gleich.» Ich liess, eilig wie ich war, nicht zu Worte kommen sondern sagte rasch: «Süsser Liebling, tausend Dank, steige bitte um 3 Uhr beim Zoo Eingang Kurfürstenstrasse in meinen Wagen, ganz sicher, ich verzehre mich nach Dir» – und sprang in den Wagen zurück.

Oben öffnete Timofej, den ich sofort zum Heraufholen des Mitgebrachten hinunterschickte. In Boudoir und Bibliothek war niemand, ich placierte in Eile Winnies kleine Beute überall hin, auch das Geld – und wartete. Hedl erschien, warf einen erregten Blick auf mich, biss sich auf die Lippen und sagte «sie kommt gleich, – ich bin heut Hausmädl, die andre hat Ausgang» – und mit heisser Stimme, «hast Du mich noch gern – sag –» Ich warf ihr einen Kuss zu, sie verschwand. Gleich drauf schwamm Sonja herein, sehr hübsch für ihre Verhältnisse, brillant zurechtgemacht, und gab mir zuerst die Hand zum Küssen, dann den Mund. «Que les jours me durent sans toi, chéri» sagte sie meinen Arm nehmend. «Voyons»

denn Timofej schleppte meine Einkäufe heran, «que vous êtes attentif à vos devoirs imaginaires, mon ami, quelle application, quelle intelligence! Vous allez m'expliquer tout ce tas de choses bientôt. Il y a pourtant un petit contretemps aujord'hui, dont je suis bien fâchée, j'aurai du monde ici à quatre heures près, dont je ne me suis pouvé débarasser, et puisqu'il me faut un peu de sieste il ne nous reste que deux heures et demie – bien peu pour ma tendresse, trop peut-être pour la patience que vous me prouvez toujours sans la moindre tâche d'ennui» «Mais quel discours, chère amie» sagte ich ihre Hand küssend, «ce n'est pas votre genre là de me faire rougir à devoir répondre à des propos pareils, je vous veux tout le bien de mon âme, et vous le savez bien et votre compagnie charmante m'a toujours mis à l'abri de toute espèce d'ennui. Venez, causons un peu raison, racontez-moi ce que vous venez de faire, – la princesse comment se trouve-t-elle? Qui vous a donné à diner hier soir, – parce qu'on m'a dit au téléphone» «Cheri?» sie drückte meinen Arm. «Que je vous aime et vos soins, et le timbre de votre voix. Allons déjèuner et je vous raconterai tout.» Es gab ein allerliebstes kleines Frühstück in dem sonnengebadeten Raume, den gleichwol ein Kaminfeuer erwärmte, ein Cocktail vorher mit einem nicht leicht bestimmbaren Nebengeschmack, der mir aber wunderbar wolthat. «Qu'est-ce que vous faites mixer dans vos bévérages, Sonja, je n'ai jamais goûté que dans votre maison, ce ‹flavour› particulier?» «Oh, je n'en sais rien moi, ce sont les recettes, dont je ne me mêle» antwortete sie zerstreut – und wir setzten uns. Das Menue war auf sie berechnet. Austern, Chicorée à la créme, farcierte Hühnerbrüste mit gebackenen Klössen aus passiertem Reis mit Curry, etwas deliziöses, eine gefrorene Bombe, und nur einen köstlichen leichten Weisswein, eine südfranzösische Creszenz, die ich vergessen habe. Wir plauderten wie alte Freunde, sie erzählte Familien und Geldgeschichten durcheinander, sondierte

mich vorsichtig und delicat, und insistierte nicht darauf, meine vagen Antworten zu durchdringen. Timofej und Hedel servierten, letztere berührte beim Aufsetzen der Schüsseln wo sie konnte mit einem ausgereckten Finger meine Hand, was mich amüsierte. Der Kaffee wurde wieder ins Boudoir gebracht wo ich allein blieb, weil sie unter einem Vorwande verschwand um in einem Teagown Kimono wiederzukehren. Ich fing sofort von Winnie zu sprechen an, und gab eine diplomatisch unangreifbare Version eines mit ihr geführten Gesprächs, in dem angeblich der Name einer Gräfin erwähnt worden wäre, die ich angeblich durch reinen Zufall tags drauf auf einem Thee getroffen hätte. Dabei hätte sich das Gespräch auf Winnie gelenkt und sie sei von der Gräfin so passioniert gelobt und verteidigt worden, dass damit gewisse Gerüchte als abgethan gelten durften. Folgte eine melodramatische Familiengeschichtsversion und der Wunsch der Gräfin, englische Nachmittage zu veranstalten die Miss Frazer eine anständige Basis sichern sollten. Wenn zehn Damen je zehn Mark wöchentlich auswürfen und jeden Monat abwechselnd eine der zehn einen Vortrag von Miss Frazer mit 100 Mark dotierten, könne sie leben und gleichzeitig für ihre kranke Mutter sorgen, die ihr die grössten Ängste bereitete. «Mais rien de plus facile, je m'en charge et je vous garantis que j'aurai organisé tout dès la semaine prochaine. Aussi, voyons, je vais passé faire un chèque de 500 Marks tout de suite que vous voudrez bien donner à la comtesse en la remerciant et en la priant de venir me voir ou de me téléphoner. Du reste, il me suffit que vous lui prêtez votre éloquence et de votre patronage, qui ne pouvrait être malplacé et je vous suis reconnaissante de m'avoir dégagé d'une impression fâcheuse, même d'un tort que je venais faire à une personne digne de mon estime. Tenez.» Sie schrieb rasch den Chèque und gab ihn mir, «et tout sera arrangé. Je vais vous envoyer demain les adresses des femmes qui prendront part

à ses cours, je vous donnerai, à vous ou à la comtesse un chèque tous les mois en me remboursant d'une manière discrète, sans que sa délicatesse en sera touchée. Êtes-vous content?» Ich beugte mich über das gute Wesen und küsste sie auf den kleinen einst so hübsch gewesen, immer noch pummeligen Mund, an den sie mich meinen Hals umschlingend, enger drückte. «Je vous adore et je vous admire, Sonja, vous êtes l'humanité et la delicatesse même, et je ne pourrais vous en être plus obligé, si votre charité était venue au secours d'une personne qui me touchait de plus près.» «C'est ça chèri» und sie küsste mich innig, «je vous rends le compliment et le baiser. C'est une théorie brutale et bien anglaise que cette de ‹charity begins at home›: n'est-ce pas. Tout au contraire – elle devrait commencer par les relations de pure fraternité humaine. Il y a là toute la différence entre la charité et l'amour. Il faut rendre heureux ceux qui sont besogneux. Il faut penser à ce qui se passe dans une âme bien lointaine de la nôtre. Voilà toute la chose de ceux qui sont, d'une manière ou de l'autre, riches ou généreux. Ah mon garçon adoré, que vous me faites du bien. Viens, donne moi ta bouche, viens vite!» Ich drückte mir die Schuhe von den Füssen und legte mich zu ihr. Eine fremdartige Zärtlichkeit erfüllte mich für diesen runden vollen Körper mit den bei aller Überreife zartgebliebenen Formen und ich spielte eine Zeit lang alle Spiele der leichten Caressen mit dem gepflegten Kopfe und der noch nicht unfrischen straffen Fülle des Gesichtes. Aber ihr Seufzen und ihre Sehnsucht nach festeren Zärtlichkeiten wurden zu deutlich um sie länger hin zu ziehen, und ich flüsterte etwas in ihr Ohr. «Oui mon mignon» sie lachte verschämt, «tu te moqueras de moi, – pourtant – et merci de m'avoir si bien compris.» «Mais, – c'est fâcheux – du moins fermer les yeux pendant mes préparatifs.» «Donne-moi un baiser» und sie flüsterte lachend in mein Ohr, «plus on y met de cache-cache, et plus ça devient indécent. La meilleure décence,

entre deux amants, c'est la franchise. Mêlons notre tendresse aux petits actes de routine amoureuse et ils seront presque chastes.» Ich lag auf ihr und küsste in ihre kleinen verlangenden Küsse hinein, konnte mich zu dem erkältenden Akte nicht entschliessen, obwol ich einen der Fischhautbeutel bereits in der Hand hatte. «Tiens, mets toi en genoux debout avant moi» flüsterte sie, «je vous arrangerai de mon mieux.» Ich gehorchte, kniete zwischen ihren offenen Schenkeln nieder und gab ihr das interessante Beutelchen, das sie gickelnd empfing und untersuchte. Inzwischen schlug mir die Brechstange der Eroberung steil wie am Scharnier aus dem Latze, unnatürlich gespannt und zuckend vor Erregung und so stählern, geil und prall, mit Muskelsträngen und strammem Spitzkopf, dass ich fast davor selber schrak. Sonja stiess einen rauhen Laut aus und drückte das abgewandte Gesicht auf den ausgestreckten Arm. Dann, mit halbgeschlossenen Augen, stützte sie sich in halben Sitz, zog ein Bein unter sich und flüsterte «C'est outrageux, c'est outrageusement beau» blies den Beutel auf und nahm mit zitternder Hand den Pimmel, der zuckte und ihr entwischte. Ihre Lippen standen halb offen vor Begierde, ihr Blick war verschleiert, ihr Atem ging schwer. «Hah» stöhnte sie, und nahm die Rute zwischen ihre beiden kleinen fleischigen Hände, «sage, sage, beau monstre» dann versuchte sie die spröde Fischblase über ihn zu ziehen. Aber der Stoff fing sich und klebte an, und die Prozedur gelang nicht. «Voyons» sagte sie halberstickt, «on le fera marcher», bückte sich und hüllte die Eichel in ihren feuchten Mund, den sie weit aufsperrte, netzte ihn bis zur Wurzel mit der raschen Zunge, sog den Kolben noch ein par Mal ab und zog jetzt die Haut stramm über den gleitenden Muskel. Zugleich ergriff ich, ausser mir vor Erregung, ihre Taille und bog den Kopf rückwärts. Der enorme Nagel drang ihr durch die Polster der satten Schnecke, die Züge liefen reibungslos, und ich liess die wortlos Berauschte das heftige Ver-

langen fühlen, dass sie mir einflösste. Sie zerfloss vor Glück und bald vor süsser Pein. Ich merkte bereits dass ich meinen starken Tag hatte und sie nicht gefährden konnte, liess sie kaum ausatmen und versetzte sie aufs neue in die Schwingungen des wütendsten Genusses, ohne viel mehr als ein Vergnügen der Sinne zu empfinden. Dies Mal bat sie um längeren Waffenstillstand, aber ich zog das Schwert nicht aus der Scheide. Meine bald wieder einsetzenden leichten Bewegungen durchrieselten sie mit wiederauflebender Ekstase. Ich küsste sie wie eine wirkliche Geliebte, sie rieb und drang an mir und gab das Zeichen zum Sturme, den ich schonungslos und derb in ihr Schreien, Fechzen und Flehen hämmerte. Zum Schlusse gönnte ich ihr die Genugthuung, ihr eine Vollkommenheit der Lust zu illudieren, von der ich noch weit entfernt war, und sie genoss den Scheinsieg eines ihr übermütig vorgetäuschten Liebeskrampfes mit erlöschenden Kräften. Dann sprang ich ab, hüllte die triefende Tarnkappe in mein Schnupftuch und eilte ihr die Hand zu küssen. «Vous m'avez – ah chérie, ah mignon – viens.» Sie zog mich an ihren lauen erschlafften Mund, der mich nicht zu neuen Thaten begeisterte. «Je n'en peux plus. Je suis flétrie. Ah quelles délices –» ihr Nachgenuss kam erst jetzt, ich that das Mögliche, ihn mit ihr zu teilen, und wenigstens meine Zärtlichkeit kehrte wieder. «Vous me rendez la femme la plus heureuse du monde, Rodolphe. Jamais je n'aurais cru possible rien de pareil, c'est bien ceci le véritable amour, et il n'y a que moi seule qui le puisse dire. J'ai subi un vrai homme, moi» sie stand auf und raffte sich zusammen, mit schweren Augenlidern und lächelndem Munde. «Adieu, mon mignon, il me faut du repos après le tracas que vous venez de faire dans mon ni-ni. Restez ici, reposez-vous pour une demi heure. Tenez, ce sont les deux et vingt sept. J'enverrai la bonne pour retirer le tableau, et puis personne ne saura vous déranger, j'ai envoyé Timo à me porter les confitures

pour mon thé à quatre heures. Donne moi ton doux mouflet si âpre et si doux – adieu» Sie entschwamm. Ich blieb, denn wohin sollte ich bis zum Rendezvous um drei am Zoo, wohin ich in wenigen Minuten gelangte – und so legte ich mich wirklich auf ein Fauteuil, mit einem Buche, ohne zu ahnen, dass mir ein neues Rencontre bevorstand. Hedl erschien in der Bibliotheksthür, und wenn sie mir neulich nachts in ihrem Schlafrocke sympathisch genug erschienen war, jetzt, im schwarzen Servierkleide mit weisser Schürze, sehr hübsch und distinguiert sich haltend mit ihren jungen herben Zügen auf denen eine Röte der Erregung lag und mit dem vollen langen Lippen, erschien sie mir wie eine Überraschung gegen die ich entschlossen war mich unbedingt zusammen zu nehmen. Sie legte den Finger auf den Mund und breitete die Arme aus. Ich schüttelte den Kopf. «Nein mein Kind, ich bin ja nicht toll. Ich kann hier nichts riskieren, so gern ich Dich habe.» Sie kam näher. «Sie schläft und rührt sich nie mehr bis vier, ich kenn sie doch. Der Timo ist weg, die Köchin ist hinten in der Küche eingenickt dass man sie eine Meile hört schnarchen. Mögens mich gar kein kleins bisl mehr?» Ich blieb energisch sitzen und zog sie mit der Hand an mich. «Weisst Du, die tollsten Sachen können passieren, die Gnädige Frau hat was vergessen» – – «dann läut't sie mir, ich werds doch kennen, die läut't wenn ihrs Nastuch aufn Boden fallt und man muss durchs ganze Haus ihrs aufhebn» «Oder sie thuts grad um zu spionieren, solche Damen sind unberechenbar.» «Also» sagte sie und küsste mir die Hand, – «geh ich halt wieder –» und blickte weg. «Bist' mir nicht bös» «Bös, was heisst bös, aber weh thut mirs, weil ich eh weiss, dass S' die Andere lieber hätten gehabt» «Welch ein Unsinn! Die Andere hätte ich hinausgeschmissen wenn sie mir gekommen wäre.» «Is wahr?» sagte sie zweifelnd und durch eine Thräne im Auge strahlend; «wenn ichs dürft glauben, dass Sie nit darum so kalt thun mit mir, so lieblos» und sie drückte das Gesicht wieder in die Hände. Ich stand also auf, nahm ihr die Hände vom Gesicht, und sie lag an meiner Brust. Die Thränen waren weg, ich hätte sie umarmen sollen, und da ich es nicht that umarmte sie mich. So kam es doch zu dem was kommen musste wenn ein hübsches und zärtliches Wesen mir am Halse hing, aus dem Sich küssen lassen kam das Küssen und die Kraft und Seligkeit des Mädchens das sich mit der ganzen Zähigkeit ihres naiven Verlangens an mich schloss, weckte in mir das verwandte Begehren, dem ich kaum widerstand. Die Gefahr war gross als sie meinen Händen überall nachgab, ihre Küsse mich herausforderten, ihre Brüste an mir her und hin strichen, und mein Stachel sich kaum mehr bändigen liess. Aber mein Blick fiel auf die Uhr die ein Viertel vor Drei zeigte. Zehn Minuten von jetzt konnten vergehen bis ich in einem Auto sass, ich durfte nichts zugeben und machte mich los. «Komm» sagte ich, «den Abschiedskuss im Entrée». Sie schien wie aus einem Traum zu erwachen, sah mich aber zärtlich an und folgte mir um mir in den Mantel zu helfen. An der Thür sagte sie mir mit einem süssen Kusse «Jetzt bin ich ganz glücklich, denn ich weiss Bescheid, und wenn ichs auch nimmer so gut sollt haben wie neulich, – ein Blick und ein Kuss is grad so viel wert, wenn man sich gern hat –» und dies Wort trug ihr eine glückliche Umarmung und ein Versprechen ein, denn hier war ein unschuldiger Mensch, dessen Reinheit mitten im zärtlichen Leichtsinn mich rührte. Wie geahnt, musste ich auf ein Auto warten und kam eine Minute zu spät an den Zoo, zitternd dass ich den Anschluss verfehlen konnte. Niemand war an dem grossen Holzthor, und wenig Menschen auf dieser Strassenseite ohne Läden. Ich liess fünfzig Schritt rechtswärts und ebenso viel linkswärts patrouillieren und hielt scharf Ausguck, und siehe, am Romanischen Café sprang eine schlanke Gestalt von der Elektrischen und eilte den Kopf etwas neigend, wie ich Christa in der

Erinnerung hatte, auf meinen grade wieder das Thor passierenden Wagen zu. Ich winkte aus dem Fenster, öffnete halb den Schlag, sie stieg immer noch sich neigend ein und ich sagte dem Chauffeur «Tiergarten, irgendwohin» drehte mich um und drückte das biegsame, aufgeregte grosse Geschöpf in meine Arme, den Mund suchend und mich für lange Minuten völlig in seinem Genusse verlierend. Sie küsste mich mit der ganzen Glut des jungen Verlangens und ihr Schmiegen und sich Biegen in meinen Armen gewährte mir die unsäglichste Lust. Langsam kam ich zur Ruhe, liess sie los, umschlang sie von neuem und hob das gesenkte süsse Gesicht um mich in seinem Anblick zu berauschen. Ich sah – sah – und fühlte mir wunderlich zu Mut werden. Was war das? Konnten Beleuchtungen, verschiedene Tageszeiten, verschiedener Anzug so verändern? Was neben mir sass war eine wunderschöne, zaubersüsse Person, – war genau gebaut wie Christa, bewegte sich genau wie Christa – aber es war, ich konnte schwören, es war nicht Christa. Sie hatte graugrünbraune Augen und Christas waren blaugraue zu den schönen braunen Haaren, sie hatte mädchenhafte Grübchen um den bildschönen Mund und Christa etwas vollere Wangen, sie blickte inniger wie Christa lockender geblickt hatte, und vor allem sie hatte am linken Mundwinkel eine allerliebste braune Mouche, die Christa nicht gehabt hatte, sie war lyrischer wo Christa energischer, feuriger gewesen war, sie war ein bis zwei Jahre jünger, das war es. Es wechselte kalt und heiss durch mich hindurch, ich wusste nicht ob Enttäuschung oder Interesse in mir siegten, und ich warf mich erregt in meine Wagenecke, sie loslassend, die Füsse von mir streckend, die Hände in den Taschen. Mein Strotzer der eben Stein und Feuer gewesen war, schrumpfte, ich fühlte es, ich war confus und entspannt.

Meine Nachbarin legte eine Hand im schwedischen Handschuh bittend auf meinen Arm, eine sehr schöne schmale Hand, – wie die Christas, – eine Dame. Ich blickte zur Seite. Das schöne liebliche Gesicht sah mich bittend an, die süssen bunten Augen, von einem eigenen Glanze der Iris waren gross aufgeschlagen. «Also?» sagte ich knurrig, «vielleicht sagen Sie mir, was das Ganze heisst?» «Eigentlich» sagte sie zögernd, mit einer warmen Stimme, ganz Christas Stimme – «eigentlich ein Missverständnis – zuerst meine ich. Dann – ach Gott ein verrückter Streich, ich hätte es nicht thun sollen – es war dumm.» «Ich bin noch genau so gescheit wie vorher.» «Ich bin Christas Schwester – Marion. Meine Mutter – unsere Mutter – rief mich Mittags an den Apparat, – Sie hatten gesagt Fräulein van Hees, keinen Vornamen und da – da – jemand den ich lang nicht gesehen hatte – mich allenfalls hätte anrufen können, sprang ich – Christa war den Augenblick über die Strasse in ein Geschäft, für eine Besorgung. Sie schnurrten etwas ab, Zeit und Ort, keinen Namen und waren weg, es kamen mir wol Zweifel, wegen der Stimmen, aber wie Christa kam, mochte ich ihr doch nicht mit Bestimmtheit sagen, dass ihr Freund gerufen hatte, – es konnte schliesslich doch jener gewesen sein – und dann kann Christa in den Tod nicht ausstehen – Sie begreifen. Na gut. Und eine halbe Stunde später kam ein Bote um Christa ins Institut zu bitten, unter allen Umständen, zwei Damen mit Influenza ausgeblieben, es wurde Himmel und Hölle in Bewegung gesetzt und so fuhr sie ausser sich ab, wir wollten wenn Sie anriefen, alles erklären. Aber der Hauptgrund warum ich nicht hab widerstehen können war ein andrer –» «Sag ihn schon» und ich küsste sie begütigend. «Sie hat mir so viel erzählt – ich hab mich durch ihre Erzählung hin – ich hab immer Unglück und sie hat so wahnsinnigen Dusel – ich hab – Sie kennen wollen –» «Und nun kennst Du mich ja» sagte ich sie an mich drückend. «Noch nicht» flüsterte sie und küsste mich zitternd auf den Mund. «Aber gleich, Du Süsse. Jetzt hör zu. Wir nehmens wie wirs treffen. Nur eins zuvor. Ich will

Christa nicht verlieren. Was jetzt mit uns ist, darf sie nie erfahren.» «Nie; sie würde mirs nie verzeihen, sie ist auf mich eifersüchtig, – sonst auf niemanden, weil sie ihrer selber so sicher ist.» «Also das ist abgemacht. Es bleibt unter uns, mir ist alles ausgerichtet worden, ich war sehr betrübt, würde ihr sofort schreiben. Abgemacht.» «Doch!» «Süsse Rheinländerin. Woher seid ihr?» «Aus Xanten.» «Süsses» «Doch» «und jetzt höre, mein Liebling. Ich bin ein sehr consequenter Liebhaber. Ich hab mich auf Christa gefreut seit heut früh. Ich hab alles voraus gefühlt was sie mir schenken würde. Du hast Dich frank und frei an ihre Stelle gesetzt. Strafe muss sein. Ich lasse mich nicht von meinem Ziele abbringen. Du musst mir alles schenken was sie mir geschenkt hätte. Nein, nicht so, – ich spür schon jetzt dass Du» – wir versanken und beglückten uns gegenseitig so weit der Wagen es erlaubte. Als wir wieder zu Atem kamen, flüsterte sie «Sag mir dass Du nur mich liebst jetzt, nur an mich denkst, Schatz, hier raus, irgend wohin, wo man die Thür zuschliessen kann.» Ich sagte dem Chauffeur «Zu Mädler Leipziger Strasse, Koffergeschäft.» «Weess ick» sagte der Alte und warf den Wagen herum. Da wir kaum in den Tiergarten eingefahren waren, brachten uns wenige Minuten ans Ziel, wir sahen uns an, und tauschten Händedrücke. Bei Mädler kaufte ich zwei kleine Handtaschen, liess sie mit Initialen schablonieren, sagte «Haesslers Hôtel» und stieg wieder ein. Die schöne Marion sah mich dankbar an und trat mich sanft auf den Fuss. Das Auto jagte in Minuten durch die Bellevuestrasse in die Tiergartenstrasse, am Zoo vorbei und hielt bei Hässler. Ich zeichnete Phantasienamen ins Fremdenbuch, bestellte ein grosses Zimmer mit zwei Betten, Thee und Gebäck sofort aufs Zimmer, bezahlte für alles sofort und wir fuhren im Lift nach oben wo eins der schönen, privatwohnungartig hell und weich möblierten Zimmer mit messinggoldenen Mädlerbetten uns aufnahm. Jetzt erst konnte ich meine Beute ganz ermessen, den Glückszufall, der mir geworden war. Eine der schönsten jungen Mädchen die ich früher oder später gekannt habe, tanzte vor mir händeklatschend und jauchzend durchs Zimmer. Sie hatte Christas ganze zauberhafte Geschmeidigkeit und rankenhafte schlanke Biegsamkeit voll wonniger Winkel aller anmutigsten Bewegungen, aber sie war kindlicher und wie vorher gesagt, lyrischer, etwas Märchenhaftes, Sinnendes, Träumerisches, noch nicht ganz Bestimmtes lag in ihr und machte sie mir berauschend. Wir sprangen wie die Kinder umher, ich hob sie unter den Knieen und schwang sie hoch durch die Luft, nahm sie um Schultern und Schenkel in beide Arme und trug sie in ihrem Halse küssend und schnusternd durch das grosse Zimmer. Als der Thee gebracht war, schlossen wir ab und sahen uns einen Augenblick lang an. Dann warf sie sich mir an die Brust und ich trug sie auf den harten Hôtel-Divan. Der entzückende glänzend rote saftig frische Mund mit den süssen Mundwinkeln und Lächelgrübchen gehörte meinen Lippen und nahm den Kampf mit ihnen glühend auf. Im Küssen war sie Christa gewachsen und nicht die Jüngere, sie wusste wie jene den Genuss, den sie selber empfand, das brennende Vergnügen dem Geliebten stachelnd bewusst zu machen, und die wonnevollen Windungen des im Sinnenglück sich dehnenden gertenschlanken Leibes mit den jungen frauenhaften Brüsten verbreiteten durch meinen ganzen Nervenbau das Kräuseln sich spannender rieselnder Begierden. «Jetzt oder nachher» sagte ich mit einem Kuss in ihr Ohr. «Jetzt» sagte sie in meins, «und nachher richtig.» Ich sprang ab, zog ihr die Schuh aus, knöpfte sie auf, küsste ihre Schultern, sie liess den Rock fallen, ich warf die Jacke und Weste ab und fuhr aus den Hosen, sie hakte an ihrem Korsett, ich kniete vor ihr und küsste sie auf den Pelz, dann war sie im Hemd und ich nackt, dann bog sie sich purpurrot von dem Anblicke ab, dann nahm ich ihr das Hemd und drückte stehend die Erschauernde an mich, in mich, formte ihr süsses kleines und volles Gesäss, küsste die Brüste einzeln, drehte sie in meinen Armen und küsste den Nacken und die feuchte Kreuzgrube, während sie sich schwang wie ein junger Baum im Wind, und über die Schulter weg meinen Mund fing. Wieder hatte ich sie im Arme, sie kraulte in meinen Brusthaaren, hob sich an mir, wagte ihre schlanken Hände mit meinem Liebesarsenal zu füllen, befühlte schaudernd und mich mit der Zunge küssend von der Wurzeln bis zur Spitze meinen langen Kämpfer und grub sich tiefer mit immer dreisteren Küssen in die wonnigen schweren Spielzeuge darunter, das tolle Ballnetz das alle Mädchen fasciniert. Ich nahm die Verwegene, um sich Schlagende bildschöne, Lange Schlanke, deren lange Schenkel nach mir traten und trug sie ins Bett. Ein wilder Ringkampf begann, mit berauschenden Listen und getäuschten Begierden, gestohlenen Küssen und verstohlenen Erkundungen. Sie umglitt mich mit der entzückenden Geschmeidigkeit eines spielenden Tiers, drehte sich in meinem Griffe und klemmte mir den Stachel zwischen die Knie bis ich sie zwischen den Hinterbacken so lange kitzelte, dass ihr Verlangen nach Küssen allen Scherz überwog. Endlich gelang es mir, die Lachende unter mich zu zwingen, und meine Umarmung zog die ihre herbei, eine so unbändige dass ich anfangs nicht handeln konnte. Ihre Schenkel schlossen sich so scharf über meinen zusammen, dass ich gefesselt blieb und zugleich biss sie mich fast ernstlich in die Lippen, zehn zwölf Mal, immer wieder bei sich lockendem Biss die Zunge einschmelzend ein zauberhaftes fast quälendes Spiel. Als ich sie fester fasste und mir richtete, lockerte sie den Schenkeldruck, griff mit der natürlichsten Bewegung nach dem hochgeschwollenen fast schmerzenden Kolbenschieber und küsste mich jählings anders, weich, heiss, flehend und leise wühlend, sanft schwelgend, mit verlangender zuckender Zungenspitze, und drückte ihn lächelnd, mit einem süssen Ausdruck reinen Glücks, mit offenen glänzenden Lippen hinter denen die Zähne blitzten, zwischen die festen Lippen ihres bärtigen Mundes. Ich suchte, indes sie sich schob und hob, sie bog sich und ich drängte sanft, sie liess nach und ich zog zurück, sie wölbte sich und drückte durch, sie klammerte sich mit einem heissen süssen Kehllaute an mich und ich besass sie ganz, bis ans Heft, sie warf mir die Arme wild um den Hals und rüttelte den gepfählten Schoss, dann reckte sie sich schreiend vor Wollust unter mir während ich durch sie fegte. Sie liess mich los und ich hob sie an mich, die Unterarme fest um ihre Hüften, legte mich im Kreuz weg während ihr Oberkörper hinsank, und brauste ihr meine Wonnen so hart und tief und wirbelnd ich konnte, in den Kelch ihrer heissen Blume. Ihre gebrochenen Liebesworte, ihr «Ja» und «Du» und «Jetzt» und «Ich liebe – ich sterbe» berauschten und befeuerten mich mehr als die wilden Worte anderer Bacchantinnen des Orgasmus. Sie lag leblos, kaum lallend da, als ich mich unerschöpft von ihr löste. Wie ein Schlinggewächs umwuchs sie mich vibrierend mit all ihren Schlankheiten von der Fussspitze zum Scheitel und saugte sich unlösbar auf meine Lippen. Dann {und} wann ging ein Nachkrampf durch den geschmeidigen Mädchenleib. Ihr Kuss verwuchs in mich. Zehn Minuten wol war sie so aus reiner Leidenschaft des Anhängens mit mir eins. Dann liess sie langsam los, und lag atmend mit dem Kopf an meiner Brust, dem zauberhaft leichten lächelnden, schöngebildeten Kopfe, den Perlenohren, dem zierlichen Kinn, dem jungen kühnen und begabten Munde. Dann stand ich auf, deckte sie zu, holte ihr Thee und begann selber zu trinken und sie zu tränken. Wir sassen auf, Arm in Arm und fütterten einander. Sie zerbiss die harten Makronen mit ihren porzellanweissen messerscharfen Zähnen und gab mir die Stücke mit dem Munde. Unsere Besessenheit ging noch weiter, und es lässt sich bei kaltem Blute nicht berichten, was wir mit heissem thaten. Ich war noch nie so besinnungslos vernarrt in einen Körper gewesen, wie in die zeichnerische Feinheit und Schmächtigkeit dieses schlanken flachen Bauchs, dieser langen Flanken, dieser Schlängelungen und Schwingungen, die alle so waren wie ihr Lächeln, ihr Hals, ihre Drehungen. Es war als bestände sie nicht aus Gelenken sondern aus Schlingen. Als wir heiss und brünstig wieder unter die Decke gingen und uns auf einander schlossen glaubte ich nie einen solchen Moment sinnlicher Erfüllungen genossen zu haben. «Du übersteigst alles Menschliche» sagte ich ihr. «Und Du übertriffst alles was ich mir von Beschreibungen vorgestellt hätte» flüsterte sie und zog die Glieder um mich zusammen. «Es ist auch besser wir sehen uns nur einmal, sonst hält man das Leben nicht mehr aus, gewöhnt man sich dran und muss dann aufhören, ist man verloren.» «Bei Dir kann ich mirs denken aber bei mir?» «Es ist ja nicht das» hauchte sie, und tippte mit dem Finger auf das was sie meinte, «die Centimeter machens nicht, es ist Deine Leidenschaftlichkeit und Beständigkeit und Herrlichkeit. Man wird nicht nur ein Mal richtig satt, man wird auch ganz sehnsüchtig und selig und anderswohin versetzt. Wenn ich Dich höre kommt mir alles andere dumm vor und ich mir so klug wie Du. Du nimmst einem Mädel nichts fort, Du nimmst sie zu Dir mit, ich bin bei Dir, das ist so schrecklich süss. Ich werde mein Leblang von Dir träumen. Komm aber betrüge mich nicht wieder. Du schonst mich, aber ich will nicht dass Du wieder von mir gehst wie eben. Machs wie Du willst, aber anders, so dass ich fühle ich bin nicht egoistisch, und Du hast Alles von mir was ich von Dir habe. Ach – warte noch – oh, jetzt –.» Es ging von neuem an, schöner und länger als das erste Mal, und viel inniger und liebevoller. Ich hatte wieder die gleiche schneidende Spannung wie neulich. Sonjas Cocktail hatte eine List enthalten und ich genoss ohne den Wunsch nach Lösung. So liess ich die Süsse nur kurz

Atemholen, drehte sie um und zog den bezaubernden Hintern in meinen Schoss. Es dauerte lange bis ich über ihrem hochgestellten Schenkel eindrang, immer wieder glitt der Spiess aus der Furche, aber endlich fanden wir die genaue Fuge und kaum dass ich im Sattel war, drehte ich sie vollends unter mich, sie ging auf Ellenbogen und Kniee, ich auf den Knieen drückte mich eng unter sie, die Hände um ihre Lenden, den Leib auf ihrem zitternden Rücken, und that ihr die süsse Gewalt der Natur. Als sie ins Rasen kam, renkte sie den langen Hals zurück und liess sich den Mund abweiden, dann brach sie nieder, mich inniger noch an ihre Lippen ziehend und bebte unter den Küssen des Wahnsinns und den Worten der Thorheit aus. «Jetzt Sterben süsser Junge» sagte sie lächelnd an meiner Brust. «Und dabei muss ich bald weg. Noch Minuten, noch zehn.» «Warum so früh?» «Ich muss um sieben auf der Station sein, ich bin Hilfskrankenwärterin.» «Wen machst Du gesund, wenn Du mich liebeskrank machst?» «Alte Weiber», lachte sie, «liebeskrank?» Das sagst Du so. Sag, dass ich Dich ein zehntel so glücklich mache wie Du mich. Was? Immer noch? Unverändert? Wie furchtbar. Das darfs nicht geben. Du hast mich auch schon zwei Minuten lang nicht mehr geküsst.» Ich holte sie an meine Seite. Die schöne Marion zog alle Register ihres Mädchenmundes, liess sich umarmen, ja glitt zusammengezogen, Mund auf Mund in meine Arme und goss die lange schmale Zunge in mich aus, glühend und badend von Saft, auf und ab fuhr sie in mich und gleichzeitig wirbelten ihre beiden geschickten Hände über einander meinen Baum. Es begann mich zu durchrinnen, der Wirbel, weich und doch fest, steigerte sich ins Mächtige, und jetzt liess die eine Hand los, die andere arbeitete meine Knödel, der Mund wühlte in mir und mein kochendes Mark schoss ihr über die Faust, indem ich sie an mich riss und zuckend unter mir fast zermalmte. Sie stöhnte vor Lust und sank mit mir in den Orgasmus, meine Hand in ihren krampfenden Kelch drückend. – «Wo hast Du das gelernt» fragte ich, sie an mich drückend, als wir wieder zu Atem kamen. «Gelernt? Wenn Du wüsstest, was ein Mädel von siebzehn sich alles vorstellt!» «Siebzehn?» «Jetzt achtzehn ein halb.» Sie küsste mich mit weichen Kreisbewegungen ihres Mundes auf meinen und kitzelte mit der Zungenspitze das Innere der Oberlippe. «Was stellt ihr Euch denn vor?» «Alles» lachte sie und küsste fest zu, dass es hallte. «Alles und einiges andere. Nur reden kann man nicht drüber, das ist zu fad, wenn man nur die Hand ausstrecken braucht ums zu machen – Herr Du meine, ist es möglich, schon wieder armdick und eisenfest –» «Wenn Du mir solche Hexenküsse gibst, Du Schlange der Liebe» und ich küsste sie noch einmal zusammen, sie zog meine Hände um ihre hübschen Brüste, liess sich küssen und traktierte meinen Penis zärtlich ohne die Zielbewusstheit von vorhin. Plötzlich fuhr sie hoch und schwang sich wie eine Tänzerin aus dem Bette. «Ich muss fort!» Ich sprang ihr nach, wir waren im Moment in den Kleidern, küssten uns noch einmal an der Thüre und fuhren abwärts. «Geh gleich durch den Windfang und lass ein Auto rufen. Ich deponiere unser ‹Gepäck›.» Sie lachte und drückte meinen Arm. Unten liess ich ein Trinkgeld für das Mädchen das die Spuren von Marions Angriff auf mich abzuthun haben sollte, deponierte die Handtaschen und eilte dem Auto zu, aus dem die Hand mir winkte. Es war erst 6 Uhr nachmittags, die Strassen schon nächtlich dunkel. Ich setzte Marion auf meinen Schoss, die blumenhaften Arme umwanden meinen Hals und ihr Kuss floss ununterbrochen in mich. «Wenn Du Dich s e h r sehnst nach mir, mein Geliebter, lass michs d o c h wissen, obwol ich dabei unglücklich werde.» Ich legte sie bequemer und überschüttete sie mit verzweifelten Zärtlichkeiten. «Du bist das süsseste Gnadengeschenk das ich je genossen habe, ein Fest und ein Traum und ein Ziel und eine Grenze, nichts geht über Dich.» «Könntest mich lieb haben» sagte sie dunkel, – und richtete sich auf um sich an meine Brust zu bergen. «Vergiss dass ich das gesagt habe, Du kannst mich nicht lieb haben, es ist ja auch so und ohne alles schön genug. Nur ein Mädel, weisst Du, – ach, wenns ewig wär, wenn man nicht aus einander müsste, wenn man sich auf Dich freuen dürfte und hoffen und all das – eben was alles Unsinn ist.» «Süsse allerschönste Marion, es gibt tausenderlei Arten Liebe, und die die Du jetzt meinst und ewig nennst, ist die kürzeste von allen. Liebesverhältnisse dauern Jahrelang, manchmal ein halbes Leben. Eheleute sind bestenfalls nach einer gewissen Zeit gute Freunde, aber das Feuer ist aus. Mit unserm Feuer, Marion, können wir Häuser anzünden, aber keinen Ofen heizen.» «Du hast schon Recht, ich bin sentimental, das sagt Christa mir ja immer. Aber ich bin so wahnsinnig verliebt in Dich, Liebling dass ich nicht weiss wo die Sentimentalität anfängt und die pure Temperamentsleidenschaft aufhört, oder wo Verliebtheit und Liebe sich unterscheiden. Ich könnt ebensogut für Dich sterben und Deine Stiefel putzen und Gänge für Dich laufen und andererseits – komm küss mich heiss und fest und dick, wir sind gleich da – ach – ach Meiner, ach mein Alles, geh nicht weg von Deinem Mädel, lass mich nicht allein –»

Es war ein wilder Abschied. Natürlich hatte ich ihr ein Rendezvous gegeben. Was soll man denn auch thun? Wer ist der Unmensch und kränkt einen so lieben Engel. Es wurden nur immer mehr statt weniger. Es war herrlich, aber es war unabsehbar schrecklich und musste schlecht enden, schliesslich musste ich sie alle kränken weil ich sie weder alle heiraten konnte noch alle gleichzeitig umarmen. Ich war kein Sultan und brauchte keinen Harem. Und nah dran war ich.

Inzwischen waren fast zwei Stunden Zeit und ich beschloss zu versuchen ob ich Winnie gleich die Freude des Cheques machen konnte. Ich versuchte anzurufen, musste aber eine falsche Nummer notiert haben, denn es glückte nicht. Aber es würde auch sonst vergeblich gewesen sein, denn ich holte sie mit meinem haltenden Wagen gerade einen Schritt vor ihrer Thür ein, wo sie mit einer Dame in lebhaftem Gespräche stand. «Oh what a Godsend» rief sie sofort, «look here, Mable, there's just my friend Mr. Borchardt happening to call and I'm sure he'll be kind enough to help you, he's such a dear, you know you are, Rudolph, and now listen. This is an American friend, Miss Short, in for a term of piano lessons here, who has mislaid or lost her chequebook and happens to have come across a beastly landlady. Will you try to go with her and to explain, my help would be of no avail at all and she wants an authoritative German such as you are. Besides I can't leave home for one half hour next to this, as I am tied down to the telephone anxious for a call from an hysterical pupil. How lovely you called, you will return, won't you, I daresay you had some message. Good bye dear, good bye Rudolph», und sie verschwand im Hausgang. «Will you step in, please» sagte ich, «and give me the address for the chauffeur?» «Oh, allright thanks so much, it is Landgrafenstrasse 12». Und es ging los. Ich konnte in dem dunklen Wagen nicht viel von meiner Schutzbefohlenen sehen, aber die musikalische Stimme konnte einer Musikerin gehören. Auf der Strasse hatte sie distinguiert gewirkt, ziemlich gross, ich glaube weich, etwas voll – aber ich hatte kaum etwas gesehen.

«Now if you don't mind telling me, what is the row about?» Sie lachte leise. «That's pretty American I guess» sagte sie etwas singend. «Well its this. I lost my cheque day before yesterday and at once told the bank, giving the figure and so. They were obliging enough so far, cabling to my people in Alabama and giving plenty of advice, besides arranging for the cheques being stopped. I didn't care to trouble applying to the Consul, see, and proposed to argue with the landlady about her weekly bill which was due yesterday.

I speak a little german and did not think very much about it at all. The fact is the woman turned disagreable and this morning instead of being served my breakfast, I have been served sort of a writ, threatening me with dislodging and seizing of my trunk. I went to see some friends I happened to remember of as resident, but worse luck, they left town for a motor trip a couple of hours previous to my calling. There was Winnie Frazer who's such a brick, and you know the rest, and I am fearfull *[sic]*, obliged of course and sorry indeed for the trouble.» «Take it easy and don't trouble about no trouble at all. I think it's big fun and like it a deal. I feel turning into a saviour of society, a protector and knight of virgins in distress and a slayer of dragons. Not to mention that of course I am your banker, by appointment I do hope, and you will oblige me by drawing.» «Now that's all like dreaming. I'll pay you back in a couple of days but that won't settle my debt of gratitude for your excellent fine-fellowship. Shake hands.» «Never. I only posed as a benefactor and propose to leave you in the lurch. Get out instantly, will you. Here's Landgrafenstrasse 12.» Sie stieg lachend aus. Sie war eine grosse weiche Brünette mit einer komisch missglückten Nase, die aber so originell war, dass man sie nicht hässlich finden konnte, franken blanken Augen in denen etwas steckte und einem sehr gewinnenden Lachen aus Lippen Zähnen und Backen, nicht hübsch und doch auf den ersten Blick anziehend, erwärmend, sympathisch. Wir sahen uns beide verstohlen an und gingen scherzend die zwei Treppen hinauf wo das Schild J. Bollfras, Oberrendant nichts gutes kündete. Eine grosse Frau mit wie gewichstem schwarzem dichten Haar, einer grossen Nase und einem schlaffen Kinn öffnete. Ich schnitt ihr sofort die Rede ab. «Frau Bollfras?» «Ja, bin ich», sie wischte die Hände an ihrer Schürze ab. «Gut. Ich habe Sie zu sprechen. Ich vertrete Miss Short, und rechne sofort mit Ihnen ab.» «Wenn Se mit mich abrechnen, brauchen Se ihr nich zu vertreten» brummte die Frau. «Is ja alles in Ordnung, und Ordnung muss sind.» «Vielleicht gehen Sie inzwischen in Ihr Zimmer, bis ich mit der Frau fertig bin» sagte ich zur Short. «Det Zimmer? Det Zimmer is abgeschlossen und eh ick nich Kasse sehen thu, wird nich uffjemacht. Det wär noch scheener. Jeht morgens wech, sacht se wär in ner Stunde wieder da mit Jeld, lasst ihr'n janzen Tag nich mehr sehen und jetzt.» «So. Jetzt hören Sie zu. Wenn Sie nicht augenblicklich das Zimmer öffnen, hole ich den Schutzmann. Sacharrest wird vom Gericht verhängt, nicht von Ihnen. Wo ist Ihr gerichtlicher Ausweis?» «Wat, Ausweis, ick wehr doch woll, in meinen eijen Haus –» «Sie haben durch rechtsgültigen Vertrag Miss Short ein Zimmer Ihrer Wohnung mietweise abgetreten und haben solange der Vertrag dauert über diesen Raum keinerlei Rechtsverfügung mehr. Miss Short hat den Vertrag drei Wochen lang rechtsgiltig erfüllt. Für die vierte Woche ist sie seit vierundzwanzig Stunden im Verzuge. Der Vertrag ist durch diesen Verzug nicht aufgehoben. Mahnung ist durch Sie heut früh erfolgt. Einen Termin haben Sie nicht gesetzt. Sie haben sich der Nötigung und des angemassten Amtsgebrauchs durch Sacharrest schuldig gemacht und haben jetzt die Wahl. Sie öffnen augenblicklich oder ich bin in einer Viertelstunde mit einem Schutzmanne und einem Schlosser hier.» «Wat wat», sagte die Frau halb höhnisch halb kriechend, «rejen Se Ihnen man nich künstlich uff. Is ja nich die Mühe wert. Det Zimmer, det is offen. Ha'ck ja nur so jesacht. Wissen Se, Herr Doktor, als alleinstehende Witwe, wenn man nich Obacht jibt – also, gehn wer rein in's Fräulein.» Im Zimmer forderte ich die Rechnung. «Wat Rechnung, wir ham nie was schriftlichs jebraucht, Fräulein und ich, was die Miete is, macht fuffzich Emm, und sieben Frühstück macht vierzehn und Bedienung fünf, sind neununsechzig und eine fürs Mädchen siebzig wie es Fräulein immer hat bezahlt.» «Skandal» sagte ich stark, «bei rechtschaffenen Leuten bekommen Sie für diese Riesensumme ein elegant möbliertes Appartement. Sie sind in elende Hände gefallen, und ich lasse Sie keinen Augenblick länger darin.» Ich riss eine Seite aus meinem Taschenblock, schrieb eine Quittung für siebzig Mark darauf, nahm das Tischtelephon und das Telephonbuch und drehte nach kurzem Nachschlagen an der Scheibe. «Dort Dienstmanninstitut? In spätestens zehn Minuten ein Mann mit Dreirad für schweren Schrankkoffer Landgrafenstrasse 12 2 Treppen. Name Short Siegfried Caesar Heinrich Otto Robert Theodor.» Nach zweitem Umdrehen: «Hotel Haessler, bitte Reception. Halloh. Ich bringe in zwanzig Minuten ausländische Dame für die helles grosses zweifenstriges ruhiges Zimmer mit einem Bett und Bad sofort zu reservieren bitte. Wie? Bin im Hotel bekannt, erledige alles; Name Short; ja, gleich kurz.» «Hier» ich hielt der Frau den Zettel hin und nahm die Goldbörse *[sic]* aus der Westentasche. «Dort unterschreiben Sie und dann verlassen Sie das Zimmer.» «Bitte, ne, die Dame hat für einen Monat gemietet.» «Sie müssen sie verklagen wenn Sie Ansprüche zu haben glauben. Sie haben sich zu der Dame in ein Verhältnis gebracht, in dem ihr laut BGB die Aufrechterhaltung des Vertrages billigerweise nicht zugemutet werden kann. Die Prozess und Anwaltskosten verlieren Sie.» Zugleich öffnete ich die Thüre und machte eine kurze Armbewegung. Die Bollfras nahm die vier Goldstücke unterschrieb und sagte «Na, Jlick ham Se gehabt» und verliess mit sturem Gesicht die Bühne. Ich kniete schon vor dem Schrankkoffer und packte die Bücher und Noten auf dem Schreibtische ein. «Now, I declare –» sagte Mable Short mit dunkel schuckelnder Stimme – «will you mind giving me your keys and show me your other things, shoes, tuppings, and divers parapheranalia» «Now don't, let me do that for myself.» Ich holte schon die Schuh und Stiefel und zog sie auf die Blöcke, ging zum Waschtisch und packte alle Utensilien in die sauber bereit liegenden Behälter, nahm den roten Gummi-Irrigator mit Schlauch und packte sachgemäss. «Well I hate you for meddling with all these toilet things» stiess sie halb lachend halb verdrossen hervor. «My heart bleeds for you» sagte ich, «but I am satisfied to bear your hatred along with that womans. I like being hated by women, d'you see, just as much as some other chaps are supposed to like being loved. The porter will ring the bell in a wink and he mustn't be kept waiting for his job. Where are your pyjamas please, and I miss your slippers and your Kimono. That's it. Please look in all the drawers, leaving them open for one last inspection. There's a pair of silk stockings left in one corner of the rest of drawers. Rotten, are they. We'll put them in all the same. Let me have a look below here» ich legte mich flach auf den Boden, «there, was not I sure of my scent. I could have guessed your'e in the habit of reading in bed, and of letting the book down.» Ich fuhr unters Bett und holte einen Tauchnitz hervor, der in den Koffer wanderte. «Permit me to turn the pillow – there's a handkerchief. May I close the trunk now?» Es läutete. Der Dienstmann wurde eingelassen und ich telephonierte nach einem Taxi zum Lützowplatz, nahm dem Mann seine Nummer ab und gab ihm das Hôtel an in dessen Halle er zu warten habe. Als er hinaus war, nahm ich den heut früh eingezogenen Tausendmarkschein aus dem kleinen Wildlederportefeuille meiner Innenweste und sagte «I apologize for the caddish way of doing banking business with a lady. Circumstances will excuse me, there is no counter here to hand it across and no rubber pad to place it upon, so do me the favour of accepting it from one hand to another, though it is bad form, I know.» Zugleich öffnete ich die Thür, stand mit dem Tausender vor ihr und sagte «Don't let's keep the taxi waiting.» Sie sah mich wortlos, humoristisch, confus, dazwischen strahlend an, sagte «We'll see bye and bye» und ging mir voran durch die Thür, durch die Entree und stumm mit mir die Treppe hinunter. Oben wurde die Thür aufgerissen und eine Stimme gellte hinunter. «Jute Reise ooch, und wenn ick jewusst hätte, wat ick nu weess, bedankt hätte ick mir fier so' ne Person!» Wir sahen uns an und gingen weiter. Das Auto wartete. Es war Punkt sieben. «I know» sagte sie im Wagen, «you are the finest fellow in creation.» Es erstickte sie sich nicht aussprechen zu sollen, ihre Brust hob und senkte sich. «That hole up there with two pair of chairs was not worth a fifth of what you paid that villain. Its your likes which spoil those people. It is immoral to acquiesce in being cheated. I will find you proper lodgings within twenty four hours. More or less decent ones might be found in an hour, but where perfect comfort, honesty and pleasant surroundings are the object, one should not be grudged. The hotel meanwhile you will find acceptable. It is a new one, run on entirely modern lines as a distinguished family hotel, charmingly situated and excellently managed.» «And where do the waiters hide their wings below? And what about the roast fowels flying to and fro with knives and forks stuck in their shoulder? Will you ever permit me to talk?» «Why, you do, don't you?» erwiderte ich kühl, «besides it is quite near, you see we are rounding the Romanic Square, the ugliest plaster hell in all this new stuccoed Parvenupolis. If you have anything particular to remark, there are two minutes left before landing.» «I don't think but I have», sagte sie provokant, «because I should not like calling you names.» «Bad names certainly however aplicable to my shortcomings, would not suit you. There we are.» Die Liftboys und Hausdiener stürzten vor und ich leitete Mable die rot und hell um sich blickte in die Halle an die Reception. Glücklicherweise war bereits Schichtwechsel hinter dem Tische eingetreten und es gab keine Collisionen. Das bestellte Zimmer von eben, «ein Bett?» fragte der Gent discret. «Ja bitte lassen Sie die Dame hinauffahren. – I'll wait for you in the hall.» «But that's impossible you know, because – you remember those things from my trunk you won't –» «Well if it is no trouble» und ich liess mich mit hinauffahren. Es war ein reizendes Wohn-Schlafzimmer, die Thür zum Bad offen, der Hausdiener brachte den Koffer. Sie stand nach geschlossener Thür vor mir, gross, weich, mit der komischen Nase, braun, jung, freimütig, vielleicht vierundzwanzig, frauenhaft voll, eine Mischung von Eigensinn und Naivetät, Holdseligkeit und Humor, sehr originell und reizend, obwol garnicht irgendwie hübsch, etwas was es so nur ein Mal gibt. Jetzt hatte sie die Arme in die Seiten gestemmt, nachdem sie den Mantel abgeworfen hatte, und sagte mich von unten heraus anblitzend «And now please what does all this mean?» «I'm afraid» sagte ich unerschütterlich. «I wish you were», sprudelte sie unwiderstehlich hervor, «but I guess you are not one bit. Look the hardest you can, you won't frighten me. I am going to do exactly what I like, and to have exactly what I like. And it's this» und sie umarmte mich rasch und küsste mich vier Mal, fünf Mal auf den Mund – «and if you don't kiss me back instantly, I'll throttle you.»

Ich küsste sie lachend, der reizende formlose und doch holde Mund fing den Kuss wie einen Federball und warf ihn noch ein par Mal her und hin, ehe sie fest zudrückte, ich das gleiche that und wir uns mit einem innigen Kusse losliessen. Sie warf sich in einen Cretonnesessel und lachte hell und lustig los in die Hände klatschend. Dann stand sie auf. «Look here you are the jolliest boy it ever has been my chance to meet. I wont have all that money, I don't need it. Give me a couple of hundreds, that's ample. I'll have plenty within a day. You are a darling that's what you are, and we'll stay thick chumbs. Get down now and wait for me and we'll have a drink, and then I'll have some cold supper upstairs and go bye bye for I am dead tired with this days work. Oh you lovely boy, how I admired and thanked you, and felt relieved instantly and being taken care of and out of any possibility of a worry and how I enjoyed your farce and marvellous plays and acting, you dddear!!!» Und sie kam mit offenen Armen halb auf mich zu, drehte ab und sagte über ihre Schulter weg «oh but I remember! A pity it's too late now. You liked to be hated by women, did not you inform me. Excuse my slip of memory, cancel it, along with what came of it. You disliked it, and silently though reluctantly underwent the procedure, it was just kindness was it?» Sie sah so bezaubernd und komisch und dabei so lebensvoll aus bei dieser Komödie, und es ging eine solche Wärme eines reifen und reichen Frauenwesens von ihr aus, dass ich auf sie zueilte, aber sie wich mir aus, stellte Stühle zwischen sich und mich und wiederholte in immer musikalischeren Stimmlagen ihr «No – you must not really – you don't like it you see – don't pretend you do just only to make it good now», bis ich auf den letzten vorgeschobenen Sessel sprang und sie sich fangen liess. «What was it you wanted and then would not do because you remembered» fragte ich sie zärtlich in den Armen rüttelnd. «I forgot» sagte sie den lachenden Mund abdrehend, und als ich ihm folgte, in die entgegengesetzte Richtung sich verkehrend. «You like being hated» sagte der weggedrehte Mund lachend. «I dont» sagte ich mit dem Fusse stampfend, und der wieder umschwenkende Mund liess sich fangen. «I never believed you, liar» sagte sie und liess sich küssen, «your lips and eyes and habit altogether look anything but that. And now be off, there is a dear. And in order to be sure that you won't give me the slip, there's one last with a sting in it to feel it» und jetzt passierte etwas. Der etwas formlose, etwas quere etwas unregelmässige Mund mit den weichen nervösen Winkeln küsste einen Kuss der Liebe – nicht besonders lang nicht besonders schwelgend und ohne besondere Füllung, aber undefinierbar tiefgehend und sich einprägend, süss und schenkend über jeden Begriff, und sie hatte mich dabei ans Herz gedrückt, an die lebendige Brust den vollen, nachgebend jungen Körper. Halb, denn sie war ins Bad verschwunden und ich ging in die Halle, immer noch den Kuss nachfühlend, mit dem Stachel, – ja, er hatte ihn, und ich fühlte, er sass.

Die Pause benutzte ich um an Winnie zu telephonieren. «Endlich» rief sie deutsch, «I miss you terribly. Are you coming?» «Impossible tonight, it will take some time still to settle and I have been asked to dine out with friends. For you I have a good piece of news. You are settled; and I was the bearer of your first months 500 Marks cheque, which in the future you'll be paid regularly. Terms are generous enough, implying very little painstaking.» «It's too bad» schrie sie, «you tell me all this at such a distance. It's cruel. Keep your people waiting for just five minutes and hasten here to be hugged for that five minutes length. I'm crying here at the phone and nobody to kiss off my tears.» «I do my best, darling» sagte ich rasch gerührt «but it will be just in and out» und hing an. Es war sieben Uhr fünfundzwanzig und ich telephonierte an Hôtel Friederichs. «Eine bei Ihnen wohnende Dame erwartet um Punkt 8 im Vestibül einen Herrn. Hier ist der Diener des Herrn der bitten lässt, ihn nicht vor 8 Uhr zehn zu erwarten, er ist bis dahin geschäftlich verhindert.» «Für wen ist die Bestellung bitte? Wie heisst die Dame?» «Thut mir leid, ich habe den Namen selber nicht genau verstanden, eine Ausländerin, Ungarin, glaube ich.» «Ungarin, einen Augenblick, – sind Sie noch da? Eine Österreicherin wohnt hier, Baronin Raczko.» «Also bitte, es wird schon stimmen, danke sehr.» Aufblickend sah ich Mabel Short sich nähern, in einer sehr wenig abendmässigen aber herzigen Hausaufmachung, ein schwarz weiss grau geblümtes Seidenkleid mit Falten um den Hals und aus dem Ausschnitt hängend, eigentlich ein Morgenanzug. Ihr reiches etwas zu nachlässig behandeltes braunes Haar war jetzt ohne Hut ein richtiger Rahmen für ihr Gesicht und wieder musste ich staunen woher ihr grosser Reiz kam, da alle Züge disharmonierten und sich doch so spassig vertrugen. Sie war richtig gross, vielleicht etwas grösser als ich, und ihre Bewegungen dabei so weich und voll, dass sie wie eine Woge von Wärme wirkten. Ich folge ihrem Winke und wir gingen in die Bar, in der nur zwei Smoking Jünglinge um diese verlassene Stunde, während schon alles dinierte, ihren Cocktail getrunken hatten und grade zahlten. Wir setzten uns mit einem Cobler in eine Koje in zwei Lehnstühle, ich gab ihr das Geld das ich inzwischen in ein Couvert geschlossen hatte und sie sagte «You know much too much about me, and we must get squares. What heavens are you? I'll never believe you could be a lawyer.» «Why not?» «because you overdid it, the way no real lawyer would have done. You enjoyed the fun of it, the way you'd have in amateur theatricals. What are you, and what are you in for? It's not English to ask direct personal questions, but its eminently American to do so after kissing. I must instruct you about this point, see? Kissing, with our people needn't mean much broadly speaking, though it's different in a case like ours when there was no giddy touch in it. Our people will meet indifferently and coldly – brightly after a lightsome kiss, and nothing happened. But inquiring one quarter of an hour later who it was that kissed us, means starting an acquaintance.» «You are delightful. What am I to reply first?» «Don't be pedantic, boy. But with it, and please don't mock me.» «No lawyer then; you were right there. I'am a scapegrace, and adventure, a reader of books, a rhymester, a wild tacker and such likes.» «And a liar» lachte sie. «Now lets be in for truth only.» «But the truth is unmeaning: Reading hard for my degree, –» «In what?» «Classics» «To make a career of teaching?» fragte sie entsetzt. «No, of kissing» antwortet ich finster, «the Greeks knew a bit or two about that.» «Fool. Tell me, I'm in a craze for European cranks.» Ich lachte hell auf. «Cranks you call that; how delightful. But I am at a loss to tell you here and now. Anyhow, the pick of our men in whatsever branch of public activity start on scholarship as a gentlemanly outfit, and its for that reason, that classics here are eminently vital, eminently uptodate, elegant, stirring and focusing passionate sympathies.» «I see. That's about all you are, never mind classics. I burn to hear you tell me about it. It shocks to me, and I want food that will do so. I hate shilly shallying, and cant, and mere words. Don't tell Winnie Frazer what this affair of lodgings eventually has come to. She's a good enough girl, but so English and punctilious, she would never forgive herself for having unwillingly endangered your morals or, say mine which are pretty safe. But I feel hungry. Now you get up and if there's nobody astir, first do reflect upon something you could not say aloud and preferred to whisper into my ear, – see? Got it?» Ich stand auf, hatte den gewünschten Einfall, der Barmann nickte und ich bog mich über das Ohr der Sitzenden. «I'm half in love» flüsterte ich, und fühlte ihren Mund. Ein Fünfminutenkuss. «So I am» sagte sie und sah mich humoristisch forschend an. Ich bückte mich noch einmal aber sie gab mir einen Klaps. «Tomorrow. With news regarding lodgings and perhaps – no, be off. Good night.»

Ich sah nach der Uhr. Zwölf vor Acht. Das Auto zerriss die Entfernung in drei Minuten, ich flog die Treppen hinauf und hielt die vor Aufregung Flatternde, die ich nie so hübsch gesehen zu haben glaubte, eine Sekunde später in ihrer Palästra in den Armen. Sie war doch so, dunkel angezogen von einem guten Schneider, mit dem rassigen blonden Kopfe, der normännischen Nase und dem grosslippigen lebendigen Munde, eine aristokratische Erscheinung und das heftige Rot stand ihr gut. Ich erzählte in ihren Armen fliegend, von ihren Interjektionen und den mich pressenden Armen kaum unterbrochen und entwickelte ihren Arbeitsplan. Dann gab ich ihr den Chéque und instruierte sie über die Damenbedürfnisse. «But what am I to lecture on, sweetheart, I'm that stupid» und sie schnippte die Finger. «I'll coach you, don't bother» sagte ich begütigend, «the main thing is putting you straight and independent, and this is just what we've got to start with, it will be bettered bye and bye.» «Bettered, darling! it means saving, I never shall spend more than 200.» «You will have to pay for University lectures, and books and sundries. You must set about making a career and win a social standard in England.» «In England without you» und sie hing mir am Munde. «My career lies with you here. Unless you want to get rid of me, tell me you don't –» «The contrary» – «Then stop it. Barring that, I'll do what I'm bid to. Tell me quick you love me still, and kiss.» «I love you still –» «and that you want me, kiss» «want you –» «And that you're sorry for being in such a hurry, kiss» «I'm sorry for being, kiss –» «for being – –» «in such, kiss» – «in such –» «a damned hurry, kiss», «and would rather, kiss» «My girl I would rather priap you on the spot and continue so until the very dawn, but there's just time left for one of your magnums, let me have it» und ich bog die Nachgebende straff in meinen Arm und küsste die nach meinen Lippen trachtenden grossen regelmässigen Zähne, den heissen reinen Atem und den mich umsonst mit allen Künsten der Leidenschaft verführenden Mund. Dann riss ich mich los und flog ins Auto. Es war acht Uhr zwei. Um acht Uhr neun trat ich in das kleine altmodische Adelshotel der Potsdamer Strasse.

In der kleinen Halle war ausser einem schläfrigen alten Portier in einer Nische niemand. Als er mich sah ermuntert er sich, sagte «Ich weiss schon» und telephonierte nach oben. Unmittelbar darauf kamen mehrere Damen die Treppe hinunter – einen Lift gab es nicht – um die ich mich nicht kümmerte. Ich hörte Stehenbleiben und Tuscheln, dann kam der Portier an mich heran. «Die Frau Baronin erwarten.» Eine ältliche geschminkte Dame mit schlaffen Gesichtszügen und lauter Stimme kam lebhaft auf mich zu. «Nein wie ich mich fraie» sagte sie mit österreichischer Tonfärbung einer Ausländerin, «das ist ja gerade was ich mir gewünscht hatte, und schon so bald – dies sind meine Töchter Ludovica Franzi eigentlich Franziska und die kleine Stephanie, unter uns Puppi – ihr wisst ja schon» und hier gaben sie mir alle die Hand eine etwa fünfundzwanzigjährige dunkle mit einem Tituskopf, eine moquante schlanke kleine Blondine und ein Backfisch mit grauen Augen und einem kleinen Herzmund, à la bibi angezogen mit kurzen Kleidern unter denen die entwickelten Waden vorkamen. Ich machte wol ein starres Gesicht und wollte gerade reden, aber in diesen Augenblick warf mir der Tituskopf über die Schulter der kleinern Mutter hinweg einen solchen Blick zu, dass ich stockte, und liess ihm einen zweiten folgen, den ich bereits erwiderte. «Ja wie ists denn, gehen mir gleich nauf zu unserer kleinen Partie?» sagte die Mutter einladend lächelnd und ihre gelben golddurchsetzten Zähne im geschminkten Munde zeigend. «Ja gleich Maman» sagte die Blondine die mit der andern eben einen Blick gewechselt hatte, «nur wegen der Schneiderin musst Du mir noch grad telephonieren helfen, wenns die Güte hast», und fasste gleichzeitig die Kleine unter. Der Titus sah mich an, lachte etwas und ging langsam, etwas trällernd gegen den Windfang zu, mich sich nachziehend. «Es ist ein Missverständnis» sagte sie leise, «ich habs gleich raus gehabt, nur die Maman nicht, sie ist sehr kurzsichtig wissens', aber es lasst sich was machen aus einem Missverständnis mit Esprit.» «Ich – ich erwarte hier jemanden» – «Aber Sie gefallen mir» sagte sie, blickte sich um und trat dann am meine Seite, mich vom Fusse bis zur Schulter wie versehentlich mit ihrem streifenden Körper berührend. Dann trat sie ab in ein winziges anschliessendes Kabinett mit ein par Sitzmöbeln einer Palme und einem Bücherschrank und winkte mich kaum merklich sich nach. «Ich kann Ihnen erst hernach explizieren» und ging in die letzte Bücherschrankecke wo sie sich umdrehte. «Bleib» sagte sie und küsste mich rasch auf den Mund, wieder hinaus in die Halle tretend. In diesem Augenblicke hielt draussen ein Auto und öffnete sich, Ilonka trat durch den Windfang ein und auf mich zu. Ich machte den Damen eine rasche Verbeugung, küsste der Erwarteten ebenso rasch die Hand und folgte ihr in den Wagen zurück, der davonrollte. «Stop – where –» sagte Ilonka rasch. Blitzschnell – wie alles in diesen confusen Minuten – übersah ich dass ich an jedem sehr celebren Orte riskieren könnte von Männern beobachtet zu werden, denen meine Tischdame nicht fremd sein mochte und wiederum erwartete sie eine sehr elegante Umgebung und Mahlzeit. Bei ruhigem Sinnen wäre die Wahl schwer gewesen. Jetzt entschied ich mich für das Einfachste, die kleine diningbar des Adlon. Unter Fremden, Fremd, es war die beste Lösung, und da ich die Weisung laut gab und sie nichts einwandte, sondern mit ihrem fernen und hohen Ausdruck lächelte, so war sie die richtige. «I don't stay at Frederichs» sagte sie ruhig. «I just go to sleep there and keep a room and a bath. Moreover, they do not know me under my name – the servants don't, the manager does. I am Mrs. Douka there. I have my own suite in the Kurfürstenstrasse, I wonder how you will like it. It's not large enough though to allow for comfortable sleeping accommodation, two little salons and a dining room besides a tiny office.» Ich schwieg, sah sie an und genoss den Ton ihrer Stimme und ihr schönes Englisch, den Umriss ihres Aufbaus und ihr schönes Profil auf dem edlen Halse. «My two lodgings account for something less trivial than bedroom questions. Two lives, two persons, two characters. I am two women in one. And you have known both the one and the other. One man before you, last year, who since ruined himself and has been struck off the code of the living. He was very unlike you. You are the second. And I am satisfied there should be no third when we shall part as there's small doubt but we will, –» «It is cruel to talk this way» sagte ich heftig, «when we are at our first meeting and I have {been} waiting for a word of good omen» «There was enough of it in my words. I am a woman. Women always start on pessimist views, wisely, for they have the climax before them. Men are bound to anticlimax. They start with high flown enthusiasm and shrink away, meanly cowardly and even brutally in the smaller hours of the day. Not you. You are quite exceptional. Du fallst nicht aus där Rolläh. Probably because you are so exuberantly and inexhaustibly provided for with the resources of physical constitution, that you don't know of weariness and the taedium following débauche. Then with you it is not débauche, it tastes well and clean, it is just the willful play of youth.» «Do me the favour, talk of yourself, dearest of all women, and not about me.» «Myself? My darling boy, I am a women of birth and rank, married to man of my station whom I left for a lover and he divorced me making me dependant on the other man who left me and married a rich Jew girl. Since then I have been offered a double choice, either to live as a kept woman or to look out for myself. I am not born to crouch and to wheedle, so that was out of question. Liberty was my sole object. It is the most expensive one to go for in a position such as mine. Still I have won it. I am one of the women of company to pleasure seeking men and give them the short pleasure which is all they generally bid for, – minutes, hardly ever more than that, or half hours to the decrepit I want. They mostly respect me. Or they feel snobbishly tickled by the sensation of sharing the couch of an unmistakeable lady, but generally the second time turn to some reckless girl to romp with. But there are newcomers, no end of them. I find that sticking to my style pays both ways, it keeps the men in bounds and allows for a price. Lots of them proposed, – imagine. I laughed at them first and then scorned and dropped them. Old men pay me tremendous sums for short meetings, and very rarely, now and then I refuse a boys money as I did yours and ask him to take me out dining. They are not however particularly enjoyable after, and I all but dropped the habit, which originated with a curiosity for life, talk, brightness, ingeniousness and real pleasure – some sort of substitute for living as I had a right to, a gentlewomans drift entourée by gentlemen. Outside of my life as an amateur ‹masseuse› I am free and very little changed from what I used to be. Outwardly, that's to say. Inwardly I have grown into my real size.» «I know» sagte ich ihre Hand küssend, «looking what you are and being the incredible thing you look.» «Tut» sagte sie leise. «Gods alone are that. But I have come to a point where little, if anything could harm me and little if anything is wanted to communicate myself to others. Everything comes very easy and quiet. Il n'ya plus de rôle. There are moment's when I move about spiritually as well as bodily, almost frictionless and weightless, above gravitation. The world, man and things have become transparent to some translucidity in my sight. All façades speak their centres, I am not to be imposed upon, no sight nor sound deceives me. There is an unaccountable beauty and airiness in this sovereign feeling. And it is radiant too, subtle and bright, gay and laughing. That's the Brandenburger. We will laugh tonight, and feasting upon each other. Kiss me now, lover and sweet treasure and darling companion –» Es durchrann mich wie schlank ihr langer Hüftwuchs unter den schönen Brüsten war. Sie war eine Göttin. Der stolze spröde Mund wurde wieder im Kusse elektrisch, wie er es im Lächeln wurde. Ich fühlte alle meine Muskeln sich spannen und meine Brust sich heben, mich einen

Anderen werden, als ich sie in der Umschlingung wehrlos machte und den Mund der meine Lippen gesucht hatte, in meine Inbrunst verstrickte und nicht mehr hergab. Sie legte die Hand auf meinen Arm, bog den schönen Kopf zurück und überliess sich mir.

In der Halle war sie so wie ich sie zuerst gesehen hatte, eine siegreiche Majestät mit so musikalischer Überlegenheit, dass alles ihr Platz machte, als sie im gleichen braunen Abendkleid wie gestern mit mir durch die Leute ging. In der Bar fanden wir einen abgelegenen kleinen Tisch mit roten Kerzenschirmen, ich liess Austern öffnen und sofort Sekt bringen, jeder andere Wein wäre mir an diesem Abend undenkbar erschienen und ich sah mit Entzükken die grosse weisse Hand – ihre Glieder waren klassisch aber nicht conventionell klein – Schale nach Schale schlürfen, und meinen Ring sein griechisches Gold neben den brüchigen schichtig feuchten Muscheln zeigen. «I've made it to fit» sagte sie als sie meinen Blick bemerkte, «and dropped all your other rings?» fragte ich leise. «Oh of course. Jewellers ware, looking parvenu along with it. Nothing to match it. Kings are best left alone. And Love I don't seem to notice anybody in this place but you. We are being served by gliding shadows, the very dishes are being set before me by something invisible.» «Quite» sagte ich, «moreover it would not do to set you into any frame different from this.» «That's because you don't know me; the best frame for such as you and myself would look very different – something like Gauguin. This here is spurious and we adapt ourselves to the surroundings.» Ich sah auf und staunte. Welche Dinge gingen in diesem edlen Kopfe um. Sie sah perlenbleich aus mit kurzen purpurfeuchten Lippen und grossen wilden kaum besänftigten dunkelfeuchten Augen; das Haar stand schwer von der Haut ab, in einem ungestümen Winkel. Sie trank den Goldenen so langsam dass der Schluck an ihrem Halse entlang zulaufen schien. Wenn sie vom Trinken aufblickte, sahen die Augen anteilnehmend, fast verachtend in die Weite. Bei dem Gedanken dass diese Fürstin mein sein sollte und dass sie über dies mich verlangte und liebte, flog mir das Herz mit einem Stosse hoch auf. Wir waren beobachtet worden, und besonders ein Tisch, in der ersten Reihe der eigentlichen bar, wollte mir schon längst nicht gefallen. Drei Männer sassen zusammen und sprachen, mit Blicken auf uns, hinter deren Hand, ein langer Kerl von plumpen Gliedern, ein Monokel vor den ausquellenden Augen gegen die Vierzig, von der Art von Gutsbesitzern halbelegant gekleidet, ein kalter dicker Bonvivant in Smoking, der witzige Bemerkungen zu machen schien, und ein grosser blasser lymphatisch aussehender Jude gegen die Dreissig, von der schlaffen Art reicher Jungen, übrigens der wenigst unangenehme von den Dreien. Ich beobachtete unter den zwischen uns gewechselten Worten wie der letztere auf den Dicken mit geärgerter Miene einzureden schien und wiederholt den Kopf schüttelte als wäre er anderer Meinung, indes der Lange, die Beine unter dem Tisch ausgereckt, seine Bemerkungen spöttisch grob abzuthun schien. Darauf wollte der Blasse sich erheben, wurde aber vom Dicken in den Stuhl zurückgedrängt, und gleich drauf erhob der Lange sein Rotweinglas und trank mit stilloser Deutlichkeit Ilonka zu. Ich hatte die Bewegung richtig genug entstehen sehen und mich jäh zu erheben und seitlich so neben sie zu treten dass ich ihr den andern Tisch verdeckte. «Would you mind changing places with me?» sagte ich und rückte meinen Stuhl so dass sie wenn sie ihn nahm der Gesellschaft den Rücken drehen musste. «I am afraid there's one of those ceiling lights almost hypnotizing me and so it would you I am sure unless we are altered our sitting scheme.» Sie sah mich gross an und lachte mit den Augen. «Dont pretend to take me in, darling» sagte sie. «It's ridiculous to take any notice. Sit down, there's a dear. I noticed the blackguards before but they should not be allowed to think they had left a mark and being cowards they will not dare –» «Its just cowardly to dare, dear» sagte ich, nahm meinen Stuhl und rückte ihn fast neben sie um sie nicht zum alleinigen Ziel etwaiger Gesten werden zu lassen. Aber in diesem Augenblick stand der lange Kerl drüben auf und schien auf unseren Tisch zugehen zu wollen. Ohne genau zu wissen was ich that erhob ich mich ebenfalls und ging auf ihn zu. Unsere Tisch waren kaum zwanzig Schritt von einander entfernt und auf zehn Schritt redete ich ihn an. «Verzeihen Sie» sagte ich schnell freundlich und bestimmt und ihm in die Augen sehend, «dass ich Ihren Zutrunk vorher nicht erwidert habe, ich brachte Sie nicht gleich unter, wie geht es Ihnen – nein, bemühen Sie sich nicht.» – Er hatte mit halb offenem Munde gesagt «erlauben Sie mal», «ich weiss jetzt ganz genau, und wollte Ihnen meinerseits gern auf halbem Wege entgegenkommen, wenn Sie etwa mein Übersehen Ihres freundlich ehrerbietigen Glases aufzuklären wünschten – nein – nein, Sie erregen sich umsonst» – er war rot im Gesicht geworden «ich habe nie gezweifelt dass Sie als Kavalier nur mir hatten zutrinken können und das hatten Sie natürlich auch jetzt sagen wollen – aber ich anticipiere es. Wie geht es Ihnen? Charmant mal wieder in Berlin zu sein, wie? Darf ich Ihnen meine Adresse geben und Telephonnummer.» «Hören Sie mal» sagte der Lange jetzt endlich schnarrend und langsam, «Was fällt Ihnen eigentlich ein? Ich wollte mal austreten und Sie halten mir lange Reden, ich kenne Sie überhaupt nicht.» «Aber jetzt» sagte ich recht freundlich und warm, «kennen Sie mich, und weitere Missverständnisse dürften wir beiderseits nicht mehr entschuldigen, wie? Guten Abend.» Ich drehte mich um und ging zurück. Als ich wieder bei ihr sass, war der Lange nicht mehr da. Der Blasse hatte den Kellner gerufen um zu zahlen. Im gleichen Augenblicke tauchte die wolbekannte Gestalt des alten Adlon mit seinem langen grauen Kimbar auf. Er war augenscheinlich durch Kellner die den Wortwechsel beobachtet hatten citiert worden. Während ich mich Ilonka, die ihre majestätische Ruhe gewahrt hatte ein gleichgiltiges Wort wechselte, erschien der Lange wieder in Gesellschaft eines Kellners der sich augenscheinlich sträubte, und gestikulierte. Der Alte ging auf ihn zu, entliess den Kellner mit einer Bewegung und begrüsste den Andern verbindlich distanziert. Dann, nach einigen Worten, nahm er an einem freien Tischchen hinter einem Glase Sekt Platz und verbeugte sich leicht gegen andere Gäste, auch gegen uns. Als er mich erkannte – die Silberhochzeit meiner Eltern war bei ihm gefeiert worden, machte er eine Handbewegung und kam zu uns heran, ich stellte ihn leicht vor und schüttelte ihm die Hand. «Wer ist der Herr, den Sie eben grüssten Herr Adlon» fragte ich. Er lachte und nannte einen feudalen Baronsnamen. «Ausgezeichneter Pistolenschütze Herr Borchardt», fügte er lächelnd hinzu. «Das interessiert mich wenig.» «Aber mich serr», sagte Ilonka langsam, «ich schiesseh serr gernäh aber zu Defensiväh nicht als gangster». «Gnädigste Frau können nie in Defensive kommen, vor allem mit einem solchen Ritter wie Herrn B.», sagte Adlon galant. «Der Herr hatte etwas getrunken; er ist ein guter Schütze aber auch manchmal etwas unsicher. Ihr Freund hatte ihn bereits ernüchtert, ich habe das Übrige besorgt. Jetzt scheint er gehen zu wollen. Empfehle mich.» Thatsächlich brach die Dreiergesellschaft auf. Die beiden Andern hatten den Baron unter den Arm gefasst im Gehen drehte er sich wütend noch einmal nach mir, ich sah ihn ruhig an, während er weggezogen wurde.

«Let me have some more Champagne, will you» sagte Ilonka mit unglücklichem Tone in der Stimme, «lets get the taste of this silly brawl off our tongues. You behaved nicely, though just a shade too bantamlike.» «I did want to fight the bully» sagte ich. «Only natural» lachte sie leise, «and I am happy, because this duelling spirit, silly as it is, is after all the only test of a mans being in love.» Sie trank, vertauschte die Gläser, und liess mich von ihrem Lippenrande trinken während sie den Mund an meine Spur setzte. «Come now, I had enough of this and you made me feel the best it could have given me.» Sie stand auf und einen Augenblick später rollten wir dem Westen zu. Ich hielt sie in den Armen und füllte ihre Ohren mit tollen Beteuerungen. Sie schob mich von Zeit zu Zeit lachend fort, küsste mich dann und wann mit leichten Lippen, drückte mich leicht an sich, zart wie eine Braut, und diese Zartheit ging so in mich über, dass ich sie heimführte wie einen heiligen Schatz und schliesslich kurz noch ihre Hände an meine Brust drückte.

Sie drückte im Parterre eines neuen Hauses die Thür auf und liess mich in ein kleines Entrée, mit alten englischen Farbstichen in Mengen übereinander an den Wänden, wo sie abwarf, und ich ablegte, dann ging sie voran. Eine ovale Kammer rings mit rund geschnittenen Büchergestellen und Sesseln, bis an die Decke mit Bücher und Mappen gefüllt, nahm uns auf. In der Mitte stand eine kurze Säule aus grünem Marmor mit einem wunderschönen wenn auch halbzerschlagenen griechischen Frauenkopfe, honiggelb, eine echte Antike. Niedre Sitze längs der Gestelle, bankartig waren das einzige Mobiliar. Dann kam ein Speisezimmer, grösser, behaglich, vier altenglische Adams-Stühle um eine Mahagoniplatte voll Silbergeschirr und vier grossen silbernen Leuchtern, an einem Kamin standen zwei riesige Ledersessel. Sie hielt die Flamme eines Taschenfeuerzeugs, einen Augenblick gebückt, an die Holzwolle des sorgfältig geschichteten Stosses und das Feuer flammte auf. Zugleich steckte sie den Kontakt der elektrischen Karlsbader Kaffeemaschine sicher die auf dem Kamintischchen neben den Tassen stand und zog mich aus der Thür. «Don't expect a boudoir» sagte sie lächelnd, den Arm in meinem. Es war ein kleiner Raum dessen

Wände augenscheinlich Wandschränke waren. Als sie eine Spiegelthür aufschloss sah ich einen winzigen Badewaschraum, eine in den Boden gelassene Fayenceschüssel, darüber eine Heiss und KaltDouche, daneben ein Bidet und ein Closetsitz, Toiletteglasträger an den Wänden, das ganze kaum mehr als schranktief. «The rest are real wardrobes for clothes and belongings.» Ein fester Schreibtisch mit Briefordnern, fast geschäftlich aussehend, und ein Drehsessel war alles was der Raum sonst zu enthalten schien. «Like it» sagte sie, hart an mir, hob sich und gab mir den Mund, die Hände auf meinen Schultern. «That's all?» fragte ich. Sie öffnete eine kleine Thür in der Ecke und erleuchtete eine winzige Gasküche, nur zwei Brenner und ein Schränkchen mit Tafelgeschirr. «Come» und sie nahm mich ins Speisezimmer zurück wo der Kaffee brodelnd in den Glasglocken stieg und fiel. Sie legte sich in den Sessel und zog mich zu sich. Ihre Lippen waren von rieselnder Wärme, ihre Augen innig ihre Zärtlichkeiten die der herzlichen nicht der leichtfertigen Liebe. Wir hingen Minuten lang zusammen und herzten uns mit thörichten Worten. Dann tränkten wir einander aus dem Kaffeetässchen, noch immer an einander geschmiegt, aber unsere Küsse blieben an der Grenze stehen und unsere Worte scheuten vor ihr sogar zurück. «Tell me what you are thinking» flüsterte sie. «you'll punish me if I do.» «Its a puzzle is it?» und sie küsste mich mit spielenden Lippen. «It is, darling.» «You are wondering where.» «I am» «I'll solve the puzzle.» «Will you?» «Soon», «Now» sagte ich zuckend und drückte den herrlichen Leib halb unter mich. Sie küsste mich auf den Hals. «Now then, if you only let me.» Ich liess sie los, wir schüttelten uns auseinander. Sie stand in voller Höhe am lodernder Feuer, hakte an ihrem Kleide und zog es sich ab. Ich warf den Smoking von mir, in einem Augenblicke war ich in einer seidenen Combination, sie in Mieder und Strümpfen. Mein Speer stieg senkrecht, aber sie hatte nicht hingesehen und sich zur Thür in die Bibliothek gewandt. Gab es dort noch ein Schlafzimmer? Nein. Sie drückte einen Knopf an einem der Büchergestelle und zu meinem Erstaunen löste es sich in einer Breite von anderthalb Metern im Winkel aus der Wand und beschrieb einen Viertelskreis, wie eine aufgehende Thür, hinter der ein zart beleuchteter Alkoven ein breites niedriges Lager, Kissen Decken, Polster, seidene Bettwäsche einen riesigen Rosenstrauss in einer Vase auf dem Boden offenbarte. Als sie sich in der Öffnung des Geheimnis Winkels nach mir umdrehte um die Überraschung meines Gesichts zu geniessen war es um meine Beherrschung geschehen. Kaum dass ich ihr Zeit liess sich von den Resten ihrer Kleidung zu befreien und selber nackt zu werden, versuchte ich sie um Hüften und Schenkel zu fassen um sie zu heben und fortzutragen, aber sie wich vor mir wie eine Ringerin, glitt mir aus den Armen und stand mit vorgehaltenen Händen abwartend da, den wundersamen noblen Kopf schweigend etwas zurückgeworfen, die prachtvoll stilvollen kleinen aber blühend üppigen und halbkugeligen festen Brüste im Atmen wogend. Die riesigen Beine, die den sonst zierlichen Körper trugen, waren von einer Schönheit ohne Gleichen, ich habe nie wieder einen solchen Körper gesehen. Ich sprang sie an, fasste sie und rang mit ihr, sie drehte den Kopf aus meinem Kusse heraus, gewann einen günstigen Griff und hob mich plötzlich mit ungewöhnlicher Kraft aus dem Stande, drückte mir das Knie in den Leib und versuchte mich in der Hüfte rückwärts zu knicken. Ich fühlte wie athletisch sie war und dass ich nicht spielen durfte. Ich zog den rechten Arm mit dem ich sie unter den Armen umschlungen hatte, fest um sie zusammen, hob sie mit einem Rucke aus dem Kreuz und riss sie, weit zurückgelehnt und auf gespreizten Beinen stehend, über meine Brust, in der Hoffnung den linken Arm unter ihr Gesäss zu bekommen, aber sie warf die langen Schenkel um mich und presste mich zusammen; und als ich sofort in die Knie gehen wollte, trat sie auf die Beine zurück. Dabei aber hatte mein linker Arm Griff um ihre Oberschenkel gewonnen und ich schwang sie in die Höhe. Noch auf dem Lager rang sie minutenlang aber mit Umschlingungen an deren Kraft und Lust den gleichen Anteil hatten und die auf den wollüstigen Zusammenschluss zielten, Mund auf Mund. Dabei fügte es sich von selber dass ich sie durchdrang, während sie auf mir lag, und sie unter mich rollte ohne dass die Lippen von einander liessen. Die ihren waren, obwol fest und schwellend, schmal und klein, die Unterlippe in der Mitte voll und trotzig, die Zähne sehr klein und vollkommen regelmässig die süsse Mundhöhle duftend wie nach heissen Kirschen, durch die der Kern schmeckt. Ich war in der Raserei sie mir völlig unterwerfen zu wollen, listig geworden und suchte sie durch ein berechnetes pianissimo bei raschestem Tempo aufzulösen und in wehrlosen Rausch zu bringen, aber ausser schwachen dumpfen Glücksseufzern gewann ich ihrer Beherrschung nichts ab, den Mund hatte sie mir entzogen, die Augen geschlossen. So musste ich, da auch meine Lust in ungeheurem Wachsen war, stärker werden und jetzt umschlang sie mich wortlos. Es kamen unglaubliche Momente, in denen die satte Schlinge ihrer herrlichen und aufs äusserste gespannten Glieder mich so lähmten, dass ich keinen Fortschritt machte, und sie fast erdrückte, während der Strom der geteilten riesigen Lust durch das Zucken unserer verwachsenen Körper lief. Dann fuhr der Orgasmus in mich und erst jetzt entrang sich ihrem Munde der Laut den der Liebende von der geliebten Frau so gerne hört – ein einziges Mal. Ich hatte mich im Kreuz weit zurückgebogen, sie richtete mich an mir halb auf, zog die Unterschenkel halb unter sich, dadurch kam ich ins Knieen während meine letzten Stürme durch ihren hart an mich gedrängten Schooss fegten, und nun begann sie mich glühend und zitternd zu küssen, unzählige jähe kurze Küsse, ein Hagel, ein Wetter und endlich ein Blitz. Wir endeten im gleichen Schlage. Ihre Zunge floss mir in den Mund meine Arme hoben sie an mich, meine Zärtlichkeit trank sie aus. So knieten wir minutenlang, lautlos. Dann liess sie mich los aber nur um mit der linken meinen Hinterkopf, mit den Fingern der Rechten mein Kinn zu fassen und mich mit einem noch nicht geküssten Kusse auf den Mund zu küssen. Einen Augenblick später lagen wir fest zusammengeschlossen ausgestreckt und begannen zu flüstern. Sie wollte, dass ich noch eine Viertelstunde bliebe, dann gehe. «I'm so terribly fond of you that I don't care for quantity in you; don't be a boy, there's a dear. If there were one kiss so much more than all kisses, if there were one ecstasy sheer heaven and no grain of earth, I'd have that rather and then fall to sleep after than go through any serious of vigour tests along with you. I'm perfectly convinced you're a record lover and could easily bring me to my knees without draining your powers. But, come, Rudy dont let's make love as trite as that. Or not now at least. We're at the blossom stage as yet, and I want the fragrance, not the bite. Tell me dear things to muse about when you're gone. Tell me kissing and kiss telling me.» Ich zog sie an mich und spielte lachend und faselnd mit ihrem Munde. «My princess» sagte ich, «my goddess, how could you have chosen me for your satisfaction out of so many mortals more deserving? I never have felt as now with you estranged from my humble cot and my herds and rapt among the clouds by claws as an eagle.» Sie lachte und drückte mich leise. «And I feel» flüsterte sie, «for the first time loving and being loved on my own level. We met halfways. Tell me you wanted me when you saw me first. I wanted so badly being wanted. When I had you first I so wanted to have you here. I had no other thought ever since.» «If you don't want being wanted now, will your Majesty deign to withdraw your lips from mine?

There's a sting in them which draws me closer and closer –» «Kiss me goodbye then and go.» «I darenot.» «But I do» und sie umschlang mich mit einem Herzenskusse wie jenem ersten, der unendlichsten Angehörigkeit, und liess es geschehen dass ich Seite zu Seite liegend in sie eindrang. Keine Minute und ein schüttelnder Druck des Beckens gegen mich, eine Umklammerung und ein Sturm von halberstickten Küssen zeigte mir dass sie schon über den Gipfel war, ehe ich noch begonnen hatte ihr zu dienen. Sie stand mit einem letzten Kusse auf, der Bibliotheksflügel drehte rückwärts und schloss die Zauberwand, lang und blass ging das einzig schöne Wesen vor mir an den Kamin zurück, ich folgte ihr und stand vor meinen Kleidern während sie aus einem Wandfach ein Kimono nahm. Als sie sich umdrehte und mich noch mit steiler Rute meine Manschettknöpfe am Hemde richten sah, lachte sie kurz auf und auch ich musste lachen. Aber ich beherrschte mich so hart ich konnte und brachte mich in meine Kleider. An der Hausthür gab es ein stummes Ringen. Ich wusste nicht ob sie mich fortschob oder hielt. Kaum fühlte ich dass sie wirklich mit sich kämpfte, so siegte in mir der Wunsch mich zu bemeistern ein zweites Mal, und ich liess ihre Lippen los um ihr die Hand mit Küssen zu bedecken. Sie drückte die Lippen auf meinen Kopf, meine Augen, meinen Mund und schob mich endlich aus der Thüre.

Welch ein Tag, dachte ich nach Haus fahrend; und dennoch welch ein kurzer und trotz aller Gipfelung wie viel zu früh zu Ende! Ich sah nach der Uhr es war ein viertel nach 11. Einen Augenblick erwog ich ob ich noch irgendwo halten lassen sollte, dann aber siegte der Wunsch auch einmal zu ruhen. Er führte mich recht, denn vor unserm Hause stieg gerade die aus Wannsee zurückgekehrte Familie aus dem Wagen, und ich konnte leicht angeben, bei Freunden gegessen zu haben und früh aufgebrochen zu sein um noch eine Stunde zu arbeiten. Meine Mutter lobte mich – «bring nur erst die Sache mit Papa hinter Dich und nachher amüsierst Du Dich doppelt gut.» Oben empfingen die telegraphisch benachrichtigten Dienstboten und die hübsche Wendin drückte sich beim AusdemMantelhelfen von hinten leicht an mich. In meinem Zimmer war das Bett noch nicht gemacht, aber eine Riesenpost lag da. Addie schrieb ein par zärtliche Zeilen, sie sei übermorgen wieder da und wolle mit mir in Hedda Gabler zur Dumont. Marie schrieb eine lateinische Postkarte. «Daphnide Chloe Salutem quam maximam. SVB ego sine Te minus valeo: reverti ad te vehementer speraram, tardant immo retinent familiares. Tres amplius me desiderabis dies, quibus peractis fac ut eo maiore me flamma urat, uraris ipse. Vita mea, peream nisi Tuo mihi amore reddita spes est τῆς ἄνω ὁδοῦ, literas[?] duas vehementer expecto, in quibus si nihil quot scribas novi habes, hoc ipsum scribas. suavis litteras obsignavi, dulcissime vale puer meque tanto qua ego te desiderio perdite ames.» Ein langer Brief, unbekannter Hand – ah, Agnes. Das hatte Zeit. Die Schlesinger. «Chéri, je vous rêve et vous désire. Je ne vous dis pas de venir, mais souvenez vous que votre couvert est mis a toutes heures, que la bibliothèque est la que vous attend, que mes bras sont ouvert à vous recevoir. Vous m'avez rendu la vie à laquelle je commençais à ne tenir plus, vous m'avez ouvert un monde ignoré jusqu'ici, et il n'ya pas de gratitude qui jamais vous pourra recompenser de votre affection et de votre amour. Je vous embrasse deux fois, dont l'une tendrement. Imaginez vous l'autre. Sonja.» Eine Rohrpostkarte von Winnie «Come to share a cup of coffee after luncheon at ½ past 1 and to be thanked with all that's in my power to give – and take. W.» Ein Stadttelegramm. «Tea expects you at 4 at Hässlers». Ein Telephonat: Herr Borchardt hat in Friedrichshôtel ein Etui vergessen, gebeten es Abends ½ 9 abzuholen. Ein Etui? Verrückt. Ich habe keins, hatte kein – was hiess das. Zwei unbekannte Handschriften, ein blaues kleines Couvert, ein rosa etwas grösseres. Das blaue. «Schlechter Mensch, frühstücke morgen bei mir um 12 Uhr. Ich liebe Dich nicht, denn Du bist nicht mein Typ, aber mein Formgefühl leidet unter dem schlechten Abgang. Sei wenigstens mein Freund und hilf mir durch einen richtig gegriffenen Ton die Disharmonie auflösen. Einen langen Kuss von Deiner Vera M.» Das rosa: «Geliebter wie lange lässt Du mich warten. Ich verzehre mich nach Dir. Telephoniere sofort, aber keine Absage die ich nicht aushalte, sondern zwei gute volle Stunden, vier feste Wände – und den Rest. Christa.» Ein Brief mit Aufdruck Lesesaal Lokalanzeiger «Liebster ich bin morgen um sechs frei, will nach Dahlem in den Botanischen, warte Untergrundbahnhof Zoo, fahre allein wenn niemanden treffe. Hast Du mich nicht halb so gern wie ich Dich? Haben wir uns nicht für einander gespart. Friedel Artbauer.» Schliesslich ein Kartenbrief. «Bitte telephoniere mich sofort an. Ich habe Dir was zu sagen. Du wirst Dich freuen. Hier schwärmt alles von Dir, ausser natürlich mir. Denn ich liebe Dich so zärtlich, dass ich es niemandem gestehen kann als Dir und den andern sage ‹Gewiss er ist ganz nett, aber das ganz Richtige fehlt ihm doch!› Ich muss mein Geheimnis haben. Bitte nicht warten lassen. Mit heissen Gedanken Paula.» Endlich ein längliches Couvert, billigstes Papier, grosse bäurische aber nicht gewöhnliche Hand. «Die Vorarlbergerin weiss dass ein gewisser Jemand ihre Küsse nicht vergessen kann. Wir zwei sind aus dem selben Kasten, wir gehören zusammen, Du kennst nur die Kunst, aber die Natur ist mehr, und von der hast Du keinen Schimmer. Mich hast Du so lichterloh angezündet Du Brandstifter, dass Du lang kannst dran löschen bis ich ausgeh. Und musst alle Deine Kraft zusammennehmen, sonst verbrenn ich Dich mit und Du kriegst mich nimmer los, und das wirst nicht wollen. Heissgeliebter Schatz, wenn ich jetzt nicht aufhör schreib ich was man nicht sagen soll, nur machen. Hundert Küsse von denen wo Du weisst.» – Ich musste lachen, aber dann wurde mir heiss und kalt. Morgen konnten die noch fehlenden sich einstellen. Ich musste Schluss machen – Schluss, Schluss. Meine Arbeit! Und meine Liebe! Nur Addie, – ja und Marie. Aber vorher noch ein einziges Mal –

Ich hatte mich beim Lesen langsam ausgezogen und liess gerade die Rollvorhänge der Fenster herunter als die Thür ging und Martha mit Wasserkanne und Tuch eintrat. «Ach Verzeihung, – ich mach ganz schnell –» «Schämst Du Dich nicht?» sagte ich lachend, und massierte meine Arme. «Ach Du –» antwortete sie vorwurfsvoll, und schlug stehenbleibend langsam die Augen zwischen den weichen Lidern auf – «hast mich ja gar nich mehr gern –» und sie schüttelte das Bett auf. «Da hast den Schlafanzug» und sie kam damit zu mir, liess ihn aber sofort fallen, umschlang mich mit verliebten Händen, küsste meine Brust und Schultern und fasste überall Muskel zwischen zupfende und quetschende Finger, bis ich sie lachend fasste und mit einem Kuss verabschieden wollte; ihre kleinen weichen Lippen saugten sich heiss in den Kuss fest und waren nicht abzuschütteln, ihre Hände bearbeiteten mich überall. «Gut Nacht» sagte ich, «geh, ich mag heut nicht, ein ander Mal.» Aber die Rute stieg unter ihren Zärtlichkeiten und sie hatte sie bald drückend in der kleinen festen Faust. Ich riss sie ihr weg, sie fasste sie wieder, aber ich erlebte eine spürbare innere Spaltung zwischen Verlangen und Widerstreben, sagte rasch «es geht heut nicht, wo sie grad zurück sind, es kann bemerkt werden, sei gescheit, ein ander Mal –» riss mich definitiv los und zog das Pyjama an. Sie war ganz weiss geworden, mit einem zerfahrenen Zug im Gesicht und ging gedrückt hinaus. Im Bett war ich glücklich über meine Beherrschung – es war doch ein erster Schritt zum Loskommen von lästig gewordenen Zufällen. Am Morgen sagte ich meiner Mutter ich sei für beide Mahlzeiten eingeladen, zum Frühstück bei Vera

Madden, wobei ich die Bazargeschichte erzählte. «Sie ist eine sehr unvernünftige Person» sagte Mama nachdrücklich, «sehr unvernünftig. Aber ich werde natürlich etwas geben. Ich würde mich an Deiner Stelle mit solchen banalen Leuten garnicht zu sehr behängen. Du hast das von Papa, aus Gutmütigkeit nicht Nein sagen zu können, das ist ganz falsch fürs Leben. Wo isst Du denn Abends?» Ich sagte irgend etwas; ich sei in der Zwischenzeit etwas aushäusig geworden, die absolute Einsamkeit mache manchmal kribbelig – was sie auch ganz verstand. Sie würden noch einmal nach Wannsee gehen, aber nur für kurz, drei Tage oder so, sie hätten es mit Hardys verabredet. Mit der Morgenpost kam thatsächlich noch ein Liebesbrief von Irene der schleieräugigen Nonne. Er hiess «Mein Liebling hast Du meine Adresse und Telephonnummer verloren? (Folgten neuerdings) Es ist für mich die einzige Erklärung; denn Deine letzten Küsse waren etwas was Du einlösen musst – Du k a n n s t keine von den Andern ebenso geküsst haben, – das gibt's nicht – sie hiessen Du willst mich haben – meine haben nicht nur ‹ja› gesagt, sondern ‹Jetzt, gleich, ich kann nicht mehr warten!› Ich bin vollkommen nervös und durcheinander und verrückt und kann erst wieder normal werden dadurch dass Du mich zu einem Stück von Dir machst – – vielmehr wir beide aus einem Stück – also komm schnell, mach mich vernünftig Süsser. In Gedanken schon in Deinen Armen Irene.» Das war ja deutlich. Inzwischen telephonierte ich an Christa. Ihre warme Stimme kam glücklich und zitternd zu mir. «Höre, ich will Dir was gutes sagen. Ich habe um 3 in der Alsenstrasse eine alte Dame zu massieren. Warte um 3^{15} mit Auto auf mich und bringe mich nach Hause. Dann verabreden wir alles. Nein nein ich will ein Weekend, sag nicht nein, ich will Dich ganz und ungestört.» Dann kam Paula. Lange musste ich warten, dann klang die hübsche scherzende Stimme. «Jaaaa? Duuu? Sieh mal. Sag erst schnell was schrecklich Süsses, damit ich mich richtig einstelle.» «Ich hab vergessen wie Deine Küsse sind und suche überall danach.» «Ahhh! Ja da musst Du halt dahin kommen wo sie noch sind, das ist doch ganz einfach. Ich hab auch was vergessen – was ähnliches.» «Auch Küsse?» «Was Ähnliches, kann ich hier nicht sagen. Bin heut beschäftigt bis 11 Uhr, dann frei.» «Ists gleich wenns ein bischen später wird?» «Was willst Du denn, – tanzen? Palais?» «Meinetwegen, gegen 11 halb 12 im Palais, dann –» «Ja? Dann?» «Schlimme.» «Hör Bubi, wenn Du mich versetzt, nehm ich mir das Leben. Im Ernst, ich bin wahnsinnig, wahnsinnig verliebt in Dich und seh nicht ein warum wir heut tanzen sollen. Das können wir lange, findest Du nicht? Hol mich um ½ 12 am Potsdamer Bahnhof ab, unterm Schild Wannseebahn.» «Und dann?» «Schlimmer. Dann garnichts. Schlafen gehen. Was soll man sonst so spät. Immer solide, wie? Bei dem Bummeln kommt nichts heraus. Thür zu und Schluss.» Sie lachte. «Bist Du glücklich?» fragte ich. «Worüber Du eitler Junge?» «Über Deinen Sieg, Du eitles Mädel.» «Das werde ich erst morgen um diese Zeit wissen. Man soll –» sie lachte wieder, «die Nacht nicht vor dem Morgen loben.» «Oh keine Gefahr. Bei Deinen soliden Grundsätzen» «Und Deinen unsoliden» «Da Du doch nur schlafen willst» «Und Du nur das Gegenteil» «Ergänzen wir uns glänzend» «Denn wenn wir nicht verschieden wären» «Aber wolgemerkt nur an der Stelle auf die es ankommt» «Würdest Du ohne Logis sein» «Und Du ohne Mieter» «Du ohne Scheide» «Du ohne Degen» «Und das richtige ist eben das Gegenteil. Gib mir mal einen Telephonkuss» «Auf den süssen Mund mit der kleinen Narbe links». Sie lachte. «Süss dass Dus noch weisst» und hängte an.

Ich blieb bei der Arbeit und war unbefangen freundlich zu Martha, die das Zimmer zu machen kam, wortlos und ebenso weiss wie gestern. Sie that mir leid aber ich war entschlossen nicht wieder anzufangen. Auf einen Ausweg würde schon zu verfallen sein. Dann fuhr ich zu Vera und nahm unterwegs Blumen mit, einen hübschen Chrysanthemenstrauss. Wie brennbar ich war merkte ich daran dass das Ladenmädchen, eine nette Blondine mit hübschen Augen in einem weissen Schürzenrock, mich sofort interessierte, und die Aufnahme die ein par scherzende Worte augenscheinlich bei ihr fanden, mich überzeugten dass ich nur etwas zu insistieren brauchte, um bald auch diesen Mund zu küssen. Aber die Anticipation genügte und kühlte mich ab. Im Augenblicke des Gehns betrat ein junges Mädchen das Geschäft, elegant schlank und sehr hübsch, braun zierliche Nase sehr schöner voller Mund schöne blaue Augen, reizende Stimme, mit der Frage ob ihre Blumen in die vdHeydtstrasse – ganz in der Nähe meines Ziels – geschickt seien. «Aber ich sagte der Dame doch schon, um die Mittagszeit unmöglich, alle unsere Boten sind unterwegs.» «Zu schrecklich» klagte die Kundin, «das haben Sie mir erst zuletzt beim Nachfragen gesagt, was soll ich nur machen, sie müssen zur Tischdekoration bei meiner Freundin sein, ich habe ihr versprochen». «Ich fahre in die Friedrich Wilhelmstrasse gnädiges Fräulein, vielleicht darf ich aushelfen» sagte ich höflich und sachlich. «Das kann ich doch unmöglich – es ist ja sehr» «Ich meine es ist das Einfachste» sagte ich trocken. «Ja Sie können doch nicht für mich» «Nein, natürlich nicht, aber vielleicht der Einfachheit halber fahren Sie selber mit und in fünf Minuten ist alles in Ordnung», damit öffnete ich die Ladenthür, und sie, etwas rosig verlegen, verschämt aber sehr hübsch und liebenswürdig aussehend stieg ein. «Kenne ich Sie überhaupt nicht?» sagte sie nach der ersten Minute mich ansehend. «Höchstens einseitig» lächelte ich, «denn ich hätte Sie schwerlich vergessen.» «Nicht bei –, oder –, –, –» Sie nannte mehrere mir unbekannte Namen, die mich aber von ihrer gesellschaftlichen Stellung überzeugten. «Dann ist es eine Ähnlichkeit» sagte sie atmend, während zwischen den etwas zu voll geschürzten

Lippen die Zähne durchblickten. «Dann –, oh Gott, ich hätte ja nie mitfahren dürfen, nun komme ich ja viel zu spät zu meiner Einladung.» «Darf ich fragen wo?» «Zelten», sagte sie klagend. «Vielleicht – das ist ja nicht Treptow, – darf ich Sie nachher dort absetzen.» «Und die Friedr. Wilh. Str. wegen deren Sie sich so liebenswürdig angeboten haben –» Ich sah auf die Uhr. «Fünf bis vdHeydt, 15 bis Zelten, 10 bis FriedWilh., 30 Minuten, jetzt ist es 12^{35} um 1 bin ich eingeladen, ich komme fünf Minuten zu spät.» «Sie rechnen aber komisch» sagte sie, «warum denn 15 nach den Zelten und nur zehn zurück.» «Weil ich nachher ein extra Trinkgeld gebe.» «Warum aber nicht vorher?» «Vorher würde ich es eher für Verlangsamung thun als für Beschleunigung, aber – das geht natürlich nicht. Sie lachte. «So ritterlich ist eigentlich unmodern» sagte sie. «Ritterlich ist ein sehr grosses Wort für einen solchen kleinen Egoismus.» «Männer sind doch zu komisch. Wenn es nicht blosse Courmacherei ist, – was haben Sie davon ob Sie fünf Minuten länger neben einer fremden Dame, die Sie – schwerlich wiedersehen, in einem Taxi sitzen?» «Garnichts» sagte ich indifferent. «Nun also.» «Also? ich sehe Ihre Folgerung nicht. Ich habe nichts davon ob ich fünf Minuten länger vor dem Staubbachfall oder dem Golf von Neapel sitze. Aber ich sitze trotzdem so lange ich kann. In fünf Minuten ist die Sonne unter, und ich warte aber doch bis sie ganz im Meer aufgelöst ist.» Sie schwieg einen Augenblick, wir fuhren schon in den Tiergarten ein. «Man ist ungern auf einer Stufe mit blauen Naturschauspielen» sagte sie. «Gewiss» pflichtete ich bei, «andererseits ist es viel weniger verpflichtend als diese Stufe zu verlassen, – was ja jederzeit in Ihrer Macht läge.» «Wie meinen Sie das?» «Die Natur schuldet dem Menschen nichts für das stumme Entzücken, das sie ihm bereitet, nimmt keine Notiz von ihm und veralliiert sich. Der Mensch der Notiz nehmen will, handelt je nachdem. ZB. verbittet er sich das angeglotzt werden, oder er reagiert sonst irgendwie, – in tausend Arten.» «Sie sind wol Schriftsteller?» fragte sie abrupt und naiv. «Nicht ganz. Ich bin Gelehrter.» «Das hätte ich nie gedacht. Ich hätte immer gesagt, etwas Gesellschaftliches, Weltliches, Schriftsteller oder Diplomat.» Ich sagte wer ich sei. «Sehen Sie» sagte sie erfreut «ich weiss es ja dass ich Sie kannte. Meine Freundin Anne – sie nannte den Namen von Addies Cousine hat Sie mir neulich auf der Strasse gezeigt – und – und etwas sehr schmeichelhaftes dazu gesagt, aber ich hätte das wol nicht sagen sollen» plapperte sie holdselig und naiv errötend. «Ich kenne die Dame ja nur ganz obenhin, eine Verwandte von Freunden, sie kann nichts gesagt haben, was mich grössenwahnsinnig machen müsste –» «Aber wir sind gleich da – wollen Sie wirklich mich noch das ganze Stück zurückfahren – ich kann mir ja ebensogut selber einen Wagen nehmen.» «Aber ganz wie Sie wünschen» sagte ich höflich. «Ich meine ich möchte Sie ja natürlich nicht verletzen für Ihre grosse Liebenswürdigkeit –» Der Wagen hielt, sie blieb sitzen. «Wenn es Sie wirklich nicht aufhält – Sie können es ruhig sagen, ich würde es ganz verstehen.» «Also ich darf hier warten», sagte ich ihr den Schlag öffnend. Sie gab mir einen reizenden Blick und eilte ins Haus. Sie war sehr niedlich und hatte charmante rasche mädchenhafte Bewegungen, war recht hübsch angezogen, bester Mittelstand, ohne Reichthum. In einer Minute war sie wieder da, und wir fuhren zurück. «Sie haben sich ganz unnötig gehetzt, wir haben lange Zeit.» «Haben Sie vielleicht das bewusste Trinkgeld gegeben?» spottete sie. «Nein» antwortete ich ruhig, «ich fände es unfair, das Glück zu bestechen, und banal dazu. Man muss nehmen was uns zufällt, das ganz, aber nicht künstlich verlängern wollen.» «Nun das ist aber doch gewiss Courmacherei.» «Vermutlich» sagte ich ruhig, «finden Sie es richtig immer sich selbst zu analysieren, wenn Ihnen am wohlsten ist?» «Nein nein, da bin ich wie Sie, lasse mich gehen – aber die andern analysieren einen, wie Sie es nennen.» «Und ist das angenehm? Es ist doch schöner die Augen zumachen – oder je nachdem auf – und denken ‹Verweile doch, du bist so schön›.» Sie wurde wieder rot. «Ach so, – Faust. Ich bin also der Augenblick.» «Welchen Grobian machen Sie aus mir. Ich sage es zum Glücke.» «Welchem Glücke denn?» «Darf ich es eigentlich kein Glück nennen, aus purem Zufall eine angenehme Bekanntschaft zu machen?» «Sie sind sehr bescheiden.» «So scheinen die Unbescheidenen immer. Aber allerdings, ich empfinde auch bei der Natur so. Alles wollen von ihr, und schon von einem Nichts beglückt zu sein.» «Ich gefalle den meisten Männern garnicht – dh vielleicht zuerst, – aber ich bin sehr offen, und das wollen sie nicht.» «Sie meinen wol grob? Das macht allerdings unbeliebt. Ich kann es mir aber nicht denken. Mich würde es bei Ihnen anziehen.» Ich merkte dass sie lebhafter atmete. «Sie nehmen bereits an, dass wir uns wiedersehen könnten – das ist doch sehr unwahrscheinlich.» «Gewiss; wenn uns nichts dran liegt, liegt es beim Zufall.» «Und das ist das Beste» erklärte sie komisch gravitätisch. «Für Abergläubische» bemerkte ich, sie wurde dunkelrot. «Können Sie Gedanken lesen?» fragte sie aufgeregt. «Sie sind zu süss» antwortete ich entzückt, «ja, manche, von solchen mit denen ich sympathisiere.» «Sie dachten jetzt, wenn wir uns ohne alles Zuthun wieder treffen, sollte es sein.» Sie sah mir ohne ein Wort in die Augen, ich erwiderte den Blick, aber ganz gelassen und sachlich. Dann blickte sie weg, und sah aus dem Fenster. Wir fuhren an der Spree entlang, in wenigen Minuten mussten wir am Ziele sein. «Wollen Sie mir etwas versprechen?» sagte sie endlich. «Alles was ich halten kann.» «Versprechen Sie mir dass Sie nichts thun wollen um mich wiederzusehen.» «Nicht das Geringste? nicht einmal in Erfahrung zu bringen wer die ist, der ich mich vorgestellt habe?» «Nicht einmal das.» Ich dachte einen Augenblick nach. «Ich verspreche es Ihnen» sagte ich.

Sie sah mich glücklich an. «Wie reizend von Ihnen. Nun kann ich Ihnen erst richtig für Ihre Freundlichkeit danken; es war zu, zu nett von Ihnen, und ganz wie man sich Männer wünscht und sie nie findet, hilfsbereit, verlässlich und ganz uneigennützig.» Sie streckte die Hand aus und sah mich noch einmal sehr lieblich an. Ich gab ihr leicht meine Hand, ohne zu drücken. «Jetzt ist es ein richtiges Märchen», sagte sie schnell, «eine Begegnung, die man nicht vergisst, so zufällig und so hübsch.» «Sie wollen sie also nicht vergessen?» «Ich soll Sie nicht vergessen – ich meine, dass ich es nicht kann, wissen Sie, aber Sie wollen auch dass ich es nicht thue?» «Natürlich will ich nicht» sagte sie und warf den Kopf etwas auf. «Wissen Sie auch was das heisst? Wir begegnen uns ganz sicher wieder, und zwar bald. Mein Vorgefühl ist vollkommen untrüglich. Wenn wir uns wieder sehen fühlen wir dass wir ein Geheimnis mit einander haben. Ist es nicht besser, wir veruneinigen uns noch schnell, damit wir uns dann meiden?» «Ich bin gleich da» sagte sie glühend, – «schreiben Sie mir postlagernd Postamt Landgrafenstrasse Adelheid – ich heisse natürlich nicht so – fragen Sie nicht –» und sie hob beide Hände auf etwas schwach abwehrend. Ich fasste sie von unten in beide Hände und während der Wagen verlangsamte küsste ich sie schnell auf den jungen kissenartig schwellenden Mund, der zitternd und sanft wiederküsste, und dabei drückte ihre Hand die meine. Es war der Kuss eines unschuldigen Mädchens aber eines Mädchens in dem das Verlangen nach Liebe war. Dann stieg sie rasch aus und schlüpfte davon wie ein Reh.

Es war so wonnig gewesen, dass ich einen Augenblick gar kein Verlangen nach Vera Madden hatte und nur im Nachgefühl der scheuen Zärtlichkeit dieses Lippenhauches und weichen kurzen Druckes zurückfuhr. Dann besann ich mich, gab dem Fahrer eine Mark in die Hand und brauste die Hofjäger Allee zurück in die

FriedrichWilhStr. Chiodo caccia chiodo sagen die Italiener und nichts vertreibt eine nagende Sehnsucht rascher als ein harter Biss. Als ich die Treppe hinaufstieg fühlte ich mich abgebrüht und ganz so libertin wie diese Wirtin mich wollte. Eine ältliche Zofe mit knifflichem süsslich lächelnden Gesichte und blanken schwarzen Knopfaugen empfing mich, und half mir ablegen. «Darf ich führen» sagte sie zuckerig, «die gnädige Frau lassen nach hinten bitten.» Es ging durch einen Salon und ein dunkles Esszimmer in einen kleinen Korridor in dem eine Thür links geöffnet wurde. «Rudi?» klang es aus der Ecke des kleinen Salons. Vera lag auf einem Divan eine Cigarette im Munde. «Muss ich aufstehn? Sei lieb und setz Dich gleich her. Denke Dir, wenn Du 10 Min früher gekommen wärst hättst Du mich noch im Bett überrascht, schamvolles Kind. Ich habe die ganze Nacht gebridget und fein gewonnen, kaum geschlafen, dann gebadet, nochmal ins Bett gegangen und a tempo eingedöst. Kein Lunch nichts angeordnet, habe vor einer halben Stunde ins Adlon geschickt, ein kaltes Buffet holen lassen, und eine Witwe und Sherry. Es ist aber noch nicht da. Du findest mich unmöglich, wie?» «Ich finde Dich superb» und das war richtig, denn die grosse Person mit den dreisten grossen Augen, frischen grossen Zähnen, harten grossen dunklen Lippen, ungemachten Haaren die wie eine starre Wildnis um den Kopf standen, mit ihrer kalten Frische durch die ein gemütloses heisses Blut sichtlich schlug, war in ihrer Weise ein Prachtstück, ein perfektes Rassetier. «Na-aaaah?» fragte sie mich von unten ansehend und mit meiner Hand spielend. «Ich habe meine Blumen draussen gelassen, wart einen Augenblick.» «Warum», sagte sie meine Hand festhaltend, «willst Du mir einen Antrag machen? Das kannst Du auch ohne Blumen.» «Sie sind aber schön, Chrysanthemen.» «Hasse ich. Sag mir mal anständig Guten Tag, Du Blumenknabe. Nicht durch die Blume.» Ich küsste ihr die Hand, sie gab mir einen

Klaps ins Gesicht, zog mich zu sich und sagte «Ordentlich oder gar nicht.» Ich küsste sie auf den Mund, aber beherrscht, wollte mich zurückziehen aber war festgehalten. «Veilchen und Küsse kommen nie einzeln vor Du Blumenknabe, sie existieren nur in Sträusschen. Hast Du Angst?» «Deine Güte macht mich verlegen». «Gemeiner Poseur» und sie biss mich kurz in den Mund, «Du liebst eine Andere. Verlegen! Mit einer Ausstattung wie Deiner kommt man nicht in Verlegenheit.» «Findest Du.» «Finden? My word, wenn es sich herumspricht wirst Du der Favorit.» «Danke abwehrend. Ich bin kein Gigolo.» «Pfui» sagte sie und küsste mich zärtlich mich mit beiden Armen auf sich ziehend und an sich drückend. Wir spielten zehn Minuten lang mit einander und redeten den dabei üblichen Unsinn. Aber ich blieb trotz der Süssigkeit der Lippenspiele beherrscht und sie sparte die Hälfte ihrer Gifte. «Du kommst mir vor wie ein aufregender Zeitungsroman», sagte sie schliesslich mit einem kleinen Zungenhieb in den Kuss hinein. «Wieso» ich drückte sie fester und küsste sie zwischen die begehrenden Lippen die so hart aussahen und so weich nahmen und gaben. Sie lachte nur und kniff mich leise. «An der schönsten Stelle hiess es neulich ‹Fortsetzung folgt› und die nächste Nummer kommt nicht, ich bin gespannt und will reklamieren.» «Ja» sagte ich sie leise kitzelnd und mit Scherzküssen, «es schliesst nichts im Leben genau an.» «Dann» sie schloss die Augen und drehte sich dehnend in meinen Armen, «fängt man das Kapitel von vorn an.» «Wenn aber wieder wie neulich» sagte ich ihr ins Ohr. «Ich habe gesagt ich würde läuten» lachte sie und schob sich unter mich. «Herrgott ich glaube er ist seit Vorgestern noch gewachsen.» «Wie meine Liebe» «und meine Phantasie». Sie war unter dem Kimono nackend, hob mir mit weich gespreizten Schenkeln den dichtverwachsenen Schoss entgegen, in dem ein senkrechter flüssiger Mund aufsprang, und versuchte den Kolben zu logieren. Er schnackte ihr zweimal aus der Hand, sie griff mit beiden zu und brachte ihn leise seufzend und von unten drängend, in die Blume des Kelchs. Aber es dauerte Minuten banger Süssigkeit und wollüstigen wehen Ringens unter heissen Küssen bis ich völlig eingedrungen und wir zusammengewachsen waren, und ihr holdes Stöhnen ihr Krampfen, Zittern und kleinen Schreie, während der ganze Raubtierleib sanft mitarbeitete, drehend, windend, wogend, schaukelnd, drängend, war ein Beweis ihres Genusses. Aber ich wusste nun genug, um mich nicht nutzlos zu schwächen. Trotz alles sinnlichen Vergnügens blieb ich kühl und Meister meiner selber, und schaukelte mit berechneter Steigerung des Entzückens die mich Umklammernde langsam ins Paradies ohne selber das ganze Billett abzufahren. «Du hast mich betrogen» seufzte sie an meinem Munde, als sie wieder zu sich kam. «Welche Orgien befiehlst Du fünf Minuten vor Lunch zwischen Thür und Angel.» «Du hast Recht mein Abgott und ich bin ein Schaf, statt Dir zu danken wie Du mich menagiert hast. Ich möchte Dich nur einmal zur Strecke gebracht haben, und auf dem Punkt, dass Du nicht mehr den Überlegenen spielen kannst.» In ihrer Weichheit und Aufgelöstheit nach dem Rausche war sie eine vollkommene Geliebte und ich küsste die schönen Brüste, schwer und hart mit violetten Knäufen, die sie meinen Liebkosungen mit vollen Händen bot. Aber als ich, enthusiastisch geworden, sie ein zweites Mal zu durchdringen versuchte, wehrte sie zärtlich ab. «Ich muss gleich nachher zum Zahnarzt, Liebling und nachher Besuche, ich kann nicht mit solchen Augen – man sieht es mir an und Du bist einer mit dem man nicht zum Spass ins Bett geht – man geht durch die Maschine – alle Wetter – göttlich, eine Ekstase, aber nachher muss man ausschlafen.» Wir küssen uns dabei komischer Weise mit allen Künsten des Verlangens und ich musste ihr das Riesenspielzeug entziehen das sie zerstreut in der Faust hielt und liebkoste als wäre es statt einer Granate ein Blindgänger. Endlich läutete sie und verschwand im Bade, es wurde ein Lunchwagen hereingerollt und ein kleiner Tisch gedeckt, die alte Confidente brachte zwei Cocktails und zog gewandt die Champagnerflasche auf. Adlon hatte vorzügliche Horsdœuvres geschickt, Mengen Caviar und Fischpikanterien, eine farcierte Languste, kalten Ortolan in Cumberlandgeleee mit einem raffinierten Salat, Stilton und Trauben, eine Luculliade. «Wer soll das alles aufessen» fragte ich scherzend die Zofe. «Oh das Warten macht Appetit» feixte sie, «Frau Baronin sehen eben richtig angegriffen aus, und der Herr hat wol auch nichts gegen einen Happen.» Sie wusste Bescheid. Vera erschien noch etwas matt aber voll Tropfen ihrer Dusche, immer noch im Kimono aber einem andern purpurnen der ihr sehr gut stand und wir assen. Sie steckte mir Bissen in den Mund, trank an meinem Glase, legte mir die Füsse auf die Füsse, wie eine Braut. Schliesslich zog sie mich auf den Divan neben sich, die Trauben zwischen uns, und zerbiss sie mit ihren starken schneeweissen Zähnen in Küssen zwischen meinen Lippen. «Schrecklich Dich weg lassen zu müssen, Süsser, ohne richtig satt geworden zu sein, aber es war besser ein horsdœuvre zu haben als garnichts.» «Eben. Die Liebe Mittags ist doch eigentlich idiotisch. Gib mir eine Nacht, Künstlerin.» «So bald wie möglich. Dh. in den nächsten Tagen buhle ich mit dem Monde. Ich telephoniere Dir, Du machst Dich frei und präsentierst mir ein Programm für départ à Cythère. Aber keine knappen Zeitgrenzen. Der lendemain, richtig garniert, braucht nicht zu schmecken wie Katzenjammer.» «Wenn man verliebt ist ohne Roman und leidenschaftlich ohne Gemüt und übrigens bemittelt und herzlos meinst Du.» Sie lachte. «Das sind wir. Ist das eigentlich furchtbar? Müssen wir uns immer Illusionen machen? Ist eine affaire des sens ein solches Verbrechen? Wenn ich einen Roman mit Dir haben wollte, wäre ich Dich sehr schnell los, ohne

Roman dauert es eine Saison. Warum? Weil wir uns nicht belasten. Eine gewisse Art von Szenen können wir uns garnicht machen, weil die dazu gehörigen Ansprüche fehlen. Zwischen einer gesunden naiven heftigen Liaison und einer Liebesehe ist der Unterschied, dass es bei der letztern nach dem Honeymoon noch weiter geht. Bei uns hört es auf wenn der Honig anfängt nicht mehr nach Honig zu schmecken, von selber, natürlicher. Wirst Du mir Szenen machen, wenn wir einmal anfangen zu gähnen?» «Ausser ich gewöhne mich so an Dich, dass es mir schwer fällt, mich zu verändern.» «Wenn wir allein auf der Welt wären, Liebling. Ein neuer Reiz heilt Dich von dieser Velleität. Wir sind ausgezeichnete Freunde, und wer weiss, nach ein par Jahren bringt uns irgend ein Zufall wieder zusammen und es gibt eine zweite Serie Seligkeit. Komm Adieu sagen, ich hab noch zehn Minuten.» Ich that den Teller weg und wir begannen uns zu erregen. Wir sagten uns unter den gewagtesten Zärtlichkeiten glückliche Worte ohne zu weit zu gehen, sie beherrschte sich aus Eitelkeit, ich aus Kälte, aber unsere Jugend und Kraft reichte vollkommen aus uns sinnlich zu begeistern. Ihr fester und doch so beweglicher Mund kannte Geheimnisse des Kusses, die sich nicht aussprechen lassen, und meine Unersättlichkeit entlockte ihr Laute des Rausches. Endlich war ich verwegen genug, in einem Augenblicke ihres widerstandslosen Verlangens ihr den Steifen leise ins Mark dringen zu lassen, und ohne ihn zu rühren ihre Lippen und Brüste mit Feuern zu laden. Ebenso leise und kaum merklich zog ich ihn unter schwelgenden und sterbenden Küssen wieder heraus und ihre heisse Umschlingung zeigte mir den Genuss des gefährlich ungefährlichen Glücks. «Ach, Du bist ein Fund» sagte sie mit den Abschiedsküssen, «wer das gedacht hätte.» Sie stand gross neben mir, die fünf Finger in meinem Haar, die Lippen luftdicht auf meinem Mund geschröpft, und kniff mich weich in den Glücksbringer, während ich unter dem Kimono ihre Rundungen traktierte. Mit einer echten Umarmung, vier Arme, vier Lippen, vier geschlossene Augen, trennten wir uns – äusserlich wie Liebende, aber ich wusste im Hinuntergehen, ich war bei der Hure gewesen, nachdem das Kind mir den ersten Kuss gegeben hatte, und fühlte mich einen Augenblick seekrank. Die Jugend wird mit solchen Wirbeln fertig.

Winnie begann mit der Umarmung, mit der jene geendet hatte. Sie empfing mich stürmisch, herzte mich und drückte mir die Hände, war so rein strahlend und frank und frisch, dass in wenigen Sekunden alle Erinnerungen ausgelöscht waren. Wir sassen auf ihrer kleinen Couch beim Café, der unenglisch musterhaft war und einem Schwarzwälder Himbeerschnaps von unglaublicher Güte, ich erwiderte ihre Küsse und beantwortete ihre Fragen und tröstete ihre Zweifel. «You cannot imagine, sweetheart, what it means to me, I have all in one, and Life for once has been generous to poor me after all these hardships.» «Why you are modest. After all this is no establishment.» «It is the nearest approach, and better than usual matches are. I am almost well off, I love you and am cared for in the loveliest way, and I have a friend to guide and advise me, I am going to learn something worth learning, I can get rid of these beastly children and gyms any day, I can start living. Who'd have thought that when you came out of that curtain to expose and bully me!» «I hope I did my best to make amends.» «Amends for what» sagte sie dreist, und zog mich an sich. «One instant of hell giving way to bliss. Tut, tut. Kiss me and shut up.» Sie machte mir neben sich Platz und wir umschlangen einander. «I'm terribly fond» stammelte sie. «I have {been} missing you fearfully. I wanted you badly» und diese Küsse, unbesonnen und wild und regellos, heiss und brünstig, waren Liebe. «Be careful darling» flüsterte sie als ich sie frei machte, «perhaps we should not now, its so dangerous when you're really in love» aber ihre Zunge spielte verlangend mit der meinen und ihre Heftigkeit als ich den Nagel eingeschlagen hatte, übertraf alles frühere. «Do it» stöhnte sie, «give me all, all, dont stop it, I want it I'll have it oh oh I'll bear it – darling.» Ich hatte ihr nicht gehorcht. Gerade die heissen Worte hatten mich erkältet, im letzten Augenblicke sass ich ab und sparte mich, nicht aus Reserve diesmal sondern aus Besorgnis. Sie war leblos und lallte süsse Worte. Nach einem Augenblicke kehrte ich ausser Gefahr zu ihren Lippen zurück und teilte ihr langes Nachgefühl, während sie mit geschlossenen Augen, immer noch überschauert, von Zeit zu Zeit meine Hand drückte. Dann sassen wir auf und lachten uns halb vergnügt halb beschämt an. «Must I –?» Ich küsste sie lange auf die kräftigen Lippen die innig aufsogen und mitküssten. «Dont fidget. You are safe with me», und ich zog den nachgebenden schlanken Körper in meine Arme. Aber in diesem Augenblicke klopfte es, der Thee kam, der Kellner deckte und besetzte alle kleinen Tische mit seinen Schüsseln. Wir sprachen möglichst belanglos über einen bessern Platz für die Wohnecke, Sopha, Sessel und Teppiche und Tischchen, ich versprach ein par hübschere Sachen, Bilder, einen Flügel zu besorgen. Im Augenblicke in dem die Thür sich wieder geschlossen hatte, entstand zwischen uns, am Fenster stehenden, ein Riss von Schweigen. Nach einer Weile sagte sie, die Augenbrauen hochziehend «I'm not sure I would.» Ich sah sie blöde an. Endlich verstand ich und fand die Worte und den Ausdruck ihres Gesichts so unwiderstehlich komisch, dass ich laut auflachen musste und eine Weile fast erstickte. Sie lachte schliesslich mit, dann aber legte sie ihre Hand in meinen Arm und sagte indem sie mich zum Sofa zurückführte «Tell me more.» «Don't make me preach you sermons. Its your turn now, and mind you I'm in love with your voice – hopeless love unless you give me my fill of it. I don't long for your lips half as much as for what they give utterance to, as it were by singing sentences without a sense. So thank you, I want no tea now. Give me better food first.» «Oh you don't», sagte sie einen Schritt zurücktretend. «Don't what?» «What you said you did not just now?» «Because I had been going to, nevermind what, but I know better now.» Sie hatte die Arme gegen mich ausgestreckt und trutzte mich an während ich nach ihr sprang. Die gleiche Jagd wie gestern begann aber wir beide waren geschickter. Ich umsprang alle Möbel die sie in meinen Weg warf, rollte selber solche in den ihren, drängte sie gegen den Alkoven, sie sprang aus den Füssen heraus athletisch aufs Bett, aber ich mit einem Riesensatze sprang herüber und eh sie sich's versah hinauf, und schloss sie in die Arme, – «your boots» sagte sie von meinen Küssen erstickt, die Arme gegen meine Brust. Ich hob sie an und ging, ihr ganzes Gewicht in Armen in die Knie. «Why do you torture me», flüsterte ich unter Küssen, die sie duldete, «why do you rag me, why do you freeze me and roast over a slow fire, – why do you, why do you –» Sie lachte mich, unter mir liegend an wie die Sonne mit schwimmenden Augen, warf die Arme um meinen Nacken und küsste mich voll auf den Mund, erst ein Mal, dann immer schneller enger und inniger, und endlich küsste sie sich satt. «Oh you – Cephalus» sagte sie in einer Kusspause, mich ansehend, und vergrub wieder ihre heissen beweglich innigen Lippen in meinem Kusse. «Your – what?» «Cephalus» wiederholte sie, mich an sich drückend und sich an meiner Brust einnistend. «Eos then, Auroras sweetest Dawn» sagte ich sie mir ganz unterwerfend. «I'll have no sun if you dawn upon me.» «Go» flüsterte sie, erschreckt von meinem jähen Feuer, «go my love, my lad, don't please don't». Ich hatte nichts gethan und fühlte dass sie mehr vor sich selber erschrak als vor mir. Ich lockerte die Umarmung und küsste sie bei aller Leidenschaft sanfter, aber sie hing mir fest um den Nacken, ihre Augen waren geschlossen, ihre Brust keuchte und kämpfte, ihre Lippen schlossen den meinen unablösbar auf. Ihr Gewand hatte sich verschoben, ihre Schulter und der Ansatz ihres Busen schimmerten im Halbdunkel, die Versuchung nachzugeben war ungeheuer, aber etwas in mir regte sich unerklärlich dagegen, ich liess absichtlich die Küsse zärtlich verebben und drückte den Mund auf ihre Augen und ihre Hand. Sie schlug die Augen auf und drückte mich ans Herz. «You're lovely» sagte sie leise, «lovely boy. I cherish you and I adore you. One kiss more and then let's have tea, leave me go.» Bereute ich nun die verpasste Gelegenheit oder nicht mein Kuss ging tief und glühte sie aus. Unsere Augen trafen sich in einem stummen leidenschaftlichen Blicketausch, darum um so wilder, weil beide baten und beide weigerten. Dann hoben wir uns umschlungen auf und standen. Sie ordnete das Bett, wortlos und verschwand ins Bad. Ich ging hinaus um mich zu ordnen und zu beruhigen, mein Spiess sperrte das Beinkleid und sie durfte ihn nicht so sehen. Als ich klopfte sass sie süss und rosenrot Thee einschenkend auf der Chaiselongue und holte mich neben sich. Wir tranken und assen und sagten nichts Gescheites, sahen uns glücklich an und griffen einander nach den Händen, nur für Augenblicke.

«Look here. I think I don't want better lodgings than this one and you need not bother about them. I'm perfect, and cannot thank you enough for having established me. A wing piano of course will be due, with sundries, for notes and so on, and some private furniture, and I daresay I am going to have the adjoining room along with this, to make a sitting room of, or a spare bedroom for a friend to come and stay with me. Will you help me to arrange for all that? And I shall want you to help me choose the furniture, if its not to be hired for a term.» Das würde schwierig sein, aber man könnte es versuchen «When? I'll have so many mean crap to do tomorrow I feel I cannot fit you in. I object to bits and ends of hurried between-times. Do you know what I want from you?» Wir umarmten und küssten uns von neuem. «The whole day» sagte sie die Hand über den Lippen, und dann die Lippen wieder auf den meinen. «That much?» fragte sie in den Kuss hinein. «Its not much enough» antwortete ich heiss, sie ganz umschlingend. «Tut tut» sagte sie, den Finger über den gespitzten Lippen, und diese dazu spielend in meinen Mund drängend, «but enough to start on», fuhr ich fort «and to begin knowing all about you.» Sie strahlte «and about you, Ceph? But why Cephalus?» «I have been told it means a head, and a lover who was a hunter.» «Do I strike you as being that?» «I dunnow. I felt from the first instant half being followed half following, – a chase certainly it was, but why dawn?» «She was a Goddess loving the mortal huntsman and loved by him. It is not known which of the both surrendered to the other, on the saffron hills of dim heaven. It is known only that they plucked each others blossom, amid those coolest blooms of twilight before the Sunrise, and fed upon one anothers secrecies.» Sie hielt mir den Mund hin, glühend, und stand auf. «Get you gone you – Oh.» Sie lachte. Die weiche und dabei so geschlossene Gestalt arbeitete, das so originelle, anziehende, höchst liebenswürdige Gesicht zuckte von Leben. «Why cannot we talk reason? There are so many things to discuss I wished to settle. We have been so practical and smart yesterday and are just weltering in poetry now, flooded with it – sweetheart!» Sie lag an meiner Brust, bebend und lächelnd. Ich umschlang sie völlig und wir drängten uns an einander. «I suppose we must get accustomed to being in love first, – get over it, dear Dawn», flüsterte ich in unsere spielenden Küsse hinein. «But its getting deeper into love, this, not getting over it.» Ihre Brust drängte gegen meine. «Well, deeper and deeper of course, then until there is the bottom, and across that, and out on the other site.» «Don't go» sagte sie liess einen Augenblick los und küsste mich brennend auf den Mund. «If I was to stay, I could not leave you» flüsterte ich und gab den Kuss kurz und hart zurück. Sie liess mich frei. «Dear boy» sagte sie plötzlich strahlend. «I am damned happy to have got you – more than I can say –» schrie sie hell auf, wie eine Wilde, und lief an den Schreibtisch. «Have this», sie kam mit einem goldenen Cigarettenétui wieder, das sie aus einer rasch aufgerissenen Schublade gegriffen hatte, und einer kleinen Schere. Sie kratzte mit der Spitze hinein «Eos to Cephalus» und das Datum. «That's my first love gift to my lover, and mind you, I wont have any of yours before this day a month. I may have disappointed you ere that. Make sure first you really want to keep me –» Ich nahm sie in die Arme und bedeckte ihr Gesicht mit heissen Zärtlichkeiten, wenn ich ihren Mund dabei streifte, küsste er und fing Küsse. Dazwischen sprachen die vier Lippen süsse Thorheit. So brachte sie mich zur Thür wir verabredeten, morgen zu telephonieren, mittags sollte ich sie anrufen. Wir rissen uns aus einander, ohne dass unsere Hände nach den bereiten Gaben gegriffen hätten, die wir einander gleichzeitig boten und verwehrten, – leidenschaftliche Verliebte aber unberührte.

Ich sah nach der Uhr in der Hôtelhalle – genau so spät dass ich zu Fuss an den Zoo hinüber konnte. Es dunkelte bereits, die kühle Herbstdämmerung erfrischte meine heissen Adern, die Bewegung that mir wol. Was, dachte ich, will Friedel jetzt im Botanischen Garten, der doch geschlossen sein muss, um diese Stunde dieser Jahreszeit? Und wie will sie mit der Bahn nach Dahlem? Aber in diese Gedanken hinein winkte sie mir schon, von der Sperre her. Sie sah sehr hübsch und damenhaft aus, in einem rohseidenen Kostüm mit einem sportlichen Herbsthut, Weinlaub und bunten Vögeln, darunter das schöne sonnige Gesicht mit den warmen Augen und dem frauenhaften Grübchenmund. «Also doch» sagte die schön timbrierte, nur etwas flache Stimme, – «Komm.» «Wohin?» «Steglitz» sagte sie «und dann weiter.» «Muss das in der Lokalbahn sein? Dahlem ist doch lange zu!» «Das Fundbureau nicht. Wie willst Du denn?» «Komm» sagte ich, «ich fahre Dich hin», und zog sie untergefasst zu einem Wagen. Sitzend fassten wir uns in die Hände, sahen uns vergnügt an und rollten eine Weile. Ich konnte mich nicht auf einen Schlag an sie gewöhnen. «Was ist das Ganze?» «Ich habe meinen Schirm dort vergessen, das letzte Mal, – ich bin solch eine Blumennärrin, weisst, lauf immer da hin, wenn ich kann, hab dann telephoniert, und ausgemacht dass ich ihn beim Pförtner vor 7 abholen kann. Die Untergrundbahn mag ich nicht, so schlechte Luft, weisst.» «Und dann?» «Dann ess ich zu Nacht, und zwar, wenn Du magst, mit Dir, und dabei krieg ich heraus, 1) mal, ob Du mich leiden magst, alsdann» «ob Du mich» – «Papperlapapp, eitler Frosch. Das weisst Du lange.» «Nein, alsdann wer und wie Du eigentlich bist, und ob – nein das kann ich nicht sagen.» «Also schon.» «Obs das überhaupt gibt, wie Du auf mich gewirkt hast.» «Das gibts ganz gewiss nicht. Wir werden uns sehr enttäuschen.» «Sag nicht sowas.» «Also ich werd Dich» «Das klingt schon besser.» «Wieso.» «Das kommt drauf an was Du mich – jetzt – wirst. Na? So schwer von Capé? Also was wirst mich jetzt gleich, oder ich lass halten und lauf Dir davon.» «Also, festhalten.» «Ja thus denn schon» lachte sie, und hing mir als ich es that, am Munde. War ich so leichtsinnig, so treulos, oder nur so jung? Ihre Küsse in denen das Sinnenfeuer hochschlug und eine lang gesparte Begierde der Hingabe naiv und geradeaus nach Vereinigung verlangte, löschte alle Vorgängerinnen ohne Rest aus. «Ich hab Dich lieb» sagte der heisse Mund immer wieder wenn ich ihn freigab und ehe er mich wieder suchte. Der sechste Mädchenmund den ich an diesem Tage verschlang, wirkte nicht nur wie der erste, sondern stärker als alle seine Vorgänger. Friedel war keine Stümperin. Die holdselige Sinnlichkeit, die ihr ganzes jungfrauenhaftes Wesen atmete, war in ihren Lippen und Armen concentriert, sie attakkierte nicht, sie war nicht apathisch-pathisch wie 90 % aller Mädchen in Männerarmen, ihre Küsse waren von ständig wechselnder Beredsamkeit und blitzartigem Verständnis, ein feuriges Lippengespräch, ein Lippenstreit ohne Worte. Es wurde uns eng in dem Kasten, dem Seit-an-Seite, und ich hob die stark gebaute frische Gestalt auf meine Kniee, sie umschlang mich, nahm mir den Hut ab und warf den ihren weg und die Worte hörten auf. Wir versanken in der Lust des Mundes. Dabei war Kraft und Verlangen immer von solcher Straffheit, dass die Umarmung in keine Schwüle absank. Der Kuss war uns beiden genug, wie es gesunden jungen Leuten, die sich zum ersten Male umarmen, wol sein kann, und obwol Friedel auf meinem Prügel sass und ihre hübschen knappen Brüste unter meiner Hand streiften, blieben wir ein idyllisches Liebespaar ohne scheinbar stachelnde Wünsche. So ging es fast ohne Unterbrechung bis der Wagen hielt, es war dunkel als wir an den schwach beleuchteten roten Ziegelpfeilern des Eingangs ausstiegen und löschten. Arm in Arm gingen wir den dunklen wehenden Gartengang bis zur Pförtnerei, und Arm in Arm ihn zurück, uns sanft pressend und manchmal im Gehen den Mund mit einander teilend. Am Wagen entstand die Frage, wohin? Nach kurzem Bedenken entschied ich mich für eine neue kleine Sportsbar am Potsdamer Platz, wo man brilliant ass, in kleinen Kojen und charmant bedient wurde. Dann sassen wir Arm in Arm und begannen heftig und innig zu schwatzen. «Ich kann heut Abend aber nicht bei Dir bleiben, Rudi, ich sag Dirs lieber gleich, ich hab Verwandten zugesagt, wo Eine vor Schlafengehen massiert werden muss, sei nicht traurig.» «Und ich, Du Süsse, war im Begriffe, andere Leute zu versetzen um bei Dir zu bleiben.» «Goldig. Übermorgen. Ich bin um 9 frei und kann ausschlafen.» Ihre zu mir gerichteten Augen schimmerten in einer Bogenlampe beim Vorbeifahren wie zwei flüssige Versprechen auf. «Kannst so lange warten?» «Ich muss wol, bis dahin träume ich von Dir.» «Hast schon einmal von mir geträumt? Ich gleich nachdem ich Dich kennengelernt hab. Was damals nicht gewesen war, hab ich nachgeholt, im Traum.» «Träumen die Mädel das auch?» «Was? Ach so. Ja ich weiss ja nicht was die Buben träumen. Ich habe nur geträumt, dass ich Dich allein für mich hatte und glücklich war – so glücklich, es hat mir den ganzen Tag verklärt. Was Genaues wars nicht, aber ich habs nimmer gewusst. Ausser etwas.» «Sag.» «Mach die Augen zu.» «Ist das nötig? Ich seh die hübschen Sachen gerne.» Sie streckte eine purpurn spitze Zungentüte aus den lachenden Lippen und zog mich an sich, der Pfeil aus süssem heissem Fleisch drang mir in den Mund. Dann lachte sie an meiner Schulter. «Kindskopfereien, wirst denken; ach Du süsser Goldschatz, Du meiner. Machs mir auch so.» Das Spiel wurde lustig aber gefährlich. Die Hände wollten besitzen, was die Körper nicht konnten. Zum Glücke fuhren wir bereits durch belebtere Strassen mit heller Beleuchtung. Aber um abzukürzen schlug der Chauffeur bei Wilmersdorf einen erst kaum tracierten Weg mit wenig Häusern ein, Friedel jagte mir einen wilden Kuss ins Blut und ziebte mehr als sie sagte «Komm». Jetzt sass sie in mich hinein, ich hob sie an, sie griff zu und half. Aber kaum eine Sekunde dauerte der Genuss, dann kamen helle Strassenzüge und sie sass jäh wieder ab. Durstige Küsse zehrten, sie zog meine Hand in den Schoss, ihre Augen waren geschlossen. Aber da wir uns dem Stadtinnern nun wirklich näherten nahm ich sie fest um die Arme, sagte ihr das Zärtlichste was mir einfiel und tröstete sie mit Küssen wie unsere ersten gewesen waren, so lange bis ihr Mund sie mir ebenso zärtlich wiedergab; dann liess sie los. «Reg mich nicht so auf, Schnockel, Du herziger, sonst steh ich für nix – ach es ist grausam dass wir uns hernach trennen sollen ohne dass wir uns gehabt haben, – hätten den Schirm sollen schiessen lassen und irgendwo uns versteckt haben.» «Friedelschatz, ich finde es schöner so. Wir haben noch endlos lange Zeit vor uns und das worauf man sich am längsten gesehnt hat, schmeckt am besten.» «Das sind Sprüch, Schatzi. Wenn wir Brautleute wären. Aber wir haben gleich am ersten sehen den ganzen Sprung gemacht zu dem es sonst lange Wanderzeit braucht, ich weiss lang wie Du geschaffen bist ohne Kleider, und bin scharf, wie die Leute hier sagen – grimmig scharf – aber Recht hast Du in was anderm – darin dass ich mehr will als eine halbe Stunde Rutsch wie zwei Hirnschellige und dann sich anziehen, das Hôtelzimmer zahlen und auseinander nach Haus in der Elektrischen, das ist so grau und elend und ärmlich, dass nur noch fehlt Du drückst mir einen Zwanziger in die Hand und man fühlt sich wie eine von den Mädchen, Du weisst schon. Dafür bist Du mir denn doch zu schade und ich selber, und mein Herz, denn ich hab eine Achtung vor Dir wie nur für Einen dem man von Herzen gut ist und das ich noch mehr als den Kopf verloren haben.» Unsere Küsse lösten sich, denn der Potsdamer Platz hüllte uns in seine Lichtmassen. Wir stiegen aus und die schöne Person ging ihr zerküsstes Gesicht in Ordnung bringen. Ich selber brauchte ebenfalls Toilette, denn mein Dauererregungs Zustand war nachgerade wie eine Entzündung und bedurfte einer normalen Wasserkühlung. Dann wählte ich eine Koje in dem noch leeren kleinen Restaurant und bestellte zwei Dutzend Austern, Real Turtles, Hammelkoteletten Soubise, in Zwiebelpurée mit einem Selleriesalat, Crêpes Suzette, Ale für die Austern einen weissen Bordeaux für die Gänge und eine halbe Flasche Pommery triple sec. Meine Freundin, weich und holdselig und damenhaft aussehend, mit ihren frischen Farben und weissgoldenen Haaren wie eine märkische Landcomtesse, kam zum Tische und begann selig ihre einigen Austern zu schlürfen. «Ganz verhungert war ich, hab heut garnicht zu Mittag essen können, immer massiert, und nur zur Vesper ein Ei und einen Café».

«Wirklich massiert?» «Was denn glaubst Du? Ich glaube Du machst Dir ganz falsche Vorstellungen. Es kommen auch andere Leute in den Salon als Lebemänner, vor allem Sportmassage muss gemacht werden, dass man sich ausrenkt.» «Und die andern?» «Ja auch da machst Du Dir ganz falsche Vorstellungen. Frag Dich ein Mal selber ob jemand wie Du – denn von Dir aus urteilst Du ja doch – von selber in eine Animier Massage gegangen wäre. Das hat ja ein Prachtkerl wie Du garnicht nötig, den reissen sich die Frauen aus der Hand und er kann jede Nacht mit einer Schönern schlafen. Was aus solchen Gründen zu uns kommt, sind doch nur die Heimlichen, die Alten, die Impotenten, und ganz selten ein Mal ein richtiger Roué, ein ganz roher und liederlicher.» «Aber hübsch freundlich müsst ihr ja doch zu allen sein.» «Das sind wir auch, aber nicht wie Du glaubst. All die Schwachen wollen ja ganz was anders als Du. Sie sind Masochisten, mehr oder weniger, wollen scharf und dreist behandelt werden, gekniffen und gestossen, ob sie vielleicht so zu einer Erregung kommen. Du denkst sie wollen einen Kuss? Das ist ganz selten. Darauf reagieren sie längst nicht mehr, dann brauchten sie nicht zu uns zu kommen. Wir Mädel sind alle gute Freundinnen, ist nicht eine schlechte und gemeine dabei, für uns ist das eine Arbeit wie jede die man ganz mechanisch macht. Für die grauslichsten Kunden sind noch zwei Andere da, die Du nicht gesehen hast, die sind allerdings abgebrühte Flitschen, mit allen Hunden gehetzt. Natürlich mach ich Dir nichts vor. Die jungen Kerls die sich dort Sportmassage machen lassen sind zwar garnicht erotisch, die denken nur an ihre ausgerechneten Körperchicanen, haben auch oft den Trainer mit, und dass kann ich Dir sagen, bei einer richtigen Vollmassage, wo die Masseuse Blut schwitzt, vergehen auch dem Massierten die andern Gedanken. Aber natürlich, manche Anfänger, mit denen ein hübsches Mädel flott umspringt, verlieren den Kopf, es gibt ein heisses Geraufe das Mädel, wenn der Bursch einen Schamlosen kriegt, verliert ihn wol auch, wenn auch viel seltener, und es wird im Handumdrehen geküsst und getrommelt und gestöhnt dass die Späne fliegen. Es ist, ich schwör Dirs eine solche Ausnahme wie bei Hausbällen. Ich bin eine Münchener Brauerstochter, von einem Lumpen nach zwei Monaten geschieden der mich ruiniert hat, ich hab viel Bälle mitgemacht als junges Mädel und kann Dich versichern, auf jedem Münchener Hausball wird von Bürgerstöchtern mehr geküsst und gerauft als von uns, und auf jedem feinen Faschingsball lassen sich mehr Mädeln und Frauen der besten Gesellschaft von ganz Unbekannten in irgend welchen Winkeln und hinter Vorhängen zusammenwaschen als bei uns auch nur denkbar wäre.» «Ja aber Euer Bad, und was ich selbst –» «Mein Lieber, davon wird noch Jahre geredet werden. So einer wie Du, freigebig, charmant, unschuldig und mit einem solchen Riesenspielzeug, und ein Herr, das gibts nicht alle Tage, da sind alle Mädeln heiss und toll und ausser sich, jede will den ersten Preis haben, und die Gräfin hats arrangiert; da war man sicher.» «Kennst Du sie?» «Nicht sehr; wir haben alle eine Art Scheu. Sie ist eine sehr unglückliche Frau, glaube ich, sehr nett mit uns allen, aber Widerspruch gibts nicht, obwol sie nie commandiert, – wenn sie ein Mal da ist, gehts von selbst. Du kennst sie ja auch besser wie ich.» «So?» «Na war sie nicht die Einzige, die Dich damals glücklich gemacht hat?» «Wenns so wäre ich plauderte nicht aus der Schule. Aber das heisst durchaus nicht, dass es so war.» «Süss bist Du. Da in den Sellerie von meiner Gabel, Du Ritter. Sie hat der Paula gesagt – die einzige mit der sie vertrauter ist – was Du sonst wärst, hätt sie keine Ahnung, aber im Bett wärst Du das was Frauen sonst nur träumen dürfen.» «Welche Reclame!» «Nötig hast Du sie nicht, Schatzi. Sie waren ohne Ausnahme toll auf Dich.» «Ja woraufhin denn?» «Stell Dich an» lachte sie. «Masseusen besitzen ein umfangreiches Vergleichsmaterial. Du hast halt die schönste Nasn, die sie je an einem Mannsbild gesehn haben.» «Die schönste –» «Weisst schon, – ich meine, Du kennst das Sprichwort. Zum Fürchten schön, zum Fressen saftig und so weiter. Mädeln sind auch nur Menschen. Kannst Dir denken was sich alle wünschen und wovor sie eine so wonnige Angst haben. Aber ich hab wenigstens die Schneid gehabt Dir zu schreiben, vermutlich weil mir an Dir gelegen ist und nicht so sehr an der Nasn, und weil ich allein beiseit geblieben bin den Abend um mir den Geschmack nicht zu verderben und um nicht am End anzufangen statt am Anfang.» «Der Kellner kam und machte die Crêpes am Nebentisch, man musste vorsichtig sein. «Was arbeitst Du jetzt?» «Bücher lesen, Auszüge machen, nachschlagen, ausarbeiten, vergleichen – schwer in Einzelheiten zu gehen.» «Das hätt ich zuletzt geglaubt» sagte sie aufmerksam und erstaunt.» «Nämlich?» «Ja da bin ich überfragt. Diplomat wenn Du nicht so lebhaft wärst. Gutbesitzer, wenn Du nicht so gescheit wärst und so fein Dich ausd{rücken könntest}. Ein junger Herr mit einem Worte, hoch hinaus, mit einem nützlichen {und reichen Herrn} Papa, und was kost die Welt.» «Von allem stimmt ein Hundert{stel, für den Rest} musst Du Dich mit dem andern addieren. Der Geist ist die Hauptsache {aber} der allerdings will hoch hinaus.» «Und dazu muss er so tief hi{nunter, jetzt} erst?» «Das scheint mir, freilich. Je höher Du bauen willst, {desto tiefer} musst Du fundieren, sonst bläst Dirs der Wind um.» «Schon {möglich} und doch krieg ichs nicht zusammen. Dass Du dann mit der F{riedel} Aufbauer hier sitzt und Schampus trinkst, wie ein Hallodri.» «{Bin ich etwa} einer? Ich bin einer. Ich bin toll, leichtsinnig, heissblütig, leiden{schaftlich} verliebt in Alle und Keine, ein Feuerrad das nach Stroh fährt um a{nzubrennen}. Was in die Hauptsache hinein sollte, geht noch allen neben hinaus, xxxxxx und Küsse. Es brennt in mir, will gelöscht sein, sollte einen Kessel xxxxx und so ist eine ewige Confusion. Mal ist der eine Mensch oben mal d{er} Andere. Ich fliehe in die Arbeit vor der Liebe und in die Verse vor der {Arbeit} und in schöne Arme vor den Versen und vor den schönen Armen wieder in die Arbeit, und vor allem zusammen ins schiere Sichtummeln. Ich kön{nte} kein Mädchen verführen, aus Gewissen im vorletzten Moment, und keine ungeküsst lassen aus Lust der Sinne am Entzücken. Was draus wird? Irgend was wird draus werden.» «Ich könnte Dir immer nur zuhören.» «Und ich Dich immer nur ansehn.» «Es gibt Schönere» lachte sie. «Und Klügere». «Aber nicht so prächtige.» «Aber nicht so auf mich Wirkende, denn Du ziehst mich mit hundert Armen an.» «Und Dich hab ich im Blut, Liebling. Komm fahr mich zu meinen Leuten, Halensee. Es ist acht Uhr fünfzig, ich muss mich eilen. – Durch die Charlottenburger Chaussee sag ihm», flüsterte sie draussen. – Wir sausten durch die Bellevuestrasse und die Königgrätzer in den Tiergarten. Die ersten par hundert Meter in der Dunkelheit blieben noch in den Maassen der Zärtlichkeit, dann stürzten wir dem Gefahrenpunkte aufs Neue zu und wieder kam der Moment, in dem die Liebestolle die Führung an sich riss. Aber es sollte nicht sein. Kaum hatte sie sich fest in den Sattel gedrückt, verlangsamte der Wagen. Als der Chauffeur abstieg, brachte sie sich vor seinen Augen rasch in Sicherheit, mir im Krampf die Hand quetschend – der Muskel sprach für ihr Handwerk. Ein Reifen hatte einen Nagel erwischt, er musste ausgewechselt werden, und wir, um das Geschäft zu beschleunigen, hinaus. Als es geschehen war, drängte die Zeit, er schwenkte in die Hofjägerallee ab in der wir etwas beschämt neben einander sassen, und dann durch den lampenhellen Westen den Kurfürstendamm hinunter. Es wurde noch geküsst, aber mit Maassen. Erst in Halensee sagte sie rasch, – «damit Du mich nicht vergisst» – setzte sich rittlings auf meine Kniee und leerte das Arsenal ihrer feinsten Liebeskünste auf meinen Lippen aus. Das Mädchen stachelte und erregte mich bis an die Grenzen der Tollheit. Je näher dem Ende um so mehr glichen ihre Küsse Bissen, und wer weiss was gekommen wäre hätte bei ihr nicht die Ekstase sich eingestellt. Thatsächlich sank sie als auch ich meine Zunge nicht rasten liess und meine Arme sie rüttelten, in der Krisis zusammen und mit dem Kopfe auf meine Schulter. Nur grade genug Zeit blieb ihr um sich zu erholen und für einen samtweichen langen Dankkuss, ehe sie aussteigen musste. Ein geflüstertes Wort der Verabredung, ein schimmernder Blick aus heissen hellblauen Augen, dann drehte der Wagen und führte mich in die Stadt zurück. Aber wieder schaffte sich der Körper wie schon einmal heute sein Recht. Ich schlief wieder ein, und rieb mir erst im Tosen des Potsdamer Platzes, aufatmend die Augen. Die Uhr zeigte erst 9^{15}, so trat ich in ein Hotel dessen Portier ich kannte und verschaffte mir durch ein Trinkgeld eine Douche in einem Badezimmer, die mich köstlich erquickte und elastisch machte. Dann wollte ich bei Frederichs wegen des Étuis nachfragen und nach Hause, um mich gezeigt zu haben, ehe ich Paula im Palais traf.

In der altmodischen kleinen Halle sagte der Portier als er mich sah «Ah sofort, bitte einen Augenblick» und nachdem er telephoniert zu haben schien, noch ein Mal «sofort, in einer Minute.» Ich hörte herunterkommende Schritte und das kleine Mädel mit den kurzen Röcken und den schönen Beinen kam am Geländer rutschend, lustig zwei Stufen auf ein Mal herunter. «Die Mami lässt bitten einen Augenblick sich bemühen zu wollen bitt schön, die Ludovica hat das Etui und die ist auf ein Moment weg, da kanns niemand finden.» Etwas neugierig und verdutzt folgte ich und fragte auf der Treppe ob ich so spät nicht störte. «Ja was, wir fangen erst jetzt richtig an uns divertieren, wir sind Nachtvögel müssens wissen, die Mammi schläft den ganzen Tag und wacht erst

zum Bridge richtig auf und die Franzi und Ludo sind grad so.»
«Und Sie selber junges Fräulein?» «Ich? mir ist alles recht und ich
mach mit.» «Spielen auch schon Bridge?» «Ich divertier mich halt
auf meine Art, so oder so.» Damit machte sie auch schon die Thür
auf, wo in einem kleinen Zimmer, mit Photographien in silbernen
Volen, dilettantischen Malereien vollgepackt, zwei Thüren in Nebenzimmer offen stehend, die geschminkte Alte von neulich, noch
jugendlicher hergemacht aufstand um mich feixend zu begrüssen.
«Ich freue mich s o s é h r dass eine Zufällickeit mir die char-mante
Bekanntschaft wieder erneuert» sagte sie sehr oesterreichisch,
«meine Töchter werden sich freuen sie waren un- tröstlich den Cavalier durch ein Zufall wiederzugewinnen, den sie durch ein Zufall
acquiriert hatten» und sie gab mir die Hand so hoch hinauf, dass
ich sie küssen musste, «gehn Sie doch zur Franzi, – Franzi!» Aus
dem Nebenzimmer kam eine Stimme «Maman?» «Ich schick Dir
den jungen Herrn gehns nur immer nein.» Ich wusste nicht wie
mir war, über all dem, ging aber endlich tapfer zu durch die offene
Thür wo die Kunstblonde von neulich in Korsett und Rock auf
einem grossen Cretonnesessel im Hintergrund des Zimmers sass
und an einer weissen Seidenbluse etwas nähte. «Ich weiss nicht»
sagte ich, eine Hand vors Gesicht haltend und lachend, «wie ich
eigentlich zu dem Vorzug komme, etwas angeblich von mir vergessenes grad von Ihnen und grad während Sie im Negligée sind erbitten zu sollen, aber ich seh dass ganze ist ein neues Missverständnis und …» «Franzi!» klang es aus dem Nebenzimmer, «sag ihm
ich rechne bestimmt auf ihn zu Picknick und Bridge und so weiter.» «Gewiss Maman, das hat er mir grad zugesagt, er meint er
wär neulich durch ein Missverständnis fortgegangen, vous l'avez
jugé bien du premier coup que pour être un joli garçon so artig fait
il est trop timide –» sie war mit ihrer Bluse aufgestanden und halb
hinter einen Bettschirm getreten, neben dem stehend sie ins an-

dere Zimmer hinüberschwatzte, bildhübsch, wie ich sie jetzt sah, gebaut wie eine Meissner Puppe, Schultern, Brust Wuchs von klassisch zierlicher fester Üppigkeit und Schlankheit, das flirrig blonde Haar hoch toupiert, maliziöse blaue Augen und ein herzförmig strotzender Mund zwischen den Grübchen Wangen wie appliziert, die Augenbrauen etwas ausgebogen, was den spöttischen Ausdruck noch vermehrte. «Bleib» sagte sie leise, «Ludo und ich erklären Dir alles, auch was Du vergessen hast, Ludo hat es» und ihr Kopf winkte mich zu sich. Ich übersah die Situation nur unvollkommen, es musste doch eine Verwechselung vorliegen. «Wirklich –» sagte ich kopfschüttelnd und hinter den Wandschirm tretend – unwillkürlich – «Was wirklich», sagte sie leise, mit dem Fuss aufstampfend, «bist Du ein Mann oder ein Pedant, der nicht kapiert» und sie hielt mir über ihren nackten Schultern und ihrem decolleté den verführerischen Mund hin. Es wäre beleidigend gewesen mich zu verweigern, aber ich lächelte nur, verbeugte mich, streifte mit aller mir möglichen Beherrschung die schöne Lippenblume nur mit einem markierten Kuss und verbeugte mich wieder. Sie ging an mir vorbei sagte ins Nebenzimmer rasch «Die Ludo ist neben an ich schick ihn noch zu ihr wir kommen dann, ich muss jetzt hier zumachen» und schloss die Thür mit Riegel. «Mais ne faites point de sottises, les gamines» klang es zurück, und «Ludo» rief die Meissner Puppe, wieder an mir vorbei klappernd auf ihren hochhackigen roten Pantoffeln; die Thür zum Nebenzimmer mochte angelehnt gewesen sein denn der Tituskopf erschien in einem Bademantel und Slippers halb durch den Thürschlitz und sagte «Tschau». «Er will wieder weg, sagt wieder es sei ein Missverständnis, fait la vierge, hat meinen kleinen Kuss stolz verschmäht, en ne m'effleurant que du souffle, also gib ihm schon sein Etui.» «Ist das wahr» sagte Ludo kam in ganzer Figur herein und umarmte mich ich hätte schwören können sie hatte unter dem Bademantel nichts an – «bist Du ein Poseur?» und sie drückte mir rasch wie neulich den schönen Mund auf die Lippen. Ich schob sie freundlich fort. «Das angebliche Etui» sagte ich, «meine allerliebsten jungen Damen, und keine Komödie.» «Das Etui» Ludo lachte, «das hab ich ja der Steffi gegeben, also schick ihn zur Maman zurück.» Beide lachten silberhell, Franzi trat mit der Bluse vor den Spiegel, wie im Goetheschen Liede, und blickte rückwärts über die Schulter nach mir. Ludo schloss mir die Thür auf und sagte, «er muss zur Steffi gehen, dass sie ihm was gibt, er kommt dann wieder her.» Gut dass ich die Dreisten los war. Ich stand wieder in dem lächerlichen Salon und hörte die Alte rufen «Steffi, on va te faire une visite pour te demander ce que tu sais, il paraît» und mit einem Blick auf mich, «ich werd mit den Gespasseln von mein Töchtern selbst nicht fertig.» «Mais qu'il vienne» klang die Stimme von ziemlich weither durch die andere Thür. Ich kam in ein grösseres Schlafzimmer mit einem Himmelbett mit Betschemel, dem der Alten augenscheinlich, aus dem eine wieder offene Thür in ein weiteres führte. In diesem, einem kleinen Cabinet mit Bettstuhl und Tisch, stand Steffi in einem Gaze Kleidchen wie für einen Kinderball, viel zu bébé für ihre entwickelten Formen – sie musste mindestens sechzehn sein, dunkelblond, die Haare in der Stirn grade abgeschnitten hinten rund auf die Schultern fallend eine gedrehte Locke nach vorn herübergezogen, ein Blütenmund mit frischen Zähnen und etwas sonderbar fest verweilendes im Blick. Ich hatte sie vorher kaum betrachtet, jetzt, bei einem rot abgeschatteten Bettlämpchen sah sie wie ein Märchen aus. «Kleine Schönheit» sagte ich, «Sie sollen angeblich haben, was ich hier angeblich vergessen habe, – ein Étui, das Schwester Ludovica Ihnen gegeben haben will – heraus damit oder ich brauche Gewalt.» «Ja nein –» sagte sie unschuldig –, «wo soll denn ich das haben? Schauen Sie sich selbst um, durchsuchen Sie mich, ich versteck nix.» «Her» sagte ich scherzend, «Hände hoch», und that als wollte ich sie fassen. «Bitte» sagte sie, näher an mich kommend, und meine Hand nehmend, «Sie sind ein hübscher Herr, Sie dürfen» «Nein nein» sagte ich und fühlte mich fast erschauern, «ich glaub Ihnen schon so» und trat zurück. Steffi lachte. «Also, auf Wiederschaun, nachher, wenn Sie eine Schneid gekriegt haben», und spazierte, die Thür hinter sich zu machend, aus dem Cabinet heraus. Ich war kalt vor Aufregung, kam mir albern und thöricht vor, hatte aber einen Pfahl bekommen, mit dem ich mich nicht zeigen konnte, er musste sich beruhigen. Während ich noch blöde herumstand, ging die Thür auf, Franzi, eine Blonde um die Schultern sah hinein. «Wir haben noch fünf Minuten. Du kannst gehen oder bleiben, wie Du willst, aber mach Deine Beleidigung gut», und sie trippelte an mich heran und hob den Mund. Jetzt drückte ich die Lippen in den satten brünstigen Kelch dieses einzigen Mundes, sie liess sich küssen ohne den Kuss zu erwidern, drückte mich auf den einzigen Stuhl des Raums und setzte sich auf meine Knie, einen Arm lose um meinen Hals. «Hör zu Ludo ist in Dich verliebt, ich bins au fond auch. Es kommt jetzt ein Graf Erengi zum Bridge, der erst mir und dann der Ludo den Hof gemacht hat, und wir mögen ihn beide nicht, und ein Herr von Spiegel ein Freund von Mama. Es wird ein bisl gebridget und dann gepicknickt wir offerieren den Thee und die pâtisseries, die Herren nach Belieben, und dann gibts jeu de société. Wir wollen alles so drehn dass die Ludo ihren Flirt mit Dir haben kann, während Maman beschäftigt ist und ich den Erengi tant soi peu divertier, aber dafür musst Du mich dann belohnen, wenn er die Ludo poussieren will. Das ist jetzt ein Geheimnis, dass ich ihn degoutieren werd damit ich Dich krieg; die Paare absentieren sich, weisst. Und damit die Ludo nix spickt, schieben wir die Steffi vor, mit der Du immer Singerei machen musst. Sag dass Du bleibst.» Sie küsste mich mit einem langen raffinierten Kusse dieser kurzen schweren heissen Lippen. Die Blonde fiel ihr von den Schultern. «Sag ja.» Ich drückte sie an mich und sie machte sich sofort los. «Mich jetzt nicht dérangieren, chérie», sagte sie, «ich muss hübsch sein, ich belohn Dich nachher noch überreich. – Sanft» sagte sie leise und hielt stehend den Mund noch einmal hoch; während ich ihn küsste, strich sie mit der Hand über meine Hosensperre und sagte lächelnd «Monstre» und an der Thür «Wart einen Augenblick, eh Du kommst.» Aber schon nach diesem einen Augenblick ging die Thür wieder auf und Ludo, immer noch im Bademantel fragte «Ists wahr dass Du bleibst?» Sie kam hinein. «Die Franzi glaubt ja, aber ich will es von Dir wissen, und was sie Dir gesagt hat. Sie will mit Dir flirten und den dummen Erengi aufziehn, aber ich will dass Du meinetwegen bleibst – Du –» Sie trat hart an mich heran wie damals, küsste mich aber nicht sondern sah mir nur in die Augen. «Ich glaube Ihr mokiert Euch alle und seid ein par ausgemachte Teufelinnen, alle mit einander, die mich wegen wer weiss was hergelockt haben. Was ist das mit dem Etui?» Sie lachte. «Das kriegst sicher heut noch. Komisch dass Du nicht zu wissen scheinst dass wirs haben. Was denn Etui oder Nicht Etui, natürlich ists nicht die Hauptsache, die Hauptsache ist was anders. Ich muss gleich zurück mich anziehen. Mach mich eine Minute lang toll, Du Kalter –» Es war unwiderstehlich. Im Kusse öffnete sie sich und holte meine Hände an ihren straffen nackten Leib. Ich verlor den Kopf, hob sie ohne ihren Mund los zu lassen und drückte sie auf Steffis kleinem Bett nieder, eine Art niederer kurzer Couch. Sie stiess einen gurrenden Laut aus und biss mich in den Mund, aber es war ein Augenblick, denn Steffi stand im Zimmer. «Ludo sollst zur Maman kommen, was fällt Dir überhaupt ein auf meinem Bette und er ist heut mein Cavalier, soll ich Ihnen von Maman bestellen», «Und mein Gogo» lachte Ludo, sich zusammenraffend und gehend, «weh Dir Du

Fratz, wenn Du ihn mir verführst» und sie war hinaus. «Grauslich ist sie» schrie die Kleine und stampfte auf, «und so frech und egoistisch; und Sie weil Sie heut mein Cavalier sind und haben mich schon mit der Ludo betrogen, müssen mir jetzt Strafe zahlen.» «Wie viel willst Du haben, Du Nichtsnutz» sagte ich noch schwer atmend, halb amüsiert. «Was haben Sie der Ludo gegeben?» «Ich, nichts.» «Ja wo es nur so gerauscht hat von den Küssen? Der Franzi haben Sie auch nichts gegeben hier in meinem Schlafzimmer? Und nichts in die Picknickkasse?» Während des Sprechens zog sie sich ohne Kommentar aus, zog das Gazekleid über den Kopf und sagte, «Helfen Sie mirs abziehen, die Maman findet es zu erwachsen, ich soll ganz bébé sein», und stand vor mir den Kopf vom hochgeschobenen Kleid verhüllt, drunter war ein Hemdchen mit Mieder in dem sanfte runde Brüste offen lagen und den seitlichen Strumpfbändern, längs der blühenden Schenkel. Ich war fest entschlossen mich zusammenzunehmen, half ihr das Kleid abziehen und gab ihr einen Schlag auf den Hintern. Dann zog ich das Portefeuille heraus und gab ihr einen Hundertmarkschein. «Das ist für die Kasse» «und für mich was Sie den Andern gegeben haben.» «Wenn Du artig bist, schenk ich Dir eine Puppe.» «Haben Sie sie mit?» fragte sie naiv, «denn ich glaube Ihnen nichts, wenn Sie sie mir nicht jetzt zeigen. Ihnen ist nicht zu trauen, und Sie mögen uns auch garnicht. Was heisst das überhaupt dass Sie mich einfach duzen und auf der Stiegen haben Sie noch höflich Sie gesagt. Ist das Vertraulichkeit oder das Gegenteil?» «Du darfst auch zu mir Du sagen.» «Fein» lachte sie. «Also – servus Herr Bruder» und küsste mich ehe ich es hindern konnte auf den Mund. Der niedliche hundejunge Körper war in meinen Armen, ich wusste nicht wie. «Küss mich fest» bettelte sie, «richtig, lange» und fiel mit mir auf die Couch. «Meine Puppe will ich, Du Scheusal» sagte sie zwischen den Küssen. Ich war in der grössten Versuchung, ihr in die Hand zu geben was ich bei mir hatte aber ich machte mich von dem hitzigen Racker los und stand auf. Sie folgte und dehnte sich. «Auch gut. Ich krieg Sie schon noch. Jedenfalls ist jetzt unser Verhältnis eingeweiht und Du kannst mir den Hof machen, denn ich bin in Deinen Armen gewesen. Jetzt sag mir ob ich ebenso gut küssen kann wie die Ludo.» «Zieh Dich lieber an dass wir hier herauskommen.» «Gib mir nachher hier Rendezvous, wenn die Franzi und die Ludo ihre Sponsierer an der Nas herumführen und die Maman nickt, ich geb Dir ein Zeichen, dann zeig ich Dir alles was ich kann.» «Ich bin nicht neugierig.» «Aber ich bins, auf Dich», sie stampfte auf, «et je m'entête de faire la conquête gros imbécile qui est si joli» und sie schmeichelte an meinem Halse. «Brauchst nicht ja zu sagen, sag nur nicht nein. Ich werd im Frühjahr 17, ich werd nur so zurechtgemacht.» Und damit zog sie das Hemd aus, mit einem Ruck und zeigte mir stolz ihre jungen Reize. «Geh, geh – ich weiss jetzt schon Du wirst kommen» und sie duckte sich wie um zu fliehen, nämlich um verfolgt zu werden. Aber ich nahm sie nur einen Augenblick in die Arme, sie liess sich kichernd und vibrierend die Brüste küssen, dann ging ich, und blieb im Schlafzimmer der Mutter stehen um meinen Aufstand zu beruhigen ehe ich mich nebenan zeigte. Es hatte eine zweite Thür, nach dem Flure augenscheinlich, und durch diese trat ich aus. In die Nebenthür, die augenscheinlich in den Salon führte, sah ich gleichzeitig zwei Herren eintreten, einen sich schlecht haltenden jüngeren weissblonden und einen älteren breiten angegrauten, beide mit Glatzen. Ich wollte in die Begrüssung nicht mitverwickelt sein, hielt inne und fühlte dabei einen heftigen Hunger in mir aufsteigen. Ich hatte leicht gefrühstückt und diniert, einen monströsen Kräfteverbrauch gehabt, es war jetzt zehn Uhr und der Picknickkasse dieser schönen Abenteurerinnen – denn dass sie das waren lag auf der Hand – traute ich nicht. Die 100 Mark würden wol nur ein Entrée maskieren. So ging ich nach unten, zu einem doppelten Zwecke, erstens an Paula, wenn sie noch erreichbar wäre zu telephonieren, dass ich nicht vor Mitternacht im Palais sein könne, und dann um das Essbare au naturel zu bestellen. Paula konnte ich glücklich erwischen und erfuhr, dass auch sie mich gefürchtet habe warten lassen zu müssen, da sie ihr Kleid noch nicht in Ordnung habe und daran herumschneidere. «Sehne Dich halb so nach mir wie ich nach Dir dann wirds schön», rief sie. Beim Portier fragte ich was das Haus an Essbarem noch leisten könne. Was der Herr wünsche, war die Antwort, er werde den Oberkellner schicken. Dieser, unrührbar, bemerkte sie seien auf alles eingerichtet zu jeder Nachtstunde, was nicht vorrätig sei, schicke F. W. Borchardt auf telephonischen Anruf in zehn Minuten durchs Auto. Für wieviel Personen? Sieben. Sehr wol. Er würde vorschlagen eine eingedickte heisse Hühnerbrühe, englische Conserve, prima, frisch garnicht so herzustellen sofort heiss gemacht, eine kalte Pute von FWB, mit verschiedenen Salaten dazwischen Hummern und kalten Rheinsalm, dann eine Carottencréme ganz mit Sahne und heissen flaumweichen Eiern geschlagen und als Bombe serviert, mit heissen Käsestangen, dann einen Pistaziensorbet, halbflüssig und Obst von Borchardt. Was ich trinken wolle. Whisky sagte ich und dann drei Flaschen Champagner und zuletzt Pilsener Bier. Der Kellner rechnete. Kaffee dazu, Bedienung, das würde 372 Mark machen. Ich zahlte. «Servieren Sie alles bei Baronin Raczko im Salon, alles zugerichtet, mundfertig, buffetartig, dass es nebenbei gegessen werden kann. Hier sind noch fünfzig, Borchardt soll einen Korb Confekt machen, bestes, Chokoladen, Candiertes us.w. Wann können Sie servieren?» «In dreissig Minuten. Danke der Herr.» Es war mir die Mühe wert. Die Mädchen valaient la folie. Lieber geben als sich bestehlen lassen, und da ich entschlossen war nicht zu spielen, konnte das Ganze für den Verlust gelten den ich beim Spielen sicher gehabt haben würde, das lag auf der Hand.

Oben liess ich mich vorstellen. Erengi war ein schlaffer Jüngling der die Augen nicht aufkriegte, elegant und imbécile, mit umständlichen Complimenten, Spiegel ein Sechziger mit apoplektischen Augen und blauen Äderchen in den trübroten Backen, wolerzogen und artig. Die Karten wurden schon gemischt, die ältern Mädchen und die beiden Männer sollten bridgen, die Kleine kiebitzen, die Mutter Hausfrau spielen und Thee machen. Aber mein Erscheinen warf die Ordnung um. Ich sollte nun mit Erengi als Partner und Ludo und Franzi an den Tisch, Spiegel der Mutter den Hof machen und die Kleine aufpassen, dass er nicht zu kühn werde. Meine Proteste wurden zuerst nicht ernst genommen, dann aber mir geglaubt, dass ich kein Bridge könne und daher zum alten Quartett zurückgegriffen. «Aber wer schlecht spielt», rief Franzi, «hören Sie, Lajos scheidet aus und darf seine Partnerin nicht aussetzen, für ihn tritt Maman oder Steffi ein.» Maman Steffi und ich sollten ein Kinderkartenspiel spielen lernen, dass jeder Idiot bald genug capiere um ein Goldstück los zu werden, und das Goldstück setzte denn auch ein jeder. «Spiegel» rief Ludo, «wenn ich durch Sie verliere, schenke ich Ihnen Maman an meiner Stelle und nehme Borchardt Geld ab.» Es war ein Halloh, und bei aller Freiheit kein schamloser Ton. Ich stellte mich so dumm, dass die Frauen nicht aufpassten, gewann die beiden Zwanziger der Andern und steckte sie unterm Tische Steffi in die Hand die mir einen Kuss auf die Nase gab und von Maman eine französische Scheltrede lachend einsteckte. Am andern Tische behauptete Erengi er müsse sich über das Weiterspiel mit Franzi beraten. Sie verschwanden und da Ludo und Spiegel sich nur anstarrten und ersterer gähnte, schlug der Lebemann vor nebenan eine Tasse Thee mit ihr zu nehmen, was Ludo gelangweilt abschlug. «Was haben Sie mitgebracht, ich habe Hunger» sagte sie. «Den kleinen lunch basket wie immer» sagte er, «etwas Kaltes, Aspic, ein Par Appetitbüchsen, ich kann es holen.» «Kommen Sie» sagte Ludo und sie verschwanden. Wir spielten weiter, und ich gewann wieder. Diesmal bekam Maman die beiden Goldfüchse in die Hand und sagte «que vous êtes charmant, mais savez vous que je vais raffoler de vous», und sah mich zärtlich an. Erengi kam noch gelangweilter zurück, man hörte Franzi lachen und sie kam, beide Hände auf seinen Schultern mit Kutscherlauten an, mit der Zunge knackend und ho, ho wirst Du wol rufend. «Wir wollen tauschen, wo ist Ludo, man wird nie einig, ich will meinen neuen Spiegel», sagte sie. Ludo kam ein Sandwich in der Hand zurück, von Spiegel mit einem kleinen Korbe gefolgt, steckte Erengi den Rest in den Mund, lachte über sein erschrecktes Kauen, und zog ihn mit sich. Inzwischen verlor ich mit Absicht meinen Goldfuchs an Steffi, stand auf und sagte ich müsse pausieren, der Kopf kreise mir von der ungewohnten geistigen Anstrengung. «Dann mache ich Thee» sagte Maman sich erhebend, «Steffi Du hilfst mir.» «Ich will meinen Cavalier» sagte die Kleine, «er macht mir nicht den Hof weil Du ihn accaparierst, sagen Sie mir etwas so charmantes als ob ich erwachsen wäre» und sie stellte sich auf die Fussspitzen. «Eréngi» rief die Mutter, «essen Sie nichts?» «Oh» sagte der Müde nachlässig, «ich läut dem Kellner, was Sie wünschen.» «Und Borchardt hat, – il m'en a chargé, – il a été bien gentil, messieurs, ich mach es für ihn» aber in diesem Augenblick wurde geklopft, und zwei Kellner erschienen mit einem Rolltisch und kleinen Tischen in einander gesteckt, ein dritter mit einem kleinen Rollkarren, der die Eiskübel führte. Es war reizend angerichtet, das Geschirr für sich, die Terrine, die zerlegte und wieder zusammengesetzte Pute, die bunten Salate, die Hummern umlegt von den dicken rosa Salmschnitten, die Sorbets, der prachtvolle Obstkorb, die noch schönere Bon-

bonnière aus der Knallbonbons sahen. Alles war bouche beauté. «Mais –» stammelte die Alte. «Ja woher, wer, alle Achtung, toll» so ging es durch einander. «Ja wer» sagte Franzi, mich unterfassend, – «doch natürlich der Einzige hier der nicht erstaunt ist.» «Charmant» bemerkte Spiegel und Eréngi, mit einer unsichern Reminiszenz, zu mir, «Unser Admet, mein Compliment.» Die Kellner wurden fortgeschickt. Ludo trat hinter das Buffet und schenkte die Brühe in die Tassen. Franzi Steffi und ich reichten herum. Die Mädchen frassen, die Männer schmeckten, die Alte schlang, ich proponierte einen Hummerschwanz und steckte die Stücke Steffi ins üppige Mäulchen. Spiegel liess einen Pfropfen knallen, der Champagner floss man griff die Pute an, ich zerlegte die Karottenbombe und legte Häufchen auf die Geflügelteller neben die schwergetrüffelte Farce, und man hörte vor Lachen und Schwatzen sein eigenes Wort nicht mehr. Die Alte hatte Spiegel an sich gezogen und liess sich Geschichten von ihm in die Ohren sagen, schrie «affreux» schlug nach ihm und er lachte sich blau, das Glas in Händen. Steffi war verschwunden, es hiess sie mache Thee. Inzwischen knallte in Erengis Händen der zweite Pfropfen, aber er beschüttete sich, und musste sich mit Ludo zurückziehen, die unter Schelten versprach ihn zu säubern, in Mamans Schlafzimmer. Franzi nahm ihr Glas unter die Flasche, winkte mir und goss das meine voll, flüsterte «qui m'arrête de suivre» und zog mich sich nach. «Nur einen Kuss, mein Süsser» hauchte sie hinter ihrem Bettschirm, «Du bist ein Ausbund, Du bist ja ein Liebling» und sie zog mich aufs Lager, «nein, – es ist noch zu früh – nachher – ach Du –» aber die Frucht ihres mit allen süssen Pfeffern der Wollust gewürzten Mundes liess sie unter meinen Küssen vergehen und nur den Schoss schützte sie. «Nachher» flüsterte sie, mich abschüttelnd und ging unbefangen, das leere Glas in Händen, vor mir in den Salon zurück. «Franzi» rief Spiegel, «eine dezente Geschichte, auch für Ihre Ohren.» «Wird was Schönes sein, Erengi, kommen Sie sich für mich schlagen wenn es ein Affront ist.» «Ich will ein Glas Champagner» sagte Ludo, und sah mich an. Ich goss zwei Gläser voll, und unbemerkt von den andern die lachend und tuschelnd die Köpfe zusammen steckten, folgte ich ihr durch Franzi's Zimmer in das ihre. Sie nahm mein Glas, trank es halb aus und liess mich das andere halbe trinken und das halbe zweite, dann trank sie dies leer und warf sich in meine Arme. «Mein Abgott» flüsterte sie heiss, «wann hast Du das alles geplant, Du toller Glücksfund Du, – für wen – sag für mich, die ich Dich anbete – sei mein Freund, sei mein Alles, nimm mein Alles, ich will Dich ja so, ich brauche Dich ja so» und sie trat mir mit in den Armen rückwärts auf einen niedern Divan auf den sie sich sinken liess, sofort die Knie hochgestellt und gespreizt, meinen Gefangenen befreiend und meinen Mund zerküssend. Ich drang in die sich Windende halb ein aber mit einem Ruck warf sie mich aus dem Sattel, sich schüttelnd. «Warte, mein Angebeteter, ich bin toll, warte noch bis sie betrunken sind, ich mache Dich glücklich» und sie nahm meinen Arm, küsste mich noch einmal schwelgend, flüsterte «tenue!» und kehrte in den Salon zurück, trällernd. «Die schönste Geschichte» rief sie «hat mir Borchardt eben erzählt, aber sie war so lang, dass ich nur ein kleines Stück davon intus habe, das übrige kriege ich noch, ich fand es unpassend Euch allein zu lassen, obwol ich die längsten Geschichten am liebsten habe» und sie kniff meinen Arm. Alles trank Sorbet um sich zu kühlen und den Sekt zu unterbrechen. «Wer will Thee» rief Steffi, einen kleinen Theewagen hereinfahrend, «und ich will Borchardts Geschichte, wenigstens ein Stück.» «Nichts für Kinder» rief Ludo, «Borchardt, ich verbiete Ihnen, –» und sie setzte sich ungeniert auf Spiegels Schooss; ihrer Mutter eine Sorbetschale reichend. «Ich hätt schon ganz gern einen Thee» sagte Erengi zu Steffi und ging in den Eingang zum grossen Schlafzimmer, wo des Gedränges wegen der Theewagen zurückgezogen war. «Borchardt schält mir einen von den Meraner Äpfeln, wie? Keine Obstmesser? Kommen Sie ich habe einen silbernen» und sie entwischte in ihr Zimmer. Ich war jetzt meiner Sache sicher und schloss frech die Thür hinter mir. «Thu mir nicht weh mein Herz», flüsterte Franzi mit zitternden Küssen, auf dem Bette sich unter mir zurechtschiebend, «ach Du bist so süss, so gross – ach Du –» und sie ergab sich, sanft und brennend in voller Ekstase. Aber schon nach einer Minute, ehe meine Überreizung auf den Gipfel gelangt war zerfloss sie im Krampf der Lust, und ich musste weichen. «Lass mich, Süsser, allein zurück.» Draussen hörte ich den dritten Pfropfen knallen und gleich drauf stürzte Steffi auf den Korridor, die Hände schaumtriefend. «Lassen Sie mich, ich wasche mich im Bad, nein helfen Sie mir mir die Ärmel aufkrempeln, – mein Kleid – ich war so ungeschickt –» Im Bad gegenüber liess sie Wasser ins Lavoir, ich stellte mich hinter sie und krempelte die Ärmel auf, sie stiess mit dem Hintern in mich, drehte sich im Stehen um und küsste mich auf den Mund. Ich wollte sie fassen, aber sie spritzte mir ins

V

und den frischen süssen Mund zu mir heran, in einem pompösen schwarz und grünseidenen grossen Abendkleid, das glänzend zu ihrem weichen dunkelblond, ihrem Teint ihren Farben stimmte, mit den hohen Handschuhen, dem bauschenden Unterrockwesen der Zeitmode die schönen Schultern frei, das Decolleté mässig, ganz und gar Dame. Alles sah nach ihr, sie machte Eindruck. Mir war sie nie so gross erschienen, kaum mittelgross, das Costüm hob sie ausserordentlich. Ich küsste ihr die Hand und sie drückte die meine lange und hart, und sah mich mit einem begeisterten Zuge in den Augen, an. Die Illusion, nach den fremden Mädchen einer tollen Stunde, in ein nicht völlig fremdes mir so innig zugeneigtes Gesicht zu sehen, wurde in mir zu grotesken Vorstellung der Liebe, und im ersten Walzer drückte ich sie an mich wie ein Bräutigam. Sie tanzte wundervoll und leicht, ich war in der Stimmung des Führens, und unsere Harmonie machte ein körperloses Schweben ohne Ende aus dem Tanz. Ich ging in kleine Figuren über, die sie instinktiv übernahm, chassierte und fiel ins Linksum, markierte seitwärts tretend nur Rhythmus und schwenkte sie dann, eng mit mir zusammengeschlossen, im Wirbeltakte durch den Riesensaal. Nachher als wir zwischen den Palmen und Pflanzenarrangements nach einem ruhigen Winkel suchten, gab sie mir schnell die Lippen und ich schlürfte im Weitergehen ihren unbemerkten Kuss. «Du schmeckst so nach Champagner, dass ich auch welchen haben muss um danach zu schmecken; und irgend etwas zu essen, sei lieb, etwas leichtes, einen Fisch und eine Weintraube.» Ich selber, so toll es klingt, war bereits wieder hungrig, und so tranken wir eine scharfe englische Suppe, assen eine ganze Lachsforelle, eine brennende Omelette und tränkten das Mahl mit dem trockendsten Champagner, fast gefroren vor Kälte. Es war eine süsse Plauderei mit der reifen, mädchenhaft wonnevollen Person, deren Stimme und Bewegungen und Einfälle von der gleichen absoluten Anmut waren, derjenigen durch die eine harmonische Klugheit hindurchblickt wie die Tiefenbläue durch das leichte Wasser. «Willst Du noch tanzen?» «Ja was meinst Du, aber noch lang nicht. Plaudern will ich und etwas von Dir haben. Krieg keinen Schrecken dass ich Dich kennen lernen wollte» sagte sie mir halb den Mund zuhaltend, mit einer ihrer originellen, drastischen Bewegungen. «Ich lerne Dich nie kennen, und ich will auch nicht.» «Du machst mich so glücklich dass ich langsam aufzuatmen beginne.» «Ich höre nur halb was Du sagst, weil Deine Nähe, Deine blosse Atmosphäre mich still macht wie Milch und Oel und Honig. Ich habe einen dummen Tag hinter mir – Durcheinander, verrückt – zwecklos – keine Minute Ruh. Ich fange erst jetzt zu leben an, und nicht auf ein Mal, jede Minute mehr, durch jeden Blick Anblick Klang, Geräusch, Atemzug von Dir, Du unglaublicher Liebling.» Sie glühte von innen wie eine sich durch Schleier entzündende Lampe, dann sagte sie nah bei mir mit einer unbeschreiblichen zugleich leidenschaftlichen und grazilsten Kopfhaltung ganz rasch «Sag dass Du verliebt bist und mich verlangst und die Minuten zählst bis Du mich hast wie Du willst; schon das wird mich stolz machen und glücklich. Sag sowas nicht wie jetzt, denn ich könnts ja glauben.» Es war etwas im Ton und den Worten was mich erschütterte. «Damit Dus glaubst lass mich Dir was gestehen. Ich habe Dich garnicht lieb gehabt, und nicht einmal sehr hart verlangt. Das neulich war ein wilder Streich, eigentlich eine wahnsinnig übermütige Spielerei junger Hunde die diesmal junge Menschen waren. Gefallen habt Ihr mir alle, mich verlieben natürlich konnt ich mich in keine, geküsst habe ich Euch alle, mit Wonne, schlafen hätt ich können mit jeder und allen auf ein Mal, und den nächsten Tag weg wie nie gewesen. Ich hab andere schöner gefunden als Dich so süss ich Dich fand, Du bist mir nur als eine der Feinsten aufgefallen, die Christa ist schöner und hätt mich können einen Tag um den Verstand bringen und die Gräfin ist vornehmer und ganz was für sich und könnte mich beschäftigen. Wie Deine Nachricht kam, gefreut auf Dich hab ich mich schon, aber nur wie ein Heisssporn von meiner Art eine glückliche Stunde mit einem lieben Wesen nicht auslässt. Und nun ist alles so völlig anders. Als ich Dich vorher sah, warst Du mir wie das Eintreffen von sieben Jahren Hoffnung. Es sprengt mir die Reifen vom Herzen wie im Märchen. Ich hätt Dir können entgegenfliegen und Dich bitten mir irgend etwas, was es nicht gibt, zu verzeihen und mich tief tief einkehren zu lassen in Dich, dass Du die Arme über mir zusammenschlägst und hättest mich bei Dir. Ich sag Dirs Wort für Wort wie ichs fühle. Es ist ein Zauber er ist sicher nur momentan – Du siehst wie schrecklich aufrichtig ich bin und musst mir glauben, weil ich nichts versprechen kann als den Augenblick, glaube mir den. Weil ich das Wort Liebe nicht ausgesprochen habe, glaube mir dass diese Verwandlung meiner Sinne in die Sehnsucht der Seele so viel von Liebe hat, wie ich mit denken kann –» «Rudi» sagte sie mit einem tiefen Spotttone in der Stimme, «solche Dinge darfst Du keiner Arzttochter sagen, auch keiner die Dich so liebt, dass Du ihr Leben nehmen könntest. Die Sinne brauchst Du in nichts bessers zu verwandeln als was sie sind. Diese Unterschiede macht Ihr, und macht Euch unglücklich damit. Wenn mir Deine Sinne gehören, gehörst Du mir ganz und gar, mit Haut und Haar, es fällt kein Stäubchen daneben. Alles was Du da auf Separatconto schreibst ist längst in der Masse. Hör noch ein Wort, liebster Schatz. Ich bin glücklich dass Du mir nichts versprichst und mich nicht anlügen willst, das brauchts vorläufig nicht um mich ausser mir zu bringen, Du kannst kein Glas voller giessen als voll. Was Du drüber naus thust fliesst auf den Tisch. Wenn Du sagst, diese Minute bin ich Dein, – mehr wollte ich nicht. Wenn Du mir sagst, Diese Nacht, diese Woche Gott behüt – ich bin voll. Ich kann nicht mehr halten als Dich, solange ich Dich halte. Ob es eine andere Liebe gibt, die sich mit Ewig vorn und hinten nicht genug thun kann, ist nicht meine Sache. Es soll ja auch Leute geben die heiraten und keine andere Liebe erlauben, oder kennen, Dauerware, Wurst. Wurst ist was Gutes und Austern auch und Obst. Das eine wird zerkaut das andere schlürfe ich. Die Sinne sind ja nichts Unverschämtes. Sie könnens sehr weit bringen, je nachdem der Mensch ist. Ist er wie Du, mit einem Turm überm Schloss und einem Glockenstuhl noch überm Turme, so können wir neben den Wolken läuten, dass einem das Herz zerspringt. Die Sinne bestehen nicht in Triebstillung. Sie setzen den ganzen Apparat in Bewegung, sie sind ein Motor der bis in die letzten Stationen hinein die Gänge anwerfen {muss}. Menschen wie Du können nicht in der Brunst sein und Schluss, beschränkt auf die Geschlechtsteile und den Begattungsakt. Du bist nie sexuell, das geht gar nicht, gibts garnicht. Du blühst und duftest und klingst und singst und dichtest und umarmst und küsst und jubelst und verschenkst und bezwingst und treibst einen Glückstrieb und drängst ihn in Kelche und übermannst sie bis Du an ihrem Vergehen vergehst und befruchtest und wirbelst weiter und tanzt um Dich selber und möchtest sterben vor lauter Leben. Das ist alles ein Einziges, entschuldige nichts dran und werde nicht durch Scham erst schamlos. Ich bin garnichts was Dich fassen kann. Wie sollte ich beanspruchen, wie die dummen Weiberaffen thun, Dich immer zu haben, allein zu haben, ganz zu haben. Ich sage den eifersüchtigen Puten immer, dummer kleiner Blumentopf, soll alles abgehackt und weggeworfen werden von einem Baum, was in Deine fünfzehn Zentimeter Durchmesser nicht hineinquetscht? Grossmütig nennt ihr das, anders zu sein als ihr engen Fingerhüte? Mein Stolz ist anders. Ich weiss was ich haben kann, und was ich dran habe; und was ich haben kann – wenn ich das ganz habe, – habe ich Alles. Lass um meinetwillen stehn und liegen was Du alles Andres auch noch bist, komm zu mir und schlaf bei mir und lösch mich mit Dir aus und geh in mir unter – mehr gibts nicht – und wenn Du es fünf Mal thust oder zehn Mal – das ist falsch addiert, es ist zehnmal Einmal – verstehst Du – es ist kein Zusammenhang, keine Consequenz, und kein Anspruch aufs Weitergehn davon. Wenn es was noch höhers gibt als das, – gut, ich glaubs nicht, will nix davon wissen, meist ist es ein Tiefersinken und Dünnerwerden und Dümmerwerden, soviel ich seh und die grössten Worte machen es nicht schöner.» «Ja aber Paula woher denn dies sprechende Gefühl in mir bei einer unbekannten Zufallsbekanntschaft?» «Ja ich weiss nicht. Vielleicht daher, dass man sich ganz unwillkürlich auf einander stimmt – man verroht einander wenn man roh ist, und wenn man so nobel ist wie Du, verfeinert man sich an was und auf was hin wovon man instinktiv fühlt wie es ist – ist das ein Wunder?» «Ich bin ganz starr über Dich. Nie hätt ich sowas vermutet. Eine Arzttochter hast Du gesagt?» «Mein Vater war nicht nur Arzt, sondern – also gleichviel. Er kam aus Gutherzigkeit und etwas Cynismus in einen scheusslichen Prozess rein und als er aus der Ärzteliste gestrichen werden sollte, nahm er etwas zu viel Veronal. Ich hatte gerade Medizinstudium angefangen war mit einem Assistenten von – na, gleichviel, verlobt, der mich natürlich a tempo sitzen liess, lernte zuerst Laboratoriumschwester, dann Massieren, verlobte mich mit einem Arzt der eine Sanatorium gründen wollte, meine Mutter liess sich zum Spekulieren verleiten um uns wieder hochzubringen, verlor alles bei einem Riesenbörsenkrach hier – Friedmann, weisst Du –, der Zweite liess mich ebenso schlank sitzen wie der erste, mein Bruder ist in Argentinien und brauchte noch immer Hilfe statt Hilfe zu schicken und wir zwei Frauen sind hier mit dem Rest von Möbeln und Pfennigen in Niederschönweide in eine bessere Hütte gekrochen, die wir etwas niedlicher gemacht haben, dh meine Mutter die mich in dritter Ehe gehabt hat und schon alt ist – sie ist grad auf acht Tage bei der Witwe eines alten Studienfreundes von Vater – ist nicht mehr sehr hell im Kopf, harmlos, macht keine Müh, aber vegetiert nur und fragt nach nichts. Und jetzt weisst Du alles.» Sie lachte leicht und mit einem geistigen Blick in den etwas schrägen, etwas schwärmerischen Augen, ohne einen Schatten von Bitterkeit, von oben herab. «Du bist ein Wunder. Vermutlich bist Du durch das Alles so viel besser geworden schöner und vielsagender und tiefer, solch einen Mund wie Deinen gibt es nur auf vom Leben geformten Gesichtern.» Sie lachte hell auf. «Wie ist er denn schon, der besagte Mund?» «Die Oberlippe in der Mitte herzförmig in die Unterlippe hineinschwellend, die Ränder mit einer Schwingung ausgezogen in tiefe Mundwinkel hinein die in Grübchen enden, die Unterlippe fast üppig wenn sie nicht so fest wäre und in den Winkeln so süss – ich wollte ich könnte in den Winkeln das mit Lippen herausküssen, was ich mit Augen herausfühle –» «Die grosse Nacht, mein Abgott, sollst Dus», lachte sie errötend, «mit Deinem leidenschaftlichen Mund, den ich leider nicht so schön beschreiben kann, aber in den ich mich vernarrt habe, seit Du mich geküsst hast, so männlich und energisch und so sinnlich und voll und fest, Sprechmund, Küssmund, schwellend und prall und compact, und soviel Charakter drin und Potenz – der ganze Kerl und dabei der ganze Jüngling – kein Wunder dass sie alle rein narrisch darauf waren, das gibts bei denen nicht alle Tage, und wenn sie wüssten, dass ich den Glückstreffer habe und Dich richtig kriege!» «Mach mich nicht eitel. Es war ein verrücktes Geraufe, aber gute Dinger.» «Nicht eine Schlechte drunter, Prachtmädel, grundanständig und wers nicht glaubt ist ein Esel. So sauber und gute Frauen in ihrer Art, wie Du sie in keinem Salon findest, jede giebt eine brave, kluge, treue liebliche Hausfrau, das kann ich Dir schwören. Sie müssen zu allerlei sich hergeben, aus Geschäftsgründen, aber es ist kein Bordell, glaub mirs. Dass eine alle par Jubeljahr zu einem der ihr zusetzt nicht nein sagt, – ja ich hab ehrenwerte Häuser gekannt wo die Wirtin gewusst hat, dass ein Paar zwischen zwei Walzern hinten in einem Schlafzimmer abgeriegelt hat. Und das war nicht vereinzelt in Leipzig und ists auch nicht in Berlin. Hier ist die Frau von einem Generalstabsobersten mit einem hochadligen Namen, die als Masseurin verkleidet bei uns sich mit ihren jungen Leutnants trifft, sie hat ihr Zeug immer bei uns, telephoniert oft nur eine Stunde vorher, schliesst das Cabinet zu, grad eine Viertelstunde wie ein Strassenmädchen, und ich hab schon drei verschiedene Kunden von ihr erlebt. Die Marianne und die Gretl haben einen Schatz, die Irene auch, glaub ich, sie sind alle aus guten Familien, zum Teil sehr guten, und wenn einmal ein fauler Apfel kam, flugs war er hinaus. Wir halten trotz aller Unterschiede absolut zusammen, keine schnappt der Kameradin was weg – Du hasts selbst erlebt, als Du sie hast auf die Probe stellen wollen. Es ist weniger Neid bei uns als in irgend einem Pensionat oder einer Mädchenclique, und dass wir alle mit nackten Männern umgehn von früh bis spät, erstens sind sie zum Grausen, meist, und zweitens kann doch nur ein Junge in den Pubertätsillusionen glauben, dass das auf die Gewohnheit anders wirken kann, als erkältend. Die Masse thuts Weissgott nicht. Komm tanzen, Geliebter, da kommt ein Strausswalzer.» – Er wurde noch schöner als der erste; aber er war kürzer denn ein ungeschickter Krautjunker der in uns hineintanzte, trat Paula den halben Rocksaum ab, und sie musste in die Toilette zur Aufwärterin verschwinden um den Schaden zu reparieren. Während ich am alten Platze auf sie wartete kamen zwei von den Habituées des Orts langsam absichtlich vorbei, zwei pompöse schlanke Gelbsterne, die eine mit einem tollen brandroten Chignon in Locken, dunkelbraunen Augenbrauen und Augen und einem provokant saftig roten Mund, die andere eine fast weissblonde, mit blitzenden Schelmenaugen in einem langen ovalen Gesicht und einem koketten Herzmund, beide unfehlbar schön gewachsen und angezogen. Die Rote blieb mit etwas zurückgelegtem Kopf stehen – während die andere sie zupfend nur lachte, und sagte «Immer mit derselben Frau, mein Herr, das ist doch garnicht schön, auch für das treuste Paar, man tanzt doch auch mal mit einer andern, was, schon damit's hier nicht auffällt.» Ich gab ihr mein Sektglas vollgeschenkt. «Ein ander Mal mein Kind», sagte ich freundlich. «Nur ein Glas verfügbar?» spasste die Andere mit blitzenden Augen, die Zungenspitze zwischen die Lippen. Ich gab ihr einen Hundertmarkschein. «Kauft Euch eine Flasche auf mein Wohl. Wenn Ihr um fünf noch hier seid, fahre ich Euch nach Hause.» «Sie sind ja ein Mäcen» sagte die Rote. «Versprechen kann ich nichts.» «Hoffentlich» sagte die Weisse mit einer Kusshand und zog die Andere fort. Ich hatte mir nicht das Geringste bei der Boutade gedacht und war glücklich, das liebliche Wesen gleich drauf wieder erscheinen zu sehen. Ihre Schleppe war behelfsmässig angestückt aber nicht mehr präsentabel und in unseren Augen drängte eine Sehnsucht, die sich des Vorwandes zum Aufbruche nur allzugern bediente. Es war nach ein Uhr. Im Wagen kam die erste kurze Raserei der lang hinausgeschobenen Sättigung, aber sie unterbrach mein Ringen und Dringen fast jede Minute mit einer Abwehr die mich um so mehr entzückte als ich fühlte, dass sie erkämpft war. «In zehn Minuten Alles – Du –» stammelte sie – «nicht hier, nimm nichts vorweg, verdirb uns nichts», und dennoch kehrte der schöne Mund schamhaft begehrend zum meinen zurück um sich ihm wieder zu entreissen. Endlich hielten wir, es war ein kleiner Vorgarten, dahinter ein neues mit wenig Kosten landhausartig gebautes Allerweltscottage. Es hatte zu regnen begonnen als wir auf dem Kies die Stufen zu einer hölzernen Vorlaube erreichten. Im Hause ging sie mir voraus, durch ein Wohnzimmer in dem meine Aufregung nicht viel gewahrte, in einen hübschen Gartenraum mit hellen Stoffen und Bezügen und einem altmodisch mit Vorhängen versehenen breiten Bett. Sie drückte mir einen raschen beredten Kuss auf den Mund, sagte «hier» in einen Winkel mit Spiegel und Toilettengerät zeigend, und glitt durch eine Nebenthür hinaus in der sie sich umwandte, mit dem Finger auf das Bett deutend. Ich war dem Winke zu folgen im Begriffe als sie bereits wieder erschien. Es war so bezeichnend für sie dass sie keine Pyjamas trug. Ein weisses seidnes Hemd in hübschen Falten verhüllte sie und sie liess mir nicht Zeit es zu betrachten, das Deckenlicht ging aus und entzündete durch sein Verlöschen eine blaue Bettlampe, in deren Schein wir uns stehend ans Herz drückten, mit schwachen Lauten des Rausches und der Zärtlichkeit unsere Lippen suchend. Sie kämpfte eine Weile um ihr Hemd, opferte es meinem unnachgiebigem Sturme und der Nymphenleib, an dem in einem seidenen Halter die blühendsten spitz ausgedrehten Brüste prangten, gehörte meinen Wünschen. Ich fasste sie um Schultern und Schenkel indes sie mich umarmend an meinen Lippen hing, trug sie aufs Bett und wir umschlangen uns in den Kräften der Leidenschaft. Sie wollte immer noch Aufschub, noch Küsse noch ein Wort, noch ein sanftes oder heisses Zusammenschmiegen noch einen kleinen Kampf der Werbung. Aber als ich ihr nachgab, umschlang sie mich jäh von Haut zu Füssen, seufzte brennend auf und durchdrang mich gleichzeitig mit der Zunge während mein Keil sie durchdrang. Wilde Worte stürzten ihr zwischen den Küssen der Wut von den Lippen. Der sanfte Leib war verwandelt und kämpfte, wir rollten um einander, ich musste sie bezwingen und sie erstarb mit einem wonnevollen raschen Klagelaut der Lust in meinen Armen. Ich hatte sie nicht betrügen wollen, aber wieder war Sie rascher gewesen als ich. Sie bat nur um eine kurze Schonung, ich war im Sattel geblieben, die Küsse des Dankes gingen in solche des Verlangens über, ihre Lippen wühlten in den Meinen der Leib wogte unter meiner beginnenden Bitte. In diesem Augenblicke ging die Hausglocke schrillend los. Draussen wurde gerufen. Im Verstummen hörten wir ein Auto, das vor dem Hause stehn musste und den Motor nicht abgestellt hatte, stampfen und puffen. Paula riss die kalten Lippen von meinem Munde und sprang aus dem Bette ans Fenster. Ich hörte ein par kurze Worte, dann warf sie das Fenster zu und riss über das rasch wieder angezogene Hemd einen im Winkel hängenden alten Schlafrock. Sie war davon, die Thür halb offen ich hörte Stimmen. Dann kam sie laufend zurück. «Ich werde mit dem Wagen nach Potsdam geholt, meiner Mutter ist etwas zugestossen – es scheint ein Schlag, sie lebt aber. Höre. Ich halte unterwegs den ersten Wagen an und schicke ihn Dir. Du schliesst mit dem Schlüssel hier das Haus ab und schickst ihn mir morgen eingeschrieben an diese Adresse» – sie suchte einen Zettel fand nur ein Closetpapier und malte mit der Füllfeder Riesenbuchstaben. «Leb wol. Denk an mich wie ich an Dich. Ich gebe Nachricht. Rühr Dich nicht.» Einen Augenblick später eilte ihr Fuss am Bett vorbei, dann klang die Thür, schlug die Wagenthür zu, rauschte der Regen; und Totenstille.

Es war ein kalter Schauer und ein bitterer Geschmack. Das Aroma ihres Haares noch auf den Kopfkissen, mein geschrumpftes Glied noch feucht von dem Überflusse ihres Schooses und das Bett schon kalt. Aber ich war kaum in die Kleider geschlüpft als die Hupe des Wagens schon vor dem Garten Signal blies und ein neuer Motor stampfte. Sie hatte also Glück gehabt, – die Leute die sich amüsiert hatten, kehrten zu den Vororten zurück, und manche leere Fuhre war stadtwärts zu fassen. Rasch verschloss ich das Haus. Das Bett hatte ich glattgestrichen, damit es die Heimkehrende nicht beleidige, wenn sie etwa verwaist das Zimmer wieder beträte. Wohin? Es war noch nicht 2 Uhr, ich konnte mit diesem Geschmack, diesen gebrochenen Erregungen nicht nach Hause. Ich liess ins Centrum fahren, würde dann sagen wohin. Aber erst im Vorüberfahren bei einer Litfasssäule mit grellen Plakaten der grossen Tanzsäle kam mir das vergessene Palais wieder in den Sinn. Gut – irgend einen Schlussakkord musste es geben, – warum nicht diesen? Die Gelbsterne schliefen wol schon mit ihren Confektionsreisenden, aber es galt mir gleich wenn nur irgend etwas mich zerstreute, umstimmte, beschäftigte, ermüdete. Der Choc hatte meine Überwachheit noch gesteigert. Ich war nervös, wild, hart wie ich eben noch weich und sehnsüchtig gewesen war. Die psychischen Extreme hatten sich in Wechselstellung ausgetauscht und ich war in der Stimmung mich zu betrinken oder zu encanaillieren.

Im Palais war um diese Stunde wie immer der Höhepunkt. Viele die auf Gesellschaften gewesen waren, kamen jetzt erst, mit Damen in Scharen, um zu tanzen. Es begann der vorletzte Akt von «Berlin bei Nacht» ein glänzendes Bild. Meine Huldinnen waren nicht zu sehen, und gut so. Ich nahm das erste beste elegante Mädchen, eine blasse, mit wehen hübschen Äugelchen und einem wehen süssen kleinen Mund, die mich nicht interessierte, tanzte und schwatzte mit ihr und stellte ihr dann auf der Estrade eine Flasche Champagner hin, um mit einer andern zu tanzen. Aber während ich Umschau hielt, wirbelte mich ein Paar fast um und eine Stimme sagte «so früh?» Es war die Weissblonde die mir über die Schulter ihres Tänzers weg mit Schalksaugen eine Kussbewegung der Lippen markierte. Ich nahm keine Notiz und suchte mir ein Mädchen, diesmal eine brillante Tänzerin, die mir aufgefallen war und sich eben von ihrem Galan, einem Offizier in schlechtem Civil verabschiedete. Sie hatte ein gewöhnliches Gesicht mit einer aufgeworfenen Nase, aber eine ausgezeichnete Figur und ein lustiges Wesen. Indem ich mit ihr antrat, sah ich in einer Art Loge mit mehreren Männern und Mädchen auch den brennroten Haarbusch. Also.

Nach dem Tanzen nahm ich die beiden Tänzerinnen an einen Tisch in den Palmenfoyers, nicht den alten aber unweit von ihm und gab ihnen ein par Erfrischungen. Aber ich sass kaum und die Weissblonde mit ihrem Tänzer von vorher, einem Reiseonkel in schlechtem Smoking kam in Suche nach einem Tisch vorbeigeschlendert, und gab mir einen Blick und einen unverständlichen Wink mit dem Kopf. Ich blieb ruhig sitzen, obwol meine Mädchen mich langweilten. Von den Vorbeigehenden hatte eine grosse sehr schmale distinguierte Person mich gefesselt die schwedisch zu sprechen schien, im schwarzen Abendkleid mit langen weissen Handschuhen einem düsterblonden Haarhelm hoch zurücktoupiert, kalten Augen mit einem Stahlblitz in der grauen Iris, einer vornehmen Nase und einem kurzen schönen trotzigen Munde. Sie trug kostbare Perlen in den Ohren, nicht gross genug um falsch zu sein. Die Erscheinung war aristokratisch aber nicht überzeugend. Die zwei Männer zwischen denen sie gegangen war, sahen eher wie Circus aus als wie Botschaft. Als sie umdrehten, weil sie keinen ihnen zusagenden Tisch gefunden hatten dachte ich, einen Blick könne man wol an die Feststellung wagen und trank als ihr Auge mich eisig traf mein Glas mit einem deutlichen Blicke in dies

Auge und einer kleinen Bewegung der Lider aus. Sie ging weiter, aber sie hatte gelächelt, mit einem Zucken um diesen eigenen Mund. Darauf stand ich auf, ging ihr nach und bat sie ohne mich um ihre Männer zu kümmern um die nächste Quadrille die grade ansetzte. Sie nahm sofort an, mit einem unmerklich heissmachenden pfeilartigen Blick des Stahlkörpers in ihrem Auge, sagte «Tak – ah – merci» und schob den weissen Handschuh durch meinen Arm. Die Männer soviel ich sah, setzten sich zu meinen Mädchen. Ich sagte ihr im Gehen ein par nachlässige Complimente. Sie antwortete in schlechtem Französisch und so ging ich zu Englisch über und fragte «You like dancing I suppose.» Ihr Englisch war etwas verständlicher aber slangy. «Do you?» fragte sie dagegen. «I like watching people dancing now and then.» «Oh, – that so. More fun being one of the lookers-on.» Der Mund hatte wieder sein zuckendes Lächeln. «Oh certainly, unless for sports sake – exercise – fitness and that» «Sort of sporting man, are you, seemed to notice at once. Bid fair to be a crack horseman. I'm professional.» «Nothing particular», sagte ich überhörend. «all sorts, being an amateur. I hate professionals.» Sie machte ein erstauntes Gesicht. «Hope you won't hate me.» «Oh I love you» sagte ich gelangweilt, «why should I hate you?» «I told you I was professional.» – «Sorry. I seem not to have listened. You might have told me you were a duchess. I hate duchesses as well, say, more. Beside, present company, and that.» Wir waren heruntergegangen traten an, und, bums, waren beim ersten Carré der Roten gegenüber die pompöser als je aussah mit einem eleganten blassen Jungen war und mir beim ersten Visavis die Hand drückend sagte «Warum bis fünf warten?» In der Chaîne sagte meine Tänzerin «Hate me still?» «Did not I tell you? I dont ask personal questions. I've the habit of taking people at their best.» «Have to find that out first though.» «Not with brilliant women, I suppose. There's no digging for hidden beauties, when the eye's taken don't you think?» Beim Changez sagte die Rote «Versetzen Sie doch die langweilige Kunstreiterin, schöner Graf und machen wir weg, Iris, was, schnell?» «Was» «Ich ja, Karin Palme, die im Wintergarten auftritt. Meine Freundin hat mir schon gesagt dass Sie da sind» aber hier wurden wir getrennt und ich tanzte statt des Moulinet mit der Schwedin einen ganz engen Wirbelwalzer fast auf der Stelle, auf den sie zauberhaft einging. «I want to waltz with you after. Mark me down for a right dawn sun.» «Not tonight perhaps. An other night. I am pretty well fed up. It's people interest me, not hobbling about.» «Pitty for you are perfect, and I enjoy it. Its fun the way you lead.» «Thank you for telling me. To me its fun the way your lips are twitching when feeling apparently jolly.» «Oh» sagte sie blasiert. «Yes, and the way you were looking just now.» «Whats in that I wonder.» «Not much. Dont you enjoy people giving themselves airs?» «But I didn't. I'm just fed up with listening to compliments.» «Certainly, but you're mistaken there. First of all because it was not flattering, but rather rude. Secondly because I'd prove you at any time I prefer deeds to mere words.» Hier tanzte mir die Rote wieder entgegen und ich sagte ihr «Ich nehme Euch gleich nachher mit, wo ist Ihre Freundin?» Sie drückte mir scharf die Hand. «Fein, also gleich. Jenny hat ihre Wette gewonnen» «You cannot go with me, you know?» sagte die Schwedin, «while I am working you understand. It may not yet mixed up with that sort of things. I like you however.» Ich überhörte das. «Anything on tonight or ready for home and bye bye.» «Waltz with me after and I'll tell.» «What a bargain, for shame. I'll waltz with you then just for fun and you need not tell me after.» «Are you cross?» «What for? I like womans ways and have long since ceased permitting my nose to be put out of joint.» Sie lachte hell. «How American. I'll pay you for that.» «I'll pay you back for a lot of things and so being squares, we'll both keep our armency.» Ich walzte wieder mit ihr und genoss die mitgehende Harmonie des trainierten Körpers. «I'd stay with you», sagte sie dann, «if you will be content with small change.» «I never forced a woman in my life.» «Nor could you force me» sagte sie, die Augen hochziehend. «I'm a match for anybody.» «But I half promised to be off with a couple of these girl's. You noticed the red haired one in front. There's another one smarter still. I told them two hours before.» «If its two why not three? I'll sleep the whole day through and shall be fresh for my trek at half past nine.» «Why not if they won't object? Whats the use though, doing the half hearted thing. You are worth a game of singles, I'd think.» «I hope I be, but two's company and so is four, three's none.» Ich lachte und sagte nichts. Die Quadrille war zu Ende und wir gingen trinken. Mein Tisch war leer, Mädchen und Männer schienen sich amalgamiert zu haben. Ich bestellte eine neue Flasche, und sie tauschte nach dem ersten Schluck die Gläser, trank an der Stelle an der ich getrunken hatte, trat mich kurz auf den Fuss und sagte «Skol! If those girl's turn up tell them I'll come along too and will pay them a hundred each.» Sie schob mir ihre Tasche hin. «But wont you find it tedious? We are going to be a bit lively, – see? Do it strong, as the saying is.» «Its big fun for me. My job here will be up this day week. I may have a lover once a month, – am allowed one, I mean. I'd like to look forward to you rather than to any other. I should think we'd prove a perfect fit, but there's no harm in trying, provided you're not frightened at the trick – pyramid on your shoulders in fact.» «But if you say I will be inactive?» – «In a way, laddie» und wieder traf mich der heisse Stich aus dem edlen Auge. «There's many ways, is n't there. Will enjoy ourselves well enough.» In diesem Augenblicke kamen die beiden Schönen untergefasst herangeschlendert, die übermütigen Augen der Weissblonden, dunkelblau in dem süperben Pfirsichton der blühenden Haut in der der purpurne Mund seine Zähne zeigte waren eine Herausforderung und die Rote mit dem Prachtleib und den dunklen Augen und brennenden Lippen – es war ein Anblick und alles sprang in mir auf. Ich ging den Beiden entgegen und nahm die Lachenden unter die Arme. «Hört zu Ihr Badeengel. Statt Trio Quartett, wenn Ihr gescheit seid. Jede zweihundert bar, Prozente und Extras nach Schluss der Vorstellung. Sie ist nur Publikum oder so ähnlich, sagt sie, also verliert Ihr nichts, und schneidig und lustig.» Die beiden sahen sich an. «Warum nicht» sagte die Blonde; «machen wir schon.» Sie redeten untereinander. «Gehn wir zu Dir» sagte sie wieder. Die Andere überlegte. «Müssen wir erst bequasseln, lieber Graf, geh mal zu der ollen Schwedin, Bekanntschaft machen» und nahm mich unter den Arm. Sie zog mich in die äusserste Palmenecke wo der Kellner halb im Schlaf einen Kaffee brachte. «Nehmen wir'n Korb Sekt mit und nen Happen» flüsterte sie zu mir, «finden Sie alles, schon parat beim Portier Reetzke, – Anton heisst er, ist drauf eingerichtet. Wir thuns eigentlich wirklich nur Ihnen zu Gefallen, fremde Frauen, sehn Sie, das mag keine Frau bei so was, – Freundinnen, im Gegenteile, – aber – na Sie verstehn mich ja. Nur dass Sie sie nicht versetzen wollen, da zeigt sich eben der echte Cavalier, und da drückt man ein Auge zu.» «Gieb mir einen Kuss» sagte ich heiss, und fühlte den Steifen hochgehen, «schnell». «Nicht hier» hauchte sie sich vorsichtig umsehend und drückte mir dann rasch die saftigen Lippen auf den Mund» «Mensch, die schöne Zeit und wie glücklich hätten wir schon längst können sein. Seien Sie vernünftig, hören Sie. Geld spielt keine Rolle heut Abend. Ist ja mehr zum Sichkennen lernen. Wir sind nicht eifersüchtig auf einander, gibt's gar nicht, aber einen Freund wollen wir natürlich, begreifen Sie ja, das ist Bedingung. Also heut vorm Auseinandergehen spielen wir Kopf und Schrift. Wer gewinnt kriegt das erste Rendezvous, die andere das zweite! Dann läuft sich die Chose von selbst ein. Früher oder später wissen {wir} ja totsicher bei welcher Sie bleiben. Also, einverstanden? Heut abend keine Casse, nur Liebe Glaube und Fischzucht, was? Wenn dann geheiratet wird, sind dem Wirtschaftsgeld und der Wolthätigkeit keine Schranken gesetzt. Scharf sind wir beide auf Sie, selbstredend, was – wie?» Jemand drehte das grössere Licht aus, im entstehenden Halbdunkel liess das prunkvolle Wesen sich minutenlang küssen ohne die Lippen zu rühren. Als wir an den Tisch der andern zurückkehrten, scholl uns Heiterkeit entgegen. Man habe Freundschaft geschlossen. Die Weissblonde hiess oder nannte sich Dolly, die rote Ines. Karin kauderwelschte ein komisches weichzerkautes Deutsch, mit englischen Brocken für mich, sie hatte gerade gesagt «Ich willer sind lustig aller vier über einander und werfer einer aus Bett wenn Platz nicht – suffices, oder wie Häringer, Schwanzer hier Kopfer der, aauf einander, wenn nicht lange genug er», alles schüttelte sich vor Lachen, während ihre Augen blitzten und ihr Mund zuckte. Bald sassen wir mit dem Sektkorb im Wagen. Dolly und Ines hatten mich in die Mitte genommen, die Arme hinter mir verschränkt, Karin sass auf meinen Knieen, der Korb vor uns. Wir sparten mit Zärtlichkeiten. Nur Karin hatte als wir in Fahrt waren, mich mit diesem verschwiegen trotzigen kurzen vollen Munde jäh und berauschend geküsst, und die bildschöne Dolly, weitaus die schönste der Drei mir in der kräftigen Hand erbarmungslos die Finger zerquetscht. Wir kamen vor einen Neubau des Westens, Olivaer Platz an, ich hob den schweren Sektkorb aus dem Wagen und trug ihn nach den Frauen ins Haus; eine Last, denn er enthielt die Flaschen in Eiskübeln – und dann in den Lift, der nach altmodischer Art nur knapp drei Personen fasste, so dass Ines als Hausfrau, Dolly und der Korb zuerst hinauffuhren. Untenstehend während das Licht ausging, verschlang die Schwedin, wild atmend, meine Küsse und zog sich meine Hände am ganzen schmalen

Leibe entlang; sagte dann als der Lift herabstieg, sachlich «that was nicely done, but» und wir stiegen ein. «I can do better», und liess mich eine Köstlichkeit versuchen. «Ach» lechzte ich, während der Lift verlangsamte. «There's some fifty sorts of them» sagte sie ruhig, die Augen hochziehend, «all of them different, I guess you'll learn how to do them bye and bye.»

Ines hatte ein Appartement, sicher maasslos teuer, mit dem üblichen Luxus ohne Geschmack und ohne schreiende Geschmacklosigkeit möbliert, empfing uns mit heller Beleuchtung. In einem salonartigen Raume waren die Möbel schon weggeschoben, Teppiche und Kissen und Matratzen zusammengeworfen, dass man die letzteren nicht oder kaum sah, elektrische Kaffeekocher angemacht und jetzt wurden Teller und Gläser auf kleine orientalische Hocker zwischen die Lager gestellt. Ich trat mit Karin in die Entree, schleuderte den Mantel und Hut von mir, unterlief Dolly, die in ihrem prachtvollen Kleid mit Tellern in der Hand mir in den Weg kam und schwang sie mir mit einem Arm auf die Schulter, sie schrie lachte und hob beschwörend die Teller gen Himmel, Ines kam aus dem Schlafzimmer nebenan mit einer enormen kristallenen Trinkschale, ich ging vor ihr die andere noch auf der Schulter in die Knie und schwang sie mit einer Riesenanstrengung aus dem Kreuz heraus auf die andere, stand einen Moment zitternd in allen knackenden Gelenken, und fing dann an mich schneller und schneller zu drehen. Während des kam Karin, die in der Entrée ein Closet offen gesehen hatte, ihren Rock noch um sich schüttelnd hinein, schrie «dat es ein feine Nummer» und machte mit der Zunge Peitschenknallen nach wozu sie in die langen Handschuh klatschte und dazwischen knackte wie ein Clown. Im Wirbel flogen die lange Schleppen der Mädchen, sie schrien «unsere Kleider». Ich liess sie gleichzeitig hinunter fasste Karin unter den Arm und schwang sie mir rittlings auf den Hals, wozu sie mit beiden

Händen schnippte und helle «Heh» und «Hoh» ausstiess. Einen Augenblick später hatte ich Ines und Dolly zusammen in den Armen, dann Ines und Karin, dann Karin und Dolly. Es war pure Wildheit, niemand wusste wohin er küsste, niemand sah was er that. «Unsere Kleider» hiess es dann, – «Schluss Du Untier, erst mal Ordnung und ausziehen.» «Wer zuerst» «Alle auf ein Mal» «Nein zwei ins Bad zwei ins Schlafzimmer sonst dauerts zu lange» «Ich will schnell eine Dusche nach dem Tanzen» es war Dollys Stimme, «ich auch, wir auch» folgten Ines und ich. «Gut» sagte Ines, «Du und er, zuerst, genier Dich nur nicht» worauf Heiterkeit ausbrach, «Karin und ich ziehn uns im Schlafzimmer aus und duschen nach Euch, da, hast Du einen Schlafrock, für ihn sind Bademäntel da» und sie rauschte mit der Schwedin davon, während ich das weissblonde Wunder ins Bad zog. Ich knöpfte und hakte sie mit zitternden Händen frei, kein Bräutigam hat es je brünstiger gethan keine Braut es erregter geduldet. Endlich stieg sie aus der Seide, fiel das Korsett, wuchsen die herrlichen Brüste durch das kurze Hemd, stand sie da, eine Göttin auf den üppig schlanken Schenkeln, den tollen Kopf mit dem unwahrscheinlichen Haar, den Feueraugen dem ins weiche Fleisch gebetteten glänzenden bezaubernden Mund, dem Hals den Schultern den Armen einer Königin. Ich riss mir selber alles in einer Sekunde vom Leibe und wir verwuchsen, stürzten zusammen, vor der Badewanne stehend. Ich vergrub Mund und Nase unter ihre Achseln in ihr Haar, sie stöhnte lachend «Mensch gibt's das denn!» und umklammerte mit beiden Händen meinen Pfahl. Einen Augenblick zog sie ihn sich zwischen den Schenkeln durch die sie kurz zusammendrückte, rieb die Brüste an meiner Brust und warf mir die herrlichen Arme um den Hals, leise stöhnend unter meinen wahnsinnigen Küssen. Dann drückte sie mir energisch das Gesicht weg – «Schatz, die andern warten, – nachher, nachher, komm jetzt» und sie riss sich los und zog die Brause. Wir stiegen in die Wanne und kühlten uns, sie bog zuerst den Rücken wusch sich zwischen den Schenkeln und unter den Achseln und spritzte nach mir, wenn ich ihr nahte, dann liess ich mir zurückgelegt die Brust volllaufen, während sie sich schüttelnd mich am ganzen Körper küsste; der Penis der unter der Kälte einen Augenblick gesackt war, wuchs im steilen Bogen wieder in Stand, sie bückte sich mit schimmernden Augen und biss hinein, sprang aber sofort aus der Wanne und ich ihr nach, um uns abzutrocknen. Ich verfluchte dass es nicht Frauen ausser ihr gab und ich warten sollte, küsste sie knieend in ihren Pelz während sie mich sanft ins Genick biss, wir waren beide fast von Sinnen. Dann riss sie den rotseidenen Schlafrock um sich, aus dem ihr Silberkopf mit dem Pfirsichteint und den Purpurlippen wie eine fremde Blume aufging, warf mir einen Bademantel zu und floh. «Ablösung!» riefen ihre Stimmen und Ines in einem pfaublauen Seidenumwurf, toll zu ihren Farben, Karin in einem langen schwarzen Kimono, der sie unglaublich kleidete, rafften sich von ihren Kissen und Sektgläsern auf. «Graf, Ihre Sachen holen, sie werden hier triefnass» rief Ines zurück und ich, in einem plötzlichen Gedanken an Geld und Wertsachen, eilte ihr nach. Karin mit dem Rücken zu uns stand unter der Brause als ich die Rothaarige nach kurzem Kampfe entblösste, – die schönste wenn nicht Dolly gewesen wäre, massiger im Oberkörper mit kleineren aber formvollendeten und starrbebenden Brüsten, unerwartet schlank und edel in der langen Taille und den blendend schönen Beinen, der Hals, Gesichtsansatz, Aufbau berückend prachtvoll. Sie wehrte mich mit ein par Küssen ab, riss mir den Bademantel ab, schlug beide Hände vor die Augen und schrie «Karin, da kann man garnicht hinsehen – da bleibt kein Auge trocken – jetzt sieht man warum Der drei braucht – komm» und sie zog mich an der Deichsel zur Wanne in die sie stieg. Karin hatte sich herumgedreht und lachte,

«Dat es aug ein guter Nummer, für Geld sehen lassen» und stieg aus der Wanne. Sie war ein Unikum an rassiger Schlankheit und nervigen Gliedern, die ganz kleinen fleischigen Kuppeln der Brüste mit starken dunkelbraunen Stöpseln wie aus Gummi, die Scham rasiert, kein Haar am ganzen Körper, unwahrscheinlich lang wirkend, aber die Hinterbacken weiblich schön und fest. Sie küsste mich indes ich sie abrieb, reckte sich in meinem Griff und liebkoste den Stösser, liess sich aber nicht lange halten. «Don't drive me mad, it mustnot be and I maynot be strong enough if I dont stop – there's one more kiss, dont keep the other one waiting» und sie entwischte, den Kimono überm Arm. Ines, aus der Wanne gestiegen eine wilde Venus mit ihrem sagenhaften Brandhaupte und den wollüstigen feuerroten Lippen, sprang triefend in meine Arme. «Um fünf?» sagte sie lachend, in meine glühenden Küsse hineinküssend und mit raschen Zungenspitzenschlägen durch meine Lippen hindurch – «warum dann erst um fünf, Sie netter Mann? Hat der noch wachsen sollen bis dahin» und sie schlug ihn fest zur Seite wie mit einer Ohrfeige. «Wieviel Frauen wollen Sie denn drauf aufspiessen, hinter einander weg?» Sie reckte sich unter meine Umarmung, schob den Schoss an mich, feuchtete die Lippen, wölbte sie halb offen und schloss sie mir fest auf den Mund leise wühlend. «Ihr seid die schönsten Wesen auf Erden» sagte ich und presste sie in die ganze Kraft meiner Arme. «Warum haben Sie sich denn solange beherrschen können» spottete sie weiter. «Wir habens Ihnen doch deutlich gezeigt, obwol wir noch nicht wissen konnten dass dies hier – ach – gib gib – dass dies hier – der schönste Schwanz der Erde ist» – und sie rieb ihn sich fest in den Schoss, küsste mich heiss sammelte eine Sekunde und schoss mir einen kochenden Strahl Saft in den Schlund – «Jetzt nicht mehr – jetzt mit Allen – lustig – doll – zeig was Du kannst, Du – keine Mauerblümchen alle Drei – und dann – wenn die Andern pennen – die kriegen was von mir ins Glas – mich – Du – allein – wenn Du dann noch kannst – solange Du kannst –» Ihr Kopf hing rückwärts über meinem Arm – die pompösen Lippen halb offen lechzend, sie liess sie sich mit Küssen füllen, mit der Hand sanft meine Eier kneifend und melkend, – «Geh» seufzte sie zuckend, «Du hast mich – abgekämpft.» «Sekt her» rief ich in den Salon springend, zwischen Dolly und Karin hinein die auf einer Matratze lagen, aufgestützt auf dem Bauche – «wo ist Ines?» sagte Dolly und zog mich an sich. «Pinkelt noch» erklärte ich und zog Karin unter den andern Arm – die beiden platzten los. Die grosse Kristallschale voll Champagner ging zwischen uns dreien von Mund zu Mund und war in einem Augenblick leer. Dolly spritzte mir Schlucke von sich in die Lippen, die ich Karin weiter geben musste, und diese über meinen Rücken weg Dolly; wer sich zuerst verschluckte oder vergoss, zahlte wenn er eine Frau war zehn Küsse Strafe an den Mann, wenn ich es war, zehn Mark an jede Frau. Dolly mit ihrem zauberhaften Übermut und ihrer Spott und Lachlust verlor zuerst, aber ich erklärte meine Strafe noch nicht einziehen zu wollen, ich liebte lange Rechnungen. «Aber ich nicht, Du Poseur» schrie Dolly und warf sich über mich, «Karin Unparteiischer» «Er muss küssendich, ich zähler». In diesem Augenblick kam Ines und sagte mit einer Kinderstimme «Mits-pielen» warf sich links von uns und schrie «halt ihm den Steifen fest, Karin, damit nichts passiert» goss sich Sekt ein und trank ihn wie Wasser. Der süsse Mund senkte sich zehn Mal spielend zwischen meine Lippen, von mir zäh angezogen und mich saugend, die Küsse flöteten und schollen, und Karin griff nach meinem Hebel den ich ihr nicht liess. «Halt ich weiss was, ein Spiel» schrie Ines und schwang sich leichtfüssig vom Boden. Sie kam mit einem schlanken Glasbecher der einen halben Liter halten mochte und hohem breitem geriffelten Fuss zurück, drehte ihn um und zeigte dass er hohl war.

«Natürlich» lachte Dolly, «den stülpen wir ihm auf den Pint und wir trinken.» Alle waren um mich, und versuchten mir den hohlen Fuss über den Steifen zu streifen; als er ziepte, leckten sie ihn der Reihe nach aus, und während Karin von hinten mich haltend, mich auf fünf schwedische Arten küsste so dass er stand wie ein Sturmsegel, drängten ihn Dollys schöne Hände bis an die Wurzel über den Pflock, Ines holte Sekt und der weite Becher wurde vollgeschenkt. Unter wildem Jubel leckte Dolly vor mir hockend den Sekt aus dem Glase, Karin sog ihn mit spitzen Lippen aus, während Ines hinten mir die Zunge schenkte, dann sättigte Dolly meine Lippen und Ines, den Griff abwärts biegend trank aus. Ich riss mir das Glas ab, sprang auf und rief «Schluss! Ich komme um vor Durst!» «Nichts Schluss» rief Dolly, mit den andern um die Sektflaschen und die Gläser, zwischen Schluck und Schluck ausgelassen lachend sodass ihr prachtvolles Gebiss zwischen den glänzenden Purpurlippen mit dem ganzen bethörenden Innern des Mundes und der Zunge sichtbar wurde, – «ich weiss was bessers, wollen mal sehen was er aushält. Wir hängen ihm hier den Eisbeutel an den Dicken, binden ihm den Mund ab damit er nicht küssen kann, wir stehn vor ihm, keine rührt ihn an oder sagt ein Wort, einzige Erfrischung, wenn er schlapp wird, eine Geste von uns. Jede darf ihm eine einzige machen. Eine nach der andern, Karin, Ines ich, wenn ers zehn Minuten aushält mit Keule hoch, wird er dreifach belohnt.» Halloh von allen Seiten. «Glänzend» sagte ich gelassen, «aber erste eine Stärkung?» Sie wichen aus, Hände vor den Lippen – «Nein Nein keine Angeilung vorher» schrie Ines, «ansehen muss genügen.» «Kinder regt Euch nicht auf, ich meinte eine Tasse Kaffee, der steht doch so heiss da.» Dolly goss ein, drückte mit den Händen ihre Märchenbrüste zusammen, liess mich die Tasse in die Furche stellen und von oben aussaugen, während sie mir auf den Füssen stand. «Eigentlich nicht erlaubt» meinte Ines, «aber feinet» sagte Karin und gab der Schönen einen Klaps und ein Küsschen. Der grausige schmutzige Leinenbeutel mit den Eisstücken, zwei Kilo wiegend wurde an meinen Haken gehängt, und troff mir eisig auf die Eier – vorher hatte Karin mich mit ihrem Busenhalter verbunden – die Drei stellten sich umarmt im Grazienschema vor mich, Dolly in der Mitte, Ines rechts Karin links, die Arme verschränkt. Ich sah Dolly in die trunkenen Augen und liess den Steilen wippen. Die Minuten wurden gezählt. Nach sechs fiele die Spitze im eisigen Schauer um ein par Centimeter ab – «ah» kam es von den Dreien, Ines schrie «heh!» drehte mir den herrlichen Hintern zu und machte über ihm eine Geste mit Faust und Zeigefinger. «Fein» schrien die Andern, «gerettet», denn der Zeiger wippte prall hoch, aber nur für kurze Zeit, denn auf «acht» fiel er von neuem. Karin liess Dolly los, machte eine Umarmungsbewegung, mit brechenden Augen und markierte in den Knieen zurückgelehnt wilde Coitusbewegungen. «Blendend» schrie Dolly, denn der Kran ging wieder hoch – aber es war zu viel für mich, die Vereisung war stärker, und auf neun drohte die Schrumpfung. «Weg» schrie Dolly, bog sich rückwärts und zog, mit dem Fingerspitzen im Pelz ihre Tropenblume weit aus einander, ein «Ahhh» ertönte, denn es schoss prall in den Sterbenden, er schlug rückwärts hoch und die Eichel wuchs blank aus der Hülle. Im Nu war alles auf mir, ich war befreit, wurde umgeworfen und wir wälzten uns im wilden Knäul auf den Lagern. Minutenlang schmeckte ich die Küsse dreier Lippenpaare, die Liebkosungen aller Dreier am Strang und den Glocken, die Berührungen der Brüste. Die starken Mädchen zogen mich auseinander und liessen ihren Mutwillen und ihre Begierden an mir aus, Küsse bedeckten meinen Körper, Bisse und Zungenspiele entdeckten meine unwahrscheinlichsten Winkel aber ich verlangte nach Dolly, die immer wieder mir entrissen und weggestossen wurde. Ich lag schliesslich auf der rechten Seite, Ines neben mir küsste mit schwelgenden Lippen meinen Mund und griff nach mehr, Karin hinter mir, die Lippen und Zunge auf meinem Nacken, zog meine Hand zu sich ab und drückte sich meinen Daumen in den Kelch, aber Dolly hatte sich hockend zwischen Ines und mich geschoben und sättigte den heissen Mund an dem Prachtstück, das sie gerettet hatte und mit beiden Fäusten regierend, zwischen den muskulösen Lippen und der schlürfenden Zunge hin und her trieb. Als auch Ines, durch die Raserei meiner ihren Mund vergewaltigenden Zunge dem Orgasmus nahe getrieben meine Rechte unter sich zog, zwischen ihren Schenkeln presste und den hilfreichen Finger in ihre Not schob, genoss ich wirklich an vier Brennpunkten meines Leibes die drei Bezaubernden gleichzeitig, und hätte an dem einzigen freibleibenden Thore noch eine vierte wenigstens passiv genossen. Aber es stand mir ein grösseres Glück bevor. Ines und Karin traten fast gleichzeitig in Ekstase und lösten sich im Krampfe von mir ab, und das riesige weissblonde Wunder sich in den schlanken Hüften aufrichtend, die Augen finster von Leidenschaft, mit noch schäumenden Lippen, riss mich mit hoch. Wir umklammerten einander stehend, sie warf ausser sich, den herrlichen Kopf rückwärts dass der blühende Hals sich blähte, trat mir mit dem Knie in den Schoss, ihre Hinterbacken zitterten, dem Kuss wich sie aus, und einen Meter entfernt, nachdem ich mit den Armen um die Hüften sie vergebens zu werfen gesucht hatte, brach sie mit mir nieder. Sie breitete sich noch halb sitzend schon aus um mich zu empfangen, hing den göttlichen Kopf mit offenen Lippen über ein Polster halb ab und rang mich mit der Jugendkraft ihrer nervigen Arme zu sich nieder während ich ihre Hüften in die Arme presste. Wir schlossen von Kopf zu Füssen wie zwei zusammengefügte Hälften des gleichen Leibes reissend zusammen und liessen minutenlang den Strom dieses Zusammenwachsens wirken bis jede Sehne und jeder Muskel von selber spannte griff, durchdrang durchdrungen wurde, die Elastizität und äusserste Körperkraft beider den Besitz vollendet hatte, unvergessliche Minuten, die nie eine andere Frau mir gegeben hat. Es war eine vollkommene Paarung vor der Paarung, beide Wesen einander gewachsen, ich einmal genau das was sie brauchte, sie einmal genau das mir artgleiche Geschöpf, der elektrische Strom der Natur schlug hart in den zwei Geeinigten. Langsam fand mein siedendes Glied ohne geführt zu werden, ihre vor Verlangen schon klaffende Blume und sie riss sich jäh an meine Lippen als ich weiter und unstillbar weiter, die grausame Waffe in den mir entgegendrängenden und arbeitenden Schoss trieb. Ihr blühendes Gesicht unter den fast weissen Haaren war jetzt tief braunrosig, meine Lippen küssten sie tief zwischen den üppig gewordenen Wangen, die fast schwarzblauen Augen schimmerten blicklos aufgerissen ihre Zunge leicht aufgebogen, reizten im Innern meines Kusses oder trieb sich vor wie ein Glied oder zog sich zurück um meine sich nachzuziehen um die dann ihre festen Lippen sich weich und eng schlossen, sie küssend und kosend und saugend. Aber mit jeder Sekunde der Lust wuchs die Wucht ihres Lachkrampfes. Sie nahm meinen Rhythmus auf, stemmte schaukelnd und rollend meinen Stössen entgegen, beschleunigte sich mit meiner Beschleunigung, und liess endlich meine Lippen fahren um sich hohl gegen mich aufzuwölben. «Mach mich tot Küsser ich kann ich kann ja nich mehr, hab mich lieb Liebling, ach hab mich lieb, ich hab Dich wahnsinnig – bleib bei mir – nie mehr weg – immer nur Dich – Einziger – noch ein – Mal» – sie fiel zusammen und schlug die langen prachtvollen Schenkel um mein Gesäss, stossend schiebend, rüttelnd. Ich trommelte in den süssen Leib hinein, um mich zu stillen – umsonst. Mund und Mund suchten sich wieder, süsse heisse weiche Küsse trafen meine noch immer wilden. Langsam sank die Flut. Immer noch zogen die Ringe der Umklammerung für Sekunden schnürend an. Ich hatte den Pfahl nicht aus der Wunde gezogen, liess sie ausatmen ohne mich zu rühren und wartete mit den Lippen aus den ihren auf die Regung ihrer neuen Begierde. Aber sie zog kurz zurück, fasste den Stamm und flüsterte weich sich den freien Arm an sich ziehend, mit weichen, kurzen raschen zärtlichen Küssen an meinen Lippen «Hast Du mir kein Kind gemacht, wirklich, kannst Du immer so weiter? Deine Frau hats mal gut. Inzwischen heiratst mich was? ach die erste Nacht mit Dir, mein Bubi mein kleiner Mann, mein Löwe mein Untier. Einen dicken, süssen. Ah. Jetzt geh mal zu Ines, verstehst mich schon. Du kannst ja egal bis Morgen früh, Du kommst nach ihr gleich wieder zu mir und dann umschichtig, es wird jedesmal schöner, weils länger dauert. Geh jetzt zu ihr, Du hast uns beide so angegeilt, ich würde verrückt wenn ich Dich nicht jetzt hatte, sie auch.» «Na» tönte es neben uns, «ich bring den Brautleuten einen Schluck Schampus.» Ines stand mit zwei Schalen da, kniete neben Dolly während ich trank und legte sich zwischen uns an ihre Seite. «Hat er Dir wehweh gemacht Dollychen mit seinem Schia-iessgewehr, der böse Jägersmann? Dass Du noch nicht schnaufen kannst –» sie legte sich nah an sie und küsste sie, «mit seinem Dicken, seinem Unmöglichen, seinem Goldene Medaille Weltausstellungs Piephahn» – sie hatte hinter sich gegriffen, ich hatte ihr die Erbeutung des Objekts erleichtert, und mit jedem Scherznamen presste ihre Faust zärtlich zu – «seinem Ofenschieber in deinem heissen Ofenloch, seinen Kolossalspargel in Deinem heissen Mäulchen – Mädchen küss mich nicht so, ich bin ja nicht Er – mit seiner Tulpe oben und den beiden Zwiebeln unten in Deinem schwarzen Pflanzloch.» «Schwult nicht so», lachte Karin neben mir, «sonst schwule ich mit Bubi.» Sie bückte sich über mich und ihr kleiner Perlmuttermund küsste in Ines Hand die besagte Tulpe, aber ich griff zur Seite nach dem schlanken Wuchs der langen Person die sich sofort auf meine Lippen siegelte. Nach einem kurzen heftigen Tausche stiess sie mich fort und richtete sich auf. «Du bist mir sehr zu gefährlich I may not go on this way gehst zu Dolly», und ich flüsterte in Ines Ohr «Ich schmachte nach Dir.» Ines lachte und kniff. «Wie kann ers denn – gut oder nur Schaufenster? Wie? Habe nicht verstanden. Lach doch nicht so. Liebe? Als ob er –? Is ja auch möglich. In mich verliebt? Scharf meinst Du. Nicht? Verliebt? So wie ich in ihn? Bin ich ja garnicht. Redt man sich nur ein. Morgen – hastenichgesehn. Wirklich?» Ich wartete einen Augenblick und riss sie mit einem Schwung unter mich – Dolly drehte sich zu Karin. Der Geruch der fremden Haut und des fremden rohen krausen Haars berauschte mich. Der grosse schöne Körper schob sich zärtlich in meine Fuge, der wollüstige grosse Mund grub sich einen werbenden Weg und küsste meine Zähne, ihre Umarmung lag sanft um mich her, der Schoss schob zärtlich. Sie machte eine Hand los und drängte mir die klassisch schönen Brüste ins Gesicht, dehnte und wölbte sich unter meinen Aufreizungen an den steinharten Stöpseln und sog mich langsam an, mit leisem Lachen, mit heissen kleinen Worten, mit Spielereien der verliebten Buhlerin. «Mir auch nicht weh thun? Ehrenwort. Noch einen. Noch einen ebensolchen. Ich hab Angst. Ja, auch. Noch nicht. Verdreh mir nicht den Kopf, Bubi. Ja, gleich wie ich Dich sah. Bischen höher. Küss mich nicht um den Verstand. Ich? Ich kann ja garnicht küssen. Alles Natur. Dein schöner Mund – Ach – Wart – so – ach küss mich toll – Noch tiefer – Alles – ich will Alles – marsch marsch –» sie wimmerte rauh und hoch – aber sie hatte mich mindestens so leidenschaftlich im Griff wie ich sie und drängte mich schiebend und den Schoss wirbelnd höher und höher. Ihre Fingernägel waren in meinem Rücken gegraben, sie biss mich heftig in die Brust und rollte frenetisch unter meinen langen Stössen. Unsere Zungen waren ein einziger Wirbel, der Geschmack ihres Mundes machte mich immer wilder, meine Brust kostete die federnde Härte ihrer beiden Brüste körperlich. Das grosse Mädchen liess erst langsam seine Muskelkraft los und forderte die meine heraus, ihr Gewalt zu thun. Neben den Stössen entstand ein Ringen, jetzt krampfte sie die Schenkel über meinen Beinen zusammen, um mich zu lähmen und schob mit kreisenden Bewegungen der Lenden um meinen Pflock herum, reckte sich lang aus als ich das Tempo des Phallus und den Druck der Umarmungen wachsen liess, zwang mich, den schönen lechzenden Mund zu erobern, liess ihn zwischen Bissen in mich ausfliessen und stiess mir den Finger heiss in den After. Ich durchdrang mit meinem den ihren, umarmte sie zusammen und jagte ihr die letzte Brunst wirbelnd in den an mir reibenden Schoss. Ines schrie. Sie packte mich und rollte über mich, die Hände in meinem Haar, die Zähne in meinem Halse, der ganze Körper schlug. Aber ich zwang sie unter mich zurück und hängte mich mit zärtlichen Lippen an den wundervollen Mund, dem ich solche Freuden verdankte. Wir erweichten uns und schlossen uns aneinander, Liebesworte lallend. Ihr gebrochener Körper war nun so gefügig wie der eines unschuldigen Mädchens, sie küsste meine Hände und Augen, schmiegte die mächtige Gestalt in mich versteckte sich an meine Brust, und endete in einem langen fassungslos innigen Kuss der erst mit unserm sterbenden Atem erlosch um sich mit dem wiederkehrenden eine Viertelstunde lang wortlos zu erneuern. «Frecher Kerl» seufzte sie und nahm meinen Schwanz, «Warum kann ich Dich denn garnicht kaput machen? Sowas ist mir doch noch nie passiert, dass ich so unterliege, wenn ich nicht will.» Ich lachte und küsste den schönen bettelnden Mund, der sich wieder fest auf mich schloss. «Was hast Du denn von dem Kampf meine rote Löwin? Es ist doch viel süsser sich hinzugeben, und strengt Dich weniger an.» «Ne ne, bei mir ist die Anstrengung der Hauptgenuss», sagte sie und küsste, «ich habe nichts von irgend einem der sich einfach an mir befriedigt, da bleibe ich kalt und fühle nichts, – einen wie Dich brauche ich» und in mein Ohr, «versetz mich nicht gleich wieder, sei mir ein bischen gut, mach Dir ein bischen was aus mir, – Du –, sieh mal ich bin ja richtig verschossen in Dich, ich brauche Dich als Freund – meintwegen auch zu Dreien, wenn Du Dich nicht entscheiden kannst –» «Ich muss mich waschen» sagte ich, «ich habe ein Erfrischungsbedürfnis.» «Wir alle» kam es von der andern Seite, «und Hunger –» Es wurde ein Halloh als wir alle umschlungen ins Bad wallten. Sie standen zu vier unter der Brause, mit dreisten Scherzen und Frechheiten, und Dolly und Ines die zuerst herausstiegen und sich bereits abrieben, brachen plötzlich laut aus: «Endlich» hiess es mit ausgerecktem Zeigefinger, «alles weg, schlapp wir sehen ihn mal wie er ist –» Thatsächlich war die Röhre in einen Puschel geschnurrt und hing faltig über dem Sack. «Na?» höhnte die schöne Dolly, «nach Hause gehen, Vorrat erschöpft? Beibei gehen, pennen was?» «Wir wollen zeigen Ihnen dat», rief Karin, die Brause abdrehend und aussteigend, «kommt, Grafer» und zog mich sich nach in die Bademantel Ecke. «Da steh er, weit von mik» und sie gab mir einen Pick mit dem Zeigefinger «kein Kuss, ein Nix nur Hören und Sehen» «Das wird was» «Pass auf» Die Mädchen legten sich die Arme um den Nacken und sahen begierig der Entwickelung zu. Karin stand blank wie eine Diana, mit leicht gerundet ausgestreckten Armen und einem süssen Lächeln um dem kleinen übermässig schwellenden Mund. «Du, heut acht Tage ich mach Dich glücklicher als sie beide. Ich zeige Dich was keine kann. Du weisst schwedisch küssen, Du weisst nicht schwedisch im Bette machen. Ich zeige Dich zwölf Stunden lang Liebe in zehn verschiedene Stellungen, dass Du nicht weisst bist Du Mann oder Frau, und warum dat? – Sieht ihr, wie er steil ist? – Warum dat? Ich sag Dir gleicher, wenn anderen nich höret.» Und sie legte sich mit einem kleinen Kuss in meine Arme, packte mich an der schuhlang steifen Rute und brachte mich so, sie präsentierend, zu den vor Lachen roten Mädchen die sich an unsere Brust warfen, die Stärke des Schaftes fühlten, – er ging von Hand zu Hand – und drei heisse Zungen wechselten in meinem Munde während ich die drei Leiber zusammenpresste. So ging es ans Essen der letzten Vorräte. Wir warfen alles Essbare zwischen uns auf die Lager, steckten uns die Bissen in den Mund und liessen die letzten Flaschen knallen. Die Wirkung des Sekts machte sich fühlbar und an Wildheit und Grazie überbot Dolly alle Andern, wie auch meine Sinne sich auf absolute Leidenschaft für das wundervolle Wesen zudrängten. Ich musste vor ihr knien der Obstkorb voller Trauben und geschälter Bananen wurde mir an den Penis gehängt, und das grosse rosig braune Mädchen, auf Händen und Knieen vor mir, schnappte mit den frischen Lippen heraus was sie fassen konnte, biss mich dazwischen in die rote Eichel, entschuldigte sich und biss von neuem hinein. Als ich sie fasste, warf sie sich mit hochgestellten Knieen hin, drückte sich eine geschälte Banane halb in den innersten Kelch, so dass sie frei herausragte und rief die andern «Er soll seinen Rivalen vernichten» schrie sie, und ich wurde von ihnen geschleppt, um auf allen Vieren die Frucht aus dem bethörendsten aller Teller zu essen und ihn rein auszusaugen während sie sich vor Wollust dehnte. So wanderte eine Dattel in Ines herrlichen Hintern, ich liess mich nicht lange bitten sie im Ar zu – Karin goss sich den Kaffeerahm über die Brüste, streute den Zucker über die üppigen Warzen, und liess mich zu jedem Schluck Mokka, den sie mir aus Mund in Mund spritzte, die Zuthaten mit Lippen und Zunge von den süssen Kuppeln schlürfen, die sie mir mit den Händen, liegend in die Lippen drückte. Dann aber rief mich Dolly, Trauben und ein Stück Sachertorte in einer Hand, mitten im Zimmer hochaufgerichtet tanzend zu sich, umschlang mich mit dem freien Arm und schob im Kuss mit der Zunge den wonnevollen dicken Kloss in meinen Mund, liess mich das umgekehrte thun, und setzte das Wechselspiel liegend mit mir fort, bis sie die abgegessene Traube in einen Winkel schleuderte und Mund auf Mund die letzten Säuberung vollzog. Endlich kam der Augenblick in dem wir alle, umarmt und stützend, ins Schlafzimmer schwankten und auf dem Riesenbette einen Knoten bildeten. Das Licht schrumpfte in ein Bettlämpchen. Karin, die am meisten getrunken hatte, und nicht mehr genau wusste was sie that, hatte Ines, die plötzlich schläfrig zu werden schien, unter sich gebracht und spielte mit feurigen Zungenküssen und heftigem Schieben die Pantomime der Beglükkung mit ihr, während Dolly und ich einen Blick tauschend, uns umschlangen und anderer Leidenschaft frei überliessen. Ich erlebte eine Viertelstunde der äussersten, alle Worte übersteigenden Wonne und die Zärtlichkeit des in blühendem Fleische prangenden vollkommenen und reifen Geschöpfes siegten über die Starre die sich meiner bemächtigt hatte, ich ergoss mich in heissen Zukkungen in den verlangenden Schoss und bereitete dem wilden Mädchen durch die Kraft meiner Ekstase, im Augenblicke der ihren, die wütendsten Entzückungen. Ihre Schreie ihr Rasen und Lallen, ihre Wahnsinnsworte, ihre zitternden und vehementen Muskelringe rings um meine Glieder herum bezeugten den Gipfel. Während sie sich gegen die Gefahren meiner Niederlage schützen ging, zog ich Karin von der scheinbar schlafenden Ines her an mich und war so glücklich jetzt meine Küsse mit dem Brand des unzweideutigen Verlangens erwidert zu fühlen. Ihre Brunst und ihre nervige Hand hatten in wenig Minuten meine Kraft wieder aufgerichtet, und ihre Versuche mich ohne eigenes Opfer mit dieser Hand allein zu beglücken, überwand ich. «But let me do it darling, I like it most of all things» lallte sie zwischen den ihr so eigentümlichen hart ansetzenden und dann zerschmelzenden Küssen – aber ich hatte meinen Finger an ihre schwächste Stelle gebracht, zermalmte sie unter mir und berauschte sie mit den Lippen, und fühlte plötzlich meinen Finger beiseit geschoben und den Bengel eingeführt. Es wurde ein langes Ringen und Drängen. Sie war deliziös eng, ich gewann nur zollweise Raum, so hingebend sie durch geschickte Bewegungen nachhalf, aber endlich sass Pelz auf Pelz fest, wir fassten uns, dehnten uns auf einander aus, sie hauchte «Do it softly dear» und wir begannen, sanft zu vibrieren und zu mahlen. Sie hatte meine Oberlippe zwischen den Zähnen und küsste sie mit allen Zungenkünsten, ich ihre Unterlippe, wir genossen, ohne das Tempo sehr zu erhöhen und ihre Ekstase trat ein in dem sie meine Lippe losliess und mir den heissen Knoten des Mundes wie einen schwärenden Knopf, reibend wühlend schwelgend auf die Zähne presste, während ihr Becken unter mir stemmte und schlug. Kein Laut war hörbar gewesen, kaum ein Stöhnen der Lust. Sie lag noch in bangen Flüsterküssen an meinem Munde als ich Dolly kommen hörte, und mich zu Ines schob. Sie drückte sich sofort an mich und umschlang mich mit den Schenkeln, ihr Schlaf war nur gespielt gewesen. Als die Potenz des zugleich schlanken und kraftstrotzenden jungen Körpers sich im Strom mit meiner Umschlingung einigte und der starke Haar- und Hautgeruch mich stachelte, glaubte ich wieder nur für sie zu brennen. Alle unsere Knochen knackten unter dem knirschenden Drucke. «Komm Schatz, –» flüsterte sie, «gib mir den Dicken, und nicht warten lassen, ich lieb Dich ja so, ich werd ja nicht ruhig bei Dir, ich werd ja vom Ficken immer nur geiler, gieb her» und sie rückte sich zurecht und fegte sich den Bengel durch die glatte Muschel, drückte sich ihm entgegen und liess sich diesmal von Anfang an zärtlich gehen. Ich nahm und fasste, kostete und traktierte sie nach absoluter Willkür, liess mich an ihr aus, ja holte mich an ihr aus. Der stolze Leib gab nach wie ein Lamm, der heisse Mund war immer bereit mir zu begegnen, nach Minuten röchelte sie und bat um eine Pause. Aber da ich kaum nachliess regte sich ihr zitternder Mund bald wieder unter dem meinen, ihre wogenden leisen Bewegungen waren ein Zeichen erwachender Begierde, meine unten leichten Stösse entflammten ihre glühendsten Küsse, die tolle Fahrt begann von neuem. «Gib mir alles» stöhnte sie «ich will Alles» und jetzt hauste ihre pralle Zunge so aufpeitschend in mir, dass ich die Süssigkeit überhand nehmen fühlte und durch meinen Galopp ihre Ekstase entfesselte und gleichzeitig alles entlud. Sie lachte glücklich über ihren Sieg, ging aber nach wenigen Küssen. «Du hast mir einen halben Liter eingespritzt, ich kriege ein Schock Eier von Dir, Du Preishahn» und sie entschwand, nachdem sie das Sektglas neben sich geleert hatte.

«Hat sie ausgetrunken?» hauchte Dollys süsser Mund, die Pfirsichwange an der meinen, neben mir. «Ist gut. Ich habe die Gläser vertauscht, sie hat Brom für mich eingeschüttet ich habs gesehen. Ich verzeihe ihr, sie ist eben verliebt, aber sie soll reinfallen. Karin schläft fest. Süsser Junge, wenn sie pennt, gehn wir nach nebenan. Hast Du mich lieb? Ich fein. Nächstes Mal kommst Du in meine Wohnung, da lassen wir den Himmel einstürzen über uns, nicht? Mit Liebe ists noch zehnmal so schön. Junge ich bin ja glücklich zum Schreien. Kuck mal, er steht noch nicht wieder. Du bringst Dich ja auch um, es ist ja eine wahnsinnige Leistung. Fass mich mal fest um so wie ich Dich jetzt um den Hals, und ganz ganz ruhig. – – – Ach, nochmal so. – – – – Jetzt pass mal auf den auf, kennst Du noch nicht. – – – – –. Siehst Du? Ach lass ihn mir, ich hab ihn so gern so. Meine Brust? Du. Findest sie schön? Für Dich will ich schön sein. Nein nicht jetzt, Bubi, alles sparen für nachher. Wie findest Du mich – eine Göttin? Was? Eine Herzogin? Ich bin unehelich, weisst Du, erzähl ich Dir mal. Meine Mutter war was

Grosses, zeig ich Dir mal, hat mich heimlich gekriegt, von einem Tiroler Bergführer, war der schönste Mann in Südtirol, bekam 1000 Dollar für die Nacht von Amerikanerinnen. Was bist Du denn, Graf, was? Ist mir ganz egal. Ich kenn mich aus. Du kannst auch Geld nehmen für eine Liebesnacht, würdest ein Millionär. Ja, hast' Recht dummes Geschwätz. Ich hab einen sitzen. Pst.» Ines kam zurück und legte sich neben Karin. Wir flüsterten und küssten uns leise. Dolly zog sich meine Hände an den Leib, und reckte sich unter ihnen, packte meine Hinterbacken mit vollen Händen und traktierte sanft meine Eier, schubberte den Pelz an meinem, und begleitete die Possen mit unersättlichen kleinen und langen, spielenden und zufassenden Küssen des zauberhaften Munds. Dann röchelten Ines' Atemzüge. Wir standen lautlos auf, zogen die Thür hinter uns zu und waren allein. Glückselig machten wir uns über die letzten Reste des Essens her. Ein Ei, ein Schinkenbrötchen, ein Hühnerflügel, ein par Biskuits ein Apfel fanden sich noch hier und da, ein halber Kaffeekocher voll kalten Mokka erfrischte uns, und dann liessen wir uns auf sorgfältig geschichteten Polstern nieder. Als sie sich der ganzen Länge nach, hinten den silberblonden üppig edlen Kopf zurückgestützt, niederlehnte, und die langen Kniee gespreizt hochstellte, jetzt im vollen Lichte, hätte kein klassisches Gemälde es mit dieser zugleich blühenden und rassigen Pracht aufnehmen können. Verlangend wie ich war, musste ich doch innehalten um den blossen Farben und Formeneindruck der schönsten Nackten, die ich im Leben gesehen habe, den rostrosigen Ton des sinnlich jugendschlanken Fleisches, das tolle Silberblond der Haare über der hohen Stirn, den schwarzblauen Augen mit den langen dunkelblonden Wimpern, den in blühende Wangen tief gebetteten tiefrot glänzenden, schönlippig süssen Munde und weichen Kinn in mich aufzunehmen, den langen Hals, die langen Fesseln, die langen Handgelenke und Hände. «Ja sieh mich nur an, ich seh Dich auch an, junger Gott mit Deinem Körper wie 'ne Statue, und Deinem Mund und Augen und» sie lachte «mit dem da» und sie tippte mit lang ausgestrecktem Bein dem Zagel an die Kuppe. Ich stürzte mich zu ihr, und küsste ihr im Taumel Hände Füsse Brustspitzen Hals und Hintern, und sie mir nicht minder was sie fassen konnte. Dann ergriffen wir einander.

Es war vier Uhr und drüber als unsere Küsse sich begegneten –, 6, 30 Uhr, als wir, total erschöpft und mit zufallenden Augen, uns trennten, unzählige Mal hatte ich sie in diesen zweieinhalb Stunden hingestreckt, aber auch meine ganze Kraft, sieben oder acht Mal an sie verloren. Sie hatte mir alles gewährt was sie besass. Ich hatte sie unter mir und über mir und seitlich genossen, und im göttlichen tierischen Akt von hinten, Rücken über Rücken, sie hatte mir im Coitus die Schenkel über die Schultern gelegt, während ich unter ihr gestreckt lag, hatte meinen Pfahl verschlungen indes ich ihren Kelch mit der Zunge berauschte, knieend hatte ich sie an mich gepresst, ihre Beine rückwärts von den Polstern hängend, und schliesslich hatte ich rücklings liegend, die Sitzend Übergeneigte auf meinen Pfahl gepflanzt und mit Phallenstössen in den Rausch geschleudert. Als sie an der Treppenthür einen roten Rock um sich gezogen, mir ihre Karte mit Adresse und Telephon in die Tasche steckte, waren ihre Augen dick zugeschwollen und kaum mehr blickend, das Haar eine Mähne, der Mund schwer und hängend, aber noch lächelnd. Wir hatten uns mit der letzten Umarmung die keines Kusses mehr fähig war, ein Wiedersehen versprochen.

Ich fuhr durch die Morgenhelle nach Hause, in fast verzweifelter Stimmung. Der Katzenjammer schloss unmittelbar an den Tag der Orgien an. Wenn ich nur wenigstens unbemerkt in mein Zimmer kam. Im Treppenhause waren die Schuberts schon mit Läuferbürsten thätig, ich fühlte mein übernächtigtes Aussehen belächelt. Die Hausthür drückte ich auf wie ein Dieb, lautlos gewann ich mein Zimmer, es schien sich obwol es 7¼ war vorn noch nichts zu regen. Auf meinem Bette lag ein Zettel, den ich fast herzklopfend an mich riss und erleichtert fortlegte. Mama hatte mit Bleistift darauf geschrieben, sie gingen doch noch für ein par Tage nach Wannsee zurück, Budbergs (russische Freunde) seien plötzlich in ihrem Potsdamer Hause aufgetaucht. «Langweile Dich nicht und sei fleissig.» Ein Packen Briefe lag da, ich liess ihn ungesehen liegen, zog mich aus und wusch Schweiss und Gerüche von meinem Leibe. Meine Brust war völlig zerbissen; ich zählte am Spiegel vierzehn Bisswunden, die meisten blutend – Karins enge Zahnstellung war deutlich, sie hatte mich, wie ich noch dunkel wusste, in ihrer lautlosen Lust zerbissen wie ein Tier, – die andern blau und blutunterlaufen. Die Lutschflecken waren nicht zu zählen, die schlimmsten hatte mir die wilde Franzi am Halse angebracht, aber auch auf der Backe hatte ich einen, wer weiss von wem. Ich sah entsetzlich aus. Auch mein Penis war zerbissen, das hatte Dolly gethan als meine Zunge sie kampfunfähig gemacht hatte – ich hatte gefürchtet sie bisse ihn mir ab – die Spitze und die Vorhaut waren entzündet und dick geschwollen, als ich drückte, kam ein schleimiger Blutstropfen aus der Röhre. Am zerbissensten und geschwollensten, harschig und gesprungen war mein Mund. Ich kam aus der Brunst wie aus einem Brande. Die Hand voll Vaseline, salbte ich alles ein, desinfizierte die Bissstellen, schmierte den Penis voll Borsalbe und schlief sofort ein. Im Schlafe hörte ich wiederholt das Telephon durch den Traum. Das war alles mir bewusste.

Ich wachte gestärkt und glücklich auf, reckte mich und sah nach der Uhr. Ich hatte nur drei Stunden geschlafen, es war wenig nach Zehn. Die Augen öffnend sah ich Frühstücksgeschirr und eine Mahlzeit auf dem Arbeitstisch stehen, man musste das leise herein gestellt haben. Warum aber, dachte ich dann, eine Mahlzeit? Ich sah genauer hin – ein Rumpsteak, ein Salat, eine Torte, Obst und Käse. Ich läutete, denn vor allem wollte ich baden. Nach langer Zeit kamen Karolinchens schlurfende Schritte in deutlicher Hast. Die Thür wurde geöffnet, das gute alte Gesicht drückte sich sorgenvoll durch den Spalt. «Ja sind Herr Rudolfche Gottlob wieder zu sich gekomm! Is ja ein Trost, wir haben schon wolln zu Doktor Heinrich telefonieren, fällt einem ja en Stain vom Herzen!» «Was soll das heissen, Karlinchen, es ist doch erst zehn. Ich bin um – um 12 glaube ich – oder etwas später ins Bett, habe neun Stunden» «Neun Stunden? Wie Herr Rudolfche ins Bett sind war Dienstag Nacht, wissen wol nicht jetzt is Donnerstag Morgen!» «So» sagte ich, sie anstarrend. «So. Ja, sowas kommt wol manchmal vor, wenn man unterschlafen ist. Bitte nehmen Sie die Tabletts weg, und Martha soll gleich ein Bad einlaufen lassen.» – Carolinchen machte ein ernstes Gesicht. «Martha? Ja das wissen Herr Rudolfche nicht – Martha is von Gnä-Frau vorjestern früh ausn Dienst jejagt, und gleich wech. Hat ja so gestohlen! Ganze Sommergarderobe von den gnä Fräuleins haben Gnä Frau in ihr Zimmer und aufn Boden verstocken jefunden.» «Was sagen Sie da? Na, ist mir gleich wer macht mir das Bad?» «Die Neue is grad eingetreten wo Gnä Frau depeschiert haben, ich zeig ihr alles, is in zehn Minuten parat. Post is auch noch in Speisesaal aufn Frühstückstisch.» So hagelten die Neuigkeiten um mich her und machten mich etwas vor den Kopf geschlagen. Ich sah mich an und fand mich fast geheilt. Im Gesicht lag nur um die Augen ein Schatten, die Jugend hatte die Schäden ausgeglichen. Die Lutschflecke waren nur noch schwach sichtbar, die Bissmarken bis auf wenige geheilt. Mein zerkrallter Hinterer und die Oberschenkel sahen freilich noch aus als wäre ich nackt durch Dornen gelaufen aber der Penis war bis auf etwas Spannungsgefühl und das Jucken der

Heilung in Ordnung. Inzwischen erschien das neue Mädchen und meldete das Bad sei fertig. Sie war adrett und sympathisch, aber nicht gefährlich, eine dunkle normale Person Ende zwanzig, sehr herrschaftlich erzogen, lächelnde Augen die fixierten, ein erfahrener Frauenmund mit hübschen Winkeln, das ganze eher ernst, ich sah nicht genau hin. «Wie heissen Sie?» «Olga, Herr Rudolf.» «Also Olga, während ich bade, räumen Sie bitte hier auf und machen Sie das Bett und bestellen Sie mein Frühstück in zwanzig Minuten.» Trotz aller Angst meine Post durchzusehen, überflog ich mit streitenden Empfindungen die vielen Frauenbriefe. Addie und Marie wollte ich gleich antworten, alle Anderen ohne Ausnahme mit einer Zeile abfinden, mich nach allen Seiten, auch der beiden Liebsten hin, für eine Woche krank melden, – schwer erkältet. Ich packte Paulas Hausschlüssel ein, bestellte einen Dienstmann telephonisch, telephonierte an die Schlesinger mit der Bitte die gnädige Frau möchte freundlichst später anrufen und ging ins Bad. Die altmodische Badstube des Hauses, eine halbe Treppe höher im alten Schnürboden, lag wie immer voll dickem Dampf, ich stieg in die Wanne und liess heisses Wasser einrauschen, weil das Bad zu kühl war. Plötzlich sah ich durch die dicke Schicht Olga neben der Wanne stehen und einen Packen grosse Badetücher auf einen Stuhl legen. «Entschuldigen Herr Rudolf», sagte sie lächelnd gleichmütig, «man hat sie mir zu spät herausgegeben.» Der Frühstückstisch war ganz anders als sonst gedeckt, das Silber vollzählig gelegt, pochierte Eier unter einer silbernen Verdeckung, Blumen auf dem Tisch Toast noch heiss unter der Serviette, die Briefe auf einem Tablett, die Theekanne unter einer Mütze, ein allerliebst arrangierter Obstkorb, Weinblätter zwischen Frucht an Frucht. Als ich sass und ass, erschien Olga, weisse Handschuh und ein Häubchen, und servierte auf einer heissen Silberschüssel Buns mit einer Fischfülle, blieb hinter mir stehen als wäre ich eine ganze Gesellschaft, servierte zum zweiten Male, ging und kam mit Cigaretten Feuerzeug, Aschbecher und Zeitungen wieder, um lautlos zu verschwinden. Die Briefe waren ausser den Erwarteten noch die zu Erwartenden. Alle Mädchen der Massage hatten geschrieben, ohne Ausnahme, es interessierte mich nicht. Auch Ilonka, die drei Zeilen gesandt hatte, auch Mabel die einen warmen vibrierenden Brief geschrieben hatte, interessierten mich nicht. Ich war verekelt, konnte nichts mehr hören, wollte arbeiten. Eine Kassenrevision ergab, dass ich an dem ganzen Tollen Tage fast nichts ausgegeben hatte; unerklärlich, worin mein Rechenfehler bestanden hatte. Allerdings stellte ich einen neuen FünfhundertMarkschein fest, den ich mich nicht erinnern konnte besessen zu haben. Gleichviel, ich war wolhabend genug, und um ein goldenes Cigarettenétui reicher. Im Portemonnaie lag eine Visitenkarte – Dorothy Warbeck, Uhlandstrasse 26/II Tel. Uhland 2132. Wer in aller Welt – natürlich; Dolly. Ich mochte nicht daran denken, aber überhaupt an nichts als an Arbeit. Immerhin da war die Adresse Poste rest. Landgrafenstrasse, das hübsche nette Mädchen im Blumenladen, der Kuss im Taxi, – gut – und ich schrieb dorthin ein galantes Blättchen, in dem nichts stand und das mich zu nichts verpflichtete. Ich hatte, wie es schwere Magenverstimmungen gibt, eine schwere Sexualverstimmung und konnte mir Appetit nicht vorstellen, geschweige haben. Ich stürzte mich in die Arbeit. Vom Lunch zu dem ich ebenso feierlich wie früh bedient werden sollte, liess ich mir ein Kotelett und ein Glas Wein neben den Schreibtisch stellen und bestellte mir den Thee ebenso zu bringen. Um 2 rief Sonja besorgt an, ich versprach zu kommen sobald mein Schnupfen nicht mehr ansteckend sei und erwiderte die zärtlichsten Worte mit gleicher Zärtlichkeit. Um 6 fragte Olga ob ich auswärts speiste und wann sie den Smoking und Dress-Wäsche auslegen sollte. Ich sagte ohne mich umzudrehen, in raschem Schreiben, ich bliebe zu Haus und zog mich nicht um. Sie servierte um ½ 8 ein kleines Junggesellendiner in dem nicht Johannchens Art steckte: eine Tasse kochendheisser Strassburger Suppe mit Haferflocken, zwei Rebhühner in Champagnerkraut mit Chips, eine Schüssel gratinierter Schwarzwurzel mit pikanten Zwiebel und Pilzhäufchen, einen Maraschinopudding dick mit kaltem Rahm begossen und einer grossen spanischen Olive in der Mitte, Stilton in Rotwein. Alles Sachen die Damen nicht bevorzugen. Während ich wieder am Schreibtisch sass, brachte sie den Kaffee. Um halb zehn kam Karolinchen mit einem hochroten strengen Gesicht und fragte wie es mir ginge und ob Johannchen für morgen einkaufen solle. «Für Morgen und alle nächsten Tage» sagte ich, ich müsse arbeiten und alle Einladungen würden abgesagt, ich sei für Niemanden zu Hause. Um ½ 11 fragte Olga ob sie mich störe wenn sie das Bett mache. «Warten Sie, Olga» sagte ich, nahm ein Buch mit Blatt und Stift und ging ins Persische Zimmer hinüber. Um 1 Uhr Nacht lag ich im Schlafe.

Andern Tags rief Mama an und bat mich nicht zu überanstrengen. Carolinchen habe ihr am Telephon gesagt, ich ginge nicht mehr vom Schreibtisch fort und machte mir keine Bewegung. Ich solle spazierengehen und Sonja nicht négligieren. Ich werde acht Tage allein sein, Budbergs haben sie und alle zu einer Autofahrt nach Dresden, ihrer Residenz eingeladen. Wenn ich Taschengeld brauche, solle ich auf der Bank ziehen, auf ihr eigenes Conto, aber natürlich mit Maassen. Wie das neue Mädchen sich anlasse. Martha habe alle Sommerkleider der Schwestern aus den Flurschränken in ihre Kisten transportiert, die Pappschachteln in denen sie gelegen hätten, und aus denen sie etwas gebraucht hatte seien leer gewesen. Sie hätte sie immer an Ausgehtagen angehabt und in letzter Zeit, wie Schubert sage, stets Männer Nachts bei sich gehabt, darunter den 15jährigen Sohn von Major von Rabe, unter unserer Etage. – Arme Martha. Meine Schuld. Blut geleckt. Konnte nicht mehr ohne Stromanschluss in ihrer niedlichen kleinen Station. Transeat. Der zweite Tage verging wie der erste. Ein affektierter Brief von Agnes, ganz auf werdende Mutter und tiefsten Seelentakt gestellt. Glühender Brief Christas, glühender, lyrisch schöner ihrer schönen Schwester. Folgender Brief Dollys: «Mein Heissgeliebter Gestriger! Denkst Du noch an mich? Ich schlafe schlafe und könnte immer noch schlafen. Wenn ich aber aufwache will ich Dich wiederhaben, sonst hat das Leben ja keinen Wert. Gib ein Lebenszeichen Deiner weissen Katze.» Ines schrieb: «Vergötterter Graf! Nach einem Tage Schonzeit, notwendig geworden durch Kraftverbrauch und verschiedene Flurschäden, bin ab morgen wieder im Palais. Da Sie unaufgeklärt wissen wer Sie glühend liebt, brennend erinnert und sich Tag und Nacht heiss in Ihre Arme wünscht, nur dieser Gruss von I. Wollaschek.» Karin sandte eine Zeile. «Performed tolerably enough after sinning. Shant meet you again before job's up. K.» Drei Porträts, fand ich und zerriss die Blätter. Die thörichte Lotte schrieb: «Dein Versprechen? Ich werde M. L. nie heiraten wenn ich nicht vorher Dich erlebt habe. Thus und wirf mich dann weg, mir egal. Was kostets Dich? Ich will Dich erinnern, Du darfst mich vergessen.» Und so weiter.

Ich kehrte sofort zur Arbeit zurück und war am Ende des zweiten Tages mit einem schwierigen Kapitel fertig. Olga hatte mich lautlos betreut und sich aller meiner Gewohnheiten bemächtigt, Blumen täglich neu auf dem Schreibtisch, meine Papiere scheinbar nicht angerührt und doch jedes Stäubchen entfernt, der Aschenbecher ohne dass ichs gewahr wurde täglich drei viermal gewechselt, eine holländische Porzellanlampe unter die Mokkatasse gestellt, weil sie gemerkt hatte dass ich im Arbeitseifer immer erst den kalten trank, meine Kleider in wunderbarer Ordnung, Strümpfe und Cravatte jeden Abend passend gewählt und ausgelegt. Die grossen grauen offenen Augen mit dem lächelnden wissenden schmeichelnden Ausdruck, der erfahrene Zug in den Mundwinkeln, eine Art stehenden Lächelns sehr gewinnend aber unbewegt, der etwas matte Teint, die schlichtkrausen sehr starken trockendunklen Haare waren mir ins vertraute Gefühl übergegangen. Wenn beim Lächeln die etwas schweren langen Lippen die guten Zähne zeigten gewann der Mund das frauenhaft anziehende, das ich sofort notiert hatte. «Angenehm» war die Formel. Die Adrettheit, gehorsame Manierlichkeit, schmiegsame Unterordnung, trug dazu bei. Um so mehr überraschte und störte es mich, dass sie am Samstag Abend, zum Bettmachen gekommen, kündigte. «Nanu was ist denn los Olga?» «Die gnädige Frau kommt noch nicht wie ich höre und unter den Alten hinten kann ich nicht mehr sein, Herr Rudolf.» «Unsinn, Olga, sprechen Sie sich aus, was thun sie Ihnen?» «Ich bekomme nichts Ordentliches zu essen Herr Rudolf, vor allem Abends. Mal ein Ei oder eine aufgewärmte Suppe – ich bin nicht so. Aber einen Tag wie den andern, und der Neid und die Scheelsucht, das halte ich nicht aus. Und dass Sie mir nicht die persönliche Bedienung lassen wollen, die ich gelernt habe. Fegen und putzen. Dass Herr Rudolf ein ordentliches Menu bekommen, richtig durchsetzen muss ich das. Ich gebe es lieber auf.» «Olga, das stelle ich mit Leichtigkeit ab. Ich – meine Mutter – ich meine wozu wieder wechseln.» «Für Herrn Rudolf bliebe ich nur zu gerne aber mit den Alten, es wird nie gehen.» «Also» ich griff in meine Brieftasche und gab ihr einen Hundertmarkschein, «hier ist alles für Ihre Bedürfnisse, und was mich betrifft, lassen Sie ruhig mal fünf gradesein, die Hauptsache ist mir dass ich Sie – ich meine dass Alles bleibt wie es ist.» Das Mädchen war dunkel errötet und nahm zögernd den Schein. «Aber wenn ich den Rest Herrn Rudolf zurückgeben darf wenn es doch nicht geht.» «Nichts», lachte ich etwas ungeduldig, «das behalten Sie so oder so, ich nehme nichts zurück. Vielmehr hier» ich griff in die Westentasche und gab ihr ein Zwanzigmarkstück, «eine Extraanerkennung für Ihre sorgfältige und intelligente Bedienung.» «Darf ich dann noch ganz unverschämt sein und Herrn Rudolf um was bitten, da doch jetzt Hausherr sind, in meinem Zimmer sind Mäuse. Unterm Bett sind zwei Löcher in der Wand. Die Alten wollen den Maurer nicht kommen lassen, wollen Herr Rudolf vielleicht ansehen kommen und Befehl geben?» «Gewiss gern Olga, aber muss das gleich sein? Heut Nacht kommt der Maurer doch nicht mehr.» «Aber ich könnt vielleicht wenn Herr Rudolf morgen noch schlafen, ihn bestellen. «Also meinetwegen Olga, in einer Viertelstunde oder so.» Ich schrieb meinen Absatz zu Ende, aber Sonja rief mich noch einmal an um zu sagen sie wolle morgen im Auto vorkommen und mich in die Sezessionsausstellung abholen, das Gespräch wurde etwas länger. Endlich ging ich durch das leere Haus den grossen Flur entlang in den Seitenflur an dessen letztem Ende, auf den Hof hinaus, neben dem Schrankzimmer, das Mädchenzimmer lag. «Ach Herr Rudolf, einen Augenblick bitte, Entschuldigung, ich hatte gedacht – einen Augenblick nur» – Sie machte auf. Sie hatte einen grossen ganz hübschen bunten Halbseidenschal mit Fransen ganz um sich gezogen, darunter aber augenscheinlich ein Nachthemd und ihre nackten Füsse in roten feschen Slippers. «Ich hatte gedacht Herr Rudolf kämen doch nicht mehr – Verzeihung – wollte doch nicht vor meiner Thür stehen lassen.» «Ich guck Ihnen nichts ab Olga» sagte ich rasch, um von dem flimmrigen lächelnden Blick der grossen grauen Augen loszukommen. «Wo sind also die berühmten Löcher?» «Da muss ich das Bett abrücken» «Also, ich helfe Ihnen.» Es war ein schweres altmodisches Holzbett mit Klumpfüssen, sicher lange nicht gerührt. «Haben Sie denn jedes Mal diese Strapaze durchgemacht?» «Nein Herr Rudolf», sie errötete verlegen, «mir war einmal etwas runtergefallen, beim Runterkriechen hab ichs gesehen und die Mäuse laufen.» Sie schauderte über den ganzen Körper. «Also schön ich krieche auch herunter, haben Sie eine Kerze? So.» Ich ging unter das Bett und leuchtete, konnte aber nichts sehen. «Warten Herr Rudolf ich zeig es» und sie kroch neben mich, mir das Licht aus der Hand nehmend, «da» und zog mich etwas am Arm zu sich mit dem Licht deutend und mich ansehend, Kopf an Kopf mit ihr in dieser Höhle wurde mir kalt und heiss, sie schien mich lächelnd anzusehen, der Mund zu lachen, aber vielleicht waren es auch nur die Reflexe und meine Nerven und Reizbarkeiten. «Egal» sagte ich heiser, zurückkriechend, «also sagen Sie ich hätte es befohlen.» Aber ich konnte nicht weiter. Mein Rock hatte sich an einen grossen zerbrochenen Spiraldraht der Sprungfedermatratze gefangen. Olga versuchte mich zu befreien, aber das Bett war niedrig und beim Versuche des Lockerns zog der Draht sich fester. Die Hände des Mädchens an mir, ihr Gesicht in meiner Nähe, die Lage hatten etwas schwüles dem ich nur durch Zorn oder Heiterkeit entkommen konnte, und da ich nicht fluchen wollte, lachte ich lachten wir beide, und das Lachen wurde unwiderstehlich, frenetisch, erstreckte sich auf die Hände, die den Lichtstumpf umstiessen. Ich wurde stumm. Mich ermannend, den Atem des Mädchens neben mir, ihr Gesicht in tiefen Schatten noch erkennend, griff ich in die Tasche nach meinen Streichhölzern, lag aber so unbequem, dass ich nicht herankonnte. «In der linken?» fragte Olgas noch lachende Stimme. «Lassen Herr Rudolf mich nur.» Ihre Hand glitt in meine Hosentasche, an dem steil gewordenen Phallus entlang und holte das Feuerzeug, aber ihre Hände zitterten beim Anzünden. Wir atmeten beide heftig und kurz. Unsere Hände sich gegenseitig das Feuerzeug und das Licht abnehmen wollend, berührten sich unaufhörlich unabsichtlich oder doch wie absichtlich. Endlich, unfähig der Spannung länger zu wiederstehen, küsste ich sie auf den Mund der mich klingend wiederküsste. Zugleich fuhr etwas wie ein Entschluss in mich, ich stemmte mit aller Kraft den Bettrahmen hoch, kam in die Knie, stemmte weiter und warf das ganze schwere Möbel mit den purzelnden Betten auf die Nase. Mein Kragen hatte sich dabei losgerissen, ich war frei.

Das erschreckte, verlegene lachende Mädchen schlug die Hände über der Zerstörung zusammen. Aber ich stemmte das schwere Gestell sofort zurück, liess sie am Fussende der Sprungfedermatratze mitanfassen, die Wollmatratze warf ich selber, so schwer sie war zurecht, und nur das Bett hatte sie sich selber zu machen. Ihr Schal war ihr fortgeglitten, im tiefen Hemdausschnitt standen zwei stramme Frauenbrüste deutlich, ich zwang mich nicht hinzusehen. «So Olga, – thut mir leid, der ganze Umstand» «Kann ich mir ja nie verzeihen Herr Rudolf, und dass schöne Jackett, aber lassen es einfach bei mir, ich bessere es heut Nacht noch aus, und die Hose hat auch alle Knöpfe verloren, ziehen Herr Rudolf doch einfach aus.» «Holen Sie sichs lieber bei mir», sagte ich angestrengt und ging. Aber Olga als hätte sie falsch verstanden, ging ohne weiteres, einen halben Anstandsschritt hinter mir, mit, die beiden Flure entlang durch das dunkle Speisezimmer in mein Den. Ich war erregt und ohne einen Gedanken im Kopf. Sie half mir aus dem Rock und schien in den Riss vertieft, während ich den Hosenbund aufknöpfte. Knöpfe fielen klappernd auf den Boden, sie bückte sich schnell danach, während die Hose fiel und ich mit steil aus der Unterhose ragendem Griff hinaustrat. Sie sah auf, wir deckten beide mit den Händen sie die nackten Brüste in die ich von oben geblickt hatte, ich den Zeugen ihrer Wirkung, dann mit einer jähen Bewegung drückte sich das Mädchen an die Wand den Arm vor den Augen. «Na Olga», sagte ich, verzweifelt lachend, «was ist denn dabei, thun Sie als hätten Sies nicht gesehen.» Ich versuchte sie an dem Arme der das Jackett trug, aber es nun fallen liess, von der Wand wegzuziehen, aber der Arm stiess mich zurück. Ich trat ihr zuredend näher heran, fasste sie und begütigte. Sie widerstand. «Olga» sagte ich. Da sah mich zurückgedreht, das mit der rechten Schläfe noch an den queren Arm gedrückte Gesicht über die Schulter weg mit einem Schelmenausdruck an, flimmernd und halb wartend halb lockend. Sie liess sich fortziehen, und einmal meine Hände durchs dünne Hemd an sich fühlend, drückte sie bereits an mir, der zweite Kuss schwelgte schon, ihre Hand irrte um das schöne Spielzeug wie die meinen ihre Brüste suchten und nach minutenlangem Spielen der Lippen und Körper und Glieder hob ich sie aufs Bett. Aber schon ihr das Hemd zu entreissen kostete einen Kampf. Und als die Nackte, eine hübsche frauenhaft junge Gestalt mit feiner Haut und ganz für das Vergnügen geschaffen in meinen Armen war, kam ich nicht über Küsse und leidenschaftliche Umarmungen hinaus. Bei jedem Versuche, einzufahren wich sie aufs geschickteste aus, und in den Pausen der Überredung suchte sie unter den zärtlichsten Küssen meine Brunst mit den Händen zu löschen. «Was müssen Herr Rudolf von mir denken.» «Vorgestern haben Herr Rudolf mich noch garnicht gekannt». «Wer weiss wie vielen Herr Rudolf das sagen» so ging das Mundwerk, das meine Lippen gleichzeitig aufs heftigste zu Thaten aufforderte. Gewalt wollte ich nicht anwenden, und sie hätte mir wenig genützt, denn das Becken des Mädchens warf sich unter mir her und hin. Ich versuchte sie durch raffinierte Liebkosungen der Zunge und der Hände aufzuregen und widerstandsunfähig zu machen, aber sie zog sich meinen Finger fest in die Schnalle, umarmte und küsste mich mit Feuer und versuchte auf diese Weise sturmlos in den Hafen zu gelangen. Ein Mal, von hinten, durch die hübschen Hinterbacken aufwärts stossend, war ich bereits eingedrungen, als Olga rasch die Gefahr bemerkend durch eine schnickende Bewegung sich freischleuderte und gleichzeitig sich mit glatten Küssen an mir festschrob. Nach einer Stunde war ich des Spieles müde. «So» sagte ich, «gut Nacht mein Kind, ich bin müde.» Sie verstummte und lag regungslos. «Sind Herr Rudolf mir böse?» «Schäfchen. Es war doch ganz nett so. Oder nicht?» «Herr Rudolf müssen mich richtig verstehen – grade weil ich so verliebt bin, ich wars vom ersten Augenblick an» «Gut gut, ich will Dich ja garnicht quälen. Jetzt nimm mein Zeug mit, sei so gut und bring mirs morgen ans Bett.» Sie stand auf, zog ihr Hemd an, nahm die Sachen und stand neben meinem Bett, jetzt bildhübsch, rosig glühend verküsst und mit schimmernden Augen. «Gut Nacht» sagte sie und bückte sich auf meinen Mund. Ich fühlte ihre Zunge, es war ein langer raffinierter Hurenkuss, und ich riss sie noch einmal zu mir hinunter, dann aber war ich das Spiel blitzartig satt, gab ihr eins auf den Hintern und sagte mich zur Wand drehend «Mach alle Lichter ordentlich aus.» Die Thür schnappte, sie war gegangen. Ich schlief fest ein. – Am nächsten Morgen erschien Olga wie immer mit dem heissen Wasser, und trug die Kleidungsstücke überm Arm. Ich stellte mich schlafend. Zum Frühstück kam das Guten Morgen Herr Rudolf so adrett und respektvoll als wäre nichts gewesen, aber ein flüchtiger Blick lehrte mich dass sie schöner geworden war zwischen gestern und heut. Der Ausdruck hatte sich vertieft, die Lippen hatten sinnliche Rundung und Glanz, es lag etwas über dem Gesichte. Die niedergeschlagenen Augen liessen nicht erkennen ob Eros auch dort Fackeln angezündet hatte. Olga servierte wie immer in musterhafter Form die Eier mit Bücklingen. Es gab keine nennenswerte Post. An den Schreibtisch mit der zweiten brachte sie mir ein feines blaues Couvert. Der Brief hiess «Lieber – von dem ich noch nicht weiss wie ich ihn mir nennen soll – Ihr Brief ist mir zugegangen. Ich bin nicht enttäuscht aber auch nicht in meinem unsichern Gefühl bestätigt. Vielleicht können das auch Schriftzüge nicht. Wollen Sie mich treffen so sagen Sie es mir in Ihrer nächsten Nachricht. Meine freie Zeit sind die Nachmittags-

stunden, nach 3 vor 7. Finden Sie einen Ort, der mich nicht unfrei macht und doch keiner Beobachtung zu sehr aussetzt. Ich bereue nichts, – möchte mich freuen dürfen – Ihnen liegt es ob mir dazu zu helfen. In Gedanken immer noch die Ihre Rezia.» Welch hübscher Name, dachte ich, und wie zart alles gesagt. Sie drängt auf Geliebtwerden. Ich schrieb: «Ich weiss nur den Botanischen Garten in Dahlem, Rezia. Zwischen 3 und fünf ist dort kaum Gefahr. In meiner Nähe sich unfrei fühlen, sollten Sie nie wenn Sie mich kennen. Ich wünsche mir sehr Sie zu sehen. Ihr süsser Kuss lebt einsam auf meinen Lippen fort, aber Küsse und Kirschen kann es nur im Plural geben und so drücke ich in Gedanken so viele wie die Phantasie zulässt auf den schönen mutigen Mund der mich so frei beglückt hat. RB.» Dann ging ich an die Arbeit wie Tags zuvor. Mir wurde gemeldet, die Maurer seien da, ich kam und ordnete die Arbeit kurz an, von den beiden Alten staunend als junger Herr reveriert, von Olga kaum Notiz nehmend. Das Mittagsbeefsteak brachte sie mir wieder neben den Schreibtisch. Es war als wäre die Episode nicht gewesen. Vor mir stand sie in respektvoller Haltung, die schönen Lippen zu dem schöner gewordenen Lächeln angezogen, eine Art Sphinx. Um drei telephonierte Schubert herauf, dass die Schlesinger auf mich im Auto warte. Ich gab Olga die ich rief, ein par Anweisungen für den Abend, ich würde um ½8 essen, sei für Niemanden zu sprechen. Ob die Löcher vermauert seien. «Ja wol, danke sehr Herr Rudolf.» Ob es mit den Alten jetzt besser gehe. Man werde ja sehen Herr Rudolf. Ob sie noch immer kündigen wolle. Das Mädchen hob die flimmernden Augen und sah mich mit einem breiten festen Blicke an. Ich klopfte ihr mit einer Fingerspitze die Backen, sagte Na also und ging.

Sonja, höchst elegant in einem Zobel mit Veilchenstrauss, liess sich die beiden Hände küssen und stellte zärtliche Fragen. «Voyons, chéri, on me dit que tu vas te ruiner à force de cet excès de

fatigue mentale. C'est du vrai surmenage que cela.» «Chère amie, il faut absolument que je vienne à bout de cette thèse affreuse et de mon doctorat. Une fois franchi ce seuil, je pourrai me permettre quelque liberté. Jusqu'à cela, la seule récréation que je devrais me concéder, c'est votre bibliothèque et un coin de votre coeur.» «Vous le possédez tout entier, méchant, venez seulement l'habiter. Vous rentrerez avec moi, à prendre une tasse de thé?» «J'avais osé l'espérer, et j'avais disposé de dédier, toute la matinée de demain à la bibliothèque. C'est que je viens de terminer un châpitre de ma thèse tout hérissé de détails difficiles à évaluer et qui pourtant demandent un nombre infini de recherches minuscules. Plus je différais cette labeur ingrate – plus elle devenait menaçante. Ainsi, je me suis fuit fort de mon rhume pour rester enchaîné à l'écritoire.» So plätscherte das Gespräch gemütswarm bis zur Sezession, wo Sonja mich teils in gebildete Gespräche verstrickte, teils vor der Gesellschaft paradierte. Ich grüsste nachlässig und liess die meisten Leute stehen. Vor einer Leda blieb meine Freundin fasziniert stehen. Der göttliche Schwan hatte die gehockte Schöne getreten als wäre sie eine Schwänin biss mit gestrecktem Halse, den sie ergriffen hatte und sich zubog nach ihrem Nacken und klappte ihr im Rausche, Flügel schlagend, den Schwanzfedern Fächer über den Bürzel. «C'est grotesque» bemerkte Sonja interessiert. «Voilà un exemple de la manie de l'originalité qui va écraser le beau et le vrai. Elle n'est pourtant pas une oie, la gaillarde. Le principe fécondateur n'arrivera jamais de cette manière là, à pénétrer là où … Vous avez raison. Il fallait être plus hardi encore, j'aurais raffiguré la nymphe réclinée en extase, les deux genoux étalés, le ventre tendu en haut, la jambe droite encerclant d'un bond voluptueux le dos de l'oisau dieu, embrassant le cou qui en deux voûtes finissait à toucher du bec la bouche de la femme – pressant de toute sa force l'objet fécondateur contre l'autel d'Hymen. C'est ainsi qu'on se fait aimer, autant femme, c'est comme ça qu'on asservit ses désires et qu'on en jouit.» Sonja wurde träumerisch und drückte meinen Arm. Auf dem Rückwege kauften wir petits fours für den Thee ein. «Votre mère est contente de la femme de chambre que je lui ai procurée?» «Oh, ce fut vous, je n'en savais rien. Maman est à la campagne. La femme va assez bien, je crois.» «Oui ce fut moi, c'est la sœur de ma nouvelle bonne. Moi aussi, vous ne le croirez pas, je viens d'être affreusement trahi par mes domestiques. Rosa, vous savez, je l'ai attrapé en flagrant délit avec mon homme d'affaires, un parent, qui vient coucher à la maison quand il y a affaire – et, de suite, un tas d'ordures a éclaté, il m'a fallu balayer la maison tout nette, et il n'ya que Timo que j'ai retenue. Ah quelle effronterie, par exemple. J'ai un cuisinier à présent, la femme de chambre de Lady Willmoden récemment défunte et une bonne comme il faut, dont par chance, la sœur je trouvais libre.» «Comme je vous plains. Mais les valets sont pires. Ils beuvent, ils volent ils font les nous, ils séduisent les cuisinières.» «J'en conviens. Je n'en ai jamais voulu.» Und so waren wir zu Hause. Timofej empfing uns mit russischen Devotionen für mich. «Je vous prie de m'attendre au boudoir, chérie, et si je me fais attendre un peu cherchez de vous amuser de votre mieux, – il y'aura une surprise rigolo» sie kicherte verschämt «vous verrez.» Sie reichte mir das geschürzte mopsige Mündchen und verzog sich. Timofej kam nach Minuten und brachte ein Tablett, aber ein doppeltes scharfes Läuten rief ihn nach hinten. Statt seiner erschien ein hübsches Mädchen in weiss gestärktem Servierkleid, mit rötlichen Haaren und den lastenden lächelnden Augen Olgas nur etwas grösser, mit sehr weissem Teint, jünger und dem blutroten Munde solcher rousses, der Form nach dem Olgas ähnlich aber mit heftigen überfüllten Lippen. Da sie rot wurde als sie guten Tag Herr Borchardt sagte, und ihre Augen einen Augenblick auf die meinen stützte, wusste ich dass zwischen den Schwestern das Telephon gesprochen hatte. «Sie sind Olgas Schwester?» «Ja, Herr Ru – Herr Borchardt. Sind Herr Borchardt hoffentlich zufrieden?» «Ja ja, nettes Mädchen, sehr intelligent, sehr aufmerksam.» «Da würde Olga sich freuen, das zu hören, sie schwärmt ja nur so.» Ich lachte. «Hoffentlich schwärmen Sie auch so Olga» «Fanny, Herr Rudolf, Herr Borchardt, Verzeihung. Wir sollen uns ja so ähnlich sehen. Aufmerksam bin ich auch, Herr Borchardt entschuldigen, haben einen Eierfleck auf der Weste, darf ich schnell herausmachen wir haben einen grossartigen Fleckenreiniger, er riecht nur sehr, wenn Herr Borchardt ein Augenblick wollten ins Office kommen gleich hierbei aufm Corridor.» «Danke danke, richtig, ja, –» «Ich will nur zu Ende decken, – so». Gegenüber der Bibliothek öffnete sie eine Thür, und liess mich in ein mit Oberlicht beleuchtetes kleines Hofzimmer eintreten, machte sich zu schaffen und kramte ein Fläschchen und zwei Lappen vor, trat an mich heran und begann mit dem einen auf den sie einen Tropfen gegossen hatte, den Flecken zu bestreichen, nahm den andern und rieb. Ich halb aus Neckerei, wich etwas zurück, sie musste folgen; «so geht's nicht, darf ich mal mit der andern Hand herunter?» Sie fuhr mit der linken durchs Ärmelloch hinter die Weste und rieb Finger über Finger, ihr Gesicht und ihr Haar waren mir so nah, dass ich sagte «Ihre Haare Fanny, ich weiss nicht – kenne ich das Parfum?» «Parfum» sagte sie mich flimmernd wie ihre Schwester ansehend und lachend, «ich bin ganz natürell.» «Unmöglich» sagte ich, drückte die Nase in ihr Haar und fasste sie um den sehr schlanken Wuchs, um besser riechen zu können. Sie seufzte, liess sich küssen, küsste wieder und sagte «ach nicht doch». Ich klopfte sie auf die Backen und liess den Kuss wie einen Scherz stehen. «Fanny» klang eine Stimme, «die gnädige Frau braucht Sie eben auf dem Boden.» Eine schlanke Person in weisser Schürze und kokettem Häubchen neuesten

Schnitts, ein Metermass und Block in der Hand, sagte etwas verlegen «Herr Borchardt – ich suchte den Herrn gerade.» Fanny that Flasche und Lappen beiseite, sagte bitte bitte Herr Borchardt, auf meinen Dank und enteilte. Die Zofe, eine grosse sehr blasse distinguierte Person mit ebenholzschwarzem etwas festerm sehr reichem Haar, grossen grauen Augen unter schöngezeichneten Augenbrauen und einem schmallippig weichen langgezogenen Mund hätte wirklich eine Dame sein können. Sie war gross und mädchenhaft aber voll, Schultern und Arme üppig aber die lange Taille für die Bewegungen rasch, graziös und zielbewusst. «Es wäre nur – die gnädige Frau liesse bitten ob ich für die Verkleidung, die der Herr schon wissen, Maass nehmen dürfte.» Sie sah mich an und erstickte ein kleines Lachen. «Bitte bitte» sagte ich heiter, die Arme ausbreitend. «Kommen Sie, schönes Kind ich bin zwar nur Schneider gewohnt aber die Abwechselung hat ja ihre Reize.» Das Mädchen war lachend flüchtig errötet, nahm das Maass, Hals, Brustumfang Schulterbreite, Arme und zeichnete Zahlen auf den Block. Als Taillen und Gesässumfang kam wurde sie dunkelrot und lachte. Die Erregung die Fannys Kuss mir hinterlassen und die sich durch die Überraschung vorübergehend gelegt hatte, war doppelt wiedergekommen und beeinträchtigte das Maass. Sie mass etwas zittrig über den vehementen Vorsprung weg, kniete nieder um das Maass der Schrittlänge zu nehmen, ein Ende zwischen meine Schenkel drückend wo die Schwellung faustdick austrat, konnte aber vor Röte und Erregung sich nicht mehr beherrschen und stand in einer Weise auf, die sie direkt in meine Arme führte. Ich küsste den losen feuchten Mund, der sich mir willig überliess und führte die Hand zu dem Hindernis von soeben, das sie, in mich gedrängt und sich küssen lassend, heftig presste und seiner ganzen Länge nach durchzog. Die Wollust in den Augen des Mädchens war so frenetisch, ihre lange Zunge so thätig darin, den Küssen die Richtung zu weisen, dass ich sie gegen die Tischkante gebockt hätte, wenn nicht das Lamento über Rosa mir einen heilsamen Schrecken eingeflösst hätte. Ich nahm ihre Hand wieder an mich, küsste den verlangenden Mund zum Abschied und sagte «Zu gefährlich hier, ein ander Mal.» Sie nickte und drängte sich aufgeregt an meine Brust, sah mich mit wälzenden Augen an und biss mich in die Hand, die sie hatte küssen wollen. Dann stand ich wieder im Boudoir, im Gefühle, dass Sonja nur zwei neue Hürchen für die alten eingetauscht und dies offenbar sich zum Symbol des Hauses erhoben hatte. – Endlich kam sie, Timofej trug einen grossen nicht leichten Pappkarton für Kleider und stellte ihn ab. Der Thee hatte nichts sonderliches und die Zärtlichkeiten der diesmal in pfaublauer Seide auf den Divan Gestreckten auch nicht, ich war der Galan wie immer und meine Sympathie mit ihr machte mir das Sinnenspiel zu einem Vergnügen. Endlich kam der Clou. «Tu sais chéri je t'ai annoncée une surprise. C'est la groupe de la Sécession, rappelles-toi qui m'a fait venir cette idée ravissante. Je garde toujours, depuis les temps de mes triomphes, parmi mes anciens xxx, le révêtement entier, plumes, ailes, coiffure et robe d'un cygne colossal, costume qui m'a servi pour le rôle d'une Schwanenjungfrau dans quelque opéra romantique oubliée longtemps. Les mesures, que Jane t'a prises, semblent d'y aller à merveille – vite je meurs d'xxx de désir et de passion – deshabille toi, je vais t'aider à te transvestir – donne moi cette divine sensation, mon joujou» – Dies, unter heissen Küsschen und nicht ohne Erröten vorgebracht, war unwiderstehlich. Ich stand sofort nackt vor ihr, und nach einer Minute erregter Liebkosungen der Partien die sie bevorzugte, schlupfte ich in die meinen Leib und meine Schenkel knapp umschliessende, dicht befiederte Schwanenhose, hinter der ein riesiger breiter Schweif mehr pfauenartig schleppend Unterschenkel und Füsse versteckte. Darüber musste ich die vorn dick ausgewölbte Schwanenbluse mit den mächtigen beweglichen Flügeln anziehen durch die ich innen an Riemen die Arme gleiten liess, und die steife Halsattrappe mit Kopf und Schnabel, auf feste Zitterdrahtringe gezogen, vollendete das Kostüm, mein Gesicht durch dichten Flaum fast verhüllt, steckte oben in der Schwanenbrust am Halsansatz. Sonja griff ein Messer und schnitt in die Hose einen langen Riss, holte während ich sie stehend umarmte und küsste, den Phallus heraus, der wieder armdick geschwollen war – ihr Thee schmeckte immer besonders, schrie «que vous êtes beau mon idole» und warf den Mantel ab um sich ans Fussende des Divans, den Nacken auf ein par rasch getürmte Kissen zu strecken, die hübschen Schenkel halb fallen lassend; «Viens, viens, je t'adore» rief sie. Ich duckte nieder um die Illusion voll zu machen, rauschte mit den Flügeln aufspringend und stürzte mich in sie. Sie riss mich an sich, ekstatisch von Beginn an, warf die Schenkel über meinem Schwanenleib zusammen und wälzte sich vor Lust, als ich mitten aus dem Flaum heraus ihr einen Männerphallus in die Schamfalte rammte. Aber das Gefühl den Gott als geiles Ungeheuer darzustellen ging auch in mich über, und obwol Dolly als Leda mir lieber gewesen wäre, gab ich Sonja ein Muster meiner Wildheit, riss und blitzte sie in Einschlägen und Vernichtungen in Stücke, warf die Zitternde herum und zwang sie von hinten, den flaumgehüllten Penis zwischen ihren dicken Hinterbacken aufwärts in vehementen Stössen in sie jagend. Sie lag leblos da, als ich leise das Götterkleid in die Schachtel packte und mich rasch wieder anzog. In meinen Armen lebte sie langsam wieder auf und begann zu lächeln. «Tu me l'as fait vivre, mon idole» sagte sie mir die Hände und den Hals küssend, «je me suis sentie la choisie parmi les mortelles ah quel transport et quel évasement voluptueux. Je comprends tout, maintenant. Et c'est à vous que je le dois. Mais je suis navrée chéri il me faut un long repos. Tenez ceci, c'est une envelope que vous ouvrierez chez vous. Ce n'est pas un cadeau cependant, puisque vous m'en voudriez peutêtre. Mais je voudrais que vous alliez aider d'autres encore comme la Frazer, – allez mon amour répandre l'assistance et la charité parmi ceux qui en auraient besoin. Puisque je ne peux vous rendre tout le bonheur que vous me donnez, permettez-moi au moins que j'en fasse participer ceux qui seraient sans moi, malheureux. Adieu.» Nach einer zarten sterbenden Umarmung läutete sie, und ging. Fanny half mir in den Mantel. «Ich hätte eine Bitte an Herrn Borchardt, Herr Borchardt können doch italienisch, würden mir einen Brief übersetzen? Nicht hier, wenn ich Ausgang habe und Olga besuche.» Sie bekam ein Goldstück, ich nahm sie in die Arme und scherzte mit dem hübschen Körper ohne sie zu küssen, bis sie den heftigen Mund, einen wahren Blutfleck, durstig auf meine Lippen klebte, – die kleine Faust am Steuer. Aber ich machte mich los und fuhr nach Haus. Im Auto öffnete ich das Couvert – ein Cheque auf sage und schreibe zehntausend Mark. Die Frau war toll. Ich musste mir überlegen wie ich das so anlegte, dass ich mir nicht als Gigolo vorkommen würde. Den Ring löste ich immerhin noch auf der Rückfahrt aus. Da ich ihn nie tragen konnte – er war zu auffallend – fuhr ich bei Posen vor um ihn schätzen zu lassen. Sie wollten ihn zum Werte von 8000 Mark in Dépot nehmen und bis zur vollen Höhe anderen Schmuck dafür geben, im Falle des Verkaufs mit 10 % Commission auszahlen. Ich nahm einen schönen Turmalinring in kleinen Brillanten für Marie und einen Grasopal mit Smaragden sehr schön gefasst für Addie mit, zusammen 1200 Mark, für Mabel ein Schildpattcigarettenetui mit einem cabochon geschnittenen schönen Kaprubin und ihrem M in Gold, für Christa einen hübschen Platinring mit aparten Steinen, teurer aussehend als er war, und für vorkommende Fälle ein par Kleinigkeiten die niedlich aussahen und nicht viel kosteten. Ich hatte mein

Conto mit nicht 2500 M belastet und nichts verloren, denn ich war auch ohnehin bei Kasse.

Um sechs sass ich wieder, diesmal energisch und zäh, an der Arbeit. Ich war noch immer nicht von der Katerstimmung ganz frei, war mit Sonja kalt und mit den Mädchen nicht sehr aktiv gewesen. Um viertel vor sieben kam Olga vorschriftsmässig die Läden schliessen. «Darf ich stören» fragte sie ehrerbietig diskret. «Speisen Herr Rudolf wirklich hier? Danke. Die Andern wollten in den Cirkus und ich wollte fragen ob Herr Rudolf erlauben dass meine Schwester mitisst und mir beim Abspülen hilft.» «Natürlich Olga wie Sie wollen.» Sie räusperte sich und blieb stehen. «Ich hätte was für Herrn Rudolf.» Ich sah auf. Sie hatte eine blaubattistene Pyjamatasche in der Hand, mit ausgezogenen Säumen, Monogramm und breiten Litzen in der Hand, die sie aufmachte, es roch nach Lavendel, von dem sie innen Bündchen in kleine Taschen eingeknöpft hatte. «Wie reizend Olga. Für mich?» «Herr Rudolf sind so gütig zu mir gewesen.» «Das haben Sie ja sehr niedlich ausgeglichen.» «Wüsste ich nicht, ich bin ganz in Herrn Rudolfs Schuld, und Herr Rudolf sind ja auch böse auf mich.» Sie lachte ohne das Gesicht zu verziehen mit den wunderlichen Augen und dem vertrackten Mund. «Liebes Kind, Sie irren sich vollständig. Ich habe keinen Grund Ihnen böse zu sein, und damit Sie sehen dass ich Ihnen sogar gut bin, dürfen Sie sich aus dieser Schachtel einen Bonbon aussuchen. Ich machte die blanke weisse Posensche Schachtel auf in der vielleicht zwölf Etuis lagen. «Bonbons» fragte Olga und wurde rot. «Nicht zum Schlecken», lachte ich, «aber süss für Mädchenaugen.» «Ist das Herrn Rudolfs Ernst?» «Glauben Sie ich wollte Sie kränken und mich über Sie lustig machen?» «Aufmachen?» fragte Olga. «Wie wollen Sie sonst wählen?» Sie öffnete alle kleinen Dinger nach einander machte sie wieder zu und legte sie zurück. Ihre Augen waren wie erweitert, aber sie sagte nichts und blieb unbewegt. Eine seltsame Person. «Also mein kleines Geschenk nehmen Herr Rudolf an?» fragte sie mit lächelndem Munde. Ich zog sie in die Arme. «Danke. Wann haben Sie das nur gemacht?» Sie lachte. «Ich hab doch nur für Herrn Rudolf zu sorgen, da hat man viel Zeit.» Ich hatte sie nicht geküsst. Wir schwiegen. Mein Zagel richtete sich auf, spannte und drängte und ich schob sanft an ihrem Schosse her und hin. «Gefällt Ihnen nichts von meinen Bonbons?» «Doch, alle, riesig.» «Warum nehmen Sie sich dann keinen?» «Ich will nur haben, was Herr Rudolf mir schenken will.» «Alles?» Sie verstand, lachte und versteckte den Kopf an meiner Brust. Ich strich ihr über den nachgebenden Rücken und kniff sie leise in die Hinterbacken. «Nicht bitte» sagte sie und zog meine Hand fort. Ich liess sie los. «Also nochmals tausend Dank Olga, es war ein sehr liebevoller Gedanke, und ich thue gleich mein Pyjama hinein.» «Darf ich das thun?» Und sie deckte das Bett auf und begann rasch das Pyjama zu falten. Ich setzte mich an den Schreibtisch zurück und schrieb. Plötzlich legte sich ein Arm um mich und Olgas Mund setzte sich voll und scharf an meinen. Das Mädchen küsste als gings ums letzte Stündlein, die Lippen voller Schröpfköpfe, Stacheln und Widerhaken. Sie liess mich nicht aufstehen, drückte mich immer wieder zurück und floh schliesslich. An der Thür holte ich sie ein. «Wer wird aus Ihnen klug?» und ich hielt sie in den Armen. «Ich will keine Geschenke mehr» sagte sie, machte sich los und ging. Abends bediente sie stilvoll wie immer und brachte mir den Mokka an den Schreibtisch. «Meine Schwester sagt, Herr Rudolf hätten ihr etwas versprochen zu erklären.» «Ja, Olga, kommt beide zu mir in einer Stunde wenn ihr wollt.» «In einer Stunde? Da muss meine Schwester schon wieder fort.» «Also in zehn Minuten.» Ich trank kühl meinen Kaffee und rauchte der Dinge harrend. Dann klopfte es und die beiden Mädchen erschienen. Fanny hatte ein dunkles Tailormade Kleid an hochgeschlossen aus dem der Kopf sehr apart herauskam. Sie war rot vor Verlegenheit und Olga war es aus eigenen Gründen. Fanny hatte einen Brief in der Hand. «Also, Kind, es freut mich Sie so bald wiederzusehen. Her den Brief. Setzen Sie sich. Ah Stühle gibt's hier nicht. Setzen Sie sich aufs Bett.» Sie beteuerte stehen zu wollen, sperrte sich, ich wandte mich an Olga, die sie zurückzog, und mit einem Ruck fasste ich die beiden um die Hüften und setzte mich zwischen sie aufs krachende Bett. Sie kämpften eine Weile zum Schein gegen meine Arme, und gaben dann züchtig schelmisch nach. Dann übersetzte ich den Brief, ihre Cousine hatte einen Italiener, ehemaligen Diener, geheiratet, der ein Café aufmachen wollte und von den deutschen Verwandten Geld suchte. Es war in zwei Minuten geschehen. «So. Jetzt will ich mein Übersetzungshonorar, hübsche Mädchen bekommen nichts umsonst.» Fanny kicherte. «Olga legts aus» sagte sie, meinen Arm fühlend. «Olga? Die schuldet mir viel zu viel.» «Aber Herr Rudolf!» Sie fasste nach meiner kitzelnden Hand. «Oder vielleicht nicht?» fragte ich und küsste sie auf den Mund, ehe sie sichs versah. «Also den hier bar», sagte Fanny, zog mich zu sich hinüber und gab mir einen schallenden. «Du, nicht so laut» sagte Olga, mich an sich ziehend, «sei nicht so ordinär, das macht man so» und ihre Lippen brannten weich und bettelnd auf meinen. Ich küsste beide Mädchen abwechselnd mit spielenden Küssen und Zärtlichkeiten und erregte sie jede Minute mehr. Dann setzte ich sie auf meine Kniee, presste sie zusammen, liess ihre Lippen sich auf meinem Munde vereinigen, beherrschte mich aber eisern und hielt alles auf dem Niveau des Spassens. Schliesslich musste Fanny sich einen Augenblick entfernen. Olga nach kurzem Zögern, folgte ihr um ihr das Kabinett zu zeigen. Inzwischen setzte ich mich kühl wieder an den Schreibtisch. Kichern und unterdrückte Laute zeigten mir die Rückkehr der Mädchen. Fanny war schon im Mantel und Hut, sehr elegant, und erklärte sie müsse gehen. «Unsinn, Du hast noch eine halbe Stunde Zeit», sagte Olga sie stossend, «man geht doch nicht so weg.» «Du willst ja doch lieber allein sein» schmollte Fanny mit koketten Augen sich an meinen Arm drükkend. «Wieso, Herr Rudolf hat Dir doch gezeigt dass Du ihm liegst» «Und Du dass es ihm steht» spottete Fanny, und griff scherzend zu. «Nicht doch» sagte Olga und griff unter Fannys Hand während ich sie küsste und sie sich an mich zog. Es wurde ein heisser Kuss, und ohne Fanny, die ich rechts umarmte loszulassen, bog ich Olga aufs Bett nieder, drückte die andere neben uns und befreite mich rasch. Olga hob sich auf, und vor Fannys weit aufgerissenen Augen, von den Armen der Andern auf ihren Mund niedergerissen, zwang ich ihr den nackten Zagel durch den Pelz und vögelte sie krachend und ratternd, unter ihren Lall und Kreischtönen. Als sie abgefallen war, warf Fanny Hut und Mantel ab, zog ihr enges schwarzes Kleid hoch und winkte mir. Ich nahm sie sanft und schmeichelnd hoch, setzte sie auf mich und liess sie sich spiessen. Eine leise Vibration und die Küsse des auf mich zurückgewendeten Mundes endeten sie bald in Raserei. Die Schwestern schienen gleichmässig glücklich. Olga begleitete Fanny an die Hausthür kehrte aber auf ein Zeichen zu mir zurück und warf sich heiss und ahnend in meine Arme. Wir schlossen ohne viel Worte die Thüre ab, entkleideten uns und löschten das Licht. Sie ergriff schon in den ersten Küssen ebenso gierig wie sie sich gestern abweisend gegen ihn gesträubt hatte, den Bengel und drückte ihn keuchend und seufzend und hastig küssend in den Kern. Es war ein heisser fester Körper, alles nicht derb und üppig aber prall und streng und mit absoluter Sinnlichkeit geladen bis zum Bersten. Ohne einen Schatten von Liebe ja auch nur von Leidenschaft die mir doch die arme Martha eingeflösst hatte, mit Seelenruhe und Genuss vögelte ich die fremdartige Person die kaum sprach, aber alles gab und alles nahm, fast die ganze Nacht durch. Ich war wieder so gespannt, dass ich nur ein einziges Mal, berauscht durch die geilen Küsse des aufgeregten Mädchens, mich entlud. Sie wurde sechzehn Mal oder achtzehn rasend, und ging fast ohne Pausen von der Ekstase zur neuen Begierde über. Schon nach den ersten Stössen kamen ihre flatternden, fieberhaften Lustschreie dann wurden sie singend, dann ächzend, dann überstürzten sich Liebesworte, dann röchelten sie, dann kam der Aufschrei, die Küsse, die Pressungen. «Warum gestern so, Olga?» «Man weiss doch nicht immer was man will.» Die letzten Male drehte sie mir den Rücken, als letztes gab sie mir das Recht des Knaben. Sie selber salbte den Keil mit ihrem Speichel und erlitt stöhnend den Schmerz des Eindringens in den kneifenden After. Es war ein ungeheuerlicher Genuss für mich, für sie, wie sie sagte, das Schönste. Sie starb schon in den ersten Zuckungen der Lust. Dann stand sie rosenrot, mit Fieberaugen und blühend, ihren Kleiderpacken unterm Arm abschiednehmend an meinem Bette und liess sich noch einmal abküssen. «Ach schön wars. Haben Sies auch so genossen. Freut mich. Bis Morgen Nacht. Gutnacht Herr Rudolf.» Am nächsten Tage war sie die unverändert Alte, tadellos reserviert, adrett und respektvoll, ohne einen Blick des Einverständnisses. Sie servierte den Porridge, hinter mir ohne ein Wort in Dienerhaltung bis zum zweiten Anbieten Posto fassend, stellte nachher Kerze und Cigaretten hin und machte das Schlafzimmer. Ich ging hinüber um etwas zu holen. «Speisen Herr Rudolf heut auswärts; was befehlen zu essen?» Sonderbare Person. Ich gab meine Weisungen, und fuhr zur Schlesinger. Meine Geschenke schickte ich durch Dienstmänner aus, meldete mich aber noch schwer erkältet. Unter den Briefen war einer der blauen. «Lieber, es ist gut mit Ihrem Vorschlage – dh. wenn es nicht regnet. Ich erwarte Sie um drei am Tage des Empfangs dieser Zeilen am K. D. W. Lassen Sie Ihren Chauffeur einen Veilchenstrauss im Knopfloch tragen. Ich sage ihm Kaiserallee 12. Dort warten Sie und steigen zu mir ein. Auf Wiedersehen.» Sehr umständlich – war wol sehr beobachtet. Bei der Schlesinger öffnete Timo und ich machte mich in der Bibliothek sofort, – es war kaum 9 – an die Arbeit des Zettelkataloges. Sonja liess mir sagen, sie sei sehr abattue und ich werde sie höchstens vorm Weggehen sehen, jetzt habe sie die Masseuse. Um 11 brachte Timo einen soigniertes Frühstück, von dem ich, immer ungestört während der Arbeit nippte. Dann erschien Sonja für einen Augenblick, reichte mir die entfärbten Lippen und drückte mir die Hand mit einem wissenden Lächeln – sie müsse ruhen. Dann kam Jane, um ein Buch für die gnädige Frau bei mir zu holen, stand erregt und gerötet mit beredten Augen da sah sich rasch um und küsste mich. Nach vier Minuten kam sie wieder. «Veuillez bien permettre à ma Jane de choisir un livre, lecture facile, pour soi même, vu qu'elle a son heure de loisir à présent, pendant que les autres domestiques sont à leur déjeuner et moi à ma migraine. Milles tendresses. S.» «Sie wissen was Sie hier sollen?» «Mein Vorwand» lachte das grosse Mädchen mit ihrer tiefen Stimme. «Ungestört?» «Vollkommen, die Gnädige hat strengstens verboten hier einzutreten. Die andern essen, dann wird abgewaschen, Timo schläft.» «Also suchen Sie sich ein Buch aus.» «Ich suche mir lieber was anderes», «Wie solls denn aussehen, vielleicht kann ich helfen» und ich nahm sie ins Boudoir und leicht in die Arme. «Helfen – wies aussieht – ich habs eigentlich nicht gesehen – stark –» «Ein starker Band?» «Ein starker Schlagbaum, ein Sack mit zwei Steinen dran gehängt» «Keine Ahnung! Was wollen Sie denn damit?» «Keine Ahnung. Probieren wozu es wol dient –» Sie hatte sich auf den Divan drücken lassen und dehnte sich neben mir während ich sie küsste, suchte sie bereits, liess aber sofort los und fiel mit Küssen über mich her. «Du bist zu gross – thu mir nicht weh Süsser, – ach thu mir nicht weh – ich hab Angst, Liebling.» «Warum – er kommt ja nur halb zu Dir» und ich drehte sie auf den Rücken. «Warum denn nur halb, Du» flüsterte sie sich hochschürzend und den Arm um meinen Hals, «gib ihn mir – ach – ach – gib ihn mir – ganz –» Der Moment in dem der Schweller zum ersten Male in das wulstige Nest eines Mädchenunterleibes eindringt und durch seine Polsterfütterung schiebt, ist immer ein wundervoller und befeuert die Küsse. Ich hatte das Mädchen bisher nur nachlässig geküsst, jetzt während ich durchstemmte, entlockten meine glühenden Lippen ihr leidenschaftliche Antworten. Sie beteiligte sich flammend an meinen Anstrengungen und verliess mich nach einer halben Stunde erschöpft lächelnd und dankbar. Um Ein Uhr fuhr ich nach Hause. Ich hatte mir selbst in den Mantel geholfen und Fanny nicht gesehen, – auch nicht vermisst. Aber auf der Treppe im Kronprinzenufer sah ich eine Dame über die erste Etage hinaus vor mir aufsteigen und erkannte sofort in der Silhouette des Halbprofils Lottchen Behr, oder die schöne Frau Oskar Behrs, Freundes meines Vaters, grossen Industriellen Elegants Sportmanns und guten Kerls. «Ah Rudolf, wie gut dass ich Sie treffe. Ach ich bin richtig ausser Atem, Sie müssen mich stützen, es ist Ihnen doch nicht unangenehm. Ich habe nämlich mit Ihrer Mutter telephoniert und muss hier etwas holen – ja hohhhlen, sehen Sie mich nicht so entsääätzt an, Sie komischer Mensch, und Sie müssen mir dabei helfen, sagt Ihre Mama.» Wir waren eingetreten. «Lunchen Sie mit mir, gnädige Frau, ich bin so einsam dass ich um diese Stunde von Jedem Zoll erhebe,» «Was fällt Ihnen ein, ich lunche doch nie, das sollten Sie doch wissen. Höchstens einen Happen, und einen Schluck irgendwas.» Ich läutete. «Olga, ein zweites Couvert für Frau Behr, und sagen Sie Johannchen, Frau Behr ässe mit mir, sie sollte uns Ehre machen.» «Gott was für ein Umstand. Hören Sie, aber gut sehen Sie aus Rudolf, Sie haben sich ja e-norm herausgemacht. Ich sah Sie mit der Schle in der Sezession Sie haben mich aber geschnitten – Nein, nein, Sie können es nicht leugnen – sieh mal wie er rot wird, – sieh mal –! Ausserdem weiss ich auch von Vera Madden, dass Sie hier sind, Sie macht Ihnen eine Riesenreklame. Komisch gradezu Sie und solche Frauen die keine Schatten geistiger Intressen haben!» «Gnädige Frau» «Ach bitte sagen Sie Lottchen, seien Sie nicht so grässlich steif. Ich sage ja auch Rudolf zu Ihnen, obwol Sie ein Mann sind.»

Lottchen Behr war die schönste Frau unseres Verkehrs. Eine allerdings bildschöne Jüdin die überall als Griechin gelten konnte, prachtvoll üppig und doch harmonisch gebaut, junonisch, mit einem vollkommenen, fast zu schönen Kopf, blühend, mit schwärmenden rollenden Augen und dunklen Locken, jede Form jeder Zug klassisch. Sie war eine vorbildliche Frau, Mutter zweier hübscher Knaben, eiskalt und ohne ein wirkliches Inneres, hatte wol nie einen Fehltritt begangen und nie einen Glücklichen gemacht, schmeckte alles das, war bei allem dabei und an nichts wirklich beteiligt. So wenigstens hatte ich sie immer beurteilt, dafür galt sie, und obwol sie alles gethan hatte um mit mir eine der gänzlich belanglosen eitlen Bandeleien zu affichieren, die bei ihr zwei Wochen dauerten, hatte ich sie doch immer spottend abgewehrt. So überschätzte ich auch diesmal ihr falsches Feuer nicht, war aber musterhaft galant. «Also womit kann ich dienen Lottchen.» «Ach es ist eine endlose Geschichte, wie langweilig. Ich hatte Ihrem Vater vor X Jahren brieflich eine Adresse gegeben, die ich jetzt dringendst brauche und nicht mehr habe. Und da Ihr Vater von der alten Schule ist – ja ja – in der man Briefe seiner besten Freunde aufbewahrt, so kann ich sie wiederhaben.» «Die Adresse?» «Nein, die ganze Kassette, hier schickt Ihre Mutter Ihnen den Schlüssel zu seinem Schreibtischfach, Sie sollen ihn ihr sofort eingeschrieben zuschicken.» Ich war etwas verblüfft. «Also gehn wir doch gleich.»

Lottchen war einverstanden. In dem Fache stand eine kleine verschlossene Holzkassette mit Beschlägen, die sie mit sicherer Hand ergriff. «Ja ist es auch die richtige?» «Sie Dummchen. Ich habe sie ihm doch selbst geschenkt, – vor x Jahren. Danke schön.» Ich küsste die schöne weisse blaugeäderte Hand die sie mir bot und über dem Handkuss hinaus liess. «Und Rudolf, ich brauche es Ihnen kaum zu sagen, bitte sprechen Sie nicht davon, zu niemandem ohne jeden Unterschied. Ich bringe die Kassette selber wieder zurück. Auch zu Ihrem Vater nicht. Auch – auch zu Ihrer Mutter nicht. Nur Sie und ich –» «Offen gesagt Lottchen ich verstehe Sie nicht.» «Auch wenn Sie nicht verstehen, sollen Sie vertrauen.» «Versprechen Sie mir, dass Sie das Vertrauen nicht erzwingen.» «Rudolf! Sie allein sind doch mein Vertrauter hierin, und niemand als Sie wissen dass Sie es sind. Sie sollen nicht fragen, wenn ich Ihnen irgend etwas bedeute.» «Lottchen Sie sind wunderschön und können wunderschön bitten, aber ich kann kein blindes Werkzeug sein und sage mit aller Ehrerbietung Nein.» «Es ist angerichtet», kam Olgas Stimme aus der Thüre. «Und wenn ich Ihnen mehr sagen würde – würden Sie ja sagen? Sie Dichter, haben Sie denn keine Phantasie? Versprich mir» und sie sah mir in die Augen, «widerstrebe doch nicht Du schrecklicher Junge» und thatsächlich, sie umarmte mich und küsste mich auf den Mund. «Sag Ja». Ich versuchte mich zu befreien aber ich küsste den schönen Mund schon wieder und bald hatte sie mein Wort. Ich verstand nichts von der Sache. Ihre Komödie täuschte mich nicht. Aber sie war eine sehr schöne Frau, mit ihren 33 oder 34 Jahren noch ganz jung und blühend, und ich wollte den gesehen haben, der an meiner Stelle in diesen Armen nicht vorübergehend schwach geworden wäre. – Sie nahm meinen Arm und wir gingen frühstücken. Ich gewann meine Ruhe sofort wieder und behandelte sie sehr kaltblütig. «Nein wie wundervoll diese Krebssuppe, Johannchen ist doch ein Muster. Aber Du siehst und schmeckst wol nichts davon, Beneidenswerter in Deinen Gnadenreichen. Weisst Du eigentlich, was Dir verliehen ist, Du Götterliebling?» «Lottchen, ich bin keine schöne Frau – solche Sachen hat man Dir doch Jahrelang gesagt und Du weisst was sie wert sind.» «Aber Deine neuen Sachen in der Insel, – Rudolf, ich war stolz auf Dich, und gleichzeitig fragte ich mich wie kann einer der Unsern in dieser öden Welt, noch so zu singen wagen?» «Lottchen was willst Du noch von mir?» «Hässlicher. Ein Glas Sherry. Und was Du jetzt schreibst.» «Ich mache ein gelehrtes Buch, von dem Du sagen kannst, weil es lateinisch geschrieben sei kannst Du es nicht beurteilen, und diese Amazonenschlacht.» «Amazonenschlacht?» «Ja, ein Gedicht.» «Ein Epos Rudolf?» «Du kannst es ein Epos nennen, oder ein dramatisches Gedicht, oder einen Dithyrambus, oder sonst ein Etikett. Das alles sagt nichts. Ich schildere den Kampf und Zusammenbruch göttlicher Heldenweiber mit Helden Göttern Panthern Löwen Titanen und Ungewittern.» «Aber warum Amazonen?» «Weil ich besinge was ich mich zu besiegen sehne – die gefährliche Chimäre. Mich widert das Leichte und das Seichte. Es reisst keine Musik aus meinen Nerven.» «Ich höre zu, ich finde schon Deine Stimme so schön, dass ich ganz vergesse wie Schönes sie sagt.» «Wie geht es Oskar?» «Ich ersteche Dich gleich. Sage noch was Du dichtest. Wer ist Deine Heldin?» «Penthesilea ist tot wo das Gedicht beginnt. Marpesia und Ioshyaneira spalten das Amazonenheer. Die eine, weissblond mit schwarzblauen Augen, ohne Rüstung im Hemd einer Läuferin auf der Tigerschabracke eines Apfelschimmels sitzend unter einem Gewitterhimmel voller Blitze sammelt das halbe Heer zum Rückzug; die andere, brandrot über einem Riesenleibe, unter den Brüsten mit einem sandroten Löwenfell gegürtet, zwei überwundene Griechenhelden zu Fuss an ihrem Sattel geseilt, dreht sich auf ihrem Rappen zu ihrem Heere herum, beide Arme vorwärts in die Feinde schwenkend, und über ihr bricht die Sonne durchs Gewölk.

Lottchen liess die Gabel sinken und sah mich schimmernd an. «Und keine Liebe?» «Ach meine Teure, ja, sicher auch. Das kommt ja immer von selber, die Copula, das ‹Und› zwischen den Sätzen, Conjugation zwischen Verben, die bekannten Bindepartikel.» «Jung und glänzend, und ungeheuer männlich wie Du bist, und auf Deine Weise schön, ja ja, sage garnichts, ist Dir die Liebe Nebensache?» «Lottchen es gibt von den wichtigen Arten von ihr zu wenig und von den imbecillen zu viel. Die Sphäre durch die Männlein und Weiblein einander teils unter den Pantoffel teils in die Hoffnung bringen, sind mir umso schaler, je grössere Worte sie verbrauchen.» «Aber natürlich, das bourgeoise! Aber die grosse Leidenschaft.» «Für kleine Mädchen? Für unverstandene Gattinnen? Für Theaterdamen? Für die Unschuld vom Lande? Für alle die Frauen mit Absichten im Fond? Für hübsche Dinger, die Du entweder in drei Jahren an ihre Liebhaber oder in Zehn an ihre und Deine Kinder verlierst?» «Du bist ein Teufel. Wenn man Dich hört verliert man den Glauben.» «Den Aberglauben hoffentlich. Wer den Glauben hat verliert ihn nicht durch einen saubern und anständigen Zweifler.» «Und wo bliebe die Welt wenn alle dächten wie Du?» «In bester Ordnung solange schöne Frauen aussehen wie Du. Ihr kriegt sie klein und könnt auf mich pfeifen.» «Ich möchte Dich aber so gern bekehren.» «Wozu?» «Dass es ein Glück gibt, Rudolf.» «Dazu brauchst Du mich nicht zu bekehren. Dies Glas von Papas Beaujolais und diese Créme und so weiter: während Du es kostest.» «Wie trostlos!» «Trostlos? Ich geniesse was ich geniesse tausend Mal stärker darum weil ich weiss ich habe es und kann es nicht halten. Dass Bacchus nicht ewig ist, wissen auch die Weinhändler, warum soll ich mir von den Liebeshändlerinnen einreden lassen, Venus sei ewiger als er.» «Nicht von denen, sondern von Deinem Herzen.» «Seit wann bist Du Spezialistin für diesen Muskel Lottchen?» «Du machst Dich nur schlechter als Du bist, Du hast ungeheuer viel Herz. Du hast Enttäuschungen erlebt.» «Ich habe andere Reiche entdeckt; aus den Kinderschuhen bin ich ausgezogen.» «Was nennst Du so?» «Roman, Lottchen. Das heisst was man so die Liebe nennt. Dafür bin ich abgestorben, allerdings.» «Theoretisch oder praktisch?» «Ich sehe keinen wirklichen Unterschied bei einem Charakter.» «Und Du bist ein Mönch?» «Du wirst am sichersten gehen, wenn Du das annimmst.» «Und Vera Madden nennt Dich einen passionnel?» «Vera Madden ist eine absurde Schneegans die erstens alle Worte missversteht die sie hört, und zweitens alle Worte die sie missverstanden hat noch einmal falsch braucht.» «Rudolf ich kann mir nicht denken, dass diese Glut, Phantasie, Gestaltungstempo, Kraft, Genialität in Dir leben kann, wenn Du Dich selber verneinst.» «Komm Lottchen, den Kaffee im Salon. Willst Du einen Benedictiner oder einen fine Champagne?» «Am liebsten offen gesagt einen alten Rum, er ist meine Schwäche.» «Eine prächtige, sie passt zu Dir und ich werde sie teilen.» Sie nahm meinen Arm. «Also doch etwas was Du mit mir teilen willst, Du Unempfindlicher.» Ich lachte. «Was soll ich Dir heut alles glauben auf ein Mal, Lottchen?» «Garnicht viel. Im Grunde sogar sehr wenig. Aber Du hast ja ein ganz falsches Bild von mir.» «Ich habe das, das die Welt hat. Und es liegt am Tage.» «Um so falscher ist es.» «Mache es Dir bequem. Willst Du ein Kissen?» «Ich will nicht über das ganze Zimmer weg zu Dir sprechen. So. Noch etwas näher den Stuhl, damit man nicht schreien muss. Das Bild ist falsch.» «Lottchen Du hast ungeheuer viel Geld, ein prachtvolles Haus, einen patenten guten Kerl von Mann, reizende Kinder, bist eine der schönsten Frauen von Berlin, höchst gebildet und wirst es durchsetzen einen Salon zu haben. Was ist daran falsch.» «Es ist äusserlich und darum falsch. Das Geld hat nichts mit mir zu thun, durch Kinder drücke ich mich nicht aus, von Oskar habe ich mein Wirtschaftsgeld und so weiter. Ich habe alles was ich nicht nötig brauche und brauche alles nötig was ich nicht habe.» «Zum Beispiel.» «Zum Beispiel, da Du das widerliche Wort gebildet aussprichst, wenn ich Dich die drei Sätze von Deiner Amazonenschlacht so hinstürmen höre, – das brauche ich, darin möchte ich aufblühen, und ich habe es nicht. Dass Idioten mir zu Füssen liegen, brauche ich nicht; aber wenn ich höre, wie gleichgiltig Du mit mir redest – gleichgiltig ob Du mir gefällst oder nicht – da sehe ich was ich haben möchte. Verstehst Du mich?» «Ich bin etwas schwer von Begriffen Lottchen – vielleicht.» «Sieh Rudolf – ich will es Dir in einem Bilde sagen. Ich bin wie die Herrin eines vernachlässigten Besitzes – verstehst Du, in dem nicht richtig durchgegriffen wird.» Lottchen lag bildschön auf dem Divan ausgestreckt, und spielte zerstreut mit meiner Hand. «Denke Dir ich hätte einen – sagen wir, einen Verwalter, der tausend andere Dinge im Kopfe hat, und sich vielleicht zwei Mal im Jahre einstellt, um die Unordnung nur zu vermehren, – und alle möglichen Faxenmacher, die daran herumdilettieren, und auch wenn sie wollten, der Aufgabe garnicht gewachsen wären. Denn was der Besitz braucht um aufzublühen, ist das richtige Kaliber – sozusagen. Verstehst Du jetzt?» «Hm. Ich gebe mir alle Mühe.» «Siehst Du, denk Dirs ein Mal so. Ein dichter Wald, zwischen zwei sanften Hügeln. Er verbirgt einen Hohlweg, der zu den schönsten Gegenden führt, aber so verwachsen und ungepflegt ist dass – dass dahinter nichts aufblühen kann, wenn nicht durchgebrochen wird, durchgefegt, schonungslos, mit den richtigen Mitteln, von dem der sich auf das Ganze versteht, richtig zugreift, energisch ansetzt, das Kaliber hat, durchdrückt, sich um nichts kümmert, und nichts gleich wieder zurückzieht, sondern hart bleibt, immer wieder nachstösst, keine Ruhe kennt, und die ganze Arbeit nach jedem Schweisstropfen immer wiederholt, weil sie ihm selber Vergnügen macht. Alles was dahinter liegt, eine üppige Flur, schwellende Hügel, Landschaft mit Korallen, Perlen, blauen Seeen, neuen Wäldern – – es welkt wenn der Zugang nicht – klar gezogen wird und Leben durch ihn einströmt. Nun denke, die Besitzerin, die davor zittert den Besitz eines Tages verfallen zu sehen, sucht nach Jahren nach dem rechten – Hercules für diese kühne Fahrt in ihr Reich. Sie hat lange verzweifelt ihn noch zu finden. Und – und» ihre Hand spielte mit meinem Finger – «plötzlich hört sie es soll ihn geben.» Es kam eine Pause. Lottchen fixierte mich starr und ihre Lippen, sehr schöne kleine purpurne feuchte Lippen, teilten sich leicht, der Kopf ging etwas rückwärts und lächelte. Die kleinen Füsse waren nervös und schlugen leicht zusammen, der schöne Busen stieg unter der leichten seidenen Bluse, die ohne Knöpfe nur mit zwei goldenen Fibeln zusammengehalten war. Ihre Stimme kam wieder, etwas dunkler gefärbt. «Du hörst wol gar nicht, Rudolf» und ihre Finger drückten spielend über meinem Zeigefinger zu. «Oh doch» sagte ich, «es ist schwierig –» «Es ist ganz leicht», «Ich meine – wenn ich einmal» «Wenn ich einmal» «Wenn Du ein Mal» «Ernst machen würde, meine ich» «Nun?» «Du bekämest vielleicht doch Angst, und sagtest Du hättest es im Spass gesagt.» «Ich Angst? –» «Davor, wovon ich sehe dass es endlich in Dir – wächst – davor dass Du jetzt aufstehst» Ich blieb wie angenagelt sitzen. «Nur um Dir zu zeigen –» «Ja, zeige es mir, zeige es mir doch endlich!» «Aber wenn ich wirklich aufstehe, Lottchen, setze ich mich nicht mehr.» «Ja wozu auch», sagte sie unschuldig. «Wenn ich irgendwo – richtig drin bin – Du verstehst.» «Hoffentlich verstehe ich» «Da kriegt mich kein Bitten und Flehen mehr heraus –» «Und davor soll ich Angst haben? Wo ich nicht glaubte, dass es das gäbe?» «Du glaubst es nicht?» «Beweise es mir.» «Jetzt?» «Sofort». «Hier?» «Los!» «Ist dies hier der Wald zwischen den Hügeln?» «Rudolf was fällt Dir ein, bist Du verrückt –» «Ist dies der enge Hohlweg» «Du – ich – ich bitte Dich, – ach – komm, zeig ihn mir erst – ach du süsses Ungeheuer, – Du – Du wirst mich sprengen, küss mich, ja küss mich fest Du Liebesgott – warte ich halte das nie aus – mach mich tot – halt – ach – so – mtth – tiefer – noch tiefer – ich sterbe – nimm mich her, nimm mich durch – ach Du – ja – so, Gott was thust Du, was wird mit mir – ach ach ach ach –»

Ich hatte sie plötzlich aufgedeckt, ihr zwischen die Beine gegriffen und das Terrain sondiert, sie hatte mir die Honigzelle ihres sinnlich süssen Mundes in die Lippen hinein geöffnet und mir mit jähen Fingern den Donnerkeil aus der Hose geknöpft, der sie wonnig erschreckte, dann war ich über ihr gewesen und hatte sie schonungslos genagelt. Sie war eng, die Stange bog sich aber ich brach brutal durch, küsste sie nicht mehr sondern riss den weichen Körper unter mir zusammen und pflügte ihr die üppige Furche mit eisernem Sterz. Ihre Passivgeilheit provozierte mich geradezu, ihr den Nerv und den Strang zu fühlen zu geben, und es lag in meiner lieblosen Vergewaltigung ihres Leibes eine Art Verachtung. Aber zu meinem Erstaunen war die Erschütterung in ihr nach den ersten Minuten überwunden, dunkelrot im Gesicht, gespannt und geladen lag sie unter mir, und wenn sie im Anfang unter dem Wollustschmerz die Lippen gebissen hatte, jetzt blühten sie voll und ladend, diese kleinen sinnlichen Lippen des kleinen verwöhnten griechischen Mundes, lechzten halb geöffnet, die Brüste, – ich hatte ihr die Bluse geöffnet – standen voll Leben gepumpt, und jetzt hörte der Leib auf mich bloss zu erleiden, sie fasste mich ums steile Kreuz, hob sich an und wälzte den Schoss um den stossenden Pflock. Dann stiess sie heftig und heftiger in mich, lallte, faselte, schrie und sank nieder, purpurn im Gesicht. Aber da ich den Triebel nicht herausgezogen hatte und halb aufgerichtet über ihr blieb, ohne sie zu küssen, kam schon nach Minuten neues Leben in sie, sie schlug die Augen dreist lachend auf, formte einen Kuss mit den Lippen und fing leise an sich wollüstig zu heben und zu senken, während ich durchzog und sie bald meine ganze Kraft fühlen liess. Lottchen hielt voll mit, umklammerte mich fester als das erste Mal, den hochroten Kopf mit den offenen Lippen und dem sich lösenden dunklen Lockenhaar hängend und vollendete ihre Ekstase mit einem Jauchzer der durch einander geworfenen Lippen, den Kopf jetzt frei in der Luft ganz rückwärts geworfen, und erst langsam sinkend. Die Pause war so kurz wie die erste, ich hielt sie unter der Nagelung fest auf das Lager geklemmt, sie lächelte und sagte mit der natürlichsten Stimme von der Welt «Kannst Du noch weiter?» Es schien als würde sie mit jeder Niederlage siegreicher und gesünder. Eine volle Stunde lang jagte ich ihr den Nerv ins Blut, erst nach dem siebenten Male riss sie mich ausser sich geworden, mit vollen türmenden Frauenarmen zu sich nieder und wollte sich satt küssen. «Warum gibst Du mir nicht Alles, Du Harter Du, warum sparst Du mich so wonnig wieder, was willst Du mehr?» «Was willst Du mehr Lottchen?» «Dass Du mit mir gleichzeitig vergehst und ich Dein Eisen schmelze.» «Du willst ja das Eisen, Du willst geniessen dass ich Dich vergehen mache.» «Komm zieh ihn heraus, ich küsse Dich noch süsser und mache Dirs mit der Hand.» «Das ist ein mechanischer Ausweg; onanieren kann ich mich auch selbst.» «Aber gib ihn mir doch, ich thu nichts, nur probieren und drücken will ich den Schlagetot einmal. Ach wie wonnig. Thu ich Dir weh? Komm lass mich. Gib mir das andere auch. Himmel welche Steine. Gib mir die süsse Zunge. Ach Du. Noch fünf Minuten. Wann musst Du dort sein. Es sind noch fünf Minuten Zeit. Küss mich fest fest und». Sie hatte ihn sich von der Seite wieder eingetrieben, umschlang mich mit dem Schenkel und vollen Armen, küsste mir im Rammeln das Herz aus dem Leibe brachte mich aber nicht um, und löste sich, schwer und satt lächelnd aus meinen Armen. Ich telephonierte nach einem Auto während sie sich im Closet rejustierte. Der Divan war ein Schlachtfeld, ich hatte Mühe ihn wieder normal zu bekommen. Dann erschien Lottchen wieder, mit etwas geschwollenen Augen aber bildschön. Ich küsste sie scherzend, sie mich sehnsüchtig schlürfend. «Ist er jetzt klein» fragte sie, nachfühlend. Ich hielt ihr die Hand dort fest, drückte ihr die Lippen auf den Mund und liess sie den Sprung des Raubtieres mit Händen greifen. Sie kniff träumerisch hinein, legte den griechischen Kopf mit halboffenen Lippen zurück und liess sie sich zum Abschied küssen. Dann gingen wir. Im Wagen sagte sie in meinem Arm «Ich bin ja so glücklich Dich verführt zu haben Rudolf. Ich bin nur gekommen um Dich zu erobern.» «Aber Lottchen, Du kamst wegen der Kassette.» «Bitte, – hatte ich etwa Unterhosen an? Hatte ich ein Corset?» «Und warum hattest Du Dir meinen Skalp in den Kopf gesetzt?» «Das erzähle ich Dir in einem glücklichen Moment. Komm zu mir nach Wannsee – dies heut war doch nur ein Schluck der den Durst erst real macht.» «Ich komme sobald Du mich liebst.» «Ich liebe Dich sobald Du um mich wirbst.» «Ich werbe um Dein Herz, sobald ich glaube, dass Du eins hast.» «Ich habe eins sobald man es weckt.» «Auch ein Besitztum wie das eben geweckte?» «Du bist ein Cyniker, aber denke was Du willst, Du hast das Richtige gesagt. Natürlich ist es so: die Mutterliebe kommt auch nicht a tempo von selbst, sondern wenn ich gesaugt werde. Das Herz wacht auf wenn ich ge –.» Das üppige rosenrote Gesicht sah zu mir auf, ich schloss den bittenden Mund mit einem Kuss zu. Sie hatte Recht. «Gibt es kein anderes Wort?» «Nur dumme, Lottchen. Praktisch sind nur die ordinären brauchbar.» «Finde ein brauchbares, Dichter.» «Ich schlage vor ‹reiten›; es ist kein dichterisches Geschäft das zu benennen, was nur die sagen die es nicht thun und nur die thun dies nicht sagen.» «Reiten» sagte Lottchen träumerisch – «Was ist eigentlich an ‹vögeln› so schlimm? Es ist doch ein blosses Vorurteil. ‹Schwanz› finde ich sehr hübsch, ausser dass es die Hauptsache zum Anhängsel macht. ‹Phallus› ist viel zu unbestimmt. Aber was ich eigentlich sagen wollte, Süsser, weisst Du eigentlich, dass Du mich in einem gewissen Sinne entjungfert hast? Ich schwöre Dir Du bist mein erstes männliches Erlebnis. Ich gebe Dir mein Ehrenwort, ich hatte nie gedacht, dass es das gibt, was alle sich denken.» «Warum eigentlich?» «Erstens Du bist alles zusammen was es als männlichen Superlativ gibt, Geist Kraft Mund, Überlegenheit, Unzärtlichkeit, Willen, Charakter und Potenz und das ungeheuerliche, erschreckend furchtbar wonnige Kaliber – rein räumlich, Dein Bullenstück, Dein überlebensgrosser Rammschieber. So etwas gibts nicht. Eine Bekannte von mir hat manchmal so gewöhnliche Leute, weisst Du, die eine grosse Nummer haben – aber das ist dann auch alles, und oft ohne Potenz, sie befriedigen sich und gehen mit dem Geld weg. Aber ein Genie, jung, muskulös, ultrapotent, Steinphallus, nicht zärtlich und der doch so küsst wie Du, kühl, und im richtigen Moment absolut der Gott als Liebhaber – nein das gibt es nicht. Du ahnst nicht wie Männer sind. Zärtliche erst; die mit Gemüt anfangen, in Coitus übergehen und in den Topf pinkeln wenn Du unnütz aufgeregt den Kopf ins Kissen drückst; die nur sich geniessen, nicht Dich. Eine Frau geniesst das Genossenwerden, sie bittet um das Genommenwerden, sie schmiegt sich unter das Ge – also das Gevögelt werden, – sie ist das Lust erleidende Prinzip, der Mann das ihr Lust zufügende. Zärtliche Frauen und kühle Männer, das ist es. Ich gelte für kalt, ich weiss weil zärtliche Männer mich kalt stellen. War ich kalt mit Dir – Du?» Das Mädchen trank mich ein, die Augen, trunken die ganze Zeit schon, schienen überzugehen. «Ich werde Dich geradezu wahnsinnig lieben lernen, Süsser, wenn Du der bleibst, der Du heut warst.» Sie drückte den Steifen. «Herr Du meine – wir sind gleich da. Ich steige lieber am Wittenbergplatz aus. Leb wol, Du – Du.» Ich war endlich so weit mir einzubilden ich könnte Lottchen lieben. Es war ein sehr süsser Abschied, es waren sehr eitle und wonnige Küsse, der schöne Leib, sich in meine Arme ergebend, war ein Genuss. «Ich telephoniere Dir, Süsser» und sie stieg aus. Ich dirigierte den Fahrer zum KDW und versah ihn mit dem Sträusschen, trank rasch einen Kaffee um mich zu equilibrieren und fuhr nach dem Hause der Kaiserallee. Es waren noch zehn Minuten, und ich zog vor sie im Treppenhause abzuwarten. Leute gingen zu und ab. Ein Philologe den ich kannte, begrüsste mich. Er gebe hier Privatstunden, Sohn eines englischen Botschaftsrats. Nach ein par Worten ging er. Nach einer Weile kam eine auffallende Frau mit einem hübschen dreijährigen Knaben in Velvet mit Locken hinunter, sehr gross, goldblond stolze Schönheit, regelmässige träumerisch verschlossene Züge, sehr elegant und schlicht. Sie sah sich nach mir um. Ich glaubte auch sie zu kennen, und machte eine Bewegung. Sie blieb stehen und sah mich aus grossen blauen kalten Augen an. «Sie sind Rudolf Borchardt nicht wahr? Ich kenne Sie nicht habe nur bei Freunden Ihr Bild gesehen, wir sollten uns einmal dort treffen, es klappte nicht.» «Ja und ich Ihr Bild. Ja, es klappte nicht. Sie sind Frau Egerter.» «Wir wohnen hier. Mein Mann wird sich sehr freuen sie kennen zu lernen. Er ist tagsüber beschäftigt wir sind Nachttiere, und leben erst um 11 auf. Kommen Sie doch einmal – heute geht wol nicht?» «Aber nur zu gern. Ich habe nichts vor. Vielen Dank, auf Wiedersehen.» Sie hatte mit affektierter Unbeweglichkeit gesprochen, steif und ohne Lächeln. Aber es blieb mir keine Zeit zur Überlegung, denn als ich auf die Strasse trat, fuhr der Veilchenchauffeur soeben an und ich stieg zu meiner Schönen in den Wagen. Sie gab mir mit erröthender Mädchenerregung die schmale Hand im schwarzen Glacéhandschuh, ich sagte hinaus «Dahlem,

Botanischer Garten», und fing sofort von diesem zu reden an, um über die Anfangsverlegenheit hinwegzuhelfen. Sie schien mir noch hübscher als damals, eine schlanke Mädchenblume von eigener Holdseligkeit, und mit dem starken Zuge eines Lieblichen, das wie eine durchsichtige Scheibe vor dem Feuer des Innern steht und von ihm durchschossen wird. Ihre Antworten waren zögernd, stockend, einsilbig, aber aus Aufregung und Ungeschick, und sie rührte mich. «Ich bin sehr glücklich über Ihr Vertrauen – eigentlich darüber dass Sie mir zeigen, dass Sie mich für vertrauenswürdig halten.» «Ja ich möchte wenigstens» sagte sie etwas trocken, «man muss sich ja doch irgendwie und irgend wo zuerst kennen, nicht?» «Meistens» sagte ich rasch, «wird ja der umgekehrte Weg eingeschlagen. Man fängt mit der Vorstellung an und braucht einen weiteren Weg bis zu dem Punkte, an dem wir uns neulich trennten. Meinen Namen wussten Sie. Wann erfahre ich Ihren?» «Oh was liegt daran, für jetzt. Ich finde das unwesentlich, nicht? Ich weiss Sie finden es komisch – aber schliesslich, da es so ungewöhnlich angefangen hat, lassen Sie es doch noch ein bischen ebenso weitergehen, warum eigentlich nicht?» Ich lachte. «Wenn ich Ihnen nur jeden Wunsch künftig so leicht erfüllen könnte, wie diesen ersten, der mich in der Erinnerung nie verlassen wird». Sie errötete wieder. «Künftig» sagte sie «– das klingt mir noch ganz fremdartig.» «Mir klang es eben auch so und doch kam es mir ganz von selber. Ich habe auch einen Wunsch – oder zwei. Ich verlange nicht in üblicher Weise, dass Sie mir pränumerando versprechen sollen sie zu erfüllen – banal wollen wir ja nicht sein. Aber erstens möchte ich Sie anreden können, und erhebe Sie hiermit zu der Rezia, deren Namen Sie aus Oberon geborgt haben um sich zu verhüllen. Und jetzt, holdselige Rezia, hören Sie mich gnädig an. Gewisse süsse unverhoffte Gnadenbezeugungen von Mädchenlippen nimmt kein richtiger Mann unerwidert hin. Der englische Mistelzweig ist ein unsichtbarer Schlagbaum an dem eine Busse niedergelegt werden muss. Ich bitte Sie, dies ganz bescheidene und wertlose, daher zu nichts verpflichtende Andenken von mir zu nehmen, und darum weil es ein Dank ist, nicht dafür zu danken.» Ich griff in die Manteltasche und gab ihr das Posensche Etui, das sie, wieder tief errötet, öffnete. Es war ein goldenes Kettenarmband, mit zwei Saphiren und einem kleinen Brillanten geschlossen. «Aber» stammelte sie, «wie können Sie das wertlos nennen?» «Dagegen dies hier» und ich griff in die andere Tasche, – ich hatte es in Sonjas Conditorei gekauft «ist eine solche Kostbarkeit dass ich fürchte – fürchte, Sie werden es ausschlagen denn es ist nur an einer einzigen Stelle aufzutreiben, es muss sofort in Genuss umgewandelt werden, thun Sie es nicht, so müssen Sies morgen schon wegwerfen, keine Ihrer Freundinnen kennt es, und da ich nun genug geprahlt habe und mir selber der Mund wässert, essen wir gleich jeder eins.» «Was ist es denn», lachte sie mit einem erregten Schimmer in den goldfunkigen graugrünen Augen. «Verzukkerte Alkekengi, eine Art Tropenfrüchte, versuchen Sie, in den Manschettchen steckt unterm Zucker je eine Frucht.» Sie ass. «Wundervoll» sagte sie begeistert und nahm noch eine. «Hier sind zwei drin», sagte sie dann, die Zuckerhülle zerbeissend. «Halt. Vielliebchen –» ich fiel ihr in den Arm. «Aber ich habe es ja schon» «Im Munde gehabt», – «ach wissen Sie, wenn ich nicht dran denke, schmecke ich keinen Unterschied.» Sie lachte aus voller Lust. «Sie sind zu komisch», sagte sie, die Hand auf meinen Arm legend, ich hob sie auf und küsste den Handschuh zärtlich. Darüber fiel das Etui und das Armband lag zwischen ihren Schuhen, ich hob es auf, und öffnete die Schliesse. «Nicht ausprobieren?» Zögernd, aber mit einem holden Lächeln schob sie mir die eben geküsste Hand wieder zu, ich streifte die Fessel über. «Grade so lose wie es sein muss» sagte ich. «Warum?» «Ein Spiel ist keine Fessel, wenn Sie sie nicht wollen, ein Ruck und Sie schleudern sie ab»; aber ich hielt die schlanke Hand noch zwischen zwei Fingern. «Aber nein, nie» sagte sie, und da ich ihr liebliches Gesicht sich mir zuwenden sah, legte ich ihr den Arm um und wir küssten uns. Niemand hätte sagen können wer den Mund des anderen geküsst hätte, es war in beiden die gleiche Regung, mündend in den gleichen zärtlich geteilten Moment. Ich dachte blitzartig an die vielen Küsse der drei Frauen, die mir heut schon in den Lippen gehaust hatten – keine von allen hatte mir den wonneseligen Rausch gegeben wie der sanfte und doch so sinnlich warme Druck des frischen vollen weichen Mädchenmundes, der kleine Schnalzer in der Luft und die von ihrem Handschuh still gedrückte Hand. «Es ist reizend», sagte sie, die Hand durch meinen Arm schiebend etwas schüttelnd und das Band betrachtend, «aber sind Sie böse wenn ich es umtausche? Wenn Sie böse sind thue ich es natürlich nicht. Aber ich mag Armbänder nicht besonders, sie passen nicht zu mir; und ich möchte – wenn es schon ein Andenken sein soll – lieber einen – einen Ring.» Sie sah mich süss und ehrlich an. «Wie soll er sein, Rezia, darf ich ihn nicht umtauschen?» «Wie Sie wollen – ja natürlich, man kennt mich dort, ich war manchmal da. Wie er sein soll? Darf ich es einfach so sagen?» «Sie ahnen wol schwerlich wie Sie mich glücklich machen!» «Wirklich? Also hören Sie. Kein Platin – das wird so fade. Gold. Mattes. Sie haben dort einen Stein den ich glühend liebe, Feuerspat. Einen habe ich dort gesehen, zwischen zwei kleinen Perlen, die eine grünlich, die andere schwarz. Die grünliche ist wie von einer Wasserfrau. Ich habe mir gedacht, sie sind wie zwei Feueranbeter und das Feuer in der Mitte, eine Sie und ein Er.» «Wollen wir hinfahren? In einer Viertelstunde haben Sie ihn.» «Aber nein, das wäre ja schon ein zweiter Wunsch in zehn Minuten –» «Hören Sie, Chauffeur – wir müssen noch einmal zurück – Friedrichstrasse, Juweliergeschäft Posen» – «Schon jut schon jut, kenn ick» und der Wagen fuhr aus und drehte. «Aber». «Aber was, meine kleine Festentschlossene – die so genau weiss was sie will –» «Aber nein hören Sie doch – ich bin ja von Sinnen, vielleicht ist er nachher viel teurer –» «Wenn er für mich zu teuer ist, darf ich es Ihnen ehrlich sagen?» «Ja», rief sie erfreut, «und dann bin ich über das Armband ganz so glücklich» «Oder wir warten ein bischen mit dem Umtauschen bis wir es uns leisten können.» «Ja» sagte sie und drückte leise meinen Arm. «Ich will Ihnen etwas gestehen», sagte ich. «Ja?» «Ich fand das Armband auch nicht sehr schön.» «Doch.» «Ich fand es ein obligates unpersönliches Stück.» «Hm.» «Und gerade darum hätte ich es genommen, weil es nur ein Symbol sein sollte gar kein Versuch Ihren Geschmack zu erraten, in Ihre Persönlichkeit einzudringen, – Sie sollten ganz frei sein, es als conventionelle Courtoisie aufzufassen, wenn Sie – den Moment von neulich – vielleicht – lieber ganz bedeutungslos machen wollten. Verstehen Sie mich?» «Ganz». Ihre Hand drückte wieder meinen Arm. «Und verstehen Sie mich nicht auch?» «Eben drum.» «Ein Ring – den will ich nicht lose um mich klappern – er muss – ich meine – ich möchte von Ihnen, auch wenn es gar nichts als ein Andenken ist, – etwas was festsitzt, und für mich und mein Mass ist, und mit mir eins wird.» Ich war gerührt und wurde ernst. Hier war ich im Begriffe etwas anzurichten, was ich mir nicht hätte verzeihen können. Ich wollte dies süsse Herz nicht kaltblütig plündern und seine Gaben geniessen und verschleudern, hier dem Leichtsinn nicht erlauben, unter dem Firmenschild der Liebe deren Rechte zu missbrauchen. Ich nahm mir vor, den Nachmittag harmonisch zu Ende zu bringen, aber Rezia oder wie immer sie hiess, nicht wiederzusehen. Aber meine Veränderung war ihrem Feingefühl nicht entgangen. In den hellsichtigen Momenten der keimenden Liebe registriert der Apparat die tausendstel Milligramme. Rezia zog den Arm aus dem meinen und sah aus dem

Fenster. Ich fühlte mich plötzlich elend. «Darf ich einen Augenblick halten lassen?» fragte ich. «Was haben Sie?» fragte sie mit grossen fremden erschreckten Augen. «Ich bin mitten in grossen Arbeiten und überarbeitet. Ich bin an und für sich leicht zu erschüttern und jetzt überempfindlich. Ihre Worte eben haben mich ins Herz getroffen, ich bin nicht gut genug für Sie, ich verdiene Sie nicht, wie kann ich Sie verdienen», und plötzlich liefen mir unwiderstehlich, ohne dass ich mir bewusst war zu weinen, Thränen über das Gesicht. Aber Rezia war an meiner Brust. «Sei still, Süsser, ich verdiene Dich nicht, mein Geliebter. Habe mich lieb, ich habe Dich lieb, alles Andere ist Null, Null, Null. Ja küsse mich mein Herzallerliebster. Versprich mir nichts, ich brauche ja kein Versprechen. Ich kann auch keins brauchen, ich erzähle Dir alles. Beruhige Dich, liebe mich nur, wie Du es ja thust, mein Alles. Du bist so süss und gut zu mir gewesen, so ritterlich und nobel, was hast Du Dir vorzuwerfen? Ich habe Dich geküsst, und bin glücklich dass ich es gethan habe, denn dadurch sind wir Freunde geworden.» Wir drückten und küssten einander Mund und Hände, fast bis ich an der Friedrichstrasse halten liess, vom Geschäft entfernt, und sie zu warten bat.

Unter den Feuerspatringen die man mir zeigte, war der Rezias nicht, aber im letzten Augenblicke ergaben die zu Rat gezogenen Listen, dass eine Dame sich den Ring habe zurücklegen lassen. Er war nicht teuer, zweitausend Mark weniger als das massive Goldarmband mit den conventionell geldeswerten Steinen, aber die Usancen gestatteten nicht ihn vor Rückfrage zu verkaufen. Ich bat den Chef zu sprechen, ein kluger höflicher alter Jude, der meinen Vater kannte, setzte ein Pincenez auf die skeptische rote Nase, durch die er zuerst den Ring, dann mich wolwollend studierte. «So, Herr Borchardt, – Sie meinen es handele sich um die gleiche Dame. Die Diskretion verbietet Ihnen natürlich, etcetera, begreife ich ganz. Tja, – einen Augenblick», er nahm den Hörer vom Telephon. «Chef. Stellen Sie mal bitte fest, wer den Ring 12489 einer Kundin vorgelegt und ihn für sie zurückgelegt hat; so, Sie selbst, Fräulein Magnus; hören Sie mal; Beschreiben Sie mir die Dame nach Möglichkeit. Ungefähres Alter; Grösse; Schlank – Dick? Brünett – Blond? Na so ungefähr, allgemeiner Eindruck. Gut. Schön, Hübsch, Angenehm, Durchschnittlich. Unterhalb? Nischt Geschmacksache. Fräulein Magnus, denken Se mal, Sie wären ein junger Herr, was würden Se sagen. Danke, genügt mir.» «So, Herr, tja. Ich habe eben eine Personalbeschreibung gehört. Vielleicht geben Sie mir auch eine, zum Vergleich, und wenn es ungefähr stimmt, gebe ich den Ring frei.» «Ein schlankes junges Mädchen, etwa 20–21, recht gross, ca 1,70, distinguiert aber streng angezogen, dunkel aber graue Augen mit gelblichen Punkten, was man graugrüne Augen nennt, sehr anmutig, die Meisten würden sagen sehr hübsch, andere ‹ein schönes Mädchen›; auffallend wohl klingende Stimme; Dame unverkennbar gute Familie.» Der Hörer wurde nochmals abgenommen. «Chef. Alfred? Nein schicke mir Fräulein Magnus. Bedient grade? Soll kommen. Fräulein Magnus, die betreffende Dame nochmal – ist Ihnen die Stimme im Gedächtnis? So, danke. Das war die Entscheidung Herr Borchardt. Süsse Stimme, sagt meine süsse Angestellte von der süssen Kundin. Für die Frauen ist alles süss. Hier der Ring und möge Ihnen der Honig ohne Galle bleiben. Mein Compliment an Herrn Papa.» Ich ging in den Laden zurück. «Ich würde gern gegen gleiche Preishöhe tauschen, was haben Sie hübsches für ca 200 Mark.» Fräulein Magnus eilte geschäftig herbei. «Da die Dame Poloreiterin ist und überhaupt Reiterin, wie wäre es mit diesem schönen Reitpeitschenknopf, in der Preislage allerdings –» «Nein, das passt nicht.» «Ich weiss!» die klugen Knopfaugen in dem knitterigen Gesicht der schicken alten Jüdin sahen mich zwinkernd an, «hier, diese Briefkassette, verschliessbar, schwer Silber.» Es war ein Fragezeichen darauf graviert; auf der Innenseite stand graviert «Oui». «Sinnig, nicht wahr. Ein elegantes Stück, mit Seidenbändern als Zwischenlage und Suchzeichen, hier die kleinen Elfenbeinetiketten dran für Daten, complett 350 Mark. Wird sicher sehr geschätzt werden. Darf ich es gratis auf unsere Kosten mit Pralinen füllen lassen? Wir verkaufen solche Behälter coulanterweise nie leer. Bevorzugen bittere? Werden uns täglich von Sawade geliefert. Bon bitte der Kasse lassen, wir packen ein, danke sehr.»

«Es hat Zeit gekostet, ich habe ihn erkämpft» sagte ich den Wagen zuschlagend und dem Chauffeur ein Zeichen gebend. «Aber ich habe Dich und mich dafür belohnt. Nicht hier, es kuckt einem das ganze Strassengedränge in die Fenster. Halloh, hören Sie, Linden Charlottenburger, Hofjäger Tiergartenstrasse Kurfürsten.» «Es ist schon ½ 4 und um fünf schliesst Dahlem. Es ist kein Umweg weil wir freie Fahrt haben. Musst Du Punkt fünf irgendwo sein?» «Heut ausnahmsweise schlimmstenfalls erst um 6.» «Willst Du im Fireplace, Kurfürstendamm, mit mir Thee trinken?» «Wie ist es?» «Englisches Landhaus Interieur, sehr gemütlich, grosser Kamin, wenig Leute, saubere ältere Frauen bedienen, unerwünschte Gäste werden nicht bedient Preise schliessen die Canaille aus, sind draussen angeschlagen, mit der Überschrift ‹Laute Unterhaltungen nicht erwünscht›.» «Das ist etwas für uns, oh wie herrlich! Wann darf ich dies aufmachen?» «Aber jetzt wenn Du willst, wir sind ja gleich am Thor.» Die umständlichen Hüllen fielen. Rezia zog den Handschuh aus, als wir durchs Thor ins Freie fuhren sagte sie mir das Etui gebend, ‹Du musst ihn mir aber jetzt schenken› und ich schob den hübschen Ring an den Ringfinger, dessen Spitze ich küsste. «Lieber» sagte sie, leise und sah mich glücklich an; dann den Ring und wieder mich. «Hier mach auch das auf. Es war nicht teurer sondern im Gegenteile und dies hier ist die

Differenz. Zum Verschliessen von Briefen.» Sie schlug lustig in die Hände als der grosse blanke Kasten auf ihren Knien lag, sah das ? lächelte und blickte auf mich. Als sie aufmachte und das Oui sah, drückte sie die Hand auf meine die auf meinem Knie lag. Dann stellte sie den Kasten, die Hülle lose um ihn gelegt, vor sich auf den Boden und sah aus dem Fenster, wie vorher. Wir fuhren schweigend die Chaussee hinunter. Ihre Ringgeschmückte Hand suchte ohne dass sie sich umwandte rückwärts und legte sich stützend auf meine. Als wir in die Allee einbogen, sah ich an einer Bewegung dass die Thränen an sie gekommen waren, aber gleichzeitig lag sie schon an meinem Halse und passte mir genau und sauber die schwellende Knospe ihres frischen Mundes auf meine Lippen, rüttelte sie vorsichtig hinein bis sie fest sassen, wie ein Kind an der Brust, und öffnete sie dann zog sie langsam von meinem Kusse ab und legte sie mir offen auf die Lippen. Unter der Wonne zog sie mir die Hände zwischen sich und mich nach oben an die Brust, stützte sich auf den Kuss und schloss die Augen. Dann liess sie los, legte mir die Arme um den Hals, liess sich umfangen und gab sich, fest an mich gedrückt, meiner Zärtlichkeit voll hin. Aber ich reizte nicht und beherrschte meine Hände und ein fester Druck und Kuss ihres Mundes trennte uns. Er hatte so geknallt, dass wir unwillkürlich lachten. «Wir müssen gleich da sein», sagte sie, die Augen aufreissend und sich grade setzend. «Du bist wie ein Kind in der Bahn das vom Schlafe aufwacht und sofort aussteigen will», sagte ich, unter ihren Arm greifend. Sie legte die Hand in meine Hand. «Fünf Minuten, ich kenne die Jugend, Eisenbahn – Du machst mich ganz sehnsüchtig. So gut werden wir es wol nie haben, zusammen irgendwo anzukommen.» «Man muss sich immer etwas zu wünschen lassen, daraus besteht das Leben. Paare die zusammen reisen können, wünschen sich wieder etwas anderes und sagen ‹das kommt nie›.» «Was wünschst Du Dir?»

«Ich? das müsste ich mir erst überlegen. Das Wünschen ist nicht meine Art.» «Hast Du denn alles?» «Sehr wenig; oder je nachdem sehr viel – ich frage offen gesagt nie danach. Es ist ja alles so provisorisch, das Wirkliche kommt ganz von selbst zusammen, indem man das wird, wozu man da ist.» «Du bist aus wolhabendem Haus und kannst warten.» «Ich würde ebenso sprechen wenn ich mich von Lektionen erhalten müsste.» «Dann könntest Du keine solchen Geschenke machen und Taxis bezahlen.» «Ich würde andre machen, die mich nichts gekostet hätten als Liebe und Mühe, und mein Mädchen würde mich ganz so reich belohnen. Ich würde sie auf den Schultern tragen, das ist noch besser als Taxi. Ich wäre noch stolzer als heut und trüge den Kopf so hoch wie ein Herzog.» Sie küsste mich und liess sich küssen. «Dein nächstes Geschenk darf nichts kosten. Ich will einen Bettler lieben, der so denkt wie Du.»

Wir hielten, als der Herbstnachmittag schon dämmerte und traten in die ziemlich menschenleeren Anlagen. Weder sie noch ich waren in der Stimmung, Blumen zu betrachten, auch war die Zeit schon knapp, und ich zog sie zu einer mir wolbekannten etwas versteckt liegenden Bank der pflanzengeographischen Anlage, dort wo im Buchenlaub nur ein par Zeitlosen standen. Es war nach dem trüben Tag immer noch auffallend lau, als wolle es bald regnen und wir sahen, Arm in Arm gedrängt in die weiten Gebüsche und Wipfel des grossen Parks. Sie zog den Handschuh ab, bewunderte ihre Hand mit dem Ringe, liess mich sie und ihn küssen und küsste ihn selbst. «Ich trage ihn immer wenn wir zusammen sind, Du Schatz meiner», sagte sie und küsste mich auf den Mund. «Und sonst gäbe es Fragen?» «Sonst» sagte sie «muss ich diesen tragen», und zog einen Goldreif aus dem Ledertäschchen. «Ich bin verlobt. Ja erschrick nur. Ich werde von meinem Vater gezwungen einen Mann zu heiraten, oder vielmehr der Mann wird von meinem Vater gezwungen mich zu heiraten, weil er mich verführt hat, wie es heisst und reparieren muss wie es heisst.» Sie sah mich mit grossen strahlenden Augen an dabei und ihr Lächeln, schön wie es war, wirkte tiefer auf mich als das hysterische Gegenteil es gethan hätte. «Ich will Dir alles erzählen, Liebling, weil ich sonst keine Ruhe mit Dir hätte. Mein Vater ist ein berühmter Professor, hier an der Universität», – sie nannte ihn –, «Du kennst ja den Namen. Ich war siebzehn als er den Sohn eines Kollegen, eines bedeutenden Mannes aber arm und von nichts her, bei sich aufnahm, der hier studierte. Er gefiel mir garnicht, war prahlerisch und eitel und dreist und that sich auf seine Körperlänge viel zu Gute – er ist fast zwei Meter. Mein Vater und meine Mutter, die sehr vornehm und ganz ahnungslos ist – Vater eigentlich auch, – sahen wer weiss was in Alfred und machten ihn noch eitler. So wurde ich zu einer Art Vertraulichkeit mit ihm geradezu gezwungen und gewöhnte mich an ihn. Dann passierte etwas, was ich Dir nicht erzähle denn es ist sein Geheimnis. Kurz er kam in Todesangst, als alles schon schlief, zu mir um sein Herz auszuschütten, und wollte sich das Leben nehmen. Ich musste ihn trösten und ihm helfen, und er that mir wahnsinnig leid, und weil ich ihm helfen konnte, konnte ich auch seine sinnlose Dankbarkeit nicht abwehren, und dabei habe ich ihn aus Verwirrung Aufregung und Mitleid mich küssen lassen, und weil ich ganz unschuldig war und zum ersten Male in den Armen eines Mannes, Nachts, im Bett, – er sass auf dem Bettrand – und er hats angeknipst – bin ich unterlegen – mir selbst – nicht ihm. Es war mir so grässlich nachher, dass ich am Leben verzweifelte, und er ist noch ein par Mal gekommen, trotzdem ich so durcheinander war, dass er nur seine Übermacht über mich die er einmal gewonnen hatte, ausnutzen konnte, – und schliesslich hat durch einen Zufall meine Mutter es entdeckt, – noch zeitig genug um durch unsern Hausarzt die Folgen ausschliessen zu lassen, die vielleicht sonst gekommen wären. Dann hat Vater Alfred gestellt, ich habe mich mit ihm verloben müssen, und er musste natürlich weg. Er macht jetzt seinen Doktor und dann muss ich ihn heiraten, in England, und dort während er dort weiter arbeiten soll, mit ihm leben. Nur unter dieser Bedingung erklärt mein Vater, hat er mir vergeben und mir die unveränderte Stellung in der Familie und Gesellschaft bewahrt. Darauf habe ich ihm mein Wort geben müssen, und werde es halten. Als ich vor vier Monaten durch einen Brief den Alfred versehentlich beim Couvertieren mit einem für mich bestimmten vertauscht hatte, erfuhr, dass er in Tübingen ein Verhältnis mit einer Frau hat, habe ich ihn zwar nicht preisgegeben, denn so etwas thue ich nicht, aber Vater ganz generell gefragt, ob mein Wort mich auch binden würde, wenn Alfred jetzt als mein Quasi Verlobter so frei lebte, wie alle jungen Leute. Darauf hat er nur gesagt ‹Selbstverständlich bindet Dich Dein Wort unbedingt. Er hat Dir die Ehre genommen, und nur er kann Dir die Ehre wiedergeben. Mädchengeschichten, wie jeder Student sie hat, machen ihn nicht heiratsunfähig, nach unsern Rechtsbegriffen. Ehebruch vor der Hochzeit gibt es nicht. Natürlich kann eine Braut dem Bräutigam der ihr untreu ist, den Ring zurückgeben, ihn ein Haus weiter schicken und sich nach einem Bessern umsehen, aber für Dich mein Kind, gibt es eben keinen Bessern mehr, das hast Du Dir verscherzt. Du kannst keinem Mann von Ehre zu muten, dass er ein Mädchen heiratet, die eine Verführte ist, und deren Verführer ihn irgendwo einmal darüber auslachen kann, dass er der Dumme gewesen sei, das aufzuheben, was ein Anderer nicht aufgegessen hätte. Ich weiss ja, sagte Vater, wieviele Mädchen entehrt in die Ehe gehen und dem Mann was vormachen, aber ich als Ehrenmann und Reserveoffizier mache mir auf diese Weise keine Schwiegersöhne mit Blindekuhspielen. Wenn Du ihn geheiratet hast und es nicht geht, und Du willst Dich scheiden lassen, – meinetwegen, man muss dann weiter sehen und schöner wird es dadurch nicht für Dich.› Das waren seine Worte. Ich habe Dir alles erzählt. Ich habe mich als Alfred weg war, sofort wieder zurückgewonnen, ihn eigentlich ausgeschaltet und vergessen, es hat gar nichts für mich bedeutet, mir nichts angethan, mich nicht einmal verdorben und schlechter gemacht, oder gehässiger oder abgebrühter oder sonst was Widerliches. Ich bin genau dieselbe die ich immer war, nur natürlich etwas ernster in mir selber – ich flirte nicht mehr, was ich früher in vollster Harmlosigkeit mit grösstem Plaisir that, ich mache mir Gedanken, und Liebe bedeutet mir überhaupt erst jetzt das Leben, – weil es ja das verwirkte Leben ist – früher dachte ich kindisch und glücklich und leicht darüber. Darum habe ich vorher mitten im Glück weinen müssen, als ich das Fragezeichen sah und das Oui. Du hast mich ganz, mein Herzensschatz, bis auf das Ja.» – «Ob das viel ist oder wenig», «Das weisst Du nicht und ich nicht» sagte ich und hob sie auf meinen Schoss, sie in die Arme nehmend, an mich drückend, streichelnd, herzend, ihre Augen küssend, ihre Hände und nur einen Augenblick ihren Mund. «Lass mich Dir alles sein was Du brauchen kannst, mein süsses Kind, und das ist ja schon viel. Lass mich Dich glücklicher machen als Du bist, allmählich, auf hunderttausend Weisen. Mein Gold, Du musst Dich auch ein Mal verwöhnen lassen dürfen, nach so harten Kämmen, durch die Du gezogen worden bist. Vergiss, so wie Du sagst dass Du eigentlich vergessen hast, sei mit mir Du selbst wie Du sagst Du bist es und wie ich Dich gefühlt habe als ich Dich sah, und mit mir denkst Du nur an die Gegenwart, und Pläne machst Du mit mir nur auf acht Tage, und wir beiden Geplagten – ich auf andere Weise bin es auch – lügen uns durch durch alle Hindernisse und lügen uns heraus und sind einander die Nächsten.» «Ach hab mich lieb, ein bischen lieb» weinte sie an meinem Munde, «ich hab Dich so lieb, und hab niemanden lieb gehabt vor Dir und niemand war mit mir so wie Du, sag mir dass Du mich lieb hast, dann brauch ich all das Andere nicht, warum sagst Du mir nicht einfach ‹ich hab Dich lieb›? Vielleicht willst Du mich nur trösten und ich bin Dir verleidet, weil ich nicht bin was Du gedacht hattest vielleicht –» «Natürlich anders, tausendmal wertvoller und tiefer und mir teurer, als das hübsche Wesen, junge Dame der Gesellschaft, wolerzogen niedlich und charmant, das ich kennen lernte und anziehend fand, und prompt vergessen hätte bis zum nächsten Male, wenn nicht zuletzt ein Funke gesprüht hätte – und selbst dann – aufrichtiger kann man nicht sein, – wer mir einen Nachmittag wie diesen versprochen hätte und einen Menschen wie Dich, dem hätte ich gesagt Du träumst. Ich hatte Dich gern, aber nicht lieb, ich war sehnsüchtig aber unsicher, und heut begreife ich nicht mehr wie ich unsicher sein konnte.» Sie sah mich genau an, strich mir das Haar aus der Stirn, zeichnete mit ihrem Finger in meinem Gesichte und sagte, «Warum bist Du aber so gezwungen, ich fühle es doch?» Ich nahm sie fest in die Arme und küsste zum ersten Male leidenschaftlich diese schöne so feste und doch so weiche Knospe des Mädchenmundes. «Weil ich mich nicht gehen lassen d a r f, geliebtes Kind, mich nicht fortreissen lassen, Dich mitreissen und unglücklicher machen statt glücklicher. Das erste Wort zieht sich die andern nach, das Wort sich das Thun, und alles wird ein fressendes Feuer. Wer sagt ich habe Dich lieb, wirbt. Worum darf ich werben? Deine Gegenliebe habe ich. Wir sind beide Menschen von Blut und Feuer. Eine Beziehung bleibt nicht stehen, sie wird loser oder enger. Ich will mir nicht und Dir nicht gestehen, wie ich Dich liebe und verlange, denn thu ichs, so hält uns nichts und Du würdest was Du nicht werden sollst, – meine Geliebte.» «Ich versteh schon, aber was sind das für Skrupel, mein Süsser. Ich kenne Dich jetzt doch.

Ich missverstehe Dich doch nicht. Sag mir was ins Ohr, mein Liebster, ich sag Dir dann auch was ins Ohr.» Ich flüsterte «ich hab Dich lieb.» Sie sagte heiss in mich hinein «Oui». «Was?» wisperte ich zurück. «Das Natürliche», klang es in mein Ohr. «Wann?» «Bald.» Wir umarmten uns mit einem einzigen Kusse, in dem wir uns vermischten. Dann hörten wir die Glocke des die Runde machenden Aufsehers. Bald rollten wir der Stadt zu. Es war eine innere Stille zwischen uns eingetreten, wir sassen ohne Zärtlichkeiten Hand in Hand und wechselten die leisen gleichgiltigen praktischen Worte Derjenigen, die das Redepensum hinter sich haben. An einem der Antiquitätengeschäfte der Gegend liess ich halten. «Komm» sagte ich «wir sehen uns ein par hübsche Sachen an.» Sie zögerte. «Du hast mir versprochen – Schenke mir nichts mehr.» «Aber inzwischen hast Du mir etwas so Ungeheures geschenkt», «und was Du mir dagegen zu schenken versprochen hast, darf Dich nicht mehr kosten als mich.» «Sei auch nicht hart mit meinem Überschwang.» «Doch. Gib mir Dein Geld ehe wir hineingehen», «Tyrannin; hier, und ich geb Dir die Banknoten und die Chèques aus dem Portefeuille, das Gold und Silber aus den Taschen.» Sie überblickte und sah mich mit einem komischen Ausdruck an. «Trägst Du zwölftausend Mark oder so einfach mit Dir herum?» «Ich weiss nicht Kind, was heisst ‹immer›? Ich achte offen gesagt nicht sehr drauf.» «Du bist zu komisch» und sie küsste mich rasch auf die Backe und stopfte alles in ihre Ledertasche. «Komm ich passe auf Dich auf Du Original!»

Im Antiquitätenladen sass ein sehr hübsches Mädchen, Dame, wie sie damals anfingen auch in guten Familien, sich unauffällig auszustellen und zu verdienen, eine grosse Hellblondine mit einem sehr anmutigen Körper, hellen kleinen Augen und rundem Näschen und einem knappen süssen jungen Munde, noch herb aber in weichen Winkeln. Sie begrüsste, fixierte mich dann und sagte «Sie erinnern sich wol nicht mehr Herr Borchardt, Sie haben in Göttingen mit mir getanzt, – bei Reselers in Weende, meinem Onkel, – Marga Steinbömer aus Lübeck.» «Richtig – richtig. Wie nett Sie hier – sind Sie schon lange hier?» «Einen Monat, – ich habe Kunstgeschichte studiert und bin hier bei Herrn Bacherach thätig.» «Und interessiert es Sie?» «Gott, ja und nein, aber mal raus aus Lübeck, und etwas verdienen, und dann habe ich hier sehr nette Häuser und Verwandte.» «Wir kommen nur uns ein par Geschenke aussuchen, die Fräulein von Schaper machen will, Fräulein Steinbömer, Fräulein von Schaper – dürfen wir uns umsehen?» «Sie müssen ihm nichts glauben», sagte Rezia lachend, «er will aussuchen und ich habe ihm die Casse confisziert, weil ich seiner Mama versprochen habe, auf ihn aufzupassen, er verschenkt zehn Vielliebchengeschenke am Tage.» (Brillantes Mädchen dachte ich.) Marga Steinbömer lachte und zeigte die hübschen Zähne in ihrem jungen Munde. «Solche Kunden liebt Herr Bacherach.» «Was ist das für ein Kimono» fragte ich. «Das ist für ein Vielliebchen zu teuer, Herr Borchardt; ein gemalter Kimono, signiert, Reiher über Irisblumen und einer Brücke, nach einem klassischen Uta gemacht, signiert.» Ich machte ein Fragezeichen in die Luft, während Rezia sich eine Vitrine ansah. Marga Steinbömer hob lachend vier Finger jeder Hand und sagte «Nicht? sonst hätte der mir auch in die Augen gestochen, ich bin ganz verliebt in ihn.» «Ich finde ihn gar nicht sehr extra», sagte Rezia, «dieser hier ist viel schöner und einfacher.» Es war ein seegrüner aus prachtvoller schwerer Seide, links und rechts mit einer stilisierten stumpfrosa, schwarz gefassten und grün durchwirkten Rosette gestickt. «Kostet nur die Hälfte, ist aber ein sehr apartes Stück, Sie haben ganz richtig gesehen. Courtisanen Mantel aus Yedo, Yedoarbeit in der unterlegten Stickerei. Dieser Gürtel passt schön dazu, mit den groben Nephritstücken und dem Nephrit Hänger in Gold.» «Ja ganz hübsch» sagte Rezia aber ihre Augen glänzten. «Ja aber für Herren» sagte ich, «– für Herren brauche ich hauptsächlich etwas; ich habe Wetten verloren.» «Welcher Lebenswandel», sagte Marga Steinbömer mit einem Flirtblick in meine Augen. «Hier ist ein französischer Reitpeitschenknopf Dixhuitième, Porzellan gemalt mit einem kleinen Goldring, ein bijou, Raub der Leukippiden, ich gebe es für 150.» «Spielt Max nicht Polo» fragte ich unbefangen. «Ich weiss nicht – dh. ich glaube ja» sie war errötet und sah wieder etwas anderes an. «Finden Sie denn nichts, was Rudi gefallen würde? Helfen Sie mir doch ein bischen.» «Oh – warten Sie – ja – was kostet wol diese glatte Malachitschnupftabaksdose – man kann sie gut für Cigaretten brauchen finden Sie nicht?» – «Bei Ihren anderen Einkäufen» sagte Marga – «wenn Sie fest bleiben.» «Ach bitte Fräulein Steinbömer, zeigen Sie mir doch hier – einen Augenblick, Herr Borchardt.» Ich blieb allein. Marga kam zurück. «Fräulein von Schaper kommt gleich wieder. Also wenn der Kimono, 400, der Nephritgürtel 250, der Knopf 150 weggehen, 800, würde ich mit 900 für die Malachitdose abrunden», «und achthundert der gemalte Kimono.» «Der gefiel der Dame ja nicht sehr.» «Aber einer andren Dame» sagte ich scherzend. «Fräulein von Schaper berät mich nur.» Marga war rot geworden, beherrschte sich aber und sah weg. Ich nahm Rezias liegen gebliebene Tasche und zahlte 1700 Mark aus. «Wohin darf ich» fragte die Blonde, halb weiss halb rosig, mit einem unsichern Flirtblick in meine Augen. «Den gemalten lasse ich noch hier, die andern nehme ich gleich in den Wagen. Wann sieht man sich einmal wieder, und tanzt wie in Weende?» «Kommen Sie doch einmal ins Bureau, Herr Borchardt, ich muss eine Quittung schreiben.» Im Bureau trat sie an mich heran. «Für wen ist der Kimono?» fragte sie aufgeregt. «So hübsche Lippen sollten nie Fragen stellen auf die sich die Antwort von selbst versteht.» «Ich freue mich ja wahnsinnig! Sie sind ja der

Märchenprinz. Fahren Sie mich mal an einem Samstag aus Berlin raus, dann – dann sage ich Ihnen wie ich mich gefreut habe. Ich tippe eben die Quittung.» Die Maschine klapperte. «Richtig so?» Ich bückte mich auf die Maschine, sie legte mir rasch den Arm um den Hals und gab mir die halboffenen Lippen. «Süsser» sagte sie, «rufen Sie mich an.» Ich trat mit der Quittung aus dem Verschlage. Rezia kam gerade eben aus dem Rückladen wieder, die Sachen wurden eingepackt und wir fuhren.

Ich kann nicht sagen welche dunkle psychische Nötigung mich zwang, mein Gleichgewicht zu verlegen. Ich weiss nur dass ich viel ruhiger, balancierter, sicherer war als noch eben. In der Situation die sich aufgeschlagen hatte, durfte Rezia mir nicht zur Leidenschaft werden, ohne dass Unglück entstand und diese Gefahr lag gerade in der unbesonnenen geraden Hingabe des Mädchens. Es konnte nur ein schönes Liebesabenteuer sein, schön für sie und mich, nichts andres, auch unter günstigsten Umständen hätte ich sie nie heiraten dürfen, – können, ohne Enttäuschungen schwerster Art. Dennoch hatte ich sie lieb, hatte zärtliche und hilfsbereite, schützende, nützende Antriebe für sie im Innern. Und es war mir nur natürlich, im dunklen Wagen ihre Umarmungen zu erwidern. «Höre jetzt, erschrick nicht. Ich möchte nicht in dies englische Tearoom – ich möchte etwas anderes. Ich hatte Dir gesagt, ich sei heut ausnahmsweise bis 6 frei. Peter hält gerade jetzt bei einem Congress in München eine Rede, und Mutter ist auch da, und abends mit den ½9 Zuge kommt eine unangenehme Tante an, die ich abholen muss. Die Leute habe ich ins Kino geschickt, sie kommen erst um ½8 zurück. Komm einfach zu mir – willst Du? Sag ja. Es geht so auf die Nerven, dies nie wirklich mit einander allein sein, immer Augen, Menschen, aufpassen müssen, Termine. Sag dem Chauffeur Lützowufer 12. Höre zu – wir sind ja gleich da. Ich gehe zuerst hinein. Nach 5 Minuten kommst Du, Portier ist keiner da. Du gehst durchs Treppenhaus, über den Hof links und läutest an der Hintertreppe am 1 Stock, der Name steht übrigens dran. Ich komme Dir aufmachen. Bei mir trinkst Du Thee – wie fein, Du». Sie rubbelte meine Arme in kindlichem Entzücken. «Wir haben zwei volle Stunden ganz einsam und ungestört, ich mache niemandem auf, d. h. nicht ganz zwei Stunden, um 7 musst Du doch besser gehen. Da ist eine Conditorei, nimm doch etwas Kuchen mit, ich habe von alledem Durcheinander einen Mordshunger plötzlich. Etwas solides, Schatz, keine Schnickschnackerei. Da hast Du Dein Geld wieder, Verschwender, Du herrlicher – ach auch Verschwenden ist ein Mal so schön – ich versteh Dich ja ganz.» Ich stieg aus, die Conditorei war überfüllt, während mir eingepackt wurde, telephonierte ich an Bacherach und bat Fräulein Steinbömer an den Apparat. «Hier ist, – Sie hatten doch gesagt, ich solle anrufen – was wünschen gnädiges Fräulein?» «Brennts denn so» – lachte sie zurück. «Meiner Natur nach schon neugierig angelegt, vertrage ich sehr schwer einen Aufschub von Aufklärungen über sphinxartige Anspielungen in letzter Minute vor dem Scheiden. Morgen ist Samstag, sagt der Kalender. Wie wäre es, wenn wir das Hinausfahren aus Berlin heut abend – ich bin von 7 15 an frei bei einem Schluck und Happen in der kleinen Prince of Wales Bar, Potsdamerplatz durchsprächen, wo man wenigstens Hummer und Crêpe Suzette ausgezeichnet isst, und die Weine augenblicklich bemerkenswert sind. Raubentschlossene Interessenten erhalten Auskunft unter RB und so weiter.» «Heut Abend – ach was – ich sage ab. Gut. Einverstanden. Aber holen Sie mich nicht hier ab. Halten Sie Ecke Nettelbeck glänzende Idee. Au revoir.» Ich weiss nicht was mich in diese Richtung drängte – es musste sein. «Es war wol irrsinnig voll» fragte Rezia. «Irrsinnig. Jetzt los.»

Es vollzog sich alles normal. Auf mein Läuten hin kam sie, noch im Mantel und Hut, denn sie hatte das Gas angezündet und die

Theesachen gerichtet. Es war eine vornehme grosse Wohnung, und was ich in der Eile des Durchschreitens sah machte mir einen Augenblick weh für das Schicksal der Tochter eines solchen Hauses und für die rohe brutale Pedanterie eines solchen Vaters. Aber ich wusste Rezia würde sich von ihrem Kerl scheiden lassen und höchstwahrscheinlich zum zweiten Male besser fahren. Und ich wusste auch mehr – wusste dass sie nach mir gegriffen hatte, weil sie mich gerade jetzt als Gleichgewicht brauchte, und dass sich auf diese Weise alles von selber balancieren musste. Es war kein Fall für Skrupel, aber auch keiner für Dummjungenstreiche. Die Frauen hatten mich doch sehr gereift. Ich blieb nicht lange der dupe einer Anziehung. Ich glaubte nicht mehr hinter jedem süssen Wesen stecke ein neues Problem. Die Mädchen hatten offenes Herz und Begierden, und ich hatte Leidenschaften. Ich gefiel ihnen wie sie mir gefielen – gefiel ihnen oft, ehe sie mir noch gefallen hatten. Ich war das Richtige für sie, sie waren ein Pluralis und ich ein Singularis. Es war ganz gesetzmässig dass ich wechselte. Nichts entwickelte sich so wie es von der Liebe in den Büchern stand, alles schoss auf und reifte schnell. Rezia hatte gewusst, dass es zwischen uns nicht auf Dauer und Lebensform gehen konnte, dass es nach jeder Seite hin begrenzt war, und dass höchstens eine bedingte Zusammengehörigkeit für die Zukunft sich bilden konnte, dass das Wort ‹Liebe›, das Gefühl ‹Liebe› zwischen uns eine hoffnungslose Forderung bleiben musste, ausser man sah es klar, trennte sich und beschloss an einander zu denken – also unglückliche Liebe. Aber sie stand in Flammen und wollte die glückliche – das konnte nichts anderes sein als von ihrer Seite ein unbesonnenes Sichverschenken und von meiner Seite ein besonnenes. Es war eine Sünde, und man konnte sie nicht wie eine Tugend traktieren. Man musste sie durch eine Gegensünde in den Maassen einer lässlichen Sünde halten. Diese Gedanken schossen mir blitzartig durch den Kopf, als das liebliche Wesen mich untergefasst in ihr hübsches Mädchenzimmer brachte, mit seinen bunten Cretonnen, dem Luxusschreibtisch mit Familienbildern in Silberrahmen, Nicknacks jeder eleganten Art, etwas nichtig, etwas zu blank und sauber-nüchtern, etwas durchschnittlich. Es war ein allerliebster Theetisch gerichtet, ein Teller voll meiner Plumcakes und vol-au vents gehäuft, sie zog mich mit kindlicher Freude, durch die das Feuer des Geheimnisses loderte, neben sich, und es begann ein heftiges Vertilgen gesunder Appetite, mit Scherzen und Zärtlichkeiten durchwirkt. Dann musste ich den Tisch forttragen und ins Nebenzimmer gehen, ein Gastzimmer soviel ich sehen konnte ohne besondere Eigentümlichkeit. «Du darfst erst kommen wenn ich rufe. Ich ziehe Deinen Kimono an, und Du musst Deine hässlichen Kleider ausziehen, die zu meiner Pracht nicht passen, da nimm meinen gewöhnlichen blauen, er passt immer noch besser und meine Badesandalen, ich ruf Dich sofort.» Langsam über der anmutigen Nähe und der Glut der Berührungen war in mir die unerklärliche Hemmung die ich ihrem Drängen gegenüber gefühlt hatte, geschmolzen, mein Herz klopfte und schlug, und die nüchterne Umgebung weckte mir die Ungeduld nach der Rückkehr in ihre pulsierende Heimlichkeit. Dann steckte sie den süssen, rosigen Kopf durch die Thüre, die braunen Haare etwas höher geordnet und ihren Reiz fremdartig steigernd, liess sich im Thürspalt küssen und sich die völlige Öffnung spielend abringen. Ich durfte sie nicht umarmen. Sie stand in der prachtvollen Seefarbe seiden da, den Neprithgürtel um ihre Schlankheit gezogen, neben ihr die grüne Dose auf einem Tischchen, der Peitschenknopf auf ihre kurze Reitpeitsche gedreht, die Silberkassette offen daneben – meine zwei Briefe, soviel ich sah hineingelegt, den glühenden Ring trug sie am Finger einer festgeschlossenen kleinen Faust. «Liebesbescherung» rief sie, «und jetzt kommst Du dran.» Sie legte mir den Arm um den Hals und führte mich ziehend nach einer Zimmerecke in der sie ein elektrisches Kerzchen auf einem gedeckten Tischchen anknipste. «Dies habe ich Dir gestickt, weil ich das Auto, das Du für mich bezahlt hattest, nicht annehmen wollte, neulich» sagte sie lachend, und gab mir ein schönes Irisches Taschentuch mit einem blau aufgenähten und weiss mit RB gestickten Eckschild. Ihr Mund den ich küsste, schmolz in mir wie eine süsse Pflaume. «Hier bin ich, nur für Dich von jemand aufgenommen.» Es war ein Silberrähmchen mit ihrem schönen Kopf und nackten Hals, die Augen vielsagend, die Lippen gleichsam sich bietend, ein bezauberndes Bild. Sie drückte sich an mich. Als wir ruhiger geworden waren, nahm sie meine linke Hand und öffnete die kleine Faust. Ein alter Siegelring in ein edles Goldband gefasst, gelber Achat mit bleichen Adern und einem Wappen in grossem Oval zeigte sich, sie zog ihn mir auf den vorletzten Finger und küsste ihn. «Er ist nicht schöner als meiner, geliebtes Reh», sagte ich, «um so viel schöner wie Du als ich, und um so viel besser, und süsser und ganz ein Engel.» «Schluss Schluss» sie hielt mir den Mund zu, «da ist noch etwas, ein kleiner Russenkasten, aber eingewickelt. Darin sind alle Briefe die ich Dir geschrieben habe und nicht abgeschickt, aber lies sie erst zuhause, – jetzt nicht aufmachen.» Ich nahm sie in die Arme. «Reh» flüsterte ich ihr zu. «Rud» sagte sie und küsste mich. «Ich liebe Dich». «Ach» sagte sie an meiner Brust, «ach; lass uns Verlobung spielen, wie die Kinder. Wir wollen uns so lange es geht, so schrecklich lieb haben, dass wir nachher von der Erinnerung dran leben können, wenn es zur Freundschaft geworden ist.» «Schrecklich lieb» sagte ich, «und keine Zukunftspläne, sie kommen von selbst, wenn wir uns alles sind.» «Ich binde Dich nicht, Süsser, ich hole Dich nur immer wieder» «an der langen Leine an der Du mich fest hast.» «Hab ich?» lachte sie und liess sich fortziehen. – «Du mich, nicht ich Dich. Ich habe keinen Willen mehr». Wir hielten uns im Ziehen und Gezogenwerden küssend in den Armen, aber plötzlich stiess mein Fuss an ein Hindernis und die Tischlampe ging aus. «Halt, der Contact, am Boden» sagte Rezia, ihren Mund freimachend. «Lass doch» sagte ich leise, und sie legte mir den Mund zurecht und küsste ihn zwischen ihren Fingern mit aufschmelzenden Lippen. Wir standen zitternd und uns mit Küssen umklammernd minutenlang, das Dunkel entband unsere Wünsche und ermutigte das geheimste Drängen. Ihre Hand unter der Seite, ihre Hände auf meiner nackten Brust, ihr stummes enger und enger an mich Wachsen, meine geflüsterten Worte und schliesslich mein Griff in ihr Beben waren die Stationen zu dem süssen Augenblicke in dem sie den Nephritgürtel zu Boden klappern liess, den Kimono zuerst aufriss um meine Liebkosungen zu empfangen, und schliesslich, gleichzeitig mit mir fallen liess. Der junge Mädchenleib schloss sich nackt an meine Nacktheit, noch ein unschlüssiger Moment und wir waren ihrem Bette nah, sanken auf seinen Rand, hoben einander hinauf und erst jetzt kam unter ihren glühenden Zungenschlägen in mir ein Aufflakkern der Abwehr. «Aber nicht wirklich – Du – nicht wirklich – komm, gib.» Sobald sie die Waffe der Lust, die sie hatte ablenken wollen, in der kleinen leichten Hand fühlte, ergriff sie eine Raserei, und ihre Berührung der Explosivstelle entfesselte die meine. Sie unterwarf sich meiner besinnungslosen Leidenschaft, wich bebend zwischen Verlangen und Anmut noch ein par Mal aus und empfing mich endlich mit einer wilden Bewegung. Die zarte blühende Schlankheit in meinen Klammern berauschte meine Nerven ebenso wie meinen Nerv, aber ich blieb meiner Herr. Ich war mir noch in der Ekstase der ihren, nicht der weit entfernten meinen, bewusst, dass ich ohne Liebe ein entzückendes Abenteuer genoss, weder mich verlor noch sie gefährdete. Sie lebte kaum gestorben wieder auf und umschloss mich {mit} allen Feuern ihres Verlangens. Die Süssigkeit des Spieles wurde eine solche, dass ich mich im pianissimo hielt und eben dadurch ihre Lust unerträglich, ihre zweite Niederlage augenblicklich machte. Sie riss sich nach Minuten aus den Küssen und griff nach dem Kropf der Bettlängsebene. «Höchste Zeit süsser Schatz, rasch, anziehen.» In Überstürzung im Nebenzimmer in meine Kleider geschlüpft, noch umarmend, geküsst, wurde ich mit meinem Päckchen an die Hinterthür geschoben. «Bist Du glücklich?» fragte ich an ihrem Munde. «Zum Sterben. Ich habe es ja gewusst – Du – es musste sein, ich musste, ich hätte nicht mehr leben können – ohne –». «Jetzt haben wir nicht nur Verlobung gespielt sondern auch Hochzeit.» «Nein», lachte sie, «nur heimlichen Fehltritt, Ausprobieren, Hochzeit spielen wir noch lange nicht.» «Ergebnis?» fragte ich und formte ihr die knappen an mich gedrückten Wölbungen, «Ungeheuer» und sie liess mir die Zunge in den Mund schiessen, «pack Dich sonst lass ich Dich nicht mehr gehn –»

Ich war glücklich gewesen aber nie ohne den Tropfen der in mich gekommenen Nüchternheit. Ich war nicht sehr sicher ob ich sie wiedersehen würde – aber es musste sich zeigen und es konnte sich nur zeigen, wenn andere Frauen mir das volle Gleichgewicht wieder gaben. Ich dürstete plötzlich nach unproblematischer leichter Unterhaltung, nach Scherz und Spiel, und war froh an der bezeichneten Stelle auf Marga warten zu dürfen. Oh nur keine Leidenschaft, keine Bande, kein sich an mich Heften wollen, von Wesen denen ich grade das was sie brauchten, nie sein durfte! Ich war erleichtert als das schlanke blonde Ding mit dem bildhübschen Puppenkopf, auf dem ein breiter krempiger dunkelblauer Hut aus Flausch sass, mit der Hand winkte, von der Armbänder herunterklapperten und zu mir einstieg. Wir sahen uns an und platzten in seliger Ausgelassenheit los. «Ist ja zu fein» sagte Marga, «hinter die Schule gehn mit einem von dem man sichs nie hätte träumen lassen» und ihre hübschen hellblauen Augen pathetelten himmelwärts. «Und ich erst, – hätte jetzt zu Hause gebüffelt und nicht geahnt, was man für nichts neben sich im Auto und dann bei Tisch sitzen haben kann, wenn man nur ein bischen frech bitte bitte sagt.» «Für nichts, Sie Prahlhans» und sie pickte mich lustig. «Sie haben sich ja für mich ruiniert! Wie kamen Sie nur auf einen solchen Einfall?» «Wer hat mich denn darauf gebracht, bitte?» «Ach Herr Borchardt Sie sind ein Dichter, richtig? Wenn es so leicht wäre, Leute die keine sind auf Einfälle zu bringen, die sie 800 Mark kosten!» «Sie entzückender Vogel, für Ihre Zauberlieder ist es doch wie Sie gesehen haben ganz leicht – Versuchen Sie es gleich noch einmal, Sie werden sehen wie es im Handumdrehen gelingt.» «Er weiss dass ich ihn nicht beim Wort nehme.» «Sie kann das ohne die leiseste Gefahr. Sie muss nur den allerliebsten Augen denselben Blick wie vorhin zu blitzen befehlen, hellblaue Unwiderstehlichkeit!» «Also – Spass oder Ernst?» «Weh dem Manne, etcetera. Mit Ihnen spasst man nicht, mein süsses Herz.» «Lassen Sie mal meinen Finger los, süsses Herz, Sie Complimentenklempner, körperliche Berührungen zur Unzeit wirken leicht verwirrend – Also – ich brauche wirklich etwas ungeheures nötig – nötiger als den wahnschaffenen Luxus von dem ich zu träumen gewagt hatte. Seidene Tricot Combination – amerikanische aus ganz fester Seide – ich kann keine anderen tragen und habe nur zwei, die bereits geflickt sind – höööchst unpassend, nich, Ihnen das zu flüstern – und – und vor allem Handschuhe, lange weisse Glacé, englische zum Abend, – unerschwinglich.» «Halt, Chauffeur» rief ich. «Wohin?» «Sie sind verrückt, Mensch. Sie wollen doch nicht wirklich. Ich mache doch nur Spass.» «Hoffentlich nicht mit mir. Wir müssen fix machen, die Läden schliessen.» «Die Gerstel, Bellevuestrasse», sagte Marga zaghaft humoristisch mich ansehend. «Also hören Sie – Bellevuestrasse Modengeschäft Gerstel, drei Mark extra wenn der Laden noch offen ist.» «Borchardt!» sagte Marga als wir {an}langten. «Wie soll ich nur –» «Aber Kind, wieviel Worte über drei Fetzen. Ich habe hier was bessers in der Tasche für Sie – nur für den Fall, dass Sie mir jetzt gleich gesagt hätten, das Kimono jetzt gefiele Ihnen doch nicht und Sie tauschten es lieber um.» «Umtauschen! Das! wo ich noch 100 M daran verdient habe und meine Schneiderin bezahlen kann? Ich bekomme es doch mit Rabatt!» «Um so besser.» (Ich hatte aus Versehen das Kettenarmband bei Posen nicht abgegeben sondern zerstreut behalten.) «Was heisst um so besser?» «Später bei Licht, es ist jetzt zu dunkel. Oder warten Sie, geben Sie Ihre Hand her.» «Nie.» «Oh doch. Das wissen Sie ganz genau. Kennen Sie meine Gedanken?» «Nur die heimlichsten, und sie sind die schönsten.» «Also» sagte Marga, «nur um Sie nicht zu enttäuschen» und gab mir die federleichte kleine Hand. Ich knipste das Etui in der Manteltasche auf und liess das Armband über die schlanke Fessel fallen. «Ich bin Ihnen richtig böse» sagte sie und drückte meine Finger energisch zusammen; ich küsste die kneifende Hand und lachte. «Wenn ich mir daraus was machte, könnten Sie mich nicht leiden.» «Da haben Sie eigentlich mal wieder recht», sagte sie ausgelassen, und hüpfte auf ihrem Sitze. Aber der Wagen hielt schon. Die Gerstel hatte noch offen und man begrüsste uns mit süssem Verkaufslächeln. «Ich habe einen reizenden kleinen Seidenschal bei Ihnen gesehen, Fräulein, und die Dame hier hat auch Wünsche.» Marga sah mich mit einem seitlichen Glücksblicke an und wurde an einen anderen Tisch gebeten. Ich kramte in shawls und kaufte einen blauen der reizend um ihre Schultern liegen musste. Sie kam zu mir und sagte leise «Sie sind wahnsinnig teuer, 200 M das Stück!» «Dann nehmen Sie vorläufig nur ein halbes Dutzend, ich habe nicht viel bei mir und möchte nachher noch genug für uns haben.» «Und die Handschuhe 30» «Also auch so, – nur ein Dutzend – oder so ungefähr – was Sie brauchen. Gefällt Ihnen der Schal? Er ist entsetzlich teuer, 52 Mark.» Marga lachte tief errötend und ging. Das Paket wurde gemacht, ich zahlte und wir stiegen ein. «Borchardt» sagte Marga leise. «Hm?» fragte ich, «Das Armband.» «Mein Engel es ist ein ganz bedeutungsloses Geschenk, ein Tribut an Ihren Charme, sonst nichts.» «Ich möchte noch nicht essen; fahren wir einen Umweg; wir sind ja schon am Platz.» «Halloh? Charlottenburger Chaussee, Hofjäger Tiergartenstrasse, Bellevuestrasse, Potsdamer Platz. Die Eckbar an der Leipziger.» «Jetzt hören Sie –» «Ich bin ganz Ohr: aber Ihr Satz darf nicht mit Warum Woher und Wie anfangen, sonst nehme ich alles und werfe es aus dem Fenster. Sie sind ein süsser Liebling, und ich kann der albernen Versuchung nicht widerstehen, Ihnen die Sorte Vergnügen zu machen, die es selten im Leben gibt, die unerwarteten Überraschungen. Sie kosten mich keine grossen Opfer, aber ich würde vielleicht die grössten bringen um zu sehen wie Sie in die Hände klatschen und beim Lachen die kleinen Zähne zeigen in dem allerliebsten Munde.» «Süsser Junge» sagte Marga, «verrücktes Huhn – so etwas ist mir noch nicht vorgekommen.» «Alles auf der Welt kommt ein Mal zum ersten Mal» sagte ich phlegmatisch. Ich habe auch so etwas noch nie gemacht und werde es schwerlich je wieder machen, aber jetzt wo ich angefangen habe, will ich es zu Ende machen, das schwöre ich Ihnen, und wenn Sie sich auf den Kopf stellen.» «Wollen Sie endlich den Schnabel halten, Sie Nero» schrie Marga wütend. «Wie lange wollen Sie noch Ihre Überlegenheit auskosten, und mich demütigen? Sie sollen jetzt endlich mal danke sagen und nicht ich» und mit einem Satz, den Kopf unter das niedere Wagendach duckend, schwang sie sich mir rittlings auf den Schoss. «Küss mich mal jetzt», sagte sie mit einer reizend kleinen Bettelstimme, mit dem Ellenbogen in die Brust stossend, «zeig mal dass Du noch mehr kannst als Geld ausgeben und Dich lustig machen, hol mal alles Versäumte nach, hab mich mal gleich lieb, Du kalter Frosch, nein nicht so, küss mich richtig – na? und jetzt, mhh, – Du – jetzt pass mal auf.» Und nun, fester von mir gefasst, begann die Schelmin mich mit allem Raffinement ihrer verlangenden achtzehn Jahre und ihrer gleichwol reichen Erfahrung in eine Schule des Küssens zu nehmen von der ich nie geträumt hatte. Sie trieb es mit einer List und einer Innigkeit, einem Erfindungsreichtum, und einem unaufhörlichen Positionswechsel von der lüsternen Spielerei zur unschuldigen Liebkosung und kurzen mörderischen Leidenschaft, und stattete die Übergänge mit so überraschenden Modulationen aus, dass ich ausser mir geriet, und sie so auf mich riss und zwang, dass sie auf Kloben zu sitzen kam. Ich umklammerte ihr fest die Arme, heftete meinen Brand auf den süssen Mund, und würde sie aus der Fassung gebracht haben, wenn nach der halbdunklen Tiergartenstrasse nicht die Rolandsbogenlampen aufgeglänzt hätten. «Du hast noch nicht Du gesagt, Schnucki», flüsterte Marga Atemlos, den blonden Kopf von dem der Hut gefallen war, auf meiner Schulter. «Duh – liöh» lachte ich und klebte ihr einen heissen Wühler auf das offene Paradieslein unter ihrem Näschen. «Halloh» rief Marga dem Chauffeur aus dem Fenster zu, «bitte noch ein Mal Siegesallee, Brandenburger Thor, Lennéstrasse, Bellevue.» Dann, noch immer auf mir reitend und die schlanken Schenkel strammend, legte sie ihre Backe an meine, küsste mich und sagte «Worauf an mir bist Du denn geflogen, komm sags mir.» «Auf Deine kurze Oberlippe und die runde Kinderunterlippe und die weichen Mundwinkel und die frechen blauen Augen, und so weiter. Ich habe keine Ahnung, Du Schatz von einer Puppe.» «Aber ich habe doch auch eine Seele» sagte Marga, und küsste mich niedlich. «Du hast einen schönen Mund, zum Totküssen, aber in den habe ich mich nicht verliebt, sondern – ich weiss eben nicht.» «Ich eben auch nicht.» Und ich fasste sie um den geschmeidigen jungen Leib, der sich elastisch schmiegte wie ein Aal. «Sag jetzt endlich danke» sagte Marga, und fing wieder an mich zu schnäbeln wie im Anfang. «Kleine Hexe» sagte ich, «wenn Du mich weiter so erregst so liegt Bittesagen mir näher.» «Kannst Du ruhig» sagte der Schelm mit einem heissen Schlusskuss, «aber wenn ich Deine Freundin sein soll, sag erst noch was anderes, Du herzloser Mann.» «Ich ahne nicht». – «Küss mich mal ganz zärtlich, ich zeige Dir dabei was und dann kommt es von selber.» Ich hob das niedliche Geschöpf und setzte es kindlich auf meinen Schoss, fasste es um und das süsse Gesicht in die Hand, küsste es über und über und fühlte mich in einer andern Weise als vorher umschlungen. Marga küsste jeden Kuss weich mit und drückte sich jählings unwiderstehlich an mich, die Lippen auf meinen Augen und stammelte «mein Herzensschatz mein Liebling!», so dass es mir heiss zum Herzen stieg. Erst in dieser Stellung zeigte das grosse schlanke Mädchen mit den langen zarten, aber schon frauenhaften Flanken und den schönen Beinen, was sie ausströmen konnte, und ich verliebte mich im Blitze dieser sinnlichen Beglückung. «Liebste» flüsterte ich ihr zu, «ich bete Dich an; nimm alles was ich habe, – und mich selbst dazu – und gib mir Deine Haarlocke und Deinen Fingernagel Du Abgott –» «Süsser Junge» sagte Marga leise und pumperte meine Lippen mit dem klettenhaft zähen Puppenmund, «– Liebhaber, ach Liebhaber, nix anbeten, ich werde Dich ja rasend enttäuschen, ich bin strohdumm, – aber liebhaben – siehst Du – das kann ich – und wenn Du mich wieder lieb hast – fein wird das – komm lass mich, mach mich nicht verrückt – Morgen, Süsser – fahren wir in den Spreewald – schliessen Bekanntschaft.» Ich setzte sie ab und wir drückten uns aneinander. «Was fällt Ihnen eigentlich ein, Du zu mir zu sagen mein Herr, – woraufhin?» tragierte sie mitten im Geflüster, «zuerst kommt der Ehevertrag und Schwur: sagen Sie mir mal nach: Ich gelobe – meiner geliebten Freundin – M. S. – jede Laune zu erfüllen – jede Dämlichkeit zu verzeihen – nichts übel zu nehmen – mich um sie zu kümmern – nichts vorzuflausen – Sie immer schön zu finden – ebenso glühend zu sein – wie diskret – sie zu verteidigen – ihre Rechnungen zu bezahlen – sie glücklich zu machen – zu unterhalten – nie langweilig zu sein – widrigenfalls – ich es nur natürlich finden werde – wenn sie kalt ist – ungezogen – Migräne hat – sich erkältet – absagt – mir untreu wird – wogegen ich jedoch bei Erfüllung – Anspruch habe auf ihr kleines dummes Herz – das ihren gesamten Lagerbestand – von Zärtlichkeiten – Reizen – offensichtlichen und heimlichen – in Commission hat – und zu jeder Tages- und Nachtzeit – verschwenden wird – an den der weiss – was junge Mädchen brauchen – um restlos – restlos – restlos – glücklich zu sein – Herrgott wir sind schon wieder am Platz. Rasch. Schwur. Händedruck, Kuss geht nicht mehr – Du die Leute kucken – nachher – ab – Du.» Wir stiegen an der Bar aus.

Sie ging mir vor, im Schwung ihrer Beine, die junge Brust hochgereckt, den ausgelassenen blonden Kopf mit den lustigen hellen Augen forschend nach allen Seiten, und setzte sich wie ein Bengel in die letzte Koje. «Ich muss fressen, mein Kind» sagte ich, «der zweimalige Aufschub hat mir das Innerste zu Äusserst gekehrt, eine halbe Stunde bin ich für Gefühle nicht zu haben.» «Da sieht mans» sagte sie die Speisekarte in der Hand, «das nennt sich Liebhaber, gottseidank übrigens dass Du so bist, denn ich bin auch so – entweder Küssen oder Schlucken, beides zusammen ist ungesund.» Ich nahm ihr die Karte ab und rief den Kellner, der mich rasch informierte was es besonderes gab. «Caviar» sagte Marga mit weichen Augen, «dafür sterbe ich – aber genug muss es sein, mal richtig viel.» Hummer war nicht da, dh nur kleine auf die wir verzichteten, dagegen eine prachtvolle Lachsforelle, die mir lebend gezeigt wurde, Schnepfen mit Kastanienpurée, eine Ananasbombe in Rahm und köstliches Obst. Der Sekt fluppte unter der geschickten Hand des Kellners und wusch schäumend in den Tulpen. Margas sehnige rassige Schenkel klemmten mir die Beine unterm Tische zusammen als der Kellner verschwand, und sie, die Augen in meinen, austrank. «Brüderschaft» sagte sie die Gläser vertauschend die ich vollgoss. «Arm unter Arm wäre hier höchst indezent», und sie zog kindisch die Brauen hoch. «Gib mir das Caviarbrötchen das Du da zurechtmachst sorge überhaupt ein bischen für mich, Du Affe, ach bist Du goldig, wonnig bist Du, Schatz. Komm schnell es sieht keiner. – Du, ich bin zu glücklich. – Hast Du mich auch lieb? – Richtig? Na na, ich glaube nicht so – ganz – richtig. Halt. Tenue. Noch so'n Caviarbrötchen, noch so'n kleinen Schwarzen für die arme Marga, die so'n Hunger hat.» Und so ging es weiter. Das Gedalber des grossen Mädchens mit der schönen Haut, den fahlgoldenen lockigen Haaren, den dreisten Augen, dem jungen festen Kussmund und den allerliebsten Zähnen. Beim Schnepfengang sagte sie, wie aus einem Traum erwachend «Ja sag mal was ist Dir eigentlich eingefallen?» «?» «Na vorher das, im Geschäft. Du warst doch mit einer extra hübschen Frau da. Sie sagt ‹Gefällt mir nicht›. Ich sage was dämliches – so richtig frech wie ich aus Übermut manchmal sein kann. Da sagst Du – ich capiere es noch immer nicht.» «Goldschatz, der Fisch der den Haken geschluckt hat, schwimmt auch noch eine Weile weiter, bis er langsam capiert, warum er nicht mehr weiter kann.» «?» «Eben. Ich wusste auch nicht was mir passiert war; ich hatte instinktiv reagiert.» «Versteh ich immer noch nicht, verzeih, ich bin idiotisch, das ich Dir lieber gleich – also?» «Ich hatte das absurde Bedürfnis, mich für Dich zu verschwenden, in Stücke zu reissen, und Dir zuzuwerfen. Ich dachte ich thäte es nur, wie Busch sagt, aus Bosheit und Pläsier. Langsam habe ich gemerkt, dass ich garnicht mehr konnte wie ich wollte. Ich war angeschossen.» «Du auch – himmlisch», jubelte Marga, «weisst Du was ich gedacht habe? Kuck mal Rudolf Borchardt mit einer hübschen Frau. Gott was sie sich für Airs gibt. Er ist viel zu schade für sie. Sieht blendend aus, hat sich rausgemacht, schöner Mund. Macht er ihr den Hof? Scheint nicht sehr. Jetzt lacht er, zu nett. Jetzt sag ich ihm gleich was, um wenigstens einen Augenblick Contakt mit ihm zu kriegen, und wenn die dumme Gans noch so ein dicken Mund macht wie Du dann das gemacht hast, und ich Dir nicht um den Hals fallen konnte – na aber, einen Kuss bring ich an, das schwör ich mir – und erfand dann das mit der Quittung – und dachte, was für einen geb ich ihm jetzt, damit er mich nicht vergisst – und irgendwie sagte es in mir ‹Marga, je einfacher je besser, einen aus der kleinen Kiste, schlicht, für den Hausgebrauch, wenn was in ihm steckt, wirkt es besser als die vierte Übersetzung –› und ach, wie selig war ich wie Du anriefst. Denn ich hatte Dich schon lieb, ich merkte grade wie Du, dass ich, wie sagtest Du –, geschossen war – dass ich Dich kriegen würde, und, mit Kündigungsfrist behalten.» «Cynikerin!» «Kott wieso? Heiraten – ich nie. Kindersegen, Eierlegen. Du krisst sie, Pappa frisst sie. Ohne mich. Und überhaupt. Die man will, kriegt man nur so wie ich Dich und die Andern, – phht –. Ich bitte Dich, heutzutage. Und ich wein mir nicht die Augen drüber aus. Selbständigkeit ist die Hauptsache. Ich bin für das Geschäftliche geboren. Liebe geht auf Separatkonto. Wie man später denkt, wird sich später finden. Illusionen erschweren das Leben. Heiraten sollten sich heute nur Menschen, die sozusagen längst einen einzigen Flusslauf bilden der sich nicht wieder teilen kann; und wie oft kommt das überhaupt vor. Findst Du nicht? Sag doch. Deliziös der kleine Vogel Schneppeppepp. Findst Du nicht. Versuch mal dies Stück von meiner Gabel. Findst Du nicht? Liebe – ja, das ist mein Fall. Aber ohne Leiden. Leiden kann ich nicht. Dann hats geschnappt. Ich bin total oberflächlich.

Das glaubst Du nicht? Na Du wirst Augen machen. Diese Null wirst Du sagen, diese Niete! Ist mir wurscht, ich habe Dich lieb, Du Goldener.» Sie trat mich unterm Tisch zum Schreien, «– und Du sollst von meinem Liebhaben in ein Liebhaben reinkommen, wovon Du noch nichts aaahnst – und zwanzig mal schiess ich Dich noch, wenn Du weglaufen willst, dass Du ganz klein und hässlich kommst und sagst (verstellte Stimme) Margachennn!» (verstellte Stimme) «Ach geh Du bist wie alle Andern.» «Sag sowas nicht, sei wieder guuut.» «Zu gut bin ich ja (weinend) das ist ja das Unglück, schlecht muss man für Euch sein (verstellte Stimme, grosser Ton), Das kann ein Engel nicht sein (singend) wie Du – schlage zu schlag ein –» Sie war unwiderstehlich. Ich kam nicht zu Worte. «Es ist neun, mein Herz, und um 11 muss ich in der Kaiserallee sein, ich bin zu einem Après eingeladen.» «Machst Du mir vor!» «Hoho. Sowas gibt's nicht bei mir, solche Cochonnerien hab ich nicht nötig. Aber um Dich zu beruhigen: Kellner! – ‹Hören Sie mal, telephonieren Sie mal für mich. Schlagen sie auf Egerter, Dr Egerter, Kaiserallee. Herr Borchardt hätte der gnädigen Frau heut zugesagt, noch zu den Herrschaften vorzukommen – ob es etwas ausmachte, wenn es ein par Minuten später würde, und freute sich sehr Herrn Dr wiederzusehen.›» «Aber Liebster» nachdem der Kellner gegangen war, «– sei doch nicht so scharf, ruckzuck. Ich glaube Dir jedes Wort. Hier, trink aus meinem Glas. Ist mir an sich viel lieber. Sonnabend ist viel zu thun, und ich bummle nicht gern in der Woche. Aber weisst Du was? Wenn wir hier fertig sind, fahren wir zur Mausermann und von da bringst Du mich nach Schöneberg, ist ja sowieso auf Deinem Wege.» «Mausermann?» «Gott weisst Du nicht, die Susi Mausermann, die Malerin, Lübeckerin wie ich, eigentlich uralte Familie, aber sie ist ne dolle Bohème – hat ein Atelier im Karlsbad, man tanzt bei ihr und amüsiert sich. Dh. sie hat Geld genug der Speck von Schweinsberg in

Belgrad ist doch ihr Freund, schenkt ihr die Pferde, ist doch ein berühmter Crack. Wird lustig. Wo soll man sonst hin in der kurzen Zeit.» «Weisst Du offen gesagt, – lieber – jetzt unter Menschen –» «Weil Du nicht weisst wie es da ist. Man könnte sich gut absentieren, wenn die Andern im Go sind. Du wirst schon sehen – jeder thut was er will. Wo sollen wir denn sonst noch die Stunde hin – und hier ist man doch ganz anders unter Leuten, – morgen, mein Schnuckelmuckel, sollst Du schon sehen wie ich Dir stundenlang mit meinem Schnuckel Dein Muckel so vollschnuckele, dass Du vor lauter Gemuckeltsein mir Deinen Schnuckel aufmuckelst – so muckelschmuckelig ach so schnuckelmuckelig, dass die wenigen Leute, die es feststellen, sich starr fragen werden, – ja wie ist das möööööglich, sich so zu muckelschnuckeln.» Und so ging es über Obst und Kaffee, vollgegessen und in einer leichten Sektstimmung, die wenigen Schritte ins Karlsbad zu Fuss, denn wir mussten das Diner doch etwas vertreten, und die Luft war noch lau.

Oben, wo es keinerlei Bedienung zu geben schien, kamen wir in einen grossen Raum mit einem Dutzend Leuten auf allerhand Möbeln, mehr Frauen als Männern, die letzteren teils in Smoking teils irgendwie an{ge-}zogen, die Frauen geputzt und auf Gefallen gestellt, mehr oder minder décolletiert. Die Mausermann, eine mittelgrosse zierlich und doch weichgebaute Dunkelblondine, der man die Reiterin nicht ansah, etwas abgeblühte Dreissigerin mit angenehmen Zügen und messenden Augen, blickte starr auf den Triumph Margas, die hochbeinig schlank und frech mit blitzenden Augen ihre Beute paradierte und das neue Goldarmband nachlässig klappern liess. Sie reichte mir eine sich ansaugende Hand und sah mich mit wägender Bedeutung an, wurde kaum dass ich zu sprechen begonnen hatte, leicht erregt und sehr weich. Sie stellte mich ein par Lebemännern vor, die inzwischen um Marga standen und über ihre Boutaden lachten, sie anzufassen suchten und auf die Finger bekamen. Die Frauen, alle auf Leidenschaft und Temperament standardisiert, für mich roh und ohne Reiz, massen mich unter halb gesenkten Augenlidern wie im Puff und seitblickten weiter während sie sich scheinbar und laut mit den Männern unterhielten. Das Grammophon spielte einen Tango, den ich nur sehr unvollkommen tanzte, und Marga die mich dazu wollte wurde von der Mausermann abgetrumpft. «Gibts nicht, Du Gör, Du kannst nachher mit ihm weiter punktieren, hier ist es gesellschaftlich und werden die Paare zunächst mal getrennt – kommen Sie Borchardt ich will auch was von Ihnen haben, – Hertz, tanz mal mit der Kleinen einen richtigen argentinischen damit wir Linie sehen.» – – Und es ging los. «Sie können es noch nicht, lockern Sie sich mal, gehen Sie ganz instinktiv mit meinen Bewegungen mit, so, das geht ja, Rhythmus haben Sie wenigstens, jetzt eng an mich, einfach mitgehen, wie mit geschlossenen Augen, – biegen – so – noch ein zu zäher Schultergürtel aber sonst gut, – ach wie gern würde ich Sie eintanzen – rufen Sie doch mal an – jetzt eng an eng – schieben». Ihr Körper drang gleichsam in mich ein, so zäh klebte er, ihr Becken schob an meinen Schwanz und er richtete sich auf, ihr Mund kam dicht an meinen. Minutenlang dauerte ihr Schieben und Wiegen, es war getanzte Onanie und sie genoss sichtlich. Bei einem bestimmten Akkord sah ich Hertz Marga küssen, alle Paare küssten sich, aber Marga hatte sich blitzschnell gedreht und bekam den Brillantineschnurrbart auf den Mundwinkel. Die Mausermann hatte meine Lippen rasch gestreift und löste die Verschlingung. Das Grammophon schwieg, jemand brachte Kaffee. Die Conversation zerriss in laut lachende Gruppen, Frauen sassen Männern halb auf dem Schooss und liessen sich unter heftigem Lachen liebkosen. Ein baumlanger Maler wurde von einer falschen Spanierin mit Rose am Ohr heruntergezogen und in einem langen Kuss verschmolzen. Den nächsten

Fox tanzte ich mit Marga die mir zärtlich in die Augen sah und meine Bemerkungen mit Grunzen quittierte. Dann zog mich während die Andern tanzten die Mausermann in ein Eckfauteuil. Sie war windelweich, aber nicht unangenehm weil ihr Umbuhlen wirklich weiblich und ganz Instinkt war, nur eine Gelöstheit, die ihr Bitten deutlich zeigte. «Wollen Sie mal mein Atelier sehen?» Und sie stand auf und ging mir durch ein halbdunkles Zimmer in einen grossen Raum voraus, den sie erleuchtete. Daneben zeigt sie mir einen kleinen Salon, geschmackvoll schlicht, und ein anderes halbdunkles Zimmer «Wenn Sie allein sein wollen, schicke ich Ihnen Ihre Freundin nach» sagte sie mich ansehend, «oder fühlen Sie nicht so absolut monogam?» «Sie setzen mich in Verlegenheit» antwortete ich, «aber ich gebe grundsätzlich nie die Antwort die man mir auf die Lippen legt. Ihre Tanzstunde vorhin war reizend, und ich melde mich gern gelegentlich als Schüler.» «Seien Sie doch nicht so formvollendet» sagte die Mausermann, «Das haben Sie ja garnicht nötig. Ich will Sie lehren, aber ich will eine Anzahlung.» «Bitte natürlich» sagte ich mit einer Bewegung. «Rindvieh» bemerkte die Mausermann kurz. «Gib mir mal einen Kuss, Du interessanter Junge, hab keine Angst, Dein Grasaff erfährt nichts». Der Kuss war eine Vermischung. «Also» sagte sie kalt, «Marga kommt gleich.» Sie kam denn auch weich und hoch gestiegen und wir warfen uns einander ans Herz. Das Mädchen schien mir in jedem Augenblick rassiger und lieblicher, und in ihrer Tollheit und ihren Kindereien bezaubernder begehrenswerter, erregender. Aber die Zeit drängte, die Thüren waren offen, wir waren beide gleich gefährdet und gleich nervös, und entschlossen uns zum Gehn. Es war 10 Uhr 40, einen Augenblick mussten wir noch verweilen, die Autos standen weit ab und schliesslich eilten wir. Erst im Wagen gehörten wir einander wieder ganz und das angesammelte Feuer entlud sich in einem wortlos unaufhaltsamen

Ausbruch. Das junge Ding gewährte mir die grossen blühenden Glieder mit dem Schwunge der eigenen Begierden, und ihr Flammen, Rasen und stachelndes Kosen brachte mich so ausser mir, dass ich dem Verlangen sie zu besitzen, hier im stossenden Wagen, kaum widerstand. Wir rauften und zwängten uns von einer Ecke in die andere, ohne Aussicht Raum zu gewinnen, und sie einfach im Sitz auf mich zu pflanzen, widerstrebte mir. So sassen wir endlich doch wieder atmend und Mund auf Mund umklammert. Unsere sinnlosen und unfruchtbaren Versuche, ganz ineinander zu dringen, hatten zu den tollsten Verschränkungen des Hin und Herwälzens geführt, als Margas Stimme neben mir flüsterte «Reg Dich nur nicht auf, mein Liebster – lass mich mal», und beim Versuch ihr die Hand zu fesseln und meinem «Nein ich will nicht» kamen neue Küsse und «ich mag es doch so wahnsinnig gern» und gleichzeitig hatte ihre kleine Hand schon durchgegriffen während alle süssen Künste des blühenden jungen Mundes auf mir spielten. Aber als das Ungeheuer ihr nackt in den Fingern stand, warf sie sich zitternd, herzklopfend, ausser sich über mich, «Mensch ich kann nicht – das macht mich ja wahnsinnig – das ist ja krankhaft» und ihre flatternden Küsse loderten auf meinen Lippen, die Zähne bissen, ihre Hände gruben. Dann atmete sie lechzend auf, glitt neben mich, liess sich fassen und griff mit beiden Fäusten zu; «Komm lass ihn mir, Süsser, küss mich fest», hauchte sie, schmiegte sich knapp in mich, spielte mir die Zunge in den Mund, und liess die strammen Fäuste tanzen. Meine Wollust wuchs zum Schreien, die ihre zum Rasen, aber damit zugleich wurden ihre Hände stossender, immer stossender, und schliesslich liess sie die eine los, hob sie auf, kam über mich und versuchte ausser sich sich den Pfahl zu pflanzen. Sie riss mich vorwärts sodass ich mit vorgestreckten Beinen fast nur auf der Kante sass, und legte mir die Schenkel rutschend, und sich von der Autorückwand abstossend, links und rechts seitlicher – es war so weit, ich drang ein, sie legte sich, von mir um die Hüften gehalten zurück, – da hielt der Wagen. Wir mussten uns zu der lächerlichen Manipulation entschliessen, uns zu lösen. Ein par heisse Küsse und Bisse und Kniffe, ein Wort der Verabredung für den Telephonruf morgen, dann stieg sie aus. Ich warf mich in den Sitz zurück, langsam wieder Atem schöpfend, mir den Schweiss vom Gesicht tocknend. Ich hatte sehr wenig Lust noch weiter zu fahren brachte aber den Entschluss zur Gegenorder nicht auf und schlief wieder ein, wie auch neulich fest ein. Dies Mal ermunterte mich das Anhalten des Wagens erst im letzten Augenblick, aber ich war doch erfrischt und reckte mich aus, als ich nach dem Zeichen der Nachtglocke wartend am Thorweg stand.

Ein kleines sauberes Hausmädchen mit Schürze und Haube öffnete und fuhr mich im Lift endlos nach oben, bis unter das Dach des hohen neuen Mietspalastes. Oben stand ein zweites Mädchen in gleicher Sauberkeit wartend, eine grosse Person mit niedergeschlagenen Augen. In dem ersten Zimmer in das ich trat, kam mir Egerter entgegen, die Serviette in der Hand, die gekniffenen Augen unter der Glatze mit den seitlich ergrauenden Haarbüscheln lustig und prüfend, und begrüsste mich mit grösster Wärme. «Ich bin beim Frühstück» sagte er, gerade aufgestanden und gebadet, «meine Frau frühstückt Nachmittags und teilt nur einen Imbiss jetzt mit mir, Sie, wenn Sie keinen Appetit haben, setzen sich zu uns, es ist ja keine Schmach, vor andern zu essen. Ja, es ist eine sonderbare Einteilung aber es geht nicht anders, wir erklären es Ihnen. Sie essen doch zu Mittag mit uns?» Ich sah ihn etwas starr an. «Um vier» bemerkte er freundlich, «ich meine natürlich Morgens. Ich halte dann einen kleinen Schlummer, eine dreiviertel Stunde oder so, und um 7 trinken wir Thee. Ich schlafe dann noch etwas nach, meine Frau geht zu Bett, und um 9 bin ich in der Fabrik, bis sechs Uhr abends. Dann gehe ich zu Bett und um ½ 11 stehe ich auf und frühstücke wie Sie sehen. Lida, unser Gast.» Die schmale Walküre mit dem Goldhelm, den kalten blauen Augen und den kräftig gezeichneten schönen Lippen war in einem schneeweissen silbergestickten Tea gown ins Zimmer geglitten und liess sich die Hand küssen. «Zu nett dass Sie Wort halten, Borchardt» sagte sie mit monotoner halber Stimme und ohne eine Bewegung im Gesicht, wie zu einem Menschen den sie täglich sähe. «Mein Mann erzählt Ihnen gerade von unserer komischen Lebensweise. Ja sie ist nicht alltäglich – allerdings. Er hat den ganzen Tag zu thun und unterhält sich gern lange mit mir, – wir haben ja geheiratet um uns richtig unterhalten zu können. Es lässt sich nicht anders einrichten vor allem nicht die gemeinschaftliche Lektüre. Natürlich schläft er im ganzen so viel wie jeder normale Mann, er verteilt es sich nur. Sechs bis höchstens sieben Stunden Schlaf genügen ihm vollauf, und am Sonntag schläft er von sieben Abends bis 3 Nachmittags durch, es erfrischt ihn sehr. Wir sind keine Sklaven einer tyrannischen Convention.» «Er sieht glänzend aus» bemerkte ich mit einem Blick auf Egerters farbloses Gesicht. Er mochte Ende vierzig sein, die Frau Ende zwanzig, aber er sah zehn Jahre älter aus. «Finden Sie» sagte er erfreut – «ich auch, und alle sagen es mir. Es geht glänzend. Kommen Sie ich habe einen Bärenhunger und mein Porridge wird kalt.» Wir gingen in den grossen anstossenden Raum neben an, der voll bequemer aber vielbenutzter und nicht neuer, meist niederer englischer Möbel stand, Lehnsessel, Halbsofas, dickgepolsterter Ledercouches mit ebensodick gepolsterten Rück und Seitenlehnen. Kunstwerke und Reproduktionen, meist englische, Präraphaeliten und Heilige, Buddhas und Exoten standen überall mit geschickter Absichtslosigkeit verteilt, ein für Berlin mächtiger Kamin loderte, grose Blumensträusse in aparten weiträumigen Vasen waren überall, blauer Cigarettenrauch hing in der Luft. Vor dem Feuer stand ein niedriger gedeckter Rolltisch mit dem reichen Frühstück des Hausherrn und ein Tischchen für die Frau. Es war wohnlich und doch absonderlich. Jeden verfügbaren Wandraum füllten Bücher in Gestellen bis zur Decke. Ich stellte lange gleichgebundene Reihen – offenbar von gelehrten Zeitschriften fest. Es mochten an zehntausend Bände in dem Zimmer stehen. Ein Schreibtisch oder Arbeitszentrum schien nicht vorhanden.

«Ich bewundere Ihre Energie Ihren Willen zur Balance so eigensinnig durchzusetzen» sagte ich und nahm eine Tasse Thee und eine Cigarette an; «Sie beschämen uns Zeitvergeuder und Nachtverschlafer oder, schlimmer noch, Nachtschwärmer.» «Oh» sagte die Frau, «schwärmen ist gerade die Seele dieses Systems; es ist ganz ein geistiges κωμάζειν, Plato hätte es so genannt.» «Die grossen Inder auch» bemerkte Egerters tiefe knarrende Stimme durch die zerbissene Schinkensemmel hindurch. «Wunderbar, Sie können griechisch» sagte ich, meine Starrheit unter Aufflammen cachierend. «Ja» sagte Egerter, «es hat uns schon früh verbunden. Wir lasen Plotin zusammen. Ich erforschte damals gerade die noch unbekannten Zusammenhänge zwischen der neuplatonischen und der indischen Spekulation über die ich» «Fritz» sagte die Frau leise. «Ja meine Liebe?» «Wir haben ja für das Speziellere noch die ganze Nacht – Plotin» fuhr sie zu mir gewandt fort, «ist wol wenig modern bei Ihnen?» «Offen gesagt, ich habe ihn nie gelesen, es gibt auch noch keinen Text, es müssen sehr complicierte Überlieferungsverhältnisse sein. Persönlich lebe ich bisher ganz in den Dichtern, Vorsokratikern und Platon. Ich habe das Gefühl es habe die Verse vor mir noch keiner gelesen.» – Bertha Egerter lächelte präraphaelitisch und sah kalt und schön vom Gipfel ihres Hauptes herunter. «Wie leidenschaftlich er das sagt» sagte sie zu dem Manne. Egerter zog die Augen schief. Wenn er lächelte sah er ganz aus wie ein archaischer Elementargott. «Ist es nicht das natürliche», fuhr ich fort, «und wiederholt es sich nicht in jeder Generation?» «Eben darum» sagte Lida «weil es ewig wiederkehrt ist es ja eine der Täuschungen des Schleiers.» «Des –» «Es ist eine indische Floskel, Herr Borchardt» warf Egerter ein. «Wir denken sehr indisch» sagte die Frau, «aber wir reisen gern nach Ihrem Griechenland wenn wir einen glühenden Führer haben.» «Wohin Sie wollen und ich kann» sagte ich unbedacht hingerissen von der Schönheit der blaustrümpfigen Frau. «Ich würde zuerst bei Sappho mit Ihnen Station machen und Sie lange nicht fortlassen. Ich würde einen Monat mit Ihnen durch Pindar ziehen und ein Jahr durch Aristophanes. Ich würde Ihnen die schönsten Verse solange vorcelebrieren bis Sie mir die Veilchenkränze von der Stirn rissen wie am Schlusse des Symposion um mit ihnen umwunden den Tag zu erwarten, was Ihnen ohnehin nicht schwer fiele. Ich würde Ihnen Indien so verleiden wie es Thrakien dem Anarchasis war und Sie zu einer Seherin machen wie der Diotima, die ohnehin ich mir immer geträumt habe wie Sie!» «Nun» sagte der Mann, «ich würde meinen lindernden Einfluss geltend machen, und erst dann würde es richtig schön.» Die Frau hatte einen rätselhaften Schmelz in den Blick bekommen. «Παλίντονος ἁρμονίη» sagte sie, die Augen in die meinen versenkend, «ὥσπερ λύρης καὶ τόξου» fuhr ich fort. «Die schliesst der doppelte Eros aber aus», bemerkte Eckstein. «ἁπλοῦς Ἔρως». «Ja» sagte ich, «aber διπλοῦς μερxxxx ἐμος τε καὶ μανίη πέλει.» Die Frau sah auf. «Diesen Trimeter haben Sie aber eben improvisiert.» «Woher wissen Sie das?» lachte ich. «Aus Ihrem Sprechton. Hat er das nicht eben gesagt als sagte es ein auferstandener Grieche? Ich höre Griechisch zum ersten Male sprechen.» Wir standen auf sie räumte das Tischchen mit Hilfe des Mannes fast, und die Unterhaltung raste die Stunden verzehrend ins Blaue. Ich war wie ich bald wusste, verliebt. Meine griechischen Gedichte recitierte ich nur ihr, und die beiden grossen sapphischen Gedichte bekannte ich ihr wie Goethesche mit allen Mitteln der Leidenschaft. Der Mann beteiligte sich freundlich und lebhaft und ich nahm ihn immer wieder ins Gespräch hinein, aber ein leiser Trieb die beiden zu trennen und die Frau in irgend etwas auf meine Seite zu ziehen, gegen ihn zu stellen, arbeitete unter der Decke der Unterhaltung. Sie ging nicht aus ihrer pedantischen Pose und ihrer loyalen Freundlichkeit gegen ihn heraus, aber, täuschte ich mich oder nicht, ein Einklang zwischen ihr und meinem Enthusiasmus bildete sich. Immer noch richtete sie ihre Komplimente für mich über die Umschlagstelle Egerters aus, aber als Egerter für einige Minuten verschwand und wir allein in dem curiosen Raume einander in den Sesseln gegenübersassen, dehnte sie die Arme und sagte «Sind Sie müde?» Ihre Stimme war hörbar eine andere, von Druck befreite, «ich meine Sie haben doch schon etwas hinter sich, es ist drei Uhr Nachts.» «Dass gerade Sie mir so unbegreifliche Fragen stellen» sagte ich offen heraus, «will mir garnicht eingehen. Das μῶλυ das Sie mir spenden, macht vergessen dass es Schlaf auch nur gibt.» «Ich hoffe» sagte sie, die Augen gross öffnend, mit dem Ton einer englischen Wirtin, «Sie werden uns noch manche Ihrer Nächte schenken.» Ich fühlte mich zugleich humoristisch und gereizt gestimmt. «Ich würde alles dafür geben» sagte ich, «aber die Nacht ist leider meine wahre Arbeitszeit.» «Aber inspiriert sich eine Natur von Ihrer δεινότης nicht gerade aus der Ekstase der Hingabe?» fragte Bertha Egerter sachlich. «Ich muss es ausprobieren» antwortete ich rasch und mein wildes Erröten bemerkend. Der Mann kam wieder. Er zeigte indische Literatur, Zeitschriften, Encyklopädien und zog das Gespräch mehr an sich. Zu meinem herzklopfenden Glücke glaubte ich zu bemerken, dass die Frau einen etwas irritierten Ton gegen ihn hatte, aber ich konnte mich auch täuschen, und inzwischen wurde in einem Nebenzimmer zu Tisch gebeten. Es war fast vier Uhr morgens, aber man vergass es über dem durchaus normalen Zuschnitt des Speisetischs, an dem das kleine dunkle Hausmädchen servierte. Es gab ein wunderliches Menu. Eine dicke Hammelbrühe mit Haferflokken, Truthahn gekocht in Curry mit Chutney und Ingwer, einen Salat aus Selleriescheiben mit beissenden Saucen und fettem Rahm, Ananas in einem Liqueur geschnitten der wie Cordial Médoc schmeckte. Bei dem schweren goldenen Wein bemerkte Egerter irgend etwas Phantastisches über die Umstände, unter denen er diese sonst nicht erhältliche Seltenheit erworben habe, aber die Frau durchschnitt seine Rede in dem sie mir über den Glasrand zutrank und dem Manne sagte «Herr Borchardt hat mir versprochen uns einige seiner Nächte zu widmen.» Egerter sagte er sei glücklich und stiess mit mir an, worauf ich sagte «Ihre Gattin ist eine sanfte Tyrannin glaube ich, sie ist über meine bescheidene Verwahrung souverain hinweggegangen.» Er lachte nur. «Wir tauschen aus, frischen unser Griechisch auf und lehren Sie Sprache und Weisheit der Inder, junger Romantiker.» «Ich kann mir Sie mit Indisch garnicht zusammenbringen» brach ich zu der Frau gewandt aus, «Sie sehen zu sehr aus wie eine Walküre des Geistes, gesehen durch Rossettis Augen und von Swinburne gedichtet.» Sie lächelte zum ersten Male voll und der griechische vollkräftige Mund zeigte schöne starke gleichmässige Zähne. «Weil Sie Indisches nicht kennen, glaube ich, und mich nach dem ersten Eindruck beurteilen. Ich könnte sagen ich bringe Sie nicht mit Griechisch zusammen. Sie sehen mir aus wie ein Abenteurer der Sinne, durch Mantegnas Augen gesehen und von Browning gedichtet, aber ich weiss zugleich dass ich mich irre und dass Sie einfach ein Dichter sind, ein bischen ein Kind und ein begeisterter Anbeter.» «Bitte sagen Sie Ihrer Gattin, sie müsse auf den zweiten Eindruck warten» erklärte ich Egerter. «Kommen Sie» sagte dieser, «wir stehen auf.» Am Kamin tranken wir Kaffee und einen sonderbaren scharfen und sehr erfrischenden Schnaps. Ich merkte, dass Egerter müder und müder wurde, und sich an der Unterhaltung lässiger beteiligte. Lida rauchte starke Cigaretten und erzählte mir, von dem Manne gelegentlich lässig unterstützt, einiges aus der Vorgeschichte ihrer Verbindung. Sie hatten sich auf einer Gesellschaft durch ein Gespräch über höhere Mathematik kennen gelernt und sich geheiratet um sich weiter unterhalten zu können. Da die Familie sich widersetzt und ihr Erbteil abgeschnitten habe, musste Egerter der von einer kleinen Rente seinen Liebhabereien gelebt hatte, um sie zu heiraten, seine vergessene Chemie ausgraben und eine kleine Fabrik begründen, von der man lebte. Ich verguckte mich völlig in die bildschöne kalt erzählende unbewegte grosse Frau mit den eisigen grauen Augen, der noblen Nase, den adligen Zügen und diesem Munde den ich gebrannt hätte küssen zu dürfen wenn nicht Anbetung und Ehrfurcht mich auch nur vom Denken eines solchen Wunsches zurückgehalten hätten. Aber meine Spannung war nicht zu beherrschen; ich hing an ihren Augen, bediente ihren Wunsch anticipierend jedes ihrer Bedürfnisse, und erbot mich schliesslich, für sie den Thee zu machen, – die Mädchen schliefen und sie hätte in die Pantry gehen müssen, wo alles bis auf die Maschine gerichtet war. Sie nahm nach einigem Sträuben an und begleitete mich, während Egerter zu nicken schien, leise in den Raum neben dem Speisezimmer. «Es ist sehr nett von Ihnen. Ich würde den Pagen nie in Ihnen gesucht haben.» «Oh. Sie könnten, wenn Sie wollten, den schwarzen Puma zähmen, mit einer himmelblauen Schleife um den Hals.» «Der wilde ist mir lieber» sagte Lida, «und der Page ist glücklicherweise auch transitorisch.» «Wie also – soll ich sein» fragte ich aufbrausend. Sie lachte und verschränkte die Hände hinter dem Kopfe. «Nie zu viel fragen. Ich wüsste auch nicht was sagen. Ich interessiere mich immer für das ganz Urtümliche, Elementare – also, bis nachher, danke schön».

Als ich das Theebrett hineinbrachte, ging Egerter wie um sich wach zu machen, im Zimmer auf und ab und begrüsste mich mit künstlich gesteigerter Lebhaftigkeit. Seine Augen waren matt und angestrengt, und er behauptete ein Tasse starken Thees werde ihn wieder erfrischen. Aber nach kurzer Zeit, während Lida und ich in tiefem Gespräch waren, war er fort und sie sagte, so mache er es immer um nicht zu stören, er schlafe gewiss schon fest. Sie kniete vor dem gesunkenen Feuer um nachzulegen und lehnte meine Hilfe ab. «Das ist eine Kunst, die von der griechischen Lyrik nicht zu lernen ist, man lernt sie nur in England.» Sie lag auf den Knien, blies vorgeneigt mit einem Rohr die Glut an und sah im Flackern der Flammen bethörend aus. Dann stand sie ohne sich zu stützen auf, rollte den Lehnsessel mit einem Stosse zurück und setzte sich auf das dicke Bärenfell vor dem Kamin. «Kommen Sie, schieben Sie Ihren Thron auch von dannen. Warten Sie, ziehen Sie die schwarzen Vorhänge fest zu, es scheint schon so nüchtern durch die Stores und ich brauche noch Nacht, – Nacht – richtig Nacht –» «Und auch das Gegenteil von Nüchternheit» sagte ich von den Fenstern her, die dicken Samtvorhänge über einander ziehend, hinter denen es allerdings verräterisch graute. «Aber soll ich wirklich bleiben? Wollen Sie nicht auch schlafen, und mich los sein?» «Das Gegenteil von Schlafen und das Gegenteil von Nüchternheit und das Gegenteil von Sie los sein – viel Griechisch und hier nahe zu mir heran, – noch näher – man schwimmt einander sonst weg – und Ihre Stimme, und dichte Atmosphäre – und Verse so gesprochen als improvisierten Sie gesprochene griechische Musik, – und all that – verstehen Sie.» «Was wollen Sie hören?» «Naturlaut, exuberantes, rituell Sinnliches – wenn es so etwas gibt – etwas was das Morgenfrösteln verscheucht, – und böse Geister abwehrt – Inbegriff des Lebendigen, des Lebens und der Lust –» Ich sah sie etwas scheu an. Keine Änderung an ihrer lächelnden nordischen Schönheit war wahrzunehmen, sie redete wie von der Semmel. «Das Bacchische ist zu schwer in der Sprache», sagte ich mit etwas dikker Stimme, «Sie verstehen vielleicht nicht alles.» «Und Frauenlieder wenn sie den Phallus herumtragen?» «Ah so», sagte ich, während der so kühl benannte mir wonnig und drängend auswuchs, dass ich die hockende Stellung ändern musste. «Φάλης Φάλης» fing ich an und sang das Liedchen aus Aristophanes, leise und dunkel an ihrem Ohr. Es gab eine kleine Pause, dann fuhr ich mit parodierter frecher Melodie fort «Τοῦ μὲν μέγα καὶ παχύ, τῆς δ' ἡδὺ τὸ σῦκον». «Was ist das, das ist ja süss» sagte sie mit lächelnden Mundwinkeln. «Aus einem Brautlied.» «Mehr davon, los. Seien Sie doch nicht zimperlich. Es ist doch alles so natürlich. Die Griechen fanden alles Schöne schön und es ist doch das schönste Wunder das es gibt.» «In der Ehe dachte ich wird das sogenannte Wunder ordinär.» «Oh vielleicht in Ehen, wie die meisten» bemerkte sie sachlich, «in manchen ist die bildmässige Wahrnehmung eine so flüchtige und einmalige gewesen, dass sie sich bereits verwischt hat und sehr beträchtlich ist sie ja, glaube ich, überhaupt selten.» «Ich bin gerne bereit –» sagte ich leise. «Ja noch so ein wonniger Text» antwortete sie ruhig. Ich flüsterte ihr ein tolles Priapeum zu. «Noch einmal langsam, ich habe nicht alles verstanden.» Ich wiederholte und übersetzte. «Die süsse Züchtigung für Die Du alles wagst, Den Pfahl der Wollust dran gepfählt zu sein Du hoffst, Steinhart und blutwarm, von zwei Händen kaum umspannt, Anderthalb fusslang aufgebäumt, und sanft gekrümmt Und oben faustdick schwellend für den Widderstoss.» «Welche skurrile Übertreibung», rief Lida, das Teagown etwas um sich ziehend. «Aber das ist der groteske Stil der zur Ausgelassenheit gehört.» «Finden Sie», sagte ich mich kaum beherrschend, «ich finde es nicht viel übertriebener als die Brüste der Venus von Milo, die es ganz so auch nicht gibt.» «Aber natürlich gibt es sie; oh doch; meine zum Beispiel sind der Abguss davon, eher noch vollendeter.» «Genau das gleiche könnte ich sagen.» «Ja aber doch nur wenn Sie durch den Wunsch nach Triebstillung höchst erregt sind.» «Gewiss, aber dieser Wunsch ist weniger selten als Sie glauben.» «Wie merkwürdig» rief die schöne Frau sachlich aus, «lässt er sich einfach so, ohne grosse Schwierigkeiten, erregen?» «Ich glaube nicht an die Brüste der Venus von Milo, aber wenn ich bekehrt würde, könnte ich sofort meinen eigenen Beweis antreten.» «Wenn Sie bloss einen vollendeten Busen sehen, und nichts sonst?» «Wenn ich ihn mir nur vorstelle; wenn ich nur höre dass ihre glückliche Besitzerin sich den Anblick eines ebenso vollendeten Phallus wünscht –» und damit entblösste ich dreist das geile Riesengebilde, das ich nicht mehr bergen konnte, und rückte ihr ganz nahe. «Wie unerhört, wie herrlich!» sagte sie als hätte ich ihr ein bijou gezeigt, und nahm den Mordssteifen lebhaft interessiert in die Hand, ihn sanft drückend und durchstreichend. «Nein dass es so etwas geben könnte – jetzt begreife ich das Kultische daran. Dies» und sie öffnete mit der andern Hand das lose Teagown, unter dem sie nackt war, «sind meine Brüste, – tadellos, nicht wahr. Fühlen Sie nur», und sie zog meine Hand an die straffen blühenden Kuppeln ohne meinen Henkel loszulassen. «Welch ein Götterwunder» sagte ich die Hände mit ihren Blumen füllend «aber ich bin in zu grossem Vorteil gegen Sie, denn die Schönheit Ihrer Attribute kann ich nicht völliger als mit den Händen fühlen.» «Und ich doch auch die der Ihren nicht besser als indem ich so zufasse und prüfend geniesse.» «Nein, nicht ganz, denn für seine Prüfung sind andere Organe als Ihre Hände naturgemäss viel subtiler ausgestattet, und erst sie werden dem ganzen Umfange der phallischen Vollkommenheit gerecht, sind auch zweifellos bereits ungeduldig, Ihren Händen dies Prüfungsamt abzunehmen» und ich liebkoste ihre unter meinen Händen hart werdenden veilchenblauen Brustwarzen. «Das wäre doch nur durch einen Begattungsakt möglich» bemerkte Lida ruhig, auch ihre andere Hand an das Objekt bringend und es heftig drückend. «Objektiv gesprochen ja» sagte ich ebenso vernünftig, «aber Worte bedeuten so wenig, wenn beide Teile das wesentliche festhalten» und ich drängte stärker an sie, unter dem Schneegewande sie um die nackten Hüften nehmend. «Das ist nur logisch» sagte Lida sich leicht rückwärts sinken lassend, wo ihr Kopf eine Kissenfussbank fand, und sich mit einer Hand öffnend. Vor meinen ekstatischen Augen erschien das dicke krause Schamwäldchen zwischen den blendenden Schenkeln, sie setzte mich an und ich drang in die schmelzende Paradiesmuschel brennend ein. Zugleich bemächtigte ich mich ihres Mundes, der mich heiss und durstig aufnahm. Es kam kein Laut von ihr während ich sie mit aller Kraft der wahnsinnigen Wollust stemmte. Indes meine Lust stieg, fasste ich sie in volle Arme, presste sie in den ganzen Neid meiner gespannten Muskeln und die Lippen in ihre herrlichen und trieb ihr mein mächtiges Verlangen in unbarmherzigen Wirbeln in den Schooss. Ich glaubte nie so besessen und genossen zu haben, die zurückgedrängte Begierde und die lange Spannung tobten danach, ihr zu zeigen dass sie nicht zu einer Prüfung eingeladen, sondern «begattet» wurde, wie sie gesagt hatte, begattet wie das brünstige Weibchen, das sie unter allen Affektationen war von einem Liebestollen, über sie hergefallenen unabschüttelbar in sie gerammten Männchen. Zitternd und mit einem rauhen Laute dann und wann hatte sie meine Raserei genossen, aber als ich in der unerträglichen Besitzlust höher an ihr aufrutschte um die Schleuderstösse noch fester in sie zu jagen, kam ein wildes «Du» von ihrem Munde, und sie sog sich nicht nur mit den Lippen an mir fest, ihr ganzer Körper sog an meiner Mitte, und ihr Schooss fing an um meinen Stoss herum rhythmisch zu schieben, zu schieben zu rollen, zu rutschen zu schaukeln, dass es wie Rausch in mich schoss und meine Beherrschung wich. «Ich bin verliebt in Dich» stöhnte ich, «ich bin verschossen und versessen, ich sterbe nach Dir, ich sehne mich nach Dir, liebe mich, ich liebe Dich» und sie mit Stöhnen dagegen «Du – Du – ja komme endlich – Du darfst ruhig – ich kann nicht mehr – gib mir alles – Du machs mir – machs mir endlich –» und meine Ekstase kam in einem Schüttelkrampf, der ganz ohne meinen Willen ihre Wollust stürzen machte: «Geliebter» ächzte sie sich rüttelnd und den Schoss wild aufwärts stossend «– komm» und ihr Mund floss in den meinen die glühende Zunge, hart wie ein Penis, durchdrang mich und spritzte. Wir umklammerten einander wie im Schraubstock, nachbohrend, ein einziges bebendes Muskelbündel. Langsam wich der Krampf ohne dass wir uns liessen. Die Küsse immer weicher und süsser, schluchzten und schlürften sich satt. Als ich sie wieder unter mich zwingen und die zweite Tour tanzen wollte, schob sie mir die Hand vor den Mund und hob mich mit einem Druck der Lenden aus dem Sitz. «Du musst gehen; das Mädchen kommt um acht hier sauber machen. Das nächste Mal, Du Süsser. Geh jetzt. – Ach –» Die Küsse endeten nicht. «Sag zuerst, dass Du mich liebhast.» «Ich bin ja toll in Dich und wars gleich.» «Abgott». «Wunder». «Warum?» «Ich habe zum ersten Mal Liebe genossen. Ich dachte ich wäre total steril – kalt. Habe nie etwas empfunden bei dem scheusslichen Beischlaf. Du erst –» «Sei hunderttausendmal bedankt, Göttin.» «Bleib, ich geh zu Bett. Die Hausthür ist offen. Rechts von der Wohnungsthür ist ein Drücker. Telephoniere wann Du wiederkommst. Ich sorge für eine Nacht für uns. Ach wie herrlich er wieder ist, der Öffner, der Brecher, der Phallus aller dürstenden Frauen – Ade.» Sie war davon. Ich wurde nervös, denn ich glaubte Geräusch gehört zu haben und floh. Zu Haus kam ich unbemerkt in mein Bett und schlief genau eine Stunde, aber so tief und köstlich, als hätte ich eine Nacht der Erfrischung hinter mir. Eine ungeheure Erektion musste mich geweckt haben, die auch dem Nachtgeschirr nicht wich, und sich als Glücksgefühl in meinen sich reckenden Gliedern verbreitete. Ich läutete nach heissem Wasser und meine rätselhafte Zofe die in vorbildlicher Tadellosigkeit lächelnd erschien, wurde stürmisch begrüsst und aufs Bett zu sitzen gezwungen wo sie bald unter tausend Scherzen meine Zärtlichkeiten so kunstreich wie immer erwiderte. Es blieb bei den heissen langsamen Küssen deren Meisterin sie war und ein par verstohlenen Raubzügen unter Bettdecke und Rock, denn sie fühlte sich von den Alten beobachtet und enteilte, nachdem sie mir rasch die Eier gekrault und die Zunge in den Mund gesteckt hatte. Dann las ich meine Post, drei glückliche Dank und Sehnsuchtsbriefe von Addie Marie und Mabel, einen stürmischen von Winnie und die üblichen Glutbillets meiner teils unbefriedigten teils halbbefriedigten Schönen, Christa und Friedel, Gretel Marianne und Mary, Irene und auch Ilonka die mir in einer Zeile sagte, sie sehne sich nach mir. Paulas Mutter war gestorben, trotzdem schrieb sie eine heissen Liebesbrief und wollte einen langen Tag mit mir. Die Schwedin schrieb ein neues rätselhaftes Billet deren Sinn zu enträtseln ich mir vorbehielt, die beiden Gelbsterne überboten sich in Hoffnungen und die arme Martha bat mich um ein Rendezvous um alles aufzuklären. In Addies Brief klang ein unruhiger Ton, der mich reuig stimmte und zunächst ans Telephon trieb, dann aber wieder fort, ich musste ihr schreiben, zu ihr zurückkehren, sie sehen. Die alte Raczko lud mich für Samstag dh heute zum Thee, ihre Tollköpfe liessen ihr keine Ruhe bis sie mich wiedergesehen hätten. Dann folgendes anonymes Billet. «Wenn Du unter andern Mädeln, die sich gern lassen einfädeln, noch an Deine Treuste denkst, die Du durch Gleichgiltigkeit kränkst, möchte ich dass Du jene Stunden, wo Du meinen Leib umwunden, so lebendig vor Dir siehst, dass Dir Deine Rute spriesst und Dir keine Ruhe lasst, bis Du mich gevögelt hast, mit dem ganzen strammen Flupp, Zipp und Zepp und Zapp und Zupp, Wuppwuppwupp und Kippe-kippe, Lipp und Zahn in Zahn und Lippe, und dem Lieb Dich Lieb Dich so, mit dem Finger im Popo. Denn der Du den Kopf verrückt hast, seit Du sie so schön gefickt hast und die mit sich selber fickt, weil sie noch der Hafer sticht, denkt bei Tage und bei Nacht nur das wie Dus ihr gemacht, oben Lutscher unten Rutscher, das Kaliber von dem Schieber wie er sich durchs Enge klemmte, in mich einwuchs und mich stemmte. Ach das blosse Denken dran, macht den kleinen Körperteil, jucke jucke schon so geil, dass er lechzt nach einem Mann. Kommst Du ihm nicht bald ins Nest macht er sich aus lauter Durst Irgend einen Stürzi fest oder kauft sich eine Wurst, nämlich keine zum Verdauen, sondern Marke Witwentrost der Ersatz für arme Frauen, die kein stämmiger Freund bekos't. Schreibe bald an Post restant Lützow O.R. ohne Stand.» Keine Ahnung von wem der saftige Stil kam, das Blatt zerriss ich.

Das Frühstück vollzog sich in üblicher Feierform, aber ich bekam wunderbare Eier mit Speck und eine Wildpastete und ging in die Küche um Johannchen zu beglückwünschen, die tief gerührt war, aber das Recept stammte von «der Näien», die wie ich feststellen konnte sich beliebt zu machen gewusst hatte. Ich sagte ich wollte zu Hause essen weil ich arbeiten müsste worauf Johannchen glücklich einkaufen ging. In meinem Zimmer war die «Näie» mit Kehren beschäftigt, und da ich Karolinchen hinten bei ihrem Kaffeetopf wusste nahm ich sie nach Schliessung des Fensters in die Arme und küsste diesen insidiös weichen reifen vielwissenden Frauenmund unter den leisen Funken der breiten Augen mit innigstem Genuss durch, ohne weiter zu gehen. Martha-Fehler wollte ich nicht wieder machen, Liebesstunden sollten Seltenheiten bleiben, und das Mädchen war diskret und weise. «Haben mich Herr Rudolf denn noch so gerne?» war alles, und ihre Küsse heiss und zäh, aber ohne Peitschen der Lust. So setzte ich mich an die Arbeit. Lottchen rief an. «Sage mal gleich dass Du nichts bereust, sonst mache ich mir Vorwürfe.» «Ich bin dankbar, träumerisch, weiss noch wie Dein Haar riecht und bleibe für Verwaltung des kleinen Besitztums weiter interessiert.» «Spötter. Du hast schrecklich gehaust, und ich bin im Bett geblieben um mich zu erholen. Braun und blau bin ich, abgedroschen und stumpf aber, – hör mal genau zu, ich muss ganz leise sprechen – ichliebedich» «Wie reizend von Dir das zu glauben.» «Wie scheusslich von Dir dass nicht zu glauben.» «Gut. Ich war sehr glücklich mit Dir und bin Dein Freund.» «Süsser, Wann kommst Du zu mir?» «Ich bin die nächsten zwei drei Tage sehr besetzt. Sagen wir Donnerstag zum Frühstück?» «Lieber Abend, tête à tête, – ich muss es wieder leise sagen, days end, inclusive wie week end, Du weisst. Sag ja.» «Wenn nichts dazwischen kommt.» «Und das nennt sich Leidenschaft!» «Lottchen ich bin a slow starter. Lügen ist viel leichter, aber Du hast nichts davon.» «Sag mir was schönes zum Abschied.» «Gut. Wenn Du zum Parisurteil hättest gehn müssen, hätte Venus verloren. Du bist Juno als Venus und man umarmt in Dir zwei Göttinnen; für das Glück den Schooss der Herrschsucht überwunden zu geniessen, zahlt man dem Munde der Wollust die Zinsen. Es ist zu viel für einen Mann.» «Du bist auch überlebensgross. Auf Wiedersehn.» Dann ging ich an die Arbeit und schrieb so normal und nüchtern, dass ich mich selber nicht begriff. Nichts kam diesmal dazwischen, ich wurde von dem kleinen Hausschatz zu Tisch gerufen und ceremoniös bei einem Junggesellenlunch bedient. Ochsenschwanzsuppe, Chateaubriand im Schmortopf mit Pilzen, Crême überbakken mit Himbeeren in Arac; als ich hierbei war, rief das Telephon.

«Halloh –» «Herr Borchardt? Mausermann –» und ein Lachen. «Ja. Hören Sie – möchten Sie jemand besonders kennen lernen? Kommen Sie um ½ 2 zu einem Mokka – wäre blendend.» «An und für sich reizend – käme auch zu Ihnen allein sehr gerne, habe aber rasend wenig Zeit heute.» «Wenig Zeit von Ihnen ist schon ne Masse, Mensch, – die Menge thuts bei mir nicht – also – entendu? ½ 2.» «Seien Sie mal vernünftig. Wer ist es denn?» «Wie? Ja, eben. Also, au revoir.» Sie hatte abgehängt. Ich ging zu meinen Himbeeren zurück nicht ganz erfreut. Aber da war das Telephon schon wieder und Marga überstürzte mich mit glühendem Mädchengeschwätz. Ich machte aus um 6 mit dem Wagen an der alten Stelle zu sein, wurde überschüttend bedankt, und war jetzt etwas freudiger, weil die heisse junge Unbesonnenheit des süssen Betthasen mir ins Blut ging. Kaum wieder beim Dessert, neues Signal. Winnie. «Darling, it seems such a tremendous lot of time without you, and there's lots to ask and to discuss. Take me out to dine, will you?» «Impossible, dearie am going to spend weekend out o'town.» «Goodness, how bad. What time could you spare me, don't judge it –» «Look here. I'm due 6 o cl, and won't be disengaged before three, though that's vague. Suppose I brought you something appetizing für tea – earley tea – though there's no fixing the minute. Would that do?» «I'm dure at five, so do try to be early. Thanks fearfully, that's fun, – so long.» Der Nachmittag liess sich ja wieder gut an. Ach die Raczko! Richtig. Ich telephonierte zu Frederichs um sagen zu lassen, ich würde von 5 bis kurz vor sechs frei sein, beste Empfehlungen. Und so war das Programm glatt.

Die Natur verlangte nach ihrem Rechte. Ich schlief bei der Cigarette ein und als ich ausgeruht aufwachte, war es die höchste Zeit zu stürzen. Glücklicherweise war meine Uhr vorgegangen und ich hatte zehn Minuten frei um bei Wertheim eine weekend Ausstattung zu besorgen, suitcase Pyjama, Wäsche, Toilettensachen, liess das ganze zu Frederichs schicken beim Portier deponieren. Und so kam ich glatt ins Karlsbad.

Bei der Mausermann die mir aufmachte und mich mit einem weichen spielenden Blick empfing, sass ein grosses blasses Mädchen, von bräunlicher Blässe, sehr elegant aber nachlässig, mit sonderbaren feuchtbraunen Augen die flach auf der Haut zu liegen schienen und einem ebenso wie nur himbeerfarben auf das Gesicht gemalten unbeweglich roten Munde, die braunen Haare ganz kunstlos und achtlos schräg in die Stirn fallend, die Formen weich und schön, das Ganze merkwürdig ohne Hübschheit oder gar Schönheit. Aber sie hatte zwei Gesichter, denn sobald sie lachte, kamen Funken in die Augen und Winkel um die Lippen in denen sich wunderschöne bläuliche Zähne zeigten, eine Glocke von Silber spielte eine Tonleiter, und sie war bezaubernd. Das Lachen kam als die Mausermann sagte «Petra – endlich ein Mann» und ich geantwortet hatte das sei eine auf Sinnestäuschung beruhende Vermutung. «Quatsch» sagte die Mausermann, «ich verstehe mich auf nichts als Pferde und Männer, aber das beides blind. Ach so ich muss ja vorstellen, also dies ist eine Bildhauerin wie ich eine Malerin bin, Eddisloe, Sie können sie aber gleich Una nennen, ob eine halbe Stunde früher oder später ist ja egal, und ich muss jetzt noch Kaffee machen gehen weil ich ihn ja darauf und nebenbei Dich eingeladen habe, wehe Dir wenn Du ihn schon in den zehn Minuten verführst, ich merke es gleich.» «Nimm ihn doch mit und verführe Du ihn, Du Schneegans,» lachte Una, «ich fühle mich rein und passiv.» «Ich bin kein Objekt, meine Gebieterinnen, und wünsche schlimmstenfalls die Ehre des Angriffs zu haben, was ich sofort durch die aggressive Frage beginne ob Sie so englisch sind wie Sie namenmässig klingen?» «Abstammend» sagte Una, sich die Cigarette von mir geben und entzünden lassend, «aber grässlich deutsch geworden, leider.» «Warum denn schlimmstenfalls, ist ja eine Unverschämtheit» sagte die Mausermann durch die Thür zurück, «bestenfalls wäre also, Sie blieben unberührt von unsern Ränken, Sie Poseur, das vergesse ich Ihnen nicht –» und sie verschwand. Ich eilte ihr nach. «Ich dachte Sie hätten Humor?» «Nicht wenn ich vorübergehend verliebt bin» sagte sie in meinen Armen sich in mich eindrängend und windend, «aber machen Sie sich garnichts draus, denn ich liebe rein sportlich» und sie suchte im Kuss den Penis und kniff fest hinein. «Ach Du Prachtkerl – schieb ab, ich komme gleich wieder.» «Versöhnt?» fragte Una lachend. «Gesellschaftsspiel» antwortete ich, mich zu ihr setzend. «Eben. Lydia ist nicht unversöhnlich. Kennen Sie sich schon lange?» «Vierzig Minuten länger als ich Sie kenne, Vorsprung ausgedrückt in zwei Küssen.» «Mir hat sie nur einen gestanden.» «Ach so richtig. Es stimmt, den andern hatte ich noch nicht.» «Es gibt komische Wesen, finden Sie nicht? Aber sie ist ein brick der treueste Freund und loyal wie Gold, und alle andern Sachen nur Galgenhumor und pour épater; und ein bischen Sensationsbedürfnis.» «Aber was entschuldigen Sie eigentlich? Ein Kuss ist doch –» «Nein nein, aber das Ausprobieren, und das Zusammenbringen.» «Ich dachte Sie hätten von sich aus» «Halb und halb» lachte Una, «ich habe von Ihnen gehört und Sie gelesen.» «Es ist ein unverzeihlicher Zufall dass ich nicht von Ihnen gehört habe, wenn es Leute gibt, die uns beide kennen.» «Frauen. Sie empfehlen keinen Schneider. Lydia ist eine Ausnahme.» «Lachen Sie noch ein Mal so zauberhaft denken Sie ich stürbe jetzt gleich und hörte diese Tonleiter nie wieder.» «Dann sagen Sie etwas worüber ich wieder so lachen muss.» «Unmöglich auf Befehl. Vielleicht trifft sichs wieder von selbst. Ich möchte Sie anders wo kennen gelernt haben als hier.» Una wechselte rasch die Farbe. «Nicht so genau nehmen» sagte sie trocken, «ich bin ganz zufrieden.» «Ich wünschte Ihnen dazu Grund gegeben zu haben.» «Grundlos ist beinahe schöner, aber man holt es nach.» «Aber ich habe nur so kurze Zeit. Um vier bin ich versagt und erst Montag wieder in Berlin.» «Wieviel Zeit brauchen Sie denn für einen so bedeutenden Blankoscheck» lachte Una. «Sie sollen mir weder Ihre Biographie erzählen hier an Ort und Stelle noch mich heiraten.» «Schon recht, Sie Zauberin, aber ich brauche mindestens eine halbe Stunde um mich daran zu gewöhnen dass Sie existieren, eine weitere halbe um mich nicht mehr zu genieren, dass Sie mit mir zufrieden sind, und der Rest geht auf Lydia.» «Sich gewöhnen dass ich existiere? Das kürzen wir ab. Sich gewöhnen dass ich zufrieden bin – das müssen wir sehen. Und Lydia ist ein honnetter Partner, und stört nie, wenn ein Mann wie beim Diner sich geschickt zwischen links und rechts verteilt.» «Nicht so schnell, ich bin noch bei der Abkürzung!» «Der Thatsache meiner Existenz? Bin ich, wie Sie sagten, eine auf Sinnentäuschung beruhende Vermutung?» Ich griff nach ihr, sie entzog sich mir lachend. «Das kann jeder» sagte sie rasch, «hier» und sie gab mir die Hand, die ich etwas betroffen küsste. «Das ist ja nun wieder reizend von Ihnen» sagte sie mit einem Schelm in den sprühenden Augen, «und nun sollen Sie auch Una sagen dürfen, laut Befehl.» Im Kuss zogen ihre Arme an das untrügliche Zeichen eines Wesens von heissen Sinnen. «Borchardt» rief es von hinten. Ich liess Una los und eilte dorthin woher die Stimme kam. «Ich kriege das Gas nicht aus» klagte die Mausermann, «sehen Sie nur!» Thatsächlich flammte der Brenner auf jede Drehung des Schlüssels doppelt stark durch, – ich sah mit einem Blick dass der untere Schlüssel ausgeleiert hoch oben am Rohr ein zweiter war, prüfte die Solidität des kleinen Herdes und schwang mich hinauf; ich musste auf die Zehen treten um den Schlüssel zu erreichen, er war sehr stramm, und erst nach einer angestrengten Minute dreht er, das Gas ging aus, Lydia hatte meine Schenkel umfasst und strich als ich fertig war, wie achtlos über mein noch erregtes Centrum. «Mensch» sagte sie als ich wieder unten war, «Du bist ein seltenes Glück. Da ist doch was, und das drückt sich in allem aus. Man merkts gleich, es macht einen a tempo ausgeglichen. Wie gefällt sie dir – fein was? Eine prima Frau, grossartig. Wir vertrauen uns restlos. Eifersucht gibt's nicht, Quatschen auch nicht, und vor allem keine Sentimentaliät. Das Erotische versteht sich von selbst wie das Moralische, und hat nichts damit zu thun – nur nichts durch einanderbringen. Nein lass mich tragen, ich hasse ritterliche Männer das musst Du gleich lernen. Komm.» «Na?» sagte Una, auf dem Divan liegend etwas gedehnt, «das hat ja endlos gedauert. Du hast mir die erste Schäfersekunde wol nicht gegönnt?» «Von mir aus. Hier trinkt er ist noch heiss und mordsstark. Erzähle mal wie Du die Glut gelöscht hast, damit sie nicht glaubt, es sei meine gewesen.» «Oh» sagte ich an meinem Mokka trinkend, «das will ich doch nicht behaupten.» «Bodenloser Lügner» fuhr Lydia karikierend los. «Ich meine, ich möchte so heikle und süsse Dinge nie in Worte bringen überhaupt.» «Siehst Du» sagte Una trinkend, «er ist ein Retter, das hast Du ihm nicht abgewöhnt.» «Blödsinn! Ein Mensch mit dem schönsten Schwanz in ganz Berlin» sagte Lydia mit tiefer Stimme, «und Ritter soll er doch den Eunuchen überlassen, wie zb dem Utz Kröker, – ich hab Dirs ja gesagt – bei all seinen Sprüchen – neulich, lehnt er sich über meine Stuhllehne, da wollte ich mich doch wirklich mal überzeugen, und fasse einfach hin und – also ungelogen Nichts aber auch absolutes Nichts!» Una schüttelte sich vor Lachen. «Unbezahlbar» stöhnte sie halberstickt «– denk Dir – armer Utz – darauf war er nicht gefasst – Lokalvisitation – echt Lydia –» «Na was meinst Du – ich will doch wissen woran ich bin und wenn ich auch nicht den geringsten Gebrauch zu machen vorhabe – bei dem Utz schon garnicht mit seiner keksigen Stimme wie ein verpipstes Huhn.» «Also» sage ich, «Leibesvisitation ist bei Dir die Voraussetzung der Zulassung zu Deinen petit comités? und ich habe mir eingebildet ein Bevorzugter Deiner Fingerspitzenschwärmerei zu sein» «Na und? War es für den Kröker vielleicht eine Bevorzugung?» «In welchen Rätseln redet ihr eigentlich?» fragte Una naiv. «Du ahnungsvoller Engel Du –» äffte Lydia, sich auf mein Knie setzend, «die Entwickelung wird's lehren, komm, keine Einseitigkeit, er hat noch ein Knie frei.» Ich zog Una zu mir und küsste die beiden Mädchen, die ihre kalten und dreisten Possen betrieben und keinen Kuss wirklich erwiderten, aber mich deutlich reizten. Ich hatte beide Arme um ihre Hüften, die ihren kreuzten sich über meinem Nacken und mein Spiess fing an mich zu foltern. Aber je unruhiger meine Küsse nach Sättigung suchten, um so frivoler wurde die Neckerei hauptsächlich Lydias und ich sagte ihr schliesslich, sie sei das was sie spiele nur mit dem Munde, und darunter spiessig. «Oho», sagte Lydia, «dann sei Du mal das was Du bist mit dem Spiesse, statt darüber mündlich zu sein.» Jubel belohnte den frechen Kalauer, und jetzt drückte ich die beiden zusammen mit aller Kraft meiner Arme, haschte Unas Mund und heftete meinen Kuss unentrinnbar fest auf ihre sich sträubenden Lippen, bis sie nachgaben. Es wurde still. «Pfui» sagte Lydia, «hört mal endlich auf mit Euren Sentimentalitäten, Du corrumpierst mir hier eine stilvolle Frau, Du Kitschier.» Aber ich liess blitzschnell Una los, fasste Lydias Gesicht mit dem freigewordenen Arm und machte ihren Mund wehrlos. Sie stöhnte leise knöpfte mich auf und grub mit ihren nervigen kleinen Händen den Schatz aus der Tiefe. Es wurde wild und confus. Aber in diesem Augenblicke ging das Telephon Lydia liess von ihrer Beute und sprang davon und ein zwischen Unas Augen, dunkel von Schmelz, und den meinen getauschter Blitz reichte aus um uns zu einigen. Das schöne grosse Mädchen griff sich unter den Rock und zog ein Bein aus der seidenen Unterhose, wir umschlangen einander, die Muskeln beider zogen zitternd bis zum Äussersten an, die Lippen suchten, streiften, und schlossen hermetisch auf einander, und mit fast tierischer Sicherheit ohne Nachhilfe, drang meine Waffe in ihre Brunst. Einen Augenblick bebten wir, durchdrungen und verschmolzen, dann liess ich sie meinen Sturm fühlen und sie gab seufzend und berauscht nach wenigen Minuten auf. Lydias lachende Stimme war vom Telephon noch zu hören, als wir aufsassen und uns aus umschleierten Augen langsam erwachend anblickten. Dann küssten wir uns zum ersten Male mit Zärtlichkeit. Lydia sprach immer noch. Ich verwahrte den Spiess, sie zog die Hose über das blosse Bein. Wir lachten uns an, küssten uns noch einmal und sassen dann gesittet nebeneinander als sie zurückkehrte. «Nanu?» sagte Lydia, «habt ihr Euch gezankt? Ach so! Konnte ich mir ja denken.» «Was konntest Du Dir denken?» «Was Deine Augen mir verraten, Buhlerin» sagte Lydia pathetisch, «gevögelt habt ihr, so auf'n Rutsch, kaum dass ich'n Rücken drehte – Na – habe ich zuviel gesagt? Ne Nummer, was? Und jetzt hast Du ihn schlapp gemacht, das Miesepeterchen, was?» «Lydia» sagte ich aufstehend, «ein Wort mehr und Du kannst Deine Jungfernschaft beweinen» «Na na Du Renommist!» Aber ihre Augen funkelten. «Wetten dass?» Und ich zog stehend blank. «Das ist gediegen!» schrie Lydia, schmiss sich mit einem Sprunge aufs Sofa und warf die Beine gespreizt in die Luft. Sie hatte keine Hosen an. Ich war schon über ihr. «Küssen kannst Du ihn dabei, Una, ich brauche keine künstliche Anregung.» Thatsächlich placierte sich Una neben mich auf den Divan während ich hochaufgereckt die Liegende bimste, umschlang mich leicht und berauschte mir den Mund mit allen Künsten ihrer Zunge. Es war ein ungeheurer Doppelgenuss. Lydia röchelte, ich war noch nicht fertig, und wechselte, nach raschem Einverständnis, das Schlachtfeld; Una, geil wie ich noch nie eine Geliebte gesehen hatte, riss sich jäh unter mich und empfing meine Ekstase. Ich ging diesmal los und schüttete mich minutenlang in den wild gegen mein Becken scheuernden schönen Schooss. Es war hohe Zeit. Lydia riss die Freundin weg zum Spülen, mit einem Dutzend wilder rascher Küsse stoben wir auseinander.

Ich war diesmal todmüde und schlief im Auto sofort ein. Als ich aufwachte stand der Chauffeur neben dem offenen Wagen und lachte, weil ich nicht zu erwecken gewesen war. Ich gähnte immer noch als ich zahlte und hatte einen unbesiegbaren Wunsch nach Ruhe und Ausschlafen. «Ist ein Café in der Nähe?» fragte ich auf die Uhr sehend. Es war eine gute Viertelstunde Spielraum. «So 'ne Art Conditorei Cafe bin ick eben an de Ecke vorbeigefahrn.» «Dorthin».

Es war mein Glück, dass in der kleinen Bude ein sehr hübsches Ding war, das mich gleich wieder erfrischte, eine schlanke Rothaarige mit schönen Zähnen in einem mokanten Munde. «Fräulein» sagte ich rasch eingetreten, «retten Sie mir bitte das Leben. Ich brauche einen doppeltstarken Mokka, möglichst zwei, weil ich total unterschlafen bin und in der nächsten Stunde klaren Kopf brauche. Geld spielt keine Rolle, sagte die Elster als sie den Thaler klaute. Sie sehen so süss aus, als ob Sie keine Bitte abschlagen könnten, man möchte immer gleich danke sagen, wenn man Sie bloss sieht –» «Nein was für ein Schmuser» bemerkte das Mädchen spöttisch. «Thut mir leid, der Herr, einen Kaffee können Sie haben aber Mokkamaschinen habe ich nicht, und kann hier vom Laden nicht weg um durchlaufen zu lassen, es dauert mindestens zehn Minuten, und ich bin allein.» Ich griff in die Tasche. «Haben Sie kochendes Wasser und Kaffeepulver?» «Und wenn ich es auch hätte –» «Also Sie habens?» «Haben haben, natürlich habe ich es –» «So und ich habe hier zwanzig Mark, dh. Sie haben sie wenn Sie mich mir meinen Mokka selbst machen lassen.» Sie zauderte und sah mich unsicher und etwas aufgeregt an. «Und hier sind noch mal zwanzig» ich griff ein andres Goldstück aus der Weste. «Wenn Sie lieb sind und mich keine unnütze Zeit verlieren lassen.» Das Mädchen sah mich blassgeworden von der Seite an. «Verzeihen, aber man liest so schreckliche Sachen in den Zeitungen. Wenn der Herr sich legitimieren könnte dass ich beruhigt wäre mit wem ich es zu thun habe –» Ich zeigte ihr meine Brieftasche, die Tausender, die Bibliotheksausweise für Königliche und Universität. «Bitte bitte verzeihen Sie, kommen Sie hier» und sie klappte den Ladentisch weg und führte mich in den Hinterladen, eine kleine Kaffeeküche mit Gasbrennern, Geschirrstapeln angeschnittenen Torten und Biscuitkästen, wo sie sofort sich zu schaffen machte. «Aber lassen Sie mich doch –» «Ach was, das habe ich nur so gesagt, ich mache es Ihnen, wenn Kunden kommen, lassen Sie weiter durchlaufen. Etwas müssen Sie doch haben für Ihre Verschwendung.» Das Wasser sauste schon. «Es ist keine Verschwendung, mein Herz. Erstens werde ich durch Ihre Güte verhandlungsfähig und zweitens bin ich auch sonst reichlich belohnt.» Sie sah mich schief von der Seite an, bezaubernd – ich war schon dadurch wieder beinahe frisch. «Schmust er schon wieder?» Ich lachte. «Sie sind eine richtige Berlinerin, wie ich sehe.» «Aus Altona.» «Ist man da auch so kühl?» Sie filtrierte bereits in ein Kupferkännchen. «Sie können sich wirklich nicht beklagen. Ich hätte das nicht für einen jeden gethan.» «Von beklagen bin ich auch weit entfernt. Wunschlos glücklich.» Sie wurde rot. Aber die Ladenklingel ging, sie gab mir den kleinen Kessel, sah mich mit einem glänzenden Blick an und ging bedienen. Es war ein Käufer. Nach einer Minute huschte sie wieder zu mir, jetzt mit einer kleinen Verlegenheit, die ihr allerliebst stand, und nahm mir das Geschäft ab. «Das sagen Sie wol allen?» «?» «Was Sie zuletzt sagten?» «?» «Wunschlos glücklich.» «Natürlich würde ich das jeder sagen, die mich in so reizender

Weise wie Sie zu ihrem Schuldner gemacht hätte, aber solche Zufälle verschwendet das Leben nicht.» «Da thut es sehr recht dran, und wird wol wissen warum.» «Wie meinen Sie das?» «Och ich meine nur so.» «Wissen Sie eigentlich was Sie damit sagen?» «?» «Doch ganz klar; wenn ich nichts wert wäre und nichts zu schätzen wüsste, nach seiner Selten{heit}» und sie zündete rasch einen zweiten Gasbrenner an auf den sie ein Töpfchen Milch stellte. «Kann ich helfen» flüsterte ich. Sie errötete noch tiefer, holte eine Büchse und schüttete Chocoladenpulver in die Milch. Wir standen neben einander, durch ein kleines Geheimnis mit einander verbunden. Sie vermied mich anzusehen, biss in die Unterlippe, und ich liess von Zeit zu Zeit Tropfen kochenden Wassers in das aufschäumende Bräu fallen, ohne sie zu stören. Als ihre Chokolade kochte, quirlte sie kurz, richtete ein kleines Tablett mit einer Tasse, goss ab, langte zwei Katzenzungen aus einem Blechkasten und sah mich zum ersten Mal wieder an, verschämt lächelnd, den Finger auf dem Mund als Zeichen der Verschwiegenheit. Ich antwortete mit der Pantomime ausgebreiteter Arme und eines Kusses in die Luft. «Pfui» sagte sie vorwurfsvoll flüsternd und ging mit dem Tablett in den Laden. Diesmal blieb ich allein. Im Laden beklagte sich eine krächzende Greisinnenstimme über mangelnde Schlagsahne, «Schlagsahne haben wir nicht», hörte ich. Ein Grummeln folgte. Meine Tasse war wieder voll, ich fing an zu trinken und fühlte mich fast erquickt. Dann tönte nebenan ein Grunzen, die Glocke ging und meine Schöne erschien wieder. Ich leerte die Tasse und setzte sie ab. «Ärger?» «Ach die Ollen.» «Die Jungen besser?» «Bis man sie besser kennt schon» sagte sie spitz. «Also das wollen Sie doch?» «Wird mir wol nicht viel helfen.» «Was bin ich schuldig?» Sie lachte und war wieder glutrot. «Nichts.» «Glatte Sache? Schlicht um schlicht? Geht nicht. Könnte ich mir nie verzeihen». «Vierzig –» «Habe ich längst vergessen. Dafür habe ich Küchenmiete gehabt, ausnahmsweise. Hier» ich hatte während ihrer Abwesenheit von den Posenschen Kinkerlitzchen einen kleinen Turmalinring den ich zufällig in der Weste gefunden, an den kleinen Finger gesteckt, hübsch viereckig von blass moosgrüner Farbe, und zog ihn jetzt ab. «Andenken» sagte ich, – «da man sich vielleicht nicht wiedersieht.» Sie sah mich an. Das Gesicht wurde leblos, und verlor die Farbe. Dann, indem das Rot schwach zurückkehrte, biss sie sich auf die noch eben so ausdrucksvoll spöttisch langgezogene Unterlippe und sagte kahl «Sonst kann ich mit nichts dienen?» und trat mir den Vorgang lassend, mit hochgehobenem Näschen an die Thür zum Laden. «Holla» sagte ich etwas unsicher «was soll das?» «Bitte?» sagte das Mädchen schnöde. «Was sehen Sie denn Beleidigendes in einem kleinen persönlichen Geschenk?» «Ich? in einem Geschenk? Beleidigendes? Der Herr ist ja wol komisch. Bitte, ich muss gleich bedienen, es kann jeden Moment –» «Und wenn jeden Moment die halbe Strasse käme, ginge ich nicht von der Stelle mit dem Gefühle, Sie ohne Wissen gekränkt zu haben» sagte ich halb wütend und ausser mir, «ich will mich entschuldigen dürfen, zum Henker, ehe ich hinausgeworfen werde, ich bin kein Knote und habe ein Anstandsgefühl.» «Ein Anstandsgefühl, so, haben Sie, wirklich, was Sie nicht sagen. Gross daneben schreiben würde ich es an Ihrer Stelle, damit man es weiss. ‹Weil man sich vielleicht nicht wiedersieht› so, das sagt ein feiner Mann gerade jetzt einem albernen Ding dem er – na ich will nichts sagen – und dann einen Ring aus der Westentasche auf den Abschied, das ist ein Anstandsgefühl? Ich muss schon sagen. Ne, ich danke. Ring und alles, und hoffe sehr das ‹man› sich nicht wiedersieht, ganz ohne vielleicht.» Eine Thräne zitterte an ihrer Wimper und fiel als sie auch noch mit dem Fuss aufstampfte, auf ihren schwarzen knappen Rock. Ich holte Atem. «Also weiter nichts» sagte ich ruhig. «aber ich bitte Sie jedenfalls sehr um Entschuldigung, und es thut mir leid, etwas gesagt zu haben, was allerdings, so wie Sie es wiedergeben, abstossend klingt. Aufklären möchte ich es lieber nicht – was nicht selbverständlich wirkt kommt durch Aufklärungen auch nur gezwungen heraus, und wenn Sie mir nicht Auge in Auge glauben wollen, dass ich es liebevoll und taktvoll meinte, und mich zu beherrschen suchte so glauben Sie auch meiner Aufklärung nicht.» Und damit ging ich einen Schritt in die Thür. «Beherrschen?» sagte sie hinter mir. Ich drehte mich halb um. «Ja; was ich eigentlich wünschte. Ich drückte eine Hoffnung aus –» «Was für ein Unsinn» sagte sie dunkelrot mit lachenden Augen, drehte sich um, und blickte über die Schulter rückwärts zu mir. Ich nahm sie im Sprunge um die Hüften. In den Küssen drehte sie sich mir an die Brust legte mir den Arm um den Hals und küsste lautlos weiter, die Küsse eines heissen zärtlichen Kindes, ohne Künste und Stachel. Als ich ihr die Lippen aufküsste und die zergehende Frucht ihres Lächelns von den schönen Zähnen trinken wollte, ging die Ladenklingel, sie riss sich los, wischte den Mund mit dem Arm und flog hinaus, blutüberströmt, mit schwimmenden Augen und unvergesslich rein und schön. Es war etwas Reizendes und Ernst Schalkhaftes in der Geste, was mich entzückte als ich den Turmalin auf den Finger schob, sie hielt meine Hand fest und zog sich die andere dazu an die Brust, während sie mich zärtlich auf den Mund küsste zwei Mal, fest und schallend, und dann losliess. «Auf Wiedersehen» sagte ich. «Vielleicht» neckte sie mit einem Ausdruck in den Augen, «beherrsch Dich nur, Du kommst schon wieder.» «Ich bin zwei Tage fort von Berlin» «Geh nur, geh» lachte {sie} «ich kenne Dich ja jetzt, Du hast Credit, kommst schon wieder.» «Glaubst Du Liebling, glaubst Du wirklich» und ich war ihr nach, fing sie, und wirbelte sie. Sie gab nach und schmolz in dem Minutensturm meiner schonungslosen Glut. Zwischen leidenschaftlichen Flüsterworten keimten die Versprechen, Montag

Abend Wintergarten und Tanzbummel. Dann trennten wir uns. Ich war erfrischt, durchgeknetet, elastisch und nur eine Viertelstunde verspätet an Winnies Thür, mit einem noch rasch gepackten Kuchenpaket von Hilde Schapsky – so hiess die schöne Rothaarige.

Sie empfing mich mit ausbrechender Zärtlichkeit, hing sich in meinen Arm ihn an sich drückend und zog mich sofort in die Atmosphäre ihres energischen Körpers mit der sonderbar frischen und erfrischenden Schwungkraft seines Muskellebens, starken Bluts, blanker Farbe & kühnen Zuschnitts. Sie trug einen pflaumbraunen chinesisch wattierten Schlafrock «because its rather a fresh night, and I had half a mind of starting a cold – without you, but having you will do better than a coal fire» sagte sie mich in ihr Zimmer ziehend, wo ein Samowar –, «fine is it not, got it second hand from a Russian lady leaving because hard up» brodelte und Blumen und Süssigkeiten bei der Couch standen. «Now lets be reasonable» seufzte sie nach den ersten Küssen mir die Hand auf den Mund drückend und die Schenkel unter sich auf den Sitz ziehend, «lets make plans. You can spare me, say, three quarters can you. That's game. Now let's appoint, say, 12 minutes for business and tea. That will leave us plenty for the Wiedersehen in itself and for lots of repeated Auf Wiedersehens to sum up.» «I cannot undertake to keep business hours Winnie», sagte ich ernst, «you are too handsome tonight to be put off or for me to be put of» «Oh you foolish monster, you liar» sagte sie unter meinen Küssen «just try to behave and I'll make you tea» und mit einem unwahrscheinlichen Sprunge war sie mir gegenüber stehend am Samowar und goss schon Thee ein. «Look here, adored boy, you must help me on. What am I to take to the ladies about. What do they expect and what does it all mean. I don't like feeling a fraud. I want a plan to work upon, and without you I'm at sea.» «Well» sagte ich

Thee trinkend und essend «I suppose the first night you'll just {get} acquainted with the silly old geese, and impose upon them.» «Am I and how?» Sie hatte einen Sessel mir gegenüber genommen und schlürfte ihre Tasse. Ich hätte der Tassenrand sein mögen, an den sie jetzt diese scharf umrandeten kräftigen jungen Lippen setzte, diese schwellenden oder fast geschwollenen, glänzend roten. «Well, listen. First flatter them about their English but in an off hand way. Then take them one peg down hinting at the tremendous difficulty of the language, the accent, the choice of words, the pronounciation. Then flatter them again by preparing to read some distinctly highbrow thing with them, say Browning or Meredith.» «Goodness! To me that's Greek. I'm uneducated. I'll never be able to.» «You will perfectly, under my guidance. I want you to become the fashion and to have the run and to charge accordingly. Unless you offer something to boast of to these snobs you'll remain nobody. Take your choice.» «Well I have taken it if it comes to that. But let me have an abstract, cannot you for the first lesson? A few striking flashes, you darling flashlight genius? Try» «Shorthand?» «Trust me.» Sie sprang auf und hatte einen Block. Ich blies Cigaretten Wolken und perorierte. «No real grasp of what is most forcible in Engl. Literature without Browning and Meredith – – – twin suns though at a long range distance merged into one giant fixed star, Sirius like» «Grand» seufzte sie mit einem Glanzblick. «Considered difficult and are to the facile – could not pretend to produce a literature that would do for the lazy wealthy as a digestive after dinner – – but are nevertheless within easy reach of the swift subtle and keen mind such as yours» «Stop – they will think I'm making fun of them.» «They may doubt it but cannot afford to show» und so ging es weiter. Winnie strahlte. Dann warf sie den Block in die Luft, fing ihn mit der Nase und der Fussspitze und sprang in meine Arme. In der Hitze der ersten Minuten schlüpfte sie aus dem Flausch unter dem sie im Pyjama war und half auch mir mich erleichtern. Es war ein schneidiges und schneidendes Glück uns zu ergreifen. «I haven't had you for such a time» lallte sie unter meinen Lippen, die Hosenschnur aufbindend, – «I felt unmarried – don't do it again» und sie wühlte mir entgegen.

Ich glaubte allerdings sie noch nie besessen zu haben, so satt und mächtig war der Rausch und die Kraft des gegenseitigen Genusses. Die Begierde des schönen festen Mundes und das Korn der am ganzen Körper blühend gespannten, duftenden Haut, die Beweglichkeit des langen nervigen Leibes, der enge Druck der starken Arme und Schenkel, die naive Natürlichkeit ihres Wunsches und die ebenso naive Ekstase der Erfüllung machten das Liebesbett zu einer Harmonie des physischen Vertrauens, die mich begeisterte. Winnies Worte waren wie immer nur an der Grenze des Frevels, nur von süsser Dreistigkeit, und ihre Künste waren nur die der ausgelassen Liebenden. Als ich sie zum fünften oder sechsten Male, ohne mich zu opfern, aufgelöst hatte, und in ihre gebrochenen Augen wieder das kühne tiefblaue Leben kam, drehte sie sich zu mir und sagte hart an meinem Munde «Confess you are a devil.» «Ready for anything you like me to.» «Dont jest. Tell me. Won't you ever surrender? Confess it's a trick of yours. Dont you want to? Here you've been draining me dry these thirthy minutes and yourself unharmed. Don't say no, I've not been quite thrown off my guard and caught you, this time. – If this is to go on I'll think you don't really love me.» «But I do, darling. I want to spare you trouble.» «'T is not that. You might –» «Oh I know. But that's worse. I could not undertake to do so when mad with ecstasy. You hardly realize what a man feels in those moment's. He – something within him unaccountable for – craves, yearns, burns to do exactly what I must not – is driven to rub it in and make it stick and work its effect.» «Silly boy. That's what women want too, exactly the same thing. Something within us clamours for the germ, and it is with a pang that I leave you go.» «Well dear, – then?» «Then. Why not allow me a minutes absence between fighting?» «Because it spoils continuity and breaks the spell.» «True. I must get something precautionary to wear.» «Dont. Its too nasty for words. Don't you think my way after all is best, and cleanest.» «But you must suffer; you never reach the goal you are making for and never rest and never melt in bliss.» «I enjoy terribly making you happy. Your ecstasy is pure bliss to me because its of my making. It is not the last moment of overflow with you that counts, every moment is flow. Let me have your mouth now –» Sie beugte sich eng über mich, Seite an Seite gedrückt und begann ein Spiel der Küsse, während ihre Rechte suchte. Oben und unten hob es sanft an, Zunge und Fingerspitzen trieben zärtliche Kitzelspiele aber als ich mich vor Entzücken wand, schwelgte der brünstige Mund und die feste Faust sauste am Steifen, ich sah was sie wollte, warf sie mit einem Stoss beiseite und sparte ihr die Mühe. Sie schloss die Augen und zitterte als ich ihn durchzwang, füllte mir den Mund mit ihrer starren Zunge, umklammerte mich mitten in meinen Stössen und schob sich rhythmisch unter mir. Trotz allem erstarb sie mit einem Röcheln, liess aber nicht los und stöhnte nur «stop for one second» und drehte den Mund ab, sich schüttelnd vor wahnsinniger Wollust. Leise begann ich mich wieder zu regen, gewann ihr eine schwache Regung ab, ihre Lippen kehrten zurück, aber es blieb beim pianissimo, bis ich ihre Zungenspitze in mich gleiten fühlte und sie sofort fest um die Hüften hob. Der Taumel ging los «Oh let me have it.» «My wife» «Darling husband» «Have it, your baby do it, let me have it» «There, there» und ich schoss, packte und schüttelte sie, und spritzte Stossweise. Sie klemmte ihr Becken gegen meines und rieb frenetisch, ihr heisser Speichel goss in meinen Mund wir schluckten beide und küssten, spritzten und flossen. Und jetzt geschah etwas Unerwartetes. Ihre innere Muschel kniff um meinen wieder prall gewordenen Baum, ein Muskel wie eine Faust, «let me swallow you and keep you inside» lallte sie, «you, you I want to keep –» Ich war wie in sie gewurzelt. Reissen half nichts. Die Lust begann zu schmerzen. Ruhig bleiben und abwarten war das beste. Winnie lag regungslos in meiner Umarmung. Dann und wann suchten die müden Lippen nach meinem Munde und küssten ihn innig mit einem sanften Druck der Arme. Der Pflock stand noch immer in die Kerbe gerammt wie Eisen in Eisen. So ging es wol zehn Minuten. Dann bestimmte mich ein Instinkt, den Finger zwischen ihre Hinterbacken gleiten zu lassen und dem Krampfe von innen zu schmeicheln. Als mein Finger eindrang, seufzte Winnie heiss auf und der Krampf liess mich los. Wir lagen Seite an Seite, halb umarmt. «What have we been doing» flüsterte sie. «it will be late now.» «Had not you better try anyhow?» «Surely. One instant more. Good bye beloved. It's been paroxysm. It makes all the difference. It's meaning it. It's being damned serious about it. I now know what it really is to get lost in it. I'm going to have a bath and a thorough rest after. You broke me, you did. I felt like having no limb unbruised all over, and Loves little nest – oh» Sie zog meine Hand dorthin. «Leave it there and kiss me good bye.» «If its been worse luck» sagte ich unter heissen Zärtlichkeiten, «the more the pity it may be mended.» Sie legte den Arm um meinen Hals und gab mir die Küsse zurück. «You are a dear. The way I feel it. We ought not to be fond of each other too much. We'll become sentimental and there's danger. You never should marry, you are too good for being mauled in that concied machinery. I do not believe in marriage, personally, though I do in babies. That's absurd, I know. But suppose I am. I want a lover and freedom and – do not laugh, a baby hidden somewhere to visit furtively, and to be brought up under a name not his. These things happened before. I belong to the race of those then to whom they happened. I cannot imagine marriage, that would be the end of me. I am freeborn and an amazon.» Sie war aufgestanden und stand nackend ohne das heruntergefallene Pyjama vor mir, die Illustration zu ihren Worten. Das aufgegangene gelbgoldene Haar war nur halblang über den kühnen Zügen und dem edlen Hals, der schlanke lange nervige Leib trug kleine feste Brüste mit starren Warzen, unter dem flachen ganz schmalen Bauch schwangen sich Jünglingsschenkel. «You are a Queen» sagte ich niederknieend und ihr Hand und Kniee küssend, «and a consort, not a husband will be all manhood could aspire at to match you.» «And you are the lover to chose for a queens bedfellow in spite of all consorts and husbands» sagte sie nackt an nackt sich an mich drückend und mit meinem Hebel spielend «no darling – its tempting but I really think if there's a chance of escaping a swollen belly it should be taken now. Look how I am dripping. I have been engendering a tribe instead of a babe in my little womb and only by miracles I could have been saved from childbed – or the surgeon.» So küssten wir die letzten Spielküsse und ich ging.

Ich war in keiner Stimmung für die Abenteurerinnen in Frederichs Hotel und ärgerlich über meine Zusage, aber zu höflich wie immer sie zu versetzen. So kaufte ich unterwegs eine Schachtel Marons Glacés, eine mit Pralinés und eine mit einem Scherzartikel, Pappmachébonbons, und versteckte in der letzteren eine kleine Schmucknadel von Posen die ich noch bei mir fand, ein kleiner Sapphir in Gold, nichts wert, damit die Sache doch einen Posen hätte, und stieg bald drauf am Hôtel aus. Der Portier telephonierte und meldet die Damen seien noch aus, nur eine Baronesse liesse bitten. Oben war es Stephanie, ganz Schulmädchen, mit langen Zöpfen und kurzen Kleidern und den unschuldigsten Augen von der Welt, die mich mit einem Knix begrüsste, mir einen Tintenfinger gab, und mich stürmisch bat, ihr bei einem Aufsatz zu helfen, sie müsse in einer halben Stunde zur Lektion, Mami und die Schwestern kämen auch erst in zwanzig Minuten. Ich ging kühl drauf ein und folgte ihr in ihre Kammer von neulich, wo sie sich auf den Tisch setzte, die Beine bammeln liess, mir die Cigarette aus dem Mund nahm und weiterrauchte und den Aufsatz produzierte an dem nur der Schluss fehlte. «Was haben Sie denn da für Pakete, ist das was für Kinder?» «Nur für artige, Du Flitschn, und erst wenn der Aufsatz fertig ist.» «Zur Belohnung? Süssigkeiten? Zeigen. Ach zeigen, sonst bin ich unartig.» «Ich zeig Dir gleich was anderes.» Sie lachte. «Kennen wir.» «So?» «Haben wir gerne, träumen wir von, ist zum Fürchten, aber krudelwonnig, was meinen S i e denn, ich meine den Hechtsprung ins Schwimmbad.» «Der Aufsatz ist so gut wie fertig. Setz Dich her ich diktiere.» Sie machte Augen, seufzte, aber bequemte sich und schrieb, am Federhalter kauend und mit langen Blicken zu mir nach oben. «So sehen wir nach dem Gesagten» ... «Gesagten» ... «dass die Freiheit» ... «Freiheit» ... «ein sehr dehnbarer Begriff ist». Steffi platzte los. «Was ist ein dehnbarer Begriff?» «Schreiben Sie» ... «Begriff ist» «Die Grösste Freiheit» ... «Freiheit» ... «ist nur ein Ideal» Steffi lachte «finde ich auch» ... «Ideal» ... «Dem engsten Raume» ... «Raume» ... «schickt sich die angemessene» ... «angemessene» ... «eine zu wilde» ... «wilde» ... «sprengt leicht die Form und erzeugt» ... «Nein» prustete sie los – «Sie sind ja wonnig» ... «erzeugt ... Missbildungen». – «So» sagte Steffi einen Stuhl ziehend, «das genügt. Erklären Sie mir den Rest mündlich, für den Fall dass ich examiniert werde – los. Und meine Belohnung, ach bitte bitte weil ich artig war. Los examinieren aber nichts unanständiges sagen.» «Du bist ein Fratz. Dort sind zwei Pakete, eins ist zugleich voller und leerer als die andern rate welches und Du kriegst einen Kuss.» «Einen Kuss!» spottete die Naive, «– was ist das? Auch ein ideales dehnbares, das einen engen Raum leicht sprengt und darin was erzeugt – was wars gleich?» Sie kam nah an mich, stellte sich auf die Zehen und sagte «Ich weiss eine andere Belohnung.» «Erst raten» sagte ich und gab ihr einen festen Klaps. «Dann rat ich lieber was Sie jetzt denken». «Rätst Du nie». «Wetten dass?» «Was wetten. Wenn Du's wirklich rätst, lüge ichs ab.» «Pfui. Dann raten Sie was ich jetzt denke, ich lüge nichts ab, ich bin ja so naiv.» «Du hast grad gesagt ich soll nichts unanständiges sagen.» «Das ist doch nicht unanständig, Sie verdorbener Mensch, sonst wären Sie ja auch unanständig.» «Also, hab ich richtig geraten?» «Wie soll ich das wol wissen? Ich denke auch schon längst was andres, das raten Sie nie», und dabei fuhr sie sich mit der Hand hinten unter den Rock und kratzte sich aufs unbefangenste. «Was juckt Dich denn da hinten» fragte ich, fasste sie um und drückte sie an mich, während ich ihr unter den Rock ging. Sie wand sich seufzend, drückte sich an mich, leitete meine Hand und küsste mich aufs Kinn und den Mund. «Zeig mal Deinen» bettelte sie und zog mich rückwärts gegen den Tisch. Ich arbeitete sie durch, küsste sie, und hob sie auf die Tischkante. Sie hatte mich befreit und versuchte auf den Steifen zu rutschen, aber der Tisch war zu niedrig, sie warf mir die Arme um den Hals und die Schenkel um die Hüften und bettelte unter Küssen «machs mir, schnell –» Aber als ich gerade zwischen ihren Alabasterschenkeln durchgriff um sie höher zu stützen und dann einzufahren, schlug die zweite Thür und es kamen Stimmen, Steffi machte sich zu schaffen, ich ordnete mich und ging sofort ins Nebenzimmer.

Es war die Alte und der Tituskopf den ich in Gedanken nur Titta nannte, und es gab eine lärmende Begrüssung. Das Mädchen war hübscher als neulich, mit glänzenden Augen und Lippen und leichter Röte auf dem feinen Teint. «Franzi kommt in zehn Minuten, sie ist noch beim Friseur, und Sie müssen vor dem Thee mir helfen ein Kleid aussuchen.» «So, ein Kleid aussuchen», sagte Steffi höhnisch in der Thür, «mir ist er davongelaufen mitten drin eh er so oder so gesagt hatte, weil Du kamst, Du Störenfried.» «Sie ist halt ein Kind», sagte die Alte mit einem süssen Lächeln. «Eine Flitschn ist sie» sagte Titta, «hast den Aufsatz fertig gehest zur Lektion.» «Er hat mirn fertig gemacht – sagt man mir oder mich Baron – mich hat er nit fertig gemacht, mir hat ern, mich hat er nicht» und damit, eine Faust schüttelnd, verschwand sie, um sogleich wieder zu erscheinen, einen grossen Hut verwegen schief aufgesetzt die Schulmappe am Arm. «Darf ich dem Herrn von Borchardt einen Kuss geben zum Abschied für die Hilf Mami, ich habs ihm versprochen.» «Was man versprochen hat, hält man» sagte die Alte schmierig. «Bei einem Kind wie Du ist nix dabei.» Der Racker kam auf mich zu, blitzte Titta, die nur die Nase hochwarf, frech an und spielte eine Komödie in dem sie mit niedergeschlagenen Augen an mir sich sittsam hochreckte und mir den keusch geschlossenen Mund schwebend empor hob – Theater. «Das hast gmeint» fuhr sie dann zu Titta los, «dass ich ihn vor Dir so küssen werd so wie ich wollt, da bist schief gewickelt, so küss ich ihn nit vor d'Leuten, nur unter vier Augen.» «Is mir doch wurscht was für Cochonnerien Du hinter Deiner Thür machst» sagte Titta eisig, «dass Dich hier geniern werdst, da hast Recht, hat keiner erwartet.» Das Telephon röchelte, Titta ging an den Hörer. «Kannst den Hut absetzen, die Lektion ist abgesagt, das Fräulein hat müssen verreisen.» Mir wurde es zu bunt. «Kinder seid gemütlich, und keine Eifersüchteleien, sonst nimm ich Reissaus. Ich geh jetzt das Kleid aussuchen und die Steffi geht brav mit und ist gut Freund.» Und damit gab ich der schönen Titta einen deutlichen Blick, fasste sie unter einen Arm Steffi unter den andern und marschierte beide unter wolwollenden Commentaren der Mutter ins Zimmer der Grösseren. Vor dem Toilettentisch stand ein Pappkasten, den Titta öffnete, während Steffi auf einem Stuhl beim Bett hockte, und die Zöpfe in den Mund nahm. Es war ein rosa und ein crèmeorange Crepe de Chine Abendkleid, tief decolletiert mit Schleppenstutz; sie nahm zuerst das rosa und hielt es in einer Pose an sich. Ich küsste sie auf den leidenschaftlichen Mund und sagte «Zieh's an, man sieht nichts so.» Titta sah mir in die Augen und zog sich aus, den Bolero, die Blouse den Rock, den Unterrock, aber das Hemd schloss zu hoch und musste weggesteckt werden, sodass die bräunlich rosigen schwellenden Brüste sich zeigten. «Komm hilf ihr Steffi» sagte ich, und die Kleine stand gelangweilt auf und half ihr überziehen. «Du bist schön» sagte ich ihr die Hand küssend als sie sich um die Schleppe drehte «aber jetzt das Andere.» Steffi half ihr abziehen. Dabei wurde das Hemd mitgezogen und einen Augenblick war sie aufregend entblösst. Das andere Kleid war schöner, der Rückenausschnitt noch tiefer, das ganze superb. «Behalte beide» sagte ich, sie küssend und ihren Kuss fühlend, «ich helfe Dir abziehen.» «Wie denn, ich kann höchstens eins schuldig bleiben.» «Bleibe mir beide schuldig» sagte ich zärtlich und hob die Halbnackte in die Arme. «Ernst?» fragte sie, schon fortgetragen und meinen Hals umschlingend. Ohne mich um Steffi zu kümmern, hob ich sie aufs Bett, drückte den schönen Kopf in die Kissen und verschlang die auffordernden Lippen. Einen Augenblick später stöhnte sie unter meinem Einbruch. Ich war überreizt und stemmte sie hart und brennend. Als ich ablassen musste, sah ich Steffi die Beine hochgezogen, mit weit offenen Augen auf dem Bettende hocken. Titta kam wieder zu Atem, sah mich mit schwimmenden Augen an und sagte «Gutnacht», womit sie mir die gewölbte Kehrseite zuwandte und das Schelmengesicht in den Armen barg. Steffi rückte neugierig näher. Ich richtete den Pfahl, hob Titta leicht unter den Hüften um den Bauch und schob suchend durch, während sie mit Bewegungen mir half mit unterbringen.

Als ich ganz Rücken über Rücken mit ihr war, bockte ich sie dass das Bett krachte, und sie fast sofort, wahnsinnig vor Lust aufgab, den Kopf rückwärts über die Schulter im Kusse mit mir wie verzahnt. Dann sank sie zusammen. «Na?» sagte Steffi – «ist das Alles Du Liebesathletin?» «Lass sie» sagte ich, «sie muss verschnaufen.» «Und deswegen soll ich mich langweilen?» maulte die Kleine und rückte näher; sie hatte die Schnürstiefel ausgezogen und warf die Jacke auf den Boden. «Unterhalt ihn doch», lallte Titta, regungslos. Steffi rutschte zu mir, sie hatte die hohen Schnürstiefel ausgezogen und die Jacke fortgeworfen, und liess sich überall nehmen und fühlen, gicksend und mit kleinen Lauten des Entzückens. Endlich küsste ich sie und sie geriet ausser sich. Ich zog sie allmählich unter kleinen Liebkosungen aus und behandelte sie abwechselnd wie eine Frau und wie ein Kind. Titta kam wieder zu Bewusstsein und sah halb aufgerichtet die Kleine die sich, einen Schenkel über mich gedrückt, mit meinem Penis unvollkommen zu beglücken versuchte, hob sie lachend hoch und rollte sie über mich, während sie selber sich in meinen Arm zur Seite bettete, meinen Kopf zu sich zog und mich mit Küssen reizte. Ich kam zu nichts, Steffi quälte sich umsonst es war ein tolles Durcheinander, bis ich die kleine Geile ergriff und verkehrt auf mich setzte, so dass sie sich selber den Stachel ins Mark drücken musste. So, mit Stössen die sie schleuderten und Tittas Küssen die mich mit flüssigem Feuer füllten, that ich Steffi ab, die wilde Töne von sich gab, sprang aber dann ehe ich in Gefahr war, an den Waschtisch und in meine Kleider ohne mich um beide viel zu kümmern, denn ich war kalt und wollte mich in diesen lustigen Débauchen nur divertieren aber nicht ausgeben vor der Nacht mit Marga.

Nebenan machte Franzi den Thee und sah mich sonderbar an, als ich, die Hände in den Taschen zu ihr hinein strich. «Woher tauchen Sie denn auf?» «Oh ich habe bei Kleider auswählen geholfen und Steffi hat Zofendienste geleistet, sie kommen gleich. Sie sehen faszinierend aus, Baroness Franzi, und ich bin betrübt Sie so häuslich beschäftigt zu finden dass ich schwerlich zu Diensten sein kann.» «Nachher fällt mir schon was ein. Was ist in den Packeln?» «Helfen Sie mir. Es sind Bonbonnièren und in einer Pastichen mit einer kleinen bijouterie. Ich möchte dass Sie sie kriegten, es ist aber schwer zu machen. In den andern sind Marons Glacés und Pralinés, die Pastichen sind fondants.» «Ganz einfach. Ich mache schnell auf und zeichne, und Sie gehen nochmal zurück und halten die beiden auf. Dann wird I II oder III gewählt jede muss eine Zahl nennen und ich fahr gleich mit meiner heraus, die andern überlegen sichs.» «Süsse Franzi. Glänzend. Aber nachher muss Ihnen wirklich noch was einfallen zur Belohnung für die Hilfe.» Sie reichte mir den seidenrosa Herzmund durch den die bläulich schönen Zähne schimmerten, und nahm den Kuss lebhaft. Sie war die süsseste Puppe aus Meissen, perfekte Blume graziöser Wollust und Anmut und wirklich die beiden Schwestern wert.

Titta puderte sich noch und Steffi wusch sich mit einem grossen Schwamm, im Tub stehend zwischen den Schenkeln. Beide lachten mich mit der schimmernden Dankbarkeit von Frauen an, die eine gestillte Sekunde hinter sich haben und im Gleichgewicht sind. Ich gab Titta den Chéque für die Kleider, der sehr mässig war und bekam einen heissen Kuss. Steffi sagte ich, dass sie nichts nehmen dürfe, weil Baronessen sich nicht verkaufen, aber sie sollte sich überlegen ob sie etwas brauchte, Schulbücher und so. «Deinen Soundso brauche ich, sonst nichts, Du Zigeuner», sagte sie mit allen blendenden Zähnen in dem kindisch vollen Mund lachend, «und den behältst Du auch wenn Du ihn mir schenkst, Du dehnbares Ideal. Da trockne mich mal ab.» «Va petite ordure» sagte Titta mit einer Ohrfeige, «va t'essayer toi même par exemple. Si non Monsieur bientôt va avoir soupé de toi petit égout. Tu viens de faire la noce comme il faut, il me semble, petite chienne ça dévrait avoir quelque peu calmé tes ardeurs. Apprends à te corriger un peu, sinon on nous dira une maison de filles un de ces jours, qui se couchent avec les habitues sans en être amoureuses. Faut-il que je te dise que sans l'amour c'est une saleté que ce que tu viens de te faire faire. Toute à l'heure, espèce de putain. Si tu aimais monsieur comme je l'aime moi, l'amour même t'einsegnerait du respect. On peut dire tout quand on est gris l'un de l'autre, mais de tenir de pareils propos à froid, c'est du dernier goût, c'est abominable.» Steffi kam halb beschämt das Hemd zwischen den Zähnen und küsste mir die Hand, und ich zog Titta in die Arme um ihr meinen Respekt zu beweisen, der leider recht in Gefahr gewesen war. Das schöne Mädchen küsste mich aufs zärtlichste und gab mir alle schmeichelnden Namen des Gefühls und ich drückte sie an mich und küsste ihr die Augen. Es war ein gefühlvoller Moment, und wenn nicht die Zeit gedrängt und ich nicht an Franzi gedacht hätte, so hätte ich die bereits in meinen Armen Schmelzende aufs Neue mit den Feuern in Asche gelegt, die ihre heftigen Lippen bereits wieder in mir entzündeten.

Endlich waren wir beim Thee dem nun die Mutter, falsch süss und Komödiantin wie nur je präsidierte. Während Titta veranlasst wurde ihre Roben zu zeigen und mit stolzer Röte auf den etwas fallenden Wangen auf mich blickte, produzierte Franzi die Bonbonnièren mit geschickten Fragen nach dem Inhalte. Ich improvisierte ohne Mühe die verabredete Schwindelei, Franzi rief ihr «Eins» bereits in meine letzten Worte, aber ich deckte die Hände über die Kästen bis die anderen zwei sich zurechtgestritten hatten. Titta hatte ihre Marons, die ihre Lieblingsleckerei waren, Steffi, kindisch wie sie war, stopfte sich sofort den Mund voll Pralinées, nur Franzi spielte die Enttäuschte, als sie auf Holz biss und für ihre Voreiligkeit ausgelacht wurde. «Da habt ihr den ganzen Kram» rief sie mit gut gespieltem Ärger und schüttete den Inhalt auf den Tisch, um sofort drauf mit einem «Was ist das?» nach der Nadel zu greifen. «Voici qui est bien gentil» pfiff die Alte, «c'est du bon goût accouplé à un vrai sense of humour, et je ne saurais jamais assez me félicité de la belle conquête que nous avons fait en connaissant Mr. de B.» «C'est a moi Maman que vous la devrez!» rief Titta. «C'est moi qui l'ai retenu la première fois.» «Et moi la seconde, quand c'etait assez plus difficile» bemerkte Franzi spöttisch. «Il n'y a que la troisième pour moi, paraît-il» sagte die schnöde Kleine, «et j'espère que Monsieur m'en vaudra donner la chance en se montrant fatigué de la cour que lui font mesdemoiselles mes soeurs.» «Den Hof mache ich allein» sagte ich kühl «und ich hoffe Baronesse Franzi acceptiert ihn indem sie mir erlaubt ihr die kleine Nadel zu placieren.» «Aber auf dies Kleid passt sie nicht», bat Franzi etwas klagend. «Kommen Sie mir eine Blouse aussuchen helfen» und sie zog mich an der Hand nach der Thür. «Wenn es ein Augenblick ist – ich muss um 6 in der Nettelbeckstr sein», antwortete ich so sachlich wie möglich, – um nebenan, während die entzückende Puppe rasch aus dem Kleide stieg, den Rococokörper in die nervigste Umarmung zu ziehen. Wir verschwanden in einer Sekunde hinter dem Paravent der schon ein Mal unsere Wonnen gehütet hatte und wölbten ohne Besinnen über einander gepresst die Brücke des engsten Verlangens. Franzis heisser Atem spielte über mein Gesicht als sie mit der winzigen Hand den Schieber ansetzte, und gleich drauf schloss sie den duftenden Mund dieses Hauches mit der verzehrenden Süssigkeit deren Geheimnis sie allein hatte, auf meine glücklichen Lippen. Oben und unten begann das berauschende Verwachsen, begleitet von der aufregenden Melodie des leisen Stöhnens und sanften Rasens zweier vollkommen gleich Beglückten. Franzi gab sich mit einer Mischung aus Grazie und Leidenschaft hin, die nie einen Augenblick aufhörte das

Auge zu bezaubern und ihr sterbender Blick, der offene Mund aus dem die weichrote Zungenspitze flammenartig schwellte um geküsst zu werden und die Ekstase zu verlängern, schweben mir heut noch vor. Ihr Körper und die Anmut ihrer Begierde gehören zu dem Herrlichsten was die rein physische Liebe mir beschert hat. Ich hatte länger bei ihr mich verweilt als bei den meisten für mich grossmütig gewesenen Frauen, und dies Mal liess ich Marga zehn Minuten warten um ein zweites und noch ein drittes Mal, die meine Technik nichts kosteten, die immer bald wieder Auflebende im Abgrunde des Rausches zu geniessen. «Ich bete Dich an» sagte ich mit den Küssen der Dankbarkeit der sich zuletzt in süsser Ruhe an mich Klammernden. «Und ich vergöttere Dich» hauchte sie aus, «mein Vögelvogler, mein Vogelvöger, mein Strammstemmer, mein süsser Festficker, mein Fickfester, mein heisser Steilgeiler, mein Geilmacher, mein Steinsteifer, mein Rammer, mein Keiler, mein Hengst, mein niedlicher Befriediger, mein heisser Besteiger, mein Brunstprügel – ach ich bin toll weil Du mich toll machst, Du Götterspielzeug. Bete mich an, das ist süss aber vor allem komm wieder.» Unter glühenden Scherzen liess sich mich aus der Thür des Nebenzimmers auf den Flur hinaus.

Ich nahm mein Handgepäck vom Portier, versprach dem Chauffeur ein Trinkgeld und fand dass Marga erst eine Minute gewartet hatte denn auch sie hatte sich verspätet. Es war völlig dunkel als sie zu mir stieg, mir ihren Suitcase gab und sich während der Fahrer anzog, allerliebst an mich lehnte. Diese einfache Geste wirklicher Innigkeit hatte die Kraft, den ganzen Tag in mir zu verlöschen und die Zärtlichkeiten und Dreistigkeiten aller Frauen die mir gehört hatten mit ihm. Wir fuhren lange Zeit wortlos und regungslos so leicht aneinandergelehnt in die Nacht hinaus, und erst dann wandte sich im Finstern das volle junge Lippenpaar Seite zu Seite zu meinem Munde, in einer Berührung fast ohne Druck und doch voll süsser getauschter Angehörigkeit. Dann drückte sie sich fest einlagernd in meinen Arm, und kurz drauf kamen lange Atemzüge. Sie schlief, und auch ich verlor das Bewusstsein. Mehrmals aufwachend fand ich sie immer noch, den Kopf auf meiner Schulter tief atmend, und überliess mich im wohligen Gefühl der Erschöpfung selber dem wirklichen Schlummer. Lustiges Lachen und Gerütteltwerden erweckte mich und helles Licht vor meinen Augen, der Wagen hielt, die Uhr zeigte zehn. Wir standen vor dem Hôtel in Eilsen, dieser Oase schöner Wohnlichkeit im ärgerlichen Norden, und waren 250 Kilometer, vier Stunden, durch die Nacht gefahren. Ich war sofort spritzmunter als hätte ich einen Monat Bettruhe hinter mir und folgte mit der schönen lianenhaften Person dem Diener ins vorbestellte kleine Appartement, zwei niedlichen Schlafzimmern mit nestartigen kosigen Möbeln links und rechts von einem behaglichen Wohnzimmer mit Chintzen und hübschen Bildern. Aber Marga wollte unten essen, und so wuschen wir uns in möglichster Eile, küssten uns, tanzten um einander wie die Kinder pressten uns würgend an einander, nahmen jedes erdenkliche hastige Sekundenpfand auf den gegenseitigen Besitz und fuhren bald ins Parterre hinunter, wo in einem kleinen Barraum voll Nischen ein Dutzend Leute noch beim Café sassen und uns ein Märchensouper serviert wurde, Caviar, kalte Forelle in dickem Aspic mit einem unglaublichen Salat, ein Blumenkohl in weissen Trüffeln ganz trocken in der heissen Serviette, eine Poularde mit Kastanien farciert und mit Champagnerkraut, eine kleine halbgefrorne Rahmbombe mit Füllung von Maraschino Reis. Wir tranken eine halbe Flasche Moët Chandon 24 und nachher um klar zu bleiben, nur einen Wein, einen edlen dünnen Bordeaux, den der alte Oberkellner empfahl. Marga trank sofort aus meinem Sektglase, setzte mir die kleinen warmen Schuh auf beide Füsse, steckte mir Bissen in den Mund, biss von meiner

Gabel ab, und war eine bis zur Zerstreutheit verliebte Braut, deren lockendes Geschwätz nichts enthielt und ständig perlte. Sie war mit ihrer schiefen Haarwelle aus dreierleifarbigem trockenen Gold über der jungen Stirn, den heissen Taubenaugen und dem bildhübschen Munde eine Zauberfigurine, Hals und Schultern und Linie waren von der stilvollsten vollkommenen Holdseligkeit. Wir waren glücklich und alles Gespräch lief hell und leer wie ein Bächlein im Gebirge.

Ich hatte meine Cigaretten oben gelassen und schickte hinauf sie holen zu lassen, sie mussten auf dem Tische liegen geblieben sein als ich mich wusch, aber es kam die Antwort, sie seien nicht zu finden, und so stieg ich rasch hinauf. Meine Thür war offen, im Salon Licht, im Schlafzimmer Geräusch und eintretend sah ich das Zimmermädel das Licht ausdrehen und auf mich zukommen, dann aber zurück und gleich wieder andrehen, und mit dem Etui in der Hand – das rasche Hin und her, Dunkel und Licht gehörten zu dem Moment, in dem sie mir erschien und mich fast erschreckte, denn ich stand vor einer der auffallendsten Personen die mir im Leben überhaupt begegnet sind und ich habe später erfahren dass die Waltraut Moser mehr als einem Eilsener Gaste das Herz hat klopfen machen wie mir und mehr als einen Antrag gehabt hat, ehe sie einige Jahre später mit dem reichen Argentinier der sie dann geheiratet haben soll nach La Plata entschwand. Aber das thut nichts zur Sache, die einsweilen nichts als meine Sache war, denn was wusste ich in dem Augenblick anderes als dass eine biegsam schlanke und doch schön modellierte braunlockige lächelnde Mädchengestalt auf mich zutrat, hoch, höchst anmutig, mit bezaubernd lebendigen Augen und weichen Winkeln der heitern lebendigen Lippen eine kokette Stärkerüsche auf dem glänzenden Haar, Hals und Handgelenke weiss eingefasst und von der schwarz seidenen Blouse abstechend, unter der die kleine Schürze den Rock um die zierliche Taille zudeckte. Ich kann nicht in die Beschreibung bringen was mich an ihr so entzückte und bezauberte. Die Einzelzüge sagen nichts aus. Von ihren Bewegungen ebenso wie von ihren langen Blicken – die Augen waren unter starken Wimpern lang gezogen – und schönen Wangen und Lippen strömte eine Macht die bei mir den Raum so zu erfüllen schien, dass seine Umrisse zitterten wie in Sommerluft.

«Hier is, – ich hab mir gleich denkt, dass der Herr schon zornig muss auf mich sein dass ich so ungeschickt bin, aber auf den Möbeln is nirgends gewesen und ich hab müssen am Boden suchen, und da is eben am Teppich gelegen, wie ich schon gemeint hab, der Herr müssts anderswo verloren haben, – ich bitt um Entschuldigung.» Ich sah sie wortlos an. Es ist mir selten vorgekommen, dass ich keinen Scherz in eine Huldigung habe legen können, zu der eine unerwartete Erscheinung mich bestimmte, aber dies Mal war ich starr und verlegen und fühlte mich vor Erregung wie kalt werden. Wir sahen einander an, das Mädchen schlug nach einem Augenblick die Augen nieder, legte das Etui fort und ging. «Einen Augenblick bitte Fräulein» rief ich ihr ohne zu wissen was ich meinte nach, «einen Augenblick!» Sie kam zurück «Befehlen, der Herr?» Ich holte Atem. Die nächsten Worte kamen wie im Traum aus mir heraus, so dass ich im Anfange nicht wusste wo ich enden würde. «Rauchen Sie vielleicht auch Fräulein?» Sie lachte und sah belustigt in meine Augen. «Also der Wahrheit die Ehre die Schwachheit hätt ich schon, der Herr ist sehr freundlich.» «Wieso freundlich» sagte ich geistesabwesend. «Cigaretten – hab ich gemeint –» «Also – nein – es ist nämlich so – das Etui hier – ich kann Ihnen nicht erklären wie es zusammenhängt – ich hab mir schon längst gewünscht ich möcht es einmal verlieren und es gelingt mir nicht – es findet sich immer wieder zu mir – und wie Sie jetzt gesagt haben – ich hätts vielleicht anders wo verloren – verstehn

Sie –» «Kein Sterbenswort» lachte sie «– hab ich denken müssen – hätt ichs doch verloren – und nun ists doch wieder da – es hat sein besonderes Bewenden damit, und kurz ich wäre glücklich wenn ichs verloren hätte statt wiedergefunden – und Sie könnten – mir einen ungeheuren Gefallen thun – wenn Sie so nett sein wollten – Sie sehen so aus als dürfte man Sie um etwas bitten – so herzig gescheit dass Sie gleich verstehn was man meint – also den Gefallen thun Sie mir –» «Ja welchen Gefallen denn, gnädiger Herr –» «Dass Sies behalten.» «Ich behalten? Solch ein Wertstück, Gold, das viele hundert Mark wert is –» «Behalten ja, – und gleich gehen – und kein Wort drüber verlieren –» sagte ich fast laut und fast zitternd «– sonst könnt ich Sie um noch was – mehr – Unsinn. Also Sie thun mir den Gefallen – und Sie dürfen dafür von mir fordern – was Sie wollen –» «Der Herr von mir, nicht umgekehrt» sagte sie rot werdend, «es ist ein mächtiges Geschenk, ich weiss gar nicht wie ich komm dazu» «Doch. Sie wissen es, Sie müssen es wissen.» «Aber danken» «Nein bitte nicht, kein Wort» «Danke sagen werd ich doch dürfen» «Danken thu ich Ihnen, dass Sie so gut sind mich davon zu befreien – gut überhaupt – eben so gut wie schön – nie dürfen Sie danken, jeder muss danken der Sie bloss angesehen hat, jedem geben Sie tausendmal mehr als er Ihnen geben kann, so ein Blech, und wenns sich auch Gold nennt, was ist es dagegen.» «Nein nein ich wills nicht» sagte das Mädchen und legte das Etui auf den Tisch, verlor die Farbe wie vorher ich und sah mich an. Ich war meiner Herr geworden, hielt den Blick aus und wir wurden beide still. «Ich muss gehn frische Handtücher holen drüben im Office» sagte sie leise mit veränderter Stimme, gab mir noch einen Blick und ging, ich ihr nach wie gezogen. Sie ging schräg über den Flur, drückte eine Thür mit einem Schnepper auf, ich trat hinter ihr ein und umfasste sie während sie die Thür wieder zudrückte. Ich küsste ihr Hände Mund und Augen und wieder den Mund der mich wiederküsste sagte sinnlose Liebesworte die sie mir mit den Händen wieder in den Mund zurückdrängte und schliesslich standen wir selbstvergessen umarmt und küssten uns, den Kopf bald rechts bald links stützend mit fassungsloser Leidenschaft auf immer brennendere Lippen. Das Mädchen küsste heiss aber mit der Zartheit der Natur; sie gab die Lippen, diese wunderschönen Lippen aber sie gab nicht durch die Lippen als wären sie nur ein anderer Schoss, sich selber hin. Selbst Hilde hatte anders geküsst und wissender. «Ich muss gehn» hauchte sie und küsste mich noch ein Mal. Ich kam zum Bewusstsein. Alles hämmerte und blitzte auf mich ein. «Wo?» sagte ich gequält und sah ihr in die Augen. «Den Flur entlang – Diensttreppe, zwei halbe Treppen dann links, immer weiter bis rechts abbiegt, erste Thür rechts, steht drauf ‹M Eins›» – «also nochmal – weiter Treppen zwei, links, bis rechts abbiegt, erste rechts.» Ich drückte ihr die Lippen auf den Mund. «Einschlafen, ich kann erst sehr spät – Morgenstunden» und entfloh.

«Halloh» sagte Marga, «was passiert? Du bist ja ganz blass. Es war eine Viertelstunde.» «Ja zu ärgerlich, augenscheinlich verloren überall vergebens gesucht, schliesslich wertvoll, konnte Dich aber nicht länger warten lassen, reden wir nicht mehr davon, entschuldige vielmals. Kellner, bitte. Ja, Cigaretten. Marga, ich bin noch so durstig, noch für Champagner gestimmt, das beste gegen Ärger.» «Was Ärger. Du bist nicht der Mensch an so eine Lumperei lange zu denken. Kaffee, Cigaretten und einen grossartigen Schnaps, mehr wird nicht bewilligt. Ich will nicht mehr lange hier sitzen, Schatzbubi. Ich sehne mich – nach meinem Bett» und sie machte ein Schalksgesicht und trat mir auf den Fuss. Da es nicht wirkte musste ich mich zusammennehmen um sie nicht zu kränken und zog sie in den Arm. Wir waren die letzten im Raum, kein Kellner in der Nähe, und ich konnte sie küssen. Verrückt. Ich war immun gegen ihren bildhübschen Mund, ihren Duft ihre Atmosphäre. Ich hätte sogut einen Schuh küssen können. War es Überreizung? Unsinn ich hatte das schöne Stubenmädel in den Nerven, war von ihr eingehüllt und gegen jeden anderen Eindruck taub. Dann kam Schnaps, Cordial Médoc und alter Cognac, und der köstlichste Kaffee. Ich schwatzte was das Zeug halten wollte um keine Pausen eintreten zu lassen, und gewöhnte mich langsam wieder an Margas Liebreiz, Dreistigkeit und meine Verliebtheit. Der zehnte oder zwölfte Kuss stellte wieder Kontakt her. Ihr Haar roch wieder nach etwas. Kurz drauf waren meine Küsse so inhaltsvoll, dass das süsse Ding mir zuflüsterte «Komm, mach mich nicht hier verrückt.»

Wir zogen uns in ihrem Zimmer gegenseitig aus, unter den tollsten Possen, die durch immer weitergehende Entdeckungen genährt wurden. Ich war vor ihr nackend, sie hatte noch eine der seidenen Combinationen von der Gerstel an und der Anblick meines Riesenspielzeugs, das auch mir am Abend eines so thätigen Tages doppelt muskulös und ungeschlacht vorkam, versetzte sie in einen grossenteils gespielten Schrecken. «Nein Bubi das ist unmöglich das kann ich einfach nicht, – nie geht das hinein – ich bin doch keine Golftasche – komm Süsser, sag, versprich dass Du es nicht verlangst – ach und dabei brenne ich nach Dir – wie schrecklich – lass michs mal anfassen» «Aber Schnudi, das hast Du ja gestern ausgibig und fandst es nur angenehm» «Aber das stellt man sich ja nicht vor, – thut das weh? Ich bekomme ja die Hand nicht herum – allein schon der Kolbenkopf – ein wahres Gänseei – und wie wonnig rotsamten – aber das reisst mich ja auf! Bubi ich habe solch eine Todesangst, – komm zieh mich aus, sei lieb, küss mich sehr, ach lange, ach überall, sieh mal meine kleine süsse Muschel, da soll der feuerspeiende Steilfeuerlauf hinein – bin ich hübsch? – Gefalle ich Dir? Der Popo auch? Ja küsse mich da, überall – Du –

meine Brüste sind nicht sehr gross aber fest wie kleine Geldsäcke – ja küssen – beide – liebhaben.»

Wir legten uns aufs Bett und ich liess sie mein Verlangen mit unermüdlichen glühenden Liebkosungen fühlen. Ihre Küsse und Bisse, ihre Pressungen und ihr Herumrutschen über mir verrieten mir bald die unerträgliche Brunst ihres Blutes und den Schwanz der ihr das Entsetzen einflösste, liess sie bald nicht mehr aus den Händen, ohne mir freilich zu gestatten, ihn normal zu verwenden. Alles was ich durchsetzte war, in der küssenden Verschlingung ihn ihr zwischen die Beine zu klemmen und in dieser Haltung vielleicht hoffen zu können sie durch Stösse zu steigern. Sie genoss es, spielte einen Abglanz des Aktes mit mir durch, bedauerte mich, griff den Phallus wieder in die Hände, zog meine Hand an ihre brennende Muschel, aber wir kamen zu nichts. Wir waren darum nicht verzweifelt, die Lust blieb Lust, die Begierde wuchs, und noch ihr Quälendes war Wollust, und Spiele kamen dazu. Marga setzte sich auf meine Brust, der volle Hintern rubbelte und stiess mich, dann rutschte sie rückwärts und setzte mir während mein Kopf im Kissen einsank, ihre Frucht auf den Mund. Als ich wenn auch halberstickt küsste, giggelte sie und liess sich vorn übersinken, die Beine rückwärts streckend, links und rechts von meinem Kopfe. Ich griff zu, und sie weiter unten that das Gleiche. Es war was sie gewollt hatte. Während ich mit Zunge und Lippen ihre Brunst kitzelte und küsste, führte sie den zwischen beide Hände genommenen Bengel in ihre Lippen und genoss meine stossenden Zuckungen. Sie unterlag meinen wütenden Flammen um so rascher als sie bereits am Rande der Ekstase gewesen war, aber bald verlangte sie das süsse Spiel von neuem um wieder nach der ersten Minute meiner Zungenschläge mir krampfhaft in den Penis zu beissen und um Gnade zu bitten. Aber als sie in meinen Armen wieder zu Wünschen erwachte, drückte ich zu und liess sie die Kraft der meinen unwiderstehlich fühlen. Unter Küssen die sie erwidern musste, sperrte ich sie zärtlich auf und drückte den von ihrem Mund noch schlüpfrigen Kolben fest ins tauige Thor. Marga wand sich, entzog mir den Mund, biss die Zähne zusammen, aber lachte mich bald wieder an und ich fragte schwach drängend «Weiter?» Sie steckte mir statt der Antwort die Zunge in den nächsten Kuss und kam mir mit Bauchbewegungen entgegen. Ich arbeitete ganz langsam und gewöhnte sie nur allmählich, fasste sie aber von Stufe zu Stufe fester, küsste heisser, und sah mich allmählich von der nachgebenden Dehnbarkeit ihres Schoosses den sie unterschätzt hatte vollständig aufgenommen. Sie raste vor Lust, biss mich in den Mund, krampfte die Schenkel um meinen Hintern, verwuchs völlig mit mir, und liess sich mit der Wildheit eines jungen weiblichen Tieres vom Steifen fegen. Das «Fester! Fester! Noch Fester! Schneller» spornte mich zu Höchstleistungen. «Kein Kind Du, bitte» lechzte Marga in den ersten Krämpfen. «Mach mir eins!» schrie sie als die volle Lust sie packte «Alles wurscht, los, los – ach los». Aber sie konnte unbesorgt sein. Ich war ganz beherrscht und genoss sie ohne mich im Genuss zu stillen.

Marga bat nicht nur um Gnade sondern auch um Schonung. «Ich bleibe jetzt sicher so weit durch Deine Handschuhnummer» scherzte sie. «Jemand den ich kenne die gehört hatte Neger hätten so grosse Glieder wie Esel, liess sich in St Pauli in Hamburg von einem Neger, den sie bezahlte, und soll nachher nie mehr normal eng geworden sein, ganz schlapp und weit wie ein Sack. Aber grösser wie Du ist auch nicht möglich. Denke Dir nur wie grässlich, so ein Kerl, und ganz ohne Liebe, nur aus geiler Phantasie. In unserer Strasse in Warnemünde war eine alte Jungfer, das heisst sie war garnicht so alt, von der es hiess sie liesse sich von ihrer grossen Dogge bespringen, aber mein Bruder der Oldenburger Dragoner ist sagt da wären auch immer Kerls die sich in die Ställe zu den

Stuten schlichen obwol schwerste Strafen drauf stehen. Glaubst Du dass sowas vorkommt?» «Ich glaube alles kommt vor wenn der Mensch nicht kriegt was er braucht. Gouvernanten verführen minderjährige Zöglinge und Diener die Backfische, alte Herren ihre Dienstmädchen und Strohwitwen die Diener. Robinson hatte sicher auf seiner Insel sein weibliches Lama und Prinzessen die eingesperrt waren, sind vor ihren Affen auf allen Vieren gegangen. Es ist gar nicht unnatürlich sondern natürlich.» «Findest Du? Wie interessant dass Du so tolerant bist. Küss mich ganz süss. Ach Du. Ich war gleich wie ich Dich sah, in Dich verliebt. Ich muss wol gefühlt haben, – den da – dass Du solch einen hast. Du auch in mich? Bald?» «Fast sofort, und der Kuss hinter der Scheibe warf mich um.» «Ich muss jetzt schlafen. Beibei, Süsser, komm morgen mich wecken. Ich kann nicht mehr. Gib ihn mir noch mal. Fein.» Sie schlief schon.

Es war erst ein Uhr, aber ich ging noch in mein Schlafzimmer, machte das Bad an und massierte und frottierte mich dann energisch bis ich frisch war. Dann kam noch eine kalte Douche und eine halbe Stunde Bettruhe. Kurz vor zwei, mit einer Taschenlampe, die sich abblenden liess, begab ich mich auf die Fährte der mein jagendes Herz zuverlangte. Sie war nicht leicht zu finden, am Ende des Flurs gingen Treppen nach allen Seiten und ich musste zwei Mal umkehren und von neuem probieren, oben war Gespräch und Schritte, die ich auswarten musste, ehe ich mich riskierte. Aber alle Schwierigkeiten sind ein Mal überwunden und als ich vor der M I Thür ausknipste ehe ich vorsichtig aufdrückte, war kein Schüler auf der ersten nächtlichen Tapserei über fremde Treppen so nahe einem Herzschlage vor hämmernden Pulsen wie ich.

Ein farbig abgedämpftes Bettlämpchen war bei meinem Zudrükken der Thür angegangen und sogleich wieder aus. Ich schlüpfte mich tastend in ein brühheisses Bett, in dem zwei heisse nackte Arme mich an zwei heisse nackte Lippen zogen und mir ihren noch schlafheissen Hauch in Wellen von stürzenden Küssen in die Adern jagten. Ich lag in fester Klammer, der Mund trank mich aus, die heissen Beine rieben an mir entlang und ich griff zu um nicht von dieser Leidenschaft zusammengedrückt zu werden. Es war noch keine Minute dass wir uns schon zusammenschoben und gegenseitig zurechtwarfen mit Beissküssen und langen Seufzern und eine hastig scharf fassende Hand meinen Spiess stramm niederdrückte, abstreifte, quetschte, führte, auf und ab im Heissen fegte, und der ganze Schoss sich drängte. Alles ging im unaufhaltsamen Tempo, wir verwuchsen ohne die geringste Vorbereitung und das Bett krachte von unserer Raserei. Auch in der ersten Pause hörten wir nicht auf uns von unsern Lippen zu nähren. Sie hat mir nachher gesagt sie hätte die ganze Nacht so weiter küssen können ohne ein Wort. Die Pausen waren kurz. Ich blieb in ihr und fühlte immer schon nach wenigen Minuten ihr Becken gegen meins sich bewegen, fing an pianissimo zu vibrieren und ihr lange Lustlaute zu entlocken und ging, wenn sie mitging, in Gewitter über. Beim vierten Male war die Wollust und ihre sich steigernde Frenesie stärker als meine Technik und wir verschmolzen in Stürmen, wie ich sie nie erlebt zu haben glaubte. Aber auch diesmal gab es keine wirkliche Unterbrechung. Es ging ein sonderbarer Geruch von dem Körper aus, nicht unangenehm und niemand würde ihn süss genannt haben, der mich um die Besinnung brachte, und dem ich mit Mund und Nase über die ganze Haut nachkosen musste. Ich drückte ihr den Arm hart und sog die feuchte Luft ihrer Achselhöhlen ein, sie zog sich in einem Kitzelkrampf zusammen und während meine vorübergehende Schrumpfung wieder zu Stein in ihr wurde, verzehrten mich ihre vor Aufregung kalt gewordenen Lippen. Ich stürzte sie in einer Stunde sechs oder sieben Mal vom

Gipfel der Begierde in den Abgrund der Todeswollust, genoss eben so viele Male die Schreie und das mich erschütternde Lallen ihrer Auflösung tauschte die abgerissenen Worte verzweifelter wahnsinniger Versprechen. Erst dann kam eine kurze Beruhigung, die wir Arm in Arm liegend und uns mit den Lippen streifend auskosteten. Aber der Versuch uns schon etwas zu sagen schwand wieder vor dem Magnetismus der Lippen und dem Verlangen das sie entzündeten, Seite zu Seite liegend und Mund auf Mund den Atem teilend, ihren Schenkel über mir, ungeführt, wie instinktiv in eins gezogen fühlten wir berauscht das mordend süsse Eindringen. Wir lagen uns neckend mit Stoppen und Rutschen und Glückslauten, dann wälzte sie mich von der Seite auf den Rücken, fasste mich spielend wie ein Mann die Frau und stiess sich mit der Zunge in mir auf meinem Pfahl die Lust ab, während ich so geschickt ich konnte, von unten in sie wirbelte. Dann glitt sie von mir ab und wir betteten uns eng einer in des Andern Arm.

«Ach Du Märchenschatz» sagte ich ihr in die Lippen hinein, «ist denn ein solches Glück möglich? Und Dich soll ich gefunden haben um Dich übermorgen wieder zu verlassen?» «Red nit so daher» flüsterte sie und küsste mich zäh zwei Mal auf den Mund, «übermorgen ist übermorgen. Heint hab ich Dich noch und muss Dich nit hergebn, ach Du Goldbaron, so ein vornehmer, und kannste wie ein Holzknecht. Ich gib Dich nimmer her, kannst anstellen was d'willst. Von Dir muss ich geträumt hahm mein Lebnlang, und mir bist eingetroffn, das kann nicht eine jede von sich sagn. Sag schnell dass mich gern hast, sonst glaub ich Du hast mich wollen anführn. Sag ja, dass ichs wieder hör, Du Meiner Meiniger. Wenn's weggehst, lauf ich Dir hinterdrein. Sag ob schon mit der Blonden geschlafen hast, der Eleganten, mit der Du hier bist. Betrügst sie mit mir, bist ein Sauberer. Is mir wurscht. Sag ob schon bei ihr im Bett gewesen bist heut Nacht.» «Das kannst

Du Dir doch denken.» «Ah, so. Is zum Sich Ausschütten. Ist ein Bettschatz, gelt Du, mit der hinter d'Schul gehst, doch nicht Deine Frau. Is mir lieb z'hörn. Weil ich mit Ehe nicht spass'. Alles wo es hingehören thut. Is ein bildsaubers Madel, die Deinge. Wär ein jeder froh wenn er sie könnt im Bett habn, und verliebt obendrein, ich hab ausm Fenster gschaut, wie's ankommen seids, und Du hast fidel ausgeschaut. Was ist denn Dich ankommen so plötzlich?» «Du bist mir über den Weg gekommen und da ist mir alles versunken.» «Ja gibts denn auch das?» «Es muss wol.» «Und da hast die Ander auf ein Mal nimmer mögn, aber nur weil das eine blosse Bandelei war, eine Lapperei und nix dahinter, sonst hättst Dich nicht von einem Stubenmadel lassen umschmeissn.» «Du hast Recht und auch wieder nicht. Vielleicht, wenn ich die andere richtig im Herzen getragen hätte, und Du wärst dazwischen gekommen, hätte ich mich beherrscht. Aber beherrschen hätte ich mich immer müssen, und leicht wäre mirs nie geworden.» «Weil Du was Besonders bist, machst Dir eine besondere Welt. An mir ist nix, ausser, das bissl Ansehn, wie viel haben das, aber das ist nicht die Hauptsach, und was weisst sonst von mir.» «Nichts. Aussehn – was heisst das. Man sieht aus wie man ist, für Leute die Augen haben. Schöne Mädel gibt es genug man kann sich nicht bei allen aufhalten. Aber wenn in der Schönheit noch was anderes steckt ist man verloren.» «Was andres? Ich versteh. Manche schöne Madln sind strohdumm, und die Dummheit und Fadheit schaut der Schönheit aus den Augn, und kein Leben ist auch nicht drin, und da is einem bald zu fad. Das hast wollen sagen. Und wenn da statt der Dummheit was andres beim Fensterl nausschaut, wo ein Leben drin ist, nachher –» «Ja und doch was anders.» «Sag mirs.» Ich schnürte ihr statt aller Antwort die Arme an den Leib und küsste ihr das Herz ab. Immer wieder wenn sie sich losmachen wollte, drückten meine Küsse sie nieder. «Anziehung ist es – ein Geheimnis. Zu Dir müssen und nicht von Dir lassen können. Ausführen müssen wie Du bist, was in Dir ist –» «Ein goldiger Herzschatz bist, ein goldener.» Sie presste mich an sich. «Ich weiss nicht was schöner ist, Dich so süss reden hören und Dir glauben oder sich nehmen lassen. Glücklich dass ich Dich getroffen hab, behalt mich so lang es geht, – Du – küss mich hart, machs streng, ich kann nicht genug kriegen von Dir Du – komm.» Sie riss mich zusammen und ich sie, und noch einmal bog sie mit dem scharfen Griff von vorher den Steifen in ihren schiebenden pelzigen Kelch, ich genoss wieder den heissen nervigen Leib in seinem schütternden Rausche. Dann küsste sie mich zum Abschied. «Verstehst, ich muss noch schlafen, sonst bin ich morgen halbtot. Gut Nacht, mein Herzensschatz, morgen Nacht wieder, lass sie sitzen, dreh sie ab, find eine Ausrede, komm zeitlich. Oder komm wenn sie Nachmittag schläft, auf einen Rutscher ins Office, ich hab Freistund, – komm küssen wenns nicht anders geht Du Küsser Du Nimmersatt.» Sie machte Licht, glührot und lustblühend lag sie da, ein vollkommenes Bild mit flammenden Augen und schwellenden Lippen – wir griffen noch einmal nach einander, wie Kletten und Magneten hakten die Lippen zäh aneinander nicht abzureissen, aber schliesslich musste ich gehn und schlich mich glücklich zurück, wo ich sofort tief einschlief.

Als ich aufwachte war es halb zehn. Ich war satt ausgeschlafen, reckte mich und fühlte mich ungeheuer körperglücklich, schwingend und verwegen. Ich schlich zu Marga hinüber, aber feste lange Atemzüge zeigten mir an dass ich zu früh war. So badete ich, duschte und massierte und rasierte mich dann und versuchte es um zehn von neuem. Als keine Antwort kam, schlüpfte ich zu der Schlafenden ins Bett. Unartikulierte Laute des Wohlseins empfingen mich, sie schlief in meinen Armen weiter, küsste im Schlaf und liess sich küssen, machte dazwischen die Augen halb auf und bald wieder zu, drückte sich fest in meine Arme und schlief weiter. Ich zog sie an mich und schob vorsichtig den Steifen in ihren hübschen Pelz, fand den Schlitz, drückte sanft zu und liess ihn liegen. Marga seufzte, drückte mich schwach, lallte, suchte schlafend meinen Mund und schob. So während sie kein Zeichen wirklichen Erwachens gab und gewiss nicht simulierte, führte ich sie durch alle Stadien der Wollust bis zum letzten, über dem sie zuckend und stöhnend erwachte, mich pressend, und über wilden Worten den Mund durcheinander werfend «Vögle mich, vögle mich, ach Du Ficker Du, komm rein, machs mir – was – was rede ich denn.» Sie war wach und klebte mir den Mund auf den Mund. «War das wirklich? Ich dachte ich träumte es. Fein wars, zu fein. Hast Du mich wirklich vergewaltigt, Du Strolch, eine wehrlos Schlafende? Ich träumte so fein von Dir, – ach – warte mal.» Sie lachte und küsste mich «– nein das kann ich nicht erzählen – und plötzlich – war es – aa, eben überragend, im Gegensatz zu sonst.» «Träumt ihr sowas oft?» fragte ich unter zärtlicher Traktierung der Reizenden nackten Person. «Ihr wol nicht?» «Wie denn – richtig?» «Gott frag nicht so dumm. Mehr oder weniger – man hat wollüstige Empfindungen – die verdichten sich irgendwie albern – und plötzlich meint man man fühlt ihn schon.» Sie drückte «ihn» verliebt «und dann ist es nichts und man wacht auf mit der Hand da.» «Und heut?» «Heut Du Süsser, war er da wo er, wenn mich nicht alles täuscht –» Sie hatte sich an mir festgeküsst und flüsterte – «gleich wieder sein wird.» «Schon wieder Du Seherin?» «Red nicht so Schatz» sie holte meine Hand und rieb sich an ihr, «komm, richtig guten Morgen sagen.» «Keine Angst mehr vor meinem Format?» «Furchtlos und treu» sie züngelte in mir und schob sich an mich, aber ich küsste sie nur und reizte sie. «Was willst Du denn von mir?» «Beweise Deine Kraft». Ich kniff sie, sie sagte «Au» und biss mich heftig in den Mund «andere Beweise, – eindringliche von eindringen, aufrichtige von aufrichten, wiederholte von wiederholen, befriedigende von befriedigen erschöpfende von erschöpfend. Capierst Du: aufrichten, eindringen, wiederholen mich befriedigen, erschöpfen.» «Gibt es auch packende?» sagte ich und griff sie fest unter mich. Sie lachte und sperrte den süssen Mund für Küsse auf. «Gibt es auch erdrückende?» und ich presste sie im Kusse zusammen. «Ja und auch Gegenbeweise» und sie klammerte sich an mich. «Und deckend von decken» sagte ich und rannte sie in einem Stosse durch und durch. «Auch schmerzliche» pfiff sie sich windend. «Und lückenlose» fuhr ich fort, ihr den Finger in den Hintern drängend, «und solche die schlagartig niederprasseln und leider keine wie diese» und ich nahm sie her und trümmerte sie schonungslos zusammen. Marga hielt dies Mal länger aus, dafür war ihre Agonie nur verzehrender und ihr ersticktes Flehen, zu bleiben, nicht zu gehen, während sie die Nachreife der Lust schiebend schaukelnd und mit lechzenden Küssen auskostete, war zwar für mich eine Wonne brachte mich aber dies Mal auf die Knie, ich konnte diesem verlängerten aufpeitschenden Angriff nicht wiederstehen, presste sie zuckend an mich und gab ihr die noch nie genossene Minute des Zeugungsfurors, des besinnungslosen fessellosen, indes ich mich mit Krampfstoss nach Krampfstoss in sie entlud. Das schöne Ding, totblass und mit zitternden Lippen, erlebte unmittelbar nach der ersten eine zweite Ekstase und brach mir in den Armen zusammen. Sie war eine Weile so reglos wie ich, dann schmiegte sie sich mit wiederkehrender Farbe innig in meine Umarmung. «Schade» flüsterte sie «wir hätten einen Bengel gebaut, wie keinen auf Erden, oder Zwillinge. Ich habe es richtig gemerkt, wie Du wolltest und ich wollte, ich sehne mich geradezu danach und Du wolltest es absolut durchsetzen. Das ist doch das Einzige Wirkliche, alles Andere ist halbe Sache. Wahnsinnig glücklich war ich, und es ist alles gemein, erstens dass ich gleich spülen muss und zweitens dass ich Dich nicht heiraten kann, jetzt wo ich so wahnsinnig zu Dir gehört habe eben und mir so schrecklich ist denken dass ich Dich morgen nicht mehr habe. Wenn Du jetzt nicht gleich sagst dass Du mich liebhast, hasse ich Dich für den Rest meines Lebens, komm sei zärtlich zu mir, ich war Deine Frau.» Das war süss und echt und ich tröstete sie mit tausend Scherzen und Liebkosungen, aber das Bidet rief zum Ernst des Lebens. Ich hielt sie bei dem hässlichen Geschäft von hinten als Stütze sodass sie sich weit zurücklegen konnte, und küsste während des ganzen Manövers ihren zurückgebogenen süssen Mund. Endlich war sie fertig und zwang mich, die Spuren der Befruchtung im Wasser mit ihr zu studieren. «Für ein Volk hätte das gereicht, ein halbes Weinglas voll, Du Monstrum, aber jetzt will ich Frühstück, ich vergehe.»

Es war allerliebst in dem kleinen Salon, das silberne Kaffeeservice – Marga trank Kaffee und ich mit – die Eier, der Schinken das goldene Gebäck, die Butter, das Obst, der Jam musterhaft häuslich elegant serviert, die Zeitungen – eine Jungvermählten Illusion zum Lachen, und Marga in Schlafrock und Spitzenhaube dazu, alle Kussspuren gepudert und mit Müdigkeits Schatten unter den feuchtschimmernden Augen das wahre Bild des Lendemain nach Brautnacht. Sie war auch stimmungsmässig nicht das schneidige Ding von neulich, sondern weich und träumerisch. «Erst wenn man einen Tag aus der Bude heraus ist und aus Berlin, merkt man wie kaput es einen macht, – ich möchte gar kein Programm, Bubi, nur Ruhe und Liebe und Dich richtig haben – kennen lernen – ich habe doch keine Ahnung von Dir und umgekehrt Du.» Ich suchte sie abzulenken und bestellte den Wagen. Dagegen hatte sie dann nichts denn es war ein trügerisch schöner nassblauer Novembertag wie selten im Norden, die Bäume noch voll Herbstlaub und viel Grün überall, und die Fahrt durch herrliche Bückeburger Hügelwälder eine wahre Lustreise. Auf einer Lichtung zwischen Buchen neben der Strasse liess ich halten, um auszusteigen und zu gehen. Ein Auto, sehr üppig und riesig kam uns entgegen, eine Gesellschaft stieg eben dort, zehn Schritt vor uns aus und kam auf uns zu, eine schöne kaum üppige junge Blondine mit einer sportsmässigen energisch aussehenden etwas älteren Dame neben sich, dahinter ein elegant gemessener Herr und eine Dame. Sie gingen an uns vorbei und die erstgenannte mass mich mit einem langen schimmernden Blick aus sonderbar faszinierenden zugleich etwas schweren und etwas leichten Augen – kaum zu beschreiben aber auch kaum zu vergessen. Es war mir ärgerlich, mich statt einsam, mit eleganten Leuten zu finden, und ich stieg mit Marga, die ebenso geniert war wieder ein. «Wissen der Herr wer det jewesen ist? Die Prinzessin Karl August von Sowieso, wissen ja schon, wohnt auch im Hôtel, is mir jestern von weiten jezeicht worn.» «So; und der dahinter der Prinz?» «I wo; man bloss mit zwee Hofdamen und ein Herr von Bejleitung, eene war die Jräfin Rehntlow oder sowat, un de andere en Fräulein von Stutteritz und der Herr is en Herr von Winsloh.» Alle Berliner von kleinen Leuten sind für Hof und Adel interessiert wie Engländer. «Der Winsloh von dem wees ick, der war Eskadronchef von mein Bruder bei de Perleberger Kürassiere, und war nich koscher, kam jerade um n'Skandal mit'n blauen Ooge rum, von wejen. Nee nee, soff nich un jeute nich, war mehr in de Brangsche von Prinzen Karl Aujusten, der is ja bekannt davor.» «Ach so, na, Schluss, fahren Sie ein Stück weiter, ich sage dann wo ich halte.» Marga lachte. «Zu pittoresk sind diese Baliner. Mit dem Prinzen soll das stimmen, er ist so ein Ästhet, kommt auch zu uns kaufen, furchtbar maniriert und lila sieht aber sehr gut aus.» «Da hat die Frau nichts zu lachen.» «Na, die wird wol auch andersrum sein, das gesellt ja sich meist zusammen. Ist doch alles unvorstellbar widerlich.» «Finden wir, und sie uns.» «Erlaube mal. Was ist an uns widerlich. Schönstes Sujet für Künstler.» «Findest Du?» «Und ob. Bachstitz hat eine attische Schale, rotfigurig, sechs Paare in heisser Arbeit liegend, jede Stellung anders, Du kannst Dir nichts hinreissenderes denken. Mittelbild nackte Hetären, einen Jungen auf ihrem Schooss küssend und onanierend, wonnevoll gezeichnet. Aber im Geheimschrank hat er süditalienische griechische Bronzen, Bengel sich päderastierend und zwei nackte Tribaden im Reitsitz auf einander, einfach abstossend. Jeder muss das finden. Zu einer nackten Frau gehört ein Stürmer und wenn es Leda und der Schwan ist, und zu einem nackten Jungen mit steifem Glied, eben weil der ganz Kerl so hart und spitzig und gespannt ist, gehört was sinnlich weiches, und wenns eine ziegenbeinige Faunin ist wie auf einer Andern Bronze die ich verkauft habe, aber zwei Bengel die sich das in den Popo stecken sind rein ästhetisch idiotisch, und zwei nackte Weiber die sich gegenseitig aufregen, schreien geradezu nach dem strammen Kerl, der zuerst die eine und dann die andere über ihre Stellung flott aufklärt. Es ist scheusslich wie dies Schwulen um sich greift in Berlin, Du hast keine Ahnung; um mich sind auch solche hochgeborenen Schmachtschnösen im Laden immer herum und ich kann sie nicht rausschmeissen aber ihre Einladungen nehme ich nicht an.» «Sondern nur –» «Pfui. Gib mir gleich einen Kuss. Ich bin nicht halb so leichtsinnig wie Du glaubst und wie ich mich aus Übermut gebe. Ich habe überhaupt kaum Freunde gehabt, und keinen netten den ich gern behalten hätte.» «Keine erste Liebe?» «Halt hier will ich heraus.» Es war ein sanfter Wiesenhang auf einer Höhe mit Rundsicht oben von rotem Buchenwald bekränzt. «Erste Liebe?» sagte sie im Gehen. «Kann ich nicht schwindeln. Ein älterer Mann, schon ergrauend, ich kaum achtzehn, relativ ahnungslos.» «Ist ja toll.» «Toll? Gar nicht so selten. Ich habe mehr Lebenserfahrung als Du. Verliebt ist man garnicht als Backfisch, die Jungs sind doof und unamüsabel und schmecken nach nichts, und wenn Dich einer abküsst, hast Du nichts davon. Ich war bei einer Freundin auf dem Lande zu Besuch. Der Vater, um die Fünfzig, aber jung geblieben, energisch, überlegen, interessant, wurde närrisch in mich, ich kam ohne zu wissen wie in seinen Bann, er lähmte mich geradezu durch seine verhaltene Leidenschaft, bald küssten wir uns in allen Winkeln, er lehrte mich küssen und dabei was fühlen was nicht mit Küssen zum Schweigen zu bringen ist, dann führte er meine Hand und ich liess seine suchen, und wenn ein Mädel erfahren hat, was seine Wünsche wirklich meinen und wie wonnig schon das Spielen mit ihnen ist, brennt sie lichterloh. Ich ging zu ihm ins Bett wie gezogen, die erste Nacht beherrschte er sich und ich wehrte mich – die zweite wollte i c h es eigentlich, obwol er schon einen Kater hatte, aber wir muckerten noch weiter bis wir im gleichen Augenblick schwach wurden. Übrigens machte er es reizend und ich litt überhaupt kaum, sondern genoss so schon das allererste und zweite Mal wahnsinnig. Aber erste Liebe kann man das nicht gut nennen. Aber komm, lass uns doch nicht geschmacklos sein – ach mein Süsser – Du hast mich eigentlich als Erster – kannst mirs glauben – ich habe vor Dir nichts geahnt, und das ist die Hauptsache – das Richtige – das wovon man hört und nicht glaubt dass es das gibt –» Wir lagerten uns unter einer Buche, wo ich trockenes Laub vorzupfte um sie sich ausstrecken zu lassen. Die Einsamkeit war vollständig zwischen den Hecken lag ein Stückchen blauer Fernblick, die Büsche schufen überall sonst ein abgeschlossenes Rund, die Luft roch nach Nuss und Kraft. «Glaub mir» sagte ich neben ihr liegend, und sie streichelnd, «ich bin ganz ohne Complexe. Eifersucht auf Vergangenheiten ist die widerlichste Form der widerlichsten aller Eigenschaften des Neides. Ein richtiger Mann hat sich durch seine Kraft und seinen Zauber die Geliebte zu schaffen – neuzuschaffen als wäre sie ihm eben aus dem Schaum geboren, und wenn er ihr auch nur ein Gran ihres frühern Seins lässt, ist er eine schwache

Figur.» «Du sagst unheimliche Dinge eigentlich. Ich möchte hinter Dich kommen aber Du hast soviel Naturen –» «Wie rasch willst Dus» sagte ich lachend mit einem Kusse, «ich hab Jahre gebraucht. Du kennst mich seit Stunden.» «Und Du führst mich hinters Licht, indem Du mir nur den wilden Draufgänger und Verschwender zeigst, der Geld Kräfte, physische Zaubermittel über mich und in mich schüttet.» «Du bist so entzückend, dass ich noch auf lange hinaus nichts anderes sein kann, als exuberanter Liebhaber. Klagst Du drüber?» «Nnnein – aber» «Was aber?» und ich küsste den schmollenden Mund. «Höre doch. Ja Du sollst ganz sein wie Du bist, aber – ein bischen musst Du Dich auch für mich – interessieren», «Nur ein bischen?» Und ich küsste sie zärtlich. Sie küsste wieder, aber schob mich noch ein Mal weg. «Mach Dich nicht lustig über mich. Du wirkst rasend auf mich» sie zog mich zu sich und küsste mich, «und ich werde sicher anfangen» sie drückte mich mit beiden Armen an sich – «Dich – zu lieben – und das gibt ein Unglück – wenn Du mich satt bist» «Kleiner Liebling» sagte ich gerührt, «wie kann man so tragisch sein am ersten Tage?» «Eben» antwortete sie, an meiner Kravatte ziehend, «es ist der Schatten des Glücks.» «Ich möchte aber das Licht des Schattens sehen, und dass Du über Dich lachst.» «Ich – ach – nein, sonst kitzele ich Dich auch.» «Darfst Du.» «Keine Spielküsse Du Lausbub» «Doch, sieh mal so» «das war ein richtiger.» «Nein, das war ein unechter». «Unechte sind so, pass auf.» «Der unecht? der war sündig.» «Und der?» «Zu kurz.» «Mach ihn länger.» … «Du – es kann jemand – bitte – nein nicht – ach – ach.» Ich hatte sie rasch genommen. Ihr heisser Mund, halb offen lechzte nach Küssen indes sie sich unter meiner Leidenschaft straffte und schob. Der Taumel kam mit keuchenden Atemstössen und sofort. «Ach noch hier liegen bleiben, wie schön wäre es.» Ich überschüttete sie mit Zärtlichkeiten, ihre rosenrote augenglänzende Erschöpfung mitten in der bunten Natur war zu allerliebst, und ihr Festhalten meiner Hand holdselig. «Solang Du willst, süsse Titania. Es kann nirgends schöner sein als hier und Dich ansehn und Deine Hand halten.» «Halte nur; Du lässt sie immer noch zu früh los. Du. Ich bin wahnsinnig glücklich. Aber es schlaucht einen. Ich muss heut Nachmittag richtig schlafen – bist Du böse? Aber allein. Ich muss Atem schöpfen für –» sie lachte «für – heut Nacht. Komm mal her, ins Ohr sagen.» Es hauchte heiss in mich hinein «Du Untier einmal will ich Dir gewachsen sein – Du brauchst drei Frauen, nicht eine komm.» Ihr Arm zog meinen Nacken. Lange Küsse, leise Worte. Es war reizend. Es wäre noch reizender gewesen, wenn ich sie geliebt hätte. Aber entzückend wie sie war, berührte sie nichts Inneres in mir. Sie war ein charmanter Zeitvertreib. Das Wort das sie gebraucht hatte traf die Sache – sie interessierte mich nicht, und sinnliche Freuden waren – vom feinsten zum derbsten – meine einzige Ressource mit ihr. Ihr schneidiger Übermut der mich geprickelt hatte war wie weggeblasen. Sie war weich geworden, das war süss und lieb aber es nahm ihr die charakteristische Note. Während meiner Gedanken hatte sie die Augen geschlossen und schlief oder schien zu schlafen. Ich hielt sie immer noch umarmt und blickte auf sie nieder. Dann wollte ich sie leise loslassen, aber ein halbschläfriges Knurren kam von ihr, sie wollte gehalten bleiben und ich hielt sie. Ich küsste sie leise auf den atmenden Mund, sie gab kein Zeichen. Leise wiederholte ich den Kuss, sie drehte sich im Schlafe auf mich zu, der süsse Mund blieb halb offen dem meinen nah. Wollte sie weiter geküsst sein und im Halbschlafe geniessen? Vorsichtig drängte ich mich näher an sie, umschlang sie leicht und drückte die Lippen schmeichelnd auf die Ihren, dann machte ich mich leise frei, zog ihren schon halb aufgestreiften Rock noch höher, klappte ihn auf, blieb liegen und küsste die an mich gezogene zärtlich. Sie gab den gleichen Laut von sich, öffnete die Augen, drückte sich an mich, streifte mir den Mund mit den Lippen und schlief wieder scheinbar. Mein Penis traf auf Widerstände als ich eindringen wollte, die Combinationhose war verzogen, ich kam nicht an. Aber zu meinem Erstaunen ging der Arm der Schlafenden abwärts, zog die Hose zurecht dass der Zugang zum Schätzchen frei war, und der rechte Schenkel kam über mich, ohne dass die regelmässigen Atemzüge aufhörten. Unter Küssen auf den regungslos weichen Mund schlüpfte ich den heissen Spiess in ihre Polster, drang tief und spielte zarte Staccatomelodien auf ihrem Instrument ohne ihre Lippen zu lassen. Sie seufzte, warf sich im Schlafe, liess sich küssen, stiess unten zu und schüttelte sich im süssen Krampfe in meinen Armen – ohne diesmal zu erwachen. Mein Steifer blieb in ihr. Ich rührte mich nicht. Plötzlich warf sie mir leidenschaftlich die Arme um den Hals, stiess das Becken wühlend in mich, küsste mich wie eine Wilde, schrie «los, schnell, fest fest» und fiel zusammen. «Hast Du geschlafen?» «Hmmhmm.» «Ach» sagte sie dann, «so sterben. Ist doch das Einzige, Wonnetraum. Süsser. Hast Du eigentlich wirklich?» «Aber Schatz!» «Ganz sicher?» «Nein keine Spur.» Sie riss die Augen auf. «Siehst Du! Ich habe es nur geträumt. Aber geküsst hast Du mich sicher.» «Ja allerdings –» «Siehst Du, Du regst mich eben schon durch Deinen Mund so toll auf, dass ich den Rest träume, mit der rasendsten Lebenswahrheit und dem glühendsten Genuss.» «Wirklich?» «So wirklich, dass Du jetzt mal weggehen musst, ich muss Pipi machen.» Nach einer Weile kam ihre Stimme. «Du Gauner, Du hast mich ja angeführt.» «Wieso?» Sie umarmte mich. «Schluss. Es war himmlisch. So möchte eine Jede angeführt werden. Herr Du – war ich glücklich. Komm, wollen zum Mittag.» Ich hatte leichtes Spiel mit der Kleinen gehabt. Sie war so jung und geil dass sie schon nach Minuten zerfloss. Ich hätte sie stundenlang in Frenesie halten können ohne mich anzugreifen.

Wir fuhren en lune de miel durch das bunte Land zum Hôtel zurück, aber der Himmel bezog sich und wurde grau und tonig. Zu Hause stürzten wir uns nach rascher Toilette auf die Mahlzeit. Ich lehnte alle Herrlichkeiten die empfohlen wurden ab und verlangte Hors d'œuvres, eine Mulligatawny Suppe, ein grosses Rumpsteak mit Salaten, wozu Marga ein Chokoladensoufflée wünschte, Sherry zum Hors d'œuvre, Porter zum Rumpsteak und Cognac und Kaffee. Es war was wir brauchten und wir frassen wie Sportsleute unter wortkarger Lustigkeit. Als wir beim Dessert waren, kam die prinzliche Gesellschaft, vom Wirt ehrfurchtsvoll an die Plätze geleitet durch den kleinen Raum. Da alle Anwesenden sich zu erheben schienen, – die Prinzessin grüsste leicht in alle Nischen – thaten wir es auch. Sie grüsste kaum zurück sondern blickte nur den gleichen grossen feucht lächelnden Blick – den indefiniblen von heut Morgen – wie war er denn? Heiter? Amüsiert? Neckend? Verständnisvoll? Gütig? Warm? Lockend? Heiss? Beglückt? Beglückend? Von allem war etwas darin, nichts von allem war er wirklich. Es kroch einem durch die Adern in die Knochen, es grauste und rieselte in einem durch und durch, man hatte etwas erfahren. Ich trank zwei Cognacs um es loszuwerden. «Wie unfreundlich den Gruss nicht zu erwidern» sagte Marga. «Aber sie hat uns doch freundlich angesehen.» «Freundlich? das plierige Anstarren mit den Belladonna Pupillen?» «Was?» «Na das sieht doch jedes Kind, das die was eintropft, um die grossen Augen zu bekommen, wie die Treppen-Elsen.» Ich lachte. Der Blick wirkte also nicht aufs gleiche Geschlecht. Marga hatte ihn nicht aufgenommen. Dann dachte ich nicht mehr daran.

Nach dem Café während dessen das Gespräch mehr und mehr eingeschlafen war, denn Margas Gähnen war nicht mehr zu verbergen, brachte ich das Kind ins Bett. Sie zog sich normal aus, gab mir einen normalen Gutnachtkuss, wollte unter keine Umständen vor fünf zum Thee geweckt werden und überliess mich mir selber. Es war zwei Uhr, draussen hatte es sanft zu regnen begonnen und wurde in den Zimmern bei offenem Fenster empfindlich kühl. Da in allen Schlafzimmern und Salons englische Kamine waren, wandelte mich der Einfall an zu sehen ob sie blosser Schmuck seien. Ich brannte die Zeitung von heut früh im Schachte an, die Flamme wurde flatternd hochgerissen, und so läutete ich, zwei Mal. Ein Hausknecht erschien, dem ich den Wunsch nach etwas Brennholz und einem Kaminfeuer erklärte, – ich fröstele. «Schicke gleich das Mädchen» antwortete der Dicke und verschwand. Ich hoffte einen Augenblick – aber meine Schöne hatte gesagt sie habe Freistunde – ich wusste nur nicht wann – ich solle sie während des Nachmittagsschlafes, aber wann war der – Da es klopfte – sie war es nicht, und ich sah nicht weiter hin – man hat solche Dépits. Jetzt kniete vor dem Kamin eine grosse schlanke saubere Person der ich nur von hinten auf ihren starken gerstenblonden Haarwulst sah, starr von dicker trockener Fülle. Herumdrehend sah ich tief niedergeschlagene Augen, und dass sie jung war und sehr hübsch. Grosse freie Züge, Mund und Kinn schön, Teint blühend, eine sehr stattliche Person. Sie hatte Feuerzeug vergessen und suchte danach, mit vermeidendem Blick und errötend. Ich gab ihr mein kleines Goldbüchschen mit dem Beryll als Druckknopf. Sie wurde damit nicht fertig. «Verzeihung der Herr – ich weiss nicht wie man das –» «Ah so, Fräulein jetzt passen Sie auf, Lektion» und ich liess durch Druck aufflammen, blies aber wieder aus. «Jetzt machen Sie's schön nach, aber nicht lachen, sonst geht's nicht.» Sie lachte wieder rot, versuchte, es ging nicht. «Ja worüber lachen Sie denn Fräulein?» «Der Herr macht mich lachen, mit Absicht», sagte sie lachend aber halb ärgerlich. «Also geben Sie Ihre Hand her – so, jetzt kommt meine drüber – lachen Sie doch nicht – es ist ja nur eine Hand die über eine Hand kommt – was ist denn dabei zum lachen – oder ist es Ihnen unangenehm –» «Das nicht aber –» «na also, ich drücke jetzt auf Ihren Druckfinger» es flammte auf – «und jetzt haben Sie was gelernt.» Sie zündete den kleinen Holzstoss an. «Und nun, – ich muss Ihnen was sagen! ich bin Ungar» ich log es dreist – «und in Ungarn ist in der vornehmen Gesellschaft ein Gebrauch, den ich streng respektiere: Jeder Herr, der mit oder ohne Absicht, eine junge Dame rot gemacht hat, schuldet ihr ein Geschenk – so wie Vielliebchen – wissen Sie. Sie sind so oft durch meine Schuld rot geworden, dass ich mich ruinieren würde, wenns ganz streng herginge, darum bitte ich um Gnade für Recht, und dass Sie das Ding da behalten und mir den Rest erlassen.» «Das hübsche Ding» und jetzt strahlte sie dunkelrot, «das soll ich haben?» Sie stand neben dem brennenden Feuer und sah famos aus, schöne junge Blondine, kräftig, gross, schlank, superb, etwas griechisches oder tirolerisches oder englisches in den breiten schönflächigen Zügen, Lächelgrübchen in den lachenden Wangen um den langen vollen Mund. Ich lachte auch. «Meine Extrafreude ist dass es Ihnen solche Freude macht, solch ein Geschnas.» «Ich danke auch tausend tausend Mal» sagte sie, strich sich die Schürze glatt, sah mich zögernd an und ging. «Fräulein» rief ich, als sie an der Thür war, – «einen Augenblick –» Sie drehte um. «Wenn Sie – es ist eine reine Marotte – mir einen kleinen Gefallen thun wollten dagegen – wenn es nicht zu unbescheiden ist – ich hätte gern Ihren Namenszug auf einem Blatt Papier, Vor und Nachnamen.» «?» «Ja, ich – ich möchte Sie weil sichs doch schon mal so gefügt hat – ich möchte Sie nicht vergessen.» «Gleich» hauchte sie, wieder blutübergossen, und wollte fort. «Aber nein» ich zog meinen Maroquinblock aus der Tasche, «hier» und gab ihr den goldenen Bleistift mit dem Schieber aus Sapphir. «Nein ich möchte nicht mit dem schreiben –» «Ja warum denn nicht?» «Wissen der Herr – mit dem ungarischen Brauch, ich werd so leicht rot.» Ich lachte hell auf. «Das ist jetzt so süss gewesen, Sie Schelm, dass ich ihn Ihnen auch ohne rotwerden schenke – aber jetzt flott den Namen geschrieben und dann das Ding eingesteckt.» «Das kann ich nicht – das ist zu viel – was soll ich denn dem Herrn dagegen –» «Fürs eine den Vornamen» sie schrieb «Kätte» «und fürs andere den Nachnamen» «Schloch» schrieb sie dazu. «Und weiter nichts.» «Oh» lachte ich, «den Wolthaten sind keine Grenzen gesetzt.» «Dann bin ich so frei und habe auch eine Bitte.» «Jede». «Damit ich den Herrn auch nicht vergesse.» «Los.» «Auch den Namen, aber auf einer Photo von dem Herrn.» «Die habe ich aber nicht hier.» «Aber der Herr haben meine Adresse und halten Wort.» «Und ich soll mein Bild geben und keins kriegen?» «Ich hab nur so schlechte, ich geb dem Herrn was anders dafür.» «Ich will aber lieber ein schlechtes als gar keins und was anders.» «Ich hols» sagte sie nach kurzem Besinnen rasch und entschlüpfte. Ich wartete, süss aufgeregt. Welch reizendes Abenteuer – aller Anfang ist schön. Aber während ich hin und her ging, verstrich Minute nach Minute. Erst nach einer Viertelstunde klopfte es. Sie trug die Hände unter der Schürze und sah verschönter aus als zuvor. «Es war nach mir geläutet worden, ich habe bedienen müssen, entschuldigen. Hier ist es.» Es war wirklich nicht schön und ich sagte es ihr, «aber schreiben Sie Ihren Namen drauf und es ist mir lieber wie ein Prachtbild. Hier ist der Crayon, der gehört ja Ihnen, und Ihr Feuerzeug vergessen Sie auch nicht – (sie schrieb indes), – und mich auch nicht Kätti –» sie nahm beides, jedes in eine Hand, «und wenigstens eine Hand geben Sie mir.» «Nein ich muss gehn» sagte sie glühend und rosig, ging, blieb stehen, sah nach mir zurück, und liess sich in die Arme ziehen, der saftige Mund küsste meinen Kuss heiss zurück, mit mädchenhafter frischer Fülle, unschuldig und doch geniessend, es wurden mehr, wir fassten uns fester, es strotzte und scholl zwischen uns von gedrängten Küssen, zu denen die Augen flammten und mit einander kämpften, dann rang sie sich los, gab und nahm einen letzten aus «freier Hand» und floh. Es that mir leid, aber dies waren die leichtsinnigsten Tage der leichtsinnigsten und libertinsten Periode meines Lebens. Die Erregung die ein Mädchen mir verursacht hatte, stillte mir das nächste. Und ich muss gestehen, dass ich eine Halbestunde nachher vorsichtig den Korridor abspionierte und als alles klar war, ans Office klopfte. Keine Antwort. Ich klopfte stärker und öffnete schliesslich die Thür. Der kleine Raum war leer, aber auf dem Tisch stand mit Kreide 2 45 auf 27. 27 war meine Zimmernummer. Es war fünf bis dreiviertel. Es blieb nichts übrig als hinüber zu gehen.

Selten sind mir fünf Minuten langsamer verstrichen als diese. Auf die Minute klopfte es und die schöne Person steckte zuerst den Kopf hinein, dann folgte die ganze schlank bewegte Gestalt, zwei Handtücher zum Schein über den Armen. Im Blitz lag sie mir an der Brust, und schon Minuten später brannte es zwischen uns und verlangte nach Löschung. «Schläft sie – ist keine Gefahr?» Ich schüttelte den Kopf, drückte sie gegen einen Wandtisch, hob sie vorn frei, sie spreizte etwas breitbeinig und empfing mich, zuerst Mund auf Mund, dann den Kopf zurückgeworfen. Ich arbeitete so gut ich konnte, aber im kritischen Momente klopfte es an der von mir vorsichtig zugeschlossenen Salonthür. Wir starrten uns an, sie erblasste. Ich machte ihr Zeichen sich zu verstecken, sie verschwand im Winkel zwischen der Thür und einem schweren antiken Schrank, dann sagte ich «einen Augenblick» – und ging öffnen. Es war Kätti, in ihrer Verlegenheit reizender als je, mit etwas in Seidenpapier gewickelten in der Hand. Ich legte den Finger auf den Mund, auf Margas Schlafzimmer weisend. Sie wies fragend auf das Meine, in dem sie mich eben noch geküsst hatte. «Ein Bekannter» flüsterte ich ganz schwach. «Kommen mir der Herr vorsichtig nach, ganz vorsichtig» und sie ging, unhörbar. Ich folgte nach einer halben Minute, sah sie an der Korridorbiegung sich unauffällig zeigen, ging nach, sie hatte eine Zimmerthür halb geöffnet, ich schlüpfte hinein. Atemlos wollte ich sie umschliessen, aber sie wich verlegen aus. «Ich hab ein Taschentuch aus Battist mit Hohlsaum für den Herrn, darf ichs Mongram schicken und ein halb Dutzend machen?» Sie sprach hastig, aufgeregt, und ihrer Aufregung bei meinen Dankküssen merkte ich die Wucht ihres Temperaments an. Aber es war mir unheimlich in dem fremden Zimmer, der ungehüteten Thür, vor der Schritte hörbar waren, am hellen Tage. «Lass mich auf fünf Minuten zur Dir heut Nacht» flehte ich unter ihren und meinen Küssen. Sie kämpfte und antwortete nur gebrochen, aber ich hatte ihre Hand gelenkt, sie drückte den Klopfer zur Thür des Glücks, und nach Minuten gab sie mir, immer mit gesenkten Augen den Schlüssel zu ihrer Kammer und den Weg. Da er an der entgegengesetzten Hausseite lag war Collision mit Waltraut nicht möglich. Sie stiess mich von sich, ging mit gespielter Natürlichkeit auf den Flur, und liess mich einen Augenblick später mit einem Wink frei.

Ich war kaum sieben Minuten fort gewesen. Waltraud flog mir beim Eintreten aus ihrer Ecke entgegen. «Was is, was war?» «Eine Bestellung, nix, von einem Gast der mich kennt, hat sprechen wollen.» «Hat er die Kätti geschickt? Ich hab gemeint die Stimme kenn ich, wie sie gesagt hat ‹Kommen der Herr›.» «Ich kenne das Personal nicht, eine lange blonde Stange mit einem Billet.» Sie liess sich wieder küssen, aber nervös. «Ich habe halt keine Ruh nach dem Schreck, mein Goldbub, und weil ich frei hab, hab ich in Zimmern nichts zu suchen, ist Revier von der andern, weisst wir sind gute Freundinnen, aber grad den Freundinnen sagt man seine Geheimnis nicht, wenn sie gewusst hätt dass ich bei Dir war, nicht ein Tag länger hätt michs hier geduldet, stell Dir vor. Also hör ich geh jetzt, nein sei gescheit, Süsser, und kommst Morgen in der Früh, ich geh schon um 9 ins Bett um vier bin ich ausgeschlafen, da hast ja eine Weckuhr am Arm, die kenn ich, ich hab akkurat so eine, und von vier bis sechs sind zwei Stund, in aller Ruh und Sicherheit, statt hier zwischen Thür und Angel. Einen Kuss gib mir, einen grossen – ach ja Du, noch einen, und halt Dich bei Kräften für Deinen Schatz, ich werd Dir keine Ruh lassen, und lass mir Du keine, ach narrisch bin ich in Dich.» Es brannte wieder aber es blieb beim brünstigen Raufen und Drängen und harten Küssen, dann ging sie, mit Vorsicht und Dreistigkeit, nachdem vorab ich den freien Weg gemeldet hatte.

Ich war von den unfruchtbaren Küssen und Erregungen kribbelig und zu nichts aufgelegt. Es war erst knapp halb vier und lange bis Thee. So verliess ich das Zimmer, schlenderte ins Hôtel hinunter, wo alles ausgestorben lag, ging ins Lesezimmer und blätterte die Zeitschriften an, sah in das leise Regnen draussen, trank endlich an der Bar einen Mokka und plauderte mit dem alten Oberkellner, der den Mixer um diese Stunde vertrat. Er war ein erfahrener und vorsichtiger Mann, der viel gesehen und Leute gekannt hatte, er beroch mich augenscheinlich ehe er viel sagte, war aber peinlich zuvorkommend und verbindlich. Sie hätten heut eine kleine Kapelle, Klavier Geige und Bratsche, und es werde schon zum Thee getanzt, und von jetzt jeden Abend, Nachmittags ab ½ 5 und alle möglichen eleganten Leute seien heut für den Sonntag herübergekommen, die berühmte Sängerin Dorothy Grammarby aus Berlin vom Opernhaus darunter, Königl. Hoheit die Frau Prinzessin tanzten manchmal auch, – ja. Wären manchmal sogar unermüdlich, die Allerletzte, – ja. Es gäbe eben solche passionierten Tänzer. Ja. Noch einen Mokka gefällig?

Ich trank noch zwei, aus Langeweile und für die Nerven und rauchte was ich sonst kaum that, eine schwere Cuba, die mich langsam stetigte. Dann als die Musikanten kamen, schlenderte ich ins Lesezimmer, rauchte in einem Ledersessel und sinnierte. Sogar Verse fielen mir ein, aber ich war fern von der Luft in der ein Einfall zu reinem Kristall wird. In der ganzen Zeit der Abenteuer in denen ich nun seit Wochen lebte, hatte ich die Poesie schuldbewusst umgangen, es schickte sich nicht für sie, mich jetzt zu kennen, und ich wusste es. Es war ein Trotz in mir der mich aufsteifte nicht hin zu hören sondern mich zu verstecken und das Leben wild zu erfahren, bis an den Rand meiner Kräfte und meines Gewissens.

Ich ging kurz vor fünf zu dem dummen kleinen Ding hinauf, von dem ich plötzlich nicht mehr begriff was es mit mir zu schaffen hatte und das von zwei starken Wesen in die Coulisse gedrängt war. Um so mehr nahm ich mir vor, so gütig und liebenswürdig wie möglich zu ihr zu sein und sie nicht fühlen zu lassen, wie sie mich innerlich unbeschäftigt liess. Aber ich fand sie schon eben aus dem Bade gestiegen in rosig reizender Mädchennacktheit, eine kleine Venus mit durch gespielte Dreistigkeit niederblickender Scham der Überraschung und einem Liebesblick, dem ich nicht widerstand und bedeckte die duftende Haut mit zärtlichen Liebkosungen. Sie wollte nichts als eine solche Galanterie, garantiert durch zurückgedrängtes Verlangen, setzte sich auf meinen Schoss, prüfte das nervige Kleinod das sie unter Küssen aus der Hülle gezogen hatte, befriedigt und steckte es unter neuen Küssen in die Hose zurück. «Steht er Dir denn bei jedem Kusse?» fragte sie mich küssend. «Bei jedem Blicke!» «Ist das nicht unangenehm?» «Ist es Dir unangenehm wenn es in Dir spannt und kribbelt?» «Das thut es aber nicht bei jedem Blick von Dir.» «Weil Du kein Angreifer bist, wie ich». «Heut Nacht greife mich an, Du, sei ein Löwe, ich will wieder zittern wie gestern.» «Irrtum. Das kommt nicht wieder. Zieh Dich an, ich habe Theedurst und will tanzen. Ich warte neben an.»

Wir gingen in die Bar wo etwa zwanzig Leute in den Nischen beim Thee sassen und die Kapelle einen ganz sordinierten Tango klimperte zu dem niemand aufstand. Nachdem wir Unsern Thee hatten, nahm ich Marga zu einem langsamen Gehwalzer mit Figuren den ich in den Onestep hineincomponierte. Ausser uns tanzte nur ein anderes Paar, eine grosse schlanke Frau mit einem zurechtgemachten Puppenschönheitsgesicht, die sich während des Tanzes laut und lachend mit ihrem Tänzer, einem langen Kerl mit dunklem eckigen Gesicht unterhielt. Unmittelbar nachdem wir wieder sassen, spazierte sie mit dem Langen untergefasst an unserer Nische vorüber, blieb stehen lachte und sagte mit englischem Accent: «Tanzen Ssie immer mit dieselbe Frau? oder wollen wir die nexte Mal tauschen? Ich bin die Grammarby und diese ist Graf Sowieso, ich kenne nicht die polnische Name.» «That's lucky» antwortete ich, frech. «Have a drink and names be banished, better none than calling me ugly ones.» Sie sah mich belustigt an und lancierte ihren etwas verdutzten Cavalier an den Tisch. Der Kellner kam. Sie bestellten irgend etwas, der Graf knüpfte eine Unterhaltung mit Marga an, und ich nahm die Sängerin zum nächsten Foxtrott. «Got a fine gol» sagte sie frech und sah mir in die Augen. «All the finer for not being discussed», sagte ich noch frecher, aber im Tone einer Zärtlichkeit und fasste sie fester. «Wish I could return the compliment anyhow but am afraid I think the man not quite equal to your style.» «Do you» antwortete sie kalt. «Sorry to have put your nose out of joint» sagte ich noch zärtlicher, worauf sie lachte. «S'pose you're a rum one. Wonder where you got your slang from.» «Got it along with kisses, I guess, which accounts for its sticking.» Sie lachte noch heller auf, löste sich und schob, diskret aber unverkennbar. «I like to have them separate» sagte sie mit den Mundwinkeln. «But they make a dance of a cocktail» flötete ich dagegen. «Well – lets agree on the whisky first and the sherry cup to close.» «If that's your point» flüsterte ich «I use to start on the sherry hot wondering where its going to lead me.» Wir waren einmal herum, aber als ich verlangsamte, schob sie weiter. «Come and see me at Berlin. Call me up at my dressing room in the Opera any day past 12. I propose to improve your slang.» «That's glorious. May I offer to retaliate on the other ingredient?» «How dare you imply that wants improving?» antwortete ich lächelnd. «Have you never been told in the States that there are better things than the best?» Marga tanzte mit dem Polen an uns vorbei und flirtete mir zu. Die Grammarby hatte nicht geantwortet sondern mir ihr Becken an das Becken gesetzt und schob unanständig. «I have heard of boasters before, that I have» sagte sie herausfordernd und zeigte die Goldzähne im halboffenen Munde. «Oh did you» antwortete ich, ging auf sie ein und entwickelte einen Steifen den ich ihrem Schieben durch das dünne Theekleid hindurch derb zu fühlen gab. Sie sah mir einen Augenblick in die Augen, aber wir waren an meiner Nische und diesmal schob ich sie glatt ab. «Das war aber ausführlich» bemerkte Marga, mir Thee einschenkend. «Nichtwahr? Nicht loszukriegen, das stillose Yankee girl.» «Kannst Du Dir denken dass der Kronprinz solch einen Geschmack hat? Sie ist doch seine deklarierte Freundin.» «So. Es interessiert mich mässig. Und betrügen werden sie sich wol gegenseitig, dh sich voneinander erholen. Sie schiebt wie eine Cocotte und redet wie eine Libertine schlechtesten genres.» «Geflirtet hast Du aber doch mit ihr.» «Oh; findest Du; vermutlich; es ist immer das bequemste, auf den Ton eingehen; à la galère comme à la galère. Komm, dies ist ein Walzer.» In dem Augenblick wo wir aufstehen wollten, erschien an der Nische eine Figur die ich sofort als den heut früh getroffenen Begleiter der Prinzessin erkannte, und etwas stutzig ansah. Er verbeugte sich leicht vor Marga und sagte zu mir «Herr Borchardt wie ich höre. Winsloh. Ihre Königliche Hoheit die Frau

Prinzessin Karl August ist im Saale anwesend und hat den Wunsch ausgedrückt, zu tanzen, ganz ohne Ceremonie, gewissermassen, incognito. Ich habe gern den Vorzug, Sie en passant vorzustellen, wenn sich das ergibt.» «Marga» sagte ich, «Herr von Winsloh. Sie kennen wol Fräulein (ich sprach den Namen vermuschelt aus) noch nicht. Ich bin mir der Auszeichnung sehr bewusst und hoffe dass meine spärlichen Künste die hohe Frau nicht enttäuschen. Ich bin Gelehrter und tanze selten –» «Gelehrter» sagte Winsloh gedehnt und die runden Augen im gelben Gesicht über den starr ausgezogenen schwarzen Schnurrbartspitzen aufreissend; «was Sie sagen.» «Ich sage es nur entschuldigend. Sonst ist es ja belanglos. Reizender Ort nicht wahr?» «Zum ersten Male hier» sagte Winsloh zu Marga. «Und zum letzten wenn es so scheusslich regnet und berühmte Damen mir meinen Cavalier wegnehmen», bemerkte Marga mit bildhübsch lachender unangreifbarer Frechheit, über die ich entzückt war. «Wenn Sie mir den Vorzug geben wollen, werde ich inzwischen tröstend einzugreifen versuchen» bemerkte der Hofmarschall, augenscheinlich charmiert. «Aber ich habe vielleicht auch nur spärliche Künste, wie mein Freund hier» spottete die kleine Canaille. «Sei nicht so frech Marga» warf ich ein. «Aber gar nicht aber gar nicht» begütigte Winsloh süss. «Also, sehr gefreut, sehr gefreut, auf Wiedersehen.» – «Sie hat Dich natürlich befohlen, hohe Ehre. Sage ihr sie soll bei mir kaufen, mache Reclame für Bachstitz. Wenn ich nur nicht mit dem gelben Chinesen tanzen muss, der Pole war schon garnicht mein Fall.» «So, erzähle doch!» «Er stiess immer mit den Stöckerknieen gegen mich, hielt mich auch für eine Amerikanerin, machte Witze und lachte selber dazu.» Aber in diese Bemerkungen trat ein netter Knabe aus der Nische gegenüber, Blondin und gut angezogen, der schon seit einiger Zeit durch Hergucken meine Aufmerksamkeit erregt hatte, stellte sich wolerzogen vor und bat mich Marga für einen Tanz freizugeben. Unmittelbar darauf schob die prinzliche Gesellschaft an der Nische vorbei. Ich stand auf, Winsloh machte eine Handbewegung, die Prinzessin dreht sich stehenbleibend nach mir um, hörte garnicht auf die Vorstellung und trat aus der Reihe heraus mit mir an. Es war die zweite Tour des Walzers und ich führte sie durch Figuren, indem ich sie respektvoll von mir abhielt. «Etwas fester bitte» sagte sie ohne mich anzusehen, mit den schwimmenden Augen über meine Schulter weg in den Saal hinein. «Sie tanzen sehr schön, es ist mir vorher aufgefallen, mit der sehr grossen Partnerin.» (Charakteristisch dachte ich, sie stellt sich als ob sie sie nicht kennt.) «Es ist eine energische Dame» antwortete ich «mit der auch ein Stümper leidlich abschneidet, sie übernimmt die Führung.» «Aber im Gespräch» sie drehte das Gesicht bei mir vorbei und streifte meine Augen mit einer vollen Lage dieses Wonneblicks. «hatten Sie die Führung, habe ich zu bemerken geglaubt!» Ich drehte langsam rückwärts tanzend «eine unbekannte Tänzerin soll man doppelt lebhaft zu unterhalten suchen», bemerkte ich zurückhaltend. Sie legte sich jetzt in meinen Arm. Es war ein schöner duftender Körper, der grosse schwarze Reiherhut nahm mir viel von ihrem Obergesicht, in das untere traute ich mich nicht dreist zu blicken aber ihr Rhythmus ging in mich über. «Handeln Sie doch nach ihrer Theorie» sagte sie lächelnd, während ich sie nach links drehte, «mich interessiert immer der Übergang zur Praxis.» «Es ist nicht immer gleich leicht» sagte ich leise, «und am wenigsten wenn Märchen wahr werden und Wunder geschehen.» Sie lachte. «Noch etwas fester» sagte sie, und um den ganzen Saal herum. «Ist das Märchen eins das man kennen kann?» «Es ist das von den Wünschen; man weiss nicht ob man durch ihre Erfüllung belohnt wird oder gestraft.» «Oh – gestraft?» «Vermessene Wünsche können durch Erfüllung bestraft werden, indem sie zerrinnt. Belohnt werden nur die bescheidensten, die nicht gewagt hatten, sich zu bekennen.» «Und wofür entscheiden Sie sich?» Ich wirbelte sie fast auf der Stelle tretend und schwenkte sie halb rechts halb links aus. «Ich wage nicht mein eigenes Urteil zu provozieren.» «Wer so gut tanzt und spricht, muss sich etwas zutrauen.» «Hoheit vermissen an mir was ich sonst im beklagenswerten Übermasse besitze.» «Wirklich» lachte sie mich voll ansehend, dass mir heiss wurde – «ich liebe das Verwegene.» «Weil Hoheit es nicht fürchten müssen.» «Ach ein bischen Furcht gehört zu jedem guten Streich.» «Das könnte das Motto meines Lebens sein.» «Darüber müssen Sie mir mehr erzählen. Trinken Sie heut abend Ihren Café bei mir im ersten Stock, meine Kammerfrau ist gegen 9 auf dem Flur. Es war sehr sehr reizend. Danke.» Sie blieb stehen, ihre Suite kam auf sie zu, sie sagte noch ein par Worte, alles mit dem gleichen ziellos strahlenden Blick, ich verbeugte mich und fand mich nah genug bei meiner Nische wo niemand war. Marga wurde gleich drauf abgesetzt, schon wieder von einem andern Tänzer, der sich formell bei mir entschuldigte.

Ich gab Marga einen Wink und wir brachen auf. Oben fielen wir uns lachend in die Arme. «Dass Du mich überhaupt noch ansiehst, Du Günstling!» «Dass Du Dich überhaupt noch von einem Günstling umarmen lässt! Wie war sie denn erzähle erzähle.» «Ach, da ist garnichts zu erzählen. Das sind doch nur Ausflüge dieser fürstlichen Conventions Sklavinnen in die Freiheit von jedermann, sie möchte nur mal leben wie alle was sie sonst nicht darf. Höre Marga ich bin nach dem Diner um 9 befohlen, Du musst mich eine halbe Stunde freigeben.» «Gott natürlich – so schade es ist.» «Furchtbar schade, und öde genug mit diesen drei langweiligen Schranzen. Sie hat eben auch mal Bedürfnis nach Wechsel.» «Du hoffentlich nicht auch.» «Ich? Aber im höchsten Grade. (Sie machte ein Gesicht) Ich habe genug von der grossen

Welt und ein wahnsinniges Verlangen nach der kleinen.» Ich hatte die sich Wehrende in die Luft gehoben und schwenkte sie über mir. «Komm kleine Welt, Du kannst mir nicht klein genug sein», und ich liess sie aufs Bett fallen, warf mich über sie und erdrückte sie. «Gar nicht klein genug» und ich begab mich mit kitzelnden Händen auf die Suche. Als ich hatte was ich wollte, biss sie mich in die Lippen und drückte meine beschäftigte Hand auf den kleinsten ihrer Räume. Unter Küssen die immer verbuhlter wurden, ersetzte ich den knochigen Finger durch den knochenlosen und liess ihn sich hindurchdrücken. Marga fasste mich und rollte sich in ein Bündel mit mir verkrampft, um und um das Bett, und so genossen wir mit wilden vollen Zügen das Glück des physischen Abgrundes der das Denken verwehrt. Als wir aufgestanden waren, folgte sie mir zum Lehnsessel, drückte mich auf ihn nieder, setzte sich auf meinen Schooss, und begann mich mit neuen allerliebsten Liebkosungen zu reizen. Ich wusste nicht wieviel davon auf Conto ihrer jungen Begehrlichkeit ging und wieviel auf den Wunsch, mich gegen alle andern Wesen unempfindlich zu machen. Nachdem sie mich durch Züngelspiele begeistert und abgespeist hatte, knöpfte sie sich vorn auf und zog mein Gesicht zwischen die jungen Brüste, schob mir die veilchenbraunen Knospen in die Lippen, schob wieder zu und zog mir den Zumpt aus der Hose, den Kegelkönig wie sie sagte, legte sich Mund auf Mund fest an mich nach rückwärts und walkte die Kegelkugeln durch, glitt plötzlich hinunter zwischen meine Kniee und blies mit gewölbten Lippen meine Flöte, aber nicht einfach, sondern mit leidenschaftlicher Kunst verschlang und molk sie mit Lippen und Zunge, sprang jählings hoch, hob sich auf und setzte sich verkehrt in den Spiess in den sie mit süssem Stöhnen ruckweise langsam eindrang. Ich schaukelte sie, sie wippte, das Tempo wuchs, und sie umschlang mich zuckend mit verkehrter Front, den Küssen der Wollust und den Rucken der Ekstase. Ich war nah an der Niederlage als sie absass, konnte sie aber nicht in die Arme nehmen ohne Schuss zu lösen, floh in mein Badezimmer und nahm ein laues Beruhigungsbad. Dann war es Zeit zum Essen.

Ich war total ausgehungert und bestellte eine riesige Mahlzeit, an der Marga sich mit dem gleichen tollen Appetit beteiligte. Der Kellner hatte mir vorher Hummern angekündigt, es gab vorher eine Tagessuppe deren Rezept ich mir ausbat, Wildsuppe mit Madeira, und ich liess zwei grosse Hummern aufschlagen. Dann folgten zwei Krickenten, à point gebraten mit Kastanien purée und einer dicken Béarnaise, dann ein herrlicher Salat aus Endivien Sellerieknollen Porée und Eiern, den ich selber anmachte und schliesslich liess ich am Nebentische crêpes Helène machen, einen Teller voll, Käse der schönsten Arten, darunter Stilton und Meraner Birnen schlossen das Riesenmahl das ich mühelos vertilgte, und worin Marga mich pantagruelisch unterstützte, mit hanseatischem Appetit. Mit Getränken wollte ich mässig sein, wir blieben bei einem einzigen Rotwein, einem allerdings sündig guten Léoville Beaumanoir crû bourgeois 1864 und benetzten den Nachtisch mit einer halben Flasche alten Clicquot demi sec. Margas Wangen brannten, sie sah blendend aus mit dem air jeune marié unter den Augen und bekam von allen Seiten bewundernde Blicke, die sie aus Neckerei halb erwiderte. Wir tranken unsern Mokka im Wintergarten und schwatzten das Blaue vom Himmel herunter. Sie wollte während meiner Abwesenheit Patiencen legen sagte sie. Kurz vor neun brachte ich sie nach oben und beurlaubte mich.

Ich stieg nicht ohne ein kleines Herzklopfen zum ersten Stock empor – dies war denn doch eine kleine Unterbrechung gewöhnlicher Erlebnisse und ich wagte nicht mir etwas wirkliches vorzustellen. Auf dem Flur stand neben einer Thür eine unauffällig gekleidete Frau in mittleren Jahren mit einem vergrämten Zug im

Gesicht, in dem das conventionelle Lächeln der Begrüssung etwas vereinsamt sass. Sie führte mich an ein par Thüren vorbei und öffnete schliesslich ohne anzuklopfen eine letzte, in die sie mich voranliess. Es war ein mässig elegantes kleines Schlafzimmer, in dem wie ich mit einem Blicke sah, geschlafen wurde, ich sah Toilettengegenstände. Dann klopfte sie links an eine Verbindungsthür und ging dort hinein. Nach einer Minute kam sie zurück, «der Herr sind erwartet» und schloss hinter mir. Ich war in einem gedämpft beleuchteten nicht besonders eleganten Wohnzimmer – meines war teurer – mit einer grossen Couch vor der auf einem Taburett ein silbernes Mokkaservice und Cigaretten standen, die Verbindungsthür nach neben an war angelehnt. Ich hörte Gespräch «Non merci, je ne crois pas que j'aurai besoin de rien, il me faut soigner cette migraine – et du reste en cas de besoin, j'ai Dora, mille mercis, bonne nuit, chère Natalie et bon bridge, saluez les autres, voulez vous bien, et n'allez perdre tout votre argent à ce vilain de Maurice – à demain.» Alles mit halber Stimme aber ich hatte scharfe Ohren und nichts war mir entgangen. Gleich darauf kam sie rasch herein, in einem crêmefarbenen kostbaren Négligé einen weissen Schwan um den Nacken, blieb an der Thür stehen und streckte die Hand aus, die ich mit tiefer Verneigung küsste. «Was ist das für ein Märchen mit Wünschen» sagte sie stehend bleibend und mich ansehend. «Es ist eines das immer weiter geht, und darum schwer zu erzählen.» «Sie sind ein Gelehrter, sagt Winsloh?» «Es ist ein so vieldeutiges Wort, Hoheit, wie Liebhaber.» Sie lachte. «Hauptsächlich scheinen Sie ein Schelm zu sein, und zwar von der ernsthaften Sorte –» «Aber das Futter ist andersfarbig.» «Wann haben Sie denn Ihren Wunsch gewünscht?» «Ich habe ihn erstickt Hoheit, at first sight.» «Das ist nicht sehr verwegen, sich nicht zu gestehen dass man weiss man hat gefallen.» «Gelehrte sind Pedanten und wissen dass Gefallen etwas passives ist,

Verwegenheit das Gegenteil, – aktiv. Auf dem Wege von der Passivität zur Aktivität verkehrt nicht viel.» «Der Verwegene gibt sich aber zu dass ihm etwas gefällt, ist das auch Passivität?» «Ich bin geschlagen.» Sie lachte wieder und der göttliche Venusblick der unglaublichen Augen bekam ein Flimmern. «Es sei verziehen» sagte sie und streckte die Hand noch ein Mal aus wie vorher. Als ich mich darüber bückte, strich sie mir mit der andern leicht durch die Haare. Ich richtete mich verwirrt und aufgeregt auf. «Nun?» «Hoheit –» «War das auch ein Teil des Wunsches?» «Der kleinste» sagte ich mich ganz aufrichtend und fühlte mir das Blut ins Gesicht steigen. Ich fand sie wunderschön und kam in eine Art von frenetischem Beben hinein, meine Knie zitterten, aber wol nur vor unbewusster Anstrengung, der Beherrschung. «Wenn wir nicht den Mokka jetzt trinken wird er kalt» sagte sie mit einer kleinen Bewegung. Ich hatte die wahnsinnigste Lust zu knieen und ihr Kleid zu küssen, beherrschte aber auch dies Gefühl und sagte «Nur wenn Hoheit befehlen.» «Und sonst» sagte sie, im Lachen die Zähne etwas zeigend, und den Kopf etwas rückwärts. «Sonst habe ich Antwort auf alle Fragen, Gehorsam für alle Befehle und Furcht genug nach Euer Hoheit Recept, für alle guten Streiche.» «Und auch Gedächtnis für meine dummen Einfälle.» «Aber sonst keines. Ich vergesse wie das Grab und wie der Tag den Traum.» «Jeden?» «Nach tausend Jahren findet man in Gräbern Schätze.» «Das ist sehr gelehrt» lachte sie, und sah bald mich bald die Ringe auf ihren Fingern an. «Ich hatte gefürchtet es könnte zu verwegen sein.» «Nämlich?» «Befehlen Hoheit mir zu gehen, oder, beim Himmel ich erkläre es wirklich.» «Sie halten sich für gefährlicher als Sie sind» lachte sie. «Ich bin überhaupt nicht gefährlich, ausser für mich selber.» «Ah so. Sie fürchten.» «Ja ich fürchte.» «Und Ihr Lebensmotto?» «Ich bin zum zweiten Male geschlagen» sagte ich, wieder blutrot werdend. «Soll ich wirklich noch einmal verzeihen?»

Sie streckte den Arm, die Hand mit den Ringen noch einmal aus, aber diesmal mir an die Lippen. Ich griff mit beiden Händen nach der Hand und bedeckte sie mit brennenden Küssen. Sie gab die zweite Hand dazu, ich küsste beide, aber beide griffen in mein Gesicht, drückten sich mit den Flächen gegen meinen Mund, liessen diese innern Flächen küssen, fuhren mir über die Backen, deckten sich auf meine Augen, meine Arme wurden unwillkürlich gezogen, ich hörte ein leises Lachen, ich umschlang, und küsste einen Mund. Sie war in meinen Armen und liess sich von meinen Küssen verzehren. Ich hatte die Linke eisern um ihre wonnige Hüfte, die rechte unter ihrem Arm hindurch nach ihrer Schulter, sie hatte die Rechte gegen meine Brust, die Linke um meinen Hals. Ich zog sie unten mit aller Glut an mich, oben mit zärtlichem Verlangen, ihre Lippen wichen, mein Kuss lag auf ihren Zähnen und noch war kein Ende. Ihre Augen flammten fast ohne dass die Lider schlugen. Die Brust ging hoch und kämpfte. Meine Lippen glitten nach ihren Mundwinkeln und weideten sie aus nach ihrem Halse und hinter ihr Ohr. Sie schauderte mit einem kleinen vibrierenden Lachen, bog sich zurück und küsste mich voll auf den Mund. Ich zog die Arme um sie zusammen, stemmte den rechten Schenkel als Halt vor, rang sie in mich und bestürmte ihre nachgebenden Lippen. Sie thaten sich auf, empfingen mich und ihre Zunge schwelgte mit der meinen. Für lange Minuten vergingen mir die Sinne; auch ihre Augen hatten sich geschlossen. «Ich kann nicht mehr stehen» flüsterte ich und drückte wieder die Hand gegen meinen Mund. Ich liess los, und stand wie taumelnd. Sie gab mir lachend einen kleinen Stoss der mich beiseite drückte, ging zur Couch und legte sich halb zurück. «Eine Tasse Mokka, drei Tropfen Rahm und ein Stück Zucker» sagte sie wie zu einem Diener; «bedienen Sie sich nur. Und eine Cigarette.» Ich that als merkte ich keine Absicht, bediente sie, trat um sie herum, ordnete die

Kissen unter ihren Kopf. Dann blieb ich, meine Tasse in der Hand, stehen. Der Kaffee war noch heiss und brennend stark und duftend. «Dort, an meinem Fussende, setzen Sie sich doch, es strengt meine Augen an.» Ich fühlte die Lächerlichkeit und Stillosigkeit der Situation und der Unterbrechung, gehorchte aber und riss mich innerlich hundertfach zusammen um mich nicht erniedrigen zu lassen; einen Augenblick später stand ich auf, nahm ihr die ausgetrunkene Tasse ab, hielt einen Aschbecher unter ihre halbheruntergebrannte Cigarette, und sie drückte sie hinein. Als ich den Aschbecher abstellen wollte, traf mich ihr Blick, eine Doppelsonne voll übergehender Lust. Einen Augenblick stand ich, dann überwältigte mich ein zitternder unsinniger Entschluss und ich warf mich besinnungslos auf sie, über sie, der Länge nach, von oben bis unten. «Nicht – nein – was denn – lassen Sie mich» stammelte sie unter meinen Küssen, den Kopf wegdrehend und die Arme gegen mich stemmend. «Nie» sagte ich, und drückte ihr den Mund voll auf die ausweichenden Lippen. «Ich werde» – «Thu es, dann sterbe ich hier», sagte ich zornig und küsste den widerwilligen Mund mit allen Feuern des Verlangens. «Du kannst mich nicht in den Himmel holen und in den Abgrund stürzen auf einmal, selbst Du darfst es nicht und willst es nicht und kannst nicht. Du bist keine Fürstin mehr für mich, Du bist eine Göttin. Eine Fürstin dürfte mit mir spielen, eine Göttin muss schenken. Ich weiss ich bin nur sterblich und Deine Gunst kann mich verbrennen – sie soll es aber ich werde sie gehabt haben. Ich bete Dich an mit jedem Hauch und Tropfen, nimm alles was ich bin Du Ungeheure Unerhörte, aber nimm es –» Sie liess sich jetzt küssen. «Du gefällst mir» sagte sie sich los machend, sah mich an, schlang mir die Arme um den Nacken und küsste mich wie vorher heiss auf die Lippen – «halte keine Reden Du angeblicher Gelehrter und liebe mich lieber. Du bist reizend wenn Du den Kopf verlierst, dass ist Deine Force, und es ist ansteckend, und ansteckend sollst Du sein – oh – warte – ah – einen Augenblick –» Sie hatte noch Zeit gehabt das Licht auszuknipsen, dessen Schnur neben ihr hing. Ich hatte sie schon ausser Gefecht gesetzt und Bresche gebrochen, mit drei blitzschnellen geschickten Griffen, die ihr zu nichts Zeit liessen. Sie fiel seitlich ab, den Kopf halb in die Kissen gedrückt und duldete zuckend meine pausenlosen Stürme. Dann kam ein heisser hoher Lustton aus ihrer Kehle, ich hörte «encore, encore, ah comme je t'adore, mais je raffole de toi, encore chéri, chéri, mon homme, mon amour, percez moi percez bien perc... uh. ah. uaaaht.» Sie riss an mir, schleuderte und packte mich. Ihre Zähne gruben sich in meine Lippen. Sie hatte plötzlich die Kräfte eines Manns in der Umschlingung die nicht losliess; dann ging die Frenesie in Ketten langer weicher Küsse über. Mein Stülpnagel sass eingekeilt in ihr, ich küsste in ihre Küsse hinein, wartete bis ihr Verlangen wieder erwachte und hatte nicht lange zu warten. Ihre Litanei begann leise von neuem und ich begann den Tanz zum zweiten Male. Eine Stunde lang liess ich sie nur für Minuten zu Atem kommen, verlor mich nur ein einziges Mal und liess sie sieben Mal fassungslos in Wollust versinken. Dann zog sie sich aus meinen Armen.

War sie in der Schäferstunde wie die andern Frauen? Ja und Nein, Nein und Ja. Sie war nicht schamlos ausgelassen und prostituierte sich nicht, wie Lottchen und Vera und die Schlesinger, und sie war auch nicht wirklich vertraulich wie die Liebchen. Sie wollte sich hingeben und gab sich hin, wollte das Äusserste männlicher Besitznahme an sich erfahren und erfuhr es, und wollte ungeheuerlich geniessen und genoss. Sie zog sich nicht aus, liess sich nicht ausziehen, verwehrte es mit sanftem Lachen meinen Händen, schloss nur vorübergehend ihre Brüste auf, die aber nicht vollkommen waren, sondern weich und fliessend, vielleicht darum, und ihre eigenen Hände fuhren mir in den aufgeregtesten Minuten, vor jeder neuen Verschmelzung zwar unter dem Hemde über Brust und Rücken, mit zärtlicher Begierde, aber nicht weiter. Sich selber liess sie athletisch traktieren und gurrte selig unter jeder Bezeugung meiner äussersten Kraft, und in den Ekstasen schmiegte sie ausser sich die schönen Hinterbacken in meine hinter ihr herumgreifenden knetenden Hände. Aber Lachen und Lust, faselnde Wörtchen und unartikulierte Wollust war alles was aus ihr kam, und meine wilden Schwüre, Bekenntnisse, Dankworte, Vergötterungen nahm sie wie Geschlechtsakte, eine Art verwörtlichter Wonne hin, drückte mir wol die Hände auf den Mund, wenn ich zu toll schwärmte. Sie liess sich nur von vorn nehmen, so geschickt ich auch versuchte sie herumzudrehen, sie blieb wachsam und lachte mich aus. Aber im Akte Selber war sie losgebunden, eine Frau. Ihre Sinnlichkeit war total und absolut. Sobald die Begierde in ihr geweckt war, versanken die Grenzen der Besinnung und sie reagierte elementar. Sie war nicht passiv ausser in dem worin die Succuba es sein und bleiben muss, sie rutschte rollend in den Pfahl, dann kam der Stillstand des wütend wonnevollen Gestilltwerdens – oder Vergewaltigtwerdens – dann aber, wenn die Lust ins Unerträgliche stieg, hätte nur ein Lasterhafter eine thätigere Genossin des letzten Ringens sich träumen können. Hurenkünste kannte sie nicht oder wollte sie nicht, die Baronessen bei Frederichs und die Judenmädchen und die Ungarin beherrschten die Technik des zweistimmigen Coitus-Finales raffinierter, aber in ihrer heissen Trommelkraft, ihren halbaufgerichteten Umschlingungen oder ihrer rüttelnden Hochstemmung des Schoosses in der letzten Minute war das Geständnis des geteilten Liebestodes. Die letzten Male steigerte sich alles mehr und mehr. Der Genuss, anfangs fast sofortig, kam langsamer, und war stärker und stärker, und das allerletzte Mal ehe sie sich entzog hatte sie sich wie jede andere lusttrunkene Frau, mit mir in eins vernagelt verklammert und verbissen, krampfgeschüttelt, um und um gerollt, unter auf und wieder unter mir, mit stossendem Schooss und die Zähne in meiner Brust, – hatte auch als die Stimme ihr wiederkehrte «Geliebter» gesagt, «kleiner Süsser, mein süsses Herz, mein Wilder, mon coq» und derlei. Hätte ich sie noch länger behalten, ich hätte sie mir vielleicht unterworfen. So war sie doch die Göttin beim Sterblichen, und ich sagte es ihr, als wir atmend neben einander lagen und ich ihre Hände küsste. «Ich weiss ich darf nichts hoffen –» «Sind denn nicht alle Wünsche erfüllt, Märchenknabe?» sagte sie mit müdem Lachen. «Wünsche? wann je hätte ich gewagt mir die Sterne des Himmels zu wünschen?» «Also was heisst denn Hoffnung, kleiner Thor?» «Sehnsucht» antwortete ich. «Denke an mich. Du hast alles gehalten was Du in mir geweckt hattest, und ich bin begeistert von meinem Mute. Die Frau die Dich hat ist glücklich – Du bist dazu geboren glücklich zu machen, Du hast mich so glücklich gemacht wie ich nie geglaubt hatte dass man werden kann, Du bist auch mein Märchen, wie ich Deins war, ich habe mir ein Geschenk gestohlen.» «Ich bin mit Gnaden überwältigt worden.» «Du bist ein kleiner Ritter, ein grosser Ritter. Jetzt musst Du gehen; durch die gleiche Thür wie vorher, ohne Licht, sei geschickt und diskret. Komm, küss mich fest.» Seite zu Seite umschlangen wir uns, sie küsste seufzend und mit kleinen Worten, ich leidenschaftlich und zehrend und zuletzt kämpften die Zungen. Sie hielt meine Hände und ich fühlte mir etwas auf den kleinen Finger schieben, einen Ring. Ich umklammerte sie unvernünftig mit heissen Dankworten, riss mich los, ging am Fussende der Couch auf die Knie, küsste ihre Füsse, von deren Nacktheit die Slippers längst heruntergekämpft waren. Die nackten Füsse bearbeiteten mein küssendes Gesicht, das Lachen knurrte und gurrte wieder, dann wie ich stand um die Thür zu suchen fühlte ich ihre Hand noch ein Mal nach mir suchen, bog mich von oben mit einem langen Kusse auf ihren von unten wiederküssenden Mund und ging. Im Nebenzimmer war Licht und niemand. Vor der Thür sass die Frau von vorher auf einem Stuhle, scheinbar eingenickt. Das Schlafzimmer war natürlich ihrs, das Ganze war aufs vorsichtigste geplant und eingerichtet.

Es war ½ 11, ich war doch anderthalb Stunden bei ihr gewesen, aber es war mir unmöglich jetzt übergangslos zu Marga zu gehen. Ich versuchte mir Rechenschaft zu geben mir nichts vorzumachen. Ich konnte das Wort Liebe auf diesen Vorgang nicht anwenden, es war eine Débauche gewesen wie alles andere, eine unbefriedigte und libertine Prinzessin hatte nach mir gegriffen für einen Reiz, wir hatten einander genossen, würden uns nie wiedersehen oder wenn, nicht kennen. Sie hatte ein Abenteuer mit mir gewollt, ich war fasziniert worden und habe eine schöne und gefällige Frau gevögelt – was war das Ganze schliesslich. War es nur meine Eitelkeit für die es den besonderes Duft hatte? Sie war doch sicher so wahllos wie sie alle, in acht Tagen liess sie sich von einem andern Augenblicks Günstling umarmen, die Kammerzofe war doch nicht zum ersten Male das Mittel ein unbelauschtes Zimmer mit einem Bett herzugeben auf dem die Hoheit sich erdrücken liess. Aber alle Versuche mir das Erlebnis zu erniedrigen, beruhigten meine Überreiztheit nicht. Ich ging in die Bar hinunter um noch etwas zu trinken. Im Begriffe mir unterwegs eine Cigarette anzuzünden, hakte meine in die Tasche gesteckte Hand an einem Reihfaden des Futters, es wurde mir bewusst dass es ihr Ring war der sich verhakt hatte. Eine unerklärliche Gène machte es mir unmöglich, ihn im nächsten Treppenlichte zu betrachten, ich zog ihn unbesehen in die Tasche ab und forderte in der Bar einen Mokka und einen Cognac. Es waren nicht mehr viel Leute da. Winsloh stand mit einem langen Menschen den ich für den Polen der Sängerin hielt, in einer Ecke und ging dann mich leicht grüssend ohne wirklich hinzusehen bei mir vorbei hinaus. Ich trank meine Tasse und mein Glas, ging in das verlassene Lesezimmer hinüber das auf den Garten ging, fand die Thür halb im Schloss, fühlte ein unbezwingliches Luftbedürfnis und ging hinaus, zuerst unter die Bogenlampe die den Perron beleuchtete, dann da es mild und ausgeregnet war, den Hauptweg in den Garten hinunter. Die Luft that mir wol, und ich ging weiter, in Bosketts hinein, in denen die Beleuchtung, ohnehin spärlich, aufhörte. Der Weg führte an den Parkrand von dem aus eine Aussicht freigeschnitten ist und mit einer Bank markiert. Hier setzte ich mich einen Augenblick. Im nächsten hörte ich Stimmen sich nähern, auf einem andern der sternförmig hier mündenden etwas verwachsenen Gartenwege. Das Lachen kannte ich. Die Männerstimme die heftig einredete, kannte ich nicht. Und dies helle «Gibts garnicht» war Marga, gar kein Zweifel.

Ich rührte mich nicht; die Männerstimme sagte «Ach hier wird es zu frei, kommen Sie doch lieber nochmal zurück.» «Ich muss ins Hôtel, was denken Sie denn. Mein Freund wartet sicher schon längst.» «Ach Quatsch, glauben Sie den lässt seine Prinzessin so schnell los? Ist doch kaum zehn.» «Und wenn schon, ganz egal, und wir haben ja alles besprochen, nich. Fünfhundert ist das Äusserste, wenn Sie mir nicht glauben reden Sie mit Herrn Bachstitz selber. Morgen nach 12 bin ich im Geschäft.» «Seien Sie doch nicht so widerlich kaufmännisch Fräulein Marga, dafür sind Sie doch viel zu hübsch, vorher waren Sie viel menschlicher, beim Tanzen.» «Aber jetzt tanzen wir ja nicht» lachte Marga. «Fräulein Marga, weil Sie es sind, zahle ich 600, Differenz als Provision für Sie gleich hier, in die Hand, das ist ein blauer.» «Thut mir leid, empfange Zahlungen nur gegen Quittung, Geschäftsgrundsatz.» «Also bitte, quittieren Sie, steht ja nichts im Wege.» «Sie träumen wol mein Herr.» «Was nennen Sie denn Quittung?» «Schriftliche Bestätigung dass Sie mir 100 Provision auf Kauf gezahlt haben und

500 gegen den Buddha schulden.» «Aber die 100 sind nicht Provision sondern Reugeld, verfallen wenn ich nicht morgen abhole und zahle.» «Sie sind nicht gescheit, Herr von Reck.» «Absolut. Ehrenwort – Quittung braucht nicht schriftlich zu sein, acceptiere sie mündlich.» «Ich muss jetzt nach oben, wirklich.» «Und der Blaue?» «Unsinn» lachte Marga. «Sehen Sie jetzt haben Sie ihn fallen lassen.» «Warten Sie, ich habe eine Laterne. Da liegt er.» «Nur wenn Sie sich seiner erbarmen, sonst bleibt er liegen. Sie hatten ihn ja schon, wie kann man denn nur so sein?» «Also schön ich erbarme mich, aber wenn Sie den Buddha nicht kaufen, kriegen Sie ihn postwendend zurück.» «Und die Quittung, schöne Marga?» «Fräulein Marga bitte. Auf Quittung verzichten Sie ja.» «Wollen Sie Ihren Grundsätzen untreu werden?» «Bitte nein Herr von Reck – bitte» «Einen einzigen.» Es kam eine kurze Pause. Dann sagte Marga «Nichtsnutz –» Eine zweite Pause. Dann Marga, leiser, «bitte nein – nein – was fällt Ihnen –» Es gab ein unartikuliertes Geräusch, dazwischen unterdrückter Stimmlaut, dann neues Knacken und Rauschen. Ich stand leise auf. Meine Gummisohlen machten meine Schritte unhörbar, ich umging die kritische Stätte in einem kleinen Bogen und fasste sie vom Rücken, wo ein Grasplatz mich hinter die schützenden Büsche brachte. Ich hörte «Nicht – nicht – ach – ach – Pfui – Süsse, Du Süsse, Du» – Küsse und Stöhnen – dann nur noch Stöhnen. Dann nach einer Pause, nur noch Küsse. «Du Untier» sagte Marga. «Liebling» «Genug, lass mich jetzt gehn» «Noch einen Dankkuss, noch zehn.» Küsse. Ich machte mich eilig auf die Sohlen und lief auf Nebenwegen ins Hotel, sprang die Treppen hinauf und ging zu Bett.

Es war ja nichts dabei. Erstens liebte ich sie nicht, zweitens hatte ich sie längst ebenso betrogen, drittens wusste ich dass sie leicht war, viertens hatte sie sich gewehrt, fünftens war sie einfach umgerannt worden, sechstens war sie jetzt sicher unglücklich. Also.

Reinliches Resultat. Aber es war gemein, und ich litt in meiner elenden Hahnreihschaft. Aber das Leiden hatte auch sein Gutes, denn in ihm ertrank gleichzeitig die Hohe Frau auf Nimmerwiedersehn. Marga und sie compensierten sich gegenseitig tot, ich lachte nur und dachte an den alten Spruch dass von den Wunden die Dir eine Frau schlägt, nicht sie Dich heilt sondern die nächste. Ich hatte deren zwei, eine Liebesnacht lag vor mir, und ich war entschlossen sie kalt zu geniessen – kalt oder heiss.

Als ich so weit war, stand ich auf und ging ins Bad. Während ich mich massierte und abtrocknete, hörte ich die Salonthüre. Marga sagte «Halloh?» «Hier» antwortete ich frisch, «bin im Bad.» «Thu ich auch» sagte Marga nebenan ebenso frisch. Ich turnte mich weiter aus, zog das Pyjama und den Schlafrock an, fühlte mich frei und neugeboren und läutete. Nach Minuten erschien der Nachtkellner. «Hören Sie, ich habe ein dringendes Bedürfnis nach Thee, obwol es schon nach 11 ist. Könnten Sie das noch für dies kleine Geldstück extra auf Gas bewerkstelligen? Und vielleicht ein par Zwieback oder Cakes dazu, wäre zu nett von Ihnen.» Das wolle er wol machen, sagte er schmunzelnd. In zehn Minuten, während ich Marga noch planschen hörte, kam der Thee den ich dringend brauchte, stark indisch und duftend, und ich streckte mich auf einen Ledersessel mit einer Cigarette, ihn geniessend.

Dann kam Marga, im Bademantel, etwas nervös, aber reizend. Ich war ein kühler und fairer Richter. «Wie war es denn, Schatz, erzähle doch – ich hatte mich nämlich so gelangweilt und war noch runtergegangen, alle meine Patiencen hatten mir nur Unglück prophezeit, ich war richtig deprimiert ohne Dich – es hatte so schön angefangen, – das Ende ist nie so schön, und morgen wieder das alltägliche Berlin und das Geschäft –» Der Redestrom ging und ging, «hast Du auch für mich einen Schluck, ich fröstele richtig.» Ich gab ihr eine Tasse voll und einen Cake. «Ach es war reizend und sie sehr gnädig und interessiert. Ja, ich konnte unmöglich gehen bevor ich entlassen wurde, es war ja nur eine Stunde.» «Komisch wie Du nach ihr riechst.» «Kind ich komme eben aus dem Bad.» «Dann hast Du es in den Haaren.» Sie stand auf und steckte die Nase hinein «geradezu penetrant, ich kenne das Parfum ‹New moon day coty›.» «Einbildungen» lachte ich gutmütig. «Soll ich mal Deine Haare riechen?» «Was meinst Du damit» sagte sie scharf. Ich sah sie gross an, toterstaunt «aber doch nicht das Geringste, mein kleiner Liebling.» «Eben» sagte sie erleichtert, «der Thee ist blendend, meine ganze Müdigkeit ist wie weggeblasen.» «Kann ich von meiner nicht sagen. Ich bin wohlig müde und sitze hier eigentlich nur um meine Müdigkeit richtig zu geniessen, bevor ich ihr schrittweise nachgebe. Es war ein brillanter Tag, aber anstrengend. «Beibei gehn?» fragte sie mit einem unglücklichen Versuch der Schelmerei. «Hm» antwortete ich lächelnd und mich dehnend, – «ich glaube bald. Willst Du eine Cigarette?» Sie sprang mir auf den Schoss und umarmte mich, den Kopf auf meiner Schulter. «Ich will was Liebes» sagte sie, «was Liebes, Du bist mir böse, Du hast etwas gegen mich, sage doch, sags doch –» «Unsinn, Schäfchen» «Sag nicht Schäfchen –» «Also Unsinn, ohne Schäfchen. Ich bin nur idiotisch weil es mir zu gut geht.» «Du bist mich satt, jetzt schon, sags doch ruhig.» «Was hast Du eigentlich Marga. Du bist ganz verändert, Du allein, nicht ich. Du wirkst total verstört. Hast Du eine Nachricht gehabt, – ist etwas passiert – Du bist ja überhaupt nicht Du selber!» «Ja» sagte sie, an meiner Schulter schluchzend, «es ist etwas passiert – nichts Schlimmes, nur was dummes – ich habe mich rasend geärgert, – bin noch immer verstimmt – wahnsinnig verstimmt – frag gar nicht danach, es ist zu thöricht – ich muss es wegschlafen.» Sie that mir leid, denn ich sah in ihre innere Anständigkeit hinein, an der ich nie gezweifelt hatte, – aber an der Situation änderte das nichts. Ich nahm sie zärtlich in die Arme, gab ihr einen kleinen Kuss irgendwo hin und sagte «Reg Dich nicht auf und versuch garnicht mirs zu erzählen, geh zu Bett und schlaf es weg wie Du sagst.» «Komm noch zu mir mein Süsser, noch eine Viertelstunde.» «Warum willst Du denn verstimmt wie Du bist, durchaus noch was wozu man aufgelegt sein muss» sagte ich sie freundlich an mich drückend. «Weil ich nur einschlafe wenn ich in Deinen Armen einschlafe» schluchzte sie wieder auf. «Hast Du kein Schlafmittel? Soll ich nach etwas suchen, hier im Hôtel?» «Du bist mein Schlafmittel.» Sie schüttelte mich, «– wenn Du mich weiter lieb hast, brauch ich keins. Du denkst nur an die Prinzessin.» «Glaubst Du dass ich Dich betrogen habe?» fragte ich erstaunt. «Gott das nicht gerade, aber sie hat Dir doch einen Rieseneindruck gemacht, und wie verliebt sie in Dich war sah man ja beim Tanzen.» «Der Rieseneindruck hat mich jedenfalls gegen Dich seit heut früh ausserordentlich wenig abgestumpft» bemerkte ich scherzend, «wir waren trotz der hohen Dame ein sehr glückliches Paar sollte ich meinen. Warum sollte das jetzt anders geworden sein.» «Eben» flüsterte sie an meiner Schulter ohne mich anzusehen. «Nur wegen Deiner Verstimmung?» «Ich war runtergegangen und da hat jemand sich was freches gegen mich herausgenommen – ich habe ihm schön die Wahrheit gesagt, das versucht er nicht wieder, aber es hat mich ganz rausgerissen.» «Wieso? Wer? Hat er Dich umarmen wollen, küssen?» «Küssen? Noch schöner.» «Hier jemand vom Hôtel? Winsloh?» «Ich kenne ihn überhaupt nicht – irgend so ein, was weiss ich –» «Und hier im Haus?» «Wo es dunkel war – im Lesezimmer glaube ich –» «Na – denke nicht weiter dran.» «Komm noch zu mir, Du, brings mir weg.» «Den harmlosen Kuss?» «Wieso Kuss?» «Du sagtest doch eben er hätte Dich geküsst.» «Hab ich das – ich habe gesagt er hätte mich –» «Ja aber natürlich.» «Verstehst Du, ich war vollständig überrascht – ausser mir – und da war er schon weg –» «Aber Du hast ihm wenigsten schön die Wahrheit gesagt.» «Ja –» sagte sie etwas starr – «Sie Schwein, ich hole meinen Freund» «Hättst Du mich doch gleich geholt oder gerufen, ich war ja auch noch im Garten.» «Im Garten?» Sie hob den Kopf sah mich an und wurde totenblass. Sie that mir sehr leid, ich umarmte und küsste sie, weil ihre Angst und ihr Leiden sie für mich ganz restituiert hatten und weil ich wirklich nicht mich als die Instanz fühlte über ihren Fehltritt zu richten. Nur mit ihr zu Bett gehen, und die leidenschaftliche Pantomime spielen konnte ich nicht, das war der Haken, und hier fing sie sich wie der gefangene Fisch. Ich setzte sie ab stand auf und sagte «Schatz ich gehe schlafen, gut Nacht, schlafs weg und morgen haben wir die schöne Rückfahrt.» Aber es half nichts. Sie stand starr vor mir. «Du hast was gehört oder gesehen was Du mir nicht sagst, und willst mich jetzt schonen – nein nein, streite nicht ab, Garten hast Du gesagt» – «Wo es dunkel war hattest Du gesagt, und ich, weil ich im Garten gewesen war – und dunkel, hatte einfach geschlossen –» «Nein, Rudi, das sind Ausreden, auch vom Kuss hab ich nichts gesagt, Du hasts mir in den Mund gelegt –» «Margalein, hör jetzt zu. Warum Szenen, warum dramatisieren. Ich kenne Dich und glaube an Dich und sehe in Dein gutes süsses kleines Herz, und möchte rein menschlich Dein guter Freund sein und bleiben und so an Dir handeln. Das ist ein klares Wort und eine klare Lage, und hier ist meine Hand, die ich Dir als treuer Mensch und anständiger Mensch gebe. Und Schluss.» «Ach wie schrecklich – ich habe es sofort gewusst – ich habe es Dir angesehen wie ich ins Zimmer kam und ich bin doch total unschuldig dazu gekommen –» «Margalein, keine Heilige kann unschuldiger vor meinen Augen stehen als Du – vermutlich – nein sicher – tausendmal unschuldiger und besser als ich, – aber wenn es Dich erleichtern kann, Gewissheit zu haben – so sage ich Dir ruhig, dass ich das Ganze mit dem Reck von Anfang bis Ende gehört habe, keine zehn Schritt von Euch und erst gegangen bin als ihr gingt oder kurz vorher – ich weiss wie ahnungslos und blind Du hineingefallen bist auf den lumpigen Hunderter, und bin menschlich genug zu wissen, dass ein heissblütiges Mädel in den Armen eines geschickten Kerls nach dem dritten Kuss sich nicht mehr wehren kann in dunkler Nacht, und dass sie wider Willen geniesst wenn er im Sattel ist – wie ein Pferd das geritten wird eben unter jedem Reiter automatisch läuft – und dass dann eine Benebelung der Sinne eintritt, in der Du nicht verantwortlich bist – siehst Du, für mich hast Du nichts von Dir weggegeben und verloren, bist ganz die Gleiche wie vorher, nur küssen kann ich Dich jetzt nicht und mit Dir schlafen – und Du wenn Du ehrlich bist kannst es nicht mit mir – nicht weil es geschehn ist – nix ist geschehn – sondern weil Du weisst dass ich dabei war wie's passiert ist – Verstanden?» Sie war auf dem Sessel zusammengesunken und heulte in ihre Hände, dass die Thränen durch die Finger liefen. Ich konnte das nicht mit ansehen, hob sie in die Arme und trug sie in ihr Bett. Sie begoss mir, mich umklammernd das Gesicht mit ihren Thränen und trocknete sie mit ihren Küssen, küsste meinen Mund und war nicht abzulösen. Was konnte ich thun um sie zu trösten als ihre Küsse gutmütig zu erwidern, ich versuchte neben ihre Lippen zu küssen, aber sie fing den Kuss auf und hielt ihn fest, ihn immer wieder mit verzweifelten Beteuerungen unterbrechend und mit heissen Thränen begleitend, neue Trostworte erzwingend und sie in neue und immer längere Küsse verstrickend. «Weinend Aug hat süssen Mund» und sie rührte mich, ihre Liebe war jetzt so echt wie ihre Verzweiflung und ihr Ringen um Versöhnung. Jetzt ging es um den Kuss der Verzweiflung und sie bekam ihn, es wurde ein langer und heisser, und sie zog ihn mehr und mehr hinaus, zog mich ihm nach, hatte mich endlich bei sich, umschloss mich und wollte siegen. «Ich will nicht» sagte ich, «dann thus wider Willen» bettelte sie. Dies Wort weckte mich. Ich war kein Mädel wie sie und war heut schon einmal das Instrument eines weiblichen Wunsches geworden, der sich mich in den Kopf gesetzt hatte, coûte que coûte. «Gut Nacht Liebling» ich löste fest und unzweideutig ihre Arme von meinem Nacken. «Ich habe die ganze Zeit schon eine Migräne, die jetzt unausstehlich wird und gehe Aspirin nehmen. Du kannst jetzt auch sicher schlafen, siehst Du, Du gähnst; und morgen müssen wir um 7 fahren, sonst klappt es nicht, jetzt ist es ½ 1. Jetzt ganz brav und gehorsam, Kuss Kuss, Nacht Nacht und Schluss.» Damit deckte ich sie zu und ging. Als ich eine halbe Stunde später vorsichtig lauschte, atmete sie in tiefem Schlafe.

Ich hatte keine Zeit zu verlieren, wenn ich zur verabredeten Stunde Morgens bei Waltraut sein wollte, vorher die schöne Kätti besuchen und dazwischen auch ein Auge zuthun wollte. So machte ich mich buchstäblich auf die Socken, nachdem ich vorher im Schlafzimmer den Ring der Prinzessin der beim Ausziehen aus der Hose gefallen war in Sicherheit gebracht hatte. Es war ein Frauenring, also nicht für mich in petto gehalten, ein viereckiger Smaragd mit zwei schräg stehenden Brillanten, altmodisch gefasst und apart und glücklicherweise kein grosses Wertstück, das mich gedemütigt hätte. Auf dem Wege zu Kätti waren Schwierigkeiten grösserer Art als auf dem zu Waltraut zu überwinden, weil die Beschreibung hastiger gewesen war, aber auch hier kämpfte ich mich durch, und steckte endlich den mitgebrachten Schlüssel in die kleine Kammerthür des Mansardenstocks. Aus dem Bette fuhr es jäh auf. Stumm drückte ich die Halbverschlafene nieder, die sich noch immer nur halbwach, seufzend und heiss an meinen Mund schloss und mit den heissen nackten Beinen mir in dem schmalen Bette Platz machte. Wortlos und ohne einander die Lippen freizugeben, richteten wir uns ein, suchten durch engstes Zusammenschliessen die bequemste Lage zu sichern, unsere Arme nicht zu verrenken oder lahmzuliegen und uns so voll wie möglich zu berühren. Dann, in Ruhe, begann das wilde Küssen und Flüstern. Kättis Mund war frisch und heiss und satt wie ein Kuchen, ihr Wuchs so schlank dass er fast hager um die Taille sich fühlte über den schwellend vollen Hinterbacken, ihr Bauch flach wie der eines Kindes, die Brust jung und voll in auseinanderwachsenden Hälften, das Bett ein Ofen. Das Mädchen war von einer innern Wucht der Leidenschaft die mich fast erschütterte. Etwas Hungerndes und Unstillbar Blindes war in diesem verschlingenden fressenden Küssen das ich so noch nie erfahren hatte, bei solcher Wortlosigkeit und solchem Griff der sehnigen Arme. Ich erwiderte ihren Zug mit einem stärkeren, rang sie unter mich und sah mich von festgeschlossenen Schenkeln aufgehalten. «Doch nicht wirklich Schatz» stammelte der Mund zwischen Küssen. «weisst ich bin noch – verstehst –» «Was bist Du noch, meine Einzige?» Sie nahm statt der Antwort meine Hand und führte sie, die Aufklärung ergab in dem süssen heissfeuchten Kelche eine Sperre. Aber da sie zu diesem Zwecke sich hatte lockern müssen, schob ich mich zwischen die schönen Beine und fasste die seufzend Nachgebende mit zärtlichen Küssen, etwas anhebend um die Hüften, erregte sie durch immer schärferes Feuer und setzte schliesslich indem ich flüsterte «Nur spielen, keine Angst» den Zagel vorn an die liebliche Muschel, ihn sanft gegen den Brennpunkt ihres Reizes auf und ab führend. Inzwischen hatte sie mir die Zunge einfliessen lassen, begann sich unruhig zu werfen, und drängte schliesslich meinem halben Drängen entgegen. «Mmmm» kam es klagend von ihr «ui – Du – so scharf – ach» aber ich hatte Luft bekommen, drängte nach und trieb ihr den Nagel bis ans Heft ins Mark. Sie wand sich mit leisen Wehtönen, aber da ich sie nicht quälte sondern ruhig in ihr blieb, begann sie langsam meine Küsse wieder zurückzugeben und war bald im Feuer. Noch that ihr meine Bewegung sooft ich sie versuchte weh, aber ich schonte sie weiter, und nach Minuten, nur von der Wollust der Küsse und Berührungen und des Steifen in ihrer Ader, starb sie mir Mund auf Mund des ersten süssen Todes. Zum zweiten Tanze forderte mich die Kühne schon auf. Der schmale Bauch fing unter den Küssen die sie bei mir suchte, schon zu wiegen an, die Arme umschlangen mich, sie stöhnte und bat. Was sie als Jungfrau nie erlebt hatte lehrte sie ihr Brand, und ich brauchte sie nicht zu schonen. Der Genuss des starken jungen Körpers in seiner zügellosen Leidenschaft war nach allen halben Freuden des Tages und aller mir auferlegten Schranke ein so massloser, dass ich dies naive und stolze Wesen zu lieben glaubte und die Herrschaft über mich selbst verlor. Alle Grenzen fielen, wir stürzten zusammen und schwuren uns im Rausche ewige Angehörigkeit. Es gab kein Halten. Die Pausen wurden verschlungen. Kätti kam schon nach Minuten wieder zu mir, und lernte im Handumdrehen küssen. Ihre vollen heissen Lippen hingen sich an meinen Mund wie Kletten, ihre geschmeidige Zunge stürzte sich sofort in den Kampf, ihre Hand schmeichelte und suchte überall, der Körper schob sich ungeduldig unter mir zurecht und stülpte sich ein während ich ihr den Strammen zwischen die engen Schweller durchtrieb. Ihr Entzücken das sofort einsetzte wenn meine Kraft in ihr stak, war für mich aufpeitschend. Ich fühlte keine Müdigkeit, es gab keine Erschöpfung. Erst nach dem sechsten Male – für mich dem dritten, lag das grosse Mädchen mit keuchender Brust und müderen Lippen in meinen Armen und sagte «Herzlein – lass mich einen Augenblick.» Dann «Hast mich so grauslich lieb? Wenns auch nicht wahr ist, lügs, sag ja, ich hörs zu gern. Sterben könnt ich für Dich. Ach dass das geben kann, wer hätt das auch gedacht. Sag schnell.» «So was wie Dich, ja das hätt ich auch nicht gedacht.» «Du bist ein grosser Herr. Heiraten kannst mich nicht. Wenn Du mir ein Kind gemacht hast, wirst mich nicht verlassen, so einer bist nicht. Ich hab gar keine Angst davor, auch vor einem Kind nicht. Ich kriegs gern für Dich.» «Das passiert ja fast nie gleich, und in Zukunft gibt's Vorsicht süsser Schatz. Ins Unglück bring ich meinen Goldschatz nicht, ach Du goldener, wie Waldhonig schmeckst Du.» «Und Du wie Glühwein, Du Sauser, Du Nimmersatt.» «Du bist auch so leicht nicht satt zu kriegen.» «Nein Da hast Recht. Ich könnt immer weiter, kein Ende als bis man umfällt. Und Du bist aus Eisen und hast einen Rücken wie ein Gaul und ein Blut so heiss wie meins, und küsst wie der Teufel und ein Herz für mich hast Du auch, is nicht nur ums – wie heisst mans?» «Ich versteh schon.» «Nein sag wie's heisst.» «Wie nennt ihrs denn, unter einander.» Sie lachte. «Oh da hats tausend Namen, aber nicht anständige.» «Heissts vögeln?» «So ähnlich, ist aber nicht schön.» «Ficken?» «Nicht schöner!» «Bürschten, Zsammwaschen, Bimsen, Stemmen, Stepseln?» «Die Kellner hier, hab ich gehört, sagen coätiern, ist das feiner? Die Ärzte haben eine Kollegin die krank wurd, gefragt ob sie mit dem Sowieso verkehrt hätt, und wie sie gesagt hat, sie verkehrt mit vielen, haben sie gelacht und gesagt, bei Ärzten heisst verkehrn zusammen ins Bett gehen. Wie sagst Du denn, Bub süsser, sag mirs.» «Möglichst garnicht, Schatz. Wers macht, warum muss ers nennen. Ich sag ‹lieben›, ‹lieb haben›, richtig lieb haben, und wenn zwei es thun jauchzen, und wenn ein Mädel es thut ‹spielen›» «Und was heisst huren?» «Das ist ganz hässlich.» «Also Schatz, gut dass Küssen Küssen heisst, Du Goldschnabel, komm küss mich – küss –» Es gab eine wilde Pause. «Und wie heisst der?» «Da gibts auch tausend Namen, sind alles Witze.» «Wonnig ist er anzufühlen Du, ich möchte ihm nur die schönsten Namen geben, der dicken Puppe, dem knubbeligen Spielzeug dem unverschämten, dem Lausbuben dem steifen, dem Schleckschnuller; dumm ist er, ein rechter Dummer, und ein eingebildeter, ein langweiliger Stock, ein rechter fauler, da – was hängt er rum, was treibt er sich rum wo er nix schafft, einfahren Bergmann in Schacht, wenns auch schwer fällt, ziehn muss man ihn – ach komm, hab mich lieb, fest lieb, scharf lieb. Ich will spielen und wir wollen jauchzen – Du – vögel mich, mach mirs, mach mich – tot – mach mir – ein Kind – Küssen, ach ja – fest – küssen.» Wer konnte widerstehen. Es ging weiter und weiter, sie fiel von Niederlage zu Niederlage, raffte sich immer wieder auf und verlangte neue Kämpfe. Elf Mal war sie unterlegen, vier Mal ich, als wir uns trennten. Sie glühte und bedeckte meinen Körper mit Küssen. Im Schein der Bettlampe hing das trockengoldene Haar schattig über ihr Rosengesicht. Aber der gleiche Schein entdeckte das blutbefleckte Bett. Ihr Hemd, meine Pyjama, unsere Glieder, ihre und meine Beine waren verschmiert, alles besudelt. Wir deckten zu, sahen weg, küssten uns zum Lebewol und Wiedersehen. Ich wollte wiederkommen sobald es ging, inzwischen schreiben. Ihre Küsse waren jetzt schlafschwer wie ihre Augen aber doppelt süss, wie Spättrauben. Es war fast vier Uhr, und ich floh über Stiegen und Flure in mein Bett, nachdem ich mich vorher gewaschen und die Hose versteckt hatte. Um ½7 weckte mich der Hausdiener. Waltraut hatte ich verschlafen, musste mich brieflich entschuldigen. Ich war noch totmüde, wie ausgedroschen und stumpf, und auch die kalte Douche stellte mich nur notdürftig her. Beim Anziehen wurde mir ein Brief gebracht, Hôtelpapier. Er hiess wörtlich «Dear I suppose you won't d a r e to shun me. Instead of 1/2 past 12 come Monday at 11 pm to fetch me at the Theatre (Entrance B, ask for my secretary Miss Ward) and motor me down to my cave to dine with some giddy people and stay after they have all left. No ‹no's› accepted, no pretexts acknowledeged, now lies swallowed, no previous engagements allowed-to-go-before. Love ... from Kathleen Grammarby.» Ich musste lachen und fühlte mich frischer.

Überhaupt. Ich hatte gestern mit Berlin telephoniert und meine rätselhafte Dienerin hatte mich darüber beruhigt, dass das Haus seinen Herrn zärtlich erwartete, Mama war noch auf Motorreisen und hatte aufschiebend geschrieben.

Marga erschien ausgeschlafen hübsch und mit halb innigem halb suchendem Blick bei Abschiedsfrühstück, und obwol der Ton kein ganz sicherer war, war er ein warmer und herzlicher. Wir assen rasch und sprangen in den Wagen. Ich versuchte ein recht lebhaftes Gespräch um Sentiments auszuschliessen, es gab auch ein par Küsse, aber der bevorstehende Werktag legte seine nüchternen Schatten schon über das Mädchen und weckte die ohnehin in ihr liegende Nüchternheit, und auf mir lastete der Schlaf, befördert vom Rhythmus der Fahrt. Ich fühlte ihn nahen, konnte ihm nicht widerstehen und versank. Als ich aufwachte, schien getankt zu werden, ich hielt für Momente die Augen offen und versank von neuem. Ebenso jäh wie versunken war ich aufgewacht, hell und frisch. «Wo sind wir?» Marga duselte in ihrer Ecke und sah sich blöde um. «Jenth Potsdam» sagte der Chauffeur. «Han' wa in dreianhalb jedeichselt, halbe Stunde bis Preusch Balin.» Ich setzte mich auf, zündete ein Cigarette an, gab Marga eine und schob den Arm durch den ihren, sie drückte ihn an sich und sah mir errötend in die Augen. «Süsser» sagte sie leise. «Mein kleiner Schneck, wir haben uns famos durch die Reiserei durchgeschlafen. Das war am besten so. Heut habe ich viel vor, kann nicht mit Dir frühstücken, muss an meine Post und habe mir zu Hause ein Beefsteak bestellt. Morgen holen wir die Abschiedsfeier nach, ich hole Dich nach Geschäftsschluss Nettelbeck wieder ab wir fahren irgendwohin und besiegeln das schöne Weekend. Recht?» Sie drückte wieder meinen Arm und sagte nichts, sondern sah beiseit aus dem Fenster. Ich zog sie eng an mich und küsste sie zärtlich auf den so hübschen, aber stummen kalten Mund. «Du liebst mich ja doch nicht mehr, Du kannst es ja auch nicht» sagte sie trocken. «Margalein, sei doch nicht tragisch. Ich denke soviel könnte ich Dir doch wert sein, dass Du mich nicht zum Teufel schickst wenn ich Dich zum Nachtessen einlade. Sieh kleiner Schatz, mit meinem guten Willen allein gehts nicht, Deiner muss dazu kommen.» «Wie Du willst, Süsser», sagte sie einfach, «aber es quält mich. Ich will nicht tragisch sein wie Du es nennst, aber es ist mir sehr tief gegangen das Ganze, und ich bin schrecklich verzweifelt über mich, über Dich, über das Ganze, und meine Unreife und Oberflächlichkeit und mein ganzes Elend und die Verlogenheit und den Dreck, und ich möchte am liebsten mich aufhängen.» Es traf mich ins Herz und liess es mir aufwallen. Dies kleine liebe junge Geschöpf hier war in meinen Armen gewesen wie eine Gattin, und litt schliesslich doch durch mich und um mich. Bis nach Berlin hielt ich sie auf meinem Schoosse, küsste herzte tröstete und streichelte sie, erwärmte sie langsam, trocknete die immerwiederkehrenden Thränen, machte Zukunftspläne und scherzte, und hatte sie schliesslich gewonnen und hergestellt allerdings nur um den hohen Preis die Verantwortung für sie zu behalten, denn Liebe und Dankbarkeit waren nun in ihr überströmend und nicht mehr auf die Sinne allein gestützt – ich wurde sie nicht mehr los, seit sie mich betrogen hatte und das war die Strafe für meinen eigenen Treubruch, die ich aus meiner Menschlichkeit zahlen musste.

Ich hatte von Eilsen aus an Addie Mabel und Marie Grüsse geschickt und die Sehnsucht baldiger Wiedervereinigung durch die mehr oder minder vage Andeutung releviert, ich sei dort seit längerer Zeit bei Leidenden festgehalten worden. Ich musste mich so herauslügen und war glücklich als alle drei fast nach einander anriefen und mich mit den liebevollsten und echtesten Worten inniger Angehörigkeit begrüssten. Die übrigen Briefe, einen ganzen Stoss, liess ich uneröffnet nachdem ein Blick mich von ihrer

Harmlosigkeit überzeugt hatte. Ich rief sofort die Schlesinger an und meldete mich für einen Katalogisierungsnachmittag, während dessen ich allerdings sehr concentriert würde arbeiten müssen, um endlich ein Stück vorwärts zu kommen worauf sie melancholisch geantwortet hatte «Comme tu veux chéri mais si ce catalogue-là finira par me rendre veuve une autre fois je lui en voudrai – c'est toi chéri, tu sais bien, que je veux, la compagnie mon amour, et pas ce catalogue –» während ich schliesslich eine Theeunterbrechung zugegeben hatte. Dann telephonierte ich mit Hilde, die ich zum Nachtessen einlud und deren tiefe Glücksstimme, sehr leise, wie man im Laden telephoniert, mir innig wolthat. – Karolinchen hatte mir aufgemacht und strahlend und verrunzelt die Hand vor Freude geküsst, die dienende Chimära war mit einem Paket zur Post unterwegs gewesen, aber als meine Telephonate erledigt waren, trat sie nach kurzem Klopfen ein, in schwarze und schneeige Servireleganz gehüllt und blieb mit ihrem nur in Augen und Mundwinkeln liegenden Lächeln an der Thür stehen. Ich breitete die Arme aus, und sie trat an mich heran, legte sich an meine Brust und der breite weiche frauenhaft warme Mund küsste klingend in meinen Kuss hinein, erweichte sich als ich sie umschlang und küsste sich an meinen Lippen fest und satt, nur mit einsilbigen Lauten auf meine kurzen zärtlichen Fragen. «Nachher, Herr Rudolf, es ist angerichtet.» So begann das gewohnte ceremoniöse Garçon-Lunch in dem grossen finstern Saal unter der bereits brennenden bleichgrünen Glaskrone, Johannchens typische Tassenfleischbrühe, ihr Rumpsteak mit jungem Blumenkohl, ihr Crêmepudding, und die prachtvolle Obstschale meiner Huldin. Sie brachte mir dann den Café in mein Zimmer. «Es ist immer telephoniert worden, aber nie ein Name gesagt, Herr Rudolf, immer Damen» sagte sie lächelnd. «Und eine Postanweisung von dreihundert Mark habe ich cassiert, Inselverlag, hier sind sie, mit Quittung, sechs Scheine zu fünfzig.» «Gib mir fünf, mein Mädchen und stecke Dir den sechsten ins Strumpfband, nachdem Du mich eine Viertelstunde ohne abzusetzen geküsst hast, und trinke jetzt den ersten Schluck, sonst schmeckt mir der Kaffee nicht.» Sie lachte setzte sich auf mein Knie, trank, behielt den Schluck im Munde, umarmte mich und liess ihn geschickt, ohne einen Tropfen zu verlieren, im Kusse in meinen Mund sausen, lachte noch einmal kurz und küsste nach. «Dass Herr Rudolf überhaupt noch an mich denken, wo Sie doch sicher ganz andere Erlebnisse inzwischen haben konnten» «Du vergisst eben wie treu ich bin» sagte ich, ihr vorn die Bluse öffnend und die Schürze abbindend, «kein Erlebnis löscht Deinen Eindruck aus oder zerstört Deinen Bann» und ich küsste ihre Brust. «Na na» lachte sie, und zog mit dem Zeigefinger den Umriss meines Mundes nach, hielt ihn mit zwei Fingern und schob die Lippen auf ihm drängend hin und her, «aber man hört es ja gerne, wenn man einen so zum Verrecken gern hat.» «Daher kommt es auch, Du wickelst mich in deine Gedanken ein und hast Deine Augen so auf mir, dass ichs noch {in} der Ferne spüre.» «Wahr wird's nicht sein», lachte sie, mit beiden Armen um meinen Nacken mir grün in die Augen sehend, «aber recht haben schon, gerade das möchte ich können.» Ich hob sie von den Knieen und trug sie Mund auf Mund aufs Bett. «Was denn, so beim hellen Tage, mir nichts Dir nichts?» flüsterte sie unter Küssen schon unter mir und knöpfte mir den Steifen aus der Hose. «Mir alles Dir alles» antwortete ich sie aufhebend. Aber sie musste eine Trikothose abstreifen, that es ohne ihren Raub loszulassen, zog das rechte Bein, unter mir, gewandt heraus. «Ich Ihnen alles, aber nicht umgekehrt» sagte sie, sich mit dem Pint am Kelche spielend und mich über sich ziehend, «sonst lieber nur küssen und spassen.» Ich drückte sie an mich und zwang ihr weich mit der Zunge die Lippen auf, die sich sofort auf mich schröpften während die Zunge mich neckte. So spielten wir noch Minutenlang mit Scherzen während sie mich oben und sich unten reizte, aber ihr Seufzen zeigte dass ihre Lust siegte und so trieb ich durch. Mit dem Klingen ihrer Küsse dem Krachen des fast in Stücke gehenden Bettes und unserm Stöhnen und Lachen war mein Einzug gefeiert. Sie wirkte eben noch so unverändert stark auf meine Sinne wie am ersten Tage. Als sie sich Schürze und Blouse justierte und die Ruche über dem von Lust leicht geröteten Gesichte wieder feststeckte, drückte ich sie von neuem an mich, wirbelte sie um die Hacken und küsste mich auf diesem rätselhaften Munde fest, und hätte sie ohne weiteres von neuem glücklich genossen.

Ich fuhr bei Posen vorüber wo ich den Ring der Prinzessin deponierte und schätzen liess, der zu meinem höchsten Erstaunen viel kostbarer war als ich geahnt hatte und mit 2800 Mark zu Buch genommen wurde. Der Smaragd allein sei von seltener Schönheit und oberhalb 2000 wert, der eine Brillant etwa 600, der andere leider etwas fehlerhaft, sonst wäre der Wert noch höher, die antike Fassung sei bei der Schätzung nicht berechnet käme aber bei Verwertung, bei ihrer seltenen Eleganz, noch in Mehranschlag, der Ring sei französische Arbeit des XVIII Jahrh. und ein Kastenstück. Ich hörte es sehr kühl. Ich suchte mir ein par Kleinigkeiten für meine Freundinnen heraus, vor allem eine Brosche für Waltraut, die ja Mabels Cigarettenetui – glücklicherweise – nicht genommen hatte, und die ich mit 300 Mark Wert ablöste, einen hübschen alten Ring mit Grasopal für Marie, einen silbergefassten Achataschbecher, russisch, für Addie, einen zusammenschiebbaren Reisebecher aus dünnem Gold für Mabel die geklagt hatte, sie tränke nicht gern aus dem Thermosbecher, den sie ins Conservatorium mitnähme – das Ganze für 900 die ich durch Hineinwerfen der verdienten 250 der Insel in den pool noch verringerte. Ich liess mir den Verrechnungscheck auf 2150 stellen, und war im übrigen noch so reich an Bar und Schecks dass mir schien die Welt gehöre mir. Bei der Schlesinger empfing mich die lange dunkle Zofe, die mir neulich zum Schwan Maass genommen und sich Schwanz für Schwan vermessen hatte, mit vielsagendem Lächeln und liess sich rasch in die Backen kneifen, half mir aus dem Mantel und flüsterte auf Wiedersehen, als ich mich im Ausziehen nach ihr drehte. Madame ruhte, und ich begann meine Arbeit in der Bibliothek, wo alles so wie verlassen gerichtet war. Wir waren Mittags in Berlin gewesen, um 1, 40 hatte ich das Haus verlassen, jetzt war es etwas über 2 Uhr, und ich arbeitete angespannt am Zettel- und Realkatalog, als Sonja in Hut und Pelz, einen Puderschleier über den Zügen hereinschwamm beide Hände voraus. «Je ne vais pas te déranger, mon mignon» flötete sie mir die Lippen reichend, «ni vous quitter non plus. Il y a 4 heures sonnées, vous me reverrez à cinq heures, je ne vais que saluer ma cousine Abrikossow qui est en train de partir, et puis faire quelque emplette. Que tu as d'application mon petit élève, ça fait peur de voir tous ces hieroglyphs.Comment te remercier de la peine que tu te donnes pour moi!» Ich war sehr zärtlich und dankbar. «Si vous saviez chère amie tout le bonheur que je sens à savoir que je ne vous suis pas indifférent, vous ne m'humilierez en me remerciant de ce que je vais de ne pas mériter. Continuez à vous faire un peu diriger et conforter par un ami dévoué dans votre vie qui n'est ni trop gaie ni trop satisfaite, et croyez que je m'en féliciterai!» Sie schwamm mir im Arme mit feuchten Augen. «Je t'ai trouvé, mon trésor adoré, ça suffit, tu ne me remplis seulement, tu es trop grand pour une petite femme ennuyeuse comme moi, vilaine et vieille» – Ein par Küsse beglückten sie und sie entschwand, émue. – Ich blieb bei meiner Arbeit, etwas seufzend über mein Los, diese Maschine auf absehbare Zeit wieder zu bedienen. Plötzlich glaubte ich ein leises Räuspern zu hören, und, aufblickend ein unterdrücktes Kichern.

Es kam hinter der grossen olivenfarbenen Plüschportière her, die gegenüber dem Boudoir, zwischen den Büchergestellen hindurch, in einen Salon führte, den ich schon flüchtig betreten hatte. Ich stand auf und sah die grosse bräunliche Zofe, die den Finger auf den lachenden Mund legten. Sie machte mir ein Zeichen, that ein par Schritte seitwärts wie um zu lauschen, kam zurück und winkte mir.

Hinter dem Salon war ein zweites Eckboudoir mit bequemen orientalischen Polstermöbeln und schweren Teppichen, halb gegen das Licht abgedunkelt. «Ist weg die alte Schraube» sagte sie, ihr lautloses Lachen verschluckend, «ach was Sie mir leid thun, Herr Doktor. Gelauscht hab ich, und gesehen wie Sie sich das Caressieren müssen gefallen lassen von so einer Alten, und neulich mit dem Schwan – das ganze Haus hat gelacht –» «Ja was glauben Sie denn, soll man einer mütterlichen Freundin nicht wie seiner Mutter» – «Ja von Ihnen aus das versteht sich, – aber was sie sich draus zusammenblümt in ihrem närrischen verliebten Kopf, und sich Liebesgeschichten zurecht denkt – wenn die wüsste, was wir wissen – Sie und ich neulich – in der Garderobe – das war ein andres Feuer – da ist ein Schwung drin und ein Schnalz – wenn ein schöner heisser junger Mann zugreift –» sie hatte schöne Augen und die Augen funkelten provozierend – «einer der sichs nicht zwei Mal sagen lässt wenn ein Mädel nicht mehr die Augen niederschlägt sondern ihm was sagt mit den Augen – wie –?» Ich musste lachen, sie war eine talentlose Person, – wie auf der Bühne – «wie?» – und sie piekte mich mit dem Zeigefinger in die Seite. «Waaas» sagte ich ihr die Hand festhaltend und näher tretend. Sie rang, und ich musste auch die zweite Hand festhalten. «Huch was für böse Augen» spielte sie, «zum Fürchten ist er. Lassen mich jetzt los, gehn muss ich.» «Also, geh» ich liess sie los. Sie blieb stehn. «Auf Wiedersehn könnten Sie wenigstens sagen zu einer die Sie gern hat.»

«Also auf Wiedersehn.» «Das nennen Sie auf Wiedersehn sagen, Sie –» sie trat ganz nah an mich heran, die Arme hinter sich, und sah mir unter die Augen. «Närrin» sagte ich, nahm sie her und küsste sie auf den langen schmallippigen feuchten Mund. «Schlimmer» antwortet sie, «komm – ich hab wirklich nicht viel Zeit, muss ihr noch was nähen bis sie heimkommt», und ihre Zunge mischte sich in die kunstvollen Küsse. Wir drängten uns halbunbewusst zu einem der Sofas hin und sanken umschlungen in die Polster. «Erhol Dich bei mir von der Strapaz, Du Prachtbursch, – lieb hab ich Dich, brauchst mich nicht lieb haben wenn mir nur die Motten aus dem Pelz klopfst – komm gib ihn her den Prügel – ja – Du – gib mir – gib mir Alles – Alles –» Es waren heisse fünf Minuten, alles bekam sie wolweislich nicht, aber genug für sie und sie ertrug nicht mehr als sie bekam. Sie lag wie erloschen mit gebrochenen Augen auf dem Divan, als ich den Speer aus der Wunde zog und ihr zur Beruhigung den steil aufgerichteten zeigte. Sie drückte ihn, die Augen aufschlagend und müde lachend. «Ist schön von Dir, dass Dich menagierst, komm hilf mir aufstehn. Süsser Schlingel – das glaub ich dass eine Jede den Narren an Dir frisst. Adieu, Liebling. Sie sagt Du schläfst bald einmal hier – dann machen wirs anders. Mit Dir muss man dann hinterher schlafen können, – sich ausruhn von Dir – wenn Du eine durch die Fleischmaschine gezogen hast –» Und jetzt kam ein nicht wiederzugebender Temperamentshagel. Plötzlich riss sie mich zusammen, Küsse Zähne Worte Schwüre Hyperbeln Flüche stürmten und prasselten auf mich ein und die sonst so Stille war eine Mänade. Und ebenso jäh war sie hinaus.

Ich beruhigte mich mit einer Cigarette und ging wenn auch etwas gerüttelt, an meine Arbeit zurück. Bald brachte Timofej den Samowar und kurz darauf erschien Sonja in Rosa mit Silber, prachtvolle Boutons in den gepuderten Ohren, Silberslippers an den Füssen und so erfrischt, dass ich genau wusste, sie kam von ihrer Masseuse und hatte sich Jugend geholt. Das Tête à Tête begann in der gewohnten Umgebung und ich musste erzählen, – Bücher, Menschen, allgemeine Gegenstände. Sie hätte einen französischen Schmöker gelesen, Amitie amoureuse der damals in jedem Salon lag und wollte meine Meinung hören über diese interessanten Grenzgebiete. Aber ich machte den Anwalt der Passion, die die Freundschaft und die leichte Beglückung ausschliesst. «Du reste, point de règle dans ces rapports-là – où d'un couple à l'autre, rien ne se répète. Tout est possible et rien. Il y'a tous les genres et toutes les nuances. Il n'y a qu'une seule différence l'amour heureux et l'amour sans bonheur; et c'est ce dernier qu'importe.» «Mais c'est une vue bien sombre, il me semble» «Je ne saurais. Il y'a des fiertés et d'heroiques fureurs dans la privation toute absolue, sans crainte, ni espoir.» «Et l'autre passion, celle du transport désiré, contrarié et enfin pleinement partagé?» «C'est l'antipôle du pôle, mais c'est la porte qui donne sur le néant. Après l'extase on recommence. Pendant que, après le désespoir, l'imagination va se créer un monde tout à soi, puissant et libre.» «Voilà ce qui est pour les hommes comme vous, rêveurs – pour la femme il n'ya qu'un seul bonheur qu'importe, – celui que les autres m'ont fait esprer, sans me le donner jamais et que vous seul savez donner, la possession toute entière, l'anéantissement de toute arrière pensée et de toute pensée, le moment divin où deux êtres se fondent, se noyent, se bercent pour se retrouver unis et comme ivres de gratitude mutuelle – venez ici à me confesser que vous y tenez comme moi même –» «Mais chérie, vous en doutiez?» Ich setzte mich neben sie und küsste ihre Hände. Aber ihr kleiner Pummelmund wollte geküsst sein, und ihre sanfte Ekstase gab meinen Zärtlichkeiten bald ein Feuer. Sie zog mich zu sich auf den Divan und entblösste ihr schönes Bein, um mir ein Strumpfband zu zeigen, das sie aus

Paris bekommen hatte – «C'est un peu cochon mais charmant, fait pour les cocottes et les Russes», mit einer goldenen Schliesse, die statt der Haken einen Penis in einer weiblichen Faust hatte, von der Faust fiel ein goldfiligranener Spitzen Ärmel halb herunter, der Penis wurde federnd hineingedrückt und wieder herausgezogen, die Eichel wirkte als Druckknopf. «C'est gentil, n'est ce pas, – voyons si ça marche au vif», und während sie mich liegend bei sich hielt, beschäftigte sie ihre potelierte und manicurte kleine Hand an dem Schalter meiner Hose. Aber ich liess es nicht so weit kommen und entkleidete sie halb, so dass der hübsch erhaltene stramme und weiche Körper mit seinen Meissener Brüstchen mich für den Rest entschädigen und entflammen konnte, und traktierte ihn zu ihrem Entzücken als Herr und Besitzer, ehe ich ihr den dadurch ins Monstrose gesteigerten Phallus in die Hand drückte. Sie lag auf mir und durfte nach dem Modell spielen so viel sie wollte. Endlich rollte sie unter mich, schmachtend und mit vergehendem Lächeln, pflanzte sich den Riesenspargel mit zitternden Händen ins Gärtchen und überliess sich mir mit geschlossenen Augen. Ich liess die ganze Tonleiter spielen auf die sie solchen Wert legte, begann en Zéphyre um en Borée zu enden und en souffle et frisson wieder aufzutauchen. Sie war wirklich ein kleiner Bonbon der Lust gewesen und es fiel mir nicht schwer, den quart d'heure de gratitude mit ihren heissen kleinen Küssen durchzuverzieren. Dann sammelte sie sich ein, stand halb sinkend auf und an meine Schulter. «Vous m'avez conduite à Cythère mon ami – pour la première fois de toute ma vie j'ai connu le délire. Les autres fois c'était la tendresse, l'abandon la douceur, la volupté même – le délire je l'ai connu cette première fois, et je pourrais mourir heureuse. Je veux que vous guardiez un souvenir de cette minute immortelle – non ne soyez pas je vous le demande, je vous l'impose, ne soyez pas rude, ne me brusquez pas en me refusant. J'ai ici les perles de feu de mon mari, – chemises, manchettes, gilet blanc – vous les porterez désormais comme un gage d'amour de celle qui vous adore – je le haïssais, je l'ai exécré, il était abominable – laid, sale malhonnête – il a failli, de me briser – j'ai un horreur de tous les objets qui me rappelaient son hideuse existence – c'est vous mon mignon qui me les rendrez innocents et purs – purifiés de lui de toute ce qui c'est ‹lui› – vous aurez tout tout. Il est mort apoplectique sans avoir signé de testament qui m'avait dérobé de tout cela – il allait l'eparpiller à toutes ses filles, les mi-enfants coureuses dont il raffolait, le misérable – bien, oubliez tout ce bas d'ordure. Adieu. Je n'accepte point de refus, ni de remerciments non plus. C'est moi votre débitrice – adieu –»

Sie war hinaus und that mir leid. Es war ein echter Ton in ihrer Stimme gewesen, und obwol sie mich in goldene Fesseln schlagen wollte aus Angst mich zu verlieren, das Argument war überzeugend. Der rote Maroquinkasten enthielt drei prachtvolle Knopfperlen, zwei Doppelperlen als Kettenknöpfe, sechs Westenknöpfe mit je einer Perle in viereckigem Goldkasten, zwei Tuchnadeln, eine grosse tadellose Solitairperle auf kleinem Brillanten, die andere eine grüne und Rosenperle schief auf einander gefasst, von höchster Schönheit. Nur die Nadeln konnte ich ja tragen. Die Westenknöpfe und Manschettknöpfe waren protzenhaft, die Hemdperlen zu gross für junge Leute. Ich arbeitete bis halb sieben und fuhr dann, um bei Posen kein Aufsehen durch immer neue Kostbarkeiten zu erregen, zu Friedländer, den ich das ganze schätzen liess. Der kleine schwarze Jude mit holländischem Accent, der die Stücke unter Lupe und Lampe nahm, schüttelte den Kopf. «Viel Cheld wert» wiederholte er, «viel Cheld. Aus der Mode, versteht sich, aber viel Cheld.» Er fing an zu notieren und zu rechnen. Die drei Hemdperlen 600, 500, 700, die Manschettperlen 1200, die Westenknöpfe 1200, die grosse Nadel 1300, die andere, die ich schöner gefunden hatte viel weniger, 900, der Goldwert 200. Summe 6600. «Zu diesem Werte berechne ich bei Umtausch oder Umfassung. Sonst ohne Gewähr. Schätzungsgebühr bitte 5 Mark an der Kasse.» Ich war eine saubere Sorte geworden, das musste ich sagen. Maquerau erster Klasse. Ich konnte nichts dafür.

Aber ich konnte der Versuchung nicht widerstehen, diese Scheusslichkeiten des alten Wüstlings in Scheckform umzusetzen und telephonierte sofort an ein grosses Leihhaus mit der Anfrage, ob sie heut noch einen Satz besonders schöner Perlen beleihen wollten. Nach Hin und Herreden hiess es Ja, und wurde abgemacht, dass bei Friedländerscher Schätzung Dreiviertel Wert bar gezahlt werden sollte. Eine halbe Stunde später steckte ich einen Scheck von 5200 Mark zum übrigen in meine Brieftasche und fuhr die kleine Chokoladen Hilde holen. Ich war etwas vor der Zeit am Rendezvousplatze Ecke Uhlandstrasse und musste warten. Plötzlich durchfuhr mich ein Schreck. Addie ging auf der Strasse vorüber, in raschem Schritte und ich drückte mich rückwärts in den Wagen. Ich kämpfte noch mit der Aufregung und den Gewissensbissen als die Kleine zu mir stieg, aber ich verdankte dem Schlage die Eingebung, mich ausserhalb gefährlicher Plätze zu halten, elegante Restaurants zu meiden, und liess in eine Gegend fahren wo niemand mich suchen konnte, die Blumensäle das grosse Concurrenz Tanzhaus des Palais jener beiden herrlichen Mannequins von neulich, wo dem Vernehmen nach auch gut gegessen wurde. Hilde sah mich aus ihrem weichen Mädchengesicht mit den spottend hochgezogenen Augenbrauen, die ihr das Eigentümliche gaben, trocken schelmisch an und bald erfüllte ausgelassenes Glück die nasse Eingeschlossenheit des dunklen Wagens. «Süss dass Du vor der Zeit da warst» flüsterte sie meine Hand stark drückend, als sie zu Atem gekommen war. «Zufall» sagte ich bescheiden, noch ein Mal die weichen strotzenden Lippen suchend. «Pünktlichkeit ist nicht genug, das erste Mal. Ach, nichts ist ‹genug›. Mit etwas Übertreibung fängt Alles erst an.» «Philosophin, woher hast Du die Weisheit. Sie ist richtig.» «So? Ich weiss nicht. Aus dem Glücklichsein. Wenn ich einmal glücklich bin, wird mir alles leicht, es geht wol allen so. Wenn ich im Trott gehe, einen Monat wie den Andern, vertrottele ich und rede den Quatsch von den Andern mit. Gott was für Quatsch reden alle Leute von Morgen bis Abend, findst Du nicht?» Ich lachte. «Dass Du auf sowas achtest! Du bist eine Perle!» «Thekla. Ich bin ein Blender. Mach Dir nur keine Illusionen. Ich bin nur aus schlechten Eigenschaften zusammengesetzt, eigensinnig, empfindlich, arrogant, eingebildet und nischt dahinter, unzufrieden, oberflächlich und so weiter. Mein einziger Vorzug ist dass ich mir nichts vormache und andern auch nicht.» «Ich kenne das, mein Herz, und es macht mir gar keinen Eindruck. Selbstbeschimpfung ist die Renommage der kritischen Naturen. Sie bedeutet: ‹wer mich lieb hat, widerlege mich›.» «Wie hast Du gesagt ‹Selbstbeschimpfung ist die Renommisterei› –» «der kritischen Naturen.» «Famos. Genau so ist es. Ob man sagt, ich habe nur gute Eigenschaften oder nur schlechte, renommiert ist es immer – es heisst immer ‹Hut ab sagt Heiner, so wie ich bin so ist keiner.›» «Aber was sind denn kritische Naturen?» «In Berlin jeder Strassenjunge, Schatz das ganze kleine Volk und das meiste andere. Nüchtern ist noch nicht genug, Schrubber und Seifenlauge, und wenn die Couleur mit weggeht, schadt nichts.» «Ach so. Stimmt. Aber nüchtern bin ich nicht. Ich möchte alles und traue mir nichts. Was sagst Du dazu?» «Dazu sage ich ‹ausgezeichnet›. Alles woraus was wird fängt so an.» «Ja? Wie fein!» Sie wrubbelte meinen Arm mit ihrem, hängte mir den jungen Mund zum Küssen hin und zog mir mit der rechten Hand auf meine Backe, das Gesicht fest in ihren Kuss hinein, damit nichts von ihm Luftlöcher bekäme. «Du musst Dich an meine Häkeligkeiten gewöhnen. Ich grüble an allem herum.» «Und Du Dich an meine, die Dir das spart. Zu zweien grübelt man nicht. Grübeln ist das Zeichen dafür, dass man sich langweilt, wie Brot zerkrümeln oder Nasen zeichnen.» Sie lachte und küsste mich. «Du bist frech. Es kommt doch manchmal was dabei 'raus. Du grübelst doch sicher auch.» «Oh oft. Wenn ich am allerfleissigsten bin und das Brett bohre wo es am dicksten ist, nichts anderes höre und sehe und weiss als das eine: ‹dies muss herauskommen›. Grübeln ist etwas so grosses wie schmieden. Du kannst nicht nebenbei grübeln. Entweder oder. Aus Langeweile und nebenbei pusselt man nicht. Dabei geht was entzwei. Basteln ist schon besser.» «Wenn ich aber muss?» Ich lachte wieder. «Man muss kratzen wo es juckt. Aber woher kommt das Jucken? Das wovon das kommt muss weg. Manches Müssen kommt von Fehlern. Mancher Fehler heisst dass etwas fehlt. Du sagst ja selbst dass Glücklichsein den ganzen Unterschied ausmacht. Mal versuchen, ob Glück und Grübeln zusammengeht? Heut wird lustig gelebt, roter Brandschatz mit dem roten Brandmund, Du süsser heisser Narr – Wiederküssen, fest und – ah.» «Also Programm. Wir essen und trinken und schwatzen was das Zeug hält unter lauter wilden Philistern und Lebeleuten, die tanzen und tanzen auch, und um 11 Uhr setze ich Dich zu Hause wieder ab.» «Ei wie solide.» «Keine Bange. Ich hätte Dir sonst heut absagen müssen und das kam nicht in Frage. Fünf Minuten nach 11 muss ich Leute vom Opernhaus abholen, die mich unbedingt sprechen wollen, ich kanns nicht ändern und das nächste Mal wird alles Versäumte nachgebummelt, – was meinst Du zu Sonnabend, wenn man Sonntag ausschlafen kann?» Sie hängte sich in meinen Arm. «Mal sehn. Wer weiss ob Du nicht schon heut die Nase voll hast. An sich ist es gerade was ich mir wünsche; sich kennen lernen ist doch schöner als alles. Das heisst Tanzen auch. Ich bin nur nicht angezogen, ich habe ein dunkles Kostüm. Aber egal.» «Völlig. Da tanzen doch lauter Paare die sich um die dortige Aufmachung nicht kümmern, wie wir. Ich habe doch auch Strassenanzug an.» «Ich hätte Dich nur gern so ein bischen richtig allein.» Wir fuhren gerade in die grellweisse Friedrichstrasse ein. «Ich Dich auch, Liebling, aber ich wohne bei meinen Eltern –» «Und ich bei meiner verheirateten Cousine –» Wir drückten uns fast kneifend die Hände. Die Strasse schien so erbarmungslos in unsern Wagen, dass wir uns nicht einmal küssten. Aber wir sahen uns an und verstanden einander. Unmittelbar drauf nahm uns die ganze ordinäre Goldbortenpracht dieser Masseneleganz in Obhut, es war noch so leer dass wir zehn Kellner zur Verfügung und die beste Nische hatten, und ich liess Hilde bestellen. Das war lustig weil es auf ihre Art raten liess. Wie alle kleinbürgerlich geborenen wollte sie Geflügel und also gab es eine Poularde, die ich, nebenbei zum Kellner, trüffeln liess. Dann Kaviar, und zwar massenhaft. Also der zuerst. Krebssuppe – typisch, die ich aber strich, nachdem ich durch Drohungen festgestellt hatte, dass sie aus der Büchse kam. Statt dessen Geflügelcreme die echt sein musste. Welchen Fisch dazwischen. Natürlich war es Lachs, den ich vom Grill bestellte mit Gurkensalat. Danach Pückler Eis, Obst Käse. Hilde schwärmte für Mosel, den ich hasste, es wurde also der Oberkellner beschworen, einen alten nicht zu sauren, ganz ungepantschten zu garantieren. Er verpfändete sein Seelenheil für einen 64er Bernkasteler Doctor Spätlese von Kapff in Bremen, das edelste Gewächs des Hauses, nur noch zwanzig Flaschen da, zu teuer für das Publikum hier «wenn Se 14 Emm for de Flasche blechen sollen, davor kriejen Se schon zwei deutsche Sekt.» Ich liess mir ein Glas Sherry zum Caviar geben und einen guten französischen Sekt für den Nachtisch kalt stellen. Das Schmausen begann, der Caviar war wunderbar, die grossen hellen Körner sammelten sich in den roten Mundwinkeln Hildes und wurden von ihrer roten Zungenspitze hinein geholt, der Wein war für einen Mosel feurig und übrigens ziemlich rein. «Du bist wol schrecklich reich, Du siehst überhaupt nicht nach Preisen!» sagte sie die Augen hochziehend. «Doch, ich mache es nur diskret», lachte ich, «nein reich bin ich nicht, nur verschwenderisch wenn ich aufgelegt bin.» «Wie ich das verstehe! Man möchte wirklich nur Geld haben um nicht dran denken zu müssen. Der Quatsch mit der Verschwendung reicher Leute ist auch so ein Quatsch. Wozu soll man denn Geld haben als um es überhaupt nicht zu achten? Wir die wir keins haben, achten es ja auch nicht, wir verachten es, und hassen es. Das ist unmoralisch, nicht?» «Richtig ist es. Moralisches ist meistens falsch. Aber der Punkt ist ein anderer. Mit Wünschen ist man nämlich bald fertig. Und mit dem Geld drüber hinaus ist nicht viel zu machen.» «Ich könnte lange lange wünschen.» «Jeder; aber sehr reich fängt ganz wo anders an. Gut essen, gut wohnen, sich gut anziehn, sich hübsche Sachen kaufen, gut reisen, Leute gut bewirten – rechne das alles zusammen und es ist ein mittleres Einkommen – 50000 oder so. Die Dinge kosten ja nichts. Mit fünftausend Mark reist Du im Luxusdampfer monatlang um die Welt. Mit hundert Mark amüsierst Du Dich. Mit extra hundert kaufen sich Leute die so was nicht wie ich ekelhaft finden, das schönste Mädchen von Berlin. Fünfzig kosten die meisten sehr eleganten. Man ist bald rum.» «Na ja das finde ich ja alles schon wüst reich. Ich verdiene wenns hoch kommt, 150 im Monat, nach Abzug von Steuern Wohnung und Essen. Damit muss ich mich anziehn, Wäsche waschen lassen, Elektrische bezahlen, Bedienung, denn meine Cousine gibt mir nur das Zimmer ohne Bedienung, und so weiter. Ich habe trotzdem jetzt schon was ganz nettes auf der Sparkasse, gegen 700, was sagst Du?» «Dass Du so brav wie schön bist, und so ein Goldfisch wie ein Goldschatz.» Der Kellner tranchierte die Poularde und legte vor. Ringsherum fing es an belebter zu werden. «Mir liegt nichts dran. Ich bin im stand und nehm es alles auf ein Mal weg und mache Dir ein Geschenk.» «Das will ich hoffen. So muss es sein. Rechne fest damit. Muss mir nur überlegen was ich mir wünsche.» «Du spottest. Was ist das? Oh fein. So das sind Trüffeln. Fein, ich habe sie mir ganz anders vorgestellt. Göttlich das Huhn. Oder Poularde, meintwegen. Ich trete Dich gleich unterm Tisch damit Du siehst wie glücklich ich bin, Du Verschwender. Ich möchte mit Dir reisen. Morgens alles sehen, Abends mich mit Dir drüber unterhalten.» «Und dann?» «Dann? Ach so!» Sie lachte. «Davon redet man nicht. Also für 100 Mark könntest Du Dir im Palais die Schönste raussuchen und dann sagen ‹Fräulein› oder so – ‹wie wäre es?› – oder so? Wie macht Ihr das, das wüsste ich zu gerne.» Sie war reizend. «Hildeschatz, Du ahnst es nicht. Diese Mädchen warten doch nicht wie andere auf Fragen. Man tanzt, trinkt, das Mädchen das nicht verabschiedet wird, steigt mit ins Auto und sagt dem Chauffeur die Adresse.» «Und dann dort angekommen, geht sie mit einem fremden Mann ins Bett, und dann steht er auf bezahlt wie an der Kasse und sie schläft weiter?» «Ich glaube ungefähr so.» «Mit jedem der 100 Mark hat?» «Viele sicher, auch für zwanzig. Aber die grossen Cocotten hier gehen natürlich nicht mit einem der ihnen eklig ist.» «Was haben die Männer nur davon, ohne Liebe, wo sie wissen, dass die nichts empfindet und die Mimik nur vormacht?» «Oho. Sie machen es ausgezeichnet vor, und empfinden mehr als Du glaubst, wenn ein netter feiner feuriger Mann sie gehörig durchnimmt. Du stellst Dir das zu kalt vor. Der Mann ist doch auch momentan sehr verliebt und heftig und hingerissen und wirkt dadurch ansteckend, und im entscheidenden Augenblick kannst das Paar von einem glücklichen Liebespaar kaum unterscheiden, sie verlieren beide den Kopf und die 100 Mark sind vergessen, die tauchen erst dann wieder auf wenn man sich ernüchtert ansieht. So stelle ich mirs wenigstens vor. Und küssen thun alle Mädels gern, die 100 M Mädchen ganz wie Du und Jede.» «Und jeden Abend einen Andern?» «Aber Kind! Welcher Lebemann glaubst Du gibt jeden Abend für ein par Stunden mit derselben Frau 100 Mark aus? Auf Untreue ist die Wirtschaft der Liebe gegründet. Die Treue verdient nichts als Glück.» «Scheusslich.» «Warum eigentlich. Was ist es anders, einen ungeliebten Mann mit Millionen zu heiraten, oder eine ungeliebte steinreiche Erbin. In beiden Fällen verkauft man doch ebenso wie diese Mädchen seine sogenannte Liebe. Hier ist der Sekt, komm auf andere Gedanken.» Es wurde dann wirklich harmloser und lustig. Die Musik setzte ein, das Tanzen begann, Hilde trank aus meinem Glase und ich aus dem ihren, ihr prachtvoller Rotkopf lockte manchen Abenteurer in unsere Nische zu äugen und ihr Temperament erwachte an solchen Erfolgen. Ich knackte ihr Nüsse, die sie mit ihren prachtvollen Zähnen knirschend zernagte, sie schälte mir einen riesigen Meraner Apfel und biss ihn für mich ein, sodass ich in ihre Lippenspuren zubeissen konnte. Dann tanzten wir, und sie hatte Stil Rhythmus und Einfühlung, es war ein Foxtrott den wir durch lange Touren führten und bei dem ich ihr mitten im ohrenbetäubendsten Lärm der Andern die innigsten und verwegensten Dinge ins Ohr sagte, die sie glutrot und leuchtend einsog. Als wir wieder sassen und eine neue Flasche aus der Hand des Kellners schäumte, kam eine Gesellschaft eleganter Leute vorbei und blieb vor dem Weitergehen einen Augenblick stehen. Dann, es mochten fünf Minuten später sein, ereignete sich etwas. Eine grosse Person in extravagantem Decolleté schwarze Spitzen und Brillanten, bildschön, schlank, hell goldblond hochauftoupiert mit blühenden Farben und den superbsten Augen, sauste an den Tisch und sagte ausser Atem lachend «Kinder schenkt mir ein Glas Sekt – ich kann nicht mehr – ich muss einen Schluck haben oder ich fall um.» Damit setzte sie sich seitlich auf die Tischkante, nahm mein Glas trank es den Kopf weit zurück in einem Zuge so aus dass man an dem herrlichen Halse den Kehlkopf rucken sehn konnte, worauf sie sich zu Hilde wandte und sagte «Unverschämt, gnädige Frau nicht wahr, glauben Sie nicht dass ich einen sitzen habe, seien Sie menschlich haben Sie Humor, Sie würden dasselbe thun was ich thue wenn Ihnen eben passiert wäre wie mir, was mir, Du mir, Sie mir, und lachen Sie mal jetzt steht Ihnen zu reizend.» Der Kellner kam dazwischen, einen Zettel in der Hand. «Fräulein Hilde Schapsky wird am Telefon verlangt.» Hilde entfärbte sich vor Schreck. «Ich – ist unmöglich – niemand weiss –» «Ein Verwandter, ist gesagt worden, dringend.» «Geh schon hin» riet ich, «irgendwas muss es sein, hier kennt doch keiner Deinen Namen sonst.» Die Blonde sah erstaunt aus, verliess aber ihren Sitz nicht. Hilde fragte «wo?» «Parterre, ich führe die Dame.»

Die Blonde hielt einen Augenblick an sich, dann prustete sie los, sprang ab und rutschte mit der Vehemenz die ihr eigen war, einen Stuhl neben den meinen auf den sie sich warf, dicht an mir. «Mein Trick» sagte sie so hastig dass ihr Atem mir ins Gesicht flog. «Ich hab Dich neulich im Palais gesehen und bin auf Dich geflogen – leider umsonst. Wie ich das meinen Freunden sage die grade mit mir bei Euch vorbei sind, sagte der kleine Levy die Rote? Da hat mir doch eben der Dr Posener mein Zahnarzt gesagt er kennt sie, ist seine Patientin – zwei Minuten später hab ich ihren Namen – der kleine Levy weg ins nächste Aschinger, ich dem Kellner ein Trinkgeld dass er sagt unten am Telephon wo Du sitzt – Verwandter – capisce? Komm sei forsch, versetze die dove Ziege sobald Du kannst anstandshalber und komm mich holen, ich muss Dich kennen und wenns fünf Pfennich kost, ich brenne nach Dir, ich träume von Dir ich weiss mehr von Dir als Du glaubst, ich bleibe hier und wenn sie mich Morgen um 9 rausschmeissen, ich weiss Du kommst, ich weiss dass Du mich jetzt schon haben willst und an die Schickse nicht mehr denkst, Du guckst mir schon auf den Mund, einen Kuss möchtest Du, aber kriegst ihn nicht, eine Million kriegst Du noch heut Nacht, ausgekochte, raffinierte, bis sogar Du sagst genug», nahm sich eine Cigarette vom Tisch, steckte sie zwischen die Lippen und war weg ehe ich hatte zu Wort kommen können.

Ich sass noch verdutzt und halbbetäubt als Hilde aufgeregt zurückkam. «Es thut mir leid, ich muss nach Haus, meine Cousine ist schwer erkrankt.» «Unsinn» sagte ich wütend, «das ist irgend ein Streich den einer Dir spielt. Wer weiss denn dass Du in Gotts weiter Welt gerade hier bist.» «Ihr Arzt den ich auch kenne ist zu ihr gerufen worden von seiner Wohnung her, – hatte dort hinterlassen wo er zu finden wäre – hat mich scheints hier erkannt – mit ihr telephoniert ehe er hin ist – sie hat gejammert sie wäre ganz allein da hat er ihr gesagt er hätte mich aus purem Zufall grade gesehen –» «Das sind mir zuviel pure Zufälle, Liebling, ich glaube kein Wort davon.» «Ich habe aber keine Ruhe mehr» stiess sie hervor, «ich muss weg.» Ich hatte bei der Blonden Feuer gefangen ich kann es nicht leugnen, aber so gemein liess ich mit dem lieblichen Ding nicht umspringen. «Komm, süsses Herz, das stellen wir fest. Ich rufe mit Dir zusammen von hier aus bei Deiner Cousine an, gib mir die Nummer, und mach die Probe.» Sie leuchtete auf und wir gingen. Ich hörte am Apparat sprechen: «Halloh – ich, Hilde. Von wo?» Sie sah mich erleichtert seitlich an. «Von unterwegs, ich bin mit Bekannten, wollte nur sagen dass ich um 11 zu Hause bin. – Nein nichts besonderes. Tschau – – solche Gemeinheit. Wenn ich das herauskriege. Natürlich sie selbst, ahnungslos. Alles gelogen. Dafür mich aufgeregt. Komm gleich weg hier, thu mirn Gefallen. Hier ist mir die Stimmung verdorben. Mir ist noch ganz übel vor Schreck.» Es blieb mir nichts übrig und ich sah es auch ein, ich zahlte die Rechnung und wir gingen. «Jetzt lach es einmal weg», sagte ich im Auto, «Du hast ja soviel Geist und Humor», – «Wohin» fragte der Chauffeur durchs Fenster. Wir sahen uns an. «Noch anderswo tanzen?» fragte ich. Sie schüttelte heftig den Kopf und schmiegte sich an mich. «Eine kleine Bar? Gemütlich abgeschlossen, leise? Wir haben noch 1½ Stunden.» «Uhlandstrasse Kurfürstendamm Ecke» sagte sie laut. «Es geht nichts mehr Lieber» flüsterte sie an meinem Ohr. «Wenn ich so verstimmt bin ist mit mir nichts zu machen. Es wird alles unecht. Ich kenne mich. Wenn wir – Du meine ich – Zeit vor uns gehabt hätten – wärs anders gewesen – dann hätte ich gesagt, mit Dir will ich sein – irgendwo – wohin Du mich nimmst – Du bist mir die Hauptsache – aber das ginge jetzt nicht – würde nur was klägliches, ein Sich Betrügen – Du hasts auch gefühlt Du bist mir zu schade dafür – ich mir auch. Ich bin nun mal so. Und habe Dich zu lieb um uns alles zu versauen.» Sie schloss sich an mich, wir küssten uns fast ohne Worte solange der Atem hielt, setzten ab und küssten uns weiter. Die Strassen flogen, die Beleuchtungen änderten sich, wir hingen zusammen. Manchmal wechselte sie oder ich den Arm und die Stellung um uns besser zu fassen, oder sie griff mir ins Gesicht oder ich zog ihre Hand fester, oder sie legte sich ganz zurück um meine Lippen aufzunehmen. Als der Kurfürstendamm kam wurde der Druck zur Pressung. Sie machte sich los und im Lichte der Bogenlampen sah ich ihr Gesicht glücklich. «Ruf mich an. Keine Programme jetzt, vielleicht sehe ich Dich noch vor Sonnabend, den aber halt mir frei.» «Und Du mir» Sie lachte mich an. «Jetzt ist alles vergessen. Nur müde bin ich, auch von dem vielen Wein. Es ist am besten so. Wundernett wars vorher ehe das dumme Weib kam, der Unglücksbote – hoffentlich bist Du nicht enttäuscht, sag mirs, küss mich fest –» Der junge saftige Mund war noch so kussfrisch wie von Anfang und hängte sich mit der gleichen gesunden Unersättlichkeit an mich wie neulich Abends. Dann drückte sie mich scharf an sich, sah mich an und sprang aus dem Wagen. «Zurück» sagte ich dem Chauffeur, «Blumensäle».

Ich fand sie nicht gleich, alles war überfüllt und ich stand an einem der Zugänge die in den Tanzsaal führen, die Paare defilieren lassend. Plötzlich fuhr von hinten ein Arm hoch, und durch das Gewühl drängte sich ein Stück Chokolade in der Hand von dem sie abbiss, das tolle Mädchen. Die grossen grauen Augen in den Riesenwimpern lachten und blitzten – «Komm» rief sie. Ich stand still und winkte sie heran. «Also, kurz und sachlich, Du Range, ich muss um 11 am Opernhaus sein, jemanden sprechen, das kann bis 2 oder drei dauern. «Wunderbar», strahlte sie, «haben wir jetzt eine Stunde zum Ulken und schieren Unsinn und Du bringst mich nach Hause und kommst nachher zu mir, kriegst meinen Hausschlüssel, morgens frühstücken wir zusammen, nachher fährst Du mich in die Stadt, bummeln wir, essen was, Du trinkst Deinen Mokka bei mir dann Nachmittagsruhe, ich schlafe weiter aus, Du gehst in Deine Sachen, bestellst uns für Abends einen Tisch und ein gutes Menu irgendwo wos gemütlich ist – Grill vom Esplanade – nachher tanzen wir einmal rum und gehen definitiv richtig zusammen zu Bett wie artige Kinder, – nichts einfacher.» «Also einstweilen das Kopfende von der Sache» «und dann», lachte sie dreist, «das» aber ich machte eine Bewegung ihr den Mund zuzuhalten «Nimm ein kleines Halb Séparée oben bei den Logen» sagte sie meinen Arm nehmend und gib mir zwei Dutzend, ich habe seit sieben nichts gegessen und tanze wie bezahlt. Ich rief einen Gehrockmann und gab meine Weisungen. Wir kamen in eine Loge mit Vorhängen und bequemen Möbeln. Der Kellner flüsterte mir zu «Es wäre auch ein schönes Vollséparée frei, ganz abgeschlossen, wenn man Migräne hat und sich en bisken ausstrecken will –» Ich überhörte das, bestellte vier Dutzend Natives, Pommery Cordon rouge triple sec und für mich englisches

Ale das ich damals schon zu Austern dem Sekt vorzog, für das Mädchen eine Languste à la diable fertig präpariert und ein getrüffeltes Steak, für mich selber nur eine Grapefruit, bestimmte dass alles gleichzeitig serviert zu werden hätte und stellte mich mit der Schönen an den samtenen Bord auf das Riesengewühl niederblikkend. Das Vortrinkgeld das ich gegeben hatte schaffte alles in zwölf Minuten zur Stelle, während welcher sie meine Einsilbigkeit geneckt, mit mir geschmollt, sich versöhnt und die Tragische gespielt hatte, alles fast allein als Sketch. Sie war so bildschön und duftete so bezwingend nach ihrer Weiblichkeit, dass ich verloren gewesen wäre wenn ich mitgemacht und von den Kellnern überrascht worden wäre. Hinter den letztern nachdem sie die Vorhänge halb oder fast geschlossen hatten, zog ich den Schlüssel ab, die Rechnung hatte ich bezahlt, das Steak stand auf einem réchaud, der Kaffee auf einem andern, wir waren zu Haus. Sie fiel mir um den Hals und wir drehten uns um einander. Sie war ein königlicher junger Leib, ein Absolutum, eins der seltenen Wesen, die ich nicht zu küssen gewagt habe, aus absurder Angst, am Kuss zu sterben oder nie mehr loszukommen. Wir drehten thatsächlich die Köpfe fünf sechs Mal von einander ab ehe die aufgeregten Lippen sich streiften, flohen und zusammenschmolzen. Es war kein Schwelgekuss, es war ein geküsster, der scholl und sich absetzte, mit Schmiss. Die dann folgenden waren sinnlose Bettelküsse, heisse Spielereien, – dann kam ein Riss, ein Ruck, ein Loslassen. – Ich goss ein und sie schlürfte ihre Austern, ihre beiden Schuh auf meinen Füssen. Sie ass fast ohne zu Reden, ihre Gesten, Augen, Lachen führten eine Sprache von eigener Beredsamkeit. Jede ihrer Bewegungen war mit eigener Mimik geladen, ein Schauspiel. Ebenso ungeheuer war ihre naive Dreistigkeit. Sie nahm von der Languste einen der langen Hummerhaken zum Ausholen der Krustenbeine, kratzte damit in ihrem decolleté, und schöpfte schliesslich mit der Hand eine ihrer Brüste von antiker Blüte aus dem Corsage um mit dem Silberding eine der tiefbraunen starrstehenden Warzen leise zu traktieren. Ebenso kühl steckte sie die unglaubliche Frucht in den Seidenkorb zurück. «Das kommt von Dir.» «Was?» Sie trat hart auf meine Füsse und lachte «Dass sie mich so reizen und schwellen und brennen!» «Wie heisst Du?» «Otti» sagte sie, bog sich vor und küsste mich auf den Mund. Ihr Kuss schmeckte durcheinander nach ihrem Honig und dem Salz der Seetiere. «Ich reime mich auf nichts, ich bin ungereimt. Die Languste ist ein Ideal. Toller Brei von Dreck der schmeckt wie süsse Kraft. Reicher Knabe sei bedankt. Ich möchte eine Melusine sein, um immer unter Wasser so was zu geniessen, bei den Leichen im Landwehrkanal. Gib mir das warme Zeug. Langsam werde ich satt. Ich habe meine langen Beine zu erhalten, sieh mal» und ein Bein flog neben dem Tisch steil hoch dass alle Dessous an ihm herunterfielen, «und mein ungeberdiges Mundwerk und meine unersättliche Liebe zu solchen die mich toll machen wie Du. Mensch woher hast Du den aufregenden Mund, Du Küsser, diesen dazu noch so bockigen so brummigen – da jetzt lacht er noch! Meine Liebe lebt von solchen Trüffelsteaks wie diesen und keineswegs nur von dem was es normalerweise verschlingt und aussaugt bis auf das Endchen Wurstpelle – sehr weit gefehlt, ich muss essen damit sie die Stürme aushält und über Dich triumphiert.» Ich kam nicht zu Wort. «Trinke jetzt und sei nicht so produktiv», sagte ich ihr die halbe Grapefruit gebend. «Wie hast Du das genannt produktiv? das muss ich mir merken, klingt fabelhaft, so als ob Du mir eine Perle geschenkt hättest wie die Juden – siehst Du darauf lege ich nicht mal Schneewert – Schneewert nenne ich alle schmelzenden Saisongüter – einen ganzen Kasten davon hab ich zu Hause später mal zum Versetzen – aber schöne Worte kann ich rasend gut brauchen» «Wofür eigentlich Du Stück Unsinn? Was willst Du denn werden und machen damit, es sitzt doch alles auf Dir nur wie ein Blech am Hals von einem Negermädchen und Du tölpelst alles durcheinander. Sei doch zufrieden schön zu sein wie der Satan und wild wie ein Raubtier und jung wie ein Wasserfall, wozu brauchst Du Worte, um die Menschen umzuschmeissen nach denen Du zielst wie ein Bengel mit dem Stein nach einer Fliege?» «Da hat man den Weisen, das erhabene As im Spiel» lachte sie sich im Sessel ausstreckend die Füsse auf einem Seitentisch, «mein Jong, ich will nicht nackig sein wie Dein Negermädchen ausser im Bett mit meinem Grosskönig, und anziehn kann ich mich nur mit Worten. Früher hiess es Kleider machen Leute, jetzt Worte. Kleider sind Massenware, die Strichmädchen finden einen alten Trottel und ziehen sich bei Paquin an, die Kinostars machen in Hoftrousseaus, aber puste puste und sie sind aufm Müllwagen, weil keiner sie richtig angezogen hat und sie selbst zu dumm sind dafür – Wirken ist die Chose und die Wollust, wirken, dass man ein Bild kriegt von sich auf der Platte, ja was, sieh aus wie die Venus von Kassiopeia, was hilft Dich das mein Schnütchen wenn die Platte nicht lichtempfindlich ist und Dich fixiert – Erst wenn Du fixiert wirst bist Du da sonst verpuffst Du, von Puff zu Puff bis zum letzten Puff in dem Du zwischen je zwee Mark fuffzig Strümpfe strickst und durch die Nase schniefst – und Du bist lichtempfindlich und hast zugleich den schönsten Schwanz von Berlin und wenn es morgen heisst Du hättest gesagt die Otti Ziehen ist produktiv oder was Dir in zehn Minuten einfällt, bin ich in einem Jahr die Fürstin Pless – grosse Chose für die Leute, kleine Chose für mich, ich muss mit einem Idioten und einem Chateau vorlieb nehmen, weil Du mich nicht heiratest Du Ekel, nachrennen muss man Dir und Dich von einem Ladenmädchen loseisen nur damit man Dich einmal im Bett hat, und dann kriegt mans noch in Stückchen aufgeteilt und die Andern lecken einem die Schuh ab und schmeissen mit grauen Lappen dass sie dürfen die Gnade haben mit mir an die Riviera zu reisen!» «Du bist ein feiner Kerl, aber unverwendbar, das ist Dein Pech. Du bist vorsintflutlich schön und herrlich und die Welt ist in die Kreide gerutscht und von Serienfabrikaten in Handelsgrössen bewohnt. Für beschäftigte Männer bist Du zu raumverschlingend, unbeschäftigte verschwinden spurlos in Dir, kein Teufel auf Erden spricht. Was bleibt Dir als ein Venusdurchgang alle Jahr durch die Bahn eines andern Planeten den Du nachher nie wieder anrempelst.» «Venusdurchgang ist gediegen und Du bist himmlisch, mein Planet. Wenn Du aber jetzt nicht endlich sagst dass Du mich liebst, betrinke ich mich aus Verzweiflung.» Ich lachte. «Ich werde mich schön hüten, ich weiss gerad so gut wie Du was Worte sind, Du Göttin. Solange ich es nicht ausgesprochen habe, kann ich Dir noch entwischen, das gesprochene Wort überzeugt mich selber und Du machst mit mir was Du willst. Ich will Dir alles Gewünschte sagen und schwören in Augenblicken in denen wir nicht wissen und hören was wir reden, aber so lange ich nüchtern bin und Du noch aufpassen kannst, will ich Himmel und Erde zusammenreissen um sie Dir um den Hals zu hängen und dann schwören dass sie neben Dir verbleichen, aber kein Wort aus meinem Herzen, denn das ist meine Lebensversicherung wenn ich mich bei Dir ruiniere. Wir haben noch fünf Minuten.» «Soll ich sie dazu verwenden Dich glücklich oder unglücklich zu machen, Du Mensch aus schwarzem Porzellan? Du kommst mir vor wie schwarzes Porzellan, so blank und kalt und glibberig. Ich dachte Du wärst leidenschaftlich.» «Nicht von aussen, Denkerin, denke weiter. Das Porzellan ist ein Behälter, sieh nach was drin ist. Du kennst mich seit einer Stunde, den Stöpsel hast Du noch nicht aufgekriegt, er sitzt so fest gerade damit ich nicht sofort explodiere wenn solche Finger wie Deine an der glatten Wand pulen. Die wildesten Erklärungen sind weniger leidenschaftlich als meine Angst, in Dich hinein zu platzen. Komm jetzt. Ich liebe Dich dezidiert nicht, ich – –» «Nun was denn» spottete sie, sich in meine Arme werfend, «was tutu denn, wa thut denn der kleine Terl. Küssen wie ein Verrückter thut er aber liebt mich nicht, fasst mich in die Brust, fasst mich überall –, ach Du ja – aber liebt mich gar nicht, der Unempfindliche, hat einen Pflock so dick wie mein Unterarm aber nur aus Zufall, da, küsst mir die Knie und liebt mich nicht. Komm bleib so, Kopf hoch, Hände in meine.» Sie bog sich auf mich hinunter und küsste mich auf den hoch gehobenen Mund, links rechts und bleibend. «Ich bete Dich an» sagte sie «ich bete Dich einfach an, lass mich nicht warten –» Im Wagen sass sie in ihren Pelz gewickelt, schwatzend und lachend und gab mir erst in den letzten Minuten vor ihrer Wohnung am Ende der Olivaerstrasse den Mund. Ihr Mund war ein griechischer des V Jahrhunderts scharf umschrieben und voll schwellend, die Oberlippe ein rundes m, stark eingeschnitten die Unterlippe scharfrandig aber üppig, die Winkel weich; das Kinn satt. Die Augen hatten ein Rollendes und einen Aufschlag von Pathos. Der hellgoldene Helm vom Haar gab der Stirn etwas frankes. Sie war lilienweiss und rosenrot, vermutlich durch Toilettenmittel, aber das war mir gleichgiltig. Backen und Hals strotzten, an ihr war überall eine trotzige leichtsinnige Üppigkeit, aber gar keine hürische. Auch ihr Kuss war kein Hurenkuss, ihre Lippen setzten fest auf, sogar heftig, kehrten immer wieder pressend drängend saugend, so dass es platzte und klang und rauschte. Sie wühlte wol, ihre Zungenspitze schlug wol einmal an meine Oberlippe an, aber wie beim Schlürfen, nicht um zu buhlen. Sie war in ihren Liebkosungen so energisch wie im übrigen Kuss aktiv und fordernd, sie küsste weil die Leidenschaft sie trieb und sie nicht sättigte ungeduldig und herzhaft. An ihrem Hause öffnete sie, liess mich ein und überliess sich in der dunklen Entree meinen Armen und Lippen. Ich fand mich närrisch nicht zu bleiben und war doch fest, aber sie wusste als ich mit ihrem Schlüssel ging, dass sie mich erobert hatte.

Das Auto sauste rückwärts in die Stadt und hielt kurz vor 11 am Seiteneingang des Schinkeltempels. Die Grammarby hatte die Gräfin im Figaro, wie ich auf dem Zettel sah und sang gerade noch ihre letzten Noten. Am Eingang der Künstlerthür liess ich den Portier Miss Ward herantelephonieren, eine kleine graue grinsende Amerikanerin mit furchtbarem Twang, die mich im Lift in den grossen stimmenschallenden Flur der Garderoben brachte. Es war ein Getümmel von Angestellten, Barbieren, Friseusen, Personal jeder Art, halb und ganz kostümierten Theaterleuten, Choristinnen, in dem niemand auf mich acht gab und ich nichts einzelnes unterschied. «Get in» sagte die Ward, «Kathleen told me you were not to wait outside – that's pretty rare with her, as she does not like to be justled when being tidied up like the others.» Es war ein kleiner Raum mit einem richtigen dreiteiligen Drehspiegel voll rings angebrachter Beleuchtungen, Stössen von kofferartigen Kleiderkästen übereinander, einer Stellage voll Liqueurflaschen und Gläser, Ständern und Möbel, relativ unordentlich. Ich setzte mich in einen Sessel neben dem Schminkstuhl. Im nächsten Moment brach sie auch schon mit einem Tross von Leuten ein, pompös aussehend in Perrücke und apfelgrün silbernem Brokat, hochgeschminkt und mit Bühnenaugen. Sie sagte «dyedo» über die Leute weg mit denen sie sich süss unterhielt, Kritikern, jungen Verehrerinnen, Kollegen; ich bewunderte die unerzogene Mimenliebenswürdigkeit gleichmässig gegen die Geringsten wie gegen die Grossen weil man nicht Freunde genug haben kann und der geringste Feind in dieser Intriguenluft zur Gefahr werde kann. «Und nun Doktor Graf meine junge Freundinne und alle mitenänder – ich muss Ihnen hinauswürfen, denn ich muss zu einer Soirée und werde schon abgeholt, Ade, Ade, Ade! – Goodness, Mary,

I've been grand. Grube came to tell me he never had listened to anything like. People were frantic. Rudi I must not kiss you with this sticky stuff on my divine lips, wait one minute and a half. Sweet of you though, but never doubted you. Come Mary, mind the wig, costs me 300 dollars. So brush my hair out, strong, comb it straight and sprinkle it. Get me the grease puff.» Sie schminkte sich selber ab, während die Graue ihr unter der Perrücke zusammengelegtes Haar, nicht sehr lang aber dichtes Dunkelblond, strählte. Das blühende Puppengesicht mit den grossen Puppenaugen und dem wie aufgesetzten schmollend mollig dicken kleinen Puppenmund tauchte aus den Farbschleiern und sie rieb es sofort mit Crémes und hüllte es in Puder. Während der ganzen Zeit lächelte sie mir aus dem Spiegel zu. «Pretty dirty business I am afraid you think it.» «Dont think I do. I like watching Nature emerging from corruption. It is like a grand painting, covered below strata of repainting and varnish, and renascent in full glory under the restorers hands.» «Listen Mary», sagte sie selig, «that's a dazzle. Aint I lucky to have had a dash at him? I love you for a dear boy and I hate you for a wicked flatterey!» «Love may be wicked and mostly is, flatterer is never. It is the homely wholesome food we live on. You could not wish it nor could I. We live on what we don't quite deserve. We should simply starve on what is due to us. I would not be sitting here unless I did not deserve it. Mind you never be just to anybody.» «Glorious. Get off this dress of mine but don't tear it.» Sie liess sich ausziehen und stand in einer fleischfarbenen Seiden Combination und Strümpfen da, gross, hübsch, etwas grob, mit einer vollen starken Brust, ohne einen Schatten von Verlegenheit. Ich stand auf. «You're not afraid of looking on» lachte sie; «kiss me; you're sweetsmelling, there's champagne in that kiss.» «There's more than that I hope» sagte ich berauscht durch das Milieu und seine Assoziationen, und drückte den heissen Körper an mich. «That was better done than the first», sagte sie sachlich. «Get the tub will you please Mary.» Sie zog sich auf einem Stuhl nackt aus, die Brust blieb in einem Büstenhalter, und stieg in das Tub in das die Ward heisses Wasser goss. Mit einem grossen Schwamm wusch sie sich langsam, mich anlachend unter Armen und zwischen Schenkeln, knöpfte das Soutien ab und wusch die schwere Brust. «Why that's too wicked, that's tantalizing» sagte ich und drehte mich zur Wand, «what d'you take me for I wonder. I vow its insulting to suppose I was decrepit enough to enjoy this without being stung to crazyness.» «Mary do you think you could get me some lavender from the barbers canteen?» «Certainly I can!» Sie kam sich abtrocknend auf mich zu und legte mir den Arm um die Schulter. Ihr Lachen kitzelte in mein Ohr. Sie küsste mich auf den Mund und sagte «Fool. Now show what you got there. Dont be so shy, boy. Let me do it I say. I want to see it, if t'is a fine one. Don't be fussy. Give me your mouth while I get him out. Mmm – grand. Not here, there's a couch in the corner. Don't tear me to pieces. Let's lie down there comfortably. Give me a pick-me-up, I want it after singing. I'm – fond of you –. Now kiss me close and fuck me hard.» Sie hatte in der Erregung etwas Männliches in ihrer Stimme, stemmte den Bauch von unten fest gegen den meinen und mahlte gegen während ich ihr die ganze Trommelwucht meines Kreuzmuskels in den Schoss wetterte. Sie wurde dunkelrot im Gesicht, gab aber keine Zeichen des Nachgebens und pumpte rhythmisch von unten wie eine Maschine. Ihr Mund liess nicht los. Endlich bohrte ich sie abhebend ihr den Finger in den Hintern und die Zunge tief in den Mund und zertrümmerte mit Finesse ihre Nervenwiderstände. Sie würgte mich zitternd in ihre Arme, lallte «I'm done» – stiess zwei drei Mal das Becken im Krampf hoch und reckte sich lang aus. Ich hatte bei der Schweissarbeit nichts gefühlt und mein Pflock steckte schuhlang in ihrem Brett, als sie den Nachschauer bekam und sich mit heisser Zärtlichkeit unter mich schmiegte – «You've done what no other man could – I'm paralyzed after singing – immense to love – almost refractory – want just being tickled and thrown about – you finished me – terribly sweet it was – almost unbearably sweet – oh and now sweeter still – wait – kiss me, – dont stir – push it – drive it only a little tighter in – there there – coming again – oh oh I love you I adore you I yearn for you, marry me, dont leave me, oh darling oh my craze – uff. – There.»

«Come in!» rief sie mich festhaltend. Ich wehrte mich. «Never mind, she is a tool, and won't mind. Oh, don't look on Mary, just pour it with the tub.» Aber ich liess mich nicht halten, und während die Hand mit dem Rücken nach unserer Ecke die Flasche ausgoss, zog ich den Pimmel heraus, knöpfte ihn ein und blieb neben der nackten Grammarby sitzen. Sie sah mich mit Riesen Augen wie eine Puppe an und drückte sich meine Hand in den Schoss.

Es war das erste Rendezvous mit einer Frau, das ich habe fahren lassen – auch wenn es noch Zeit gewesen wäre, hätte ich mir die Stunde und das Wesen in den Wind geschlagen. Und nun habe ich zu bekennen dass noch etwas anderes Unerklärliches in mir vorging. Auch Otti entschloss ich mich jählings, nicht wiederzusehen, das Rendezvous für heut Abend abzusagen und aus ihrer Welt zu verschwinden, sie aus meiner zu entlassen. Ich hatte eine tiefliegende Angst, aus einem Spiel der Sinne in Unheimliches und Unglückliches hineingezogen zu werden, und mich zu verlieren. An der nächsten Rohrpost gab ich eine Karte auf, die mich von ihr abschnitt, die Notwendigkeit einer Reise vorschützte und mich befreite. Es war ein wundervolles Erlebnis gewesen und musste darüber hinaus nichts sein. Nicht zweimal. Zweimal die gleiche Frau heisst immer die gleiche Frau. Ich brauchte Luft und Atemraum und war verwegen genug mir beides zu erzwingen. Ich liess mich von den Frauen nehmen aber nicht fesseln. Sollten es Fesseln sein so wollte ich selber geworben und genommen haben – Addie, Marie, Mabel Winnie und die Kebsen. Die Schlesinger war eine erträgliche Last. Die andern durften nicht lasten.

Die Befreiung befreite mich. Ich habe das Gefühl noch mehr als einmal im Leben gehabt, selten mit der gleichen Gewalt. Die Frauen verwandelten sich mir wieder aus Einer in Viele, den Plural des absoluten Glücks. Es war keine Krise, wie ich sie später erlebt habe, die Verzweiflung am Plural und das leidenschaftliche Verlangen nach der Einzigen. Ich setzte mich in die Untergrundbahn und fuhr nach Haus, fand alle Mädchen und Frauen in dem übelriechenden Wagen auffallend anziehend und wie durch das Verschwinden Ottis verschönt und erfrischt. Aber ich liess sie alle vorüber, fuhr an der Endstation mit einem Auto nach Haus, badete, kleidete mich um und ordnete alle meine durcheinandergeratenen Papiere. Ich verbrannte uneröffnet alle Mädchenbriefe die auf mich warteten, schickte meine Geschenke nach Eilsen und an die Freundinnen und ging nach Tisch normal wieder an meine Arbeit. Meine häusliche Sphinx küsste ich als sie gut Nacht sagen kam, aber ich schlief alleine. Morgens als sie mein heisses Wasser brachte, zog ich sie auf den Bettrand, schwatzte mit ihr, zog sie für die glückliche Viertelstunde, die zwischen uns zur Norm zu werden begann, unter die Decke und verbrachte den ganzen Tag am Schreibtische, ohne auszugehen. Mit den Freundinnen hatte ich lange und zärtliche Telephongespräche, es war begreiflich dass ich im Examen streng arbeitete und das Wiedersehen verschob, die Verschiebung durch Aufmerksamkeiten vergoldete. An Hilde schrieb ich einen Brief, der sie beruhigte, denn sie rief an und war lieb und besorgt – ich hatte mich für erkältet ausgegeben. Mittags telephonierte ich mit Lussy, die zuerst nicht wusste wer ich war, dann aber mit der tiefen glockenden Lache ihrer Stimme sagte – «Du? wie fein. Kronprinzenufer – das ist ja ein Sprung zu mir. Ich will Dir was sagen, Du kommst in einer Viertelstunde und trinkst mit mir Kaffee, dh. ich liege noch im Bett und bade jetzt und frühstücke dann. Was Du willst jetzt gleich zu Mittag essen? Welch barocker Einfall, um eine solche Zeit. Ich will Dir noch was sagen, schlag Dirs um die Ohren mir zu liebe, Du sollst drum nicht hungern und dürsten. Aber nicht gleich wieder wegsausen wie. Um vier muss ich Proben, solange brauchen wir doch um uns kennen zu lernen. Ich weiss doch bisher nur drei Dinge wirklich, erstens wie Du Dein Geld nicht zählst, zweitens wie grob Du bist, und drittens wie Du küsst. In allen dreien bist Du Record, aber den Charakter triangulieren die drei Punkte für mich nicht. Tschau.» Ich war mit allem einverstanden gewesen. Dann rief ich Christa an, die merkwürdige Malerin mit der es vor vier Tagen in der Potsdamer Privatstrasse die schwüle Situation gegeben hatte. Sie war am Apparat indifferent. Ich musste meinen Namen zwei Mal wiederholen, dann war sie so vage und gezwungen, dass ich ihr gute Arbeit wünschte und anhängte. Für meine drei Besorgerinnen war es herbe, das fertige Lunch nicht auftragen zu sollen aber ich bat es mit einer Verzierung aufgewärmt am Abend zu servieren, ich sei ganz bestimmt zu Hause. Als ich schon an der Treppe war, kam das Mädchen mir nachgestürmt, es telephoniere nach mir. «Ist das wirklich Borchardt – hier ist Christa – sage mir bist Du denn verrückt geworden dass Du mich am Apparat Sie nennst – ich dachte doch natürlich es sei eine Falle – von jemandem der wissen wollte – Du verstehst ja – ich denke ich habe Dir doch gewiss alles Recht gegeben, Du zu mir zu sagen, Du unmöglicher Mensch der vier Tage verschwindet nach dem er – also das denke Dir …» «Ich bin zerknirscht, kann mir aber gar nichts denken.» «Du hast mir den Kopf verdreht und ich habe mir doch jede Mühe gegeben ihn Dir zu verdrehen. Ich nehme an Du hast kommen wollen um ihn entweder mir wieder grade zu drehen oder ihn Dir von mir verdrehen zu lassen. Bist Du denn keine Spur verliebt in mich?» «Passt es Dir um ½5, so bringe ich etwas zum Thee mit.» «Bring eine Flasche Whisky mit, Du Theebürger, meiner ist mir ausgegangen; Du bekommst ein welsh rabbit dazu, das ich brillant mache. Was machst Du nachher? Abends bin ich eingeladen, gehe aber sicher schon gegen 11 weg, wenn Du dann noch nichts vorhast, reserviere Dich für mich.» «Nein ich habe nichts vor, also auf Wiedersehn.» «Auf Wiedersehen, Du Stock.»

In der Hindersinstrasse feudaler Aufgang mit Säulen und Treppenläufern Parterre eine Excellenz, erster Stock ein Graf, zweiter Stock Lussy, mit Namen auf Messingplatte. Eine ältliche piksaubere Zofe mit langen Haubenbändern öffnete, die Entrée war voller Künstlerphotographieen mit Locken Rollaugen und Widmungen, ich musste ablegen und machte eine Bewegung nach der Thür in die Vorderzimmer, aber die Person öffnete rechts und sagte die gnädige Frau lasse hinten bitten. Durch ein halbdunkles Esszimmer mit Ledermöbeln und einem gaserleuchteten Flur eilig hindurchgeführt, wurde ich an einer Thür mit Klopfen stehn gelassen und mit lustigem Herein begrüsst. Lussy lag in einem riesigen Bett und zwar in der Mitte auf einem Berge von Spitzenkissen, eine Art Morgenhaube auf dem dunklen starken halblangen Haar, ein rosa seidenes mit Frill besetztes Jäckchen über dem Pyjama frisch gebadet, mit den grossen lebendig bewegten aufs lebhafteste glänzenden Augen mit den grossen braunen Iris, der vibrierenden Nase und dem frischen nicht starken aber von selber lächelnden Munde, dessen Linien so lebhaft bewegt waren wie ihre Augen und hinter dem grosse regelmässige blendende Zähne – sehr grosse und starke – mit jedem Wort und Lächeln erschienen. «Es ist auch so schön im Bette, weisst Du, und ich habe die Köchin

Deinetwegen noch fortgeschickt etwas Solideres holen als mein Frühstück ist, – ich trinke nur Kaffee und esse ein Milchbrot dazu, das hält mich hungrig und frisch, vor der Probe esse ich im Theater ein Sandwich und nach der Vorstellung erst ganz richtig und vielerlei, aber für Dich geht das nicht, Du musst etwas englisches kriegen, aber es dauert noch eine halbe Stunde.» «Lass mich inzwischen etwas von Dir küssen, wofür Du Deine Lage möglichst nicht zu verändern brauchst, dann halte ich es noch länger aus.» «Nach Deinem strengen Banne wäre das nur die Fussspitze, wenn das Dich nicht choquiert» lachte sie und steckte die Rosenknospe mit dem Perlmutterschilde unter der breiten rotseidenen Steppdecke am Bettrande heraus, die ich küsste und kurz streichelte. «Wo willst Du sitzen, nimm Dir einen von den niedern Sesseln. Das hast Du nicht gedacht dass ich so faul bin, – ich bin es auch nur scheinbar, ich döse garnicht ich bin voller lebhafter Einfälle und Gedanken, nur körperlich, weil ich einen rabiaten Nervenumsatz habe, brauche ich morgens zwei warme Bäder, eins im Wasser und eins im Bett. Wenn Du etwas näher rückst unterhalten wir uns besser, Du schwimmst mir geradezu weg. Ich habe gestern von Dir gehört, Du bist mit einer wunderschönen Frau bei Wagner gewesen und hast ihr sein unanständigstes Bild geschenkt, der kleine Stedman der Dich bedient hat und Deine Gedichte bewundert schwärmt mich an, sagt mir alles in der Bar, die Frau sei so schön gewesen, dass er mir untreu würde, wenn er sie noch ein Mal sähe», «Woraus Du schliessen kannst wie es um mich in dieser Hinsicht steht», bemerkte ich kühl. «Das möchtest Du, ich bin aber sehr erfahren, und weiss, dass es tausend weniger schmeichelhafte Gründe geben kann, die den Übergang von schön zu weniger schön erklären und die Du mir nicht sagen wirst.» «Es gibt keinen Übergang.» «War der Holzschnitt wirklich so unanständig?» «Kühn erfunden, höchst energisch gezeichnet, farbig meisterhaft und daneben einfach ein erotisches Blatt von der Art wie man sie sich dort im Bett miteinander ansieht, vor während oder nach. Sie sind von ausgelassenen Leuten für Blumenhäuser und Jungverheiratete gemacht worden, nicht von Akademieprofessoren der Malkunst für ein christlich gebildetes Kulturpublikum, das auf dem unvermeidlichen Umwege über eheliche Pflichten sich in Elternpaare verwandelt. Man kann jedes Werk nur aus den Voraussetzungen beurteilen, die es selber macht.» «Also das Erotische daran war für Dich ganz Nebensache, da Du mit jener Beauté weder im Bett lagst noch Jungverheiratet warst» fragte sie ihr Lachen mit gespieltem Ernst verbeissend.» «Das ist Inquisition. Du Torquemada. Wir fanden es beide brillant und kauften es ohne uns Deine Fragen zu stellen.» «Du musst das mit mir auch einmal machen, damit ich Deine Hochwürde dabei beobachte, Deine anteilslose, Du Akademieprofessor.» «Ich bin dazu bereit und lade Dich zu Wagner ein.» «Ich kann es des kleinen Stedman wegen nicht. Und ich rate Dir auch nicht, mich auf solche Proben zu stellen denn ich falle unrettbar durch. Ich bin absolut Natur und reizbar, die sogenannten grobstofflichen Wirkungen zu übersehen, und in wasserklare Aesthetik zu verwandeln ist mir nicht gegeben, und wenn ich mit einem Manne in den ich recht ziemlich verliebt bin, ein höchst energisch gezeichnetes Freudenhausbild ansehe, so brauche ich nicht mit ihm im Bett zu liegen um mir instinktiv zu wünschen, dass ich mit ihm im Bett läge.» «Ich kann es Dir so beschreiben, dass Du es vor Dir siehst» bemerkte ich ernst. «Du wirst es so unerotisch thun, dass ich nur die farbige Meisterschaft sehe und eisig bleibe.» «Vermutlich» antwortete ich. «Ceux qui le font, ne le disent pas.» «Welche angenehme Überraschung» spottete sie. «Aber ich glaube Dir; und das ist Dein Charme. Es war reizend, den ersten Kuss von Dir zu bekommen, er lohnte die Mühe, aber welche Mühe.» «Wenn ich Dir erklären könnte –» «Es ist zu umständlich, Rudi. Erkläre mir nichts. Sei nicht ausführlich. Sei vor allem nicht gründlich. Wenn ich Dir raten soll –» «Bitte?» Sie lachte eine tiefe Glocke. «Komm auf den Bettrand, wie ein gesitteter Mensch, nicht wie der Hausarzt dort auf dem dummen Stuhl, als wolltest Du gleich sagen ‹also drei Tage strenge Diät, am vierten etwas weisses Fleisch›.» «Und auf dem Bettrand bekomme ich Deinen Rat?» «Welchen Rat», fragte sie mit hochgezogenen lachenden Augen. «Sagte ich auf dem Bettrand?» «Oh Du machst Dich lustig.» «Und was anders soll ich denn thun wenn Du nicht endlich zu mir ins Bett kommst?» sagte sie lustig, «meinst Du ich hätte Dir meine Fussspitze zum Küssen gegeben, damit Du sie nach zweckmässiger Verwendung mir unversehrt und unerbrochen wieder zustellst? Ich weiss nicht ob nicht Du Dich lustig machst über mich» sagte sie unter meinen Küssen, die Steppdecke über meinem rasch entkleideten Rücken hochziehend und mich an sich drückend. «Bist Du so kalt oder willst Du reizen? Nein erst antworten. Warum hast Du mich im Wagen so lange um einen lumpigen Kuss bitten lassen? Warum hast Du die Marotte Dich wie ein Impotenter zu benehmen.» «Weil ich zweierlei bin, süsse Frau. Solange ich nicht liebe – und es dauert lange – bin ich beherrscht, es ist Erziehung.» «Schrecklicher Mensch, so etwas Unteilbares zu teilen. Wenn Du es jetzt auch teilst, geh sofort aus meinem Bett heraus.» «Das würde Dich vielleicht glücklicher machen aber nicht mich. Sei nicht so absolut wenn man Dich zum ersten Male – Du wolltest mich doch kennen lernen, und brauchtest Stunden dazu.» Es wurde so still wie neulich im Wagen. Sie war ein reizender Körper, sehr breite Brust, sehr schmaler Leib, die Glieder zart und sehr beweglich, ihre Küsse hatten auch in der Leidenschaft etwas Scherzendes. Aber als ich über die minutenlangen Zärtlichkeiten zum Ziele strebte und mit einem spielenden Kusse dasjenige in die Hand schob, was ich ebenso spielend ihrer

Spielerei schon wiederholt entzogen hatte, klopfte es. Sie legte den Finger auf den Mund, wies nach einer halboffenen Thür neben dem Bett, ins Bad, in das ich lautlos entglitt, und erörterte Häusliches im ruhigsten Tone wie ich nebenan hörte, untermischt mit Aufsetzen eines Tabletts und Tellerklappern. Die Thür ging, sie sagte «Halloh» und sagte sofort lachend Nein Nein und bedeckte sich mit gespieltem Entsetzen die Augen, denn ich hatte im Bad blitzartig die Kleider abgeworfen. Alles was sie noch vorbrachte war ein von meinen Küssen ersticktes «Der Kaffee – – wird – kalt –» dann stürzten ihre Begierden den meinen entgegen und bemächtigten sich des Bedrohers, der sich in seiner Massivität nicht schelten liess, sondern sich mit der ganzen Kunst der Geschmeidigkeit elastisch einverleibte, mit dem eine Schlange ein doppelt so viel Durchmesser haltendes Tier ringend einwürgt. Es dauerte selige Minuten bis ich, sanft mittreibend in ihr verschwunden war und sie leiteten die seligeren ein, in denen wir einander mit äusserster Kraft bewiesen, dass die Schwierigkeiten des ersten Schrittes ins Paradies sich wirklich lohnten. Es war ohne jede wirkliche Leidenschaft von beiden Seiten ein liebliches sinnliches Spiel und es wurde rasch wiederholt, indem Lussy, nach dem ersten freien Atemholen durch einen raschen Griff ihrer nervigen kleinen Hand sich von der Unversehrtheit des aus der Wunde gezogenen Spiesses überzeugte, mit einem lachenden heissen Kusse dankte und sich ohne viel Worte herumdrehte um den Sturm auf ihre Rückfront herauszufordern. Der Moment wo eine glückliche Geliebte uns suchend und schaukelnd ihre runden Gesässwonnen ins Becken drückt ist immer der Schönste der Liebe, denn in ihm fallen alle Schleier von der Deutlichkeit ihrer Wünsche, sie drückt das Mass des äussersten und süssesten Erleidenwollens unserer Begattung als einen unbezwinglich glühenden und peinigenden Drang ihrer Natur aus, das Zufügen wird durch die Wollust, des Empfanges und Hinnehmens erleichtert und legitimiert, und die rückwärts verschränkten Küsse, mit denen ihre Krisis den Mund des Freundes hinter sich sucht, dessen Pfahl, durch die Schinken hindurch aufwärts in sie eingedrungen, noch in ihrem Kelche wühlt, sind überhaupt die schönsten eines innigen Paares. Wir versuchten auch nach diesem Glücke uns nicht ins Stillose zu steigern sondern lagen einander in den Armen und erschöpften alle Möglichkeiten des Vergnügens an Küssen, wobei ich mir den Spass machte, den Unempfindlichen und Behaglich Gesättigten zu spielen und sie dadurch gleichzeitig zu reizen und zu quälen, wodurch ihre Herausforderung neuer Angriffe jede Beherrschung verlor und ihr die Illusion wurde mich besiegt zu haben, denn sie hatte mich unter sich gebracht, ich wölbte ihr aus dem Kreuz eine hohle Brücke entgegen über der sie, mit beiden Armen gegen mich gestemmt, zugleich mich ritt und von unten geritten wurde, bis sie mit stöhnenden Liebesworten sterbend über mir zusammenbrach. Der Kaffee war noch so heiss wie er gebracht worden, als wir nach dieser Trilogie der Verwegenheit nackend mit gewaschenen Händen und Gesichtern aus dem Bad zurückkamen und das Tablett zwischen uns ins Bett schoben. Sie sah mich mit Vergnügen alles vertilgen was es enthielt, eine kalte Platte, eine Schüssel Rühreier, einen ganzen Gervaiskäse, während sie selber sich mit dem eingebrockten Milchbrod in ihrer fast weissen Milchkaffeetasse begnügte. «Mit Dir» sagte ich, den köstlich starken Kaffee fast ungemischt schlürfend, «ist die Liebe wirklich etwas so natürliches wie Blumenpflücken, die schönste Krönung eines vorübergehenden Moment's und seine totale Erfüllung mit der natürlichen Schönheit, die wir nicht stehlen sondern entleihen, sie wäre verblüht wenn wir sie nicht gepflückt hätten.» «Eine schöne Philosophie» antwortete sie, einen Milchtropfen von den glänzend purpurnen Lippen mit der Serviette wischend und die ebenso weissen kräftig grossen Zähne dahinter zeigend, «aber da ich eine Frau bin und nicht definieren muss, so sag ich Dir einfach, dass mir noch nichts zum allerersten Frühstück so blendend geschmeckt hat, wie Deine drei Gänge, Quantität, Qualität, erstklassige Zuthaten, ohne Pausen serviert, geschickteste Bedienung eleganteste Form – was man sonst nur im Traum erlebt, wenn man Phantastisches träumt – und das erstaunlichste, eine so ungeheure Portion und so leicht verdaulich, ganz ohne seelisches Aufstossen und tragisches Sodbrennen, und alle unangenehmen Nachgefühle die man nach aufgeregten und erschöpften Männern hat. Oh bekömmlichster aller mächtigen Liebhaber, Du bist zu schön um wahr zu sein und kommst sicher nie wieder, hier den Strauss pflücken. Sag garnichts, es ist für die Hauptsache gleichgiltig. Thu das Tablett weg es ist ein Uhr 40 wir liegen noch bis halb drei, dann zieh ich mich um, Du leistest mir Gesellschaft und wir erzählen uns von einander bis Du mich wegbringst.» So legte sie sich auf den zierlichen Ellenbogen gestützt, eng an mich, liess sich in dem dunkeldichten geschnittenen Haar krauen und den knabenhaften Nacken mit den Lippen kosen, aber die Scherze gingen in meine Küsse über, und ihr Mutwille versah sie mit neuen Würzen, denn sie biss mich voll in den Mund, kniff mich in den Bengel, entwich der Strafe und forderte sie dadurch heraus und zeigte, ergriffen und umschlungen durch neue Beissküsse, dass sie es auf eben diese schärfste Strafe abgesehen hatte, die sie mit den naivsten und heftigsten Äusserungen der Wollust verlängerte indem sie sie erlitt. Und ebenso naiv schlief sie fast gleichzeitig mit dem letzten Seufzerkusse der Lust in meinen Armen ein. Ich wagte nicht sie zu wecken, indes sie tiefatmend, den gesunden Mund halb geöffnet an meiner Brust schlummerte und nur dann und wann im Halbschlaf sich enger an mich drückte. Mit inniger Freude sah ich auf ihre bräunlich rosige Haut, den milchigen Tropfen in ihrem roten Mundwinkel, die feinen blauen

Adern ihrer Schläfen, die Zartheit des Haaransatzes. Eine volle Stunde schlief die Reizende so, dazwischen, durch die Wärme und die Mahlzeit träge geworden, nickte auch ich für Minuten ein. Dann wachte sie auf, begriff erst langsam wo sie war, und nestelte sich mit einem dunklen Kehlenlachen des Glücks fester an meine Brust. «Ich muss sofort aufstehn, nur noch eine Minute. Ich bin ganz erfrischt und wie verjüngt, einfach prima. Keine decidierten Küsse mehr, Schatz, ich muss meine Kräfte behalten und darf mich nicht débauchieren. Ich habe keine Ferien, weisst Du. Und Du bist ein anstrengender Beischläfer, es ist ernst, man muss mitmachen und gibt sich toll aus. Gut dass ich gleich drauf geschlafen habe – sieht man mir was an? Ja was meinst Du! Viermal rumtanzen zwischen zwei Zügen – solch ein Tänzer ist heutzutage schon was Sehenswertes. Du bist naiv. Ich plaudere nichts aus, aber es gibt wol nur enttäuschte Frauen. Es ist alles sehr schwirig geworden, die nettesten Männer ganz oder halb homosexuell oder sehr schwach, oder – sehr unnatürlich verdorben – cerebral zerfasert nervös überraffiniert reizbar, verletzlich – rohe Eier – von einem Nichts abgekühlt. Die sogenannten Potenten sind dann wieder so roh und blöd dass man vom Wegsehen genug hat –» Sie war aufgestanden und ich folgte ihr ins Badezimmer, wo ich mich anzog, während sie unter der lauwarmen Douche stand. Ihre reizende Gestalt hatte wie alles an ihr etwas festes, die Brust war etwas schwimmend aber noch nicht alt, alle ihre Linien gefielen. Sie war glücklich als ich sie ohne Rücksicht auf meine Kleider noch tropfend aus der Wanne hob und mit Küssen bedeckte. «Sage dass ich Dir gefalle, es ist so viel hübscher als das missbrauchte Wort» sagte sie, den gepflückten Kuss zurückpflückend «und es ist die Basis auf der Du mich wieder suchst.» «Ich mag nichts versprechen was unterhalb meiner Wünsche liegt» antwortete ich, «Wiederkommen ist zu wenig und zu viel. Es kommt von selber.» Später zog sie sich an und liess sich von mir helfen. Sie erzählte fast nur Belangloses von sich selber hörte aber aufmerksam mit einer kleinen Stirnfalte auf alles was ich von mir verriet. Darüber wurde es Zeit zu gehen und ich fuhr sie in den Westen; am Potsdamer Platz sprang ich aus dem Wagen und liess mir einen grossen Veilchenstrauss für sie geben. An ihrem Halteplatz sagte sie mir mit einem einzigen kurzen Kusse Lebewol, aber – merkwürdiges Wesen – es war als hätte sie mich nie vorher geküsst, ein kleiner warmer weicher Kuss inniger Festigkeit und Treue, ein sonderbarer, unvergesslicher, der es mir fast schwer machte sie zu lassen. Und ich nahm mir sofort vor, sie wirklich wiederzusehen.

Auf der Weiterfahrt nahm ich Whisky und Cigaretten mit und, da ich sie gerade ausliegen sah, eine Handvoll candierte englische Ingwerstangen. Das Haus Christas war das Atelierhaus einer Protzenanlage, man erreichte es durch einen saubern Gartenhof und musste vier Treppen erklimmen ehe man ihre Thür erreichte. Sie kam mir lachend entgegen, wirkte ganz anders als das letzte Mal, und sehr ungewöhnlich. Sie war grösser als ich sie in Erinnerung hatte, trug ein trübrotbraunes kimonoartiges nachlässig und doch besonders wirkendes Kleid, und nachlässig und doch besonders, achtlos und doch nicht vernachlässigt wirkte alles an ihr achtlos fiel das nachlässig schräg gekämmte Haar über die blasse Stirn, die schräg eingelassenen tiefbraunen Augen lagen oft gelangweilt, abwesend in dem bräunlich blassen zarten aber vollwangigen Gesicht mit den leicht vortretenden Backenknochen der lange Mund konnte minutenlang ausdruckslos, verdrossen, tot in den sanften Zügen liegen, aber es war unglaubhaft wie Lächeln und Ausdruck diese gleichgiltigen fast wilden Naturzüge plötzlich beleben konnte, die Augen lachten dann unwiderstehlich, die Lippen blühten entzückend auseinander und zeigten lachend schöne Zähne, das Wesen war anders. Sie war fremdartig, wie mit einem Einschuss fremder Rassen, zugleich indifferent und bildschön, und über allem lag ein Adel, der sich schwer definieren liess, die lässigen Manieren einer Person aus sehr gutem Hause. Ihre Stimme moduliert reich und leise, war eine der schönsten die ich je gehört habe.

«Komm» sagte sie mit dieser leisen lachenden Stimme. «Sieh Dich nicht um, es sieht furchtbar bei mir aus, es ist nur ein Atelier-Arbeitsraum.» Das war es; kalte Nordfenster und Deckenlicht fiel in einen kahlen Vierwändekasten, fast ohne Möbel, Holzböcke trugen undeutliche mit nassen Tüchern umwickelte klumpenartige Gegenstände, eine Holzestrade, ein par alte Stühle, ein grosser Tisch mit Gerät, Gipsabgüsse von Gliedern Gesichtsteilen und Tierkörpern lagen auf Wandkonsolen. Ein rotglühender Eisenofen krachte von frischen Kohlen und es war heiss. Bei ihm stand ein alter Klubsessel und ein kleiner Tisch. «Wie reizend!» sagte ich möglichst frisch. «Hier wohnst Du auch?» «Narr» sagte Christa. «Ja, ich wohne hier auch. Nebenan schlafe ich und trinke wenn ich den Cafard habe. Wenn Du es hier grässlich findest, gehen wir da hinein.» «Aber ich finde es hier geradezu stimulierend», sagte ich, «die Phantasie thut den Rest. Ich komme doch zu Dir, nicht zu Möbeln.» «Süss von Dir» sagte sie, und legte den Arm in den meinen. Wir standen einen Augenblick etwas geistesabwesend zwischen Ofen und Sessel. Dann legte sie den Arm um mich, zog mich zu sich und küsste mich auf den Mund. Es war ein langer Kuss, aus vielen langen einzelnen Küssen, ohne Worte, ein Kuss nur um zu küssen und um darin aufzugehen. Dann drückte sie mich in den Sessel, setzte sich halb auf die Lehne halb auf meine Knie und ich nahm sie in die Arme. Wir vergassen alles um uns her, flüsterten und scherzten leise. Das Dunkel sank langsam herein und machte die heissen Liebkosungen natürlicher. Der schlanke, grosse blühende Körper des Mädchens lebte ein eigenes Leben in meinen Armen, ich fühlte den Strom seiner heimlichen wilden

Stärke und Unbändigkeit, aber auch eine ebenso heimliche Beherrschung. Dann stand sie auf, blieb einen Augenblick fort und kam wieder um Licht zu machen. Sie hatte ein kleines silbernes Tablett mit einem englischen Kastenbrot, einem rotgelben Käse, Bestecken und Gläsern und Töpfen und eine Cigarette im Munde. Das Bild war zum Malen. Stiller Hochmut und stille Nachlässigkeit lagen auf dem schwach rosig gewordenen Gesicht, und Stil und Rasse. Daneben lagen vielleicht Abgründe. Leicht war sie nicht. Wieder musste ich denken, sie sei nur halb europäisch. Das fremde lag um Japanisches herum, ohne es zu sein – ein fremdes wildes stolzes zartes adliges Volk mit starkem Wuchs, Hofsitten und heissen Adern.

Wir machten den Whisky auf um in einem Pfännchen den Käse mit ihm zusammen in einen Brei zu lösen und rösteten Brotscheiben auf dem Ofen. Wir waren lustige Abenteurer und sie liess sich zwischen dem Eifer nicht küssen. «Nicht vorher naschen» sagte sie mit einem Schlage, «sonst ist es nachher keine Bescherung.» Die Rabbits wurden langsam fertig, wir assen und machten neue und tranken Whisky dazu, tout pur. Dabei schwatzten wir einsilbig wie die ältesten Bekannten die sich das Wichtigste längst gesagt haben. Es kam heraus dass wir die gleichen Leute kannten. Christa machte sie nach virtuos, und nur mit drei Caricaturstrichen und lachte dazu silberne Tonleitern. Fragen stellten sich nicht. Von sich selber redete sie nicht. Es war eine wonnevolle Stunde die nur aus ihrer Atmosphäre bestand. Sie war so dicht dass sie den nackten gekalkten Raum möblierte. Eine ähnliche Dichtigkeit einen solchen vigor der Strahlung hatte ich nie zuvor an einem Menschen erlebt. Ich war in ihrem Bann und als sie aufstand schlich ich mich an sie, umschlang sie und machte sie willenlos. Eine volle Viertelstunde zerrissen sie die Stürme meiner Küsse und Irrreden, dann standen wir, unwillkürlich gedrängt neben der kleinen Thür die aus dem Atelier in ihr Nebengelass führen musste. «Warte» sagte sie erstickt, machte sich los und öffnete. Meine verblendeten Augen sahen nicht viel mehr als ein niederes Lager, und ich stürzte sie darauf nieder. Sie küsste mich wieder und wehrte sich. Ich nahm das nicht ernst. Aber die Versuche sie durch Küsse und Angriffe schwach zu machen, überwanden den letzten Widerstand nicht und ich fürchtete in etwas mehr als blosse Erregung, in Heftigkeit umzuschlagen und zwang mich zum Nachlassen. Als ich neben ihr liegend sie zärtlich an mich zog und mit Küssen bedeckte die nicht mehr reizen sollten sondern ihre Lippen geniessen, schloss sie sich mit einem Glückslaut an mich, und ihr Mund ab und nahm das Äusserste, aber meine kühner werdende Hand hielt sie wieder kurz fest. Ich bekämpfte weiter meine Wut küsste sie noch einmal und zog mich aus ihren Armen. Sie rang mich rückwärts zu sich und siegelte sich mit langen verzehrenden Küssen auf meine Lippen. «Bist Du böse?» hörte ich dazwischen; «sei nicht böse. Hab mich noch mal so wahnsinnig lieb wie vorher da liebe ich Dich am meisten. Nein, nicht jetzt, noch nicht. Gefühlssache.»

Wir machten Zeit und Ort aus, für unser spätes Treffen. Ich war in einer Art kalter Rage, die in Erschöpfung überzugehen drohte. Ich begriff die Kälte nicht, die mir eine solche Entsagung zumutete und mich dabei gleichzeitig genoss und zum Genusse entflammte. Aber ich hielt mich im Zaume, spielte den Gefassten und zog mich auch leidlich aus den Schlingen der Abschiedsküsse. Es war ein Wunder, dass ich mich in dem langen aufstachelnden und vergeblichen Ringen bei verschlungenen Lippen und schwelgenden Zungen nicht entladen hatte. Der Spiess brannte mir wie eine weissglühende Eisenstange noch als ich die Treppe gewann. Zwei Stock tiefer sah ich mir auf dem mässigen Podest den Weg durch einen Dienstmann versperrt der einen grossen Kleiderschrank in eine nicht eben grosse Wohnungsthür zu lancieren vergeblich versuchte, während hinter der Thür jemand mitangefasst hatte und half. Es wurde ungeschickt gemacht und ich sagte es dem Manne, dem aus den grauen Haaren dicke Schweisstropfen in die Stoppeln liefen. «Das sage ich ihm auch» gab eine Frauenstimme hinter dem Schranke zurück, «man muss unten herunterfassen.» «Ja woll» knurrte der Mann, «wenn die Dame wollte zufassen wie'n Mann oder wann wa ze zweit wean –» «Warten Sie, ich helfe von hinten» sagte ich, den Mantel ausziehend, und mitanfassend, «ziehn Sie ihn raus, ich gehe statt der Dame nach hinten.» Im Augenblicke war die Thür frei. «Danke tausend Mal – wie soll ich nur, – das kann ich ja gar nicht –.» Es war eine kaum mittelgrosse, eher schmächtig aber elegant gewachsene Person, um die Dreissig, mit einer breiten hell gelbblonden bandartigen Haarsträhne quer über der sonnenverbrannten Stirn, sie schien beim Einziehen zu sein, die Thür zu einem halbmöblierten Zimmer mit durcheinanderstehenden verpackten Möbeln und Kisten stand offen. «Bitte» sagte ich schnell, «das geht in einem Moment, etwas Leichtathletik nimmt man immer gern mit.» Ich hatte während ich anfasste, das vage Gefühl – oder die Illusion – einen ausgelassenen Zug in den erfreuten sehr hellen Augen gesehen zu haben; in einem Augenblick war der Schrank in der Thür, in einem weiteren stand er in der Ecke des Zimmers in die er sollte. «Sehnse, Frau Dokter, so een hetten Sie jebraucht vor det Klavier, denn wer dat ooch in Nu jegangen – nee, rausjeben kann ick nich wo weak denn hundert Mark Kleenjeld» «Was kriegen Sie» sagte ich schnell. «Fünf Emm vaat Janze.» «So hier sind zehn, ich schenke Ihnen meinen eigenen Verdienst» sagte ich lachend, «holen Sie mir bitte meinen Mantel von der Treppe – wenn ich mir nur die Hände vielleicht waschen dürfte.» «Aber gewiss» sagte die kleine Blonde eifrig, «gleich hier – es ist noch so unordentlich –» und während hinter dem beglückten Dienstmann der den Mantel auf eine Kiste gelegt hatte die Wohnungsthür sich schloss, folgte ich in einen zweiten Raum der gleichfalls ein Durcheinander aber in ihm ein Waschbecken enthielt. «Ich weiss gar nicht wie ich Ihnen danken soll für Ihre unglaubliche Nettigkeit» plapperte die Kleine eifrig, während ich Wasser eingoss, «ich stehe allein und dachte, wenn ich fest mit rangehe, macht ein Dienstmann den ganzen Umzug.» «Das sind kleine Überraschungen» lachte ich, die Hände voll Seife, «und sie sind ebenso gegenseitig wie angenehm» «Gott, kein Handtuch» flüsterte die Frau errötend, «sie sind alle noch eingepackt» «Macht nichts» sagte ich, die nassen Hände fuchtelnd an der Luft trocknend, vor ihr, «Sie müssen mich nur ein paar Minuten länger –» «Und ich schulde Ihnen noch fünf Mark» «Zehn bitte, ich selber war nicht berechnet –» Im gleichen Augenblicke hatte ich sie gefasst und suchte ihren hübschen Mund, den sie dunkelrot im Gesicht, wegbog, aber geben musste, denn ich hatte ihr die Arme fest an den Leib geklammert und fing ihn nach zwei Minuten. «Was fällt Ihnen – Nein aber –» aber meine Unverschämtheit beleidigte sie nicht, das merkte ich, sie zog den Kopf noch ein par Mal zur Seite, dann hoffte sie mich mit einem raschen Kusse abzufinden, dann gab sie mir die meinen zurück; sie verschmolzen und verstummten; ich lockerte den rechten Arm und recognoscierte ihren hübschen Hintern während die Küsse sich schon verirrten. Dann mit einem Rucke, hob ich sie und brachte sie geschickt zu Falle, klemmte sie trotz sterbenden Sträubens unter mich und machte sie wehrlos. Sie trug keine feste Hose. Im nächsten Augenblick war sie entblösst und gab nach. Ich hob sie an und drang ein, bettete ihr die Arme zärtlich unter Kreuz und Nacken, küsste sie heiss und bimste sie hart und fest ohne Atempause auf dem Fussboden zu Ende. Ihr junger zäher vibrierender Körper hatte meine Lust gesteigert und als sie mit einem «Du – Schrecklicher, – Süsser» ausstöhnte, zog ich sie von neuem an mich. Diesmal teilte sie mein

Feuer vom ersten Kusse an, stemmte gegen mich und lallte Liebesworte. «Hast Du mich – denn so lieb – ja hab mich lieb Du –» und alles Übliche. Ich trommelte sie in einem Sturmwirbel durch – durch, ich war noch so scharf dass ich sie am liebsten aufs Parkett genagelt hätte, und sie fühlte es. «Was ist denn nur in Dich gefahren, Du Einbrecher» flüsterte sie unter vergehenden Küssen der Nachwollust, «gefalle ich Dir denn so? Du bist doch ein hübscher feiner Mann, Du kannst doch nicht so ausgehungert sein, wie ich arme geschiedene Frau von sechsundzwanzig – Nein geh noch nicht – hast denn die Nase schon voll? Nach zehn Minuten. Ich lass Dich nicht weg, eh ich nicht weiss dass Du wiederkommst» «Aber natürlich.» «Ich muss Dir doch zeigen wie hübsch ich küssen kann.» Die dann folgende Musterkarte war allerdings reich assortiert und bewies einen tüchtigen Lehrer. Als der raffinierteste der Bonbons auf der Höhe war, kassierte sie mit rascher Hand seine Wirkung und hauchte «komm endlich –» Der dritte Sturm brachte denn auch das vollste Glück. Sie überbot sich in naiven und erfahrenen Künsten der Leidenschaft wie eine complette kleine Hure und sagte mit dem letzten, ersterbenden Kusse – «Sag dass Du wiederkommst – Schatz – gib mir Dein Wort –» Ich lud sie für einen der nächsten Tage zum Nachtessen und entzückte sie damit. Auf der Visitenkarte die sie mir zusteckte stand Frau Dr Ellendt, geb. von Siersleben. Arm in Arm brachte sie mich in die Entree, hing dort noch mit geschlossenen Augen wie knochenlos selbstvergessen in meinen Armen, liess mich aber endlich doch los. Ich war abreagiert und im Gleichgewicht, hatte sie menagiert ohne mich auszugeben, hatte aber ein dringendes Theebedürfnis und fuhr obwol es schon nach sechs war zu Adlon. Der köstliche indische Thee dort vollendete meine Erfrischung. Die Hundertmarkmädchen die noch herumsassen, zehn oder zwölf, brachten sich in Positur, fixierten, räusperten sich, gingen leise singend bei mir vorbei zum Cigarrentempel und trieben ihre übrigen Possen. Elegante Frauen, Ausländerinnen, schon in dress, kamen die Treppen hinunter. Plötzlich wurde ich angerufen: «Helloh – I say, that's luck!» Es war die alte Sullivan, in Abendtoilette, mit einer pompösen jungen Blondine Amerikanerin, gross distinguiert und auffallend schön. «Here then one's to look for you! I understand you have given us all the slip. Whats the matter?» «Reading furiously for my degree and sparing just unusual hours to swallow a cup of tea. Became a hermit. Sit down, have a cup.» «This is one of our rising big ones, Pam» sagte die Sullivan. «You are both of you privileged in making one an others acquaintance. Miss Pamela Pritchard of Boston, who is sure to be a Duchess one of these days, unless all dukes in the Peerage are fools. And Mr. B is sure to lead his nation one of these days if his nation deserves being led.» «No tea?» sagte ich. «Give me a cocktail, if you're bound upon entertaining», sagte die Junge lachend. «And I'll partake in your tea», sagte die Sullivan. «How's Addie?» «I have seen little of her lately» antwortete sie, «in fact I've been to Paris to fetch Pamela. Is not she lovely, is not she grand?» «Not me, I trust» lachte Pam. «Don't trust me too far» sagte ich. «I suppose Miss Sullivan asked about the other party but I would not miss my chances of civility to present company. You are grand, you are lovely, and you are modest in not wanting evidently being told point blank, and you are I hope reasonable enough not to dislike it altogether all the same, because that would be the first flaw in this flawless mirror of your's. Don't mind me. I am enjoying as Mrs Sullivan will confirm, the motley persons privilege. I claim the right of telling a beauty she is beautiful and calling a cat a cat and a fool a fool. That does not mean that I intend to go farther than verbal obliging. I should not stop at fools ears, nor play with every cat, nor get crazy about the first beauty that happened to have a dash at me. My insaneness is all {in} a sane way. I will not shoot myself if you despise me. It will be a feather in my cap to say I have been despised yesterday by the most beautiful girl in Creation, as a coxcomb might boast of having been favoured by you.» «What a man» sagte die Sullivan ihren Thee nippend. «I'll despise you downright if you won't give me an opportunity to decide on what grounds I should like you.» «Come to the Opera» drängte die Sullivan, «and let's dine afterwards and be jolly.» «Impossible tonight, sorry. I've promised to dine at home modestly in about ¾ of an hour, and to fetch a lone relative at Rauchstrasse at ½11 to convey her safely to her distant abode.» «But that leaves plenty of margin» gab Pam ruhig zu bedenken. «You go and dine now and drop in before the second act of Tristan which by the way I hate, and that will allow for some supper à trois and decent hours to dissolve in.» «But that would be a pity, would it not?» «It's preposterous to nibble at your cake on the foreve of the wedding day, you're too good to waste. Should I rather swallow my greed and wait for my legitimate bite unhampered by than of time?» Beide lachten. «What a naughty boy» sagte die Sullivan. «Oh I like a man to know his own mind and to tell me plainly, and I like rudeness and compliments coupled; when do you think you may be in an espousing mood then?» «In a what? – Oh I see. That's nice and good fellowship. Let's fix our engagement now and we'll be coupled say tomorrow night at seven at Horchers or say at Hillers when I propose to po'chay you half an hour before with Miss Sullivan as a witness of your consentment in being ravished.» Pam war entzückt und lachte sich rosig, was ihr herrlich stand. «You're high fun» sagte sie aufstehend. «We're engaged then in this unceremonial way?» sagte ich kühl. «Come off» lachte die Sullivan «or else he may attempt to touch lips in good earnest.» «Certainly I will» sagte ich mit gespielter Energie aufstehend, «at any rate I'll motor you down to the theatre, I may spare a quarter of an hour.» «You'll protect me from being taken au pied de la lettre» sagte Pam lächelnd zu der Alten als sie in den Wagen stieg. Sie nahmen mich zwischen sich in den Fond und wir rollten die Linden hinunter. Die Sullivan wusste sich nicht zu lassen vor Ausgelassenheit und schwor sie würde mir kein Verlobtenrecht gestatten; ich protestierte meine Unschuld, aber ich merkte zu meinem rieselnden Entzücken, dass Pams Seidenschuh sich leise auf meinem Fuss placiert hatte und ihr Rücken sich gegen meinen hinter sie gelegten Arm lehnte. An der Friedrichstrasse mussten wir vor dem Andrang halten, das Bogenlicht fiel in den Wagen und ihr Schuh zog sich unauffällig zurück. Aber kaum rollten wir ins Dunkel so kehrte er wieder, und jetzt war kein Zweifel. Ich drückte ganz leise ihre Taille an mich. «Has not he behaved decently, I say?» sagte die Sullivan. «But he is much too impudent to pay him for mere outward decency» sagte Pam gravitätisch. «Oh» lachte ich, «quite the contrary: I am much to decent to be punished for outward impudence.» «Oh you boaster» rief Pam während wir auf den Opernplatz einschwenkten, «anyway there», und sie küsste mich rasch und voll auf den Mund. «Die for shame Pam» die Sullivan stellte sich choquiert «at least tell him he owes you a ransom present.» «Let it be a pair o'them then» sagte ich feurig und küsste die Sullivan. «Get you off you hateful creature» that die Sullivan empört, «I won't as much as look on you» und sie sah mir den Rücken kehrend aus dem Fenster. Ich zog Pam rasch an mich, und im Blitz bevor das Auto hielt, hatte sie mir ihre Lippen mit einem berauschenden Drucke gelassen. Dann half ich herausgesprungen beiden aus dem Wagen, küsste der Sullivan ritterlich die Hand, und sah dass sie nur gespasst hatte. «Ein Kusschen in Erren» sagte sie. «Never forget I'm Irish». Pam hatte sich so kühl verabschiedet, dass ich Bescheid wusste. Dann fuhr ich heim.

Es war helle Freude darüber dass ich Wort gehalten hatte, und meine Sphinx, ein Lächeln um die breiten weichen Lippen und in den flimmernden Augen, servierte mir in tadelloser Correctheit das zum Nachtessen umgewandelte Lunch. Dann ging ich zu Johannchen und complimentierte sie, erklärte ich würde auch morgen zu Mittag hier essen und ging in mein Zimmer. Pams Kuss schwelte in meinen Adern. Sphinx kam und sagte die beiden Alten bäten um die Erlaubnis in den Wintergarten zu gehen, worüber wir beide so lachen mussten dass wir uns in die Arme fielen. «Geh sag ihnen Bescheid und komm noch.» «Ich muss zuerst für sie das Geschirr spülen.» «Thu's später.» «Lieber vorher» lächelte sie. Ich wartete diesmal mit wahrer Ungeduld auf ihr Kommen. Es war schön, allein mit ihr in der Wohnung zu sein. Endlich kam sie und brachte Thee, im Dress, blühsauber schwarz und weiss, wie um mich in Schranken zu halten. Ich band ihr in der ersten Umarmung Schürze und Halsfrill ab, zog sie aus ohne ihren Mund loszulassen und drückte sie unter die Decke. Das Mädchen hatte ein stilles Feuer das mich immer wieder in seinen Bann zog. Vielleicht war es nur dass sie mich fühlen liess wie total ich sie beglückte. Ich habe mein ganzes Leben lang das höchste männliche Glück empfunden wenn ich im Bette zugleich der Schatz und der Herr war, es ist ein Ingrediens, das der Liebesstunde mit der Prinzessin abging und dies Mädchen hoch über sie erhob. Es ist die Illusion der höchsten, fast schrankenlosen Begnadung die dem Manne werden kann, – alles zu geben, Arbeit, Lohn Unterhalt, Sicherheit, Befehl, Führung, Erleuchtung und so fort bis zur zeugenden und auflösenden Wollust. Nur so ist man Zeus bei Sterblichen. Jeder hat empfunden wie ich, und Goethe hat nur dienende Frauen mit voller Seligkeit geliebt. Die Vulpius musste ihn Sie nennen noch im Bette und nach Jahren. Ich fühlte es vielleicht nie stärker als in dem Augenblicke, in dem {ich} den Brand den das reiche duftende juwelengeschmückte Mädchen fremder Millionen in mich gedrückt hatte, zwei volle Stunden lang in der natürlichen und in sich vollständigen Begierde des Mädchens zu löschen versuchte. Dies restlose Aufnehmen, dies lückenlose Anschliessen, das ungeteilte, ungetrübte, in nichts über den Moment hinausgehende und darum reine Sinnenglück stand in allem was ich sonst erlebte einzig da. Es war leidenschaftslos und daher ohne Leiden, es war auch lieblos ohne Herz, anspruchslos ohne andern Anspruch als den durch die Situation gegebenen, es liess nirgend eine Spur von Reue, oder innerer Unruhe, wie alles folgenhafte es in sich trägt.

Ich wusste ich würde sie jede neue Minute in der ich nach ihr langte, so immerbereit wie jetzt finden, sich mit lautloser Glückseligkeit unter mir zu ordnen und sich unter meinen Küssen die sie durstig verschlang, mit beiden schnellen geschickten Händen meinen Steifen einzupflanzen. So starb sie unzählige Male unter meiner immer gleichmässigen Bearbeitung und nur die Uhr, nicht unsere Müdigkeit, trennte uns schliesslich, denn die Alten kamen zeitig heim. Ich war nun im Besitze einer solchen Technik, dass es ganz von meinem Willen abhing ob ich den letzten Punkt der Lust erreichen wollte oder nicht, und so hätte ich sie die Nacht durch bei mir halten können. Meinem Gefühl nach verstärkte diese Bedingtheit mein Überlegenheitsbewusstsein. Wenn ich mit einer Geliebten die Zeugungssekunde geteilt hatte, wurde mir die Loslösung viel schwerer, dann war etwas geschehen. Sie behielt etwas von mir bei sich, die Verschmelzung hatte sich vollzogen, und man musste brechen um wieder frei zu sein.

An der Rauchstrasse kurz vor ½12 ausgestiegen sah ich Christa in grösserer Gesellschaft das Haus verlassen und drückte mich rasch wieder in den Wagen. Sie kam dann zurück war zerstreut, halb müde, halb starr, lachte ohne Grund auf und gab mir schliesslich einen Stoss. «Warum bist Du so langweilig?» Gleichzeitig lehnte sie sich an mich und betäubte sich an meinem Munde. Minuten vergingen ohne dass ich ahnte wohin wir eigentlich fuhren. «Wohin?» sagte ich, mich einen Augenblick freimachend. Sie grunzte nur mit tiefer Basstimme «Hmmmh» und küsste weiter. Ich sagte dem Fahrer ihre Adresse und nahm sie in die Arme. Bis zu ihrer Hausnummer wurde kein Wort gesprochen. Kurz vorher liess sie los, sah aus dem Fenster und schlüpfte den Arm in meinen. Dann schloss sie auf und ging ruhig voraus, etwas schaudernd, und an meinem Arm über den Gartenhof, liess auch auf den Treppen nicht los und erst oben um aufzuschliessen. Im kahlen Atelier standen noch die hässlichen Kochreste am erloschenen Ofen. Aber das Mädchen, das den Pelz vor dem tiefrotseidenen Abendkleide auseinandergeschlagen hatte wie vor einer lodernden tiefen Esse, mit ihrem traumhaft bannenden Gesicht und den Emailaugen die wie ins Gesicht gemalt wirkten, mit ihrer adligen Haltung und Wortlosigkeit, erwärmte die schnöde Höhle geistig. «Warte hier» sagte sie nachlässig. «Nebenan ist ein elektrischer Ofen. In zehn Minuten.» Ich zog mich aus. Mein Verlangen war so übermächtig in meinen Adern, dass ich nicht fror. Ich nahm einen am Haken hängenden schmutzigen Hemdkittel über die Schultern, klopfte und ging in den Nebenraum. Es war kein Licht, nur die abgedämpfte Ofenglut beleuchtete rosiggolden von unten die grosse Nackte die ihr Haar mit etwas gesenktem Kopfe über die Schulter flocht. Ich sah mit einem Blicke die fremde Rasse. Die zum Bersten starren, prall und spitz zugehenden Schläuche der Brüste hatten vollendete Birnenform, wie sie nur in Tropenländern blüht. Der schmale Leib war in edler hellbräunlicher Bronze gegossen, der Bauch fast flach, die Hinterbacken volle sanfte Kurven. An der Scham wuchs fast kein Haar, zwischen wenigen dunklen Kräuseln zeichnete sich der grade Schlitz fast antik. Es war nur ein Blick und ein Augenblick, in dem ich das unglaubliche Bild aufnahm, denn sie streckte das rechte Bein schlagend gegen mich aus und lachte. «Was ist?» Sie zeigte auf ihre Kiefer, um anzudeuten, dass sie den Mund voll hätte. «Appetit?» fragte ich heiser. «Du sollst mitessen» sagte sie mit vollem Munde, drehte sich bis zu luftdichtem Anschluss in meine Arme hinein und küsste mir schubweise herausdrückend und in mich hineindrückend ihren Liebeszauber in den Mund. Ich schmeckte ausser meiner Ingwer Chokolade noch anderes scharfes und süsses. Sie gab nur wenig auf einmal, und das Mahl dauerte lange. Dann gab sie mir die Zähne zum Aussaugen des letzten Restes und zeigte mir mit der wirbelnden Zunge mein Geschäft an ihren entlegensten Gaumenwinkeln, sammelte einen heissen süssen Strahl und zischte ihn mir in einem wühlenden Kusse in den Hals. Dann fasste sie unter meinen Kittel, lachte kurz und erstickt und sagte mich hart in den Mund beissend «Es gibt noch Männer – Du Märchengott –» gab mir unvermutet einen heftigen Stoss durch den ich rückwärts quer aufs Bett fiel und sprang mir auf die Brust, ehe ich es mich versah. Es begann ein unsinniges Spiel der Lust und der Wut. Heisse Küsse, Bisse und Sauger und Zungenschläge hatte mein Kolben teils auszuhalten teils zu geniessen, sie sass mit ansaugenden Hinterbacken auf meinen Brusthaaren, elastisch vornübergebeugt.

    Nach Hause zurückgekehrt hatte ich noch zwei Stunden bis zu Tisch, versuchte zu lesen und schlief über dem Buche ein. Der Körper verlangte nach der enormen Ausgabe sein Recht, und halb erwacht durch die unbequeme Haltung warf ich mich aufs Bett. Unwillkürlich, oder diszipliniert wie ich war, erwachte ich um ½2 tief ausgeschlafen kurz ehe Sphinx zu Tisch rief, und der strotzende Wasserfinger in meiner Hose überzeugte mich tröstlich davon, dass meine Reserven prompt in die Lücke des Kassenausfalls getreten waren. Die Rätselhafte, die ich zur Begrüssung an mich zog, lächelte denn auch als sie das Vorgebirge an sich fühlte und antwortete leise, als ich nach dem Grunde ihres Spottes fragte. «Oh nur weil ich ja wusste, dass Herr Rudolf heut Nacht mit einem Collegen werden gearbeitet haben.» Ich verstand und lachte. «Nachher, süsser Schatz sollst Du den letzten Zweifel begraben.» «Aber nur kurz» sagte sie, das Beweisstück durch die Hose mit der Hand voll drückend und mir den Kuss zärtlich zurückgebend, «ich muss um drei beim Arzt sein.» «Was hast Du?» Sie blickte nieder. «Vorsichtsmassregel, Herr Rudolf. Ich habe letztes Mal, vor ein par Tagen schon geglaubt – – dann kam es aber in Ordnung – trotzdem, ich trage lieber was. Herr Rudolf sind ja die Gewissenhaftigkeit selbst, aber – wenn man so glücklich mit einander ist – und ganz ohne Angst ist man noch glücklicher. Wenn ich frei wäre würde ich am liebsten –» Sie blickte wieder nieder, drehte einen Knopf von mir und liess sich ans Herz drücken und küssen. Ich hatte verstanden, sie war ein lieber Kerl.

Nach Tisch als sie mir den Kaffee ins Zimmer brachte, hatte ich sie gerade in die Arme genommen als das Telefon kam und sie sich losmachte um an den Apparat zu springen. «Werden gewünscht» sagte sie leise rückwärts nach mir zu. «Frage, wer» antwortete ich, vom Bett aufstehend. «Wie?» hörte ich, «ich kann den Namen nicht verstehen. Frau von – was?» Dann zu mir zurück, eine Frau von Ochritz oder Üchritz in einer wichtigen persönlichen Angelegenheit.» Ich ging an den Apparat. «Dort Herr Rudolf Borchardt?» «Selbst». Es war eine klanglose weiblichen Stimme. «Einen Augenblick, ich rufe die gnädige Frau.» – «Dort Herr Borchardt? Sie kennen meinen Namen schwerlich, Frau von (Unverständlich) mit einer Bitte. Ich habe Ihnen in einer wichtigen persönlichen Angelegenheit einen Rohrpostbrief geschrieben, der in ein par Minuten bei Ihnen sein muss, und in wenigen Worten ohne weitere Erklärungen, die schwierig schriftlich zu machen sind, um die Güte Ihres Besuchs bittet. Ich möchte diese Bitte nochmals hier mündlich dringend machen.» «Ich bedaure sehr, ich habe nicht den Vorzug Sie zu kennen. Wenn Sie dringliche Wünsche haben, die Sie am Apparat nicht äussern können darf ich bitten mir zu sagen wann ich Sie hier in meiner Wohnung erwarten darf.» «Dafür ist es leider zu spät, denn ich hatte gebeten Sie um 3 Uhr Friedrich Wilhelmstrasse 12 bei mir sprechen zu können. Ich habe Ihnen eine so gute Nachricht zu geben – vielmehr bin in der glücklichen Lage Ihnen eine so unerwartete Freude zu bereiten, dass ich meine Bitte wirklich mit allerbestem Gewissen wiederholen kann.» «Sie sind mir rätselhaft, gnädige Frau. Ich bitte sich bestimmt äussern zu wollen oder ich hänge ab.» «Oh nein», sagte die Stimme, eine gebildete und soignierte Frauenstimme, «oh nein, denn Sie sind kein Pedant, der sicher gehen will, sie sind ein Cavalier, der es sich leisten kann zu vertrauen weil er seiner selber sicher ist, und ich freue mich doppelt Sie um 3 hier zu sehen.» Es war abgehängt. Sphinx sah mich fragend an, aber ich zuckte die Achseln, sagte nur «ein schlechter Scherz» und zog sie an mich. Wir liessen uns aufs Bett nieder, fanden nach wenig Küssen die unterbrochene Stimmung wieder und die geschickte Hand war gerade im Begriffe, sich den Steifen zu logieren, als die Entreeglocke schrillte. «Bitte lassen Sie mich, ich muss gehen» bat sie, sich losringend, während ich wütend den Knüppel durchdrückte, sie niederzwang und anherrschte «und wenn die Decke einfällt, wir machen nicht auf, komm» – «Herr Rudolf sein Sie vernünftig, wenns wieder läutet kommt Karolinchen, wir sind geschnappt» flehte das Mädchen, mich mit einem Ruck im Kreuz aus dem Sattel werfend und mit niedergelassenem Rock aufspringend, zur Thür hinaus. Ich blieb mit bäumendem Hengst zurück, sprang auch auf und ordnete mich. Der Spass war mir verdorben. Jetzt kam sie wieder und brachte mir dunkelrot im Gesicht und mit niedergeschlagenen Augen auf einem Tablett den Rohrpostbrief. Ich küsste sie und bat um Entschuldigung für meine Roheit. «Heut Nacht seh ich mal nach» flüsterte sie zwischen zwei vollen Küssen und entwischte korrekt. Der Brief lautete «Herr Rudolf Borchardt wird am Tage des Empfangs dieser Zeilen Friedrich Wilhelmstr 12, 3 Uhr nachmittags erwartet, um von Freunden eine streng persönliche für ihn besonders glückliche Nachricht entgegenzunehmen. I Stock, 2× läuten.» Keine Unterschrift, feinstes Nathanpapier, eine gute runde Hand von eher englischem Duktus. Ich schlug rasch das grosse Adressbuch, Strassennummernverzeichnis auf, aber in der angegebenen Etage stand als einziger Bewohner Ernst Braunsieck, Agenturen, Privatwohnung. Meine Psychologie war richtig berechnet worden. Ich zog mich sorgfältig um und stieg nach zwanzig Minuten die banale Läufertreppe des typischen Berlin W Herrschaftshauses hinauf. An der Thür des ersten Stockes war kein Braunsieck zu finden. Auf einem Messingschild stand ein Ü. und eine Baronskrone, darunter ein Porzellanschild mit dem Worte «Agenturen». Ich läutete zweimal und zwang mich zur Ruhe.

Ein leichter Schritt kam, in der geöffneten Thür stand ein grosses bleiches junges Mädchen in einem hübschen grauen Strassenkleide mit roten Verzierungen, das mit einem etwas kurzsichtigen Blicke der grossen Augen leicht lächelte. «Ja, ja, der Herr wird erwartet.» Sie nahm mir nichts ab, ich zog den Mantel aus, sie machte eine Thür auf und gab mir eine Art Wink ihr zu folgen. Ich betrat einen normalen Salon mit eleganten Durchschnittsmöbeln, in dem ein anderes junges Mädchen langsam aufstehend und sich etwas dehnend, Miene machte uns entgegenzukommen, dunkelblond wie die andere, mittelblond, mit einer Masse Haar, kammartig um den ganzen Kopf nach Rückwärts genommen, ebenfalls gross, hübsch, in einem dunkelblauen distinguierten Trotteur. Beide Mädchen lächelten, um nicht zu sagen sie lachten. «Hoffentlich» sagte die Blaue mit etwas gezogener Sprache, «haben

Sie es nicht zu sehr eilig, unsere Uhren gehen falsch scheints, die Tante» «Sie muss gleich kommen», fiel die Graue ein, «sie bittet sich einen Moment zu gedulden.» «Ich bin offen gesagt von Natur ziemlich ungeduldig und habe auch noch eine Menge heut vor, aber es wird von den beiden Damen abhängen, mich Geduld zu lehren» sagte ich scherzend, aber respektvoll. «Ach wir –» antwortete die Graue mich mit ihren kurzsichtigen aber aparten Augen fixierend, die Andere unterfassend und sich im Stehen wiegend, «– wir können garnichts lehren, nicht wahr, Susi?» «Lehren?» antwortet die Hübsche lustig. «Setzen Sie sich doch, es ist ja ganz ungemütlich. Lehren? Höhere Mädchenbildung. Furchtbar unpraktisch. Ägyptische Geschichte und so. Was man wirklich braucht, lernt man nur durchs Leben.» «Sind Sie auch so philosophisch –» wandte ich mich amüsiert an die Andere. «Ich? Oh Sie würden staunen; aber examinieren dürfen Sie mich nicht; ich habe gar keine Examenbegabung.» Die andere machte einen Cigarettenkasten auf, ich bot meine goldene Dose an, beide nahmen. Ich wusste nicht wie sie klassieren. «Seien Sie unbesorgt ich bin wie mir schon Ihre Frau Tante am Apparat sagte kein Pedant. Ob ich wie sie behauptete ein Cavalier bin, müsste sich ja bald erhärten.» «Das sieht man doch» sagte Susi durch ihren Cigarettenrauch. «Danke» sagte ich freundlich. «Sie urteilen hoffentlich nicht nach der Garderobe?» «Wir urteilen garnicht» bemerkte die Graue, über deren bleiches grosses Gesicht mit den langen roten Lippen – etwas zu roten – wieder ein verhaltenes Lächeln ging, das sie sehr pikant machte denn es war nonchalant und geistig, «wir nehmen an, dass alle Kavaliere sind, und das lohnt sich immer.» «Das ist schon Philosophie» warf ich hin, «und zwar gesunde. Ich umgekehrt nehme von allem das Schlechteste an und kann daher nur angenehm überrascht werden.» «Hoffentlich nicht auch von uns» sagte die hübsche Susi mit dem Herzmund und den kleinen unregelmässigen Zähnen. «Mein Fräulein, ich spreche von Frauen schlecht nur hinter ihrem Rücken» «Pfui». «Warum? Immer die hübschen Sachen ins Gesicht.» «Dann sagen Sie uns doch schnell hübsche Sachen.» «Oh warten Sie; z. B. dass ich es noch eine Weile recht gut ohne Tanten aushalte.» «Ein Kompliment, Dorle» sagte Susi, «wir wissen nur nicht wem es gilt und werden eifersüchtig.» Es läutete von innerhalb der Wohnung, Dorle stand rasch auf und ging in das rechts anstossende Zimmer, ich hörte ein Thür gehen. «Sie leben mit Ihrer Frau Tante» fragte ich um etwas zu sagen. Susi antwortete nicht schlug die Augen auf und sah mich an. «Jetzt noch was Hübsches für mich nach Mass» sagte sie ohne zu antworten übermütig. «Aber Sie examinieren ja mich. Es würde mir das Schönste einfallen wenn ich nicht gefragt würde.» «Das sind Ausreden.» «Die macht man ja wenn man nicht weiss ob man mit der Sprache heraus darf.» «Sind Cavaliere so wirkungsscheu?» fragte sie spottend. «Sie haben allerliebste Worte, Fräulein Susi, die garnicht nach Töchterschule schmecken.» «Das ist doch schon etwas hübsches. Denken Sie noch immer das Schlechteste von mir?» Die lange spöttische Dorle kam zurück. «Noch einen Augenblick», sagte sie, stehen bleibend. «Ja» fiel Susi ein, «wir leben mit unserer Tante, und noch eine –» Dorle lachte. «Cousine» sagte Susi, «was lachst Du Schneegans denn.» «Aber noch nicht lange» sagte Dorle, «es ist eine hübsche Wohnung, finden Sie nicht? Komm wir zeigen unserm Cavalier noch die andern Gemächer.» Die Mädchen schlenderten Arm und Arm ins linke Zimmer voran. Ich rückte an ihre Seite. Es war ein kleinerer Salon in pseudoorientalischem Genre, aber mit Bodenpolstern, neben denen niedere Tabourets, billige Messingcaféservices, Rauchtische standen, und sonderbarer Weise in einer Ecke ein grosses Himmelbett mit rosa seidenen dikken Vorhängen. «Wir haben nur die Hälfte der Etage der Vorderzimmer» erklärte Dorle. «Ja» sagte Susi, «da gehts halt ein bisl durcheinander, halb Schlaf halb Gesellschaftszimmer.» «Wie apart» bemerkte ich, «aber pikant.» Dorle machte die nächste Thür auf, in ein Zimmer, das im pseudofranzösischen Geschmack fast ebenso eingerichtet war, aber ein niederes Lager statt der Kelims hatte, augenscheinlich zwei Matratzen übereinander mit einer toile de Gènes bedeckt, das Himmelbett mit seegrünen Vorhängen. «Kann man weiter» fragte Susi leise. «Ich glaube Katia schläft» sagte Dorle leise klopfend. Ein einladend singender unartikulierter Laut kam von drinnen. Dann, während die Mädchen lachten patschten Tritte und in der sich öffnenden Thür, einen Schlafrock unter dem Kinn zuhaltend stand ein lachendes, schlummerheisses, blondes Püppchen, eine zierlich gebaute Zwanzigjährige mit niedlichen Zügen und schweren breiten blonden Augenbrauen. «Pfui, ein Mann» sagte sie, «ihr Kröten», blieb aber stehen. «I wo» beteuerte Susi, «ein Mädel, nur verkleidet, als Probe für Morgen Abend, Maskenball.» «Ihr führt mich an und seid gemein. Mein Herr ich kann Sie jetzt nicht empfangen.» «Doch» antwortete ich gutmütig, «ich sehe nichts als was ich sehen darf. Reizendes Zimmer» und ich drückte leicht gegen die Thür. «Nein nein» sagten die Mädchen und fassten mich unter um mich wegzuziehen. Katia verschwand hinter der zugezogenen Thür. Ich drückte unwillkürlich die beiden mich unterfassenden Arme und versuchte in die verschränkten Hände zu greifen, wurde aber zurückgewiesen und schnippisch angesehen. Dagegen stand im ersten der beiden Zimmer eine grauhaarige leidend aussehende Bedienerin und stellte ein Messingcafégeschirr mit Mokkatassen auf eine der Tabouretts neben dem Kelimlager. «Wie nett» rief Dorle loslassend, «bums!» und sie warf sich der Länge nach auf das Lager. «Machen Sie sichs nur bequem» rief Susi, die mit der Bedienerin leise sprach, «ich komme gleich wieder.» «Viel Zucker?» fragte Dorle, einschenkend und mich anblinzelnd. Ich hockte neben ihr. «Gar keinen» sagte ich, sie rasch umfassend, «ausser von so roten Lippen.» «Seien Sie doch vernünftig» sagte Dorle, mich wegstemmend, «was glauben Sie denn.» Ich sah nach der gegenüberliegenden Wand an der eine grosse Copie von Tizians Danae hing, den üppigen Schooss gespreizt, das Gold in sie einschiessend. Auf der anderen hing Correggios Io, in der Ekstase der Götterumarmung ersterbend. «Ich glaube» sagte ich nach der Uhr sehend, «dass es höchste Zeit für mich wird.» «Nun?» sagte Susi rasch wiederkommend und neben mir in die Knie gehend, «was hat er Dir Hübsches für Dich allein gesagt?» «Dass ich den Naturzucker roter Lippen dem Würfelzucker in diesem Messing vorziehe» antwortete ich gelangweilt, Susi an mich ziehend, «und dass ich in fünf Minuten aus dem Hause bin, wenn ihr mich nicht Geduld lehrt.» Susi liess sich kurz küssen, rutschte aber geschickt aus meinen Armen. «Seien Sie noch einen Augenblick manierlich und gescheit. Wir gefallen Ihnen ja gar nicht.» «Viel Zucker?» fragte Dorle nochmals, mir lachend die Tasse reichend. «Keinen Tropfen Kaffee trinkt der Kavalier» spottete ich, auf den Ton eingehend, «ohne einen» «Gibt's nicht» erklärte Dorle, die Tasse austrinkend, und sofort wieder vollschenkend. «Also gib ihm schon einen» riet Susi, «dass eine Ruh is. Von mir hat er ja auch einen gestriezt.» «Nein ich bitte um zwei Stück Zucker» erklärte ich mit gespielter Kühle. Dorle gehorchte. Wir lagen schlürfend neben einander und tranken Tasse nach Tasse. Ich hatte die Hände unter den Kopf gelegt und sah zur Decke. Susi erstickte ein Lachen. Dorle bückte sich über mich und liess sich festhalten. In wenigen Minuten war die Lage normal, insofern als die beiden schönen Wesen die Sprödigkeit fallen liessen, blieb aber undurchdringlich, denn über ein par Küsse und Scherze kam ich nicht hinaus. Erst als Susi noch einmal hinausgeklingelt worden war, liess Dorle sich für einen Augenblick gehen, überliess ihren schöngeformten Körper meinen Umarmungen und erwiderte meine

Küsse mit Lebhaftigkeit, stand aber rasch auf, als Schritte kamen, flüsterte «Nachher» und verschwand ins französische Boudoir. Die Schritte gehörten einer grossen dunklen Dame Ende der Vierziger, mit ruhiger Eleganz angezogen, und ein goldenes Lorgnon in der Hand, die mich während ich aufstand und einen Schritt gegen sie that, freundlich gehalten begrüsste. «Ich freue mich sehr. Ich bin Frau von Üchtritz. Es war sehr unhöflich von mir Sie so lange warten zu lassen, leider bin ich aufgehalten worden. Sie haben sich hoffentlich nicht gelangweilt, es sind ausgelassene Dinger – die Jugend. Vielleicht gehen wir einen Augenblick in den Salon. Sie sind wie ich sehe, sehr – erstaunt –» «Ich kann nicht nein sagen, gnädige Frau, aber jedes Erstaunen findet ja wol ein Mal sein natürliches Ende.» «Eben eben. Lassen Sie es mich kurz machen. Ich bin von Jemand, von einer Persönlichkeit, der ich sehr sehr verpflichtet bin, gestern gefragt worden, auf welche Weise man Sie wol kennen lernen könne wenn man diesen Wunsch sehr lebhaft hegt und ihn so rasch wie möglich erfüllt sehen möchte.» «Und warum haben Sie dem Herrn wenn ich fragen darf, nicht die Adresse gegeben, in deren Besitz Sie zu meiner Verwunderung sich befinden?» «Weil der Herr – kein Herr ist, Herr Borchardt. Und weil er aus Gründen, die ich Ihren Takt zu erraten bitte, nicht bekannt werden darf.» «Und?» fragte ich starr. «Wir haben hin und her überlegt. Schliesslich habe ich vorgeschlagen die Bekanntschaft hier zu ermöglichen. Bitte sagen Sie nicht, dass ich selber Sie ja nicht kenne – ich kenne Sie ohne dass Sie es wissen sehr genau, und kenne seit Jahren Ihre – Familie: Ich kenne viele Ihrer Bekannten und bin informiert genug um zu wissen, dass Ihr Besuch eine Ehre für mich ist. Lassen wir also die Förmlichkeiten.» «So» sagte ich verblüfft, «vielleicht orientieren Sie mich doch etwas weiter.» «Die Dame ist sehr schwierig gestellt. Ich muss Ihnen sofort sagen, dass Sie nie erfahren dürfen, wer sie ist, und dass sie von Ihnen nie wiedererkannt werden darf; damit müssen Sie sich mir ehrenwörtlich einverstanden erklären. Sie ist übrigens die schönste Frau die ich kenne. Habe ich Ihr Wort?» Nach kurzem Zaudern schlug ich ein. «Sie ist noch nicht im Hause, wird es aber sogleich sein. Ich darf mich verabschieden, ich muss Einkäufe machen gehen. Alles Übrige habe ich so disponiert dass Sie sich nur gehen zu lassen brauchen, wie die Umstände es fügen werden.» Sie gab mir eine schöne gepflegte Hand, die ich in Benommenheit küsste und ging. Nach einem Augenblick kamen Susi und Dorle diesmal wirklich ausgelassen, hereingetanzt und umarmten mich ohne Umstände. Sie sagten mir es gebe eine Bescherung für den artigen Bubi und sie müssten ihn zum Fest hübsch machen, behandelten mich wie ein Kind und reizten mich durch Zwicke, Kitzeln und Spielküsse. Dann zogen sie mich durch die entgegengesetzte Thüre in ein grosses Badezimmer das durch ein hineingestelltes Bett ebenfalls in Schlafzimmer verwandelt war und zogen mich lachend aus, liessen sich aber nur leichte Scherze meiner Hände gefallen. Als ich in Hemd und Unterhosen stand, traten sie zurück und spielten die Verschämten, dann stemmte Susi die Hände in die Seite und lachte mit ihrem Herzmund «Bubi zeig mal», und Dorle drückte mich auf den Stuhl und zog mir die Unterhosen an den Gelenken herunter, so dass ich mich um nicht zu fallen, am Sitze halten musste. «Oh» sagten beide wie aus einem Munde, «was ein Schöner!» Sie zogen mir das Hemd über den Kopf, küssten mich wohin es traf, umarmten mich zu zweit, wirbelten mich umeinander dass mir Hören und Sehen verging und drehten mich durch eine rasch geöffnete Thür in ein gegen den Tag fest abgedunkeltes Zimmer mit einem grossen Himmelbett in dem eine Bettlampe brannte. In einem Scheine lag auf dem Bette nackend eine bildschöne reife Frau mit einer schwarzen Samtmaske, Halbmaske, vor den Augen, den üppigen Mund im Lächeln halb geöffnet, das volle dunkle Haar straff und knapp hinter den Kopf geordnet «Ah par exemple» sagte sie lachend, auf mein Steilbein deutend das bei jedem Schritte schwer vor mir zuckte. «c'est même plus beau ça qu'on ne me l'ait promis.» Ich war stehn geblieben und verschlang das Bild mit den Augen. «Komm» sagte sie leise und seufzte «ich – vergehe nach Dir –» – «Komm» klang es erstickt unter meinen Küssen, «zeig mir was Du wert bist, liebe mich, vögle mich mein Schatz, da bin ich für Dich, – ist das alles mein? soll das alles mein sein? Ja dies ist alles für Dich, komm lass Dich beissen, lass Dich kussbeissen, Dich beissküssen, komm mich fickvögeln, gib den dicken dritten Arm, den heissen, mit der roten Faust drauf – ah – ah.» Sie zerbiss mir den Mund bis zum wilden Schmerz als ich mit aller Kraft durch ihre Enge drang, unter Schreien und heissem Stöhnen der Lust, frenetisch, mit den tollsten Worten und den wütendsten Bewegungen ertrug und erwiderte sie meine Stürme. Als sie der Ekstase nahe war, drehte sie die Lampe aus und zog die Maske über die Stirne ins Haar. «Küsse meine Augen» lallte sie sich werfend, «ich küsse Deine Augen – küsse mei –» der Krampf riss sie, sie warf mich zurück und drückte mir ihre vollen Brüste ins Gesicht. Schon nach Minuten brannte ihre Begierde von neuem und lief die Geilheit ihr in wilden Worten vom Munde. Wir rangen kichernd und uns beissend vor Kitzel Brust an Brust und sie liess sich zitternd bezwingen. Dann machte sie Licht, und hatte die Maske wieder vor den Augen, «Il faut que je m'en aille, mon gros coq chéri mon mignon» seufzte sie unter Küssen. «Mais je ne vous lâcherai point, par exemple» stammelte ich «ce n'était que la préamble que ça, il nous faut la pièce» und ich erdrückte den unter meiner Umschlingung gekitzelten und unter mir schnikkenden prachtvollen Leib. «Voyons, tu m'enivres –» hauchte sie «et pourtant – komm hör rasch. Ich muss nun fort. Ich muss. Wenn ich nicht müsste, stürbe ich in Deinen Armen. Wenn ich nicht gehe, kann ich Dich nie wieder haben, Du unerhörtes Glück.» Ihre blauen Augen strahlten durch die schwarze Samtmaske. «Ich will Dich behalten wenn Du mir versprichst, dass Du nichts thun wirst um mein Geheimnis zu lüften. Versprich mir –» und sie umschloss meinen Pfahl mit einer fiebernden Hand. «Küsse mich zum Zeichen –» Unsere Zungen flossen in einander. «Man wird Dir telephonieren. Es wird immer nur eine halbe Stunde sein bis Dezember, und dann zum ersten Male – tu me donneras une nuitée – –» Es kam eine Pause wahnsinniger Zärtlichkeiten. «Ach wenn Frauen wüssten dass es das gibt –» «Und Männer –» sagte ich sie im Nu gewaltsam bezwingend und nagelnd. Kein Sträuben half und es ging in rasches Jauchzen über. Ich besass sie in einem Wirbelangriff der kaum eine Minute dauerte und sie schon brach. Links klopfte es drei Mal leise, an der meinem Eingang entgegengesetzten Thür. Sie riss sich aus dem Taumel. «Je suis navrée, mais pleine de toi. Adieu. Bleibe ruhig liegen, tu verras.» Das Licht ging aus, ihre Lippen suchten und verliessen mich. «Vielleicht komme ich noch einen Augenblick – aber nein. Ne bouge pas. A bien bientôt. Ich sehne mich jetzt schon.» Die Thür schliff ins Schloss. Ich versuchte Licht zu machen fand aber keinen Drücker. Dann schien durch meine Eingangsthür der graue Nachmittag in die Zauberhöhle und die beiden Mädchen prusteten los. Als ich auf den Boden sprang und sie sah waren es drei, die zierliche blonde Katja mit den breiten goldenen Augenbrauen drückte sich kichernd hinter die Anderen. «Was, immer noch», sagte Dorle, sich mir entwindend und den andern lassend, «hat Sie Ihnen den Bock nicht ausgetrieben» «Süsser» hauchte Susi, den Bock in der Faust und mich frech mit der Zunge küssend, «schade, –» und sie schob die Kleine vor die mir mit der Hand über den Wipper wippte und flüsterte «Strolch –» Ich griff zu aber umsonst, sie schoben sich gegenseitig vor einander und retirierten durch die Thür. Da lagen nun meine Kleider neben dem ins Badezimmer gestellten Bett und ich schlüpfte rasch hinein. Auf meiner Uhr war es halb fünf, ich zählte rasch Geld und Scheckbuch nach und es stimmte wusch mich und trat in den Salon um mich zu drücken, aber Frau von Üchtritz, in tadellos gesellschaftlicher Haltung, erhob sich von einem Sessel in dem sie die Times gelesen hatte und bat mich mit gütiger Haltung an einen normalen Theetisch mit grossem silbernen Samowar, Sandwiches und petite fours an dem die eben in meinem Steifen geklammert gewesene schlanke Hand Susis einschenkte und Platten reichte. Es war als hätte ich in einem honnetten Hause nur gebeten im Nebenzimmer telephonierten zu dürfen und kehrte in die gesellschaftliche Conversation mit befreundeten Damen zurück, und ich goûtierte die köstliche Farce unrührbar. «Man macht sich fast ein Gewissen Sie Ihren Arbeiten zu entziehen und in unsern kleinen small talk zu laden, aber Sie sind so viel umgänglicher als die andern grossen Geister dass man dreist wird und etwas von Ihnen haben will.» «Sie müssen mich nicht zwingen Complimente zu überhören wenn wir es gemütlich mit einander haben wollen» sagte ich verbindlich. «Ihre andern Nichten schneiden uns?» «Sie sind bei ihrer Zankpatience» lächelte die Tante, «die Jugend ist heut so verspielt, dass man sie zu garnichts vernünftigem bringt, nur meine Susanne treibt etwas Ernsthaftes mit mir.» «Wie interessant», sagte ich, «aber es überrascht mich offen gesagt nicht ganz, denn ich traue ihr am ehesten ein festes Zugreifen zu.» Die Üchtritz sah mich freundlich an. «Ganz richtig. Ich habe meine Freude an ihr.» «Aber erst sehr neuerdings» bemerkte die junge Dame, «denn ich konnte es Dir lange mit nichts rechtmachen.» «Ja ich bin sehr strikt. Ich verlange was ich verlange, Erziehung, Manieren, Bildung, Takt, das rechte Maass, grösste Liebenswürdigkeit wie sie jungen Mädchen so reizend steht und vor allem harmonisches wirklich beglückendes Sichfinden in alle Lagen.»

«Welch ein Katalog!» bemerkte ich meinen Thee schlürfend, «wie schade dass gnädige Frau diese Mustererziehung auf die engere Familie beschränken, und nicht in ein feines kleines Institut verwandeln, die Allgemeinheit hätte doch solchen Vorteil davon.» «Das ist mir schon so oft gesagt worden, dass ich wirklich nicht erst seit gestern, Pläne mache», sagte die hohe Dame sinnend; «es ist eine Kapitalsfrage, ich ziehe im Augenblicke wenig aus meinem kleinen Gut – eine Klitsche sollte ich sagen – aber ich sammle für eine Aktiengesellschaft; die Aktie ist ganz gering, fünfzig Mark, aber darüber hinaus sind dem Interesse keine Schranken gesetzt, und eine Stiftung erhebt in den Rang von Ehrenmitgliedern, die ich möchte sagen clubartige Vergünstigungen geniessen sollen, zb über die Räume verfügen u.s.w.» Susi hatte sich unbefangen verflüchtigt. «Wie reizend!» sagte ich, das Checkbuch ziehend. «Eine Aktie, wirklich?» fragte die Üchtritz mit ausgezeichnet gemachter naiver Freude. «Ach – da aller guten Dinge, und so auch der Nichten, Drei sind» «Die Stiftung beginnt schon mit dreihundert» sagte die Dame vertraulich. Ich schrieb einen Scheck von 450 Mark und gab ihn gefaltet hinüber, sie hatte aber von rückwärts gelesen und verbarg ihr Strahlen mühsam. «Das ist ein Beweis dafür, dass Sie nicht bereuen, Ihren Trotz meiner Bitte geopfert zu haben. Ich wusste, dass die Sicherheit eines restlosen Sich Verstehens über alle Ungleichheiten hinweg bei zwei wirklich vornehmen Persönlichkeiten ausser aller Frage war und das kleine Hindernis hinweggeräumt werden musste. Wieviel Schönes und Wertvolles kommt nur dadurch nie zustande, weil die vorurteilslose und überlegene Person fehlt, die im rechten Augenblicke eingreift.» «Wieso, darf ich fragen, sprechen Sie gerade in diesem Falle von Ungleichheiten» fragte ich möglichst unschuldig, «hielten Sie mich für so hochmütig?» Die Dame fixierte mich. «Das – dürfte in diesem Falle schwerlich das rechte Wort sein, Herr Borchardt. Ich darf nicht mehr sagen.» «Sie meinen das Verhältnis sei das umgekehrte?» Sie schwieg, senkte die Augen und sah mich tolerant an. «Da ich annehmen darf dass die Hoffnung die mir geäussert worden ist, die festgestellte völlige Übereinstimmung möchte eine gesunde Basis für weiteres enges Zusammenarbeiten abgeben – da ich annehme dass Sie diese Hoffnung teilen, brauche ich nur zu empfehlen die nächsten Male die Augen aufzumachen, dann können Sie meine Meinungen bei Ihrer Menschenkenntnis entbehren. Das erste Mal, fürchte ich, ist man immer etwas fasciniert vom gegenseitigen Interesse und hat keinen Blick für Kleinigkeiten.» «Vielleicht» sagte ich einlenkend, «vielleicht. Erstens ist man, besonders im Anfang ausserordentlich steif». «Sie geben das zu?» «Herren» feixte die Dame, «sollen es sein, aber das gibt sich, wenn man warm geworden ist, auf natürlichem Wege.» «Ferner ist die Aufgabe rasch einzudringen.» «Aber ich bitte Sie, bei natürlichem Entgegenkommen – und überhaupt wenn dann rasch, gerade im Fühlungnehmen liegt doch immer der aparteste Reiz –» «Günstlinge werden die letzten sein das zu leugnen», sagte ich galant, «und wenn von einer mir so überlegenen Seite eine gewisse wie soll ich sagen Massivität» «Aber wo denken Sie hin» antwortete sie rasch sich liebenswürdig erhebend und mir die Hand reichend, «gerade die, Herr Borchardt erweist sich in diesem Falle wie meist wenn sie auch anfangs etwas humoristisch bestürzend wirkt, schliesslich als die raison d'être eines Ausflugs aus dem Gewöhnlichen, wo uns das Glück in meist sehr dürftigen Portionen und Proportionen zugemessen wird. Was wollen Sie, die Geschlechter sind verschieden. Der Mann will sich kräftig, hm, eingliedern, eine Frau will doch ein einziges Mal völlig ausgefüllt sein –» «Also ich bin wie ich mit Erleichterung vernehme, nicht zu weit gegangen» bemerkte ich, die rechte Hand perfunktorisch küssend. «Ich sollte nicht meinen; es ist ja auch ein ebenso dehnbarer Begriff wie» «wie manches

Massive doch zugleich wieder biegsam» ergänzte ich rasch. «Eben» sagte die Üchtritz mit einem tiefen Verständnisblicke. «Aber ich muss diese charmante Plauderei ein ander Mal fortsetzen. Meine Gören wollen durchaus Ihnen ihre Stammbücher überreichen – ach man ist so romantisch in diesen Jahren. Aber es muss etwas Selbstverfasstes sein, denken Sie, diese Prätention, und ganz persönlich, und das schlimme ist, zwei von ihnen brauche ich jetzt dringend für häusliche Zwecke, ich lasse sie aber bald wieder frei – welche? Ach das bleibt sich eigentlich gleich. Anprobieren – denn darum handelt es sich, müssen sie doch alle, der Reihe nach oder ausser der Reihe. Adieu Herr Borchardt. Ich habe gesagt ein Cavalier – jetzt darf ich einfach sagen ein Ritter. Wie lieb dass Sie auf meine Mädel so menschlich eingehen – lassen Sie sich garnicht stören, vertreiben Sie ihnen etwas die Zeit an diesem frostigen Grossstadtnachmittag –» Sie entschwand. Im Nebenzimmer guckten die Dreie, Katja vorn dann die schlanke Susi, dann die noch etwas grössere blinzelnde Dorle sich kichernd über die Schultern, halb in der Thür zum zweiten Boudoir. Ich schlenderte die Hände in den Taschen zu ihnen. «Zwei von Euch sollen bei der – Tante anprobieren.» «Und die Dritte mit» spottete Dorle. «Hört, ihr Allerliebsten. Ich gehe streng nach der Ordnung vor. Drei Zimmer, drei Schätze, keine Bevorzugung. Nur kein Drängeln. Ich nehme hier Aufenthalt. Ihr zieht alle drei ab, wer in seinem Zimmer ein Taschentuch vergessen hat kommt und ich helfe suchen.» Ich drängte die Ausgelassenen aus der Thür und sah mir neben der Couch stehend die Io an. Dann ging die Thür, die lange Dorle kam herein einen Finger verschämt thuend am Munde und bog sich geschmeidig in meinen Armen. Ich drückte sie nieder. «Warum warst Du so spröde wenn Du so raffiniert küssen kannst» fragte ich ausser Atem. «Wir dürfen ja nicht» lachte sie. «Das ist doch die Hausordnung capieren Sie nicht? Wir sind doch in solchen Fällen nur da den Stier zu reizen, streng dezent.» «Was heisst in solchen?» «Wenn eine Dame hinten hinterm Bad wartet, die einen Freund bestellt hat, oder einen Gigolo.» «Ach so.» «Manchmal müssen wir nur auf die Probe stellen. Madame liefert an Interessentinnen auch bestellte Jungen, manchmal, – dies ganz unter uns. Dann prüfen wir auf Reaktion, streng dezent. Nichts darf verabreicht werden. Sie reizen auch meinen Appetit nicht, offen gesagt!» «Und das kommt oft vor?» «Süsser, die Üchtritz ist doch das schickste Puff von Berlin, wissen Sie das denn nicht? Maison de Rendezvous, sonst nichts. Wir sind nur Attrappen. Selten dass wir ein Mal in Aktion treten. Manchmal hat was nicht geklappt, dann helfen wir aus. Eine Freundin ist verhindert gewesen, telephoniert ab, dann trösten wir den Witwer. Oder dort hinten funktioniert was nicht, und der Jüngling kommt ausser sich angelaufen und reagiert sich ab. Oder es kommt ein Eingeführter, ein Neuling, um den Betrieb kennen zu lernen und wir servieren ihm einen Mokka und ein Schäferstündchen. Strengste Hausordnung. Sie sind der erste Ausnahmefall, indem Sie – nachher – noch Interesse zeigen. Es wurde prompt gemeldet und dies ist der Erfolg.» «Wer war –» «Keine Ahnung.» «Du lügst.» Sie lachte. «Wenn Sie weiter fragen, werde ich glauben, dass Sie sich nicht das Geringste aus mir machen.» «Nur noch ein par Fragen. Alles auf Metallbasis?» «Doch klar. Taxe dreissig, darüber unbegrenzt. Damen die hier Abenteuer suchen fünfzig, der Junge bekommt nur zehn davon oder in besondern Fällen unbegrenzt. Ihre Freundin heut hat seit drei Tagen immer höher und höher geboten, gezahlt hat sie fünfhundert, ich habe es am Apparat gehört.» «Phantastisch.» «Warum? Es ist doch jeder auf seine Kosten gekommen. Die Hoheit oder wer sie war, kam doch purpurrot mit schwimmenden Augen heraus und fiel im Cabinet ihrer wartenden Gesellschaftsdame um den Hals wie hysterisch und stöhnte ‹Kind nur fort oder ich gehe zu ihm zurück und es gibt ‹Éclat›» sie machte es urkomisch nach, «und Sie waren doch noch ganz Flamme, und Madame hat fünfhundert und wir Drei einen Schatz und jede noch was ins Taschengeld, und Sie werden nicht enttäuscht sein, wenn Sie ins Auto steigen, und das Haus hat einen dicken Scheck von Ihnen gekriegt – also – lauter Glückliche, wie? Und wodurch? dadurch dass Sie eine Patenthose haben. «Eine –?» «Aber ja. Die Taschen voll, und den tollen Bock hier» sie grub ihn heraus «der aus Eisen ist – und küssen kannst Du – können Sie – oder haben Sie es verlernt –» Es gab fast eine Pause. Sie war unter dem grauen Trotteur nackt. Das Haar ging auf und fiel über das bleiche Gesicht, indem es als hohe Welle über der Stirn stand und dann wirr in alle Richtungen ging. Sie riss sich die Jacke auf, ihre schwere Brust strotzte über den Riss, die Augen waren jetzt schon gebrochen «mich nicht mehr reizen» seufzte sie, «ich bin – zu verliebt in Dich – Du – Wilder». Sie richtete sich halb auf und liess sich nicht niederziehen. «Was hast Du, komm?» «Schon, Süsser, aber anders. Raffiniert, damit ich Dich geniesse –» Sie drückte neben der Couch und zog einen Hebel. Am Kopfende trat durch die Decke ein versenkter kastenartiger viereckiger Einsatz fast einen halben Meter über das Lagerniveau hoch, so breit wie dieses selber und fast einen Meter lang, augenscheinlich gepolstert, denn man sah unter der Decke keine Kanten; nach hinten, wie gesagt ging er senkrecht nieder. Ich sah erstaunt auf die Vorkehrung, Dorle fasste ein Kissen und warfs hinter diese neue hohe Stufe auf den Boden. «Hier rauf» flüsterte sie an meinem Munde, setzte sich drauf und zog sich die Beine nach, ich that das Gleiche, sie ging in die Knie mir gegenüber und jetzt verstand ich. Ich zog sie knieend gegen mich und verzehrte den langen kunstreichen Mund mit Küssen, sie hob den Rock, ich presste sie in mich hinein und sie warf mir die zitternden Arme um die Schultern. Der Brunstarm drang ihr zwischen die Schenkel, sie half nach, liess die Beine nach hinten auf das Kissen sinken und den Kopf mit den offenen Haaren zur Seite. Alle Muskeln um sie gepresst schob ich wie ein Toller, griff in ihre vollen nackten Hinterbacken unter dem Rock und bearbeitete sie mit athletischen Phallusstössen im Sturmtempo: Es war eine wonnevolle Variation und ich glaube nie so genossen zu haben. Die äusserste Wollust wirkte auf dem ganzen bleichen Gesichte des Mädchens mit den gekrümmten Lippen wie ein äusserstes Leiden. Sie hatte leise heisere Schreie rüttelte sich und sank mir auf die Schulter. Ich blieb in ihr, bis ihre vor Rausch eisigen Lippen meinen Mund suchten und sofort zu glühen begannen. Ihre Arme zogen zärtlich an, die Küsse wurden lang und innig, Seufzer des Glücks kamen aus der Kehle und so bebte sie langsam, langsam aus. Sie hielt mich noch für Minuten umschlungen, die Augen geschlossen, die Glieder sich lösend. Ab und zu hob sie den Kopf, suchte sich die süsseste Stelle und pflanzte neuen Kuss der Liebe hinein. Dann standen wir umschlungen auf, und standen eng umarmt. «Komm wieder, Schatz» flüsterte sie, mit kleinen engen Küssen, «sage ihr, Du möchtest einmal Benefiz für mich veranstalten.» «Was ist das?» «Fein sage ich Dir, vollkommenste Illusion, darin ist sie Meisterin. Machs telephonisch aus, wir sind dann glücklich wie die Spatzen – adieu Abgott.» Sie öffnete die Thür zum Salon und war fort. Ich zündete mir eine Cigarette an und genoss das Nachgefühl der glücklichen Viertelstunde mit dem schönen Körper des begehrlichen und amüsanten Mädchens. Nichts störte mich in meiner Träumerei. Dann ging die Thür zum französischen Boudoir halb auf, und Susis blonder Kopf sah spassend heraus. «Ist anprobiert worden? Passte er? Ist das Taschentuch gefunden? Wo hat man gesucht?» Sie hielt die Thür fest zu und liess nur die zur runden Tüte vorgestülpten Lippen des eingeklemmten Kopfes küssen, mit blitzenden dreisten Augen. Endlich war sie in meinen

Armen. «Immer noch?» spottete sie auf dem Lager nach dem ersten Küssen. «Ich dachte schon wie gemein die Dritte zu sein, aber Sie machen die Illusion allerdings perfekt.» «Liebling Du bist die Erste. Ein Kuss von Dir und alle Vergangenheit ist in Lethe. Ich bin eben aufgewacht, habe hinreissend geträumt und finde den Traum wahrgeworden in meinen Armen.» «Ich habe dafür mein ganzes Leben geträumt, es gäbe etwas wie Sie – alles auf ein Mal was es sonst nur getrennt gibt, die Stecher sind roh und dämlich, die feinen Leute sind gehemmt und impotent, die gescheiten und eleganten sind homosexuell, die athletischen Grossen haben einen invaliden Däumling, die flotten Liebhaber die gut ausgerüstet und lustig sind, haben kein Geld und die grossen eleganten schönen Lebemänner und Kavallerieoffiziere, die eine ausdauernde Klinge schlagen, gehen nicht ins Puff, die reissen sich die grossen Damen aus den Händen und sie haben genug zu thun alle Rendezvous abzuarbeiten, die sie kriegen.» «Mein Engel wenn sie wüssten dass in dem was Du Puff nennst, solche witzigen Lippen solche Schmelzküsse auf Lager haben, stände Deine Thür nie still.» Sie lachte leise und drückte mich an sich. «Das liegt doch nur daran dass Dein Mund so ansteckend ist, man kriegt von Dir das Küssen und die Einfälle wie den Husten.» Es gab eine zärtliche Pause. «Wer bist Du?» «Ist ja wurscht, verführt, durchgegangen, verstossen, gestrandet, noch mal hineingefallen, auf der Strasse gewesen, hier hinauf gerutscht, ein Paradies gegen das Frühere, leichtsinnig, hätte einen hiesigen Kunden heiraten können, Nein gesagt, bin erst 21, habe schon ganz nettes Bankkonto lebe noch zwei drei Jahre so, mache dann was ich will, gehe nach England, heirate. Alles nur äusserlich. Vater Rittergutsbesitzer in Mecklenburg, Mutter Französin, in Lausanne erzogen und so weiter. Kümmere Dich nicht drum. Unterschiede gibts nicht. Mädchen und Frauen sind nicht anders als ihr, in allen Klassen. Sie träumen vom Sowieso wie ihr von der Solala, nur sind sie noch heisser und derber, machen sich weniger vor, sind viel naiver schamlos, steht ihnen auch besser. Wenn ich den Mund aufmachen dürfte und Dir sagen wer Dich heut gehabt hat –» «Will ich nicht wissen. Dich will ich, sonst keine.» «Süsser. Blendender. Steht er Dir eigentlich immer?» «Meist.» «Blendend. Warst Du auch gleich so verliebt in mich wie ich in Dich?» Es gab eine lange Pause. «Komm endlich anprobieren. Ich glaube allerdings, Du bist zwei Nummern zu gross geraten, wir werden etwas abnehmen müssen.» «Gnädiges Fräulein werden gleich sehen wie das täuscht. Garantiere perfekten Sitz. Ausserdem läuft es sich ein.» «Einlaufen? Bitte nicht auslaufen lassen, ich trage nichts.» «Garantie». «Ach – Geliebter. Ach – mein Abgott. Warte einen Augenblick. Ich zeige Dir ein neues Glück. Lege Dich flach auf den Rücken und lass mich alles machen. Wir machen die ‹Schere›, das kennst Du nicht, es ist masslos süss und geilt masslos an, man kann es nur wirklich, wenn die Körpermaasse stimmen. So, jetzt mit Beine lang im Sitz aufrichten.» Sie setzte sich, ein Bein links eins Rechts in meinen Schoss und wir umarmten uns mit Wutküssen. Dann hob sie sich vorsichtig, führte den Steilen in den Kelch und sank sich auf die Lippen beissend und heiss röchelnd, tiefer und tiefer über ihn hinein, bis wir uns von neuem umschlangen, sie schon auf dem Zapfen ruckend, den ich in sie gerammt hatte. Sie liess meinen Mund los. «Bieg Dich etwas rückwärts – Beine auseinander –» Mit einem Rucke, elastisch, schwang sie die Schenkel auf meine Schultern und hauchte «liegend –» während sie selber sich zwischen meine auseinanderliegenden Beine zurückbettete. Ihre Füsse klammerten, wir griffen uns nach den Händen und zogen uns durch eine unsäglich wollüstige Contraktion eng zusammen; ein langsamer Rhythmus von Stoss und Entspannung begann auf beiden Seiten. Nach Sekunden schon waren wir in wonniger Harmonie, Susi arbeitete mit schwingenden Wellen die durch den ganzen Körper gingen, meinen Stössen aus dem Kreuz entgegen, immer wieder kamen Momente der wahnsinnigen Süssigkeit des Hochgespannt ineinander Hängens unterbrochen durch neues Wagen, Stossen, Rutschen, enger und enger in einander Verzahntseins. Ihr Kopf hing seitlich über mit weit offenem Munde, ihre rechte Hand hatte losgelassen und krampfte im Teppich, die linke krallte in meine Hand und noch immer zogen ihre Küsse in meinem Genick, spannte sich die Welle in mein immer wilderes Stossen hinein. Plötzlich schlug sie hoch, riss mich auf an sich, ein Rütteln und Beissen begann und sie fiel zurück, stiess mich mit den Füssen fort, war frei von mir und zog sich mit einem singenden Stöhnen in einem krampfgeschüttelten Knäul zusammen. Es war höchste Zeit gewesen, keinen Augenblick länger hätte ich widerstanden, und ich beruhigte mich völlig ehe ich mich aufrichtete und zu ihr legte. Sie sprach nicht und reckte sich lang an mir aus, mit hörbar klopfendem Herzschlag und lange zitternden Atemzügen. Dann suchten mich die reizenden Lippen und schlossen sich ohne Kuss auf meinen Mund, wir fassten uns inniger und lagen stumm. Das Schweigen endete in einem langen leidenschaftlichen Kuss. Sie zog meine Hand zu sich und küsste sie. «Ach» sagte sie leise und bestimmt, «siehst Du, eine solche Stunde wiegt doch den ganzen Unsinn hier auf, und welches Mädel hat das ausser mir.» «Kannst Du nicht einmal einen Tag ganz mit mir sein?» fragte ich sie liebkosend. «Ausgeschlossen. Strengste Verpflichtung, alles hier im Hause, nichts ausserhalb, wir gehen zu Viert mit ihr aus, nie ein Herr dabei. Aber bitte sie um eine Benefiz für mich und ich garantiere Dir, Du wirst nichts vermissen.» «Und was ist das?» «Kann ich Dir nicht erklären. Restlos alles was Du Dir wünscht, im Allgemeinen, und was unmöglich ist, ausser sie liefert es Dir täuschend echt.» «Ich gebe gern für Dich Geld aus aber ungern für sie wenn Du nichts davon hast.» «Unsinn. Erstens bist Du Gönner. Es sind hundert Mark und ein Geschenk für die Benefiziantin, das kannst Du wählen wie Du mir eine Freude machen willst und von den Hundert behält sie nur zwanzig. Ich erwarte in den nächsten Tagen das Ultimo der Damen, also ab nächste Woche. Versprich mir – Du.» Das Schweigen trat wieder in seine Rechte. «Ich liebe Dich –» seufzte sie «mach Dir nichts draus. Ich gäbe was drum, Dich eine Nacht zu haben, innig vertraulich, und sündig.» «Und ich. Du küsst mit vergifteten Pfeilen.» «Und Du vögelst mit Widerhaken. Du schiebst immer noch in mir, Du Riesen-Lustpropf. Darüber geht nichts, wenn ich nicht so eine loyale Collegin wäre – nein geh» sie stand auf und ging an ein Grammophon das sie ankurbelte. Ich fasste sie zu der Tanzmelodie und wir fingen an uns Mund auf Mund langsam zu drehen. Sie schloss die Augen, gab mir die Zunge und liess sich blind führen mit vollendeter Grazie. Als die Platte schwieg, drückte sie den Abschiedskuss durch, hing mir noch einen Augenblick in den Armen, gab mir einen kleinen Stoss und war davon.

Ich war sehr glücklich gewesen, fühlte mich aber noch keineswegs ruhebedürftig und harrte der Dinge die kommen sollten. Sie kamen aber nicht. Als meine Cigarette verzehrt war, klopfte ich an Katjas Thür, bekam aber keine Antwort und das Zimmer in das ich trat war leer. Ich sah mich darin um, es war wie das letzte, nur kleiner. An den Wänden hingen billige Reproduktionen von lasziven französischen Stichen, Fragonard und ähnliches, und über der Couch japanische Holzschnitte, ein par banale und ein par gedämpft erotische, eine Nackte mit langen fleischigen Brüsten und realistisch übertriebenen Schamzotteln im Bade sich die innern Schenkel waschend, und ihr Liebhaber, mit erschöpften Zügen, ihr von einem entfernten Ruhelager zusehend, und ähnliche Naivitäten mit gedeckter Pointe. Minuten vergingen. Meine Uhr war 845, und ich konnte nicht lange mehr warten. Im Begriff aus der

Thür die auf den Flur führte, neben dem Bett, zu gehen, hob ich gedankenlos einen der resedagrünen Vorhänge, und siehe da, Katja lag dort von neuem in einem tiefem Schlafe. Sie hatte ein dunkles englisches Schneiderkleid an wie die andern, der Rock halb hochgeschoben zeigte den nackten Oberschenkel, der Kopf lag zur Seite gedreht auf dem Kissen und die kleine rechte Hand war tief in den Schooss gedrückt gerade auf den kritischen Punkt. Beim vorsichtigen Nähertreten sah ich dass nichts simuliert war, sie schlief wirklich. Ich zog die Schuh aus und legte mich vorsichtig zu ihr, auf die dem Gesicht abgewandte Seite, und liess den Vorhang wieder fallen. Ebenso vorsichtig näherte ich meinen Körper dem ihren auf leichte Berührung. Die süsse Puppe schlief unruhiger, wie von meinem Magnetismus angezogen, ihr Körper zuckte, sie atmete heftiger und legte sich zu mir herum. Die Hand blieb auf der alten Stelle als drückte sie etwas dort fest. Ich rührte mich nicht. Sie sah allerliebst aus, reine rosige Züge und ein voller üppiger kleiner Trotzmund, die breiten weizengoldenen Braunen und der Wuschel trocknes strohgelbes Haar. Katjas Unruhe gab sich noch immer nicht. Wie gezogen rollte sie sich näher und näher an mich, und ich berührte ihr mit einem Hauch die Lippen. Ein tiefer Seufzer kam die Hand drückte sich tiefer in den Schoss und rieb dort heftig. Jetzt nahm ich sie sanft an mich, sie nestelte sich schlafend in mich wie ein Kätzchen und drückte sich mit dem ganzen Körper heiss in mich hinein, das Seufzen wurde ein Grunzen der Befriedigung. Ich lag wieder bewegungslos, aber sie drang fester und suchte mit ihrem Munde, traf meine Backe und blieb dort liegen. Von der Berührung wurde mir die Brunst steil, ich drückte den Mund weich in den heissen tauigen Schnuffel, unartikulierte Schlaflaute kamen, ihre Lippen wühlten im Traume und ich, unfähig mich länger zu fassen, zog leise ihre Hand und schob ihr den Steifen hinein. Sie zog ihn unter sich, mit schlafgelähmten

Bewegungen und wieder grunzend, ich operierte geschickt und so vorsichtig wie möglich und kam wenigstens an das Vorfeld, denn ihre Schenkel waren geschlossen. Dann gingen unsere Lippen in Küsse über, sie drückte und umarmte mich fester und als auch ich zugriff lockerte sich ihr Schenkelzwang und liess mich heiss und scharf eindringen. Wir lallten, flüsterten seufzten mit geschlossenen Augen wie Schlafende und vögelten relativ normal. Sie schlug die Augen auf und stöhnte laut, flüsterte «Strolch» und kam wie von Sinnen. Ihre Lethargie war in einem Blitz Frenesie geworden. Sie riss den Rock hoch um enger rammeln zu können, warf ein Bein über mich, schlang meine Lippen in die Zähne und rollte mich schliesslich über sich, wo sie mit glühenden Schwüren und Rufen verzuckte. «Das war doch der Gipfel» flüsterte sie nachdem sie zu Atem gekommen war, «ich weiss nicht wann die Wirklichkeit anfing.» «Warst Du im Warten eingeschlafen?» «Ich hörte Musik oder so was und dann waren Sie bei mir. Ich fasste Ihren Gewissen wie vorhin im Bad und er wurde in meiner Hand grösser und dicker und sprengte sie mir beinahe und wuchs in meinen Mund hinein und ich biss hinein und biss ein süsses Stück ab, und es wuchs nach, und das Hineinwachsen geilte mich masslos an, dass ich mich unten vor Kitzel gar nicht lassen konnte, es brannte wie juckendes Feuer und ich sagte immer, ‹lass mich Dich nicht so leiden, komm doch endlich richtig›, und wollte Sie küssen und immer ging es nicht, Sie zogen den Mund weg, und ich dachte ich werde verrückt und liess Ihnen keine Ruhe, und konnte Sie endlich küssen, aber noch nicht richtig satt, da nahm ich meine ganze Schneid zusammen und hatte ihn endlich und wollte ihn führen, und immer ging es nicht, da küssten Sie mich von selbst und ich Sie toll und in dem Augenblick ahnte ich ich träume ja garnicht, ich werde ja ganz schick gevögelt und war selig und dann waren Sie es und ich war mitten drin, dass ich die Engel im Himmel pfeifen hörte.» «Du bist ein süsser goldiger wonniger Grasaff und ich kann mich an Deinem Schnuffel nicht satt küssen.» «Und ich hatte gedacht, schliesslich ist auch ihm die Puste ausgegangen, die Andern sind auch so scharf auf ihn wie ich, und da hat er genug gehabt für heut. Aber eifersüchtig bin ich garnicht, das gibt's hier nicht, wir sind ein Herz und eine Seele. Jede thut für die andern was sie kann.» «Und die Tante?» «Furchtbar anständig; sie sorgt wirklich für uns und erzieht uns richtig. Nein lachen Sie nicht, ich meine es so. Ihr Ideal ist Japan, sie liest uns drüber vor, und macht Geishas aus uns, mit allen Chicanen, damenhaft gebildet, harmonisch, nur wie man dem Mann wolthut mit Einfühlung und Heiterkeit und Unterhaltung und dann natürlich der geheime Liebesunterricht, da bringt sie uns alles bei. Jede muss fünfundzwanzig Stellungen können, obwol die meisten Unsinn sind, es gibt höchstens zehn richtige. Und dann küssen und reizen und befriedigen und alle Raffiniertheiten, und Charakterkunde, und impotente richtig behandeln, und Schüler und die ekligen alten Herren, – kurz es ist eine ganze Wissenschaft.» Ich lachte bis mir die Thränen kamen. «Wie bringt die Alte Euch das denn praktisch bei?» «Sie hat eine Tochter in Frankfurt die hat dort jetzt eine Filiale von hier, totschick mit fünf Cousinen. Sie selber ist aber schwul. Sie hat uns praktisch alles gezeigt, das Küssen so, und die Figuren mit dem Godemichel. Das ist eine enge Wildlederhose die sie sich um den Leib bindet, da steckt ein Doppelnagel vorn drin, ein Befriediger, den hintern Teil pflanzt sie sich selber ein, der vordere ist wie das männliche Glied, ganz stramm und sie benimmt sich ganz wie ein Liebhaber mit uns und bockt uns, und als Ersatz in schlechten Zeiten ist es besser wie nichts, obwol es nach nichts schmeckt.» «Phantastisch. Schlechte Zeiten überwiegend?» «Immer eigentlich. Das heisst ich habe nichts von den Knutschereien mit den Kunden, die mir wurst sind und ich ihnen. Ich bin wahnsinnig hitzig aber ich muss – ach Du verstehst ja – Du – Sie –» Es gab eine lange Pause. «Von den kleinen Bengeln, die man mir meist lässt habe ich garnichts, sie sind so ungeschickt und taperig und albern, und können es ja garnicht und sausen gleich alles weg und sind dann kaput und flegelhaft. Von den Alten rede ich nicht immerhin, die Grabbelei bringt ja was ein, also, Schluss. Aber richtig gute Zeiten – nein. Und dabei bin ich doch für die Liebe gemacht, sagen Sie selbst.» Sie knöpfte sich auf und zeigte mir stolz ihre lieblichen jungen Brüste, klassisch holdselig, junge sinnliche Blumen ohne die Üppigkeit von Früchten aber bereits straff und sich formend. Ich küsste beide und sie schüttelte sich kichernd vor Kitzel. «Komm rasch uns ausziehen» drängte ich, «ich habe noch nicht genug von Dir.» «Unmöglich Süsser. Wir müssen unser Wort geben, – bei Tage nur flüchtiges Glück, in Kleidern. Die Nacht ist ein anderes Kapitel. Komm, ich brenne ja auch noch lichterloh, leg Dich lang unten bin ich ja nackt, ich will Dir die Kerze löschen.» Ich gehorchte, sie kauerte bei der Kerze nieder und salbte ihren kahlgestreiften Zapfen aus ihrem heissen süssen Munde, setzte sich dann verkehrt vorn etwas übergebeugt, führte ihn von hinten mit der linken, und streckte im Einsenken schon die Arme weit nach hinten. Ich kam halb hoch, sie drehte sich halb auf dem Zapfen zurück und es kam zu einer völligen Umschlingung und Verschmelzung der Lippen. Ich zog die Unterschenkel unter mich, damit stellte sich die Vollkommenheit her und nur wollüstige Bewegungen von uns beiden, unregelmässig, spasmodisch, rollend, rutschend brauchte es um den Gipfel zu erreichen. Als Katja ihn kommen fühlte, liess sie mich los und rammelte einen wilden Trab nach hinten, das war zu viel für mich, ich schaukelte sie hoch und tanzte sie mit dem Hintern in der Luft zu Ende, riss sie an mich und schoss ihr meine ganze Kraft in den Kelch. Sie merkte es und wir endeten in einer neuen überschwänglichen Verschlingung, bohrend, sie abwärts ich aufwärts, die Zähne in den Zähnen, den Hals voll Urlaute. «Geh» schrie sie dann, «ich muss spülen, das darfst Du nicht sehen. Geh, es ist keine Zeit zu verlieren, Geliebter, geh, ich fleh Dich an. Ja, tausend für einen, einen für tausend. Bitte die Tante um ein Benefiz für mich Süsser, vergiss nicht – ich sag Dir ein ander Mal.» Sie drängte mich hinaus. Auf meine Schritte kam die alte Bedienerin aus einer Seitenthür und half mir in die Kleider. Ich gab ihr einen Thaler. «Dreieinhalb Stund» murmelte sie mit einem bewundernden Aufblick, den Thaler streichelnd «vier Mal umgesattelt, machen dem Herrn nicht viele nach.» Ich fuhr ins Admiralsbad, liess mich massieren und badete von kalt bis lau und heiss in den Schwimmbädern, ging unter die kalte Douche und liess mich noch einmal vom Masseur durchfrottieren. Dann, wie neu geboren und ohne eine Spur von Ermüdung fuhr ich nach Haus, sah niemanden, zog Frack und Abendwäsche an und stand kurz drauf im Adlon. In einem der grossen Spiegel fand ich mich gut aussehend aber blass. Ich brauchte Essen, Schlaf und einmal wieder eine Pause. Ich zehrte meine Reserven auf wenn ich so weiterging. In dem Augenblick da mir diese Gedanken durch den Kopf gingen, knurrte mein Magen mit beruhigendem Ingrimm. Ich hatte Mittags fast nichts gegessen, das Frühstück bei Christa war längst verdaut, der Thee war nichts gewesen und ich hatte seit gestern um diese Zeit sechzehn Mal eine Frau nach Cythere gefahren und selber neun oder zehn Mal gezeugt, hatte mit einer grossen Kämpferin die Nacht durch gerungen und mit einer ebenso grossen eine gedrängte halbe Nachmittagsstunde, mich tief erregt und kalt bemeistert und mit Millionen Nervenenden vibriert seit vierundzwanzig Stunden. Jetzt brauchte ich eine Mahlzeit. Die Damen liessen hinuntersagen sie seien vor einer halben Stunde nicht bereit da ein Auslandstelephon erwartet werde – ob ich zu ihnen hinaufkommen wollte. Ich liess mich entschuldigen und ging in die Bar, wo ich den alten Mixer kannte, liess mir sechs Eier mit Zucker und ein par Tropfen alten Rum quirlen einen halben Liter dicken Rahm darunter rühren und brockte diese ganze Mordsmischung mit einem Paket grosser Zwiebacke aus. Kaum hatte ich die Mahlzeit hinter mir fühlte ich die für mich typische jähe Schläfrigkeitswelle, befahl dem Mixer mich punkt 5 vor 8 mit einer Tasse Mokka double zu wecken falls ich schlafen sollte und versank in der Ecke meiner box in Todesschlaf. Das Befehl war nicht nötig gewesen. Ich wachte von selber nach Minuten auf, wie nach einem Stahlbade, mit markigen Gelenken und seligen Augen. Die Natur hatte noch einmal meine Schulden mit Schwung bezahlt. Ich versprach mir die Bravaden zu streichen, grundsätzlich zu schlafen, jeden Tag ohne Ausnahme und Entschuldigung zu arbeiten und trotzdem keinem schönen Wesen auszuweichen dem an mir soviel wie mir an ihm gelegen wäre. Der Spiegel tröstet mich wieder als ich mir die Haare zurechtschob. Ich war gesund bräutlich mit dem kräftigen Anflug von Lebensröte, blanken Augen und frischen Lippen und der Spuk war verflogen.

    Pam war blendend schön und siegreich in ihrer Hermelinsortie und Perlen und rosa und silbernen Pracht, den superben Haaren und ebenso die Sullivan dekolletiert in schwarzen Spitzen mit dikken Perlen und den funkelnden irischen Augen lustig und sie schoss mit vorgereckten Armen auf mich zu. Ich war absichtlich gemessen und verriet in nichts dass ich noch wüsste wie Pams Lippen küssten, hatte gar keine Ambition den amerikanischen youth zu markieren sondern wollte europäisch ritterlich reserviert und doch ein gedeckter Werber sein. Ich fragte ob folgendes Abendprogramm genehm sei: Diner bei Horcher bis zehn, dann in die Philharmonie wo Weingartner die 7te, wie ich festgestellt hatte, um 10 5 zu dirigieren anfing, Schluss 11 Uhr, dann in eine neu eröffnete hyperelegante Tanzbar des Westens, wo man damals nach Gesellschaften mit seiner Freundin hinzugehen pflegte und schliesslich Curfew auf dem verglasten Dachgarten des Edenhotels mit Rundblick über das nächtliche Berlin. Jeder Punkt wurde begeistert acceptiert. Ich liess bei Horcher wo ich einen Kellner kannte, im sogenannten Nebenzimmer von wo man ohne zu sehr gesehen zu sein gut übersieht, einen Tisch bestellen, ohne Blumen, die ich vielmehr bringen würde, lies die Damen einsteigen und prachtvolle fast schwarze Rosen die ich bei Rothe vorher gekauft hatte zum Chauffeur legen. Ich setzte mich absichtlich vis à vis und schob im Dunkeln in Pams Hand, die ich zärtlich gestreichelt hatte, ein Etui. Es war das einzige hübsche meiner Posenschen trinkets ein edler Caprubin zwischen zwei auffallend schönen grauschwarzen Perlen, perfekt gefasst. Ich hatte es morgens zu mir gesteckt.

Mit ihren banalen Standardprachtstücken wäre es zwecklos gewesen zu concurrieren, und ich wollte es europäisch halten, – distinguiert und bescheiden. Sie drückte mir die Hand aus dem Fenster sehend, und liess sie einen kurzen Moment leicht in meinen Fingern. Bei Horcher tranken wir einen Schluck von einem Cocktail in der Bar während ich die Blumen nach oben dirigierte, ein par schönste neben die Damen, das Riesenbouquet in die Vase. «What do you dislike?» fragte ich das Menu in Händen. Sie lachten. «I hate foie gras and I loathe chicken» sagte die Sullivan. «The one's a disease and the other an apology for want of imagination, that's to say an apology for another disease.» «I don't think I've got any particular dislike, but I might mention that oysters are stale in America, that's lobsters are rather common, and ice creams of course are anything but a marked out days ornament; and, if you don't {mind} my mentioning it, we are, if anything, rather french than English in our cooking.» «Well I propose to make you appreciate the face of my own country which in a masters hands, challenges every other one, and with the exeption of sparkling vintage which our soil cannot produce, and Cognac of course no drop of foreign wine would be graced by lip of yours. Was haben Sie für Suppen Fisch und Wild? Was für heimische Gemüse und Mehlspeisen?» Das letztere leise zum Kellner. «Fleischbrühe dreifach» flüsterte er, «Spezialität, nur aus Huhn Beinfleisch, fünferlei Knochen und Schweinslebern; Maränen aus dem Maduesee von Grafen Bernstorff, unerreicht, in Rheinwein, Teltower Rübchen, Kerbelrübchen, bekommen der Herr nirgends anders, Haselhühner, deliziös, besser als Wachteln, oder junge Krieckenten, prachtvoll, nachher vielleicht Palffybombe à la Goethe, Spezialrezept des Faustdichters, jawoll. Dazwischen ein Knollenselleriesalat. An Weinen würde empfehlen zur Suppe einen uralten Bocksbeutel, 52er, nur noch zwei Dutzend Flaschen, schlägt jeden Chablis, Art wie Yquem aber blumiger nicht so ölig. Serviere ihn im Glas, sehr wol. Zum Fisch ein halbsüsser Rüdesheimer Kirchberg, höchste Herbste, ganz ohne Säure, pfundschwer, 64er oder 73 zum Wild etwas ganz Extras, Assmannshäuser Spättraubenlese 75er, Klosterstück Eigengewächs des Trierer Kapitels, nur die höchsten Burgunder können concurrieren, und zum Sellerie und Käse einen Mosel, ganz spitz und duftig sagen wir Bernkasteler 74 Schloss oder, hier, das ist das Feinste was wir haben, Ruwer 64er Spätlese von Reidemeister Ulrichs Bremen, garantiert bourgeois. Zum Eis einen Jahrgang Champagner, Pommery oder Trois 86er, und dann Cognac Napoléon hundertjährig.» Ich sagte zu allem Ja, Schneehühner und Krieckenten zur Auswahl. «How important these men are about trifles» sagte die Sullivan. «They could not chose with more punctiliousness a wife to keep forever than a dish to swallow at once.» «Why» lachte Pam, «I suppose they never chose a wife, being chosen themselves instead, so its only the futile things where they are really allowed a choice.» «Why» begehrte ich auf, «I say you mistake your office as counsel for defendant, heaping disgrace on my grey head. If I were left no chance but being chosen, I'd rather die rawed and unwooed» «Wagging the virgins tongue, are you, you blessed boy» spottete die Alte. «I bet my false chignon against yours curly pate that your modesty is more dangerous to innocence than blatant ribaldry. Dont trust his frank eyes, Pam dear.» «Oh I dont think it's a matter of trusting; what's this, broth? I enjoy conversation; I enjoy everything Unamerican» «Yes» warf ich ein, «and this broth is, and so is this wine, and so my pride in seeing you appreciate it; it is our national challenge to English turtle and to French Yquem; ten ton oxen are supposed to have yielded to the coction their normal contribution of beef, and the vintage comes from Franconia the heart of Germany» «I never realized you were a jingo, Bor» bemerkte die Sullivan. «I am mocking the jingo, madam. Perhaps you didnt realize neither I was a mocker.» «You are not. You are highly strung, sentimental, very hottempered, passionate, a poet a wit a scholar and something else behind it which I fail to catch, but which is entirely not a mocker.» «Dear me» sagte Pam, die Hände hebend, «all that, is he? And a squanderer too. Look at this lavish gift of his!» Sie hatte den Ring ungesehen angesteckt. «Ve-ry pretty in-deed» sagte die Alte über ihr Lorgnon weg, «but then he owed you something handsome for his boldness in mistletoeing a mouth in advance of Christmas, and for your unspeakable mercy in sparing him the rod he had deserved. He should have doubled the amend, in fact; one for the sin and one for the unallowed time it was committed in» «Heavens» rief Pam mit blitzenden Augen, das Glas hochhebend dessen Wein sie schon zu spüren begann, «I'm afraid it's to be quadrupled then, for mercy's sake, for I be blessed if my mercy was not of the true Shakespearean give-and-take order.» «Why» antwortete die Alte, den Ulk toternst fortführend, «you don't mean to say that your mercy went beyond an half indulgent reciprocality in the offence.» «It certainly hardly did as much as that» fiel ich eilig ein, «what do you think of Miss –» «Osborne» «of Miss Osborne.» «Oh» sagte Pamela strahlend, gedehnt, «I am fraid I was too rash in calling you a spendthrift; you owe me – if it comes to that – but no, you don't.» Sie trat meinen Fuss unterm Tische – «the quality of whatdyecallum is not strained.» «Oh horror» kam es von der Sullivan. «I say you'll spoil him, he's such a nice boy and quite unaccustomed to your daring ways over in Gods country; but what's this fish called, I never tasten't.» «Nor I» sagte Pam. «You may travel all the world of French cuisine over and over and never will find the like of it. The devil dropped them it is said in one small lake in Mecklenburg, and they hail from that pond.» «Did he pour this wine too somewhere else in the Fatherland» fragte die Alte schlürfend. «I declare there's fire in it.» «I feel tempered to it» erklärte das Mädchen übermütig. «I don't believe in sweet things being denounced as gifts of Satanas. They have been created and given us to enjoy by Jove the lover.» «Imagine.» Die Sullivan spielte die Verletzte, «Jove the lover dropping fish in a German lake district.» Wir lachten und genossen das köstliche rosig feste Fleisch. «We are grateful to America» sagte ich dann «for your toasting Jove the lover. He turned into a bull in order to ravish Europe, you'll remember» «Oh did he?» sagte Pam erstaunt. «Did he think anything better than a cow would think him ravishing under that garb?» «Suppose» rief die Sullivan, «he was a talking bull, fashioned to take a fancy too; there are talking parrots and wise elephants.» «Titanias are apt to be taken in by strange animals; donkeys are not safe from being overrated by them, nor are, I am told, professors.» «You naughty little undergraduate» zürnte die Sullivan. «I know charming ones, superior to any Titania.» «And I hate those charmers», erklärte Pam. «dont you ever become a professor, Sir.

You'll loose your chance of ever owing me anything any more.» «Glad I have some chance of it left then» sagte ich galant, und berührte leise ihre Fussspitze, sie setzte den andern Fuss auf meinen Lackschuh. «Your present chance» sagte sie laut, «is limited to the heralding in of these strange birds. We had fish and bulls before. Now for the winged tribe; it is not tripe and it could not be quails, and there are two different types of them.» «The one I know», die Sullivan schmeckte herum, «it is the Haselhuhn. Glorious fowel, combining the qualities of many. But the other?» «A little wild duck of our moors, which never tastes fish, in fact dislikes them, fattening incredibly on all sorts of walery weeds and aquatic snail.» «You will reconcile me to the Teuton cooking, if all this is a German feature. And these curious carrots, which are not carrots? Oh what a dainty what a delicious taste!» «Thank your French for the one of them. French Hugenot kitchen gardeners settled in the Brandenburg sands, nostalgic for their Touraine soil, and from turnip seed brought with them developed this homely strain of small roots refractory to any soil richer then this one. It seems a symbol of the unhoped for possibilities of development and new departures suddenly starting from a cross between tempers originally alien to each other. We are, in all our poverty, a mighty stimulant to the richer temper; saw one of your glances in our souls and we cannot but respond in a bust of productiveness.» «Oh you flatterer» rief die Sullivan «take care of him. He is dangerous when doing the modest. This tastes of chervil blended with celery and cinnamon.» «Have you any symbolic tale about that too, you curious bard» fragte Pam, die Lippen dunkelrot aus noch dunklerem Rotweinglase. «I'm afraid there is none, except that they are supposed to be obtained by no ordinary sowing. You start small rootlets the size of a pea and wait three years before they are large enough for cooking purposes.» «Well, that's a symbol» sagte Pam, die Augen in meinen, «for uncommon sweets to be earned only by patiently waiting till they are ripe; quite ripe though; you just might get some out of the soil earlier though, mightnot you, just to taste what they are like; would that spoil them? I suppose there are plenty in the ground, arn't there. It does no harm and stirs the appetite and stimulates patience.» «Those are a girl's reasonings to all the Barbebleus in history, better swallow your greed and make your soul grow» bemerkte die Alte neckend. «But how can you with such a wine» rief Pam mit blanken Augen. «I'm glad you like it, because I do. This is our nearest approach to perfection in Claret.» «It's grand. I should have taken it for Pommard.» «And I for nektar» sagte das Mädchen und richtete sich auf wie eine Göttin. «Bacchus poured this out of his flask on his travels when he passed by these hills of yours, and I won't be told he never was seen here.» «I do not think in fact he was. You belong to the visible immortals, but there are those who pass by unseen.» «But they kiss sleeping babes on their pouting lips unseen and make them fascinators and charmers by it?» «They may; but it wants another divinity's lips to set the charm free and make it conscious.» «You are like the conceited couples in an Elisabethan comedy» sagte die Alte entzückt, «Pam I did not realize you were such a fine scholar and a match to this learned enthusiast. This however is homely food, celeriac salad and no mistake, excellently done in its cream dressing.» «But the wine» sagte ich leise, «will enhance the flavour, taste it.» Wir tranken sprachlos den fast wasserhellen duftenden Tropfen. «No other wine after this one. Lets have no champagne, Mr Bard. We'll sip this one and one and be quite happy. Champagne is common after this one. Hail Deutschland.» So wurde es gehalten. Als die Sullivan niesen musste und das Gesicht im Tuche hatte, tauschte Pam blitzschnell unsere Gläser und ich drückte unterm Tische ihre Hand. Unmittelbar drauf, wir waren beim Obst, ging eine grosse Engländerin durch den Raum und die Sullivan mit einem Excuse me stand auf um sie zu begrüssen. «Darling» sagte ich leise, «when may we meet again; let it be a quarter of an hour, but let it be –» «Call me up tomorrow at nine p. m. And sit next to me after in the car and again.» Die Sullivan kam zurück. «My dears, I am afraid there will be some change in the programme. There is Lady Neville urgeing me to assist her in some private nuisance of hers – in fact I have been asked to give a spare bed in my lodgings tonight to some girl which may not be put into a hotel – too tedious to explain. It cannot be refused, I am under some obligation to her. Well, there is plenty of time, and we'll have our music right well, but you'll dispense with me after midnight.» «Oh and we are going to be sober as well», sagte Pam, meinen Fuss tretend, «we'll see you home and» «and I'll take my leave at your front door; three is company.» «You are not going to say, two is none» scherzte die Gute, «but in fact I think it on the whole the wiser plan, Berlin Americans are bad gossips and will discuss you if you are seen out with a young man unknown.» Pam trat meinen Fuss und wir plauderten weiter, aber das Mahl ging weniger brilliant zu Ende. Im Wagen der uns zur Philharmonie führte, lagen an der ersten dunklen Stelle Pams schöne heisse Lippen mit lautlosem Druck eine Sekunde auf den meinen. Dann kam die göttliche Musik. Weingartner, straff wie ein Jüngling, commandierte den grossen Angriff mit einer Macht und Grösse über allen Worten. Die Sullivan war erschüttert, das Mädchen bleich, mit grossen Augen. Wir liessen den Saal sich leeren. «Well that's Germany, dear» sagte die Sullivan leise vor sich hin. «This is the music born with that glorious wine we tasted before» «and with everything uncommon here» fuhr die Andere fort, «you are stepping out into a different century and a higher world. If the beastly people over in our States were able to discern what they are missing and wanting and cut off from, they'd hang themselves.» «Unless that drastic procedure» sagte ich leise, «was sure to cut them off from every chance of connecting themselves to what they are being cut off from.» «You are right» sagte sie lachend als wir gingen, «but I hate you for disagreeing. I want you always to agree with me» und als die Sullivan vorging, leise zu mir «I want it so badly.» Ich hielt sie noch etwas zurück. «Waiting for you corner next street» sagte sie rasch, und wir schlossen uns an.

An der Hausthür nahm ich meinen Abschied von beiden und sah die Alte die Junge noch küssen. Dann drehte ich um und ging dem Wagen nach, der an der nächsten Strassenecke hielt. «Where?» fragte ich leise. «Nowhere» kam es zurück. «Grunewald» sagte ich dem Fahrer. Dann versanken wir. Nach einer Viertelstunde kamen wir zu Atem und sahen uns durch die weite Avenue sausen, zwischen den einsamen Bogenlampen. «I suppose I am mad» sagte Pam, sich aufrichtend «thinking that I did not know you these two days ago, but I've lost all my will power, and am quite happy in having none left to stop me. Tell me once more you really care for me.» Ich wollte sie in die Arme ziehen, aber sie fasste meine Hände. «I wont badly being hold, darling. I do not wont promises. I should not trust them, seeing you are as crazy as I am and would promise anything now to quench your fire in mine. But I have never met anybody like you, and I want being told that you – why that you – that I – make you feel somehow the same way.» «And you'll believe me?» «It is not a question of believing in words, words between lovers are to be engaged like kisses. You know I am wealthy, and lots of men told me they adored me and would willingly die etcetera, and wanted to marry me, both for my moneys sake and because I am pretty. I am proved you never debased your pride to utter stuff as degrading; but I want being lifted to your level, that's why I want your own words in which to tell me what you are feeling me to mean – to be – to stand for to you.» Sie verbarg ihren Kopf an meinem Halse, blickte auf und legte mir kurz die vollen jungen Lippen auf den Mund. «Lifted?» sagte ich, sie an mich drückend. «I'll tell you. Mortals have been graced before by the nymphs and Goddesses. And I am afraid you might disappear any moment to soar up somewhere and leave me dazed and uncredulous on the cold wet Earth.» Sie lachte dunkel, ihre Lippen kamen wieder und gingen. «That's what you make me feel as well, oh Jove the lover. Funny to think there may be a girl somewhere whom you might marry some day to come. I never –» «Just what I was thinking when you hinted at those men marrying you. It seems sheer blasphemy.» «So we have chosen each other it appears in order to make wonder true and then to part forever?» «Goddesses never were known to stay. That's what maked me feel the utter unreality of this moment's bliss.» «Well, did the Lover Gods?» «They passed an hour or a night and a hero was born in due time.» Eine Pause. «And about the goddesses?» Ich umschlang sie und verzehrte die leidenschaftlichen Lippen. «Your lips are burrs» sagte sie stammelnd. «Which want burrs to stick tightly» antwortete ich. «The Goddesses then descended like the Gods to mortals who left them with child heroes?» «Not all of them. Aurora did not, nor Diana. Their divine womb never was sullied by a growing germ of human life. They drank the hot embrace but remained unfruitful.» «Take me somewhere darling where to play at Gods and Goddesses. Diana would not have descended to a dirty taxi to be unvirgined in by no Endymion; with a reeking Chauffeur within reach.» Ich musste lachen, und sie mit, und das brach den Bann. Heisse Küsse flossen und heisse Zungen lockten, dreiste Scherze flogen, verwegene Hände spielten, aber hielten einander fest am Rande der Gefahr. Sie war eine trotz ihrer Jugend im Ansatze schon junonische Schönheit. Der Aufbau war von stolzer frauenhafter Kraft und junger Üppigkeit, ein prachtvoller Rumpf in Schultern und Hüften, die atmenden Brüste standen kaum in ihrem Gefängnisse. In der pfirsichweichen heissen Haut des blühenden Gesichtes gingen die vollen Lippen feuchtglühend auf, stark, wallend, schwelgend, unermüdlich lockend und in sich ziehend. Pam küsste anders als jeder andere Mädchenmund. Die ungezügelte Kraft ihres Weltteils lag in dieser muskulösen Lippenwollust. «Your kiss is unearthly» sagte ich, sie zwischen den Armen pressend, «there is all the purpose and vigour of the giant river goddess in it, or of the primeval oread feeding on the lips of the casual huntsman lover.» «And yours, oh Jove. Jove indeed. It is so overwhelming terribly sweet that it feels as if it could leave me with child –» und sie schloss den Mund wie siedend auf und schlang mich ein, den Kuss mit Zähnen und Zunge voll kostend. «Wohin Grunewald?» fragte die Stimme des Chauffeurs. Wir fuhren auseinander. «Let's walk a few steps –» sagte sie, «I'll die if I dont get some fresh air.» «Walk? remember your silk shoes. I'm afraid the roads» «Not a bit. There's been a nipping frost, they are dry enough» sie stiess die Thür auf, «the air's delicious. Whats this, a pine forest is it. That will be sweet, velvety and clean; come out, dear.» «Fahren Sie zurück, langsam, und bleiben von Zeit zu Zeit stehn, wir holen Sie ein» sagte ich, gab ihr die Hand und hob sie aus dem Wagen. Es war eine dunstige Nacht mit einzelnen unsichern Sternen und ungewisser Halbhelle von Mond, nicht kalt, und für unsere Hitze erfrischend wie ein Fruchteis. Sie hing über meinem Arm, ging kräftig und küsste mich im Gehen auf den Mund. Dann steuerte sie dem Strassenrande zu und ich half ihr über den flachen Graben. Unsere leichten Schuh drückten sich in den nachgebenden dürren Nadelteppich unter den schüttern Kiefern, ich leitete sie auf dem unebenen Terrain mit seinen Mulden und Buckeln. Sie trug einen pelzbesetzten Abendmantel über dem seegrünen seidenen Abendkleide, ich einen dunklen Tuchmantel mit Samtkragen und Schössen, beides wenig der Umgebung angepasst. Wir blieben von Zeit zu Zeit stehen, mit halben Worten und atmenden Küssen und hatten bald die Orientierung verloren. Es war nicht dunkel genug um gegen Hindernisse zu rennen, und ich hielt inne, als wir an frischen Holzschlag kamen, wo die Stümpfe gefährlich werden konnten. Zwischen ihr und unserm Walde ging eine Art Schneise zwischen etwas erhöhten Rändern und von dort, denn sie musste zur Strasse führen wollte ich sie zurücklenken. «Not yet» sagte sie zwischen Küssen an meinem Halse und schien in einer Lohe der Ekstase aufzubrennen und zu sinken. Jedes ihrer Gelenke war gelöst, sie liess meine Lippen nicht los aber zog meine sie schützenden Arme unwiderstehlich mit sich. Mir wurde mächtig und wild zumute, Wald und Himmel und Einsamkeit über mir und den herrlichen Leib in den Armen. Ich liess sie nieder, riss den Mantel ab und schleuderte ihn von mir, den Hut dazu, lag schon bei ihr, hob sie an, verlor im Kuss die Sinne, gewann sie wieder, stemmte die Ellenbogen in die feuchten bettenden gleitenden Nadeln und klemmte das grosse Mädchen in den Druck. «Don't» hauchte sie zitternd in meinen Mund beissend – aber ich hatte mich mit einem raschen Griff schubfrei gemacht, und mit einem zweiten ihr Kleid aufgestreift, «don't –» seufzte sie noch einmal und hob mir schon sich öffnend den Schoss entgegen. Ein unerhörtes ungeheures Gefühl fasste mich als ich sie mir mit ausbrechender Zärtlichkeit unterwarf und sie mit wildem Stöhnen mein Einwachsen duldete. Sie war keine Jungfrau, aber jungfräulich eng und fest, es schien schon Minuten zu währen und noch stand mein Bock sich biegend eine Spanne lang ausserhalb, als stiesse ich in einen zähen Krampf, aber dann verschmolzen und verwuchsen wir wie verschraubt. Lippen in Lippen verzahnt prüfte ich eine Sekunde mit leichter Lockerung die Züge, holte aus, während sie einen raschen Laut ausstiess, und liess die Wetter meiner sinnlos gewordenen Leidenschaft in das brünstig hoch gespannte fremde Mädchen pausenlos sausen und prasseln. Sie hatte mir in der Wut ihrer Wonne den Mund entzogen, biss mich als ich ihn suchte, bis aufs Blut in den Hals, schrie auf und stiess zuckend meine Brust von sich, stemmte aber den Schoss mahlend, reibend, rasend und dazu heisse Worte murmelnd gegen mein Becken. Dann kamen während sie sich löste die längsten Küsse, die süssesten Laute. Ich stak noch starr in ihrem Leibe, sie wogte an mir, riss sich mit einem Rucke das Kleid über der Brust auf und stürzte mir ihre duftenden köstlichen Brüste ins Gesicht. Zehn Minuten, zwanzig dauerte unser sinnloses Nachglück. Dann wuchs ihre Brust von neuem wie eine Springflut, mein Sturm und ihre Niederlage wiederholten sich, die Wonne schien die doppelte, die Nachwonne endlos. «I'm getting cold, darling» flüsterte sie schliesslich, «no ware, lift me up.» Aber ich deckte ihren Pelz und meinen Mantel über sie, küsste sie auf den Mund und flüsterte «Shut your eyes, I'll be back soon.» Am Ende der Schneise die richtig auf die Strasse führte, pfiff ich auf einer kleinen silbernen Pfeife, die ich zum Heranholen von Wagen bei mir zu führen pflegte. Kurz drauf brauste das Taxi zurück. «Der Dame ist nicht wol, glauben Sie Sie können dort vorsichtig hinauf und oben kehren?» «Ma' vasuchn» brummte der Chauffeur. Es ging im Schritt vorwärts. Aber Pam stand bereits strahlend im Licht der Wagenlampen, meinen Mantel überm Arm, scheinbar unberührt und stieg ein. «Adlon». Sie lag über mir. Ihr Mantel war über uns beide geschlagen. Ich sass halb zurück in der Wagenmitte, sie mit verwandtem Oberleib auf meinen Knieen. Ausser einem schwachen sinnlosen Flüstern und Lachen von Viertelstunde zu Viertelstunde wurde kein Wort gesprochen, die Lippen liessen sich nicht los. Ich hielt sie gegen meine Brust und schüttete meine unersättliche Leidenschaft in die strömenden Küsse. Bald ging ihr Atem kürzer, Krämpfe durchliefen sie, ihre Finger krallten um meinen Arm und eine Wollustkrise schüttelte den grossen jungen Körper in meinen Armen. Die unverbrauchte Jugend und kräftige Begierde der Frische bedurfte nicht des massiven Erregers um sich steigern zu lassen, alles an ihr war in der polaren Brunst, und Berührung und Kuss reichten völlig aus um sie die Stufen der Ekstase hinaufzuwirbeln. Sie drückte sich vielleicht im Augenblicke der Entlastung meine Hand zwischen die Schenkel nicht mehr. Und auf der Fahrt bis zum Hotel, ohne dass ich das Geringste zu ihrer gröberen Befriedigung oder Reizung gethan hatte, ging sie fünf Mal aus Erschöpfung in Überschwänglichkeit und brennenden Liebestod über, mit einer göttlichen Reinheit und Natürlichkeit, die ganz ihrer physischen Pracht angehörte. Als wir durch die Chaussee fuhren und das Thor auftauchte küsste ich ihre Hände und nahm Abschied. Sie sah mich mit im Schein der Bogenlampen blau aufblitzenden Augen an und sagte stumpf «Worse luck. I see. Well I'll try to behave. Stop the car.» Ich liess halten. «Darling» sagte ich, «it's terribly hard on you, but you are grand enough to take the command of yourself at a wink and materialize for a few moment's. I mustn't be seen in the cab along with you or there might be trouble. You now get out automatically, give the boy your room number and fall asleep once you touch your cushion. To do that in your own style, you must forget me clean, my presence here, my everything. Start it now.» Ich liess anfahren. Es hatte gewirkt. Sie stieg nach Minuten, bis oben in ihren Pelz gewickelt aus und trat in den für sie auffliegenden Windfang.

Ich fuhr nach Haus, wusch mich und sank ins Bett. Im tiefen Schlafe glaubte ich mich nicht allein zu fühlen, tauschte Küsse und vielleicht Worte und kam in wollüstigen Empfindungen zu einer Entladung. Als ich aufwachte war es dunkel um mich und 10 Uhr auf meiner Uhr. Ich drehte mich auf die andere Seite und wachte in der Morgendämmerung völlig erquickt und glücklich auf. Ich hatte siebenundzwanzig Stunden geschlafen. Ich turnte eine halbe Stunde und ging ins Badezimmer, drehte den Gasofen an und genoss ein fast glühendes Bad wenige Minuten, dann die kalte Brause und eine scharfe Frottierung. Auf dem Rückwege stiess ich auf Karolinchen mit Besen und Tüchern, die Hände zusammenschlagend «Gottseidank dass wieder gesund sind, wir haben schon wollen nach Sanitätsrat Heinrich schicken wie gar nicht haben aufwachen wollen, was is denn man mit Herrn Rudolf –» «Nichts, Sie sehen ja wie glänzend es mir geht. Ich bin ein bischen überarbeitet, schlafe zu wenig und der Körper will sein Recht. Sagen Sie bitte Johannchen ich esse Morgens und Abends zu Hause, heut morgen übermorgen, sie soll sich versehen. Ich war auch ein bischen viel aus.» Ich hätte ihr keine grössere Freude machen können und auch Johannchen kam mich beglückwünschen. Im Schlafzimmer war meine Sphinx schon mit dem Reinmachen fast fertig. Sie machte eilig das Hoffenster zu, durch das es berlinisch rauh und grau hineingrimmte, dann, in meine Arme geschmiegt erwiderte sie meinen Morgengruss. Ihre Augen, flimmernd und stumm lachend suchten in meinen. «Was hast du?» «Aber nichts. Nur, ist doch gut dass ich beim Arzt gewesen bin.» «?» «Wissen Herr Rudolf nichts mehr.» «?» «Das ist doch die Höhe. Nicht dass ich bei Ihnen war, wie ich versprochen hatte?» «Habe ich verschwitzt.» «Vorgestern nachts um fünf, eigentlich gestern früh. Schliefen nicht zum Wachkriegen. Ich ruhig bei. Dann wollt ich weg nur mit einem Kuss, kam im tiefen Schlaf ein halber Gegenkuss, da – da hab ich nicht mehr wegkönnen. Aber Aufwachen – keine Spur – auch alles Übrige ohne Aufwachen – ich meine – präsentiert das Gewehr –» Ich lachte und küsste sie, sie hing mir lachend am Munde. «Da – hab ich – wieder nicht mehr widerstehen können, habe mir selber geholfen. Süss wars. Im Rücksitz, durch und durch und los. Und dann – bums. Die ganze Ladung, gleichzeitig mit mir, und weiter geschlafen, durch alle Küsse durch, nachher. Eine Stunde war ich da. Und dann den ganzen Tag und Nacht weitergepennt – wie? Ich war nicht die Schuldige. Muss wol eine Tigerfrau gewesen sein. Ich beisse nicht so –» Sie zeigte auf meinen Hals, «dass man vier Eckzähne sieht, und richtig scharf. Ein bischen mehr, konnte sie den ganzen Happen verschlucken. Was es alles gibt.» «Unsinn» antwortete ich, ihr die süssen Augen küssend, «mein Freund hat ein Äffchen, ich war unvorsichtig.» «So, immer ritterlich. Also bis nachher.» Sie legte was sie sonst nie gethan hatte, den Arm um meinen Hals und an mich gedrängt küsste sie mich mit leidenschaftlicher Zärtlichkeit auf den Mund, sagte «mein geliebter Schatz» und ging. Ich verstand sie. Jene Minute des Zusammenfliessens hatte für sie das Verhältnis geändert. Was mich betrifft ich hatte geschlafen.

Der Tag verging unter Arbeit, die ich geradezu genoss. Ich war in wenigen Stunden in Fluss und machte reissende Fortschritte. Mittags telephonierte ich lange und zärtlich mit den drei Freundinnen und sandte ihnen allen Aufmerksamkeiten jeder Blumen, Süssigkeiten, und ein Buch. Die Sängerin rief an und ich war witzig und liess sie zappeln. Die Post, lauter Mädchenbriefe, blieb uneröffnet. Nachmittags rief ich Hilde an, die mir traurig schien und versprach mich freizumachen. Bei der Schlesinger sagte ich mich für den nächsten Halbtag an, von 2–8, zur Arbeit «moins une demiheure a passer avec moi, tout à moi» flötete sie. Dann ging es in der Arbeit weiter bis gegen Mitternacht und die Sphinx küsste mich am Schreibtisch GutNacht wie eine junge Gattin die den ernsten Gatten nicht stören darf. Am morgen fuhr ich ins Institut um Literatur zu vergleichen kehrte aber streng zur Arbeit zurück, schrieb jeder Freundin einen innigen und persönlichen Brief und sandte durch drei Dienstmänner, deren jeder bei Borchardt einen

Obstkorb abzuholen hatte. Mittags rief Christa an und wir hatten eine Viertelstunde Gespräch einsilbig zärtlicher Erinnerung und Hoffnung. Um zwei fuhr ich zur Schlesinger, und setzte mich während sie noch schlief an den Katalog. Ich arbeitete ungestört und mit grösster Sorgfalt, die Zettel wuchsen unter meinen Händen und ich blieb ungestört. Sie erschien erst um halb fünf, blendend maquilliert, frisch und beinahe jung, in einem dunkelgrün rohseidenen Kimono das zu der rötlichbraunen Farbe ihrer Löckchen sehr hübsch stand und, wie mir schien, etwas weniger stark.

«Je vous ai desiré cette fois, mon petit chat» sagte sie sich in meinen Armen windend wie eine Débutante, «vous comprenez je sais bien que vous n'appartenez qu'à vos affreux devoirs en ce moment quelque peu critique, mais vous m'avez trop gâtée pour avoir en moi une maîtresse indifférente. Que vous avez l'air saint et mâle cependant. On voit bien que vous ne perdez pas votre temps à couvrir les plaisirs. C'est le travail c'est l'application assidue qui vous maintient fort, beau, adoreux presque de santé» sie rieb ihr Näschen schnüffelnd an meinem Halse und küsste mich zärtlich auf den Mund. «Et toi» sagte ich den Kuss zurückgebend und sie liebkosend, «te voilà mincie» «Tu trouves. C'est que je me suis mise à la diète, à la discipline, un peu comme toi. Je mène une vie de plus réglée, je ne lis que des Trashs, je ne mange point de gras, je me châtie. –» Ich hörte einen koketten Vorwurf aus den Worten heraus drückte sie an mich und hielt sie fest bis sie völlig schmolz. «Chéri» seufzte sie «ah chéri – jamais pensé à moi, chouchou?» «Il ne me faut qu'une semaine pour être à bout de ma corvée» sagte ich, sie auf den Mund küssend wie eine junge Geliebte. «Puis je serai tout à mes devoirs.» Sonjas Augen verirrten sich. «Vous me ferez revivre.» Ich küsste sie nochmals mit einem wahrhaft spitzbübischen Kusse der Werbung um zu sehen wohin die Leidenschaft sie führen würde und thatsächlich schmachtete sie an mir empor

und griff heimlich nach der lockenden Frucht. «Mais on va porter le samovar n'est ce pas?» «Vous avez raison» sagte sie die Farbe wechselnd «c'est que vous me rendez folle, je ne sais plus ce que je fais.» Ich liess sie grausam los und kehrte zu meinem Katalog zurück. Sie zog sich einen Sessel in meine Nähe. «Tu sais que nous te sommes vraiment obligées, moi et les autres pour nous avoir arrangé ce petit cercle anglais?» «Ah, à propos, ça marche bien?» «Mais à merveille! mais sais tu qu'elle est prodigieuse la petite? C'est la litterature que sa force! elle l'a raconté –?» Ich sah starr auf. «Raconté, à moi? Quelle idée! Figure toi s'il me reste du temps pour m'en occuper, moi, de cette petite gueuse, même si j'en étais curieux. Vous m'avez prié de l'arranger autrefois, je n'ai fait que remplir un devoir vers vous, e tchaou…» «Bien, je t'assure que nous en raffolons et que le cercle va grandissant.» «Ainsi vous ne vous ennuyez pas. Qu'est ce que vous venez de lire?» «Du Meredith, la Diana.» «Mes compliments» sagte ich lachend, «c'est un grand livre, pas trop facile, pour dire vrai.» «Tu trouves, toi aussi. Mais allons, les lectures faciles, on en tire peu de profit. Quoique, certes, celle ci est un peu épineuse» «Livre adorable, que j'ai l'habitude de relire une fois par an. Elle le vous explique donc?» «Je ne dis pas ça. Elle lit un passage à haute voix que prenons à le discuter.» «Sans l'avoir traduit?» «Bien quelquefois quelqu'une la prie de quelque éclaircissement, mais ses reponses se bornent à peu, parce qu'elle dit, pour le traduire il lui faudrait de savoir autant d'Allemand que l'auteur savait d'Anglais.» Ich lachte. Arme Mabel. Ich musste da einspringen. Inzwischen kam der Thee. «Je vais te montrer un peu de bronze que je viens d'acheter», sagte sie, nahm meinen Arm und zog mich in den Salon links. Auf einem Tabouret stand eine kleine schwarze Kiste aus poliertem Holz die sie öffnete, innen mit Watte und Holzwolle gefüttert, ein Häufchen spannenlange Kleinbronzen darin. «Qu'est-ce que c'est?» fragte sie, ein Figürchen her-

vorziehend. «Ah» sagte ich, das Stück prüfend. «C'est exquis et c'est rare.» «Un homme nu et barbu, mais quelle espèce d'outil est-ce qu'il va lancer comme une hachette?» «Voilà la rarité. C'est l'arrière partie de l'arabre.» «Alors, un paysan que se defend contre quelqu'un qui l'a attaqué.» «Non ma chérie. Un héros. Cette partie de l'arabre en grec se dit ekhetté, et c'est l'appellatif de cet héros peu connu du reste, qui s'appelle Ekhettos. Ce fut

VI

Ich kam mehr und mehr in die Gewohnheit hinein, ein Mädchen oder eine Frau die mir gehört hatte nicht wiederzusehen. Dabei spielte die Treue gegen meine drei Freundinnen, die ich durch eine leichtsinnige Stunde nicht zu verletzen mir einredete dagegen preisgäbe sobald ich mich fixierte, eine sophistische Nebenrolle. Ich liess mich gehen, gab mich weder wirklich hin noch wirklich aus, spielte das Spiel der ersten Berührung und Verschmelzung ohne Consequenz mit immer noch unerschöpftem Genusse weiter und legte Erinnerungen auf Erinnerungen.

Aus dem tollen Abenteuer der sechs Umarmungen überreizt und unerlöst auf die Strasse getreten sah ich nach der Uhr. Es war kurz vor acht und ich telephonierte nach Haus um zu erfahren ob man etwas für mich zu essen habe. Ich hatte keine Lust mich allein in ein Restaurant zu setzen und wollte Ruhe und Besinnung. Lange kam niemand an den Apparat. Endlich kam Karolinchens aufgeregte Stimme. Das Mädchen sei telegraphisch nach Hause berufen worden, ihre Mutter habe einen Schlaganfall gehabt und brauche sie. «Haben Sie gefragt wie lange?» «Ich habe mit Frau Mama telephoniert nach Lugano, hat gesagt wir sollten gleich andere annehmen, Herr Rudolf möchten engagieren, vielleicht nur Aushilfe, sie hat gesagt sie kommt wieder, in ein Monat oder so.» «Gut. Welche Nummer hat Mamas Stellenvermittlung?» «Is Iduna, Herr Rudolf, wenn nachsehen wollten, ich weiss nicht Bescheid.

Soll Johannchen einholen, is zwar bischen spät» «Schön. Ich erledige alles, komme gegen 11 nach Hause, sorgen Sie bitte für ein Bad.» Das war mir sehr leidig. Ich war an das Mädchen gewöhnt, nein, sie war mir lieb ohne dass ich sie liebte. Sie war das Ständige, das Immergleiche die unveränderte Erwartung, die sanfte satte Gegenseitigkeit. Ich brauchte diesen Kuss und diesen Blick, diese Wortlosigkeit und Selbstauslöschung. Iduna antwortete mit einer fettigen Geschäftsstimme. «So Kronprinzen 5, Borchardt, danke vielmals, sehr geschätzt, habe ganz erstklassige Personen prima Zeugnisse, sollen ältere oder jüngere in Frage kommen?» «Nur jüngere, wir haben schon zuviel alte Leute, rasch, intelligent tadellos gepflegt, geschickt und sicher servierend, wolerzogen, reserviert, gute Erscheinung, möglichst guter Charakter, ich meine, die sich attachiert.» «Sehr wol. Sehr wol. Kommen Herr Borchardt selber oder sollen sich vorstellen?» «Meine Mutter ist auf Reisen, ich bin viel zu beschäftigt. Bitte morgen früh ab neun, Küchenaufgang, warten Sie mal, bitte nicht alle gleichzeitig, so ein bisschen nach und nach, das arrangieren Sie wol.» Wohin jetzt. Zu langweilig. Berlin kam mir plötzlich wie eine Wüste vor. Während ich noch stand, klopfte es auf meine Schulter, mein Freund Meier stand strahlend und jüdisch grinsend neben mir. «Mensch sieht man Dich auch mal wieder?» «Ah Du. Wie geht's.» «Wohin wolltest Du denn gerade?» «Ich? essen, irgendwo. Zu Haus ist plötzlich ein Mädchen weg und die Alten haben den Kopf verloren.» «Fein, komm zu mir, die freuen sich riesig.» Ich zauderte. «Ich dachte Du wärst längst verheiratet.» «Ohne. Entlobt habe ich mich, erzähle ich Dir gleich.» Ich war erleichtert. «Höre mal. Alles Persönliche nachher. Ich komme mit unter der Bedingung, dass Du erstens telephonierst und mich ansagst und dass ich zweitens einen Esskorb mitbringe. Sonst sage ich Dir gleich hier Adieu.» «Herrgott immer aut aut. Na meinetwegen aber es wird Mutter kränken.»

«Jedes andre Mal, aber nicht zehn Minuten vor Tisch, das mutet man niemand zu. Hier an der Ecke telephonierst Du und dann fahren wir zu Borchardt flott.» Zwei Minuten später trat er leuchtend aus dem Tabakladen. «Sie sind wild vor Freude, hauptsächlich die Mädels, alter Schwerenöter, denen hast Dus angethan, na, überhaupt, und Lotte –» erklärte er im Auto. «Du bist ja der Hauptgrund unserer Trennung, das heisst Gottseidank, denn da wäre ich schön hineingefallen.» «So, findest Du. Na ich kann Dir mein Wort geben.» «Weiss alles. Habe doch oft genug mir vorklöhnen lassen müssen, wie Du sie abgeschmiert hast. Übrigens tiptop von Dir, hübsch war sie doch und scharf auf Dich wie Pfeffer, und eine Eisnatur bist Du doch auch nicht, also, mit einem Worte» er drückte mir die Hand. «Bitte bitte» sagte ich ablehnend, «verstand sich doch wol von selbst, ich mochte sie überhaupt nicht, und erst recht natürlich in dieser Situation.» «So. Na ja. Eben eben. Weisst Du, ich musste mir klar machen, versteh mich. Mädchen die man nicht heiratet. Und warum: Weil die Ehe nicht darin besteht, zuerst ist man ja berauscht darüber, dass eine so ran an den Speck geht wie unser eins – dann sagt man sich – wie wird das später, was? Ne ne. Zu ausgesprochen tüchtig und unermüdlich auf diesem Gebiete, ich meine so verschleckt danach, später als Frau – ich weiss nicht – sie hätte es mit dem Bäckerjungen gemacht und mit dem Schornsteinfeger, en passant.» «Na ich glaube man kann Dir gratulieren» bemerkte ich trocken. «Wie nahm sie es denn?» «Sie? Ach so. Ne. Sie hat mir abgeschrieben, weil sie einen andern liebt, und ihm wie sie sich ausdrückt, das Letzte gegeben hat.» Ich verstand und musste lachen. «Tröste Dich, Guter. Ihr Letztes liegt zu nah bei ihrem Ersten, Du hast recht, und nichts verloren. Sie war eine kleine Hure, eine Intelligenzhure, und hätte jedem andern wie Dir Hörner aufgesetzt.» Wir waren bei Borchardt und ich liess zwei Hummern eine kalte Pute, ein par Büchsen Fertig

Spargeln, einen Trüffelsalat von Sellerie und Endivien, ein Weingélée, eine Ananas, Trauben, Feigen, eine Baisertorte, ein par Flaschen Wein, Sherry, Bordeaux, Sekt, Cointreau in einen Korb packen. «Was essen denn die Mädels gerne?» «Die, warte mal, Recha Chocoladenfondants, das Finche heisse Bananen.» Das kam noch dazu und wir fuhren davon. «Du bist ja ein Krösus dass Du das Geld so wegschmeisst, 140 Mchen für so einen Einfall.» «Oh, ich bin doch verpflichtet. Höre mal, aber keine zu lange Familiensimpelei, wir gehen nachher noch irgendwohin wo es lustig unauffällig und anständig zugeht, ich bin in einer Teufelsstimmung.» «Darf es auch unanständig zugehen? Willst Du ins Puff?» «Ausgeschlossen. Berlin ist mir Puff genug und ich mache mich nicht billig. Zusehen, spassen, lumpen, aber nichts vulgäres!» «Gentleman, mit einem Worte. Ich wusste ja dass ich Dir die Mädels anvertrauen konnte. Na natürlich jedem, sie sind ja totanständig und gutbürgerlich spiessig – lustig und ausgelassen natürlich, aber nischt weiter, – an und wenn Sie Dir schon 'n Kuss geben was? Haben sie wol, wie?» «Wenn ich sage ja, bin ich eine Canaille, das sind also zwecklose Fragen, und machen mein Nein zweideutig. Ich glaube, nicht ich finde ich habe gar kein Gedächtnis für das Détail von lustigen Sekunden mit guter Gesellschaft. Man zwickt sich und neckt sich, vielleicht hat wirklich was geknallt, denken thut sich keiner was dabei, also wozu dran denken. Lotte war ein andrer Fall, sie hätte mir den Abend verleidet, dh ich hätte nein gesagt.» «Ne die Mädels haben zwei andre Freundinnen kommen lassen die auf Dich brennen die Pinkusmädels aus der Hohenzollernstrasse, kennst Du doch.» «Habe nicht die Ehre.» «Was kennst Du nich? Das Chicste und Lustigste was es gibt, dabei doch gebildet. Kommen nachher.» «Na, chic lustig hochgebildet, wie sie wollen, wir drücken uns. Da sind wir schon, was?» Meier nahm den Korb und wir gingen das Gartenhaus war wesentlich eleganter geworden. Ein richtiges Dienstmädchen in Häubchen empfing uns, in der Entrée hingen scheussliche ultramoderne Holzschnitte und standen grüngestrichene Landhausmöbel. Die Mutter schwamm mir üppig entgegen wie eine Jezebel entre deux ages und ihr unsicheres Zwinkern drohte mit Reminiszenz an den mir damals abgelisteten Kuss, aber ich begrüsste rasch hinter ihr den dicken Papa, der noch patriarchalischer als früher meine Hand mit seiner fettigen Rechten tätschelte. «Aber Herr Borchardt» klang es dann von der Thüre, und Recha erschien mit geröteten Wangen und lebensgross. «Was fällt Ihnen denn ein, so'n Luxus für uns einfache Leute, statt ganz en famille» «Was hat er denn?» jappte die Mutter schmunzelnd. «Was er hat?» mauschelte Finche dahinter mit hochgezogenen Augen, «was wird er haben? Ein kaltes Diner von Borchardt hat er mitgebracht, Hummern und Geflügel und Sekt und wer weiss was, für 12 Personen.» «Fräulein Finche, bitte lassen Sie die Spargel aufmachen und ins Wasserbad stellen. Es thut mir so leid keine Vorspeise bieten zu können, Büchsensuppen sind zu scheusslich. Regen Sie sich nicht auf Fräulein Recha, ich war das letzte Mal Ihr Gast, hätte längst die Aufmerksamkeit erwidern müssen, heut sind Sie meine Gäste.» «Bis auf einen Teller Suppe» jappte die Mutter, «wir haben eine koschere Gänskleinsuppe, was pikfeines sage ich Ihnen, sogar was für Antisemiten.» «Blendend. Darf ich mir einen Augenblick das Anrichten ansehen?» «Nehmt ihn mit in die Küche, Mädchen», sagte der Alte grunzend, «nemmt ihn mit, bindet em e Schürze um, dass er sich keine Fleck mache –» und so zogen mich die Beiden untergefasst mit. Meier folgte. Im halbdunklen Gange wurde ich gedrückt, gepufft und hart gekniffen, umfasste die schlanke Hüfte Finches und die schwerere Rechas, liess aber im Lichte wieder los. «Dann soll ich die Beffstücke garnicht mehr machen Fräulein», fragte die Maid am Suppenkessel. «Nein Jungfrau» antwortete ich, «aber wir brauchen Sie, Herr Loeb zieht die Weinflaschen auf und Sie sorgen für Gläser, wir brauchen pro Nase zwei Weingläser, ein Sektglas, ein Schnapsglas, drei Tellerwechsel, einen Dessertteller, Obstteller, verstandez-vous? Wenn Sie es brav machen, kriegen Sie ein Thaler, Sie sind heut Abend in meinen Diensten, abgemacht? Gibt's Fischgabeln für den Hummer? Um so besser. Zwei Mal Dessertlöffel, Obstmesser. Alles im Köpfchen? Sehen Sie, Sie sahen so gescheit aus, dass ich wusste, es geht mündlich.» Sie war ein hübsches schlankes Ding, dunkelblond mit einem niedlichen Lachen, etwas dreckig, wie das ganze Haus, aber erfrischend. Sie ging Feuer und Flamme auf meinen Ton ein und verschwand um zu decken, Meier zog Flaschen auf prüfte die Marken, stellte den Rotwein warm, den Sekt in den Eisschrank. «Habt ihr kein Eis?» «Geh doch schnell rum zur Apotheke, die haben doch immer», drängte Finche. «Ja flott, sei gut, Sekt ohne Eis ist doch Suppe» bat Recha. Meier entschwand. «Bananen!» rief Finche, im Korbe puckernd. «Für Dich, höre dass Du sie schätzest.» «Und für mi-i-ich?» minaudierte Recha. Die Fondants beseligten sie. Beide drückten sich in meine Arme. Der schwüle und der frischere Mund sagten mir zwischen den Küssen zarte Schmeichelworte, aber der nahe Schritt des Mädchens warnte sie. «Wollen der Herr sehen ob alles stimmt» fragte die Kleine stolz. «Einen Augenblick. Fräulein Finche, die Spargel recht heiss. Fräulein Recha, nicht zu forsch mit der Geflügelschere in die Pute. Ja, wenn Sie grünen Salat haben, meinetwegen um den Selleriesalat herum, trotz der Endivien. Bin gleich wieder da.» In einer Art Anrichte neben dem Esszimmer wohin ich dem Mädchen gefolgt war, standen Teller und Bestecke. «Na ja alles sehr schön, Gläser genug, – Karaffen gibts wol nicht.» «Ach es ist ja mehr ein Vorwand» sagte das Mädchen an der Haube richtend, «haben der Herr keinen Dienst für mich – ich bin so ungern hier – is ordentlich eine Erlösung mal einen andern Ton zu hören.» «Aber Fräulein es sind doch ganz gute Menschen.» «Sag ich ja nicht, aber so ordinär – ich bin es so anders gewöhnt – zanken sich so gemein, Sie kennen Sie nicht – passen ja überhaupt garnicht her – es thut einem richtig leid – dass Sie zu so Leuten kommen.» Das Gesicht hatte sich gerötet, die Augen blitzten, und liessen eine Thräne fallen. «Nun nun, seien Sie mal nicht so aufgeregt, Kind, hier», ich holte ein Zwanzigmarkstück aus der Westenbörse. «Ach nein, so meine ichs nicht» sie wandte sich ab, zur Wand, ich versuchte ihr das Geld aufzuzwingen, und da man Mädchen dafür nie nah genug sein kann, umfasste ich sie von hinten und sprach über ihre Schulter zu ihrem gesenkten Kopf. Sie nahm das Geld und gleichzeitig meine Hand, drehte den Kopf zu mir zurück, ich küsste sie rasch ohne zu wissen was ich that, und bekam einen kurzen herzlichen, saftigen Kuss zurück, und einen Händedruck. «Ich rufe Sie nachher zum Telephon, das ist oben, ich muss am Apparat bleiben umstellen bis Sie kommen, – Kriegslist – gehn Sie jetzt.» Im Gang stiess ich auf Meier der mit einem Eisbeutel pfeifend sich wegdrückte. Die beiden Mädchen mit den Schüsseln in Händen kamen uns entgegen. «Keine Dummheiten» rief Finche als ich die Arme ausbreitete. «Na gib em einen» bemerkte der aufmunternde Meier. «Pfui» sagte ich, «eine Wehrlose!» und liess die Arme sinken. «Quatsch» flüsterte Finche im Vorbeigehen und hielt mir den Mund hin. Meier war schon voraus. Recha, den Hummer vor sich, drückte mich scherzend an die Wand und sagte «Schmeck mal». Sie hatte einen Fondant im Munde und liess ihn mir im Kuss langsam in die Lippen gleiten. Wir holten den Wein, rüttelten die Sektflasche ins Eis und vervollständigten die Tafel. Es gab ein kleines Gekeife weil Mutter doch mich am «Ehrenplatze» neben sich wollte, was die beiden Mädchen, mich untergefasst zwischen sich ziehend, schnuppig ignorierten, und dann begann das Fest. Die koschere Suppe war zwar fett aber vorzüglich, der Sherry wurde mit der schmatzenden Billigung des Hausvaters gekostet, die Unterhaltung war derb und pittoresk. Beim Hummer ging es hoch her. Der Alte hatte einen Hummerschwanz erwischt, Jezebel sog jedes Beinchen geräuschvoll aus. Meier schwelgte in einer Schere, Recha sog wie ihre Mutter, ich zerlegte geräuschlos meinen Hummerschwanz, Finche eine andere Schere, und es sollte zum zweiten Mal gereicht werden, als der Vater witzig bemerkte, ich müsste meine Reste auf meinem Teller behalten, anstandshalber. Als ich etwas befremdet fragte warum, sagte er, die seinen Jezebel auf den Teller ladend, «Ich darf meinen Schwanz zwischen de Beine von meiner Gattin schieben, sehn se, aber Sie nicht ihren zwischen de Recha ihre.» Dröhnende Heiterkeit, Jezebel schlug ihn mit der Serviette, während er blaurot vor Lachen fast erstickte, Recha sagte Pfui, legte das Gesicht auf die Hände und trat mich fest unter dem Tisch auf den Fuss, Finche sagte mir ins Ohr «wenn der wüsste» und nur Meier bemerkte scharf «Sehr witzig, sehr fein muss ich sagen.» Das servierende Mädchen war blutrot geworden und biss sich auf die Lippen. Ich schlug rasch ans Glas und sagte «mein erstes Glas der Hausfrau, mein zweiter Schluck der älteren meiner Nachbarinnen, die ich nicht als solche festzustellen vermag, mein dritter Respekt der jüngeren, so dass ihn beide unter sich ausmachen können – mein empfindender Nekrolog der Gans, die sich auf dem Altar der Selbstverleugnung geopfert hat, um zu Klein für die Suppe zu werden und zu gross für selbst das grösste rühmende Wort, mein Gruss den spanischen Bergen, die Reben getragen haben um in ihrem Wein diesem Hause zuzutrinken, mein Neid dem Hummer, dem seine bereits zu unsern Gunsten angenommene Scharlachfarbe es erspart hat, über Anzüglichkeiten gegen seine unschuldigen Extremitäten zu erröten, und, da Hamlet schon so richtig hervorgehoben hat, dass der Rest Schweigen ist, mein Schweigen dem noch ausstehenden Rest. Möge die Pute so gut sein wie, nach allgemeiner Meinung dumm, denn gut und dumm passen vortrefflich zusammen. Möge der Gelée zittern und süss sein wie eine Braut, denn auch diese besteht in der Harmonie zweier Gegensätze, des Bebens und des Mundens, möge der Spargel indem er sich uns einverleibt seine Conserviertheit vergessen machen, und der kalte Baiser der Baisertorte uns ebenso vergessen machen dass es auch heisse Küsse gibt. Alles bringe seine eigenen Eigenschaften so zur Geltung als gäbe es keine Grösseren und Schöneren, dann ist der Gesamteindruck das Ideal. Es wird behauptet die Welt bestehe aus Gegensätzen, das ist nicht der Fall. Was so genannt wird sind Schwestern, Variationen der gleichen Art, die sich gegenteilig ergänzen können wenn sie sich nicht ausschliessen. Die beiden Schwestern links und rechts von mir werden gerne darüber einig sein, dass diese Wahrheit wenigstens in der Mitte sitzt.» Es war ein Succés. Die Alte war begeistert und beschämt, sagte «was en Genie». Jezebel hatte die Conserviertheit auf sich beziehen dürfen und strahlte, die Mädchen schwärmten und Meier that als wäre dies alles nur ihm zuzuschreiben. Das Dienstmädel hatte hochrot an der Thür gelauscht. Es wurde gewaltig gegessen und getrunken, ich bekam die besten Stücke auf den Teller gehäuft, die Nachbarinnen wurden heiss und gingen mir versteckt zu Leibe der Alte hatte einen Spitz und sprach von der Mitgift seiner Töchter, und was er sich ihre Erziehung habe kosten lassen. Ich hielt mich ausserordentlich zurück um mich besser zu amusieren, Recha flüsterte mir zu «Sei doch nicht so kalt!» und Finche vertauschte die Gläser zwischen uns. Dann läutete es, und alles sagte «die Pinkusmädels.» Es erschienen, von den Schwestern ins Zimmer gezogen, eine grosse blonde und eine mittelgrosse, sehr hübsch und elegant sportlich gewachsene Person, nicht einmal sehr jüdisch wenn man nicht genau hinsah, die blonde eine fausse maigre, von sehr schmalen Hüften, mit schönen Zähnen und einem kurzsichtig blinzelnden Blick, der moquant wirkte, die andre mit einem knappen Oval als Gesicht mit schönen ruhigen klugen Augen und einem kleinen festen starklippigen Munde, sehr gut gemacht, beides junge Mädchen aus soignierter Familie und erzogen. Ich war verbindlich kühl und distant, liess mich vorstellen, die blonde hiess Maggie, die kleinere Lily, sie waren vor vier Jahren von England nach Berlin gezogen. Meier zog die Neuen links und rechts an sich, sie sassen aber mir gegenüber, da das Elternpaar die rechte Tischecke einnahm, und ich konnte nicht übersehen, wie scharf ich von beiden aufs Korn genommen wurde, wobei Lilli sich besser deckte. «Jetzt kriege ich gleich meine heisse Banane» lachte Recha mir zu, «sie wird mir gerade in der Küche gemacht, und dann nachher», flüsterte sie, «Deine, recht heiss, Du, was?» Drüben gab Maggie Pinkus Meier der vertraulich wurde, eins auf die Hände. In diesem Augenblicke meldete das Mädchen «Herr Borchardt wird am Telephon verlangt, ich gehe schon umstellen, rufe dann.» «Nein» sagte ich aufstehend «ich weiss schon, ich gehe lieber gleich mit.» «Woher weiss denn irgend jemand» sagte der verdutzte Meier «habe gleichzeitig mit Dir an Leute telephoniert, für alle Fälle» warf ich geistesgegenwärtig hin und ging. Das Mädchen war mir eine halbe Treppe voraufgeeilt, ich fand mich ihr nach in einer Art kleinem Schreibzimmer, wie sie am Telephon hantierte. «Ich stelle ab, einen Moment» hauchte sie. «Hast Du mich denn so lieb» fragte ich einen Augenblick später halb erstickt. Sie antwortete nicht sondern küsste leidenschaftlich weiter, fassungslos, brennend. Es war ein reiner frischer Mädchenmund, in dem der Pfeffer des Sinns biss und schärfte. «Höre» sagte ich mich losmachend, «komm morgen um 10 nach Kronprinzenufer 5[1] Dich vorstellen, ich brauche ein Hausmädchen, bring die Zeugnisse mit.» «Süsser» sagte sie, «ists wahr?» Sie nahm meine Hand und steckte sie sich in den Brustausschnitt, ich fühlte die heissen vollen jungen Brüste und verlor die Sinne. Sie hatte meinen Steifen in der Hand, wir bissen einander in die Lippen. Aber es war ein Moment, und die Besinnung gewann bei uns beiden die Oberhand. Abgemacht war alles, und wir trennten uns mit einem heissen Blick und einem harten Kuss.

Unten war die Gesellschaft aufgestanden und Recha brachte den Mokka und den Cointreau in das Gartenzimmer mit der Glasthür, dessen ich mich vom vorigen Male so gut entsann. Es war durch Wandschirme in Kojen aufgeteilt im Kabinett brannte eine rote Lampe wie in einem Puff und waren Matratzen gelegt, im anstossenden «Salon» klimperte Meier Schlager auf dem Klavier. Die Alten wurden unsichtbar, aber man hörte von irgendwoher ihre fetten tiefen Stimmen, Finche schenkte Mokka ein und rief ihren Bruder, die andern drei Mädchen, aufgeregt und lächelnd und vollgegessen oder in Weinlaune dehnten sich, die Pinkusmädels hatten gehörig ins Glas geschaut und Lily hatte Funken in ihren ruhig lauernden schönen Augen. Es wurde mehr Cointreau als Kaffee getrunken, Finche bot mir frech Brüderschaft an und küsste mich beim Bruderkuss lasziv, Recha liess sich nichts abgehen und küsste schallend und Meier versuchte die Gäste zu knutschen, die sich ihm provozierend entzogen. Er liess aber nicht lokker und brachte schliesslich die blonde Maggie dazu sich von ihm Noten am Klavier zeigen zu lassen, während Lily, die Cointreauflasche in einer Hand, Finche umfassend, ins rote Licht strebte, Recha mich rechts unterfasste und gegen Lily drängte, die nun auch ich unterfasste, und so schwenkte die Viererkette auf das Matratzenlager zu. «Halt, die Gläser» rief Recha vom Lager wieder aufspringend und diesen Augenblick benutzte Finche um mich mehr auf sich oder an sich zu ziehen. «Schützen Sie mich» sagte ich zu Lily, «ich bin ein reines Mädchen», riss mich los und schob mich hinter sie. «Jetzt bin aber ein Luder» sagte Lily, griff hinter sich und kniff mich in die Hand. «Also aus dem Regen in die Traufe» lachte ich und kniff sie zur Antwort sanft in den feschen kleinen Popo. «Was fällt Ihnen ein» begehrte sie auf. «Keine Vertraulichkeiten, bitte.» Ich wusste woran ich war und liess mir nicht imponieren, sondern nahm sie her und küsste den hübschen Mund erbarmungslos durch, während sie zappelte und um sich schlug und Finche, auf dem Rücken liegend lachte. So kam Recha herein und fragte «Wessen Glas ist wessen?» «Egal» sagte ich, «hier herrscht wie Du siehst, bereits Lippengemeinschaft», und liess Lily los. Sie schüttelte sich, setzte sich auf und sah zu, als ginge sie alles Vorgehende nichts an. Recha placierte das Gläsertablett zwischen sich und sie, legte sich neben mich und sagte «gib mir endlich einen Süssen.» «Nicht bevor Fräulein Lily nicht wieder lacht. Hier geht es gemütlich zu, es wird nichts übelgenommen, wir haben uns alle gern, wir lassen uns gehn, wir haben einen sitzen, wir lieben uns, Eifersucht gibts nicht, Prüderie gibts nicht, wir machen alles ausser Babies.» «Na macht doch endlich was», sagte Lily gelangweilt «wenn ich nur nichts zu machen brauche.» «Du» sagte Finche, – «wetten dass? Mehr wie wir. Ich kenne Dich, Lilychen.» «Also losen?» fragte ich, zwei Streichhölzer aus der Tasche ziehend. «Nein nein, wer Dich am süssesten küsst, zuerst», schrie Recha, zog mich zu sich und hängte mir die schwüle Klette ihres mit lauter zähen Häkchen versehenen langen Kusses an die Lippen. «Ist garnichts» lachte Finche, «jetzt pass auf.» Sie sass halb hoch, leckte den frischen Mund mit der glänzenden Zungenspitze, und wühlte mir einen kleinen Hurenkuss in den Mund, auf den ich sie sofort ergriff. «Ihr werdet doch nicht wirklich» rief Lily, «Finche, nein das kann ich nicht zugeben» drängte sich zwischen uns und packte rasch meinen Steilen, «Sie sollen nicht, nein, Sie sollen nicht» aber dabei wichste sie ihn wie wild, drückte ihn, grabbelte unter ihn, es gab ein Geraufe, ich fühlte drei Paare Mädchenlippen abwechselnd auf meinem Munde, kam aber zu nichts, da die Grazien sich die Waffe selber in ihrer Hitze streitig machten. Dazwischen tönte Meiers Stimme «Recha, Finche, ein Augenblick zu Mutter, was wichtiges, nur ein Augenblick!» Die beiden liessen verdrossen die Röcke über die Beine herunter rappelten sich hoch und gingen. «Verführe ihn mir nicht inzwischen» sagte Finche drohend über die Schulter zurück. Lily hatte die Knie hochgestellt und die Arme unter dem Kopf. «Jetzt denken Sie was, aber was Sie denken gibts nicht» sagte sie unter gesenkten Lidern mit schimmernden Zähnen. Dann liess sie sich küssen, formte den schönen kleinen Mund zu einer festen Stulpe in die sie meine Lippen sog und drückte die Zungenspitze mit leisem Hin und Herfegen dazwischen. Dann kam ihr einer Arm um meinen Hals. Ich hob sie an, ihr zweiter Arm kam, mein Spiess suchte zwischen ihrer Unterhose, fand den Einlass, fühlte ihre heisse Haut, ihren Pelz und drang schmerzlich ein. «Lily?» rief es von nebenan. «Maggie» sagte sie leise, «komm» sie riss sich los, und zog mich hinter den Paravent in der Ecke, wo zu meinem Erstaunen eine Couch mit Decke stand. Sie legte den Finger auf den Mund. «Wenn Sie wieder ruft, gehst Du für mich, kein Wort.» «Lily» klang es näher. Ich trat hervor, Maggie, die Hände in die Seite gestemmt, weinrot und hübsch, blinzelte mich boshaft an und zeigte die blendenden Zähne in dem breiten blassrosa Munde. «Wohin haben Sie denn meine Schwester verstaut, Sie Verführer» fragte sie lachend. «Ich beantworte heut Abend auch die harmlosesten Fragen nur wie Geheimnisse, ins Ohr» sagte ich frech. «Also?» sagte Maggie eine Hand von der der Seidenärmel unter den Ellbogen zurückfiel am Ohr. Ich umfasste sie ohne weiteres. Sie trat etwas zurück. «Muss das sein?» «Wie soll ich sonst an Ihr Ohr kommen, oder Ihr Öhr. Ich will einfädeln und Sie zucken.» Sie liess sich umfassen. Sie trug kein Corsett, ich fühlte ihren Körper durch die Seide, schmal und üppig. «Pfui Sie kitzeln mich mit ihrem Atem», lachte sie. «Schnell.» «Ich glaube sie ist nur mal pinkeln gegangen.» «Scheusal» sagte Maggie ohne einen Versuch sich loszumachen, «lassen Sie mich doch jetzt los nach Ihrer brutalen Eröffnung.» «Ich bin durch Ihre Berührung gelähmt, goldene Schlange» sagte ich leise ihren Mund suchend. «Nicht –» sagte sie schwach. Ich zog die Arme um sie zusammen, sie küsste mich, mit geschlossenen Augen. «Hast Du mich auch lieber» stammelte sie und schob. Ich schob ihr entgegen, wir sanken zusammen aufs Lager. Minuten vergingen. «Du bist wonnig» flüsterte sie, «ich muss Dich richtig kennen lernen.» «Ich bin schon dabei» sagte ich ihr den Mund schliessend und machte mir zu schaffen. «Nein Du – nicht – nicht hier –» Aber ich war geschickt gewesen sie gab den Widerstand auf, drehte das Gesicht ab und drängte seufzend und stammelnd meinem langsamen Eindringen entgegen. «Maggie?» rief Lily hinter dem Wandschirm «was sind das für Geräusche?» Sie stemmte den Arm gegen meine Brust um sich zu befreien, aber ich sass fest im Sattel, liess mich nicht stören, riss auch Lily unter mich, die an mir zog, und würde ans Ziel gelangt sein, wenn nicht Meier nebenan mit Nachdruck gehustet hätte um sein Kommen anzuzeigen. Als er eintrat, lag ich zwischen beiden Mädchen auf deren Zügen die Spuren der Leidenschaft noch nachlebten, ihre Haare waren wirr, ihre Augen blicklos, ihre Brust flog. «Na, Mädels, ihr langweilt Euch scheints ohne mich» sagte der Idiot. «Tötlich» antwortete Maggie ohne sich zu rühren «lass Dich begraben, gleichfalls.» «Dein Freund» echote Lily, «hat so was Steifes.» Maggie erstickte einen Ausbruch. «Na nu» sagte Meier, «das höre ich zum ersten Mal, Du. Du bist doch sonst nicht so.» Ich sagte nichts. «Gebt ihm en Kuss, dann taut er auf» riskierte Meier weiter. «Dürfen wa doch nicht» mauschelte Maggie. «Hier ist alles erlaubt» bemerkte der unternehmende Meier. «Du gibst mir einen, und ich seh nich hin, wenn Lily ihm einen gibt.» «Lieber umgekehrt» sagte Maggie dreist. «Danke» echote Lily. «Weisst Du, vor andern» warf ich ein, «genieren sich junge Mädchen, versprochen hatten sie es mir beide, eh Du kamst.» «Also geht hintern Paravent, wenn ihr Euch geniert.» «Noch schöner, zu dritt» sagte Maggie empört. «Ne, eine leistet mir Gesellschaft, und wir wechseln ab.» «Schön» erklärte Lily, «unter der Bedingung, ein Meter Abstand, ich kenne Dich.» «Pff, ich kenne Dich auch» retortierte Meier kühl, «auf Armlänge wie neulich, einverstanden.» «Also Fräulein Maggie, ich habe Sie auf der Tanzkarte» und ich half ihr auf. Sie lachte. «‹Nur ein Viertelstündchen› wie es auf Sofakissen heisst, aber ich concedierte Ihnen nur zwei Minuten für Ihre interessanten Geheimnisse.» Hinter dem Paravent legte sie den Finger auf den Mund, guckte durch die Ritze und rief mich mit heran. Meier machte Lily Zeichen, die diese abwehrte. Die Armlänge war gewahrt, er hockte vor ihr einen dreiviertel Meter, sah wahnsinnig komisch aus mit seiner blaurötlich angelaufenen Kolbennase, seinem blaurasierten Gesicht und den dünnen Lippen die er zärtlich spitzte, einen Kuss erbittend. Als Lily sich nicht regte, machte er eine komische Geste mit den beiden Händen und sagte, ich hörte es deutlich, «Zum Loswerden!» Maggie, neben mir kniend und ihrerseits durch den Spalt spähend, kniff mich in den Arm. Meier hatte die Hose aufgeknöpft und seinen scheusslichen, riesigen aber dünnen beschnittenen Zagel herausgeholt, der aber nicht steil ging sondern zwar stand aber wagerecht von ihm abstand. Lily streckte die Hand aus, nahm mit zusammengebissenen Lippen und zugekniffenen Augen die Stange zwischen beide Handflächen und begann sie zu rollen. Meier warf den Kopf zurück schloss die Augen und stöhnte. In diesem Augenblicke glitt Maggies Hand nach meinem gegen das Gefängnis drängenden Pfahl und ihr heisser Mund hing an meinen Lippen. Sie zog mich,

ich bog sie, sie schmiegte sich unter mich, klemmte sich geschickt den Steilen in die sehr enge Höhle und wir vögelten lautlos und innig. Nur ihr Zucken und ein leises Grimmen in ihrer Kehle dann und wann verriet mir ihre Wollust. Dann biss sie mich in den Hals, schüttelte sich im Krampf und drängte mich von sich, um meinen Mund mit stummen Küssen zu verzehren. Ich sah auf und blickte durch den Spalt. Meier lag rücklings über, Lily hockte regungslos wie vorher an ihrem Platze. Es hatte geklappt. Jetzt gab ich Maggie ein Zeichen, sie ging mit einem letzten Kusse, ich blieb allein, und spähte durch den Schirm. «Na» sagte das Mädchen unglaublich beherrscht und als wäre nichts passiert «na? Hier herrscht ja Friedhofsstille. Geh mal nebenan, Lilychen dass Du Dich von dem Causeur hier ein bischen erholst. Was ist Meierleben?» «Ach nichts, ich habe ein bischen viel getrunken, wurde schläfrig.» «So, na, ich komm gleich wieder, kratze Dich auf.» «So» sagte Meier gähnend, «nu bis gleich, ich gehe auch mal.» Die hübsche Lily stürzte sich in meine Arme, ich schwang sie neben mich auf die Couch, küsste sie, griff ihr unter die Röcke, kitzelte sie, nahm sie durch und liess mir von der leidenschaftlichen Person die so gehalten schien die Lippen zerbeissen. «Kannst Du wirklich noch?» fragte sie «Wieso?» «Na Du hast doch eben Maggie nicht nur geküsst.» «Aber natürlich. Ich küsse Dich ja auch nur, Schatz.» «Komm richtig» stammelte sie unter meinen Küssen «rege mich doch nicht so wahnsinnig auf, ich kann ja nicht mehr, komm» «Was komm, was meinst Du denn?» «Wie vorher, – fick mich, fick mich, gefickt will ich werden, sonst geh ich sogar zu Meier.» «Hat Der dich denn nicht eben?» «Keinstück, Der, ich mich von dem – wo ich nur auf Dich warte – Du –» Unsere Küsse wurden fester, die Worte hörten auf, ich drückte durch. Sie hatte einen festeren Körper als die Schwester, zierlich und stramm, trainiert und elegant, und ich stemmte ihn hart und lustig, ohne Gefühl, aber doch mit heimlichem Glück über ihre masslose Berauschung. Dann sagte sie unter Dankküssen «Du musst zu uns kommen versprich mir. Bei uns ist es ganz anders, ich verschwinde mit Dir und ich nehme Dich ins Bett, Thür abgeschlossen. Wir sind ganz ungestört. Hier ist es eine Schweinerei. Sag ja.» Ich versprach alles und wir suchten nach der übrigen Gesellschaft. Jezebel thronte unter ihren sichtlich verstimmten Töchtern, Vater Loeb, die Hände überm Bauch gefaltet schnarchte. Maggie mit einem weichen Zuge im Gesicht, lachte über einen Witz den Meier ihr ins Ohr sagte, letzterer inzwischen wieder etwas aufgelebt. «Ich komme um Danke zu sagen und Ihren Sohn zu entführen, wir haben heut noch etwas vor» sagte ich. «Was» rief Finche, «ehe Du wie Du mir versprochen hast, etwas auf meinen Fächer geschrieben hast! Komm sofort!» «Und mir» sagte Recha «hast Du versprochen, die Tapete auszusuchen, die zu meinen Cretonnen passt, Du weisst schon.» «Was Schicksen» seufzte Jezebel, «wenn se ein Mannsbild sehen, gleich haben se Heimlichkeiten. Ihr seid viel zu frei, ihr werdet den Schaden haben. Was sagen Sie Herr Borchardt, sollen wir sagen, zehn Minuten per Stück, aber ohne Belohnungen in Naturalien» «Was kann schon sein Belohnungen in zehn Minuten» mauschelte Finche. «Du hast eine kranke Phantasie, Mutti». «Ich muss mich wundern» sagte ich eisig, «was für Gespräche!» Frau Löb wurde rot. «Gott ich scherze nur, ich weiss ja mit wem ich es zu thun habe, aber meine Töchter sind wie die ganze junge Generation, so – so – ich weiss nicht.» «So charmant, so überlegen, so frei, so anziehend» lachte Lily, mich unterfassend, «und sie hätten sie wirklich bei uns lassen können, da hätten sie nur profitiert von der Unterhaltung, denn dieser Herr hier lohnt den Weg von der Hohenzollern und retour. Das versichere ich dankend.» Finche zog mich eine halbe Treppe hoch in ihr Zimmer und warf sich heftig an meine Brust. «Sie hat was gespickt, wie weiss ich nicht, erklärte mir sofort sie liesse mich nicht allein mit Dir Du wärst zu gefährlich und ich zu verdorben, stell Dir vor, und wie Recha sagt, was soll schon passieren zu zweit, sagt sie, das Doppelte eine stachelt die Andere an, und der ist der Richtige für Nachtisch mit zwei Gängen, wenn er will soll er herkommen, wo wir im Kreis sind, nicht tête à tête. So haben wir uns gemopst und Du hast die beiden Biester gehabt, die ich nur für Meier eingeladen hatte, damit wir uns ungestört haben könnten, zu gemein.» Ich beruhigte sie mit innigen Zärtlichkeiten, ging aber nicht weiter, denn ein aufgebrachtes Mädchen ist mir immer total reizlos erschienen, und ihr Körper und Gesicht wirkte nach den beiden feineren Nymphen abkühlend auf mich, aber ich versprach ihr einen Theaterabend mit Nachtessen und Liebesglück. Zwei Thüren weiter wartete Recha auf mich, sanfter und harmonischer, ihrer schweren Art nach, doch gab es eine Drückerei und Küsserei auf dem Divan aber auch hier drängte die Zeit und nur die Hände verschafften sich beiderseitig halbe Genugthuungen. Wir brachten nach raschem Abschied die beiden Mädel in die Hohenzollernstrasse, die sich mit Rücksicht auf Meier in Schranken hielten, aber mir im Wagen die Füsse und vor der Hausthür die Hände drückten als sähen wir uns nie wieder.

«Wohin» sagte ich, als wir wieder sassen. «Ins Puff» sagte Meier düster. «Du bist verrückt; warte bis Du siebzig bist. Lustig sein, sich animieren, aber weiter nichts.» «Wie Du willst, aber Du hast keine Ahnung. Du stellst Dir was ganz falsches vor. Wo ich hin wollte, da merkst Du nichts von Bordell, wenn Du es nicht weisst. Nur verdammt teuer ist es und ich bin nicht bei Kasse.» «Also meinetwegen als Abschluss. Was kostet es denn?» «Hundert Entree, ohne Fick. Dafür hast Du einen Bon auf Speisen und Getränke bis zum Betrage von 50 Mark, darüber hinaus zahlst Du bar. Allerdings kostet jede Flasche Rotwein 20, Weisswein 15 Kaffee 5, ein Abendessen 50 und so weiter, das gibst Du am besten aus, denn vergütet wird nischt. Mädchen ab 100, das ist Grundtaxe darüber hinaus nach Belieben. Wenn Du Dich wirklich sorglos gehen lassen willst kostet Dich der Abend zwischen 4 und 5. Kolossaler Nepp. Dementsprechend das Publikum, Hochstapler, reiche Lebeknaben, Greise, Landjunker, alles durcheinander. Du wirst ja sehen.» Ich gab ihm einen 500 Mark Schein, den er halb gedrückt, halb sich belebend oder schnauffelnd einsteckte. «Wo ist der Spass?» «In der Kleiststrasse, Doppelhaus, Doppelétage, Wand dazwischen durchgebrochen. Vorn ca 8 Salons, dahinter unzählige Schlafzimmer, alles auf Privatwohnung elegantesten Stiles aufgezogen, alter Herrschaftsdiener, saubere Servier- und Stubenmädchen, natürlich mies, wegen Concurrenz, Dame des Hauses mit Töchtern, die natürlich mitvögeln, aber nicht à tempo wie die andern, kosten schweres Geld und verlangen Courmacherei. Berühmt in der ganzen Welt, der Saustall, Frau von Hohenheim, kein Mensch weiss wie sie heisst.» Ich dachte an die Üchtritz. «Also Rendezvoushaus?» «Keine Spur. Die sind anders, reserviert, wenig Räume. Da musst Du eingeführt sein, kriegst Photographien gezeigt, suchst Dir was aus, dann wird telephoniert, Du bleibst ungestört, kostet weniger, 200 meistens, halb und halb. Es gibt an die dreihundert davon in Berlin. Ja ja mein Sohn, und nun denke wieviele es heimlich für Geld thun, wieviele Du einfach ansprechen und mitnehmen kannst, wieviele es aus blosser Liebe und aus Geilheit thun, dann haste ne Ahnung von Berlin wie es weint und lacht. Rede mal mit Ausländern. Für die ist Berlin der Weltpuff, na Deutschland überhaupt. Paris nischt mehr dagegen, ganz abgekommen. Ich habe dem Chauffeur Adresse von einer Bar gesagt, bei der Passage, wo Betrieb und dolle Mädels sind. Müssen gleich da sein.» Es war fast 11 als wir aus dem Auto krochen. Die Bar strahlte auf die Strasse, Rauch und wilder Lärm erfüllte sie. Rechts hinten in dem kleinen Eintrittsraume drängten sich Leute um die kurze Bar hinter der Schankmädchen thronten, an der Rechtswand toste eine kleine Kapelle, im Hinterraum zu dem es zwei Stufen hinaufging, war eine Quertafel an der Studenten johlten und sangen. Man verstand sein eigenes Wort nicht. Kurz entschlossen steuerte ich Meier an einen nur halbbesetzten Tisch an dem ein blasser Knabe im Smoking Trübsal blies und ausser ihm ein par verdächtige Kunden hockten, die er ignorierte. Ich setzte mich mit kurzer Verbeugung neben ihn, schob Meier links von mir und sagte zu dem Mädchen «Sekt» – dann auf ihre Frage, mit einem Blick über die nun geschlossene Tafelrunde, «die Herren machen mir doch das Vergnügen, Fräulein zwei Pommery halbtrockenen und Chips.» «Wollen die Karte?» «Bitte den Herren. Die Karte ist zu Ihrer Verfügung, Controle wird nicht geübt, habe eben Erbtante geschlachtet!» Ich sah denn auch nicht hin was bestellt wurde, es war wie sich später herausstellte, höchst bescheiden. Wir redeten alle irgend etwas durcheinander lachten ohne Grund und fühlten uns himmlisch. Als der Sekt kam, nahm das Mädchen, ein brünettes junges Ding, blühend, mit schon halb betrunken schwimmenden Augen und grossem rotem lachendem Mund, ausgelassen hübsch, toll, wild, aber gutgemacht und anziehend, ohne weiteres ein Glas für sich und sagte «Sie erlauben doch?» Ich zog sie auf meinen Schoss, aber das, sagte sie, sei verboten und sie schob sich einen Stuhl neben mich durch den der Smoking Knabe fast aus dem Kreis gedrängt wurde. Es ging nun bald entsprechend zu, ein anderes Serviermädel, gross blond und welk, setzte sich drüben zwischen die Kunden, die Atmosphäre des Freigehaltenwerdens hatte sie angezogen. Ich ging ins Zeug, hatte meine Nachbarin um die Hüfte gefasst, wir sangen, jemand trank Brüderschaft mit mir, der Smoking drückte sich, das Mädel machte es sich bequem, ich küsste sie auf den lachenden nassen

Mund, sie rückte fest heran, und während die Andern mit sich beschäftigt waren, stiess sie mir die wonnige Zunge voll in den Mund und liess sie mir, ging unterm Tisch an meinen Steifen und fing an, den ganzen Laden durchzurammen. Aufgeregt wie ich war, genoss ich die frechen Liebkosungen einer Erfahrenen und genoss ebenso die Berufstechnik von Kuss- und Zungenspielen, die eine Meisterin verriet, obwol das Mädchen bezecht war. Sie sagte mir dazwischen, «bleib hier, Baron bis 1, dann ist Schluss, ich hab Dich lieb, hab Dich ja so lieb, Du Einhorn, ich schlaf bei Dir, thu mir das nicht an, dass Du mich hier angeilst mit Deinem Steinzeitpimmel und nachher sitzen lässt, komm Hussi, Hussi süsse Flunsch» und so weiter. Ich versprach ihr ein Wiedersehn, zahlte, gab ihr ein Goldstück und wir fuhren ab. Der Spass hatte mich sehr wenig gekostet, das Mädchen habe ich nicht wiedergesehen, aber ihre Küsse, ihre leichtsinnige Glut und die Energie der jungen Hand die besinnungslos in mir grub nie vergessen. Ich hatte einen Vorschmack davon bekommen, dass die Liebe ihren berufsmässigen Spezialistenbetrieb hat wie jede andere Fertigkeit, und dass es Teufelinnen gibt, die sich besser drauf verstehen, auf der Klaviatur unserer Sinne zu spielen als die süssesten Engel die keine Ahnung von Handwerksgeheimnissen haben. Trotz mancher Erfahrungen wurde ich hier sozusagen wieder in die Schule der Verführung genommen.

Meier missbilligte mich und sagte er würde um keinen Preis der Welt eine solche Schneppe auf den Mund küssen, ich sei ein Mordshengst dass ich mit jeder hübschen Bagasch gleich zusammenschmölze wie gesottenes Blei. Ich lachte nur und sagte, ich werde vermutlich die ganze Nacht nicht so glücklich werden wie eben im Siedegrad dieser bespitzten Mänade die ich am liebsten an den Tischrand geklemmt besprungen hätte wie ein taumelnder Faun. «Na Du bist eben ein Dichter. Ich komme bei so was offen gesagt schwer in Stimmung. Mein Ideal ist eine raffinierte Göre die gut riecht im Bett und ungestört.» Inzwischen hielten wir vor einem der öden falsch prunkvollen Kleiststrassenhäuser mit ihren vier Stockwerken. Das Doppelhaus hatte gemeinsamen Aufgang, Meier zog mich links. Es strebten noch andere dem Eldorado zu, den Cylinder im Nacken, das evening wrap lose überm Abendanzug, Damen mit Riesencigaretten und eleganten Pelzen, immerhin nicht allzuviele und wir liessen sie vorbei. Im zweiten Stock standen Blattgewächse auf den Podest hinaus, die verglaste Entreethür halb offen strahlte Licht, ein alter Diener öffnete, zwei tadellose Zofen unansehnlich aber elegant, nahmen Garderobe und gaben Marken, in einem Nebenraume ordneten sich Damen und Herren vor riesigen beleuchteten Toilettespiegeln wie in einem Foyer. Die Flügelthüren wurden uns geöffnet und wir standen in einem grossen mit ca. 30 Menschen gefüllten Salon, dessen Gespräche und Gelächter alles erstickten. Rechts war Musik in einem Tanzsaal, links öffnete sich eine Flucht eleganter Säle. Ich schätzte die mir auf einen Blick übersehbaren Anwesenden auf 150. Im Tanzsaal wurde zu rauschender Klaviermusik gewalzt. In der da hinein führenden Thür stand eine elegante weisshaarige hochfrisierte Fünfzigerin in reicher Abendtoilette, mit Perlen um den Hals und Diamanten in den Ohren, Spuren grosser ehemaliger Schönheit und von vornehmer Liebenswürdigkeit. Sie liess sich von einem Frack, Gardeformat, die Hand küssen. Zwei junge Mädchen, gross wie die augenscheinliche Mutter, Hofballschönheiten in Silberrosa und Silberblau décolléte, standen lächelnd im vornehmen Geplauder neben ihr. Mir schwindelte bei dem Anblick aber eine unbändige Lust durchzuckte mich, diesen Apparat funditus zu goûtieren. Ringsherum waren andere plaudernde Gruppen, wenig Einzelne, eine plustre Rundbank mit eleganten Frauen und Mädchen vor denen witzemachende Männer standen, in prasselnder Heiterkeit.

Ich stupste Meier zur Hausfrau, die herablassend «ah Herr von Oppenheim» sagte und mit gläsernem Ausdruck des Lächelns die Fingerspitzen hinhielt, «Graf Rehbinder?» sprach sie Meiers frecher Vorstellung nach, «ich kenne zwei kurländische Vettern von Ihnen, Ihr Name bedarf keiner Einführung in meinen Räumen.» Ihr Auge überlief mich rasch und billigend. «Vera, Melanie, ein Tänzer für Euch mit dem Ihr russisch radotieren könnt.» Die grossen schlanken Dinger schoben mir ihre Finger zu. «Unmöglich Baronin, weder tanzen im Strassenanzug noch russisch mit Kennerinnen», sagte ich freundlich distant. «Ich wünsche mich den Baronessen nicht von meinen schlechtesten Seiten zu nähern. Ich bin gekommen um zu sehen und übersehen zu werden, was meine Proportion zu soviel Charme und Eleganz noch immer nicht bescheiden genug ausdrückt. Meine Vettern müssen noch dümmer sein als sie mir immer erschienen sind, um mich so schlecht auf dies Schauspiel vorbereitet zu haben.» Die Alte fixierte mich blitzend. «Allez à vous renseigner et puis retournez à moi. Je vais vous gronder tête à tête. Il y a une manière provoquante autant de diminuer que d'exagérer son mérite.» Das kam tadellos heraus und hätte jeden getäuscht. «Supposons» antwortete ich frech, «qu'à gronder ses invités aussi il y a deux manières. Vous m'en honorez de celle qui flatte. Sie haben einen herrlichen Stein Baronin Vera, dieser Caprubin ist schöner als meiner den ich für ein Unikum halte. Ich muss für eine Gelegenheit sorgen beide zu vergleichen. Ah pardon ich sehe einen Bekannten.» Das war nur ein Abgang. Wir gingen links in den zweiten Salon, aus dem mir ausgelassene Paare Arm in Arm entgegenkamen. «Die gehn jetzt nach hinten vögeln und kommen durch den Tanzsaal zurück», erklärte Meier leise. «Nebenan ist das Buffet, mit Speisesaal.» Ein weisshaariger Livréediener trat uns mit einer Silberplatte entgegen auf der ein Häufchen Couverts lagen. «Die Herren wünschen ihre Tanzkarten, bitte?» Jeder von uns nahm ein Couvert und legte einen Hunderter auf die Platte ganz offen. «Mit ergebenstem Dank des Wolthätigkeitscomités» sagte der Alte würdevoll und steckte die Scheine hinter sich in eine auf dem Buffett stehende Drahttenne. «Die Speiseschecks – zwei, wenn ich richtig – – oder?» fuhr er höflich fragend fort. «Tibi suades quatuor aut plus emere, videbis quod contentus eris» sagte Meier im scheusslichen Schülerlatein unserer Penne. Der Alte verzog keine Miene als ich ihm drei Hunderter gab und sagte – auf Geradewol – «vier wie üblich.» Dann setzten wir uns in den nicht grossen französisch witzig gemachten Speisesaal wo in den Halbkojen diskret getrunken, gegessen und caressiert wurde. Ich sah mit einem flüchtigen Blick sehr leidliche Wesen, alle im Ballanzug, nichts von Nuditäten. Wir setzten uns in eine leere Koje, ich bestellte Kaviar, Chester und trockenen Sherry den ich lieber dazu trinke als Sekt, Meier verlangte Sekt und Austern. Es war eine hinreissende Atmosphäre. Der Geruch der vielen Frauen, Blumen, Parfums hatte etwas Erregendes. Von nebenan wo man aufgestanden war, zogen zwei bildhübsche junge Dinger einen kleinen alten Herrn mit weissen Whiskers und Manoche untergefasst davon, bei uns vorbei. Bald darauf zog ein Paar ab, Er, ein schlanker Blondin von Sportshabitus, drückte unauffällig, eng an eng, seine Fingerspitzen in den Scheitel ihrer Hinterbacken, sie griff nach seiner Hand wie um sie zu beseitigen drückte sie aber einen Moment sehnsüchtig tiefer und wandte ihm dabei ein pikantes Profil zu. Neue Paare kamen. Dann zogen untergefasste und nicht untergefasste Freundinnen mit absichtsloser Absichtlichkeit bei uns vorbei, hübsche, dreiste, niedliche, üppige, nur elegante. Ausser Blicken gab es keine decidierten Approchen, der Stil wurde gewahrt, es musste eiserne Disziplin herrschen. «Nanu» sagte dann plötzlich eine Stimme, «was machen Sie denn hier, Moritz! Und ganz allein? Schlemmen hier einfach wie die

Ichweissnichwas, und die nettesten Débutantinnen haben keine Tänzer!» Es war eine eher kleine, höchst distinguiert aussehende und sprechende Person, zierlich und degagiert, aufs feinste gebaut, mit einem lustig aparten Zuge von Geist in dem an sich kaum hübschen aber faszinierenden Gesicht. Ich kannte sie nicht aber sie hätte in jedem Salon der Welt eine jener brillant geborenen jungen Frauen von daring und freier Ungezogenheit darstellen können, hinter denen alles her ist und die Bewegung in die Langeweile bringen. Sie ignorierte Meier. Ich stand auf und küsste ihr über den Tisch die Hand. «Sie sehen ich bin nicht angezogen. Ein Glas Sherry? Zehn Minuten Schwatz mit Ihnen, à la fortune de la surprise sind mir lieber als alle Débutantinnen.» «I won't say no» lachte sie und nahm stehend ein Glas, das der Diener brachte, «aber wo kommen Sie jetzt aus Livland in die Kleiststrasse. Bruno sprach noch vorgestern von Ihnen, und wie gern er Sie in Rawitsch hätte wo wir uns totmopsen und er bleibt dort Landrat bis doomsday. Sie machen ein Gesicht als ob wir Ihnen eben erst wieder einfielen. Sie kennen wol nicht einmal mehr meinen Namen, sonst hätten Sie lange geschrien ‹Nein die Uschi Quandt!›» Ihre Augen blitzten mit provozierendem Übermut in die meinen, ich sollte die Komödie durchschauen. «Adieu» sagte sie lachend mir die Hand an den Mund haltend. «‹Qui m'aime me suivre›, d h wenn Sie später Lust haben. Wir sitzen irgendwo einen Onestep durch und reden von alten Zeiten. Reizend hier bei Hortense Hohenheim, immer die amüsantesten Leute. Wusste gar nicht dass Sie sie kennen. À bientôt.» Weg war sie. Meier sass wie angedonnert. «Kennst Du –» «Keine Idee. Alles Trick. Aber täuschend gemacht was?» – «Unmöglich. Die war eine echte Dame, darauf nehme ich Gift.» «Na na. Erhalte Dich Deinen Lebensfreuden. Sie ist vielleicht mal so was gewesen oder sie kopiert virtuos. Nachher hake ich mal hinter.» Jetzt blieben zwei junge Mädchen bei uns stehen und massen uns mit verlegenem Lächeln, eine besonders hübsche grosse Krausbrünette, kaum neunzehnjährig, mit den Formen einer jungen Venus, süssen Augen und einem vollen kleinen Mund zwischen runden purpurgeröteten Wangen, und eine elegante kleinere Dunkelblondine in schwarzer Seide mit einem sehr hübschen apart holdseligen Zuge im Gesicht, Mitte Zwanzig. «Ja ja, meine Damen, wir sind es», kollerte Meier heraus, «wir warten schon die ganze Zeit, dass Sie vom Tanzen genug haben und was Solideres ins Auge fassen, platzen Sie sich ohne weitere Umstände.» Die Blonde lächelte «Unsere Cavaliere werden aber pikiert sein, sie haben uns auf den Karten für den Fox.» «Nein –» murmelte die Braune mit einem Blick auf mich, «wir machen uns unmöglich.» «Wat, Fräulein, hier ist alles möglich» ermunterte Meier, «Graf, sekundiere mir mal.» «Wegen einer kleinen Pause bekommen doch artige Leute nicht gleich einen roten Kopf, Fräulein –.» «Von Küssnacht» fiel die Blonde vorstellend und lachend ein. «Von Stülpnagel» stellte mich Meier feierlich vor. «von Kahlbaum», setzte ich toternst fort auf Meier weisend. Die junge Brünette platzte los, «Fräulein von Hintenrain – Sie kennen sich ja.» Ich trat heraus, liess die Blonde zwischen uns und nahm die Braune an meine freie Seite. Der Diener brachte die Karte, beide wollten foie gras, Hummern – schon zum zweiten Mal diese Nacht – Pistazien Eis und süssen Champagner und bald war es lustig. Ich führte die Unterhaltung mit normaler Galanterie und drängte Meiers unverschämte Tapsigkeiten consequent zurück, aber die Mädchen waren ausgelassen, tranken Glas nach Glas hinunter, setzten ihre seidenen Schuh auf meine Füsse und als ein Blumenmädchen kam, fragten sie nach unsern Lieblingsblumen. Ich sagte sofort ich hätte keine, liebte alle Blumen gleich aber nie lange dieselbe, Meier erklärte sich für Moosröschen und versprach es in Rosmöschen, worauf die Blonde sagte «Meine ist Je länger je lieber.» «Das kann ich Ihnen dauernd liefern» bemerkte Meier, fasste sie um die Hüften und zog sie zu sich. «Holla», sagte die hübsche Braune, «Lieferungsverträge bitte nicht vor Zeugen.» «Und ihre» flüsterte ich ihr zu. «Ich dachte Ihr Freund würde sagen Aaronsstab» lachte sie mir zu. «Meine Lieblingsblume wäre Liebstöckel, wenn nicht geradezu Stülpnagel, es klingt so hübsch – unumwunden und massiv.» «Vor allem von Küssnachtlippen.» «Nein bitte, nicht handgreiflich» kam es von links, «oder wenn Sie mich lieben, bitte ich um unzweideutige Vorschläge.» «Was stellen Sie sich vor liebes Kind, ich bin ja eben erst gekommen und Sie sind erst mein erster Gang auf der Speisekarte. Abschlüsse erst nach Mitternacht.» «Aber inzwischen» warf ich ein «wie wäre es mit einer kleinen Promenade, tour du propriétaire, Sie beide führen mich ein bisl überall hin, wie?» Eine grosse blonde Person, voll und maquilliert, mit stark aufgetragenen Lippen, in einem seegrünen Spitzenkleid, ging vorbei und drehte sich mit einem langen Seitenblick des schief geneigten Kopfes zu uns herum. Meier war wie elektrisiert. Die Mädchen standen mit mir auf, charmiert von der Entreprise. Ich liess das noch nicht gekommene Eis zurückstellen. Sie fassten mich neckend unter es ging in einen Wintergarten. Hier steckten in diskreter Halbbeleuchtung überall Paare in inniger Intimität, an denen wir vorbeihuschten. Die beiden drückten meinen Arm und kicherten. Es folgte eine Art leerer Vorsaal, die Brünette hob eine Portiere halb an, ich sah in einem raucherfüllten und von Männerstimmen belebten grössern Raum ein halb Dutzend Männer jedes Alters, meist im Smoking auf einem runden Samtrundsofa von einem Dutzend Mädchen umgeben, die teils noch eine Art Toiletten teils nur durchsichtige Halbhemden trugen, mit ihnen rauchten lachten ihnen auf dem Schoosse sassen und glattes Bordell waren. «Nicht Ihr Geschmack wie?» der Vorhang fiel. Hinter einem zweiten Vorhang fiel blaues Licht auf ein

Ruhebett, auf dem eine schöne schlanke Person nackend lag, ein Knie angezogen, die Arme unterm Kopf, scheinbar schlafend. «Poetisch, wie?» Es ging weiter. «Zeigen Sie mir keine Spezialitäten mehr, ich kann mirs denken» sagte ich und legte den Arm um die beiden, «einen kleinen Umweg und zurück, Ihr Eis schmilzt.» «Ja was» erklärte die Braune, einen Vorhang teilend und mich mit der andern hineinsteuernd, «jetzt kommt loin du bal, unser Feuer steigt, lassen Sie das Eis schmelzen» und zugleich drückte sich das heisse feuchte Siegel ihres Mundes auf meine Lippen und schwelte eingepresst darin herum wie eine brennende Lackstange, und als ich mich befreite, hing die geschmeidige Gestalt der blonden an mir wie eine Enge Ranke und ein kurzer beredter Kuss der holden Lippen stachelte meine Nerven. Die Illusion, zwei junge Mädchen der Gesellschaft, zart geschmückt und reich halb verhüllt, gepflegt und schön gewöhnt, unbelauscht zu verführen, war so vollkommen wie nur irgend möglich. Wir standen in einem winzigen Salon mit Polstermöbeln, ich zog die beiden auf einem Sitz links und rechts aufs Knie und liess mich mehr küssen als ich küsste. Die Braune brannte von naivem Verlangen, die Blonde von deutlichen Begierden, ich selber beherrschte mich, und es fiel mir nicht schwer, es waren niedliche Blumen, aber ich war verwöhnt und verlangte viel mehr, als sie zu geben hatten. Die Mädchen, immer aufgeregter, fingen an mich unter immer sprechenderen Küssen aufzuknöpfen. «Deinen Stülpnagel, einen Augenblick, mal ansehen» bettelte die Blonde, «Deinen Jelängerjelieber» flüsterte die Braune und schnellte mir die Zunge in den Mund. Aber als sie von beiden Seiten Faust über Faust setzten und mich zurückdrückten, um mich abzuthun, riss ich mich los und tanzte davon, den Geilhart zwanzig Centimeter hoch aus der Hose steigend. «Nix» rief ich, «ihr seid Spielverderberinnen. Später und richtig, jetzt will ich mich noch herum treiben, kommt.» «Ich muss Pipi machen gehn, Du Scheusal, ich kann nicht mehr, mich so aufzuregen» rief die Braune aufstehend und verschwand in einer Tapetenthür. Ich ordnete mich rasch, nach der Wand gedreht, und holte eine Note aus der Tasche. «Nicht gehen» bettelte die Blonde, «ich will kein Geld, ich will zehn Küsse unter vier Augen, innige!» Ich steckte ihr die Note ins Decolleté und nahm sie in die Arme. «Nein, sitzen» und sie versuchte mich auf einen kleinen Stuhl zu drücken, aber ich drückte ihr einen festen Schmatz auf die hübschen Lippen und riss mich los. Da stand ich auf dem Korridor wie vorhin, und um nicht von den niedlichen Mädchen eingeholt zu werden ging ich rasch vorwärts ohne mich um die Richtung zu kümmern, bog in einen Seitengang und noch einen ein und wusste bald nicht mehr wo ich war. Beiderseits Reihen von Thüren. Von der andern Seite, mir entgegen kam ein untergefasstes Paar lachend und verschwand in einem der Zimmer. Überall hörte man leise Unterhaltungen, erstickte Quietscher, gedämpftes Lachen, Bassstimmen, unartikulierte Laute. Ich strich weiter, es war ein Labyrinth ohne Ausgang und endlich kehrte ich entschlossen um. Ich hatte nur einige Schritte gemacht als aus einer sich öffnenden Thür Meier mit der Seegrünen erschien, etwas ramponiert aber sichtlich befriedigt, den Arm zärtlich um das üppige Wesen geschmiegt. «Nanu, allein?» «Oh nichts nichts» sagte ich abwehrend, «nur für den Moment, auf Wiedersehen gleich im Tanzsaal.» Und ohne von beiden Notiz zu nehmen ging ich weiter und bei der nächsten Öffnung seitlich ab. Es war ein schwächer beleuchteter Korridor an dessen Ende helles Licht, Stimmen und Gestalten von stärkerem Leben zeugten als wäre dort ein Gesellschaftsraum, und diesen zu betreten zögerte ich einen Augenblick. In diesem Augenblick kam von dort, in einer Entfernung von gut vierzig Schritt eine grosse blonde Person in ziemlich heftiger Bewegung die sich von jemand der sie halten zu wollen schien, abweisend los machte – so wenigstens deutete ich die Geste – und mit langen Schritten auf mich zu eilte, in sehr eleganter rostrosa Balltoilette, einen weissen Shawl mit langen Fransen halb lose um Rücken und Hüften, einen grossen weissen Seidenfächer in der Hand. Ich sah ein schönes schmales nobles Gesicht mit grossen sprechenden Augen, die hoch zurückgekämmten dunkelblonden Haare helmartig die schmale feine Stirn krönend, eine stupende aristokratische Erscheinung von Zartheit Rasse Überlegenheit und Kraft. «Bitte, ist in dieser Richtung der Ausgang?» fragte sie, verlangsamend, ohne stehn zu bleiben. «Ich bin überfragt, meine Gnädige, ich suche mich grade selber zurechtzufinden.» Sie blieb ungeduldig stehen. «Darf ich – verzeihen Sie – vielleicht darf ich mich Ihnen anschliessen, und man kann irgendwo fragen.» «Aber natürlich» sagte ich etwas starr, «ich bin Ihnen ganz zur Verfügung, irgendwo ist sicher ein Diener.» «Sie wollen sicher auch fort?» «Ich – das heisst – ich weiss eigentlich nicht – ich bin erst eine Stunde hier.» «Oh ich möchte Sie nicht genieren, nur hier aus diesem» «Labyrinth» half ich ein, «es ist ein puzzle wie in einem schlechten Traum» «Einem sehr schlechten» sagte sie decidiert, «und für den Sie vermutlich ebensowenig können wie ich.» Wir gingen aufs Geradewohl, ich achtete nicht auf den Weg sondern war fasziniert von dieser Überraschung. «Gnädigste sind – ich meine das erste Mal hier?» «Jedenfalls das letzte» antwortete sie indigniert «ich kann Ihnen in drei Worten nicht das Missverständnis – es langweilt Sie auch nur – jedenfalls wenn man auch nur hätte ahnen können –» «Sie kannten aber doch Baronin Hohenheim» – sie blieb stehen. «Sind Sie mit den Damen befreundet?» «Ich bin heut hier eingeführt worden.» «Eben» sagte sie weitergehend «das hatte ich mir sofort gesagt, als ich Sie sah. Ich hätte Sie sonst nicht um Ihren Beistand gebeten, ich hatte, so lächerlich Ihnen das vielleicht klingt, instinktiv Vertrauen.» «Das klingt ja geradezu tragisch» scherzte ich. «Sie sprechen als wären Sie in eine

Verbrecherkneipe geraten und hätten nach einem Detektive in Civil ausgespäht.» «Und wie nennen Sie dies?» fragte sie wieder stehenbleibend. «Oh» sagte ich obenhin, «der Zeuge darf vor Gericht die Aussage verweigern durch die er sich selber beschuldigen würde. Sie würden mir nicht glauben, wenn ich Ihnen vorlügen würde, hier eine sehr bürgerliche, oder sehr tugendhafte Unterhaltung gesucht zu haben. Es ist eine grossstädtische Form, Einsamen oder Gelangweilten die Illusion eines gemeinschaftlichen oder gesellschaftlichen Glücks zu geben, unter den Voraussetzungen gegenseitiger Freigebigkeit und guter Manier.» «Mit dieser Auffassung, die zu Ihnen allerdings passt, stehen Sie leider allein. Wenn es so wäre, würde man sich nichts vergeben, da ein Mal der Neugier nachgegeben und hineingeguckt zu haben, – für einen Moment. Ich habe nur die elendeste Manier gesehen und die Freigebigkeit des Pferdemarkts, verbunden mit den dort üblichen Sitten und Taxen. Ich werde den Eindruck nie los werden». Wir kamen bei einer hellen Thür vorbei, ich sah en passant in etwas wie eine kleine Box. «Versuchen Sie es mit einem Gegeneindruck», sagte ich zuredend, «und beruhigen Sie sich durch einen drink in einem comfortablen Winkel, wo Sie sich aussprechen können. Da Sie Vertrauen zu mir haben und schliesslich ja auf mich gestossen sind, können Sie ja schliesslich auch mit einem versöhnenden Eindruck scheiden.» Sie zögerte einen Augenblick. «Gut» sagte sie dann, «aber nur eine Minute, ich möchte weg.» Es war eine Rotunde von zehn Schritt Durchmesser, die kleine Bar mit einer Mixerin der Thür gegenüber, sonst nur ein Dutzend schwere Portieren die in strahlenförmig angeordnete Kojen zu führen schienen. Ein schwarzer Boy, etwa fünfzehnjährig mit kohlschwarz rollenden Augen in weissem Augapfel, teilte uns beflissen eine Portiere hinter der ein blaues Licht wie in Schlafwagen in einem Wandschlitz eine Art Zelle beleuchtete. Sie enthielt einen einzigen doppelbreiten Clubsessel, in dem gerade ein Paar ein relativ enges Tête-à-tête geniessen konnte – rechts und links halb vorn je ein Tischchen. Der Vorhang war hinter uns zugefallen, das Auge gewöhnte sich erst langsam. Meine Begleiterin gab einen kurzen Laut, wie ein spöttisches Lachen von sich, ging dann aber zu und setzte sich, das schöne Kleid vorsichtig raffend, scharf in eine Ecke des Möbels. Ich folgte und that desgleichen. «À la guerre comme à la guerre» sagte sie trocken, «hier ist nun einmal alles auf den gleichen Ton gestimmt und man» «Oh» unterbrach ich, «es liegt nur an uns, uns auf denjenigen zu stimmen, den wir selber mitbringen.» Sie sah mich einen Augenblick an. Ihre Augen waren blaugrau, der Teint perlenfarben zartrosa, der kleine Mund hatte weiche Linien und schöne Winkel, das Lächeln wenn es kam, lag in diesen Winkeln entzückend. Der Hals war sehr lang und schlank und stieg aus vollkommenen aber sanften Schultern auf. Das Perlcollier war klein aber sehr distinguiert, die Perlen in den Ohren mittelgross und diskret. Der Boy brachte die Karte. «Darf ich Entrée vom Herrn bitten?» Ich zeigte meine Handvoll Papiere, er notierte auf einem davon und ich fragte ob sie nicht ein Glas Champagner wollte. «Haben Sie Austern?» fragte sie über mich weg den Jungen. «Kann alles aus Speisesaal bringen lassen durch Telephon» «Natives oder holländische?» «Whitstables ganz frisch. Mit Paprika? Grapefruit juice? Ketchup?» «Paprika» sagte sie obenhin, «und vielleicht ein Eis» «Reines Rahmgefrorenes mit Pistazien und Maraschino?» «Gut! Ich habe aus lauter Verdruss nichts essen können vorher und bin glaube ich, ein bischen flau.» «Aber dann nehmen Sie doch etwas solideres, Ein Omelett, Kaviar.» «Omelette mit Kaviar» sagte der Boy, «machen wir concentriert von vier Eier und dick Malossol befehlen noch Austern?» «Ja ja» sagte ich ungeduldig. «Für den Herrn auch?» «Bringe zwei Dutzend, aber keine Omelette.» «Wie lieb Sie für mich sorgen» sagte sie als er verschwand, «es ist wirklich ein hübscherer Abschluss als wenn ich weggerannt wäre.» «Und für mich eine hübschere Ouvertüre als ich sie mir für diese Oper erwarten konnte.» «Sie hatten sich also schon geödet, – natürlich.» «Das ist zu viel gesagt. Ich trieb mich ziellos herum.» «Bei so viel Zielen» sagte sie neckend, «die doch nur darauf zu warten scheinen, getroffen zu werden.» «Ist das nicht in den normalsten Gesellschaften ungefähr eben so?» fragte ich harmlos. «Je nachdem man das ‹ungefähr› versteht.» «Jedenfalls» lenkte ich ab, «sind die sogenannten Ziele für mich zu wenig von einander unterschieden gewesen, sie heben sich alle unter einander auf. Auch das wie in der wirklichen Gesellschaft, wo es sich nicht schickt, sehr hervorstechend zu sein, das Conventionelle ist der Feind starker Eindrücke. Alle jungen Damen sind ungefähr gleich hübsch oder wirken so. Das ist der Schutz für jede einzelne. Wäre eine die unzweifelhafte Beauté, so würden alle Mütter der Anderen sie zu deprimieren suchen.» «Ich habe sehr auffallende Weiber hier gesehen, und sehr frappante Erscheinungen, wenig von Convention.» «Das Frappante und Auffallende was Sie so nennen, ist doch nur Convention der Demi-Monde, und wirkt garnicht mehr.» Sie lachte leise. «Sie wollen doch nicht dass ich wirklich glaube Sie, gerade Sie, seien blasiert?» «Blasiert? ich bin nicht von so groben Sinnen, dass für mich stark aufgetragen werden muss, um zu wirken. Gerade dies wovon Sie sprachen ist ja aufs grobe und stumpfe, also blasierte berechnet. Auf mich wirkt sehr einfaches, oder sehr Unschuldiges, oder Zartes, oder Grosses, oder das was sich wirklich distinguiert.» Sie lachte noch einmal. «Sie sind wonnig. Man hätte Lust, selber in diesem Katalog zu figurieren.» «Sehen Sie?» antwortete ich ruhig, «das ist doch ein menschlicher und reizender Wunsch, Sie beruhigen sich allmählich und meine Kur wirkt.» «Ihre Cour? Sie sind kein Courmacher – ach so, wie dumm, die Seelenkur. Da wir doch nun einmal so zusammen sind, behandeln Sie mich bitte nicht zu ärztlich, das macht nervös. Sie dürfen mir die andere Cour machen, die zu einem Ballgespräch gehört.» Jetzt lachte ich. «Thue ich denn die ganze Zeit etwas anderes?» sagte ich scherzend. «Ach so! Das ist bei Ihnen schon –» Der Boy kam mit den Austern, einem einzigen Teller und Besteck, stellte den Kübel auf den Boden neben mich und ein Glas auf jeden Tisch, schenkte ein und verschwand. Die herrlichen schimmernden Perlmutteraustern dick mit rotem Pfeffer bestreut, lagen rund gerichtet in den rauhen Schalen. Sie hob die schönen Hände mit den edlen Knöcheln, sah mich lachend an und begann zu schlürfen. Dann sagte sie «Aber Sie müssen mitthun, sonst geniere ich mich wegen meiner Gier» und gab mir eine Schale. Wir tranken mit einem Blick über die Gläser weg ohne anzustossen, und in diesem Blicke wurde ich mir bewusst dass ich verliebt war. Ich fand sie hinreissend, ihre etwas voll anklingende Stimme wurde Musik in mir, ihr dem meinen so naher Körper erregte mich und ich musste mich beherrschen um meine Erregung nicht zu zeigen. Sie ass munter die grössere Anzahl der Austern in die schlanke Kehle hinunter, und die Bewegung ihres im Schlürfen zurückgebogenen Halses schien mir immer aufs neue reizend. Dann erschien das Omelette, ein hochgewölbtes gedrungenes Meisterwerk, und sie langte zu. «Versuchen?» sagte sie mit hochgezogenen Brauen, spiesste einen Rohbissen auf die Gabel und hielt die Hand unter damit kein Caviar hinausfiel. Ich pflückte vorsichtig ohne die Gabel mit den Lippen zu berühren, die Gabe herunter und sie ass einen Augenblick weiter, schob aber dann den Teller zurück. «Genug» sagte sie, «es ist zu gut um sich damit zu stopfen. Kosten ist das Schönste, und aufhören. Finden Sie nicht?» «Für mich wol, aber ich habe heut Nacht schon zwei Mal diniert.» «Oh» sie lachte, «zwei Mal – echt männlich. Ihr könnt immer, glaube ich, mit oder ohne Appetit, dh ihr habt ihn wenn ihr etwas seht oder wenn man sagt ‹Versuchen?›» «Wie ungerecht!» bemerkte ich. «Ich habe vorher nicht aus Appetit gekostet» «Sondern?» «Aus Dankbarkeit.» Das Eis wurde ebenso pünktlich rasch gebracht und abgesetzt. «Ah so!» sagte sie gezogen; «die Dankbarkeit ist gegenseitig. Ich bin Ihr Gast, und mache mir den kleinen Spass Sie auf Ihre eigene Mahlzeit einzuladen. Sie müssen auch dies Eis kosten, sonst schmeckt es mir nicht.» Sie hielt mir den Löffel an die Lippen, und kam mir dabei so nahe dass es mich durchrieselte. «Sie füttern mich wie einen Kanarienvogel» sagte ich abwehrend, «lassen Sie mich wenigstens den Löffel selber halten.» «Wie kleinlich ist eine gewisse Dankbarkeit» ihre Augenbrauen hoben sich wieder «ist es so schwer, sich gut behandeln zu lassen?» Während sie mir lachend den Löffel voll Eis aufdrang, machte sie eine falsche Bewegung durch die ihr Glas fiel, auf den dicken Teppich und ohne zu zerbrechen, aber sie liess es mich nicht aufheben. «Wenn man von einem Teller gegessen hat, darf man auch aus einem Glase trinken» sagte sie sachlich. «Geben Sie mir einen Schluck nach dem vielen Pfeffer. Sie trank das volle Glas das ich ihr einschenkte, halb aus und gab es mir, ich stellte es weg. «Sie sind wol der komischeste Mann der mir begegnet ist. Ich glaube ich mache Ihnen die Cour, statt Sie mir. Wenigstens auf mein Wohl hätten Sie austrinken können.» «Wer sich in Gefahr begibt kommt in ihr um.» Sie lachte hell auf, mit zurückgebogenem Kopf, in dem wehmütig holden engen Munde schimmerten vollendete, etwas lange, schmale und starke Zähne. Dann zog sie ein Knie hinauf und setzte sich so bequem wie möglich weit – wenn es das in dieser Enge gab – von mir in ihre Ecke. Als sie gerade zu sprechen ansetzte kam der Boy abräumen. «Müssen wir eigentlich in dieser Beleuchtung hindämmern?» fragte ich ihn, «kann man das nicht verstärken?» Er ging ohne ein Wort hinter den Sessel, rückt an dessen Lehne einen Hebel und unter der Blauscheibe die verlosch, glänzte eine milde weisse Lichtglasscheibe auf. Dann ging er, sagte an der Portière «Nur wenn ausdrücklich verlangt wird, Klingel unter Tischplatte» und verschwand. «War Blaulicht auch ein Teil der Gefahr?» fragte sie neckend. Ich bot ihr mein Cigarettenetui an. «Danke, ich rauche nicht; oder höchstens ein mal einen Zug. Wie kommen Sie eigentlich hierher?» «Oder Sie?» fragte ich zurück. «Ich weiss ich weiss, wir sind für einander Rätsel, und Sie sollten keins für mich sein, so naiv bin ich nicht, Männer sind pleasure seekers.» «Aber Sie sind doch nicht ‹Männer›?» «Ich citiere nochmals den Paragraphen über Zeugenrecht auf Verweigerung der Aussage. Ich will garnicht wissen wer Sie sind. Aber allein, in einer Maison de joie?» Sie biss sich auf die Lippen. «Das ist doch wol ein etwas hartes Wort.» «Vergessen Sie es, wenn Sie das glauben.» «Gut; dass ich allein hier bin, ist wirklich ein Zufall. Jemand – wollte mich begleiten – wollte dann auf ein Mal nicht – wollte dann nicht dass ich allein ginge – weshalb ich es dann natürlich doch that.» «Was Sie hoffentlich schwer bereut haben» «Wieder ein zu hartes Wort» sagte sie lachend, «vorhin einen Augenblick – aber schliesslich kann einem auf normalen Bällen das tollste an Notwehrlagen bereitet werden.» «Eben» sagte ich ungerührt. «Und das Kompliment nach dem Sie fischen, bekommen Sie noch lange nicht.» «Aber ich brauche mich wenigstens momentan nicht nach dem Ausgange zu erkundigen und darf die Minute geniessen?» «Ausser Sie wollen vielleicht Ihren – Zielen – so sagten Sie – etwas zielbewusster nachgehen als bisher?» «Das Compliment nach dem Sie fischen –» «Pfui.» «Warum?» «Weil das wirklich ein sehr mesquines Compliment wäre.» «Ich habe noch nicht alles gesehen» sagte ich lächelnd, «mein augenblickliches Glück besteht im Verzichte auf jede Möglichkeit, die sich die märchenhafteste Phantasie nur träumen könnte.» Eine flüchtige stärkere Rosigkeit schwamm über ihr Gesicht. «Es ist doch eigentlich toll, wenn Sie recht haben, und wenn wir trotzdem beide hier sitzen. – Glauben Sie denn wirklich –?» Ich sah sie an. «Ich glaube nichts und alles. Ich stelle mir offen gesagt gar keine Fragen. Es interessiert mich sehr mässig, als allgemeiner Vorgang, sozusagen. Interessant ist nur der einzelne Fall.» «Aber das verstehe ich nicht. Die Vorstellung an sich ist doch etwas Erregendes, Tolles, Aufpeitschendes.» «Wenn ich nicht an den ‹Pferdemarkt› denken müsste. Es ist der Geldpunkt, der alles Interesse reduziert. Wo Nachfrage und Angebot bei Barzahlung die Abschlüsse vermitteln, kann die schönste Cachierung der Kasse mich nicht vor Erkältung schützen. Wenn ich mich trotzdem erhitze so sind meine Sinne ein Treibhaus im Schnee. Die Freuden dieses Hauses bleiben tropische Täuschung, die ich in die gefrorenen Strassen des Lebens nicht hinausnehmen könnte. Und es ist schwer zugleich zu träumen und sich zu exaltieren; es ist ein Widerspruch. Um ihn zu lesen muss man auf sein tiefstes Niveau herunter und es ist schade sich mit einem schönen Wesen gerade auf diesem zu begegnen.» «Sie sind phantastisch vorsichtig» sagte sie lachend. «Geben Sie mir einen Zug.» Sie streckte die Hand nach meiner Cigarette aus und ich sah sie herzklopfend zwischen ihren Lippen, «die Erfahrungen von Mädchen können natürlich gegen die Ihren nicht aufkommen, aber vielleicht Mädchenträume. Man träumt doch vom Rausch, der seine eigenen Gesetze hat und alle unsere Weisheit wegschwemmt, ohne dass wir es gleich merken.» «Überschwemmungen gehören zu den Katastrophen.» «Ausser in Ägypten» sagte sie fein, und gab mir die Cigarette zurück. Ich rückte ihr ohne zu wissen was ich that, näher. «Ein so beredter Mund dürfte nicht so schön sein» sagte ich leise, «wenn er in einem solchen Versteck so sicher sein will wie in einer Kirche.» Sie lachte wieder hell auf und zog sich etwas schauernd zurück. «Beredsamkeit und das was Sie Schönheit nennen, haben getrennte Buchführung, mein Herr. Sie haben zu viel Stilgefühl um aus Versehen eine enthusiastische Kritik in unpassende Form zu bringen.» «In der Bibel steht ‹eine richtige Antwort ist wie ein lieblicher Kuss›.» «Mit der Bibel lässt sich alles beweisen; nach ihr dürfte ich diesen Sessel nicht mit Ihnen teilen und ‹sitzen da die Spötter sitzen›. Um das Thema zu wechseln – sind Sie Deutscher?» «Ich habe es bisher wenigstens geglaubt, aber ich bin bereit es gegen angemessene Vergütung zu bezweifeln.» Sie lachte wieder. «Sie sind leidenschaftlich – scharf – witzig – wolerzogen – männlich – träumend – sicher ein Verschwender unheimlich gebildet – nicht eitel – so etwas habe ich höchstens in England gefunden, und dabei sind Sie total unenglisch.» «Das sind vage Begriffe. Ein wirklicher Mensch ist Stammvater eines neuen Volks – einer neuen Art Menschen. Die Nationaleigenschaften sind nur Voraussetzungen dazu. Der alte Fritz war kein Deutscher und Cäsar kein Italiener. Ich lasse mich nicht festlegen.» Zugleich suchte ich unter der Tischplatte, fand nicht, und beugte mich etwas abwärts vor. «Was wollen Sie denn?» sagte sie rasch und griff nach meiner Hand. «Einen Schluck Kaffee» sagte ich, ihre Hand festhaltend. Ich hatte im Fluge bemerkt dass ihr Gesicht einen erschreckten Ausdruck getragen hatte. «Warten Sie doch noch einen Augenblick» sagte sie, und versuchte ihre Hand loszumachen. Ich gab sie sofort frei. Sie schien einen Moment verwirrt und suchte nach Worten. «Warum ist die Bestellung einer Tasse Mokka jetzt – stillos?» fragte ich spottend. «Sie sollen jetzt keine Wünsche haben» antwortete sie lachend. Ich griff wieder nach ihrer Hand, fasste auch die abwehrend gegen mich gehobene andere, versuchte sie an den Händen zu mir zu ziehen, sie bog den Kopf mir abgewandt weit weg, ich liess los, umschlang sie und streifte einen Augenblick ihre feindlich versagenden Lippen. «Lassen Sie mich los» sagte sie unfreundlich. «Ich mag das nicht.» Wir sassen mit schlagenden Herzen und erregtem Atem steif neben einander. Plötzlich scholl eine Glocke –

eine Telephonklingel, dicht hinter mir, unverkennbar. Wir sprangen beide auf. Die Klingel läutete hinter der Rückwand, und jetzt sah ich dort eine Thür in der Stoffbespannung mitverkleidet, zog einen stoffbezogenen Knopf und stand hinter der geöffneten gleich an einem Apparat. «Halloh, der schwarze boy. Herr Graf Rehbinder anwesend?» – «Graf Rehbinder, nein – das heisst – ja ich bin am Apparat.» «Die Frau Baronin angefragt ob Herr Graf erinnern, was versprochen Frau Baronin.» «Schön schön, spreche vor, sage ihr ich käme später.» «Danke Herr Graf.» «Hör mal; bringe Mokka.» «Pfui» sagte die Schöne neben mir, «das ist Ihr Versprechen?» «Ah so –» ich schlug mir an den Kopf, «dh, Versprechen? Ich hatte nur einen Befehl gehört.» «Und ich nur auf Gehorsam gewartet.» «Der ja geleistet war, ich hatte nicht geläutet.» «Aber eine Störung durch die andere ersetzt.» «Störung wovon?» «Der Stimmung.» «Sie sind doch souverän genug um die Stimmung zu kommandieren. Ich wenigstens hoffe es zu sein. Zu einer andern würde ich sagen ‹verzeihen Sie es kommt nicht wieder vor›. Zu Ihnen sage ich vergessen Sie es überhaupt und leugnen Sie dass es war, dann wird es von selbst nie wieder.» Sie lachte mit zurückgebogenem Halse ihr kurzes helles Lachen. «Sie sind ein unglaublicher Kerl. Friedrich der Grosse und Cäsar waren nicht solche Autokraten wie sie. Sie müssten nur mit Heldenjungfrauen zu thun haben, die keine Verstimmung kennen.» Der Boy setzte den Mokka auf den Tisch während wir noch in der Apparatzelle bei halboffener Tapete standen; «aber der Würfel ist gefallen, der Kaffee gekommen, und jetzt –» «Ich brauche ihn ja nicht zu trinken.» «Wirklich» sagte sie erfreut und lebhaft; «wie hübsch von Ihnen!» «Welche Wichtigkeit» sagte ich scherzend, drückte die Thür auf und setzte mich an den alten Platz, im Gefühl dass sie mir folgte, um den ihren einzunehmen, aber mein Gesicht wurde von hinten ergriffen und ihr heisser weicher Mund drückte sich auf meine

Lippen. Ich griff nach rückwärts, fasste ihre Arme, im Ringen ging das Licht aus, sie musste den Hebel am Sessel verschoben haben. Ich sprang auf, zog sie tastend um das Möbel herum, hatte sie im Sitze bei mir und küsste sie. Sie küsste wieder. Nach Minuten sagte sie «Unhold, mich so lange zu quälen» und gab sich in meine Arme. Der süsse Mund schmolz auf, ich küsste ihr Hals Schultern und Busen und sie kauerte unter kleinen Schauern und Schreien den Kitzler in meinen Armen zusammen. Ausser mir suchte ich ihre Hand an die Stelle zu ziehen, an der ich meine Wildheit kaum mehr beherrschte, aber sie fuhr wie von einem Schlage zurück und suchte sich mir zu entziehen. Aber ihre nächsten Küsse sprachen eine sehnsüchtige Sprache, und als ich ihre Hand von neuem leitete, drückte sie mit Zärtlichkeit die Rute von einem Ende zum andern und im Hintergrunde ihres Kusses wagte sich ein Spitzchen der Zunge ins Spiel. In diesem Augenblicke schnarrte das Telephon zum zweiten Male. «Warte» sagte sie, den Mund in einem langen Sauger lösend, «lass mich los, ich mache Licht.» Das weisse Milchglas leuchtete auf, ich sprang an den Apparat, sie folgte mir langsam die Haare vor einem Handspiegelchen rückwärts glättend. «Halloh hier boy Herr Graf in zehn Minuten werden von Frau Baron geruffen, bitten nicht weggehn vorher.» «Was ist?» fragte sie, in meinen Augen forschend und tief atmend. Sie war bildschön in ihrer Erregung und mit den Farben des erlebten Entzückens. «Nichts» sagte ich, sie umfassend, «irgend eine gleichgiltige Bestellung.» Sie hatte sich los gemacht. «Hier geht es noch weiter» sagte sie, an der Rückwand der Zelle drückend, und eine zweite Tapetenthür öffnend, die einen Contact auslöste, denn dahinter wurde es abermals bläulich hell. In der Mitte eines kleinen Raumes stand eine niedere Couch mit eleganter Bettwäsche aufgemacht, eine Waschgelegenheit hinten in die Wand eingelassen, ein mächtiger Sessel mit schräg zurückweichender Polsterlehne daneben. Sie lachte und hing mir am Munde. Ihre geschmeidigen Formen vibrierten unter meinen zärtlichen Händen, erstickte Worte unterbrachen für Momente die zähen Küsse. «Schone meine Toilette» bat sie, «oder hilf mir mich ausziehen –» «Gleich nachher, Liebling» flüsterte ich, «wenn wir ganz ungestört sind und ich dies verfluchte Telephon los bin, das in fünf Minuten wieder knarrt wie eine Höllenthür. Wir sitzen am besten nach vorn bis dahin, und dann –» «Gib mir alles – alles –» murmelte sie, mit der Hand durch meine Weste auf der nackten Brust suchend «– ich liebe Dich – ich bete Dich an.» «Ich liebe Dich, ich brenne nach Dir», – und so ohne die Lippen von einander zu lockern, mit geschlossenen Augen tasteten wir uns zurück. Wir sassen wieder in dem Doppelsitz, sahen uns an und drückten uns die Hände. Ich hatte das Gefühl der grössten Eroberung meines Lebens. Ich wäre nicht überrascht gewesen, wenn der unwahrscheinlichste Roman sich als die Lösung dieser Situation herausgestellt, und das verwegene Abenteuer einer Dame von unglaubhaftestem Rang meinem Leben die entscheidende Wendung gegeben hätte. Jetzt wurde draussen laut gesprochen und gelacht während bis dahin alles mäuschenstill gewesen war, und unmittelbar drauf erschien ungerufen der Boy «Herr Graf befehlen?» «Ich habe nicht geläutet was fällt Dir ein?» «Verzeihung, ist Irrtum, aber Baroness Hohenheim sind gekommen auf Vorsprechen in Loge.» Gleichzeitig erschienen die beiden Hofballschönheiten lächelnd in der zurückgeschlagenen Portière. «Puisque la montagne n'a pas daigné de venir à la rencontre du prophète» sagte die Eine, «voilà le prophète a trouver la montagne», setzte die andere fort. Meine Dame war rasch aufgestanden. «Mademoiselle – eh –» stotterte ich mit einem Vorstellungsversuch. «Ist nicht nötig, wir kennen uns», lächelte die Aschblonde, «ich glaube liebe Lalla, Ihre Freundinnen vermissen Sie bei – bei Gesellschaftsspielen im – im Grünen.» Hochmütiger freundlich konnte nicht angeredet werden. Die eben noch so stolze Person hatte zwei bis drei Mal die Farbe gewechselt, aber eine verbindliche, fast geschmeidige Haltung angenommen und sagte zu mir mit beherrschtem Gesellschaftsgesicht «Auf bald also» zu den Andern «Danke, ich wusste nicht –» und verschwand durch die Portière. Ich stand wie angedonnert und werde schwerlich je ein dümmeres Gesicht gemacht haben. «Tout le monde vous désire», schnatterte die Erste fast als wäre nichts passiert, «et c'est par ordre de Moufti que nous nous sommes chargées de notre ambassade. Maman a un peu de migraine et voudrait se retirer, mais nous autres nous n'en sommes encore à nos frais de cette soirée, et nous avons décidé –» – «Oui», sagte die andere lachend, «de nous éclipser pour une heure ou deux nous aussi en vous chargeant de notre entretien, et puis de vous ramener un triomphe à la société.» «Il parait que Monsieur se trouve embarassé de ce que nous lui offrons» spottete die Aschblonde. «Er überlegt nur eine pointierte Antwort, Melanie, sieh nur wie witzig seine Augen funkeln.» Ich hatte mich im Blitz gefangen. «Embarassé?» fragte ich ironisch – «mais si je suis embarassé de rien c'est de ne pas savoir, comment avoir mérité le bonheur dont vous venez me combler et de n'avoir de quoi vous en remercier.» «Venez alors, c'est entendu, laissons cet endroit joli, j'en connais de plus jolis encore.» «S'il y eût une bergère à trois» riskierte ich, «je n'en rêverais de plus jolis; aussi on pourrait s'arranger tous les trois quand même, – voyons.» Die Jüngere gab mir einen Klaps mit dem rosa Straussfederfächer. «Seien Sie nicht so frivol. Ich will Ihnen nämlich zum Dank dafür dass Sie meinen Rubin gelobt haben, meine bescheidenen Schätze zeigen, und Du, Valérie, sag doch auch was.» «Moi aussi, j'ai de quoi être fière, si ce ne sont pas les bijoux, ce n'en est pas moins joli» sagte die Dunklere ihre schönen Zähne in dem regelmässigen Gesicht zeigend «– et puis – et puis – on causera –» Ich zahlte die Rechnung, die in bar nicht riesig war und schlenderte zwischen den beiden grossen Mädchen in ihren prunkvoll zarten Toiletten einen breiteren Corridor entlang. Er enthielt keine Thür mehr aber ein Liftgitter, die Ältere schloss mit einem Schlüsselchen aus ihrer Brokattasche auf, wir stiegen über und landeten im nächsten Stock vor einem wartenden uralten Livréediener, der eine Wohnungsthür aufriss und durch einen kurzen Gang mit riesigen Japanvasen in einen winzigen Salon führte. Er war mit bedruckten chinesischen Stoffen ausgeschlagen, voll üppiger kleiner Direktoiresessel mit Doppelpfühlen, ein grosses Feuer brannte in einem kleinen Marmorkamin, Etagèren voll Bibelots, eingebaut reichten bis zur niedern Decke, ein prachtvoller Savonnerieteppich bedeckte den ganzen Boden, am Kamin stand ein dampfender Theekessel aus schwerem Silber zwischen kleinen chinesischen Tassen. Auf zwei Guéridons brannten Armleuchter voller Wachskerzen, ein Lüster mit dicken Wachskerzen hing vom Plafond, aber in den Zargen leuchtete verstecktes elektrisches Licht. «Welch ein charmantes Etui für zwei solche Juwelen» sagte ich. «C'est tout un petit appartement tout à vous seules je m'imagine.» «Ouf» sagte Mélanie ohne zu antworten und legte sich in einen kleinen Sessel. «on n'est bien que chez soi. Soyez gentil mon ami et donnez-moi une tasse de thé. Vous voyez que je vous traîte en habitué, mais quand on vient d'entretenir tout un monde pendant quatre heures, on se félicite de pouvoir se faire servir par un ami tendre et devoué.» «Du bist die Frechheit selber», sagte die andere. «Graf, Sie thun nichts dergleichen sondern ich gebe Ihnen Ihre Tasse.» Und sie stand schon am Theetisch, rot angeglüht von den Flammen, ein elegantes Bild. Sie war ein sehr schönes Mädchen, von einer kalten Schönheit wie die Schwester, aber perfekt gemacht. «Wetten dass er mir meinen Thee bringt» sagte die Schwester. «Hundert Mark gegen eine, Graf, ich verlasse mich auf Sie, bestrafen Sie sie und machen mich reich und glücklich. Topp» sagte Melanie. Ich nahm die für mich bestimmte Tasse, brachte sie der Sitzenden die mir die Hand zum Kusse reichte und weidete mich einen Augenblick an der Grimasse Valeries, ehe ich in die Tasche griff und ihr einen Schein auf den Kamin legte. «Mein ist der Helm und mir gehört er zu» sagte Melanie karikiert und stand mit der Tasse in der Hand auf um die Hand auf den Kaminrand zu legen. «Sie bezahlen meine Schulden, Graf Rehbinder, nachdem Sie mich zuerst unglücklich gemacht haben.» «Dafür bin ich Ihr Schuldner geworden, mit Baroness Melanie bin ich quitt.» «Siehst Du» sagte Valérie triumphierend, «voilà mon chevalier. Ich schenke Ihnen mein Strumpfband als Fessel, aus der Sie sich auslösen müssen.» «Niki» rief Melanie «sind Sie wirklich quitt mit mir? Wiederholen Sie es mir jetzt hier in die Augen, wenn Sie ein Mann sind.» Sie stand dicht vor mir, die blühenden spöttischen Lippen leicht geöffnet, die dunkelblauen Augen unter den aschblonden Brauen sprühend in die Meinen fixiert, die schöne Büste hob sich unter dem leichten décolleté; «ich besteche durch keine Lockung mit Strumpfbändern. Wer mir dient dient à la merci.» «Schauspielerin» warf Valérie hin. «Mais vous me découragez» sagte ich lachend, «et un franc vaurien je préfère la jarretière – peine. Tout au moins et je n'y renoncerais pour toute une Golconde. Übrigens ist man bekanntlich mit einem schönen Mädchen nie quitt wenn man es sagt. Der Schmerz macht stumm.» «Siehst Du?» Melanies Triumph trumpfte zurück. «Zur Belohnung zeige ich ihm meine Schatulle.» «Tralala» lachte Valérie, «und ich ihm meine Chinoiserien. «Vous n'y songez pas. Vous savez bien que Maman.» «Tralala, je m'en fous. C'est à dire, il verra ce que je puis risquer de lui montrer et je lui laisserai d'imaginer le reste.» «Was für eine Schwester, Niki wie? Diese Kinder machen einem Sorgen. Glücklicherweise müssen Sie nicht alles glauben.» «Alles? Süsse Mélanie, ich glaube überhaupt nichts. Je ne suis pas si bête comme ça.» «Auch nicht dass meine Steine echt sind?» «Dafür mache ich eine Ausnahme.» «Auch nicht, dass meine Lieb und Treu und Falschheit köstlicher sind als die echtesten Steine?» «Stelle ich unter Beweis.» «Das ist doch unerhört» rief Valérie. «Wessen Schuldner sind Sie?» «Etsch» sagte Melanie, «ich hole meine Schatulle», und sie verschwand in einer Seitenthür. «Also?» fragte Valerie wieder. «Zuerst das Strumpfband, das mich zum Schuldner macht.» «Das Strumpfband? Vous vous moquez, mon cher. On ne prend ça au bout de la lettre, n'est-ce pas.» «C'est à dire?» «C'est à dire que peut-étre – plus tard – coup pour coup – c'est à dire, qu'on verra et que, en attendant – puisque vous me plaisez, vous ferez de votre mieux par me plaire davantage, n'est ce pas une proposition honnête que ça?» Ich lachte aus vollem Halse. «Allons, continuez; qu'est-ce qu'il faut que je fasse.» «Me préférer, d'abord, à ma soeur.» «Puis.» «Ah voila l'ingenu. Sie brauchen schwerlich meine Lektion um zu erfahren wodurch man Mädchen gefällt.» «Sie sind wonnig. Aber ich bin neugierig und will wissen was coup pour coup heisst; und ich will mein Strumpfband.» «Allez le dire à ma mère l'oie. Vous avez préféré Melanie à moi vous m'avez mortellement blessé, et vous me donnez cent marks pour aller les payer à elle.» «Cent marks? Vous en êtes bien sûre?» «C'est à dire?» «Rien. Peu importe. Aussi je ne l'ai pas fait dans un but quelconque. C'est que je n'eus point de monnaie, pour vous rembourser.» Sie nahm den 500 Schein. «Mais je n'en ai point ni moi plus pour vous donner le reste.» «Vous vous moquez», «Ah – alors c'est agir en preux. Amende honorable de votre offense et n'en parlons plus.» Sie steckte den Schein in ihr Täschchen und entnahm ihm einen Blauen, den sie an seine Stelle legte. «du reste je ne considère cela qu'au fur et à mesure d'une gageure que vous perdez.» Ich lachte von neuem. «Also quitt?» Sie richtete sich zu ihrer ganzen Höhe auf, sah wie eine Prinzessin aus, zeigte die gleichmässigen Zähne in dem blassrosa Herzmunde und sagte «On ne s'acquitte si facilement qu'avec ceux qui nous plaisent – un peu.» – «Niki» rief Melanie von neben an, «– c'est comme ça qu'on me fait attendre?» «Sofort» antwortete ich, und umfasste gleichzeitig blitzschnell das schöne duftende Wesen; «ich will zehn Küsse» sagte ich leise «sofort und willig.» «Oh» sagte sie sich noch höher aufrichtend und steif mit gehobenem Kopf dastehend, die Arme hängend – mit völliger Gleichgiltigkeit, «bitte, los, genieren Sie sich möglichst wenig.» Ich liess sie sofort los, machte ihr eine Verbeugung und ging. Ausgelassenes Lachen scholl hinter mir her, aber ich nahm keine Notiz.

Mélanie sass vor einem Toilettespiegel an einem französischen Tischchen und hielt grosse Perlbonbons an ihre hübschen Ohren. Ich nahm in einem raschen Blick das Schlafzimmer auf, altmodisch gepolstert und abgespannt mit einem schwerverhangenen Himmelbett. Zwei Wachskerzenarmleuchter zu mehrern Kerzen warfen ein bewegtes Licht auf die hochmütig schönen Züge den regelmässig blühenden Mund und das schwere Aschblond des Haares. «Welche finden Sie die schönsten» fragte sie aufblickend und schüttelte ein Kästchen. «Wollen wir sie alle probieren?» «Grosse Stücke» sagte ich, «verderben Ihren vollkommenen Stil. Ich würde alle umarbeiten lassen und nur ganz kleine Perlen in den Ohren tragen.» «Vous trouvez?» «Ja, nichts barockes in Ihr Gesicht. Tiara, Rivière, Paruren am Kleid, Ringe, soviel Sie wollen – oh wie schön, ja! – aber Ihr Gesicht ist zu edel für allen Schmuck Golcondas.» Sie sah mich von der Seite an und sagte «Flatteur vous n'en croyez rien, cependant cela me charme.» Ich besah mir Stück für Stück ihre Juwelen. «Oui, c'est assez joli. Vous savez que nous sommes nous autres Russes ou demi russes, quelque peu gâtés dans ce genre là. Barbares nous donnons à nos femmes des plateaux tout remplis de ces quincailleries là, pour y fouiller des deux mains. Nous donnons des peignés de perles. Toute femme de bien en possède à s'en lasser.» «Cependant ces opales verts-gazons sont magnifiques. Sehen Sie wie Sie zu Ihren Haaren stehen. Ich würde eine Tiara daraus machen, mit Rosen, diesen hier.» «Sie haben eine so schön timbrierte Stimme» sagte sie gleichgiltig, «dass ich fast vergesse dass Sie wie ein Juwelier mit mir sprechen und nicht wie ein Edelmann.» «Oh Stimmen –» antwortete ich obenhin – «man bezahlt Leute dafür; zu den Opalen fehlt für die Tiara ein Milieu, Ihre sind zu klein.» «Ce sont des cadeaux», warf sie hin, «il y aura quelqu'un quelque jour pour les compléter. J'en ai un pourtant jaune, mexicain, aber er passt nicht dazu» und sie holte tief aus ihrem décolleté an einem dünnen Goldkettchen, das kurz war und in einer unerklärlichen Weise befestigt, einen prachtvollen en cabochon geschliffenen Feueropal heraus. «Regardez de tout près» lachte sie, und ich beugte mich auf ihren Busen und den von ihm gleichsam dampfenden Stein nieder. «Vollkommen» sagte ich, mich eisern beherrschend, «qu'il vous puisse porter fortune, quoique les opales n'en ont pas la renommée.» «Ich habe noch nie geweint. Ich habe noch nie etwas gefunden qui valait cette peine.» «Je vous en félicite» sagte ich einfach. «le plus grand don que le ciel nous puisse faire, c'est l'insensibilité.» Sie lachte. «Partielle» fügte sie ergänzend hinzu. «Comme vous voulez.» «celle totale, il paraît, le ciel a réservé a vous seul.» «Je ne vous empêche pas de vous amuser à mes frais; ceci est joli, laisser voir –» Es war eine Rococotabatière mit einer Miniatur in Porzellanmalerei, in Brillanten. «Voilà Hercule avec Hylas.» «Avec qui, s'il vous plaît?» «Hylas – un garçon pasteur qu'il protegeait et qui puis l'accompagnait à tous ces traveaux errabonds.» «Vous êtes savant autant qu'honnête. Gardez vous d'ouvrir ceci et d'être choqué par le revers de votre idylle», und unter dem Anschein mir die Dose fortzunehmen liess sie den Deckel aufspringen, in dessen Innenseite eine andere Miniatur en surprise den Halbgott sitzend von hinten zeigte, während er den auf dem Schoss Gehaltenen päderastiert. «C'est pas votre cas?» «Les galanteries habituelles» sagte ich zerstreut. «Exécution peu habile, sujet grossier, il y en a d'assez plus sales et pourtant plus jolies.» «Sales? les jouissances, on me dit, ne sauraient jamais l'être.» «C'est que évidemment vous avez des conseillères supérieures aux préjugés imbéciles.» «Mai auxquelles vous ne croyez pas de consentir?» «Pardon, Mademoiselle, je ne l'ai pas dit.» «Aussurément; vous l'eussiez dit si vous m'aimiez.» «Je n'ai l'honneur de vous connaître que depuis une demi-heure.» «Voilà une autre manière pour me dire que je vous suis indifférente.» «Indifférente? Au contraire, je suis curieux de vous, et j'ose espérer que vous voudrez bien m'aider à vous mieux connaître.» «Je gage que vous en avez dit autant à ma soeur.» «Si je ne l'ai pas fait, c'est seulement parce qu'elle ne s'est souciée de me demander une politesse.» Ihre Augen belebten sich funkelnd. «Pourquoi me traitez-vous d'une pareille froideur?» «Eh – belle Mélanie, je n'aime pas à m'exposer au ridicule.» «Au ridicule?» «Ou à pire encore. Je ne veux pas confondre les genres. Il ya, dans vos salons, force jolies filles et jolies femmes dont vous seriez loin de soupçonner la tendance à la galanterie plus ou moins hardie. Vous aurez raison de vous fâcher à être traitée en conquête facile?» Ich hatte dies toternst gesagt um die Situation voll auszukosten. Ich war durch die Erregungen des Abends teils überreizt teils gespannt genug um in voller Beherrschung einem Schauspiel beizuwohnen, dessen Illusion in Wirklichkeit zu verwandeln jederzeit in meinem freien Willen lag. Die Lalla genannte Person hatte mich zu fassen gewusst. Die Abkühlung war um so radikaler gewesen. Und jetzt konnte ich mich entscheiden wie ich wollte und genoss diese Überlegenheit wie einen halb geistigen halb sinnlichen Rausch, an dem die grosse aber mich nicht erschütternde Schönheit der beiden Schwestern natürlich ihren Teil hatte. Sie sah mir voll und unbeweglich in die Augen und bemeisterte sichtlich die Regung etwas Gefährliches zu sagen. Dann sagte sie mit hochgezogenen Brauen lächelnd «Alors c'est presque par ironie de circonstances que, après avoir resisté a tant de seductions, c'est dans ma chambre qu'aboutit l'aventure de vous avoir risqué dans nos salons?» «Hasard gracieux don't je me félicite» sagte ich galant; «Et dont vous ne remerciez que l'hazard, il semble. Cependant la Fortune est aveugle, et elle à été quelque peu dirigée – conquée même, – n'est ce pas?» «Oui, – madame votre mère a été bien bonne de me tracer dans le labyrinthe ou je me fus égaré –» Einen Augenblick zog ihr Gesicht sich kaum merklich zusammen, dann lachte es. «Ah coquin –» sagte sie. «– voilà qui fût trop fort, vous vous êtes trahi – convenez que ce fût une erreur, que vous surchargez que vous exagérez votre rôle. Jusqu'ici on pouvait se méprendre, maintenant je vois le masque, il faut le jeter. Vite-vite» und sie hob den Mund gegen mich auf, die Lippen wölbend. Während ich mich beugte und sie leicht küsste, hörte ich nebenan Stimmen, aber Melanies Arm zog mich hinunter in die alte Stellung «ce fût pour demander pardon, – un autre pour remercier –» Der feste Muskel ihrer schwellenden Lippen zog langsam hin und her und massierte meinen Kuss, ihre Augen schlossen sich. «Maman» sagte sie aufstehend. War es Einbildung war es Versehen, dass ich das Gefühl hatte ich sei in diesem Augenblick dort gestreift worden, wo der Kuss seine Wirkung am unzweideutigsten hatte thun müssen? Das Gefühl blieb mir wie ein Stoss, als die Baronin mit dem Arm durch den der schönen Valerie gezogen, in der Thür stand und mir die Hand zum Kuss reichte, vollkommene Illusion von châtelaine compassée et aimable. «Quelle surprise mon cher comte, de vous trouver encore chez moi, dans l'intimité de ces chères gamines que voici, que j'étais venue gronder pour m'avoir laissée seule à la charge de cette hospitalité fâcheuse. Pourtant, elles ont trouvé mieux que ce tas de chalands et de blasés et enfin ce fût moi-même qui les avais envoyées à s'occuper de vous. Ah les bijoux de Mélanie, je vois bien. Elle en est, si fière la chère enfante de ces pauvres clinquants de débutante. Et Valérie qui brûle de vous montrer ses collections à elle aussi et que vous allez consoler, n'est-ce-pas de son quart d'heure de veuvage, pendant que je prends mon thé chez mon aînée, tu sais chérie n'est ce pas que cette robe là qui ne va pas, un être examinée de très près et Mr. le comte s'y prendra de bonne grace.» «De la meilleure du monde madame» sagte ich, «puisque vous m'imposez le choix que laissé à ma pauvre discretion j'eus été embarassé de faire. Ich bin ein Eisen zwischen zwei gleich starken Zwillingsmagneten denen ich leider gleich ferne bin und bliebe sonst liegen.» «Charmeur» sagte die Alte und ordnete mit der juwelenstarrenden schönen Hand ihr blendend weisses Chignon. «Wenn ich meine Magneten nicht so genau kennte, würde ich ihnen dringend raten, vor Ihrer eisernen Stirn auf der Hut zu sein. Ich sehe Sie gleich.» Die Thüre schloss sich. Valérie lachte mich verstohlen an. «On n'a pas fini de se rire de moi?» fragte ich kühl. «On n'a pas fini de me chagriner?» antwortete sie vorwurfsvoll. «Warum laufen Sie weg und hören nicht wenn man Sie ruft?» «Ich lief weg weil man mich rief.» «Jeu de mots. Cependant je fus mauvaise, j'en conviens et je vous propose un échange d'amendes. C'est entendu?» «Et la jarretière? Convenez qu'il faut faire honneur, avant tout, à la parole.» «Venez». Sie ging mir nach der correspondierenden Thür voraus und ich betrat hinter ihr eine schleierige blühzarte Nische aus weissem Mull, halbrund, mit Mull bespannt, verhängt ausgestattet, das Bett hinter Mullwolken, überall Candeur. Sie zauderte einen Augenblick, dann sagte sie lachend – mir frei ins Gesicht sehend – «C'est ce que, des jarretières, je n'en ai point» – ein Lachausbruch – «on n'en porte plus –

les bas sont suspendus a des élastiques qui sont part de mon corset – je ne pourrais vous en donner sans me déshabiller –» ein neuer Lachanfall, und ihre Augen funkelten von Schelmerei und Provokation. «je voix que vous me ne croyez pas –» «je vous jure que oui», «Ah bah je vois vos soupçons dans vos regards et c'est pour cela que nous voici – convainquez vous même – allons, vous êtes sage et je n'e risque rien, mon tailleur aussi et mon cordonnier voient ma jambe – honni soit –» und den verführerischen Kopf leicht zurückgelegt, hob sie auf der einen Seite ihre Robe. Ich trat an sie heran und legte den Arm um sie, leicht wie ein Tänzer, aber sie drehte sich wie eine Tänzerin in meinen Arm hinein, und während ich sie halb hob, liess ich mir von ihrer Hand die linke führen. Während ihre Nacktheit sich mir eng in die zärtliche Hand schmiegte, küsste sie mich rasch und weich auf den Mund und sagte «Du –». Fest an einander geklemmt, suchten wir einander inniger und immer inniger zu fassen, ihr Kopf wich mir aus, sie warf ihn rückwärts, liess ihn fangen und durchschoss mich plötzlich mit einem so virtuosen Hurenkuss von solcher Kürze und Sicherheit, dass ich sie ohne weiteres im Schwunge hochhob und zum Bett trug. «Ja –» hauchte sie leichtsinnig auf meinen Armen in mein Ohr, lachte und biss mich ins Ohrläppchen. Ich legte sie rasch und geschickt quer über den Bettrand, ebenso rasch schlug sie die Robe hoch unter der sie nackt und süss in ihrer weissen Schlankheit hervorblühte, und einen Augenblick später, von ihr virtuos unterstützt, war ich in sie eingedrungen und genoss ihre erstickten Wonnelaute und fast sofort darauf ihre heisere Raserei. Zuckend und lustgeschüttelt drängte sie mich fort, ehe ich noch meinen vollen Atem gesammelt hatte, liess sich, mit beiden Armen um meinen Hals, auf dem Stachel in Sitz heben, die schönen Schenkel an mir herunterhängend und mich mit Lippen und Zunge verzehrend, und geriet auf die ersten Bewegungen die ich wagte, oben in der Luft schon in die zweite Ekstase. Ich habe nie eine solche Überempfindlichkeit und Begabung für Wollust in einer Frau angetroffen wie in dieser neunzehnjährigen. Ich musste sie herunterlassen. Auf dem Sessel mit geschlossenen Augen atmete sie aus, immer noch meine Hand convulsivisch pressend.

Und ebenso schnell hatte sie sich gefasst, sprang auf, ordnete ihr Haar, puderte sich rasch, leckte und putzte und übte die Lippen, lachte mich an wie ein Kind, küsste mich ebenso rasch und weich wie zu Anfang nur mit von der Lust noch kalten Lippen und sagte «Süsser. Komm rasch in den Salon, – tenue, montrons l'indifférence la plus parfaite. Promettez-moi de retourner demain, – promettez – merci. Je veux vous garder – autant que vous voudrez – j'ai besoin de votre amitié – j'ai besoin d'un amant – ami tel que vous êtes. Venez, voilà dix minutes, écoulés, il ne faut pas – j'expliquerai –» Im Salon zündete sie die Spiritusflamme wieder an. «le thé aura froidi – mais il est très-fort.» «Mais demain, chérie, sagte ich rasch, den Rücken gegen das Feuer, «je ne me contenterai pas de dix minutes» «Ni moi non plus» antwortete sie dunkel; dann lachte das leichtsinnige Gesicht zu mir auf und aus dem blassrosa Herzmund glitt für einen Augenblick die feucht himbeerfarbene Zungenspitze «Je vais te dire une énormité – penche-toi: je veux –»

Die Thür ging auf ehe sie ausgesprochen hatte und Mutter und Tochter erschienen. Ich ging ihnen entgegen: «Eh bien –? On vient de trouver un excès de scrupule, à perfectionner la perfection elle-meme? Il y a donc un moyen de rendre encore plus ravissant cet éclat qui est déjà trop dangéreux à notre faiblesse? Avouez Madame que vous venez de causer médisance et que vous savez Mademoiselle impeccable.» Melanie lächelte mir mit ihren hochmütigsten Augen gelassen zu. Die Alte sagte gnädig «C'est votre enthousiasme, cher ami, qui nous embellit; nous serions bien mesquines dans la générosité des mythes crées autour de nous par le dévouement désintéressé. J'espère que Valérie ne vous a pas fait perdre votre temps. Vous n'aurez vu rien de quoi intéresser un connaisseur, toutefois.» «J'ai vu assez Madame pour m'en considérer heureux» sagte ich frech. «Aussi j'ai pu admirer les mérites de Mr le comte, specialisé en matière» fügte Valérie mit gemachter Convention hinzu. «Eh bien» schloss die Alte, «je suis enchantée. Valérie mon enfant, je suis fâchée de te déranger mais il me faut absolument cette adresse que Sforza attend là-bas et pour laquelle nous irions fouiller votre carnet. Puis il faudra descendre pour assister à la sortie des plus tenaces. Vous aussi, comte, venez avec nous? À bientot donc, et cependant Mélanie vous tiendra compagnie. À vous garder, mon cher, elle est bien vivace ce soir et il faudra un homme comme vous à lui tenir tête.» «Je ferai de mon mieux pour l'humaniser, Madame», sagte ich scherzend. «Et je me flatte, d'une paix durable entre nous, ni vainqueurs ni vaincues.» «Mais écoutez un peu comme il se vante!» rief Melanie lachend. «Victoire, par example, lui» «Vous n'en pouvrez avoir Maman tout l'estime qu'il m'inspire, lui connaisseur, lui savant, lui homme de bien, lui honnête homme, mais il vient de me donner les preuves d'une douceur vraiment pacifiste, et s'il réussit à me désarmer ce sera parce qu'on ne combat pas contre les inermes – inermes bien entendu par maxime et par tempérament!» «C'est vrai, Maman» rief Valérie eifrig, «j'en ai eu le preuves moi aussi – et je vous assure que ce fut charmant – venez que je vais vous raconter – à bientôt.»

Kaum allein mit mir brach Melanie in ein kurzes Lachen aus, und ging trällernd in ihr Zimmer. Ich folgte ihr, umschlang sie von hinten und küsste über ihrer Schulter ihren mir begegnenden ruhigen Mund. Sie umschlang nach rückwärts meinen Hals, wir schoben uns zusammen und küssten uns lange ohne ein einziges Wort.

«Vite chéri» sagte sie endlich, «vous allez m'énerver, je meurs de désir» - Auch dies sagte sie ohne dass ein Zug des regelmässig kühl schönen Gesichtes sich veränderte oder ihre Haltung nachgab. Während ihre edle ringgeschmückte Hand sachlich durch den aufgerissenen Schlitz meinen Penis knetete. «Que c'est beau.» Es klang knapp und abschliessend, aber sie fuhr, die Zunge aus meinem Munde einen Augenblick zurückziehend, fort, «que monstre magnifique. Mais je m'y attendais à la forme de vos lèvres avec leur plein et leurs velouté. Ce fut de votre bouche que je raffolais à tout premier d'abord, là-bas. Nous lui ferons pourtant subir un peu de massage préalable pour lui faciliter l'entrée, à ce drôle-là. Je suis étroite à rien n'y passé. Vous me prendriez pour vierge. Aidez-moi à tirer en haut cette robe-ci.» Sie hob die Arme und ich zog die flimmernde Seide von dem herrlich schlanken fast nackten Leibe. Ihr winziger Schampelz war dunkelblond mit rötlichen Einzelhaaren. «Vous verrez mes seins, ils valent ceux-là –» Ich hatte mich im Fluge geschält und sie schlug gleichgiltig gegen meinen hin und her schwenkenden und aufwärts zuckenden Wunderpfeiler. Dann knöpfte sie das Soutien von ihren mässig grossen, klassisch vollkommenen Brüsten ab, deren scharf abgesetzte rund zu Warzen ausgedrehte Kuppeln fest und kurz aus der schimmernden Haut ragten und bei den Bewegungen kaum merklich mitzitterten, stützte die Hand auf meine Schulter und zog die Strümpfe ab, trat mir auf die Füsse und rieb sich mit einem sonderbaren leisen rauen Laute von oben bis unten in meine Nacktheit hinein. Ich hob sie einen Augenblick wagerecht in meinen Armen hoch, drückte ihr während die langen Schenkel strampelten, den Daumen der sie zwischen den Beinen fassenden Hand auf den Kelch und küsste den Mund der mich herumgedreht von hoch oben küsste, ihre Arme um meinen Hals. Dann herabgelassen zog sie mich am Henkel an ihren Toilettetisch, drückte mich mit einem «Attendez-ici» in den Sessel, streifte allen Schmuck ab und nahm die Perlen vom Hals, suchte eine blaue Glasdose, setzte sich rittlings auf meinen Schooss, rieb ein walnussgrosses Stück süssduftende dicke Creme schwach in die Handteller und strich es vorsichtig und gleichmässig von der Eichel zur Wurzel an meiner Brechstange. Sie vermied mich zu reizen, es war eine technische Operation. Dann hob sie rasch das rechte Bein im Kreise über mich weg, flüsterte «Allons» setzte sich rücklings tief in mich hinein, während ich sie ausser mir umklammerte, sie hob sich an, griff hinter sich, ich selber griff unter ihre Faust, aber ich trug einen Augenblick ihr ganzes Gewicht auf der Spitze meiner sich biegenden Säule und dachte wir hätten den Punkt verfehlt als ich sie langsam mit zerreissend wonnigem Schmerz ein ganz kleines wenig einsinken fühlte. Ich hatte die Hände über ihrem Unterleib verschränkt, sie hing schwach über, hob sich von neuem an und liess sich sinken während ich, wahnsinnig vor Lust, zog und zustiess. Ihr rauher Laut von vorher grimmte einen Augenblick wieder, sie bat «Attendez ne poussez pas – ça va marcher, ne forcez pas –» und nach einer Pause, während sie ruckweise atmete, drängten wir gegen einander zusammen, und zu meiner ungeheuren Wonne hatte ich ihr Gesäss, das sich wie toll drehte und schubberte, fest im Schoosse, sie beritt meinen Spiess in voller Länge, und jetzt schleuderte ich sie mit langen Phallusstössen ausholend und in sie fegend in die Luft, sie lag über meinen Armen und drängte mit wilden rotierenden Gegenstössen in meinen Schoss, und bald gingen wir in dies malmende Drängen, kurze Stossen, Rutschen, Mahlen, Bohren über, sie drehte sich herum, ihre Augen brachen, ihr Mund suchte mich, ihre Zähne gruben sich in meine Lippen, ihre Nägel in meinen Nacken und so genoss sie das 16^{tel} Takt-Fortissimo meines Finales, stöhnte auf und sank über mir zusammen. Sie hatte sich nur unartikulierte Glückslaute entreissen lassen, kein Wort, und jetzt, als sie wieder erwachte, küsste sie nicht, sondern liess sich küssen, lächelnd und dann und wann aufatmend. «J'ai manqué, à tout tout peu près, d'en crever» sagte sie, sich das Haar ordnend; «tout de même il n'y, a que ça, pour ne s'embêter.» Sie stieg ab, drehte sich dabei den halben Pflock noch im Kelche, um und sagte «Tiens, vous m'avez ménagé?» Ich drückte sie in die Arme, küsste sie ein dutzend Mal auf den jetzt hochgeschwollenen Mund und flüsterte ihr zu «Je jure de vous transporter au paradis pour des séjours, assez prolongués sans sorte de crainte.» «Petit fou» antwortete sie mit einem Klaps, ohne das Gesicht zu verziehen – «vous n'y songez pas, par exemple. J'ai pris mes précautions, et du reste, je n'aime pas cela. C'est à dire, j'aime d'en jouir au maximum à condition que vous en jouissiez, s'il se peut, davantage. Ce n'est que votre fureur qui me donne la folie. Aussi vous verrez bientôt que vous n'aurez plus aucune chance, parce que, or que je le sais, je vous défie, et vous rendrez l'âme entre mes bras.» Sie stand auf und schritt, schlank und ruhig, zu einer abgespannten Ecke des kleinen Raums und verschwand hinter einem kreisrunden Chintz Vorhang, – wie ich vermutete, um sich diskret zu erleichtern, aber sie steckte den Kopf heraus und sagte «En route, Monsieur, j'attends!» Ich trat zu ihr, hinter den Vorhang. Was ich sah schien einer der in Sanatorien häufigen Liegestühle zu sein, die mit Gleitvorrichtung in den Rück- und Sitzgelenken versehen es gestatten, aus der Liegelage in Sitz und beinahe Stand überzugehen, aber dieser war im Sitze kaum von der Breite eines Sattels, weich gepolstert, und dieser Sitz stand von vornherein schräg nach vorn gesenkt, und vor und hinter dem Gerät war der Boden etwa einen halben Meter tiefer gelegt, sodass die Fussstütze bei Senkrechtstellung des Ganzen seinen Abwärtsbogen ungehindert beschreiben konnte. Aber das Unerklärlichste war dass seitwärts beiderseits unterhalb vom Sitze Gelenkschienen zu gepolsterten Pedalen führten, die ebenfalls verstellbar schienen und mit den Spitzen nach rückwärts standen, sowie dass vom obern Rand der Lehne eine lange Schiene zu unerklärlichen Zwecken nach rückwärts geklappt schien. «Quel instrument de torture!» sagte ich, die Nackte mit einem Arm unterm ihren und einer Brust in der Hand an mich ziehend, aber sie drückte mich in den Sitz in den ich halb stehend im Halbsitz glitt, sagte lachend «Vous comprenez n'est ce pas» trat in die Pedale, sie niederdrückend, schob sich über dem mit beiden Händen gelenkten Spiess der Wollust und liess mich für das Übrige sorgen. Fest aneinander gestemmt und eng umarmt, Mund auf Mund, schoben wir uns drängend in einander, halb sitzend halb stehend, mit festem Halt an den Füssen, und obwol es länger dauerte, bis ich die stöhnend Mitarbeitende durchwachsen hatte, begann dann das berauschendste Vögeln das ich je erlebt hatte. Es war für uns beide die Idealstellung des süssen Zusammenwirkens, die Umklammerung war ohne Körperschwere und ohne versagendes Gleichgewicht, jede Bewegung verlegte den Schwerpunkt in neues Gleichgewicht, es gab kein Keuchen und Atemhalten, wie blieben im Kusse mit spielenden Zungen während wir mahlten und als bei Melanie die Ekstase nahte, trat sie aus den Bügeln, streckte sich über mir und drückte mich in Horizontallage zurück, um sich auf mir auszurasen. Aber schon nach wenigen Momenten flüsterte sie «Attention, ne bougez pas, étreignez-moi le plus étroit possible –, il va se passer quelque chose d'inattendu» – Ich umschloss sie, sie zog irgendwo einen Hebel, ich merkte dass die Schiene der Rücklehne, einen grossen Kreis beschreibend, sich auf sie senkte, und auf einen weiteren Druck fühlte ich mich schwindlig angehoben werden und in der Luft herumgedreht, hatte Melanie unter mir, und mein voriger Sitz schwenkte an einer anderen Schiene über die Lehne rückwärts. Es war im Nu gegangen und ohne dass ich sie auch nur von meinem Zapfen gelöst hätte, und kaum unter mir, umschloss sie mich mit Armen und Schenkeln keineswegs einschnürend sondern mit einer Art schmiegend streichelnder Süssigkeit, schob ebenso spielend zärtlich und sich leicht stemmend den Schoss rund um den Bolzen, küsste mich kurz und zärtlich auf den Mund und die Augen, drückte mich noch einmal an die Brust und flüsterte «Habe mich endlich lieb, – aimez-moi, je vous adore –» und hier, während es mir heiss zum Herzen schoss, brach mein Halt. Ich verlor die Sinne und alle Beherrschung, und mit heissem Stammeln, wilden Liebkosungen und tobendem Rammeln brach ich sie in meinen Armen zusammen, stürzte in sie und verschmolz meine glühenden Entladungen mit ihren Zuckungen. Als ich wieder bei Sinnen war, hatte sie durch eine Gewichtsverschiebung das Gestühl in Sitzlage gesenkt, zog sich seitlich unter mir heraus sodass eine Drehung mich setzte und schob sich im Seitensitz auf meine Knie, den rechten Arm um meinen Hals, fasste mit der Linken mein Kinn und meine Backen und gab mir den Mund ohne zu küssen, ich selber nahm den nackten Leib um die Hüften und hing mich ihr an die eisigen Lippen, bis sie sich erwärmten. «Avouez que je vous ai vaincu, – hein?» sagte sie mit einem kleinen Kuss. «Je vous connais, il faut vous toucher au coeur pour briser vos défenses.» Ich war ernüchtert und liess sie ruckartig los. Sie lachte und küsste mich auf die Nasenspitze. «Hu hu», tragierte sie, «er hasst mich. Je viens de vous donnez une leçon de volupté. Or je vais vous en donner une autre de philosophie. Gardez-vous bien de jamais attacher quelle importance qu'il soit à quel que vous puisse dire une femme nue dans vos bras. Soit que vous en jouissiez, soit que vous en souffrissiez vous le feriez inutilement et vous en perdriez vos frais à fonds perdu, puisque la femme ivre et folle de vous n'a ni coeur ni âme ni raison ni but ni logique ni sentiment, elle est totalement irresponsable, arbitraire, deraillée, réduite à la rage de ses sens fouettés par votre sexe puissant et véhément. Ce serait dommage, parce que vous valez mille fois, étant l'homme que vous êtes, la valeur de vos organs bien qu' épouvantables, de copulation amatoire. Ne nous prenez trop au sérieux, mon ami, – c'est à dire, celle de nous autres, avec lesquelles vous vous couchez, ou pour mieux préciser pendant tout le temps de l'épisode nommée l'Amour, y compris les préliminaires, en bloc, et les regrets, en bloc ceux aussi. Croyez moi que ce ne vaut pas vraiment la peine. Notre orgasme à nous autres couvre une étendue de temps assez plus vaste que le vôtre. Folâtres, mauvaises, agaçantes, agacées, autant rosses, autant mièvres sous l'aiguillon de nos chairs enragées, nous vous blesserons mille fois mortellement, au vif, pour une fois que nous vous plongerons dans le néant du bonheur absolu. Rappelez vous ce que je vous ai dit, quand une femme vous aimera, quand vous aimerez une femme, quand vous embrasserez la fiancée, quand vous vous marierez. Querelles d'amants? Différents entre des fiancés, crises dans les mariages? Tout naît de la même source. Un homme tel que vous, massif, magnifique, supérieur par son génie et sa culture, ne devrait jamais s'arrêter à donner du poids quelconque à ce que peut lui chuchoter pour le tracasser une petite biche chaude du navrant désir d'en avoir meurtries les lèvres et cassés ses reins. Je ne dis pas d'être, moi, cette petite bête-à-plaisir. Si cela vous vaudra la peine vous me connaîtrez telle que je suis. Mais vous vous rappelez le mot célèbre que tout homme aussi grand qu'il soit, s'attache à son siècle par une faiblesse. Adaptez se mot au sexe, au lieu du siècle, et rien plus ne vous empêchera de cueillir mes roses en vous moquant de mes épines insignifiantes.» «Si l'Amour» sagte ich, «ne fût, qu'une illusion, ce serait toujours une illusion tellement sublime, qu'elle rend possibles les réalisations les plus miraculeuses. Cette illusion, – si elle en est, balance nos malheurs. Elle ennoblit notre bonheur. J'ai senti quand vos lèvres l'ont prononcé au cours d'une jouissance libertine, comme d'un coup d'aile m'élever au dessus d'une aspiration très calculable en but et en mesure, et de me ravir en vous ravissant vers une émotion, un désir, un espoir trop immenses pour être jamais assouvies. C'est par cet instant là, grace à cet instant puissamment vécu, que je me refuse à jamais vous oublier ni vous-même ni rien de ça que en me le donnant vous vous illusionez de pouvoir m'ôter.» Sie lächelte. «Ainsi vous seriez plus heureux qu' ici, si je pourrais vous convaincre que je vous aimâsse? Et vous de ce drôle d'amour, amour de la femme que voici, pour l'homme que voilà serait il permis de vous demander ce que vous en feriez? Mon ami, le libertinage est but à soi même. L'amour, à en juger selon ce que j'en sais par ouï-dire, ne l'est pas. L'amour vaut et rejoint ses conséquences. Il veut quelque chose que ne soit pas l'amour. Il veut le mariage, la fidélité, la volupté, la monopolisation, l'aveu, la sécurité – bien, mille choses possibles. Le libertinage seul n'en sait rien. Il aboutit en soi même. Il ne veut que la plénitude extrême de toute satisfaction dont la multiplication des sensations saurait se rendre compte. Dans le libertinage les amants se transforment réciproquement en partenaires des opérations de jouissance et, reciproquement aussi en objets, l'un pour l'autre de la jouissance même. Une activité incessante et subtile, vigilante et nerveuse seule en peut garantir le succès suprême. Il y faut une constitution physique parfaite sous tous les points de vue accompagnée à une constitution nerveuse à tout épreuve, à une éducation de toutes nos forces d'intellect, de culture, d'ordre individuel et social. Il y faut enfin l'esprit haut et même hautain de la souveraineté que nous donnent la naissance et l'indépendance, le mépris de toute limite à notre liberté de chair, le mépris de l'argent, du besoin, de la routine, de tout ce qui gêne et asservit de tout cet encontrement de considérations et de bornes dont reste conditionnée le monde de ceux et de celles qui vivent par le sentiment et qui en subissent le joug. C'est la liberté qui rend possible le libertinage. Sans la liberté telle que je dis, la vilaine et sotte cochonnerie n'est que le revers du mariage, du flirt bourgeois et de la vertu. Vous avez mon ami le choix entre la sensation et le sentiment. Ne confondez pas les genres. Je n'ai aucune envis de blasphème – je ne renie pas le cœur, – tout au contraire – pourvu que l'on en commence pour aboutir qui sait où – oui – en commençant par le cœur on arrive parfois là même où nous en sommes mais à rebours? Commencer par là où nous en sommes pour arriver au cœur? C'est par degrés? Je ne vois pas comment. C'est pur vol libre? Alors, il n'y avait plus d'évolutions, n'est ce pas? Il ne reste que: par regret; et nous ne regrettons rien. Ne méritions pas d'être classés parmi les faux-monnayeurs. L'amour, même dans l'abîme de la dernière perversion s'attache toujours aux anges par un semblant de chasteté! Le libertinage même sublimé au plus haut degré s'attache toujours à la Nature par un rudiment de cette obsession qui est involontaire, dans les bêtes et saint dans nous autres – Flairer, lécher, dévorer, aider par le nez et par la langue les organes encore embarrassés de la copulation, montrer et décacheter tout, au delà de la pudeur, ignorés de la honte, passivement et activement violents et violeurs. Le libertinage franchement avoue le primat sur les sentiments de ces appétits. Il dit la vérité, sa vérité, toute entière, et toute vérité est souveraine de son monde. J'admets que le libertinage n'est pas expert en matière de cœur, et je prétends que le cœur ne l'est non plus en matière de libertinage. La morale n'y entre pas, au moins où ce sont deux partenaires comme nous agissant de plein accord au but de s'entrepénétrer le plus totalement possible pour tirer de la moindre, la plus minime polarité le maximum de frénésie mutuelle. Voici mon raisonnement et je vois que vous en êtes convaincu.» «Mais je vous préfère en ce moment à toute autre femme. Il me serait difficile de renoncer à l'ambition d'être préféré à tout autre homme par vous. L'idée de n'être pour vous qu'un partenaire sexuel quelconque, m'avilirait profondément. J'espère que vous compterez de me retenir de me revoir, de ne me perdre pas. Plus cet espoir est absurde et plus je m'y rattache.» «Je commence à avoir froid, allons nous coucher.» Ich hob sie in meine Arme und während sie sich mit den Armen an meinem Halse leicht hochzog, hängte sie sich an meine Lippen mit einem Kusse der mich noch auf das Bett ihr nachzog ohne sich zu lösen und erst langsam erlöschen musste ehe wir unter die leichte seidene Steppdecke glitten. «Aussi je vous ai choisi, c'est-à-dire que je vous ai préfére n'est-ce pas, cela ne constitue point de contredit. Il n'est que naturel que ce soient les plus homogènes et les mieux doués à s'entrechoisir au but d'activer mutuellement jusqu'à l'excés la rage dans les contacts possibles. Vous, qui me fîtes il y a deux minutes, des propos si touchants, ne m'aviez aperçue. Moi, qui vous croyez de tâcher d'insensibilité, je vous avais voulu, désiré, destiné à partager et à éveiller en moi toutes mes fureurs plus hardies, je fus toquée, en votre langage? ich hatte mich verliebt, en mon langage à moi, je vous anticipais par chaque veine et chaque nerf, et je brûlais d'envie de vous boire par mille bouches d'être percée par mille de vos lances, de vous annexer et d'être annexée. Ainsi après vous avoir tracée à travers toute la maison j'allais vous arracher à cette petite cabatine-là, dont vous avez à peine manqué d'être la dupe.» «Qui est-elle?» Sie lachte leise und ich küsste den lachenden Mund. «Elle vous a prié, n'est ce pas, de l'aider à s'échapper d'une assemblée equivoque où un malentendu l'eût conducté» «Précisément.» «C'est son rôle de spécialité, et elle le joue à perfection, en avant la physique et une maison très-chic qui l'habille.» «Qui c'est? Une fille, comme toutes les autres, assez jolie et mignonne du reste. Une – pensionnaire, je crois, – une habituée, faisante d'assez bonnes affaires. Mais pensez que vous alliez, si je n'étais pas, embrasser de tout votre fougue cette bouche banale.» «Elle avait l'art du baiser accompli cependant.» «Ah, l'avait-elle, par exemple?» lachte sie leise und zog mich an sich. «Comme ça peut-être?» Was nun folgte, lässt sich in Worten nicht ausdrücken. Küsse von einer heissen Innigkeit und festen Treue wie die einer Braut wechselten mit so raffinierten und berauschenden Neuigkeiten, dass ich mich als der Neuling eines Zauberlehrlings fühlte. Sie verwandte die Zunge kaum die Beweglichkeit und Kunst der Lippentechnik und die Phantasie der sinnlichen Abwechslung ersetzte alle groben Mittel. Sie zog sich im Kusse an mir geschmeidig zähe entlang, die Umarmungen und der Druck ihres Körpers gegen den meinen bildeten die Unterstimme. Meine eigenen Küsse die die ihren ersticken wollten, brachte sie durch immer überraschendere Unterbrechungen um die Initiative, meinen Spiess wehrte sie mit zusammengepressten Schenkeln ab – «Ah non chéri – embrassons-nous bien, – tenez ceci vous le connaissez» – und ein neuer unerhörter Bonbon floss in meine Sinne. Dies ging weiter und fort bis der Rausch des Entzückens sie mir in die Arme zwang und ich mich toll und wild an dem wonnevollen Munde sättigte ohne ihm Atem zu lassen. Langsam wich sie meiner unwiderstehlich wachsenden Glut und gab erst völlig nach als meine physische Kraft und meine blinde Exaltation jedes Hindernis werfend in sie einbrachen. Sie schrie kurz auf, drückte mich in die Arme

VII

Ich hatte nicht lange Zeit mein Abenteuer auszuschlafen. Um vier Uhr drehte ich das Licht aus und als heftiges Klopfen mich weckte, war es zehn. Karolinchen liess sich durch mein Grunzen nicht abweisen. «Herr Rudolfche sind schon vier Stück Stubenmädchen sich vorstellen vons Bureau – soll ich für andermal bestellen – oder wollen Sie jetz ansehen?» Ich ermunterte mich, und hatte klaren Kopf. «Ist Frühstück soweit?» «Kann jleich servieren.» – «Also servieren bitte, ich gehe einen Augenblick ins Bad, die Mädchen können sich im Speisezimmer vorstellen, der Reihe nach.» In drei Minuten war ich rasiert, stand fünf Minuten unter der eiskalten Douche und sass in zwei weiteren im dressing gown im Speisesaale, fühlte mich aber immer noch wie zerschlagen. Ich hätte acht Tage schlafen können.

Es war die reinste Modenschau, denn ich liess die Wesen von hinten kommen und der Einfachheit halber vorn hinausbegleiten. Die ersten beiden waren belanglos, alle hatten glänzende Zeugnisse, ich notierte Namen und Adressen, liess mir ein Par Fragen beantworten und dankte. Als dritte erschien errötend und mit niedergeschlagenen Augen die Kleine von gestern Abend bei Loebs. Sie sah weniger anziehend aus in ihrem abgetragenen Civil, aber auch sonst hätte Carolinchens Anwesenheit mich geniert. Ich sprach freundlich mit ihr und wies sie an zur engeren Wahl in der Entrée zu warten. Dann kam eine nicht gewöhnliche Erscheinung, eine Dunkelgoldblondine mit schweren Haarkränzen um den Kopf, eher übermittelgross, ein trotziges Völkerwanderungsgesicht über einem Körper von gelassener Harmonie und Kraft, eine sehr schöne Person, die mich kaum ansah. «Sie haben beim bairischen Bundesratsbevollmächtigten gedient, warum gehen Sie denn da weg?» «Mit an Scheef hab i mi verkriegt. Mir ziagn net zsamm.» Im Zeugnis stand «Regine Kiefl hat brav und ehrlich gedient und verlässt meinen Dienst zu meinem Bedauern aus persönlichen Gründen. Dieselbe kann jedem Herrschaftshause empfohlen werden.» – «Ich habe altgedientes Personal – bitte Karoline, warten Sie einen Augenblick im Entree. –» – – «Alte Leute», fuhr ich fort, «sind nicht immer leicht. Ich kann nur ein Mädchen von verträglichem Charakter brauchen.» «Vatrogen hab i mi no in jeder Stölln. Des hier is a Franzos gwen, er hat immer wolln schikaniern. Und wann i gmerkt hab dass an Absicht war, aus purem Pläsier und Nidertracht, nacha hab i aa an Kopf aufgsetzt und da –» Ihre Augenbrauen hatte sich drohend zusammengezogen, scharfblau blitzte es drunter hervor – und kleine Schaumblasen waren in die Winkel des weichen verschlossenen Mundes getreten. «Ich kann mich nicht entscheiden», sagte ich schliesslich. «Sie erhalten Nachricht». «Nehmen mich der Herr doch probeweis auf ein par Täg» stiess sie hervor. «I bin schon a Wuchn ohn' a Stellung, dö andan sind halt mehr vorweg mit 'an Mundweag, und i zoll Kost und Loschieh –» «Thut mir leid. Warten Sie im Entree, vielleicht – jedenfalls will ich sehen.» Sie war dunkel im Gesicht geworden, Bitten schien ihr nicht leicht zu fallen. Inzwischen läutete es an der Küchenglocke weiter und weiter. Die nächste war ein Sauertopf mit «Mundweahg» und wurde abgeschoben. Dann kam eine Hochdramatische mit Rabenlocken und einem Schauspielerinnengesicht, auch hier dankte ich und dann, als letzte, eine bildhübsche Brünette, zierlich, mit lachenden grossen Augen und lachenden Wangen, jung, schalkhaft, allerliebst und ihre Ausgelassenheit kaum unter conventionellen Vorstellungsformen beherrschend. Sie antwortete auf die nüchternsten Fragen lächelnd, zeigte ihre schönen Zähne, versuchte treuherzig auszusehen und war sicher eine Schelmin. Sie war von Hannover nach Berlin gekommen, letzter Dienst bei einem Pfarrer, glänzende Zeugnisse, Anna Beneke, Försterstochter aus Dransfeld. Ihre Gegenwart hatte mich aufgeheitert, ohne mich doch geradezu zu elektrisieren, aber schon Regine hatte schlafende Lebensgeister in mir geweckt, langsam kehrte ich zur Norm zurück. Was thun? Alle drei konnte ich nicht gut nehmen. Ich schob auch Anna ins Entree und beschloss zu warten. Keine Klingel tönte mehr. Dann kam Karolinchen zurück. «Herr Rudolfche, die wo zuletzt is gekommen sagt dass nähen kann, wir haben soviel auszubessern an Sachen, wenn die andere als Stubenmädchen angaschieren, könnte die aushelfen nähen ein par Tage, da kann man auch gleich besser sehen.» «Gehen Sie mit den beiden nach hinten. Die erste kann gehen.» «Hat gesagt mecht den Herrn ein Ougenblick sprechen, wegen eine Bitte.» «Warten lassen.» Ich beschäftigte mich mit meinem Frühstück während der Dreierzug zurückmarschierte. Dann ging ich die Kleine trösten. Sie war unglücklich nicht genommen zu sein, aber ein Geschenk und eine Liebkosung begütigten sie. «Geh einsweilen zu den Leuten zurück, ich finde im Laufe der Zeit etwas für Dich» sagte ich. «Aber Sie kommen wieder?» «Gewiss, gewiss, ich bin nicht aus der Welt.» Sie gab mir einen niedlichen Blick des Danks und entschwand.

Ich liess Karolinchen kommen und bestimmte, Regine Kiefl solle in einer Viertelstunde nach vorn kommen, wobei ihr zu sagen, sie sei noch nicht etwa engagiert. Die andere könne von Johannchen beschäftigt werden, Tageslohn sei genau auszumachen. Inzwischen zog ich mich an, immer noch übernächtig und gähnend. Ich hatte ein Bedürfnis nach einem pickmeup aber Alkohol ist mir schon damals zuwidergewesen, der Thee hatte nicht viel geholfen, ich brauchte gesund wie ich war einfach Schlaf. Immerhin ging ich ins Speisezimmer zurück und trank den Rest des inzwischen zu Tinte gewordenen Thees, in den ich instinktiv löffelweise Zucker schüttete. Wunderbarer Weise hatte ich das probate Mittel gefunden, es durchrieselte mich ein unglaubliches Frischegefühl, die Müdigkeit war wie weggeschmolzen, der Kopf klar und die Muskeln spielten. Ich zog mich rasch an und ging nach vorn, in den kleinen persischen Salon wo ich mit dem Rücken gegen die Portièren an der Balkonthür auf das erste Flockentreiben sah. Es war plötzlich Frost eingetreten, der Regen durch den ich heimgefahren war zog nassen Schnee schräg durch die graue Luft und ich genoss das Lodern des kleinen Kamins den die ersten Scheiter des Jahrs durchsausten. Als ich mich instinktiv umdrehte stand das Mädchen schon im Zimmer, vielleicht bereits eine Weile. Sie hielt die Augen zu Boden, hatte sich ausgezogen, trug einen dunklen Rock mit einer grossen Strickjacke, die die stattliche Gestalt voll wirken liess und quälte mit der Linken einen Knopf an ihrer Taille. «Ah so», sagte ich, «also Sie wollen auf Probe kommen?» «Nur wenns halt nicht anders geht – ich wär scho dankbar wenn der Herr mich wollten fixiern, dass ich könnt mei Sachn holn und bleibn –» «Was haben Sie in der Zwischenzeit ausgeben müssen – viel?» «Ein halbes Monatlohn – und Schulden aa no –» «Und was verlangen Sie Lohn?» «Vierzig Mark hab ich kriegt und die Kleider, aber die hab I müssn dalassen weil I kündigt hab.» «Vierzig und zwanzig und die Schulden – sagen wir hundert. Wenn Sie jetzt hundert Mark hätten, wären Sie glatt? Und weitere hundert für Servierkleid und so weiter?» Sie sah mich erstaunt an, dann zog ein rosenrotes Schimmern über das stolze Gesicht, das sofort wieder verschwand. «Da wär ich von Herzn dankbar.» Ich schrieb einen Cheque, und gab ihr ein Geldstück. «Nehmen Sie an der Kronprinzenbrücke ein Auto, fahren Sie bei der Filiale Deutsche Bank Dorotheenstrasse vor und holen sich Geld, und seien Sie in möglichst einer Stunde mit ihrem Koffer hier. Ich möchte hier schleunigst alles in Ordnung haben.» «Danke schön der Herr. Wenn I fragen derf – die Andere – die nehmen der Herr nicht?» «Wie kommen Sie darauf?» «Weils gesagt hat, grad, sie wär sicher, dass der Herr sie thät nehma.» «Da Sie genommen sind, kanns Ihnen gleichviel sein was eine daherredt.» «Weil s'gemerkt hat, sagts, dass dem Herrn eingleucht hätt, vorher.» «So. Wenn ich darauf ginge, so hätt ich ja Sie genommen weil Sie mir noch mehr eingeleuchtet hätten», sagte ich kalt, liess sie stehen und ging aus dem Zimmer, hatte aber noch gesehen dass sie bis unter die Haare rot geworden war. Bis hierhin hatte die Kraft des Zuckers gereicht.

In meinem Zimmer telephonierte ich nach hinten, ich wünschte für niemanden und von niemandem gestört zu werden, bis ich läutete, warf mich aufs Bett und wachte im Dunkeln auf. Das Telephon war nach hinten gestellt. Die Uhr zeigte immerhin erst fünf Nachmittags, aber es hatte gereicht. Ich war ganz frisch, zog mich halb aus um zu turnen, und läutete nach Thee. Karolinchen kam mit Regine an die Thür um ihr ihren Dienst zu zeigen. Ich bestellte mir den Thee neben den Schreibtisch weil ich arbeiten wollte und turnte weiter; dabei muss ich das Klopfen überhört haben, denn während ich in kurzen Unterhosen und Unterhemdchen aus Tricot Rumpfbeugen machte that sich die Thür auf und das Theebrett kam. Aber nicht Regine, sondern die Andere trug es, tadellos in Servierkleid und Häubchen und lächelte mich mit ihrem stehenden Wangenlächeln halbverlegen halbvertraulich an. «Die Regine hat sich beim Brotschneiden in den Finger geschnitten», sagte sie vor mir stehen bleibend, «da habe ich mich schnell zurechtgemacht; der Herr haben doch nichts dagegen dass ich einspringe –.»

«Haben Sie denn Ihre Sachen?» «Ich bin der Einfachheit halber auch danach gegangen; ich bleib ja doch eine Woche zum Nähen.» «Zum Nähen» sagte ich ohne ihr zu helfen, «aber machen Sie keinen Tratsch mit der Regine, das ist auch ganz unpassend.» – Das allerliebste Kind sah mich an und lächelte schuldbewusst, aber mit einem Lächeln das ihren hübschen Mund so reizend in die Grübchen zog und die regelmässigen kräftigen bläulichen Zähne durchschimmern liess, dass es mich durchrieselte und mir der Steife im Höschen sich ruckweise hob. Sie sah es, wurde blass und rot und wollte mit dem Tablett bei mir vorbei. Ich machte ihr Platz, wusste mir aber nicht zu helfen, denn als sie sich umdrehte, brach der Spiess durch den knopflosen Schlitz, sie deckte sich die Hände über die Augen und drängte an mir vorbei. «Was denn» sagte ich aufgeregt sie fassend «was – wie – da ist ja garnichts – dabei –» und küsste sie. Der süsse Mund gab nach und ich genoss einige entzückende Minuten. Die linke Hand deckte immer noch die Augen zu, die rechte hatte eine interessantere Beschäftigung gefunden. Aber darüber hinaus stiess mein Dringen auf Widerstand von Entschiedenheit. Sie rang sich los, stiess mich gegen die Brust und entfloh mit einem letzten kämpfenden Kusse. Es war die Rettung. Denn kaum angezogen und mich mit einer Tasse starken Thee von der Aufregung erholend liess ich die klopfende Regine hinein. «Ich komm nur mich vielmals entschuldigen, das ist ja garnicht die Red wert gewesen, das Tröpfl, aber die Anna entschuldigen, das ist so eine Sakermenterin, glei hat mirs müssen den Dienst wegnehma, nit amal gewusst hab i's, dass schon wehg ist mit an Tablett, der Herr solln nit denken dass I so wehleidig war gwesen und sehn thut mans aa nid unterm Handschuch, – und jetzt ists bei mir vorbei gesaust puterrot vor Schadenfreud und hat mir no zugerufen, dass der Herr ihr versprochn hat dass's bleibn derf.» Die erregte leidenschaftliche Person vibrierte und sah wie ein Sagenbild aus.

«Also Regine, ich möchte keinen Unfrieden unter den Leuten. Nichts dergleichen hab ich gesagt oder versprochen, aber Ihnen habe ich die Stelle gegeben, und Geld auf die Hand –» «Ach die vornehmen Herrschaften, die lassen einen Hund am End auch schiessen – wanns mich doch ausgestochn hätt –» «Ja was reden denn Sie daher?» «Ich bin halt keine solchene die wo sich kann anschmeicheln – wer weiss ob der Herr der Anna nit aa was haben in d'Hand gebn.» Ich lachte hell auf. «Ja wenn Sie das wüssten, was das gewesen ist, da thätens schaun, wie Ihre Landsleute sagen.» «Aba ka Göid net.» «A Göid, – nein kein Geld.» «Da hats halt doch was voraus ghabt vor meiner.» «Das war ein reiner Zufall Regine, und sie hats auch nicht behalten, sie hats wieder losgelassen ...» «Dö Hand?» «Sie raten es doch nicht, und vor allem dürfen Sie sie nie danach fragen – Hand drauf.» Es ging etwas vor in dem schönen Gesicht als sie den weissen Handschuh zögernd in meine Hand legte. «A Geheimnis –» sagte sie – «mit der Andern –» und hielt mir die Hand fest. Aber die Berührung hatte polare Wirkungen. Unsere Augen hingen in einander und suchten einander. «Da könnten der Herr halt nur damit ich auch was hätt was die Andere mich nit derft fragen – nicht – ah lassen mi aus – ach Bubi –» sie küsste schon heiss meine Küsse zurück. Ich drückte mich in den stolzen Körper und liess sie schiebend den Strammen fühlen. Ihre Zunge schmeckte nach kochender süsser Milch. Sie seufzte, drehte sich in meinen Armen und griff abwärts. «Ach Schatz» hauchte sie als ich sie sanft gegen das Bett drängte. Mund auf Mund sanken wir nieder und lagen einen Augenblick in verstricktem Kusse. Dann wisperte sie «wart» fuhr unter den Rock, knöpfelte und zog den rechten Schenkel aus dem derb wollenen Schlüpfer. Meine Hand glitt über ihren heissen glatten Leib, und den dicht krausen Pelz. Dann pflanzte sie selber sich den Feind ins Lager und biss mich stöhnend in den vollen Mund indes ich sie durchdrang. Meine glühenden Glücksworte lösten sich gebrochen von den noch immer küssenden Lippen, während ich sie mit höchstem Genuss vögelte dass das Bett in allen Fugen wimmerte. Sie arbeitete mit röchelnder Kehle mit. Es war der längste Liebeskampf meiner Erfahrung. Der starke schöne Körper schwoll um mich in der Lust an, die Lippen quollen zu satten Polstern, um meinen Spiess herum schien es sich wie eine zusammenwachsende Faust zu ballen. Minutenlang steigerte ich sie schon und noch schien sie weit vom Gipfel. Ich wühlte jetzt in langen Stössen, zog so weit ich konnte zurück und bis ans Heft hinein, um endlich nur noch zu mahlen und Becken auf Becken zu malmen. Auf ein einziges Mal liess sie nach und brach mir zitternd in den Armen zusammen, im letzten Augenblick in dem ich mich losreissen und neben ihr entladen konnte. «Ach komm kannst net glei weiter» klagte sie und der siedende schwelgende Mund suchte mich mit aufreizenden Zungenschlägen. Ein stummes mordendes Küssen begann, dann suchte sie mit heftigen Fingern, schob sich liess mich eindringen und umklammerte mich mit den Schenkeln während sie den Schoss sich straffend hochbog. Ich konnte mich kaum in ihr bewegen, musste sie meine stärkste Muskelkraft fühlen lassen um den Ring um mich zu lockern und gewann dies Mal in langem Ringen den Sieg. Als ich sie gebrochen hatte und in ihr blieb, kam ihr glücklichster Moment, denn ihr heisser Dank ihr Nachgenuss und ihr erwachendes neues Verlangen vibrierten um den in ihr steckenden Pfahl der Wollust so berauschend, dass ich wieder wie so oft meinte zum ersten Male zu lieben. So war auch meine dritte Operation die zärtlichste; und meiner erfahrenen Pianissimotechnik unterstützt von gleich gestimmten pausenlosen Küssen unterlag sie mit langen Lusttönen sehr bald. Es gab ein langes Schweigen Ruhen und seufzendes Lippenspiel. Dann regte sie sich mit einem Ruck. «Lass mi aus, i muss gehn, mei, i find ja kaa Ausred nit –» Ich stand auf, sie schüttelte sich. «Gibst mir ein Kann Wasser und schaust weg, sei lieb». Ich hatte schon gesehen dass ein Klumpen Überfluss fest auf ihrem schwarzen Kleid sass und liess sie bei ihrer Thätigkeit. «Wann i d'Schürzen drüber zieh, is gut – Jetzt gibst mir ein Putzlumpen, I geh in die Salons, Thürklinken abreiben – ah Schatz, ah Du, ah Du Goldner –» sie hing mir heiss am Halse; in Stössen ging die Heftigkeit durch den grossen Körper, ihre Küsse schlugen und verzehrten. Ich war etwas fassunglos gegenüber der physischen Vehemenz der leidenschaftlichen Person und fühlte dass ich fast zu lasterhaft geworden war um viel dabei zu fühlen. «Hast kaan Schatz Du? I hab kein Schatz mehr ghabt die zwoa Jahr, I waas nimmer wie's is – wie is das jetz kumma wo D'mi nit kennst – reinwehg verdruckt muss I gwesn sein, – was denkst jetz vo mir – I bin keine Hur und kaa Flitscherl – sag dass mi magst – dass mi grausam gern hast» und wieder rissen die festen Arme, flammten und wühlten die Küsse, stieg der strenge Duft des schweren goldnen Haares und der heissen Haut in meine Nüstern, betäubend. Ich küsste sie ab, pfändete die blühenden Hinterbacken und die strammen Brüste und hob ihr den Rock auf um sie gegen den Telephonkasten zu besitzen. Aber sie fasste meinen Schwanz und drehte ihn ab. «Is genug für Bubi Süsser – jetzt nimmer – nit so, – lieb habn – thun wehg – halt mich noch ein bisl fest arg fest, eh ich geh – nur gern haben – so –» Und jetzt presste sie mich sanft an sich, schüttelte den schönen Kopf und küsste mich innig auf den Mund; bog den Kopf etwas seitwärts zurück, sah mich durchdringend an mit Augen und drückte mir die Lippen ein zweites Mal mit solcher Zärtlichkeit auf die meinen, dass ich sie gerührt umfasste und ihr diesen begierdelosen Kuss zurückgab. Es wurden zehn oder zwanzig solche, dann drückte sie mir kurz die Hand und floh.

Als ich allein war wurde ich mir bewusst, dass sie während der ganzen Szene nie auch nur eine Sekunde gelächelt hatte. Das war wohl die Ursachen des kleinen fremden Druckes, den ich empfand und der mich nicht verliess. Die Gespanntheit, das Gezogensein, das Pathos der Hingabe und des Gefühls weckten nur ein halbes Echo in mir weil ich die Drohung der wirklichen Liebe in ihr spürte, mit der ich nichts anzufangen wusste, weil sie auf Dauer ausging und ich konnte nichts brauchen als Abenteuer.

Ich war wol mehr abgebrüht als abgestumpft, denn dazwischen blieb ich immer noch des Schwunges fähig, aber wenn ich ganz ehrlich hätte sagen sollen ob ich nach dieser glücklichen halben Stunde Regine lieber hätte gewinnen oder loswerden wollen – ich weiss nicht wie ich geantwortet hätte. Ich sass zu Hause, Karolinchen bediente, und da ich fast sofort nach Tisch zu Bett ging, verlief der Tag ohne weitere Störung. Ich schlief zwölf Stunden, liess mir um 9 von Karolinchen Frühstück ans Bett bringen, behauptete etwas erkältet zu sein um mich gehn lassen zu können, und schlief aufs Neue ein um in tiefer Nacht – meine Uhr zeigte drei – mit bellendem Magen zu erwachen. Vergebens suchte ich in den Buffets des Speisezimmers nach etwas Essbarem. Ich entschloss mich mein Heil in Küche und Speisekammer zu versuchen, fand in ersterer Brot, zündete den Gasarm im Nebenkorridor an und wollte die Speisekammer öffnen. Umsonst, sie war verschlossen. Ich versuchte ein par in der Küche gefundene Schlüssel; vergebens. Während ich mich abmühte fiel mir ein keinen Lärm machen zu dürfen, denn neben der Speisekammerthür führte die letzte des Flurs ein Halbtreppchen hoch in die Bodenkammer der beiden schwesterlichen Greisinnen, die Mädchenzimmer lagen einen Stock höher im Hinterhaus. So wollte ich gerade abstehen, als gegenüber im Spindenzimmer ein Thürspalt aufging, und eine verschlafene Stimme fragte «Der Herr?» Annas dunkler Lockenkopf erschien, weniger lebhaft und farbloser als wenn Auge

Lächeln und muntere Farbe ihn belebten, aber nett genug für diese besondere Stunde. Ich entschuldigte mich sie gestört zu haben und sagte den Grund in drei Worten. «Ja Die schliessen ab, wenn ich nur etwas hätte für den Herrn – ausser ein bischen Chokolade, wenn vorlieb nehmen wollen.» «Sie sind zu freundlich, ja, geben Sie nur, ich bin wie ausgehungert.» Ich hörte auf und zuschliessen, klappern, rucken, schlurfen. Inzwischen biss ich in mein Brot. Ich hatte es schon fast verschlungen und immer noch schien sich hinter dem Thürspalt die Chokolade nicht gefunden zu haben. «Ach lassen Sie nur Anna, geben Sie sich keine Mühe, der schlimmste Hunger ist schon gestillt.» «Ich krieg den Handkoffer nicht auf, da hat sich was eingeklemmt –» klagte sie verlegen. «Warten Sie ich helfe, das haben wir gleich» sagte ich rasch und trat durch den Spalt. Es brannte nur ein Bettlämpchen in dessen Schein Anna, in einem kurzen Hemd und nackten Beinen, die Füsse in roten Slippers, sich an dem aufs Bett gehobenen Köfferchen quälte. «Nichts mit Gewalt» sagte ich und nahm ihr den Schlüssel ab. «Ich sehe schon, er ist zu voll, setzen Sie sich mal drauf dann spannt die Zwinge weniger.» Sie kniete und musste sich wegen des unsichern Gleichgewichts auf dem federnden Bett an mir halten. Endlich schlug die Lochzunge aus, sie hockte ab, blieb auf dem Bett sitzen und begann zu kramen, nahm einen Einsatz heraus den sie hinter den Koffer ans Fussende legte und griff nach einem darunter liegenden braunseidenen Schlafrock um ihn anzuziehen. Ich lachte. «Bleib wie Du bist, Schneck, ich guck Dir nix von deiner Schönheit ab, und gib die Chokolade.» Sie lachte mit, liess den Rock fallen und griff aus einer Ecke des Koffers eine halbe Tafel in Packung. «Viel is es nicht» lächelte sie verlegen. «Für Dich und mich genug» sagte ich, zerbrechend und ihr die Hälfte in die Zähne stekkend, während meine Rute im Pyjama senkrecht hochging. «Ich muss Ordnung machen», sagte sie, den Koffer mit Einsatz fassend.

«Und ich Unordnung», antwortete ich, ihr beides abnehmend, auf den Boden setzend und den jungen Körper umfassend. «Pfui, doch erst herunterschlucken» schalt sie. «Eben das nicht», flüsterte ich hitzig und sog ihr den süssen Brei zusammen mit dem süssen Kuss aus dem süssen Munde. So teilten wir zusammen liegend das Ganze, während sie mit meinem Schwanze spielte und ich mit ihren weichen Brüstchen. Dann zog ich die Decke über uns. «Aber nicht wirklich, Du», lallte sie unter Küssen, «versprich mir –» und gleichzeitig legte sie mir den rechten Schenkel über die Hüften und gab sich brennend und bebend hin. Sie hatte reizende Vogellaute in der Kehle und naive Bewegungen in der Lust, die mich entzückten und war trotz einem gewissen Ungeschick der ideale Betthase. Ich verliess sie eine Stunde später ohne mich erschöpft zu haben, während sie mir mit den letzten zärtlichen Küssen gestanden hatte, sie könne «nicht mehr Piep sagen».

VIII

den schönenn», und sie rollte auf den Bauch. Es hielt schwer den geschwollenen Druckknopf durch die Schärfe der Enge zu quetschen, ich fürchtete mich zu zerreissen, aber es galt nur den ersten Schritt. Ihr heisses Wimmern ging in Stöhnen der Lust über als ich Luft bekam und den göttlichen Mädchenkörper der mich berauschte, furchtlos bimste dass sie schrie und sich herumriss um mich zu umarmen. So in der Hüftdrehung ihre zitternde Zunge im Munde, meine Hand von der ihren ins zuckende vordere Nest gepresst, überwand ich die fast Rasende ehe ich mich ergossen hatte. «Wie schade, dass ich Dich werde nicht wiedersehenn» hauchte sie in meinen Mund. «Aber Du Unding, warum denn nicht, ich will Dich doch immer wieder so haben.» «Ist unmöklich, Du kennst mich nicht, ich bin ihm ja treu, treu wie Gold.» Ich prustete los. «Du lachst, is aber wahrr. Ich habe ihn nie betrogen, werde auch ihn nie betrügen. Ich habe ihm gesagt, passiert das und das, is passiert, werde ich ihm sagenn, ich halte Wort, ich bin genau bis aufs Pinktchen.» «Du bist unbezahlbar. Auch wie glücklich Du mit mir warst, wirst Du ihm sagen?» «Was geht ihn an ist meine Belohnung, dass ich Goldschatz gegriffen habe in Lotterie von Rechtsexecution. Geht ihn nicht an. Dass Du mich libb hast, für ihn hat Schwanz Schwanz zu sein, Unterschied ist für mich komm, gib mir. Ach, steht schon widder, gib mir süsse Treibgurke, ist meine Libblingsfrucht.» Sie hatte sich verkehrt und lag längs zu mir Seite an Seite, meine Schenkel umklammernd, während ich ihre strampelnden schönen Schenkel an mich rückte. Als mein Steifer in ihren heissen Mund glitt, konnte ich nicht widerstehen und drückte die Lippen in ihren krausen Pelz. Der neue Genuss berauschte mich küssend und saugend geriet ich in die Bewegungen der Besitznahme, umschlang die Verkehrte, senkte ihr die Zunge wütend in den Schoss und entjungferte ihr den Mund mit heissem Rammeln. Dies Mal war kein Halten. Sie drückte mir den Hals zwischen den Schenkeln zusammen und verzuckte, ich liess mit einem letzten Stosse die Ladung fahren und fühlte durch die süsse Ohnmacht hindurch dass sie mich mit Fingern und Lippen aussog. Ich war so beglückt dass ich sie sofort wieder an mich hoch zog und den sündigen Mund wieder Küsse des Dankes lehrte. Dabei richtete sich die Rute wieder auf, ich nahm die Entzückte unter mich und umarmte sie zärtlich wie eine Braut, eng auf Eng, Mund auf Mund, Zapfen im Lager Kuss auf Kuss und Stoss auf Stoss und schliesslich im atemlosen 16^{tel} Takt des Trommelrhythmus bei verschlungenen Zungen. «Ich glaube» hauchte sie, «ich habe ihn ebben doch betroggen, dies Mal war verbotten, und war zu schön. Ich werde nie Dich vergessen. Vergiss auch nicht mich, aber versprich mir Du wirst nicht versuchen mich widdersehen es darf nicht sein.» Ich umarmte sie, schon im Mantel und Hut, sie schmiegte sich in meine Arme, halbnackt, mit zauberhaften Brüsten, die ich jetzt erst in Form sah, mit schweren Augen, die Lippen purpurn von Küssen. Wir tauschten die Namen sie hiess Marika, eine Ungarin. Dann lachte sie wieder wie im Anfang, übermütig provozierend. «Gelibbtes Vergeltungsobjekt ich bin glicklich dass ich Dich gezwungen habe aus Wagen steigen, Treppe rauf, mich vöggeln und jetzt kann Dir gestehen, ich war in Wutt, und wenn ich in Wutt bin gegen ein Mann, dann lächert michs immer und fickert mich, ich hab den Deifel dann, ich muss lachen und mich nicht halten, lachen und ficken, aber Du warst das Schönnste von mein Leben, Servus.»

Der Fahrer stand neben den Kissen und Decken, unten im Wagen, ausdruckslos. Bringen Sie den Krempel ins Haus sagte ich kurz, er sei aus dem Fenster gefallen. Kurz drauf kam er zurück, mich sonderbar ansehend. Aber ich kommentierte nichts und fuhr nach Hause.

Zwei oder drei Tage nach der ungarischen Rhapsodie war ich nach dem Frühstück beschäftigt mich umzuziehen um in die Bibliothek zu gehen und vermisste meine Weste. Regine brachte sie auf mein Läuten, sie habe einen lose gewordenen Knopf annähen müssen, und während das schöne Mädchen mir das Kleidungsstück zum Hineinfahren hinhielt, umfing mich ihre Atmosphäre so stark, dass ich sie an mich zog und streichelte, ohne sie zu küssen. Sie legte sich stumm in meinen Arm, Wange an Wange. «Bist Du gern im Haus?» fragte ich leise, sie an mich drückend. Sie nickte wortlos. Ich nahm das blühende Gesicht zwischen Daumen und Finger und küsste es auf beide Augen. «Magst mir denn noch?» fragte sie dunkel. «Immer» antwortete ich, «nur im Haus, das musst Du verstehn hat es was Ängstliches. Jetzt sind wir noch allein, aber wenn die Familie zurückkommt – Du verstehst – und wenn man sich erst gewöhnt, und ist wild auf einander und so leidenschaftlich wie wir beide, dann kommts früher oder später aus.» «Weiter is es nix?» sagte sie atmend und ihre Arme zogen sich um mich zusammen. «Was denn sonst?» Sie zog mich enger und küsste mich mit einem durstenden, kraftvoll feuchten Kuss, in dem ich mich verlor. Zehn Minuten küssten wir im Stehen fort, dann und wann um einander hertretend, die Haltung ändernd, um uns noch besser zu fassen, noch enger zu fügen. Das Bett stand so nah von uns und zog uns so unwiderstehlich, dass aller Vorsatz hinfällig geworden wäre, wenn die Entreeglocke nicht geschrillt hätte. Regine öffnete die Augen, sah mich starr an wie erwachend, wischte die Lippen und drückte mir die Hand ehe sie öffnen ging. Dann kam sie und meldete Herrn Schubert, den Portier und Kassenboten meines Vaters. Schubert? «Frage ihn was er will» stiess ich hervor noch heiss von dem Mädchen, das mich ebenso heiss und verlangend ansah. Sie kam nach einem Augenblick wieder. «Er müsste den Herrn persönlich sprechen.» Ich war etwas ungnädig zu dem feierlich im Sonntagstuchrock angethanen Portier. Aber sein Anliegen entwaffnete mich. Morgen feiere er Silberne Hochzeit, es gäbe eine kleine Feierlichkeit in der Portierswohnung und ob er sich herausnehmen dürfe, mich an meines Vaters Stelle dazu einzuladen, sie wären ja einfache Leute, aber Herr Papa hätten ihn das nie fühlen lassen. Ich ging sofort darauf ein, gratulierte und liess mir die Zeit sagen. Statt zu gehen räusperte sich Herr Schubert. Er habe noch ein weiteres Anliegen – ob ich wol für seine Verwandten für eine Nacht zwei unbenutzte meiner Dienstbotenzimmer im Dachgeschoss Hinterhaus leihen würde, es seien Nichten von ihm von auswärts, die erst Tags drauf wieder nach Hause führen, die Bettwäsche gäbe er natürlich. Auch das wurde freundlich bewilligt und Herr Schubert verabschiedete sich mit Hochgefühlen des Dankes. Als ich zurückkam war das stolze Mädchen nicht mehr da. Ich hatte das erwartet und wollte ihr auch meinerseits nichts nachgeben. So blieb es zwischen uns beim Alten. Am andern Tage schickte ich ein stattliches Hochzeitsgeschenk in die Portierswohnung und fand mich um 7 Uhr abends in dem noch nie betretenen Souterrain ein, aus dem es bei aufgehenden Thüren und Fenstern durcheinander nach Muff, Zwiebel Kohl und billigem Fett zu duften pflegte. Diesmal war gelüftet gekehrt und blitzblank geputzt. Die drei Räume aus denen die Wohnung bestand waren auf Wohnzimmer gerichtet, alles Schlafzimmerartige entfernt, ich ahnte nicht wohin verstaut. Im Mittelraume

war lauter Lärm von groben und piepsigen Stimmen, im ersten
empfing mich das Silberpaar, die dicke Schuberte und der magere
Schubert, mit rührenden Ceremonien, unterstützt von Adelt dem
Portier von N° 6 ehemaliger Cavallerie Unteroffizier und seiner
spärlichen Gattin. Pfarrer Nessler von der französischen Kirche,
mir wolbekannt, erklärte sich leider bald empfehlen zu müssen
und lobte meine demokratische Gesinnung in gesalbten Worten.
Das hässliche Lieschen Schubert knixte und es war im Ganzen
kein einladender Accord. Dann wurde ich ins Nebenzimmer geführt, wo unter Halloh ein Hufeisentisch, den ganzen Raum füllend, gedeckt wurde. Fünf oder sechs Mädchen, zwei oder drei
Jünglinge in Sonntagsstaat, eine Grossmutter in einem Lehnstuhl,
ein langbärtiger Papa mit einer Serviette unterm Arm, Herrn
Schuberts Stiefbruder und Oberkellner, zwei mittelalterliche angeputzte Weibsen stiessen sich durcheinander und genossen die Feststimmung. Aber unter den Mädchen fielen mir sofort mehrere auf.
Da war eine sehr grosse elegant gewachsene mit reichen schwarzen Haaren und grossflächigen Zügen, ganz farblos aber anziehend, nicht mehr ganz jung, eine sehr hübsche vielleicht achtzehnjährige Blondine mit etwas schrägen Augen in denen Mutwille
blitzte und einem süssen Mund, rasch von Bewegungen und zierlich gewachsen, und eine blauäugige Brünette, fast eine Beauté,
etwas mager aber fatal anziehend durch eine naive Unbefangenheit, mit schönen Zähnen in einem immer lachenden Munde um
dessen Winkel es zuckte. Diese wurden mir als die bewussten
Nichten vorgestellt, Klärchen die blonde und Luise die dunkle, die
erstgenannte blasse war eine andere Nichte zu der ihr Name Adele
richtig passte. Mein Erscheinen schuf eine vorübergehende Verlegenheit, aber ich beteiligte mich sofort beim Decken und machte
um Rhythmus in das Geschäft zu bringen alles systematisch falsch.
Gleichzeitig kümmerte ich mich grundsätzlich nicht um die drei

hübschen sondern war zu den mausegrauen, den Jünglingen und den Älteren unterstrichen liebenswürdig und damit in wenigen Minuten der populäre Mittelpunkt des Kreises. Bald wurden die Sitze verteilt und während der Pfarrer zwischen die Jubilanten kam, die Grossmutter neben den Hochzeiter, kam ich neben die Hochzeiterin und neben mich ein ältliches Wesen, für das mich die Aussicht auf das visavis, das liebliche Klärchen entschädigte. Der Frass begann mit einer dicken Hühnersuppe mit Klössen, setzte sich in Gänsebraten mit Rotkohl fort und wurde mit durablem Mosel begossen, aber ich hatte ein paar Flaschen Champagner und Eis gestiftet und bei der Torte knallten die Pfropfen. Ich stand nach der ernsten Rede des Pfarrers, der bald darauf verschwand, zu einer lustigen auf, in der ich alle Anwesenden der Reihe nach durchhechelte, den langweiligen unerwartete Elogen machte und den hübschen versteckte. Diese letzteren hatten bereits um die Wette begonnen durch Blicke und Scherze mich vorzugsweise auf sie zu fixieren, und ich war auf dies Spiel gedeckt eingegangen ohne mich zu entscheiden. Inzwischen ging der Sekt der Gesellschaft ins Blut, Knallbonbons flogen, Vielliebchen wuchsen aus Krachmandeln Klärchens Schuh ruhte auf meinem Fusse, an Luise hatte ich verloren und bald auch an Adele und als nun die Tafel aufgehoben wurde, die Tischplatte hoch gegen die Wände gestellt, die Böcke verschwanden, schlug ich für die kindlichen Spiele die folgen sollten Preise vor die ich stiftete, fünf zu zehn Mark, drei zu fünfundzwanzig, ein Haupttreffer zu 100. Der Jubel kannte keine Grenzen. Es fing mit Blindekuh an, alle Thüren wurden aufgemacht, das dritte Zimmer absichtlich dunkel gelassen und ich als erster musste tappen. Ich war gewitzt genug die Schönen zu vermeiden. Die Hässlichen und Alten waren leicht zu erraten, und als ich die überschlanke Luise für Klärchen und umgekehrt erklärte, die lange Adele für Frau Adelt, hatte ich an alle drei verloren. Ich verlangte Revanche tappte mich weiter durch die Reihe, merkte dass die hübschen mich abwechselnd ins Dunkle zogen, erklärte alles wieder falsch und wurde in dem dunklen Raum von irgend einer rasch geküsst, mit dem mutwilligen Rufe wer bin ich? Ich war zu vorsichtig um viel zu riskieren traktierte aber jeden der hübschen drei Körper die ich fasste, mit rascher Entreprise, drückte alle an mich, wurde gedrückt, liess aber von dem unsichern Spiele beizeiten ab. Das Nächste waren Rat und Pfänderspiele. Ich musste den Kopf in den Schoss der Schönen legen und war dabei nicht unthätig, verlor Pfänder, gewann aber ebenso viele und als Luise den Kopf auf meinen Schoss legte, wurde sie dunkelrot, denn unter ihr hob sich der stramme Zagel und sie wich zurück. Es fügte sich dass sie vor die Thür musste während Vexierfragen ausgeheckt wurden, und als ich geschickt wurde sie holen umarmte ich sie rasch im dunklen Zimmer, sie erwiderte meine Küsse leidenschaftlich und sah unbefangen aus als sie die Gesellschaft wieder sah. Das Promenadespiel gab mir die Möglichkeit dem bildhübschen Klärchen die Sehenswürdigkeiten des dunklen Raumes zu erklären, und da man sich ununterbrochen laut unterhalten musste um nicht Strafgeld und Ohr Verdacht zu verfallen so zog ich sie laut plaudernd an mich, rückte ihr die junge Brust und den strammen Popo, sprach fast auf Berührungsweite vor ihrem Munde, liess mich rasch küssen und lenkte weiter plaudernd ihre Hand nach der Wünschelrute, die sie ängstlich mit Fingerspitzen fühlte. Adele hatte schliesslich drei Küsse an mich verloren die ich erklärte auf Zinsen legen zu wollen, aber das lange elegante Mädchen gab mir fünf Minuten später einen kleinen Stoss und verschwand unbemerkt, ich folgte ihr ebenso, und in einem dunklen Küchenwinkel wo es nach Gänsefett roch, drängte sie den geschmeidigen Körper an mich und liess mich den verlangenden, feuchten offenen Mund geniessen nach Herzenslust.

Als ich zurückkam, wurde bereits getanzt. Es war Punsch gemacht worden und fast alle hatten einen sitzen. Ich tanzte mit allen alten Weibern zuerst, liess dann den Oberkellner einen langsamen Walzer spielen und drehte Luise fest an mich gedrängt durch den Raum. Im Dunklen suchte mich ihr Mund, im Hellen verliess er mich um mich im Dunklen wieder zu suchen. So trieb ich es mit Klärchen und Adele auch, die letztere liess ich meinen harten fühlen und ich schob Mund auf Mund wie eine Ausgekannte. Ich hatte flüsternd herausbekommen, dass Klärchen und Luise in einem Bett, dem einzigen eines meiner Zimmer, schlafen sollten, Adele in einem andern und gründete darauf meinen Plan. Die Zimmer waren 9 und 10 bezeichnet, und so sagte ich Klärchen, sie schliefe in 9 mit Luise zusammen, während ich Luise beschrieb, sie werde mit Klärchen in 10 schlafen, und Adele schliesslich, sie solle in die 10 bezeichnete Thür gehen, es brenne Gas und sei nicht zu verfehlen; als die Freude aufs Höchste gestiegen war, schlich ich mich davon, die Treppen hinauf und legte mich in 9 mit einem langen Frauennachthemde das ich aus unsern Schränken genommen hatte, in 9 ins Bett. Ich hatte den Hauptarm des Gas abgedreht, nur ein winziges Flurlämpchen brennen lassen das gerade die Thürnummern zeigte und wartete. Ich muss nachholen dass ich gebeten hatte, einzeln und nicht auf einmal zu kommen, meiner Dienstboten wegen die in den Nachbarzimmern schliefen und nicht durch Gespräch gestört werden dürften. Die Fügung wollte es dass alles gelang. Klärchen drückte die Thür auf, zog sich im Dunklen aus und sagte als sie Geräusch hörte «Schon vor mir da Lu?» Ich markierte ein verschlafenes Hm hm im Sopran. «Fein wars. Ach der Herr. Na ich erzähl Dir gleich. Wo kann man denn machen?» Ich gab nur unartikulierte hohe Laute von mir. Sie tastete, fand einen Nachttopf und liess ihren Struller unter sich gehen. Dann schlüpfte sie ins Bett. Ich regte mich nicht, und gab

789

Schlafatem von mir, mit dem Rücken gegen sie. Sie legte sich längs an mich. Dann nach einer atemlosen Pause, ging ihre Hand unter das Hemd und langte über mich herüber, kraulend und sanft krallend, bis sie an meinen Pelz kam. Auch diesen kraulte sie vorsichtig mit spitzen Fingern, fuhr kurz zurück, ging behutsam wieder vor und erwischte den Spiess. Da sie schreien wollte, drückte ich ihr rasch den Mund zu und umfasste sie. Sie rang nur eine Sekunde, dann schlossen unsere Lippen sich zusammen. Der schwere knappe Mund des süssen Kindes gab sich mir hin wie eine reife Frucht. «Bist Dus?» fragte sie sich einen Augenblick los machend. «Klärchen» antwortete ich flüsternd «Liebling» «Zieh Dich nur aus» wisperte sie, sich hebend und ihr Hemdchen über den Kopf ziehend. Dann kam «Langsam, Süsser, thu mir – nicht weh –» Ich hatte sie auf mich gehoben und liess sie fast unmerklich einsinken unter ihren langen süssen Seufzern, dann begann ich zu vibrieren und erst allmählich zu schwingen, richtete mich halb auf umarmte sie und zog ihren Mund über ihre Schulter an mich. Fast ohne Stösse ging sie unter Küssen in die Ekstase über und rüttelte sich selber röchelnd und küssend zu Ende und übers Ende hinaus.

Wir lagen noch einen Augenblick Brust an Brust unter heissen Schwüren und Beteuerungen. Dann weihte ich sie in meine List ein. «Du musst jetzt nach 10 und Luise zu Dir holen Kind, sie könnte es sonst merken, dass etwas dahinter war und alles käme heraus. Ihr Schwestern müsst doch morgen sagen können ihr hättet zusammen geschlafen.» Sie sah das ein und unter neuen Beteuerungen trennten wir uns; ich verzog mich hinter eine Flurecke wo ein Leuteschrank stand und sah nach Minuten die beiden Mädchen aus 10 nach 9 hinüber wechseln. Unmittelbar darauf glitt ich durch die Thür 10 und tastete mich auf Fussspitzen nach Adeles Bett. Feste Schlaflaute kamen von ihr. Ich schlüpfte unter die Decke, sie lag zu mir herum und ich schmiegte mich leicht an sie. Schlafend rüttelte sie sich näher zu mir heran und ich heftete ihr kaum hauchzart die Lippen an den Mund. Ein Stöhnen und unartikuliertes Behagen kam mir entgegen, sie küsste im Schlaf wieder, ich schob ihr die Zungenspitze vorsichtig zwischen die Lippen und sie zuckte, warf sich ganz nach mir herum und wühlte sich immer noch schlafend in meinen Mund. Ich war rasch, schob ihr den Spiess zwischen die offenen Schenkel, suchte, fand und drang leise schiebend ein. Sie gab einen Lustlaut von sich, fasste mich, ich fasste sie, sie schien halb zu wachen, aber ihr halbes Bewusstsein ging in die Ohnmacht des Zerschmelzens über und erst in der Raserei der äussersten Lust, mich pressend zerbeissend und Becken an Becken mahlend war sie wol ganz wach. Aber sie blieb stumm. Ich steckte immer noch steinern in ihrem nachzuckendem Schoosse, sprach aber auch kein Wort. Dann zog sie sich aus meinen Armen, stieg aus dem Bette, suchte schlafwandelnd den Topf, fand ihn nicht und tastete sich aus der Thür. Erst nach einer langen Weile öffnete die Thür sich wieder, die nackten Schritte strichen ans Bett, mein in dieser Nacht so glücklicher Gimpel wuchs zum steifen Brecher hoch. Ein Arm kam und griff nach mir eine Stimme sagte «Adele – lass mich lieber zu Dir, entschuldige dass ich Dich störe – Clärchen ist so aufgeregt dass ich garnicht schlafen kann – mach mirn bischen Platz.» Ich rutschte herzklopfend bei Seite, die reizende Luise bettete sich zu mir. «Schläfst Du schon – weisst Du sie ist wie verrückt, küsst mich und schiebt und sagt ich wäre ihr Schatz, sie hat sich in den Herrn verliebt, und der hat doch nur für mich Augen gehabt – ach, geküsst hat er mich – geküsst wie Feuer – Du – schläfst Du?» Ich drehte mich vorsichtig zu ihr und zog sie so sanft wie ich mir das von Mädchen vorstellte, an mein langes Hemd. Ein leichtes Beben ging durch den schlanken Körper. Ich berührte ganz leicht, den Atem haltend, ihren Popo. Ein leiser Laut kam von ihr eine tiefe Stille. Sie war wie gelähmt. Dann konnte ich nicht widerstehen schloss die Arme um sie und küsste sie auf den zitternden Mund. Willenlos und stumm lag sie in meinen Armen, ich küsste mich satt und fühlte endlich den Gegendruck ihrer Lippen. Während die Küsse schwelgten bemächtigten sich meine Hände ihrer Reize, die sie mir nach kurzem Sträuben preisgab. Dann gab ich den kleinen Händen eine Beschäftigung – die ihre Neugier vollständig in Anspruch nahm und ein wildes Feuer in ihre Küsse flösste. Es kam ganz von selbst, dass {ich} die sich Windende und Zuckende unter mich drehte und in den allerliebsten Leib eindrang. Sie hatte eine natürliche Begabung, spielte blind mit und es gab ein innig festes wortloses Vögeln von berauschender Süssigkeit. Sie war nur scheinbar mager, die Brüste sassen als volle kleine Kuppen an dem zierlichen Wuchs, die Taille war lang der Popo knapp und voll. «Du Böser» sagte sie ausatmend, «Du hast mich beschuppt.» «Was dachtest Du?» «Ich ahnte es als Du mich anrührtest.» «Hattest Du Angst?» «Todesangst.» «Wünschtest Du es Dir?» «Wahnsinnig. Du hast mich verrückt gemacht. Ich hätte alles thun müssen was Du wolltest.» «Wenn jetzt Adele zurückkommt. Sie ist auf die Toilette gegangen, scheint dort eingeschlafen.» «Geh lieber, Schatz. Schreib mir, Luise Reuter, durch Onkel Schubert. Wir treffen uns. Geh jetzt ich hab Angst vor Reinfall.» Ich hielt das ebenfalls für das Beste und mit einem Dutzend zärtlicher Küsse auf den verlangenden heissen Mund verliess ich Bett und Zimmer. Draussen brannte immer noch das Flurlämpchen, aber es ging eine etwas entferntere Thür auf. Adele, die langen schwarzen Schlangenhaare halb über das elfenbeingelbliche längliche Gesicht halb über das Nachthemd, eilte mir entgegen. «Da wäre beinahe etwas passiert» kam es atemlos von ihr, «ich bin im Dusel zu Ihrem Stubenmädchen ins Bett gegangen, wo ist denn die 9» «Und ich» gab ich zurück «habe mich kaum vor Luise retten können, die von Clärchen wieder zu Ihnen zurückgewechselt hat, sie hat mich nicht gemerkt, war halb im

Schlaf.» «Schreiben Sie mir, Adele Schumann, durch Adelts, wir treffen uns wieder wo man nicht so nervös sein muss.»

Ich war durch die drei Mädchenkörper, deren jede eine knappe Viertelstunde mein Glück gemacht hatte ohne mich voll zu sättigen, so erregt, dass Regines Kammerthür mich magnetisch zog. Leise drückte ich die Klinke, schwerer Atem kam von ihrem Bett. Ich schlich mich heran hob die Decke und schlüpfte in die siedendheisse Höhle, den Körper von hinten umfassend. «Was – was is jetz widder dös – schauns dass weiterkemma» «Regine, Schatz, Liebling, ich bins», und ich drückte ihr den Steifen unter den Hinterbacken sanft ein. «Was, – wer, – ah» Sie war wach und warf sich wie toll herum. Es war ein süsses aber ein heisses Ringen mit dem brennenden starken Mädchen. Nackend war sie herrlich aber eine strotzende Heroine, muskulös und üppig, wild und besessen, übermütig und herb und gewaltthätig. Sie wollte noch ein Mal erobert werden und hielt mich lange mit kurzen heissen Zärtlichkeiten und spielenden Täuschungen in Atem und steigerte mein Verlangen und meinen Entschluss bis zur Verzweiflung. Auch als der wundervolle schwere Mund nicht mehr nach wenigen Küssen floh sondern mir die Lippen fesselte, klemmte sie die Schenkel im Schosse und wich meinem Eindringen aus. «Warum quälst Du mich» sagte ich wieder und wieder. «Hast mich lieb Bubi, grausam lieb?» «Grausam.» «Wartst noch ein bisl is dann schöner.» Aufregen liess sie sich nicht. Meine Hand gelangte nie an die hintern Reizpunkte. So wurden die Küsse von beiden Seiten verzehrender, ihre klassischen Brüste unter meiner Hand immer strotzender und endlich begegnete ihre Zunge der meinen, und seufzend öffnete sie sich mit einem Ruck und drängte mir entgegen. Der Augenblick des Eindringens war unvergesslich. Sie liess mich los und rückte das Gesicht in die Kissen, ihre Nägel gruben sich in meine Hüfte. Als die Lust stieg, klammerte sie sich wieder an mich, sie biss mich in die Brust, ihr Körper flog unter meinen Stössen, und unsere gleichzeitige Ekstase fand uns schweissgebadet, atemlos, kraftlos, die Zähne in den Zähnen, wir hatten alles hergegeben was wir hatten. An Beherrschung war nicht zu denken gewesen. Jede Kühle und Berechnung war ausgeschlossen. Ich war zum ersten Mal auf eine ebenbürtige Gegnerin gestossen, die nur unter Grosskampfbedingungen sich ergab. Dafür war der Genuss der ungeheuerste meines Lebens, und er blieb das die ganze Nacht. Unvergesslich wie ich flüsternd mit ihr lag und den kämpfenden schönen Mund mir gefügig küsste, wie sie den Steifen festhielt, wenn sie noch nicht wollte, nicht konnte und mir unter langen Zärtlichkeitsküssen Liebesworte abverlangte, und unvergesslich wie sie mit dunklem Lachen sagte «Kommst endlich, ich halts nimmer aus» mich freigab und sich unter mich warf. Sieben Mal habe ich mich in den fünf Stunden völlig in sie ergossen. Ich dachte an nichts mehr, nicht an Folgen, nicht an mich. Es gab mit ihr keine andere Liebe als die totale. Wir waren todmüde als wir uns trennten, ihr fielen die Augen schon vorher zu, ich selber war wie ausgedroschen.

    Ich wachte am andern Morgen mit einem süssen Traume auf, der einen vollen duftenden heissen Mund auf meine Lippen senkte und im Halbbewusstwerden in die Wirklichkeit überging, dass Regine im Dunkel an meinem Bette knieend mich umarmt hielt und ihre Lippen fest auf die meinen schloss. Ich legte ihr die Arme um den Hals und wir blieben eine Viertelstunde so zusammengeschmolzen, mit vier Lippen den gleichen Kuss auf Kuss küssend, fast ohne ein Wort. Dann und wann nahm sie mein Kinn und die Hand oder mein Gesicht in beide Hände um den Kuss noch inniger zu pflücken oder zu pflanzen. Als ich Licht machte sah ich ihren Besen und Bohnerstange an die Wand gelehnt, sie selber im Dienstkleid die hohen goldenen Haare schon peinlich sauber und genau frisiert, das heisse Gesicht unendlich verschönert durch den unnatürlichen Schimmer der Augen. Die Uhr zeigte sieben, sie hatte kaum zwei Stunden geschlafen. «Schlaf weiter», flüsterte sie, «ich hab nur wollen Dir guten Morgen sagen und dass –» Sie schwieg und küsste mich noch heisser und inbrünstiger. «Sag schon». «Du hast mir ein Kind gemacht, Schatzbabi – ich habs im Gfühl – ich habs gespürt – ich weiss. Das gibt's garned dass ich aus einer solchenen Nacht nicht sollt schwanger werden – des gibt immer ein Kind wo zwei Leut es Stundenlang so drauf anlegen wie wir und stark sind mir alle zwaa, und was Dein Schuss gewen is, den ganzen Morgen laufts immer noch aus mir raus, genug für tausend Bamsen. Ich mach Dir keine Vorwürf net, Deine Schuld is es net, ich habs gewollt dass Du an nix denken sollst als mich und mich liebhaben zum Verrecken. Wenns kommt, Du wirst sorgen, gelt. Ich mach Dir keinen Verdruss, bald ich aufgeh, geh ich ausn Dienst, ich bin auch keine so blöde nit, dass ich mein Du sollst Dich unglücklich machen und mich heiratn, ich denk net ans Heiraten, und wenn schon ich weiss mehr als einen der wo mich heirat auch mitn Kind. Aber wirst sorgen, gelt? Dass I mir keine Gedanken muss machen, gelt?» Ich drückte sie an mich, fuhr ihr übers Gesicht und küsste sie wirklich. «Schaf. Erst habe, dann reden wir. Wer weiss denn. Das kannst Du Dir ja denken, dass wenns wirklich passiert, alles geschieht was möglich ist. Aber hoffen wollen wirs ja nicht grad». «I waass net. 'S is halt das Natürliche. Es ist halt a ganze Sach und I bin net für d'halbe Sachn. Verschossn hab I mi in Di, vagafft, wie soll I's da kleinschneidn und überlegn und gscheit sein. Wann I gscheit wär, hätts nie angfangn. I hab scho gmirkt dass D'ma hast wolln schonen, Schatzi, 's erst Mal, und dass dann mi hast liegn lassn weil Dir a Gwissn gmacht hast, aber dafür hab I Di nur lieber ghabt, und wie gestern bist einstiegn bei mir, – der Himmi hat sich aufthan für mich. Schlaf noch a bisl. Nein I bin ned müad. Aufgeregt bin ich, hellwach.» Sie gab mir einen kleinen Kuss mitten ins Gesicht irgend wohin und war weg. Ich blieb in zweideutigen Gedanken und schlief in ihnen ein. Im Aufwachen waren sie noch peinlicher. Kein Atom Liebe war in meinem rein sinnlichen Genuss der Hingabe des Mädchens, sie war mir in ihrer Schwere, Spannung, Leidenschaft, auch in der Gefühlstiefe und dem Ernst ihrer Natur zugleich sehr rührend und sehr belastend. Was sollte ich mit ihr. Hätte ich mich in sie verliebt, um sie geworben, sie langsam erwärmt, schliesslich gewonnen, dann hätte es gestimmt. Aber was von ihrer Seite ein Herzenserlebnis mit fast tragischer Hingabe war, blieb bei mir ein leichtsinniges Abenteuer und dafür war sie zu schade. Es war wie ichs auch drehte und wendete eine stillose Sache. Und es machte mich nervös unruhig, zerstreut und verleidete mir Arbeit und Haus. Ich tröstete mich in der nächsten Nacht indem ich zu der kleinen Anna schlich, die Mutwillige im Schlaf überraschte und mit ihrem Leichtsinn, ihrem allerliebsten Körper und nimmersatten hübschen Munde ein Par Stunden vertrieb, aber dies Vergnügen war denn doch zu gehaltlos und das Mädchen so recht ein Verlegenheitsschmöker den man nur einmal liest, sie gab alles was sie zu geben hatte, die ersten zwei drei Mal und war in nichts charakterisiert. Was Regine zu viel hatte, hatte sie zu wenig, und ich erfuhr dass zu leicht ebenso wie zu schwer nicht hält.

Zwei Tage darauf war in meiner Post eine Einladung nach dem Rittergut Börnicke zu Frau von Treeck einer Deutschrussin für die mein Vater schwärmte und die als Verwandte der Knorrings und Schuwalows halb ans Haus gelehnt war. Ich hatte eine stattliche Dame, eine Vierzigerin von grosser Eleganz und Haltung nur einmal ziemlich flüchtig gesehen, und würde diese Weekend Aufforderung in einer anderen als dieser verdrossenen Situation ausgeschlossen haben. Frau von Treeck schrieb, sie hätte meine letzten Veröffentlichungen mit Bewunderung gelesen und brachte die Einladung charmant und schmeichelhaft in diesem Zusammenhang an den Mann. Es war eine Stunde Bahnfahrt, sie werde mich im Break abholen, es gebe auch Jagd. Ich telephonierte zusagend, sprach aber nur den Diener am Apparat. So fuhr ich an diesem Samstag in das schneenasse trübe Land und sah an der Station die elegante Frau in einem englischen Kostüm und einem hellgrauen Lederhut mit bunten Wildfedern die Hand in grossen Kutschierhandschuhen mir zuschwenken. Sie hatte einen reizenden Accueil und wirkte mit ihren schönen heiss hellblauen Augen – oder waren sie hellgrünlichblau – in dem leicht dunkel getönten Gesicht und den ebenmässig grossen Zähnen in dem lächelnden etwas zu kurzen und etwas zu vollen Munde viel jünger als sie sein mochte, jedenfalls sehr rassig. Die erste Unterhaltung im Wagen brach das Eis. Sie unterhielt mich mit leichtem Plaudern, hatte Weltton und der leicht fremde Accent, das Durcheinander französischer und englischer Aushilfswendungen, der Spott und die Superiorität gaben ihr einen Charme, der mir einging. «Und was macht der Père Noble? Sie wissen ich bin seine Schwäche oder seine Günstlingin, ich sollte also nicht spotten, aber ich finde ihn eine solche Charakterfigur aus Goldoni, als ob ein grosser Schauspieler ihn spielte. Er ist so erzen, so vollkommen, so sententious, so das Züngleiu an der Wage so unfehlbar, das Mass der Dinge, und sieht dabei so schön aus. Als junge Frau war ich in ihn verliebt. Es choquiert Sie hoffentlich nicht oder désillusioniert Sie, dass Frauen sich an ihren Gatten vorbei verlieben. Aussi ça n'a pas tenu.» «Es schmeichelt mir, dass ich für Ihre Augen noch le premier duvet habe» antwortete ich lachend, «ich kann einen Puff vertragen, und bin nicht ganz die Unschuld vom Lande». «Tant mieux» sagte sie und zielte mit der Peitschenschnebbe nach dem rechten Pferdeohr, «denn ich bin manchmal schrecklich frech. Sie müssen sich nichts draus machen. Auf dem Gut als Alleinherrin verliert man die Halbtöne und ich komme mir so recht verjunkert und vergröbert vor wie ein Mittelding von Blaustrumpf – Esprit fort und squire.» «Vielleicht führt das Landleben eher zu so evidenten Selbsttäuschungen, weil das Correctiv der Wirkung auf andere fehlt.» «Well roared lion» sagte sie lachend, «so etwas hätte der Père Noble nicht sagen können. Er hätte bemerkt, alleinstehende Damen sollten das Verständnis das sie finden, ernster nehmen als vielfach geschieht.» «Ja» sagte ich amüsiert, «Sie treffen den Ton. Die Generationen entwickeln sich gegeneinander.» «Leider ja. Meine fünfzehnjährige Tochter – ja ja – und ihre Freundinnen entwickeln sich von früh bis spät gegen mich. Da ich kein Talent zur Autoritätsgravität habe, verjüngt mich der Humor davon, und das mögen sie wieder nicht. Sie wollen abgeklärte Milde, weise verständnisvoll taktvolle Mütter, bei denen sie ausruhen, zu denen sie sich bergen und flüchten können.» «Also Kitsch». «C'est ça; aber wie ist das mit Kitsch? Kitsch ist doch das Ewige, der Grundbass der Weltmusik. Unser Kitschsagen ist Snobismus. Kitsch ist die Menschheitsnorm. Liebe, Sonnenuntergang, Ehrenwort, Vaterhaus, La vie pour le Czar, – alles Öldruck und alles unentbehrlich. Geben Sie zu.» «Oh gewiss; aber alle diese Begriffe sind ja Sammelbehälter, oder was wir Grenzbegriffe nennen, es können hunderttausend verschiedenste Waaren darin stecken wie im Begriff Delikatessen. Kitsch ist nur das verallgemeinernde Vorzeichen im Munde derer, die im Grunde nicht daran glauben.» «Wieso, im Gegenteile, die einen Aberglauben davon haben.» «Eben, das kommt aufs Gleiche heraus; Aberglaube besteht keine Lebensprobe, weiss das auch, und lügt sich etwas vor. Das ist Kitsch.» «Und Glaube», sagte sie mit einem schiefen Blick, «besteht die Lebensprobe? Ich gewahre doch Spuren von premier duvet.» Der Weg zwischen Sand und Lachen auf Feldwegen wurde schwieriger weil das Nachmittagsdunkel hereinbrach, das Gespräch wurde kürzer und pausenreicher. Ich fand sie entzückend und es ging eine sehr starke Anziehung von ihrer Selbstsicherheit und dem straffen, blühenden aber erzogenen Körper aus. Sie hatte zu einer Bemerkung von mir gesagt «I like what you say and I like the way you say it and I like you», und mich dabei mit hochgezogenen Brauen wieder so schief angesehen. Als wir durch den Park auf das hellerleuchtete Haus zufuhren waren wir alte Bekannte.

Kläffende Hunde kamen in grossen Sätzen schweifwedelnd aus der offenen Thür gestürzt und dahinter zwei junge Mädchen die sie vergeblich zurückriefen und ein junger Mensch, besser gesagt, ein länglicher dünner Knabe. Ich wurde der Tochter Christa und deren Freundin Mira Rayski vorgestellt, von denen ich en passant nur hübsche Gestalten und Gesichter aufnahm, dann einem Diener anvertraut und in zehn Minuten zum Thee bestellt, Christa werde mich holen. Es war ein altes aber mit viel Geld auf House & Garden zurechtgemachtes Herrenhaus, das Fremdenzimmer mit ausrangierten achtziger Jahre Möbeln aber sonst allen Chicanen, Cigaretten, Briefpapier in allen Formaten, Bonbons in einer Crystalldose, Grammophon, bedroomhelf voller Bücher, – comme il faut. Ich wusch mich rasch und zog mich um, inzwischen wurde schon geklopft und Christa eine Cigarette im Munde spazierte hinein obwol ich erst gerade in die Hosen schlüpfte. «Ach so» sagte sie lachend, «na ich kucke Ihnen nichts ab, genieren Sie sich garnicht. Wann machen Sie Ihre Gedichte, Morgens oder Abends? Machen Sie sie erst ins Unreine? Oder gleich fix und fertig? Sie müssen hier auch welche machen. Ich habe eine Autographensammlung, Pierre Loti, Grossfürst Michail Nikolaitsch, die Massary und Harden. Wie ist Ihre Handschrift? Kann ich hier mal reinkucken?» und sie lüftete mein auf den Tisch gelegtes Portefeuille. «Hineinkucken dürfen Sie nicht, meine Gedichte schreibe ich nur auf Closetpapier und hier gar keine, da ich nur welche mache wenn ich verliebt bin, am dritten Tage nach Feststellung dieser Thatsache. Genügts?» «Pfui wie frech» sagte sie entzückt. Sie war mindestens sechzehn, eine hübsche Aschblonde mit dem Mund ihrer Mutter aber braunen Augen, sehr schlank, die Haare als Ponies gerade über der Stirn geschnitten, mit Kleidern à l'enfant und blossen Armen. «Aber ein Autograph kriege ich doch?» «Wenn Ihre Schularbeiten zur Versetzung berechtigen als Belohnung.» «Sie sind ja lächerlich, mein Herr. Ich lege nur Wert auf Madrigale an mich selber, schwärmerisch und schmeichelhaft.» «Ihre Lieferanten» sagte ich, in die Jacke schlüpfend, «scheinen Legion zu sein. Aber ich will mirs überlegen.» «Sie kriegen auch einen Kuss.» «Ich bin kein Geschäftsmann. Ein Kuss, das werden Sie noch erfahren, muss gratis kommen oder garnicht.» «Und ein Madrigal?» «Selbstredend auch.» «Topp» sagte sie, setzte sich auf die Tischkante und liess die Beine herunterhängen. «Gehen wir» sagte ich frisch. «Topp» wiederholte sie. «Wie meinen?» «Sagen Sie doch endlich auch Topp.» «Warum?» «Wenn Sie nicht so ein blendender Junge wären würde ich Ihnen eine kleben und Sie stehen lassen. Seien Sie mal nicht so grässlich. Ich habe mit Mira gewettet, ich kriegte ein Autogramm von Ihnen, zuerst ich, sie sammelt nämlich auch. Sie sagt sie wüsste schon wie sie es machen würde, sie ist nämlich furchtbar raffiniert und fast. Wenn Sie eine Spur Cavalier sind, tippen Sie auf mich und ihr geht ihr Pott entzwei.» «Wenn ich ein Cavalier bin, bin ich für fair play.» «Schön» sagte sie wütend, und schlenkerte mit den Beinen. «Sie wollen also mir nichts geben.» «Das ist was anderes; ich habe das nie verweigert.» «Da sehen Sie», sagte sie strahlend; «also Topp». «Was heisst Topp?» «Gratis um gratis». «Tauschhandel?» «Nein, gratis und Schluss.» «Sie wollen also keinen Kuss von mir?» «Allerdings». «Aber wenn ich nun einen von Ihnen will», sagte sie böse, herunterspringend und mich in die Brust boxend. «Komm mein Kind» sagte ich, holte sie heran und streifte ihren Mund mit spitzen Lippen. «Einen richtigen» lachte sie mit einem zweiten Boxen und hängte sich an mich mit einem langen beredten und erfahrenen Fünfminutensauger, Augen zu, Mund auf, sehr genussreich.

Dies erledigt, gingen wir als gute Freunde treppab. Unten in einem mittelgrossen Boudoir war der Theetisch, neben ihm auf Tischen Haufen von Büchern Zeitschriften und Mappen, kostbare französische und englische Farbstiche und ein schönes kleines 18 Jahrhundert italienisches Bild, wie Longhi aussehend. Frau von Treeck in einem rahmfarbenen Teagown sass mit Butter und Toasts beschäftigt, die kleine Rayski machte den Thee, aussehend wie eine Araberin, drahtig, dunkelbraun und ihre Blässe rosig durchhaucht, dunkle Brauen und lange schwarze Wimpern über herrlichen tierisch schwarzrollenden Augen, eine feine kurze Nase, ein paradiesisch schöner sanfter Mund von bläulichem Purpurrot, noch sehr unentwickelt scheinbar trotz ihrer Länge, reizvoll eckig. Wir waren bald lustig und aufgeräumt. Mutter und Mädchen neckten sich, die kleine Rayski setzte ihre Beduinenhaftigkeit durch drastischen Berliner Accent hochkomisch ab, der Ton war frei, um nicht mehr zu sagen. So wurde offen von einem kleinen Familienmalheur gesprochen, die Zofe der Hausfrau hatte vom Stallburschen ein Kind gekriegt und war zur Wochenstube nach Hause spediert worden, der Übelthäter aber nicht entlassen, «denn» sagte Frau von Treeck, «er ist ein harmloser Junge und hält die Pferde gut, und mir kann er nicht gefährlich werden, denn er ist mir zu weissblond». «Also Miras Fall» erklärte Christa höhnend. «Neeh» sagte Mira, «ick bin für jrosse Weisse mit Schuss und er is man lütt.» «Mira» sagte die Hausfrau lachend, «was soll Herr Borchardt von Dir denken, Du bist unmöglich.» «He'll better know me at my worst from the very start» erklärte die Kleine in glänzendem Englisch. «there's plenty of room then for improving first impressions.» «Na mit Schuss» bemerkte Christa unverfroren, «ist er ja wie Figura zeigt gewesen.» «Christa! Hören Sie bitte gar nicht hin was diese Hexen reden.» «Halbhexen, gnädige Frau. Alle echten Bösewichter frömmeln und werfen sich in die Brust. Halten Sie mich nicht für besser als ich bin; ich kann auch wenn der Witz mich jückt, in Gefahr kommen ausgewiesen zu werden.» «Und ich hatte gedacht Sie würden ein veredelndes Element in unserer sauvagerie werden.» «Wen soll ich veredeln, ich fange gern gleich an»; «Mich» «Mich» riefen die Mädchen. «Sie wollten mir doch das Haus zeigen» sagte ich vorsichtig ablenkend zu der schönen Mutter. Wir standen auf und Frau von Treeck führte mich. Es waren prachtvolle englische Salons mit Adams Möbeln und chinesischen summer carpets, eine grosse ungeheuer gemütliche dunkle Bibliothek, ein leichtes elegantes Speisezimmer mit scharlachroten Vorhängen, Flure voller Stiche und Bilder, Gartenzimmer, ein kleines Boudoir mit signierten französischen Möbeln; vor ihrem Schlafzimmer blieb sie einen Augenblick stehen, sagte dann «Je vous traite en habitué» und ging voran. Es war ein mit resedagrüner Seide abgespannter ovaler Raum, alles Licht in den Zargen cachiert, ein niederes couchartiges Lager in der Mitte, daneben Bücherstände, Rauchtischchen Tabouretts. An Seidenschnüren hingen moderne Radierungen, Farbdrucke, Zeichnungen, Pastelle; Pferde in allen Stellungen und Formen wechselten mit gewagten Darstellungen, Leda war zwei Mal vertreten einmal hockend vom Schwan besessen dessen Hals und Schnabel sie zurückgedreht zu sich zog, das andere Mal hinten übergeworfen, beide Schenkel um den geflügelten Liebhaber in ihrem Schosse, aber auch ein Endymion war da, auf den Diana sich noch halb schwebend, gerade en éteignoir niederzulassen im Begriffe war, während ihre Nymphen im Halbdunkel Silene und Faune zu sich niederzogen. Ich streifte dies nur mit einem rasch aufnehmenden Blicke und bewunderte einen herrlichen Savonnerieteppich, eine frappante Pferdestudie von Géricault und einen düsteren Männerkopf eines mir unbekannten Franzosen. «Ja er ist hübsch» sagte sie meinen Arm nehmend und näher tretend, «es war der Bruder des Malers, des Geliebten meiner Mutter, er liebte sie auch, hoffnungslos und erschoss sich als er einmal die Glücklichen überraschte. Er war schön, nicht wahr? Der glückliche Bruder war garnicht schön, klein und borstig, aber meine Mutter preferred here lame ducks. Sie war eine Fürstin Wjägin aus einer Familie von Tollköpfen Verschwendern und Eremiten, ich schlage glücklicherweise nach meinem Vater oder dessen Mutter, Marie Olsouwjew die von sich zu sagen pflegte «de n'avoir commis, son mariage compris, que quinze folies dans toute sa vie.» «Sie sagte es hoffentlich als alte Frau» erwiderte ich lächelnd. «Ah, ça va sans dire. Il me reste encore bien du temps à faire mon compte à moi.» «Es entzückt mich immer von neuem», begann ich, «Leute zu sehen, die sich mit wirklichem Anstand formulieren. Solange man noch unter allen seinen Unvollkommenheiten leidet, jeden Tag eine falsche Wahl zu bereuen hat, eine Schwäche zu verwinden, einem Erfolge zu misstrauen, bewundert man die Perspektive superiorer Menschen, die ihr Leben en relief sehen können, keine Tiefe ohne Höhe keine Fläche ohne Steigerung, keinen Abgrund ohne sichern Stand».

«Und ich bewundere solche, die das so schön zu sagen wissen: es ist schöner als witzige Formeln, und hoffnungsvoller, denn es hat andere Perspectiven – unendliche. Ich möchte Ihre Freundin sein – oder ihr Freund». Ich küsste ihr die Hand. «Indem Sie den Wunsch als den Ihren aussprechen erfüllen Sie mir einen unausgesprochenen.» Sie lachte kurz auf. «Und das nennt er nicht formulieren.» «Es war mir nicht bewusst. Es scheint Ihre Atmosphäre bewirkt Krystallisationen.» «Wie auffallend, weil ich gerade sehr müde bin.

Ich lege mich etwas hin, Sie dürfen sich aber zu mir setzen wenn es Sie nicht langweilt. Oder, warten Sie, nein, gehen Sie zuerst zu Mira Rayski, die sich auch etwas hingelegt hat, sie ist zwei Stunden geritten und verhindern Sie sie von mir aus, sich ins Bett zu legen, wo sie dann immer in die Nacht hinüberschläft wenn man sie nicht mit aller Gewalt zu Tisch holt. Dann kommen Sie wenn Sie nichts besseres vorhaben, wieder zurück. Wenn Sie aus der Thür nach links gehen, kommen Sie zu einer Treppe, die zweite Thür rechts, ist ihr Zimmer.» Sie liess sich die schöne Hand küssen und ich ging, etwas verdutzt über meine Commission. Hinter der Thür sagte auf mein Klopfen eine Stimme in hellem Frageton «hmmm?» und ich nannte mich. «Immer los» tönte es, und als ich eintrat, stand die Ausgezogene in Mieder und Höschen neben ihrem Bette, bereit hineinzusteigen. «Ich soll Sie an der Absicht hindern» sagte ich verlegen lachend, «in deren Ausführung ich Sie ertappe.» «Nur ein Viertelstündchen» lachte sie unter die Decke schlüpfend, «und dann verhindern Sie mich einfach daran dass es mehr wird. Setzen Sie sich auf mein Bett, erzählen Sie mir dolle Sachen, seien Sie richtig schlimm, zwingen Sie mich Sie rauszuschmeissen, und dazu muss ich aus der Klappe.» «Ich bewillige fünf Minuten» sagte ich gravitätisch und setzte mich auf das Fussende des Betts. «Und dann?» «Dann thue ich meine Pflicht. Wer mir ein Amt gibt, gibt mir ein Schwert.» «Und was geschieht in den fünf Minuten?» «Bestimmen Sie bitte.» «Fein! Also Sie geben mir zuerst Ihr Wort dass was jetzt kommt unter uns bleibt.» «Mein Wort.» «Sie leisten mir einen Dienst den nur Sie mir leisten können, für den Sie fordern können was Sie wollen, und der Sie nichts kostet.» «Bitte?» «Versprechen.» «Mit Vorbehalt». «Gibts nicht». «Bitte». «Sie schreiben mir jetzt zwei Verse auf den Block dort auf dem Tisch, in denen Mira vorkommt, und unterzeichnen mit Datum.» «Nur wenn ich weiss warum.» «Das kann ich Ihnen nur ins Ohr sagen.» «Werden

Sie es thun?» «Ja.» «Versprochen?» «Fest». Ich rückte an ihr Kissen und hielt mein Ohr an ihren Mund. Sie warf mir die Arme um den Hals. «Muss das sein?» «Allerdings.» «Also?» «Seien Sie doch nicht so bösartig steif, Sie zerren ja. Hübsch léger. So, schon besser.» Dann küsste sie mich aufs Ohr und sagte flüsternd «Ich liebe Dich». «Warum wollen Sie jetzt die Verse?» sagte ich abgewandt in die Luft. Sie zog mich noch fester. «Wenn Sie mir einen Augenblick in die Augen sehen würden, wüssten Sie es –» «Kleine Schlange. Du hast mit Christa gewettet und willst glatt Deine Wette gewinnen, das ist der ganze Zauber. Ich mache Dir Verse, aber nicht jetzt. Ich habe Christa Verse versprochen, aber ich mache sie wenn es mir passt.» «Das Biest. Sie hat mir ihr Ehrenwort gegeben keine unlauteren Mittel anzuwenden, und ohne die hättest Du ihr nichts versprochen, steifer Bock. Gestehe sofort, was hat sie mit Dir klamüsert.» «Sie hat mich mit aller Gewalt geküsst.» «Ph! Sie kann ja gar nicht küssen. Sie hat ja keinen Dunst. Sieh mal, so –» und blitzschnell sich hochwerfend hatte sie meinen Mund, sog ihn ein und wirbelte mir die Zungenspitze durch die Lippen, «– oder so – oder so –» und jetzt kamen fünf sechs Feuerküsse, jeder aus einem eigenen Kasten – aber ich wusste dass ich einen Augenblick später für nichts mehr stehen konnte, sprang auf riss sie dabei mit aus dem Bette, schüttelte sie ab und war aus dem gefährlichen Zimmer heraus. Der Widerstand in mir hatte mich geschützt, ich war nicht in Feuer geraten, aber mir wurde nachträglich heiss und kalt.

Als ich bei der Mutter klopfte war ich wieder ruhig. Frau von Treeck hatte ihren gown ausgezogen und lag in einem losen Spitzenjäckchen mit blossen Armen unter einer crème seidenen Decke. «Nun, haben Sie es durchgesetzt?» «Sie haben Recht starke Männer zu diesem eigensinnigen Wesen zu schicken» sagte ich lachend, «ein zweites Mal wollte ich lieber Füchse aus dem Bau holen als solche Backfische aus den Betten.» «Sie machen sich aus diesen Kämpfen einen Sport», versetzte sie. «Sie haben keine Ahnung von der wirklichen Welt und kopieren deren Contraste nach Hörensagen. Wie nett dass Sie den Humor dafür haben. Sie haben ja Schwestern.» «Das dürfte hier schwerlich weiterhelfen und ich habe immer ausserhalb der Familie gelebt.» «Das merkt man – dh – – Sie nehmen nicht übel dass ich Ihren Vorzug darin finde.» Ich sah sie an lächelte und schwieg vorsichtig. «Aber alle begnadeten Menschen sind a new departure.» «Für die gröbsten Augen, für die feinsten wäre es jeder Menschen überhaupt. Die Natur wiederholt sich nie.» «Ich verzichte gern auf das feinste Auge, es würde mir die Sicherheit beeinträchtigen mit der ich wähle.» «Sie Glückliche!» sagte ich aufrichtig. «Oh – wenn das Glück in der Wahl bestände – es besteht leider im Gegenteile, – im Gewähltwerden. Alles private wirkliche Glück ist Wirken und Gefallen.» «Das ist sehr weiblich.» «Bei Männern heisst es berufen und auserwählt sein. Ich kenne meine Bibel.» «Ich bin kein Theologe und versuche es mir ins weltliche zu übersetzen.» Sie lachte. «Oh – ich wüsste schon eine Übersetzung die gut passt, aber ich kenne Sie noch nicht genau genug um mich mit ihr zu exponieren.» «Sie haben mich in den Glauben gewiegt, d'être traité en habitué.» «Gut. Sagen wir – zu manchen kommt eine week end Einladung – nicht auf jeden fällt die Wahl.» «Als Mann müsste ich sagen, dass man sein Glück gern verdient haben möchte.» Sie lachte leise. «Das kann man ja nachträglich wenigstens versuchen» sagte sie dann mit einem Scherztone in der dunklen Stimme. «Ihre Güte ist ein Wechsel auf lange Sicht; für dies Mal – es ist jetzt 630 sechsunddreissig Stunden Bewährungsfrist.» «Schlaf abgerechnet» lachte sie «– zwanzig – oder wie lange schläft ein Berufener-Auserwählter – ich rechne zwei Mal acht.» «Zwanzig sind allerdings sehr wenig um ein solches Glück zu verdienen auch nur anzufangen!» «Meine

Mutter» sagte sie mich mit den lachenden blauen Augen anflimmernd «sagte mir wenn ich über Kürze der Zeit klagte immer ‹Nichts verschieben›.» «Gut sagte ich mit gespielter Entschlossenheit, «wo ist der Drache den ich umbringen soll. Welchen Feind soll ich aus dem Felde schlagen, welche Hexe entkräften welche Dickichte durchbrechen, welchen Brand löschen? Wo ist mein Streitross und mein Harnisch?» «Wieviel Fragen! Aber meinetwegen: der Drache ist mein Ennui, vertreiben Sie ihn mir, der Feind – warten Sie – der Feind ist Lauheit, Convention, Herzensträgheit, Bourgeoisie, – schaffen Sie es uns vom Hals. Die Hexe die Sie entkräften sollen ist dieselbe, der man früher das Nestelknüpfen zuschrieb, sie beraubte Männer ihrer besten Kraft. Das Dickicht ist in Wirklichkeit nicht da: nur in der Phantasie bestehen keine Hindernisse – und welchen Brand sie löschen können sagt das Feuer nur dem Feuer.» «Das ist die reine Edda. Benommen wie ich bin behalte ich nur, dass ich Ihnen die Langeweile vertreiben darf. Ich verwandle mich zu diesem Zweck in eine männliche Scheherazade Sie in einen weiblichen Schabriar, und setze mich kühn auf Ihr Bett. Sie haben mich zum Tode verurteilt und meine Rettung hängt davon ab, dass seine Erzählungen Sie so lange hindern mich dem Henker zu übergeben, bis Sie vor Müdigkeit wider Willen einschlafen. Es war also oh Beherrscherin aller Gläubigen, und auserwählte Auserwählerin Deines unwürdigen Erzählers, in der Stadt Bagdad ein Kaufmannssohn von gewissen Gaben, dessen Widerhall zu Budur der bildschönen Witwe eines Scheich auf ihr entferntes Schloss in der Wüste gedrungen war. Nun war diese wunderbare Dame verschwenderisch mit allen Geschenken Allahs überschüttet. Ihre Augen waren Opale, ihr Mund schwoll von Rubinen, ihre Brüste könnte nur preisen wer sie gesehen hätte, ihr Gang erweckte Begierden. Ihr Geist war von der erlesensten Bildung, ihre Gedanken wolgereimt, nur eine Gabe hatte Allah ihr versagt. Liebe vermochte sie nicht zu erwärmen, ihr Herz war ein Bergkristall und sie vermochte sich den Knoten nicht vorzustellen, in der Allah Verliebte bindet. Es war dies, oh Beherrscherin der Gläubigen eine seltsame Spannung, und sie steigerte sich in dem Masse, in dem sie sich ohne ständige Steigerung erschöpft haben würde. Ich sehe aber dass die Zeit dahingeht und die Nacht mit ihr und dass der Schlummer der sich auf Deine Lider senkt, mir für heut das Leben sichert.» «Noch nicht ganz» sagte sie die Augen die sich schon geschlossen hatten wieder aufschlagend. «Lass mich in Deine reizende Erzählung einschieben, dass die Spannung zwischen der Wirtin und dem Gaste sich durch einen sehr natürlichen Vorgang lösen musste, der seit Minuten der Aufmerksamkeit der Herrin Budur nicht entgangen war. Und zu den gehaltenen Reden Baraks in einem teils lächerlichen teils ermutigenden Widerspruche stand.» Ich wusste was sie meinte, denn in der Nähe und Erregung hatte mein Mast sich in der Hose erhoben und bereitete mir ein gewisses Unbehagen, da ich fürchtete, ihr Auge darauf gerichtet zu sehen. Ihre Augen hatten sich aber wieder geschlossen. «Du hast Recht» fuhr ich fort, «oh Sonne des Erdkreises, aber zwischen zwei in solcher Lage befindlichen waltet ein Bann und nur Allah sieht das Verborgene. Barak war in einem Zwiespalte seiner beiden Naturen, während Budur einem Zwiespalte auch insoferne unterlag, als geistiges Interesse und wunderlicher Widerwille sich die Wage hielten, und sie sich nicht einig darüber war, ob der von ihr beobachtete Vorgang ihr Interesse oder ihre Abneigung steigerten, denn sie wusste nicht ob es ein unwillkürlicher war oder der Ansatz zu einem Sturme auf sie. Während sie im letzteren Falle bei ihrer Unempfindlichkeit nur Verachtung empfunden hätte, wäre sie im ersteren geneigt gewesen, den Regungen einer im Zaume gehaltenen Natur mit Wolwollen Duldung zu gewähren. «Du unterschätzt die Neugier des weiblichen

Geschlechts, Scheherazad» sagte sie die Augen wieder öffnend. «Budur liess ihren Zweifel gewiss nicht lange unentschieden und stellte den wunderlichen Gast auf die Probe.» «Dies oh Schabriar, wird allerdings berichtet, denn im entscheidenden Augenblicke ergriff Budur, sich Gewalt thuend» «Siehst Du» sagte sie langsam «Seine Hand.» «Seine Hand –?» fragte sie ein wenig enttäuscht, «– aber in einer besonderen Weise.» «Etwa so?» fragte Frau von Treeck und zog meine Hand an sich. «Jedenfalls so, dass Barak sich ihr mehr und mehr nähern musste. Hierbei geschah es, dass ihr Widerwille gegen ihn in den heftigen Wunsch überging, ihn zu erniedrigen, gefangen zu nehmen, zu fesseln, zu ersticken und was dergleichen leidenschaftliche Vorsätze mehr sind, jedenfalls seinen Übermut zu brechen. Ihre Augen funkelten, ihr Atem hob die schönen Brüste unaufhörlich, und wenn Barak nicht bei Sinnen gewesen wäre, so hätte er diese Symptome.» «Aber er hatte doch auch Symptome» sagte sie und steckte meine Hand in ihre Brust unter das Bettjäckchen. Ich lachte und küsste sie auf den Mund. Sie legte mir die Arme um den Hals und es wurde nach so viel Worten vorübergehend still. Sie hatte unter der Decke nichts an gönnte ihren schönen Körper meinen Händen und liess unter langen Küssen den ihren alle äusserste Freiheit. Als ich drängte und sie nachgab, klang auf der Treppe der Gong. Sie seufzte. «Gib mir einen Kuss und geh. Schade. Du bist süss. Wir haben uns zu lange berochen. Aber es kommt schon einen Gelegenheit. Nachts geht es nicht weil Christa neugierig ist und spioniert. Gib mir das Riesenspielzeug noch mal und einen langen, richtigen festen bis auf den Grund. Ah que tu es ravissant, va-t'en vite je raffole de toi.» So wurde ich hinausgeschoben und zog mich in Eile um um aufs zweite Gong vom Diener ins Speisezimmer geführt zu werden.

Es gab ein wunderbares Essen mit Champagner und lebhaften Gesprächen. Alle Drei schienen mir verschämt, die Treeck vor allem war éclatant und obwol ich nichts für sie fühlte, wünschte ich mir doch die Fortsetzung des Abenteuers. Ich sass zwischen ihr und Mira Rygski [sic], die Possen trieb, mir Salz statt Zucker auf die Ananas streute, ihr Taschentuch fallen liess um nach mir zu treten wenn ich es aufhob und mich mit dem wunderschönen jungen Munde und der Katzengelenkheit des Körpers allerdings erregte. Aber auch Christa war höchst anziehend und beschäftigte die libertine Phantasie. Ich war in glänzender Stimmung und unterhielt alle durch Einfälle und Schmeicheleien. Nachher wurde beschlossen Märchen zu erzählen und Tausendundeine Nacht zu spielen. Die Mädchen jubelten beim Gedanken an Verkleidung und schrien «Dürfen wir Herrn Borchardt umziehen?» Die Mutter stimmte heiter zu und trat mich sanft auf den Fuss. «Aber bitte» rief Christa, «ich ziehe ihn für mich an.» «Und ich vor mir» sagte Mira mit tiefem Kellerbass, und alle lachten! «Gut» sagte die Hausherrin, «dann verlange ich auch mein Teil und mache ihn mit Onkel Reginalds Burnus zum Original Beduinen.» «Fein» riefen die Andern, «aber er muss uns auch verkleiden helfen er muss mit uns rauf.» «Gut» sagte die Mutter, «dann gehe ich mich schön machen, ich weiss auch wie und ihr nehmt ihn mit, Christa, hier ist der Schlüssel zur gelben Truhe, gib mal meinen Korb.» Die beiden fassten mich unter und stürmten mit mir die Treppen hinauf. Auf dem Flur stand eine grosse Truhe die durchwühlt wurde, und beladen mit Seiden, Schärpen, Kostümen, Turbanen und Federn ging es in Christas Zimmer. Hier wurde unter Toben und Lachen ausgesucht. Die Mädchen zogen an zwei Streichhölzern um den Vorrang an mir, Christa gewann mich und erklärte mich zu ihrem Mohrenknaben machen zu wollen, sie selber wollte Odaliske sein, und Mira entschied sich für eine indische Prinzessin. «Zieh Dich aus, Junge» sagte Christa sich von Mira unbefangen das Abendkleid über den Kopf ziehen lassend und ihr den gleichen Dienst erweisend. «Er geniert sich» spottete Mira, im Mieder und Höschen und zog sich sitzend die Strümpfe aus. «Als Mohrenjunge musst Du naturel sein, ich färbe Dich von oben bis unten» erklärte Christa, ihr Hemd ausziehend. Ich gab ihr einen Klaps auf den knappen Hintern und fügte mich, behielt aber meine Unterhose an. «Mira hast Du Theaterkohle? Ich habe nur braunen Stift.» sagte Christa, nur ein Tricot mit Gummizug um die Hüften. «Ja ich glaube, ich muss überhaupt meinen Tuschkasten und noch anderes holen, macht keine Dummheiten inzwischen, sonst räche ich mich» und sie nahm Christas Bademantel und flog hinaus. «Du bekommst ein rotes Affenjäckchen ohne Ärmel und blaue Höschen und goldene Sandalen» jubelte Christa, «und ich kurze grüne Pluderhosen und Brustschilde weiter nichts, probier mal an. Findst Du mich hübsch gewachsen? Sieh mal, er steht Dir schon! Fein, dass Du so erregbar bist. Ich bin verliebt in Dich, aber is mir jetzt zu gefährlich, sie kommt gleich wieder rein. Lass ihn mal fix runter, denk an was anders, an den Ofen. Zieh mal schnell die Hosen aus und die blauen an, ich dreh mich um, es regt so auf.» Sie warf mir die Hosen hin, zog selbst dass Tricot aus, stand nackend, und zog in der Ecke die Pluderhöschen über die Schenkel. «Du musst sie mir hinten zuhaken» sagte sie. Ich war ausser mir vor Verlangen, es war zu viel für meine Beherrschung und mit Mühe zwängte ich meine Brunstfülle in die engen caleçons. Als ich hinter ihr stehend ihr die Hosen zuhakte, drehte sie den Kopf und liess sich rasch auf den Mund küssen, indem sie verkehrt nach meinem Schwanz griff und ihn mit lodernden Augen drückte, dann stoben wir auseinander. Als Mira kam, uns neugierig musternd sass sie auf einem Schemel, die Brustplatten vor dem Spiegel probierend. «Na ihr Sünder» sagte Mira, «hier ist die Farbe» und sie warf den Bademantel von ihrem nackten, bezaubernden Körper ab. «Komm, Mohr, ich tusche Dich jetzt schon,

811

sonst kommen Flecke an meine Kleider, vorn kannst Du es selber», und sie begann mich von hinten zu bearbeiten, während ich auf einem Schemel vor ihr sass. «Mach» sagte Christa, «ich brauche ihn zum Turban halten.» «Schneller als schnell geht es nicht, er hat so eine feine glänzende Haut, man muss reiben» sagte Mira und biss mich rasch und unvermerkt tückisch in die Schulter. «Warte Racker» sagte ich leise. «Gern aber nicht zu lange» flüsterte sie und dann, mir über die Schulter blickend «À la bonne heure, vous avez redoublé d'importance.» Die beiden Mädchen platzten los. «Noch ein Wort mehr» drohte ich pathetisch, «und ihr büsst Eure Schadenfreude mit Freudenschaden.» «Beherrschen Sie sich doch mein Herr» sagte Christa ihre Brustketten schnürend, «wer wird denn so sein!» «Ja und von wegen Mutti» sagte Mira losprustend, «bis dahin muss er abgeregt sein.» Ich drehte ihnen den Rücken, rieb meine Vorderseite, Beine und Arme energisch mit dem Stift und hatte die Genugthuung meinen Zumpt sich beruhigen zu sehen. Die beiden Mädchen halfen einander tuschelnd und unaufhörlich losplatzend. Als ich mich umdrehte hatte Mira ein pompöses Pluderhosenpaar aus Purpurseide mit einer kohlschwarzen Schärpe um die schmalen braunen Hüften und liess sich von Christa ein Busenband aus Silberflor unter die dattelbraunen Brüstchen binden, während sie vor dem Spiegel mit Tusche die Augenbrauen auszog. «Wie findest Du mich?» sagte sie. «Und mich» sagte Christa einen Kuss markierend. «Ihr seid Göttinnen und habt nur den Fehler zu zweit zu sein und Euch gegenseitig aufzuheben.» «Liebst Du uns jetzt?» fragte Mira spitzbübisch. «Kannst es ruhig sagen, wir haben uns auf Nicht Eifersucht geeinigt, es ist viel praktischer.» «Fragen dieser Art werden nur thätlich oder gar nicht beantwortet. Was kriege ich noch von Euch?» «Alles was Du willst» sagte Mira und trat mit dem Fuss nach mir. «Ich meine an Garderobe.» «Ach so» lachte Christa, «gleich. Du musst jetzt Miras Ärmelknöpfe zumachen, und ich muss an meinen Turban.» Ich half Mira in ein goldbrokatenes Jäckchen mit geschlitzten Ärmeln, und da in diesem Augenblicke das Band an Christas Pluderhose wieder aufging und ihr schwarzkrauses Pelzchen aus der Seide tauchte stieg mir die Rute wieder unbezwinglich hoch, so dass Mira, vor der ich stand mir einen mutwilligen Schlag darauf versetzte. So ging es noch zehn Minuten weiter. Die aufgeregten Mädchen reizten mich bis aufs Blut, verbaten sich Annäherungen «Du färbst ab, weg –» und warfen sich schliesslich angezogen aufs Bett um ihre Gluten wenigstens in Spielküssen zu stillen. Rasch fuhr ich in den Bademantel warf mich zu ihnen und trieb ihre wilden Possen mit ihnen ein par Minuten lang mit, ohne aus dem Spiel herauszugehen. Aber Christa musste ins Badezimmer verschwinden um sich zu erleichtern und Mira benutzte die Pause um ihre Lippen und Hände mit der ganzen Wollust einer siebzehnjährigen Phantasie an mir zu sättigen. Schliesslich gingen wir, die Mädchen an meinem Arm. «Erzähle recht gepfeffert und anzüglich» hatten sie gebeten, «Mutti mag das, wenn es Geist hat.»

Unten war noch niemand, wir schleppten Polster und Teppiche auf dem Boden zusammen, und Mira ging Anordnungen für den türkischen Kaffee geben in dem sie Meisterin war, und den ich mahlen sollte und sie brühen. Christa setzte sich in meinen Schoss und sagte «die erste Stunde gehörst Du mir, und wir verschwinden von Zeit zu Zeit um angeblich die Geschichte gemeinsam auszudenken, dann ziehen wir uns anders um und Du gehörst Mutti oder Mira. Wir haben immer fünf Minuten ungestört. Mutti zieht sich lange an, wir hören sie kommen – küss mich, Du –» Sie zog mir einen langen Kuss aus der Seele und drückte sich dabei meine Hand in den Schooss. «Nicht mehr – ich werde verrückt. Also was wirst Du erzählen?» «Von einer Prinzessin und einem Gärtnerburschen. Sie reizt ihn um sich über ihn zu amüsieren, kommt aber dabei selbst dem Feuer zu nah, bringt sich in eine gewagte Situation, er nützt sie aus, sie bestraft ihn für einen begangenen Formfehler, er rächt sich indem er sie in einen Hinterhalt lockt, könnte sie nehmen, beleidigt sie dadurch dass er sie verschmäht, sie hat Blut geleckt, bringt es zu einer zweiten Schäferstunde, lässt ihn hinrichten.» «Famos. Gerade Muttis Genre. Eben kommt sie, küss mich schnell –» sie steckte mir die Zunge voll in den Mund und warf sich zwei Meter von mir auf den Teppich. – Frau von Treeck erschien, éblouissante und hinreissend, als Sultanin, einen schwarzen Turban mit purpurnem hohem Reiherstutz und Diamanten, noch dunkler gefärbt, die vollen kurzen Lippen etwas rot aufgehöht, in tiefvioletten Knöchelhosen, kleinen goldenen Hornpantoffeln und einem altbrokatenen offenen Jäckchen mit langen engen Schnabelärmeln, die Brüste fast frei in einem starren Mieder aus Goldstoff, die Brustwarzen hatte sie vergoldet und neben die eine eine blutrote Mouche geklebt – ein einziger Anblick. Ich stand auf und küsste ihr bewundernd die Hand. «Sie sind eine Erscheinung aus dem Paradiese der Dichter.» «Wer bist Du» sagte sie lachend, «schwarzer Sklave im weissen Turban? Den weissen Turban tragen die Novizen. Hier gibt es kein Sie mehr und Du darfst in artiger Form die Weihen des Du vollziehen» und damit reichte sie mir unbefangen vor Christa den Mund der halb aufging als ich ihn leicht küsste. «Darf ich auch Du sagen?» fragte die Naive. «Närrchen» sagte die Mutter, «weiter nichts?» «Komm in meine Arme» sagte die Odaliske, sich rückwärts auf den Teppich werfend, und ich hob sie mit einem Anstandsküsschen auf, wozu die Mutter ein undurchdringliches Gesicht machte. Inzwischen kam Mira mit dem Diener, der das Kaffeetischchen, die Spritflamme, Kupferkannen und die messingene Rohrmühle mit den Tässchen trug und dann einen zweiten mit vielerlei Likören, Bonbons und Dragées. Unter vielen Scherzen mahlte ich den langsam zu Mehl werdenden Kaffee, Mira brühte ihn, wir setzten uns in einen engen Kreis Mira und die Mutter neben mir, Christa mir gegenüber und ich begann. Ich hatte mich halb an das Knie der Mutter gelehnt, das sich leicht unter mir bewegte, und spielte mit den Quasten von Miras Schärpe, während ich mich an Christa als meine Dame richtete. «Es war in Schiras eine Prinzessin namens Ferida, ein Wunder an Körperschönheit, die auf kurze Zeit mit einem alten Vezier verheiratet gewesen und Witwe geworden im Pavillon eines grossen Parkes lebte. Der Sohn des Veziers der den Besitz geerbt hatte und für sie hätte sorgen müssen, war in den Kriegen des Schahs in Gefangenschaft geraten und daher blieb es einstweilen mit der Herrin Ferida beim alten. Sie hatte einen kleinen Hofstaat, vertrieb sich die Zeit mit Ergehen in ihren Gärten, dem Verfertigen von Süssigkeiten und Handarbeiten Musik und Poesie, und empfand nur wenig Langeweile, dagegen aber das gewisse Gefühl der mangelnden Ausfüllung, welches sich bei Frauen meldet, die lange nicht geküsst und belagert worden sind, von wem immer es sei. Ihre männlichen Diener waren bejahrte Leute, und es war ein Ereignis, dass einem Hilfsgärtner beim Fällen eines Baumes ein tötliches Unglück zustiess und der greise Hauptgärtner in der Verlegenheit seinen Enkel Hasan einstellte, einen schlanken und festen Burschen von 21 Jahren, der seitdem kurzgeschürzt und mit schwingenden raschen Bewegungen seiner Arbeit nachging. Mein Gegenüber wird Euch mehr von ihm zu sagen wissen.» «Herr» sagte Christa, «Ferida hatte ihn durch ihre Fensterladen an einem Beete arbeiten sehen. Er sah meinem Mohrensklaven drüben nicht unähnlich, oben breit und in der Mitte schmal, mit zugleich mutigen und leichtsinnigen Augen, und einem schönen deutlichen Munde, der auf eine zugleich männliche und zärtliche Natur raten liess. Seine Bewegungen waren dabei gewinnend, auch sang er mit leiser guter Stimme ein Lied vor sich hin. Er trug nur einen blauen Kittel der seine Glieder gut hervortreten liess, und sein Gärtnerschurz war im Knieen zurückgeschlagen. Seine dunklen Haare hatten ohne lockig zu sein eine schwere Welle von der Art, von der Mädchen angeblich finden – was wol, Mutti?» – «Oh» sagte diese, «dass zehn Mädchenfinger vielleicht der beste Kamm wären um sie ohne allzugrosse Hast zu strählen. Diese Empfindung machte Ferida nachdenklich und sie beschloss dem Grunde dieses Nachdenkens nicht allzustark in sich nachzuspüren, weil dieser Grund auch wol ein Abgrund werden könnte und der Gärtnerbursche sich nicht zur Prinzessin schickt. Hätte sie gewusst dass Hasan meinem Nachbarn hier auch in der ritterlichen und tugendhaften Gesinnung aufs Haar glich, dass er kein Frauenjäger war und der Wirkungen sich unschuldig unbewusst die er that, so hätte sie sich ihre Besorgnis sparen können. So jedoch entstand aus der Sorge und der Sorge um die Sorge was wol, oh Prinzessin von Kaschmir?» – «Oh es entstand daraus natürlich das genaue Gegenteil des Beabsichtigten, wie immer. Ferida dachte von nun an an Hasan so beständig, wie der Zahn an den Zahnschmerz, wie der Hund an die Kette und wie die gefangene Fliege an die noch schlafende Spinne. Sie war keineswegs verliebt in ihn, aber von dem Wunsche heimgesucht, irgendwie mit ihm zu thun zu kriegen, ihn anzuherrschen, ihn zu cujonieren, ihn abwechselnd zu loben zu strafen und zu begnadigen und kurz eine der gerissenen Intrigen des Egoismus mit ihm zu haben, der vielen Frauen, vor allem den feigeren und kälteren, den Genuss des Bettes fast ersetzt.» «Hm» sagte die Mutter, «Vollkommen» fuhr ich fort, «und so begann das Spiel in einer Weise, über die ich Euch bezaubernde Dinge mitteilen werde, sobald ich mit meiner Partnerin die nötige Rücksprache über ihre Pflicht der Fortsetzung genommen haben werde, und Ihr stärkt Euch einstweilen und ratschlagt über Eure

Absichten.» Christa stand fliegend auf, schüttelte die Glocken an ihren Knöcheln und entschwand mit mir durch die Portière. Sie zog mich laufend durch den dunklen Nebensaal in eine Thür die sie rasch öffnete, zog mich dort an sich, tastete und liess sich auf ein Sofa fallen. «Noch nicht Süsser» sagte sie unter Küssen mich abwehrend «wir müssen noch frisch bleiben. Gib mir mal den Wonnigen einen Moment Du Wonniger. Dies ist die süsseste Nacht meines Lebens.» Sie liess mich ihre Zunge küssen, unter ihrer Hose ihren Hintern liebkosen, küsste zärtlich meinen Steifen und riss sich nach einem Dutzend langer heisser Schmatzer aus meinen Armen. Im Licht das sie knipste, standen wir vor einem Spiegel in tadelloser Verfassung.

«Das ging ja im Nu», sagte die Mutter, undurchdringlich lächelnd, «wir waren noch zu nichts gelangt.» «Ich habe keine Phantasie» klagte Mira, «weil ich mit dem Sklaven noch auf Sie stehe; ich wünsche belebt zu werden.» Ich kniete und küsste das reizende Gesicht zwischen meinen Händen vorsichtig auf den spitzen Mund. «Es konnte» sagte ich, «von nun an Hasan niemals sicher davor sein, dass seine Herrin in der Nähe seines Arbeitsplatzes erschien und an ihm aussetzte. Die Beete waren zu gross oder zu klein. Er ernte zu viel oder zu wenig. Er sprach zu leise oder zu laut. Sein Blick war zu zerstreut oder zu dreist. Der gute Knabe that sein Äusserstes um ihren Willen zu erraten, er erbat täglich ihre genausten Befehle. Er trug einen langen Hosenanzug als sie ungnädig bemerkt hatte, sie liebe nicht zu viel männliches Fleisch zu sehen. Dagegen als Ferida in sehr leichter Bekleidung ihm einmal den Grabstichel zu entwinden versuchte, um ihm das richtige Graben zu zeigen that er was oh Odaliske?» – «Oh» sagte Christa, «er schützte einen Fall vor um seine Erregung zu verbergen, glaube ich.» Alles lachte. «Ferida kümmerte sich nicht weiter um ihn, nahm sich aber vor auf dem hiermit betretenen Wege fortzufahren. Wusste sie dass er in der Nähe eines Berceaus zu säen oder pflanzen hatte, so lag sie sicherlich in diesem Berceau in einer Matte und rief ihn beim Vorbeigehen um ihm seine letzten Sünden aufzuzählen. Sie behauptete eine Biene habe sie in die nackte Schulter gestochen und schlug ihm auf die Hand als er es nicht vermochte den Stachel herauszuziehen, denn es war keiner da. Sie legte es noch zorniger und bösartiger darauf an, ihn zu erregen, indem sie sich vorsetzte ihm einen nochmaligen Fall nicht durchgehen zu lassen. Sie nahm ein Mal ein Tüchlein, das sie trug vor seinen Augen zwischen ihren schweren Brüsten heraus und befahl ihm, es mit Lavendel von seinen Stauden zu reiben, rief ihn nachdem er es gehorsam abgeliefert hatte zurück, holte es wieder aus der verfänglichen Höhle und hielt es ihm an die bebenden Nüstern mit der Frage ob er Rauke mit Lavendel verwechselt habe. Und als die unvermeidliche Wirkung dieser Berührung mit dem Dufte ihres Körpers nicht ausblieb, oh Sultanin» «bemerkte sie» fuhr diese fort, «dass sie sich geschämt haben würde, – vielmehr nein – hm, bemerkte sie einfach, sie glaube es sei Zeit ihn zu verheiraten und sich von unliebsamen Berührungen mit ihm zu befreien. Hierdurch versetzte sie Hasan in die tiefste Betrübnis, denn der ehrliche Knabe war trotz aller erfahrenen Kränkungen seiner Herrin nicht nur innig ergeben, sondern gerade ihr ständiges Sichbefassen mit ihm hatte ihn wie das wol geschieht fast so fest an sie gebunden wie das umgekehrte Verfahren es hätte thun können. Er ahnte unbewusst, dass er ihr doch wol etwas bedeuten müsse, da sie sich so um ihn kümmere und dies erregte in ihm starke und wachsende Empfindungen eines gewissen Widerstandes, einer gewissen Herausforderung, eines charaktervollen Verhaltens, das wol auch die Form wirklichen Dienstes, wirklicher Werbung um ihr Verständnis für seine Gesinnung annehmen konnte. Wie es unausbleiblich ist, blieb diese Gegenspannung Ferida nicht ganz verborgen, sie deutete sich dieselbe aber, – wie wol?» «Das ist ja klar» setzte Mira fort, «sie dachte natürlich, jetzt habe ich ihn auch noch verliebt in mich gemacht, das kann ja herrlich werden. Wäre sie nicht unberechenbar gewesen so hätte sie jedes Mittel in der Hand gehabt, ihn abzukühlen oder liegen zu lassen. Aber dies Gefühl wurde ein neuer Stachel für sie, mit ihm anzubinden und es recht eigentlich auf Proben ankommen zu lassen, von denen sie vielleicht selber nicht wusste wie sie sie meistern werde. Sie wurde listig liebenswürdig zu ihm, sie lobte ihn, sie erhöhte seinen Gehalt, sie erlaubte ihm sogar, Blumen in den Pavillon zu bringen und dort zu ordnen, was nicht ausschloss, dass sie ihn am nächsten Tage heftig die Stufen hinunter in den Garten stiess, weil Rosenblätter auf den Estrich gefallen und dort zertreten waren, doch war sie tags drauf wieder süss und gelinde und trieb ihn auf diese Weise von heiss zu kalt und wieder heiss in genau die Probe hinein, der es sie selber unbewusst zutrieb, und zwar –» «Und zwar» sagte ich, «wird die Odaliske eines Wörtchens über die Knüpfung der Intrige bedürfen, in der sie mich unterstützen muss, und ihr ratschlagt unter Euch.» «Wonnig bist Du», seufzte Christa an meinem Munde, «wonnig. Ich habe mich nie so amüsiert. Süsser Junge, nicht jetzt, das nächste Mal. Vögelt er sie jetzt? Ich kann es gar nicht aushalten. Ich setze es auch nachher gewagt fort um Mutti zu agaçieren, die eigentlich gerade das liebt, aber manchmal muckert sie. Komm, nicht im Stehen. So, enger, mach mal den Mund auf. Gut? Noch so einen saftigen? Ach wenn wir im Bett lägen und nicht schwuhlen müssten sondern richtig. Thut Dir das nicht weh, solch einen heissen eisernen Henkel mit Kolben in Deinem weichen Bauch zu haben? Lass mir die Eier, zu fein. Früher dachte ich nur Jungens hätten zwei, Männer kriegten drei. Fass mich hierher beim küssen – so – so. Schluss, komm, nur fix.»

«Ich kann mirs schon denken» sagte Frau von Treeck strahlend und fuhr mir übers Gesicht als ich mich fest in ihren Schooss lehnte. «Los» sagte Mira, «ich brenne.» «Wie Du richtig vermutest, erhabene Sultanah, trug sich die Entscheidung in folgender Weise zu. An einem heissen Sommernachmittage nachdem Hasan den Befehl erhalten hatte wie immer eine Schale voller Blumen in ein bestimmtes Gemach des Pavillons zu bringen, hatte sich Feridah im Mittelraume, durch den er musste, und wo ein Springbrunnen plätscherte, zur Ruhe gelegt. Die Ottomane wärmte an und für sich schon, und so zog sie ohne Bedenken alle Kleider aus, streckte sich in ihrer vollen duftenden Üppigkeit auf das Lager drehte sich auf eine Seite und war bald in einem leichten Nachmittagsschlafe befangen. Hasan, der seine Sandalen abgelegt hatte, durchschritt den Raum, sah die Schläferin, wurde von heftiger und verzweifelter Erregung übermannt und ging eiligst weiter um seine Blumen am gehörigen Orte abzusetzen. Da er fürchtete ihm sei eine Falle gestellt worden, versuchte er von dort vergebens einen andern Ausgang zu gewinnen, doch fand sich keiner. Als er zurückkam hatte die Schläferin immer noch abgewandt, eine noch einladendere oder ausladendere Schlafstellung eingenommen und Hasan blieb angewurzelt stehen. Darauf ohne genau zu wissen was er that, entledigte er sich des wenigen Stoffes der ihn bedeckte, glitt lautlos an das Lager, liess sich ebenso lautlos der Länge lang neben der Schläferin nieder und unmittelbar darauf fühlte sich Feridah in ihrem Halbschlafe von einem zunächst unbestimmbar heftigen Gefühl und dann von einem sich steigernden immer süsseren durchdrungen, das sie zu Bewegungen entzückten Entgegenkommens, ja zu einer eigenen thätigen Teilnahme ihres ganzen schwellenden Körpers veranlasste. Da ihr allmählich beim Nahen der seligen Ohnmacht deutlich wurde, dass ein Mann sie besass, drehte sie sich in den Hüften zu dem Umschlingenden herum, rang Hasans Haupt sich näher und küsste es in ausbrechender Wonne tausendmal auf den Mund. Hasans Feuerküsse und seine eigene Seligkeit beschleunigten Feridahs Ende, die Liebenden schlossen sich, ohne sich von einander zu lösen, noch heisser zusammen und kosteten mit verschmolzenen Lippen das lange dankbare Nachgefühl der gemeinsamen Aufopferung.» «Einen Augenblick» sagte Mira hochaufatmend, sprang auf und verschwand. Christa hatte sich zurückgeworfen und dann auf eine Seite, uns abgewandt. Frau von Treeck neigte sich zu mir und küsste mich mit einem langen schwehlenden Kusse. Nach einer Minute tanzte Mira, hochrot und mit strahlenden Augen zurück und legte sich dicht neben mich. «Wer aber» fuhr Christa fort, «beschriebe Hasans Erstaunen als Feridah, die sich inzwischen befreit hatte, Hasan in Armen hielt und verschiedene Formen von Küssen mit ihm probierte, zwischen zwei besonders heissen plötzlich zu ihm sagte ‹Wer hat Dir eigentlich erlaubt mich im Schlafe zu stören?› Er küsste sie, zog sie an sich und sagte ‹Du hast mir verziehen dass ich Dich beschlief.› ‹Davon ist nicht die Rede› sagte Feridah, ihn immer noch küssend, aber etwas flüchtiger ‹über unsern gegenseitigen Genuss fordere ich keine Rechenschaft, denn er hat mich hochgradig erfrischt und gesättigt, aber wie konntest Du wagen meinen Schlummer zu unterbrechen?› Hasan brachte weder ein Wort hervor noch einen Kuss an und stand vom Lager auf. – ‹Komm hierher› befahl sie, auf dem Rücken liegend, mit hochgestellten Knieen. ‹Du verdienst für Dein Verbrechen zehn Stockschläge. Angesichts der Thatsache, dass Du mir im Verfolge dieses Verbrechens eine neue Art des Küssens gezeigt sowie eine besonders liebliche und überraschende Figur der körperlichen Vereinigung beigebracht hast, ermässige ich diese Strafe auf einen Hieb, den Dir der Pförtner verabreichen wird und augenblickliche Entlassung. Insofern Du aber mein Bettschatz gewesen bist, darfst Du den zwischen Bettgenossen üblichen Abschied von mir nehmen und zwar in Form eines Kusses auf den hiermit Dir herausgestreckten Körperteil, worin nichts beleidigendes liegt, da mein verstorbener Gatte der Vezier, diese Form der Zärtlichkeit jeder anderen vorzog.› Hasan jedoch, oh Sultanah –» Alles lachte und die Mutter schüttelte den Kopf «Unartige» sagte sie. «Hasan nahm seine Kleidungstücke, ging ohne von dem ihm eingeräumten Rechte Gebrauch zu machen, zum Pförtner dem er sich zur strafweisen Entgegennahme eines Hiebes meldete, empfing diesen von dem gutmütigen Alten in nicht zu schwerer Form und guter Haltung und zeigte seinem Grossvater seine Entlassung an. ‹Was hast Du begangen› fuhr ihn der Alte entsetzt an. ‹Ich habe ahnungsloser Weise die Herrin im Nachmittagsschlafe gestört.› ‹Aber Deine Lippen sind zerbissen und geschwollen› ‹Ich habe mir auf die Lippen gebissen, als ich geschlagen wurde.› ‹Du hast einen verdächtigen Saugefleck am Halse, und da auf Deiner Brust, noch einen.› ‹Mirza der Gärtnerknabe hat mir zwei Stiche giftiger Fliegen ausgezogen.› ‹Gut, ich glaube Dir zwar nicht, aber wie Allah will. Ich ziehe meine Hand von Dir ab, Allah öffne Dir.› So nahm Hasan sein Bündel und sein weniges Erspartes und verliess den Pavillon der Erzürnten. Er war in der grössten Empörung und Verstörtheit. Der Übergang von den Wonnen zügelloser Gegenseitigkeit zu der schneidenden Härte einer hoffärtigen Frau war ein zu entsetzlicher gewesen und stürzte ihn in einen schwarzen Abgrund. Es kam aber dazu, dass er, ein bisher wenig mit Frauen bewanderter Jüngling, ein erstes Glück von erschütternder Wirkung genossen hatte, das noch alle seine Adern erzittern machte und einen Durst in ihm entfacht hatte, in dem er nun Rache und Lust nicht mehr von einander unterschied. In diesen Gedanken war er ausserhalb des Parkes geirrt, die Nacht überraschte ihn im Freien und er suchte Schutz unter einem überhängenden Felsen.

Der Mond ging auf, und in seinem Lichte erschien unter dem Felsen eine Höhlung in die er kroch um sich auf Laub und Maultiermist wie ihn die Treiber dort für ihre Tiere zusammengescharrt haben mochten ein Lager zu richten. Wer aber oh Prinzessin beschriebe sein Erschrecken als er im Morgengrauen» «von Stimmen geweckt wurde» sagte Mirah geistesgegenwärtig, «die ihn rauh anfuhren während harte Arme ihn rüttelten. Wilde Gestalten umringten ihn und verlangten seine Barschaft. Hasan händigte dumpf den Räubern, denn solche waren es, seine wenigen Toman aus, und da er sonst nichts zu geben hatte, liess man ihn in Ruhe und forderte den starken Jüngling schliesslich sogar offen zum Eintritt in die Bande auf. Hasan erzählte er habe eine Rachepflicht auf der Seele und werde es mit den Räubern halten, bis er diese erfüllt habe. Er deutete an, eine herzlose Dame habe ihn als Mann und Menschen aufs tötlichste verwundet. Doch wolle er nicht ihren Tod, sondern nur Erniedrigung um Erniedrigung. Wollten ihn die Gesellen darin unterstützten, jedoch so, dass sie mit ihr nichts zu schaffen haben sollten, so wolle er bis dahin ihr uneigennütziger Helfer in allen Streichen sein. Da darauf eingegangen wurde, so war Hasan allerdings für einige Monate ein Räuber, hielt sich jedoch durch Mirza den Gärtnerknaben über alle Vornahmen Feridahs heimlich auf dem Laufenden und erfuhr so Anfang des Herbstes, die Dame werde, nur von einer Dienerin und Mirza begleitet, auf einem Maultiere eine Tagesreise weit zu einem Imam wallfahren, an den sie angesichts gewisser körperlicher Beschwerden ein Anliegen habe. Dies in Erfahrung gebracht, instruierte er Mirza genau und legte sich am festgesetzten Tage in einem verlassenen Brunnen in den Hinterhalt; und da oh Mohrensklave» – «Da geschah etwas, was eine Beratung mit der Odaliske drüben nötig macht und Euch Gelegenheit zum Spinnen Eurer Fäden gibt.»

«Sie musste Pipi machen vor Aufregung, die arme Mira, und mir wurde es auch doll zu Mute, und Mutti rutschte auf und ab» sagte Christa in meinen Armen. «Noch nicht Süsser, warte bis zur letzten Runde – oder geht die Geschichte in vier Lieferungen zu Ende?» ‹In fünf, so dass ich nicht mehr drankomme?» «Warte, hake meine Hose auf – ich ziehe ein Bein heraus –» Ich drückte sie nieder, sie gab mir die Zunge und ich drang ins Mark des jungen Leibes. Der schmale Leib wogte unter meinen Stössen, wahnsinnige Seufzer und Lalllaute brachen die Lippen, aber in einem Augenblicke war ihre Extase da und ich zog den Speer aus der Wunde. «Geh allein, Liebling, sag ich würde ein Taschentuch holen – ich brauche eine Minute Ruhe. Küss mich, aber sanft – wie wonnevoll, wie wonnevoll. Morgen bin ich eine Stunde mit Dir, ich weiss schon wie.»

«Nun» fragte die Sultanah. «Schon instruiert?» «Sie ist ein Taschentuch holen gegangen, es brauchte nur drei Worte.» «Wie geht es wol weiter» träumte Mira, «ich habe den Kopf voll unpassendster Fortsetzungen.» «Und ich,» sagte die Herrin, «ahne alles. Du bist ein wunderbarer Erzähler, Sklave, ich werde mich hüten Dich freizugeben. Hier ist Kaffee und Likör, falls Du müde bist.» Christa erschien von neuem, einen verräterischen Glanz in den Augen und einen Schatten unter ihnen, neu gemalt und frisch und nahm gleichzeitig ihren Sitz wieder ein, sie sah geradezu schön aus. «Als das Maultier klingelnd sich nahte, sprang Hasan, ein Messer in den Zähnen aus dem Brunnen, Mirza floh und während ein bereitgehaltener Knebel in den Mund der Zofe gesteckt und ihre Beine zusammengeschnürt wurden, befahl der Räuber der bleichen Feridah barsch, ihm zu folgen. ‹Ich habe Dich gekränkt›, antwortete sie stolz ‹aber Du hast mich missverstanden weil Du zwar ein schöner und heisser Mensch, aber ein Tölpel mit Frauen bist. Was ich Dir damals sagte, war nur eine neue Probe und wenn

Du sie irgendwie bestanden hättest, wärest Du mein Bettschatz geblieben, denn Du hast mir in jener Nachmittagsstunde ein heftiges Vergnügen bereitet und ich habe es oft zurückersehnt. Lass mich jetzt gehen und ich werde Dich nicht nur mit Lösegeld beschenken, sondern nach einiger Zeit wieder zu mir nehmen.› ‹Hängen lassen wirst Du mich, Du Ehr- und Herzlose› sagte Hasan, ‹Vorwärts oder Du bist auf der Stelle des Todes.› Es blieb Feridah nichts übrig als dem Räuber zu folgen, der sie nach wenigen Minuten zwang, in die bereits genannte Höhle zu treten. Sie war in ein Wohngelass verwandelt, ein grobes Lager und Waffen und Essgeräte waren sichtbar. ‹Knie nieder und bereite Dich zu sterben› sagte Hasan finster. Feridah lächelte. ‹Dort ist ein Lager Hasan, zwar nicht so weich wie das neben meinem Springbrunnen, aber es verspricht uns Stunden der Freude› und sie band gleichmütig ihren Hosenbund auf und sah den Jüngling mit schiefem Blicke an. Hasan aber oh Odaliske –» «Oh Hasan» sagte Christa zerstreut. «Was sagte doch Hasan? Ah so, ich weiss. ‹Ich schenke Dir Dein Leben an dem mir nichts liegt und ich verschmähe das Geschenk, das Du mir als Kaufschilling aufdrängst. Du hast mit mir gespielt und mit Dir selber. Du willst weiterspielen noch im Augenblicke des Todes, aber Du ekelst mich, und ich gönne Dich neuen Buhlen. Binde Deine Hose wieder auf, verschmähte Dirne und gehe Deines Weges; hier ist ein Messer, die Bande Deiner Magd zu lösen, reite weiter oder zurück, mich siehst Du nicht wieder.› Damit trat er in die Höhle, warf seine Habseligkeiten in einem Sack über die Schulter, fasste seine Waffen und liess die Gelähmte stehen. Diese aber, oh Sultanah –» «Oh diese Ärmste, nachdem sie den Rückweg zu ihrem Pavillon gefunden hatte, log der Zofe und dem wiederheimgefundenen Mirza vor, Hasan habe sich mit einem Schmuckstück als Lösegeld begnügt, Urfehde geschworen und erklärt das Land zu räumen. Aber bittere Galle frass an ihrem Herzen und unter

825

der Maske äussern Gleichmutes verbarg sie den Plan, diesen Unbezwungenen dennoch zu zwingen. Ist es so Sklave? Wolan denn. Sie besoldete mit ihrem Vermögen geschickte Späher in Schiras die das ganze Land abstreifen mussten um Hasans Aufenthalt zu erfahren. Im Laufe weniger Monate gelang es ihn auszumachen, er habe sich in Isfahan als Gärtner verdingt, das Zutrauen seines Herrn, eines Melonenbauern, gewonnen, und werde dessen unansehnliche und verwachsene Tochter heiraten. Sie verständigte die Häscher des Schah davon und verabredete mit ihnen, ihnen den gefährlichen Mann auszuliefern. Sie selber begab sich mit sicherer Hut nach Isfahan, erkundete das kleine Haus am Rande des Melonenfeldes, in dem Hasan schlief, liess die Häscher es von allen Seiten vor Anbruch der Nacht umgeben, jedoch ungesehen, und schlich selber die nur angelehnte Thür öffnend, in der Dämmerstunde hinein. Sie fand ein reinliches Lager mit einem sauberen Teppich von Balch, auch war die Kammer sauber gehalten; und hatte einen Nebenverschlag für Gerätschaften. In diesem zog sich Feridah aus, legte sich auf das Lager in der Stellung des verhängnisvollen Nachmittages und stellte sich wie? Oh Prinzessin?» – «Sie stellte sich schlafend» sagte Mira, «auf einer Seite ruhend, die üppigen Schenkel in einer verlockenden Curve zeigend, harrte sie regungslos bis Hasan ahnungslos von der Arbeit zurückkehrte. Er hatte kein Licht, legte den Arbeitsanzug ab, ein Hemd an, und wurde im Augenblicke in dem er sich ausstreckte, wie von einem Schlage getroffen. Er glaubte ein Gespenst seiner Phantasie narre ihn, ein Geist sei erschienen und bebte zurück. Aber der Hauch des lebendigen Leibes blieb der gleiche, er hörte Atemzüge, eine Sehnsucht schwoll in ihm, seine Rute richtete sich auf –›» «Hm» sagte Mutti. «Seine Rute» wiederholte Mira unerschütterlich «richtete sich auf und mit einer Wendung liess er sie zwischen die Polster der Schenkel, die an ihm glühten, eindringen; Seufzer antworteten ihm, Bewegungen antworteten seinem Drängen, ein Arm griff hinten herum nach seinem Halse und bald hallte die Kammer vom Knirren des Bettes, dem Rauschen der Küsse, den gebrochenen Stimmen eines vor Glück wahnsinnigen Paares. Nachdem beide das Wort wiedergefunden hatten, gab Feridah sich zu erkennen. Sein Aufbegehren verschloss ihr heisser Mund in seinen Lippen und nach kurzer gestammelter Rede und Gegenrede wechselseitiger Vergebung gaben sich Beide mit doppeltem Verlangen dem Spiele des Bettes hin. Hasan der den ganzen Tag schwer gearbeitet hatte, verlangte es nach dem dritten Ringelstechen nach Schlummer, aber Feridahs verlangende Lippen und thätliche Aufmunterungen liessen ihm keine Ruhe, er musste nach der Tagesarbeit des Gärtners die ganze Nacht hindurch ihren heimlichen Garten bearbeiten und es war Dämmer als sie von dem Erschöpften, in bleiernen Schlummer Versunkenen aufstand, ihre Kleider leise anzog, die Hütte verliess, den Häschern das verabredete Zeichen gab, mit ihrem Geleite nach Schiras zurückreiste, erfrischt von der süssen Nacht vollkommenen Willens, vollkommener Wollust, vollkommener Rache, und in Schiras von der nicht minder erfrischenden Nachricht bereits empfangen, dass der Räuber Hasan, der Gärtner Hasan, der Mann der sie genommen und verschmäht und gezwungen ohnmächtig, dumm, wieder genommen hatte, vor dem Thore von Isfahan vor zwei Tagen gehängt worden war.»

Alles klatschte in die Hände. Mira hatte den Faden meisterhaft aufgenommen und zu Ende geknüpft, die Mutter küsste sie und zog sie strafend beim Ohr, etwas tuschelnd, und ich zog ihr den Pantoffel ab und küsste ihr ehrerbietig den Fuss. Wir alle fanden es eine herrliche Geschichte und jeder gönnte dem Andern den Tribut des Beifalls zur begeisterten Mitarbeit. Wir beschlossen es die ganze Nacht weiter zu treiben, es war erst 10 Uhr, es wurde neuer Kaffee gemacht, und Mira forderte energisch ihr Recht, mich für sie neu zu verkleiden, unterstützt von Frau von Treecks gleichen Ansprüchen. Die Concurrentinnen zogen kurz oder lang, die Ältere gewann, und nun wurde beschlossen, dass nur Christa sich neu verkleiden könne, die Mutter wollte ihr Kunstgebäude beibehalten und Mira erst im nächsten Akte mit mir ein neues Paar staffieren. Unter grosser Aufregung und vielem Bonbonessen und Kaffeetrinken zog man aus einander. Frau von Treeck steckte mich ins Badezimmer und gab mir Reinigungsfett, zog einen Bademantel über sich und begann mich in der Wanne zu säubern, wobei mein ungeberdiger Liebesspross manche begehrliche Zärtlichkeit und mein Mund oft den ihren geniessen durfte. Sie war erregt bis zum girrenden Kichern ihre Röte glühte durch die Kunstfarben und als ich endlich herausgestiegen mich abgetrocknet hatte, und sie mich gefahrlos umarmen durfte, brach ihre Leidenschaft bezaubernd aus, und wir gingen durch Minuten äusserster, wenn auch sich beschränkender Entzückungen, denn, sagte sie, es sei noch Zeit zu allem, man solle Kräfte und Appetit sparen. Dann brachte sie einen herrlichen weiss wollenen Burnus und prachtvolle Ledersandalen, Riemen, Ohrringe, Schläfenlocken, bräunte mir das Gesicht mit einem feuchten Wattebausch genau um Lippen und Augen herum, und bestieg mich rittlings, mir den ausgesparten Mund mit Küssen befestigend und in meiner kitzelnden Klammer kichernd und sich windend. «Höre» sagte sie, «erzähle eine tugendhafte Geschichte und enttäusche diese ausgelassenen Dinger, die sich jetzt etwas ganz Tolles vornehmen. Es ist alles Lippenfrechheit bei ihnen, und ich bin sehr large, aber eine kleine Abkühlung verdient ihre Gaminerie; übrigens sind sie doch entzückend, findest Du nicht?» «Eine tugendhafte Geschichte –» sagte ich – «warte. Genügt es, wenn die Tugend siegt und die Sünde einen Nasenstüber bekommt?» «Schlimmstenfalls, aber richtig tugendhaft wäre wirkungsvoller.» «Weisst Du, ganz tugendhaft ist langweilig. Aber so: Geschichte der Wäschereibesitzerin und des Bedawi. Eine hübsche Wäscherin sieht einen jungen Beduinen am Markte, coup de foudre, schickt ihre Duenna ihn fragen ob er ihr Wäscheballen vom Fluss ins Haus tragen will, Duenna soll ihn probieren, blitzt bei ihm ab, Wäscherin verschliesst ihre Leidenschaft, behält ihn aber bei sich, wird moralisch gehoben, Gatte kommt plötzlich mit Carawane zurück, unbelehrbar, will Frau verstossen, diese macht ihn zum Ohrenzeugen einer Potipharszene, Gatte beschämt, schliesst Blutsbrüderschaft mit Beduinen, scheidet sich, heiratet Frau wieder.» «Meinetwegen» sagte sie lachend, «wir müssen sehen es ehrbar zu färben. Sage Xenia zu mir, geliebter Tugendspiegel, küsse mir nicht alles Gold von meinen Rehzwillingen unter Rosen; nachher mein Abgott. Gib ihn noch einmal her – ich bete Dich an; komm – Mira und Christa fehlen noch, wir zünden den Brenner wieder an und ich mahle neuen Kaffee in der engen knirrenden Mühle.» Dann kam Mira, glühender und hinreissender als je, wenn auch unverändert bis auf einen goldenen Nasenring, der sie geradezu aufregend machte und Kastenzeichen auf der Stirn und Christa frappant, als Phantasietürkin, die Stirn voll Goldmünzen, einen durchsichtigen Schleierflor vor dem hochgeschminkten vollen Blumenmunde, den Oberkörper total nackt, lange rote Pluderhosen bis auf die nackten Knöchel, die Füsse in goldenen Miniaturpantöffelchen, den Nabel innen schwarzbraun und darum herum orange geschminkt, bezaubernd – «Haustracht der Türkin» wie sie dreist erklärend sagte. Ihre hübschen festen Brüste hatten nur den Schmuck der durch ihre Aufregung hochgeschwollenen dunklen Knäufe, mit denen sie kokettierte. Ich setzte mich zwischen die Mädchen, in Miras Schoss gelehnt, Xenia gegenüber und begann. «Es war in Basra eine ausserordentlich schöne und noch ziemlich junge Besitzerin einer Wäscherei, deren Gatte als Karawanenaufseher viele Monate auf Reisen verbrachte und Ali der Maulesel genannt wurde, denn er war zugleich störrig und unfruchtbar wie ein solcher, und Azira hatte keine Kinder. Sie beschäftigte eine Anzahl männlicher und weiblicher Wäscher die am Tigris wuschen und die Ballen und Körbe ins Haus hinauf, eine ansehnliche Steigung – auf dem Kopfe tragen mussten, wo sie dann auf einer unfruchtbaren steinigen Fläche beim Thore getrocknet und gebleicht wurde. Ariza nahm sich des Geschäfts mit starkem Erwerbssinn an und wurde darin von ihrer erfahrenen, lustigen und in ihre Geheimnisse eingeweihten, etwa fünfunddreissigjährigen Dienerin Lejla, einer Perserin unterstützt. Eines Tages nun wurde der stärkste ihrer Wäscher und Träger, ein Neger, in einer Schlägerei erstochen und ein neuer der unerlässlich war, einige Tage vergebens gesucht. Als Ariza deshalb schon verdriesslich zu werden begann, kam Lejla vom Markte mit der Nachricht zurück sie habe mehr gefunden als sie erwartete, und gab dieser Nachricht einen verschmitzten und vielsagenden Ausdruck. Ariza erfuhr, sie habe am Markte müssig und nach Art dieser Fremden traurig und teilnahmslos, einen jungen Bedawi gesehen, edel gebildet und von bestem Stammbaum und ausnehmend schön, der ein wildgewordenes Pferd vor dem alles floh, mit drei mächtigen Sprüngen eingeholt, das bäumende unter sich gezwungen und abgeliefert und dann seinen Platz stumm wieder eingenommen habe, die ihm gebotene Münze nachlässig in seine Lokken steckend. Auf ihre Frage hab er in schöner und reiner Sprache geantwortet, er suche eine ihn erhaltende Arbeit und dabei den Spruch zitiert ‹Arbeit hat der Edle zuvor nie gesucht und minder versucht / Zum Gesuche des Unversuchten hat den Edelen Schuld verflucht.› Sie habe ihn aufgefordert, in einer halben Stunde sich Ariza vorzustellen, ‹und Du wirst sehen, Herrin er ist nicht nur ein erwünschter Träger sondern auch ein echter Araberhengst, nicht ein Maulesel, und mit wenig List will ich ihn dazu bringen dass Du nicht länger an den Boden dieser trägen Ehe gefesselt bleibst, sondern ihn besteigst und reitest und weit mit ihm kommst, wie es Deiner Schönheit und Deinen Jahren angemessen ist.› Ariza verwies ihr die dreiste Rede von der jedoch ein heisser Tropfe in ihren Kelch gefallen war und so kam es oh Sultanah –» «So kam es» sagte Xenia, «dass der Bedawi sich im Hause der schönen Wäschereibesitzerin einfand und, als er angestellt worden war in seiner Unschuld und Sittenstrenge schwerlich ahnte, welche Verwirrung er unwissentlich in den Gefühlen einer ihm Fremden angerichtet hatte. Denn Ariza die ihrem ungewinnenden Mann bisher in einer grämlichen und knurrenden Art treu gewesen war, glühte angesichts der edlen Bildung des Jünglings, seiner rabenschwarzen Locken, seines Mundes und seiner Augen, seiner Haltung, Sprache und Sitte, dies alles getragen von gewaltigen und mutigen Körperkräften, von bitterer Glut und verbrachte zwei gepeinigte Tage des Verlangens und zwei schlaflose Nächte der Phantasie, ehe sie Lejla rief und ihr Gespräch auf Amri brachte. Die Schlaue verstand das Ziel der Redensarten, schloss aus der künstlichen Gelassenheit richtig sofort auf die unerträgliche Temperatur der angstvollen Leidenschaft und sagte ‹Täubchen warum so viel Aufhebens über die einfachste Sache? Du lässt mich machen, ich bin nicht liebestoll und daher ungeschickt, sondern nur lüstern und darum gerieben, und Du kannst sicher sein, dass ich alle Schwierigkeiten behebe, den Wilden zähme und Dir zugerichtet ausliefere.› ‹Mit der Bedingung› sagte Amira, ‹dass richtig geschieht, was er Dir vielleicht, aber ich Dir, nie verzeihen würde.› ‹Larifari› lachte die Gerissene, ‹was geht's Dich an, lass mich machen.› Und so fasste sie einen Vorsatz, der, oh Prinzessin von Kaschmir, bei jedem anderen, als Amir Erfolg versprochen hätte, denn» – «Denn» sagte Mira, mit funkelnden Augen, in denen Unheil dräute, «sie rief Amri als er, einen schweren Wäscheballen auf dem Scheitel, den Hang vom Flusse zum Hause erstieg, freundlich mit Namen und liess ihn näher kommen. ‹Diesen Ballen mit besonderer Linnenware, oh Sohn einer Schönen, befiehlt die Herrin auf den Söller des Hauses zu bringen, damit er unter Aufsicht sortiert werde. Gehe Du vor mir die Stiegen, damit ich Dich unterweise.› Amir gehorchte. Lejla die hinter ihm ging sagte ‹setze ab denn Du dünkst mich von schwachen Schenkeln.› ‹Ich wollte ein zehnfaches Gewicht bergauf tanzen› erwiderte der Jüngling, warf den Ballen mit einer Halsbewegung hoch und fing ihn ohne Hand anzulegen, geschickt mit dem Scheitel. ‹Es wundert mich› sagte Lejla, hinter ihm weitersteigend, ‹dass die Bedawimädchen deren Feuer sprichwörtlich ist, einen Widder mit so starken Lenden haben ziehen lassen› und dabei kniff sie ihn anerkennend in eine Wade und liess einen bewundernden Klaps folgen. Amri dreht sich um und lächelte ohne zu erwidern. Dadurch ermutigt fuhr die Schlaue, der das Wasser im Munde zusammenlief, immer noch weiter steigend fort, ‹oder ist es vielleicht das Gegenteil gewesen, das Dich vertrieben hat, und hast Du mit Deinem mächtigen Dudelsack zuviele das Tanzen gelehrt, lass Dich sehen›, und damit that sie einen noch dreisteren Griff in die Kraft des Arabers.» «Hm» sagte Xenia, «dessen sich der Beladene im Augenblicke nicht erwehren konnte, weil er zwei Stufen höher stand. Aber, oh Türkin des Hauses» «Aber» räusperte sich Christa mit etwas zitternder Stimme und flammenden Augen, die sich in meine drängten, «aber es geschah zum Leidwesen des weiblichen Geschlechtes, das ungemeine Pedantengerät, das Unerwartete, dass Amri nicht etwa den Ballen abwarf, Lejla darüber auslegte, ihr den Hosenbund löste, den Dudelsack ansetzte und ihr die Melodie beibrachte, die zu vernehmen und nach der zu tanzen sie vor Verlangen verging sondern dieser Spiegel der Tugend, dieser melancholische Heilige verlangte mit rascher Sprache zu wissen wohin der Befehl der Herrin den Wäschepack verlangte, warf es dorthin ab, und ging ohne Lejla eines Blickes zu würdigen, treppab und Hang hinunter an sein von zarter Hand ihm umsonst versüsstes Geschäft, dem als Packesel zu dienen ihm in seiner Tugend würdiger erschien, als das schöne Geschäft des schnaubenden und zur Gesellin gerufenen Hengstes. Azira hatte herzklopfend auf den Bericht Lejlas gewartet und nahm deren kleinlautes Gehaben auf den ersten Blick als ihr Todesurteil. ‹Du brauchst mir nichts zu sagen› seufzte sie, ‹er ist innen so vollkommen wie aussen.› ‹Er ist nach meinem Gefühl aussen so langweilig wie innen› sprudelte Lejla hervor, ‹ein steifer dünkelhafter Narr der das Maul nicht wagt, damit ihm kein Stein seiner Steinwüste herauskollert.› ‹Hast Du ihn nicht vielleicht missverstanden› fragte Arizah, ein letztes Hoffnungsfünkchen aus ihrer Asche stöbernd. ‹Missverstanden? Wenn ich einem hübschen Manne ins Glockenspiel fasse und sein Klöppel weiss nicht was er schlagen soll, so ist er unfähig oder ein Heiliger oder schwachsinnig oder ein alberner Geck wie dieser Eckstein den ich leider nicht auf dem Markplatze liess damit die Hunde an ihm wässern› und so blieb Azira in einer Lage zurück oh Beduine –» «die zu beschreiben» fuhr ich fort, «mir die Sultanah erst weitere Anhalte geben muss, damit Eure Querzüge den Faden nicht verwirren» und wir standen auf während die Mädchen triumphierten.

Xenia führte mich in ihr nur drei Thüren entferntes Schlafzimmer, wo wir umarmt uns satt lachten. «Sie sind uns auf die Schliche gekommen» sagte sie, «und werden weiter gegen uns kämpfen, die Halunkendinger.» «Aber mit wieviel Witz und Geist, Liebling, lass ihnen die Verwegenheiten, die unser Glück doch nur steigern» «indem sie es verzögern – verlängern – würzen – stacheln» hauchte sie zwischen Küssen «komm, nur zwei Minuten» und sie drückte mich auf den einzigen Stuhl des Raums löste den Gürtel, hob meinen Burnus und bestieg mich verkehrt. Während sie stöhnend und den Hintern drängend einsank fühlte ich den Unterschied zwischen dem Alter das nicht mehr wartet und dem Christas, das es noch kann. Ich warf sie mit aller Kraft der Wollust so ungestüm, dass sie einmal aus dem Sattel kam aber haargenau wieder aufsass, was ihr einen Lustschrei entriss und sie vornüber beugte um enger in mich zu drängen, gleich darauf ging sie im Erlöschen hoch und umschlang mich, meine Lippen suchend. Ich hielt die nackte Taille unter dem Brokatcorsett umklammert, sie ritt meinen Nagel mit den letzten Kräften des Nachglücks, und so verharrten wir, sie meine Unterlippe ich ihre Oberlippe zwischen den Zähnen, ausbebend. Dann stieg sie vom Zapfen ab, richtete und schüttelte sich wischte mir das Rot vom Munde und betonte ihre Lippen neu, ein wundervoller Anblick, mit den schweren Augen in den meinen. Es hatte wirklich nur drei Minuten gedauert, und wir nahmen vor erwartungsvollen Gesichtern unsere Plätze wieder ein.

«Die Lage Arizahs» begann ich, «war eine zwiespältige, denn die Verschmähung hatte nur das Geschlecht nicht sie selber getroffen, ihre Liebe aber nicht nur nicht berührt, sondern erst erweckt und mit einem Inhalte erfüllt. Sie liebte unglücklich, aber sie liebte erst darum, denn in der Hoffnungslosigkeit der Begierden entwickelt die Phantasie die Möglichkeit, an Stelle der Wirklichkeit ein geliebtes Traumbild zu setzen und an ihm zu gestalten. Ihre Liebeswunde sass so tief, dass sie den eigentlichen Kräften ihres Lebens nahe war, und von dort aus getröstet und gepflegt werde sodass sie sich zwar nicht schloss, aber auch minder und minder schmerzte und ihre Seele sich daran gewöhnte zu entbehren. Sie rechnete Amri seine Härte als ausnehmende Hoheit an, gewöhnte sich dadurch an die Überzeugung von der Macht eines Hoheitsvollen, von der die wenigsten wissen, und es hätte nur gefehlt, dass Amri die schöne Frau ebenso geliebt hätte wie sie ihn um ein Liebespaar nach Art der Schwärmer aus ihnen zu machen. Davon aber war gar keine Rede, denn der Bedawi sah in ihr nur die Brotherrin, der er mit Achtung begegnete und deren betonte Achtung seiner Sonderstellung er als echter Bedawi als einen seinem Adel zukommenden Tribut dieses Stadtvolkes entgegennahm. Er war zum Wächter des Wäschehauses bestellt worden, in dem nachts die Ware verschlossen wurde und nächtigte dort in einem Vorraum auf einer Kamelhaut, neben sich das Kohlenbecken für seinen Kuskus und seinen Napf mit Milch. Den Beutel mit den Münzen seines Erwerbes trug er unter dem Burnus auf der nackten schwarzhaarigen Brust. Und dies Verhältnis wäre weitergegangen oh Sultanah, wer weiss wie lange, wenn nicht Allah gelobt sei sein Name durch wen dazwischen gegriffen hätte?» «Durch den Gatten, wie berichtet wird» sagte Xenia, «der Wäschersfrau, Ali den Maulesel. Ein neidischer Träger, eifersüchtig auf den Amri gewährten Vorrang der seinem Dienstalter vermeintlich zukam, hatte einer Karawane die Botschaft an Ali mitgegeben, er könne wenn er lange verziehe, lächerlich werden und seine Stelle besetzt finden. Als eines Abds Ariza auf dem Dache des Hauses ihrer Gewohnheit nach, das Haupt in Händen, nach dem Wäschehause blickte, in das Amris weisse Gestalt eben verschwunden war, galoppierte über den Steinanger plötzlich ein wie aus dem Nichts aufgetauchtes Pferd und das maulbeerfarbene verzogene Gesicht des Karawanenaufsehers blickte aus dem schmutzigen Burnus hinauf. Ariza eilte die Stufen hinunter, begrüsste ihren Herren knieend die Stirn auf dem Boden und sprach den gesetzten Gruss indem sie nach seinem Rocksaume langte. Aber Ali entriss ihr sein Kleid und verlangte mit seiner garstigen Stimme Rechenschaft über den Mann den sie im Hause halte; er tobte, schrie, schäumte, spie und drohte und wollte keine Erklärung gelten lassen, verschloss Arizah in ihrer Kammer und sagte durch die Thür, sie solle ihre Habseligkeiten schnüren und das Haus verlassen. Lejla, unerschrocken und grob wie ihres Gleichen drohte ihm darauf mit dem Kadi, denn die Wäscherei gehörte der Frau, ihr sei ein Anteil daran vor dem Richter ausgefertigt und ein gutgehender Handel sei nicht durch Scheidebriefe zu lösen wie eine schlecht gehende Ehe, wobei sie die von Ariza erworbene beträchtliche Summe nannte. Da sie damit auf seine Habsucht Eindruck gemacht hatte, trieb sie den Keil tiefer, indem sie die makellose Tugend der Frau und die Heiligkeit Amris mit leichtfliessenden Thränen pries. Ali murrte und warf sich zur Ruhe auf das Bett, aber am nächsten Tage erneuerte er die Szenen und wenn nicht die beiden Frauen auf die List verfallen wären, Potiphar noch in den Schatten zu stellen, oh Prinzessin Indiens» «So wäre» sagte Mira nach kurzem Stocken, «die ganze alberne Tugend umsonst gewesen und ohne den Reiz der Sünde als Sünde heimgesucht worden. Lejla hatte durch die Wäscherinnen in Erfahrung gebracht dass Ali der Gattin eine Falle stellen und sie auf frischer That ertappen wollte. Er beabsichtige, hiess es, eine verstellte Versöhnung, die den Angeblichen Liebenden recht freie Hand lassen solle, dann wolle er zum Schein verreisen, aber sich im Wäschehaus verstecken und handeln. Thatsächlich änderte sich sein Betragen. Er liess Ariza frei, ass die von ihr bereiteten Mahlzeiten, richtete freundliche Worte an sie, liess durchblicken dass er bereue, Gerede nachgegeben zu haben, hiess sie guten Mutes sein und liess sich sogar dazu herab, einige Male das Lager mit ihr zu teilen und ihrer Gleichgiltigkeit die Geschmacklosigkeit ungesalzener ehelicher Begattungen zuzumuten. Da die Liebe, die Ariza in sich trug es ihr unmöglich machte, in dem sie lahm bespringenden Klepper mehr als eine Behelligung zu empfinden» «hm, ja, hm» sagte Xenia, «und sie wenn schon lieblos, neutral zu leben wünschte, so erhielt Alis Verdacht nur neue aber geheim gekostete Nahrung. Tags drauf gab er bekannt, eine neue Karawane wünsche seine Dienste, bestieg seinen Falben und trabte davon, schlich sich aber in der Mittagsglut heimlich ins Wäschehaus, richtete sich hinter einem Stapel frischer Wolldecken, mit Nahrung versehen, ein und harrte der Schuldigen. Er hatte auch nur bis zum Abend zu warten. Im ersten Dämmern ging die Thür und Ariza glitt in das fensterlose nur von einer Luke erhellte Gelass. Sie war für ihre Stellung herrlich geschmückt, gefärbt und gesalbt, trug einen weiten grünen Mantel in den sie sich fest wickelte, und hockte auf einem Wäschebeutel neben dem Kamelfelle Amris nieder. Dieser, oh junge Türkin» «oh dieser» sagte Christa, mit einer Silberstange aus ihren Haaren ihre Brust kitzelnd, – «dieser oh Herrin betrat ahnungslos seine Unterkunft und warf den Burnus ab unter dem er nur einen zerrissenen Kittel trug, aber einen Körper von so ebenmässiger Schönheit zeigte, dass auch Purpur und Seide ihn nicht hätten erhöhen können. Nachdem er seine Augen an das Halblicht gewöhnt hatte, gewahrte er die sitzende Grüne und rief Allah an. ‹Erschrick nicht, Amri›, sagte Ariza seinen Arm berührend, ‹erschrick nicht und höre mich an, so zweideutig die Lage und Stunde meinen Aufenthalt bei Dir macht. Ich bin seit Du mir dienst, nur Deine Dienstherrin gewesen, wolwollend und streng wie mir zukommt. Du hast nicht gewusst, dass ich von der Stunde Deines Erscheinens an eine heftige Neigung zu Dir empfunden habe und dass Deine Reinheit und Würde, von der ich durch sichere Nachrichten untrügliche Beweise erhalten hatte, mich von dieser Neigung zwar nicht befreit, aber sie mit meinen Pflichten in den Einklang gebracht hat, den Allah will und weiss. Nie habe ich verraten, dass Du mir mehr als ein treuer Knecht giltst, nie dass mein Gatte mich vernachlässigt hat und ich als eine unfruchtbare Salzsäule wie Lots Weib unter den Menschen stehe, die mit den Gewohnheiten reizender Liebe so umgehen wie mit denen von Speise und Trank. Nun ist mein hässlicher Gatte von Verleumdern gegen mich aufgebracht worden, er ist hier wie ein

Häscher eingebrochen um mich in Deinen Armen zu ertappen, er hat mich eine Hure gescholten und Dich einen bezahlten Freudenjungen und allen Unflat seiner gemeinen Seele über mich und das Phantom von Dir entladen. Als er mich untadelig fand und mein Geld zu verlieren fürchtete, hat er sich versöhnlich verstellt, und mich einzulullen geglaubt, in dem er seinen Eselsspeichel an meine von Dir nie geküssten Lippen geklebt und seinen unfruchtbaren dürren Schamstecken dazu aufgereizt hat, sich in meinem von Dir nie begeisterten Schoosse einige Male zu entschleimen. Dann ist er davongegangen und wird eine Weile abwesend sein, aber seine Machenschaften weitertreiben und versuchen mich zu kränken und zu vernichten, Dich aber zu schänden oder zu töten. Glaubst Du was ich Dir hier bei Allah und seinen Propheten und dessen Heiligen schwöre, so heisse mich weiterreden.› Amir neigte sein Haupt zu Boden und sprach ‹Befehlen ist gehorchen. Der Dichter sagt ‹Die Feinheit ist immerfort ein Schild gegen Schändlichkeit, Die Sonne auch zugewölkt das Bild der Unendlichkeit›. ‹Und darum, oh Sohn der Schönen› fuhr Arizah fort, ‹da Du weisst dass ich Dich liebe, was Du ohne jenen nie gewusst hättest, sieh ein, dass er selber und seine Hässlichkeit es ist, die zwischen mir und Deiner Schönheit ein Band geknüpft und fang dies Band auf, das ich in Deine Hände werfe. Wenn die Reinheit als Sünde gestraft werden sollte, hätte Allah den Unterschied zwischen Reinheit und Sünde nie geschaffen, und wo ein solches Schändliches geschieht, zerreisst er den Sündenarmen über der Umarmung der Reinen. Dir oh Amir verdanke ich es, dass eine blosse blinde Begierde in mir zum Ebenbilde Deines Stolzes geworden ist, darum habe ich Dich in mir und bin als Dein Geschöpf mit Dir verbunden, und das ist gut so, denn Begierde ist Stückwerk eines Ganzen. Dies kann ich Dir anders als mit Worten danken, nämlich indem ich Dir zur Einsicht bringe, dass auch Stolz unfruchtbar und Stückwerk eines Ganzen ist, und dass er leugnet was Allah in uns gelegt hat, die Begierde uns unser selber zu entäussern in einem Andern Wesen, das Verlangen nach dem Paradiese, dessen wir für einen Augenblick teilhaftig werden, im Verlorengehen, im Schwinden, in der Verschmelzung. Der es leugnet leugnet Rose und Nachtigall, oh Amri, den Propheten und Aischa, den Frühling und die Geburt er leugnet sein Blut, das sich gegen den Stolz empört und seine Bestimmung die am Stolze verhungert, das Geschöpf und den Schöpfer. Sieh wie ich meinen Mantel vor Dir entfalte, welches Gefäss Allah Dir zubereitet hat in Reinheit um Dein Verlangen aufzunehmen. Dieser Mund will Deinen Mund, diese Brüste Deine Hände, dieser Leib will Dein wiederwiegendes Gewicht, und ein noch heimlicheres das ich unter dieser Hand verberge will das Sinnbild des Schöpfers, das ich eben an Dir unter Deinem Kittel mächtig aufsteigen sehe, in sich aufnehmen wie das Schloss den Schlüssel. Reisse den Trieb nicht aus, oh Amri, den Allah an Dir treibt, folge mir und nimm so viel von mir in Dich auf wie ich von Dir in mich aufgenommen habe, und nach dieser Nacht unseres Bündnisses bringt morgen mein Pferd Dich und mich und alle meine wolerworbenen Schätze wohin immer Du willst und wir werden ein Volk sein und uns mehren.› Und mit diesen Worten wollte sie ihn umarmen, aber er rang in ihrer Klammer, und entzog seinen Mund ihren Lippen, seinen Phallus ihren heissen Händen. ‹Tritt an die Wand Herrin› sagte er mit leiser Stimme ‹und vernimm wenige Worte darum weil Du andere von mir nie vernehmen wirst. Du kannst nie heisser nach mir verlangt haben in Deiner Blindheit als ich jetzt nach Dir, sehend. Es wäre ein geringes Verdienst, Dein bethörendes Anerbieten auszuschlagen wenn ich nicht danach brennte, jetzt ohne Deine Schätze oder Flucht, auf diesem Lager Dich zu zermalmen. Es wäre Dir ein geringerer Ruhm, Deinem Gatten die Treue zu wahren, wenn er nicht ein so ungerechter und unlieblicher Gatte wäre. Vergiss dass Du mich zu einem Verbrechen mit Gründen hast verlocken wollen, die Dich der Dschinn, der Vertauscher aller Werte, eingeflösst hat. Ein Verbrechen ist Ehebruch, Untreue, Geilheit und Liederlichkeit. Und aus Verbrechen wächst trotz aller Schätze kein Gedeihen.› In diesem Augenblicke trat Ali aus seinem Verstecke hervor und brach beim Anblicke einer nackten Frau die mit beide Brüsten in den Händen Reinheit predigte, und eines Mannes, der mit aufgerichtetem Liebesspeere sich weigerte, diese brennende Frau nach der er brannte, zu tralala, in ein tobendes Gelächter aus, das sich, oh Beduine, in folgende Worte auflöste:» Alle lachten, selbst Xenia die sich bei Miras tollsten Sprüngen die Augen zugehalten und mich durch die Finger angesehen hatte. «‹Ihr seid›» fuhr ich fort, «so waren Alis immer noch von Lachanfällen unterbrochene Worte, ‹ein paar Narren aus dem Tollhaus. Du Ariza bedecke Deinen Leib, und Du Amri, Deine vor Schreck bereits einschnurrende, für einen Menschen wie Dich entbehrliche Drohung. Ich habe alles gehört.› ‹Ich wusste› sagte Ariza stolz, ‹dass Du alles hörtest, denn ich wusste um Deine erbärmliche Falle. Um Dich zu demütigen habe ich mich erniedrigt. Da ein Wort oder Schwur einer ehrbaren Frau Dich von Deinem unehrbaren Argwohne abzubringen vermochte, habe ich Dir vor Augen führen müssen, dass kein Weib der Erde Amri zu verführen im Stande gewesen wäre, und dass da dies so ist, weder es mich verführen konnte, noch ich ihn, und die Neider gelogen haben.› Ali stand verdutzt da. ‹Ah› sagte er wütend, ‹so habt ihr eine Komödie gespielt.› ‹Wenn wir eine Komödie gespielt hätten – schweig Amri und lass mich reden – so würde ihre Enthüllung ihren einzigen Zweck aufgehoben haben. Ich allein habe diese Komödie gespielt, weil ich wusste dass ich sie wagen konnte; er hat nichts gewusst und ich habe ihn betrogen, denn wenn er nach mir gegriffen hätte, hätte ich nicht mehr an das

Bild geglaubt das ich von ihm hatte, und ihn unglücklich verloren.›
‹Gut› sagte Ali, ‹ich schreibe Dir morgen den Scheidebrief, denn ein Fremder hat Dich mit Deinem Willen nackt gesehen. Dir aber Amri bin ich von nun an Blutsbruder und Freund, denn meine Ehre hatte kein Bruder heiliger wahren können als Du. Und da ich weiss dass kein Bedawi Deiner Art eine Geschiedene Basranerin heiratet, und diese Frau nur eine formelle Strafe verdient, so heirate ich sie nach Ablauf der Rechtsfrist von neuem, und Du magst bleiben.› Der Bedawi verneigte sich und streckte abwehrend die Arme aus. ‹Nicht ich in diesem Hause› sagte er, ‹komme zu meinem Stamme und ich will dort Dein Blutsbruder sein, nicht hier. Die Frau aber, die meine Blösse gesehen hat, und sie hervorgerufen und benutzt um Deine Achtung zu erwerben, während sie die meine verspielte, sieht mich weder bloss noch bekleidet wieder, und der Dichter sagt

> Verführerinnen mit schmutzigen Einflüsterungen oder sauberen
> Sind Evas sämtliche Töchter; Mann, bewahre Dich vor der
> Zauberin

Aber Ariza sprach das Wort des anderen Dichters

> Wer bescheiden ist muss dulden und wer frech ist der muss
> leiden
> Also wirst Du gleiches schulden ob Du frech bist ob bescheiden.›

Und so war wie immer wo die reine Tugend waltet, zum Schlusse alles gerade so wie es Anfangs gewesen war, denn wo etwas sich verwandeln soll braucht es soviel Sünde wie dem schwachen Menschen zugemessen und bekömmlich ist.» Alle klatschten in die Hände und Xenia küsste mich ungeniert auf den Mund. Christa fühlte sich dadurch ermutigt, mich an den Ohren zu nehmen und ein Gleiches zu thun und die dreiste Mira warf sich zurück, rief «Komm» und zog mich über sich. Eine Minute lang umarmten wir uns alle durcheinander, dann klatschte Xenia in die Hände und forderte zu essen. Es wurde geläutet, ein Tablett mit kalten Leckerbissen wurde von den Mädchen hinter der Portière wo es diskret abgestellt worden zu sein schien, hineingebracht, ein Champagnerkühler von mir, und eine Viertelstunde lang wurde gekostet und angestossen. Unter dem Hauche des alten Sekts fuhren die Flammen auf, ohne fürs erste noch zu singen oder zu verzehren. Aber Xenia ging an meinem Arme so ausgelassen wie ihre Tochter nach dem Auskleidezimmer, riss mir lachend Burnus und Kappen ab und sich selber Jäckchen und Hosen und warf sich ohne Turban, nur das Mieder um die Goldbrüste, strampelnd und singend aufs Bett. «Sandalen aus» rief sie «dies ist heiliges Land und Du der schönste Abend meines Lebens, komm freier Genius mit dem wilden Schiffsschnabel, entere meine trunkene Barke.» Ich schwang mich zu ihr, und ohne dies Mal Zeit mit Präliminarien zu verlieren, drängten wir atemlos und einander nachhelfend, Kelch und Schaft bis ans grimme Ende in einander und tanzten Leib eng auf Leib, uns rollend, werfend, bald sie auf mir bald ich auf ihr unseren Rhythmus zu Tode. «Rasch fort», sagte sie mit eiskalten Lippen lachend und mich in den Hals beissend, «ein ander Mal con amore, lass jetzt nicht warten, they are up to something –» warf mir einen Bademantel zu und liess mich ziehen. Ich war immer noch unerschöpft, hatte meine Kraft gespart und wenig getrunken und trat unbefangen in das Zimmer der Mädchen. Christa war allein und flog mir an den Hals. «Mira kommt gleich, sie hat was Wonniges ausgeheckt, Du wirst sehen, sie bringt es selbst mit. Mutti ist fein, was? Sie thut nur so, aber sie macht alles mit Stil. Ich liebe sie, Du musst sie auch lieben. Du bist das Himmlischeste auf Erden. Gräulich dass Du übermorgen nicht mehr da bist. Unsinn, jetzt habe ich Dich noch, – ach habe mich, habe mich Du Süsser. Jetzt muss die feinste Geschichte kommen. Nachher musst Du mit uns schlafen. Ich erklärs Dir noch. Da ist Mira. Wart mal. Mit wem redt sie denn draussen. Ach Du. Steht er Dir denn immer? Macht mich ganz verrückt, ihn zu drücken. Noch eines, fest. Loslassen, sie kommt.» «Hört mal» sagte Mira, vor Lachen platzend, «der Feri ist zurückgekommen, hat den Zug versäumt. Das gibt einen Extra Ulk, wenn wir den mitmachen lassen.» «Wer?» sagte ich etwas betreten. «Ach der Junge der Dich mitbegrüsste, Feri Blagusch, ein blöder komischer Junge, der fuhr nachher zur Bahn nach Lübben, jetzt ist er wieder da, das gibt einen Fez.» «Wir können alles mit ihm anfangen was wir wollen, – er ist alles durch einander, unschuldig und total verdorben, ein bischen kränklich und geil, und ein Snob, und feige, und gutmütig und unanständig und so weiter. Er ist sechzehn oder siebzehn, und manchmal wie zwölf und manchmal uralt, doller Cocktail. Lass uns nur machen und Mutti.» «Bleibst Du Türkin?» «Totsicher färbe mir nur die Brustwarzen blutrot und den Nabel noch brauner und Schatten unter den Augen und Mouchen an den Mund, als vamp.» «Was macht man aus Feri?» «Er wartet draussen, Du ziehst ihn im Badezimmer an und ich Rudi hier, und mich.» «Unsinn, zieht euch bei Dir um und schicke mir Feri; ich weiss schon, er wird Kawan, dafür habe ich alles, blauen Kittel, Fez Leinenhosen gewickelt und Bastsohlen, ein bischen braun getönt und fertig – erzählen kann er ja doch nicht, er ist zu dumm. Wir werden uns rasend mit ihm amüsieren, geh Mira hol ihn und die Kawansachen, die sind in Deinem alten Schrank in der Fensterecke.» Als sie hinaus war, nestelte sich Christa in meine Arme. «Hör mal zu, jetzt kommt die grosse Steigerung. Du musst mit Mutti endlich mal scharf ins Zeug gehen, sie hat das gern und brennt glaub ich drauf, und das macht alles auch für uns ungezwungener, wenn sie vor uns in Feuer gekommen und umgeschmissen hat. Erzählt etwas ganz verwegenes, dazwischen an den Höhepunkten knipse ich aus, und nachher wieder an, Du verstehst mich schon, Du Süsser – ich lege einen

Drahtknipser unter meinen Teppich – verstanden – da kommen sie – einen langen –»

Mira erschien mit dem verlegen lächelnden, sommersprossigen länglichen Knaben mit rötlichem kurzem Haar, bläulichen zwinkernden Augen, einem ganz hübschen grossen Mund und einer Riesennase, aber krankhaft schmal und engbrüstig und vielleicht drahtig, aber muskellos. In Civil zwischen den halbnackten Mädchen wirkte er komisch und linkisch, seine Augen fuhren halb lauernd halb gierig halb schamhaft hin und her. Mira nahm mich unter den Arm und erklärte mir in ihrem Zimmer jetzt komme der Clou. Wir würden die Geschlechter tauschen, sie ziehe mich als Mädchen an und sich als Jüngling, ich würde Bajadere und sie Hasan der Gärtnerbursche aus der Ferida Geschichte, ich würde schon sehen. Sie war Feuer und Flamme, umtanzte und küsste mich wild, zog sich aus und stand in zauberhafter Nacktheit vor mir, trieb aber zur Eile. Sie zog einen grünen Arbeitskittel an, mit einem Hüftgurt, der knapp über ihren Schoss reichte, einen blauen Schurz darüber bis ans Knie und war drunter nackt, grobe Sandalen an die Füsse, nahm ihr Haar auf und versteckte es geschickt in einer schweren Welle, färbte sich noch brauner, malte sich einen täuschenden Bartflaum über die Lippe und klebte schwere schwarze Augenbrauen auf, klemmte einen langen goldenen Ohrring über das linke Ohrläppchen und riss einen Rosenstrauss aus einer Vase den sie an einem Band über die Schulter hängte. Mir setzte sie ein schwarzblankes Chignon mit langen Seitenlocken, von Ketten durchzogen, mühsam auf, schminkte mich purpurrot und setzte mir eine Musche an den hochgefärbten Mund, malte mir langausgezogene Augenbrauen und tropfte mir Belladonna in die Augen, dann musste ich mich in enge rote Seidenhöschen zwängen «prachtvoll dass Du so schmal bist, für den Zagel musst Du selber sorgen» goldene Brustkuppeln wurden mit Kettchen auf meine flache Brust geschnürt, der Nabel gemalt, grüne Seidenstrümpfe mit langen Goldbommeln bis übers Knie und Goldpantöffelchen, schliesslich eine golddurchwirkte Mantilla mit langen Fransen. «Bildschön siehst Du aus Du Verführer» sagte sie und warf sich über mich. «Jetzt» sagte sie zwischen Küssen, «komm, ernsthaft, die Geschichte. Es muss der Clou werden und das Bacchanal, lass uns machen, aber für Dich bin ich die Hauptperson, schwöre mir, ich warte schon zu lange, bin die letzte – thu was Du willst mit den Andern aber mit mir was ich will –» «Also höre zu. Die Geschichte von der Geliebten des Rumi und den beiden Knappen. Ein Rumi hält eine Geliebte aus, sie hat eine vertraute Magd – er ältlich, geringe Potenz, kleiner hässlicher Schwanz – sie ihm soweit treu, obwol unbefriedigt – sieht ein mal wie er der sie gleichgültig behandelt hat – in einem Vorzimmer ihre Magd umschmeisst, ihr Geld hinwirft, geht – fasst das Passepartout auf, – Magd ist frenetisch verliebt in einen ganz Jungen, Pferdeknappen des Rumi – Frauen sehen aus dem Fenster wie zwei Knappen, jener und ein älterer, Stuten des Rumi zum Ausritt halten, Händler Hengst zum Verkauf anbietet, reisst sich los, bespringt – Magd sagt aufgeregter Frau, kleinerer Knappe werde von allen Mädchen gemieden weil zu schwerbewaffnet, Frau begierig das festzustellen, war Trick des Mädchens, um Jungen ins Haus zu bringen – lässt Frau durch Lattenfenster zusehen wie sie Jungen verführt, ihn unter Vorgeben ihm Haare zu kämmen, aufregt und ins Bett nimmt – Frau verführt ihn darauf durch Herumzerren, Picken, Schlagen bis er sie umschmeisst, ist enttäuscht – Älterer Knappe hat Intrigue Mädchens mit Collegen belauscht, ist in Frau verliebt, verkleidet sich als Mekkapilgerin, Verschleiert, Sonnenbrille, verspricht ihr Liebesrezepte, schmeichelt sich ein, verwandelt sich in Mann, nachdem sie ihr umgekehrtes versprochen hat – Frau entfernt Magd und deren Liebhaber, Pilgerin wird wieder Knappe, reitet seine Herrin wacker wird überrascht, Frau führt Rumi an, erinnert ihn an seinen Rurmel mit Magd beschämt ihn, stiehlt ihm alles Geld flieht mit Geliebten nach Cypern, wird grosse Dame und stiftet Kirchen und Klöster für ihren Spezialheiligen Sankt Cresci, zu deutsch Sankt Steilrecht, auch genannt Mädchenwunsch.» «Toll» jubelte sie, «da sind sechs Höhepunkte drin, zur praktischen Anwendung ausmalen werden wir schon. Komm nur Jungen küssen, sonst geht der Schnurrbart wieder weg. Hose eng, Du? Komm, so Nein nicht richtig, nur so – ach ich zerspringe. Aber wir müssen frisch sein, komm jetzt.»

Bei Christa hockte Feri noch auf dem Schemel und liess sich bräunen, Christa neckte ihn wie ein Kobold und sah süss aus, aber Feri zeigte in seinem knappen Beinkleid keine Symptome von Erregung und Miras Männlichkeit war nicht gemacht seine entschiedene Neutralität zu beeinflussen. Wir stiegen hinunter, Xenia, wieder majestätisch schön wie zuvor und frisch gemalt, ordnete am Champagner und den kalten Schüsseln, Kaffee war gemahlen, die Spritflamme leckte, und wir nahmen von ihr lachend bewundert unsere Plätze ein, ich in Miras Schooss, sie neben mir, dann Feri und Christa und der Kaffeetisch. So begann ich: «Die Geschichte von der Geliebten des Rumi und den beiden Knappen. Es war in der Stadt Aleppo ein Rumi aus Sizilien, der es beim Pascha zu hohen Ehren gebracht hatte durch seine Steuer und Rechenkünste und über grosse Reichtümer verfügte. Er hatte eine Geliebte, eine tscherkessische Giaurin aus edlem Stamme, die der Pascha anfänglich gekauft, dann aber auf des Rumi Bitte unberührt sich hatte freikaufen lassen und die dieser auf einem Frankenschlosse mit Gärten und Gehegen unterhielt. Es war eine sehr schön feurige und franke Person mit Goldenen ins Rötliche spielenden Haaren und rötlicher leicht entflammter Haut und sie hatte da sie eine Freie war, dem Rumi beim Grabe seines Vaters schwören lassen, er werde im Hause nur sie und keine andere beschlafen, widrigenfalls sie von aller Pflicht gegen ihn frei sein solle. Der Rumi ein Fünfziger und damals auf eine so junge und schöne Geliebte stolz hatte dies feierlich beschworen und eine grosse Summe für sein Wort verpfändet. Er war aber von geringer Kraft der Liebe, und sein Glied war klein und kaum ein Finger, und sein Appetit selten und leicht gestillt, sodass er nach den ersten Monaten kaum ein Mal die Woche zwei Tage bei Dudu verbrachte und in dieser Zeit mehr sprach als handelte. Nun hatte Dudu eine vertraute Dienerin, eine Frankin namens Marjam, welche eine Nonne gewesen sein sollte und das Äussere von ihr haben mochte, denn sie war obschon nicht mehr sehr jung, von sanftmütig lieblichem Reiz, trug ihre vollen schwarzen Haare unter einem Tuche in der Mitte glatt gescheitelt und blickte unter ihnen mit schönem Augenaufschlage und einem verstohlenen Lächeln um die frommen glänzenden Lippen, durch welch gewinnendes und gleichzeitig fesselndes Äusseres sie Dudus Aufmerksamkeit erregt und ihr Vertrauen gewonnen hatte. Dabei wusste Dudu inzwischen längst dass die Heilige eine durchtriebene Weltfahrerin war und hatte durch manche ihrer erbaulichen Geschichten sich die schleppende Zeit verkürzen lassen. So kam es dahin, oh Gärtnerbursche der Prinzessin» – «Ah recht» begann Mira mit lächerlich tiefer Stimme, «dass Dudu eines Besuchstages vom Rumi gewürdigt, diesen besonders zerstreut und fahrig gefunden und nach der Mittagsmahlzeit unter dem Vorgeben einer plötzlichen Schläfrigkeit, aber ohne weitere Absicht, verlassen hatte. Da er sonst sich dann in sein eigenes Gemach zu begeben pflegte, geschah es arglos, dass sie nach einer Viertelstunde in den verlassenen Raum zurückkam um ein vergessenes Riechfläschchen zu holen, denn der Kopf schmerzte sie wirklich ein wenig, und im Vorzimmer durch ein Geräusch wie von Rauferei und unterdrückten Stimmen stutzig gemacht, stehen blieb. Sie lüftete vorsichtig und unbemerkt einen Vorhang gerade um genug zu sehen, dass der Rumi, ein breiter Mann, Marjam die sich heftig wehrte umklammert hielt und zu küssen versuchte, ihren Widerstand bezwang, sie gegen eine Ottomane drängte, auf diese rücksichtslos niederwarf, und ohne ein Liebeswort oder einen Andern Ton als heftiges Atemholen sein Geschäft bei ihr im Augenblick vollendete, wonach er erhitzt und verdrossen aufstand, ihr einen Geldbeutel auf die Ottomane warf und ohne ein Wort den Raum verliess. Marjam schüttelte sich wie eine getretene Henne, spie aus, weinte auf, öffnete den Beutel, zählte die Münzen und trat ab, und bald hörte Dudu Hufschlag vor dem Hause zum Zeichen dass der Rumi sich verzog. Als verständige Frau und da ihr der Mann nichts galt sah sie doch in diesem Vorgange nur ihren Vorteil obwohl sie Marjam ihre Nachgibigkeit der Form halber ein wenig vorhielt, doch antwortete diese ‹Was kann Euch diese Unart Leides anthun, da sie mir weder Liebes noch Leides thut, er hat sich bei mir kaum mehr als ausgeniest, denn sein Stückchen Pflock wie Ihr wisst fasst nicht und ohne sein ekelhaftes Körpergewicht glitte ich unter ihm weg ohne dass ers merkte indes er sich den Schuss abdrückt wie ein Hahn.›» «Hm» sagte Xenia, «doll» sagte Feri und begann hin und her zu rutschen, bekam aber von Christa einen Klaps und die Bemerkung «Hör doch nicht hin, Schuljunge, ist garnichts für Dich, komm erzähl mir was.» «Darüber wurde dann» fuhr Mira, kühl den Schnurrbart streichend und mich an sich drückend, fort, «nicht weiter gesprochen, bis zu einem Morgen an dem beide Frauen durch ein Gitterfenster auf den Hof blickend, dort Hufgeklapper und Stimmen hörten und Marjam die eine der letzteren für die des jungen Jussuf, einen kaum fünfzehnjährigen Knappen oder Pferdeburschen erkannte, in den sie sich gelegentlich einer Reise nach Aleppo heftig verliebt hatte und nach Art solcher alternder Mädchen ihren ganzen zähen heimlichen Willen gesetzt hatte. Die andere Stimme gehörte dem Altknappen Mardian, einem schlanken hübschen Manne mit breiten Schultern, dessen flinke und bittende Augen, – sie konnten aber auch trotzig und zärtlich blicken, alle Frauen des Hauses kannten, und nur Dudu nie bemerkt hatte, der sie vornehmlich galten, während zwischen Marjam und ihm Argwohn und Wachsamkeit herrschte. Dies alles sah Marjam im Fluge und schlug Dudu vor, eine Treppe tiefer wo die Sicht besser war um die Vorgänge durch ein verborgenes Frauenfenster zu beobachten. Dies war, oh junge Türkin des Hauses» «Ah» nahm Christa begeistert den Faden auf, «es war der folgende die beiden Knappen hatten die Schimmelstute des Rumi und eine andere, falbe, zur Bewegung hinaus geführt und wollten sie besteigen, als ein armenischer Händler einen prächtigen Hengst in den Hof geführt hatte, um ihn zum Kauf zu bieten, und nun mit seinem Gehilfen vergeblich sich bemühte, das schnaubende und schäumende Tier zu halten. In gleicher Weise drehten die Stuten, zitternd und wiehernd den Knappen die Halfter aus den Fäusten um mit den Croupen gegen den Hengst zu stehen, der bereits Funken aus den Steinen schlug und zwischen den entblössten gelben Zähnen Schaumbutzen auf seine Brust schneite. Die Stuten knickten, trippelten und wässerten vor Brunst, der Hengst stieg und die verzweifelten Halter liessen ihn fliegen. Er schob an die Schimmelstute die ihn zitternd leckte und ihren Hals durch den seinen schmiegte, erklomm und drehte sie und rannte ihr tanzend und wiehernd und beissend seine Groteske Affaire in die Mutter. Eine Minute später, courbettierend und wiehernd und stampfend, leckte er die Falbe unter den peitschenden Schweif – Feri, geh zu Mutti, Du machst mich nervös», und sie stiess ihn ab zu Xenia, «besprang sie und wurde im Augenblick dieser Schwächung durch einen ihm über den Kopf geworfenen Sack und einem Guss Essig auf die Schnauze so weit gebracht, dass die lachenden Knappen die immer noch zitternden und tanzenden Stuten aus dem Hofe reiten konnten. ‹Ach› sagte Dudu, Marjam umarmend und an sich ziehend, ‹welch ein erfrischendes Schauspiel, aber ein gemaltes Essen für einen Hungrigen.› ‹Ja› sagte die Andere sich dehnend, mit sehnsüchtigen Augen, ‹es macht glücklich und unglücklich, uns zwei ohne den Dritten, oder wenn der Dritte uns Zwei begnadet bleibt sein Mass so unterhalb der Sichtbarkeit wie das des Beschälers dort es ungeheuerlich übersteigt.› ‹Dass sie keine Angst haben wenn sie die Stange sehen›, bemerkte Dudu nachdenklich. Marjam dachte einen Augenblick nach, dann sagte sie langsam mit einem verstohlenen Lächeln in dem sanften Gesicht ‹Angst haben nur dumme Dinger, und manch einer hat darunter zu leiden.› ‹Du meinst doch wol nicht mich› erwiderte Dudu die Brauen hochziehend. ‹Was Du denkst. Die Tellermagd hat mir erzählt, Jussuf der hübsche kleine Knappe dort unten, werde nie ein Liebchen finden, weil die Natur ihn mit einem so massiven Werkzeug ausgestattet habe, dass alle vor ihm fliehen, obwol er ein so anmutiger Knabe ist.› ‹Woher weiss sie das?› ‹Er ist mit einer Sklaventochter aufgezogen worden, die in ihn vernarrt war und ihn reizte, da sie noch Kinder waren, sie zu besteigen. Er hat sie fast zerrissen und so ist es von Mund zu Mund gegangen und alles meidet ihn.›» Xenia schob Feri von sich, und sagte «tauscht doch einmal Plätze, Du und die Odaliske dort, Du bist ein etwas unruhiger Nachbar, kleiner Baron Blagusch.» Ich begab mich bescheiden zu Xenia, die leise den Arm um mich legte, und auf ein Zeichen Christas fortfuhr. «Diese Nachricht, oh junge Türkin, machte Dudu für einige Augenblicke träumerisch; dann holte sie seufzend Atem und sagte ‹Es wird so viel geschwatzt; übrigens wäre es Dir ja leicht, ihn nach seinem Liebchen zu fragen, da Du ihn ja von Deiner Reise nach Beirut kennst.› ‹Oh nur so oberflächlich, was spricht man wol mit einem Knappen? Ausserdem erfuhr ich das Gesagte erst später.› ‹Merkwürdigkeiten der Naturgeschichte interessieren mich immer› bemerkte Dudu kühl; ‹ich würde ein Kalb mit zwei Köpfen gern sehen, und ein Weib mit einem Fellgesicht, wie es sie geben soll, und Du bist noch neugieriger als ich›. Marjam lachte und stiess ihre Herrin scherzend an. ‹Ich glaube ich weiss einen Weg unsere Neugierde zu befriedigen ohne uns zu gefährden.›» Xenia beugte sich zu mir und fragte leise «soll sie den Jungen verführen?» Ich küsste sie auf den Mund und sagte «Los». Sie unter dem Vorwande einer neuen Frage, küsste mich wieder. «Hm» sagte Christa. «Lass doch dies süsse Mädchen mir helfen, und mich ihr danken», lachte Xenia, drückte mich an sich und fuhr fort: «‹Ich werde ihn ins Haus holen lassen um ihm Anweisungen in Deinem Namen, betreffend den üblen Geruch der Ställe zu geben und zwar lasse ich ihn in das Obergemach kommen aus dem das Fenster aus durchbrochener Arbeit auf den Altan führt, und in dem so viel ich weiss, für alle Fälle sogar ein Bett seht. Du sitzest auf dem Altan vor einem Gassenvorhang, ich mache Licht und Du siehst zu was vorgeht – wenn etwas vorgeht.›

Am späten Nachmittag erschien Jussuf arglos im Hause und wurde von des Pförtners Frau in das leicht erhellte Gemach geführt, wo Marjam ihn etwas rauh anfuhr. Nachdem die Angelegenheit des Stallmistes erledigt war, gab sie dem verdutzten hübschen Knaben Kaffee und einen Sorbet, und liess ihn niederhocken; sie erkundigte sich wie es ihm ergangen sei, lachte über seine naiven und derben Antworten, lobte seinen Sitz zu Pferde, gab ihm einen Bakkenstreich für eine massive Wendung schränkte das dadurch ein, dass ein rasches Handwerk keinen Zärtling wolle, und bemerkte darauf wie zufällig, er sei sich wol nicht bewusst, dass man zur Herrin in gesäubertem Zustande kommen müsse, und er sehe so vernachlässigt aus, dass wenn Dudu etwa hereinkäme – sie schlafe allerdings gerade – er einen Verweis erhielte. Hierauf holte sie einen Bottich mit Wasser und einen Schwamm und wusch ihm zuerst die Hände und dann die starken jungen Beine, wobei sie sich verweilte und gelegentlich unter ihrem frommen schwarzen Scheitel mit den schwärmenden Augen in dem schmalen Gesichte träumerisch lachte. Dann holte sie einen Kamm, liess ihn vor sich knieen, setzte sich und begann seine dichte Mähne zu strählen. Da ihn gelegentlich ein Knoten schmerzte, wurde er zwischen die Schenkel Marjams gezogen die sich zur Wäsche aufgeschürzt hatte, und diese warmen Schenkel umklammerten seine Hüften immer fester. Sie behandelte ihn nun wie ein Kind, hiess ihn geduldig sein, küsste ihn lachend, zur Belohnung wie sie sagte, und liess ihre Hände durch sein Haar gehen. ‹Was will denn der kleine Mann› sagte sie lachend, als die Wirkung auf den heissblütigen Knaben ihn zu Drängen und Greifen trieb, ‹was will denn der kleine Mann› wobei sie ihn nur auf den Mund küsste und ihr Spiel weiter trieb, aber von Jussuf umfasst wurde. Sie stand auf, machte sich los, sah ihn träumerisch lachend an und gab ihm einen kleinen Stoss, kitzelte ihn, drängte ihn ans Bett, zog ihn unter Kitzeln dort hinauf, spielte mit ihm und sagte plötzlich lachend, ‹ich glaube wirklich – ja ich glaub wirklich – dass ist ein kleiner Mann – ein ganz richtiger kleiner Mann› – worauf sie die Beweise für diese Beobachtung so dass Dudus Augen befriedigt wurden in Evidenz brachte, und ohne weiteres den Weg für die weitere Beglückung des geliebten Knaben von Hindernissen befreite, sodass die lange gesparten Entzückungen und Belehrungen ihren Lauf nehmen konnten, denn Jussuf war eine männliche Jungfrau und verdoppelte das Glück das er gab, durch die Fassungslosigkeit, mit der er es genoss –» («Nicht weiter Herrin, wir sind nur Fleisch und Blut» rief ich und umarmte Xenia, sie nach hinten lehnend.) «Du machst es zu verführerisch, und Du bist zu schön um ungestraft so zu verlocken» und ich zog sie mit Küssen die sie teilte an mich. «Hm» «Ho»,

«Weiter» klang es, aber Christa hatte rasch gehandelt war zu Mira herüber gesprungen und raufte mit ihr um Feri der abwechselnd beide zu küssen versuchte aber von den Schelminnen in Schach gehalten wurde. Inzwischen küsste ich Xenias Brüste, sie griff vorsichtig zwischen meine Schenkel, unter die Hose und fühlte meinen Stachel ab, sah die beiden Mädchen beschäftigt und überliess sich mit mir minutenlang den wahnsinnigsten wenn auch unfruchtbaren Liebkosungen. Dann richtete ich mich auf und klatschte in die Hände und goss Champagner ein. Feri wurde zurecht gerückt, bekam Nasenstüber und ein Glas Sekt, es wurde geraten wie es weiter gehen sollte, und dann erklärte ich wie gewohnt «Wie es nach diesem Schauspiel mit Dudu weiterging darüber muss ich mit dem Gärtnerburschen Feridus mich einigen und Euch ratschlagen lassen.» «Geht doch hinten in die Fensterecke auf die Couch» rief die listige Christa und als Mira mich dorthin zog ging das Licht aus. «Können wir es wagen?» flüsterte ich; Mira lag schon unter mir; meine enge Hose zerriss unter ihren Händen. Ihr Mund empfing mich, ihr Gärtnerschurz war hoch geschlagen, ihre schlanken Beine umschlossen mich und ich drang mit ungeheurer Wollust in die entzückende Enge ihres Kelches. Sie gab keinen Laut von sich und starb fast sofort in meinen Armen. «Feri» hörte ich Xenias Stimme sagen, «ein Kuss, aber sonst nichts.» «Ich halte ihn fest Mutti» rief Christa, «ich habe ihn am Henkel.» Es gab Aufruhr und währenddes seufzte Mira ihren ersten Wollustseufzer und ihre Arme zogen mich zu einem grossen reichen Kuss. Sie war süsser als alle. «Licht» rief ich, als ich brav neben ihr sass, «wir sind einig.» Ein allgemeines Rücken zeigte, dass man seine Plätze einnahm, das Licht beleuchtete eine dezente Ordnung. Ich ging zu Xenia zurück, meine Mantille fest um die zerrissene Hose knüpfend und fuhr fort. «Nun war der Kernpunkt des Dudu gewährten Schauspieles keineswegs ein solcher gewesen der Marjams Ankündigung einer naturwissenschaftlichen Seltenheit gerechtfertigt hätte, aber Dudu hatte über dem Zauber der Vorführung diesen Punkt fast aus dem Gedächtnisse verloren und Jussufs Maasse, ohne monstros zu sein konnten recht weitgehende Ansprüche befriedigen. Als Marjam der Herrin das Nachtmahl brachte und mit ihr teilte, noch wesentlich verschönt und heiliger aussehend durch den ungewohnten Genuss so feuriger und reichlicher Kost, denn Jussuf hatte ihr in rascher Folge drei Gänge in den Herd geschoben (alles lachte und ich küsste Xenia, die Hand auf ihren Brüsten) erklärte Dudu, sie habe wenig gesehen. ‹Überhaupt› sagte sie, ‹ist es bedenklich sich auf fremde Erfahrungen zu verlassen, auch wenn es die Deinen sind. Ich möchte daher dieser Tage den Knaben sehen und prüfen.› Marjam die hierauf vorbereitet war und als vernünftige Frau sich sagte, geteilter Genuss sei besser als keiner, denn ohne Dudu konnte sie Jussuf nicht behalten, ging lächelnd hierauf ein und schlug folgendes vor. Es solle Jussuf gesagt werden der Rumi habe wissen lassen, er werde um 11 Uhr vormittags im Schlosse sein und wolle Jussuf sprechen, den er mit einem Auftrage über Land senden wolle. Er solle sich reinlich, sattgegessen und reisefertig einfinden, denn er fände unterwegs nichts zu essen, eine Mahlzeit und Trank werde ihm in den Stall geschickt werden. ‹Ich führe ihn› sagte Marjam in die Vorhalle, aus der es in den Divan geht, Du bist zufällig da, und sorgst für Deine Information.› Gesagt gethan, Dudu liess Marjam dafür sorgen, dass die Diener um diese Zeit von ihr überwacht ihre Mahlzeit einnahmen und kam zufällig in die Halle, wo Jussuf, geschürzt und gestiefelt, wartete. ‹Ei, was schafftst Du hier› fragte sie. ‹Ich erwarte den Herrn, der mir Befehle geben soll› erwiderte der Knabe, verlegen vor der schönen Frau im bequemen und üppigen Hausanzuge. ‹Und im Reiseanzuge?› ‹Ich soll für ihn reiten.› ‹Wie wunderlich dass er einen Knaben dazu befiehlt› sagte sie obenhin, ‹der noch nicht ausgewachsen ist, und hat doch starke Diener.› ‹Nicht ausgewachsen?› antwortete der Bursch, ‹ich wollte schon wer es mit mir aufnimmt, ich springe über zwei Pferde, trage ein Malter Hafer, halte einen Hengst, und wer mich sonst bezweifelt, soll mich nur probieren, ich weiss manchen Tanz und manchen Stoss, und wenn ich zurückziehe, komme ich wieder und wenn ich ende fange ich wieder an. Stramm ist mein Name und bin vom Stamme Steif und mein Spitzname heisst Zwölfmal›, und dabei lachte sein braunes Gesicht und zeigte zwei Reihen schneeweisser Zähne. ‹Du bist ein Grobian› sagte die Dame heiter, ‹und wahrscheinlich ein Prahler dazu. Hunde die bellen beissen nicht, und dies thun, sagens nicht, es sagen die es nicht thun›. ‹Beissen nicht?› sagte Jussuf grinsend, ‹wenn der schuldige Respekt es erlaubte wollte ich Euch wol die Zähne zeigen, zur Besserung Eurer Meinung› und hiemit hob er als wäre es eine Feder einen schweren Steintrog mit einem Citronenbaum der in der Halle stand, vom Boden und liess ihn in der Kniebeuge wieder langsam auf die gleiche Stelle sinken. ‹Das sind gelernte Stücke› sagte Dudu, ‹und ich sehe Du machst es mit einem Trick im Rumpf, denn Du hast keine starken Arme›, und sie ziepte ihn am Muskel, ‹da alles dünn› und weiter ‹da nichts dahinter› wobei sie ihn zerrte, stiess und jedesmal danach ihm entwich. ‹Ihr treibt Possen, Herrin› sagte Jussuf ‹Ihr habt Eure Kurzweil mir mir, Ihr meint das nicht›. ‹Ob ich es so meine› sagte sie lachend, ihm das Haar zausend, ‹Du bist ein Flops und ein Grossmaul. Ein anderer hätte nicht stille gehalten und hätte mir meinen Irrtum bewiesen. Da, da, siehst Du, Du bist eine Eule bei Tage, auf der die Krähen sind, der Herr hat was Rechtes an Dir. Unterwürfigkeit wo sie hingehört, und Beweise wo sie zu haben sind, einen Topf heben, was heisst das?› Und damit trieb sie ihn weiter in die Enge, stiess zu und stellte sich fliegend und funkelte ihn an, ‹Wol› sagte Jussuf, ‹eben das ist meine Meinung auch, und daher› – er zog ein

Stück Kohle aus dem Ärmel mit der sie an der weissen Stallwand ihre Rechnungen machten und zog einen Strich auf die Erde. ‹Hier stehe ich zu Befehlen, aber wenn Ihr noch einmal diesen Strich überschreitet um mir zu Leibe zu gehen, so schwöre ich Euch dass ich Euch die Beweise nicht schuldig bleibe, deren Ihr bedurft› und darauf, oh Gärtnerbursche –» «darauf» sagte Mira, Feri von sich abhaltend, der ihr unter den Schurz ging «rief Dudu ‹sieh die Frechheit dieses Burschen, der mir in meinem Hause Grenzen setzten will!› und sie stiess ohne den Strich zu berühren, ihren Arm weit vorgestreckt in seine Brust und lachte. ‹Was ihr wollt› sagte Jussuf, ‹aber achtet den Strich, oder es geschieht was ich Euch sagte.› Dudu tanzte um den Strich her und hin, während es in ihr vor Verlangen kochte zu erfahren, was er beweisen wolle, warf ihn mit Erdbröckchen und Steinchen, brach einen Zweig von der Citrone und schlug ihn ins Gesicht, doch immer an der Grenze. Jussuf dachte für sich, der Rumi kommt selten, es sticht sie der Hafer und sie will wissen mit welchen Hörnern die Männer stossen, wagt sie es, beim Zagel der mir schon steht wie ein schuhlanger Knüppel, ich renne ihn ihr ins heisse Nest und wenns kracht (wir lachten und Christa sagte «himmlisch, gebt mir Jussuf», Feri quiemte «bin zur Verfügung» «Ja wol» sagte Christa, «ich kenne Dich, Liebling» und Xenia legte sich aufs Polster zurück mich nachziehend und hauchte «Beim nächsten Dunkel vö-, vö- gelliebter –») Mira trank einen Schluck Champagner und fuhr fort «So ging es noch Minuten. Dudu trat hart an den Strich und schwenkte zurück, machte Jussuf eine lange Nase, hüpfte vor und her und hin, und schliesslich glühend vor Verlangen im ganzen Gesichte, mit einem Sprunge über die Grenze. Jussuf packte sie wie einen Sack, zwang sie in der Luft in die Arme, drückte der Strampelnden den heissen Mund in die Lippen und trug sie die nur zum Scheine aber wild sich sträubte, durch die nächste Thüre die er sah, riss ihr schon im Gehen küssend die Hose auf, und warf sich mit ihr in den Armen auf den nächsten Divan, wo er das von Marjam gelernte anwandte mit seinem Strammen durch ihre Pforte brach und ihr so herrlich zusetzte, dass sie das Paradies offen zu sehen und alle Engel singen zu hören meinte worauf ihn ihre leidenschaftlichen Küsse zu einem zweiten Sturm und einem dritten und vierten –» Das Licht ging aus. Eine allgemeine Stille entstand, dann gingen Christas Feris Miras Stimmen in wildem Streit und Lachen durcheinander. Xenia schlüpfte aus ihrer Hose, suchte meinen Spiess und legte den Schenkel über meine Hüfte, kümmerte sich nicht mehr um die Umgebung und gab sich mir mit heissem Flüstern und Stöhnen ungezügelt hin. Ich zog mich kaum dass sie erlosch aus der Umarmung und suchte eine der Mädchen, griff Feri, dessen dünner langer Schwanz mir wie ein Bambus knotig in die Hände kam, und den ich in der Richtung nach Xenia umschmiss während ich mich hinwarf, wo es traf; die Mädchen fassten mich, eine küsste mich von rückwärts, die andere rannte sich verkehrt auf meinen Steifen auf, ich vögelte sie in der Luft, und dabei floss mir die Zunge und der süsse Speichel der andern in die Lippen, dabei hörte ich Xenia wieder ächzen und das Geräusch von heftigem Rammeln. Die auf mir hockende kam in Krisis, die andere nahm ihre Stelle ein und Christas Mund – ich kannte seine süssen Bisse – sättigte sich an mir während Mira zurücksank und verkehrt nach mir griff – ich hatte eine Minute lang zwei Mädchenmünder auf mir. In diesem Augenblicke flammte eine blaue Schlafwagenartige Lampe auf. «Pfui Feri» sagte Xenia lachend, warf den Bengel aus dem Sattel und sass hoch ihren Turban richtend und in aller Ruhe das rechte Hosenbein wieder anziehend. Die Mädchen zogen sich aus dem Knoten, lehnten sich rechts und links von mir und küssten sich weiter auf meinem Munde. Dann stand Christa auf ging zu Xenia, umarmte sie und sagte «Du Süsse, wie bist Du schön, warst Du glücklich?» Feri lag irgendwo. Mira und ich, allein umschlangen einander, küssten uns eng und dicht und versprachen uns das nächste volle Glück auf die Nacht zu verschieben. Inzwischen gewöhnten wir uns an das blaue Licht, lösten uns alle und tranken durcheinander Café und Champagner. Ich trank mit Xenia aus einem Glase, Christa tröstete Feri und Mira deren Augen schimmerten wie dunkle Opale, sagte «erzähle weiter oh Türkin aus dem Hause.» «Nachdem» sagte Christa, Feri an sich haltend, «Dudu Jussuf mit Geschenken entlassen und sich ausgeruht hatte, tauschte sie mit der schwarzhaarigen Marjam ihre Eindrücke aus die im Ganzen zufriedenstellend waren. Die Listige merkte jedoch bald, dass die kühle Beurteilung versteckt war und da Dudu sonst sich rückhaltlos, ihren warmen Blute nach, zu geben pflegte, vermutete sie mit Recht, dass die Herrin auf die Dauer den kleinen Hengst nicht nach Art der grossen von neulich, auf zwei Stuten zu bringen sondern für sich zu behalten wünschte. Da Dudu die jüngere war und sie selber bereits ihre Brüste mit Sorge zu betrachten begann, fasste sie einen pfiffigen Plan um sich nach allen Seiten zu sichern. Sie schrieb dem Rumi einen heimlichen Brief in dem sie unter Erinnerung an die gemeinsame Stunde Liebe und Verlangen heuchelte, aber unter Hinweis auf die Eifersucht Dudus ihm vorschlug, an anderer Stelle eine Nacht mit ihm zu verbringen. Er solle Jussuf befehlen, sie wieder wie vor Zeiten zu Pferde nach Beirut zu bringen, wo sie weiteres für die Zukunft mit ihm verabreden wollte. Diesen mit vielen Flammen und Herzen und Dichtersprüchen bemalten Brief las der Rumi mit äusserster Genugthuung. Es war aber dies nicht das Einzige was sich im Hintergrunde von Jussufs Doppelglück zutrug. Mardian, der Grossknappe hatte Unrat gewittert und Jussuf belauscht. Es war noch nie vorgekommen, dass der kleine Knappe für Stunden ins Konak befohlen worden war,

Jussuf sass Tags drauf lendenlahm und schlecht zu Pferde, er verfügte über plötzliche Geldmittel und da Mardian nicht wissen konnte dass die Dienerin der Herrin gekuppelt hatte schwankte er lange ob nur jene, die ihm gleichgiltig gewesen wäre, oder die letztere, auf deren Anblick, Duft und Atmosphäre er heimlich versessen war wie der Marder auf die Taube, einen ihm so verächtlichen Nebenbuhler beglückte. In diese Bedenken traf Jussufs aufgeregte Mitteilung er müsse die Dienerin auf Befehl des Rumi wieder nach Beirut bringen, von wo sie der Herrin Hausrat und Linnen aus einem geräumten Landhause nach Aleppo zu schaffen habe. ‹Lügner› sagte Mardian, ‹Du magst reiten wen Du willst und wohin Du willst, solange Du nicht gehängt wirst, ich glaube keine Deiner Geschichten, aber wisse dass ich Dich unter Augen halte und der Herr in mir einen treuen Diener hat.› Diese Drohrede berichtete Jussuf heimlich noch in derselben Stunde Marjam, mit der er über die Stunde der Abreise zu sprechen hatte und diese beschloss besondere Vorsicht walten zu lassen. Dudu fühlte sich sicher und bedauerte höchstens ihre Einsamkeit während der Tage von Marjams Fernbleiben, sowie die Hinausschiebung der nächsten Liebesstunde mit dem Knaben. Inzwischen genoss Marjam auf jeder Haltstelle in Ruhe die nimmersatten Umarmungen ihres strammen kleinen Beschützers und langte endlich in Beirut an, wo der Rumi ein gesteigertes Gefallen an ihr fand, denn Frauen brauchen um schön zu blühen wie Pflanzen kräftige dauernde Bearbeitung, Wässerung und Düngung, und Mariam war im Augenblicke eine Schönheit geworden. Sie vermochte in der ersten Nacht den Rumi zwar nicht zu grossen Leistungen zu bringen die ihm seine spärliche Anlage versagte, aber zu dem Wunsche sie eine Weile zu behalten und so wurde Dudu mitgeteilt, sie möge sich für einige Zeit eine Aushilfe verschaffen, worüber diese recht verdrossen war. Mardian erfuhr durch das Gesinde von diesen Umständen. In sein aufgeregtes Inneres schoss ein Plan und er ging unverzüglich an seine Ausführung. Mit Hilfe eines schriftgelehrten Freundes fälschte er einen Brief des Rumi an Dudu, der auch ihn nach Beirut berief, erhielt von dieser durch die Pförtnersfrau Urlaub und ritt davon. In der nächsten Stadt ging er in eine Herberge wo er sein Pferd einstellte, einen Teil des reichen Sattelzeugs verkaufte und durch feile Riemen ersetzte und mit dem Erlös seine List ins Werk setzte. Er kaufte die grauen Gewänder mit denen Pilgerinnen nach Mekka gehen sowie andere ungefährste weibliche Ausstattung an Schleiern und Mundschleiern und grober Wäsche eine schwarze Perrücke wie Judenweiber sie am Hochzeitstage bekommen und verwandelte sich in eine fromme Büsserin. Da er schöne Augen von bestrickend weichem Glanze hatte und junge Farben, auch eine sanft geformte Nase, wirkte seine hohe Gestalt und Biegsamkeit in dieser Tracht täuschend. Er war des frommen Aussehns Marjams wegen auf diesen Gedanken verfallen und es war für seine Zwecke am geeignetsten. Er versah sich für die Reise um weniger aufzufallen mit einer grünen Brille, vermietet das Pferd des Rumi an einen Arzt und tauschte einen Esel dafür und trat die Rückreise nach Aleppo an wo er im Dunkel an die Thür des Konak klopfte. Der Pförtnersfrau sagte er in schlechtem Arabisch er sei auf der Pilgerschaft bat um Obdach und zog sich da es ihm gewährt ward, still in einen Winkel zurück. Tags drauf verteilte er den Weibern Amulette und der Herrin sandte er zum Danke für ihr Dach einen Rosenkranz aus Korallen und bat ihr Gewand küssen zu dürfen. Dudu liess ihn kommen, er berührte die Stirn mit dem Boden und sagte ihr in seinem Kauderwelsch mit einer verstellten hohen aber melodischen Stimme seinen Dank. ‹Auch bin ich› fuhr er fort, ‹Allah sei Dank, durch die Gnade des Propheten, denn dies ist meine dritte Pilgerfahrt, in Stand gesetzt, zu heilen zu trösten und kleine Wunden zu behandeln, Verdruss zu beseitigen,

Sorgen zu lindern, das Vieh zu besprechen, einzuschläfern und Blut zu stillen. Ihr, schönste Herrin, tragt eine Wolke auf Eurer Stirne, und Eure Dienerin wäre froh, ehe sie das Haus verlässt, Euch zu entspannen.› Dudu antwortete, ihre Sorgen seien leichter Art, ihre vertraute Dienerin fehle ihr für einige Zeit und sie suche eine andere.› ‹Dem wäre abzuhelfen› sagte die Pilgerin, aber das ist es nicht alles, was an Euch nagt, vertraut Euch mir an, oder, wenn einer Fremden gegenüber Euch das schwer fällt, lasst mich einen Tag oder zwei Eure Dienerin vertreten, so bin ich gewiss, dass es Euch leichter werden wird, Euch aufzuschliessen.› Etwas in dieser Stimme, oh Sultanah – wirkte» fuhr Xenia fort, «eigentümlich auf Dudu. Sie willigte halbträumerisch ein, und die Pilgerin ging auf sie zu mit der Bitte sie mit dem Friedenskusse begrüssen zu dürfen, umarmte sie sanft, senkte den Mundschleier und drückte ihr einen weich brennenden Kuss auf die erstaunten Lippen, von dem wie jetzt – da ich diese Odaliske küsse – (und Xenias furchte die Lippen und küsste mich) – eine zauberische Wirkung sich in ihren Adern verteilte. Die Pilgerin macht sich sofort unbefohlen und unauffällig im Hause zu schaffen, säuberte, diente, sprach wenig und sah der Herrin den Wunsch von den Augen, machte sich ein Lager vor ihrer Thür, verrichtete viele laute Gebete und das Haus stand im Geruche ihrer Heiligkeit. In der zweiten Nacht konnte Dudu keinen Schlaf finden und rief Suleima, so nannte sich Mardian, sich zu ihr zu legen und ihr die Weile zu kürzen. Suleima, eng in ihre Untergewänder gehüllt, ein Tuch um die schönen schwarzen Haare und um Kinn und Hals, folgte mit niedergeschlagenen Augen dem Begehren und legte sich züchtig unter die Decke an den Bettrand. Dudu aber rückte näher und behauptete zu frieren, zog die Decke höher, nestelte sich an Suleimas Brust und sagte ‹ich glaube Du hast Recht und ich habe das Bedürfnis mich Dir zu vertrauen, rasch entwickelt – ich bin zu einsam und vergesse meine

Jugend. Aber was hilft es, – zu dem was ich brauche, kann mir kein Weib verhelfen.› ‹Allah öffne Dir›, sagte Suleima fromm und zog den wonnigen Leib mit einem kleinen Druck der Arme an sich. Durchschauert von dieser harmlosen Bewegung küsste Dudu sie auf den Mund, fühlte wieder das Jucken Schwellen und Prikkeln ihrer Adern, aber Mardian, dessen Pläne nicht reif waren, that sich übermenschliche Gewalt, lag steif und erwiderte den Kuss nicht. ‹Küsse mich nur, Du Heilige› flüsterte Dudu, ‹es bringt auf andere Gedanken und sind ungefährliche Spiele zwischen zwei armen Witwen, obwol ich –› und sie küsste sie wieder, ‹bei Marjam nie ebenso derartiges empfunden habe, wenn sie mich hier im Bette manchmal küsste und mit mir spielte wie ein Mann.› ‹Das sind unheilige Übungen› sagte Mardian, ‹und verführt in Sünde, denn es gibt Frauen, die Frauen lieben wie Männer Männer, und sich mit ihnen eine elende Wollust bereiten, einen Ersatz der nur aushöhlt und nicht sättigt.› ‹Nie› sagte Dudu, ‹haben mich solche Wünsche berührt und ich bin gewiss ich küsse Dich nur darum so gerne, weil die Berührung Deiner Lippen mir sogleich das Herz aufgeschlossen hat, und das auch jetzt thut, denn ich versichere Dich, ich brenne darauf, Dir alles zu sagen›, und damit küsste sie Suleima zum dritten Male, er küsste sie wieder und» – Xenia spielte das vor, mich an sich drückend, – «wir zwei Weiber illustrieren Euch diese unschuldige Szene», worauf ich sie auf den Schoss hob und unsere Lippen zärtlich mit einander spielten. Christa setzte sich zu Mira die den Mann markierte und ihr lange Küsse auf den Mund drückte, und Feri schubberte sich an Christa heran und versuchte, wie ich deutlich sah ihre Hand an sein Bambusstänglein zu bringen, worauf sie auch einging. «‹Es ist eine Sünde› sagte Suleima, die Zärtliche von sich entfernend, ‹wenn wir das fortsetzen, denn ich wünsche bald Du wärst ein Mann und könntest jetzt den Küssen die Handlung folgen lassen, die Allah und dem Propheten wolgefällig ist; dann könnte ich Dich inniger küssen und mit dem ganzen Verlangen einer Frau nach Sättigung.› ‹Wäre das keine Sünde für eine Pilgerin?› fragte Dudu – (Xenia immer noch auf meinem Schoosse sah mich zagend an und küsste mich furchtsam) ‹Nicht im Geringsten, wir haben keine Enthaltsamkeit gelobt ausser an heiligen Stätten und auf der Pilgerfahrt selber, die jetzt unterbrochen ist.› ‹Ach es sind leere Reden und wir schlafen besser› sagte Dudu, ‹denn weder Du kannst mir noch ich Dir ersetzen was wir wünschen.› ‹Wie alt bist Du› fragte Mardian leise. ‹Fast zweiundzwanzig› ‹Wie lange bist Du noch einundzwanzig?› ‹Noch drei Wochen› ‹So gäbe es ein Zaubermittel, aber ich wage kaum es Dir zu nennen, denn es schiene mehr mich zu vervollständigen als Dich.› ‹Was ist es› drängte Dudu, ‹lass michs wissen.› ‹Ich besitze eine Salbe durch die ich eine Frau, die die heiligen Zahlen in sich vereinigt, die drei und die sieben, für drei Mal sieben Tage aus der Drei mal Sieben in die Sieben mal Drei verwandeln kann.› ‹Was meinst Du?› ‹Drei› sagte Suleima feierlich ‹ist das weibliche Prinzip, drei Löcher hat das Weib, sie braucht zwei um drei zu werden, den Befruchter und den Sohn, drei sind ihre kitzeligen Stellen, die Brustwarzen und der Kitzler, sie ist drei mal sieben wenn sie einundzwanzig ist, als Weib, denn die Drei ihrer Mutter hat die Sieben ihres Vaters vervielfacht, sodass die Geburt weiblich fiel. Sieben ist das männliche Prinzip, die Siebenzahl wird mit einem Schwanz in der Mitte geschrieben, sieben Liebeswerkzeuge hat der Mann, die Bassstimme, den Bart, die Muskelkraft, die Zunge, den Penis und die Hoden, Allah ist Sieben wie der Regenbogen und die Tonleiter sieben sind. Wenn im Beischlaf die Sieben, der Mann, die Drei das Weib, so vervielfacht, dass ihre Vielheit sein Werk ist, fällt die Geburt männlich, aber mein Zauber kann im einundzwanzigsten Jahre den Mann für drei Wochen, drei mal 7 Tage weiblich machen, die Frau männlich. Es ist eine Salbe die mir ein Hakim in Mekka gegeben hat als wir dort Hadschi und Hadschigill waren.› ‹Und bleibt danach nichts männliches zurück, Bartwuchs oder ähnliches?› ‹Nicht das Geringste.› ‹Und wirkt es sofort?› ‹Nach sieben Stunden und drei Minuten.› Dudu versank in Nachdenken. ‹Ich könnte dann Dich straflos besitzen, ohne Sünde?› fragte sie, drückte Suleima an sich und bedeckte ihren Mund mit heissen verlangenden Küssen, ziepte und kniff sie wie Bräute mit ihren Verlobten thun und brachte Mardian in die grösste Gefahr –›» Und Xenia dreht sich auf meinem Schoosse, ritt mich, steckte mir die Zunge in den Mund, stülpte sich auf meinen Dorn, gab mir süsse Namen und alles lachte, aber es kam zu keiner Krisis, denn sie sass wieder ab und wollte Champagner. «Geh Odaliske, das Spiel wird zu gefährlich» sagte sie, «erzähle weiter oder berate Dich.»

«Wir brauchen keine Beratung» sagte ich mich zu Mira setzend, während Feri sich neben Xenia räkelte und Christa neben ihn hockte. «Meinst Du nicht, Gärtnerbursch, das wir uns ohne Worte verstehen?» «Licht aus» rief Christa. «Wozu?» rief Mira, «wir sehen wenig und genug, nachher –» «Mardian» fuhr ich fort «rettete sich ebenso eilig wie soeben die göttliche Sultanah sich von meiner bescheidenen Weiblichkeit gerettet hat, deren Stachel bereits in sie eindrang. («Nicht plaudern» rief Xenia) Tags drauf verrichtete er seine Arbeiten wie immer und wich der Herrin die ihn mit Schimmern der Augen verfolgte, geschickt aus. Aber um zwei Uhr nachmittags hiess er sie ein Bad bereiten, und sich nackend in dies setzen, besprengte sie unter geheimnisvollen Formeln und strich eine schwarze Salbe, aus Asche Kohle und Talg rasch verfertigt wie eine Seife in beide Hände, rieb ihr mit dieser beide Brustwarzen und sprach Berg zu Thale, und den Schampelz mit den Worten Thal zu Berge; dann hiess er sie die Schenkel spreizen, hielt beide Fäuste geballt unter ihre Scham und sprach zwei Bälle will der

Nelle, rieb ihr den Rest der Salbe über die schwellenden Hinterbacken und sagte ‹Magerschinken stramm und knapp treibt die Wirkung besser ab›. Dann gab er ihr eine Pille, die Kantharidin enthielt und die er von einem Apotheker gekauft hatte, um bei der bevorstehenden Enthüllung alle ihr etwa kommenden Bedenken in doppelter Brunst zu ersticken. Schliesslich wusch er sorgfältig seine Hände indem er bemerkte ein geringer Teil der Salbe, der in seine Haut eindringe weil er zu lange eingerieben sei, könne verhängnisvolle Wirkungen haben, der Zauber sei sehr stark. Die hocherregte Dudu liess alles dies zitternd und glücklich mit sich beginnen und entblösste im Laufe des Nachmittags und Abends wol zwanzig Mal ihren Leib um zu sehen ob die Veränderung begönne aber die Salbe war abgetrocknet und herabgefallen und, oh Gärtnerbursch» «und» sagte Mira, «im Gegenteile begann die Pille ihre folternde Wirkung, ihre Brüste schwollen und schmerzten, ihre Adern brannten, es küsserte ihren Mund es fickerte ihren Kelch, sie warf sich wie ein verliebtes Kätzchen – zum Beispiel so (und ich bekam den glühenden verliebten Mund und die süssen ungeduldigen Hände wieder zu fühlen), sie konnte nicht essen, und warf sich schon um acht Uhr in ihr Bett.» «Komm Feri», sagte Xenia, «drei Küsse aber dann brav», und nahm den aufgeregten Schlingel rittlings auf den Schoss. «Ich habe genug von ihm Mira komm Du ihn halten», und die junge Türkin legte sich zu mir, nahm mir die Hände über ihre süssen nackten Brüste, trank aus meinem Glase, fühlte nach mir und flüsterte «jetzt der Clou, wie?» «Um neun Uhr», fuhr Mira fort indes ich Christa zu mir zog und küsste, und während Feri drüben geküsst und beruhigt wurde – «um neun Uhr erschien Mardian im Schlafgemache, eingehüllt wie zuvor und legte sich zu Dudu die ihn fiebernd umschlang. Sie war nackt, holte seine Hand in ihren brennenden Schoss und fragte ‹wann kommt es, ich spüre schon die Vorzeichen, ich liebe Dich schon wie ein Mann, zieh Dich aus, ich will Dich abfühlen, ich will meinen Leib in Dir haben, ich will Dich nageln, ich will Dich, ich will Dich, ich will Dich, ich bin schon andern Geschlechts wie Du, wann wächst mein Zepp?› Mardian zog sie an sich, löschte die Ampel neben dem Bett und küsste sie mit einem vollen Feuerkusse der nicht endete, liess seine Hände über den geliebten Leib fahren und fachte Dudus Flammen zu Wahnsinn an. Er küsste nun wie ein brünstiger junger Mann eine nackte Geliebte im Bett küsst, öffnete dabei unmerklich seine Hüllen und gab Dudu ein unerwartetes riesiges und siedendheisses Spielzeug in die Hände. Sie schrie auf, er schrie mit sie sagte ‹was!› er rief ‹oh Wunder› sie schrie ‹jetzt bist Du es ja›, er antwortete ‹verfluchte Salbe›, sie hielt immer noch ihren Fund, den Hengst Mardians, wie einen Baum hoch in der Hand» («wie ich hier» rief Christa triumphierend, griff unter meine Mantille und zeigte der Gesellschaft meinen Schieber, der sich während der Erzählung wild aufgerichtet hatte und seinen Tulpenknopf dicht und glänzend über ihren beiden kleinen Fäusten blähte wie ein Leuchtturm. «Weiter Mira» rief ich, die Mantille über den Fund und die Finderin ziehend und Christa, dicht an mir, flüsterte «gleich» und hielt fest) «Sie hielt immer noch» fuhr Mira fort, ihren Fund hoch, aber bereits drückte Mardian sie in die Pfühle zurück, flüsterte ‹ob Du oder ich, was liegt daran› und sie flüsterte ‹Komm endlich› und er flüsterte ‹Liebling› und sie flüsterte ‹tiefer› und er ‹Ja› und sie ‹Ja ja› und damit schwoll ihr der Knüppel, hart und samten und biegsam, Zoll um Zoll ins süsse Geheimfach und sein Finger glitt in ihren Hintern und sie biss auf seine Zunge und rammelte ihm entgegen wie ein geschütteltes Mehlsieb und er holte aus und stiess zu und es ging wie jetzt drüben, kommt seht wie die Odaliske wie Christa –» denn ich hatte Christa unter mir und vögelte sie aus dem Kreuze heraus, sie war nackt, hatte sich alles abgerissen und stemmte mit hohlem Rücken röchelnd gegen mich, und dies war das Signal. Das Licht ging an, alles riss sich die Kleider halb ab, Mira war nackt, Xenia halbnackt in ihren Pludern, beide küssten lachend und toll den nackten dünnen Feri, den sie übers Kreuz um den Nacken genommen hatten, und dessen spitze knorpelige krumme Rute ihm lächerlich am hohlen Knabenbauche stand, und dann warfen sich alle drei neben uns, die Frauen umschlangen sich liegend, lallend lachend, küssend, rissen mich und Feri abwechselnd heran Xenia den Arm um Christa, ihren Kopf dicht neben dem ihren, zog die Pludern ab, spreizte die prachtvollen Schenkel und zeigte den roten Mund im schwarzen Pelze, zog mich auf sich und führte sich mit der freien Hand meinen Steilen ein, während Christa mich auf ihre Lippen zog und ich die Tochter küsste, deren schöne Mutter mit Wonnelauten unter meinen Stössen rutschte – es kam der Moment, in dem die Ekstase sich unser Dreier gleichzeitig bemächtigte, Christas rechter und Xenias linker Schenkel sich über mir zusammenkrampften und ich meinen Krampf in den Schoss der Mutter entlud, während die Tochter sich meine Faust in den zuckenden Kelch drückte und mit einem langen Glückslaute den jungen Mund in mich ausgoss. Es war meine erste Niederlage an dem ganzen Tage, ich hatte bisher eisern die Herrschaft über mich bewahrt, aber dies ungeheuerliche Wollust-Erlebnis riss alle Widerstände nieder und Xenia geschüttelt von der elementaren Wut meiner Entladung, kam in eine zweite Krisis nach der ersten, stiess Christa weg und und tobte ihre nervigen um sich schlagenden Glieder an mir aus. Neben uns liess Mira, die Hand vor dem Munde um sich nicht küssen zu lassen, und unter der Hand lachend wie toll, sich von Feri vögeln, der endlich wie ein Mann eine der drei Frauen besteigen durfte, ohne mitten drin abgesetzt zu werden und mit komischen Juchzern in der Kehle, den Oberkörper weit zurückgebogen, sich an dem reizenden nackten Leibe die

Brunst abstiess. «Wehe Dir wenn Du losgehst» rief Mira erstickt, «raus, kleines Schwein» und Feri, schon im Krampf, sah blöde um sich, zog ab den Penis in der Faust durch die sein Liebessaft auf den Teppich suppte. Langsam beruhigten wir uns. Das blaue Licht trat wieder an die Stelle des Hellen. Der Anzug wurde wieder halb gerichtet, die Turbane sassen schief, die Hosen locker, ich hatte meine Perrücke verloren und blieb fast nackt in der grünen Mantille, wir tranken kalten starken Kaffee, assen dazwischen, lagerten dicht zusammen und Christa erzählte weiter: «Nachdem die ersten Stunden des Glückstaumels vorüber waren und in der ersten Erschöpfung die Verliebten neue Kraft sammelten, sagte Dudu mit einem kleinen Kusse der Verzeihung ‹Du hast mich betrogen, geliebter Schuft, Du bist ein Mann.› Mardian gab sich zu erkennen, erzählte seit wie langer Zeit er sie liebe und begehre und wie seine niedere Stellung ihm jede Hoffnung solange benommen habe bis ihm bewusst geworden sei, dass Dudus Verlassenheit und Vernachlässigung sich an einem elenden kleinen Pferdejungen die Näschereien hole, die ihr das Leben versage. Jussuf sei ein Sklavensohn, er dagegen ein freier Grieche und weniger unwert ihrer Gunst. Die innigen Küsse der Verzeihung, die hierauf folgten, gingen auf natürlichem Wege in neue Spiele der Liebe über und Dudu fand sich nun erst wirklich im Besitze jener naturwissenschaftlichen Seltenheit die Marjam ihr in Gestalt des Werkzeugs des kleinen Knappen vorgegaukelt hatte, denn nur was wir heut praktisch erleben, hätte den Vergleich mit dem Riesenspielzeug Mardians und der eisernen Standhaftigkeit seines Frauendienstes aushalten können (und damit stiess mich Christas nackter Fuss an und Mira und Xenia klatschten Beifall). Sie war denn auch entschlossen, diesen Glücksfund nie wieder preiszugeben und stattete Mardian mit den Mitteln aus, das Pferd und die Habseligkeiten des Roumi wieder an sich zu bringen und als Knappe ins Konak zurückzukehren. Inzwischen hatte Marjam in Beirut den Gipfel des Einflusses auf den Rumi schon überschritten und war von ihm angewiesen worden, mit Jussuf nach Aleppo zurückzukehren, wohin er selber um die Rechnungen abzunehmen aufbrach. Aber er ritt einen raschen Araber und reiste schneller als seine Dienstleute. In einer Nacht in der Dudu den Geliebten bei sich hatte und arglos genoss, scholl Hufschlag auf dem Hofe und der Rumi brüllte Mardians Namen, zu kommen um ihm das Pferd abzunehmen. Schreckensbleich berieten die Liebenden was zu thun sei und drunten folgte ein Hundessohn und Hurensohn des Ungeduldigen dem anderen. Endlich hatte Dudu eine Eingebung. Sie sprang auf den Altan und rief ‹Was brüllst und tobst Du Elender und Wortbrüchiger vor meinem Hause, wen willst Du und wem glaubst Du gebieten zu können. Niemand gehorcht Dir mehr hier, reite zurück woher Du gekommen bist und erleichtere ein Mal im Monat Deinen schäbigen Zipfel bei Deiner Buhlerin, dem Weibe das Du Ehrvergessener vor meinen Augen in meinem Hause gebraucht hast.› Der Rumi stand wie angedonnert. ‹Du bist toll›, sagte er, ‹schweige Du Närrin.› ‹Ich schweige nicht und wenn Du alles aus dem Schlafe brüllst. Dir wird nicht aufgethan.› ‹Marjam› sagte er ‹habe ich in Beirut unberührt gelassen.› ‹So› schrie Dudu, die jetzt erst erfuhr, dass er sie auch in Beirut gesehen habe, ‹wem machst Du das weiss, verlogene Seele. Du hast

IX

Ich war ganz erfrischt und elastisch, dank einem sehr heissen Bade und einer halben Stunde scharfen Turnens und begab mich nach unten wo der Diener mir Kaffee und ein Ei auf einem silbernen Tablett hinstellte, nebst Backwerk aller Art, die Damen hätten noch nicht geläutet und Baron Blagusch sei vor einer Stunde abgereist, aber die gnädige Frau werde wol gleich erscheinen, denn es seien Gäste zu Mittag da, auch zum Thee. Ich frühstückte in der Bibliothek und musterte mit Erstaunen Xenias Lektüre, Mathematik schien die Hauptleidenschaft, ihre Philosophen waren nur Pascal, Spinoza, Locke, Condorcet Berkeley. Aber sie hatte alle Jahrgänge von Krumbachers Byzantinischer Zeitschrift und enorme Spezialliteratur darüber, eine kirchengeschichtliche Spezialbibliothek, eine römisch rechtliche und dann wieder amerikanische Spezialliteratur zu Prähistorie von Australien und den Staaten. Welche Weite und Balance in dieser sonderbaren, wunderbaren, undenkbaren Frau. Indessen erschien sie in der Thüre, schlank und frank und strahlend, in blauem Serge und weisser Bluse, hielt mir die Hände entgegen, liess sich in die Arme nehmen und gab auf meinen ersten Kuss einen einzigen vollen und innigen Kuss des kurzen Grusses zurück, nahm gleich meinen Arm und fing an zu plaudern. «Ich hätte Dich zu gern heut allein mit uns gehabt, aber ich habe Leute nicht ausschlagen können, von denen ich nicht weiss ob Du sie magst, es ist eine Freundin der Mädchen mit ihrer Engländerin, der wir eine politesse schulden und Leute who lately have become neighbours, die Kemnitz – Graf und Gräfin Kemnitz die Polzin gekauft haben, er ist ein bel homme und so so, sie kenne ich von Paris her, ein bischen komisch aber – nun Du musst sehen ob Du das Genre magst. Zum Thee kommen Prinz und Prinzessin Nicolaus von Mecklenburg, eine schöne Frau. Nun, um 6 ist alles vorbei und ich schlage vor Du kommst bis Tisch zu mir und erzählst mir soviel Du kannst von Dir, wozu wir sonst nie kommen und nach Tisch unterhältst Du uns von Deinen grossen Dingen und wenn wirs satt sind weil es über unsere Begriffe geht, stellen wir das Grammophon an und drehen einen, denn ehe ich nicht mit Dir getanzt habe, kenne ich Dich nur bis auf den dernier pas qui coûte – dumm das Sprichwort mit dem premier pas, ist Dir das nie aufgefallen, – Philisterweisheit? Übrigens bin ich glücklich, Rudi Dich hier gehabt zu haben und muss Dir das doch sagen ehe ich, und zwar gleich in meine Wirtschaft gehe – ja –» Ich hatte sie an mich gezogen und küsste ihr beide Hände und sagte «Xenia, mache mich nicht zu glücklich, glücklich genügt» «Ja» sagte sie lachend, «Wahr» fragte ich. «Ja – Ja» sagte sie mit beiden Händen an meiner Brust und ein par raschen, liebevollsten Küssen Mund auf Mund und hin und her, und dann war sie davon. Sie hatte mir frei und blank in die Augen gesehen und ihre Atmosphäre war die der elastischen scharfen Energie. Gleich darauf kam Christa, vielleicht einen Schatten blasser als gestern, aber genau so mutwillig, fasste mich an den Schulter, schüttelte mich, sagte «Kuss», hielt mir den Mund hin, zündete sich die Cigarette an meiner an und sagte «Programm ehe die dumme Miss Cranthorpe mit Meggie Diesterweg kommt a) Treibhäuser b) Ställe c) Stammbücher, Du Familientäuscher. Mira kommt auch gleich. Ich habe Mordshunger, Weiland hat mir nur zwei Semmeln gegönnt hast du noch was? Sieh mal Hörnchen, vorabgespart, kriegen wir nicht –» und sie fing an zwischen dem Rauchen zu kauen. Dann kam einen grossen ungeberdigen Schäferhund an der straffen Leine zerrend, Mira, der Hund sprang wild an Christa hoch, Mira hielt ihn lachend mit Mühe, legte mir einen Arm um den Hals, küsste mich auf den Mund und sagte «Du hast die Weste falsch geknöpft, warte mal», warf Christa die Leine zu, stand vor mir und knöpfte auf und zu «wol nicht ausgeschlafen, he?, wol gedöst beim Anziehen was? kümmert wol grosse Geister nicht, does it? Danke sagen. Pfötchen geben Neinneinneinneinnein. Komm» und sie schmiegte sich leicht unter meinen Arm den ich um sie legte wie um Christa rechts und wir zogen trotz dem stiebenden Winde hinaus an die Treibhäuser. Den Mädchen flogen die Haare um den Kopf und die Röcke nach vorn, der Wind trug weg was man sprach aber wir kamen hinter dem grossen Gärtner und Försterhause in Deckung. «Du musst wissen» sagte Christa, «dass wir sehr spezialisiert sind, Mira Blumen und ich Gemüse, Kalthaus und Warmhaus, jede hat zwei, Du musst uns loben.» Sie hob eine Katzendecke von einer Glasthür und wir traten in ein ansehnliches halbwarmes Haus, Christa ging sofort zum Thermometer, regulierte die Wärmeleitung und die Ventilation und Mira sagte «vom 1 Januar an wechseln wir ich freue mich schon darauf denn die Gemüsetreiberei wird eine Forschungssache ersten Ranges, nicht nur praktisch.» «Du nimmst es so ernst?» «Natürlich», sagte sie unbefangen, «ich höre in Berlin bei Ascherson und Landolt und präpariere zwei Mal wöchentlich in Dahlem, Christa auch, es wird ja erst interessant wenn das Oberflächliche aufhört. Mutti hat nicht gewollt dass wir Abitur machen, sie hat ganz eigene Programme, aber wir treiben Latein und Griechisch mit Dr Holtema unserm holländischen Gartenadjunkten, er ist heut nicht da, er ist zur Kirche nach Potsdam, Methodist weisst Du und bibelnärrisch, aber ein herzensguter und gelehrter Mann.» Christa kam und zeigte Saaten Pikierungen, Erdbeeren, Topftomaten, Melonen, Bohnen, Gurken alles von grösster Sauberkeit und Gleichmässigkeit. Sie zog Gummihandschuh an und stellte Töpfe um, zeigte die Experimente, Drehtöpfe, durch Kraft auf drehenden Untergestellen getrieben um Lichteinwirkung auf Zellgewebe zu studieren, Entkeimungsversuche, Querschnitte, Glaspräparate, alles mit ruhigen technischen Erklärungen. Dann kam ihr Kalthaus mit frostfrei überwinterten Artischocken subtropischem Zwergobst, Feijoa, Khaki, Persea, ungeheuer interessant. Im nächsten Hause war Mira Führerin, sie trieb Flieder, Rosen, Primeln, Cypripedien, aber ihre Aussaaten waren Seltenheiten englischer Spezialisten und sie zeigte mir entzückt die Keimungen auf den Tabletten; ihr Kalthaus war ein Wald von Immergrün und ernster Flora. «So werde ich Euch immer denken, gegen diesen Hintergrund, ihr Lieblichen Klugen» sagte ich sie umfassend. «Nicht immer» spottete Mira – «manchmal aber nicht immer, komm zu den Gäulen.» Die Pferde schnoben in die Krippen und drehten die Köpfe mit den feuchten unergründlich gehaltschweren Augen. Jede schob ihrem Wallach die Hand voll Zucker in die Zähne und wischte die Schnaube am Wallach ab, patschte Croupe und Hals, die Pferde schnarchten. So ging es weiter zu Kühen, Schweinen Geflügel, ein normaler reizender Gutsbesuch, die Mädchen waren glücklich und offen, klar und lustig und plauderten vertraut an meinem Arm. Inzwischen hörten wir Autos vorfahren und während die beiden zum Empfang der Gäste eilten, wurde ich an die Stammbücher geschickt, die schon in mein Zimmer gelegt waren. Ich blätterte sie durch und fand viel Drolliges – die eigentliche Autographensammlung schien es nicht zu sein, – aber kaum Markantes. Ich schrieb für Mira

Wenn ich dem was Du mir gibst
(Mir und Allen) finden müsste
Einen Ausdruck der Dich nennt
Fänd ich nichts als «allerliebst»
Weil drin keiner ders nicht wüsste
Seinen wahren Sinn erkennte.
Allerliebst zum Beispiel sind
Blümchen, Hündchen, Hütchen
Also auch ein schönes Kind
Kriegt dies Attribütchen
Doch wie glücklich, Mira, klingt
Der Nebensinn im Worte
Wenns Dein Allerliebster singt
Des Nachts vor Deiner Pforte
Allerliebste, hörst Dus schallen
Weils die Liebste ist von Allen.

An Christa schrieb ich

Die Schale grün, die zweite hart
Der Kern wie Milch und Wachs so zart
Voll Nahrung und Genuss –
Was reimt den sonst auf «Nuss»?
Ich glaube fast ich muss
Hier die zwei Schalen
Von Christa malen
Backfisch im Gruss
Tüchtig in Pflicht –
Brich beide Schalen auf – Du ahnst ihn nicht
Den Kern, den Überfluss,
Das Götterkind, den Schatz, das Herz, den Kuss.

X

Deine Bibliothek» sagte ich, ihren Arm in meinem zärtlich drükkend, «hat mir schon die Mathematikerin offenbart, jetzt zeigt sie sich in Metaphern.» Sie lächelte. «Man kann wenn man ist wie ich, auf irgend einem Objektpunkte gar nicht fest und sachlich genug stehen. Ich bringe die Dinge nicht gern durcheinander, und ebendas lehre ich soweit man Menschen etwas lehren kann, die Mädchen. Lieben und sich lieben lassen ist die grosse Hauptangelegenheit der Frau, noch viel mehr als des Mannes, denn die Frau ist Sitz und Centrum der Liebe und wird erst durch den in sie einkehrenden Mann vollständig – ungeheuer viel hängt ausserdem für sie an der Erfüllung des Verlangens dessen Gefäss die Natur aus ihr gemacht hat – schafft man kein Gegengewicht so bleibt nur der Jammer der Courtisanerie, der Jammer der Ehe oder der Jammer der hysterischen Phantasie in ihren Millionen Formen. Du weisst dass Mme de Châtelet die Geliebte Voltaires, St Martins und so vieler vorzüglicher und schöner Männer Mathematikerin war und Voltaire Newton eigentlich erst erschlossen hat. Ich kenne leider keinen andern Fall, aber einer den es gegeben hat entscheidet, denn was wir Ausnahmen von Gesetzen nennen ist ja in Wirklichkeit ein Rudiment seiner verlorenen Höchstform, also das Gesetz selber, und was wir Gesetz nennen, der Abfall davon.» Ich fand das zu schön um ganz dazu zu schweigen. «Ich bin gegen Dich eine turbulente Unordnung» sagte ich – «vielleicht war es mir bestimmt an Dir zu lernen.» «Sicherlich bist Du das» sagte sie ernsthaft, «und sicherlich bleibst Du das nicht. Es liegt bei Dir ganz anders, weil Du eines Tages lieben wirst – d. h. die männliche Erfindung ‹Liebe›, die es für Frauen nicht gibt, und von daher bekommst Du ein Prinzip der Ordnung.» «Und jetzt?» «Jetzt» und sie küsste mich, «bist Du eine Elementargewalt – ein befruchtender Gott – Sturm, Schöpfer, Phallus, Pollensack, Phantasie, Natur, Kuss, Lachen Verschwendung, Geist, Gedicht Zweikampf, Einfall, Blitz Genie und nochmals Phallus Glück und Stromanschluss; Griechisch – Du grosser Grieche, – heisst das glaube ich ein Magma.» «Ja gnostisch, seit 200 p Chr.» «Gut. Fühlst Du Dich nicht organisch?» «Ich fühle dass ich mich noch nicht beschränken darf, aber ich kenne nur für Sekunden ein reines Glück.» «Und ist das wenig? Reines Glück kommt mir vor wie reines Radium. Geschöpfe und Gewebe ertragen nur Millionstel davon in vorsichtigst ausgewogenen Verbindungen.» «Gewiss; aber ein unterirdisches Verlangen, das ich pochen und wieder pochen fühle, treibt mich zu einer Krisis die mich total umlagern wird.» «Lass es gewähren; dramatisiere es nicht vorzeitig. Missverstehe es nicht pseudomoralisch; Krisen bilden sich am wachsenden Organismus organisch, das Gleichgewicht des lebenden Geistkörpers sorgt dafür, dass sie abgelenkt und richtig entladen werden. Natürlich wirst Du auch immer einmal Zeiten haben, in denen Du keine Frau umarmst. Goethe hatte sie auch. Und wenn die ‹Liebe›, die obgenannte kommt, umarmt sie lange nicht manchmal überhaupt nie. Aber lass gewähren, hilf nicht nach. Es küsst sich so süss der Busen der zweiten wie kaum sich der Busen der ersten geküsst. Immer wieder hat er das gesagt und offen gestanden, dieser redlichste aller Mutigen. Weisse Mädchen schwarzes Brot weisses Brot und andre Mädchen. Sogar vor Deinem Jammerbild oh Christe, ich kanns nicht leugnen, regte sich der Iste. So tauml ich von Begierde zu Genuss und im Genuss verschmacht ich nach Begierde. Es ist doch alles so einfach und selbverständlich wenn man die Wahrheit sagt. Er hat das alles ausgesprochen wie Atmen Essen und Denken, Schlafen und Hoffen und Weinen. Er hat erkannt, dass es keinen ehrlichen Grund gibt, die Wahrheit zu verschweigen, dass Leben Tod und Erkenntnis, Zeitlichkeit und Ewigkeit in den Punkt zusammenfallen, in dem unter den Zeichen der Liebe der strebende Phallus sich in die sehnende Vulva ergiesst. Er hat den Moment ebenso naiv verewigt, in dem vor der offenen zitternden Vulva der Phallus nicht steigen will, nicht dringen kann, die Impotenz. Er hat in zwei schimmernden Versen die Musik des Paarungsaktes fixiert ‹Kuss und Wonnelaut Bräutigams und Braut und des Liebestaumels Raserei›. ‹Und des gerüttelten Betts lieblichen knarrenden Ton.› Sein Tagebuch verzeichnet neben den tiefsten Apercus die deutliche Feststellung, bei der Beobachtung tanzender Bauern gemacht ‹über die Veränderung im Gehaben der Tänzerdirnen wenn sie den Schwanz spüren.› Er hat so viel herrlichen Coitus wie herrliche Küsse und unvergessliche Schmerzen und erhabene Naturschauspiele geschildert oder uns ohne Schilderung sehen lassen, und offen zugegeben, dass Philine, das Schweizer Modell der Briefe aus der Schweiz, Gräfin und Baronin im Meister, – Mädchen und Frauen den Mann laden, rufen, zwingen der warten lässt, und Gretchen und Klärchen gehören zu ihren ‹Mein Schoss sich drängt Nach ihm hin Ach könnt ich fassen und halten ihn.› So immer weiter, Wahlverwandtschaften, Divan. Was wollen sie von ihm? Er hätte wie der Paulusbischof, Eines Weibes Mann sein sollen? Ewig schade wenn er Generationen von Mädchen und Frauen nicht umarmt und befruchtet hätte wie Herakles, vom 15ten bis ins 80te Jahr. Die Entsagenden? Das ist die ebenso organische rhythmische Reaktion der Sterblichkeitsahnung in der Physis. Das letzte vernehmliche Wort gesprochen als Mädchen durch das Sterbezimmer gingen ‹Nun ihr Seidenhasen?›» «Das ist es was ich sagen wollte Xenia, diese Sterblichkeitsahnung, und sie reagiert schon früh.» «So lass sie denn baue ihr ein Haus. Und zwischen den Polen an der Achse entlang arbeite wie ein Fronknecht, sei fleissig wie Gott als er die Biene schuf oder wie der Teufel als er den ersten Guten verdarb. Aber das brauche ich Dir nicht zu sagen. So wie Du bist und ich wollte dass wir alle seien darf man nur, kann man nur im Ausgleich gegen eine allgemeine Thätigkeit sein; sonst wäre es die Philisterei die der Philister darunter versteht, lobend oder lästernd oder neidend. Dichtest Du jetzt?» «Ich dichte nur wenn ich überfliesse oder entbehre.» Sie wurde nachdenklich. «Wenn Du überfliesst?» «Genau genommen nur wenn ich entbehre, dh dies Überfliessen ist auch ein gesteigertes Entbehren – ist der Drang zu gross als dass ein Gefäss ihn begriffe so wird der Schmerz der Differenz zu Musik der unstillbaren Seele.» «Das Glück also singt nicht?» «Das unerwartete kann schreien – hinausschreien, – aber auch da wird heimlich entbehrt.» «Und Harmonie, tiefe, der Einsicht?» «Vielleicht wenn ich älter werde. In Momenten meldet sie sich schon jetzt – wie Thränen die ins Auge kommen oder in die Seele – aber es ist zu tiefliegend um Äusserung zu werden. Übrigens ist jede dichterische Äusserung auch die von der tumultuierendsten Leidenschaft eingegeben ein Weg zu einer Art Balance mit dem Weltganzen.» «Ich sehe Dich immer wieder an um gewiss zu glauben dass Du vom noble père stammen kannst.» Wir lachten beide. Dann kam das Gespräch auf die Mädchen. «Sie lieben Dich beide.» «Haben sie es Dir gesagt?» «Narr. Du hast sie glücklich gemacht, ihnen die Thür des Lebens aufgethan, sie sind junge Frauen geworden.» «Und nicht etwa ein junges Mädchen?» Sie lachte. «Der Begriff junge Mädchen ist eine Männerillusion – ausser es ist der rein anatomische. Kinder sind ungeweckt, aber wie viel Frauen sind das nicht auch. Es gibt nur

Frauen Frauen jedes Alters, vom Beginn der Monatsopfer an. Ein Mädchen das alle dritthalb Wochen ein unbefruchtetes Ei gebiert, ist eine Frau. Ihre Phantasie ist im Tumult, sie lässt sich von Träumen umarmen und der erste Mann der sie umarmt befreit sie von nichts anderem als ihren Ketten, oder ihren Lastern. Es ist besser ihr wisst das nicht.» «Wir ahnen es, denn wir ahnen dass wir die Schüchternen und Schlafenden sind, auch wenn wir ahnen dass wir verführten.» «Ihr thut es ja auch, denn ihr wirkt verführend; dann wirkt ihr abstossend; dann greift ihr an. Der Kampf muss sein, sonst würde man sich schlaff paaren. Höchste Gereiztheit, Erbitterung und Hitze ist der Wille der Natur. Besser zwei Hassende als zwei Laue im Bett.» «Zwei Hassende?» «Du glaubst es nicht? Der Übergang von Abscheu in Wollust ist der seltenste der ungeheure Gipfel des Genusses. Eine Freundin von mir wurde mit fünfzehn Jahren nach wütender Gegenwehr von einem entlassenen jungen Soldaten vergewaltigt, der sich an ihrem Vater rächen wollte indem er sie schimpfierte und der gleich drauf gefasst und totgeschlagen wurde. Sie hat Jahre gebraucht bis sie in männlichen Armen zum ersten Mal wieder genoss und zwar nicht, wie sie den Andern sagte, infolge unvergesslichen Widerwillens sondern wie sie mir gestand, infolge des Gegenteils, unvergesslicher wütender Lust – alles andere kam ihr dagegen schal und null vor, nur dort war es Ernst gewesen. Je tiefer Du ins sogenannte Elementare des Menschen kommst, je tiefer kommst Du ins complicierte. Der gesellschaftliche Schwindel verhüllt jede Wirklichkeit. Niemand gesteht sich selber zu was er ist, will, denkt, fühlt. Die Menschen vollziehen den Akt ohne Bedürfnis und Anteil, dumm und schmierig, und vollziehen ihn nicht wenn das Bedürfnis schreit und der Anteil sie hinreisst. Dadurch sinkt die Menschheit von Geschlecht zu Geschlecht. Herrliche Männer sind freiwillige Gefangene einer einzigen gansdummen und schwachen Halbfrau.

Prachtvolle Frauen und Mädchen schlafen neunzehntel – was, neunzig hundertstel ihrer Nächte allein, die übrigen Nächte mit einem ungeschickten Gimpel. Sie haben die Monogamie sogar der Natur aufgefälscht, in der es bestenfalls Saisonehen gibt – das Männchen verteidigt Weibchen und Brut, und sucht bei der nächsten Brunst ein neues Weibchen.»

Wir verbrachten den Abend zu Dreien in einer ruhigen Harmonie, die vom gestrigen Tage nichts zu wissen schien. In keinem normalsten Gutshofe, an keinem durchschnittlichsten herrschaftlichen Tische hätte hübscher und leichter geplaudert werden können, nur dass ich ein Jugendfreund zu sein schien von dem keine Schranke die drei Frauen trennte. Christa zog sich früh zurück, küsste die Mutter, legte mir den Arm um den Hals und die Hand unters Kinn, sagte «Auf Wiedersehen, Liebling» und küsste mich ein einziges Mal innig auf den Mund, Mira sagte mir beim Gehen «wir sehn uns noch, komm zu mir wenn ich noch nicht auf bin» und so schritten wir untergefasst ins grosse Schlafzimmer, wo wir uns bald nach gelöschtem Licht fest zusammenschlossen und ohne viel Worte ans Werk der Liebe gingen. Sie schob den rechten Schenkel über mich und drängte sich Seite an Seite bis ich leicht eindrang und ihr Seufzen mir ihren Genuss anzeigte. So spielten wir einander mit Küssen zu Ende. Dem Rausche folgte ein langes zärtliches Gespräch Arm in Arm, und von leichten Küssen interpungiert, in dem genauere Zukunftspläne besprochen und ein enges Verhältnis begründet wurde, und das ich vergeblich durch Thaten zu unterbrechen trachtete, denn immer wieder drängte mich die schöne Hand zurück weil der schöne Mund noch zu sprechen verlangte. Aber ich eroberte ihn schliesslich doch und teilte ihm unverdrängbar ein solches Feuer mit, dass die Arme mich über sich zogen die Schenkel sich öffneten und die vollste Gegenseitigkeit in der natürlichsten Stellung uns schliesslich bis zur äussersten Erschöpfung verschmolz. Dann wollte sie schlafen und auch ich hielt kaum die Augen offen. Die Abschiedsworte träumten schon fast, ich taumelte in mein Zimmer und der weckende Diener hatte Mühe mich zu ermuntern. Ich trank den ans Bett gebrachten starken Thee in einem Zuge und sprang auf die Füsse. In einer halben Stunde musste die Kemnitz kommen in fünf Minuten war ich rasiert in fünfen geduscht, dann klopfte ich an Myras Thür. Heiss rot und schlafsüss lag die liebliche unter den Vorhängen in den Kissen, und streckte mir blinzelnd die jungen Arme entgegen. Aber ich fürchtete, in diesen reizenden Banden mich zu versäumen und setzte mich nur auf den Bettrand, von dem sie meinen Kopf an den ihren zog. Schwerer habe ich mich nie im Leben aus Küssen gezogen, wie aus diesen schlafheissen, duftenden und verlangenden. Minutenlang dauerte der zähe Lippenkampf, stammelten die Worte und verirrten sich die Hände, dann mit einem letzten Versprechen rissen wir uns aus einander. Als meine letzten Utensilien in den Suitcase flogen fuhr das Kemnitzsche Auto die Rampe hoch. Ich eilte an die Thür der Mutter, die sich auf meinen Ruf für einen Schlitz öffnete. Ihr Mund liess sich durch die schmale Öffnung küssen und küsste zurück, dann schloss die Klinke. Ich warf Geld in die Hände der mich begleitenden Dienstboten und stieg zur Kemnitz in den Wagen. Sie war sehr hübsch hergerichtet, hatte den mokanten Mund etwas herzförmig aber diskret aufgehöht, trug eine kleine bizarr schiefe Toque und einen Chinchillakragen und strahlte mich verstohlen an. Als wir auf die Landstrasse glitten, drückte sie mir die Hand und gab mir die Lippen, für einen Moment. «Take care of the driver, dear», flüsterte {sie}, «he's got his reflector before him» «Why» lachte ich, «its you that weren't careful.» «I put you down in the house as some sort of near relative. Now mind. We're not going to have it all your own way I'm afraid. There is old Pauline

Benacsy, my husbands aunt, with her nurse, she being an invalid but malicious all the same. And we're going to have some people for luncheon. Gisela Puttkamer with her chit of daughter, but she is a dear, and Fredy Blinsky with his little boy. But we'll manage all right. Fredy is a bit of a boor, rather sweet on Gisela who is a widow, and very attractive in her way, very tall and refined and ladylike, her mother was English. Oh how I long just to kiss you, you naughty boy. Arent you naughty?» Sie gab mir einen kleinen Stoss in die Seite. «I declare I'm not. I am a bashful Hans im Glück, never knowing about his undiscovered chances.» «Don't you know. You did not suspect what I'd been coming to your bedroom for?» «I protest I did not.» Sie lachte. «Have there ever been in that dream world of yours women entering with hardly any show of pretext, the bedrooms of young men perfect strangers to them, without some climax like that we experienced together?» «I don't know I'm sure. At least I never had any experience of the sort. Might not a lady miss her own door by mistake? Mightn't she ask for an aspirin or a help to open a lock turned crazy in her suitcase or something? Don't laugh at my candour.» «Delicious, you lovely baby man. Now listen. If she misses her door and is thrown upon a stranger sitting in his dressing gown, she'll run off with a hurried apology, unless – If she doesn't, – if she steps in and tries to improve the situation by a cosy chat, you just go up to her and kiss her hard, and you will see that's the one thing she came for – that's to say if you find her to your taste. And if she came to ask for help, she will state her business in such a matter of fact way that there could not be the slightest doubt; and if she doesn't – if she is giggling and flirting, there's something wrong in some other lock of hers, and you just take out your precious key, and never feed her indignation, and fit it in, and you'll find it's that she came for and will help you, once it's in the lock, to make it worth your while to work it, and all her hidden treasures will be unlocked to you. Take my advice. Women risking such a step, do so because they are up to some sweet mischief of the concubitory sort. They are wild with the itch and want being scratched.» «But suppose I offended them, – a million cases to one, – imagine the row in an hospitable house.» «Well I cannot account for exceptional cases. You must follow your instinct. A million to one they don't dislike being kissed. They like a handsome well bred pleasing man to be bold. And even if they did not – anything is just possible – they won't make themselves ridiculous and tell other people. They might snub you cut you, do all sorts of things, but won't split. A man had better try; even try again. Here's many a woman who does not know her mind. She might get cross over an unexpected kiss, but if you push on and handle her dexterously you may as well as not experience her submitting to the naughty operation five minutes later. Don't be mistaken about women. They adore the job not a whit less than you do. If you are insane about them, they are not frigid about you – the contrary.» «Haven't they got their husbands though?» Sie sah mich mokant an. «We want lovers. Husbands are the dregs in last weeks champagne bottle. Although, I admit as much as that, that the very ideal would the being married to one's lover – to the ideal lover – him that never sinks the lover in the husband – there are a few cases extant of that paradise – one in a ten million. The rest are eager, quick, bright women, ‹faithless› as the saying is, starved, as I tell you, in quest of the thrill, of the embrace, of the forbidden, of the live thing, the ravishing kiss, the hard embrace, the maddening struggle, the inebriating victory of being vanquished – satisfaction, you darling boy, the thing that makes you feel I had all that may be had – that makes you not feel any more – the extinction of your blessed self – dying in the arms of him you killed. Well these are mere words.

Here is our landmark. Tell me quick you are fond of me.» Ich drückte ihr die Hand und leitete sie unvermerkt zu greifbaren Beweisen meiner Harmonie mit ihren Wünschen. Sie rief «Janke!» Der Chauffeur drehte sich um. «Janke, es riecht nach Benzin, sehen Sie doch einmal ordentlich hinten am Auspuff nach, ob da nichts verstopft ist, aber genau und sorgfältig.» «Jawohl Frau Gräfin.» Der Mann stieg ab. Sie setzte sich rasch auf meinen Schoss, küsste mich verzehrend und liess meine Hände ein rasches Pfand auf alle ihre Freuden nehmen, während sie auf mir schob und sich wand. Dann glitt sie wieder neben mich. «Is nischt.» «Also weiter» und wir setzten uns in Fahrt. Am Ende des Parks zog die Kemnitz an einer kleinen Seidenschnur neben sich einen grauseidnen Vorhang vor die Glaswand zwischen uns und dem Chauffeur und lächelte mich an. Gleich drauf rollten wir durchs Parkthor und sie hielt mir den noch lächelnden leicht geöffneten Mund hin. Minutenlang schlossen wir die Augen. Mein Arm zog sie enger an mich, ihre Hand presste die meine hart. Von Zeit zu Zeit presste sie mich sanft fort, holte Atem und kehrte zu dem stummen Spiel zurück. Sie küsste ohne Raserei und doch wie ausgehungert, bald einfach lange lange Küsse mit suchender Zärtlichkeit, bald mit raffinierten Spielen, die sie verlängerte und variierte, bis ich in unerträgliches Feuer kam und mir ihren Mund unterwarf, dann aber gern wieder ihr die Aktion überliess. Wir haben uns gewiss eine halbe Stunde geküsst ohne ein wirkliches Wort zu sprechen und ohne über die kindische sinnliche Lust des Küssens hinauszugehen. Hatten mich nun die Frauen etwas erschöpft oder erregte die Kemnitz keine äussersten Wünsche in mir ich war zwar natürlich zum Liebeskampfe gerüstet aber nicht so von Sinnen wie die Offensive voraussetzt. «Liebling» sagte sie endlich nach einem langen Kusse, und setzte sich zurecht, «nein wirklich, das ist schon Fritzenwalde, wir sind in zehn Minuten da. So kurz ist mir der lange Jammer noch nie vorgekommen, Du niedliche Reiselektüre.» «Was hast Du in mir gelesen» fragte ich lachend. «Oh – ich weiss nicht – fesselnd – spannend – dabei nicht direkt aufwühlend – kurz genau wie ich es liebe – weise Retardierung.» «Du spottest.» «Wieso? Ich glaube er ist beleidigt. Ich liebe das Warten auf den Knalleffekt, Du Künstler. Nein nein lass nur ich weiss – das ist ja gerade das Wonnige – die beherrschte Kraft. Später, Bubi, in Ruhe – in relativer. Wir haben Leute in Polzin, ich habe es nicht ändern können. Meine Schwiegermutter hat sich angesagt – sie ist invalide, mit einer Nurse – dann ein junges Paar, Graf und Gräfin Keith, er sehr nett, sie so so, – und ein Verwandter der bei ihnen ist, ein junger ingénu, komisch, ein bischen bäurisch, ihr Vetter oder so, sie ist die Tochter aus einer reichen Kunstmühle, Millionärin, Keith war sans le sou, Du verstehst – na egal, wir arrangieren uns schon. Sie fahren Abends alle wieder ab, ohnehin.» «Aber abends kommt noch –» «Ah so» sie lachte. «Du bist süss, Kemnitz ist nicht gefährlich. Wir brauchen uns nicht – also – Du wirst ja sehen. Über gewisse Sachen ausführlich reden ist so unelegant. Man handelt und plötzlich versteht sich alles von selbst. Auch Déclarationen – weisst Du. Wir wollen uns keine machen. Wenn man sich nicht – verstehst Du – gern hätte pp würde man ja nicht» sie lachte Minutenlang bis zu Thränen und ich mit ihr. «Aber» fuhr sie fort, «dies Ich-liebe-Dich-sagen u.s.w., und die anschliessenden Unsinnsreden – nein nein. Ausser was man so sagt wenn man nicht weiss was man sagt und nicht verantwortlich ist – das vergisst man ja auch gegenseitig.» «Komm» sagte ich, «handle, einen letzten.» «Pfui» flüsterte sie erstickt in meinen Armen, «mach mich nicht toll, – es ist zu spät –» Einen Augenblick später fuhr der Wagen durch ein schönes geschmiedetes Thor. Sie machte sich los, gab mir einen schiefen heissen Blick aus ihren hübschen schiefen Augen und puderte sich hastig vor ihrem Spiegelchen. «Bin ich in

Ordnung?» Dann öffnete ein Diener den Schlag. Polzin war ein langes niederes gelbes Herrenhaus der Schinkelzeit in conventionellen peinlich gehaltenen Gärten. Man trat in eine stilvolle Halle, schwarzes Leder und Spiegelreihen, wo mir die Sachen abgenommen wurden, und dann in eine Art säulengetragenen Rondells auf das die Salons zu führen schienen. Sie nahm meinen Arm und zeigte mir einen weiss und goldenen Saal, dahinter ein englisches Boudoir, nur Couches und Kissen und Lampen, dann ein Theezimmer ein Herrenzimmer, ein Billiardzimmer mit Bar. In meinem Zimmer oben, in das der Diener gekommen war mich zu führen, stand ein riesiger Chrysanthemenstrauss mit einer Karte. Ich las, in einer steilen Hofhand «Molly». Der Name passte zu ihrem Typ, eleganter englischer Farbstich 1830, elegant, nicht eigentlich schön, pleasant, ursympathisch, blühend, ironisch sentimental, spielerisch, vornehm, ungreifbar, unter Deckung durch Stil von dreister schneidiger Sinnlichkeit. Mein Tischtelephon schlug an. «Halloh Du? Wie heisst Du denn?» «Wie etwas das zu Molly nicht passt.» «Aber da Du zu Molly passt, wie gestern festgestellt, nenne ich Dich – wie nenne ich Dich? Rolly.» «Hundename. Verlangst Du Treue?» «Du hast Recht. Zwei Silben sind zu viel. Ralph.» «Einverstanden.» «Hör zu, unter Deinem Tischdeckchen liegt ein Schlüssel. Er öffnet die dritte Thür rechts von der Deinen, ein W.C. Wenn niemand auf dem Corridor ist, geh dort hinein. So long.» Ich that wie gesagt. Aber, wie ich mich auch bemühte der Schlüssel wollte nicht drehen. Und als ich Schritte hörte, retirierte ich schleunigst in mein Zimmer, zog mich aus und wollte gerade in einen dunkleren Anzug schlüpfen als das Telephon wieder anschlug. «Nun Du Säumiger, was machst Du?» «Ich zerbreche mir den Kopf darüber warum Du mich durch einen falschen Schlüssel zum Tantalus machst.» «Himmel! Warte.» Eine Pause. Dann «Du hast Recht. Einen Augenblick. Ich schicke Dir den richtigen in einem Couvert, in zwei Minuten hast Du ihn, und in fünf will ich Dich haben.» Kurz darauf klopfte es. Und dann passierte etwas. Eine grosse Blondine in Pflegerinnentracht, fast nonnenartig, ein Silberkreuz auf der Brust, hielt mir einen Brief hin. Ich glaubte nie eine so vollkommene zugleich so sanfte und so stolze Schönheit gesehen zu haben. Ihre niedergeschlagenen Augen entzogen mir ihren Blick, ich sah ein Oval, einen Teint, einen Mund, eine vornehme Nase, ein Unbeschreibliches das mich mit einer Art Zittern erfüllte, und ohne dass ich mir Rechenschaft gab stammeln machte. «Wol ein Irrtum – für mich?» Sie verwirrte sich schlug die Augen auf, grosse graubläuliche von einem unerhörten Glanze senkte sie wieder, errötete rasch, und sagte stockend «von Frau Gräfin an den Herrn aus Berlin.» «Ah, –» sagte ich, «ja ein Versehen von mir verzeihen Sie dass ich Sie dadurch bemüht habe, Baronin –» Sie wurde dunkelrot. «Woher kennen Sie mich denn?» Ich hatte mir garnichts gedacht, es war mir so eingefallen. «Das darf ich Ihnen noch nicht sagen – und auch alles andere – noch nicht – nur dass ich glücklich bin, Sie – zufällig – schon im ersten Augenblick hier gesehen zu haben.» «Aber ich – verstehe Sie nicht» «Sie werden mich sofort verstehen – wenn ich – das nächste Mal –» Ich zog rasch den Smaragdring ab den ich am kleinen Finger trug und gab ihn ihr – «Ihnen dies mit drei Worten erkläre.» Jetzt wurde sie blass. «Ist der von Ihnen?» «Wo denken Sie hin! Wie dürfte ich denn wagen – wenn ich Ihnen alles gesagt haben werde und Sie mir nicht glauben, geben Sie ihn einfach zurück oder der Gräfin Mutter – aber bis dahin» ich sagte es tiefernst «schweigen Sie.» Ich konnte mein Glück kaum zähmen, als ich sie den Ring in die Tasche ihres Nonnengewandes versenken sah. «Ich – müsste ich Sie schon kennen?» «Vielleicht.» «Und wo und wann soll ich erwarten was Sie mir mitzuteilen hätten?» «Wann sind Sie am freiesten?» «Zwischen 3 und 4 Nachmittags.» «So bitte ich Sie mit irgend etwas, einem Paket das Sie abzugeben hätten bei mir anzuklopfen.» «Das kann ich nicht – unmöglich.» «So bestimmen Sie gnädigst selber.» «Gut ich will.» «Versprechen Sie es?» Sie sah mich an. Ich erwiderte den Blick mit aller Gewalt meiner Wünsche. Dann ging sie. Ich blieb ausser mir stehen. Ich hatte gehandelt und gesprochen wie unter unerklärlichen Eingebungen, nur darauf gespannt dem nie wiederkehrenden Augenblick mit allen Mitteln den Weg zu diesem Mädchen zu entpressen, zu entreissen – die Hand auf sie zu legen sie mir zu sichern. Es war einer der seltenen Augenblicke in meinen Leben, in denen es mich zu einer Frau gerissen hat wie für immer und ewig – nehmen besitzen erobern heiraten, zusammen altern anbeten, vergöttern. Aber ich musste mich fassen. Ich hätte etwas darum gegeben jetzt nicht zur Kemnitz zu müssen. Was half es. Ich zog den Schlafrock über und glitt hinaus. Der Korridor war leer, ich öffnete die bezeichnete Thür, stand in einem kleinen Badezimmer mit WC und hörte nebenan durch die angelehnte Thür Stimmen. «Du musst jetzt gehen, Liebling, Miss Thorpe wartet.» «Noch fünf Minuten, Mummy.» «Und es kommt jetzt gleich jemand, ich höre ihn schon, ein – ein berühmter Specialist der mich untersucht, er – er muss sich nebenan umziehen und – und desinficieren weisst Du, da dürfen kleine Mädchen» «Ich bin doch beinah 14.» «Herr Doktor» rief Molly, «sind Sie es? Kommen Sie nur ruhig herein.» «Ah, schon im Negligée, beruflich – alles Nötige ist nebenan – und hier, – dies ist meine Tochter Josie. Josie, gib die Hand und dann geh, mein Kind.» Das Kind ein lang aufgeschossener magerer Halbbackfisch mit neugierigen Augen, musterte mich und sagte «Du bist sehr hübsch.» Wir beide lachten. «Du auch» sagte ich und kniff sie in die Backen. «Aber gehe jetzt» bestand Molly. «Aber er beklopft Dich doch nur und behorcht Dich unter Deinem schönen Schlafrock.» Sie hatte einen schwarzen Atlasrock an, schmal wie eine Leiste und sah sehr rassig darin aus. «Das weiss ich noch nicht, was ich alles mit Mummy thun muss» bemerkte ich, «vielleicht dauert es lange.» «Du hast ja garnichts mit.» «Doch eine lange Röhre neben an, wenn Mummy brav ist und keine Angst hat.» «Du kannst sie ja betäuben.» «Kommen Sie» lachte Molly, sich aufs Bett legend, «und nun genug geschwatzt.» «Ich sehe ja Deine Röhre in Deinem Rock» sagte Josie mit ausgestrecktem Zeigefinger, «Mummy er soll Dir nicht wehthun» und sie rannte ans Bett die Mutter umarmend. «Schaf –» «Er soll Dich betäuben.» «Gib mir einen Kuss und geh endlich.» «Oder» sagte ich, «ich fange an ohne mich um Dich zu kümmern und dann kriegst Du schreckliche Angst.» «Ich geh ans Fenster und sehe gar nicht hin, aber weg gehe ich nicht.» «Versprich mir dass Du Dir die Ohren zuhältst» sagte ich. «Aber nein» bat Molly, «und Dich nie auch nur einen Augenblick umdrehst.» «Das kannst Du ja gar nicht versprechen.» «Nein» sagte Josie «kann ich wirklich nicht, es ist zu aufregend. Aber untersuche sie nur, nachher kann ich ja immer noch weg. Und thu mal Dein Rohr erst fort.» «Das braucht er» sagte Molly dunkelrot, losplatzend und mit schwimmenden Augen. «Damit er sieht, warum ich immer noch kein Brüderchen bekomme?» «Ja, stimmt», sagte ich rasch «vielleicht muss dort einmal durchgestossen und klargezogen werden, bitte öffnen Sie einen Augenblick den Schlafrock» und ich schob die Hand durch die Seide, während Josie noch ihr Gesicht auf das der Mutter presste. Sie stöhnte leicht als mein Finger zärtlich in sie einschmolz und umklammerte die Kleine, ihr Schooss drängte. «Geh jetzt Josie» sagte sie mit aussetzender Stimme. «Ich muss höher» bemerkte ich, das Kind leicht verdrängend und legte den Kopf, den Atlas auseinanderschiebend und den Finger noch arbeiten lassend zwischen die hübschen nackten kleinen Brüste. «Kommen Sie» hauchte sie, «es ist so unbequem in dieser Stellung – vielleicht liegend –» «Wie Sie wünschen.» «Und wenn ich infolge des Kitzels lebhaft werden sollte, Doktor, Sie wissen was ich meine.» «Vollkommen» erwiderte ich sachlich, «bitte sich garnicht zu genieren, dafür sind wir ja da, alle Damen geberden sich dabei wie ausser sich, küssen und beissen und schlagen, es sind einfache Reflexe der Wissenschaft bekannt, wir fassen das richtig auf und vergessen es nachher» und ich schwang mich leicht neben sie, sie machte sich im Nu von Josie los und legte sich Seite an Seite und Brust an Brust eng zu mir. «Bitte mich fest umarmen» sagte ich, «um den Hals, ganz ungeniert.» «So?» fragte sie zitternd und legte den rechten Schenkel über mich. «Ja so. Noch fester; jetzt unten recht legér, ich führe den Schieber ein.» «Ach Du Wahnsinniger» stöhnte sie und rückte ächzend und drängend über den Pfahl, sodass wir sofort nahtlos zusammenschlossen. Ich hielt mich zurück, rammelte nicht sondern mahlte drückend und pressend, während sie röchelnd und stammelnd stiess und stiess, bis sie unter heissen Küssen zuckend zerfloss. Ich zog den Speer aus der Wunde und deckte ihn sofort zu. Um Josie hatten wir uns nicht gekümmert. Jetzt sah ich sie mit leerem Gesicht und aufgerissenen Augen knieend neben der Mutter auf dem Bett hocken. «Eine Viertelstunde vollkommener Ruhe» sagte ich sachlich, «dann eine Waschung mit einem Tropfen Jod und eine Tasse Thee. Wie fühlen Sie sich?» «Mhmm. Göttlich. Es war wie – wie soll ich sagen –» «Es sah aus wie vögeln» bemerkte Josie trocken. «Wie – was –?» murmelte Molly halb auffahrend. «Dummchen» sagte ich schnell, «Du weisst nicht was Du nachredest.» «Was heisst das überhaupt» fragte Molly schwach, ihre Nerven sammelnd. «Es heisst – ach Mummy das weisst Du ja ganz genau, Du nennst es vielleicht bloss anders. Die Leute nennen es vögeln, oder ficken, oder bimsen, bürsten, stemmen, rammeln berutschen, turnen, aber meistens vögeln. Eheleute dürfen es, aber thun thun sie es alle obgleich es angeblich verboten ist, es soll fein sein.» «Aber woher weisst Du denn wie das –» «Wie das aussieht? Doch ganz einfach, als ich noch mit Luise in einem Zimmer schlief, und da Nachmittags Vetter Moritz reingeschlichen kam – weisst Du den Ostern vor seinem Abitur, dann vögelte sie ihn, weil sie so verliebt in ihn war, und verbot mir was zu sagen, und wollte ich sollte ihn auch vögeln, und ich wollte auch ganz gerne aber er sagte er hätte Kopfschmerzen und lief weg.» «Wie entsetzlich. Aber das hat doch sicher ganz anders ausgesehen.» «Nur ein bischen, d.h Moritz lag auf der Luise und sie zog die Knie hoch und weit auseinander, und nahm seinen Steifen in die Hand und steckte ihn sich zwischen den Beinen in ihren Pipi, dann drückte er ihn fest rein und er machte ein bischen was und sie vögelte ihn von unten und fingen dann an zu quatschen und sich abzuküssen und dann waren sie schlapp, und sie hat auch immer wie Du geschrieen mach mir ein Kind.» «Da siehst Du eben den ganzen Unterschied» sagte ich weise, «Deine Mummy will ihr Kind kriegen und daher musste in einer oberflächlichen ähnlichen Art operiert werden, aber doch ganz anders, eben wissenschaftlich sachlich, und ohne Schlappheit und so weiter.» Ich war aufgestanden und stand neben ihr am Bette. «Bist Du denn nicht schlapp?» «Nicht nicht –» bat Molly und drückte ihr Gesicht in die Kissen. Ich nahm die Hand Josies und liess sie den Unterschied zwischen Moritz und mir mit Händen greifen. Sie rutschte an den Bettrand ohne loszulassen kam ins Sitzen und drängte sich an mich. Ich hob sie an und küsste sie, und der Fratz steckte mir weiss Gott die Zunge in den Mund und fing an sich mit meinem Steifen fest in der Faust ihre kleine Brunst zu fegen, mit geschlossenen Augen und jeden Laut verhaltend. Sie war ganz bewacht und wollte jedenfalls kein Baby. Als sie sich fertig werden fühlte liess sie los, erstickte ihren fiebernden Mund an meinem, stiess noch ein par Mal und war mit einem Sprunge hinaus. Molly drückte noch immer das Gesicht in die Kissen. Ich musste wider Willen lachen.

«Scheusal» sagte sie. «Nimms nicht so. Ich habe ihr nichts gethan. Sie hat sich naiv mit meiner Waffe soulagirt, und überhaupt, zu retten ist da nichts mehr und zu fürchten wenig, denn sie ist die neue Generation und viel gerissener als wir.» «Ich habe nichts geahnt, diese Dienstmädchen sind der Ruin.» «Was willst Du? Sei froh, dass sie malgré tout im anatomischen Sinne intakt ist.» «Wirklich?» «Garantie.» «Sie glaubt natürlich nichts von meinen quizzes?» «Mein Herz, was glaubt irgend jemand irgend jemand anderm. Du musst eisern Gesicht bewahren und sie damit zwingen.» «Ich war idiotisch. Sie isst bei Tisch und ich kann Dich nicht als Spezialisten vorstellen. Ich muss sie ins Vertrauen ziehen. Und damit sie schweigt musst Du – sie zittert vor ihrem Vater, verstehst Du.» «Warum? das bereits vorgefallene genügt doch um ihr den Mund zu schliessen.» «Besser ist besser. Und es ist mir lieber, Du bist der Erste bei ihr, als irgend ein Bengel den sie» Wir platzten beide los. «Da siehst Du ihre Naivetät bei aller Scheinweisheit.» «Molly, ich möchte lieber nicht. Ich habe keine Neigung zum Laster. Kinder – – kurz, ich geniere mich.» «Komm hierher.» Sie zog mich zu sich aufs Bett. Das Gespräch verstummte unter selbverständlichen Zärtlichkeiten, und endlich zog sie mich über sich, und war im Begriffe sich unter mir zu ordnen, als die Thür aufging und Josie wieder erschien, mit flammenden Augen, fieberroten Wangen, in einem Schlafrock unter dem sie sicher nichts anhatte und sofort rief «Ich wusste es ja, siehst Du.» «Wenn Du es wusstest» rief Molly halb wütend halb ausgelassen, «dann kuck doch zu, dumme Gans.» Aber ich riss mich aus ihren Armen, lachte beide an und entschlüpfte durch die Closetthüre. Dort vorsichtig auslugend fand ich den Corridor sturmfrei, und war in einer Sekunde hinter verschlossener Thür. Besser so. Ich hatte Licht gemacht. Das Laster war für mich ohne Reiz gewesen – ich wusste warum. In meinem Innern dachte ich nur an die Schönste –

Allerschönste. Dass ich Molly trotzdem nicht enttäuscht hatte, verdankte sie dem blossen Reflex meiner Potenz auf ihre Begierden. Aber das war die Grenze. Aktiver konnte ich mich nicht machen, und ich war zwar fougueux aber nicht vicieux.

Ich schrieb bis zu Tisch Briefe, zunächst an Xenia, dankend und grüssend, auch jedem der beiden süssen Mädchen natürlich, dann den beiden guten Wesen zu Haus. Die Schläfrigkeit die sich dabei meldete, zeigte mir, dass ich ein Gleichgewicht der Kräfte herstellen musste, ich streckte mich auf den Divan und versank in meinen typischen abgrundtiefen kurzen Todes- oder besser Lebensschlaf.

Als ich von Glockenläuten zu träumen begann und blitzartig das Gongzeichen realisierte, sprang ich ins Badezimmer und war beim zweiten Läuten abgespült und in Form. Auf dem Korridor lief ich beinahe wieder meiner nonnenhaften Göttin in die Arme, die mir kalt und förmlich auswich und fand mich nicht ohne Mühe zu der unten im kleinen Salon vor den Cocktails versammelten Gesellschaft. Molly, sehr hübsch angezogen und mit dem mutwillig schwimmenden Augen frisch genossener Lust kokettierte über ihr Glas weg mit Keith, einem hübschen breitschultrigen, nicht grossen Manne, ladies man, fast Gigolo, während die Frau mit dem jungen Vetter lachte. Es bestand eine Familienähnlichkeit zwischen dem beau laid und der originellen vollen Brünette. Jener war ein geradezu putziger Anblick, ein stämmiger starker Junge mit grossem Kopf, das gesunde dunkle Haar struwelig locker, die lustigen erzgescheiten Augen zwischen dicken Backenpolstern, aufgestülpte derbe Nase, kurzwulstiger frischer Mund mit gesunden Zähnen, – halb Nussknacker halb Satyr – er hätte spitze Ohren haben können. Die Keith hatte etwas von diesen Zügen in gemilderter Form, das kraus-knollig-derbe mit der missglückten lustigen Nase und den hübschen, aber köchinnenartigen, glänzend roten Lippen des prallen lachenden Mundes – eines dabei eher kleinen

Mundes mit weichen Winkeln – wirkte durch ihre Jugend – sie war kaum dreissig, der Mann Mitte vierzig. Die alte Kemnitz wurde während ich vorgestellt wurde, im Rollstuhl hereingefahren, ein welkes missvergnügtes gelbes Gesicht mit schlaffen Backen, sehr abstechend von der hohen Blondine die sie schob, und der ich als einem Fräulein von Beaulieu vorgestellt wurde. Der Ingénu hiess Herr Mackedanz und zermalmte mir die Hand in seiner kurzen braunen Faust. Zuletzt glitt Josie ins Zimmer und schlängelte sich schleichend hinter die Gruppen überall horchend. Die alte Kemnitz wurde aus dem Stuhl gehebelt und ging am Arm der Pflegerin an die Spitze des Tisches, letztere setzte sich zu ihrer Rechten Keith zu ihrer Linken; neben diesen kam Molly mit Josie, dann der Ingénu, dann die Keith und ich mit der Beaulieu zur Linken. Die Alte sprach nur gelegentlich etwas störendes, Keith war mit Molly aux petits soins, Mackedanz neckte die blöde thuende Josie, die Keith tracassierte mich, die Beaulieu ging ganz in der Bedienung der Alten auf und ignorierte Jedermann. Ich hielt mich peinlich zurück. Das Gespräch war anfänglich ganz conventionell, das Essen köstlich. Es gab als Suppe eine mit Schlagrahm montierte heisse Artischockencrême in Tassen, Filets von Aal auf Scheiben von Sellerieknollen mit einer gallertartigen Fischsauce, panierte Cotelettes von Hühnerbrüsten, Salat von Chicorée, eine Ananasbombe mit Maraschino, dazu nur einen Ruwer und einen Bordeaux, beide wundervoll, und einen uralten Madeira zum Dessert.

«Pfui» sagte Molly zu Keith, «sei nicht so weltlich, Oswald. Ida, ich werde hier verweltlicht, durch Deinen snobbigen Mann, und Borchardt hatte mich schon so blendend gesteigert. Ich beneide Dich, profitiere ja von ihm, so eine Chance kriegst Du überhaupt nicht wieder.» «Kiek mal» sagte Keith, «alle Achtung, Herr –» «Profitieren? Was Du sagst. Ich glaube ich bin viel zu dumm für ihn, Idachen» bemerkte der Vetter herüber, dem Josie gerade eine Gemeinheit zugeflüstert haben musste, «renommiere nicht, nur keine Superlative.» «Vielleicht» bemerkte ich, Ida Keith einschenkend, «findet sich ein etwas würdigerer Gegenstand der Unterhaltung als meine etwas verlegene Person, wie? Vielleicht gibt die gnädigste Gräfin Mutter oder Comtesse Josie – um die Contraste zu häufen – die Stimmgabel an und lobt z.B. den Aal oder die Sellerie die weder verweltlichen noch steigern, sondern zur Harmonie beitragen. Es müsste das Ideal des guten Gesellschafters sein, sich so geniessbar zu machen, wie das gute Gericht vor uns auf dem Teller. Graf Keith sagt zwar seiner schönen Nachbarin Anzüglichkeiten ins Ohr und die Jugend dort desgleichen aber ich bleibe dabei, man solle für einander fast ohne sich zu unterhalten ein Teil der ganz allgemeinen Glückssteigerung sein, die es bedeutet Gesellschaft zu haben. Ich möchte keine Gräten haben, gar sein, genau richtig gewürzt, kräftig, aber leicht, unaufdringlich aber aus besten Stoffen und von einem ganz erstklassigen Chef der sich affaciert einem erstklassigen Ganymed behändigt der mich aufs diskreteste serviert – Sie merken ihn nicht.» Alles lachte aber die Keith sagte «Recht hat er aber ich habe Hunger und er liest mir immer nur's Menu vor.» «Verstehst Du nicht», bemerkte der Vetter in die Heiterkeit hinein, «das is ja jrade das Jeistige, Du Happige. Eile mit Weile. Der Josie läuft auch schon das Wasser im Mund zusammen nach mir weil ich ihr erkläre wie gut ich schmecke – gibts aber nicht, was? Alles ansehen, nichts anfassen.» «Ekel» sagte Josie, «nicht mit der Feuerzange, Du Prolet.» «Die Harmonie» bemerkte Keith «lässt vielleicht schon zu wünschen übrig – Gewissen bar wie Molly», «Stille» sagte diese lachend. «Woher kriegst Du jetzt in der Laichzeit Aale», fragte die Alte mit klappernder Stimme. «Kommen Sie grade aus Berlin?» kam es mit absichtlicher Gedämpftheit von meiner rechten Nachbarin. «So; aber kein Berliner – nee nee, wusste ich schon. So – von Xenia. Wir wohnen zehn Kilometer von hier, Woinow. Schade. Na vielleicht überlegen Sie es sich doch noch. Jagd – so, interessiert Sie nicht – Jägersfrauen sind so einsam wie von Marineoffizieren. Ich mache mir gar nichts draus, ausser Reiten – das ist ja eigentlich was anders. Und da könnten wir beide doch so schön – ich meine nur.» Ich fragte nach dem Gut und Beschäftigung. «Eigentlich nur die Gärtnerei – mein Vater hatte die Liebhaberei kaufte alle Seltenheiten, baute jedes Jahr neue Treibhäuser – er war ganz allein raufgekommen vom Müllergesellen, aber er war eine Gewaltnatur, griff alles ganz grosszügig an, nicht so wie andere die es gleich in den Mund gesteckt kriegen in der Wiege und habens längst ausgespuckt und vermiesern jedes Jahr mehr – na also, das manage ich mit dem Garten Inspektor, aber zur Befriedigung reicht es nicht aus – auch meine andern Sammlereien nicht, ich brauche Rat, keiner rät mir richtig, ich brauche den Dreh mein Mann? – ne, der hat seine eigenen Interessen – ja ich singe hier Dein Lob, was Du für ein Jäger vor dem Herrn bist –» Sie ass während des Sprechens und mich Anguckens aufs Kräftigste und war eine sehr saftige Verbindung von Appetit und Appetitlichkeit, Zutraulichkeit Genüsslichkeit Naivetät und Energie. Ich beschränkte mich auf Stichworte. «Sie können doch Latein? Lachen Sie nicht, ich weiss schon. Ich habe eine Liste lateinischer Pflanzennamen mitgebracht, nun ist Kemnitz nicht da, mein Mann hat alles vergessen – ich möchte gern wissen was sie heissen können, sie sind mir angeboten und ich habe keinen Dunst. Kommen Sie doch nachher einen Augenblick zu mir, wäre zu nett. Nach dem Thee, wie? Hier vor allen ist es unartig gegen die Gesellschaft. Zu lieb von Ihnen. Molly was habt Ihr denn, wir sind hier ganz ernst?» «Ananas bekommt mir garnicht» sagte die alte Kemnitz laut und öde zu ihrer Schwiegertochter, die sich über etwas von Keith gesagtes ausschüttete. «Und mir bekommt Jürgen noch schlechter» drahlte Josie parodierend.

«Fritz einen andern Nachbar.» «Man isst immer am liebsten was einem nicht bekommt, das wolltest Du wol sagen, aber gibt's nicht, immer aufhören wenns am schönsten schmeckt, ich knöpfe mich zu.» «Zu frech der Bengel» flüsterte Ida Keith, «aber dadurch hat er solches Glück.» «Sieht ulkig aus.» «Mit seinen noch nicht einundzwanzig schon der tollste Spekulant, kauft, verkauft, Fabriken, Liegenschaften, Unternehmen, war in Afrika, nie einen Moment ruhig, alles glückt ihm.»

Man stand auf. Der Café wurde im grossen Salon genommen, ich hatte im Aufstehen zum dritten Mal Idas Taschentuch aufgehoben und einen kleinen Druck ihrer Hand gemerkt, widmete mich aber nur noch der Alten, die ich mit peinlicher Artigkeit unterhielt ohne ihre anfängliche Kälte gelten zu lassen. Ich liess die Beaulieu nicht zu Hilfsdiensten kommen, spielte den Ritter und bekam bald gnädige Attends. Während des Cafés telephonierte Kemnitz sich entschuldigend dass er nicht zum Diner da sein könne, und Keith hatte sich so skurril angeboten den Hausherrn zu vertreten, dass Molly wol oder übel die ganze Gesellschaft zum Bleiben einladen musste, die Alte, die ihren Sohn sehen wollte, erklärte sogleich, in Polzin schlafen zu wollen. Jürgen und Josie waren weg, wer weiss wann und wohin. Keith erklärte einen Gang mit dem Gewehr durch den Forst machen zu wollen, die Frauen waren schläfrig und gingen mit gespielter Zärtlichkeit Arm im Arm daran, die Alte war hinausgefahren und im Lift nach oben befördert worden. – Es war kaum halb drei als ich in meinem Zimmer nach der Uhr sah. Tausend irre Blitze durchzuckten mich, tausend sich gegenseitig kreuzende und ableitende Gedanken und Wünsche. Was sollte ich thun wenn die Beaulieu in einer Stunde kam. Ich hatte ein Noummern im Hirn und mein Herz klopfte zum Zerspringen. Zwei Rendezvous auf einen Nachmittag – aber natürlich war ich mit Ida Keith sehr reserviert gewesen – warum? Um der andern zu zeigen, dass ich für Niemand einen Blick hatte als sie. Aber trotzdem hatte jene mich weiter ermutigt. Wegbleiben konnte ich nicht – gut es brauchte zu nichts zu kommen. Aber die Beaulieu! Ludovica nannte sie die alte Kemnitz – wie das passte. Was konnte ich sagen, was erfinden, was diese strengen Augen nicht sofort durchschauen würden? Alles was mir einfiel war Unsinn. Was hatte ich ihr eigentlich gesagt? Erraten dass sie Baronin war – «das darf ich Ihnen noch nicht sagen» – also jemand musste mich darauf vorbereitet haben sie hier zu treffen – mir einen Ring gegeben haben für sie – kein Mann natürlich – die alte Sullivan? – Ich brauchte den Namen ja nicht zu nennen – mir gesagt – hier würde ich finden was mich stetigen könnte – gut, gut – aber der Ring? Es sollte ein Symbol sein, dass die Welt noch irdische Juwelen für sie aufbehielte – ein Gegengewicht gegen – gut, man konnte es versuchen.

Die Minuten schlichen, meine Aufregung wuchs zu einem Gefühl von Übelkeit an. Die Cigarette widerte mir, das Glas Wasser schmeckte bitter. Ich war buchstäblich wie vergiftet. Als ich mich fast zu dem schmählichen Entschlusse gekommen sah, auszureissen und sie an ein leeres Zimmer klopfen zu lassen, hörte ich sie an der Thür. Ich sprang hin und sah sie mit einer Art Pillenschachtel in der Hand, schloss die Thür hinter ihr und wir standen in tötlicher Verlegenheit atemlos vor einander, dicht an dieser Thür. «Bitte – ich kann höchstens Minuten –» «Da ich auch in zwei Stunden nicht alles – sagen könnte – liegt nichts dran, wir trennen uns am besten gleich wieder.» «Was heisst das» stiess sie hervor. «Gut, ich will drei Worte sagen ganz sachlich –» «wenn ich bitten darf, ganz.» «Wir haben in Berlin eine gemeinsame – Bekannte, – eine ältere Dame.» «Möglich.» «Ausländerin». Sie zauderte und dachte nach. «Und wenn selbst – ?» «Ich begreife – sie steht eben mir vor allem sehr nahe. Sie hat bestimmte Vorstellungen von mir – die ich kenne. Sie hat von Ihnen – einen gewissen Begriff – den Sie – über den Sie, vielleicht – von dem Sie vielleicht nichts ahnen – nein, sicher nichts.» Sie wurde dunkelrot und runzelte die Stirn. «Bitte» sagte sie mit einer Art Härte. «Gut. Sie hat erfahren, dass ich hier sein würde – ich musste gestern von Polzin mit ihr telefonieren – und sie hat mir mit höchstem Nachdruck – mit Feierlichkeit – einen Auftrag – nein das ist nicht das Wort – sie hat mir einfach gesagt, – wenn es ohne Einfluss auf mich bliebe, Sie gesehen und gekannt zu haben – würde ich sie enttäuschen – ich habe sie oft genug enttäuscht.» «Und der Ring, bitte» «Gehört ihr. Ich sollte ihn, wenn ich könnte, weiter geben. Aber ich Unsinniger, ich Thor habe es falsch gemacht. Ich hatte es zu früh gethan. Ich kenne Sie garnicht. Ich hatte gar kein Recht auf Erden, Ihnen anzudeuten was die Geberin für Sie mit diesem Ring meint – was er – ich meine er hat nichts – aber auch nicht das Mindeste mit mir zu thun. Er ist ein zarter Wink, eine zarte symbolische Andeutung zwischen Frauen – es wäre eine infame stillose Indiskretion gegen Sie, wenn ich das jetzt in Worte brächte.» «Und diese Dame, deren Namen –» «Wollen Sie ihn wissen» rief ich in der Verzweiflung eines Spielers. «Ich kann ihn mir denken» sagte sie mit einer dunklen Stimme. Ich war gerettet. Ich hatte ihr romantisches Temperament blindfühlend erraten. Jetzt war der Gefahrpunkt überwunden. Ich konnte sicherer weiter voltigieren. «Dann bin ich zu Ende» sagte ich kurz und rauh. «Ich muss gehen» antwortete die Beaulieu. «Zu Ende –» stammelte ich rasch – «zu Ende mit allem was die Voraussetzung gewesen wäre – wenn ich nicht – morgen reisen müsste.» «Ah so» sagte sie gedankenlos, «das ist ja dann nichts. Also Adieu.» «Ist nichts? Ich habe Sie gesehen und gekannt. Und Sie haben den Ring.» «Richten Sie bitte meinen Dank aus. Ich möchte in der Angelegenheit, die mir ganz unverständlich ist eigentlich nicht schreiben.» «Und warum hindern Sie mich daran, sie Ihnen verständlich zu machen? Warum gönnen Sie mir nicht noch ein par Minuten?» «Ich könnte gerade so gut fragen ‹warum reisen Sie morgen›?» «Danke» sagte ich heiss werdend, während mir die Stimme versagte, «ich bleibe, ich finde einen Weg, ich erzwinge es irgendwie.» «Ich meine aber damit nicht» sagte sie rasch und wieder errötend. «Doch, Sie meinten es, und Sie meinen es. Wenn ich das nicht genau wüsste, würde ich nicht bis morgen warten – ich würde sofort abreisen, – unter einem Vorwande – und versuchen mich zurechtzufinden. Ich bin kein Schwächling, es würde mir gelingen, und besser sofort und ein scharfer Schnitt bis auf den Knochen, – besser früher als später. Alles, nur nicht stehn bleiben ohne zu handeln. Rasch rückwärts oder rasch vorwärts das eine oder das andere. Wollen, und den ganzen Menschen im Willen.» «Wollen – was wollen Sie denn? Was wollen Sie eigentlich?» «Dass Sie mich kennen oder dass Sie mich vergessen.» «Vergessen –» sagte sie mit dem gleichen gedankenlosen Ausdruck; «und kennen. Wenn ich Sie auch kenne – kennen lerne – das hat ja alles keinen Sinn.» «Es hat ihn nicht, es bekommt ihn. Sie können das nur sagen, weil Sie mich nicht kennen.» Sie lächelte plötzlich dann lachte sie kurz. Ihr ganzes Gesicht wurde auf einen Augenblick neu aber es kehrte sofort in sich zurück. «Sie sind sehr jung, so zu prahlen», sagte sie dann. «So zu hoffen» antwortete ich, und trat unwillkürlich einen Schritt auf sie zu. Sie sah mir voll in die Augen. «Gut» sagte sie dann, «hoffen Sie.» «Das heisst» stammelte ich ausser mir, «dass Sie mir Hoffnung geben?» Sie hatte die Hände abwehrend vorgehalten, ich griff nach ihnen, sie riss sich von mir los. «Ich gebe Ihnen garnichts, – was glauben Sie?» «Ich glaube, dass Sie tausend Mal zurückzunehmen versuchen werden, was Sie mir gegeben haben, und dass ich es zehntausend Mal mir nicht mehr entreissen lasse. Ich glaube, ich, dass es einen Sinn hat, allerdings, dass ich hier mit Ihnen stehe, ich glaube, dass wir uns noch unser Leben lang daran erinnern werden, dass es so und hier begonnen hat, ich glaube dass Sie nehmen werden was ich Ihnen gebe, alles was ich bin und habe, weil Sie glauben werden was ich glaube – fühlen was ich fühle, wollen was ich wollen – oder was ich nicht wollen werde was Sie nicht wollen – das glaube ich, das glaube ich, dass weiss ich – es kann nicht anders sein, – es kann nichts Sinn haben als das, sonst gäbe es keinen Sinn auf Erden, sonst würden die Engel nicht Menschen und schlügen einem im ersten Sehen einen Blitz durch die Seele und rissen eine fremde Seele zu sich – denn es ist nicht wahr, was ich Ihnen erzählt habe – alles ist erlogen – es gibt keine solche alte Freundin – es gibt keinen solchen Auftrag – ich habe das im wahnsinnigen Grauen davor Sie sofort wieder zu verlieren, besinnungslos erfunden – erfunden um Sie noch einmal zu sehen – und es ist mir unmöglich zugleich so wahr zu sein wie ich fühle und so unwahr wie ich mich gebe, ich muss in allem wahr sein weil ich Sie liebe, ich muss es lieber hinnehmen dass Sie mich hassen und verachten als dass ich Ihr Interesse erschleiche – da – ich habe es gesagt, auf jede Gefahr hin, lieber Sie gleich verlieren wenn es sein muss, als Sie erschwindeln – ich habe das nicht nötig wenn ich liebe, ich liebe lieber unglücklich und einsam und sehe Sie nie – nie – wieder!» Sie hatte sich bei meiner plötzlichen Durchbrechung der Vorwände zur Wand gedreht und machte jetzt eine Bewegung zur Thür. Ich trat ihr vor. «Sagen Sie mir wenigstens dass Sie mir vergeben?» «Vergeben?» kam es von ihren sich verziehenden Lippen. «Dass ich Sie so ungeschickt, so täppisch, so confus getäuscht habe –» «Getäuscht, mich?» «Aber –» «Glauben Sie wirklich mich zu täuschen? Mit solch einer Geschichte? Ich wusste sofort –» «Verzeihen Sie mir, ich reise sofort ab.» Sie schlug die Augen voll auf und sah mich an. «Was soll ich Ihnen verzeihen? Was Sie mir gestanden haben?» «Gestanden? Verzeihen Sie mir dass ich die Augen zu Ihnen erhoben habe» sagte ich verzweifelt, «ich will ja gehen.» «Ich vertreibe Sie nicht. Ich will Ihnen versprechen alles zu vergessen, wenn Sie – wenn Sie darum bitten.» «Und wenn ich um das Gegenteil bitte –» sagte ich ausser mir und darum fast leise – «wenn alles was in mir lebt – das Leben wert ist – darum bittet und ringt, trotz allem, nicht vergessen zu sein von der die ich nie vergessen kann – wenn meine Bitte um Verzeihung – nur meint, dass ich mich in ihre Hände gegeben habe und gedemütigt damit Sie mich nicht so lassen, – damit Sie mich aufheben zu sich heben –» «Damit» sagte sie in ihre Schürzentasche greifend und den Ring zwischen zwei Fingern, «erbitten Sie zuviel.» Ich schwieg. «Sie haben Recht» sagte ich dann, «und ich nehme das Urteil an. Dies ist einen halben Tag lang bei Ihnen gewesen, es wird mein Alles sein von jetzt an, es behält etwas von Ihrer Kraft, es wird ein Zauber und Segen für mich, – Adieu, und tausend Dank dafür dass Sie sind – dass Sie da sind.» «Das wäre ein Missbrauch» sagte sie streng. «Sie müssen wissen, dass dieser Ring Ihnen nicht mehr gehören kann. Ich erwarte Ihr Wort darauf, dass Sie sofort ein gutes Werk mit ihm thun.» «Mein Wort» sagte ich, während mir das Blut zu Kopf stieg, und legte ihn zurücktretend, weit von mir auf den Tisch. Dann verbeugte ich mich tief vor ihr und ging ihr die Thür zu öffnen. «Da Sie es schon einmal mit der Wahrheit nicht sehr genau genommen haben – verletzt es Sie, wenn ich das gute Werk in Ihrem Namen und Auftrag thue?» «Ich bitte zu befehlen» sagte ich still. «Dann geben Sie mir ihn bitte.» Ich drehte mich zum Tisch und hatte das Gefühl dass sie mir folgte nahm den Ring und wandte mich, sie stand dicht vor mir. «Hier» sagte ich erstickt. «Wo?» hörte ich und fühlte sie in meinen Armen. Während ihre Lippen meinen Mund streiften, schob der Ringfinger ihrer Linken suchend sich in den kleinen Reif. Wir küssten uns, die Hände in die Hände gefaltet. Dann drückte sie mir wortlos die Hand gegen den

Mund, zog sich aus meinen Armen und eilte rasch und unaufhaltsam aus dem Zimmer. Meine Heftigkeit mochte sie erschreckt haben, denn ausser mir wie ich war hatte ich sie eng an mich gepresst und sie musste gefühlt haben, was in mir tobte.

Die Wendung war mir wie ein Schlag gekommen, als ich alle Hoffnung verloren hatte. Aber ich war nicht wirklich glücklich, sondern tief verstimmt und verzweifelt und konnte dieses halben Sieges nicht froh werden. Morgen mussten wir aus einander, keine Gelegenheit konnte so mehr wiederkommen und ich wusste kaum ob ich es wünschte. Ich fand die Leidenschaft des ersten Momentes plötzlich in mir nicht wieder, es war zu rasch gekommen. Ich hatte mit einer langen affaire du cœur, einer langen Beschäftigung meiner sehnsüchtigen Phantasie gerechnet – nun hatte dieser stolze Mund nachdem er, alles in allem, nur Viertelstunden zu mir gesprochen hatte, meine Küsse schon erwidert. Sie hatte den Ring gewollt, – als Verlobungszeichen. Ich kam mir gefangen vor, elend, ängstlich und tief unbefriedigt. Ich wollte los und hinaus; ich wünschte das alles wäre nicht gewesen – es war weder libertinage noch Liebe, es war nur eine stillose Confusion. Ich hätte mich betrinken mögen um zu vergessen.

Es war noch nicht vier Uhr und ich musste mich zerstreuen, nahm Hut und Stock und verliess das Haus. Der winterliche Garten lag ausgestorben, aber an den Glashäusern arbeiteten Leute. Dahinter lag der Obstgarten, kahl und öde, aber auch dort stand ein grosses Treibhaus. Ich drückte die Thür auf trat in eine laue Luft, Gurken und Melonentreiberei; dann hörte ich aus dem nur durch eine Glaswand getrennten Traubenhause neben an ersticktes Lachen. Nichtsahnend schlenderte ich näher und sah in einem Blitze Jochen und Josie – aber wie? Er hatte sie, unter ihren Schenkeln durchgreifend, hoch an sich gehoben, ihre Beine hingen ihm über die Arme herab, ihr Rock war hochgeschlagen, sie umklammerte seinen Hals und küsste seinen dicken Mund. Sein Hinterer lehnte fest an etwas was ich nicht sah, aber ich sah die heftigen Bewegungen des Paares, die gerade im Begriffe waren zu enden. Dann glitt die Reiterin, noch immer Mund auf Mund, mit geschlossenen Augen an ihm herab und schüttelte den Rock, ich sah ihn den Stumpf seiner Rute versorgen, er hob sie im Übermut noch einmal in die Luft, sie fuhr ihm in die Struweln seines Kopfes. Es war höchste Zeit für mich zu retirieren, und zehn Minuten später durchschritt ich den finstern Nadelholzpark und lief mich aus. Es dunkelte schon an dem trüben Frühwinternachmittage als ich ½ vor 5 dem Schlosse wieder zustrebte. Ich überholte Molly und Keith die Arm in Arm vor mir gingen und gerade Minutenlang stehn geblieben waren ich hatte es ohne sie zu erkennen, gesehen. Sie mussten sich geküsst haben, – genau war es nicht zu erkennen gewesen, aber sie hatten eine einzige geschlossene Silhouette gebildet, und Keith schien mir bei meinem frisch fröhlichen Anrufe sichtlich verlegen. Ich dachte während ich mit dem Paare plaudernd zuschritt an Mutter und Tochter. Vormittags war Josie noch anatomisch unberührt gewesen, und in der Stellung die ich eben beobachtet hatte, entjungfert auch Herkules kein Mädchen von vierzehn Jahren. Das Kind war seit sechs Stunden weitgereist. Molly hatte im Licht der Halle müde und glänzende Augen. Der Parkspaziergang war nicht ohne Stationen des Glücks gewesen und der Kuss auf dem Rückmarsche war dankbarer Rückblick. Ich war nicht eifersüchtig. Ich hatte keine Illusionen über Molly Kemnitz. Sie gehörte zu den Frauen, die ihr pick-me-up nicht entbehren können, ohne darum sich zu verlieren oder eigentlich zu débauchieren. Es spielte gar keine innere Rolle. Liebe konnte sehr wol dabei sein, aber unerlässlich war sie nicht. Mit oder ohne Angostura – der sexuelle Cocktail regte sie angenehm an.

Es war ein reizender Theetisch. Der Fahrstuhl der alten Gräfin stand schon neben dem Samowar, die Beaulieu, unnahbar mit niedergeschlagenen Augen zerschnitt ihr ein Caviar Sandwich. Die Männer schienen mir dösig, ich trug die Kosten der Unterhaltung, neckte Josie, nahm Molly die Kuchenteller ab, bediente die schöne Halbnonne mit dem Bemerken sie müsse sich auch einmal Ruhe gönnen, behandelte Ida mit gemessener Reserve. Durch mich getrieben zog man die Beaulieu mehr ins Gespräch. Molly fand sie blass aussehend, sie müsse sich mehr Bewegung machen. Sie fuhr sich mit einer naiv verlegenen Bewegung über das Gesicht, und ich sah dass sie meinen Ring trug, was mich beschämender Weise ärgerte. Josie nahm Jochen die Cigarette aus dem Mund und rauchte sie frech weiter. Auf Mollys Befehl musste sie sie fortlegen, lachte ihn aber an wie nur eine nach der Wollust vibrierende Geliebte den Mann in den sie eben noch sich aufgelöst hatte. Keith bot ihr sein Cigarettenétui, Molly gab ihm einen halben Vorwurfsblick, wagte aber kein Wort, und jetzt wusste ich dass ich richtig geschlossen hatte. Aber als er ihr anzünden half ging zwischen den Beiden ein anderer Blicketausch vor sich – sie waren einander ebenfalls nicht fremd, und Josies Sichzieren und Drehen unter seinem Auge sprach deutlich. Ich sah dass Molly sich ärgerte, widmete mich Ida und beobachtete unter der Hand weiter.

Jochen kam zur Wirtin mit seiner Tasse an den Samowar und sagte ihr lachend etwas ins Ohr, sein derbhübsches strotzendes Faunsgesicht neben ihrer rosigen Backe. Sie schlug nach ihm patschend wie nach einer Fliege und sagte «Was fällt Dir ein?» Sie hatte ihn sonst Sie genannt, erschrak, wechselte die Farbe und sah sich rasch im Kreise um, ob jemand den Slip gemerkt hätte. Als sie ihm die Tasse gab kneipte Jochen sie in den Finger, ich sah es deutlich. In diesem Augenblicke stand Ida auf, reckte den hübschen, strammdrallen und schlanken Körper leicht und blieb wartend stehen, aber ich hob gerade der alten Kemnitz den Theelöffel auf stiess dabei an die ebenfalls sich bückende Beaulieu, musste mich lachend bei der errötenden entschuldigen und sah im Aufstehen Ida schon an der Portière. «Kommen Sie?» rief sie, und setzte hinzu «Ich entführe ihn Euch für zehn Minuten, er muss mir lateinische botanische Namen übersetzen – ich habe hier kein Schreibzeug.» «Ah das Steckenpferd» rief Molly lachend, «na reite es nur.» Die anderen waren mit sich beschäftigt und gaben scheinbar nicht Acht.

Wir fuhren im Lift hinauf, und Ida sagte «Zu nett dass Sie sich mit meiner Unwissenheit Mühe geben wollen!» «Zu nett von Ihnen, mich zu etwas brauchbar zu finden» sagte ich galant und zerstreut, und wir waren schon oben, wo sie vorauf ging, in eine Turmzimmer wie sie sagte, ihrem liebsten Raum im Hause weil er ganz abgeschieden sei und keine Nachbarn und Visavis habe. Es war ein sehr elegantes und reiches Damenschlafzimmer voll prachtvoller heller Teppiche und verwöhnter Weichlingsmöbel, das Bett mit schweren Vorhängen in einem Alkoven, die Decken ihrer Siesta hingen noch halb heraus, crémefarbene schwerseidene Steppdecke und schimmernder durchgewirkter Battist. Eine grosse Ständerlampe unter rotem Schirme erleuchtete den Raum, daneben stand eine alte französische Bergère, fast nur ein hochgepolsterter Sessel, nach vorn schmal und schlank und schräg zum Liegen verlängert. Dort setzte sich die Gräfin, ich zog mir einen Schemel zu ihr und sie nahm von einem Tischchen ihr Portefeuille. Beim Suchen in ihren Zetteln brachte sie das rechte Bein ins Liegen, das andere hing ausgestreckt, sein Fuss klopfte da sie nicht gleich stand, nervös den Teppich. «Ah hier» sagte sie, «jetzt gehts los, Sie übersetzen, ich schreibe deutsch daneben. Also, was könnte heissen Verschaffeltia pudica?» «Nichts Gräfin; Verschaffelt war ein belgischer Züchter; pudica heisst schamhaft.» «Schamhaft?» «Vermutlich schliesst die Pflanze auf Berührung, die Blätter wie die

Mimose.» «Natürlich – glänzend; hier steht Acaciaceen. Haben wir schon, die Schamhafte, die Sie so prompt entkleidet haben», sie lachte und zeigte die starken Zähne – «ihrer Geheimnisse natürlich – honni soit.» Jetzt weiter. Caryopheria mastacanthus.» «Der Name besteht aus Nuss und Flügel, sie wird Nüsse bringen und der Same wird geflügelt sein; der Zusatz heisst, dass sie auf Brüsten Dornen trägt.» «Pfui. Wie pathologisch.» «Vermutlich sitzen die Dornen nicht glatt auf, sondern auf kuppelartigen Schwellungen.» «Dadurch wird es nicht schöner. Gut, dass nicht alle kuppelartigen Schwellungen –» und sie blickte lächelnd auf ihre volle Büste nieder. Ich lachte. «Ich weiss nicht, in der Natur liegt Lust und Grausamkeit doch oft zusammen – Küsse Bisse, das reimt sich, sagt der Dichter.» «Schweifen Sie nicht ab, mein Herr. Was ist Pilogyne pentandra.» Ich lächelte. «Sie haben da ein lustiges Sortiment. Das Erste heisst genau Haarweib, das zweite fünfmännerig.» «Hören Sie auf, Sie frozzeln mich.» «Bitte. Sie wissen was Gynäkologie ist. Sie kennen auch den Epilator, zum Haare entfernen – obwol Sie über Ihrem schönen Mund noch keinen Samt haben –» «Hoffentlich!» «Kommt noch.» «Ich schmeisse Sie noch raus. Das wäre das Haarweib. Pent ist fünf; in andra steckt Mann. Der Stempel der Pflanze hat Haare, die Zahl der Staubbeutel ist fünf, voilà tout.» «Beruhigend: ich dachte schon – ich sage Ihnen lieber garnicht was ich dachte», «Oh in der Botanik, Gräfin – überhaupt in der Natur –» «Still. Ich hatte geradezu Angst vor der Fortsetzung. Nein, die beiden nächsten sind Palmen, versteh ich auch so. Acanthus eminens – ein eminenter Acanthus, was? Schön. Was ist amorphophallus speciosus.» «Hier ist die Angst nicht unberechtigt. Amorph heisst ungefüge, Phallus ist – ich will einmal sagen – aber wozu Umschreibungen? Dem Reinen, vor allem in der Wissenschaft, ist alles rein. Phallus ist» «Nur still, ich kann mirs schon denken» «und speciosus ist prächtig.» «Ungefüge und prächtig und ein» «Aber wenn Sie sich das denken konnten, Gräfin –» «Ja was kann die Pflanze danach sein, es steht nichts dabei.» «Sicher ein Arum, Aaronsstab.» «Natürlich natürlich –» «aus deren Spatha die Geschlechtsorgane in Form einer riesigen männlichen Rute, besetzt mit Samenkapseln, aufragt.» «Das muss ich haben, Sie schildern es so plastisch –» «Es ist sicher scheusslich und wird Sie enttäuschen.» «Woher wissen Sie? Was ist Clitoria pulchella?» «Steht das wirklich da?» «Sehen Sie selber. Leguminosae, also was wie Bohnen, nich?» «Gräfin, es ist das Pendant zum vorigen.» «Das – was?» Ich war nun amüsiert und frech. «Die Clitoris, wenn ich exakt sein soll, ist derjenige lauschige Winkel des kleinen weiblichen Labyrinthes der Liebe, durch dessen Reizfähigkeit es dem Phallus des Freundes alleine möglich ist, an der Freundin die Entzückungen hervorzurufen die er selber empfindet. Sein Bogen, sozusagen, gleitet und spielt und kommt und kehrt auf dieser geheimen Saite. Eine Clitoria ist geformt wie das weiblichen Organ des Glücks; pulchellen heisst allerliebst.» «Und das sagen Sie mir so einfach?» «Soll ich es Ihnen anders als einfach sagen?» «Sie sind ja ein Engel. Aber den Katalog gebe ich auf. Das nächste sind zwar drei harmlose Palmen, capiere ich von selber. Aber dann kommt wieder so was – da ahnt mir schon, dass ich mich wieder Ihrer Ritterlichkeit anvertrauen muss – und obwol Sie dabei wonnig sind –» «Na was denn?» «Satyrium tragochris» «Unmöglich.» «Doch –» «Satyrium heisst Satyrartig, die Blume wird etwas unverschämtes haben – auch eine Aracea» «Nein Liliacee» «Ja so, dann ahne ich schon – die haben oft verwachsene gefleckte Fratzen, aus denen der verwachsene Samenstand, Stempel und Staubträger eine einzige Keule, nach oben gebogen steif heraussteht – aber das andere –» Sie lachte und hielt das Blatt vors Gesicht. «Geben Sie doch einmal her –» «Nie, Herr Professor –» Ich rutschte neben sie auf die freie äusserste Kante der Bergère, zog ihr das Blatt aus der

Hand und sagte «tragorchis, nicht tragochris, und es heisst –» und ich fasste und kitzelte sie – «was unterm Bocke baumelt». Sie drehte den lachenden Mund weg – «hier dies – nein tiefer – sein Dudelsack – sein Glockenspiel.» «Lassen Sie mich los, oder ich beisse» «Unter einer Bedingung.» «Ich werfe Sie hinaus.» «Unter der Bedingung, dass Sie noch einmal Professor sagen –» «Pro-» «Sehen Sie, Sie können gar nicht vor Lachen» «-fessor» sagte sie mich umschlingend. Ihre Lippen neckten mich mit Spielküssen, sie zog mich über sich, ich küsste ihr Ohr, ihre Augen und die witzig aufgestülpte Nasenspitze. Sie befreite ihren rechten Arm und knöpfte mich auf, ich hatte die Hand unter ihrem Rock und spielte mich an ihre Blume heran. Als sie hatte was sie suchte, kam der erste lange Kuss, «lüften Sie sich einen Moment» sagte sie, und zog die Knie unter mir gespreizt hoch, ich bog mich rückwärts. «Ungefüger, prachtvoller» lachte sie, meinen Phallus knetend und die Hoden prüfend, «so geht doch nichts über die Praxis.» «Gegenseitigkeit vorausgesetzt – ich will auch etwas lernen.» Sie lachte, liess los, rutschte etwas rückwärts, zog mit beiden Händen das Höschen auseinander, schwang mir die Beine auf die Schultern und zog sich meinen Kopf elastisch in den Schoss. «Liebe Clitoria» sagte ich und küsste die derben kleinen Lippen der strotzenden Blume mit dem purpurnen Kelch. Sie girrte, zog die Schenkel fest an, warf aber wieder los, und gab mich frei. «Geben Sie ihn mir.» «Gegenseitig» flüsterte ich, zog sie in die Arme und küsste die sich an mir Weidende. «Nicht in Kleidern» sagte sie zwischen langen Küssen, «kommen Sie heut Nacht, jetzt lassen Sie mir den» «Ich liebe aber eine Andere –» «Das erhöht in meinen Augen nur Ihren Reiz –» «Verführerin» «Augenblicklich lieben Sie niemanden sondern wollen mich brennend gerne» «Glücklich machen –» «Ich bin ja glücklich» «Noch Glücklicher» «Gut, – kommen Sie eng neben mich – jetzt Ihre Hand – tiefer, so – jetzt den

Göttlichen – etwas rutschen – ich kann ihn sonst nicht zwischen meine Hände – so – süss – jetzt den rechten Arm um meinen Hals – küssen – Du.» – Ihre Zunge floss in mich. Ihre Hände wirbelten mir den Steifen, und obwol meine Hand zu gequetscht war um ihre kleine Brunst kunstgemäss zu behandeln, löste sie sich mit drängenden und fegenden Bewegungen gegen meinen Finger von selber. Wir genossen ein volles Entzücken des Ergusses, sie empfing meinen Sturz geschickt in die hohle Hand, zog mir rasch das Taschentuch aus der Brusttasche und warf es im Bogen von sich. «Ach mein Abgott» sagte sie in meinen Armen schauernd und mich küssend – «lieben Sie Molly immer noch mehr als mich? Oder Josie?» «Was heisst –» «Sparen Sie sich Bemühungen. Molly Kemnitz bringt niemanden nach Polzin mit dem sie nicht geschlafen hat und schlafen will. «Ist das Ihr Ernst?» «Kränkt Sie das? Und wer die Mutter hat, den kriegt das Gör dazu, Alle; das ist hier so, auf allen Schlössern in der Runde. Totaler feuchtfröhlicher Kommunismus, alle Männer alle Frauen und umgekehrt, ausgenommen dass Jochen mein Vetter ist und wir uns zufällig nicht ausstehen können.» «Und Sie meinen man wüsste jetzt?» «‹Heilige Einfalt. Steckenpferd reiten›, rief Molly uns nach». «Sie wäre höchstens darüber enttäuscht, dass ich Sie noch nicht geritten habe, oder Sie mich, und wir selig uns küssen und etwas muckern.» «Und Kemnitz?» «Längst impotent, und soviel ich weiss, vaguer. Aber das führt zu weit. Spielt auch eine Rolle. Ist übrigens sehr nett. Es heisst übrigens er hat auf seinen böhmischen Gütern die Einzige mit der er kann, die ehmalige Gouvernante von Josie, die er vor zehn Jahren verführt hat, eine Salzburgerin, die dort seine Wirtschaft jetzt führt. Aber wie gesagt, hier sucht man sich seine Leute aus, und jeder thut was ihm gefällt mit allen die ihm gefallen. Bei Xenia wo Sie herkommen wars doch nicht anders, – oder? Und bei mir ist es grade so. Obwol Sie mir so wahnsinnig gefallen, dass ich mich reell verlieben könnte wenn ich leichtsinnig genug wäre – ich schwöre keine Treue und will keine. Es ist alles so viel uncomplicierter ohne den ollen Schwindel. Entweder was wir mit einander machen, himmlisch, was? oder treue Freundschaft, auch himmlisch, und eine treue Freundin, Ehrenwort, kann ich sein.» «Und die Beaulieu?» «Ach die Himmelsziege? Ne natürlich, die ist ja verlobt, Berliner Theologieprofessor, aber von Familie, Freiherr von Werden, haben noch nicht Geld genug, sollte Hofprediger werden, ist aber zu liberal. Keinen sou, beide. Wollen aber demnächst doch, höre ich. Nein, die ahnt auch nichts. Sieht ja keinen an, sieht sich nicht um, geht so ihren stillen Gang, mit der alten Hexe. Die sitzt auf ihrem Gut in der Lausitz, da sind ganz andere Verhältnisse, fromme Krautjunker, wenig Geld, strenge Erziehung, alle bildhübsch, treue Ehen, Berge von Kindern, Dienstmädchen werden allabendlich vom Hausherrn im eigenen Flügel eingeschlossen, damit nichts passiert, Jungens onanieren bis zur Brautnacht, brauchen eine Woche bis sie die Lebensgefährtin glücklich entjungfert haben, dann fünf Jahre eheliche Pflichten und Schluss. Ich habe eine dort verheiratete Freundin, Schlesierin und normale Frau, die mir das alles erzählt hat. Wenn sie nicht im zweiten Ehe-Höllenjahre einen kleinen sächsischen Prinzen in Manöver Einquartierung gehabt hätte, der sich dort den Fuss verstauchte und ihr später Gutseleven aus bessern Häusern schickte, wäre sie buchstäblich verrückt geworden und hätte sich polnische Scharwerker herausgesucht die zwar stinken aber feste rannehmen. Klingt roh, weiss ich, aber was willst Du machen. Hunger ist auch roh, und in der Sahara trinken sie aus Pfützen. Ahntest Du garnichts?» Ich lachte. «Wir gefielen uns.» «Nich? Du mir doll. Ich Dir – Du liebst ja eine Andere – nein mich jetzt nicht küssen Du wirst doch nicht – Pfui – wie kann man nur so treulos sein –» «Warst Du so sicher mich zu besiegen?» «Kind – totsicher. Du bist die Sorte, die man – riecht. Ich meine nicht – verstehst Du – sondern eben das gewisse. Du bist der Mann für Frauen – Stimme, Haltung, Blick, Reaktion – und dabei hast Du mich bei Tisch so schlecht behandelt, dass ich lachen musste. Wirklich nichts geahnt, Du? Ja oder nein, sonst keinen Kuss mehr.» «Unterbewusst höchstens, mit Gegenspannung.» «Und als wir kaum sassen, hast Du die Augen nicht mehr von meinem Mund weggekriegt. Und bei meiner ersten kleinen Verwegenheit – wenn ich eine harmlose Sondierungs Koketterie überhaupt so nennen darf, wurde Dir schon die Hose zu eng, Du Frömmler – nicht leugnen – sonst hat sichs ausgeküsst – schon bei Pudica war es so wie was ich hier habe – na siehst Du – Fluntsched – was denn – nein ich will doch nicht – ach –» Es war zu spät. Sie legte den Schenkel über meine Hüften und drängte mir entgegen. Ich nahm sie fest um das Gesäss, hing mich ihr an den Mund, sie biss mich mit einem leisen Röcheln, wir lagen einen Augenblick, dann stemmte ich sie zärtlich und hart ohne abzusetzen. Als sie zerfloss hielt ich mich an, liess ihr Atem, blieb aber in ihr, legte fortissimo in die Küsse und pianissimo in die Vibrationen und genoss das langsame verzehrende Kommen ihrer Wollustkrämpfe, in denen sie mir die Hände zerkrallte. Sie bat um Gnade. «Geh ich muss jetzt ruhen – möglichst schlafen – sonst sieht man es mir zu sehr an. Ich habe noch nie im Leben so wahnsinnig genossen. Ich möchte die Frau gewesen sein, die Dir das beigebracht hat, Du Götterjüngling. Gemein nur dass Du mich trichiert hast – Du hast gespart und mich erschöpft.» «Geliebte Närrin» sagte ich, «ich habe Dich menagiert, voilà tout. Ist es meine Schuld, dass Du mich nicht zur Übergabe zwingst? Die Frau von der Du sprachst, war nicht Deinen Fingernagel wert, aber sie hatte zehnmal so viel Tricks wie ich.» «Mögt ihr das denn?» «Was man mag, süsse Schäferin; wer hat eine langweilige Regel? Man will eine Geliebte, die ihre naiven Begierden nach uns, nach allem was wir ihr zu geben haben, entzückend verrät. Alles andere ist Schmarrn. Ein sprödes Mädchen oder ein geiles Mädchen im Bett zu haben ist gleich enttäuschend. Beides sind Formen von Kälte. Bei ganz klarem Kopf und ganz aufmerksamen Sinnen das Gesammeltwerden geniessen heisst unterhalb der Hure sein, die ja nicht geniesst. Die Süssigkeit der geteilten Brunst liegt im geteilten Wahnsinn der alles entschuldigt was er wagt. Nichts durcheinander bringen. Adieu.» «Noch einen, noch zehn. Wann kommst Du heut Nacht?» «Wenn ich aufwache, in den Morgenstunden, zwischen 5 und 6. Ich muss etwas schlafen; und Du am besten auch, vorher und nachher.» «Künstler. Also die Mittelthür auf dem zweiten Stock, Treppe, Vorplatz, erste Thür rechts.» «Behalte ich. Ich gehe ja auch jetzt hinunter, merke mir alles.»

Ich war fast zwei Stunden bei Ida gewesen und hatte bis zum Nachtessen gerade Zeit zu baden, mich umzuziehen und etwas zu ruhen. Ich hatte keine Gewissensbisse. Es war ein reizendes Abenteuer gewesen, sie war ein perfekter Bonbon, ohne Nachgeschmäcke und Seelenschmerzen, eine lieblich gesunde, frisch kräftige, sinnliche junge Frau, der ganze Körper wie aus Genuss geformt, derb amüsant, witzig und listig und gescheit und frauenhaft, ihre Worte so wolschmeckend wie ihr Speichel, ihr Vötzchen so hold für die Lippen wie ihr Mund, noch ihr Hinterpförtchen wäre zum küssen gewesen – aber eine Spur liess sie sowenig wie ein ausgesucht leichtes und köstliches Diner. Wie wunderlich, dass Frauen glücklich machen können ganz ohne zu interessieren! Fast so erstaunlich wie dass sie aufs äusserste interessieren können, ohne den Bereich der Wünsche auch nur seines Schlummers sich bewusst zu machen. Ida Keith hätte ich mir nie gewünscht. Ich hätte sie wenn unsere Unterhaltung sofort gestört worden wäre, ohne ein mindestes Bedauern verlassen – ich hätte wenn unsere ersten Scherze auf einen Zwischenfall hin hätten abgebrochen werden müssen, meinen gereckten Stachel seelenruhig wieder eingesteckt wie ein von der Ritze weggeprügelter Rüde, dessen Geiler ihm wieder ins Fell zurückschrumpft, indes er trabt. Und doch welch vollkommene Lust hatten wir getauscht, wie uns geküsst, wie uns in einander geschroben, Zapfen in Zapfen, Fleisch in Fleisch, wie holde Worte uns getauscht ohne zu lügen. Sinne und Wollüste sind ein Ausflugs Erdteil unserer Natur. Sie sind ein abgeschiedener Teil von uns. Wir sind etwas anderes. Und wo wir das was wir anderes sind mit jenem zu verschmelzen trachten, flieht bald genug wieder beides auseinander, und das nennt Unverstand und Ungerechtigkeit und Unsinn Untreu sein.

Es mochte halb acht sein, als es bei mir klopfte und der Diener mir ausrichtete Frau Gräfin Mutter, die nicht zum Diner erscheine, würde sich freuen wenn ich bis zur Glocke bei ihr etwas plaudern wolle. Er werde mich begleiten wenn ich schon angezogen sei sonst solle ich ihm läuten. Die Aussicht war nicht lockend, aber es wäre unartig gewesen nicht zu folgen. Die Alte bewohnte ein riesiges Südzimmer halb als Wintergarten eingerichtet, und empfing mich in einem grossen Lehnsessel an dem ihr Krückstock stand, unter dessen Palmen. Ich sah kein Bett, aber eine Thür ging in ein Schlafzimmer auf in dem die Beaulieu Kissen zurecht klopfte, und gegenüber stand eine andere Thür offen, in ein halb beleuchtetes Zimmer. Die Alte entschuldigte sich mit ihrem Interesse an meiner Persönlichkeit; sie sei leider etwas schwerhörig und habe nicht allen meinen Bemerkungen folgen können, aber die gute Ludovika habe ihr soviel berichtet. Die letztere kam inzwischen hinein und rückte einen Tisch mit Cocktails zu uns, nahm einen Stuhl und nippte selber an dem Fingervoll den sie sich eingeschenkt hatte. Die Schwerhörigkeit entpuppte sich als ziemliche Taubheit und kaum cachiertes Lippenlesen, und mir wurde erst klar, warum die

Leidende sich nur abrupt in die Unterhaltung gemischt hatte. Ich sprach so artikuliert ich konnte. «Nicht Schreien» sagte die Beaulieu leise, «sie versteht am besten, wenn Du mit normaler Stärke sprichst und liest vom Munde.» Ich errötete leicht bei Ihrem Du, es traf mich ins Herz, etwas wallte in mir auf. Die Beaulieu wiederholte etwas von mir gesagtes, der Alten näher rückend, dabei streifte sie meinen Fuss, zog aber sogleich zurück. «Das war Dein Werk, tausend Dank» sagte ich flüsternd. «Jawol Gräfin, allgemeine Geschichtswissenschaften, hauptsächlich klassische Altertumswissenschaft – nein, nein, keine akademische – nein natürlich auch nicht. Wie? Ja ich weiss noch garnicht. Zunächst wol mehrere Jahre reisen, nach Abschluss. Eile, nein. Nein ich habe keine Eile. Brotberuf? Nein ich glaube kaum dass meine Familie darauf besteht. Sehr richtig. Oh nein nicht sehr reich, was man heut so nennt. Was man so nennt Gräfin? Aber ich bitte Sie, unter acht bis zehn Millionen ist man heut in Berlin nicht reich; sehr reich ist man wie in England, unter heutigen Verhältnissen, mit 25 thousand a year. Im Verhältnis dazu sind wir Mittelstand. Gräfin lächeln? Höherer Mittelstand geht heut in Berlin gut und gern bis 200 jährlich, für vernünftige Leute die zu 30% anlegen. Geschwister? Eben, eben, Sechs. Danach leicht zu berechnen. Ja, etwas Grundbesitz, nicht der Rede wert, Wannsee. Eben das, Gräfin kennen das Grundstück? Zu schmeichelhaft. Doch mit Hardy Siemens, den grossen Häusern garnicht zu vergleichen. Ja, auch Börnicke. Nein, Papa musste es übernehmen. Wir gehen nie hin.» So wurde ich kühl ausgefragt. Dazwischen flüsterte ich mit der Beaulieu, die fast nur einsilbig antwortete, mit Ja, Nein, Vorsicht, und wiederholt «Nachher». Als ich auf die Uhr sehend mich erheben wollte sagte sie «das Zeichen läutet erst kurz vor ½9, Du hast reichlich Zeit.» Jetzt verstand ich, dass sie mich sprechen wollte.

«Ich glaube, liebe Tante, wir sollten jetzt», die Alte liess sich aufhelfen. «Es war mir sehr sehr interessant, lieber Herr von Borchardt, und sehr artig einer alten Krüppeldame Gesellschaft zu leisten. Machen Sie doch noch mit meiner guten Ludovika aus, wann Sie einmal meine Fasanen schiessen wollen, sie sagt mir, das sei Ihre Leidenschaft, und zu einer alten Frau in ihren abgelegenen Winkel kommt niemand als einmal ein so artiger junger Herr. Werde mich immer sehr freuen, und mein Sohn auch, Gute Nacht, Gute Nacht.»

Ich blieb stehen, in mir halb glücklich, halb verworren. Ich fühlte mich geleitet, und folgte zögernd. Dies war ein anderes, ein sehr anderes Abenteuer schien mir als meine gewöhnlichen, und das Durcheinander beider in diesem Polzin machte mir ein Grausen. Hätte ich sie anderswo als gerade hier getroffen! Verlobt? Und mein Ring. Wer fand sich durch? Inzwischen öffnete sich die Thür, sie kam hoch und mit gesenktem Kopf hindurch und zog sie leise hinter sich zu. Ich trat unwillkürlich einen Schritt näher, sie hob beide Arme halb gekreuzt gegen ihre Brust, blieb stehen und sagte rasch – «Komm, nicht hier, besser vorsichtig.» Sie ging rasch nach der andern Thür, ich folgte ihr in ihr Schlafzimmer. Ich war so betäubt, dass ich mich nicht umzusehen wagte, oder vielmehr nicht aufnahm was ich sah. Es brannte eine Nachttischlampe neben dem Bett; ich war vollkommen erschüttert als sie an meiner Brust lag. Ihre Lippen waren heiss. Mehr wusste ich nicht, hörte, sah, fühlte ich nicht. Ich weiss nicht mehr was wir gesprochen haben. Aufregung und Atemlosigkeit der schwindenden Minuten machten mich von oben bis unten zittern, und sie zitterte mit mir. Dann kam der Moment in dem ich sie fester fasste und an mich zog. Ich versuchte ihre Augen zu treffen, aber sie sah mich nicht an, sondern erwiderte, den Kopf mit der Nonnenhaube seitlich neigend, lautlos meine immer leidenschaftlicheren Küsse. Ihre Brust hob sich seufzend, sie zog mit der linken Hand meinen Kopf noch enger heran. Ich vergass die drängende Abschiedsminute, mein Blut wallte, mein Verlangen teilte sich ihr mit. Ihre Lippen gaben nach. Jetzt scholl der Gong. «Leb wol» sagte ich, mich lösend. Sie antwortete nicht und hielt meine Hände fest: «Könnte ich noch einen Moment mit Dir haben, und sprechen, hören, ausmachen – lass mir die Thür – offen.» «Komm aber erst wenn das Haus schläft. Ja, ich muss Dich auch sprechen. Bis dann.» Wir küssten uns fest, und ich eilte.

Ich war noch immer wirr als ich unter den anderen meine Cocktails trank, Ida sprach mit Josie, Molly mit Jochen, Keith fragte mich irgend etwas blödes worauf ich ebenso blöde antwortete; dann wurde ich einem jungen Mädchen vorgestellt, die nachmittags angekommen war, siebzehn oder achtzehn Jahre, Baroness Irgendwas, etwas dunkelblondes, nicht gross, ich sah kaum hin. Molly kam und sagte «Du fährst doch nicht gleich Morgen, ich habe kaum etwas von Dir gehabt.» Ich antwortete sie sähe bezaubernd aus, schöner als je. Dies ging gedämpft vor sich, sie sah mir forschend in die Augen, Ida nahm meinen Arm zu Tisch und sagte etwas ausgelassenes, Keith führte Molly, Jochen die Neue, mit Josie à gauche die neben ihre Mutter kam, obwol dadurch das Keithsche Ehepaar zusammensass. Keith trank mir sofort zu und sah mich forsch ermunternd an. Ida setzte ihren Schuh auf meinen Fuss und sagte «Ich bin so verschlafen dass ich einpennen würde wenn nicht so ein glänzender Gesellschafter wie Sie mich führte», Molly stiess leise mit Keith an und die Neue sagte «Sie sind also ein berühmter Mann?» Es kam mir alles irre vor. Ich fand keine Worte und wurde ständig rot. Es gab zur Suppe einen erstklassigen Haut Sauternes der mich langsam equilibrierte, die Suppe war Clear Turtle, und so köstlich, dass es mich durchrann, dann gab es Eier auf Sellerie gebacken mit Caviarrand – es wirkte so als wäre es als Stärkungsmittel für Alle etwas auffrischungsbedürftigen Paare des

Tisches gedacht, und als ich schärfer zusah, hatten alle Damen die typisch müden glänzenden Augen ihrer Situation, Keith sah abgerackert aus, Josie jaded und Jochen hatte Ringe unter den in dikken Polster gebettete muntern Augen. Ich wurde frischer. Es gab jetzt Enten à l'hongroise, mit Curry Reis gedämpft in einer dicken Rahm und Paprika Sauce und einen capitalen Beaune. Ich trank Molly zu und machte ihr ein Compliment das in eine Art Trinkspruch für sie ausging und begeisterten Chorus weckte. Sie sei jedem Anwesenden in einer anderen Art zum Gegenstande verehrungsvollen Dankes geworden. Jedem scheine sie das Selbe zu geben und doch wisse jeder was er vor jedem andern voraushatte. Die anderen Anwesenden möchten das Privileg länger zurückgehender Erinnerungen haben, aber nichts gehe über den ersten beglückenden Eindruck, um den mich als letzt eingetretendes Glied der Runde die Andern wenn sie an die eigenen Beginne zurückdächten sicher beneideten. Grosses Halloh. Molly sagte mir zutrinkend «Jedes Glied, nicht nur das zuletzt bei ihr eingetretene» (– Keith und Jochen platzten los – sie lachte mit – Ida trat mich und sagte leise «wonnig») sei ein Glied der Kette, die alle diese Umsitzenden bildeten – alle griffen nach allen Seiten ineinander – neues Halloh – aber nicht nur in der zufälligen Gliederung der Tischordnung – in jeder andern denkbaren – und es sei kein Unterschied zwischen dem stärkeren und dem schwächeren Gliede – neue Salve – ausser vielleicht dass das letzte, frisch und blank aus der Esse erschienene, gewiss nicht das schwächste sei, sondern die ganze Last der Andern wenn es die Wette gälte, tragen könne – («Greifen Sie auch in mich?» fragte meine Nachbarin à gauche.) Es war ein Erfolg. Ich hätte sie nicht für so frech witzig gehalten. Nach links sagte ich «Topp» und hielt unter dem Tisch die Hand hin, in die sie aber nicht schlug, sondern sie hielt die lose Faust hin und liess mich den Zeigefinger hineindrehen. Ich sah das dreiste

Gör zum ersten Mal wirklich an, sie war ein netter soubrettenartiger Hase, blutjung, lachend schmachtend und schalkhaft, den Kopf voll Locken, ganz graziös, das hübscheste an ihr die auffallend schlanke Taille bei sonst recht sprechenden Reizen, das Ganze eher neben den reiferen Kriegerinnen der Runde noch sehr Mailich grün. Dann schlug der freche Jochen an sein Glas und sprach wie er sagte für die Jugend. Es sei ihr Recht und ihre Pflicht für die Aufhebung der quälenden Unterschiede zu danken, die innerhalb Polzins einen unleidlichen Schnitt zwischen Besitzern des Eheglücks und Anwärtern darauf machte. Hier sei die Jugend im Vollbesitz des menschlichen Rechts, vorausgesetzt dass sie den Pflichten nachkäme, und schenke eben dadurch den bereits ins Band der Wahl getretenen das Glück der Zeit wieder von der unser Schiller bekanntlich sage «Oh dass sie ewig grünen bliebe». Erst wo die letzte Liebe jederzeit wieder die erste sei, werden, fühlen könne, sei der Bann gebrochen. Er trinke Keith zu, mit dem er heut brüderlich und ohne jede vergiftende Rivalität – wenn er so sagen dürfe, im gleichen Ringelstechen sich gemessen habe – getroffen haben wir beide, vor dem lockenden Ziele sind wir gleich – es lebe das Schwarze. Da darauf Josie zwar Kusshände nach beiden Seiten warf, war die Beziehung klar. Meine Nachbarin stellte sich als capiere sie nicht, ich fragte Ida ob ich interpretieren dürfe, sie lachte nur und sagte «thus, aber ich liebe Dich beinahe vorübergehend, mache mich nicht eifersüchtig.» «Wie war Ihr lieblicher Name» fragte ich nach links. «Fanny – nennen Sie mich ruhig so, mein Name ist unanständig.» «Wie – was denn –? Ins Ohr!» «Von Stöckenrain» sagte sie heiss und lachend in mein Ohr, «aber mit ö und ai». Ich war charmiert. «Also kleine Fanny, ich habe den Eindruck – aber es ist eine blosse Vermutung – dass die kleine Kusshänderin drüben heut den entscheidenden Schritt gewagt aber ganz auf sich allein genommen hat, indem sie ihrem ersten

Partner die Verantwortung dafür abgenommen hat, das Risiko mit ihr für immer zu teilen und vielmehr seine Spur durch einen zweiten Partner sofort hat löschen lassen. Sie ist wenn ich Recht habe ein mutiges Mädchen.» «Phh» sagte Fanny, «glauben Sie wirklich? Ich sagen Ihnen nachher was, wenn Sie nett sind und mir was schenken.» «Sie scherzen. Ich bin ein armer Teufel.» «Dass ich nicht weine. Nackt und bloss, wie von Gott geschaffen?» «Schelm!» «Sie sehen interessant aus, aber auch eingebildet! Und ausserdem denken Sie immer gleich das Schlimmste, sicher auch von mir; weil man alles mögliche sagt – warum denn nicht.» «Aber die Männer thun auch nicht halb so viel wie sie prahlen. Josie ist richtig feige, sie hat sich sicher nicht von zwei Männern am gleichen Tag küssen lassen, – wenigstens nicht auf den Mund – schon aus Angst, dass sie sichs gegenseitig erzählen.» «Prost», sagte ich, «und was soll ich Ihnen schenken?» «Ich kriege zu gern Geschenke. Essen Sie nachher J'y pense mit mir und verlieren Sie es.» «Und was erzählen Sie mir dafür?» «Nur unter vier Augen.» «Dürfte hier schwer halten.» «Oh garnicht. Ich zieh mir nachher ein Abendkleid an – ich bin grad zum Essen dagewesen und habe keine Zeit gehabt, – und Sie sagen irgend was und juxen mal schnell zu mir, zwischen zwei Tänzen.» «Allerliebste Aussicht. Wo wohnt denn die freche kleine Fanny?» «Erstens bin ich nicht frech – bin sogar mit Ihnen das Gegenteil weil ich Sie mag – und klein erst recht nicht, ich bin voll entwickelt. Wohnen thu ich rechts von Ihnen – war grade in Ihrem Zimmer mit Josie um Ihnen einen Antrittsbesuch zu machen und zu sehen was für Pyjamas Sie haben – Pyjamas von jungen Männern faszinieren mich kolossal, ich mag aber nur seidene.» Inzwischen gab es Dessert, Knackmandeln, Knallbonbons und Champagner. Die Lustigkeit stieg, die Tischrunde fasste sich unter, es wurde für die noch nicht Initiierten Brüderschaft befohlen und getrunken, Molly kam mit vollem Glase zu mir um mich zu küssen, Josie folgte und küsste mich auf die Nase mit dem gezischten Worte «Poseur». Ida und Fanny schlüpften die Arme unter die meinen, die erstere küsste mich knallend auf den Mund, die andere hielt mir nur die Backe hin, während sie sich von Jochen mit gelangweiltem Ausdrucke auf die spitzen Lippen küssen liess – mit Keith schien sie auf Du zu stehen. Dann standen wir zum Kaffee auf und gruppierten uns auf bequemen Sesseln des Salons um die Schnäpse, es fiel mir aber als ich Fanny nicht mehr sah ein, dass ich noch ein par Zeilen an einem angefangenen Brief zu schreiben hatte, der Morgen früh fort müsse und ich beurlaubte mich von Molly für eine Viertelstunde die ich scharf ausnutzte indem ich die Treppen zu meinem Zimmer wie ein Wiesel hinaufsprang. Im Nebenzimmer war die Thür angelehnt, ich hustete am Spalt und Fannys lachende Stimme sagte von drinnen «komm nur – dass heisst – warte mal.» – Ich wartete keineswegs, sondern zog die Thür hinter mir zu. Sie kicherte hinter einem Paravent, hinter dem sie mit Mieder und Höschen und langen Strumpfbändern die Beine entlang stand und einen Peignoir um sich zu ziehen versuchte. «Pfui» sagte sie lachend, «Du solltest doch warten –» «Wir haben doch nur so wenig Zeit, Fanny, und so viel zu thun –» «Weg – Pfui. Was haben wir denn alles –» «Oh – eine Menge. Erstens einen Bruderschaftskuss, den Du mir schuldest – für Backen ist ein Kuss zu schade – dann Deine Erzählung – dann mein Geschenk – dann – dann –» «Schön, meinetwegen, aber in allen Ehren –» Sie gab mir den Kuss mit Feuer zurück, stiess mich aber mit dem Zeigefinger hinterm Paravent weg und folgte mir ins Zimmer mich unterfassend. «Also Fanny, ich habe dies bei mir –» und ich zog mein goldenes Croquis mit dem Saphirknopf heraus, eine Nilpferdcigarettencase, schön rosig mit Goldecken und Initialen, und eine rasch aus meinem Zimmer mitgenommene grosse goldene Sicherheitsnadel mit einer leidlichen Perle. «Such Dir aus.» «Du bist reizend, – aber ich kann mich in der Eile nicht entscheiden – lass mir alles Drei – Morgen dann das weitere – entzückend, goldig.» «Zwei für Dich» sagte ich, «der Antrittskuss zählt extra, sieh mal», und ich steckte ihr die Perlnadel ans Mieder, hielt sie mit der Linken und huldigte mit rascher Kühnheit den Reizen, die im Sitzen ihr Gewicht zu tragen hatten. Sie schlug mir mit gespieltem Befremden auf die Finger und sagte «Bitte, Sie vergessen sich.» Ich steckte kühl die beiden andern Gegenstände, die auf der Tischecke lagen wieder in die Tasche und sagte «Was hat mir die kleine Venus mit dem Wonnepopo zu erzählen?» «Ach so. Mit Josies angeblichem Mut. Du glaubst es nicht. Sie hat in der Skihütte in den Bairischen Alpen vor sechs Monaten nicht mit dem Führer, so einem netten Kerl, schlafen wollen – und warum? Weil sie bloss davon ein baby bekommen könnte. So eine Memme. Wo der Mensch doch von oben bis unten eingemummelt war und es wäre so gewesen als ob ein Sack irgendwo in der Hütte gelegen wäre. Dies unter uns. Nicht wiedersagen.» «Und sie war auch eingemummelt.» «Selbstmurmelnd.» «Ja siehst Du, Fanny, ein bischen eingemummelt bist Du ja jetzt auch.» «Eben sonst liesse ich Dich nicht rein.» «Lass mal sehen wie fest –» «Bitte» sagte sie, den Hosentrikot mit den Händen spannend, «luftdicht» – ich nahm sie um die Taille, that als wollte ich die Festigkeit des Stoffes fühlen, und sagte «und trotzdem, auszumummeln bist Du nicht allzu schwer» und meine Hand war blitzschnell unterm Gummibund und das feste Pelzchen weg in ihr Muschelchen geglitten, während mein rechter Arm die schlanke Taille eng an mich drückte. «Geh wie gemein» rief sie sich losreissend, aber mit glänzenden Augen, «jetzt sind wir aber geschiedene Leute.» «Wieso –» ich that erstaunt, «ich habe Dir doch nur in Deinem eigensten Interesse zeigen wollen, was der nette Führer hätte thun können, wenn Josie nicht vorsichtig gewesen wäre!» und damit legte ich die beiden Gegenstände auf den Tisch zurück, denn ich wusste mit Fannys Naivetät nun genau Bescheid. «Findest Du?» sagte die niedliche Soubrette ihre Locken um den Kopf schüttelnd und schon wieder die schmollende Fluntsch zum Lachen verziehend. «Nimm doch Natürliches natürlich» sagte ich in weisem Tone, «und lass Dir die Gefahren zeigen – wie willst Du Dich gegen sie schützen wenn Du sie nicht kennst?» Damit war sie näher getreten, und ihr heisses Gesicht mit den kokett verschämten neugierig blitzenden Augen, der volle junge Busen der heftig unter dem Spitzenmieder atmete und der schlanke schauernde Leib versetzten auch mich in eine Hitze, die ich mir angelegen sein liess zur Ruhe zu zwingen. Sie lehnte gegen den untern Bettpfosten und spielte mit dem goldenen Bleistifte, mich von unten herauf anlächelnd. «Und genau so schnell», fuhr ich fort, «hätte der junge Bergführer sich ausmummeln können und weisst Du auch was er dann blitzschnell herausgemummelt hätte? Dies hier, denn er hat genau dasselbe wie ich» – und damit präsentierte ich ihr überraschend das schöne und gierige Organ im höchsten Zustande seiner überlebensgrossen Wut und Elasticität. Sie sagte «Nein» sie sagte «Pfui» und «Schrecklich» und «Thu's weg» und liess sich klagend umarmen und lachte und winselte wieder, und nahm es nur schwach in die Hand, und drehte wieder lachend den Kopf weg, und wurde mutiger, und spielte damit, und ihre Augen verschleierten sich, und sie flüsterte beim Küssen und ihre Lippen waren brünstig geschwollen und ihre Zunge eiskalt, und sie klemmte und drückte ihren Fund in der Faust zusammen, und wand und drehte sich in mich hinein, und liess alles mit sich thun und that alles und einiges Anderes. Sie wusste schliesslich nicht mehr was sie sagte und that, hing mir wie ohne Knochen mit geschlossenen Augen in den Armen, und so legte ich sie sanft aufs Bett und sagte «ich geh jetzt, zieh Dich rasch an und komm.» «Ist auch besser» hauchte sie mich an sich drückend, «man sieht es mir sonst gleich an – ach warum hast Du mich aber so wahnsinnig aufgeregt, Du schlechter Mensch, – wenn Du garnicht richtig wolltest –» «Was denn wolltest, kleiner Engel, – ich dachte Du und Josie liessen sich kaum auf den Mund küssen –» «Das ist schlecht von Dir, mich auch noch zu verspotten – Du – Du – Du bist überhaupt schlecht – und wonnig – versprich mir» «Was?» «Heut Nacht –» «Hier zu Dir? Ist das nicht gefährlich?» «Hast Du eine Ahnung, – das ganze Haus – verstehst Du nicht – Alle, mit einem Worte –» «Mit welchem?» Sie sagte mir heiss ins Ohr «Vögeln – abwechselnd – lassen sich von allen – vögeln, – aber ich will – ach sag Ja – Du hast mich ja so wahnsinnig geil gemacht auf Dich – ich will nur mit Dir – aber richtig, doll –» «Gut ich will sehen», und ich küsste sie zum Abschied und sass sofort drauf im Kreise der Anderen.

«Sollen wir ihn gleich orientieren, über unsere Beschlüsse» fragte Molly mit einem spitzbübischen Ausdruck in ihren schiefen Augen? Da alles nach Los geht, wollen wir abzählen wer ihn aufklärt.» «Wie feierlich» sagte ich amüsiert, während der Abzählreim auf Josie ausschlug. «Also hörst Du, wir sind ein Club Verschworner, ohne Geheimnisse, und haben ausgemacht, jeder soll wahrheitsgetreu erzählen, auf welche Weise und durch wen er – oder sie – zum ersten Male – wie sag ichs meinem Kinde – also Du verstehst mich – praktisch erfahren hat, wozu er da ist. Was Onkel Fritz und Tante Emma so verführen nennen. Schwöre dass Du uns nichts verbergen wirst.» «Ich schwöre». «Schwöre dass Du uns keine dezenten Geschichten fürs reifere Alter oder für emanzipierte Tanten erzählen willst, sondern mit Stil und Geschmack, ohne Dreck und Vulgarität, Deinem Frack und unsern Abendkleidern entsprechend, dreist unanständig und rassig erzählen wirst, wer Deine erste Geliebte war, und wie Du es geworden bist. Alle Andern haben geschworen. Gut. Fanny, Du hast gehört, es gilt auch für Dich. Schwöre uns ohne falsche Scham, dagegen mit der Schamhaftigkeit, die ein Teil Deiner naiven Koketterie ist, zu erzählen, mit welchem Mannsbild und unter welchen Umständen Du das erste Mal vier von den fünf Sinnen verloren und die Grenzen des fünften des Gefühls vorübergehend überschritten hast.» «Das soll ich erzählen? Erzählst Du es von Dir auch?» «Feste weg» erwiderte Josie frech. «Aber wenn Du prüde bist oder Dich genierst –» «Keine Rede» sagte Fanny, die hübsche Nase hochwerfend und alle Zähne zeigend, «ich schneide feiner dabei ab als Du, pass nur auf, ich schwöre.» Der Abzählreim endete bei Jochen, der sich eine Cigarre in sein ulkig schiefes gesundheitstrotzendes Gesicht mit den Faunslocken steckte, die Beine lang und die Hände in den Taschen folgender Maassen begann.

«Ich that wie meine geschätzte Cousine von rachsüchtigen Tanten erfahren haben mag, als winziger Knirps nicht gut, und wurde nach damaligem peinlichem Halsgericht in die Provinz deportiert. Provinz hiess leider, ich kann es niemandem ersparen, Krotoschin. Papa hatte an einen Vetter, der dorthin, glaube als Quartalssäufer – er war ein Mistvieh – strafversetzt worden war – Staatsanwalt – wegen eines sog. strengen Gymnasiallehrers geschrieben, der mich in Pension nehmen wollte, Gewünschter fand sich, und ich wurde bei Oberlehrer Halbe in seine Sechszimmerwohnung abgeladen, wo Fuchs und Wolf auf Gutenachtformen verzichteten. Personal, Herr und Frau, drei Gören von 3–$\frac{3}{4}$ Jahren, letzteres auf dem Arme einer siebzehnjährigen schmutzigen und dösigen Kindsmagd, eine Schlunze, Köchin geschimpft, für Alles. Wohnung stank nach Mörtel, grüner Seife, Pökelfleisch und altem Kohl. Mobiliar kleine Leute. Halbe ein tüchtiger Philister, brav, kurz angebunden, Mittel zwischen beschränkt und Fachmann. Die Frau angeblich war was bessers, jung, braun, voll, dümmlich, putzsüchtig, formlos, natürlich. Sie galt für hübsch, ich fand sie fade und schief. Sie hatte auch einen schiefen Zug um den noch jungen weichen und langen – wie ich fand – hässlichen – Mund – und Augen ohne Blick. Ich war noch nicht 11, totunglücklich wie Ihr begreift, gewöhnte mich lange nicht, kam um vor Heimweh nach Mama, Luxus, Geräuschlosigkeit, geschulten Dienstboten, Teppichen, gepflegtem Essen, Verhältnissen in denen Geld nicht erwähnt wird. Schliesslich heilte ich aus, oder heilte ein, war ein Teil dieses Ganzen geworden. Jahre waren vergangen, ich ein leidlicher Schüler, dh ich hatte Aplomb, mogelte, imponierte und konnte mir meine Faulheit leisten. 12, 13, 14. Die Jahre hatten vieles verändert. Das Haus durch meine riesige Pension gepflegter. Alles besser angezogen und cultivierter. Halbe, über 40 mürrischer, verdrossener, apathischer. Die Frau gegen 30 weniger mau, ausgesprochener, sogar Auguste Böttcher, die Kindsmagd, mehr rausgekommen, weniger Dreckspatz. Ich – also ich war ein kurzer stämmiger Bengel – habe erst spät Schuss bekommen. Klein, aber breit. Frech aber eigentlich ganz verzagt. Ausserdem ein unruhiger Geist ein wahres Feuerrad, immer begeistert bei irgend was, ständig auf und ab, und darum die Seele des dummen gewöhnlichen Hauses. In puncto puncti war ich ein zwar dreckiges und zerknülltes aber ganz unbeschriebenes Blatt, bis in die 14 hinein. Das lag daran, dass die Schulbengels, die ihren Geheimclub mit den üblichen versteckten tristen Lastern trieben, mich hassten weil ich sie hasste und vermutlich daher nicht in die Beglückungen einweihten, von denen erschöpft sie herumlungerten und feixten. Ich hatte keine Ahnung, kurz und gut. Dass mein kleiner friedlicher Zipfel plötzlich etwas anderes zu wollen schien als Pipi machen und beim Aufwachen nachts sich mir durch kriegerische Strammheit und einen tollen Kitzel bemerkbar machte, – daran hatte ich mich nach anfänglichem Entsetzen gewöhnt. Komischer wurde es mir durch einen anderen Vorfall. Frau Halbe liess beim Gutnachtsagen alle ihre Kinder reihum sie umarmen und küsste sie, daher auch mich Knirps. Ihre Zärtlichkeit war mir immer eklig gewesen, und den nassen Kuss wischte ich mir ab, und nach einer gewissen Zeit gab sie diesen Kuss auf, und gab mir wie Halbe nur die Hand. Aber einmal war sie zerstreut, es war in der oben genannten Zeit, sie pflegte damals mir immer die Lampe abends wegzuholen damit ich nicht im Bett läse, und um mir mein Vaterunser abzuhören, wobei sie sich auf mein Bett setzte und da gab sie mir wie ihrem Ältesten der damals mit mir in einem Zimmer schlief, wieder den Gutnachtkuss, und ich küsste unwillkürlich wieder, und dabei, obwol sie längst wieder draussen war, schwoll mir der Kamm, so grimmig und scharf, dass ich Stunden bis zum Einschlafen brauchte. Dabei blieb es nicht. Beim Spielen mit den Kindern und Augustchen Fuhrmann wurde gerauft. Man schmiss einander um, man rang und zeigte was man konnte. Auguste that gehörig mit. Sie war jetzt eine junge Person von ganz gutem Wuchs, ihr schmutzig blondes Haar war gut gehalten, in ihrem magern Gesicht blitzten ein par mutwillige spöttische und intelligente graue Augen über eine zu spitze Nase, der unregelmässige Mund war von frischer Farbe, ja die zarte Rosigkeit mit der die vollere Unterlippe sich von der Haut absetzte, und die Saftigkeit die beim Lachen zwischen die trockenen Lippen trat, hatte eine Anziehung für mich, deren ich mich schämte, die ich mir nicht eingestand, und die doch in meinem Blute arbeitete. Sie hatte mich von kleinauf gekannt, war an derbe Art mit mir gewöhnt, war ein lustiges, gutmütiges, nettes Ding liebte mich als einen ihr ehmals Schutzbefohlenen ganz wie die Halbeschen Rangen und machte mit mir so wenig Umstände wie ich mit ihr. Zäh und muskulös wie sie in ihrer Drahtigkeit war, hatte sie mir früher beim Ringen oft ein Bein gestellt, das mich zu Falle und sie über mich brachte. Aber es kam der Tag an dem ich sie warf und Leib auf Leib über ihr lag, sie hinderte sich loszumachen und scharf unter mich drückte. Ihr ungeberdiger lachender Hauch stieg mir ins Gesicht, und erregte mich zu dem wirren Wunsche, meinen Mund fest, malmend, saugend, in diese Lippen zu drücken. Davon war natürlich keine Rede, aber wir suchten von da an immer wieder dies dumpfe und aufregende Spiel. Immer wieder lag ich auf ihr, sie fühlte durch ihr dünnes Kleid hindurch meinen festen Racker und ich sah halb blöde vor Gier in die kleinen Schaumbläschen zwischen ihren eifernden Mundwinkeln. Oft wenn Halbes abends zu Gaste waren, und Augustchen, die sie erwarten musste, neben meinem dunklen Zimmer bei der Lampe die Oder Zeitung las, schlich ich im Hemde zu ihr und sah der Lesenden, ohne sie je anzurühren über die Schulter, sah in die sich krausenden Haare über dem magern sehnigen unschönen Halse und fühlte mit wollüstigem Grausen meinen Zipfel steigen und mich drängen. Aber natürlich kam es zu nichts. Dann wechselten Halbes die Wohnung. Ich war 15 und bekam eine Mansarde, eine Treppe über der Familienwohnung, die ich als eben versetzter Primaner mit dem stolzen Gefühle bezog, der Controle entzogen zu sein, und zB im Bette nach Herzenslust lesen zu können. Frau Halbe behandelte mich auch schon nicht mehr als Kind, bat um kleine Dienste, fasste mich auf der Strasse halb unter, lobte mich gern und fand mich ritterlich. Augustchen war eher wechselnd, nannte mich längst Sie, aber oft noch nach altem Scherzbrauche Jochen-Knochen, rempelte mich im Flur scherzhaft an und lachte mich aus, wenn ich böse wurde. Die alten Spiele hatten natürlich mit der Entwickelung der Dinge längst aufgehört – ja ich schwärmte wie Ihr Euch denken könnt, aus platonischer Ferne längst für bürgerliche Backfische, und das Mensch war mir wieder, obwol ich sie gewohnheitsmässig gern hatte, im fleischernen Sinn so normal widerlich – oder – null – wie in meinen Kinderzeiten.

Eines Abends las ich wie immer bei der Petroleumlampe mit

einem Schmöker im Bette, nachdem ich mich unten verabschiedet hatte, und genoss mein Glück, als ich die Treppe hinauf Schritte hörte, und sofort hochgeschossen die Lampe ausblies und herunterschraubte, um mich schlafend zu stellen. Die Thür ging leise auf und Augustchens Stimme sagte ‹Hat er richtig wieder eben ausgemacht, wird das Haus noch anstecken, jetzt nehm ich aber die Lampe mit.› ‹Unsinn› brummte ich, mich einwickelnd, ‹warum weckst Du mich, ich schlafe doch schon.› ‹Und die Lampe noch kochend heiss, eben ausgemacht, und denn noch lüjen. Sollten sich wirklich schämen. So gross und lang, und raucht schon heimlich und denn so was. Ich sags aber Herrn Doktor, wahrhaftigen Gott, diesmal sag ichs.› ‹Wenn Du petzt, spuck ich Dich an.› ‹Also gestehn Se's jetzt ein.› ‹Quatsch doch nicht und lass mich schlafen.› ‹Sind Se wirklich mit der Luj im Mund eingeschlafen und ohne Beten?› ‹Lass den Quatsch. Es ist ja nun in Ordnung.› ‹Erst gestehen, und dann ein guter Junge sein wie früher.› ‹Also um Dich loszuwerden, gestehe ich den albernen Stuss, und was willst Du noch, dumme Pute.› ‹Pfui so schimpfen. Aber das meinen Sie ja gar nich, Se haben ja so'n gutes Herz, Jochen. Vaterunser sagen, und denn jeh ich und sag auch nischt.› Das Mädchen hatte was Zittriges in der Stimme was irgendwie auf mich wirkte – halb komisch – halb bewegt, ich weiss nicht – rührte es mich – kurz ich liess mir von ihr die Hände halten und brummelte ihr nach was sie vorsagte – geniert, unsicher, confus, mir war komisch zu mute. ‹So'n guter Junge mein Jochen› sagte Augustchen mit einer sonderbaren hohen Stimme, immer noch meine Hände haltend – ‹ganz wie früher, wo er noch nicht so ein Herr war –› ‹Ich bin ja gar keiner› ‹und noch Vertrauen zu einem hatte und einem Alles erzählte und mein Jochen Knochen war.› Sie fasste mich wie früher unter den Armen und rubbelte mich ‹mein alter Jochen Knochen› und sie war unter meinem Hemd mit den Händen auf meiner

Brust – ‹aber nu muss ich gehen – und is alles gut – GutNacht –› Sie küsste mich. Sie hatte das auch früher nie gethan, und der Kuss machte mich wild. Meine Hitze verwandelte diese Lippen in Feuer und Honig. Wir lagen umschlungen in einer für mich quälenden wahnwitzigen Seligkeit des blinden Verlangens. Ich hörte ihre Schuh auf den Boden fallen, sie lag auf mir, von mir umklammert, küssend und keuchend. ‹Aber was ist denn – was hast Du denn› hörte ich flüstern, ‹was ist denn das hier?› Ich riss wie blind und dumm an ihrem Rock, sie hatte nur ein Hemd drunter, die Jacke hatte sie schon abgeworfen, ich atmete ihre Brust ein, «Was ist denn das hier – ist ja krankhaft – woher kommt das bloss – wol mit der Hand dran gespielt – muss auf die Finger kriegen – wo Herr Doktor doch Max deswegen verhauen hat – ne das darf nicht sein – in Sünde – aber jetz is zu spät – was geschehn is geschehn aber weg muss es – ganz weg – ich sags auch nich weiter – ich helf meinem Jochen –› und damit war sie unter der Decke bei mir, Rock weg im Hemd, die heissen Beine bei mir. ‹Jetzt› keuchte sie, ‹küss mich fest, Schatz – küss mich, ja, so› und sie wälzte mich mit einem Schwung über sich. Ein wahnsinniger Schmerz, scharf und reissend, durchzuckte mich; sie hatte mich kahl gestreift und seufzte sich hinundherwerfend ‹drücken, drücken –› Ich machte meine Sache ungeschickt. Sie half mir wirklich. Und in wahnsinnigen Küssen ergoss ich mich schliesslich in ihr hartes Becken. Als sie mir in ihrer Ekstase die Zunge in den Mund steckte, schmeckte sie nach Zwiebel. Ich war ernüchtert und reagierte wieder. Ich fühlte wie wir schwitzten und machte mich los. ‹Ich geh jetzt aber, sie kann mich sonst hören, sie is grade zu Krischens rüber.› Weiteres wehrte ich ab indem ich mich schlafend stellte. Mir war ekelhaft zu Mute, und beim Aufwachen grauste mir vor der Begegnung mit ihr. Es kam auch kaum dazu, denn Nachmittags hatte sie Ausgang. Aber Nachts im Bette hoffte ich mit Herzklopfen dass sie wieder kommen möchte, und als ich Schritte hörte, flog mir das Herz springend in die Kehle. Nichts – die Schritte kamen nicht. Die nächste Nacht das selbe. Ich hatte deutlich das leise Knarren von Stufe nach Stufe gehört – dann war es verstummt – nur ein fernes Knacken. Trotzdem war ich bei Tage zu beherrscht oder zu beschämt um mit dem Mädchen Contact zu suchen. Sie drückte mir ein Mal im Flur die Hand, ich legte den Finger auf den Mund und drückte wieder und zog die Hand rasch weg. Die dritte war ein Samstag abend, da glaubte ich sicher sein zu können, Halbe ging dann zu seinem Schoppen in der Weinstube des Orts, die Frau zu einer Freundin. Und so kam es. Als ich um halb zehn die Schritte hörte, rasche und unbesorgte, blies ich die Lampe aus und lag zitternd zwischen Widerwillen und Verlangen. Mein Stöpsel spannte sich zum Zerreissen, die Thür ging noch nicht auf, mir war als schmeckte ich Zwiebel und Honig durcheinander, aber da kam Lichtschein, und eine Stimme rief ‹Auguste›. Es war Frau Halbes Stimme. Sie stand in der Thür mit einer Kerze, in einem Stepprock und ihren roten Pantoffeln. ‹Komm nur raus, Auguste›, sagte sie dürr und scharf. ‹Komm nur. Du liegst ja da unter seinem Bett, ich weiss es ja ganz genau. Nur raus, ich will hier nicht rumstehn, wird's bald?› Ich richtete mich im Bett auf. ‹Aber Frau Halbe – wie kommen Sie nur darauf – was denken Sie bloss – Auguste –? soll hier sein?› Sie nahm keine Notiz von mir sondern leuchtete das Zimmer ab, öffnete den Schrank, suchte draussen wo es in verschlossene Bodenkammern ging, rüttelte am Hängeschloss, kam wieder zu mir, leuchtete hinter die Gardinen, und setzte sich endlich auf mein Bett, die Kerze neben sich auf den Nachttisch setzend. Sie atmete zornig und erregt. ‹Sag mir jetzt die Wahrheit›, sagte sie nach Atem ringend. ‹Ich weiss alles. Sie war eben bei Dir. Deine Lampe stinkt noch nach Blak vom Ausmachen.› ‹Ich habe gelesen, als Sie kamen machte ich schnell aus, da ist noch mein

Buch.› ‹Sie war gestern und vorgestern bei Dir, ich habe sie belauscht.› ‹Weder gestern noch vorgestern, Frau Halbe, ich schwöre es Ihnen, so wahr als ich hier liege.› ‹Gieb mir mal die Hand. Kannst Du mir jetzt wo ich Dein Vertrauen will, eine so schreckliche Unwahrheit sagen? Es ist an sich schon – also – und durch dies herzlose Lügen wird es ja entsetzlich.› ‹Ja das würde es sicher, Frau Halbe, und ich könnte Ihnen nie wieder in die Augen sehen. Ich gebe Ihnen die Hand drauf, Sie sind in einem verrückten Irrtum. Sie können sie nie belauscht haben, denn sie war nicht hier. Fragen Sie sich selbst aufs Gewissen – und warum bitte sind Sie nicht einfach gestern und vorgestern gekommen um sie zu überraschen – und mich?› ‹Ja, Jochen, – sie ist gestern und vorgestern auf der Treppe umgekehrt, weil sie merkte, dass ich sie beobachtete. Aber wie war es Mittwoch, Jochen, ich habe sie herunterkommen hören, ich war schon von Frau Entz zurück, früher als sonst, und hörte sie die Treppe herunterschleichen.› ‹Warten Sie mal – ach so. Ja. Sie hat die Lampe sicher weggeholt, – morgens war sie weg – sie zankt immer, ich würde noch das Haus anstecken. Gemerkt habe ichs nicht ich schlafe zu fest.› ‹Ach Jochen, Jochen – und gestern und vorgestern – warum› ‹Das kann ich nicht wissen, fragen Sie sie bitte selber – diese Fragen sind mir grässlich Frau Halbe, grässlich, und das Ganze – mich geht es nichts an, bitte reden Sie mit ihr und nicht mit mir bitte.› ‹Jochen – wenn Du mir was zu gestehen hast, sag mirs ins Ohr – sieh mal ich mach das Licht aus, damit Du Dich nicht schämen brauchst, – komm sag mirs ins Ohr mein Kind, denk ich wär Deine Mutter, hab keine Geheimnisse vor mir Jochen.› Ich fühlte ihre heisse weiche Backe an meinem Munde, es kitzelte mich wahnsinnig, ich roch sie, ihr Schlafrock musste halb offen sein, ihr parfümierter Hals und Brust – sie parfümierte sich immer – war in meinen Nüstern. ‹Komm› drängte sie, ‹gesteh mir, wenn Du was zu gestehen hast, – Du warst immer ein braver Junge, ich habe Dich immer lieb gehabt Jochen, komm, mach Dein Herz auf.› Ich dagegen je mehr sie flüsterte, verhärtete mich mehr und mehr. Ich konnte Auguste nicht preisgeben und wollte mich der Frau der ich nicht traute, nicht in die Hand liefern. ‹Frau Halbe›, sagte ich in ihr warmes flaumiges Ohr, ‹Sie können mich ruhig weiter lieb behalten, sage ich Ihnen, ich habe mir garnichts vorzuwerfen, ganz gewiss nicht› und ich drückte ihre Hand, die meine immer noch hielt, so fest und jungenhaft, dass sie ‹ah› sagte. ‹Soll ich Dir glauben, Jochen› sagte sie, noch immer dicht bei mir. ‹Ja, ja›. ‹Betest Du noch immer vorm Einschlafen› (Hier brach die ganze Runde die gespannt lauschte, auf Mollys Losprusten in schallende Heiterkeit aus, und Jochen, rot im Gesichte, stimmte mit ein) «Ich» fuhr er fort, «sagte erstickt in ihr Ohr ‹vielleicht – nicht immer.› ‹Komm› flüsterte sie mit heissem Atem an meinem Gesichte, ‹zum Zeichen – dass ich – dass {ich} Dir glauben will – dass es mir leid thut – wenn ich – ich Dir Unrecht gethan habe – dass Du – Du – es vergessen willst – dass Alles – wieder zwischen uns rein und vertrauensvoll ist – bete jetzt mit mir.› ‹Aber nicht laut, Frau Halbe› bat ich mit einem Schuss von Anstandsgefühl, ‹jeder für sich, leise.› Nach einer Weile, in der ich kaum an mich gehalten hatte, sagte ich ‹So›. ‹Dann gut Nacht› hauchte sie und ihr Mund suchte meinen in der Dunkelheit. Weiche feuchte glühende Lippen fanden die meinen und brannten auf mir, saugten sich fest und immer fester und ich drückte mit beiden Armen um sie ihren Kopf zu mir und küsste mich satt wie ein Verlechzender. Der Duft des jungen gepflegten Gesichtes berauschte mich, und meine inbrünstige Glut berauschte sie, ihre Lippen schmolzen auf, ich küsste ihre Zähne, auch diese wichen und die Küsse schwelgten und schwehlten und zehrten. ‹Nicht mehr› sagte die Frau atemlos lachend und rüttelte mich scherzend – ‹lass mal los überhaupt – – wie küsst Du mich denn – was. Wie küsst mich denn der kleine Junge (und in jeder Pause setzte sie mir eine stachelnde Salve aus drei vier Küssen auf die Lippen) was will er denn – was denkt er sich eigentlich – ist denn das auch recht? – Komm sag mir mal Jochen – ich glaube Du hast mich richtig lieb – hat er mich lieb – hat er mich richtig lieb der kleine Junge? – Wollen wir mal nachsehen wie lieb er mich hat mein Jochen – ja was ist denn das – ja was ist denn das hier – er ist ja ein kleiner Mann – ein richtiger klei – nein er ist ja gar kein kleiner Junge – ist dass denn überhaupt mein Jochen – oder ist das (ihre Küsse erstickten ihre Worte halb) ein ganzer Frecher – ein ganzer Süsser, – ein ganzer Doller – ein ganzer Gefährlicher – so ein Unverschämer, der einen richtigen Schatz will – einen Nackigen – einen Verliebten – das – das (ich hörte sie den Schlafrock abreissen) das wollen wir doch mal nachsehen – mal feststellen – Du – Du –› sie war nackt unter meiner Decke und liess sich packen, indem ihre Hände und Lippen mich bis zur Wut reizten. Wir rollten umschlungen hin und her in dem schmalen Bett, bis sie flüsterte ‹nicht so aufgeregt – halt mal ganz, ganz still› unter mich griff, und die Schulung übernahm. Ihre Bewegungen lehrten mich von selber die meinen. Sie war weich, blühend und süss, die Brust nicht fest, aber die erste die ich geküsst habe, und ihre Lust eine so fassungslose und holdselige, dass ich in vollem Entzücken das ihre teilte. Es gab keine Ernüchterung. Schon nach kurzer Pause zog sie mich mit zärtlichen Scherzen wieder in den Himmel ihrer Arme, die ersten Küsse schon erneuerten meine Begierden, und nach einer zweiten kaum längeren Pause stürmte ich zum dritten Male ihre offene Festung. Dann lagen wir Arm in Arm und plauderten zwischen tausend Zärtlichkeiten. Sie sagte seit wieviel Jahren ihr Mann sie höchstens noch mit einem verlegenen Kusse abfände – wie sie nicht wisse, seit wann sie mich in der Phantasie gehabt – wie Augustes Nachstellungen, die sie beobachtet, ihr zugleich mit heftiger

Eifersucht Klarheit über ihre Wünsche gegeben hätten. Ja sie sei heut Nacht gekommen, um mich etwas zu ‹versuchen› – obwol sie nicht habe ahnen können so glücklich mit mir zu werden – das sei bei Frauen nie vollbewusst – sie hätte mich ja auch nicht wirklich gekannt wie jetzt – nur geahnt ich sei wol ein leidenschaftlicher Junge – aber s o – nein – ein solcher Verführer – nein – ich hätte sie verführt – nicht umgekehrt – verführte sie gerade eben wieder – nicht doch Liebling Du schadest Dir noch – oder – komm ich zeig Dir was anderes – und sie schob mir das üppige Gesäss in den Schoss, rollte herum und half mir auf den schwierigsten und lohnendsten Weg zum Glück. Dann brauchte ich Ruhe. Aber sie hatte nun Blut geleckt und setzte es mit geschickten Händen und raffinierten Küssen – ich lernte dass nicht alle Zungen nach Zwiebel schmecken – durch, dass wir noch ein fünftes, letztes Mal die unglaubliche Sekunde teilten. Dann verliess sie mich, hatte Licht gemacht, sah purpurrot und schön aus mit flammenden Augen, und ich versank ins Nichts.

Tags drauf war Auguste Fuhrmann, als ich aus dem Gymnasium kam, verschwunden. Frau Halbe oder ich sage jetzt besser Adelheid hatte einen Krach mit ihr über einen Vorwand provoziert und sie Knall und Fall entlassen. Sie erzählte es mir zwei Tage drauf im Bett. Sie blieb – vielmehr ich blieb ihr Geliebter bis zum Abitur. Einen Monat vorher gab sie mich frei, ich müsste arbeiten und brauchte meine Kräfte. Letzteres stimmte. Keine spätere Freundin hat mich so unbefangen und zugleich so lustig ausgesogen wie diese erste, aber sie hatte polnisches Blut und sie war total ausgepowert, als sie mich ‹entdeckte›. Sie hatte mich auch gern und ich sie. Ich verdanke ihr, dass ich erstlich nicht durch den Dreck hindurch in die Liebe hineingekommen bin, und vor allem dass ich ohne Ekel ein vollkommenes Glück sofort gefunden habe – eine seltene Sache so viel ich weiss. Es war keine Leidenschaft und konnte keine sein, aber es war eine beiderseitig gesunde und mit naivem Eifer betriebene kapitale sinnliche Angelegenheit ohne Reste und Schlacken und wie wenig sogenannte Liebe kann das wol von sich sagen.»

Man klatschte, nachdem man von Heiterkeit zu Heiterkeit bereits gezeigt hatte, dass die Reihe der Erzählungen glänzend inauguriert worden war, Jochen sprach ausgezeichnet, durch einander trocken und lebhaft und die beiden Szenen die Keith «der Jungfrau Gebet» nannte, waren Coups. Dann ging der Champagner von Kelch zu Kelch und der neue Abzählreim fiel auf Keith, der aber, weil bunte Reihe geboten war mit Ida tauschte. Ich war begierig, wie die Gatten vis à vis sitzend vor aller Ohren en tirer aient, aber dieser Gesichtspunkt spielte hier keine Rolle.

«Ich kann mit meinem begabten Vetter weder durch Kunst noch durch auffällige oder amusante Details concurrieren. Ich werde wol stark abfallen und bitte von vornherein um tiefere Spannung der Erwartung.

Als ich Ende fünfzehn war, starb irgendwo in England die Schwägerin der braven Gouvernante die mich mit roter Nase und gutem Herzen Manieren und Englisch gelehrt hatte und Fräulein Gehlsen musste dorthin Mutterstelle bei den Kindern ihres Bruders übernehmen. Meine in diesen Dingen nicht erfahrene Mutter nahm jeden Monat eine neue Perle, und entliess sie ebenso prompt wieder. Sie wollte eine Deutsche partout. Daher nahm sie schliesslich eine Engländerin, und Miss Margret Hargrave trat in unser Haus. Sie war eine sehr gut aussehende grosse Hellblondine von ruhigem Betragen und einem schönen Ausdruck in den regelmässigen Zügen, «der reine Engel, zum Abmalen» sagte mein leicht enthusiasmierbarer Papa. Sie war nie Gouvernante gewesen, sondern Volksschullehrerin. Ihre Manieren standen dementsprechend tief unter Frl. Gehlsen, was mir besonders bei Tische auffiel, und ihr Englisch war hausbacken, ohne Frl Gehlsens hochfeine Airs und literarische Wendungen. Mit mir war sie nett und unbetont, nicht expansiv. Aber ins Ganze fügte sie sich unmerklich ein, besondere Qualitäten hatte sie nicht, und machte keine Ansprüche, stand mit jedem gleichmässig gut, und alles schien herrlich. Im nächsten Sommer gingen Mama und wir beide nach Ems. Wir wohnten im König von Preussen, machten Bekanntschaften, ein kleiner Kreis bildete sich, der im schönen Park beim Thee und auch wol abends im Salon, wenn es regnete zusammensass, und diesem Kreise hatte sich ein junger Herr angeschlossen, der in Kurzem Aller Herzen gewonnen hatte, und mein schwärmendes und unschuldiges Backfischherz sogar im Sturme. Er war ohne hübsch zu sein, angenehm, ohne elegant zu sein, unauffällig gepflegt, ohne sich aufs Amusieren zu legen, belebend, und er war sicher – ich habe es nie erfahren – aus sehr gutem Hause. Er machte mir in einer niedlichen scherzenden Weise den Hof. Ich war noch nicht gewohnt dass man von mir überhaupt Notiz nahm. Und ich bildete mir wirklich ein, er habe meine Schwärmerei bemerkt und ermutige sie. So kam es zu einer Art Messe-Jahrmarkt für die Kurgäste – wie Ihr alle sie von solchen Orten her kennt. Alle Welt ging in die Buden dasjenige kaufen was sie in Läden nicht angesehen hätten, und unser junger Freund zog mit Miss Hargrave und mir vor den Tisch eines Frankfurter Quincailleurs um dort unter sachverständigem Rat ein Geburtstagsgeschenk für eine Cousine auszusuchen. Miss Hargrave wählte lange, machte weitere und engere Wahl, es gab viel Lachen und Reden und Wortspielerei zwischen ihnen, sie hatte rosige Backen und glänzendere Augen, während er sehr ernst blieb, aber viel zu umständlich in sie hineinredete, und schliesslich wurde eine schöne Kette mit Pendentiv erstanden, und mir zu meiner Seligkeit ein richtiger Ring mit einem Smaragdsplitter in Rosetten geschenkt, den ich noch habe. Abends nach Tisch regnete es und wir sassen alle zusammen aber mein Freund fehlte, und er fehlte jedem, – und dann bat Miss Hargrave meine Mutter, ins Theater gehn zu dürfen wo Charleys Tante gespielt wurde, und ging, und am andern Morgen als sie glaubte ich sähe es nicht probierte sie die Kette mit dem Pendentif vor dem Spiegel, und als sie merkte ich hätte es gesehen, sagte sie, Herr Sowieso wolle es einmal angezogen sehen um zu wissen wie es wirke. Dabei fand ich nichts, und nur leider verlor ich am gleichen Tage im Park sofort den neuen Ring der mir zu weit war. Ich suchte ihn überall untröstlich, und strich den ganzen Park ab. Dabei passierte es dass ich Miss Hargraves geblümtes Sommerkleid durch Büsche schimmern sah und näher kam um sie zu bitten mir zu helfen. Sie stand aber in einem Boskett mit dem jungen Herrn so beschäftigt, dass sie mich nicht kommen hörte, sie hatten sich umklammert, schoben und drängten sich hin und her ihre Gesichter waren zur Unkenntlichkeit verschmolzen, ihre Augen geschlossen. Ich drehte mich um und lief weg so rasch mich die zitternden Beine trugen, und das hatte Miss gehört. Es war gleich nach dem Lunch gewesen, sie kam dann herauf und war sehr gerötet im Gesicht und etwas nervös mit mir, ich liess mir aber so wenig merken wie ich konnte. Dann hörte ich sie wieder gehen und war allein in meinem Schlafzimmer, hatte mich aufs Bett gelegt, weil die Aufregung mir Kopfweh gemacht hatte, und muss etwas eingeschlafen sein, weil ich das Wiederaufgehn der Thüre nicht gehört hatte, und erst auffuhr als mein Freund plötzlich lächelnd an meinem Bette stand. Ich war wie gelähmt und muss ihn wie eine Wilde angesehn haben. ‹Erschrecken Sie nicht – verzeihen Sie mir überhaupt – ich komme Adieu sagen – ich muss leider plötzlich weg – vielleicht, sogar hoffentlich, nur eine Woche – aber ich kann nicht gehen, ohne Sie noch gesehen zu haben.› ‹Adieu› sagte ich mich fassend, ‹gute Reise.› Ich muss bemerken dass unser Zimmer im zweiten Stock lag Mama wohnte parterre eleganter. ‹Ida› sagte er, ‹schenken Sie mir für meinen Ring ein Andenken von sich – ich bitte Sie, – eine Locke – ein Band – irgend etwas.› ‹Oh› sagte ich, ‹Miss Hargrave hat meine Bänder alle, oder bitten Sie sie um eine Schere, ich habe keine.› ‹Sie ist doch so eifersüchtig› sagte er leise. ‹ich habe doch den Liebhaber mit ihr spielen müssen, um überhaupt zu Ihnen zu gelangen.› ‹So› sagte ich. ‹Sie haben ihn dann ausgezeichnet gespielt. Es wird Ihnen auch nicht zu schwer gefallen sein.› ‹Glauben Sie?› sagt{e} er erstaunt, ‹und warum wäre ich denn eigentlich hier? Wenn Sie heiratsfähig wären könnten Sie gewisse Vermutungen haben – aber was erklärt diese unvernünftige, unbelehrbare Leidenschaft für ein halbes Kind wie Sie?› Er hatte eine sehr schöne Stimme, und es war zu hart, ihm garnichts glauben zu sollen. Ich gab ihm ein kleines Vorstecknädelchen und sagte mit erstickter Stimme ‹Kommen Sie wieder –› ‹Warum nicht, komm wieder› sagte er leise. Ich sah ihn an und liess mich in die Arme nehmen, aber sein heisser Atem, sein Bartgeruch, Cigarettengeruch und seine Aufregung waren mir so entsetzlich, dass ich mich gerade aus seinen Armen losmachte, als Miss Hargrave eintrat. Sie war höchlichst erstaunt und beherrschte ihre Ungehaltenheit nur mühsam. Der junge Mann schien sehr verlegen und empfahl sich. ‹I'm shocked at your behaviour› sagte sie, ‹and I'm afraid I would warn your mother that anything that might happen to you after this would do so without any responsibility of mine which henceforth I must declare to take upon myself.› ‹Bother› sagte ich, ‹if you split I shall.› ‹Never mind›, gab sie kalt zur Antwort, ‹I'm of age and am the mistress of my own actions, and am free to decamp should anybody object to any private act of mine. But with you it's different, dear, you are my trust and what's to happen to me I wonder if it came to the pass that while under my protection you were found with child.› ‹With –

what –› schrie ich. ‹I daresay you're crazy.› ‹I don't say you are. I most fortunately interrupted your proceedings. Ten minutes later it might have been too late. A young fellow found in a girl's bedroom, kissing her mouth while she is with the head on her pillow and with her legs outstretched, will be thought and declared by anyone detecting him in that position to be her lover and enjoying her with her full consent.› ‹I hated his kisses› schrie ich mit Thränen im Auge. ‹I thought him disgusting. I'll never be kissed by any man again.› ‹Give me your word he has not troubled you. I'm very much mistaken or I saw him fumbling about his trousers buttons the moment I surprised him.› ‹About what – and to what purpose please› fragte ich ausser mir. ‹You're a sweet innocent. Never mind. Better so. Heavens be thanked its all right and he'll be off presently. And so if you promise me to be less imprudent henceforth I'll keep your secret.› Sie umarmte mich und ich weinte mich ausführlich bei ihr aus. Sie sagte ich solle ihr künftig voll vertrauen, – wir sollten einander vertrauen – Freundinnen sein – sie brauche eine Freundin und ich ebenso – wir könnten herrlich zusammen leben. Auf meine Fragen, schluchzend und erstickt, flüsterte sie mir zu, unter Streicheln und Liebkosungen, sie habe einen schwachen Moment gehabt, als der dreiste Mensch sie umarmt habe, und habe sich küssen lassen, so etwas gäbe es bei allen Mädchen, ich werde das auch erleben, aber sie habe ihm gesagt sie liebe ihn nicht – ihr Wort drauf – er habe sie beim Küssen gefragt, ob sie ihn liebe, und ehrlich wie sie sei habe sie ihm gesagt ‹no dear, I don't love you, I just like you› aber leider sich doch weiter küssen lassen – ‹but you kissed him back did'nt you› ‹How could one tell dear› sagte sie mich an sich drückend. ‹Its a puzzle of Grammar I suppose – ‹kissing› like ‹mingling› seems to be halfway between the active and the passive mood. Unless you outright dislike a person kissing you, you'll be pretty sure

XI

«weniger freundlich aber weniger persönlich und liess mich mehr liegen. Ich glaubte beobachtet zu haben, dass sie mich wenn ich es nicht vermutete, von der Seite her betrachtete, gar nicht unangenehm, aber viel ernster als ihre gewöhnliche Schalkhaftigkeit sich dazu verstand. Sie hatte auch einige Mal darauf angespielt, dass ich weniger häuslich geworden sei, aber nicht weiter insistiert, und meine hastigen Erklärungen überhört, mit einer gewissen Geflissentlichkeit. Dazu kam dass sie mit dem Onkel wieder den schärferen Ton hatte und ihre Ungeduld über seine kindische Einbildung und seine aufgeblasenen Belehrungen nicht verbarg. Dies muss ich vorausschicken um zu erklären, wie es mich traf, dass sie am Nachmittag beim Thee ganz kühl über die Tasse weg zu mir sagte «und wen würdest Du verabscheuen und détestieren Oskar wenn ihn auch nur ein Hauch von Onkel Gastons Vermutungen gestreift hätte?» Ich wurde dunkelrot und sank fast in den Boden. ‹Woher weisst Du?› ‹dass Du eine Liaison mit der Mademoiselle Leeb aus rue du château hast? Woher sollte ich es nicht wissen. Dies sind kleine Orte, jedermann weiss es, und ich seit lange. Ich würde es vermutet haben, an Deiner Veränderung.› ‹Veränderung›, stammelte ich, ‹ich bin gegen – ich bin genau derselbe.› ‹Du kannst alle täuschen aber nicht die die Dich lieb haben mein Kind› aber hier kam Onkel Gaston hinein und küsste sie von hinten auf den Nacken. ‹Ah c'est toi› sagte sie kalt, ‹tu vas perdre tes frais mon

ami car tu vas me dégouter avec ton manque de délicatesse àpropos de ce que je viens de discuter avec Oscar, et je te déclare en sa présence, que je préfère que dans ma maison les petites sottises des jeunes gens ou soient ignorées ou discutées comme il le faut, et tu m'obligeras à t'y conformer, parceque sinon tu vas me chagriner profondément.› Auch diese Diskussion ging nicht weiter, denn ein eintretender Besuch ersparte dem Onkel, der vor Ärger eine weisse Nasenspitze bekommen hatte, weitere Expectorationen. Es wurden Kunstgegenstände gezeigt, das Gespräch nahm eine Wendung ins Geschäftliche durch die Nachricht von einem Objekt das den Onkel interessierte und für das er sofort nach Basel telephonierte, und am späten Abend befahl er nach Eingang eines dringenden Telegramms das Auto und fuhr dorthin ab.

Ich war sehr niedergeschlagen und blieb zu Haus, es war der erste Tag an dem ich nicht bei Phrosine vorsprach. Unser Déjéuner war von meiner Seite einsilbig aber Tante Mary schien alles aufbieten zu wollen um den Gegenstand vergessen zu machen, und war allerliebst in ihren bald ernsteren bald lustigeren immer anmutigen Gesprächswendungen. Zum Thee war sie aus, und ich arbeitete mit dem Präceptor, ging erst gegen sechs ein wenig in den Garten wo die Tante mit einer Handarbeit an einem Aussichtspunkte in einer Laube mit weiter Aussicht über den See sass. Da kein anderer Platz da war setzte ich mich neben sie auf die Bank. Sie war ganz anders als vorher, ebenso einsilbig und träumerisch wie vorher das Gegenteil, ich stotterte etwas lebhaftes zusammen, worauf sie kaum antwortete, nur mich von Zeit zu Zeit ansah. ‹Gib Dir keine Mühe Oskar› sagte sie dann etwas tonlos, die Arbeit sinken lassend, und sich zurücklehnend, die Augen beschattend und auf den See blickend – ‹Du bist anderswo mit Deinen Gedanken, übrigens ich vergass Dir zu sagen – sie hat telephoniert – sich erkundigen warum Du nicht da warst.› ‹Was!› sagte ich

ausser mir. ‹Oh versteh mich, sie hat jemand anders vorgeschickt, sie ist zu vorsichtig um sich zu compromittieren – tout de même – es war sie – und in der grössten Aufregung. So gefährlich also bist Du für Frauen, Oskar! Sie ist doch eine etwas reife Dame, und hat um jeden Finger Zwanzig, und elle va se déchirer pour vous.›
‹Aber Tante Mary ich versichere Dich, Du thust mir das grösste Unrecht – und ich finde es die höchste Indiskretion von – von –
‹Von Phrosine sags nur, ich finde das gar nicht, ça m'a même ému.›
‹Unmögliches Benehmen – ich habe überhaupt mit ihr kaum –›
‹Pot Pol. Ich frage Dich nicht, und Du bist im Begriff, etwas zu verleugnen was man nicht verleugnen darf Oskar. Ob diese Liebe von Dir etwas sehr Hohes und Edles ist oder – das Gegenteil – gleichviel, nichts darf man verleugnen, worin auch nur ein Atom Liebe je gewesen ist – nicht einmal eine débauche von der das gilt.›
‹Aber ich denke garnicht daran es zu verleugnen.› ‹Siehst Du, das ist viel nobler. Gerade eine Beziehung in der vieles nur soso ist braucht sehr viel von dieser Noblesse – sie soll nicht verleugnen was darin einmal mit Liebe zu thun gehabt hat. Wenn Du das Unglück hättest, dumm zu heiraten – wie viele Herren heiraten nicht solche dumme Mädchen weisst Du, mit denen sie eine Bandelei gehabt haben – ihr Verhältnis wie es heisst – nie sagen, ich habe mit ihr kaum – ich habe sie kaum – was man thut ist eine Sache für sich. Durch Sagen wird viel Mehr Verrat geübt als durch Thun, glaube ich immer – man kann nur mit Worten lügen und leugnen – eine That ist eine That. Was hast Du denn ‹kaum›? Was wolltest Du denn sagen? Lass mich Dir doch helfen, mit dem Wenigen was ich kann.› ‹Ich habe sie – wollte ich sagen – Du musst verstehn Dein Verdacht – vielmehr von Onkel Gaston – kränkte mich.› ‹Also nichts von Verdacht. Was hast Du sie kaum Oskar?›
‹Ich habe sie kaum – geküsst.› Tante Mary lachte hell auf, wurde aber sofort wieder ernst, träumerisch, fast melancholisch schien es

mir. ‹Was nennst Du eigentlich ‹kaum küssen›? Du thust so als ob küssen, wenn zwei Amants sich küssen, etwas wäre wie einander in den Mantel helfen. Es ist doch etwas sehr reiches und es wird drum gekämpft und gebettelt und sich gewehrt. Hast Du sie geküsst, küsst sie Dich, küsst Ihr Euch, küsst Du sie gern, immer, immer weiter, jedes Mal oder küsst Du sie kaum? Wie ist kaum küssen?› Ich wurde brennend rot. ‹Ich meinte, – eben –› ‹Komm, küsse mich mal kaum. Zeig mirs mal. Wir sind ja nahe Verwandte, es ist also ganz ohne Belang.› Ihr Arm lag hinter mir auf der Banklehne. ‹Aber Oskar – aber Oskar – aber nein – aber wie komisch – die Mlle Leeb küsst Du ganz ruhig und mir genierst Du Dich einen Kuss zu geben, der garnichts vorstellt als eine Passstation – aber Oskar – ich lache ja – ich muss ja lachen.› Sie pukkerte mich, zog an mir, neckte mich, war wieder ganz die Alte – zu süss und charmant – unwiderstehlich reizend. Es war unmöglich sich verstockt zu stellen, und als ihr Arm sich leicht um mich legte, küsste ich sie beschämt. Ihre Lippen hatten den Druck nicht erwidert, sie waren leblos, lose, fast etwas hängend geblieben, teilnahmslos wie – wie Backen, möchte ich sagen. ‹So›, sagte sie etwas leer und ernst, ‹merkst Du was ich gethan habe?› ‹N-nein.› ‹Ich habe kaum geküsst – eigentlich nicht – Du hast mich geküsst, ich habe es kaum gethan. Obwol ich Dich aufgefordert habe und sagen müsste, wir haben uns geküsst.› ‹Aber Tante Mary – ich meine, ich habe Dich doch eben – kaum geküsst.› ‹Findest Du? Du weisst eben nicht wie gefährlich – ich meine nicht Du selber bist – aber wie gefährlich ein Kuss ist – ausser man macht es wie ich eben und macht kaum mit. Wenn Du mich eben k a u m geküsst hast, so begreife ich Mlle Leeb, und willst Du wirklich behaupten dass Du Dich bei ihr zu dieser Art Kuss langsam zwingen lässt? Es wird wol umgekehrt sein – wie? Und dementsprechend auch der Kuss – wenn Du dies kaum küssen nennst wie nennst Du dann richtig küssen?› ‹Du hast Dir es ja auch nur gefallen lassen, Du hast mich überhaupt nicht –› ‹Ah so und Mlle Leeb geht den einen Schritt weiter, den Du ‹kaum› nennst. Zum Beispiel so, komm nur – genier Dich doch nicht so, Du komischer Junge – also na – aber Oskar – siehst Du?› Ich küsste sie wieder, ihre Lippen waren wieder halb offen tot und hängend. Ich liess los, und suchte sie anzusehen, wie sie es meinte, aber sie sah ganz teilnahmslos und passiv halb über mich weg, nur ihr Arm blieb um meinen Nacken, aber ganz lose. Aber in dieser Haltung stieg ihr Duft, ich glaube der ihres Haares mir in die Nase und unwillkürlich küsste ich sie wieder und ein zweites und drittes Mal um diese toten passiven Lippen zu beleben, die sich jetzt ganz schwach unter mir regten. Gleichzeitig fühlte ich ihren Arm stärker um mich oder bildete es mir ein, wusste nicht mehr was ich that und liess den linken Arm um ihre Taille gehen, küsste sie wieder, zog sie an mich, oder sie mich, ich bekam Angst und gleichzeitig einen wahnsinnigen Steifen, wollte sie loslassen und in diesem Augenblicke brannte mir ein heisser, prägender Mund auf den Lippen, ein Kuss wie ich ihn nicht kannte, der erste Frauenkuss den ich im Leben bekommen habe. Gleichzeitig liess mich Tante Mary los. Sie suchte ihre Arbeit zusammen, that sie in den Korb und sagte seelenruhig und nüchtern: ‹Es wird übrigens gleich zum Diner gongen, aber umziehen brauchst Du Dich heut nicht, ich ziehe auch nur ein Teagown an und mache mirs einmal bequem.› So blieb ich mit dem Kuss auf den Lippen sitzen der erst allmählich anfing, seine brennenden Häkchen, die in meinen Sinnen geblieben waren, in quälend beseligende tollmachende Kobolde zu verwandeln. Ich musste mich bezwingen um ihr nicht nachzurennen und sie an mich zu reissen, ich wusste nicht mehr was ich that und was ich fühlte, ich konnte keine Ruhe finden. Der Gedanke mit ihr bei Tisch zu sitzen und Unsinn zu reden war mir unausdenkbar. Was sollte ich thun. Das

Gong tönte zum ersten Male. Ich rannte in mein Zimmer mir die Hände zu waschen. Ich goss mir kaltes Wasser übers Gesicht um mich zu beruhigen. Ich dachte einen Augenblick mich krank zu melden und beim Abendessen entschuldigen zu lassen. Aber schliesslich siegte die Selbstbeherrschung und die alte Verehrung die ich für Tante Mary hatte. Sie war über meinen Streich wol sehr verstimmt gewesen, dann hatte sie mich aufziehen wollen, verspotten mit meinen neuen Liebhaberallüren und auf den Pott setzen. Ich wollte um Himmelswillen das schöne Verhältnis hier im Hause durch nichts stören, die vier Monat die vor mir lagen ausnutzen –, nur nicht in die Öde von Keithebüll zurück. Haltung Oskar, strammstehen sich zusammenreissen, ist ja alles Quatsch. So marschierte ich mit dem zweiten Gong hinunter und nahm Tante Mary gegenüber meinen Platz ein. Ich fing sofort wild zu reden an um keine Pausen aufkommen zu lassen, über Schweiz und Deutschland, über die guten Manieren der kleinen Leute, die niedlichen Wendungen der französischen Sprache – der Teufel weiss über was mehr. Tante Mary antwortete sehr nett eingehend, manchmal ihrer Art nach etwas starrköpfig mit unsicherm Untergrunde, manchmal den Widerspruch ins Ausweichen legend. Sie war sehr schön und distinguiert in einem sandfarbigen Kimono mit purpurroten Sonnen appliziert, und hatte etwas aufgelegt, als ob sie sich im Spiegel blass vorgekommen wäre. Ihre schönen und schön umrahmten Augen, ihre blendenden Lippen und Zähne, der lange mädchenhafte Hals über dem schlank und vollkommen aufgebauten Körper bildeten ein einziges Ganzes. Schliesslich ging auch dies Totenmahl vorüber. ‹Willst Du gleich arbeiten oder mir noch etwas Gesellschaft leisten?› fragte sie wie nebenbei. ‹Onkel Gaston hat telephoniert er bleibt ein par Tage weg, ich gehe dann vielleicht auch zu einer Freundin nach Evian – Oh ich weiss noch garnicht – ich muss mal sehen, heut abend jedenfalls –› Sie hatte

das ganz zerstreut gesagt, als ob sie an etwas ganz andres dächte. Wir gingen in ihren kleinen Salon, es kam Thee, und sie sagte dem Diener, sie brauche ihn nicht mehr. Das war nichts besonderes, sie war von Paris her, wo sie längere Zeit mit Gaston gelebt hatte gewöhnt, die Leute nach 9 nicht mehr zu beanspruchen. Sie legte sich auf ihre Chaiselongue und schickte mich herum, ein bischen nervös. Die Lampe blendete sie – sie wollte ein Kissen im Rücken, nein dies war zu gross – dies zu klein – dies – na lass nur es geht zur Not – Du kannst mir Thee eingiessen – nein keinen Zucker – oder doch vielleicht – er ist mir zu süss – Du kannst ihn trinken – wenn Du Dich nicht ekelst – nein? Wirklich nicht? Und so ging das weiter. Dann musste ich das Theegeschirr wegstellen. Dann mich zu ihr setzen, Nein, so seh ich Dich nicht, ich muss mir den Kopf nach Dir ausrenken. So. Und nun sei doch nicht so furchtbar unruhig Oskar Du machst einen ganz fimmelig. Immer guckst Du weg, Deine Augen fahren hin und her, Deine Hände kannst Du nicht einen Augenblick ruhig halten – komm – sei ein bischen harmonisch, Du warst doch immer ein so netter Mensch, mit soviel sense of humour – ich habe leichte Naturen gern, Du weisst ja, und Du bist doch eine leichte Natur eigentlich – meinst Du nicht?›
‹Ach› sagte ich, ‹man hat so Zeiten, man ist nicht immer gleichmässig, aber Du hast ganz recht, ich lasse mich wol zu sehr gehen.› ‹Eben nicht, wenn Du es doch thätest, das wäre viel natürlicher – oder vielleicht lieber doch nicht – ich sagte es ja schon Du bist viel gefährlicher als ich dachte, und bist bald ein richtiger junger Mann mit dem die Frauen auf ihrer Hut sein müssen.›
‹Ich›, stotterte ich, ‹aber Tante Mary, worin denn?› ‹Eins gibt das andere, ich glaube ich bin doch viel zu harmlos mit Dir, und müsste meine Art ganz ändern, meinst Du nicht? Ich vergesse immer dass Du schon eine Geliebte hast und daher notwendiger Weise alle Frauen mit andern Augen ansiehst – wer weiss ob nicht

auch mich?› ‹Dich nur mit Augen der grössten Ehrfurcht und Dankbarkeit. Mein Wort drauf.› ‹Na – darauf will ich mich lieber doch nicht zu fest verlassen – jedenfalls auf die Probe stellen würde ich Dich nicht, mein Lieber.› ‹Mich? Auf jede Probe kannst Du mich stellen› deklamierte ich glühend, ‹ich bin gewiss jede zu bestehen.› Sie lachte kurz und etwas scharf. ‹Was nennst Du eigentlich bestehen Oskar?› ‹Zeigen dass ich in Dir die Göttin, das Ideal der Unnahbarkeit, der Reinheit, der Seelenhoheit bewundere, verehre, adoriere – ach wäre alles wie Du, wie schön wäre die Welt.› ‹Und das könntest Du wirklich mir zeigen, anders als mit Worten? Das traust Du Dir zu? Auf einer wüsten Insel? Mit mir mutterseelenallein? Nachts in einer Schutzhütte?› ‹Aber Tante Mary, was glaubst Du eigentlich von mir?› ‹Oskar ich glaube dass Du ein reizender lieber Mensch bist, aber doch nicht die einzige Ausnahme unter allen Männern, die es gibt, denn das wärst Du, wenn Du wärst wie Du sagst.› ‹Du hast Unrecht, Du urteilst zu hart.› ‹Kannst Du mir in die Augen sehen?› ‹Vollkommen.› Ihr Blick drang in mich ein wie ein heisses Messer in Butter und schmolz mich durch und durch. ‹Siehst Du – Du schlägst die Augen nieder – nein Oskar, ich stelle Dich lieber nicht auf die Probe. Eine wüste Insel? Du wärst nicht im Stande hier fünf Minuten an meiner Seite zu liegen – ganz abgesehen davon, dass ich nicht wüsste ob ich –› ‹Bitte› sagte ich stolz, ‹ich liefere Dir sofort den Beweis – wenn Du mir Platz machen wolltest?› ‹Zieh aber Deine Schuh aus, Du machst mit die Seide kraus, und Deine Homespunjacke – ich kann raue Wolle gar nicht ansehen ohne dass es mich kratzt. Du hast ja ein Seidenhemd drunter – so – ach nein, die Plusfours auch bitte – so komm nur Du Held.› ‹Verzeih, Tante Mary, ich – ich kann mich vor Dir nicht ausziehen› sagte ich rotwerdend – ‹– wenn ich das – auf dem Flur darf –› ‹Ganz wie Du willst› antwortete sie gleichgültig. Ich nahm meine Abrüstung heroisch und mit ehernem Bewusstsein draussen vor. Als ich zurückkam, hatte sie von der grossen Stehlampe nur eine matte Birne brennen, die übrigen abgedreht, und eine Seidendecke über sich gezogen. Ich legte mich herzklopfend auf die Kante der Chaiselongue, besorgt sie nicht zu berühren, was schwer war, denn das Lager war schmal. ‹Komm nur näher› und sie hob die Decke, ‹komm nur ruhig an mich heran, stolzer Beter› es war ein Spott in ihrem Tone, ‹aber falle nicht und wirf mich nicht herunter, – nein so ist es unbequem für beide, auf dem Rücken geht es nicht, komm Seite zu Seite, und nun – wie fühlst Du Dich?› Meine Stimme versagte. Ihre Wärme begann mich zu durchdringen, ihr Gesicht atmete neben dem meinen. ‹Glücklich› sagte ich heiter. ‹Schaf› sagte sie und lachte, ‹ich meine ob bequem oder unbequem.› ‹Sind es schon zwei Minuten?› fragte ich zitternd. ‹Kind› sagte sie mit einer leisen spottenden Stimme, ‹siehst Du? Willst Du lieber gehen? Du bist ja ganz verkrampft? Du bist keine Spur glücklich.› ‹Doch› hauchte ich. ‹Keine Spur Ehrfurcht und Dankbarkeit ist jetzt in Dir Oskar. Sieh mal Du hast ganz eisige Hände – Geh nur, ich bestehe nicht auf den fünf Minuten, ich lasse Gnade für Recht ergehen und erlasse Dir die Probe.› ‹Nein, nein, bitte lass mich, – schicke mich jetzt nicht weg.› ‹Wieso, es ist doch keine Strafe. Im Gegenteile ich will Dir als Trostpreis das geben, oder ungefähr das was Dir zugedacht war wenn Du leicht und unbefangen ausgehalten hättest – dann hättest Du einen kleinen Kuss bekommen, einen Freundschaftskuss – jetzt darfst Du mich ein Mal sanft umarmen bevor Du gehst –› ‹Ich halte aus –› ‹Aber nicht leicht und unbefangen, ich lache, nimm mirs nicht übel – Du bist ein zu süsser Junge –› Ich umarmte sie, sie streifte meinen Mund mit den Lippen. Ich verlor die Fassung, meine Arme, nicht ich selber griffen zu und schlossen sich um sie. Ihr schöner kurzer satter Mund, dicht vor mir wich mir aus – ich folgte ihr – er wich nach der andern Seite aus, ‹Nein, nein› sagte sie, ‹bitte –› drehte den Mund wieder streifte mir die Lippen wieder, wie unwillkürlich, aber jetzt war ich toll und rascher und küsste sie. ‹Pfui, siehst Du› stöhnte sie, machte einen schwachen Versuch sich loszumachen, aber umarmte mich dabei, ich fasste ihre Lippen wieder und hielt sie fest, aber nur einen Augenblick, denn es überkam mich wie in der Laube zugleich die Angst und die totale Begierde, und in diesem Augenblicke küsste sie mich wieder wie dort, mit dem gleichen heissen Kusse. ‹Geh› flüsterte sie in die Küsse hinein, die sie duldete und glühend erwiderte, ‹Geh› aber es änderte sich nichts, mit keuchender Brust und langen Küssen drängten wir uns an einander. ‹Du musst gehen› sagte sie wieder sich lösend und mit raschem Suchen meinen Zagel fassend. ‹Du bist schrecklich, ich wusste es ja, komm sei gut› aber diese Berührung nahm mir den letzten Rest von Gehirn, ich stiess irgendwie zu, irgendwo hin, und meine Kraft war meiner und ihrer Herr. ‹Du thust mir weh› klagte sie erstickt, ‹nicht, nicht, nicht so›, und plötzlich war etwas passiert, was ich nicht begriff sondern nur als dumpfe ungeheuerliche Wollust fühlte. Marys Mund lag offen und schwelgend unter dem meinen, ja sie selbst lag unter mir, es gab nirgends mehr Widerstände wohin ich auch drängte, drückte, stemmte, stiess und dann eine Raserei und ich zerfloss. Sie stiess mich weg. Ihr Gesicht war abgewandt in{»}

ANHANG

ÜBERSETZUNGEN DER
FREMDSPRACHIGEN PASSAGEN

53 «*How nice ... in a few minutes.*» «Wie schön, Sie kennenzulernen. Nun, ich fürchte, ich weiß nicht recht. Das hier ist mein Freund, Herr Jumchowy. Oh nein, ich war noch nie wirklich verlobt, aber ...» «Kommen Sie in den Wintergarten.» «Zu jeder anderen Zeit, meine Liebe. Nur am Rande, ich kenne das Programm, die Mühe lohnt kaum. Wie wäre es, wenn Sie uns begleiten würden. Mr. Jundel hat gerade erwähnt – haben Sie nicht jetzt –» «Sicher», sagte ich etwas belämmert. Dies war ja nun nicht gerade mein Ideal. «So hübsch, da bin ich sicher», sagte die Amerikamüde, «vielen, vielen Dank, es ist ja ein Vorzug. Treffen Sie mich in ein paar Minuten an der Bar.»

54 «*Dear me ... to compare with it.*» «Du lieber Himmel, was für ein Programm», sagte ich, «mit dem Wintergarten kann so leicht nichts mithalten.»

54 «*What a charming idea ... blend to host.*» «Was für eine hübsche Idee, liebe Addie. Ich nehme an, Mr. Zoundice ist Deutscher?» «Spricht blendend Englisch», sagte sie dazwischen, «aber er wird Ihnen erzählen, daß er ein alter Grieche ist, mit einem Schuß Römer drin.»

54 «*Second cousin twice removed*» «Ein Cousin vierten Grades»

55 «*Well» ... of looking vicious.*» «Gut, wenn ich mich in meiner Jugend vergifte, spare ich mir Männerkleidung in späteren Jahren.» «Zigarren sehen lasterhafter aus und sind dabei sehr

viel keuscher.» «Mr. Joureyman ist ganz Ihrer Meinung, was das Lasterhafte angeht.»

56 *Die other half ... just as little*   Die andere Hälfte von dem, was er sagt, glaubt er genauso wenig

56 *Die Tugend ... Scotch to match.»*   Die Tugend ist kein Cocktail, um damit das Dinner des Lebens zu beginnen.» «Ist es also der bittere Kaffee, der regelmäßig gesüßt werden muß, so wie ein Gefrorenes, das die Bitterkeit des Verdauungssystems vergällt und dessen es bedarf, um mit etwas fertig zu werden?» Die Alte lächelte und sagte: «Hört sich verdammt gut an. Kommen Sie doch zum Lunch in mein Hotel die nächsten Tage; Sie können mir dann ein paar Ihrer französischen Ansichten darlegen, und ich gebe es Ihnen in meinem breiten Schottisch zurück.»

56 f. *«you'd spoil ... too pretty.»*   «und Du bist zu hübsch und störst nur.»

57 *«Oh what a gross liar»*   «Oh was für ein schamloser Lügner»

57 *«then this blasted ... they are loathsome.»*   «als dieses blöde Gerede über Schönheit. Ich habe mich auch nie gefragt ob er pretty ist.» «Männer» sagte die Andere verweisend, «sind niemals hübsch. Wenn sie anständig sind, sehen sie gut aus. Wenn sie schön sind, sind sie gräßlich.»

57 *«Well tell me ... to realize them?»*   «Na schön, dann sagen Sie mir, was tun Sie, um sie zu verwirklichen?»

58 *«To ring it up?»*   «Um es dann anzurufen?»

58 *«Oh what an orator!»*   «Oh, was für ein Redenhalter!»

58 *«How magnificent ... fine rhetoric.*   «Wie großartig – obwohl ich sicher bin, daß Sie falsch liegen und das alles nur glänzende Rhetorik ist.

58 *«Is there ... decisively not»*   «Ich frage mich, ob das nicht die Familie ist?» «Oh, ganz entschieden nicht»

58	«*I am glad ... to your car.*» «Ich freue mich, daß Sie wenigstens kein Heuchler sind. Spannen Sie bloß kein Hirngespinst vor Ihren Karren.»
59	«*Don't pretend ... my boy*» «Glauben Sie nicht, mir etwas vorzumachen, mein Junge.»
60	«*Good, awfully good ... rub it into him, do.*» «Gut, abscheulich gut, reib das dem eingebildeten Jüngling nur hin, reib' es ihm 'rein, mach.»
61	*what they ... able to get.*» wofür sie sterben würden, um es bekommen zu können.»
61	«*I am afraid ... don't trouble –*» «Ich fürchte, er hat Recht, Liebes, aber wir werden ihn früher oder später schon noch zu Fall bringen. Wie wäre es, wenn Sie mit mir nächste Woche Mittwoch zu Mittag essen würden? Ich muß los, oder mir fallen die Augen zu. Sie sind einer Dichter und ich bin entzückt von Ihre Bekanntschaftung, und Dir bin sehr dankbar, Liebes. Du hast wirklich sehr interessante Freunde.» Ich rief den Kellner, der eine Geste machte. «Bitte verzeihen Sie, daß ich mir erlaubt habe, Sie wie einen alten Bekannten zu behandeln, anstatt Sie vorher zu bitten, meine Gäste zu sein...» «Wir bringen Dich nach Hause.» «Oh, nur keine Umstände –»
69	*I am Irish you see* Ich bin nämlich Irin
71	*no harm meant* Ohne Schaden zu nehmen
72	«*in Zukunft ... quietly* «in Zukunft wird Washington Post, anstatt den Tanz zu verweigern, andauernd leise gesprochen
87	*Don't fidget ... it's all right* Reg' Dich nicht auf, stör' nicht, mach Dir keine Sorgen, es ist alles in Ordnung
88	*me rattriste ... pour vous*» legt sich mir immer ein wenig aufs Gemüt, und so habe ich mich entschieden, ein wenig lustig für Sie zu sein»
88	*vous êtes un juge de caractères* Sie sind ein Menschenkenner

955

88	*et d'être intransigeant ... un pareil fracas* und unnachgiebig zu sein in allem, was das häßliche Geld betrifft. Ich verstehe gut, daß Ihr Leben bei Ihnen dort ein wenig mühsam ist für Sie im Moment, ich kann Ihnen schwören, es wird unter allen, die mit Ihnen verkehren, wohl nicht einer sein, der Partei für Sie ergreift – eine solche Lappalie – aber das ist doch tiefstes Mittelalter, solch ein Aufhebens davon zu machen
88	*je ne trouve pas ... que vous venez.* nun, wie drückt man das gleich wieder aus – wenn Sie sich entspannen wollen, dann kommen Sie zu mir.
88 f.	*Votre couvert est mis ... ça suffit.* Ihr Couvert ist gelegt, ein Gästezimmer steht für Sie bereit, sogar ein Bett ist gerichtet. Eine Zahnbürste und Sie, das genügt.
89	*et tout le reste ... les détails* und alles andere, wovon Sie sich die Einzelheiten gewiß viel leichter besorgen können als ich
89	*«il y a ma modeste contribution ... j'apprécis tellement –»* «mein bescheidener Beitrag gilt auch Ihren Freundschaftsdiensten, ich weiß, daß ich diese nicht ihrem wirklichen Wert entsprechend veranschlagen kann, aber ich schätze sie dennoch ungemein –»
98	*Und now ... What are you on?»* Und now muß ich Sie sagen, daß ich mich so freue, Addie mit Ihnen zu sehen, ich muß gestehen, ich schätze Ihre anderen Freunde nicht, jedenfalls die nicht, die ich kenne, und ich denke außerdem, sie taugen alle nichts. Sie sind entweder zu brillant oder man kann ihnen nicht trauen, oder sie sind gar zu schmächtig und man kann sich mit ihnen nicht zeigen. Sie will Männer von Deiner Sorte, und es ist ein Jammer, daß Du zu jung für sie bist, wie Du ja weißt, mein Junge, ich bin geradeheraus und sag Sie mein Meinung. Und sie ist schrecklich attraktiv und ich möchte nicht, daß Du Dich ihretwegen grämst, und Du bist eine Wucht, und ich möchte nicht, daß sie eine Chance ver-

paßt.» Ich lachte und sagte, wir hätten uns genau so gern wie wir dürften, nicht mehr, «aber auch keinen Deut weniger.» Sie sah mich mit ihren glashellen Augen scharf an und sagte: «Was ich zu sagen hatte, habe ich gesagt, und im übrigen kümmere ich mich nur um meine Angelegenheiten. Erzähl mir von Deinem Beruf. Was machst Du?»

98 f. *«Well dear ... an obscure action.»* «Ich fürchte, ich war sehr taktlos, indem ich Herrn Wie-war-sein-Name im Moment bevor Du hereinkamst davor warnte, seinen Kopf in einer hoffnungslosen Affäre zu verlieren, aber jetzt wird mir klar, daß ich wohl besser eine Flasche Champagner bestellen sollte, um diese Partie, wie Sie wohl sagen, zu ‹begiessen›.» «Nichts gegen Champagner, Sully Liebes, aber von einer Partie kann keine Rede sein, wie Dir sicher klar ist. Rubor und ich sind nur Freunde und herzlich froh einander zu haben, und Du bist eine so gute Freundin, daß ich es peinlich fände, mich in Deiner Gegenwart zu verstellen. Darum hätten wir uns auch überall sonst so geküßt nach ein paar Tagen der Trennung, für mich ist es das Offenste und Ehrlichste, daß sich unsere Lippen berühren und Du bist so ein lupenreiner Prachtkerl und nicht so bösartig, einen lieben Kuß für etwas Obskures zu halten.»

99 *«Well in fact ... ceremonial habit»* «Nun, tatsächlich ist Amerika fast so ‹edel› wie in Ihren Romanen», sagte Sully; «und es gibt eher zu viele bedeutungslose Küsse zwischen Mann und Frau. Ich bin für einen Kuß mit Herz und bin dagegen, die übrigen Lippen von Liebenden zu einer leeren Geste zu degradieren»

101 *die teuflische Meinung ... sein mit ihm?»* die teuflische Meinung, daß es nicht so wichtig ist. Von wegen die Niete zählt nicht. Alles zählt. Und alles andere hängt davon ab, daß alles zählt. Sie haben mich zum ersten Male es sehen lassen in die-

sem Licht, und ich denke, der Kampf ist so wichtig, daß ein braver Mann sein Leben dafür einsetzen sollte, was anderes soll identisch sein mit ihm?»

101 f. *«Oh read something ... you were listening.»* «Oh, lesen Sie etwas vor», rief die Wirtin, «hat er noch nichts getan, um Deine Augen unsterblich zu machen», und sie küßte die schönen Augen der Sitzenden. «Er nicht», sagte Addie; «anscheinend ist er dafür nicht geeignet. Muß er auch gar nicht. Ich bin mir nicht so sicher, daß mir das gefallen würde. Die Idee, ein Stück Leben, das so ganz frisch erlebt wurde, so wie es war, aus seinem Zusammenhang zu reißen und objektiviert, mit ausgedachten, rhythmisierten Worten und Reimen klug zu verändern, läßt einen schaudern. Es kann sehr schön sein, solange andere Menschen die Idole sind. Ich bevorzuge die sehnenden Lippen meines Liebhabers auf den meinigen und seine Arme, die mich eng umschlingen, und sein Herz, das wild an meins schlägt und daß er mir zu Füßen liegt, wenn er spürt, daß der Sturm aufzieht.» «Warum denn sowas, meine Liebe» sagte Sully humoristisch, «das ist ein ziemlich extravagantes Bild für das, was Du der Poesie vorzuziehen scheinst; aber ich kenne Dich als ein sehr gradliniges Mädchen und ich hoffe, keiner Deiner männlichen Verehrer hat zugehört.»

102 *We are no cads ... she likes you a lot.»* «Wir sind keine Schufte – wir, damit meine ich die, die wir die Ehre haben unter Ihrer Flagge zu dienen. Honny soit. Sie ist unsere Königin und kann nichts falsch machen oder Unbedeutendes sagen. Abgesehen davon ist sie wirklich in Ordnung, und sollte ich jemals die unvorstellbare Ehre und das Privileg haben, von Ihr anderen, die es eher verdienen, vorgezogen zu werden und wenn ich die Kraft der mächtigen Neun zusammen ausüben würde mit der Macht dessen, der ein Mädchen umfängt und einen Kampf beginnt, dann würde ich freiwillig meine Leier ver-

brennen und mein Gekritzel zerreißen und auf die Nachwelt pfeifen im Tausch für die Erfahrung eines reinen Moments der Liebe und einer Hingabe, die gewürdigt wird.» «Was Sie nicht sagen», sagte Sully händeklatschend, «und wir wären um so ärmer ohne Ihren Edelmut. Denn wir wollen Gedichte lesen, und Ihr seid ein Paar herzloser Egoisten. Auf Wiedersehen, Addie Liebes, es war mir ein Vergnügen. Auf Wiedersehen, lieber Rubor. Ich bin sicher, wir treffen uns bald. Ihr seid ein Ritter, werdet aber kein Don Quixote. Werden Sie nie einseitig. Umarmen Sie das Mädchen und schreiben Sie das Gedicht und erledigen Sie Ihre Recherchen und werden Sie ein wirklicher Dichter und rühren Sie die Welt und vergessen Sie nicht die alte Ann Sullivan, die zugibt, daß sie Sie sehr gern hat.»

103 *vous venez de bien me fixer»* da haben Sie mich jetzt aber festgenagelt»

107 ἀσύνετον μὲν, ἀλλ᾽ οὔκ ἐστιν ἄνευ δαίμονος Unverständlich zwar, aber nicht ist es ohne Daimon.

141 *«vous direz ... que possible.»* «Sie werden mich für unverschämt halten, daß ich derart über Sie verfüge, doch es ist lediglich meiner zärtlichen Fürsorge für Sie geschuldet, zu allem bereit, nur um Ihnen ein unnützes Hin und Her zu ersparen, und da Ihre Mutter ebenfalls meiner Ansicht war, so fehlt dazu nur Ihre gütige Zustimmung und Sie machen mich rundum glücklich. Ich werde nur Ihr unbedingtes Ja akzeptieren, und Sie werden es mit einem Kuß auf meine Wange besiegeln», und sie hielt mir die rosige pausbäckige duftende Backe hin. «Nun, so sind wir also einig. Sie werden in Ihrem Zimmer alles vorfinden, was Sie zu Ihrer Bequemlichkeit brauchen, ich werde mich darum kümmern, bis gleich, geben Sie mir nur ein paar Minuten, und wir werden so bald als möglich zu Abend essen.»

142 *«au plaisir ... mieux encore»* «Auf das Vergnügen, Sie besser kennenzulernen und immer, immer besser»

142 *«Je sais bien de quoi m'en tenir»* «Ich weiß recht gut, woran ich mich zu halten habe»

142 *je trouve ... de votre voix.»* ich finde all das hinreißend, und überdies liebe ich den Klang Ihrer Stimme.»

143 *puisque, l'enthousiasme, ... de l'esprit n'importe quell* denn Begeisterung, Inspiration, kurz alles, was mich berauscht, es ist immer dieselbe Kraft, in allen Sphären des Geistes, egal welchen

143 *«joueurs de flûte, ... donner leur rang?»* «Flötenspieler, die Harmonie, die göttliche Trunkenheit, diese herrlichen Götter, die Liebe. Griechenland», hieß es, «ist es nicht so, hat sich die Liebe zum herrschenden Prinzip erkoren», nicht wie in unserer materiellen Welt. Die Ideale «die Idole – sind es nicht die Griechen gewesen, die ihnen ihren Rang zuerkannt haben?»

143 *«que c'est bien dit, que c'est beau* «wie Sie das ausdrücken können, wie wunderbar das ist

143 *«Que votre mère ... ce sera Sophie»* «Wie glücklich Ihre Mutter doch sein muß, Sie werden ein großer Mann sein, groß und bewundert, Rodolphe, erinnern Sie sich dann daran, daß Sophie Dunin es war, die Ihnen das gesagt hat. Ich möchte Sophie für Sie sein, sofern Sie glauben, Sie könnten mir, einer alten Frau, eine ähnlich große Vertrautheit und zärtliches Interesse entgegenbringen.» «Aber wo denken Sie hin, teure Freundin», sagte ich ihr die Hand küssend, «aus der Sicht liebenswürdiger Mütter mit einem Mann von vierundzwanzig Jahren zu sprechen, dafür sind Sie, das sollten Sie wissen, viel zu charmant» – sie reichte mir lächelnd die Hand noch einmal zum Kusse, gab mir einen kleinen Schlag und sagte: «Sie Böser, Sie machen sich lustig über mich, nun, aber so ist es also abgemacht, nicht wahr, es bleibt bei Sophie»

144 *et je suis ... je vais me calmer* und ich bin völlig aufgelöst, ach nichts – ich habe solche Angst – nein, nicht aufstehen – bleiben Sie – ich beruhige mich schon wieder
145 *«figurez vous, aller courir un risque pareil* «denken Sie doch, welcher Gefahr Sie sich aussetzen
145 *«Un peu de la vôtre tout a plus»* «Ein Stück von Ihnen reicht»
145 *«Peut être ... à l'étage de premier»* «Vielleicht habe ich mich geirrt», flüsterte sie, «aber ich wage noch nicht – mein Zimmer liegt weit vom Rest der Wohnung, und meine Dienstmädchen schlafen im Obergeschoß»
145 *«Vous êtes trop gentil ... de l'autre bande»* «Sie sind zu freundlich, aber ich brauche nur ein Eckchen dieser wunderbaren Wärme, ich will Sie gar nicht belästigen – wenn Sie sich nur ein klein wenig zur anderen Seite bemühen»
145 *«Mais tenez» ... de moi j'y insiste»* «Aber so bleiben Sie doch», sagte sie schwach, «Sie übertreiben die Rücksicht, wo sind Sie», und ich fühlte ihre Hand nach mir tasten. «Aber, aber, auf diese Weise fallen Sie mir ja noch aus dem Bett – ich vertraue Ihnen, ich kenne Sie doch – rücken Sie ruhig näher her zu mir, ich bestehe darauf»
145 *«que ce sent bon» ... j'ai toujours froid»* «Wie das duftet.» «Finden Sie», sagte sie mit einem kleinen Lachen und hielt mir die Hand ans Gesicht. «Ist es meine Hand oder doch eher das Parfum.» «Ja, und Ihr Haar» antwortete ich ebenso dumm. «Und ich rieche das Ihre», sagte sie mit einem scharfen Atmen der Nase, «doch es ist der Duft der Jugend», und ich fühlte eine Berührung in den Haaren. «Ach, mir ist noch immer kalt»
146 *vous me promettez ... ce pas* Sie versprechen es mir doch, nicht wahr
146 *«Je suis dans vos mains» ... gute Nacht»* «Ich bin ganz in Ihren Händen» und sie drückte mich schwach an sich, «schwö-

961

ren Sie, mir Respekt zu zollen.» «Aber liebe Freundin, das versteht sich doch von selbst –.» «Sie werden nicht so kühn sein?» – «Ich würde niemals eine Situation mißbrauchen, in die ich so schuldlos geraten bin.» «Wie reizend Sie doch sind», hauchte sie und drückte sich zärtlich an sich, «und wie dankbar ich Ihnen bin», sie küßte mich mit einem Hauch auf die Backe: «Sie beschützen mich doch, nicht wahr – Sie beruhigen mich – ach, welch ein Behagen, mich in Ihren starken Armen zu wissen, Ihre Berührung tröstet mich – wie wunderbar Ihnen vertrauen zu können – lassen Sie uns Heia machen, gute Nacht»

146 f. «*vous m'avez promis*» … *viens, viens*» «Sie haben es mir versprochen.» «Was denn?» «Mir Respekt zu zollen.» «Genau das tue ich gerade», sagte ich und schloß ihr den Mund. «Sie werden mir doch keine Gewalt antun?» «Aber welche Gewalt denn?» «Ich glaube Ihnen», und sie glitt mir mit der Hand an die Brust, «aber ich erinnere Sie daran. Liebster, wenn ein anderer als Sie es täte», und ihr Mund spielte mit dem meinen. «Was täte, Sophie?» «Er würde mich seiner Gier unterwerfen», hauchte sie, und zog mich halb an sich halb über sich, «er würde mir die Bewegungsfreiheit rauben – Sie wissen es nur zu genau.» – «Ich schwöre Ihnen, ich weiß nicht, wovon Sie sprechen» – und ich küßte sie, die sich schon fast unter mich geschoben hatte, mit Feuer. «Verraten Sie mir, was ein anderer täte und was, wenn ich dasselbe täte, mich der Verlust Ihrer Achtung kosten würde», und ich glitt sie an mich drückend zur Seite und erstickte ihren Mund mit Küssen. «Kommen Sie auf mich, ich zeige es Ihnen», flüsterte sie heiß, «aber versprechen Sie mir noch einmal, keinesfalls –» – «so machen es alle Bösen – aber bleiben Sie Rodolphe», sie hatte meinen Steilen schon am Pförtchen: «Sie sind ungeheuerlich – die anderen – drücken Sie, drücken Sie, nicht zu

fest – ah –» und ihre Stimme erstarb, «ah, Du Böser, komm, komm»

148 *«Il faut ... Do svidanja»* «Ich muß gehen, Liebster, ich fürchte die Folgen. Und außerdem, es tut mir leid, aber ich brauche die Ruhe, sonst bin ich morgen scheußlich anzusehen. Nein, lassen Sie mich. Ach, wie herrlich! Ich hatte Sie bei Ihrem ersten Mal, mein süßer jungfräulicher Freund – ach, wer hätte gedacht, daß Sie noch Kind sind in Ihrem Alter! Schon deshalb war es für mich das Paradies schlechthin, ach Du, mein kleiner Athlet, den ich vergöttere. Gepriesen sei meine lächerliche Angst, die mich diesen hysterischen Fehltritt hat begehen lassen, mit Folgen, wie ich sie am wenigsten erwartet hätte. Zwischen zwei Laken mit einem jungen Mann, ich, wie schrecklich! Wer hätte das noch vor zwei Stunden vermutet? Ach, wie herrlich das Leben doch ist, mein angebetetes Jüngelchen, schenken Sie mir Ihre Lippen – ah, das ist doch nicht zu fassen, da habe ich ihn wieder zum Leben erweckt, den großen Rüpel, sieh da. Wie steif er ist, welches Ausmaß, ah, welch ein Rausch, ihn nur zu umfassen, Deinen gewaltigen Zapfen. Aber ach nein, Du wirst gleich wieder von neuem beginnen – bis morgen, bis morgen, ich muß doch an meinen Teint denken und an meine Augen. Do svidanja»

171 f. *«C'est bien ... ihre Hand sich verirren.* «So kenne ich Dich, Liebster, frisch wie eine Erdbeere», sagte sie. «Was mich betrifft, so ist es nur natürlich, da ich mich dank Deiner Zärtlichkeiten xxxxx xxxxxx xxxx unser; nun aber, wir haben schließlich noch ein Programm festzulegen. Den Vormittag wirst Du mir widmen, nicht wahr, da Du ja im Hotel zu Mittag essen wirst.» «Ich bin dort mit einigen Leuten verabredet.» «Das macht nichts, ich werde Dir nicht im Wege stehen. Gehen wir in die Bibliothek und erstellen einen Plan. Ich werde

niemanden empfangen, außer vielleicht eine kleine Göre von Engländerin oder Deutsch-Engländerin, die mir englische Konversation erteilt und diesen Vormittag xxxx mir die Bücher zu tragen, ein kleiner Wirrkopf, aber wir beide werden uns der Sache annehmen. Gib mir eine Zigarette – eine Zigarette – das ist doch nicht zu fassen. Beeilen wir uns.» Da wir allein waren, nahm sie meinen Arm, und in der Bibliothek sah sie mir in die Augen, von so nah, daß ich sie umarmen mußte. Sie legte ihr gepudertes Gesicht auf meine Schulter. «Sag mir, daß Du nichts bereust», hauchte sie abgewandt. «Sehe ich etwa so aus», und ich küßte sie scherzend auf den puppigen kleinen Mund. «Du bist glücklich – so wie ich? Du verachtest mich nicht, Du machst Dich nicht lustig über meine Schwäche?» «Ich bin nicht undankbar», sagte ich leise und küßte sie zum zweiten Male, aber da der verfluchte Penis bereits wieder zu spannen begann, ließ ich sie aus den Armen, küßte ihre Hand und streichelte sie. «Du bist nervös?» «Ich weiß nicht, die ‹Domestiken› –.» «Komm hierher», und sie ging mir voraus zum Boudoir, «hier stört uns niemand.» Ich folgte nicht sehr begeistert. Sie schloß ein kleines Zierschränkchen auf, nahm eine Schatulle heraus, und aus der ein Etui. Ich hob abwehrend die Hand, als ein schwerer altmodischer Ring, ein beträchtlicher Brillant zwischen zwei prachtvollen Saphiren, zum Vorschein kam. «Du würdest mich kränken, wolltest Du das kleine Andenken an unser Glück nicht annehmen – ich wäre gekränkt – komm her, Rodolphe! Was ist schlimm daran, es ist abgemacht, umarme und küß mich. Sieh, Liebster, Du hast mir eine solche Freude bereitet, als breitete sich ein anderes Leben vor mir aus, es ist so wunderbar, mir auch nur auszumalen, daß ich Dich habe, Dich, in meinem Leben, und wenn ich glücklich bin, muß ich mir Luft machen.» «Aber das ist zuviel, Sophie, laß uns vernünftig sein,

Du demütigst mich.» «Das ist doch lächerlich. Ein einziger Kuß von Dir, und ich stehe in Deiner Schuld.» Ich küßte sie, und sie ließ sich auf den Diwan sinken, ohne mich loszugeben. «Sieh, wie ich es Dir vergelte», und sie küßte sich an mir fest, aber ich war nicht gewillt, den Ring mit Naturalien zu bezahlen, beherrschte mich und meinen Pint, und ließ es bei ungefähren Zärtlichkeiten. Die Schlesinger, mich immer noch bei sich haltend, scherzte: «Verführst Du mich schon wieder, Du Böser, ich fühle ihn deutlich, Deinen Stachel, Du machst mich gleich wieder schwach», und ließ ihre Hand sich verirren.

173 f. *«Ich muss fort … Thränen im Augenwinkel.* «Ich muß fort, – stell Dir vor, die Prinzessin kommt nicht zurecht ohne mich, ich muß ihr auch noch mein Zimmermädchen mitbringen und meinen Diener, denn es scheint, als könne sie ihren Dienstboten nicht trauen, man muß sie noch heute entlassen und andere für sie finden, aber ich bitte Sie, bleiben Sie gleichwohl und fertigen Sie eine knappe Übersicht der Bibliothek an, hier ist der Katalog. Die Frazer, das ist die Engländerin, wird Bücher bringen, die Sie bitte prüfen – hier die Liste – und Sie geben ihr zwei andere Bücher mit, die ich Ihnen noch aushändige und die an die englische Bibliothek zurückgehen. Zurück bleibt nur die Köchin, die ein wenig lästig ist, aber ich werde sie anweisen, Ihnen gegen elf Uhr einen kleinen Imbiß zu servieren. Und noch was – lassen Sie die Frazer nicht allein in der Wohnung, angeblich ist sie etwas kleptomanisch veranlagt, ich glaube das zwar nicht recht, dennoch ist es wohl besser, die Augen offen zu halten. Ich bin untröstlich – Rodo – mein Liebster, mein Herz – wir werden uns bald wiedersehen.» Sie lag mir dick in den Armen, «ich werde untergehen ohne Deinen Mund», und ging mit gerührten Tränen im Augenwinkel.

174 f. «*Miss Frazer?*» ... *Take your choice.*» «Miß Frazer?» sagte ich, sie fest aufs Korn nehmend. «Sehr erfreut» antwortete sie, «wie ich weiß, sind Sie zuständig für die Bücher, wegen denen ich gekommen bin –» «Tatsächlich», sagte ich, «bin ich für so ziemlich alles hier zuständig, und ich denke, es ist nur fair, Sie zu warnen, daß Sie beobachtet wurden. Würde es Ihnen etwas ausmachen, den Gegenstand, den Sie hinter sich versteckt haben als ich den Raum betrat, hier auf den Tisch zu legen?» «Was für eine Unverschämtheit!», schrie sie halb, mit dem Fuße aufstampfend, «dafür werden Sie bezahlen.» «Ich pflege für gewöhnlich alle meine Schulden zu begleichen; gleichzeitig werden Sie es genauso klug finden, das wieder herauszugeben, was Sie nicht bezahlt haben. Ich warne Sie, daß ich, falls Sie es nicht tun, die Köchin rufen und fünf Minuten später die Polizei hier haben werde. Ich gebe Ihnen mein Wort, daß ich, wenn Sie es tun, die Angelegenheit schnell hier mit Ihnen regle und niemand, nicht einmal Mrs. S. erfährt davon. Sie können wählen.»

175 f. «*And now ... I'll tell you then*» «Und jetzt geben Sie mir meine Bücher», sagte sie mit ihrem Atem kämpfend. «Einen Moment bitte», sagte ich, «Ihre Hände waren leer als Sie das erste Mal mit mir sprachen und ich befürchte, ich muß hinsichtlich Ihrer Taschen ebenfalls zufriedengestellt sein, bevor ich den Raum verlasse.» «Ich gebe Ihnen mein Wort, ich habe sonst nichts. Taschen, – was für ein Unsinn. Sie sind ein Jüngelchen, sonst wüßten Sie, daß Frauen heutzutage in ihren Röcken keine Taschen haben.» «Haben sie nicht?», sagte ich ruhig. «Ich wette mit Ihnen, einige von ihnen haben welche, obwohl – was schlagen Sie vor zu zahlen für jedes Besitzstück, das nicht Ihnen gehört und das Sie in die Falttasche Ihres Rockes getan haben, bevor ich hergekommen bin?» «Ich zahle alles, wenn ich noch irgend etwas bei mir habe»,

sagte sie dunkelrot im Gesicht. «Es tut mir leid, davon muß ich mich selbst überzeugen», sagte ich auf sie zutretend. «Wagen Sie es nicht mich anzurühren», kam es zornbebend von ihr. «Oh, Sie weigern sich», sagte ich und trat beiseite. «Dann klingle ich nach der Köchin», und läutete. Wir standen einander gegenüber, ich sah aus dem Fenster, fühlte aber ihre Augen auf mir. Auf dem Flur kamen entfernte Schritte. Das Mädchen trat rückwärts. «Bitte – bitte, schicken Sie sie weg, wenn sie kommt – erfinden Sie eine Ausrede. Danach werde ich Ihnen alles erzählen»

176 *«But I, – … told you before.»* «Aber ich, – ich habe überhaupt keine Tasche», sagte die Frazer, mit einem erregten Lächeln, «ich habe überhaupt nichts genommen, das habe ich Ihnen ja eben gesagt.»

176 ff. *«Will you mind … leave my hands»* «Würde es Ihnen etwas ausmachen, den Inhalt dieses Bündels vorzuzeigen?» Sie zuckte die Schultern. «Nach allem was Sie getan haben, ist es mir egal, ob Sie es durchsuchen», sagte sie trotzig. «Dies», sagte ich, «ist eines von Mrs. S. Spitzentaschentüchern. Das hier ist ein hübsches kleines goldenes Leinennotizbuch von ihr mit einem goldenen Bleistift, – eine Bagatelle. Das sind ihre kandierten Eßkastanien aus der Schachtel auf dem Schrank, und dies ist ein Fünfmarkstück aus der gleichen Kiste, das sie gestern abend vor meinen Augen gedankenverloren dort hineingetan hat. Ich habe vergessen, sie daran zu erinnern, bevor sie sich zurückzog. Und das hier – ah, nein, ich denke, das gehört nicht zu Mrs. S. Besitz. Ich lege es zurück.» Es war ein Kondom, von der gewöhnlichen Sorte, überall käuflich. Die Frazer sah mich hart und verloren an. «Gut», sagte sie herausfordernd –, «was haben Sie vor?» «Das werde ich Ihnen sagen», sagte ich kühl. «Sie können zweierlei wählen. Entweder sind Sie eine professionelle Diebin, und dann brauche

ich mich nicht an das gegebene Wort gebunden zu fühlen – genau genommen halte ich es sogar für meine Pflicht, Mrs. S. vor Ihnen zu warnen, sie sollte sich besser nach einem anderen Englischlehrer umsehen, möglicherweise ohne dabei ins Detail zu gehen, aber wie auch immer, es würde reichen Sie in der Gesellschaft unmöglich zu machen. Oder Sie sind nur ein leichtes und rücksichtsloses Mädchen, habgierig und besessen von Schmuck. Ich glaube nicht an Kleptomanie. Und in diesem Fall haben Sie sich hier unbefugt Zutritt verschafft, wie jedes andere ungezogene und draufgängerische Mädchen anderer Leute Gärten betritt und sich an den Äpfeln bedient, und dann müssen Sie eine angemessene Strafe erhalten. Treffen Sie Ihre Wahl und sagen Sie mir, was für eine Sie sind.» «Keine von beiden, ich kann einfach nicht widerstehen.» «Das ist genau das, was derjenige, der unbefugt in den Garten eindringt, nicht kann, – sehen Sie das mal so. Sind sind also kein kaltblütiger Dieb?» «Mein Wort darauf, nein.» «Sie sind also eher der Eindringling?» «Ich werde nicht sagen, daß ich es nicht bin.» «Dann sieh mal her, Mädchen. Wo Sie doch Lehrerin sind, haben Sie, nehme ich an, ein paar obenhin gelehrte Kenntnisse und haben vielleicht vom Gartengott der Antike gehört. Der war beauftragt, verbotene Früchte vor Eindringlingen zu schützen. Er trug eine Waffe für böse Buben und eine andere für böse Mädchen. Und wenn der oder die beim Sündigen erwischt wurden, hatten beide zu bezahlen.» «Mein Herr, ich nehme an Sie scherzen», sagte das Mädchen mit einem dreisten Lachen. «Mich schlägt man nicht mit einem Stock.» «Der Stock war nur für die Buben bestimmt, meine Hübsche. Der Gott war ein Gentleman und hätte niemals den weichen weiblichen Rundungen eine so harte Strafe auferlegt. Die Äpfel waren das, was der Junge per Rohrstock zurück geben muß. Seine Waffe für Mädchen war eine andere, und führte Körperteile der Bestrafung zu, die dem Geschlecht des Eindringlings entsprachen.» «Ich frage mich, ob so eine Waffe jetzt in Reichweite ist», höhnte sie, mit blitzenden Augen. «Ist sie», sagte ich. «Das muß dann ziemlich nah sein», fuhr sie ebenso fort. «Näher als Sie erwarten.» «Sie sollten es deshalb gleich in Augenschein nehmen.» «Etwa so», sagte ich mit einer raschen Bewegung, «hier ist sie», und mein Bengel knallte steil aus der Hose, «und jetzt seien Sie still und liefern Sie sich ihm aus», und ich faßte sie. «Sie Scheusal», sagte sie leise, und spuckte mir mitten ins Gesicht, «Sie Schwein, lassen Sie meine Hände»

178 *«You don't meant it» ... you coward»* «Das meinen Sie nicht im Ernst», keuchte sie, «Sie sahen wie ein Gentleman aus.» «Und Sie wie eine Lady», lachte ich, und fing in einem Augenblick blitzartig ihren Mund. «Wagen Sie nicht – wagen Sie nicht mich zu küssen, Sie Feigling»

178 *«Wouldn't you rather ... all right without»* «Willst Du nicht besser ein Kondom benutzen?», flüsterte sie dazwischen und küßte weiter. «Ich behandle Dich auch ohne eins ganz gut»

179 ff. *«Come here» ... that's why»* «Komm her», hörte ich klagend von hinten. Ich war zu erregt, um zu antworten und kämpfte mit meinem Atem. «Es kann nicht Dein Ernst sein, mich so zurückzulassen.» «Nun», antwortete ich mich nach ihr umdrehend, «was ist?» «Komm her.» Ich näherte mich, und konnte mich nicht zurückhalten, sondern beugte mich, wenn auch sarkastisch, zu ihr nieder. Sie zog meinen Kopf zu sich. «Du bist ein böser Junge», sagte sie leise. «Sei jetzt ein guter Junge und gib zu, daß Du mich wolltest.» «Nichts dergleichen werde ich tun. Ich war einfach wütend über Deine Bosheit. Für alles Weitere kann ich nicht einstehen. Ich habe instinktiv gehandelt, und ich kann Dir versichern, daß es nicht aus Liebe war.» «Und warum hast Du mich dann so leidenschaftlich

geküßt, und warum, wenn das Geschlecht Dich nicht dazu angespornt hat, war die Waffe Deines Gartengotts zu voller Wirksamkeit aufgerichtet? Du schwindelst.» «Offenbar voller Verachtung und Wut, wenn ein Mädchen der Grund ist, sie mir auf die Nerven geht so wie heiße Lust bei durchschnittlichen, und mich dazu zwang, Dich zu züchtigen.» «Um mich zu bestrafen?» «Wahrscheinlich.» Sie zog meinen Kopf an sich und küßte ihn auf den Mund. «Kleiner Dummkopf. Die meisten Mädchen würden jederzeit gern etwas stehlen, um dann so bestraft zu werden. Ich würde die Uhr aus Deiner Weste stehlen, wenn ich sicher wäre, Dich damit ein weiteres Mal in einen rachsüchtigen Priapus zu verwandeln.» «Schnee von gestern», sagte ich lachend. «Mädchen mit einem Heißhunger wie dem Deinem nach einem wilden Fick waren dem antiken Gott durchaus bekannt, und er bevorzugte den Verlust einiger Äpfel statt zum Narren gehalten zu werden oder bloßes Werkzeug zu sein. Wenn mein Penis als Abschreckung bei Dir versagt, sollte ich das nächste Mal doch die Polizei rufen.» «Ich glaube Dir kein Wort», lachte sie und küßte mich wieder. «Das ist doch alles leeres Gerede. Dir hat es gefallen, mir auch. Anfangs wolltest Du mich vielleicht vergewaltigen, aber weil Du doch ein so guter und süßer Junge bist und kein gräßlicher und widerwärtiger Dämon, wurdest Du mein Liebhaber als Du gemerkt hast, daß ich der unaussprechlichen Lust, die Du mich hast spüren lassen, nachgebe. Vermutlich hast Du den Widerstand gebrochen, aber Du zergingst durch die Unterwerfung zu regelrechtem Vergnügen. Küss mich jetzt und sag mir, daß ich recht habe.» «Das werde ich nur, wenn Du versprichst, Frieden zu halten.» «Nie wieder zu stehlen? Ich lass' es, wenn Du etwas für mich übrig hast.» «Das hab ich bis zu einem gewissen Grad, wenn Du es nicht mehr tust. Ich habe nichts übrig für irgendwen, der imstande ist, Schlechtes zu tun.» «Ich verspreche alles nur für ein freundliches Wort, damit ich fühle, daß ich nicht zugleich ausgenutzt, entehrt und verachtet wurde. Das ist ungerecht. Jeder Missetäter, der nach dem Richterspruch seine Strafe verbüßt hat, wird freigelassen, ihm wird vergeben und er hat seine Ehre zurück. Du hast das Urteil mit der Bestrafung verwechselt und alles in ein Festmahl für Dich selbst verwandelt. Kein Richter sollte von der Bestrafung der Missetäter profitieren.» «Außer die Bestrafung war das Festmahl, wie die Missetäterin sagt.» «Was sie nicht mehr tun kann, wenn seine Süße einen bitteren Nachgeschmack hinterläßt.» «Und das ist die wahre Bestrafung.» «Das war sie; aber jetzt, wo ich sie erdulden mußte, verlange ich eine Wiedergutmachung.» «Wenn Du versprichst, nicht mehr zu sündigen.» «Angenommen ich tue es, gibst Du mir einen Abschiedskuß?» «Was garantiert mir, daß Du Dein Versprechen hältst? Eben sagst Du, daß Du nicht widerstehen kannst.» «Du hast mich verändert.» «Ich sollte einen Beweis für diese Veränderung verlangen. Schau. Du warst schon öfter hier. Hast Du jemals etwas gestohlen und wirst Du es mir zurückgeben, ohne daß jemand etwas davon erfährt? Das ist der Test.» «Ja», sagte sie nach einem Augenblick errötend, «das habe ich, mein Lieber, ich habe eine kleine Parfümflasche, ein Buch und einen Fünfzigmarkschein genommen. Komm und hol Dir die Sachen bei mir zu Hause, wann immer Du willst.» Ich küßte sie. Sie zog mich ganz zu sich. Wir küßten uns und schwatzten leise. «Liegt Dir nicht wenigstens ein kleines bißchen an mir, Du grausamer Junge?» «Bin mir noch nicht sicher. Vielleicht eines Tages.» «Wie kannst Du mich dann so liebevoll und wild küssen?» «Es scheint als hättest Du einen verruchten Reiz.» «Und dann fühlst Du Dich so davon angezogen, daß Du mich wieder und wieder küßt, und es ist keine zärtliche Regung in Deinem

Blut?» «Gibt es eine in Deinem?» «Da ist etwas, das ich es kaum erwarten kann, mich danach sehne, danach begehre, daß Du mein wirklicher Liebhaber bist.» «Warum?» «Das könnte ich nicht sagen. Du hast mir etwas Wunderbares und zugleich Schreckliches angetan, und es fühlt sich an als ob Du es mir schuldest, daß Du uns beide von dieser Schande reinwäschst. Küß mich, lieber Liebling. Das war wunderbar. Schau mal. Ich habe ein paar billige Schmuckstücke von einer reichen und achtlosen Frau gestohlen; Du hast einem armen Mädchen seinen Schatz genommen. Mrs. S. ist durch meine kleinen Diebstähle kaum ärmer geworden. Ich fühle mich ruiniert, wenn ich nicht entschädigt werde. Sage mir nicht, daß Du mir zugetan bist, wenn Du es nicht wirklich bist, aber daß es Dir wenigstens ein winziges bißchen leid tut, Du mußt es sein und bist es. Ich will nur, daß Du es sagst. Sag es mir, und Du hast etwas Gutes getan. Ich bin eine kleine schwache Gans, und war sogar eine sündhafte, aber ich bin auch ein Mensch, und was Du getan hast, war nicht menschlich, obwohl ich es schrecklich und sündhaft genossen habe.» «Dann tut es mir leid», sagte ich verlegen und küßte sie heiß. Ihr Mund geriet in Feuer. «Ich will Dich», stammelte sie zwischen den Küssen. «Den Gartengott oder den Beichtvater?» «Ich bin mindestens so gelehrt wie Du», sagte sie heiß und kniff mich leise. «Ich will den mythischen Speer, der die Wunde heilt, die er geschlagen hat. Es könnte sein, daß ich nur durch die Waffe wiederhergestellt werde, die mich vernichtet hat. Wenn es diese eine Sache ist, die Du mit Priapus teilst, dann glaube ich, daß ich diesen Teil des Gottes haben möchte, verbunden mit Deinem Herz und Deinem Kuß.» «Aber ich fürchte, daß die Sentimentalität sie weich macht und sie nicht mehr die stählerne Kraft des Zorns und der Vergeltung besitzt.» «Dann verzichte ich darauf», flüsterte sie und verschlang meine Lippen in einem aufschmelzenden Munde, «aber möglicherweise hast Du recht, laß es mich ausprobieren.» Wir wurden toll während sie den Klöppel herauswühlte. «Oh Liebling», hauchte sie, «steck ihn rein, aber zerreiß mich nicht.» Aber ich hatte doch noch Besinnung genug, um sie etwas zu necken: «Ist es weil Du mir zugetan bist, daß Du es unbedingt willst?» «Frag mich nicht jetzt», ächzte sie mit dem Priap in der Hand, «mich juckt es überall, hier und hier, deshalb»

182 ff. *«That exactly ... made it even.»* «Genau davon habe ich immer geträumt. Du gräßlicher Junge, ich bin völlig erschöpft, und Du siehst so unberührt aus wie ein Gänseblümchen. Sag mir Deinen Vornamen. Für mich bist Du Rudo. Ich heiße Winnie.» Sie hing mir am Halse, bettete sich in meine Arme, nistelte sich an meine Brust. «Rudo Liebling, wie kommt es», sie verbarg den glühenden Kopf an meinem Halse, «daß Du so tiefe Befriedigung verschaffst? Schau, ich will meine süße Unwissenheit nicht beschönigen, ich hatte Liebhaber wie jede in meinem Alter und gewissermaßen habe auch jetzt noch einen, Du hast mich dabei erwischt, wie ich mit dem Beweis seiner Existenz in meiner Tasche herumlief. Ich werde Dir davon erzählen – bald. Ich habe niemals so viel empfunden wie mit Dir. Ich habe nie von Liebe wie mit Dir geträumt, die mir durch Himmel körperlicher Verzückung wehtut. Ich hab geschrien, gesungen, ich war von Sinnen, war nicht ich selbst. Es ist ja nicht die Größe Deines Mordsdings, obwohl es göttlich ist, oh Priap, es ist seine Standfestigkeit und Deine, das Eisen, die Leidenschaftlichkeit und die Vollkommenheit, die meine fiebrige Trägheit berennt und sie zur roten Wut schmilzt. Laß mich weiterphantasieren, ich will das jetzt. Rudo, ich bin verliebt in Dich, verrückt, wild, verzweifelt, in einen Mann, den ich nicht mal kenne, den ich aber kennen lernen muß und zu meinem wirklichen Liebhaber machen.

So schlecht wie Du Dir vorstellst bin ich nicht, bin besser als es scheint. Und ich gehöre Dir, bin keinem treu außer Dir.» «Und wie gedenkst Du den Mann loszuwerden, dessen unaussprechlichen Besitz Du mit Dir herumträgst?» «Das ist leicht. Überlaß das Winnie. Er ist ein ‹Gymnasialprofessor›, der seine Schüler liebt. Ich bin ihm verfallen, als er Uniform trug, er sah als ‹Reserveleutnant› bemerkenswert gut aus. Später hab ich seine Schwächen kennengelernt, hab ihn sogar mit einem Stricher erwischt – schändlich. Aber er wurde zum Problem für mich und ich hatte mir vorgenommen, ihn der Natur zurückzugewinnen, und so ging alles weiter. Du kannst Dir nicht vorstellen, wie viel es mich gekostet hat, aus ihm einen aktiven Liebhaber zu machen. Ich kann nicht leugnen, daß ich jubelte als ich es das erste Mal schaffte, ihm einen Ständer zu machen – allerdings war das Spiel die Kerzen nicht wert. Und all meine Erfahrungen davor verdankten ihr Bestes meiner Vorstellungskraft. Du warst nicht nur die erste Befriedigung in meinem Leben sondern auch der erste Beweis dafür, daß Befriedigung nicht nur ein Mythos ist. Oh mein lieber Junge, sie ist real, so wie Du. Gib mir das Sandwich mit Ei; Dir macht es nichts, aus meinem Glas zu trinken, wie süß von Dir.» Wir kauten, lachten und tranken. Dann lag sie noch einmal an meiner Brust, den Kopf halb versteckt. «Eins noch. Sag nichts Grobes bei Zärtlichkeiten. Sag nicht ‹ficken› und sag nicht ‹Penis›, das paßt nicht zu Dir. Finde wunderbare Worte dafür. Ich bestehe nicht drauf aus moralischen Gründen, sondern weil sie gewagte Rücksichtslosigkeit fördern. Es ist aufregender und kitzelt mehr, wenn man ihn ‹Priap› nennt und ‹vordringen› sagt oder ‹Tulpe›, ‹Donnerkeil›, ‹Hebel› und ‹verzaubern›.» «Warum», sagte ich, «aber das ist doch verwirrend. Wie würdest Du sagen?» Sie küßte mich rosenrot auf den Mund. «Warum pflanzt Du nicht Deine gigantische Tulpe mit der Blüte zuerst in mein kleines Beet und läßt die Zwiebel draußen? Hast Du mich nicht dreimal mit Deinem magischen Keil verzaubert?» «Verstehe», sagte ich nachdenklich lachend, «obwohl es nur zweimal war.» «Tatsächlich?» sagte sie träumerisch; «ich dachte, wir wären quitt.»

190 *at face value* Zum Nennwert
191 ‹*I don't care to discuss my friends*› ‹Ich pflege über meine Freunde nicht kritisch zu sprechen›
221 «*Darling ... your adoring Winnie.*» «Liebling, ich werde bis morgen 11 Uhr damit beschäftigt sein, zuhause Gymnastikstunden zu geben und würde mich sehr freuen, wenn Du um 11.15 Uhr die Sachen abholen würdest. Wenn Du nichts vorhast, könnten wir auswärts essen, ich habe viel zu erzählen und zu fragen. Du hast mich vollkommen umgedreht, physisch und moralisch, und ich fühle mich halb entspannt und halb unruhig. Also komm bald und hilf mir die zweite Hälfte zu beruhigen. Alles Liebe und haufenweise Küsse von Deiner Dich a n b e t e n d e n Winnie.»
226 «*Imagine ... to the late Gardengod.*» «Stell Dir vor, ich war gerade duschen nach der Gymnastik. Wunderbar, daß Du Dich zeigst! Das ist meine Werkstatt, ich habe ein Wohnschlafzimmer, ein Boudoir und ein Bad nebenan. Oh Liebling, wie süß von Dir, daß Du gekommen bist. Willst Du nicht sagen warum? Heia?» Sie forschte, mich von unten aus ansehend, und hielt den Morgenmantel über der Brust zusammen. «Morgen, Liebes», sagte ich mich möglichst beherrschend, und klopfte sie mit zwei Fingern auf die Backe, «fürchte ich störe, will Dich aber nicht länger als eine Minute aufhalten.» «Oh, wirklich? Und mit was beabsichtigt dieser gönnerhafte Junge in dieser Minute beschäftigt zu sein? Hein? Wird er hier stocksteif herumstehen und so tun, als ob er mich nicht kennt? Heia? Wie lange soll ich noch auf meinen Guten-Mor-

gen-Kuß warten?» Ich lachte, breitete die Arme aus, und sie flog hinein. «Bist Du so schüchtern? Hast Du Angst, mich anzufassen? Stört Dich mein Négligée? Mir ist es gleich, ich bin ja für den Gartengott von vorgestern keine Unbekannte mehr.»

226 «*Get the nasty cloth off ... down there*» «Zieh doch den schrecklichen Anzug aus, er ist so rauh auf meiner Haut. Ich werde – ich werde auf Dich da unten in der Ecke warten»

227 f. «*Why not all ... «help yourself.*» «Warum nicht alles, Liebster, Angebeteter, warum hältst Du mich zurück?» Ich küßte sie mit aller Kraft. «Nicht jetzt, meine Liebe, obwohl ich es lieber täte als nicht. Alles zu seiner Zeit, sonst würde es mir und Dir den Tag verderben. Wenn ich einmal anfange, höre ich nicht mehr auf, und der Klang, der auf die Wonne folgt, ist der Schlaf. Ja, ich weiß, ich habe es neulich genossen, aber es soll nicht zur Gewohnheit werden. Eines Tages werden wir glücklich sein, den Abend und die Nacht miteinander zu verbringen. Es ist genauso schön zu fühlen, daß wir uns ergeben könnten, wenn wir wollten, wie das Ergeben selbst. Warten steigert den Appetit.» Ich stand auf und zog sie mit, sie hing an mir und das Küssen und Umschlingen setzte sich im Stehen fort. Sie zog sich den Spieß zwischen die Schenkel, koste mein Gesäß, spielte mit Zunge und Fingern die wildesten Spiele, aber lachte dabei. «Du bist ein Teufel», flüsterte sie, «Deine Widerstandskraft ist höllisch. Was ist Dein wirklicher Grund, Rudi, sags mir. Wir sind siedend heiß, beide, meine Nerven werden den ganzen Tag rasen, wenn ich zuerst angezündet und dann nicht gelöscht werde.» «Dann nimm Dir den Feuerlöscher, Liebling», lachte ich, «hilf Dir selbst.»

228 f. «*those trinkets ... – despised –*» «das Schmuckzeug, Du weißt schon», faßte mich unter den Arm und lehnte sich an mich. «Du siehst bezaubernd aus», sagte ich aufrichtig. «Ich hatte

meinen Seelentröster. Du bringst mich völlig durcheinander. Du bist wahnsinnig belebend, mein süßer Einziger. Du könntest machen aus mir, was Du willst. Wenn Du nur dazu gebracht werden könntest, wirklich etwas für mich übrig zu haben – was Du nicht hast – aber das macht nichts. Ich will nicht mehr, als ich habe. Du bist jedenfalls ein atemberaubender Liebhaber. Glaubst Du nicht, wir könnten uns auf etwas einigen, was beinahe Liebe ist – Freundschaft und süße Sünde? Denkst Du, sie schließen sich aus, sags mir?» «Liebes, ich denke, das ist, was der Durchschnitt Liebe nennt. Gleiche Interessen in den kalten Stunden des Tages, begleitet von schmieriger Unzucht in den schwülen Dämmerstunden, oder, sagen wir, nachts?» «Du bist ein Monstrum: warum schmierig?» «Es liegt ein Haufen von Schlamm zwischen geschäftlichen Abmachungen und dem Chaos sexueller Vereinigungen. Ich sehe nicht, wie man das überbrücken kann.» «Aber Du kannst Dir vorstellen, daß Du magst, wie ich rede und denke, Lieber, das könntest Du Dir doch vorstellen, daß ich eine Freundin sein könnte – das bin ich, Rudi, die treueste und die am wenigsten selbstsüchtige auf Erden – und ich will, daß Du das eines Tages fühlen sollst –» und als sie mich in den Arm zog, rollte ihr eine Träne groß und hell aus den schimmernden Augen. «Denk nicht, daß ich hysterisch bin. Ich bin einfach froh, Dich zu haben – und ich – ich kann es nicht ertragen geküßt zu werden, und – verachtet –»

229 f. *«How nice» ... count for two.»* «Wie schön»; ihre Stimme zitterte noch etwas. «Hör zu, Winnie. Es ist sehr schwierig, zwei verschiedene Ziele gleichzeitig zu erreichen. Freundschaft ist das eine. Das andere haben wir im Sturm genommen. Ich weiß nichts von Dir. Was wir gemeinsam haben, ist eine starke, geradezu wilde Anziehungskraft. Im Moment, in dem ich in Deinen Dunstkreis trete, bin ich von Dir wie beses-

sen. Besessenheit deutet direkt auf Besitz. Ich vermute, es funktioniert auch anders herum. Wenn ich weg bin, verläßt mich diese Besessenheit, und ich fühle kaum noch, daß Du irgendwo existierst. Ich bin so tief angerührt von Deiner Zuneigung, mein Mädchen, es käme mir schäbig vor, Dir die Wahrheit zu verbergen. Es ist albern zu denken, daß ich Dich verachte. Es wäre schlicht gelogen, wenn ich schwören würde, Dich zu lieben. Wir stehen am Anfang. Tatsache ist, daß wir am falschen Ende begonnen haben – möglicherweise, wie auch immer, das haben wir, oder nicht? Es mag mühsam sein, das Portal eines dunklen unbekannten Hauses zu erreichen, nachdem wir durch den Keller eingestiegen sind. Wenn Du denkst, daß ein Versuch sich lohnt, werde ich natürlich nicht nein sagen. Wir wollen uns kennenlernen. Du weißt, worin die Schwierigkeit besteht.» «Das weiß ich nicht.» Ich umfaßte sie und küßte sie auf den Mund, und durch die Lippen auf die starken Zähne. «Genau hier, Liebling; wir werden kaum große Fortschritte machen, solange das physische Verlangen so ist wie es ist, so heftig und so unvermindert.» Sie biß mich in die Lippen, spielte mit meinem Munde, und küßte schließlich meine Hand, mich loslassend. «Ich habe Dein Wort Rudi, das reicht. Ich bin Feuer und Flamme, ich weiß, und das ist das erste Mal in meinem Leben, daß mich jemand mattgesetzt hat. Und Du, sieh Dich an, Du bist ein schrecklicher Liebhaber, der Herz und Sinne eines braven Mädchens aufregt. Rein körperlich bist Du eine Erfahrung, die vermutlich kein Mädchen von Hunderttausenden macht. Ich nehme an, es ist Dir nicht bewußt, darum laß es mich Dir sagen. Wo fahren wir hin? Oh, ich weiß etwas, das ist hübsch. Ich kenne ein reizendes, ruhiges Lokal ganz in der Nähe, Spezialität ist ein Fischgericht.» «Fischgerichte sind hier überall unerreicht, laß mich Dich zu meinem eigenen Lieblingsplatz mitnehmen, wo wir auch in anderer Hinsicht sicher sind: Wein, Kaffee und ein Lager am Seeufer nach dem Lunch! Wir werden bald da sein. Komm, laß uns einen Waffenstillstand schließen. Sag, daß wir es versuchen. Du hast mich gern, versprich eine loyale Freundin zu sein. Ich schätze Deine Gesellschaft und werde bald anfangen, mich auch für Deine sonstigen Seiten zu interessieren. Ich habe Dich an mich gezogen und werde Dich nicht fallen lassen. Allerdings wird es seine Zeit brauchen und darf nicht übereilt werden. In der Zwischenzeit sind wir ein Paar Taugenichtse, die üble Methoden benutzen, um einander näher zu kommen. Wir sind Sünder und glücklich, und bemühen uns, unsere Beziehungen zu verbessern. Versprich es mir, und ich werde es Dir versprechen. Wieviele Küsse, denkst Du, braucht es, um das zu besiegeln?» «Jeder fünfzig.» «In Ordnung.» «Aber gegenseitige zählen nicht als zwei.»

232 ff. *«I never had ... – come.»* «Ich habe nie eine geregelte Ausbildung genossen. Es ging immer rauf und runter. Zwei Jahre in einer schicken Tunbridge Wells-Mädchenschule, Ponies, Sport, Exklusivität, Literatur, erstklassige Fremdsprachenlehrer, großartiges Englisch. Zwei Jahre ein verlassenes Etwas, herumgeschmissen, praktisch ohne Schulunterricht. Ein Jahr mit einer Lehrerin, Cambridge-Absolventin, die mich in Englisch, Latein, Mathematik unterrichtete, dann für die Prüfungen und Zeugnisse zu einem Einpauker geschickt und meinen eigenen Zeitvertun überlassen. Ich bin jetzt zweiundzwanzig, und praktisch ohne Freunde, in dieser Hölle von Stadt; arm und jung und gesund und mit einem Lebenshunger, den Du Dir nicht vorstellen kannst; was soll ich nun anfangen, frage ich mich. Ich möchte verrückt werden und was anstellen, Dinge tun. Ich sollte versuchen, meine Chancen als Lehrerin zu verbessern, hier Vorlesungen hören, für

meinen Abschluß lesen, hart arbeiten und versuchen, nach England zurück zu kommen.» «Und mit welchem Geld bitte? Wieviel verdienst Du?» «Rund zweihundert Mark im Monat, manchmal weniger, mein eigenes Geld schluckt die Miete.» «Nun, das ist nicht so ganz wenig und könnte sich erhöhen. Wieviele Sprachstunden im Monat sind das?» «So ungefähr 18 pro Woche.» «Jetzt schau her. Ich werde dafür sorgen, daß die Schlesinger Dich in ihrem Bekanntenkreis weitervermittelt. Ich würde wetten, daß Du 3–400 im Monat damit verdienen kannst, mit trägen Frauen am Nachmittag Konversation zu machen. Da bleibt reichlich Zeit für Vorlesungen und Lektüre in den Morgenstunden. Laß alles andere sein. Ich werde Dir bei der Wahl Deiner Studien und Deiner Professoren helfen.» «Aber ich bin nur halbgebildet, Lieber. Mein Latein ist entsetzlich, ich kann kein bißchen Griechisch, genau wie Shakespeare. Mein Französisch geht einigermaßen, auch mein Deutsch.» «Was ist mit Geschichte?» «Ich liebe Geschichte, und habe Einiges gelesen. Es braucht nur Auffrischung.» «Winnie Liebes, an einem der nächsten Tage komme ich vorbei, schau mir Deine Bücher an und prüfe Deine Kenntnisse, auf eine vollkommen geschäftsmäßige Art, den Liebhaber lassen wir dann weg. Ich verspreche Dir, daß alles was geschehen kann, getan werden soll. Jetzt muß ich los. Ich habe um 16 Uhr eine Verabredung und vorher noch etwas zu tun.» Sie stand schlank und glücklich auf, in meinen Arm gehängt. Im Wagen ging das Gespräch weiter, ernst und innig. «Sag mir eins, Rudi; ist das alles sehr mühselig?» Ich zog sie an meine Brust. «Tsss tsss: Wenn wir uns so kennenlernen wie ich denke, daß wir es tun, sag ich Dir, was es ist und was ich in der letzten Stunde gefühlt habe.» Sie sah mir voll in die Augen. «Gefühlt wie in dem dunklen Hauseingang, nicht wahr?» Der Mund, den ich küßte, war weich und rührte sich nicht. «Ich bin Dein Freund geworden, Winnie, während ich Dir zugehört habe», sagte ich leise, «das Leben ist voller Überraschungen.» Sie drückte mich liebevoll; dann, von jäher Röte überflogen, umarmte sie mich und sagte mit einem harten Tone in der Stimme, «aber laß mich aus diesem Grund nicht fallen, Liebling –» «Wie, fallen lassen, wie meinst Du das?» «Ich kann es mir nicht leisten, den Lover für einen Helfer einzubüßen, mein Lieber» kam es heiß aus ihrer Brust, «ich kann wie bisher weitermachen, wenn Du noch das gleiche für mich fühlst – weiche meinen Küssen nicht unter dem Vorwand aus, mein Einkommen zu verbessern – Du bist es, was ich will und nicht irgendein Einkommen, Du bist es, nur Du!» «Aber das ist absurd, Liebes, das ist widersprüchlich.» «Ich weiß, ich kann nichts dafür. Ich will, daß Du Dich um mich kümmerst, wenn Du bei mir gelegen hast, und wenn Du mir anbietest, nur ein Freund zu sein, dann fürchte ich, ich könnte – ah, Du weißt schon was verlieren – und das bedeutet mir ja alles.» Ich tröstete und herzte und streichelte sie. «Solange Du so aussiehst wie jetzt», «tue ich das?», sagte sie strahlend, «und Dich in meinen Armen so anfühlst wie gerade.» «Na, das ist gut», rief sie und nahm mich her. «Ich fange jetzt an mit dem Abschiedskuß, süßer Schatz. Schau hier; ich liebe Dich heftig, sehr arg, leidenschaftlich, über alles in der Welt. Da – ich sehne mich danach, in Deinen Armen zu schlafen. Da. Ich sehne mich danach, mich Deinem Angriff zu ergeben. Da, da, ich verspreche ein tapferes, gehorsames Mädchen zu sein. Da. Ich werde tun, was man mir sagt. Da. Und ich bin den Göttern dankbar für den Wandel, den ich in Dir bewirkt habe. Da. Oh, hier, und hier nochmal, ich habe alles, was ich wollte, gekriegt. Ich will nicht mit Dir verheiratet sein. Ich erwarte nichts Unmögliches, und ich würde schwerlich eine gute Ehefrau für Dich abgeben. Ich will einen Freund. Und nach dem, was zwischen uns passiert ist, will ich, wovon ich vorher nichts wußte, was Du mir beigebracht hast zu wollen, Deine Kraft, Deine barbarische Energie, Deine Unerschöpflichkeit, Deinen Stimulator, Deinen Priapus und Deinen heißen, wilden, hartnäckigen, unnachsichtigen Eifer. Mach, daß Beides zueinander paßt, – oh, Du, der diese Wunder vollbringen kann. Ich behaupte nicht, eine Jungfrau zu sein, seit Du mich in äußerster Leidenschaft und äußerster Wut zu Deiner Gefährtin gemacht hast. Ich bin als Nymphe, glaube ich, so elementar wie Du in Deiner Satyrhaftigkeit. Ich bereue nichts, ich verachte es, für unschuldig zu gelten, aber ich bin in meiner Blütezeit genauso rein, darin ist nichts feiges oder schwaches oder böses oder beleidigtes, weil ich so jung und stark bin wie Du, und edel und aufrichtig und rücksichtslos. Auf der anderen Seite bin ich was Du jetzt kennst – es gibt zwei Seiten, zwei Seelen, zwei Wesen, die genährt werden wollen – oh, gib ihnen Nahrung, lieber Junge, so wie Du es heute morgen getan hast, erst dem einen und dann dem anderen. Und gib mir nicht die Schuld – komm.»

266 f. «*I want you first ... making you mine –*» «Als erstes möchte ich, daß Du alles vergißt, restlos vergißt, was diesen Abend passiert ist», sagte sie leise im schönsten englischen Tonfall. «Wir werden uns nach und nach besser kennenlernen und vieles wird Dir dann klarer werden, was Dir jetzt klarzumachen unter den gegebenen Umständen nicht klug wäre. Ich wünsche mir einfach von Dir, daß Du es bei meiner Ehre für die Wahrheit nimmst und akzeptierst, daß, wenn ich zugebe, zwei Namen zu tragen und auch zwei Leben zu führen, eines bekannt und eines unbekannt, es die erste dieser Qualitäten war und nicht die zweite, wegen der ich hier gewartet habe, um Dir zu sagen, daß ich Dir sehr zugetan bin –»

Sie küßte mich nochmals, in derselben nur streifenden, nervösen Weise – «nicht nur zugetan – verliebt in Dich. Ich war es schon beim ersten Mal, als mich Dein Charme mit Deiner rücksichtslosen Kraft und Deiner Jugend und Schüchternheit und Deiner Offenheit berührt hat. Später hab ich dann erfahren, was Dich hierher führte. Als ich zu Dir kam, hab ich das Übliche erwartet, den üblichen lockeren Gelegenheitslover, mehr oder weniger manierlich, mehr oder weniger verlogen, und schnell vergessen. Ich sah auf den ersten Blick, daß Du gar nicht begriffen hast, mit welcher Kraft Du mein Entgegenkommen bestimmen konntest. Ich machte das alles durch, mit all diesen Mädchen, die Dich genau beäugen, und ich schwöre Dir, daß Du Dich benommen hast wie Keiner, den ich bisher kennengelernt habe, sich benommen hätte, mit solchen wunderbaren physischen Kräften wie Deinen, und umgeben von einem Schwarm mädchenhafter Schönheiten, die so keck, süß und Dir so leidenschaftlich hörig waren wie diese Mädchen. Sonst wäre ich früher geflohen. Ich war durch nichts so gebunden, daß ich mich nicht hätte amüsieren dürfen. Ich besah mir Deine Schäferspiele mit all diesen niedlichen Nymphen und Najaden und erinnere mich nicht an eine Berührung oder Bemerkung, die eines griechischen Vasenmalers unwürdig gewesen wäre. Du hast eine schwierige Rolle perfekt gespielt – natürlich keine tugendhafte, aber immerhin ist das hier eine ‹maison de joie›, auch wenn es kein bloßer Puff ist, für den edleren Teil alter Sünder mit Benimm, sagen wir bequemlichkeitshalber: vornehm. Wie auch immer, während Du Deine Rolle gespielt hast, gebe ich zu, meine vergessen zu haben. Ich bin vom falschen Leben in ein echtes gerutscht. Als wir in den Baderaum kamen und klar war, daß all die Mädchen Dir zur Verfügung waren, solange Deine Kraft oder Dein Appetit dauern mochten, hab ich mich entschlossen, Dir in dieser Nacht zu gestehen, daß ich Dich liebe, hab ich beschlossen, einen Moment lang Deine Lippen zu spüren, Deinen Körper und Deine Seele, Dich fest an meine Brust zu drücken, ganz Dein zu sein und Dich zu Meinem zu machen –»

268 *«Have something … queen.»* «Du sollst was Besseres haben, meine Königin.»
268 *«That's gorgeous … my sweet.»* «Das ist hinreißend, wunderbar schön. Darf ich es haben?» «Nimm es als ein Verlobungsgeschenk, auch wenn wir nicht so tun können als wären wir verlobt, oder es könnte für immer dauern. Es gibt mehr Arten der Verlobung als nur eine. Unsere können Worte im Moment nicht ausdrücken, auch sind wir einander zu sicher, um eine Beschreibung nötig zu haben. Du hast mein Herz durchbohrt mit dem, was Du gesagt hast, und hast es aufgerissen, damit es den Eindruck von Dir empfängt, der es nie mehr verlassen wird. Ich wurde vom Leben berührt, fruchtbar und ganz unmittelbar. Ich möchte noch mehr sagen, aber ich sehne mich nach Besserem als zu reden. Mir ist klar, daß dies nicht der Ort ist, um zu fühlen, wie Du Dich am Feuerstein meiner Sünden entzündest. Wir treffen uns wieder, wenn es mir erlaubt sein wird, Dir zu sagen, daß ich Dich liebe, Dich anbete, Dich verehre, bewundere und anhimmele und Dich begehre, daß Du mir rein und süß und heilig bist, wie die Weichheit eines neugeborenen Lamms und die Krokusknospe im Frühjahr, daß Deine Knospe mich erzittern läßt wie im März die Stöße des Südwestwinds alle Baumzweige, daß ich bis auf zwei Augenblicke alles vergessen habe – den Augenblick, in dem Du mir fertig angezogen und elegant heraufgedämmert bist, und den Moment, in dem Du Dich zu mir herabgelassen hast, wie eine Meeresgöttin benetzt mit Deinem natürlichen Element und verschwenderisch mit dem

Geschenk, mit dem Du aufgetaucht bist, die Welt mit ihm zu schmücken, mich damit zu schmücken, Du, meine Liebe, mein treues Herz, mein Süßes.»

269 «*Be careful ... oh, darling –*» «Sei vorsichtig, Liebster, und Vorsicht, laß uns keinen Unfug machen. Keiner von uns beiden benutzt Anti's. Wenn Du mich so liebst, wie Du tust, und mich entzündest, bist Du sicher, Dich zu kontrollieren? Ich hab genau gesehen, wie Du gegen Dich Willen ankämpfen mußtest –» «Verlaß Dich auf mich. Ich nehme es auf mich, Dir zu beweisen, daß ich in der Lage bin, mit Dir drei Stunden lang im Paradies zu sein, ohne den Schatten einer Gefahr – obwohl es nicht das ist, wovon ich träume.» Sie hatte meine Lippen schon gefaßt und ließ sie noch einmal los. «Ich bin sehr eng, Liebling, und Du bist schrecklich hinreißend. Laß es mich sanft machen, um uns beiden Schmerz und Verzögerung zu ersparen – oh, Liebling –»

270 «*I must make ... my own –*» «Ich muß Dich auch zu meinem Gefolgsmann machen, nachdem ich zur Gefangenen Deines Rings wurde», sagte sie mit einem leidenschaftlichen Ausdrucke und knüpfte es um meine neben ihren Fuß gestellte Fessel. «Komm morgen, und hol mich ab um sieben Uhr abends in Friedrichs Hotel. Frag nach Gräfin Irangi.» Sie senkte den Kopf. «Ja, – Du wirst alles erfahren, nach und nach. Ich will mich nur schnell anziehen und dann Dich zu dem Raum führen, wo Deine Kleider sind und wo Du vermutlich von Deinen Gratulantinnen erwartet wirst. Ich verschwinde durch eine andere Tür. Warte draußen auf mich, oh Du meine Liebe, mein Süßer, mein Alles –»

270 «*Poor boy ... good bye.* «Armer Junge, so unbefriedigt von mir wegzumüssen, so steif, wie ich Dich vorhin mit diesem prächtigen schrecklichen Knüppel sah, der in Deinem sü-

ßen lebendigen Körper steckt. Ich wünschte, ich könnte wie ich könnte – diese Waffe friedlich entladen, aber ich weiß, daß Du mir so einen nachträglichen Dienst nicht erlaubst. Durch Dich bin ich eine Königin vor Glück, gib mir einen Abschiedskuß.»

275 μετάβασις ἐς ἀλλὸ γένος Wörtlich: Übertreten in eine andere Gattung, d.h. Überleitung, taktischer Themenwechsel.

278 *Digna a quolibet quae ametur?* Ist eine würdig, die vom ersten besten geliebt wird?

278 δυσέρωτος Ein Liebestoller, ein bis zur Verzweiflung Liebender.

279 τανύσφυρος Schlankfüßige.

279 πάρδενος ἀγροτέρα recte: πάρθενος. Landjungfrau, Bauernmädchen.

279 ἄδυτον Das Unbetretbare, insbesondere das Innerste von Heiligtümern und Tempeln.

279 μία ἐκ τῶν πολλῶν Eine von vielen.

279 οὐδ' ἀπὸ κρήνης πίνω Ich trinke nicht von der – gemeint: aus jeder – Quelle.

279 ἄλλος ἔχει Ein anderer hat, ein anderer liebt Dich.

279 Xx ευ βουλευ σὺ δὲ ναιχὶ καλὸς καλός Du aber bist gewiß der Allerschönste.

280 Δεινοτάτη Verwegenste, Mich Du zu nennen vor diesem Ohr des Dionysios!

282 *He looks like ... an english judge* Er sieht aus wie ein Lord oder ein englischer Richter

283 δεινῶς ταῦτ' ἀλεξαὶς δεινὰ μαλὶ ὄντα, ὦ δαιμόνιε Auf gewaltige Art verteidigst Du alles, Gewaltiges xxxx seiend, o Göttlicher.

283 δεινόν Gewaltiges, Ungeheueres, Schreckliches.

283 Αλλα σύ μὲν τάδε, οὐδ' ἐγώ aber Du bist das, nicht ich.

283 δέος Furcht.

283 αἰδώς Ehrfurcht, Scheu.
284 γλαυκῶπις Blauäugig(e). Ein Beiname der Athene bei Homer.
284 αἰδοῖος Ehrwürdig (von Vornehmeren), aber auch: verschämt, blöde.
284 κνισθείς Wörtlich: Du schabst, Du ritzest d. h.: Du reizt, Du kitzelst durch Leidenschaft bzw. Liebe.
284 μανικός πρὸς τὰ ἐρωτικὰ παθήματα Rasend in Bezug auf die erotischen Leidenschaften.
285 οὐ λέγει οὐδὲ κρύπτει, ἀλλὰ σημαίνει Er sagt nichts und birgt nichts, sondern bedeutet (mit Zeichen).
285 ὦ σκυθρωπέ O Mißmutiger, Trübblickender.
287 Ὦ μῶρε μῶρε O Dummer, Dummer. – Mit attischer Betonung.
287 *cave canem ... cupio visceribus.* Vorsicht vor dem Hund [antiker Türschwellenspruch], ich liebe Dich. Ich fürchte, die Leute nahebei sind allzu neugierig auf das, was wir reden.» «Du mahnst zu Recht. Freilich so begierig auf unser geistreiches Gespräch und Flirten, daß man es dulden muß, wenn sie etwas vom fremden Glück in ihre eigene Kälte an sich reißen.» Sie lachte. «Oh Hochmut der Glücklichen, eitler als xxxx! Aber ich möchte doch, daß Du mich glücklich machst, nicht den Polydamas und die Troerinnen.» Sie dämpfte die Stimme. «Eines, daß das klar ist, schuldest Du mir» – «Was denn, erzähl!» «Dich ganz und vollständig, so viel und so sehr Du körperlich und seelisch da bist, geistig wach bist und Lebenskraft hast und das Rechte anstrebst und das Verbotene wünschst.» – «Schöne, das würde ich nicht verweigern, Du hast alles ausgesprochen», sagte ich laut lachend, «ungestraft wirst Du so kühn sein können dank der Berühmtheit des Ortes, soviel auch xxxxxxxx, bald, wenn wir allein sein werden, könnte es Dich leicht reuen, daß ich mich an Dich erinnert habe.» «Einer

Reuelosen», strahlte sie, «hast Du Lippen an Lippen gedrückt, ohne Reue wirst Du dieselbe bedrängen, und es wird nicht sie sein, die aus Furcht vor Dir einen Rückzieher macht [?].» «Schöner, mein Leben (Süße), und besser hat kein Mädchen je einen dreisten Liebhaber herausgefordert. Ich gebe mich in Deine Hände laß nicht.» – «O die leeren Reden der Liebenden, ich muß fast lachen, die ich von Deinen Händen gedrückt werde und mit höchsten Verlangen dabei verharren werde, gedrückt, umfaßt und gebändigt zu werden. Ich habe Dich gewählt, aber das ist leere Täuschung, ich bin gefangen von dem, den ich gewählt habe. Mit einer Sache kannst Du mich wieder befreien, indem Du Deine Liebe zugibst. Von dieser einen Sache werde ich nicht satt und bin nicht sattzubekommen; Dich, Junge, Dich liebe ich, ich begehre Dich mit allen meinen Fasern [viscera: wörtl. Eingeweiden].»

287 Πουλυδάμαντα καὶ Τρωάδας   Daß Du mich glücklich machst, nicht den Polydamas und die Troerinnen.
289 ὁρμός   Kette, Schmuckschnur.
290 σύ μὲν ὡς, ἐγῶ δε ὡσαύτως   Du (bist) so, ich ebenso, konstruiert mit men – de, einerseits – andrerseits.
296 *Fas est*   Es ist Recht – die altrömische Gesetzesformel.
296 *audivere Di mea vota*   Die Götter erhörten meine Gebete.
299 ὕπνωι καὶ καμάτωι δεδμημένη   Von Traum und Müdigkeit überwältigt.
300 ἀνῶρτο γελάσσας   Begann zu lächeln.
300 *nec vacato*   Ich gehe zum Mittagessen nicht aus dem Haus und esse zu Abend bei – haben Sie bei – denen, die Du kennst, durch mich selbst darin bestärkt, wenn ich nicht irre, gestern nacht, ad 3) meine ich den catullischen Vers «ich will zugrundegehen, wenn ich nicht liebe» (Catull 92, 4) und «was Du willst, wird das Mädchen nicht verweigern.» (Catull 8, 7)

300	*Noli aegrius* Laß es Dich nicht so sehr verdrießen, mein Leben (mein Süßer), daß, wie Du nun weißt, ich den ganzen Tag ohne Dich zubringen muß. Denn ich habe für mich beschlossen [lat: constitutum], wegen der übergroßen Bekanntheit jenes Ortes, wo wir uns zuerst durch gegenseitige Verpfändung verbunden haben, das von Dir zu verlangen, daß es Dir nicht mißfallen möge, in jedem mehr als in diesem Stunden zu verbringen. Ich muß es gewiß kaum noch nachdrücklich sagen, daß ich die Kosten daheim besprechen und durchsetzen werde.
300	Σεμνή Ἐιδὼς θεά Die Eidos (der Anschein, Anblick) ist eine heilige Göttin.
300	*Id quoque amo* Das auch liebe ich (und?) würde ich von Dir erwirken, daß unsere Treffen nicht so eingerichtet sein sollten, daß durch allzu knappe Zeit, beiderseitige Hetze, unpassende Orte und Verführungen das Verlangen vereitelt wird. Weite Räume, anmutige Orte und schöne Einsamkeit hilft/helfen uns. Wenn Du etwas Neues weißt, oder nicht Neues aber Willkommenes, schreib es mir. Leb wohl.
300	ἔρρωσο Leb wohl.
300	*Cetera mane confabulando!* Zur selben Stunde (rufe) ich Dich (an), wenn Du mich liebst. Das Übrige kann man am Morgen besprechen.
303	*the less said the better* Weniger ist mehr
303	*sans le sou* Ohne einen Pfennig, ohne einen roten Heller
303	*hors concours* Außer Konkurrenz
303	*à l'ancienne* Im alten Stil, etwa auch als Beisatz bei Kompositionen gebräuchlich. Vgl. die Bemerkung *von der alten Schule* 328, 30
306	*Chiodo caccia chiodo* Etwa: Gleiches besiegt Gleiches.
309 f.	«*Que les jours* ... *und wir setzten uns.* «Wie die Tage ohne Dich sich hinziehen, Liebster», sagte sie meinen Arm neh-

989

mend. «Aber, aber», denn Timofej schleppte meine Einkäufe heran, «wie gewandt Sie doch Ihre imaginären Aufgaben erfüllen, mein Freund, welch ein Fleiß, welche Klugheit! Sie werden mir all diese Dinge hier bald erklären. Heute freilich gibt es einen kleinen Zwischenfall, der mich schwer verdrießt, ich empfange pünktlich um vier Uhr Gäste, die ich nicht loswerden konnte, und da ich zu Mittag ein wenig ruhen muß, bleiben uns nur zweieinhalb Stunden – arg wenig für meine zärtlichen Gefühle, zu viel vermutlich für die Geduld, die Sie mir ständig erweisen, ohne den geringsten Anflug von Ärger.» «Aber teure Freundin, was reden Sie da», sagte ich ihre Hand küssend, «das ist doch nicht Ihre Art, mich zum Erröten zu bringen, indem Sie mich zwingen, auf derlei Äußerungen zu antworten, ich wünsche Ihnen aus tiefstem Herzen alles Gute, und das wissen Sie, und Ihre reizende Begleitung hat mich stets vor jeder Art Langeweile und Ärger geschützt. Kommen Sie, lassen Sie uns ein Weilchen vernünftig reden, erzählen Sie mir, was Sie gemacht haben, – wie geht es der Prinzessin? Wo haben Sie gestern zu Abend gespeist, – denn man sagte mir am Telephon –» «Liebster?» Sie drückte meinen Arm. «Ach, wie ich Sie liebe, Ihre Fürsorge und den Klang Ihrer Stimme. Lassen Sie uns frühstücken, und ich erzähle Ihnen alles.» Es gab ein allerliebstes kleines Frühstück in dem sonnengebadeten Raume, den gleichwohl ein Kaminfeuer erwärmte, ein Cocktail vorher mit einem nicht leicht bestimmbaren Nebengeschmack, der mir aber wunderbar wohl tat. «Was lassen Sie in Ihre Getränke mischen, Sonja, ich habe nirgends außer bei Ihnen diesen besonderen ‹flavour› gekostet.» «Ach, dazu kann ich nichts sagen, das sind irgendwelche Rezepte, damit befasse ich mich nicht», antwortete sie zerstreut – und wir setzten uns.

311 f. «*Mais rien de plus facile ... Êtes-vous content?*» «Aber nichts einfacher als das, ich kümmere mich darum, und ich versichere Ihnen, bis zur nächsten Woche werde ich alles organisiert haben. Nun denn, und außerdem werde ich mich sofort daranmachen, einen Scheck über 500 Mark auszustellen, den Sie bitte so freundlich sind, der Komtesse zu übergeben, sprechen Sie ihr meinen Dank aus und bitten Sie sie, mich aufzusuchen oder anzurufen. Im übrigen genügt es mir, wenn Sie ihr mit Ihrer Redegewandtheit zur Seite stehen und sie unter Ihren Schutz stellen, was nie verkehrt sein kann, und ich bin Ihnen dankbar, daß Sie mich von diesem mißlichen Eindruck befreit haben, wenn nicht gar von einem Unrecht, das ich einer Person angetan habe, die doch meine Achtung verdient hat. Nehmen Sie.» Sie schrieb rasch den Scheck und gab ihn mir, «und alles wird geregelt sein. Ich werde Ihnen morgen die Adressen der Frauen schicken, die bei ihr Unterricht nehmen werden, ich werde Ihnen, Ihnen oder der Komtesse, einen monatlichen Scheck übergeben, um auf diskrete Weise meine Schuld zu tilgen, ohne ihr Zartgefühl zu verletzen. Sind Sie zufrieden?»

312 «*Je vous adore ... viens vite!*» «Ich verehre und bewundere Sie, Sonja, Sie sind die Menschlichkeit und das Zartgefühl in Person, und ich könnte Ihnen auch nicht verbundener sein, wäre Ihre Mildtätigkeit einer Person zu Hilfe gekommen, die mir viel näher stünde.» «So ist es, Liebster», und sie küßte mich innig, «das Kompliment gebe ich zurück und den Kuß dazu. Es ist doch eine ungehobelte und zutiefst englische Überzeugung, dies ‹charity begins at home›: Ist es nicht so? Ganz im Gegenteil – sie soll in Beziehungen aus reiner menschlicher Brüderlichkeit beginnen. Darin liegt der ganze Unterschied zwischen Mildtätigkeit und Liebe. Man muß die Bedürftigen glücklich machen. Man muß sich vor Augen führen, was

in einer Seele geschieht, die der unseren fern liegt. Das ist doch die Sache all derer, die auf die eine oder andere Weise reich oder großzügig sind. Ach, mein Junge, ich bete Dich an, wie gut Sie mir doch tun. Komm, Deinen Mund, komm rasch!»

312 f. *«Oui mon mignon» ... de mon mieux.»* «Ja, mein Süßer», sie lachte verschämt, «Du wirst Dich über mich lustig machen – dennoch – und danke, daß Du mich so gut verstanden hast.» «Aber – wie ärgerlich – wenigstens Augen zu während meiner Vorbereitungen.» «Gib mir einen Kuß», und sie flüsterte lachend in mein Ohr, «je mehr Versteckspiel man betreibt, umso unanständiger wird es, der wahre Anstand zwischen zwei Liebenden ist die Offenheit. Wir mengen den kleinen gewohnten Liebeshandlungen unsere Zärtlichkeit bei und schon sind sie beinahe keusch.» Ich lag auf ihr und küßte in ihre kleinen verlangenden Küsse hinein, konnte mich zu dem erkältenden Akte aber nicht entschließen, obwohl ich einen der Fischhautbeutel bereits in der Hand hatte. «Schau, knie Dich aufrecht vor mich hin», flüsterte sie, «ich mache Dich zurecht, so gut ich kann.»

313 *«C'est outrageux, c'est outrageusement beau»* «Das ist unverschämt, das ist unverschämt schön»

313 *«sage, sage, beau monstre»* «Ruhig, ruhig, Du herrliches Untier»

313 *«Voyons» ... «on le fera marcher»* «Nun aber», sagte sie halberstickt, «das kriegen wir hin»

315 f. *«Vous m'avez ... – adieu»* «Sie haben mich – ach Liebster, ach mein Süßer – komm.» Sie zog mich an ihren lauen erschlafften Mund, der mich nicht zu neuen Taten begeisterte. «Ich kann nicht mehr. Ich bin ganz schwach. Ah, welche Wonnen –» Ihr Nachgenuß kam erst jetzt, ich tat das Mögliche, ihn mit ihr zu teilen, und wenigstens meine Zärtlichkeit kehrte wieder.

«Sie machen mich zur glücklichsten Frau der Welt, Rodolphe. Nie hätte ich Ähnliches für möglich gehalten, das hier ist die wahre Liebe, und niemand außer mir wüßte das zu sagen. Ich habe mich einem echten Mann hingegeben.» Sie stand auf und raffte sich zusammen, mit schweren Augenlidern und lächelndem Munde. «Adieu, mein Süßer, nach einer solchen Plage, wie Sie sie gerade in meinem Nestchen veranstaltet haben, brauche ich Ruhe. Bleiben Sie hier, ruhen Sie sich eine halbe Stunde aus. Hier bitte, es ist schon 2 Uhr und 27. Ich schicke das Hausmädchen, sie soll das Tablett entfernen, und dann wird niemand Sie mehr stören können, Timo habe ich beauftragt, mir um vier Uhr das Konfekt zum Tee zu bringen. Reich mir Deinen süßen Fratz, so hart und doch so zart – Adieu»

327 *«Oh what a Godsend ... Landgrafenstrasse 12».* «Oh, Dich schickt der Himmel», rief sie sofort, «schau her, Mable, zufällig ist hier mein Freund Herr Borchardt, und ich bin sicher, er ist so liebenswürdig, Dir zu helfen, er ist so ein Schatz, Du weißt ja, daß Du es bist, Rudolf, und nun hör mir zu. Dies ist eine amerikanische Freundin, Fräulein Short, hier, um ein Semester Klavierstunden zu nehmen, sie hat ihr Scheckbuch verlegt oder verloren und ist an eine ekelhafte Vermieterin geraten. Bist Du so nett, sie zu begleiten und alles zu erklären, meine Hilfe nützt nichts, sie will einen autoritären Deutschen, so wie Du einer bist. Abgesehen davon, ich kann das Haus in der nächsten halben Stunde nicht verlassen, bin ans Telephon gebunden wegen des Anrufs eines hysterischen Schülers. Wie schön, daß Du angerufen hast, Du kommst doch wieder, oder? Ich möchte doch annehmen, daß es was zu erzählen gibt. Auf Wiedersehen Liebes, auf Wiedersehen Rudolf», und sie verschwand im Hausgang. «Würden Sie einsteigen bitte», sagte ich, «und mir für den Chauffeur die

Adresse angeben?» «Oh, natürlich, vielen Dank, es ist Landgrafenstraße 12.»

327 f. *«Now if you ... Landgrafenstrasse 12.»* «Wenn es Ihnen nichts ausmacht, es mir zu erzählen, was soll das Spektakel.» Sie lachte leise. «Ich vermute, das ist sehr amerikanisch», sagte sie etwas singend. «Nun, es geht darum. Ich habe vorgestern mein Scheckbuch verloren, und das sofort der Bank mitgeteilt, auch die Blattanzahl und so weiter. Bis jetzt waren sie ausreichend freundlich, haben meiner Familie in Alabama telegraphiert und mir viele Ratschläge gegeben, außerdem haben sie die Schecks gesperrt. Sehen Sie, ich habe keinen Wert darauf gelegt, den Konsul beizuziehen, und wollte mit der Vermieterin über ihre Wochenmiete verhandeln, die gestern fällig war. Ich spreche nur wenig Deutsch und machte mir über das alles keine Gedanken. Tatsache ist, daß diese Frau unangenehm wurde und diesen Morgen anstelle des Frühstücks ein Schriftstück brachte, und mir mit Rauswurf und Pfändung meines Koffers drohte. Ich ging ein paar Freunde besuchen, von denen ich zufällig wußte, daß sie hier wohnen, aber was für ein Pech, sie haben die Stadt für einen Autoausflug verlassen, ein paar Stunden vor meinem Anruf. Da gab es noch Winnie Frazer, ein feiner Kerl, den Rest kennen Sie, und ich bin besorgt, bin Ihnen dankbar, und wirklich untröstlich wegen der ganzen Aufregung.» «Nehmen Sie es nicht so schwer, und nur keine Aufregung wegen der Umstände, die keine sind. Ich denke, das verspricht viel Spaß und gibt mir was zu tun. Ich fühle mich wie ein Retter gegenüber der Gesellschaft, ein Beschützer und Ritter für Jungfrauen in Not, wie ein Drachentöter. Und natürlich bin Ihr Bankier, von Ihnen ernannt wie ich hoffe, und Sie machen mich nur glücklich, wenn Sie Geld abheben.» «Das ist ja wie ein Traum. Ich zahle es Ihnen in ein paar Tagen zurück, aber das gleicht nicht die Schulden

meiner Dankbarkeit aus für Ihre wunderbare Kameradschaft. Geben Sie mir die Hand.» «Niemals. Ich habe mich nur als Wohltäter ausgegeben und werde Sie gleich Ihrem Los überlassen. Steigen Sie aus. Hier ist Landgrafenstraße 12.»

330 *«Now, I declare –» ... for myself.»* «Jetzt aber, ich frage», sagte Mable Short mit dunkel schuckelnder Stimme – «macht es Ihnen etwas aus, mir Ihre Schlüssel zu geben und mir Ihre anderen Sachen zu zeigen, Schuhe, Schuhspanner, und den ganzen anderen Schnickschnack.» «Nicht doch, lassen Sie mich das selbst machen.»

331 *«Well I hate you ... the trunk now?»* «Ich hasse es, wenn Du Dich mit meinem Toilettenkram befaßt», stieß sie halb lachend, halb verdrossen hervor. «Es bricht mir das Herz», sagte ich, «aber ich bin sehr glücklich, Ihren Haß wie den dieser Frau zu ertragen. Ich mag es, von Frauen gehaßt zu werden, verstehen Sie, genauso wie Andere es vermutlich mögen, geliebt zu werden. Der Pförtner wird jeden Augenblick klingeln und darf nicht an seiner Arbeit gehindert werden. Wo bitte sind Ihre Pyjamas, und ich vermisse Ihre Slippers und Ihren Kimono. Das ist alles. Bitte schauen Sie in alle Schubladen, und lassen Sie die offen für eine letzte Durchsicht. Da ist ein Paar Seidenstrümpfe in einer Ecke der letzten Schublade. Zerrissen, oder? Wir werden sie wie alles andere einpacken. Lassen Sie mich noch hier drunter schauen», ich legte mich flach auf den Boden, «da – ich kann mich immer auf meinen Spürsinn verlassen. Ich hätte mir denken können, daß Sie die Angewohnheit haben, im Bett zu lesen, und dann das Buch fallen lassen.» Ich fuhr unters Bett und holte einen Tauchnitz-Band hervor, der in den Koffer wanderte. «Erlauben Sie mir das Kissen umzudrehen – da ist noch ein Taschentuch. Darf ich den Koffer jetzt schließen?»

331 *«I apologize ... bye and bye»* «Ich muß um Verzeihung bitten für die niederträchtige Art, wie Bankgeschäfte mit einer Lady gemacht wurden. Die Umstände werden mich entschuldigen, es gibt keinen Schalter, über den ich es reichen und kein Geldtellerchen, auf das ich es ablegen kann, also tun Sie mir bitte den Gefallen, und nehmen Sie es aus meiner Hand, obwohl das eine schlechte Form ist, ich weiß.» Zugleich öffnete ich die Tür, stand mit dem Tausender vor ihr und sagte: «Lassen Sie nicht das Taxi auf uns warten.» Sie sah mich wortlos, humoristisch, konfus, dazwischen strahlend an, sagte «Wir werden sehen»

332 *«I know ... There we are.»* «Ich weiß», sagte sie im Wagen, «Sie sind der fabelhafteste Kerl auf diesem Planeten.» Es erstickte sie, sich nicht aussprechen zu sollen, ihre Brust hob und senkte sich. «Dieses Loch dort oben mit zwei Paar Stühlen war kaum ein Fünftel von dem wert, was Sie dieser Verbrecherin bezahlt haben. Es sind Leute wie Sie, die solche Menschen verderben. Es ist unmoralisch, solchen Betrug hinzunehmen. Sie werden sehen, ich finde eine geeignete Unterkunft für Sie in 24 Stunden. Mehr oder weniger brauchbare finden sich in einer Stunde, aber wenn es um erstklassigen Komfort, Ehrlichkeit und angenehme Umgebung geht, sollte man keine Abstriche machen. Bis dahin werden Sie mit dem Hotel zufrieden sein. Es ist neu, wird komplett nach modernen Grundsätzen als vornehmes Familienhotel betrieben, ist hübsch gelegen und exzellent geführt.» «Und wo verstecken die Kellner ihre Engelsflügel? Und was ist mit dem gebratenen Geflügel, das einem zufliegt und mit dem Spanferkel, dem Messer und Gabel in der Schulter stecken? Darf ich auch mal etwas sagen?» «Warum, das tun Sie doch gerade, oder?», erwiderte ich kühl, «außerdem ist es ziemlich nah, Sie sehen, wir fahren gerade um den Romanischen Platz,

die scheußlichste Gipshölle in diesem ganzen neu stuckierten Parvenupolis. Wenn Sie noch was Bestimmtes zu sagen haben, es sind nur noch zwei Minuten, bis wir da sind.» «Ich glaube, lieber nicht» sagte sie provokant, «denn ich würde Sie ungern beschimpfen.» «Beleidigungen, so sehr sie auch zu meiner Unzulänglichkeit passen, würden Ihnen nicht stehen. Und da sind wir.»

332 f. *I'll wait for you ... no trouble»* «Ich erwarte Sie in der Halle.» «Aber das ist ganz unmöglich, wissen Sie, weil – Sie kennen diese Sachen in meinem Koffer und werden doch nicht –» «Gut, wenn es Ihnen keine Umstände macht»

333 *«And now ... I'll throttle you.»* «Und jetzt bitte, was hat das alles zu bedeuten?» «Es tut mir leid», sagte ich unerschütterlich. «Ich hoffte, es täte Ihnen leid», sprudelte sie unwiderstehlich hervor, «aber ich glaube, es tut Ihnen kein bißchen leid. Schauen Sie mich nur so starr an, Sie machen mir keine Angst. Ich werde genau das tun, was mir Spaß macht, und genau das bekommen, was ich will. Und das ist dies hier», und sie umarmte mich rasch und küßte mich vier Mal, fünf Mal auf den Mund – «und wenn Du mich nicht sofort zurückküßt, dreh ich Dir den Hals um.»

333 f. *«Look here ... just kindness was it?»* «Schau, Du bist der tollste Junge, den ich jemals hätte treffen können. Ich möchte nicht das ganze Geld, ich brauche es ja nicht. Gib mir ein paar Hunderter, das reicht. Ich werde in ein, zwei Tagen genug haben. Du bist ein Schatz, das bist Du, und wir werden dicke Freunde bleiben. Geh jetzt runter und warte auf mich, wir trinken was zusammen, dann werde ich oben was Kaltes zu Abend essen und dann sage ich Adieu, weil ich todmüde bin von diesem ganzen Tag. Du lieber Junge, wie ich Dich bewundert habe und Dir dankbar bin und sofort erleichtert war, wie ich mich umsorgt fühlte und ohne eine Spur von Sorge

und wie ich Deine Posse und Deine wunderbare Theaterspielerei genossen habe, mein Lllieber!!!» Und sie kam mit offenen Armen halb auf mich zu, drehte ab und sagte über ihre Schulter weg. «Oh, aber ich erinnere mich! Pech, jetzt ist es zu spät. Es gefällt Dir ja, wenn Dich Frauen hassen, wie Du gesagt hast. Verzeih, ich hatt's vergessen! Alles streichen, alle meine Worte! Mit allem was daraus entstand. Du mochtest es nicht, und so still wie ungern hast Du alles über Dich ergehen lassen. Es war nur die reine Güte, stimmt's?»

334 «*No – ... passierte etwas*. «Nein – Du mußt wirklich nicht, siehst Du, Du magst es doch gar nicht – tu nicht so, als ob, nur um es gutzumachen», bis ich auf den letzten vorgeschobenen Sessel sprang und sie sich fangen ließ. «Was war es gleich, was Du wolltest, und dann nicht getan hast, weil Du Dich erinnert hast», fragte ich sie zärtlich in den Armen rüttelnd.

«Ich vergaß», sagte sie den lachenden Mund abdrehend, und als ich ihm folgte, in die entgegengesetzte Richtung sich verkehrend. «Du magst es, gehaßt zu werden», sagte der weggedrehte Mund lachend. «Durchaus nicht», sagte ich mit dem Fuße stampfend, und der wieder umschwenkende Mund liess sich fangen. «Ich hab Dir ohnehin nie geglaubt, Du Lügner» sagte sie und ließ sich küssen, «alles zusammen, Deine Lippen und Augen und Deine ganze Art passen nicht dazu. Und jetzt Schluß, sei brav. Und um sicher zu gehen, daß Du mich nicht fallen läßt, hier ein letzter, mit einem Stachel, daß Du ihn spürst», und jetzt passierte etwas.

335 «*I miss you ... und hing an*. «Ich vermisse Dich schrecklich. Kommst Du?» «Heute abend unmöglich, es dauert noch etwas alles zu erledigen, und ein paar Freunde haben mich gebeten, mit ihnen abends essen zu gehen. Für Dich hab ich aber eine gute Neuigkeit. Alles für Dich ist geregelt, und ich bin der Überbringer Deines ersten Monatsschecks über

500 Mark, der Dir künftig regelmäßig zukommt. Die Bedingungen sind ziemlich großzügig, sehr wenig Mühe.» «Was für ein Jammer», schrie sie, «daß Du mir das über diesen Abstand hin erzählst. Das ist grausam. Laß Deine Leute halt fünf Minuten warten und komm schnell her, um diese fünf Minuten lang umarmt zu werden. Ich heule hier am Telephon und niemand ist da, um meine Tränen wegzuküssen.» «Ich tue mein Bestes, Liebes», sagte ich rasch gerührt, «aber es wird nur eben ein Rein und Raus sein», und hing an.

336 f. *«You know much ... Got it?»* «Du weißt viel zu viel über mich, da muß ich gleichziehen. Wer um Himmels Willen bist Du? Ich glaube niemals, daß Du ein Advokat sein könntest.» «Warum nicht?» «Weil Du so übertrieben aufgetreten bist, wie es ein echter Anwalt nie getan hätte. Es hat Dir Spaß gemacht, so wie es Dir Spaß gemacht hätte, in einem Laientheater mitzuspielen. Was bist Du, und um was geht es Dir? Es ist nicht die feine englische Art, so persönliche Fragen zu stellen – aber durchaus die amerikanische, nachdem man sich geküßt hat. Darüber muß ich Dich eben mal aufklären. Im großen und ganzen muß Küssen bei unseren Leuten nicht viel bedeuten – aber bei uns beiden ist das natürlich anders, weil es keine leichtsinnigen Küsse waren. Unsere Leute treffen nach einem Kuß gleichgültig und kalt oder fröhlich aufeinander, denn es ist ja nichts passiert. Aber eine Viertelstunde später nachzuforschen, wer mich ja geküßt hat, das bedeutet den Beginn einer Beziehung.» «Du bist entzückend. Worauf soll ich zuerst antworten?» «Sei nicht pedantisch, Junge, und bitte verspotte mich nicht.» «Also kein Advokat, damit hattest Du recht. Ich bin ein Taugenichts, ein Abenteurer, ein Bücherleser, ein Reimeschmied, ein Wendehals und ähnliches.» «Und ein Lügner», lachte sie. «Jetzt laß uns bei der Wahrheit bleiben.» «Aber die Wahrheit ist nichtssagend: Ich lese viel für

mein Examen –» «Worin?» «Klassische Sprachen.» «Um als Lehrer Karriere zu machen?» fragte sie entsetzt. «Nein, mit Küssen», antworte ich finster, «die Griechen wußten ein paar Dinge darüber.» «Dummkopf. Sag mir's, ich bin verrückt nach so einem Sonderling aus diesem Europa.» Ich lachte hell auf. «Sonderling nennst Du das; wie entzückend. Aber Dir das alles hier und jetzt zu erzählen, führt zu weit. Wie auch immer, die Wahl unserer Männer, egal in welchem Zweig der öffentlichen Angelegenheiten, basiert auf einem Studium, das gehört zum Gentleman, und deshalb sind die Alten Sprachen hier geradezu lebensnotwendig, unbedingt ‹up to date›, elegant, sie sind der Stachel und das Herz jeder wahren Leidenschaft.» «Ich verstehe. Das ist alles, was Du bist, die Klassiker sind doch gleichgültig. Ich brenne darauf, Dich darüber zu hören. Es frappiert mich, und ich liebe solche Nahrung. Ich hasse das bloße Hin und Her, leeres Gerede und bloße Worte. Erzähle Winnie Frazer nicht, wohin diese Wohnungs-Angelegenheit letztlich geführt hat. Sie ist wirklich ein gutes Mädchen, aber so sehr englisch und übergenau, sie würde sich nie verzeihen, daß sie Deine Moral unbeabsichtigt in Gefahr gebracht hat oder auch meine, wobei die ziemlich stabil ist. Aber ich habe Hunger. Jetzt steh auf und wenn dort niemand auf den Beinen ist, laß Dir was einfallen, was Du nicht laut sagen kannst und lieber in mein Ohr flüsterst – verstehst Du?»

337 «*Tomorrow. … Good night.*» «Auf Morgen. Mit Neuigkeiten über eine Unterbringung und vielleicht – nein, geh jetzt. Gute Nacht.»

338 «*But what … let me have it*» «Aber wer bin ich, darüber Vorträge zu halten, Liebes, ich bin ja *so* dumm», und sie schnippte die Finger. «Ich bring es Dir bei, keine Sorge», sagte ich begütigend, «die Hauptsache ist, Dir beizustehen und Dich unab-

hängig zu machen und genau damit müssen wir anfangen, es wird dann Schritt für Schritt besser.» «Besser, Liebling! Das bedeutet sparen, ich werde nie mehr als 200 ausgeben.» «Du mußt für Vorlesungen zahlen und für Bücher und andere Sachen. Du mußt anfangen, Karriere zu machen, und den richtigen Status in England erreichen.» «In England ohne Dich», und sie hing mir am Munde. «Meine Karriere liegt hier, mit Dir. Es sei denn, Du willst mich loswerden, sag mir, daß Du das nicht willst –» «Im Gegenteil» – «Dann hör auf damit. Ich werde tun, was ich muß. Sag mir schnell, daß Du mich noch immer liebst und küß mich» «Ich liebe Dich immer –» «Und daß Du mich willst, küß mich!» «Will Dich –» «Und daß Du es bereust, so in Eile zu sein, küß mich –» «Tut mir leid, daß ich, Kuß» «so in – –» «in solcher, küß mich –» «in einer solchen» «verdammten Eile, küß mich –» «und würde lieber, küß mich» «Mein liebes Mädchen, ich würde Dich lieber auf der Stelle und bis zum Sonnenuntergang vernaschen, aber die Zeit reicht gerade für einen Deiner Magnums, gib mir den»

340 ff. *«I don't stay ... darling companion –»* «Ich bleibe nicht im Frederichs», sagte sie ruhig. «Ich übernachte dort nur und nehme ein Zimmer mit Bad. Auch kennen sie dort meinen richtigen Namen nicht, die Angestellten wissen ihn nicht – der Hotelier schon. Dort bin ich Mrs. Douka. Ich habe meine eigene Wohnung in der Kurfürstenstraße, bin gespannt, wie sie Dir gefallen wird. Nicht genügend groß, aber immerhin ein bequemes Schlafzimmer, zwei kleine Salons und ein Eßzimmer neben einem kleinen Arbeitsraum.» Ich schwieg, sah sie an und genoß den Ton ihrer Stimme und ihr schönes Englisch, den Umriß ihrer Figur und ihr schönes Profil auf dem edlen Halse. «Meine zwei Wohnungen stehen für etwas weniger Triviales als Schlafzimmerfragen. Zwei Leben, zwei Personen,

zwei Charaktere. Ich bin zwei Frauen in einer. Und Du hast beide kennen gelernt, die eine und die andere. Ein anderer Mann vor Dir auch, letztes Jahr, der sich inzwischen ruiniert hat und aus dem Buch des Lebens gestrichen wurde. Er war ganz anders als Du. Du bist der zweite. Und ich bin sicher, da wäre kein Dritter, wenn wir uns trennen, zweifellos – denn das werden wir.» «Es ist grausam so zu reden», sagte ich heftig, «wenn wir uns das erste Mal begegnen und ich auf ein Wort voller Verheißung warte.» «Davon gab es bei mir genug. Ich bin eine Frau. Frauen beginnen immer pessimistisch, klugerweise, weil sie dann den Höhepunkt noch vor sich haben. Männer sind an den Tiefpunkt gefesselt. Sie fangen an mit hochfliegender Begeisterung und machen sich dann davon, gemein, feige, oft richtig brutal, wenn erst der Morgen graut. Aber Du nicht. Du bist ziemlich außergewöhnlich. Du fallst nicht aus där Rolläh. Wahrscheinlich, weil Du so überreich und unerschöpflich mit den notwendigen physischen Ressourcen gesegnet bist, daß Du nach all den Exzessen keine Müdigkeit, keinen Überdruß kennst. Aber mit Dir sind es ja gar keine Exzesse, alles ist in Ordnung und gar nichts eklig, alles die übermütige Spielerei eines Jünglings.» «Tu mir den Gefallen, sprich von Dir selbst, liebste aller Frauen, und nicht über mich.» «Über mich? Mein lieber Junge, ich bin eine Frau von Stand und Rang, verheiratet mit einem Mann meines Standes, den ich für einen Liebhaber verlassen habe, und der sich dann von mir scheiden ließ und mich damit von dem anderen Mann abhängig machte, der mich seinerseits verließ und ein reiches jüdisches Mädchen heiratete. Seitdem standen mir zwei Möglichkeiten offen, entweder als abhängige Frau zu existieren oder für mich selbst zu sorgen. Ich bin nicht dafür gemacht, mich zu ducken und zu schmeicheln, das kam also nicht in Frage. Freiheit war mein einziges Ziel. Es ist das Kostbarste, wonach man in meiner Lage streben kann. Trotzdem habe ich es erreicht. Ich leiste Männern Gesellschaft, die ihr Vergnügen suchen und verschaffe ihnen den kurzen Spaß, auf den sie üblicherweise spekulieren – Minuten, meist nicht viel mehr als das, oder halbe Stunden für die Altersschwachen, die ich haben will. Meistens respektieren sie mich. Oder sie fühlen sich snobistisch geschmeichelt von dem Gefühl, das Bett mit einer wirklichen Dame zu teilen, wenden sich aber für gewöhnlich beim zweiten Mal irgendeinem leichtsinnigen Mädchen zu, mit dem sie dann herumtoben können. Aber es gibt immer neue, kein Ende abzusehen. Ich finde, daß es sich für beide Seiten lohnt, wenn ich bei meinem Stil bleibe. Es hält die Männer im Zaum und ermöglicht mir einen hohen Preis. Viele von ihnen machten mir sogar Anträge – stell Dir das vor. Zuerst habe ich sie ausgelacht, dann verspottet und dann fallengelassen. Alte Männer zahlen mir enorme Summen für kurze Treffen und nur sehr selten, hin und wieder mal, lehne ich das Geld eines jungen Mannes ab, wie ich es mit Dir gemacht habe, und frage ihn, ob er mich nicht lieber zum Essen ausführen will. Hinterher sind sie meist nicht besonders unterhaltend, und ich habe diese Angewohnheit fast ganz aufgegeben, die einfach aus einer neugierigen Passion für Leben, Gespräche, Intelligenz, Phantasie kam – eine Art Ersatz für das Leben, auf das ich doch ein Recht hatte, eine Lady, die sich in einem Reigen von Gentlemen treiben läßt. Außerhalb meines Lebens als Feierabend-Masseuse bin ich frei und kaum verändert im Vergleich zu früher. Nach außen hin wenigstens. Innerlich habe ich mein wahres Format erreicht.» «Ich weiß», sagte ich ihre Hand küssend, «und ich sehe, was Du bist und wie Du dieses unglaubliche Wesen geworden bist, das man Dir ansieht.» «Nicht doch», sagte sie leise, «nur Götter sind so. Aber ich bin an einem Punkt angekommen, an dem wenig, wenn überhaupt etwas, mir schaden könnte und es wenig, wenn überhaupt etwas, braucht, um mich mit anderen Menschen zu verständigen. Alles geschieht sehr leicht und leise. Il n'ya plus de rôle. Es gibt Augenblicke, da bewege ich mich geistig und körperlich so, als gäbe es keine Schwerkraft, reibungslos und schwerelos. Die Welt, die Menschen und die Dinge sind transparent geworden, für mein Auge bis zur Durchsichtigkeit. Alle Fassaden verraten mir dem Raum, der hinter ihnen liegt, ich lasse mir nichts aufbinden, weder ein Anblick noch ein Klang können mich täuschen. Es liegt eine kaum erklärliche Schönheit und Leichtigkeit in diesem Bewußtsein von Souveränität. Und es hat etwas Strahlendes, Subtiles und Helles, Fröhliches und Lächelndes. Da ist das Brandenburger Tor. Wir werden lachen heut nacht und uns genießen. Jetzt küß mich, Du mein Liebling und süßer Schatz und mein geliebtes Herzblatt –»

343 *«I've made it ... to the surroundings.»* «Ich habe ihn passend gemacht», sagte sie, als sie meinen Blick bemerkte, «und hast Deine anderen Ringe abgelegt?» fragte ich leise. «Oh, natürlich. Juweliersware, man sieht neureich damit aus. Nichts dabei, was zu ihm paßt. Könige läßt man am besten allein. Und Lieber, ich scheine hier Niemanden anderen wahrzunehmen als Dich. Wir werden von gleitenden Schatten bedient, die Teller werden wie von etwas Unsichtbarem serviert.» «Richtig», sagte ich, «außerdem würde es keinen Sinn ergeben, Dich in irgendeinen anderen Rahmen als diesen zu setzen.» «Weil Du mich nicht kennst. Der beste Rahmen für so etwas wie Dich und mich würde sehr anders aussehen – so etwas wie ein Gauguin. Das hier ist nicht echt, und wir passen uns nur der Umgebung an.»

344 f. *«Would you mind ... cowardly to dare, dear»* «Würde es Dir etwas ausmachen, die Plätze zu tauschen?», sagte ich und

rückte meinen Stuhl so, daß sie, wenn sie ihn nahm, der Gesellschaft den Rücken drehen mußte. «Ich fürchte eins dieser Deckenlichter hat mich beinahe hypnotisiert, und ich bin sicher, daß Dir dasselbe passiert, es sei denn wir ändern unsere Plätze.» Sie sah mich groß an und lachte mit den Augen. «Tu nicht so, als wolltest Du mir etwas vorgaukeln», sagte sie. «Es ist lächerlich, davon auch nur Kenntnis zu nehmen. Setz Dich, sei so lieb. Ich habe diese Lumpen schon vorhin bemerkt, aber man sollte ihnen nicht erlauben zu denken, sie hätten Eindruck gemacht und als Feiglinge werden sie nicht wagen –.» «Es zu wagen, ist eben gerade feige, Liebes»

346 f. *«Let me have ... given me.»* «Gib mir noch etwas Champagner, machst Du das?», sagte Ilonka mit unglücklichem Tone in der Stimme, «laß uns den Geschmack dieser dummen Streiterei wegspülen. Du hast Dich brav benommen, obwohl eine Spur zu draufgängerisch. «Ich wollte den Grobian bekämpfen», sagte ich. «Ist nur natürlich», lachte sie leise, «und ich bin froh darüber, weil diese Duelliererei, so dumm sie an sich ist, letztlich der einzige Test dafür ist, ob ein Mann wirklich verliebt ist.» Sie trank, vertauschte die Gläser, und ließ mich von ihrem Lippenrand trinken, während sie den Mund an meine Spur setzte. «Komm jetzt, ich habe genug davon, und Du hast dafür gesorgt, daß ich mich so gut wie möglich fühle.»

347 *«Don't expect a boudoir»* «Erwarte kein elegantes Schlafzimmer»

348 *The rest are ... belongings* Das übrige sind richtige Garderobenschränke für Kleidung und andere Sachen

348 *«Tell me ... if you only let me.»* «Sag mir, was Du denkst», flüsterte sie. «Du wirst mich bestrafen, wenn ich's tue.» «Es ist ein Rätsel, oder?», und sie küßte mich mit spielenden Lippen. «Das ist's, Liebling.» «Du fragst Dich, wo.» «Das tue ich.» «Ich werde das Rätsel lösen.» «Wirst Du das?» «Bald.» «Sofort»,

sagte ich zuckend und drückte den herrlichen Leib halb unter mich. Sie küßte mich auf den Hals. «Dann jetzt, wenn Du mich nur läßt.»

351 f. *«I'm so terribly fond of you …» «But I do»* «Ich hab Dich so schrecklich lieb, daß mir egal ist, wie viel Du mir gibst; sei kein kleiner Junge, bitte. Wenn ein einziger Kuß mehr wäre als alle Küsse, wenn eine einzige Ekstase der reine Himmel wäre ohne jede Erdenspur, würde ich die lieber haben und dann in den Schlaf sinken, eher als Deine männliche Kraft wieder ernsthaft auf die Probe zu stellen. Ich bin vollkommen davon überzeugt, daß Du ein Liebhaber ohnegleichen bist, der mich ohne Mühe in die Knie zwingt, ohne seine Kräfte je zu erschöpfen. Aber komm, Rudi, laß uns nicht so simpel miteinander schlafen. Oder zumindest nicht gerade jetzt. Wir sind noch ganz am Anfang, und ich will den Hauch, nicht den Biß. Sag mir was Liebes, über das ich nachdenken kann, wenn Du weg bist. Küß mich, wenn Du zu mir sprichst, und sprich mit mir, wenn Du mich küßt.» Ich zog sie an mich und spielte lachend und faselnd mit ihrem Munde. «Meine Prinzessin», sagte ich, «meine Göttin, wie konntest Du Dir gerade mich zu Deiner Befriedigung aussuchen unter so vielen Sterblichen, die es viel eher verdienen? Ich habe mich noch nie so gefühlt wie jetzt mit Dir, weit weg von meiner einfachen Hütte mit meinen Herden, hochgerissen in die Wolken wie von den Klauen eines Adlers.» Sie lachte und drückte mich leise. «Und ich fühle», flüsterte sie, «zum ersten Mal, wie das ist zu lieben und geliebt zu werden – auf gleicher Höhe. Wir haben uns in der Mitte getroffen. Sag mir, daß Du mich gleich wolltest, als Du mich das erste Mal gesehen hast. Ich wollte so unbedingt begehrt werden. Als ich Dich das erste Mal bei mir hatte, wollte ich Dich so sehr hier haben. Seitdem denke ich an nichts anderes.» «Wenn Ew. Majestät

nicht wollen, daß Sie jetzt gewollt werden, mögen sich Ew. Majestät dazu herablassen, Allerhöchst Ihre Lippen von meinen zu lösen? Sie brennen so, daß sie mich nur immer näher zu Dir ziehen –» «Küß mich zum Abschied und dann geh.» «Ich bring's nicht über mich.» «Aber ich»

353 *«Daphnide Chloe ... ames.»*] «Dem Daphnis wünscht Chloe das Allerbeste. Hoffentlich geht es Dir gut; ich bin ohne Dich weniger wert: Heftig hatte ich gehofft, zu Dir zurückzukehren, aber die Verwandten halten mich hin, ja, halten mich zurück. Du wirst mich drei weitere Tage entbehren müssen; sind sie vorüber, dann mach, daß mich die Flamme desto mehr verbrenne je stärker Du in Brand stehst. Mein Leben, ich vergehe, wenn nicht durch Deine Liebe mir die Hoffnung wiedergegeben wird, daß es aufwärts geht. Auf die zwei Briefe warte ich sehnlichst; wenn in denen nichts Neues steht als das, was Du schreibst, so schreib eben das. Ich habe den Brief mit Küssen versiegelt; leb wohl, süßester Junge, und liebe mich mit der gleichen Leidenschaft, Du Heilloser, wie ich Dich.»

353 *«Chéri, je vous rêve ... Sonja.»* «Liebster, ich träume von Ihnen und begehre Sie. Ich verlange nicht, daß Sie kommen, aber denken Sie daran, daß der Tisch jederzeit für Sie gedeckt ist, daß die Bibliothek stets auf Sie wartet, daß meine Arme offen sind, Sie zu empfangen. Sie haben mir das Leben zurückgegeben, an dem ich schon kaum mehr hing, Sie haben mir eine bislang ungekannte Welt eröffnet und keine Dankbarkeit könnte Sie jemals für Ihre Zuneigung und Liebe entlohnen. Ich küsse Sie zweimal, einmal davon aufs Zärtlichste. Den anderen malen Sie sich aus. Sonja.»

353 *«Come to share ... and take. W.»* «Komm auf einen Kaffee nach dem Lunch um Viertel nach eins, und sei dann bedankt mit allem, was ich geben kann – und nimm Dir das. W.»

368 f. *«You cannot imagine ... – darling.»* «Mein liebes Herz, Du kannst Dir gar nicht vorstellen, was das für mich bedeutet, alles auf einmal zu haben und daß das Leben für diesmal großzügig mit mir armen Person verfahren ist – nach all diesen Entbehrungen.» «Na, Du bist ja bescheiden? Immerhin ist es noch keine feste Einrichtung.» «Aber es kommt dem sehr nahe, und alles trifft sich besser als gewöhnlich. Ich habe fast genügend Geld, ich liebe Dich und werde rührend umsorgt, ich habe noch dazu einen Freund, der mich führt und mir rät, ich bin dabei, etwas zu lernen, das sich lohnt, ich kann jeden Tag diese gräßlichen Kinder und die Turnstunden loswerden, ich kann anfangen zu leben. Wer hätte das gedacht, als Du hinter diesem Vorhang aufgetaucht bist, um mich bloßzustellen und zu tyrannisieren!» «Ich hoffe, ich habe mein Bestes getan, um das wiedergutzumachen» «Und was wiedergutzumachen?», sagte sie dreist, und zog mich an sich. «Die Hölle eines Augenblicks wurde zur schieren Glückseligkeit. Komm her, komm, küß mich und sei still.» Sie machte mir neben sich Platz, und wir umschlangen einander. «Ich hab Dich so wahnsinnig lieb», stammelte sie. «Ich habe Dich so schrecklich vermißt. Schlimm, wie sehr ich Dich wollte», und diese Küsse, unbesonnen und wild und regellos, heiß und brünstig, waren Liebe. «Sei vorsichtig, Liebling», flüsterte sie als ich sie frei machte, «vielleicht sollten wir nicht jetzt, es ist sehr gefährlich, wenn Du wirklich verliebt bist», aber ihre Zunge spielte verlangend mit der meinen und ihre Heftigkeit, als ich den Nagel eingeschlagen hatte, übertraf alles frühere. «Komm», stöhnte sie, «gib mir alles, alles, hör nicht auf, ich will es, ich will's haben, oh, oh, ich kann's ertragen – Liebling.»

369 *«Dont fidget. You are safe with me»* «Du brauchst nicht nervös zu werden. Mit mir bist Du sicher»

369	*«I'm not sure I would.»*	«Ich bin nicht sicher, ob ich es tun würde.»
369 f.	*«Tell me more.» ... better now.»*	«Erzähl mir mehr.» «Bring mich nicht dahin, Dir Predigten zu halten. Jetzt bist Du dran, und weißt Du, ich bin verliebt in Deine Stimme – eine hoffnungslose Liebe, es sei denn, Du gibst mir genug davon. Ich sehne mich nur halb so sehr nach Deinen Lippen wie nach dem, was sie äußern, so als wenn man Sätze singen würde, die gar keinen Sinn machen. Also, nein danke, ich will jetzt keinen Tee. Du mußt mich erstmal mit was besserem füttern.» «Oh, das wirst Du nicht», sagte sie, einen Schritt zurücktretend. «Wirst was nicht?» «Tun, was Du gerade eben gesagt hast?» «Weil ich es ohnehin getan hätte, egal was, aber jetzt weiß ich's noch besser.»
370	*«Why do you ... why do you –»*	«Warum quälst Du mich», flüsterte ich unter Küssen, die sie duldete, «warum ziehst Du mich auf, warum läßt Du mich erfrieren und röstest mich dann auf kleiner Flamme, – warum, warum tust Du das –»
370	*«Eos then ... please don't»*	«Eos also, Auroras süßeste Morgendämmerung», sagte ich, sie mir ganz unterwerfend. «Es gibt keine Sonne für mich, wenn Dein Schatten über mir liegt.» «Geh» flüsterte sie, erschreckt von meinem jähen Feuer, «geh, mein Liebster, mein Junge, tu's nicht, bitte nicht»
371	*«You're lovely» ... leave me go.»*	«Du bist so reizend», sagte sie leise, «lieber Junge. Ich kann mich an Dir nicht sattsehen, ich bewundere Dich so. Noch einen Kuß und dann laß uns Tee trinken, dann verlaß mich, geh.»
371 ff.	*«Look here. ... to keep me –»*	«Schau her. Ich glaube, ich möchte keine bessere Wohnung als diese hier, und Du brauchst Dich damit nicht weiter herumzuärgern. Mir geht es ausgezeichnet, und ich kann Dir nicht genug dafür dan-

ken, daß Du mir das alles eingerichtet hast. Ein Flügel fehlt natürlich noch und Verschiedenes wie Noten und derlei, und ein paar persönliche Möbel, und ich möchte den anstoßenden Raum als Wohnzimmer haben oder als Gästezimmer, falls mich Freunde besuchen. Willst Du mir helfen, das zu arrangieren? Und ich will Deine Hilfe bei der Möbelauswahl haben, wenn es länger als nur für ein paar Monate ausreichen soll.» Das würde schwierig sein, aber man könnte es versuchen. «Wann? Ich habe morgen so viel Unsinn zu tun, ich fürchte, ich kann Dich nicht einschieben. Ich habe etwas dagegen, alles stückweise und zwischen Tür und Angel zu machen. Verstehst Du, was ich von Dir will?» Wir umarmten und küßten uns von neuem. «Den ganzen Tag», sagte sie, die Hand über den Lippen, und dann die Lippen wieder auf den meinen. «Reicht das?», fragte sie in den Kuß hinein. «So viel ist nicht genug», antwortete ich heiß, sie ganz umschlingend. «Na», sagte sie, den Finger über den gespitzten Lippen, und diese dazu spielend in meinen Mund drängend, «aber genug, um anzufangen», fuhr ich fort «und um damit anzufangen, alles über Dich zu wissen.» Sie strahlte, «und über Dich, Ceph?» «Aber warum Cephalus?» «Mir sagte man, es bedeutet einen guten Kopf, und einen Liebhaber, der Jäger ist.» «Komm ich Dir so vor?» «Weiß nicht. Ich habe mich vom ersten Augenblick an halb verfolgt, halb selbst als Verfolger gefühlt – eine Jagd war es sicherlich, – aber warum Morgenröte?» «Sie war eine Göttin und liebte einen Jäger, ein Sterblicher, und er liebte sie. Es ist nicht überliefert, wer von beiden sich dem anderen ergab, auf den safrangelben Hügeln des noch blassen Himmels. Man weiß nur, daß einer des anderen Blüten pflückte, in der Frische und dem Zwielicht, bevor der Morgen dämmert, und daß einer sich an den geheimsten Schätzen des anderen weidete.» Sie hielt mir den Mund hin, glühend, und stand auf. «Geh nur, Du – geh – Oh.» Sie lachte. Die weiche und dabei so geschlossene Gestalt arbeitete, das so originelle, anziehende, höchst liebenswürdige Gesicht zuckte von Leben. «Warum können wir nicht vernünftig miteinander reden? Es gibt so viele Dinge zu besprechen, die ich klären wollte. Gestern haben wir so praktisch und klug nachgedacht. Und jetzt verlieren wir uns in Poesie, lassen uns von ihr überfluten – mein süßes Herz!» Sie lag an meiner Brust, bebend und lächelnd. Ich umschlang sie völlig und wir drängten uns aneinander. «Ich denke, wir müssen uns erst gewöhnen an unsere Liebe, – darüber mußt Du erst hinweg, liebe Morgenröte», flüsterte ich in unsere spielenden Küsse hinein. «Aber das, was zwischen uns ist, läßt uns nur tiefer in Liebe versinken anstatt hinwegzukommen über sie.» Ihre Brust drängte gegen meine. «Na, natürlich tiefer und tiefer, bis der Boden kommt, und da durch und auf der andern Seite wieder hinaus.» «Geh nicht», sagte sie, ließ einen Augenblick los und küßte mich brennend auf den Mund. «Wenn ich bleiben müßte, könnte ich von Dir nicht lassen», flüsterte ich und gab den Kuß kurz und hart zurück. Sie ließ mich frei. «Lieber Junge», sagte sie plötzlich strahlend, «ich bin verdammt glücklich, Dich gekriegt zu haben – mehr als ich sagen kann –» schrie sie hell auf, wie eine Wilde, und lief an den Schreibtisch. «Nimm das», sie kam mit einem goldenen Zigarettenetui wieder, das sie aus einer rasch aufgerissenen Schublade gegriffen hatte, und einer kleinen Schere. Sie kratzte mit der Spitze hinein «Von Eos für Cephalus» und das Datum. «Das ist mein erstes Geschenk aus Liebe an meinen Liebhaber, und wohlgemerkt, ich will bis heut' in einem Monat keins von Dir haben. Ich könnte Dich vorher schon enttäuscht haben. Sei Dir also zuerst sicher, daß Du mich wirklich behalten willst.»

383   *vous l'avez jugé ... trop timide –*»   ihr habt ihn auf Anhieb rich-

	tig eingeschätzt, für einen hübschen Jungen, der ‹so artig› gemacht ist, ist er zu schüchtern –»
384	*«Mais ne faites point de sottises, les gamines»* «Aber macht keine Dummheiten, Mädels»
384	*fait la vierge* Er mimt die Jungfrau
384	*en ne m'effleurant que du souffle* Nur sein Hauch hat mich gestreift
385	*«Steffi ... il paraît»* «Steffi, Du bekommst gleich Besuch, er will Dich offenbar fragen, was Du weißt»
385	*«Mais qu'il vienne»* «So soll er doch kommen»
386	*tant soi peu divertier* Ein bißl divertier
389	*«et je m'entête ... qui est si joli»* «und ich hab's mir nun mal in den Kopf gesetzt, Dich zu erobern, Du großer, hübscher Dummkopf»
390	*valaient la folie* stahlen den Wahnsinn, die Tollheit; im Sinn von: waren diese Verschwendung wert
392	*«que vous êtes charmant ... raffoler de vous»* «wie charmant Sie sind, aber wissen Sie, daß ich noch anfange, für Sie zu schwärmen»
392	*– il m'en a chargé ... messieurs* – er hat mich damit beauftragt, – er war sehr freundlich, meine Herrschaften
393	*bouche beauté* Der reinste Augenschmaus
393	*«affreux»* «schrecklich»
393	*«qui m'arrête de suivre»* «wer hindert mich daran zu folgen»
394	*«tenue!»* «Haltung!»
408	*«You like dancing ... and that.»* «Ich vermute, Sie tanzen gern.» Ihr Englisch war etwas verständlicher aber slangy. «Wollen *Sie* denn?», fragte sie dagegen. «Manchmal schaue ich mir gerne an, wie Leute tanzen.» «Oh, so ist das. Mehr Spaß dran ein Zuschauer zu sein.» Der Mund hatte wieder sein zuckendes Lächeln. «Ja, sicher, außer beim Sport – Übung – Fitneß und so.» «Sie sind wohl sportlich, das schien

mir gleich so. Bißchen zu schön, um ein großer Reiter zu sein. Ich bin Profi.» «Nichts bestimmtes», sagte ich überhörend. «Alle Sportarten, eben als Amateur. Ich hasse Profis.» Sie machte ein erstauntes Gesicht. «Ich hoffe, Sie hassen nicht mich.» «Oh, Sie liebe ich», sagte ich gelangweilt, «warum sollte ich Sie hassen?» «Ich habe Ihnen gesagt, daß ich ein Profi bin.» – «Entschuldigung, anscheinend habe ich nicht richtig zugehört. Sie könnten mir genausogut erzählen, daß Sie eine Herzogin sind. Ich hasse auch Herzoginnen, um nicht zu sagen, noch mehr. Anwesende ausgeschlossen.»

408 f. *«Hate me still?»* ... *you think?»* «Hassen Sie mich immer noch?» «Hab ich's Ihnen nicht gesagt? Ich stelle keine persönlichen Fragen. Ich hab mir angewöhnt, die Menschen von ihrer besten Seite zu nehmen.» «Das muß man allerdings erst herausfinden.» «Nicht bei brillanten Frauen, glaube ich. Man muß nicht nach verborgenen Schönheiten suchen, wenn das Auge seinen Dienst tut, denken Sie nicht?»

409 f. *«I want to waltz ... three's none.»* «Ich will später mit Ihnen Walzer tanzen. Denken Sie an mich für einen letzten Tanz.» «Wohl nicht mehr heute abend. Andermal. Ich bin ziemlich müde. Menschen interessieren mich, nicht das Herumgehampel hier.» «Schade, denn Sie sind ein großartiger Tänzer, und ich genieße das. Wie Sie führen, macht einfach Spaß.» «Danke, daß Sie das sagen. Mich amüsiert es, wie Ihre Lippen zucken, sobald Sie anscheinend vergnügt sind.» «Oh», sagte sie blasiert. «Ja, und die Art, wie Sie jetzt gerade schauen.» «Was das wohl soll.» «Nicht viel. Mögen Sie es nicht, wenn Menschen sich ‹airs› geben?» «Aber das tat ich ja gar nicht. Ich hab genug von Komplimenten.» «Kann sein, aber Sie haben das mißverstanden. Erstmal, weil es nicht schmeichelhaft war, sondern ziemlich unhöflich. Dann, weil ich Ihnen jederzeit

beweise, daß ich Taten bloßen Worten vorziehe.» Hier tanzte mir die Rote wieder entgegen, und ich sagte ihr: «Ich nehme Euch gleich nachher mit, wo ist Ihre Freundin?» Sie drückte mir scharf die Hand. «Fein, also gleich. Jenny hat ihre Wette gewonnen.» «Sie können nicht mit zu mir, wissen Sie das?», sagte die Schwedin, «solange ich arbeite, verstehen Sie. Man kann das nicht vermischen. Wie auch immer, ich mag Sie.» Ich überhörte das. «Läuft heute abend noch was oder ab nach Hause und Tschüß.» «Walzen Sie mit mir später, und ich sag es dann.» «Was für ein Handel, es ist eine Schande. Ich werde also nur zum Spaß mit Ihnen tanzen und Sie müssen mir hinterher nichts erzählen.» «Sind Sie verärgert?» «Warum? Ich mag, wie Frauen denken und habe lange aufgehört, mir auf der Nase herumtanzen zu lassen.» Sie lachte hell. «Wie amerikanisch. Dafür schulde ich Ihnen was.» «Ich schulde Ihnen vieles, und so werden wir quitt sein und bleiben beide gerüstet.» Ich walzte wieder mit ihr und genoß die mitgehende Harmonie des trainierten Körpers. «Ich würde bei Ihnen bleiben», sagte sie dann, «wenn Sie einer kleinen Änderung zustimmen.» «Ich habe noch nie im Leben eine Frau zu etwas gezwungen.» «Noch könnten Sie mich zwingen», sagte sie, die Augen hochziehend. «Ich werde mit jeder fertig.» «Aber ich habe schon halbwegs versprochen, mit zwei von diesen Mädchen zu verschwinden. Die Rothaarige ganz vorne ist Ihnen aufgefallen. Da ist noch eine andere, etwas eleganter. Ich hab's vor zwei Stunden zugesagt.» «Wenn schon zwei, warum nicht gleich drei? Ich werde den ganzen Tag durchschlafen und bin um halb zehn wieder frisch auf der Fährte.» «Warum nicht, wenn die's nicht anstößig finden? Aber was bringt es, halbe Sachen zu machen. Ich denke mal, Sie taugen für ein Einzel.» «Das hoffe ich sehr, aber zwei bedeutet Gesellschaft genauso wie vier, drei ist keine.»

410 «*Skol!* ... *well enough.*» «Prost! Wenn die Mädchen auftauchen, sag Ihnen, daß ich mitkomme und jede von ihnen kriegt hundert von mir.» Sie schob mir ihre Tasche hin. «Aber finden Sie das nicht langweilig? Es wird ein wenig hoch hergehen, Sie verstehen? Auf die Pauke hauen, wie man so sagt.» «Mir macht's großen Spaß. Meine Arbeit hier wird noch eine Woche dauern. Einmal in Monat kann ich einen Lover haben, – ich meine, einmal im Monat ist mir das erlaubt. Wäre schön, mich auf Sie zu freuen anstatt auf jemand andern. Ich dächte, wir passen glänzend zusammen, ein Versuch ist's wert, vorausgesetzt, das kleine Kunststück erschreckt Sie nicht – sowas wie eine Figurenpyramide auf Ihren Schultern.» «Aber wenn Sie sagen, daß ich nur stillhalten soll?» – «Irgendwie schon, Kleiner», und wieder traf mich der heiße Stich aus dem edlen Auge. «Es gibt so viele Möglichkeiten, nicht wahr? Wir lassen's uns schon gutgehen.»

413 *«that was nicely done ... bye and bye.»* «Das war gut, aber», und wir stiegen ein. «Ich kann's besser», und ließ mich eine Köstlichkeit versuchen. «Ach», lechzte ich, während der Lift verlangsamte. «Es gibt an die fünfzig Stellungen», sagte sie ruhig, die Augen hochziehend, «alle verschieden, ich glaube, Du wirst sie schon lernen, nach und nach.»

416 *«Don't drive me mad ... the other one waiting»* «Mach mich nicht verrückt, es darf nicht sein, und ich bin vielleicht nicht stark genug, wenn ich nicht aufhöre – da ist noch ein Kuß, laß die andere nicht warten»

423 *I may not go on this way* Ich möchte so nicht weitermachen

427 *«But let me do ... all things»* «Aber laß es mich doch machen, das mag ich von allen Sachen am liebsten»

428 *«Do it softly dear»* «Mach es behutsam, Lieber»

437 *«Performed ... job's up. K.»* «Leidlich ausgeführt nach der Sünde. Werde Dich nicht mehr treffen, ehe der Job losgeht. K.»

444 f. *«Voyons, chéri … à l'écritoire.»* «Aber, aber, Liebster, ich höre, daß Du Dich halb zugrunde richtest vor geistiger Übermüdung. Das ist doch die völlige Überarbeitung, was Du da betreibst.» «Liebe Freundin, ich muß unbedingt mit dieser schrecklichen Doktorarbeit und meiner Promotion zu einem Ende kommen. Habe ich diese Schwelle erst einmal überschritten, werde ich mir ein wenig Freiheit erlauben können. Bis dahin ist die einzige Erholung, die ich mir zugestehe, Ihre Bibliothek und ein Plätzchen in Ihrem Herzen.» «Es ist völlig in Ihrem Besitz, Sie Unhold, Sie brauchen nur zu kommen und darin zu wohnen. Begleiten Sie mich nach Hause auf eine Tasse Tee?» «Ich wagte schon darauf zu hoffen, und habe es so eingerichtet, daß ich morgen den ganzen Vormittag der Bibliothek widmen kann. Ich habe nämlich gerade ein Kapitel meiner Doktorarbeit abgeschlossen, gespickt mit komplizierten Einzelheiten, die untersucht werden mußten und die zudem eine Unzahl detaillierter Nachforschungen notwendig machen. Je länger ich diese undankbare Aufgabe aufgeschoben habe, desto bedrohlicher wurde sie. Also habe ich mich geflüchtet, dank meines Schnupfens zurückgezogen, und mich an den Schreibtisch gekettet.»

445 f. *«C'est grotesque»* … *«vous verrez.»* «Das ist grotesk», bemerkte Sonja interessiert, «wieder so ein Beispiel dieses Originalitätskultes, der das Wahre und Schöne noch gänzlich vernichten wird. Dabei ist sie keine Gans, die Gute. Das Fortpflanzungsgesetz wird sich doch niemals auf solche Weise ereignen, dort einzudringen wo… Sie haben recht. Man sollte noch kühner sein, ich hätte die Nymphe dargestellt, wie sie sich in Extase zurücklehnt, die Knie gespreizt, den Unterleib nach oben gereckt, das rechte Bein in wollüstigem Schwung um den Rükken des göttlichen Vogels gelegt, den Hals umfangend, der in zwei Bögen schließlich mit dem Schnabel die Lippen der

Frau berühren würde – und dabei drückt er mit aller Kraft seinen Fruchtbarkeitsschwengel gegen den Altar des Hymens. So läßt man sich lieben als Frau, so macht man sich seine Begierden untertan, und kostet sie aus.» Sonja wurde träumerisch und drückte meinen Arm. Auf dem Rückwege kauften wir Petits Fours für den Tee ein. «Ist Ihre Mutter mit dem Zimmermädchen zufrieden, das ich ihr besorgt habe?» «Oh, Sie waren das, das wußte ich gar nicht. Mama ist auf dem Land. Das Mädchen ist soweit in Ordnung, glaube ich.» «Ja, ich war das, sie ist die Schwester meines neuen Dienstmädchens. Aber auch ich, Sie werden es nicht glauben, wurde gerade von meinem Personal schrecklich verraten. Rosa, Sie wissen schon, habe ich auf frischer Tat mit meinem Geschäftspartner, einem Verwandten, ertappt, der bei mir im Haus schläft, wenn Geschäfte anstehen – und als Folge häufte sich ein Haufen Schmutz an, ich mußte das Haus ganz leerfegen und habe nur Timo behalten. Welch beispiellose Dreistigkeit. Ich habe derzeit einen Koch, das Zimmermädchen der kürzlich verstorbenen Lady Willmoden und ein ordentliches Dienstmädchen, deren Schwester glücklicherweise frei war.» «Ich bedaure Sie. Aber noch schlimmer sind die Diener. Sie trinken, sie stehlen, sie tun, als wären sie die Herren, sie verführen die Köchinnen.» «Da gebe ich Ihnen völlig recht. Ich habe nie einen gewollt.» Und so waren wir zu Hause. Timofej empfing uns mit russischen Devotionen für mich. «Warten Sie doch bitte im Boudoir, mein Liebster, sollte ich ein wenig länger auf mich warten lassen, suchen Sie sich eine passende Zerstreuung, – ich habe eine höchst vergnügliche Überraschung für Sie», sie kicherte verschämt. «Sie werden schon sehen.»

445 *raffiguré* Wortschöpfung RBs nach dem Italienischen im Sinne von: vorstellen, imaginieren

449	*«Tu sais chéri ... mon joujou»*	«Nun, Liebster, ich habe Dir ja eine Überraschung angekündigt. Es war die Figurengruppe in der Sezession, Du erinnerst Dich, die mich auf diese entzückende Idee gebracht hat. Noch aus Zeiten meiner Triumphe bewahre ich unter meinen alten {Sachen} das komplette Kostüm mit Federn, Flügel, Kopfbedeckung und Kleid eines riesenhaften Schwans, ein Kostüm, das ich in meiner Rolle als ‹Schwanenjungfrau› in einer gewissen, längst vergessenen romantischen Oper getragen habe. Nach den Maßen, die Jane von Dir genommen hat, müßte es wunderbar passen – rasch, ich sterbe vor Xxxxx, vor Begierde und Leidenschaft, es zu sehen – zieh Dich aus, ich helfe Dir, Dich zu verkleiden – schenk mir dieses göttliche Erlebnis, mein Bärchen»
450	*«que vous êtes beau mon idole»*	«wie schön Sie doch sind, mein Abgott»
450	*«Viens, viens, je t'adore»*	«komm, komm, ich bete Dich an»
450 f.	*«Tu me l'as fait vivre ... Adieu.»*	«Du hast es mich selbst erleben lassen, mein Abgott», sagte sie, mir die Hände und den Hals küssend, «ich fühlte mich als Auserwählte unter den Sterblichen, was für ein Ausbruch und welch lustvolle Unterwerfung. Jetzt verstehe ich alles. Und das habe ich Ihnen zu verdanken. Aber jetzt bin ich zutiefst betrübt, mein Liebster und brauche einen langen Schlaf. Nehmen Sie das, es ist ein Umschlag, den Sie erst zu Hause aufmachen werden. Es ist jedoch kein Geschenk, da Sie mir dann möglicherweise böse wären. Aber ich wünsche mir, daß Sie auch noch anderen so helfen wie der Frazer – gießen Sie, mein Geliebter, Hilfe und Barmherzigkeit über all jene aus, die ihrer bedürfen. Da ich Ihnen all das Glück, das Sie mir schenken, nicht vergelten kann, erlauben Sie mir doch zumindest, daß ich daran teilhaben lasse, wer ohne mich unglücklich wäre. Adieu.»
457	*«Veuillez bien permettre ... Milles tendresses. S.»*	«Erlauben Sie

doch bitte meiner Jane, sich ein Buch auszusuchen, leichte Lektüre für sie selbst. Sie hat gerade ihre freie Stunde, solange die anderen Hausangestellten zu Mittag essen und ich meine Migräne habe. Tausend Zärtlichkeiten. S.»

509 κωμάζειν Das bacchantische, trunkene Schwärmen
510 Παλίντονος ἁρμονίη Etwa: rückwärtsgespannte Harmonie.
510 ὥσπερ λύρης καὶ τόξου Wie (die) der Leier und des Bogens.
510 ἁπλοῦς Ἔρως Der doppelte Eros.
510 διπλοῦς μερxxxx ἐμος τε καὶ μανίη πέλει Doppelt xxxxx und ist dem Wahnsinn eigen.
511 μῶλυ Moly ist das Kraut, das Hermes dem Odysseus gegen Kirkes Hexereien gibt.
511 δεινότης Gewaltigkeit.
515 Φάλης Φάλης Phallus, Phallus.
515 Τοῦ μὲν μέγα καὶ παχύ, τῆς δ' ἡδὺ τὸ σῦκον Seiner ist gar groß und dick, süß ist ihre Feige.
522 *«Darling, it seems ... – so long.»* «Liebling, es scheint, als wäre unbeschreiblich viel Zeit ohne Dich vergangen, und es gibt viel zu fragen und zu besprechen. Führst Du mich zum Abendessen aus?» «Unmöglich mein Herz, bin das Wochenende über nicht in der Stadt.» «Meine Güte, wie schrecklich. Wann hast Du Zeit für mich, rede Dich nicht heraus –» «Schau her. Ich bin bis sechs Uhr beschäftigt, und werde vor drei nicht frei sein, wobei das noch unbestimmt ist. Nehmen wir an, ich würde Dir etwas Leckeres zum Tee mitbringen – zu einem frühen Tee – ohne daß ich's auf die Minute genau sagen könnte. Würde das reichen?» «Um fünf Uhr bin ich beschäftigt, versuch' früher zu kommen. Schrecklich vielen Dank, das ist fein, – bis später.»
534 f. *«because ... «Am I and how?»* «weil es ist eine ziemlich frische Nacht, beinahe hätte ich mich erkältet – ohne Dich, aber wenn ich Dich habe, ist das besser als die Kohlen im Feuer»,

sagte sie mich in ihr Zimmer ziehend, wo ein Samowar – «ist er nicht hübsch, ich habe ihn gebraucht bekommen, von einer russischen Lady, die vor lauter Geldverlegenheit abreiste» – brodelte und Blumen und Süßigkeiten bei der Couch standen. «Laß uns mal vernünftig sein», seufzte sie nach den ersten Küssen, mir die Hand auf den Mund drückend und die Schenkel unter sich auf den Sitz ziehend, «laß uns planen. Du kannst mir, sagen wir, eine Dreiviertelstunde schenken, nicht wahr? Immerhin. Na, gib uns mal zwölf Minuten für Geschäftliches und den Tee. Das läßt uns viel Zeit für das ‹Wiedersehen› selbst und für eine Menge ‹Auf Wiedersehens› dazu.» «Winnie, ich kann doch keine Geschäftszeiten einhalten», sagte ich ernst, «Du bist viel zu hübsch heut nacht, als daß ich Dich hinhalten könnte oder Du mich.» «Oh Du dummes Scheusal, Du Lügner», sagte sie unter meinen Küssen, «versuch' Dich zu benehmen, und ich werde Dir Tee machen», und mit einem unwahrscheinlichen Sprunge war sie mir gegenüberstehend am Samowar und goß schon Tee ein. «Schau mal, mein Junge – ich bete Dich doch an, aber Du mußt mir auch weiterhelfen. Was soll ich mit den Ladies anfangen? Was erwarten sie, und was bedeutet das alles? Ich möchte mich nicht wie eine Betrügerin fühlen. Ich will einen Plan, nach dem ich vorgehen kann, und ohne Dich bin ich da verloren.» «Nun ja», sagte ich Tee trinkend und essend, «ich denke, Du wirst die dummen alten Gänse am ersten Abend erstmal kennenlernen und auf sie Eindruck machen.» «Ja, aber wie?»

535 «*Well, listen. ... afford to show*» «Also gut, hör zu. Zuerst machst Du ihnen Komplimente über ihr Englisch, aber nur beiläufig. Dann bringst Du sie wieder eine Stufe runter, indem Du die enormen Schwierigkeiten erwähnst, den Akzent, die Wortwahl, die Aussprache. Dann schmeichle ihnen wie-

der, indem Du versprichst, etwas enorm Anspruchsvolles mit ihnen zu lesen, sagen wir Browning oder Meredith.» «Du meine Güte! Das ist Griechisch für mich. Dafür bin ich viel zu ungebildet. Das kann ich nicht.» «Du wirst das perfekt machen, unter meiner Anleitung. Ich will, daß Du in Mode kommst und daß es gut läuft und Du Dein Honorar entsprechend berechnen kannst. Wenn Du diesen Snobs nicht etwas lieferst, mit dem sie angeben können, bleibst Du ein Niemand. Such's Dir aus.» «Das mach ich, wenn es dazu kommt. Aber kannst Du mir für die erste Lektion eine Art Zusammenfassung geben? Ein paar hinreißende Geistesblitze, Du mein geistsprühendes Genie? Versuch's doch.» «Aus dem Handgelenk?» «Vertrau mir.» Sie sprang auf und hatte einen Block. Ich blies Zigarettenwolken und perorierte. «Kein rechtes Verständnis dessen, was in der englischen Literatur unabdingbar ist, ohne Browning und Meredith – Zwillingssonnen, obwohl auf weite Distanz zu einem gigantische Fixstern verschmolzen, wie Sirius.» «Großartig», seufzte sie mit einem Glanzblick. «Gelten als schwierig und sind es auch für jeden, der nur Gefälliges sucht. Können nicht vorgeben, Literatur hervorzubringen, für die faulen Reichen so etwas wie digestive after dinner – sind aber ganz leicht zu verstehen für einen raschen, raffinierten und scharfen Verstand wie Sie ihn besitzen.» «Hör auf, die werden denken, man mache sich über sie lustig.» «Kann sein, daß sie das versuchen, aber sie können sich's ja nicht leisten, es zu zeigen»

536   *«I haven't had you ... don't do it again»*   «Ich hatte Dich schon so lange nicht mehr», lallte sie unter meinen Lippen, die Hosenschnur aufbindend, – «ich habe mich gefühlt als sei ich eine Jungfer – tu' das nie wieder»

536 f.   *«Confess you are ... your mouth now –»*   «Gib zu, daß Du ein Teufel bist.» «Bereit alles zuzugeben, was Du willst.» «Mach

keine Scherze. Sag mir, gibst Du Dich niemals preis? Gib zu, daß das einer Deiner Tricks ist. Willst Du nicht? Du machst mich hier die letzte halbe Stunde kaputt und bist selbst kein bißchen angegriffen. Sag nicht nein, diesmal erwischst Du mich nicht, ich durchschau Dich jetzt. – Wenn das so weitergeht, denke ich noch, daß Du mich nicht wirklich liebst.» «Aber das tu ich, Liebling. Ich will Dir nur Probleme ersparen.» «Das ist's nicht. Du könntest –.» «Oh ich verstehe. Aber es ist viel schlimmer. Ich könnte es nicht schaffen, wenn ich verrückt wäre vor Leidenschaft. Du begreifst kaum, was ein Mann in diesen Augenblicken fühlt. Er – etwas Unerklärliches in ihm – sehnt sich, schmachtet, brennt in ihm, genau das zu tun, was er nicht tun darf – er wird dazu getrieben, es hineinzureiben, dafür zu sorgen, daß es dort bleibt und seinen Zweck erfüllt.» «Dummkopf. Das ist was Frauen auch wollen, genau dasselbe. Etwas in uns schreit nach Eurem Saft, und es gibt mir jedesmal einen Stich, wenn ich Dich loslassen soll.» «Nun Liebes, – und dann?» «Dann. Warum erlaubst Du mir nicht einen Moment Pause vom Kampf?» «Weil es den Fluß stört und den Zauber bricht.» «Das ist wahr. Ich muß etwas zur Verhütung tragen.» «Sag's nicht. Es ist zu häßlich für Worte. Denkst Du nicht, daß meine Art am Ende die beste ist und die sauberste?» «Aber Du mußt leiden; Du erreichst niemals Dein Ziel, kannst nie ausruhen und vor Glückseligkeit zerschmelzen.» «Ich genieße es zutiefst, Dich glücklich zu machen. Deine Ekstase ist pure Glückseligkeit für mich, weil ich sie errege. Es ist nicht der letzte Moment des Überfließens in Dir, der zählt, jeder Moment ist ein solches Fließen. Gib mir jetzt Deinen Mund –»

538 f. «*What have we ... an amazon.*» «Was haben wir getan?», flüsterte sie. «Es wird spät sein.» «Ging's nicht anders?» «Sicher. Einen Augenblick noch. Auf Wiedersehen, mein Liebster. Es

war ein Anfall. Es verändert alles. Es bedeutet etwas. Es ist verdammt ernst damit. Ich weiß jetzt, was es wirklich heißt, sich in etwas ganz zu verlieren. Ich werde ein Bad nehmen und mich danach gründlich ausruhen. Du hast mich wirklich geschafft. Ich fühle mich, als hätte ich am ganzen Leib blaue Flecken, und das kleine Liebesnest – oh.» Sie zog meine Hand dorthin. «Laß sie dort, und gib mir einen Kuß zum Abschied.» «Je unglücklicher es gewesen ist», sagte ich unter heißen Zärtlichkeiten, «desto mehr kann Mitleid es heilen.» Sie legte den Arm um meinen Hals und gab mir die Küsse zurück. «Du bist ein Schatz. Ich fühl's genau. Wir sollten uns nicht zu sehr liebhaben. Wir werden sonst sentimental, und das ist gefährlich. Du solltest nie heiraten, Du bist zu gut, um in dieser Maschinerie zerfleischt zu werden. Ich für mich glaube nicht ans Heiraten, an Babies schon. Es ist absurd, ich weiß. Aber nimm an, ich wäre so. Ich will einen Liebhaber und Freiheit und – lach nicht, ein Baby, irgendwo versteckt, das ich heimlich besuche und das unter anderem Namen aufgezogen wird. Sowas gab's schon früher. Ich gehöre zu der Sorte, der das schon passiert ist. Ich kann mir nicht vorstellen, verheiratet zu sein, das wär mein Ende. Ich bin für die Freiheit geboren, ich bin eine Amazone.»

539 *«You are a Queen» ... or the surgeon.»* «Du bist eine Königin», sagte ich niederkniend und ihr Hand und Knie küssend, «und nur ein Geliebter, nie ein Ehemann, könnte mit all seiner Männlichkeit versuchen, Dir gerecht zu werden.» «Und Du bist der Liebhaber, den sich eine Königin als Bettgenossen wählt, trotz aller Geliebten und aller Ehemänner», sagte sie, nackt an nackt sich an mich drückend und mit meinem Hebel spielend, «nein Liebling – es ist verführerisch, aber ich bin sicher, wenn es eine Chance gibt, einen dicken Bauch zu vermeiden, so ist es jetzt. Sieh nur, wie ich fließe. Ich habe ei-

nen ganzen Volkstamm statt eines einzigen Babys in meinem kleinen Schoß erzeugt, und nur ein Wunder könnte mich vor dem Kindbett retten – oder vor dem Chirurgen.»

545 f. *«Va petite ordure»* … *c'est abominable.»* «Verschwinde, Du kleines Miststück», sagte Titta mit einer Ohrfeige, «räum Dich selbst aus dem Weg, das ist doch nicht zu fassen. Sonst wird Monsieur bald die Schnauze voll haben von Dir, kleiner Abschaum. Du hast doch gerade in Saus und Braus gelebt, Du kleine Ratte, das dürfte Dein Feuer doch etwas besänftigt haben. Du solltest lernen, Dich ein wenig zu bessern, sonst wird man uns in nächster Zeit noch nachsagen, ein Haus für Mädchen zu sein, die mit den Kunden schlafen, ohne verliebt zu sein. Muß ich Dir erst sagen, daß es ohne Liebe eine reine Ferkelei ist, die Du Dir da machen läßt? Später, Du Nutte. Wenn Du Monsieur lieben würdest, wie ich ihn liebe, würde die Liebe selbst Dich Ehrfurcht lehren. Man darf alles sagen, solange man trunken ist voneinander, aber solche Äußerungen so kalt zu machen, das ist wirklich geschmacklos, das ist abscheulich.»

547 *«Voici qui est bien gentil»* … *mes soeurs.»* «Sieh doch wie lieb er ist», pfiff die Alte, «das nennt man Geschmack, gepaart mit einem echten sense of humour, und ich werde mich nie genug beglückwünschen können für die wunderbare Eroberung, die wir mit der Bekanntschaft von Mr. de B. gemacht haben.» «Das verdanken Sie mir, Maman!», rief Titta. «Ich war es, die ihn beim ersten Mal dabehalten hat.» «Und ich beim zweiten Mal, als es deutlich schwieriger war», bemerkte Franzi spöttisch. «So bleibt für mich nur das dritte Mal, wie es scheint», sagte die schnöde Kleine, «und ich hoffe, daß Monsieur mir Gelegenheit dazu geben wird, indem er sich des Hofs, den meine Fräulein Schwestern ihm machen, überdrüssig zeigt.»

579 *«That's lucky» ... ugly ones.»* «Was für ein Glück», antwortete ich, frech. «Lassen Sie uns was trinken und Namen sind verboten, besser keinen zu haben als einen häßlichen für mich.»

579 f. *«Got a fine gol» ... the best?»* «Sie haben eine nette Freundin», sagte sie frech und sah mir in die Augen. «Noch netter, wenn man nicht drüber redet», sagte ich noch frecher, aber im Tone einer Zärtlichkeit und faßte sie fester. «Ich wünschte, ich könnte das Kompliment zurückgeben, aber ich fürchte, der Mann da entspricht nicht ganz Ihrem Stil.» «Tun Sie das», antwortete sie kalt. «Entschuldigen Sie, daß ich Sie verärgert habe», sagte ich noch zärtlicher, worauf sie lachte. «Ich nehme an, Sie sind ein Komiker. Ich frage mich, woher Sie Ihren Slang haben.» «Kriegt man vom Küssen, nehm ich an, deshalb haltbar.» Sie lachte noch heller auf, löste sich und schob, diskret aber unverkennbar. «Ich mag sie getrennt», sagte sie mit den Mundwinkeln. «Aber sie ergeben einen großartigen Cocktail», flötete ich dagegen. «Schön – einigen wir uns zunächst auf den Whisky und eine Tasse Sherry zum Abschluß.» «Wenn das Ihr Ziel ist», flüsterte ich, «ich fange für gewöhnlich mit dem heißen Sherry an und sehe dann, wohin er mich führt.» Wir waren einmal herum, aber als ich verlangsamte, schob sie weiter. «Kommen Sie nach Berlin und besuchen mich da. Rufen Sie mich in meiner Garderobe in der Oper nach zwölf an, jederzeit. Ich beabsichtige Ihren Slang zu verbessern.» «Das ist phantastisch. Darf ich vorschlagen, daß ich mich hinsichtlich der anderen Zutat revanchiere?» «Wie können Sie annehmen, daß die eine Verbesserung nötig hat?», antwortete ich lächelnd. «Hat man Ihnen in den Staaten nie gesagt, daß es noch bessere Dinge gibt als die besten?»

580 *«I have heard ... I have»* «Ich habe natürlich schon von Angebern gehört»

581   *Blondin*   Ein Blondhaariger
586   *«Non merci ... à demain.»*   «Nein danke, ich glaube nicht, daß ich irgendetwas brauche, ich muß nur meine Migräne kurieren – und ansonsten habe ich ja Dora, wenn nötig, tausend Dank, gute Nacht, liebe Natalie und viel Spaß beim Bridge, grüßen Sie die anderen, seien Sie so lieb, und verlieren Sie nicht Ihr ganzes Geld an diesen scheußlichen Maurice – bis morgen.»
590   *«encore, encore ... uaaaht.»*   «weiter, weiter, ah, ich vergöttere Dich, vernarrt bin ich in Dich, mehr Liebster, Liebster, mein Mann, mein Geliebter, dringen Sie in mich ein, fest, dring... uh. Ah. Uaaaht.»
605   *«Dear I suppose ... from Kathleen Grammarby.»*   «Liebling, ich vermute, daß Du es nicht w a g e n wirst, mich zu meiden. Anstatt um halb eins, komm Montag um elf Uhr abends und hol mich am Theater ab (Eingang B, frag nach meiner Sekretärin Miß Ward) und fahr mich runter in meine Höhle, um mit ein paar blasierten Leuten zu abend zu essen und bleib, bis alle weg sind. Keine ‹Neins› akzeptiert, keine Ausreden anerkannt, keine Lügen geschluckt, Verabredungen vorher sind nicht erlaubt. Alles Liebe von Kathleen Grammarby.»
608   *«Comme tu veux chéri ... et pas ce catalogue –»*   «Wie Du willst, Liebster, aber wenn diese Katalogsache damit endet, daß ich ein weiteres Mal Witwe werde, würde ich ihm das nicht verzeihen – Du bist es, Liebster, das weißt Du doch, den ich will, Deine Gesellschaft, Deine Liebe, und nicht diesen Katalog –»
611   *«Je ne vais pas te déranger ... et vieille»*   «Ich werde Dich nicht stören, mein Süßer», flötete sie, mir die Lippen reichend, «noch Dich allein lassen. Punkt vier Uhr werde ich nur kurz meine Cousine Abrikossow begrüßen, die bald abreist, dann noch ein paar Besorgungen machen, und um fünf Uhr sehen wir uns wieder. Was für einen Eifer Du hast, mein kleiner

Student, all die Hieroglyphen hier sind ja zum Fürchten. Wie soll ich Dir je für die Mühe danken, die Du Dir für mich gibst!» Ich war sehr zärtlich und dankbar. «Wenn Sie, teure Freundin, wüßten, welches Glück es für mich bedeutet, zu wissen, daß ich Ihnen nicht gleichgültig bin, Sie würden mich nicht mit Ihrem Dank für etwas demütigen, das ich nicht verdient haben werde. Lassen Sie sich von einem ergebenen Freund weiterhin ein wenig führen und stärken in Ihrem Leben, das heiterer und zufriedener sein könnte, und glauben Sie mir, es wäre mir eine Freude.» Sie schwamm mir im Arme mit feuchten Augen. «Ich habe Dich gefunden, mein geliebter Schatz, das genügt, Du erfüllst mich nicht nur, Du bist zu groß für eine kleine, langweilige Frau wie mich, häßlich und alt»

614 «*Du reste ... vous en doutiez?*» «Im Übrigen, keinerlei Regel für diese Art von Beziehung – wo sich von Paar zu Paar nichts wiederholt. Alles ist möglich und nichts. Es gibt alle Arten und alle Nuancen. Es zählt nur ein einziger Unterschied, der zwischen der glücklichen Liebe und der Liebe ohne Glück; und die letztere ist es, auf die es ankommt.» «Aber das scheint mir doch eine arg düstere Sichtweise zu sein.» «Nicht, daß ich wüßte. Der völlige Entzug führt zu Stolz und heldenhafter Raserei, ohne Furcht und ohne Hoffnung.» «Und der andere Affekt, jener der ersehnten Leidenschaft, unerwidert zunächst und schließlich doch in ihr vereint?» «Das ist der Gegenpol zum Pol, aber das ist das Tor, das ins Nichts führt. Nach der Ekstase beginnt man von vorn. Nach der Verzweiflung dagegen, erschafft die Vorstellungskraft eine Welt ganz für sich, mächtig und frei.» «So ist es für Männer wie Sie, für die Träumer – für eine Frau gibt es nur ein einziges Glück, das zählt, – das, welches die anderen mich haben erhoffen lassen, ohne es mir je zu schenken und das Sie allein mir geben

konnten, der völlige Besitz, die Tilgung jeglichen Hintergedankens und jeglichen Gedankens, der göttliche Moment, in dem zwei Wesen verschmelzen, untergehen, sich hingeben und geeint erwachen, wie trunken vor gegenseitiger Dankbarkeit – kommen Sie her, bekennen Sie mir, daß Sie darauf ebenso Wert legen wie ich selbst –» «Aber Liebste, zweifeln Sie etwa daran?»

615 «*C'est un peu cochon ... les Russes*» «Das mag ein wenig unanständig sein, aber reizend ist es, wie gemacht für Kokotten und für die Russen»

615 «*C'est gentil ... marche au vif*» «Hübsch, nicht wahr, – wollen wir mal sehen, ob es funktioniert am lebenden Objekt»

615 f. «*Vous m'avez conduite ... adieu –*» «Sie haben mich nach Cythera entführt, mein Freund – das erste Mal in meinem ganzen Leben habe ich den Rausch erlebt. Die anderen Male war es Zärtlichkeit, Hingabe, Sanftheit, ja sogar Wollust – den Rausch aber habe ich dieses erste Mal erlebt, und ich könnte glücklich sterben. Ich will, daß Sie eine Erinnerung an diese unsterbliche Minute behalten – nein, seien Sie nicht, ich bitte Sie darum, ich zwinge es Ihnen auf, seien Sie nicht schroff, brüskieren Sie mich nicht, indem Sie es mir verweigern. Ich habe hier die Perlen meines Mannes, – für Hemden, Manschetten, eine weiße Weste – Sie werden sie von nun an tragen als Liebespfand der Frau, die Sie vergöttert – ich haßte ihn, ich habe ihn verabscheut, er war abstoßend – häßlich, schmutzig, nichtswürdig – er hätte mich beinahe vernichtet – mir graut vor allen Gegenständen, die mich an seine abscheuliche Existenz erinnern – und Sie, mein Goldjunge, werden sie für mich wieder unschuldig und rein machen – gereinigt von allem, was ‹er› ist – Sie werden alles bekommen alles, alles. Er starb an einem Hirnschlag, ohne das Testament, in dem er mich all dessen beraubt hatte, unterzeichnet

zu haben – er wollte es wahllos auf seine Geliebten verteilen, halbwüchsige Flittchen, in die er vernarrt war, der Elende – nun gut, vergessen Sie diesen gemeinen Unrat. Adieu. Ich akzeptiere kein Nein und keinen Dank. Ich bin es, die in Ihrer Schuld steht – adieu –»

633 *«Get in» ... like the others.»* «Gehen Sie rein», sagte die Ward, «Kathleen sagte mir, daß Sie nicht draußen warten sollen – das ist ziemlich selten bei ihr, wo sie es doch nicht mag, gestört zu werden, wenn sie wie die anderen zurechtgemacht wird.»

633 f. *Goodness, Mary ... the grease puff.»* Meine Güte, Mary, ich war großartig. Grube kam, um mir zu sagen, daß er sowas noch nie gehört hat. Die Leute waren außer sich. Rudi, ich darf Dich mit diesem klebrigen Zeug auf meinen göttlichen Lippen nicht küssen, warte anderthalb Minuten. Süß von Dir, aber ich habe nie an Dir gezweifelt. Komm Mary, kümmere Dich um die Perücke, sie hat mich 300 Dollar gekostet. Dann bürste mein Haar aus, fest, kämm' es grade und sprüh' es naß. Bring mir den Fettbausch.»

634 *«Pretty dirty business ... don't tear it.»* «Ich fürchte Du denkst, ziemlich schmutziges Geschäft.» «Das denk ich nicht. Ich beobachte gerne, wie sich die Natur aus der Verfälschung schält. Wie bei einem großartigen Gemälde, das unter Schichten von Übermalung und Firnis liegt und durch die Hände des Restaurators in ganzer Pracht wiedererstrahlt.» «Hör Dir das an, Mary», sagte sie selig, «das ist ein Blender. Hab ich nicht Glück, ihn getroffen zu haben? Ich liebe Dich als einen guten Jungen und hasse Dich für die boshafte Schmeichelei!» «Liebe kann lasterhaft sein, der Schmeichler ist es nie. Es ist das hausgemachte, gesunde Essen, von dem wir leben. Das können Sie doch nicht wollen, genausowenig wie ich. Wir leben von dem, was wir nicht ganz verdienen. Wir sollten

einfach an dem verhungern, was uns allenfalls zusteht. Ich säße nicht hier, wenn ich's nicht verdient hätte. Denk dran, niemals gerecht zu jemandem zu sein.» «Herrlich. Zieh mir mein Kleid aus, aber zerreiß es nicht.»

634 f. *«You're not afraid ... please Mary.»* «Du hast keine Angst zu gucken», lachte sie; «küß mich; Du riechst gut, da ist Champagner in diesem Kuß.» «Ich hoffe, es ist noch mehr drin als das», sagte ich, berauscht durch das Milieu und seine Assoziationen, und drückte den heißen Körper an mich. «Der war besser als der erste», sagte sie sachlich. «Hol bitte die Wanne, Mary.»

635 *«Why that's too wicked ... fuck me hard.»* «Nein, das ist zu schlimm, das spannt mich zu sehr auf die Folter», sagte ich und drehte mich zur Wand, «wofür hältst Du mich eigentlich? Ich schwöre Dir, Du beleidigst mich geradezu, wenn Du glaubst, ich wäre so marode, diesen Anblick zu ertragen, ohne dabei durchzudrehen.» «Mary, meinst Du, Du könntest mir etwas Lavendel aus dem Friseursalon besorgen?» «Sicher kann ich das!» Sie kam sich abtrocknend auf mich zu und legte mir den Arm um die Schulter. Ihr Lachen kitzelte in mein Ohr. Sie küßte mich auf den Mund und sagte «Trottel. Jetzt zeig mir, was Du da hast. Sei nicht so schüchtern, Junge. Komm, laß mich das machen. Ich will ihn sehen, wenn es ein guter ist. Sei nicht so zappelig. Gib mir Deinen Mund, während ich ihn raushole. Mmm – fabelhaft. Nicht hier, da in der Ecke ist eine Couch. Zerfetz mich nicht. Laß uns bequem liegen. Gib mir einen harten Schwanz, ich brauch das nach der Singerei. Ich – hab Dich gern. – Jetzt küß mich tief und fick mich hart.»

636 *«You're done ... with the tub.»* «Du hast mir's gemacht wie keiner – ich bin nach dem Singen wie gelähmt – unfähig zu lieben – richtig widerwillig – will nur gekitzelt werden und herumgeworfen – Du hast mich völlig geschafft – schrecklich

schön war's – unerträglich süß – oh, und jetzt noch süßer – warte – küß' mich, – beweg Dich nicht – schieb ihn – schieb ihn noch ein bißchen fester rein – da, da – ich komme schon wieder – oh oh ich liebe Dich, ich bete Dich an, ich bin verrückt nach Dir, heirate mich, verlaß mich nicht, oh Liebling, oh irre – Uff – Da.»
«Komm rein!», rief sie, mich festhaltend. Ich wehrte mich. «Kümmere Dich nicht, sie ist nur mein Werkzeug, es macht ihr nichts. Ach, schau nicht her, Mary, schütte es einfach in die Wanne.»

641 *«Ceux qui le font, ne le disent pas.»* «Diejenigen, die es tun, sprechen nicht darüber.»

654 ff. *«Here then ... au pied de la lettre»* «Hier ist jemand, den Du Dir genau anschauen solltest! Du hast uns ja alle versetzt. Was ist los?» «Wie wild geschuftet für meinen Doktor und nur manchmal pausiert, um eine Tasse Tee runterzustürzen. Bin Eremit geworden. Setzen, eine Tasse mittrinken.» «Das ist einer unserer aufgehenden Sterne, Pam», sagte die Sullivan. «Ihr beide habt jeder das Privileg, den anderen kennenzulernen. Miß Pamela Pritchard aus Boston, die mit Sicherheit in Kürze eine Herzogin sein wird, es sei denn, alle Herzöge im Gotha sind Esel. Und Mr. B wird seine Nation an dem Tag führen, an dem sie es verdient, geführt zu werden.» «Keinen Tee?» sagte ich. «Geben Sie mir einen Cocktail, falls Sie sicher sind, uns unterhalten zu wollen», sagte die Junge lachend. «Und ich trinke mit Ihnen Tee», sagte die Sullivan. «Wie geht's Addie?» «Ich habe in letzter Zeit wenig von ihr gesehen», antwortete sie, «weil ich in Paris war, um Pamela abzuholen. Ist sie nicht reizend, ist sie nicht großartig?» «Du meinst nicht mich, oder?», lachte Pam. «Trauen Sie mir nicht zu sehr», sagte ich. «Ich habe das Gefühl, Miß Sullivan hat sich nach unserer früheren Gesellschaft erkundigt, aber

meine Höflichkeit gilt natürlich unserer jetzigen. Sie sind reizend, Sie sind großartig, und Sie sind bescheiden genug, das nicht so direkt hören zu wollen, und Sie sind vernünftig genug, es nicht völlig abzulehnen, denn das wäre der erste Kratzer auf dem glatten Spiegel, den Sie bieten. Geben Sie nichts auf mich. Ich genieße, wie Mrs. Sullivan bestätigen kann, das Privileg des Narren. Ich nehme mir heraus, einer Schönheit zu sagen, daß sie schön ist, eine Katze eine Katze zu nennen und einen Trottel einen Tölpel. Heißt aber nicht, daß ich mich durch mehr als Worte verpflichten will. Ich nehme nicht jeden Tölpel bei den Ohren, spiele nicht mit jeder Katze und drehe mich nicht nach jeder Schönheit um, die mich gerade betört. Meine Verrücktheit ist vernünftig. Ich werde mich nicht erschießen, wenn Sie mich verschmähen. Ich werde voller Stolz sagen, daß ich gestern vom schönsten Mädchen der Schöpfung ignoriert wurde – genauso wie irgendein Gockel sich rühmen kann, Ihre Gunst erlangt zu haben.» «Was für ein Mann!», sagte die Sullivan, ihren Tee nippend. «Ich werde Sie tatsächlich glatt ablehnen, wenn Sie mir keine Möglichkeit geben, zu entscheiden, aus welchen Gründen ich Sie denn mögen soll.» «Kommen Sie mit in die Oper», drängte die Sullivan, «und lassen Sie uns anschließend essen und vergnügt sein.» «Heute abend unmöglich, tut mir leid. Ich habe versprochen zu Hause brav eine Kleinigkeit zu essen, in ungefähr einer Dreiviertelstunde, und eine einsame Verwandte in der Rauchstraße um halb elf abzuholen, um sie sicher in ihrer abgelegenen Bleibe abzuliefern.» «Aber das läßt uns doch reichlich Spielraum», gab Pam ruhig zu bedenken. «Sie gehen jetzt essen und tauchen dann zum zweiten Akt ‹Tristan›, den ich nebenbei gesagt hasse, wieder auf, und das erlaubt uns ein Abendessen zu dritt, und wir gehen nicht zu spät wieder auseinander.» «Aber wäre das nicht schade?»

«Es ist absurd, am Vorabend der Hochzeit vom Kuchen zu knabbern, Sie sind viel zu gut, um vergeudet zu werden. Soll ich meine Gier nicht besser zurückhalten und auf den mir zustehenden Bissen bei passender Gelegenheit warten?» Beide lachten. «Was für ein Schlingel!», sagte die Sullivan. «Oh, ich mag Männer, die wissen, was sie wollen und geradeheraus mit mir reden, und ich mag Grobheit kombiniert mit Komplimenten. Wann denken Sie denn in Heiratslaune zu sein?» «In einer was? – Oh, ich verstehe. Das klingt gut und läßt hoffen für uns beide. Lassen Sie unsere Verlobung jetzt festmachen, und wir heiraten – sagen wir – morgen abend um sieben bei Horcher oder besser bei Hiller, wenn ich vorschlagen darf, eine halbe Stunde vorher mit Miß Sullivan als Zeugin dafür, daß Sie mit Wonne einverstanden sind.» Pam war entzückt und lachte sich rosig, was ihr herrlich stand. «Sie machen mir großen Spaß», sagte sie aufstehend. «Dann sind wir also in dieser unfeierlichen Weise verlobt?», sagte ich kühl. «Lös Dich jetzt», lachte die Sullivan, «sonst kommt er noch auf die Idee, Deine Lippen in allem Ernst zu berühren.» «Das werde ich auf jeden Fall», sagte ich mit gespielter Energie aufstehend, «ich werde Sie auf jeden Fall in die Oper fahren, das dürfte Ihnen eine Viertelstunde sparen.» «Sie schützen mich bitte davor, beim Wort genommen zu werden»

«Has not he ... look on you» «Hat er sich nicht anständig benommen? Ich hab's ja gesagt», sagte die Sullivan. «Aber er ist viel zu unverschämt, als daß man ihn für bloße Höflichkeiten belohnen könnte», sagte Pam gravitätisch. «Oh», lachte ich, «im Gegenteil: Ich bin viel zu anständig, um für äußerliche Frechheiten bestraft zu werden.» «Oh, Du Angeber!», rief Pam, während wir auf den Opernplatz einschwenkten, «wir sind da», und sie küßte mich rasch und voll auf den Mund. «Schäm Dich zu Tode, Pam.» Die Sullivan stellte sich schok-

kiert, «sag ihm wenigstens, daß er Dir ein Lösegeld gibt.» «Machen wir aus einem doch zwei», sagte ich feurig und küßte die Sullivan. «Weg von mir, Du abscheuliche Kreatur!», tat die Sullivan empört, «ich will Sie nie mehr sehen»

670 «*Ah par exemple*» ... *l'ait promis.*» «Ah, na so etwas», sagte sie lachend, auf mein Steilbein deutend, das bei jedem Schritte schwer vor mir zuckte. «Das ist ja sogar noch wohlgestalteter, als es mir versprochen wurde.»

670 «*Il faut ... komm hör rasch.* «Ich muß gehen, mein dicker Gockel, Liebster, Süßer, Du», seufzte sie unter Küssen. «Aber ich lasse Sie nicht los, nicht möglich!», stammelte ich, «das hier war doch nur das Vorspiel, es fehlt uns noch das Stück selbst» und ich erdrückte den unter meiner Umschlingung gekitzelten und unter mir schnickenden prachtvollen Leib. «Ach, ach, Du machst mich trunken –» hauchte sie, «und dennoch – komm, hör rasch.

671 *tu me donneras une nuitée* wirst Du mir eine ganze Nacht schenken

671 «*Je suis navrée ... tu verras.*» «Ich bin betrübt, aber trunken von Dir. Adieu. Bleib ruhig liegen, Du wirst schon sehen.»

671 *Ne bouge pas. A bien bientôt.* Bleib so. Bis recht bald.

689 f. «*What do you dislike?*» ... *lip of yours.* «Was mögen Sie eher weniger?», fragte ich das Menu in Händen. Sie lachten. «Ich hasse Foie gras und verabscheue Hühnchen», sagte die Sullivan. «Das eine ist eine Krankheit und das andere die Entschuldigung für Mangel an Vorstellungskraft, also eine für eine weitere Krankheit.» «Ich denke nicht, daß ich eine bestimmte Abneigung habe, aber erwähnen sollte ich vielleicht, daß Austern in Amerika schlecht sind, Hummer etwas ganz Übliches und Eis ist natürlich nichts Besonderes; und wenn Sie mir die Bemerkung erlauben, unsere Küche ist, wenn sie überhaupt etwas ist, dann eher französisch als englisch.»

«Gut, dann schlage ich vor, dafür zu sorgen, daß Sie die Küche meines Vaterlandes schätzen lernen, die es bei einem Spitzenkoch mit jeder anderen aufnimmt. Und mit Ausnahme von Champagner, den unser Boden nicht hervorbringt, und Cognac natürlich, soll kein fremder Tropfen die Gnade Ihrer Lippen erfahren.»

690 ff. *«How important … Hail Deutschland»* «Wie wichtig Männer über Nichtigkeiten reden», sagte die Sullivan. «Sie könnten bei der Frau für's Leben nicht sorgfältiger vorgehen als bei einem Nachtisch, den sie auf eins zu sich nehmen.» «Na», lachte Pam, «ich vermute, sie wählen keine Frau, sondern werden gewählt, und so bleibt ihnen nur eine Wahl bei entbehrlichen Dingen.» «Nicht doch», begehrte ich auf, «ich sage Ihnen, Sie mißverstehen Ihr Amt als Verteidiger des Angeklagten und laden Schande auf mein graues Haupt. Wenn mir keine andere Wahl bliebe, als gewählt zu werden, würde ich es vorziehen, unzubereitet und unausgewählt zu sterben.» «Da spricht das Unschuldslamm, Du guter Junge», spottete die Alte. «Ich wette meinen falschen Chignon gegen Ihr Lokkenhaupt, daß Ihre Bescheidenheit der Unschuld gefährlicher ist als offensichtliche Ferkeleien. Trau nicht seinen treuherzigen Augen, Pam Liebes.» «Oh, ich denke nicht, daß es eine Vertrauenssache ist. Was ist das hier, eine Brühe? Ich genieße jede Konversation; ich liebe alles Unamerikanische.» «Ja», warf ich ein, «und so wie diese Brühe und wie dieser Wein ist auch mein Stolz zu sehen, wie Sie all das schätzen; das ist unsere nationale Herausforderung an englische Schildkrötensuppe und französischen Yquem. Zehn tonnenschwere Ochsen haben ihr Fleisch dafür beigesteuert und dieser Jahrgang kommt aus Franken, dem Herzen Deutschlands.» «Mir war nicht klar, was für ein Chauvinist Sie sind, Bor», bemerkte die Sullivan. «Ich mache mich über jede Form von

Hurrapatriotismus nur lustig, Madam. Vielleicht haben Sie noch nicht gemerkt, daß ich ein Spötter bin.» «Das sind Sie nicht. Sie sind übernervös, empfindsam, sehr heißblütig, leidenschaftlich, ein Dichter, voller Witz, sind ein Gelehrter und hinter all dem noch etwas anderes, was ich nicht recht zu fassen kriege, aber jedenfalls viel mehr als nur ein Spötter.» «Lieber Himmel», sagte Pam, die Hand hebend, «das alles soll er sein? Und ein Verschwender obendrein. Schau Dir dieses prachtvolle Geschenk an!» Sie hatte den Ring unbeobachtet angesteckt. «Tatsächlich, sehr sehr hübsch», sagte die Alte über ihr Lorgnon hinweg, «aber schließlich schuldet er Dir auch etwas Gescheites für seine Dreistigkeit, sich einen Kuß unterm Mistelzweig vor Weihnachten erschlichen zu haben – und für Deine unerhörte Gnade, ihm die verdiente Rute zu ersparen. Eigentlich hätte er alles doppelt gutmachen müssen, einmal für die Sünde selbst und zweitens für den unerlaubten Zeitpunkt, zu dem sie begangen wurde.» «Himmel», rief Pam mit blitzenden Augen, das Glas hochhebend, dessen Wein sie schon zu spüren begann, «ich fürchte, dann müßte sie vervierfacht werden, meiner Barmherzigkeit zuliebe, Gott hab mich selig, wenn das nicht eine des Gib-und-Nimm war, wie bei Shakespeare.» «Na», antwortete die Alte, den Ulk todernst fortführend, «Du meinst doch nicht etwa, daß Deine Barmherzigkeit über eine halb nachsichtige Erwiderung hinausging.» «Sie ging sicher kaum so weit», fiel ich eilig ein, «was denken Sie von Miß –» «Osborne», «von Miß Osborne.» «Oh», sagte Pamela strahlend, gedehnt, «ich fürchte ich war zu voreilig, Sie einen Verschwender zu nennen; Sie schulden mir – wenn man's recht betrachtet – aber nein, Sie schulden mir gar nichts.» Sie trat meinen Fuß unterm Tische – «die Qualität dieser Wie-nennen-Sie-sie-noch-gleich ist nicht übertrieben.» «Was für ein Greuel», kam es von der Sullivan. «Ich glaube, Du verdirbst ihn mir auf die Dauer, er ist doch so ein netter Junge und Eure gewagte Art drüben in den Staaten gar nicht gewöhnt. Wie immer dieser Fisch heißt, ich habe so etwas noch nie gegessen.» «Ich auch nicht», sagte Pam. «Man könnte die ganze Welt der französischen Küche Revue passieren lassen und fände nichts Vergleichbares. Überliefert ist, der Teufel habe die Fische in einen kleinen See in Mecklenburg fallen lassen, aus diesem Teich stammen sie.» «Hat er auch diesen Wein irgendwo im ‹Vaterland› vergossen?», fragte die Alte schlürfend. «Ich gebe zu, der hat Feuer.» «Er wärmt mich», erklärte das Mädchen übermütig. «Ich glaube nicht, daß süße Sachen Teufelswerk sind. Jupiter, der große Liebhaber, hat sie geschaffen und uns geschenkt.» «Stell Dir vor!» Die Sullivan spielte die Verletzte, «Jupiter, der Liebhaber, läßt Fische auf einen deutschen Lake District regnen.» Wir lachten und genossen das köstliche rosig feste Fleisch. «Dank an Amerika», sagte ich dann «für den Trinkspruch auf Liebhaber Jupiter. Er verwandelte sich in einen Stier, um Europa zu rauben, Sie erinnern sich?» «Hat er das wirklich?», sagte Pam erstaunt. «Hat er gedacht, etwas Besseres als eine Kuh würde sich unter dieser Verkleidung rauben lassen?» «Nehmen wir an», rief die Sullivan, «er war ein sprechender Stier und hatte daran Spaß; es gibt sprechende Papageien und kluge Elefanten.» «Eine Titania verfällt vielleicht seltsamen Tieren. Nicht mal Esel sind davor sicher, von ihr falsch eingeschätzt zu werden – und Professoren wohl auch nicht.» «Du ungezogener kleiner Student», zürnte die Sullivan. «Ich kenne Mädchen, deren Zauber jede Titania in den Schatten stellt.» «Und ich hasse solche zauberhaften Wesen», erklärte Pam. «Werden Sie nie Professor, mein Herr. Sie büßen die Chance ein, mir jemals wieder irgendetwas zu schulden.» «Da bin ich nur zu froh, daß mir noch eine wenigstens bleibt», sagte ich galant und berührte leise ihre Fußspitze, sie setzte den andern Fuß auf meinen Lackschuh. «Für den Augenblick», sagte sie laut, «besteht sie nur darin, uns Ihre seltsamen Vögel anzupreisen. Fisch und Rind hatten wir schon. Jetzt zum geflügelten Volk. Kutteln sind es keine, es können auch keine Wachteln sein, außerdem sind es zweierlei Arten.» «Die eine kenne ich», schmeckte die Sullivan herum, «das ist Haselhuhn. Fabelhaftes Geflügel, vereint viele Vorzüge. Aber das andere?» «Kleine Art von Wildente aus unseren Mooren, kennt keinen Fisch, würde ihn verschmähen, mästet sich unglaublicherweise durch Wasserpflanzen und Wasserschnecken.» «Sie werden mich noch mit teutonischer Küche aussöhnen, falls das alles deutsche Spezialitäten sind. Und diese komischen Möhren, die keine sind? Was für ein delikater, was für ein köstlicher Geschmack!» «Danken Sie Ihren Franzosen dafür. Hugenottische Gemüsegärtner siedelten auf dem Brandenburger Sandboden, sie dachten wehmütig an ihren Boden der Touraine und zogen aus mitgebrachten Rübensamen diese anspruchslose Sorte kleiner Wurzeln, die keinen fruchtbaren Boden vertragen. Für mich ein Symbol für unverhoffte Entwicklungsmöglichkeiten und neue Aufbrüche, die plötzlich zwischen Arten beginnen, die einander ursprünglich fremd sind. Wir sind, trotz unserer ganzen Armut, ein kraftvolles Stimulanz für reichere Naturen. Senken Sie nur einen Ihrer Blicke in unsere Seele, und wir können nicht anders reagieren als mit dem Ausbruch von Produktivität.» «Oh, Sie elender Schmeichler», rief die Sullivan, «paß auf ihn auf. Er wird erst gefährlich, wenn er den Bescheidenen markiert. Dies hier schmeckt nach Kerbel, versetzt mit Sellerie und Zimt.» «Haben Sie auch dazu eine symbolträchtige Weisheit parat, Sie seltsamer Barde?», fragte Pam, die Lippen dunkelrot aus noch dunklerem Rotweinglase. «Habe ich nicht, außer daß sie nicht wie üblich ausgesäet werden. Man fängt mit feinen Würzelchen von Erbsengröße an und wartet dann drei Jahre, bis sie groß genug für die Küche sind.» «Na, wenn das kein Symbol ist», sagte Pam, die Augen in meinen, «sich ungewöhnliche Süßigkeiten durch geduldiges Warten so lange zu verdienen, bis sie reif sind; wirklich reif. Man könnte ja ein paar früher aus der Erde holen, nicht? Nur um mal zu probieren, wie sie schmecken. Würde sie das verderben? Ich vermute, es sind massenhaft davon im Boden, oder? Es schadet nicht, es regt den Appetit nur an und fördert die Geduld.» «Das sind so Weisheiten eines Mädchens zu all diesen Blaubärten der Geschichte, besser Du schluckst Deine Gier herunter und sorgst Dich um Deine Seele», bemerkte die Alte neckend. «Aber wie kann man das bei diesem Wein», rief Pam mit blanken Augen. «Ich freue mich, daß Sie ihn mögen, denn ich liebe ihn auch. Das ist unser bester Versuch, an Clairet heranzukommen.» «Er ist großartig. Ich hätte ihn für einen Pommard gehalten.» «Und ich für den reinen Nektar», sagte das Mädchen und richtete sich auf wie eine Göttin. «Bacchus leerte dies auf seinen Reisen aus seiner Flasche, als er an Ihren Hügeln vorbeikam, und niemand soll mir weismachen, er sei hier gar nicht gesehen worden.» «Ich glaube nicht, daß er je hier gewesen ist. Sie sind eine der Unsterblichen, die wir erblicken dürfen, aber es gibt eben auch solche, die unsichtbar bleiben.» «Und dabei küssen sie unversehens schlafende Babies auf ihren Schmollmund und verwandeln sie so in Wesen voller Charme und Charisma?» «Das mag so sein. Aber es braucht noch andere Gottheiten, die mit ihren Lippen diesen Zauber erst wachküssen und uns lebendig zu machen.» «Ihr beide seid wirklich wie die albernen Pärchen in einer elisabethanischen Komödie», sagte die Alte entzückt, «Pam, ich ahnte gar nicht, daß Du so ein gebildetes Wesen bist und mit diesem gelehrten Schwärmer mithalten kannst. Wie auch immer, das hier ist gute Hausmannskost, Sellerie-Salat und ohne Zweifel, exzellent angemacht mit Sahnedressing.» «Aber dieser Wein», sagte ich leise, «wird den Geschmack noch verfeinern, probieren Sie nur.» Wir tranken sprachlos den fast wasserhellen duftenden Tropfen. «Kein anderer Wein nach diesem. Lassen wir auch den Champagner weg, Herr Barde. Wir werden diesen hier Schluck für Schluck trinken und sind damit ganz glücklich. Danach wäre Champagner ordinär. Hail Deutschland»

695 *«Darling» ... a young man unknown.»* «Liebling», sagte ich leise, «wann können wir uns wiedersehen; laß es nur eine Viertelstunde sein, aber die laß es sein –.» «Ruf mich morgen abend um neun an. Und sitz nachher im Wagen wieder neben mir.» Die Sullivan kam zurück. «Ihr Lieben, tut mir leid, das Programm ändert sich. Da drüben ist Lady Neville, die drängt mich, ihr bei irgendeiner privaten Ärgerlichkeit zu helfen – die Sache ist die, sie hat mich gefragt, ob ich noch bei mir zu Hause ein Bett übrig habe heut nacht für ein junges Mädchen, das man nicht in ein Hotel stecken kann – zu umständlich, alles zu erklären. Ich kann nicht ablehnen, ich bin ihr verpflichtet. Nun, es ist ja noch Zeit genug, wir kommen schon noch zu unserer Musik, nur nach Mitternacht müßt Ihr auf mich verzichten.» «Ach, wir wollen's auch nicht übertreiben», sagte Pam, meinen Fuß tretend, «wir bringen Dich natürlich nach Hause», «und ich verabschiede mich vor Ihrer Tür. ‹Three is company.›» «Sie werden jetzt nicht sagen: ‹two is none›», scherzte die Gute, «aber ich glaube wirklich, das ist eine weise Entscheidung. Die Amerikaner in Berlin sind alle Tratschtanten und werden über Dich herziehen, wenn Du mit einem unbekannten jungen Mann ausgehst.»

695 f. *«Well that's Germany ... wir schlossen uns an.* «Ja, Liebe, das

eben ist Deutschland», sagte die Sullivan leise vor sich hin. «Das ist diese Musik, die von hier kommt, genauso wie der großartige Wein, den wir vorhin getrunken haben», «und so wie wir mit allem, was uns hier an Ungewöhnlichem begegnet», fuhr die Andere fort, «in ein anderes Jahrhundert treten, in eine höhere Welt. Wenn die ekelhaften Menschen drüben in den Staaten in der Lage wären zu erkennen, was sie vermissen und wollen und wovon sie abgeschnitten sind, sie würden zum Strick greifen.» «Nur das diese drastische Prozedur», sagte ich leise, «sie ganz sicher jeder Chance berauben würde, sich wieder mit dem zu verbinden, wovon sie abgeschnitten sind.» «Sie haben ja recht», sagte sie lachend, als wir gingen, «aber ich hasse es, wenn Sie mit mir nicht gleicher Meinung sind. Ich wünschte mir, daß Sie immer mit mir übereinstimmen», und als die Sullivan vorging, leise zu mir: «Das will ich ganz unbedingt.» Ich hielt sie noch etwas zurück. «Ich warte an der nächsten Ecke auf Dich», sagte sie rasch, und wir schlossen uns an.

696 f. *«I suppose ... within reach.»* «Ich glaube, ich werde verrückt», sagte Pam, sich aufrichtend, «wenn ich daran denke, daß ich Dich vor zwei Tagen noch gar nicht kannte, aber ich habe all meine Willenskraft verloren, und bin ganz glücklich darüber, daß ich nichts mehr habe, das mich bremst. Sag mir nochmal, daß Dir wirklich etwas an mir liegt.» Ich wollte sie in die Arme ziehen, aber sie faßte meine Hände. «Ich möchte mich geborgen fühlen, Liebling. Ich will keine Versprechungen, ich würde ihnen sowieso nicht trauen, denn ich sehe ja, daß Du genauso verrückt bist wie ich und jetzt werweißwas versprechen würdest, um Dein Feuer in meinem zu löschen. Aber ich hab noch nie jemanden wie Dich getroffen, und ich will hören, daß Du – ja, daß Du – daß ich – Dir irgendwie das gleiche Gefühl gebe.» «Und Du wirst mir glauben?» «Es geht

nicht darum, an Worte zu glauben, Worte zwischen Verliebten gelten so viel wie Küsse. Du weißt, daß ich vermögend bin, und mir haben schon viele Männer gesagt, daß sie mich verehren und für mich sterben würden etcetera, und wollten mich heiraten, eben wegen meines Geldes, und weil ich hübsch bin. Mir ist klar geworden, daß Du niemals Deinen Stolz soweit entwürdigst, mir solches Zeug zu erzählen. Aber ich will, daß Du mich hochhebst zu Dir, und deshalb sage mir, was ich Dir bedeute, für Dich bin, für Dich darstelle.» Sie verbarg ihren Kopf an meinem Halse, blickte auf und legte mir kurz die vollen jungen Lippen auf den Mund. «Zu mir hochheben?», sagte ich, sie an mich drückend. «Ich will's Dir sagen. Sterblichen wurde einst die Gnade von Nymphen und Göttinnen zuteil. Und so habe ich bei Dir die Angst, Du könntest jeden Augenblick irgendwohin entschweben und mich auf der kalten nassen Erde zurücklassen, völlig benommen und ungläubig.» Sie lachte dunkel, ihre Lippen kamen wieder und gingen. «Das Gefühl gibst auch Du mir, mein Jupiter. Komisch, wenn ich denke, da existiert jetzt irgendwo ein junges Mädchen, das Du eines Tages heiraten könntest. Niemals würde ich –.» «Genau das dachte ich auch, als Du auf die heiratswilligen Männer angespielt hast. Die reine Blasphemie.» «Also haben wir, wie es aussieht, uns gefunden, um Wunder wahr werden zu lassen und uns dann für immer zu trennen?» «Man hat von Göttinnen nie gehört, daß sie an nur einem Ort bleiben. Deshalb fühle ich auch das vollkommen Unwirkliche dieses Glücksmoments.» «Na, haben denn Liebende jemals Götter hervorgebracht?» «Sie blieben eine Stunde oder eine Nacht zusammen und rechtzeitig danach wurde ein Held geboren.» Eine Pause. «Und was ist mit den Göttinnen?» Ich umschlang sie und verzehrte die leidenschaftlichen Lippen. «Deine Lippen sind Kletten», sagte sie stammelnd. «Kletten suchen, um zu haften», antwortete ich. «Die Göttinnen stiegen also wie die Götter herab zu den Sterblichen und ließen sie mit Kinderhelden zurück?» «Nicht alle. Aurora nicht, auch nicht Diana. Ihr göttlicher Schoß wurde niemals von einem wachsenden Lebenskeim entweiht. Sie tranken die heiße Umarmung, blieben aber unfruchtbar.» «Bring mich irgendwo hin, Liebling, wo wir Götter und Göttinnen spielen dürfen. Diana wäre nicht in ein schmuddeliges Taxi herabgestiegen, um sich da von Endymion entjungfern zu lassen; noch dazu mit einem übelriechenden Chauffeur in Reichweite.»

698 *«Your kiss ... come out, dear.»* «Dein Kuss ist überirdisch», sagte ich, sie zwischen den Armen pressend, «darin ist all die Entschlossenheit und die Kraft der Flussgöttin oder der vorzeitlichen Oreade, die sich an den Lippen eines einfachen Jäger-Liebhabers labt.» «Und Deine, oh Jupiter. Wirklich wie Jupiter. Es ist so überwältigend schrecklich süß, daß es sich anfühlt, als könnte ich davon ein Kind –» und sie schloß den Mund wie siedend auf und schlang mich ein, den Kuß mit Zähnen und Zunge voll kostend. «Wohin Grunewald?», fragte die Stimme des Chauffeurs. Wir fuhren auseinander. «Laß uns ein paar Schritte gehen –» sagte sie, «ich sterbe, wenn ich keine frische Luft bekomme.» «Gehen? Denk an Deine Seidenschuhe. Ich fürchte um die Wege.» «Ach was. Es ist eisig kalt, sie sind trocken genug», sie stieß die Tür auf, «die Luft ist herrlich. Was ist das, ein Kiefernwald, richtig? Das ist hübsch, weich und sauber, komm raus, Liebster.»

701 *«Worse luck. ... Start it now.»* «Pech gehabt. Ich sehe schon. Na, ich versuche mich zu benehmen. Stop das Auto.» Ich ließ halten. «Liebling», sagte ich, «ich weiß, es ist hart für Dich, aber Du bist großartig genug, und hast Dich im Nu unter

Kontrolle, und für die nächsten paar Minuten in der Hand. Ich darf nicht in der Taxe mit Dir zusammen gesehen werden, es könnte Ärger geben. Du steigst jetzt einfach aus, gibst dem Boy Deine Zimmernummer und schläfst, kaum daß Du Dein Kissen berührt hast. Um das wie sonst auch zu tun, mußt Du mich völlig vergessen, jedes Anzeichen von mir, mein Ein- und-Alles. Auf jetzt!»

703 *«moins une demiheure ... tout à moi»* «wenigstens eine halbe Stunde, die Sie mit mir verbringen, ganz für mich»

704 ff. *«Je vous ... Ce fut* «Diesmal habe ich Sie herbeigesehnt, mein kleiner Kater», sagte sie, sich in meinen Armen windend wie eine Débutante, «verstehen Sie, ich weiß sehr gut, daß Sie in diesen etwas kritischen Zeiten nur Ihren schrecklichen Pflichten gehören, aber Sie haben mich zu sehr verwöhnt, ich kann Ihnen keine gleichmütige Geliebte mehr sein. Wie untadelig und männlich Sie doch wirken. Man sieht Ihnen an, daß Sie Ihre Zeit nicht mit Vergnügungen vergeuden. Die Arbeit und der stete Fleiß sind es gewiß, die Sie so stark, schön und anbetungswürdig gesund erhalten.» Sie rieb ihr Näschen schnüffelnd an meinem Halse und küsste mich zärtlich auf den Mund. «Und Du», sagte ich, den Kuß zurückgebend und sie liebkosend, «Du hast abgenommen.» «Findest Du? Das liegt an der Diät, an der Disziplin, die ich mir auferlegt habe, ein wenig wie Du. Ich führe ein geregelteres Leben, ich lese nur Schund, ich esse kein Fett, ich geißele mich. –» Ich hörte einen koketten Vorwurf aus den Worten heraus, drückte sie an mich und hielt sie fest bis sie völlig schmolz. «Liebster», seufzte sie, «ah, Liebster – nie an mich gedacht, mein Bärchen?» «Ich brauche nur noch eine Woche, um mit der Schinderei zu Ende zu kommen», sagte ich, sie auf den Mund küssend wie eine junge Geliebte. «Dann stehe ich wieder ganz zu Diensten.» Sonjas Augen verirrten sich. «Sie werden mich

wieder aufleben lassen.» Ich küßte sie nochmals mit einem wahrhaft spitzbübischen Kusse der Werbung, um zu sehen, wohin die Leidenschaft sie führen würde, und tatsächlich schmachtete sie an mir empor und griff heimlich nach der lockenden Frucht. «Aber es wird doch noch der Samowar hereingebracht, oder?» «Sie haben recht», sagte sie, die Farbe wechselnd, «das kommt, weil Sie mich völlig verrückt machen, ich weiß nicht mehr, was ich tue.» Ich ließ sie grausam los und kehrte zu meinem Katalog zurück. Sie zog sich einen Sessel in meine Nähe. «Weißt Du, daß wir Dir wirklich zu Dank verpflichtet sind, ich und die anderen, für den kleinen Englisch-Kreis, den Du für uns eingerichtet hast?» «Ach ja, richtig, läuft es denn gut?» «Aber ja, vorzüglich! Aber weißt Du eigentlich, daß die Kleine recht außergewöhnlich ist? Die Literatur ist ihre Stärke! Hat sie es erzählt –?» Ich sah starr auf. «Erzählt, mir? Was für ein Gedanke! Überleg doch mal, ob ich Zeit habe, mich mit dieser kleinen Bettlerin zu beschäftigen, selbst wenn sie mich interessieren würde. Sie baten mich damals, das zu regeln, ich habe lediglich Ihnen gegenüber meine Pflicht erfüllt…» «Nun, ich versichere Dir, daß wir ganz versessen darauf sind und daß der Kreis sich vergrößern wird.» «So langweilen Sie sich also nicht. Was haben Sie denn gelesen?» «Die Diana von Meredith.» «Respekt», sagte ich lachend, «das ist ein großes Buch, nicht gerade einfach, um ehrlich zu sein.» «Findest Du das auch. Aber mal ehrlich, aus einfacher Lektüre läßt sich auch kaum Gewinn ziehen. Obwohl diese hier gewiß ein wenig knifflig ist.» «Ein wunderbares Buch, ich pflege es jedes Jahr einmal zu lesen. Erklärt sie es Euch denn?» «Das würde ich nicht sagen. Sie liest eine Passage laut vor, die wir nehmen, um darüber zu sprechen.» «Ohne sie übersetzt zu haben?» «Na ja, manchmal bittet eine von uns sie um eine Erklärung, aber ihre Antworten führen nicht weit, weil sie sagt, um es übersetzen zu können, müßte sie ebensogut Deutsch können wie der Autor Englisch.» Ich lachte. Arme Mabel. Ich mußte da einspringen. Inzwischen kam der Tee. «Komm, ich zeige Dir ein paar Bronzen, die ich gerade gekauft habe», sagte sie, nahm meinen Arm und zog mich in den Salon links. Auf einem Tabouret stand eine kleine schwarze Kiste aus poliertem Holz, die sie öffnete, innen mit Watte und Holzwolle gefüttert, ein Häufchen spannenlange Kleinbronzen darin. «Was ist das?», fragte sie, ein Figürchen hervorziehend. «Ah», sagte ich, das Stück prüfend. «Das ist etwas Auserlesenes und Seltenes.» «Ein nackter, bärtiger Mann, aber was ist das für eine Art von Werkzeug, das er da wie ein Beil wirft?» «Genau das ist das Seltene. Es ist die Rückseite des Xxxxx» «Also ein Bauer, der sich gegen jemanden verteidigt, der ihn angegriffen hat.» «Nein, Liebste. Ein Held. Dieser Teil, der Xxxxxxx heißt im Griechischen, ist der Gattungsname dieses übrigens unbekannten Helden, der Ekhettos heißt. Es war

729 «*Allez à vous … qui flatte.* «So gehen Sie und sehen Sie sich um, dann kommen Sie wieder zu mir, damit ich Sie unter vier Augen schelten kann. Seine Verdienste herunterzuspielen, ist eine nicht weniger aufreizende Art, als sie zu übertreiben.» Das kam tadellos heraus und hätte jeden getäuscht. «Nehmen wir einmal an», antwortete ich frech, «es gäbe auch zwei Arten, seine Gäste zu schelten. Sie beehren mich mit der schmeichelnden Variante.

730 «*Tibi suades …*» Etwa: Weil Sie es sind, werde ich vier oder mehr davon kaufen, und Sie werden zufrieden sein.

731 «‹*Qui m'aime me suivre*› «‹Wer mich liebt, folgt mir gern›

747 «*Puisque la montagne … la montagne*» «Nachdem der Berg nicht geruht hat, den Propheten aufzusuchen», sagte die Eine, «so ist der Prophet zum Berg gekommen»

748 «*Tout le monde ... voyons.*» «Von aller Welt begehrt», schnatterte die Erste, fast als wäre nichts passiert, «par ordre du Mufti hat man uns zu Abgesandten gemacht. Maman hat ein wenig Migräne und wollte sich zurückziehen, aber wir beide sind an diesem Abend noch nicht auf unsere Kosten gekommen, und so haben wir beschlossen –» – «Genau», sagte die andere lachend, «uns für eine oder zwei Stunden ebenfalls davonzumachen und Ihnen unsere Gesellschaft aufzubürden, und schließlich auch, Ihnen einen Sieg über die Gesellschaft zu verschaffen.» «Es scheint, wir haben Monsieur mit dem, was wir ihm anbieten, in Verlegenheit gebracht», spottete die Aschblonde. «Er überlegt nur eine pointierte Antwort, Mélanie, sieh nur wie witzig seine Augen funkeln.» Ich hatte mich im Blitz gefangen. «In Verlegenheit gebracht?», fragte ich ironisch –, «aber wenn Sie mich mit einem Nichts in Verlegenheit gebracht haben, so doch nur deshalb, weil ich nicht weiß, wie ich das Glück verdient habe, mit dem Sie mich zu überhäufen gekommen sind, und weil ich nichts habe, womit ich mich bedanken könnte.» «Einverstanden, kommen Sie, lassen wir diesen hübschen Ort, ich kenne noch hübschere.» «Wenn es Bergèren für drei gäbe», riskierte ich, «ich könnte kaum von Schönerem träumen; aber wir können es uns sicherlich trotzdem einrichten alle drei, – wir werden ja sehen –»

748 «*Moi aussi ... on causera* –» «Ich habe auch etwas, worauf ich stolz bin, und wenn es auch nicht Schmuck ist, dann ist es doch nicht weniger hübsch», sagte die Dunklere, ihre schönen Zähne in dem regelmässigen Gesicht zeigend «– und dann – und dann – wird man plaudern –»

749 «*C'est tout ... et devoué.*» «Das ist eine komplette kleine Wohnung ganz für Sie allein, nehme ich an.» «Uff», sagte Mélanie, ohne zu antworten, und legte sich in einen kleinen Sessel. «Wohl fühlt man sich doch nur zu Hause. Seien Sie so nett,

mein Freund, und schenken Sie mir eine Tasse Tee ein. Sie sehen, ich behandle Sie wie einen Vertrauten, aber wenn man vier Stunden lang eine ganze Gesellschaft unterhalten hat, darf man sich beglückwünschen, wenn man sich von einem liebevollen und ergebenen Freund bedienen lassen kann.»

750 *Wer mir dient ... d'imaginer le reste.»* «Wer mir dient, dient auf Gedeih und Verderb.» «Schauspielerin», warf Valérie hin. «Sie nehmen mir ja gänzlich den Mut», sagte ich lachend, «und freimütiger Taugenichts, der ich bin, ziehe ich das Strumpfband der Strafe vor. Das zumindest, und ich würde für ein ganzes Golconda nicht davon ablassen. Übrigens ist man bekanntlich mit einem schönen Mädchen nie quitt, wenn man es sagt. Der Schmerz macht stumm.» «Siehst Du?» Mélanies Triumph trumpfte zurück. «Zur Belohnung zeige ich ihm meine Schatulle.» «Tralala», lachte Valérie, «und ich ihm meine Chinoiserien. «Daran ist überhaupt nicht zu denken. Sie wissen genau, daß Maman...» «Tralala, mir doch egal. Das heißt, er bekommt zu sehen, was ich ihm zu zeigen wagen kann und überlasse es ihm, sich den Rest vorzustellen.»

750 f. *Je ne suis ... comme ça»* So dumm bin ich nicht»

751 f. *Vous vous moquez ... me fait attendre?»* Sie machen sich lustig, mein Lieber. Das nimmt man doch nicht wörtlich.» «Und das heißt?» «Das heißt, vielleicht – später – Schlag auf Schlag – das heißt, daß man mal sehen wird, und daß bis dahin – da Sie mir ja gefallen, werden Sie Ihr Bestes tun, um mir noch mehr zu gefallen, ist das nicht ein ehrbarer Vorschlag?» Ich lachte aus vollem Halse. «Nun denn, fahren Sie fort; was muß ich tun?» «Zuallerst, mich meiner Schwester vorziehen.» «Und weiter.» «Spielen Sie nur den Unbedarften. Sie brauchen schwerlich meine Lektion, um zu erfahren, wodurch man Mädchen gefällt.» «Sie sind wonnig. Aber ich bin neugierig und will wissen, was ‹coup pour coup› heißt; und ich will

mein Strumpfband.» «Erzählen Sie doch keine Märchen. Sie haben Mélanie mir vorgezogen und mich damit tödlich verletzt, und Sie geben mir hundert Mark, die ich ihr bezahlen soll.» «Hundert Mark? Sind Sie da ganz sicher?» «Was meinen Sie damit?» «Nichts. Spielt keine Rolle. Außerdem hatte ich dabei keinerlei Ziel im Auge. Ich hatte nur kein Kleingeld, um Ihnen die Kosten zu erstatten.» Sie nahm den 500 Schein. «Aber ich habe auch keines, um Ihnen den Rest herausgeben zu können.» «Sie scherzen.» «Ah – nun denn, so ziemt es dem Recken. Ehrenschuld für Ihre Beleidigung und wir sprechen nicht mehr davon.» Sie steckte den Schein in ihr Täschchen und entnahm ihm einen Blauen, den sie an seine Stelle legte. «Übrigens sehe ich das als eine Art gewagten Spiels, das Sie verlieren.» Ich lachte von neuem. «Also quitt?» Sie richtete sich zu ihrer ganzen Höhe auf, sah wie eine Prinzessin aus, zeigte die gleichmäßigen Zähne in dem blaßrosa Herzmunde und sagte: «Man begleicht seine Schulden nur dann so leicht, wenn man sich gefällt – ein wenig zumindest.» – «Niki», rief Mélanie von nebenan, «gehört sich das, mich so warten zu lassen?»

752 ff. *«Flatteur ... en conquête facile?»* «Sie Schmeichler, das glauben Sie doch selbst nicht, und doch lasse ich es mir gerne gefallen.» Ich besah mir Stück für Stück ihre Juwelen. «Ja, das ist recht hübsch. Sie wissen ja, daß wir Russen oder Halbrussen auf diesem Gebiet ein wenig verzogen sind. Barbaren, die wir sind, schenken wir unseren Frauen ganze Schalen voll solcher Metallwaren, damit sie mit vollen Händen darin wühlen können. Wir verschenken Perlmutt-Kämme. Jede wohlsituierte Frau besitzt sie im Überfluß.» «Diese grasgrünen Opale jedoch sind wunderschön. Sehen Sie, wie Sie zu Ihren Haaren stehen. Ich würde eine Tiara daraus machen, mit Rosen, diesen hier.» «Sie haben eine so schön timbrierte Stimme»,

sagte sie gleichgiltig, «daß ich fast vergesse, daß Sie wie ein Juwelier mit mir sprechen und nicht wie ein Edelmann.» «Oh Stimmen –» antwortete ich obenhin –, «man bezahlt Leute dafür; zu den Opalen fehlen für die Tiara passende andere Stücke, Ihre sind zu klein.» «Das sind Geschenke», warf sie hin, «eines Tages wird schon jemand kommen und sie vervollständigen. Ich habe freilich noch einen gelben, mexikanischen, aber er paßt nicht dazu», und sie holte tief aus ihrem Dekolleté an einem dünnen Goldkettchen, das kurz war und in einer unerklärlichen Weise befestigt, einen prachtvollen ‹en cabochon› geschliffenen Feueropal heraus. «Sehen Sie ihn sich nur aus der Nähe an», lachte sie, und ich beugte mich auf ihren Busen und den von ihm gleichsam dampfenden Stein nieder. «Vollkommen», sagte ich, mich eisern beherrschend, «möge er Ihnen Glück bringen, auch wenn man das Opalen nicht gerade nachsagt.» «Ich habe noch nie geweint. Ich habe noch nie etwas gefunden, was einen solchen Schmerz wert wäre.» «Ich beglückwünsche Sie», sagte ich einfach. «Das größte Geschenk, das der Himmel uns machen kann, ist die Unempfindlichkeit.» Sie lachte. «Die teilweise», fügte sie ergänzend hinzu. «Wie Sie wollen.» «Die völlige, scheint mir, hat der Himmel allein Ihnen vorbehalten.» «Ich hindere Sie nicht daran, sich auf meine Kosten zu amüsieren; dies hier ist hübsch, lassen Sie mal sehen –» Es war eine Rococotabatière mit einer Miniatur in Porzellanmalerei, in Brillanten. «Sieh an, Herkules mit Hylas.» «Mit wem, bitteschön?» «Hylas – ein Hirtenjunge, den er unter seinen Schutz nahm und der ihn daraufhin bei all seinen Umherirrungen und Taten begleitet hat.» «Sie sind ebenso gebildet wie anständig. Hüten Sie sich, sie zu öffnen, Sie wären schockiert von der Rückseite Ihrer Idylle», und unter dem Anschein, mir die Dose fortzunehmen, ließ sie den Deckel aufspringen, in dessen Innenseite eine andere Miniatur en surprise den Halbgott sitzend von hinten zeigte, während er den auf dem Schoß Gehaltenen päderastiert. «Nicht Ihr Fall?» «Übliche Galanterien», sagte ich zerstreut. «Ungewöhnliche Ausführung, derbes Thema, es gibt deutlich anzüglichere, die dennoch hübscher sind.» «Anzüglich? Genuß, wurde mir gesagt, könne niemals anzüglich sein.» «Offensichtlich haben Sie Beraterinnen, die über schwachköpfige Vorurteile erhaben sind.» «Denen Sie aber nicht glauben beipflichten zu können?» «Entschuldigen Sie, Mademoiselle, das habe ich nicht gesagt.» «Gewiß; Sie hätten es gesagt, wenn Sie mich liebten.» «Ich habe erst seit einer halben Stunde die Ehre, Sie zu kennen.» «Und schon wieder eine neue Art, mir zu sagen, daß ich Ihnen gleichgültig bin.» «Gleichgültig? Im Gegenteil, Sie machen mich neugierig, und ich wage zu hoffen, daß Sie mir dabei behilflich sein werden, Sie besser kennenzulernen.» «Ich wette, meiner Schwester haben Sie ebensoviel versprochen.» «Wenn ich es nicht getan habe, so nur deswegen, weil sie sich nicht darum gekümmert hat, mir Höflichkeiten abzuverlangen.» Ihre Augen belebten sich funkelnd. «Warum behandeln Sie mich mit solcher Kälte?» «Ach – schöne Mélanie, ich lasse mich nicht gern ins Lächerliche ziehen.» «Ins Lächerliche?» «Oder noch schlimmer. Ich will die Gattungen nicht durcheinanderbringen. In Ihren Salons herrscht, dank der hübschen Mädchen und hübschen Damen, denen Sie kaum etwas unterstellen würden, die Tendenz zur Galanterie, mehr oder weniger gewagt. Wären Sie nicht zu Recht empört, als leichte Beute gehandelt zu werden?»

755 «*Alors ... Vite-vite*» «So ist es also fast eine Ironie der Umstände, daß, nachdem Sie so vielen Verführungen getrotzt haben, das Abenteuer, sich in unsere Salons gewagt zu haben, ausgerechnet in meinem Schlafzimmer endet?» «Char-

manter Zufall, zu dem ich mich beglückwünsche», sagte ich galant. «Und wofür Sie nicht nur dem Zufall danken, scheint mir. Das Glück ist jedoch blind, und es wurde ein wenig gelenkt – wenn nicht gar erobert – nicht wahr?» «Ja – Ihre Frau Mama war so gut, mich in das Labyrinth zu setzen, in dem ich auf Abwege geraten bin –.» Einen Augenblick zog ihr Gesicht sich kaum merklich zusammen, dann lachte es. «Ah, Sie Schelm –» sagte sie; «– da war er doch zu derb, Sie haben sich verraten – gestehen Sie, daß es ein Irrtum war, daß Sie Ihre Rolle überfrachten und übertreiben. Bislang konnte man sich noch täuschen, jetzt erkenne ich die Maske, sie muß fallen. Schnell – schnell»

755 *«ce fût … pour remercier –»* «das war die Bitte um Vergebung, – eine weitere der Dank –»

755 f. *vollkommene Illusion … embarassé de faire.* vollkommene Illusion von steifer und zuvorkommender Schloßherrin. «Was für eine Überraschung, mein lieber Comte, Sie noch hier zu sehen, so vertraut mit den beiden süßen Gören da, die ich gerade schelten wollte, weil sie mich mit dieser undankbaren Gastgeberrolle allein gelassen haben. Sie haben freilich besseres gefunden als diese ganze verwöhnte Klientel, und schließlich war ich es ja selbst, die sie ausgeschickt hatte, sich um Sie zu kümmern. Ah, Mélanies Schmuck, ich sehe schon. Sie ist so stolz auf diesen armseligen Flitter einer Debütantin, das gute Kind. Und Valérie, die ebenfalls darauf brennt, Ihnen ihre Sammlung zu zeigen und die Sie jetzt gleich trösten, nicht wahr, in ihrer ein Viertelstündchen währenden Witwenschaft, während ich den Tee bei meiner Ältesten nehme – Du weißt, Liebes, nicht wahr, dieses Kleid hier ist unmöglich – ein aus größter Nähe untersuchtes Wesen, und Mr. le Comte wird sich mit Vergnügen um sie kümmern.» «Mit dem allergrößten Vergnügen, Madame», sagte ich, «da Sie mir die Wahl

aufzwingen, die zu treffen mich in meiner diskreten Unbeholfenheit ratlos gemacht hätte.

756 *«On n'a pas ... me chagriner?»* «Sie lachen mich noch immer aus?» fragte ich kühl. «Sie ärgern mich noch immer?»

756 *«Jeu de mots. ... «Venez».* «Wortspielerei. Dennoch, ich war ungezogen, das gebe ich zu, und ich schlage Ihnen einen Rücktausch der Geldstrafe vor. Einverstanden?» «Und das Strumpfband? Geben Sie zu, daß man vor allem anderen Wort zu halten hat.» «Kommen Sie.»

756 f. *«C'est ce que ... honni soit –»* «Nun, es ist so, Strumpfbänder habe ich keine» – ein Lachausbruch – «man trägt keine mehr – die Strümpfe sind an Gummibändern befestigt, die Teil meines Korsetts sind – ich kann sie Ihnen nicht geben, ohne mich zu entkleiden –» ein neuer Lachanfall und ihre Augen funkelten von Schelmerei und Provokation. «Ich sehe, daß Sie mir nicht glauben –.» «Ich schwöre Ihnen, daß ja...», «Ach was, ich sehe doch die Zweifel in Ihrem Blick, und deshalb sind wir hier – überzeugen Sie sich selbst – kommen Sie, Sie sind anständig, und ich riskiere nichts, auch mein Schneider und mein Schuster ja sehen meine Beine – ein Schelm, wer Böses –»

758 f. *tenue ... à bientôt.»* Haltung, wir demonstrieren vollendete Gleichgültigkeit. Versprechen Sie mir, morgen wiederzukommen, – versprechen Sie es – danke. Ich will, daß Sie solange bleiben, wie Sie möchten – ich brauche Ihre Freundschaft – ich brauche einen Geliebten – einen Freund, wie Sie es sind. Kommen Sie, schon zehn Minuten verronnen, wir sollten nicht – ich werde es erklären –.» Im Salon zündete sie die Spiritusflamme wieder an. «Der Tee wird kalt geworden sein – aber er ist sehr stark.» «Aber morgen, Liebste», sagte ich rasch, den Rücken gegen das Feuer, «werde ich mich nicht mit zehn Minuten zufrieden geben.» «Ich auch nicht», ant-

1053

wortete sie dunkel; dann lachte das leichtsinnige Gesicht zu mir auf und aus dem blaßrosa Herzmund glitt für einen Augenblick die feucht himbeerfarbene Zungenspitze. «Ich werde Dir eine Ungeheuerlichkeit erzählen – beuge Dich zu mir: Ich will –»

Die Tür ging auf ehe sie ausgesprochen hatte und Mutter und Tochter erschienen. Ich ging ihnen entgegen: «Nun –? Haben Sie die Gewissenhaftigkeit noch übertroffen und die Perfektion selbst noch perfektioniert? Gibt es demnach ein Mittel, diesen Glanz noch hinreißender zu machen, der schon jetzt allzu gefährlich ist für unsere Schwachheit? Gestehen Sie, Madame, daß Sie eine Verleumdung ausgesprochen haben und daß Sie sehr gut wissen, wie untadelig Mademoiselle ist.» Mélanie lächelte mir mit ihren hochmütigsten Augen gelassen zu. Die Alte sagte gnädig: «Allein Ihr Enthusiasmus läßt uns in einem besseren Licht erscheinen, mein lieber Freund; wir erschienen recht schäbig angesichts der Großzügigkeit der Mythen, die sich um uns ranken aus selbstloser Ergebenheit. Ich hoffe, Valérie hat Ihre Zeit nicht vergeudet. Sie werden jedenfalls nichts gesehen haben, was einen Kenner interessieren könnte.» «Ich habe genug gesehen, Madame, um mich glücklich schätzen zu können», sagte ich frech. «Und ich durfte die Verdienste von Mr le Comte als Kenner in dieser Sache bewundern», fügte Valérie mit gemachter Konvention hinzu. «Nun gut», schloß die Alte, «das freut mich. Valérie, mein Kind, es tut mir leid, Dich stören zu müssen, aber ich brauche unbedingt diese Adresse, auf die Sforza dort wartet und nach der wir gern euer Büchlein durchsuchen würden. Dann muß jemand hinuntergehen und dabei helfen, die Hartnäckigsten zum Aufbruch zu bewegen. Und Sie, Comte, kommen Sie auch mit uns? Bis bald also, Mélanie wird Ihnen freilich noch Gesellschaft leisten. Hüten Sie sich, mein Lieber, sie ist äußerst hartnäckig heute Abend, und es braucht einen Mann wie Sie, der ihr die Stirn bietet.» «Ich werde mein Bestes tun, sie zu bändigen», sagte ich scherzend. «Zudem darf ich mich eines dauerhaften Friedens zwischen uns rühmen, weder Sieger noch Besiegte ...» «Da hör doch mal einer, wie er prahlt!», rief Mélanie lachend. «Sieg! Er! Das ist doch nicht zu fassen!» «Sie könnten kaum die Achtung erhalten, die er mir einflößt, Maman, als Kenner, als Gelehrter, als Ehrenmann, als Mann von Welt, aber er befleißigte sich einer geradezu pazifistischen Sanftheit, und sollte es ihm gelingen, mich zu entwaffnen, so nur deswegen, weil man gegen Unbewaffnete nicht kämpft – Unbewaffnete wohlgemerkt aus Überzeugung und aus Veranlagung!» «Das stimmt, Maman», rief Valérie eifrig, «auch mir hat er das bewiesen – und ich versichere Ihnen, es war höchst liebenswert – kommen Sie, ich erzähle es Ihnen – auf bald.»

759 f. «*Vite chéri» ... je meurs de désir*» «Rasch, mein Lieber», sagte sie endlich, «Sie erregen mich, ich sterbe vor Verlangen»

760 «*que monstre magnifique. ... ceux-là –*» «was für ein prachtvolles Untier. Aber ich hatte damit gerechnet, ausgehend von der Gestalt Ihrer vollen und samtweichen Lippen. Zuallererst nämlich war es Ihr Mund, in den ich gleich vernarrt war. Lassen wir doch eine kleine Vorabmassage über ihn ergehen, um ihm den Eintritt zu erleichtern, dem drolligen Kerlchen da. Ich bin so eng, daß nichts hindurchpaßt. Sie würden mich für eine Jungfrau halten. Helfen Sie mir, das Kleid hochzuziehen.» Sie hob die Arme und ich zog die flimmernde Seide von dem herrlich schlanken, fast nackten Leibe. Ihr winziger Schampelz war dunkelblond mit rötlichen Einzelhaaren. «Sie werden meine Brüste sehen, sie sind es wert –»

761 «*Attendez ... ne forcez pas –*» «Warten Sie, nicht drücken – es wird dann schon gehen, erzwingen Sie es nicht –»

762	*«J'ai manqué ... entre mes bras.»* «Ich wäre beinahe, um ein Haar, daran zugrunde gegangen», sagte sie, sich das Haar ordnend, «trotzdem ist es das einzige, wobei man sich nicht langweilt.» Sie stieg ab, drehte sich dabei den halben Pflock noch im Kelche um und sagte: «Ach, Sie haben mich geschont?» Ich drückte sie in die Arme, küßte sie ein dutzendmal auf den jetzt hochgeschwollenen Mund und flüsterte ihr zu: «Ich schwöre Ihnen, Sie ins Paradies zu bringen, zu ausgedehntem Verweilen und das ohne jede Sorge.» «Sie kleiner Narr», antwortete sie mit einem Klaps, ohne das Gesicht zu verziehen –, «wo denken Sie hin, na so etwas. Ich habe meine Vorkehrungen getroffen, und im übrigen mag ich das nicht. Das heißt, es bis zum Höhepunkt zu genießen unter der Bedingung, daß Sie es, wenn möglich, noch mehr genießen, das liebe ich. Es ist allein Ihre Raserei, die mich wahnsinnig macht. Zudem werden Sie bald bemerken, daß Sie keine Chance mehr haben, weil, da ich nun ja im Bilde bin, nehme ich es mit Ihnen auf, und Sie werden in meinen Armen die Seele aushauchen.»
762	*«En route, Monsieur, j'attends!»* «Los geht's, mein Herr, ich warte!»
763	*«Quel instrument de torture!»* «Was für ein Folterwerkzeug!»
763	*«Attention ... chose d'inattendu.»* «Vorsicht, nicht bewegen, nehmen Sie mich in den Arm, so fest wie möglich – es wird etwas Unerwartetes geschehen.»
764	– *aimez-moi, je vous adore –»* – lieben Sie mich, ich bete Sie an –»
764 ff.	*«Avouez ... «Comme ça peut-être?»* «Geben Sie zu, daß ich Sie besiegt habe – hm?», sagte sie mit einem kleinen Kuß. «Ich kenne Sie, man muß an Ihr Herz rühren, um Ihren Widerstand zu brechen.» Ich war ernüchtert und ließ sie ruckartig los. Sie lachte und küßte mich auf die Nasenspitze. «Hu hu», tragierte sie, «er haßt mich. Ich habe Ihnen soeben eine Lehr-

stunde in Sachen Wollust erteilt. Nun werde ich Ihnen eine weitere in Philosophie geben. Hüten Sie sich, jemals einer Frau Bedeutung beizumessen, die Sie nackt im Arm halten. Ob Sie sie geniessen oder an ihr leiden, es wäre nutzlos, und Ihre Ausgaben wären auf Nimmerwiedersehen verloren, denn eine liebestrunkene und nach Ihnen verrückte Frau hat weder Herz noch Seele, weder Vernunft noch Ziel, weder Logik noch Gefühl, sie ist völlig verantwortungslos, willkürlich, entgleist, reduziert auf den Rausch ihrer von Ihrem mächtigen und ungestümen Geschlecht aufgestachelten Sinne. Das wäre schade, denn Sie, als der Mann, der Sie sind, sind tausend Mal mehr wert als Ihre Organe, und wenn die beim Liebesakt auch noch so furchterregend sind. Nehmen Sie uns nicht allzu ernst, mein Freund – das heißt, diejenigen von uns, mit denen Sie ins Bett gehen, oder um mich etwas genauer zu fassen, während der Phase, die man Liebe nennt, inbegriffen das Vorspiel mit allem, was dazugehört, und die Reue, ebenfalls mit allem, was dazugehört. Glauben Sie mir, es ist nicht wirklich der Mühe wert. Unser Orgasmus deckt eine wesentlich längere Zeitspanne ab als der eure. Ausgelassen, liederlich, aufreizend, gereizt, so gemein wie abgeschmackt unter dem Stachel unseres rasenden Fleisches, werden wir euch tausendmal tödlich und zutiefst verletzen, für ein Mal, das wir euch ins Nichts eines absoluten Glücks tauchen. Denken Sie an das, was ich Ihnen gesagt habe, wenn Sie von einer Frau geliebt werden, wenn Sie eine Frau lieben, wenn Sie Ihre Verlobte küssen, und wenn Sie heiraten. Liebeshändel? Unstimmigkeiten zwischen Brautleuten, Ehekrisen? Alles entspringt derselben Quelle. Ein Mann wie Sie, stark, herrlich, überragend an Geist und Bildung, sollte sich niemals damit aufhalten, welches Gewicht auch immer dem zu verleihen, was ihm ein kleines Reh, so heiß vor herzzerbrechendem Verlangen, daß es ihm die Lippen zerbissen und das Rückgrat gebrochen hat, zuflüstern kann, um ihn zu quälen. Damit ist nicht gesagt, dieses Lustgeschöpf wäre ich. Sollte es Ihnen der Mühe wert sein, werden Sie mich kennenlernen, so wie ich bin. Aber Sie erinnern sich an das berühmte Wort, daß jeder Mann, so bedeutend er auch sein mag, sich aus einer Schwäche heraus an sein Zeitalter bindet. Übertragen Sie dieses Wort auf unser Geschlecht, statt auf das Zeitalter, und nichts wird Sie mehr daran hindern, meine Rosen zu pflücken und auf die unbedeutenden Stacheln zu pfeifen.» «Wenn die Liebe», sagte ich, «nichts weiter wäre als eine Illusion, so wäre sie doch immer noch eine so erhabene Illusion, daß sie in der Realität das Wunderbarste hervorzubringen vermöchte. Diese Illusion – wenn sie denn eine ist, gleicht unser Unglück aus. Sie veredelt unser Glück. Ich habe gespürt, als Ihre Lippen es ausgesprochen haben während des ausschweifenden Genusses, wie ich mich mit einem Flügelschlag über den in Maß und Ziel sehr berechenbaren Sog erhoben habe, und wie ich mitgerissen wurde, indem ich Sie mitgerissen habe zu einem Gefühl, einem Verlangen, einer Hoffnung, zu gewaltig, um je gestillt zu werden. Dieses Augenblicks wegen, dank dieses so stark erlebten Augenblicks, weigere ich mich für immer, Sie zu vergessen, weder Sie noch etwas von dem, was Sie sich einbilden, mir wieder nehmen zu können, nachdem Sie es mir einmal geschenkt haben.» Sie lächelte. «So wären Sie also glücklicher als jetzt, wenn ich Sie davon überzeugen könnte, ich würde Sie lieben? Und Sie, wäre es erlaubt zu fragen, was Sie damit anstellen würden, mit dieser seltsamen Liebe, der Liebe dieser Frau hier zu diesem Mann? Die Libertinage selbst, mein Freund, ist das Ziel. Die Liebe ist das nicht, nach dem zu urteilen, was ich vom Hörensagen weiß. Die Liebe ist soviel wert wie ihre Folgen und holt sie ein. Sie strebt nach anderem als nach Liebe. Sie wünscht sich eine Heirat, Treue, Sinnlichkeit, Ausschließlichkeit, ein Geständnis, Sicherheit – nun, tausend mögliche Dinge. Die Libertinage allein weiß nichts von alledem. Sie trägt das Ziel in sich selbst. Sie will nur ein äußerstes Maß an Erfüllung jeglicher Art, die sich bei der Vervielfachung sinnlicher Eindrücke dessen gewahr sein könnte. In der Libertinage verwandeln die Liebenden sich gegenseitig in Partner ihrer lustvollen Handlungen und, genauso gegenseitig, einer dem anderen in Objekte der Lust. Nur ein unablässiges und feinsinniges, aufmerksames und sensitives Handeln kann den höchsten Erfolg sichern. Es bedarf dafür einer vollkommenen physischen Konstitution in jeglicher Hinsicht, begleitet von einer unerschütterlichen nervlichen Verfassung, einer Bildung, die aus all unseren Verstandeskräften schöpft, unserer Kultur entsprechend, unserem persönlichen und sozialen Rang. Es bedarf dafür schließlich eines hoch entwickelten, ja sogar hochfahrenden Sinns für die Souveränität, die uns unsere Geburt und Unabhängigkeit gewährt, der Verachtung jeglicher Einschränkung unserer sinnlichen Freiheit, der Verachtung von Geld, Not, Alltag, von allem, was stört und unterjocht, von all den zuwiderlaufenden Abwägungen und den Grenzen, von denen die Welt all derer abhängig bleibt, die aus dem Gefühl heraus leben und dessen Joch erdulden. Freiheit macht Libertinage möglich. Ohne die Freiheit, von der ich gesprochen habe, ist häßlicher und törichter Schmutz nur die Kehrseite von Hochzeit, bürgerlichem Liebesgetändel und Tugend. Sie haben, mein Freund, die Wahl zwischen Empfindung und Gefühl. Verwechseln Sie die Kategorien nicht. Ich will keineswegs blasphemisch sein – ich leugne das Herz nicht – ganz im Gegenteil – sofern man dort beginnt, um wer weiß wo zu enden – ja – wenn man beim Herzen beginnt, gelangt man nicht manchmal dahin, wo wir jetzt sind, nur von der anderen Seite? Da anfangen, wo wir jetzt sind, um zum Herzen zu kommen? Geht das stufenweise? Ich sehe nicht wie. Ist es der reine freie Flug? Also, hatte es keinerlei Entwicklungen mehr gegeben, nicht wahr? Es bleibt nur: Reue; und wir bedauern nichts. Wir sollten es nicht verdienen, unter die Falschmünzer gerechnet zu werden. Die Liebe, selbst noch im Abgrund der letzten Perversion, bindet sich durch den Schein von Keuschheit immer an Engel! Die Libertinage, selbst im höchsten Grade verfeinert, bindet sich stets an die Natur, trägt sie doch den Grundzug dieser Besessenheit, der bei Tieren triebhaft ist und uns Menschen heilig – schnüffeln, lecken, fressen, mit Nase und Zunge den von der Kopulation aufgewühlten Organen zu Hilfe kommen, alles zeigen und öffnen, jenseits von Keuschheit und Scham, passiv und aktiv Vergewaltigte und Vergewaltiger. Die Libertinage erkennt das Primat ihres Begehrens über die Gefühle offen an. Sie spricht ganz und gar die Wahrheit, ihre Wahrheit, und die ganze Wahrheit ist die Herrscherin ihrer Welt. Ich gebe zu, daß die Libertinage keine Kennerin in Herzensdingen ist, und ich behaupte, das Herz ist es auch nicht auf dem Felde der Libertinage. Moral reicht nicht so weit, es sei denn, es handelt sich um zwei Partner, wie wir es sind, die in vollem Einverständnis handeln mit dem Ziel, so vollkommen wie nur irgend möglich ineinander einzudringen, um aus der kleinsten, der allergeringsten Polarität ein Maximum wechselseitiger Leidenschaft zu ziehen. Das ist meine Argumentation und ich sehe, sie hat Sie überzeugt.» «In diesem Augenblick jedenfalls ziehe ich Sie jeder anderen Frau vor. Es fiele mir schwer, dem Bedürfnis zu entsagen, von Ihnen jedem anderen Mann vorgezogen zu werden. Der Gedanke, für Sie nur ein beliebiger Sexualpartner zu sein, würde mich zutiefst erniedrigen. Ich hoffe, daß Sie darauf bauen, mich zu halten, mich wiederzusehen, mich nicht zu verlieren. Je aberwitziger diese Hoffnung ist, desto mehr klammere ich mich daran.» «Mir wird kalt, gehen wir zu Bett.» Ich hob sie in meine Arme und während sie sich mit den Armen an meinem Halse leicht hochzog, hängte sie sich an meine Lippen mit einem Kusse, der mich noch auf das Bett ihr nachzog, ohne sich zu lösen und erst langsam erlöschen mußte, ehe wir unter die leichte seidene Steppdecke glitten. «Auch ich habe Sie erwählt, das heißt, ich habe Sie bevorzugt, nicht wahr, das erzeugt keinen Widerspruch. Es ist nur natürlich, daß es die einander Ähnlichen und die Begabtesten sind, die sich gegenseitig erwählen, mit dem Ziel, sich durch alle nur möglichen Körperkontakte in Raserei zu versetzen bis zur Ekstase. Sie, die Sie mir eben so berührende Worte gesagt haben, hatten mich nicht bemerkt. Ich, von der Sie dachten, ich übe mich in Kaltherzigkeit, ich habe Sie gewollt, begehrt, habe Sie dazu auserwählt, all meine kühnsten Rasereien mit mir zu teilen und in mir zu erwecken, ich hatte mich vergafft, würden Sie sagen, ich hatte mich verliebt, wie ich das ausdrücken würde, ich nahm Sie vorweg mit jeder Ader und jedem Nerv, und ich brannte vor Verlangen, Sie aus tausend Mündern zu trinken, durchdrungen zu sein von Ihren tausendfachen Speeren, Sie mir einzuverleiben und einverleibt zu werden. Deshalb, nachdem ich quer durch das ganze Haus Ihre Spur aufgenommen hatte, entriß ich Sie der kleinen Schmierenkomödiantin, von der Sie sich beinahe hätten täuschen lassen.» «Wer ist sie?» Sie lachte leise, und ich küßte den lachenden Mund. «Sie, die Sie darum bat, nicht wahr, ihr zur Flucht zu verhelfen aus einer zweideutigen Gesellschaft, in die ein Mißverständnis sie geführt habe.» «Genau.» «Das ist ihre Paraderolle, und sie spielt sie perfekt, denn sie hat das entsprechende Aussehen und ein äußerst elegantes Haus, in dem sie wohnt.» «Wer sie ist? Ein Mädchen, wie alle anderen, einigermaßen hübsch und recht reizend. Eine – Kostgängerin, glaube ich, – man kennt sie ganz gut in der Branche. Aber denken Sie nur, Sie hätten, wenn ich nicht wäre, mit all Ihrem Ungestüm diesen alltäglichen Mund geküßt.» «Sie beherrschte die Kunst des Küssens allerdings vollkommen.» «Ach, tat sie das, na sowas?», lachte sie leise und zog mich an sich. «So vielleicht?»

769 *«Ah non chéri ... le connaissez»* «Ah nein Liebster – küssen wir uns richtig, – nehmen Sie den, Sie kennen ihn»

797 *Aussi ça n'a pas tenu.»* Auch ist es sonst nicht auszuhalten.»

797 *le premier duvet* Der erste (Bart-)Flaum, im Sinne der jugendlichen Unschuld

799 *«I like what you say ... I like you»* «Ich mag sehr was Du sagst und sehr auch wie Du es sagst und ich mag Dich»

801 f. *«He'll better know ... first impressions.»* «Es ist besser, wenn er mich von Anfang an von meinen schlechtesten Seiten kennen lernt», erklärte die Kleine in glänzendem Englisch. «Dann gibt es genügend Gelegenheit die ersten Eindrücke zu verbessern.»

802 *«Je vous traite en habitué»* «Ich behandele Sie wie einen Freund des Hauses»

802 *en éteignoir* Wie ein Löschhütchen, das über die Lichtflamme gestülpt wird

803 *«de n'avoir commis ... mon compte à moi.»* «sie habe in ihrem ganzen Leben nur fünfzehn Tollheiten begangen, ihre Hochzeit inbegriffen.» «Sie sagte es hoffentlich als alte Frau», erwiderte ich lächelnd. «Ach, das versteht sich von selbst. Mir bleibt noch viel Zeit, um mir die eigene aufzustellen.»

809 *Ah que tu ... raffole de toi.»* Ah, wie hinreissend Du doch bist, rasch, verschwinde, ich bin verrückt nach Dir.»

812 *«À la bonne heure ... d'importance.»* «Donnerwetter, Sie haben den Umfang verdoppelt.»
842 *they are up to something* Sie führen etwas im Schilde
881 ff. *«Take care ... you are fond of me.»* «Gib acht auf den Fahrer, Lieber», flüsterte sie, «er hat den Rückspiegel vor sich.» «Warum», lachte ich, «immerhin warst Du unvorsichtig.» «Ich werde Dich als irgendeinen nahen Verwandten im Haus unterbringen. Jetzt paß auf. Ich fürchte, es wird nicht alles so gehen, wie wir wollen. Da ist die alte Pauline Benacsy, eine Tante meines Mannes, mit ihrer Pflegerin, da sie genauso krank wie heimtückisch ist. Und es kommen einige Leute zum Lunch. Gisela Puttkamer mit ihrer Göre von Tochter, aber sie selbst ist eine Seele, und Fredy Blinsky mit seinem Kleinen. Aber das kriegen wir schon hin. Fredy ist ein ziemlicher Bauer, außer wenn es um Gisela geht, die ist Witwe und auf ihre Art sehr attraktiv, hochgewachsen und vornehm und damenhaft, ihre Mutter war Engländerin. Ach, wie gern würde ich Dich jetzt küssen, Du Frechdachs. Bist Du keiner?» Sie gab mir einen kleinen Stoß in die Seite. «Das bin ich durchaus nicht. Ich bin ein schüchterner ‹Hans im Glück›, der nie über seine verborgenen Chancen Bescheid weiß.» «Als ob Du das nicht wüßtest. Du hast nicht geahnt, weshalb ich in Dein Schlafzimmer kam?» «Ich schwöre, nein.» Sie lachte. «Hat es denn in Deiner Traumwelt nie Frauen gegeben, die ohne Vorwand die Schlafzimmer junger Männer, die sie gar nicht kennen, betreten, und doch die Klimax erreichen, die wir miteinander erlebt haben?» «Ich weiß es nicht, so viel ist sicher. Zumindest hatte ich mit derlei noch keine Erfahrung. Kann es nicht sein, daß sich eine Lady einmal in der Tür irrt? Kann sie nicht ein Aspirin wollen oder sie braucht Hilfe, weil ein Kofferschloß klemmt oder derlei? Lach nicht über meine Offenheit.» «Köstlich, Du lieber guter Kindskopf. Aber

jetzt hör mir zu. Wenn sie sich in der Tür irrt und dann sich einem Fremden im Morgenmantel gegenübersieht, wird sie sich schleunigst entschuldigen und kehrtmachen, es sei denn, wenn sie es nicht tut – wenn sie herein kommt und versucht, die Situation mit einem gemütlichen Plausch für sich auszunutzen, dann trittst Du auf sie zu und küßt sie einfach, ganz fest, und Du wirst sehen, genau das war's, warum sie kam – natürlich nur, wenn sie Deinem Geschmack entspricht. Und wenn sie gekommen wäre, um Hilfe zu erbitten, dann würde sie ihre Sache so darstellen, daß darüber nicht der leiseste Zweifel aufkommt. Und falls sie das nicht tut – wenn sie nur kichert und flirtet, dann stimmt etwas nicht mit einem anderen ihrer Schlösser, dann holst Du Deinen edlen Schlüssel heraus, achte gar nicht auf ihr Sträuben, und bring ihn hinein, und Du wirst merken, nur daß war's, wofür sie gekommen ist, und sie wird Dir helfen, wenn Dein Schlüssel einmal im Schloß steckt und Dir alle ihre verborgenen Schätze erschließen. Hör auf meinen Rat. Frauen, die einen solchen Schritt riskieren, tun es nur, weil sie hinter süßem Unfug nach Mätressenart her sind. Es juckt sie wie verrückt, und sie wollen gekratzt werden.» «Aber nehmen wir an, ich tue ihnen Unrecht, eins zu einer Million. Und stell Dir den Aufruhr vor in einem Haus voller Gäste.» «Nun, ich kann nicht von Ausnahmen ausgehen. Du mußt Deinem Instinkt folgen. Eins zu einer Million wollen sie geküßt werden. Sie lieben es alle, wenn ein gutaussehender, gut erzogener Mann auch kühn handelt. Und sogar, wenn sie nicht wollten – möglich ist ja alles – machen sie sich nicht lächerlich, indem sie anderen davon erzählen. Vielleicht schneiden sie Dich, machen irgendwas anderes, aber sie brechen nicht mit Dir. Ein Mann muß es nur versuchen, zur Not zweimal. Es gibt viele Frauen, die sich selbst nicht kennen. So eine könnte über einen unerwarteten Kuß wütend werden, aber wenn Du dranbleibst und sie geschickt behandelst, kann es sein oder auch nicht sein, daß sie aufgibt und fünf Minuten später Deinen nächsten dreisten Vorstoß mitmacht. Mach Dir von Frauen bloß keine falsche Vorstellung. Sie genießen das keinen Deut weniger als Du. Wenn Du verrückt nach ihnen bist, bleiben sie Dir gegenüber auch nicht kühl – im Gegenteil.» «Aber haben sie deswegen nicht Ehemänner?» Sie sah mich mokant an. «Wir wollen Liebhaber. Ehemänner sind wie der schale Rest vom Schampus letzter Woche. Obwohl, ich muß zugeben, das eigentliche Ideal wäre, mit seinem Liebhaber verheiratet zu sein – mit dem perfekten Liebhaber – dem, der nie vom Liebhaber zum Ehemann herunterkommt – ein paar Fälle dieses Paradieses gibt es ja wohl – einer unter zehn Millionen. Der Rest sind begierige, aufgeweckte, schlaue Frauen, ‹treulos› wie man so sagt, ausgehungert, immer auf der Suche nach dem Kick, der Umarmung, nach dem Verbotenen, dem Quicklebendigen, dem atemberaubenden Kuß, der festen Umklammerung, der aufgeilenden Anstrengung, dem berauschenden Sieg des Bezwungenwerdens. Befriedigung, mein guter Bub, die Sache, bei der Du Dich so fühlst als hättest Du alles, was man haben kann auch gehabt, die Dir das Gefühl gibt, nichts mehr zu fühlen – die Auslöschung Deines heiligen Ich – sterben in den Armen dessen, den Du getötet hast. Na, das sind bloße Worte. Hier ist schon unsere Besitzgrenze. Sag mir nur noch schnell, wie sehr Du mich magst.»

939 f. ‹*I'm shocked ... I'll keep your secret.*› ‹Ihr Benehmen schockiert mich›, sagte sie, ‹und ich sollte Ihre Mutter warnen, daß alles, was Ihnen nach dieser Sache zustoßen könnte, außerhalb meiner Verantwortung liegt, die ich von jetzt an ablehnen muß.› ‹Wenn Sie die Sorge ablehnen›, sagte ich, ‹übernehme ich.› ‹Vergessen Sie's›, gab sie kalt zur Antwort, ‹ich bin aus

dem Alter 'raus und mein eigener Herr, und ich bin frei überallhin zu gehen, falls sich jemand in meine Privatsachen einmischt. Aber mit Ihnen ist das etwas anderes, liebes Kind, Sie sind mir anvertraut, und was geschieht mit mir, frage ich mich, wenn Sie als meine Schutzbefohlene ein Kind bekämen.› ‹Ein – was?› schrie ich. ‹Ich glaube, Sie sind verrückt.› ‹Eher Sie. Zum Glück habe ich Sie gestört. Zehn Minuten später und es wäre vielleicht zu spät gewesen. Ein junger Kerl, im Schlafzimmer eines Mädchens, der ihren Mund küßt, während sie mit dem Kopf auf ihrem Kissen liegt und mit breit ausgestreckten Beinen, wird von jedem verdächtigt, der ihn in dieser Lage erwischt, ihr Liebhaber zu sein und sie mit ihrem Einverständnis zu genießen.› ‹Ich haßte seine Küsse›, schrie ich mit Tränen im Auge. ‹Ich fand ihn abscheulich. Ich will nie wieder von einem Mann geküßt werden.› ‹Gib mir Dein Wort, daß er Dir nichts angetan hat. Wahrscheinlich irre ich mich, aber ich habe gesehen, wie er an seinem Hosenstall fummelte, gerade in dem Augenblick als ich plötzlich reinkam.› ‹An was – und zu welchem Zweck bitte?› fragte ich außer mir. ‹Du Unschuldslamm. Mach Dir keine Gedanken. Besser so. Dem Himmel sei Dank, daß alles in Ordnung ist und er bald weg sein wird. Und wenn Du mir versprichst, in Zukunft weniger unvorsichtig zu sein, behalte ich Dein Geheimnis für mich.›

940 ‹no dear … you'll be pretty sure ‹nein, mein Lieber, ich liebe Dich nicht, ich mag Dich nur›, aber leider sich doch weiter küssen lassen – ‹aber Du hast ihn wiedergeküßt, nicht war?› ‹Wer kann das schon sagen, Liebes›, sagte sie mich an sich drückend. ‹Es ist ein Grammatik-Rätsel, glaube ich – ‹küssen› wie ‹verschmelzen› scheint halb zwischen Aktiv und Passiv zu liegen. Außer, Du magst eine Person überhaupt nicht, die Dich küßt, dann wirst Du Dir ziemlich sicher sein

941 f. ‹*Ah c'est toi* … *profondément.*› ‹Ah, Du bist es›, sagte sie kalt, ‹Deine Mühen sind umsonst, mein Freund, denn Du widerst mich bald an mit Deinem Mangel an Feingefühl gegenüber dem, was ich gerade mit Oscar bespreche, und ich erkläre Dir hiermit in seiner Gegenwart, daß ich es bevorzuge, wenn in meinem Hause kleine Dummheiten junger Leute entweder übergangen werden oder besprochen, wie es sich gehört, und Du wirst mich dazu zwingen, Dich dem zu unterwerfen, denn wenn nicht, würdest Du mich zutiefst verdrießen.›
943 *tout de même* Trotzdem
943 *elle va se déchirer pour vous.*› Sie wird sich für Sie zerreissen.›
943 *ça m'a même ému.*› Es hat mich geradezu gerührt.›

ZU DIESER AUSGABE

Der Text folgt dem Manuskript Rudolf Borchardts im Nachlaß mit allen Eigenheiten der Schreibung und Zeichensetzung. Die Abschnitte I–XI ergeben sich nicht etwa aus einer Kapitelstruktur des Autors, sondern bezeichnen lediglich die Anzahl der erhaltenen Manuskriptkonvolute in der Abfolge der Handlung, die jedoch durch Überlieferungsverluste fragmentiert sind und also nicht fugenlos aneinander anschließen. Auffälligkeiten, die als Fehler gelten könnten, sind mit [sic] markiert, nicht entzifferte Buchstaben oder Textverluste in der Handschrift werden nach Anzahl der Buchstaben mit xxxx gekennzeichnet (etwa 172, 279, 381, 449). Zeilenbrüche sind mit | angegeben, Auslassungen mit […], Wortergänzungen stehen in { }. Die Varianten (Streichungen, Alternativfassungen), einen Editionsbericht und einen Zeilenkommentar enthalten die gleichzeitig erscheinenden Bände der kritischen Gesamtausgabe (SW XIV/1–2), mit den zugehörigen Entwürfen, Materialien und Registern zum biographischen und topographischen Hintergrund; dort auch der Nachweis aller Zitate in der Nachbemerkung.

NACHBEMERKUNG

Berlin, im Spätherbst 1901. Ein verbummelter Student der klassischen Philologie im zwölften Semester fingiert durch ein Telegramm aus Göttingen an die Eltern den schon lange überfälligen Abschluß seiner Dissertation. Hofft er, sich die verschleppte Arbeit durch künstlichen Zeitdruck abzupressen? Eine Blinddarmentzündung ist die Antwort auf soviel Nervenstreß, der Schwindel fliegt natürlich auf und Kurmonate in Bad Nassau vom April bis Oktober desselben Jahres sollen den Gescheiterten und Zerrütteten notdürftig regenerieren. Danach befielt ihn Robert Martin Borchardt (1848–1908), eine imponierende Gründerzeitfigur der Hochfinanz, zurück nach Berlin: «Mein Vater machte mir eine Wutszene, erklärte mir ich sei im Hause eine Art von Gefangener bis ich mich wieder herausgepaukt hätte, wäre nur für die notwendigen Gänge die das Studium notwendig mache, frei und im übrigen unter Arrest.» (7)

Aber der Sträfling besteht auf Freigang. Seine spätere Schilderung, die er wie atemlos und ganz buchstäblich ohne Punkt und Komma niederschreibt, reicht von den «letzten frühlingsartig schönen Tagen des Spätherbstes» (15) über einen «frostigen Grossstadtnachmittag» (675) bis zum «ersten Flockentreiben» (773) im Dezember 1901 und bricht dann unvollendet ab. Knapp vier Wochen hindurch ist eine geradezu tagebuchartige Kalendergenauigkeit angestrebt, ohne daß sich die Intervalle dieser «üblen Zeit» im Nachhinein noch exakt errechnen ließen. (10) Den historischen Hintergrund bildet die bis in kulinarische Schwelgereien geschilderte Opulenz der deutschen

Jahrhundertwende – kaiserliche Friedensjahre. Schauplatz ist die Reichshauptstadt, mit Ausflügen nach Potsdam (105 ff.), Rheinsberg (194–210) und Bad Eilsen (548–607), schließlich mit Besuchen auf Landsitzen des märkischen und mecklenburgischen Adels wie auf Gut Börnicke (796 ff.) oder dem Herrenhaus von Polzin (886 ff.), wo sich der Erzählfluß nach dem Vorbild des ‹Decamerone› in Einzelgeschichten aufspaltet, in überlängte orientalische Märchen, «recht gepfeffert und anzüglich» (813–869), und dann als Schluß, aber ohne Ende versandet, in einer losen Folge von Berichten jedes der Mitgäste «auf welche Weise und durch wen er [...] praktisch erfahren hat, wozu er da ist.» (924–950) Ob die Ökonomie des Erzählers es vermocht haben würde, seinen Helden nach kunstvoll aufgebautem Spannungsbogen aus Mecklenburg wieder nach Berlin zurückzuführen und die Begegnung mit der «einzigen, wirklichen Liebe» Addie von Eixner (294) im Rundschluß zu erneuern oder ob auch sie, wie andere Figuren, nach dem Muster des Kolportageromans aus der Handlung durch plötzliches Verreisen, Krankheit, Trauerfall oder Kündigung «hinausgeschrieben» worden wäre, bleibt offen und wird strukturell nicht vorbereitet.

Mit detailfreudiger Präzision, und sei es bei der Schilderung des «bauschenden Unterrockwesens der Zeitmode» (396) oder einem «sportlichen Herbsthut, Weinlaub» (373), unterstreicht der Autor seine quasi dokumentierende Absicht, in Schlaglichtern ein Kulturbild zu geben, auch wenn dessen Überprüfung dann vielfach Unstimmigkeiten und «Zeitschnitzer» aufdecken kann: Hotels wie der ‹Fürstenhof› in Eilsen (549), Kaufhäuser wie das ›Warenhaus Wertheim‹ am Leipziger Platz (522), das ‹KaDeWe› am Wittenbergplatz (470), das ›Hotel Adlon‹ am Brandenburger Tor (340) oder das ‹Hotel Hessler› in der Berliner Kantstraße (319) bestehen erst lange nach dem Handlungsjahr 1901, und auch das ‹Palais de Danse› im Metropol–Palast an der Behrenstraße öffnet erst im Dezember 1910 seine neubarocken Pforten (357). Erwähnte Personen der Zeitgeschichte wie Lorenz Adlon (345f.), Alfred Walterspiel (273ff.), Felix Weingartner (688) oder Fritzi Massary (799) treten in ihren angegebenen Rollen erst Jahre später auf. «Cumberlandgeleee» (366) ist erst seit 1904 gastronomisch eingeführt, und auch erst in diesem Jahr gründet der Parfumeur François Coty (1874–1934) seine Firma in Paris (597); die Orientzigaretten von Muratti Sons & Co. Limited werden in Konstantinopel wie in Köpenick erst ab 1906 hergestellt (273). Kaum vor 1910 fahren in Berlin die Taxen so schnell und häufig, wie der Flaneur sie heranwinkt; denn die Regel sind noch für lange Jahre Pferdedroschken. Auch der Florist Hermann Rothe liefert seine berühmten Blumenarrangements erst ab 1910 (689); mit einer Browning (78) kann nicht vor Anfang der dreißiger Jahre geschossen werden und Blaulicht als polizeiliches Warnsignal (742) gibt es in Deutschland erst ab 1933.

Neben realen Personen der Handlung – die Mutter Rose Borchardt (1854–1943), die jüngeren Schwestern Vera und Helene, das greise Geschwisterpaar Karoline und Johanna Riechert, der Hellenismus-Forscher Alfred Körte, der Kunsthändler Kurt Walter Bachstitz, Portier Schubert, Pfarrer Nessler – lassen sich mögliche Figurenmodelle aus Rudolf Borchardts Lebensumfeld nur in wenigen Fällen erkennen: Bei Max (Meier) Loeb alias Oskar Salomon (221), bei «Lottchen» Behr alias Charlotte Hahn geb. Landau (458ff.), beim Ehepaar Egerter alias Friedrich Eckstein und Bertha Eckstein-Diener (507ff.), bei Lydia Mausermann alias Susi von Zimmermann (502 u. ö.), bei der Familie des Oberlehrers Halbe alias Dr. Friedrich Witte und dessen Frau Adelheid geb. Lewies. (925ff.) Zudem sorgen «redende Namen» für ironische Bezüge – ein Portier namens Adelt, eine Vermieterin namens Bollfrass, eine Geschiedene namens Ellendt, eine Prostituierte namens Lalla, ein erfolgreicher Schlawiner namens Mackedanz. Andere Figuren – etwa Sonja Schlesinger, Addie von Eixner, Winnie Frazer, Marie von Lecocq, Vera von Madden, Xenia von Treeck, Molly von Kemnitz – werden durch die Montierung einzelner Charakteristika vom Autor offenbar frei gestaltet. Bei dem höchst lückenhaften Stand biographischer Forschung zu Rudolf Borchardt bleiben in vielen Fällen Realität und Fiktion noch untrennbar miteinander verschmolzen. Aber es kommen wichtige Realitätspartikel zutage – von dem Bekenntnis «Ich that [...] als winziger Knirps nicht gut» (925) über die Vermögensrelationen des Elternhauses (915 f.) bis zum Eingeständnis des unabgeleisteten Militärdienstes (190) und den möglichen Gründen für das Scheitern seiner Dissertation: «Ich habe zu viel gewollt. Kleines wollen ist für mich eine Anstrengung, bei der ich fast draufgehe.» (65)

Obwohl für die Niederschrift des Romans der Zeitraum von Oktober 1938 bis zum Sommer 1939 feststeht, fehlt für die Ausarbeitung bislang jedes briefliche Selbstzeugnis. Bemerkungen Borchardts wie diejenige gegenüber Martin Bodmer vom 29. Juni 1930: «dass mein Schreibtisch nie, so lange ich lebe, etwas anderes als ein literarisches Trichterfeld an Grosskampftagen sein wird», weisen darauf hin, daß es die ruckartig einander ablösenden Phasen der Ausarbeitung verschiedener Werke sind, ein Nebeneinander unverwandter Themen und Formen, die jede chronologische Ordnung der Textgenesen im Spätwerk nach 1933 bis jetzt nahezu unmöglich machen. Denn dieser Autor arbeitet mit Vorliebe an Langzeitvorhaben. Sie wandeln sich zwar im Lauf der Jahrzehnte, und viele frühe Pläne werden nicht mehr aufgegriffen. Die Absichten und der Grundriß bleiben jedoch unverändert, wenngleich die Ausführung alle Kräfte eines Einzelnen übersteigen muß – «als hätte ich zehn Menschenleben zu leben.»

Während die Kindheitserinnerungen von 1927/28 kulturhistorisch aufschlußreiche Seiten über Ostpreußen und Berlin, das Französische Gymnasium und die elterliche Wohnung am Kronprinzenufer als dramaturgischem Gegensatz zur Unterkunft des Kindes bei einem Lehrer namens Halbherr in Moabit bieten, geht es diesmal um die Irrwege, die Abgründe und die Brüche seiner Existenz, gedacht als ein «Halbroman» im Sinne Goethes: die Lebensbeichte eines lebenssatten Menschen, in Erinnerung an «die leichtsinnigste und libertinste Periode meines Lebens» (575): «Die Mädchen hatten offenes Herz und Begierden, und ich hatte Leidenschaften. Ich gefiel ihnen wie sie mir gefielen – gefiel ihnen oft, ehe sie mir noch gefallen hatten. Ich war das Richtige für sie, sie waren ein Pluralis und ich ein Singularis. Es war ganz gesetzmässig dass ich wechselte. Nichts entwickelte sich so wie es von der Liebe in den Büchern stand, alles schoss auf und reifte schnell.» (489) Die rasante Handlung entspricht tatsächlich einer regelrechten «Erlebniswelle» (55). Sie spielt zwar vor allem im «Centrum» der Großstadt und feiert diese – «Ich bin in Berlin scharf, streitsüchtig, unnachgibig, enorm aktiv, voller Einfälle, voller Rhythmus» (100) –, bietet aber ein typologisch klassifizierbares Panorama sexueller Begegnungen des Ich-Erzählers und geradezu ein Stück Kulturgeschichte der Berliner Prostitution um die Jahrhundertwende: «Alles auf Metallbasis. […] Taxe dreissig, darüber unbegrenzt.» (676) Das aristokratische Milieu verkörpern in diesem Fall eine veritable Prinzessin samt Hofstaat und eine mit ihr geheimnisvoll verbundene adlige Schöne mit «schwarzer Samtmaske» (669), der Oberst Dörnberg mit seiner Tochter Annie und deren Cousine Addie von Eixner, die stilsicher verarmte Marie von Lecocq, Gräfin Xenia von Treeck mit ihren Gästen auf Gut Börnicke, Gräfin Molly von Kemnitz im Herrenhaus von Polzin, Baronin Racko mit Anhang, die hitzige Mira von Rayski, schließlich Frau von Üchtritz, Inhaberin des «schicksten Puffs von Berlin» (676), und Hortense von Hohenheim mit ihren Töchtern Melanie und Valerie als Betreiberin eines Edelbordells in der Kleiststraße – berühmt «in der ganzen Welt, der Saustall». (725) Zum «besten Mittelstand, ohne Reichthum» (360), gehören der jüdische Kommilitone Meier Loeb (samt Familie und den «Pinkusmädels»), dessen Verlobte Charlotte Bloch, das «Blumenmädchen» namens Rezia alias Fräulein von Schaper, Lottchen Behr und das Intellektuellen-Ehepaar Egerter. Für die

Berliner Boheme stehen die Schauspielerin Lussy und Christa Eddisloe, eine Bildhauerin mit irischen Wurzeln. Die russisch-französische Konzertsängerin Sonja Schlesinger, die Amerikanerin Ann Sullivan mit ihrer jungen Freundin Pamela Osborne und die Opernsängerin Kathleen Grammarby verkörpern die internationale «große Welt». Daneben erscheint in vielen Nebenfiguren die Szenerie der «kleinen Leute», von schlagfertigen Taxichauffeuren und indiskreten Hotelportiers bis hin zu Juwelieren oder Kellnern – wie denn überhaupt der Stilwechsel der Rede zwischen Hochsprache, Dia- und Soziolekten ein geradezu naturalistisches Kunstmittel bildet, vom drastischen Berliner Akzent bis zum redensartlich Ordinären, outriert Nachlässigen, gebrochenem Deutsch oder wienerischem Näseln; wenn es sein muß, auch zotig. (714)

Als Objekte der Begierde stehen junge Frauen im Mittelpunkt, als dienstfertige Dienstboten, Zofen und Zimmermädchen – «leichtsinnige heißblütige Dinger [...] ohne Recht auf Treue» (158) – schüchterne Bedienungen und lüsterne Angestellte wie die Schwestern Agnes und Karla (Typistin und Buchbinderin), nymphomanische Kurtisanen wie Winnie Frazer und Mable Short und edle Hetären oder weniger edle Cocotten des «berufsmässigen Spezialistenbetriebs» (727) wie etwa die «sieben Planetinnen» aus dem Whirlpool des Massagesalons beim Landwehrkanal (297) – auch diese Mädchen sind für den schnöden Erzähler «so recht ein Verlegenheitsschmöker, den man nur einmal liest.» (796) Scherzhaft und durchsichtig nennt der Held des Romans sich «Rubor» aus dem Geschlecht der «Rudiborlichen» (74), will aber doch mit jeder Zeile als der Rudolf Borchardt seiner eigenen Lebenswirklichkeit gelten. Daß die ihn umgebenden Personen nicht nur seine Bildung bestaunen, sondern ihn auch bereits als Dichter wahrnehmen – auf die lyrischen Publikationen in der Zeitschrift ‹Die Insel› vom Sommer 1901 wird mehrfach verwiesen (22, 461, 608–610) – führt zu respektvollen Bekundungen, die jeder Eitelkeit guttun: «Ich hätte immer gesagt, etwas Gesellschaftliches, Weltliches, Schriftsteller oder Diplomat.» (360) Denn «die Centimeter machens nicht, es ist Deine Leidenschaftlichkeit und Beständigkeit und Herrlichkeit.» (323)

Freilich stellt der krisenhafte Zustand seines Inneren diese angebliche Berufung zum Ausnahmemenschen ohne ein Berufsbild jedesmal in Frage: «Sogar Verse fielen mir ein, aber ich war fern von der Luft in der ein Einfall zu reinem Kristall wird. In der ganzen Zeit der Abenteuer in denen ich nun seit Wochen lebte, hatte ich die Poesie schuldbewusst umgangen, es schickte sich nicht für sie, mich jetzt zu kennen, und ich wusste es. Es war ein Trotz in mir der mich aufsteifte nicht hin zu hören sondern mich zu verstecken und das Leben wild zu erfahren, bis an den Rand meiner Kräfte und meines Gewissens.» (578) Hauptthema dieses Romans, allen farbig entworfenen Kulissen zum Trotz, bleibt Rubors überbordendes Bedürfnis nach Sex – für ihn ein «unmenschliches Naturgeheimnis», gegen das «alle Geheimnisse der Seele und Schranken des Menschen doch nur Kaff und Zunder sind.» (41) Als «Begattungsmaschine» sieht er sich und sei eigentlich «kein lebendiger Mensch» (170), nichts gedeiht ihm «als gegenseitiges herzloses Vergnügen» (149), es hat «mit Liebe nichts zu thun, nur mit Wonne» (201), man sitzt «im Abgrund der absoluten Wollustraserei» (150), als ein «Gliederknoten im Krampf» (157). Allenfalls fühlt er noch, «dass man fast zu lasterhaft geworden war, um viel dabei zu fühlen» (778), zumal sich «bei kaltem Blute nicht berichten {läßt}, was wir mit heissem thaten.» (322f.) Im Verlauf von «dreissig Stunden» gehen «sechs Frauen» durch seine Arme, «ohne Liebe, nur mit äusserster Wollust und Kraft, fünf Fremde, darunter eine nie gesehene im Dunkel der Nacht, eine Bekannte, von der einen verführt, die andere vergewaltigend die übrigen halb spassend, im Spiele, öffnend und geniessend». (184) Schließlich verzählt sich der überpotente Erzähler sogar bei seinen Registerarien und korrigiert im Manuskript die doppelte Wahrheit von «50» Geliebten annähernd wahrheitsgemäß in «25» zurück. Alles ist ihm erlaubt und möglich, nur nicht «die Drohung der wirklichen Liebe», mit der «ich nichts anzufangen wusste, weil sie auf Dauer ausging und ich konnte nichts brauchen als Abenteuer.» (779)

Dieser «schöne unreine Schrei des Lebendigen, das derbe Greifen und Erdrücken, ohne das der Schoß des Lebens nicht empfängt», wie es 1910 in Borchardts Polemik ‹Intermezzo› gegen die sterile Poesie des George-Kreises heißt, kann einen genauen Leser seiner Werke und Briefe freilich nicht überraschen. Daß der Verbindungsstudent der Bonner ‹Rheno-Ostphalia› 1897 ein kneipegerechtes Minnelied unter dem Titel ‹Dur› dichtet («Mein Mann ist ein rechter Nimmersatt…») und als Übersetzung aus dem «Altholländischen» ausgibt, ist so wenig verwunderlich wie sein selbstkritischer Sinnspruch vom 25. März 1898: «Die bestie packt sich den genuss hinter dem ersten zaune. | Der mensch wählt die nuance.» Und nicht nur Sprachmagie und die souveräne Beherrschung historischer Stoffe sind es ja, die Rudolf Borchardt am Werk Hugo von Hofmannsthals faszinieren – ebensosehr imponieren ihm die notorischen Verführergestalten der frühen Dramolette wie Andrea in ‹Gestern›, Claudio in der ‹Tor und der Tod› und Fortunio im ‹Weißen Fächer› oder Abenteurergestalten wie der Baron Weidenstamm und Florindo. Genauso wie Casanova und anders als Don Juan braucht Borchardt Gegenlust für seine Lust, und stilisiert sich als Erotiker par excellence: «Sinne und Wollüste sind ein Ausflugs Erdteil unserer Natur. Sie sind ein abgeschiedener Teil von uns. Wir sind etwas anderes. Und wo wir das was wir anderes sind mit jenem zu verschmelzen trachten, flieht bald genug wieder beides auseinander, und das nennt Unverstand und Ungerechtigkeit und Unsinn Untreu sein.» (914) Wo alle sich einig sind, wird Sexualität zum bloßen Gesellschaftsspiel: «Mein Geschlechtsteil war kein Teil meiner wirklichen Person. Ich hatte nichts von den fremden Leibern in mich aufgenommen, mich ihnen nicht unterworfen, nichts von ihnen erfahren. Sie hatten sich mir nicht angethan. Ich hatte sie wie sie mir zu nah kamen, im Übermut ergriffen, mir willfährig gemacht, und nach gegenteiliger Entladung fliegen lassen.» (210f.) Was sich in Borchardts Lyrikband ‹Die Schöpfung aus Liebe› oder in einem Schäferspiel wie ‹Die geliebte Kleinigkeit› von jeweils 1923 hinter graziöser Anakreontik verbirgt, offenbaren dann seine Gedichtzyklen wie ‹Der Mann und die Liebe› oder die Lieder aus dem Drama ‹Petra und das Tier› mit wünschenswerter Überdeutlichkeit, erst recht ein so brünstiges Epyllion wie ‹Der Durant› mit Versen wie: «Er soll für jede Zückung | Seiner blausten Entrückung | Blindlings und fahler Augen | Einen Klumpen besaugen...»

Vor allem sind es die Novellen des Erzählungenbandes ‹Das hoffnungslose Geschlecht› von 1929, die diese Lebenstatsache mit viel Kunstverstand, aber naturgemäß in schicklicher Verklausulierung aussprechen, immer aber, und sei es mit Goethes Hilfe, auf das Zwanghafte aller Handlungen – «dieser Erde niederziehender Gewalt» – und die stets latente Bedrohung durch den «amour fou» verweisen, auch und gerade, wenn Frauenfiguren sprechen. In der Novelle ‹Der Hausbesuch› heißt es dazu: «Ich hatte plötzlich die Illusion einer ungeheuren Muskelkraft, und daneben die einer ungeheuren allgemeinen Zuversicht. Brechen, Brechen, Zwingen, Zwingen, Durchsetzen, Antun, Handeln – dies stieß in zyklischen Impulsen durch mein tobendes Inneres. Es war nicht Hingabe, es war Aufstand. Ich hätte etwas schleudern mögen, etwas furchtbar Schweres tragen, nackend, wie ich war, steil bergauf tanzen. Ach um eine Betätigung, eine Rache, eine Vernichtung und Zerknirschung, Zermalmung meiner unstillbaren Raserei!» (SW XIII S. 335) Heinrich Heines trockene Feststellung in den ‹Reisebildern›: «Wenn wir es recht überdenken, so stecken wir doch alle nackt in unseren Kleidern» (Die Nordsee. III. Abteilung) gilt jederzeit auch für Rudolf Borchardt, und dem Diktum Nietzsches in ‹Jenseits von Gut und Böse›, wonach «Grad und Art der Geschlechtlichkeit eines Menschen» bis «in den letzten Gipfel seines Geistes» hinaufreichen, hätte er wohl kaum widersprochen; mit Sicherheit aber der anderen Feststellung:

«Der Unterleib ist der Grund dafür, daß der Mensch sich nicht so leicht für einen Gott hält.» (Viertes Hauptstück: Sprüche und Zwischenspiele Nrn. 79, 141) Denn gerade für sich selbst nimmt er das Gegenteil in Anspruch: «Es ist die Illusion der höchsten, fast schrankenlosen Begnadung die dem Manne werden kann, – alles zu geben, Arbeit, Lohn Unterhalt, Sicherheit, Befehl, Führung, Erleuchtung und so fort bis zur zeugenden und auflösenden Wollust. Nur so ist man Zeus bei Sterblichen. Jeder hat empfunden wie ich, und Goethe hat nur dienende Frauen mit voller Seligkeit geliebt.» (657)

Der Roman ‹Weltpuff Berlin› ist durchsetzt mit Reflexionen Borchardts, die diesen Kern seiner psychischen und physischen Existenz beleuchten: «Ich war ein Nichtsnutz, gut, aber dieser Mund eines neuen Mädchens, süss von Verlangen und Widerstand, welch neuer Duft, welch neues zartes Fieber!» (241) Als Autor nimmt er dabei bewährte Motive auf, eigene wie angeeignete. Noch einmal ist es der Darstellungsimpuls: «wie es kam und wie es mir vorkam» aus dem Romanfragment ‹Annus Mirabilis›, das Borchardts Schreiben seit 1907 als Vorhaben durchzieht und wohl erst 1935 endgültig beiseite bleibt. (SW XIII S. 13–62) Auch wenn das mit diesem Werk Gewollte letztlich nur schemenhaft erkennbar ist, gibt es genügend Verbindungen hinüber zum ‹Weltpuff Berlin›, die an eine Fortsetzung dieses lebenslangen Plans mit anderen Mitteln glauben lassen. Ist der ‹Annus Mirabilis› noch ein «sonderbares Produkt aus Prosa und Vers Minnetheorie und verschleierter Autobiographie, Seelenanalyse und Literaturgeschichte», so fallen hier nun alle Hüllen im Zeichen einer veritablen Lebensbeichte. Dort weist das Motto «quaerebam quid amarem, amans amare» auf das Dritte Buch der ‹Confessiones› (SW XIII S. 51 ff.) und auch jetzt geht es ja um das «Veni Carthaginem…» eines «elegans et urbanus», der sich zwar als Sklave seiner Geschlechtlichkeit empfindet, aber anders als Augustinus nie wie ein erschütterter Büßer oder bereuender Bekenner spricht. Vielmehr genießt dieser großbürgerlich vergröberte Casanova selbstgefällig das

Kompliment, den «schönsten Schwanz in ganz Berlin» wenn nicht gar «der Erde» zu haben: «Mit einer Ausstattung wie Deiner kommt man nicht in Verlegenheit.» (526, 416, 364) Ganz wie der antike Kirchenvater in seiner Frühzeit frönt Rudolf Borchardt den «Dünsten aus dem Reich der Lüstigkeit»: «dies waren die leichtsinnigsten Tage der leichtsinnigsten und libertinsten Periode meines Lebens. Die Erregung die ein Mädchen mir verursacht hatte, stillte mir das nächste.» (575) Durch die Honorare der Schlesinger für das Ordnen ihrer Bibliothek und seine Liebesdienste – erwähnt sind zwei Schecks von 1.000 und dann 10.000 Goldmark – und weiteren geschenkten Juwelen, die er verkauft oder beleiht, ist der Erzähler noch jedesmal «bei Kasse» (131, 452, 724), großspurig, spendabel und herzenseinsam: «Trägst Du zwölftausend Mark oder so einfach mit Dir herum?» (484) Jedenfalls die beste Voraussetzung für «reinen Zeitvertreib der lustigen Sinne und der Weltspürwut.» (122)

Daß ein solches Romanvorhaben, bei seinem beabsichtigten Umfang und ohne einteilende äußere Zäsuren, erst während der Niederschrift seine konzeptionellen Visierpunkte findet, ist begreiflich. Auch diesmal ist ein überblickender Entwurf nicht überliefert und für den Gedächtniskünstler Borchardt auch stets überflüssig; aus gelegentlichen Vorausweisungen wie: «Unser Wiedersehen wird erzählt werden» (210) oder: «Natürlich hatte ich ihr ein Rendezvous gegeben» (326) oder: «ich nahm mir sofort vor, sie wirklich wiederzusehen» (647) oder: «als sähen wir uns nie wieder» (724), die alle uneingelöst bleiben, läßt sich auf Manuskriptverluste, Darstellungslücken oder nachträglichen Planwechsel schließen. Wie die Handschrift (Buchstabenhöhe 3 Millimeter) zeigt, gibt sich der Autor getrost seinem fast korrekturenlosen Schreibraptus hin und scheut weder Unstimmigkeiten in der Handlungsführung noch die wohl durch Pausen in der Niederschrift verursachte Umbenennung der Vor- und Nachnamen seiner Romanfiguren; so wird Rayski im Eifer der Vorstellungskraft plötzlich zu Rygski (799, 810) und aus Pauline

Benacsy eine Gräfinmutter Kemnitz (881 f., 894). Auch genügt es ihm keineswegs, seine Erzählung auf Deutsch zu verfassen. Zwei große Gesellschaftssprachen der Jahrhundertwende müssen herhalten, die ein Gymnasiast wilhelminischer Schulung, der willkommene Gast aristokratischer Salons in Italien und ohnehin der Korrespondent, souverän beherrscht; in diesem Romanvorhaben angewendet mit jener Geläufigkeit, die Hofmannsthal schon 1902 bei aller Bewunderung von Rudolf Borchardts «großem Wortreichthum» als ein «ostentatives Zuhausesein in der Sprache» moniert und geradezu als «grotesk» empfindet. Seitenlang werden englische und französische Dialogpartien improvisiert, wird Lateinisch am Telefon und auf der Tanzfläche gesprochen und werden der Unterhaltung wie selbstverständlich altgriechische Verszeilen eingefügt. Mehrsprachigkeit als ein Stilmittel, das die Konversationskunst des alten Europa zu einem Zeitpunkt feiert, wo sie in Deutschland beginnt aufzuhören.

Wie immer real die priapistischen Obsessionen dieses «vierundzwanzigjährigen nicht ganz gewissenlosen Sünders» (134) auch gewesen sein mögen – die biographische Wirklichkeit vom Herbst 1901 sieht anders aus. Nichts von rasanten Autofahrten, üppigen Diners, vertanzten Nächten, Theater- und Konzertbesuchen und der Scheinfreiheit des Erzählers durch die abwesenden Eltern, soweit wir wissen. Der Göttinger Freund Otto Deneke erfährt am 18. November 1901, was man dem Rekonvaleszenten nach seiner Nassauer Zeit daheim in Berlin zumutet. Zwar bewohne er am Kronprinzenufer wie auch im Roman ein «Schlafkämmerchen ohne Arbeitszimmer», werde dann aber «in die Hinterstuben gesperrt, wenn Besucher da sind, ignoriert von jedermann». Erlaubt sei ihm nur «die Arbeit morgens von 8–2 Unterbrechungen eingerechnet und von 5–$^{1}/_{2}$8 im Institute für Altertumswissenschaft» an der Dissertation und allenfalls «nachts im Zimmer meines Vaters das Herwandeln durch eine glühende Welt in der niemand vor mir gewesen ist». Odysseus im eigenen Haus, «dem der Kuhknochen ins Gesicht fliegt...». Am

17. Januar 1902 ist Rudolf Borchardt dann aus dieser Wohnung über Nacht ohne Abschied und spurlos verschwunden. «Bei meinem Vater», erinnert sich der Bruder Philipp noch 1951, «durfte nicht mehr über ihn gesprochen werden.» Die Dissertation, als Anlaß aller Drangsale, bleibt ungeschrieben.

In die Monate, die einer literarischen Inszenierung solcher angeblichen Erlebnisse und Bekenntnisse gelten, fallen auch Aufenthalte von Franz Blei (1871–1942) bei der Familie Borchardt in der Villa Bernardini in Saltocchio bei Lucca, zunächst besuchsweise im Frühjahr 1938 und dann als Wohngast für ein halbes Jahr von spätestens Anfang Oktober bis zu seiner Abreise ins Exil nach Cagnes-sur-Mer im März 1939. Blei ist seit 1906 für Rudolf Borchardt ein wichtiger Korrespondenz- und Gesprächspartner: als Beobachter, Anreger und Rezensent, als Zuträger und Schmeichler, nicht zuletzt aber auch als profunder Sammler und Herausgeber weltliterarischer Erotika. Umgekehrt hebt Blei in einer Rezension des ‹Hoffnungslosen Geschlechts› schon 1929 mit sicherem Blick die «Stimme des dunklen Blutes» hervor, «das sich nicht nach innen verschäumt, sondern nach außen verbraust.» Daß der umtriebige Vermittler ihm dann 1936 für den Roman ‹Vereinigung durch den Feind hindurch› ausgerechnet den Wiener Verlag von E. P. Tal empfiehlt, in dessen Programm 1930 die deutsche Erstausgabe des als «obszön» verschrieenen Romans ‹Lady Chatterley's Lover› erscheint, spricht für sich. Die 1000 Exemplare der englischen Erstausgabe zirkulieren bereits seit 1928 als Privatdruck des Florentiner Buchhändlers Giuseppe Orioli und sind dort Gesprächsstoff einer anglophilen «großen Gesellschaft», in der auch Rudolf Borchardt ein- und ausgeht, etwa bei Marion Baronin Franchetti in der Villa Torre di Bellosguardo, bei den Hildebrands im Klosteratelier an der Piazzetta San Francesco oder im Salon von Curt und Emma Faber du Faur in der Villa Olsoufieff in Ponte a Ema. Daß ein so weltkundiger Lebemann wie der Pianist Luigi Franchetti (Jg. 1891), «close friend» sowohl von Aldous

Huxley (1894–1963) wie von D. H. Lawrence (1885–1930), nicht auch ‹Tropic of Cancer› (Paris: Obelisk Press 1934), den Erstlingsroman Henry Millers (1891–1980), seit dem Erscheinen schätzen und für die Lektüre als «assolutamente necessario» begeistert werben sollte, ist unvorstellbar.

Die gemeinsam mit Blei verbrachten Frühjahrswochen 1939 während einer dreimonatigen Abwesenheit von Marie Luise Borchardt (1896-1989) sind zugleich der Wendepunkt eines seit 1936 immer wieder aufbrechenden Ehedramas, in dessen Verlauf Rudolf Borchardt behauptet, daß er – wie seine Frau ihm vorhält – «eigentlich nie glücklich» gewesen sei, «daß es an mir läge oder im allgemeinen an der Frau daß der Mann vereinsame und allein bliebe daß Du ein Tagebuch geführt habest wo Du Dein wahres Ich bekannt habest – daß ich Dich nie gekannt noch geliebt hätte. Wenn diese Ehe scheiterte lieber Borchardt so glaube mir bist Du mehr schuldig als ich. […] Du bist sehr hochmütig und ich fürchte daß das Wort das irgendein Grieche (Du wirst wissen wer) gesagt hat wahr ist, daß selbstgefälliger Hochmut ein treuer Begleiter der Einsamkeit sei. Du bist überempfindlich und kannst nicht mehr mit Menschen umgehen. Mich verurteilst Du zu dem gleichen Leben obwohl Du mir in Treue nicht das Gleiche gibst noch je gegeben hast was ich gab. […] Deiner Natur widerstrebt es aber Dich zeitlich einzuordnen und deshalb kannst {Du} nur dem Moment im Höchsten leben mit einer übergewöhnlichen Spannung – was gewiss kein Fehler ist – aber für die gewöhnliche Lebenshaltung schwer.» Auch die Freundin Marion Franchetti erfährt am 10. Oktober 1937 von ihr undeutliche Einzelheiten über diese «sehr dunklen Seiten» der gemeinsamen Existenz: «Ich leide jetzt sehr und gehe durch Höllen, bis vor kurzem glaubte ich irgendwie und mit geschlossnen Augen und Ohren über die Abgründe herüber lavieren zu können, der Kinder wegen und der Vergangenheit wegen in der ich zeitweise so glücklich war. Heute aber sehe ich immer mehr das nutzlose dieser Compromisse und glaube daß es für die Kinder und uns besser ist wenn wir uns trennen – wenigstens vorläufig –. | Die Gründe die mich zu diesem tragischen Schluß bringen sind schwer zu sagen – sie würden Seiten voller unvorstellbarer Geschehnisse ausfüllen, die ich mich schäme Dir zu schreiben. Erklären kann ich mir dies nur in einer Pathologie – die cyklisch wiederkehrt – bekämpft wird und doch explodiert – in einem entsetzlichen Lügenwahn – in einer krankhaften Dramatisierung, die geheimnisvoll mit seiner schöpferischen Kraft verbunden ist.» Wie sehr dabei Rudolf Borchardts «Jugend und Kraft» in diesen Jahren noch immer «unerschöpflich» seien (85), erfährt Hugo Schaefer in Berlin schon im Juni 1937: «Blutdruck (unerhörter Weise in meinen Jahren 135, Kinderschlaf g{egen} 8–9 Stunden ungebrochen), Appetit und Verdauung musterhaft, Muskelzustand: hebe $1^{1}/_{2}$ Zentner aus steifem Arm, Gewicht 86 ko., Herz und Lunge völlig intakt, neque puellae si quae mecum accubuerit de venustioribus, ullam dormiendi spem relinqui (Ärzte fragen auch dánach, daher verzeihe das geflüsterte Bekenntnis zu, wie Goethe sagt, ‹des gerüttelten Betts Lieblichem knarrenden Ton›).» Will sagen: «… und sollte eines von den hübscheren Mädchen mit mir schlafen wollen, bringt mich das kein bißchen um den Schlaf».

Nun erst, wo nach 1933 alle Verbindungen dieses stets kampflustigen Autors zur literarischen Öffentlichkeit ebenso abreißen wie seine geliebten humanistischen, literarischen oder politischen Gegenstände, zu denen er sich bisher öffentlich äußert, aus der Tagesdebatte verschwinden müssen, läßt sich in seinen Augen endlich zweckfrei handeln. Sehr zum Kummer seiner Frau, die um kleinste Honorareinnahmen bemüht bleibt und schließlich die materiellen Einschränkungen dieser sorgenvollen Existenz ganz alleine ausgleichen muß, versinkt Borchardt in immer neuen Vorhaben. Familie und Freunde in seiner unmittelbaren Umgebung kennen sie weder im Detail noch könnten sie intellektuell nachvollziehen, worum es sich bei diesen Plänen handelt – sie stecken in Stapeln «turmhoher

Papiere, – die bei Leibe nicht abgestaubt noch angerührt werden dürfen.» Gerade jetzt ist Rudolf Borchardt, wie er zu betonen nicht müde wird, «in einem tiefen, trunkenen Fleisse eines selbstlosen Bildens und Ausbildens» begriffen: «Ich bin, da heut nichts bleibt als der Fleiss, der Fleiss aber auch Alles ist, ungeheuer fleissig, bei mächtigem Appetit, und entsprechend gesonnen, mir Bewegung zu machen.»

Daß dabei Arbeiten entstehen, die nur mangels einer praktischen Publikationsmöglichkeit liegen bleiben – vom vollendeten Einzelgedicht bis zur Monographie ‹Der leidenschaftliche Gärtner› – ist eines. Daß derselbe Autor sich in gelehrte Studien über Homer verstrickt, über deren Abschluß er bis zum letzten Lebenstag fast verzweifelt, ist das andere. Daneben aber gibt es, weit mehr noch als bei dem Scheltzyklus der ‹Jamben› und dem Fluchtbericht ‹Anabasis› von 1944, auch noch vollkommen verschwiegene Texte wie diesen semiautobiographischen Roman, der zwar in flüssiger Niederschrift entsteht, aber angesichts seiner forcierten Schamlosigkeit Niemandem mitgeteilt werden könnte. Bei einem Werk wie ‹Weltpuff Berlin›, das allen zeitgenössischen Benennungsverboten so zwanghaft ausweicht, als gälte es, eine Spielart des Tourette-Syndroms zu demonstrieren, ist das aus Gründen durchschnittlicher Prüderie vollkommen ausgeschlossen. Allemal gilt Nietzsches Feststellung: «Die Menschen schämen sich nicht, etwa Schmutziges zu denken, aber wohl, wenn sie sich vorstellen, daß man ihnen diese schmutzigen Gedanken zutraut.» (Menschliches Allzumenschliches I. Zweites Hauptstück: Zur Geschichte der moralischen Empfindungen Nr. 84) Wie andere zugehörige Fragmente soll auch dieser Text, weil er «mit wilden vollen Zügen das Glück des physischen Abgrunds» feiert, der «das Denken verwehrt» (S. 584), demnach «nie zu Menschenohren» dringen und es hat beim angeblich verschwiegenen Blatte zu bleiben, nicht für Augen, sondern für die Flammen, die es verzehren werden, wenn es sich und mir genügt hat.» (SW XIV S. 715) Allen politischen Analysen und Kommentaren im Briefwerk zum Trotz kehrt Rudolf Borchardt mit einem solchen Vorhaben der ihn persönlich so bedrängenden Tageswirklichkeit für Momente den Rücken und schwelgt in den Imaginationen eines Schelmenromans, die dann doch hoffentlich jeder Lebenswahrheit entbehren.

Gerade diese Einsicht, die mit ihrem Stolz und ihrer starrsinnigen Unbescheidenheit nicht vielen Zeitgenossen gelingt, gibt ihm die Freiheit, aus der nachformenden Erinnerung niederzulegen, was im Herbst und Winter 1901 ihm angeblich zugestoßen sei – einmal mehr aus dem Bewußtsein des «Unwiedererlebbaren» als einem «Bannreich des aufgehobenen Schicksals, in dem alles zugleich mehr ist, als es bedeutet, und mehr bedeutet, als es ist.» Eine überphantasierte Lebensphase, als Episode aus Episoden gebildet, soll im Rückblick dem angeblich seinerzeit von Scheitern und Erfolgsdruck zerrütteten und blockierten Examenskandidaten die Möglichkeit eröffnen, sich durch Übersprungshandlungen aus seiner verzweifelten Lage zu befreien. Im Tonfall endlich gelüfteter Geheimnisse geraten sie zum Bekenntnis eines nunmehr über Sechzigjährigen, der ohne jede Selbstanklage sein Sexualverhalten novellistisch einkleidet, um es in dieser Beschwörung zu bannen und das Unerklärbare daran endlich einmal selbst zu begreifen: «Je tiefer Du ins sogenannte Elementare des Menschen kommst, je tiefer kommst Du ins complicierte. Der gesellschaftliche Schwindel verhüllt jede Wirklichkeit. Niemand gesteht sich selber zu was er ist, will, denkt, fühlt.» (879)

Eine Aufgabe der Interpretation, nicht der Edition, muß es sein, den künftigen literarhistorischen Ort dieses Romans innerhalb der «Geschichte des sinnlichen Schreibens» (Werner Fuld, Klaus Theweleit) zu bestimmen, auch seine quellenhafte Bedeutung für die Sozialgeschichte Berlins. – Weit eher liegt er in der Nachbarschaft der Einsichten von Søren Kierkegaard, näher noch den Charakteren und Situationen bei Arthur Schnitzler oder D. H. Lawrence, als neben jenen elf Bänden Privatdruck, die ein viktorianischer Privatgelehrter namens Henry Spencer Ashbee (1834–1900) von 1888 bis 1895 mit über 4000 Druckseiten unter dem Pseudonym «Walter» als ‹My Secret Life› herstellen läßt, und die in schalen Banalitäten wie Josefine Mutzenbachers ‹Geschichte einer Wienerischen Dirne› von 1906 und ihrer Reprise ‹Meine 365 Liebhaber› von 1925 weiterleben, dort aus der Perspektive der Frau. Im dreizehnten seiner ‹Notwendigen Exkurse› zum ‹Grossen Bestiarium der Literatur› konstatiert der kluge Franz Blei 1924 über pornographische Weltliteratur von ‹Fanny Hill› bis zum Marquis de Sade, daß hier jeweils «nicht der geringste Versuch» unternommen sei, «den vorgeführten sexuellen Betätigungen eine psychologische oder geistige Korrelation zu geben. Die Helden dieser Erzeugnisse haben keinerlei menschlichen Charakter, weder im Sozialen noch im Geistigen. Sie sind absurde Konstruktionen mit einer an das Perpetuum mobile erinnernden sexuellen Mechanik. Sie sind monströse Phantasiegebilde ohne Phantasie, mit nichts ausgestattet als mit einem menschlich unmöglichen sexuellen Appetit und einer noch unmöglicheren Fähigkeit, diesen zu befriedigen, ganz richtig so erfunden für die Bedürfnisse ihrer sexuell immer impotenten, auch geistig minderwertigen Leser, die ja aus ihrer Schwäche heraus weder Maß kennen noch Rast.» Daß im Gegensatz dazu Rudolf Borchardt sich vornimmt, mit der umfangreichsten Fortsetzung seines bisherigen Erzählwerks diese Meilensteine der modernen europäischen Pornographie zu überbieten, versteht sich: «Bläst da einmal unsereiner hinein so geht es wohl auch anders.»

Gerhard Schuster

Das für dieses Buch verwendete Papier ist FSC®-zertifiziert.